抱冰庐选集

上册

何九盈　著

中华书局

图书在版编目(CIP)数据

抱冰庐选集/何九盈著. —北京:中华书局,2021.11
ISBN 978-7-101-15350-7

Ⅰ.抱… Ⅱ.何… Ⅲ.汉语-文集 Ⅳ.H1-53

中国版本图书馆 CIP 数据核字(2021)第 192609 号

书　　名	抱冰庐选集
著　　者	何九盈
责任编辑	秦淑华
出版发行	中华书局
	(北京市丰台区太平桥西里 38 号　100073)
	http://www.zhbc.com.cn
	E-mail:zhbc@zhbc.com.cn
印　　刷	北京瑞古冠中印刷厂
版　　次	2021 年 11 月北京第 1 版
	2021 年 11 月北京第 1 次印刷
规　　格	开本/850×1168 毫米　1/32
	印张 34¼　插页 5　字数 822 千字
印　　数	1-2000 册
国际书号	ISBN 978-7-101-15350-7
定　　价	126.00 元

20岁的何九盈，只身一人离别故乡安仁，来到大都会武汉。两年后，北上燕都，来到"天子脚下"，栖居御河桥，后来安身立命于未名湖畔。此生谁料，人在江湖，身老书山。

故乡石门永乐江上的木桥。南岸桥头小屋为建于嘉庆年间的路亭。摄于戊戌年（1958年）正月初一。如今木桥、古亭均已不复存在，此旧照实一珍贵文物也。

1971年9月摄于井冈山茨坪毛主席旧居前。当年的南昌市民一看到我这样的穿着就可断定：这是鲤鱼洲人。时行的称谓是："五七"战士。

《论语·子罕篇》："子在川上，曰：'逝者如斯夫！不舍昼夜。'"童而习之，白首铭心。1984年2月12日摄于郑州黄河大铁桥附近。

1998年校庆留影。《管子·内业篇》:"思之思之,又重思之。思之不通,鬼神通之。非鬼神之力也,精气之极也。"思考是一种习惯,更是一种责任。

右起:何鲤、李韧、李学敏、何九盈合影。1994年7月于澳门路环岛黑沙海滨。

1999 年 6 月 15 日，在北师大。遵钟敬文先生之命，忝任其博士生毕业论文答辩会主席。钟老（前排右三）时年九十又七。右二为何九盈。

与李学敏在纽约。2000 年 8 月何鲤摄。

2021 年 2 月 6 日（庚子年腊月二十五），何九盈与家人合影于银锭桥。旧志载："银锭桥在三座桥北，城中水际看西山第一绝胜处。"清代有一位诗人云："鼓楼西接后湖湾，银锭桥横夕照间，不尽沧波连太液，依然晴翠送遥山。"

智庆堂位于永乐江北岸石门洲上，这是我生长的地方。17 岁那年，我从这里出发，投身于时代洪流。70 年间，乡园多故，流水不归。三径荒芜，燕去堂空。睹屋思亲，感同沧桑。照片中的人物为智庆堂后人或亲戚，分别来自安仁县城、郴州、长沙、北京。2019 年 8 月 16 日聚首于此，合影留念。

题辞三首

一

冰封三径冷丘园　　白首雕虫岁寒天
书生报国千行字　　字字星火欲燎原

二

"汉语意识"破天荒　　"华夷"重建第一章
"散点多线"风光好　　苍圣骑龙下西洋

三

密云无雨自西郊　　望尽天涯独登高
冰庐亮剑西风紧　　直指洋豪与土豪

目 录

上 册

文章的气象与风骨

　　——《抱冰庐选集》自序 ……………………………………… 1

先秦诸子的语言理论 …………………………………………… 1

中国语言学史的研究方法 ……………………………………… 17

汉语语音通史框架研究 ………………………………………… 32

汉语和亲属语言比较研究的基本原则 ………………………… 63

《重建华夷语系的理论和证据》序

　　——兼谈詹姆士·A·马蒂索夫的《回复》………………… 123

中国现代语言学史散步

　　——《中国现代语言学史》修订本后序 …………………… 146

古韵三十部归字总论 …………………………………………… 195

《切韵》音系的性质及其他

　　——与王显、邵荣芬同志商榷 ……………………………… 275

古无去声补证 …………………………………………………… 294

上古主要元音的构拟 …………………………………………… 314

上古元音构拟问题 ································· 353

上古音节的结构问题 ······························ 375

关于复辅音问题 ································· 380

商代复辅音声母 ································· 395

《诗词通韵》述评 ································· 418

《中原雅音》的年代 ······························ 439

《中州音韵》述评 ································· 443

五音与四声 ···································· 455

下　册

《说文》省声研究 ································· 513

《说文》段注音辨 ································· 542

詞义辨惑 ····································· 593

词义杂辨 ····································· 599

词义琐谈之一 ·································· 617

词义琐谈之二 ·································· 628

词义琐谈之三 ·································· 638

词义琐谈之四 ·································· 645

词义质疑 ····································· 651

词义商榷 ····································· 669

词义拾零 ····································· 675

《庄子》札记之一 ································· 685

《庄子》札记之二 ················· 702

古汉语语法札记一则

　　"动·之·名"与"动·其·名" ········· 714

"家人"解诂辨疑

　　——兼论女强人窦太后 ········· 717

《辞源》:通往传统文化的桥梁 ········· 747

《实用文言词典》序 ················· 753

清儒研究假借的经验 ················· 761

乾嘉时代的语言学 ················· 772

《尔雅》的年代和性质 ················· 796

乾嘉传统与 20 世纪的学术风气 ········· 811

汉字文化学简论 ················· 834

汉字文化的昨天、今天和明天 ········· 851

汉字有味　其味无穷

　　——《汉字文化大观》日文版序言 ········· 864

百余年间两种汉字文化观的较量 ········· 866

《汉语三论》后记 ················· 900

汉语"主导语言"地位不可动摇

　　——《汉语三论》再版后记 ········· 904

大道之行也,语言领先

　　——挑战上帝,天下人要重新共建巴别塔 ········· 910

侨吴老人三章 ················· 912

语文建设与人性的塑造 ………………………………… 932

读刘月华《汉语语法和对外汉语教学》感言 …………… 935

三十年来圆一梦　丹心一片在中原

　　——序《近代中原官话语音演变研究》……………… 941

乔永《辞源史论》序 ……………………………………… 944

高小方《〈辞源〉修订匡改释例》序 ……………………… 949

我的阅读历程 …………………………………………… 954

知识　学问　文章

　　——《抱冰庐选集》后记 ………………………………… 959

何九盈主要著作目录 …………………………………… 961

附　　录

　　何九盈先生学行述论 ……………………… 庞光华　963

　　温故知新　有容乃大 ……………………… 高永安　1053

文章的气象与风骨

——《抱冰庐选集》自序

　　平生专业学养,远绍乾嘉诸老,近宗章黄、"四导师"新风,身受"燕园九子"熏陶。很明显,我的文章得益于众多先贤的启迪或教诲;同样也很明显,我的文章有自己的气象与风骨。我面临的是一个须要重新评价传统文化、重建学术话语体系的新时代,我没有重复任何一位先贤,任何一位先贤也没有在我开拓的领地上作"鹈鴂之先鸣"。这些领地如"中国现代语言学史"、如"汉字文化学"、如"汉语意识"、如"华夷语系"、如破译"化石词"、如"散点多线式"框架、如"一源三京"的官话发展理论、如"家人"解诂、如"五音与四声"研究、如复辅音声母断代研究、如"谐声比较"研究、如古韵"归字"研究。此时此刻,当我列举这些新概念、新方法、新学说时,回首六十余年,一介终身北漂,牛衣岁月,鸡鸣风雨,衣带渐宽,生死相许。梦里幽州,台高千古,野云孤飞,古人何处? 天地悠悠,谁是来者?

　　《吴越春秋》有言:"冬常抱冰,夏还握火。"抱冰精神,就是这些文章的气象与风骨,也是抱冰庐主的气象与风骨。越王雪耻天行健,中华学人当自强。报国者言,如是而已矣!

　　末了,还有一句不得不说的大实话:我所报的国,就是1949年成立的、无数仁人志士为之奋斗终生的中华人民共和国。有此空前强盛的安身立命之地，才有此元气簇新的拓荒文字，才有我今日的气象与风骨。据说，有人想到唐朝去，可"朝扣富儿门，暮随肥马尘。残杯与冷炙，到处潜悲辛"的杜甫先生，不就是唐朝人吗？也有人想到宋朝去，可蹲监狱、贬黄州、贬惠州、贬儋州的苏文忠公，不就是宋朝人吗？

所以，我哪儿也不想去。我，活在当下，当下就是一切。

何九盈

庚子年正月初六

先秦诸子的语言理论

在人类社会中,任何一门学科的产生、发展,都不可能是偶然的、孤立的,它们总是互相影响、互相促进的。语言学也是这样。我国先秦时代,还没有产生专门研究语言的语言学家,语言学也还没有成为一门独立的学科。但是,在春秋(末年)战国学术思想大解放的时期,《老子》《孔子》《墨子》《庄子》《尸子》《申子》《尹文子》《公孙龙子》《管子》《荀子》《韩非子》《吕氏春秋》等[①],在对哲学问题、逻辑问题、政治问题进行争鸣的同时,都对语言问题发表过许多重要的意见。这种情形,跟古希腊人对语言的研究很有些类似。丹麦语言学家威廉·汤姆逊说:"希腊人走上语言分析的道路,是由哲学家们研究思想同词的关系、研究事物同它的(希腊)名称的关系而最先推动的。"(见《十九世纪末以前的语言学史》7页)又说:"希腊人研究语言完全是以哲学为转移,尤其是以逻辑学为转移的。事实上,语言的经验研究和独立的语言科学,还未真正开始。"(见该书16页)我国先秦诸子讨论了几百年的"正名"主义以及"名""实"之间的关系问题,也是哲学和逻辑学的问题。哲学要研究思维与存在的关系,逻辑学要研究人类的思维形式,而思维总是借助于某种民族的语言形式来实现的。因此,研究哲学、逻辑学必然要推动对本民族的语言研究。目前,对先秦诸子语言理论的研究,还没有引起语言学史工作者的足够重视,只有个别同志对荀子的语言理论进行过研究,

---

① 《吕氏春秋》成书于秦王政八年,属于战国末年的作品。

至于整个先秦诸子的语言理论，还有待于我们搜集资料，进行系统的分析、整理，本文打算从三个方面对先秦诸子的语言理论作一些初步探讨。

语言与社会存在

"一种语言不能和它的社会环境隔离，正如一种植物不能离开它的气象环境"。"语言反映人的变化以及人在发展中所依存的环境的变化所发生的影响……政治和社会现象急骤发展的那些民族，很迅速地修改他们的语言"（保尔·拉法格《革命前后的法国语言》2—3 页）。春秋战国时期，中国社会发生了急剧的大变革。语言，特别是一些表示称谓的名词也随之发生了大变革。在这样的历史条件下，语言和社会存在的关系问题就被提出来了。正如后来《淮南子·要略》所说的那样："新故相反，前后相缪，百官背乱，不知所用，故刑名之书生焉。"新的名词和旧的名词，先君所用的名词和后君所用的名词，出现了"相反""相缪"的情形，于是，研究语言（名）和社会存在（实）的理论著作就应运而生。

应该指出：对"刑名"问题发生兴趣的并不只是名家[①]，儒墨道法等学派都参加了这个讨论。

最早给予"名、实"以确切解释的是墨经[②]。"墨子著书，作辩经以立名本"（晋人鲁胜《墨辩注·叙》语，《墨辩注》已失传）。《墨子·经说上》："所以谓，名也；所谓，实也。"这两个"谓"都是动词，是称呼、叫做的意思，分别与"所以"和"所"结合成名词性词组。"所以谓"就是"用来作称呼的"，"所谓"就是"所称

---

① 刑，也写作"形"，即"实"的意思。

② 关于墨经产生的时代，有不同的意见：一说是公元前 5 世纪的作品，一说是公元前 4 世纪或公元前 3 世纪的作品，这里取前一种说法（可参看詹剑峰《墨家的形式逻辑》，湖北人民出版社 1979 年）。

呼的事物"。用来作称呼的叫做"名",所称呼的事物叫做"实"。
"名"是属于语言范围的问题,"实"是属于社会存在的问题。名,
必须通过语言活动,即通过人的发音器官发出语音才可以表现
出来,这一点,墨子也认识到了。《经说上》指出:"声出口,俱有
名。""故言也者,诸口能之出民者也。"

墨子也认识到"实"是第一性的,"名"是第二性的。"有文
实也,而后谓之;无文实也,则无谓也"(《经说下》)。是先有"实"
而后才有"谓"。墨子还强调"名""实"要一致。"名实耦,合也"
(《经说上》),"耦"即二者相符的意思。名如果不符实,就叫做
"过名",《经下》:"或^①,过名也,说在实。"

墨子的名实论对战国中后期的哲学家产生过很明显的影响。
尹文和相传是他的学生的公孙龙都继承和发挥了墨子的名实论。
尹文子说:"名者,名形者也;形者,应名者也。然形非正名也,名
非正形也,则形之与名,居然别矣。"(《尹文子·大道上》)名称是
给形命名的,形是与名称相应的。然而,形的存在并不是为了正
名,名称的产生也不是为了正形,那么,形和名当然就有区别。尹
文子不仅说明了形和名的相互关系,而且,认为形和名各自具有
独立性,形并不依赖于名而存在,名也不能改变客观存在的形,名
称是名称,事物是事物,二者并不就是一回事。公孙龙在《名实
论》中论述了称谓要和客观事物保持一致性:"夫名,实谓也。知
此之非此也,知此之不在此也,则不谓也;知彼之非彼也,知彼之
不在彼也,则不谓也。"他的意思是:名称,是对客观事物的一种称
谓,但是,客观事物是发展的,语言也不能一成不变。当这个名称
已经不是指这个东西、那个名称已经不是指那个东西的时候,就
不要这样或那样称呼了。

---

① 或,当是"惑"字,即迷惑之意。

关于"名"是怎样产生的问题,古希腊哲学家为此进行了很长时期的争论。先秦诸子最早谈及这个问题的是老子。老子说:"无名,天地之始;有名,万物之母。"在开天辟地的时候,"道"没有名称,后来万事万物有了各种不同的名称,就是由"道"这个"母"产生的。事实上,老子是认为名生于"道"。战国中后期成书的《管子》也探讨了这个问题,它说:"名生于实,实生于德,德生于理,理生于智,智生于当。"(《管子·九守》)"名生于实"的观点比之名生于道来似乎是唯物主义的,但这个观点还是不能令人满意。因为名称和实物并不存在必然的、固有的联系,客观存在的"实"不可能生出"名"来。何况《管子》所说的"实"又是由"德"产生的,一直推论到"智生于当",这更是空洞的唯心主义说教。彻底地、科学地解决这个问题的是荀子。荀子在前人研究的基础上,唯物地解释了"名"的产生问题。他说:"名无固宜,约之以命,约定俗成谓之宜,异于约则谓之不宜。名无固实,约之以命实,约定俗成谓之实名。"(《荀子·正名》)荀子主张"名无固宜、名无固实",批判了"名生于实"的观点,他提出的"约定俗成"论在中国语言学史上有着非常重要的意义,他第一次阐明了语言的社会本质,正确地说明了词的意义和客观事物之间的关系。现在有的西方学者对这个问题的论述与两千多年前的荀子的论断有惊人的相似之处,如美国的 W. C·赛门在《逻辑》一书中说:"词的意义并不是人们所发现的词的天然属性,意义是由同意让词具有那种意义的人赋给词的。例如'猫'(cat)这个词并不存在那种使它指称猫科动物的固有特征;它之所以能这样指称是由说英语的人通过某种协定而造成的。这并不是人们曾经坐到会议桌上来正式决定词的意义。因为大部分这样的协定像其他很多协定一样,都是经历很长一段时间而逐渐地、非正式地形成的。由于语言的继续发展,这些协定也要继续发生变化。"(转引自《逻辑与语言研究》179 页）赛门所说的"某种协定"就是荀子早已说过的"约定俗成"。足见，荀子关于语言的社会本质的论点，至今仍是颠扑不破的真理。

事物的名称、词的意义，经社会"约定俗成"之后，就要具有相对的稳定性。荀子所说的"谨于守名约"就是保持语言的稳定性的意思。他把这个问题看得非常重要，他认为那些用己意来解析言辞或擅自制造名称以乱正名的人（"析辞擅作名以乱正名"）就是"大奸"，其罪行跟私造符节、度量的人是一样的。荀子为什么把"析辞作名"的人称之为"大奸"呢？《礼记·王制》的作者说得很明白："析言破律，乱名改作，执左道以乱政，杀。"所谓"守名约"的问题，既是个语言问题，也关系到统治阶级的利益问题。当然，荀子也认识到，即使从统治者的利益出发，语言既要有它的稳定性，也要不断地发展，他说："若有王者起，必将有循于旧名，有作于新名。"循旧作新，这个观点是对的，既讲到了语言的继承性，又讲到了语言的发展。但"旧名"要由"王者"来"循"，"新名"要由"王者"来"作"，这不是跟上面所说的"约定俗成"论相矛盾吗？统观荀子《正名》篇的全部论述，二者并不矛盾。"约定俗成"是说明"名"的起源问题；循旧作新，是相当于我们今天所说的"语言规范化"的问题，《正名》中所说的"后王之成名、王者之制名、制名之枢要"，都是从语言规范化的角度来谈问题的。对语言进行规范（主要是指词汇，特别是社会制度方面的词汇），在当时的条件下，荀子只能寄希望于自己心目中的理想的"王者"了。

关于语言是随着社会的发展而发展的观点，荀子之前的老子也有简单的论述。老子说："名可名，非常名。"什么叫做"非常名"？钱钟书先生说："不能常以某名名之也"，"初名旧名无当后实新实，故易字而另名之……夫易字以为新名，正缘旧名之字

'常'保本意而不符新实耳。故名之变易不'常',固因实之多方无方,而亦固字之守'常'难变其意。"(《管椎编》第二册 404 页)老子所说的"非常名",即因新实的产生而不断地产生新名,故名不可"常",这就明确地揭示了语言和社会存在的关系。

语言与政治伦理

先秦诸子讲语言理论时,大都把它和政治伦理关系问题扯在一起,最能说明这一点的就是人们很熟悉的所谓正名主义了。一提起"正名"二字,大家就会想到孔夫子。是的,正名问题是孔夫子先提出来的,但后来的《墨子》《尸子》《申子》《尹文子》《公孙龙子》《管子》《荀子》《韩非子》《吕氏春秋》等著作,都谈到了正名问题。尽管各自的政治立场不完全相同,正名的具体内容也不一样,但归根结底大多落实到语言和政治伦理的关系问题上。

关于孔子的正名论,历来有各种不同的解释。现在,我们先看一看孔子的原话:《论语·子路篇》:"子路曰:'卫君待子而为政,子将奚先?'子曰:'必也正名乎!'……'名不正,则言不顺;言不顺,则事不成;事不成,则礼乐不兴;礼乐不兴,则刑罚不中;刑罚不中,则民无所措手足。'"孔子的意思很清楚:为政必先要正名,此事关系到"言、事、礼乐、刑罚"等一系列的重大问题,搞不好会弄得百姓们"无所措手足",这当然是个政治问题了。可是,孔子所说的那个"名"究竟是指什么呢? 东汉的经学大师马融认为是"正百事之名"(《礼记·祭法》有"黄帝正名百物"的话),那么,这个"名"是名称的意思了;而他的学生郑玄又认为是"正书字也。古者曰名,今世曰字",那么这个"名"又是指文字了(唐兰《中国文字学》也采取此说),正名,不过是正其文字之误而已。钱大昕调停二说,谓"马、郑本无二义"(《潜研堂文集》卷九),这是强为之辞,不足取法。郭沫若曾说:孔子"所正的'名'既与'言'为类,正是后起的名辩之名,而不限于所谓名分。故'正名'也就如我们现在小之要厘定学名译名,大之要统一语言文字或企图拼音化那样,在一个社会制度大变革的时代的确是很重要的事"(《十批判书》98页)。

我们认为:孔子的"正名"既不是"正百事之名",也不是正文字之误,与后起的名辩之名,有相同之处,也有不同之处。相同之处是:先秦诸子讲正名时都跟语言问题有关,不同之处是:孔夫子讲的正名主要是名分问题。

现在,我们要进一步说明的是:名分问题和语言问题有什么关系呢? 这个关系表现在两个方面:一是孔夫子站在旧制度的立场上,维护一些表示名分的词的旧的意义,如他对齐景公说的"君君、臣臣、父父、子子"(《论语·颜渊篇》),就是要维护君、臣、父、子这些词的旧的涵义,要用旧的政治伦理标准来匡正这些词的内涵和外延;另一点,就是要求人们在运用语言的时候要按旧的名分来选择词语,《韩诗外传》卷五在解释孔子的"正名"论时就举了一个很好的实例:"孔子侍坐于季孙,季孙之宰通曰:'君使人假马,其与之乎?' 孔子曰:'吾闻君取于臣谓之取,不曰假。'季孙悟,告宰通曰:'今以往,君有取谓之取,无曰假。'孔子曰:'正假马之言,而君臣之义定矣。'"假者,借也。在孔子看来,国君向臣子要马,怎么能用"假"这个词呢? 这不就是"名不正,则言不顺"吗! "假"与"取"仅一字之差,却关系到君臣之间的大义所在。所以我们说,孔子的"正名"主义,既是名分问题,又是语言问题。据孟子说:"孔子成《春秋》而乱臣贼子惧。"(《孟子·滕文公下》)"乱臣贼子"们害怕什么呢? 就因为"《春秋》以道名分"(《庄子·天下》)。它"道名分"的办法也是"以一字为褒贬"(《杜预《春秋左传集解·序》》)。"一字之褒,宠踰华衮之赠;片言之

贬,辱过市朝之挞"(范宁《春秋穀梁传集解·序》)。孔夫子究竟
作过《春秋》没有,至今仍是疑案。但《春秋》是讲究"名分"的,
这却是无可辩驳的事实。至于它的褒贬之词是否会产生那样重
大的政治影响,"乱臣贼子"们是否曾因此而"惧"过,孟子等人
的话恐怕是不可信的。

　　墨家是儒家的反对派,他们也讲"正名"。不过,墨家所说的
"正名"就不只是限于名分问题了,他们是在更为广泛的意义上要
求说话的人准确地使用语言。《墨子·经说下》:"正名者,彼此。
彼此可:彼彼止于彼,此此止于此。彼此不可:彼且此也。"[①]正名
就是要分清彼此,用于彼的名只能用于彼,用于此的名只能用于
此。同一名词,不能既用于彼,又用于此。不仅名词不能乱用,就
是一般词语的使用,也要求准确贴切。如墨子是主张"非攻"的,
有人非议他说:你认为攻伐是不义的,可是,"昔者禹征有苗,汤
伐桀,武王伐纣,此皆立为圣王",这是什么缘故呢? 墨子回答说:
"子未察吾言之类,未明其故者也。彼非所谓'攻',谓'诛'也。"
(《墨子·非攻下》)用一个"诛"字就表示了征伐的性质是正义的,
与"攻"的性质不一样。也就是说,"攻"与"诛"在意义上不是同
"类"性质的词。墨子认为:"夫辞以类行者也,立辞而不明于其
类,则必困矣。"(《墨子·大取》)"类"就是本质属性相同的事物,
在墨子的正名论中,"类"是一个很重要的概念,如不能把"牛"
叫做"马",也不能把"马"叫做"牛",因为"牛之与马,不类,用牛
有角,马无角,是类不同也"(《墨子·经说下》)。墨子讲的"立辞
明类"本来是一个语言理论问题,后来《吕氏春秋》把它加以发
挥,并与政治问题联系起来,"今有人于此,求牛则名马,求马则名
牛,所求必不得矣……不正其名,不分其职……乱莫大焉……以

---

① 这段话有不同的标点法,这里是依《墨子间诂》的断句。

牛为马,以马为牛,名不正也。故名不正则人主忧劳勤苦,而官职烦乱悖逆矣。国之亡也,名之伤也,从此生矣……故至治之务在于正名,名正则人主不忧劳矣"(《吕氏春秋·审分》)。所谓"至治之务在于正名"与孔丘的为政必先正名,在政治立场上当然不会完全一样,但基本调子是一样的,他们都把各种政治矛盾、社会矛盾归结为名分问题,把"正名"作为安邦治国的灵丹妙药。

名家的代表人物公孙龙也讲正名,他的理论基本上是从墨子那儿抄来的。他说:"其名正则唯乎其彼此焉。谓彼而彼不唯乎彼,则彼谓不行;谓此而此不唯乎此,则此谓不行。"(《公孙龙子·名实论》)公孙龙所说的"唯乎彼此"跟墨子的"正名者,彼此"是一样的意思,就是名与实要相应,名称要有专一性,不能混乱不一。他正名的目的也是为政治服务,所谓"疾名实之散乱","欲推是辩,以正名实,而化天下焉"(《公孙龙子·迹府》)。

法家也接过了孔子的"正名"口号。尸佼提出"治天下之要在于正名"(《尸子·发蒙》)。申不害认为尧与桀都以名治天下,但"其名正而天下治","其名倚而天下乱,是以圣人贵名之正也"(《申子·大体篇》)。不过,法家与儒家有一个重要不同之点,就是强调"以实覆名"(《尸子·分》),"循名实而定是非,因参验而审言辞"(《韩非子·奸劫弑臣》)。语言必须要符合事实,这是韩非子反复论述的一个问题。做臣子的,把话说过头了要罚,话说得不够也要罚("其言大而功小者则罚,非罚小功也,罚功不当名也。群臣其言小而功大者亦罚,非不说于大功也,以为不当名也"(《韩非子·二柄》),什么"棘刺、白马"之说,"坚白、无厚"之词,韩非子认为都无益于政治,一概加以反对(《韩非子·外储说左上、问辩》)。

从现代语言学的观点看来,语言与政治伦理关系的问题,在语言理论方面没有什么重大的积极意义,但在当时,这却是极端重要的事情,而且影响及于后代,不可置而不论。

语言与逻辑思维

在先秦时代,比较系统地、科学地阐明语言和逻辑思维关系的,首推墨子,然后是荀子。其他一些哲学家、逻辑学家也发表过一些值得注意的看法。下面分三点来谈:

第一,词和概念。墨子说:"以名举实。"(《小取》)荀子说:"名也者,所以期累实也。"(《正名》)墨、荀在这里所说的"名"就是用词所表示的概念。所谓"举实、期累实",就是说概念是反映客观事实的。荀子还从朴素的唯物主义认识论出发,研究了事物为什么会有各种各样的名称(概念),人们又为什么能利用这些不同的名称来交流思想。他说,这是"缘天官,凡同类同情者,其天官之意物也同,故比方之疑似而通,是所以共其约名以相期也"(《正名》)。"天官"是指人的感觉器官,如耳目口鼻等,人是"同类"动物,有共同的情感,他们的感觉器官对外物的意识也相同,这样,通过比方、摹拟就能形成共同的概念(名称),也就是有了共同的语言,有了共同的语言,人们也就能交流思想了(约名以相期)。

墨子还把名称(概念)分为三个大类:"名:达、类、私"(《墨子·经上》)。荀子也有类似的分类法。墨子所说的"达",荀子叫做"大共名",如"物"这个词就是;墨子所说的"类",荀子叫做"大别名",如"鸟"和"兽"这两个词就是;墨子所说的"私"是个体名词,即荀子所说的"推而别之,别则有别,至于无别然后止"(《正名》)。

荀子还是第一个区别汉语词的构成有单音词、双音词的人。他说:在确定名称的时候,"单足以喻则单,单不足以喻则兼"(《正名》)。能用单音词表明的就用单音词,不能用单音词表明的就用双音词。荀子所说的"兼"不知道是否包括由词组所表示的名称，他还没有明确提出词和词组的问题①。不过，值得我们重视的是尹文子和孟子都谈到了某些表示事物性质的形容词，可以放在名词前面，修饰名词。《尹文子·大道上》说："语曰'好牛'……'好'则物之通称。'牛'则物之定形，以通称随定形，不可穷极者也。设复言'好马'，则复连于'马'矣，则'好'所通无方也。设复言'好人'，则彼属于'人'矣，则'好'非'人'，'人'非'好'也，则'好牛、好马、好人'之名自离矣。"从概念来分析，"物之通称"是指抽象概念，"物之定形"是指具体概念；从语言来分析，"好"是形容词，"牛、马、人"是名词。"好"与"牛"、与"马"、与"人"分别组合，就是"以通称随定形"，因为"通称"不等于"定形"，所以"名自离（区别）矣"。孟子与告子互相辩论时，谈到"'白羽'之'白'也，犹'白雪'之'白'；'白雪'之'白'，犹'白玉'之'白'"，"'白马'之'白'也，无以异于'白人'之'白'"（《孟子·告子上》）。"白"与"羽"、与"雪"、与"玉"、与"马"、与"人"分别组合，也是形容词修饰名词，就是我们现在所谓的偏正结构，它是词组的一种类型。

在分析词和词组时，还涉及到概念中属（genus）和种（species）的关系问题。这里有两个著名的论断值得一谈：一个论断是墨子说的"杀盗人非杀人"（《小取》）；另一个论断是儿（倪）说、公孙龙说的"白马非马"（《韩非子·外储说左上》《公孙龙子·白马篇》）。这两个论断在战国时就分别受到荀子、韩非子的批判，被当作以名乱名的典型例子，两千多年来一直被斥为诡辩论。其实，从语言形式和概念来分析，这两个论断的本意都没有

---

① 王力先生认为这个"兼"就是"词组"（见《中国语文》1963［3］：236）。我在《中国古代语言学史》中已采用此说。

错。"盗人、白马"都是偏正结构,都是种概念;"人"和"马"都是单词,都是属概念[①],它们之间不能划等号。说"盗人"这个概念(用词组表示)不等于"人"这个概念(用单词表示),"白马"这个概念不等于"马"这个概念,无疑是正确的[②]。墨子的意思并不是说"盗人"不属于人类,公孙龙的意思也不是说"白马"不属于马类。公孙龙在回答非难他的人时说:"夫是仲尼异'楚人'于所谓'人',而非龙异'白马'于所谓'马',悖。"(《公孙龙子·迹府》)既然肯定孔丘把"楚人"和"人"这两个概念加以区别,而非难我公孙龙将"白马"和"马"这两个概念加以区别,这不是悖谬吗!

在词和概念的关系问题上,墨子、尹文子还认识到二者不是等同的。同一概念可以用不同的词表示(同实异名),同一个词(这里主要是指语音形式一样)也可以表示不同的概念(同名异实),如"狗"和"犬"是两个不同的词,在墨子时代却是同一概念,"知狗而自谓不知犬,过也,说在重"(《墨子·经上》)。"盗"是一个词,却可以表示两个不同的概念,"窃货曰盗"(《荀子·修身》),这是它的常用概念,可是,尹文子却讲了这样一个故事,说有一位老人给自己的儿子取了一个名字叫做"盗",有一天这位老人在外面追赶他的儿子,连呼他的名字:"盗!盗!"官吏听见了,以为他追赶的是个盗窃分子,就把他的儿子给捆起来了(《尹文子·大道下》)。这里的"盗"是专有名词,特定概念。尹文子还讲了一个同名异实的故事:"郑人谓玉未理者为'璞',周人谓鼠未腊者为'璞'。周人怀璞,谓郑贾曰:'欲买璞乎?'郑贾曰:'欲之。'出其璞,视之,乃鼠也,因谢不取。"(《尹文子·大道下》)这是由

---

① 有不少语言学著作认为种概念大于属概念,这是不准确的。
② 可参看詹剑峰《墨家的形式逻辑》154页和周云之《公孙龙关于名(概念)的逻辑思想》(见《逻辑学文集》)。

于方言不同而闹出来的笑话,所谓"眩于名,不知其实也"(《战国策·秦策三》)。

词和概念不同,在方言中表现最为明显。同一概念,在不同方言中可以用许多不同的词来表示。春秋战国时期已经存在"雅言",但方言也相当复杂。在这样的情况下,荀子提出了万物的名称(词)要以"诸夏"的雅言为标准,这是一个非常卓越的见解。他说:"散名之加于万物者,则从诸夏之成俗曲期。远方异俗之乡,则因之而为通。"(《正名》)"诸夏"就是黄河流域的中原地区,在《荀子》中,"雅"与"夏"有时是通用的,"夏言"也就是"雅言"(参阅王力先生《汉语史稿》36 页)。他这段话的意思是:"加给万物的各种名称,则沿用中原地区由习惯形成而被普遍认可的。地处偏远、习俗不同的地方,则利用中原地区所用的名称互相沟通思想。"[①] 我们不敢夸大地说,荀子已经有了推广"普通话(雅言)"的思想,但他主张各方言区的人"散名……则从诸夏",这是非常明确的。

第二,辞和意。墨子说:"以辞抒意。"(《小取》)什么叫做"辞"呢? 荀子说:"辞也者,兼异实之名以论一意也。"(《正名》)"异实之名"就是不同实的名称(概念),即不同的单词。兼用不同的单词才能表达一个完整的意思。可见,这里所说的"辞",并不同于"词",它是句子、言辞的意思。墨、荀已经认识到,语言中的单词和句子是不同的,句子要由单词组成。一般来说,一个句子不能只有一个词(独词句是很少的),也不能由几个完全相同的词组成,它必须是由几个相关而又相异的单词组成。如光说"仁仁仁",不成句;"仁者爱人",就成了句子。它由"仁者、爱、人"三个"异实之名以论一意"。这样看来,从思维形式来分析,"辞"就是

---

① 这里用的是吉林人民出版社《荀子选注》的译文。关于荀子这段话的标点、释义,杨倞、郝懿行、王先谦、王力先生各自不同。

我们现在逻辑学上所说的判断了,所谓"以辞抒意",就是用判断(句子)表达一定的意思。

关于"辞"和"意"的关系,先秦的哲学家有两种不同的看法:一种意见认为"辞,达而已矣"(《论语·卫灵公》)。"彼名(概念)、辞(判断)也者,志义之使也,足以相通则舍之矣"(《荀子·正名》)。"辞者,意之表也。鉴其表而弃其意,悖。故古之人得其意则舍其言矣。听言者以言观意也,听言而意不可知,其与桥言无择"(《吕氏春秋·离谓》)。以上三家的意见就是辞要达意,能达意就行了(则舍之矣),不能"玩奇辞"(荀子语)而"弃其意","弃其意"则不"足以相通"(交流思想)了。"辞"怎么才能达"意"呢? 也就是语言怎么才能表达思想呢? 墨子认为要通过人体的有关器官才能实现,《墨子·经上》说:"闻,耳之聪也……循所闻而得其意,心之察也……言,口之利也……执所言而意得见,心之辩也。"耳朵是听话的,嘴巴是说话的,心是思维器官(墨子和后来的孟子一样,还不懂得大脑是思维器官)。嘴巴之所以能用言辞来表达思想,耳朵之所以能用听觉来了解对方的思想,都要通过思维器官(心)的"察、辩"(即思维活动)才能起作用。在两千多年前,墨子就能这样科学地阐明语言和思维的关系、语言为什么能交流思想,这实在不能不令人惊叹!

然而,也有另外一派完全相反的意见,认为辞不能达意。这派意见的代表人物就是庄子,他说:"世之所贵道者,书也。书不过语,语有贵也,语之所贵者,意也。意有所随,意之所随者,不可以言传也。"(《庄子·天道》)庄子承认"语之所贵者,意也",似乎他是肯定"语"和"意"的相互关系了,但最终他还是把书面语言、口头语言和"意"的关系割裂开了。理由是:"意"是变化莫测的(意有所随),人们要体会、琢磨这种变化莫测的"意",只能靠亲身经验,而经验是无法传授的,因为语言文字不能表达经验。在这里,他举了一个轮扁(扁,人名)斫轮(车工斫木制造车轮)的故事,这位斫轮专家说,他的经验"口不能言……臣不能以喻臣之子,臣之子亦不能受之于臣"。这样说来,庄子是不是很重视实践,有了实践第一的观点呢? 不是,至少不完全是。因为就在同一语段里,庄子就对墨子已经说明了的视觉、听觉在社会实践中的作用以及和语言的关系等问题,进行了彻底的否定。他说:"视而可见者,形与色也;听而可闻者,名与声也。悲夫! 世人以形、色、名、声为足以得彼之情。夫形、色、名、声果不足以得彼之情,则知者不言,言者不知,而世岂识之哉!"所以,那位斫轮专家也就"口不能言"了。

按照庄子的理论,人们是不能通过客观存在的形体、色彩、名称、声音来认识事物的实情的,即使知道实情的人也不能用语言表达出来,能用语言表达出来的又并非实情。这样,人类的经验就无法代代相传了,语言作为思维外壳和交流思想的作用也在一定范围内被否定了,直接经验和通过语言、文字传授的间接经验之间的关系也被绝对化了。

第三,辩说和论据。墨子说:"以说出故。"(《小取》)荀子说:"辨说也者,不异实名以喻动静之道也。"(《正名》)从思维形式而言,"说"是推理;从语言形式而言,"说"是论说、辩说,"故"是辩说的论据、理由。辩说的原则是"不异同实",即所指的是同一对象(实),所用的是同一概念(名)。如果论题不同,或偷换概念,就无法进行辩说。这就是墨子说的:"异,则或谓之牛,或谓之马也,俱无胜,是不辩也。"(《经说下》)一方说是"牛",一方说是"马",异实异名,这样的辩说谁也不能获胜。"喻动静之道"是就辩说的目的而言的。《荀子》杨倞注:"动静,是非也。""喻动静之道"就是要论说道理的是或非,这跟墨子的观点是一致的,墨子说:"辩者,将以明是非之分。"(《小取》)"辩也者,或谓之是,或谓之非,当者胜也。"(《经说下》)

　　怎么才能做到"当"呢？就要靠论据充分（"辩则尽故"）。论据不外乎两个方面：一是摆事实，二是讲道理。墨子说的"有诸己不非诸人，无诸己不求诸人"（《小取》），其中的"有、无"都是就事实而言的。荀子说："质请（情）而喻，辨异而不过，推类而不悖。"（《正名》）也是主张辩说要从事实出发，不能歪曲事实真象。至于道理，荀子称之为"正道"，破"奸言、邪说"都要依靠"正道"。

　　辩说问题，说到底是个语言运用问题，战国时期是百家争鸣的黄金时代，无论是哪一家，无论是什么性质的争鸣，都得运用语言，正确地、巧妙地运用语言，是发展学术流派、战胜论敌的必不可少的条件。春秋末年，孔门已有"言语"科，墨子称"辩乎言谈"的人为"贤良之士"（《尚贤上》），他教育自己的学生："能谈辩者谈辩，能说书者说书……然后义事成也。"（《耕柱》）荀子更是强调"辩"的重要性，他甚至说："君子必辩。""君子之于言无厌。"（《非相》）至于老庄学派似乎是反对"辩"的，老子说："善者不辩，辩者不善。"庄子说："大辩不言。"（《齐物论》）其实，"五千精妙"（《文心雕龙·情采》），不就是一部辩书吗？整部《庄子》，不就是在大辩特辩吗？

　　辩，推动了逻辑学的发展，推动了语言理论的产生。这些语言理论的精华部分，在整个封建社会中成为空前绝后的、绚烂多彩的奇葩；这些语言理论的创造者为中国古代语言学史写下了光辉的第一章。

　　　　本文写成后，承了一师审阅一遍，谨此志谢！
　　　　原载《北京大学学报》（哲学社会科学版）1982年第5期

中国语言学史的研究方法

中国语言学史应该算是一门年轻的学科,从事中国语言学史的研究工作者,可谓寥若晨星,至于这方面的著作,也只是有数的那么几种。30 年代胡朴安写了《中国文字学史》《中国训诂学史》,张世禄写了《中国音韵学史》,近几年何耿镛写了《汉语方言研究小史》,林玉山写了《汉语语法学史》,这些著作都属于中国语言学史性质的,但只是分体的专题史。全面地、系统地讲述中国语言学发展历史的,只有王力先生的《中国语言学史》、何九盈的《中国古代语言学史》。在这种情况下,我们来谈中国语言学史的研究方法问题,无论是谈经验还是谈缺点,都不可能谈出什么很深刻的见解来。不过,从我在教学和研究中接触的一些材料来看,中国语言学史研究中有不少基本方法问题须要提出来加以讨论,这种讨论对于促进中国语言学史研究水平的提高,或许有积极作用。

从史实出发

一切历史的研究都要从史实出发,研究学术史也不能例外,这个道理是人人都会赞成的。而我们在这些方面仍然会碰到问题。一个问题是从概念出发,还有一个问题是从传统的偏见出发。这两点都跟从史实出发的方法相违背。

首先碰到的概念问题是"语文学"和"语言学"的分别,相应而来的是"五四"以前中国有无语言学。目前,在这个问题上有两种不同意见:一种意见认为中国"五四"以前没有语言学,只有语文学；一种意见认为中国"五四'以前，不仅有语文学，也有语言学。这里涉及到概念与史实的关系问题。

　　语文学（philology）、语言学（linguistics），这两个概念都是从西方传进来的。赵元任先生说："在西方国家的学术史方面，有所谓 philology 一门学问。照字面讲，philology 就是'爱研究字'的意思……在事实上，philology 所注重的是推求某一字在流传的文献当中，某某章句究竟应该怎么怎么讲。所以某种文献，有某种的 philology，他的性质是近乎咱们所谓考据、训诂之学。"（《语言问题》2 页）赵元任先生只是认为 philology 近乎考据、训诂之学，而有的学者认为中国古代只有 philology，没有 linguistics，这就不符合历史事实了。诚然，中国"五四"以前并无 linguistics 这个概念，但是，正如洪诚先生所言："我们不能因为古代没有这个词，就认为中国古代没有语言学。"（《中国历代语言文字学文选》1 页）美国学者哈特曼和斯托克编著的《语言与语言学词典》，在"语言学"这个词条下指出："语言学的历史可以追溯到许多世纪以前，当时古印度和古希腊的语言学家最早观察到语言中的规律性，如'语音'和'意义'之间，或'语言'和'文字'之间有一定的规律性。从那时以来，语言学已经从哲学研究和文学研究中脱离出来，变成'人文学科'和'自然学科'之间一门独立的学科。"[①]我们中国语言学成为独立学科的历史应该追溯到什么时候呢？我在《中国古代语言学史》中说："从汉代开始，语言学已经算是一门独立的学科了。《方言》《说文》《释名》这三大名著的产生，就是语言独立成为一门科学的标志。"（3 页）《方言》《释名》都是以当时的实际语言作为研究对象的，《说文》研究的是古文字，但跟语音、词汇密切相关。继三大名著之后，古人对汉语声韵调

[①]　《语言与语言学词典》201 页，黄长著等译。

系统的研究都进入了自觉阶段,而且取得了很好的成绩。从四声的发现、193韵的划分、三十字母的提出、等韵图的编制,一直到《中原音韵》《司马温公等韵图经》《韵略易通》等名著的产生,都证明中国在"五四"以前的的确确已经有了语言学,我们没有任何理由把上述的研究内容排斥在语言学的范围之外,我们也不能用philology这个概念来反映这些内容。

当然,我的意思不是说中国古代没有philology,相反,我认为中国古代的philology也是非常发达的。《说文》《经典释文》和清代出现的一系列的训诂名著,都属于语文学的性质。但是,从广义来说,这些著作也可以归到语言学的范围之内。目前,人们把古代的philology、linguistics统称为"传统语言学",我看比较贴切。"语文学"这个概念并没有广泛传开、为习惯所接受,所以在语言学的研究中,是否不必在这些概念问题上作更多的纠缠了。

传统偏见也是语言学史研究中的一个障碍。这个传统不是指"五四"以来形成的新传统,新传统当然也存在偏见,但它的力量还不足以影响全局。我所说的传统偏见是指清代语言学家特别是乾嘉时代语言学家所形成的偏见,这些偏见根深蒂固,具有强大的影响力和带有相当的权威性,甚至当代某些第一流的语言学家的视野和见解也往往为这些偏见所束缚。我举一个例子来谈谈。

在很长一个历史时期内,研究语言学史的人对明末这一段历史是很不重视的。可以说,迄今为止,这一段历史没有得到全面的和真实的反映。究其原因,跟清代人的偏见有相当大的关系。清代人从顾炎武到《四库全书》的编者们,对明末的语言学基本上持否定的态度。他们看得起的只有一个陈第。明末出现了那么多的音韵学著作,正式列入《四库全书总目·小学类》的只有陈第的《毛诗古音考》和《屈宋古音义》,其他的只配列入"存目",

而且评价很不公正。如说：

张位"合并字母，已非古法"，"不足以言小学也"（《四库全书总目》375页）。

徐孝"亦不究陆法言、孙愐旧法，如并肩登等字于东韵，合箴簪与真臻同入根韵之类，皆乖舛殊甚，又删十六摄为十四摄，改三十六母为二十二母，且改浊平浊入为如声，事事皆出创造，较《篇海》《正韵》等书，变乱又加甚焉"（376页）。

赵宧光更是"昧于源流"，"疏舛百出"，"好行小慧，不学墙面"（377、378页）。

兰廷秀"尽变古法以就方音。其《凡例》称，惟以应用便俗字样收入，读经史者当取正于本文音释，不可泥此。则固亦自其陋（其陋，或作"言之"）矣"（384页）。

李登"真之兼侵，寒之兼覃咸，先之兼盐，尤错乱无绪矣。至于三十六母中，知彻澄娘非五母之复出，前人亦有疑之者，然竟去之，而又改並母为平母，定母为廷母，则未免勇于师心"（384页）。

吕坤"分部纯用河南土音，并盐于先，并侵于真，并覃于山；支微齐佳灰五部俱割裂分隶，则太趋简易；于无入之部强配入声，复以强配之入声转而离合平声之字，则太涉纠缠，未免变乱古法，不足立训矣"（385页）。

袁子让"体例糅杂，茫无端绪"，"所谓聪明过于学问者，其子让之谓乎！"（385页）

乔中和"纯用俗音，沈陆以来之旧法，荡然俱尽，如以东冬并入英韵，岑林并入寅韵之类，虽《洪武正韵》之乖谬（乖谬，或作"合并"），尚未至是也"（387页）。

桑绍良"分为二十母,又衍为三十母、七十二母之说,皆支离破碎,凭臆而谈"(388页)。

上列九人中有七个人的著作反映了明末的语音变化,突破了"古法、旧法",这正是他们的优点,也反映了这类著作的价值所在。而《四库全书》的编者们站在保守的立场上,对这类著作全盘否定。赵宧光的《说文》研究、袁子让的等韵学,缺点的确不少,但都有一定的价值,而且有所创新。如赵宧光的《谐声表》、袁子让的上下两等说,都应当恰如其分地加以肯定。《四库全书》的编者们对他们没有一分为二,而是采取了全盘否定的方法。

尤其值得注意的是,《四库》编者的观点具有广泛的代表性,其直接后果就是使这类著作不能流布,有的现在还沉睡在图书馆,有的连一般图书馆里也找不着。清朝人几乎不翻印这类著作,民国时代有几位研究者提到这些著作,但这些著作没有一本被重印过。兰廷秀因为一首《早梅诗》出了名,在语言学史中还常常被提起,其他有的人如桑绍良、赵宧光等,连名字也快要湮没了。真是一遭贬斥,几百年翻不了身。我们真要感谢赵荫棠、陆志韦先生,他们对明末的音韵学家作过一些研究,对于消除传统偏见有一定的作用。

研究第一手材料

中国语言学史的研究工作的确还是处在草创阶段,连材料的搜集、准备也还有很多工作要做。司马迁写《史记》曾经"网罗天下放失旧闻"(《报任安书》)。用"网罗"二字来衡量,差距还不小。已出版的《中国语言学史》和《中国古代语言学史》,在材料方面都谈不上齐全。因为这两部著作都是为教学的需要而写的,为了适应教学的要求,不能不舍弃一些材料。后者在史料方面作了一些新的发掘,如在"汉代文字学"一节介绍了今文经学派和古文经学派的斗争,在"汉代词源学"这一节介绍了董仲舒的名实论,在"明代古音学"这一节介绍了焦竑的"古诗无叶音",在"元明文字学"中介绍了赵宧光的《说文长笺》,还专门写了"元代语法研究"一节,重点介绍了中国第一部虚词专著《语助》。但是,象王文璧的《中州音韵》、范善臻的《中州全韵》、吕维祺的《音韵日月灯》,都只字未提。某些在语言学史上产生过一定影响的人物,如毛先舒、邹汉勋等,没有作必要的介绍。从总体来看,唐宋以前的语言学史料搜集得比较齐全,元明清三代特别是明清之际,有不少语言学史料有待我们去发掘,即使已经发掘出来的史料,也有待于重新研究、重新认识。当然,并不是任何一部语言学著作都有载入史册的价值,哪些著作可以入史,这要由它自身的价值、地位、影响来决定。

　　观点与材料应该是统一的,观点必须要以材料为依据。语言学史研究工作中观点方面的分歧,大多有方法论方面的原因,就是对第一手材料的研究重视不够。如《尔雅》的年代问题、《中原雅音》的年代问题、吴棫是否提倡叶音说的问题、《中原音韵》的入声是否消失的问题、黄侃的古音研究是否有"循环论证"的问题,解决这些分歧,都要在第一手材料上下功夫。

　　关于《尔雅》的成书年代问题,大多数人认为是在西汉初年。何九盈以先秦时代的名物释义作为《尔雅》成书的历史背景,然后从名物训诂的历史渊源、《尔雅》名义、《尔雅》内容、结构体例等四个方面,论证《尔雅》成书于战国末年,结论比较可信①。

　　《中原雅音》的成书年代,有人定在《洪武正韵》之后,是

---

① 　参阅《中国古代语言学史》第二节;《〈尔雅〉的年代和性质》,《语文研究》1984(2)。

1398—1460 年之间的产物。蒋希文根据《中原雅音》的命名和有关的历史记载，认为此书是 1292—1375 年间的产物，何九盈也根据明清时代的一些记载，对蒋希文的论证作了补充。蒋、何所确定的年代比较合理[①]。

吴棫是否提倡叶音说的问题，清朝人的看法就不一样。孔广森认为"吴才老大畅叶音之说，而作《韵补》"（《诗声类·序》）。钱大昕说："世谓叶音出于吴才老，非也……朱文公《诗集传》间取才老之《补音》，而加以'叶'字，才老书初不云'叶'也。"[②] 张世禄先生在《中国音韵学史》里接受了钱大昕的观点，张先生说（265 页）："我们既然认定吴才老是依据陆氏韵缓不烦改字之说，来作《韵补》，遂为近代古音学的萌芽，便应当断定他并不是提倡叶韵的。明代杨慎、陈第诸人竭力排斥叶韵的谬误。"董同龢也说："我们还有一点要注意的，就是《韵补》只说'通'或'转入'，从来没有谈到叶韵。自来以为朱子《诗集传》叶韵之说本于吴才老的《毛诗补音》，《补音》今已不传，无从证明；纵然是，也与《韵补》无关。"（《汉语音韵学》240 页）钱、张、董的结论不符合实际，孔广森的意见是正确的。吴棫是赞同"陆氏（指陆德明）韵缓不烦改字之说"，但实际上他的《韵补》处处"改字"，不改字怎么谈"通"或"转声通"呢！如一个"家"字，吴棫就定了三个读音：攻乎切（鱼韵）、居何切（歌韵）、古慕切（御韵），这不是改字叶音又是什么呢！《补音》虽已失传，从宋人袁文著的《瓮牖闲评》所引《诗补音》的材料可证，它也是改字叶音的。张世禄先生还认为杨慎"竭力排斥叶韵"，把杨慎与陈第相提并论，也与实情不符。杨慎反对宋人的叶音，而且态度很激烈，但这不等于他要从根本上

---

① 《中国语文》1984（4）、1986（3）。

② 《潜研堂文集》416 页，万有文库本。

否定叶音，他跟吴棫一样，也主张改字叶韵，他说："《诗》十五国不同言语，而叶音无异也，楚远在数千里外，而叶音无异于《诗》也。"（《答李仁夫论转注书》）他的《古音转注略》就是讲叶音的，所谓转注，就是叶音。陈第指出："即吴才老、杨用修，博采精稽，犹未敢断言非叶也。"（《毛诗古音考·跋》）焦竑说："近世吴才老、杨用修……犹溺于近世叶音之说。"（《题屈宋古音义》）这些话都说得很对。

《中原音韵》的入声是否消失的问题，长期争论不休。最近宁继福先生从《中原音韵》内部寻找入声已经消失的证据，获得很大的成功[①]。如支思韵入声作上声：

涩瑟 音史 〇 塞 音死

这条材料很平常，以往研究《中原音韵》的人都等闲视之，没有发现它的价值所在，而继福同志肯定这条材料具有发凡起例的性质，因为这是《中原音韵》里出现的第一条入作三声的材料，在这条材料中用阴声韵的字给古入声韵的字注音，表明全书所收的入声字已经读同阴声。既然如此，入声当然就不复存在了。

张世禄先生在30年代就指出："（黄侃）以'古本声'证'古本韵'，同时又以'古本韵'证'古本声'，终究是以乙证甲，又以甲证乙的循环式的乞贷论证。"（《中国音韵学史》316页）又说："黄氏学说本身上有很多的缺点，而其根本的错误，还是在处处应用主观演绎方法，没有认清语音演变的实际。"（《中国音韵学史》319页）张先生从方法论上揭示了黄氏学说的弱点，但有人不同意，认为黄氏"尽管在表面上好象是犯了'循环论证'的毛病，而就其结果来看，却与前人的分部相差不多"（《汉语音韵学纲要》132页）。这种争论也只有靠第一手材料来说话。80年代初王力

---

① 　参阅《中原音韵表稿》。

发表了《黄侃古音学述评》,这是中国语言学史上一篇很重要的论文,王力对黄侃的古音学体系进行了详细的剖析,论据确凿,说理透彻,有高屋建瓴之势。我以为通过这篇文章可以看出传统音韵学家和现代音韵学家在理论上和方法上的一些根本分歧。

以上这些例子说明,我们研究中国的语言学史,一定要重视对第一手材料的研究。人云亦云,意气用事,都无助于研究水平的提高。对于权威性的结论,我们既要尊重,也不可盲从。

加强宏观研究

一部语言学史着眼于对具体的史料从微观方面进行分析,这是非常必要的。离开了具体的著作,所谓的史就无从谈起。任何轻视微观分析、反对微观分析的论调都是不能成立的。然而,我们不能满足于微观分析,不能仅仅停留在微观分析的水平上。从当前的研究状况来看,微观分析方面还有许多工作要做,而宏观研究更应加强。有一种意见认为,综合研究不属于创造性研究,这是谬论。分析与综合,乃学术研究两条根本原则,缺一不可。在中国语言学史这个领域里如何加强宏观研究,我只提出两点意见来进行讨论。

一、要探索中国语言学发展的规律　不仅要探索整个中国语言学发展的规律,还要探索中国语言学各个分支发展的规律,要探索训诂学的发展、音韵学的发展、语法学的发展都有哪些规律。不仅要探索各个分支发展的规律,还要探索某一个历史时期语言学发展的规律。规律是从大量具体史料中归纳出来的,而规律一旦被我们认识,被我们掌握,又可以反过来帮助我们加深对个别史料的认识。长期争论不休的《切韵》音系的性质问题,可不可以运用中国古代音韵学发展的规律来加以论证呢? 我觉得是可以的。王力先生说(《中国语言学史》209 页):

　　　　在"五四"运动以前,没有产生描写语言学,因为在复古主义作为主流的时代里,当代语言的静态描写被认为是不登大雅之堂的东西。实际上搞一些当代音系的概述的人,也不承认那是与古违异的东西,例如修订《五方元音》的年希尧,在序文中先斥"沈韵"为"囿于一方之音",然后称该书为"五方"的"元音"(正音),可见他并不承认是一种静态的描写。正是由于这种思想的指导,使《切韵》的作者不敢以一时一地之音的面貌出现。《中原音韵》是作为"曲韵"出现,而不是作为语言学的书籍出现的。

这段话讲的就是规律,就是以古代音韵学发展的规律来看待《切韵》音系的。我在王先生的启发下,在《中国古代语言学史》(306页)中更为明确地谈到这一规律:

　　　　重古轻今,重通语轻方言,重书面语轻口语,这是古人在汉语研究中的主要倾向。把握了这一特点,我们就可以理解:古人始终没有出现过建立单一音系的思想(《中原音韵》是例外),不要说《切韵》是杂凑,就是《中原音韵》以后的北音系韵书、韵图,也大都有存古、有照顾南方方言的特点,在描写语言学还不发达的古代,这种兼包古今南北的思想被认为是理所当然的。

这些认识也是综合了大量史料之后得出来的,比之离开历史线索孤立地就事论事的方法来,应该肯定是进了一步。

　　对于前辈学者已经提出来的规律,我们也要用史实加以验证。如有的学者认为:清代的语言学杰作,没有一部不是为经学服务的,因此,语言学不能独立为一种学科。这个结论就值得推敲。首先,我们要弄清楚什么叫做"经学"。经学是训释、阐明儒家经典的一门学科。被尊之为儒家经典的,有所谓五经、九经、十三经,为这些经典服务的著作当然可以称之为经学的附庸,但有不少人把古籍整理与经学完全等同起来,又把古人所谓的小学全都视为经学的附庸,这就是以偏概全了。即使按古人的分类,经部之外也还有史部、子部、集部,对这类著作的整理、训释,就不能归在经学的名义下了。

其次,传统的目录学家把全部语言学著作都附在经部之下,固然说明了语言学和经学的密切关系,但这样的分类只是反映了古人的文化观念,这种分类本身还是很粗疏的。我们应该根据整个人文科学的发展,根据学科分类日趋精密、准确的原则,重新考虑分类的问题。

第三,清代的语言学家,如顾炎武、戴震、段玉裁、王念孙等人,他们的确公开标榜过,他们的语言学著作是为经学服务的,他们以此为荣,以此为根本目的,这是毋庸置疑的。但我们今天评述他们的这类著作时,是根据他们的文字宣言呢,还是应当根据其实际内容来判断其性质呢?我觉得应当根据后者。至于他们的文字宣言只不过反映了统治阶级的统治思想,反映了封建社会中经学独尊的特殊地位,其他就不能说明更多的问题了。就通常的原则来说,不应根据著作者的目的来论定某一部著作的性质、历史地位,而应根据著作本身的实际内容来定性。清代的语言学杰作,从内容而言,如《经义述闻》《经籍籑诂》《经传释词》之类,的确跟经学关系密切,说它们是为经学服务也未尝不可,至于《音学五书》《六书音均表》以及《说文》四大家关于《说文》的著作,王念孙的《广雅疏证》《读书杂志》,俞樾的《古书疑义举例》,这些语言学杰作,就很难说是为经学服务了,如果仅仅根据这些著作中有的利用了经部典籍的材料,就断定它们是为经学服务的,恐怕是说不过去的。

　　第四，所谓经，也是后人封的，《诗》《书》《易》《礼》等，原本都不叫做"经"。从语言资料这个角度来讲，它们跟其他古籍一样，都可以作为语言学家的研究对象，我们不应再受传统思想的束缚，把"经"神化。清代学者把经书作为语言资料来进行研究，或者说，研究儒家经典中的语言问题，这跟今人写《诗词曲语辞汇释》《诗词曲语词例释》，在性质上并无不同。我以为"经"与"经学"是两个既有联系又有区别的概念，"经学"往往体现一定的哲学思想、政治思想，代表一定的阶级利益。古代的名物训诂家，有的就是经学家，有的就不是经学家，即使都以经传作为训诂资料，内容也可以迥然不同。像王引之的《经传释词》，我们可以说它是为经学服务的，但我以为这是一部不折不扣的语言学著作，因为书中所研究的只是经传中的虚词，这是一种纯语言性质的研究，很难说它本身就是一部经学著作。

　　第五，退一步说，即使承认清代语言学的杰作都是为经学服务的，也不能由此得出结论说，清代的语言学是不独立的。在人类社会的各门学科中，有许多学科具有"服务行业"的特点。数学要为天文学、物理学、化学服务，哲学要为自然科学和社会科学服务。其实，"服务"二字是就这门学科的功用和价值而言的，它跟这门学科能否独立本是两个不同性质的问题。在清代，语言学基本上还是一门带有工具性质的学科，一切古文献的整理，几乎都要用它来为自己服务，语言学的被广泛利用，正是清代语言学高度发达的一个标志，正是因为有它的优质服务，才有效地推动了清代经学的发展。怎么看待清代语言学，这个例子具有典型意义。这个例子说明，我们非常须要站在新的历史高度，运用宏观研究的方法，深入探索中国语言学的发展规律，这对于突破旧框框，清理一些旧概念，提高中国语言学史的研究质量，具有重要意义。

二、要运用比较研究法 比较法是开拓宏观研究领域的一个重要方法。比较应该是多层次、多侧面的。《方言》与《尔雅》的比较，《玉篇》和《说文》的比较，《七音略》与《韵镜》的比较，《集韵》和《广韵》的比较，《古今韵会举要》和《中原音韵》的比较；明代语言学和清代语言学的比较，清代训诂学和汉代训诂学的比较，现代音韵学和传统音韵学的比较，现代语言学和古代语言学的比较，中国古代语言学和外国古代语言学的比较等等，都是研究中国语言学史的人应当考虑的。这种比较工作前人也做过一些，如清代的语言学历来被称为"汉学"，至今还有人把戴、段、二王当作汉学家。梁启超通过比较，认为"戴、段、二王诸家所治，亦并非'汉学'，其'纯粹的汉学'，则惠氏（栋）一派，洵足当之矣"（《清代学术概论》55页）。至于专书的比较研究，注意的人更多一些，但成就不是很大。要进行比较研究，就要求从事中国语言学史的研究工作者，不仅要通晓中国语言学史的某一个分支，而且要通晓中国语言学史的各个分支；不仅要通晓中国传统的语言学，而且要通晓中国现代的语言学；不仅要通晓中国的语言学，对国外语言学也应该有相当丰富的知识。说实在的，只有王力先生等少数博古通今、学贯中西的大手笔，方可胜此重任。王力先生在世时，曾经表示要重写《中国语言学史》。很遗憾，他还没有来得及实现这个愿望，就离开我们而去了。面对这样的课题，我们深深感到：通才可贵，通才难得。我们热切希望年轻一代语言学家，能全面发展，勇挑重担，完成这样的重大课题。

现在我们还回到比较法这个话题上来。在语言学史的研究中，运用比较的方法，是为了达到两个目的：一个目的是通过比较展示研究对象的本质特征；另一个目的是通过比较弄清研究对象的纵深联系和横向联系。现代古音学和清代古音学有什么本质上的不同，它们之间有什么样的历史联系，清代古音学和训诂学又有什么联系，现代古音学和今音学有什么联系，和方言学有什么联系，这些都要借助于比较研究才能得出相应的结论。作为一部语言学史，它的容量总是有限的，著者不可能把各种比较研究的全部材料、全部过程都摆到读者面前，"史"的体例也不允许这样做，著者只能把简明的结论和经过精选的论据，按照"史"的体例告诉给读者。

克服封闭式的研究方法

封闭式的研究方法在中国语言学史的研究工作中也是存在的。封闭式有多方面的表现，这里谈三点：

第一，关起门来谈"师承、家法"，墨守旧说，拒绝接受不同意见，甚至排斥、贬低不同意见，结果只能是年年依样画葫芦。这种自我封闭式的所谓研究，实际上只是陈陈相因，重复师说，很难有什么重大创新。

第二，信息上的封闭。从事语言学史的研究，必须及时获取各种新的信息，而我们在这方面是做得很不够的。从1949年到现在，我们对台湾有关中国语言学史的研究情况，对美国、日本、苏联等有关中国语言学史的研究情况，都知道得不多。这对我们提高研究水平是非常不利的。

第三，专业分工过细，也是造成封闭的原因之一。搞语法的不管音韵方面的问题，不研究音韵学的文章；搞音韵的不了解语法研究中的问题；搞训诂的往往也不注意语法研究中的情况。各自封闭，隔行如隔山。在这种情况下，即使有人愿意对中国语言学史的发展情况进行系统的、创造性的研究，难度也很大。

为了克服封闭式的研究方法，建议加强学术交流。据我所知，有不少高等院校开设了"中国语言学史"这门课，某些造诣颇深的中老年语言学家正在从事中国语言学史的研究，如武汉的周大璞先生、上海的濮之珍先生,他们都有写《中国语言学史》的计划。如果大家能进行必要的交流,组织一些专题讨论,不仅可以活跃学术空气,就是对于提高研究水平,恐怕也是有积极意义的。从本质上来看,中国语言学史的研究要靠集体的力量来完成。要有人搜集、介绍国外的研究资料,即使国内现有的史料,也有个进一步搜集、整理的问题。还要有很多人从事各种专题研究。只有在集体研究的基础上,才能写出高质量的中国语言学史来。当然,完成这种写作任务的最后只会是少数人,因为并不是任何一个从事专题研究的人都打算去写一部《中国语言学史》。所谓高质量的中国语言学史,也不应该只有一个模式,无论是观点、内容、研究方法,乃至编写方式,都可以别具一格,不必强求一律。我们相信,在不久的将来,中国语言学史这个领域里,一定会有不少的新作问世。

原载《语文导报》1987 年第 1—2 期

汉语语音通史框架研究

一　引　言

本文的设想是要创建一个新的汉语语音史框架，即"散点多线式"框架，因此先要讨论与此框架相关的一些问题，要讨论现有框架的特点和弊端。

所谓现有框架是指"三点一线式"框架和"九点一线式"框架，也可以分别称之为第一代语音史框架和第二代语音史框架。"散点多线式"框架可以称之为第三代语音史框架，至今还处在预设阶段，还没有文本可供研究。

系统的贯通古今的汉语语音史的建立，从写作成果来看似乎是个别人或少数人的行为，实际情况不这样简单，无论是第一代还是第二代的框架都是长期积累的历史产物。所有的汉语语音通史都是建立在个别研究和分体研究的基础上的。通史的责任就是创造性地将个案研究贯通一气，沟通古今，塑造出一个完整的汉语语音史面貌。至于这个"面貌"的相似程度究竟有多大，那就要具体问题具体分析了。

在将近半个世纪的时间之内，国内已出版了九种汉语语音史：

董同龢《中国语音史》，台北华冈出版有限公司 1954 年

王　力《汉语史稿》第二章，科学出版社 1957 年

方孝岳《汉语语音史概要》，香港商务印书馆 1980 年

邵荣芬《汉语语音史讲话》，天津人民出版社 1979 年

史存直《汉语语音史纲要》，商务印书馆 1981 年

王　力《汉语语音史》，中国社会科学出版社 1985 年

任铭善《汉语语音史要略》,河南人民出版社 1984 年

向　熹《简明汉语史》上编,高等教育出版社 1993 年

黄典诚《汉语语音史》,安徽教育出版社 1993 年

从出版时间看,60 年代似乎没有语音史著作,但任先生与方先生的语音史都是遗著。任卒于 1967 年,方卒于 1973 年,他们的语音史实际上都写于 60 年代。据徐高阮《董同龢先生小传》说:"《中国语音史》原稿比现行的本子还要多出不少。可惜此书原稿有些重要的章节,尤其是关于当代中国方言的几章,被省掉了,只是因为排印上有困难。"董先生 1963 年去世,后来编印他的遗著《汉语音韵学》时,就是以《中国语音史》为基础,由原书的十一章增加到十三章,即补入了"现代方言、中古音韵母的简化"这两章,这大概就是《小传》所说的"被省掉了"的"重要的章节"。通常的历史著作都是以顺时为序,而董氏的写法是倒着来,先近现代后中古再上古,而且中间又杂以"切韵系的韵书、等韵图"这样的内容。所以书名为语音史或名为音韵学,均无不可。但"中国语音史"这个概念(尽管"中国"二字欠妥)和第一代语音史的框架,毕竟是董先生开了个头。董先生而后的汉语语音史大体上都是"三点一线式"框架,只不过叙述形式颇有差异。如史先生以调、韵、声分章来谈发展;任先生也是以声、韵、调为专题来谈发展;黄先生的语音史总共四章,第一章总述三个历史时期的语音发展,二、三、四章分别谈上古、中古、现代汉语语音的发展。在九种语音史中,只有王先生于 80 年代出版的《汉语语音史》属于第二代语音史框架,即"九点一线式"框架。这就是说,在汉语语音史的研究中,王力一个人就先后建立了两个不同的框架,这是很值得研究的。

二　三点一线式框架

"三点"是指以《诗经》音系为代表的上古音系、以《切韵》音系为代表的中古音系、以《中原音韵》为代表的近代音系。"一线"是指这三者之间为直线发展关系。这个框架的初始模型当然要以董同龢于1954年出版的《中国语音史》为标记,而这个框架的形成却是许多人努力的结果,其中贡献最大最有代表性的人物是高本汉。

高本汉与他以前的西方传教士和外交家不同,他对汉语语音的研究,一起步就有非常明确的目标和步骤,要用历史比较的方式对中国语音发展的历史面貌进行系统的拟测。他认为"中国语言学的三个主要问题显然是下面所列的:

1）考证中国语言的祖先跟来源;

2）考清楚这个语言的历史;

3）考明白现代中国语言的各方面。

现在这些问题当中的第一个,当然先得要放在一边儿,必须等到后两个问题的研究进步得多了之后,然后才能够说到"(《中国音韵学研究·绪论》3页）。

为研究这"后两个问题",他花费了几十年的时间,几乎是用了毕生的精力。他遵循的原则是:"无论哪个现代方言都不能当作研究其他方言的起点。只有一个有效的起点,就是古音。"（《中国音韵学研究·绪论》7页）"1.把中国古音拟测出来,要想作系统的现代方言研究的起点,这一层是很必要的;2.把中国方言的语音作一个完全描写的说明,做过这层之后然后可以;3.用音韵学的研究指明现代方言是怎样从古音演变出来的。"（《中国音韵学研究·续篇》13页）他在这里说的"古音"是中古音,也就是《切韵》音。他早期关于中古汉语语音的全部研究就是以《切韵》为根据的。《切韵》音就等于中古音,这个观点深入人心,其影响长达几十年之久,所有第一代语音史框架莫不奉为圭臬。所以,第一代语音史框架中的核心"点"是《切韵》音。高本汉拟测了这个核心"点"就能上推古音,下推今音,"三点一线"的格局就形成了。为什么可以拿《切韵》上推古音?高本汉说:"上古音的正确构拟,极大地依赖于有关它的中古读音的可靠知识。这个中古读音就是《切韵》,它是上古汉语的一个主要的子方言。"(《汉文典·导言》5页)为什么可以拿《切韵》下推今音呢?高本汉说:"我们所以认为《切韵》所代表的中古汉语是活的语言(长安方言)的记录,而不是隋代各种方言的人为综合,是因为绝大多数差得很远的现代方言都能够把《切韵》音作为它们系统而逻辑地发展而来的母语。"(《汉文典·修订本导言》4页)既然《切韵》音是《诗经》音的"主要的子方言",又是现代方言的"母语",一线相承的脉络就毋庸置疑了。总其成的著作就是《汉文典》(1940年初版,1957年出修订本),全书所收汉字,其下均列注高氏构拟的上古音、中古音及现代音。正文之后还有"从上古汉语到中古汉语、从中古汉语到官话"两节。高氏1954年出版的《中上古汉语音韵纲要》同样具有语音史性质。这部书的名称实际上可称之为《中上古汉语语音史纲要》。高本汉非常自信,再一次强调:《切韵》所代表的"实质上就是陕西长安方言"(2页),《切韵》语言在唐朝曾作为一种共通语传遍了中国国土上所有重要的城镇"(9页),"从而成为几乎是全部现代方言的母语(福建与毗邻地区的闽方言除外)"(2页注[1]),他的上古音所表示的是"西周时代(从公元前1028年起)河南地区的语言"(2页)。

高本汉的这些结论,有正确的部分,也有不正确的部分。其正确的部分显然继承了中国传统音韵学的研究成果。1939年傅斯年就指出了这一点,他说:"高本汉先生之成此大业固有其自得之方法,然其探讨接受吾国音韵学家之结论,实其成功主因之一。"①尤其是上古音的研究,清人的影响是极其深远的。古人留下的韵书、韵图,也极其珍贵。没有这些背景材料作为基础,高氏的方法再高明,也难成功。

继高本汉之后,有八种语音史,三"点"基本相同,其不同之处何在?

从中古说起。首先是对《切韵》性质有不同看法。董同龢认为"《切韵》是集六朝韵书大成的作品……他们分别部居,可能不是依据当时的某种方言,而是要能包罗古今方言的许多语音系统"(《中国语音史》40页)。"以为《切韵》代表一个单纯方言的人是忽略了《切韵》的时代背景。从《切韵》的产生看,它实在不是,也不可能是7世纪初长安方言的记录"(《汉语音韵学》181页)。"现代各方言的歧异,差不多都可以在《切韵》里找到他们的分别所在,如说他们都是由7世纪初的一个方言演变而来的,未免不近情理"(《汉语音韵学》182页)。史存直也认为"《切韵》综合了各家韵书,自然也就综合了古今南北的多种成分"(《汉语语音史纲要》20页)。黄典诚认为《切韵》音是后汉以来经师们口耳相传的比较严密的以洛阳音为标准的读书音"(《汉语语音史》11页),但接着又说:"《切韵》所反映的是较古的洛阳音,不是当代的洛阳音。古洛阳话被移植到金陵基本保留了原型;洛阳当地在异族统治下则发生了变化。只有洛阳和金陵两地的语音互相补足,然后才成为完整的中古音系——《切韵》。"经过这样一番演绎,《切韵》还是具有古今南北的综合特色。邵荣芬说:"所谓中古时期的语音系统就是指陆法言《切韵》所代表的语音系统。这部书所反映的音系是当时的标准音系。"(《汉语语音史讲

---

① 傅斯年为高本汉《中国音韵学研究》所作序言第2页。

话》32 页）这个标准音系的基础方言是什么，此书没有明确地点，而在另外一个地方他明确肯定："当时洛阳一带的语音是它的基础，金陵一带的语音是它主要的参考对象。"（《〈切韵〉音系的性质和它在汉语语音史上的地位》）王力先生认为："《切韵》的系统并不能代表当时（隋代）的首都（长安）的实际语音，它只代表一种被认为文学语言的语音系统。"（《汉语史稿》上册 49 页）大抵自 1949 年陈寅恪发表《从史实论切韵》后，他的洛阳旧音说虽非定论，而高本汉的长安音说却再也没有人信从了。

关于《切韵》声韵系统，各家意见也不尽一致。

有多少声母？大致均在三十五个左右（黄典诚有四十个声母）。分歧点是：泥娘是否合一，禅船是否合一，俟母是否独立。构拟方面的分歧更多。高本汉的那套 j 化声母是否可信，全浊声母是否送气，庄组的音值是否为卷舌音，日母的音值是什么，影母的音值是？还是零声母，意见不一。

《切韵》有多少韵母？今以王力与邵荣芬的不同为例：

王力《汉语史稿》说："一百四十一个韵母。"（《文集》本 69 页）其中舒声韵九十一个韵母，入声韵五十个韵母。

邵荣芬《汉语语音史讲话》说："《广韵》的韵母由于按四声划分，数目较多，有三百多个。如果把平上去算一个韵母，入声算一个韵母，就只有一百五十多个。现在把《广韵》的韵母按后一种办法列表如下。"（41 页）据《表》统计，舒声韵一百零二个韵母，入声韵五十五个韵母，共计一百五十七个韵母。邵比王多出十几个韵母。其中果、假、遇、流、通、江、宕、曾等八个摄两家韵母数量完全一致，凡是有重纽韵系的摄则不同。止摄（支、脂）多出四个韵母，蟹摄（齐、祭、海）多出三个韵母，效摄（宵）多出一个韵母，臻摄（真、谆、臻、痕入）多出一个韵母，山摄（仙）多出四个韵母，梗摄（陌）多出一个韵母，深摄（侵）多出两个韵母，咸摄从表面上看两家均为十六个韵母,而性质有所不同。邵荣芬的支、脂、祭、真、仙、宵、侵、盐八个韵系是有重纽的韵系,王力根本不承认有重纽,故韵母数量大有出入,这是主要原因。另外,齐韵的"㜘、䶩"属三等,王力未分出来;海韵的"茝"、哈韵的"𣶏"也属三等,王力也未分出来;"𪒠"小韵,《韵镜》为痕之入声,《广韵》寄入没韵,王力未独立出来;陌韵有合口三等,王力无。比之重纽,这些都是无关大局的小问题。咸摄的盐韵是有重纽的,为何两家韵母数量一样? 因为邵荣芬认为严、凡两韵系的字《切韵》也不冲突,可以合并,所以拟音不作区别"(《汉语语音史讲话》44 页注②)。而王力并不把严韵系并入凡韵系,他以严韵系为开口,凡韵系为合口,故比邵多出两个韵母,但邵的盐韵系因重纽关系有四个韵母,王不管重纽,只有两个韵母,双方在数量上扯平了。臻摄的格局双方也大不一样,一是邵"把真韵系全作开口,谆韵系全作合口"(《汉语语音史讲话》42 页注⑤)。故真谆共有八个韵母,王力谆韵系为合口,只有两个韵母,真韵系虽有四个韵母,并非为了重纽,而是真韵系内部又分开合,邵荣芬认为"《广韵》真、谆两系(指平上去入)开、合口字收乱了"(《汉语语音史讲话》42 页注⑤)。邵的意见是对的。一是臻韵系王力拟了两个韵母,邵认为"臻韵系只有庄组声母平入声,和真韵系不冲突,可以合并,所以拟音不作区别"(《汉语语音史讲话》43 页注①)。在《切韵研究》中,邵又一次强调:"严韵系和凡韵系、臻韵系和真韵系的区别既然是在一定声母条件下的异调异读,所以我们认为可以把严韵系并入凡韵系,臻韵系并入真韵系。"(83 页)

　　语音史家不止王力一人不管重纽,黄典诚的《汉语语音史》、向熹的《简明汉语史》、史存直的《汉语语音史纲要》、任铭善的《汉语语音史要略》都不以重纽立韵母。重纽问题,国内外已经有好几代人费了几十年时间来探索,各种可能都探索过了,至今没有定论。作为一部韵书的音系研究来说,把重纽问题搞清楚是有意义的,对于整个中古语音史来说.重纽问题有多大分量呢?值得如此耗费精力吗?

在"三点一线式"框架中,《切韵》音是上推古音下推今音的关键。现在我们要提出一个问题,《切韵》能承担这样的重任吗?就依高本汉所言,《切韵》是单一音系,是活方言,是长安音,上古音系是"西周时代河南地区的语言",这二者之间是直线发展的关系吗?长安音是由河南音发展出来的吗?口说无凭,何以证明?至于说《切韵》音是现代各方言的母语就更是无稽之谈了。何况好几位语音史的作者都承认《切韵》是综合音系,非一时一地之音,既然如此,还拿它上推古音下推今音谈一线发展,岂不是自相矛盾。史存直先生对此已有很深刻的批评,他说:"《广韵》是古今南北的综合体系。既然是古今南北综合体系,从一时一地的观点来看,它就不可能每韵都有不同的读音,这个道理是非常容易懂的。例如这里有 A、B、C 三个韵,在北方 A、B 两韵读音相同,在南方 B、C 两韵读音相同,韵书因为要兼顾南北,所以才把它分为三个韵的。这时候你能对 A、B、C 三个韵拟出各不相同的读音来吗?""于是拟出来的音自然就只能放在纸上看看,而不能用嘴读出来了。中古的语音既已被拟错,根据它来上测古音,本来就已经难望正确。"(《汉语语音史纲要》86 页)在《汉语音韵学纲要》中他又谈到:"把《切韵》误认为一时一地语音体系的结果,必然会造成下述一系列的错误:

a)歪曲了隋唐时代的语音真实情况。把隋唐时代的语音拟测引导到错误的道路上去。

b)歪曲了汉语语音发展的真实情况。使人误以为隋唐时代的语音比较现代的语音丰富得多,误以为汉语语音的发展方向是由繁而简的,事实上未必如此。

c）歪曲了语音变化的速度,使人以为语音体系在千余年间就有十分巨大的变化。其实一种有体系的东西变化都比较缓慢。音韵体系在这一点上也和语法体系一样。

d）把上古音的研究引导到错误的道路上去。因为上古音的研究无论如何必须以中古音为出发点,如果把中古音的拟测弄错误了,上古音的拟测必然也要跟着弄错。”（31页）

史先生讲的这四条,除了“汉语语音的发展方向”究竟是不是“由繁而简”这一点还须要验证之外,其余各点都是正确的。且《切韵》究竟是南北朝语音的综合还是代表隋唐语音,意见也不一致。无论如何,它的声母有三十五至四十个（黄典诚中古声母有四十个）之多,韵母有一百四十或一百五十七个之多,不能不“使人误以为隋唐时代的语音比现代的语音丰富得多”,而这“丰富得多”的语音体系不用“千余年”,实际上到宋朝只有几百年“就有十分巨大的变化”,这是不可思议的,只能是“歪曲了语音变化的速度”。

《切韵》有如此“丰富”的声韵系统,从事构拟的人自己也不免感到疑虑,自己心里也不踏实,但最后总是寻找不成理由的理由自我安慰,或因循苟且,追随人后,不敢于跳出窠臼。

最早预设“抗议”的是高本汉本人,他在《中国音韵学研究》第三卷第十七章《古代韵母的拟测·总结》中说（526页）:

> 对于我们所拟测的古代的韵母可以有两个抗议。
>
> 我们把这个古代语言定的那么细密,这个办法是不是有点冒险？在古代汉语里像我们所拟的那么细微的分别,例如 kjǐen:kjǐen:kien 之类,像不像从前真当过辨字用的？这个抗议是不难驳倒的。我们所拟的区别并不比活语言中的区别更细微。我们知道拟测印欧古语的人也曾拟些个比我们的

还要细微得多的区别呐，况且他们那个语言的时代比《切韵》时代的汉语更远得不能比，而且他们所有的着手点，比起我们从那极严整又能定大约年代的反切跟《切韵》的韵部所组成的系统来，更没有定准得多了。我们得要记得这个系统的作者是从印度先生直接学来的语音学，而印度人关于语音的分析在语言学的历史上是很难超过的。前几章研究过的声母系统已经告诉我们反切的作者是有多么灵敏的耳朵，那么他们对于韵母也有同样透彻的分析，自在意料之中。我们还要注意《切韵》的韵就是在唐代也不是诗里的韵：在诗里用韵要宽泛的多。

高本汉先生讲的这些事实也许是对的，而作为道理却是不对的。因为他讲的"事实"与"抗议"者所根据的事实没有对上号。

人们之所以"抗议"是立足于两个事实：一是与上比《诗经》音系远没有这么复杂；二是与下比宋代也远没有这么复杂。跟印欧古语"细微"否无关。必须承认是综合音系，才能解释这一突起的复杂现象。作者辨音能力高，有"灵敏的耳朵"也许是事实。可他们的耳朵是用于"因论南北是非，古今通塞"，而不是用于辨别一个单一音系，不是用于到长安作方言调查，这耳朵越灵不是越复杂吗？

董同龢面对这复杂的中古音，也不能不反问："隋唐时期的语音系统怎么会那么复杂？举例而言，声母在舌面塞音之外又有舌面塞擦音，舌面塞擦音之外，更有舌尖面混合的塞擦音；韵母则支脂之三韵的分别已经够难说的了，而支脂两韵内还要再作所谓1类与2类的剖划。至如把整个的声韵母系统排列出来，现代汉语方言固然都不能比，即在我们确实知道的语言之中，又有谁能望其项背的呢？"（《汉语音韵学》181页）基于这样的认识，董氏断言《切韵》是综合音系,比高本汉要高明一些。可他还是为《切韵》构拟了三十四个声母,一百五十九个韵母。如果仅仅限于对《切韵》这部韵书作个案研究,这是有意义的。但以之作为整个中古音系的代表,又拿它来上推古音下推今音从中找直线发展关系,这就有问题了。董氏把《切韵》音的各种特点,如重韵、重纽一齐往上古推,结果把上古音的构拟也弄得很复杂,正如已故的史老先生所言:"把上古音的研究引导到错误的道路上去。"

　　起来纠正这一错误的是谁呢? 是董同龢的业师王力先生。王力先生早年对中古语音史的研究走的也是高本汉的路子,"迨其晚年,尽弃高氏之说,另起炉灶"①。这就要说到第二代语音史框架"九点一线式"框架了。

三　九点一线式框架

　　这个框架有九个音系,九个音系点连成一条直线,所以称之为"九点一线式"框架。这九个点是:先秦、汉代、魏晋南北朝、隋—中唐、晚唐—五代、宋代、元代、明清、现代。书中第十章《历代语音发展总表》分声母、韵部、声调三部分,展示字音的直线发展历程。还从来没有一部书对汉字字音发展的历史进行这样系统的细线条的拟测,如果这些拟音都大体上站得住的话,真是卓绝千古,功莫大焉。尤令我极为钦佩的是:王先生开始写这本《汉语语音史》时,行年已七十又八,用一年半的时间,写完了这本近五十万字的巨著。这种勇于告别自己的过去、勇于创新的精神和老当益壮、生命不息、奋斗不止的毅力,永远是我们学习的楷模。先生在勤于著述的同时,还担负许多社会工作,还要讲课、讲学,对于一个八十老翁而言,谈何容易! 这本语音史出版于1985

---

① 　陈新雄为周祖庠《篆隶万象名义研究》所作序言,2页。

年，与 1957 年出版的《汉语史稿》第二章《语音的发展》相比，
"等于另起炉灶"，"改得面目全非了"。但这两个"框架"现在都
有读者，新旧"炉灶"都在冒烟，这只能说明汉语语音史的研究仍
然处在草创阶段，还远远没有发展到可以定于一尊的地步，也许
永远无法定于一尊。问题是王力先生为什么要另起炉灶呢？如
果新炉灶不优于旧炉灶，又何必新起炉灶呢？先生本人几乎一字
不谈这个问题。他的《汉语语音史》直入本题，对 1957 年的《汉
语史稿》置而不论，为什么？我们只有自己来找答案了。我读先
生 1956 年 12 月 21 日的《汉语史稿·序》已得着一点消息，《序》
中说："这只是一个初稿，离开定稿还很远。"足见当初一开始，
先生就没有把"三点一线式"框架当作"定论"，"另起炉灶"已
属预料中的事。"三点"中最有保留的就是《切韵》音系了。他
认为"《切韵》的系统并不能代表当时（隋代）的首都（长安）的
实际语音，它只代表一种文学语言的语音系统"。《切韵》系统
既然不代表一时一地的语音，那么，上面所列的六十一个韵类和
九十二（盈按：这个数字未计入声韵母。后来加上入声韵母，改为
一百四十一）个韵母就不能了解为同时存在的"（《汉语史稿》上
册，54 页）。既非"同时存在"，又怎能作为某一特定时代的标准
音系呢？现在有人批评王先生，说他直到晚年，"才意识到把《切
韵》当成中古音代表的错误，因而在他的《汉语语音史》中，又匆
匆建立了个中古音系（南北朝音系或隋唐音系）"[1]。这样的批评
是不恰当的，是不了解王先生关于语音史研究的发展历程。首
先，这谈不上是什么"错误"，至今还有人坚持以《切韵》代表中古
音，我们可以不同意，但也没有必要判定这就是犯了什么"错误"，
中华书局于近年还重印《汉语史稿》，《王力文集》第九卷也收了

---

[1]　周祖庠《篆隶万象名义研究》127 页。

《汉语史稿》。其意义正如《编印说明》所言:"《汉语史稿》是王力先生50年代的重要著作,也是汉语研究领域内总结前人成果而写成的第一部汉语史。"另外,说先生的"中古音系"是"匆匆建立"起来的,也是太不了解实情。早在1936年王先生就发表过《南北朝诗人用韵考》,在《汉语语音史》中先生明确指出(159页):"以上所述魏晋南北朝的韵部,基本上是与我从前所作《南北朝诗人用韵考》的结论相符合的。"为了重新建立中古音系,70年代末又写了《一切经音义》和《经典释文》两书的反切考,作了充分的准备工作。

《汉语语音史》称得上是王力一生语音史研究的大总结,也在一定程度上反映中国语音史研究工作者的研究成果及思想导向。它的特点主要有:

不采取上古、中古、近现代这种西方史学分期法,而是采用中国传统的分期法。这种按朝代划分语音史的做法可能始于段玉裁,段氏在《六书音均表·音韵随时代迁移说》中分"唐虞夏商周秦汉初为一时,汉武帝后洎汉末为一时,魏晋宋齐梁陈隋为一时"(816页)。再往下他就没有分了。王力分出了九期,而且描写了每一期的语音特征,这无疑是首创。

取材以诗文用韵为主。先秦用《诗经》《楚辞》,两汉以张衡诗赋为代表,魏晋南北朝以阳夏四谢的诗赋为主,也参考了同时代的某些韵文资料,隋—中唐时代有反切和唐诗双重例证,晚唐—五代只有鱼模、屋烛、东钟等少数韵部有反切和唐诗双重例证,其余各部只有反切例证,宋代音系大多有反切、宋词双重例证,元代音系以《中原音韵》和《中州音韵》为主,还有元曲例证,明清音系以韵图韵书为据,现代音系讲了北方话、吴语、闽语、粤语、客家话的音系。

以诗文用韵系统来研究语音史,这是中国的古老传统,顾炎武等人研究先秦音系就是这么做的。据张世禄回忆说:"抗日战争时期,我在昆明和罗常培先生谈到汉语音韵学如何开展研究的问题,当时我们都认为应当广泛搜集材料,首先是两汉以来诗文用韵的系统。其时罗先生与周祖谟先生已共同著成《汉魏晋南北朝韵部演变研究》一书。"[1] 这就是接着清朝人的传统往下走,王力先生是按照这个路子彻底走到头的人。比王先生早20年,北大中文系1956级语言班于1960年编的《汉语发展史》就走的是这个路子。该书建立了六个音系,从西周至西汉,以《诗经》为据;东汉韵部系统以乐府民歌、古谣谚和文人诗文用韵为据;魏晋南北朝也是以民歌和文人诗文用韵为据;唐代韵部以变文中的韵文及白居易的诗歌为据;宋代以辛弃疾、李清照的词韵为据。该书说:"总观整个汉语音韵学的研究历史,还没有人依据词韵来研究韵部,这样做可以说是一个新的尝试。"(95页)元代音系以关、王、马、白、郑杂剧和《中原音韵》为据。我在《汉语史研究中的几个问题》一文中明确表示:"我们经过认真的讨论,一致认为,不能硬'推'。于是我们触犯了那种'以《广韵》为基点,上推古音,下推今音'的清规戒律,大胆探索了研究音韵系统的新的途径。韵书当然不能一脚踢开,但像《广韵》这样古今南北杂凑的百衲韵部,只能具有参考价值。要想建立某一个时期的比较近似的语音系统,必须以当代的韵文为主要依据,而当代的韵文又该以民间诗歌或接近口语的文人作品为主体。"[2] 这些话很有创新精神。在具体做法上虽然有可斟酌之处,但大的原则是正确的。王先生的九个音系是他个人的研究成果,而其思想脉络显然

---

[1] 张世禄为鲍明炜《唐代诗文韵部研究》所作序言,1页。

[2] 此文为何九盈执笔,以北京大学中文系1956级"汉语发展史"编委会名义发表(何当时为该编委会主编),见《光明日报》1961年1月4日。

与整个语音史研究的转向密切相关。王先生作为大学问家,最善于从时代潮流中汲取思想营养,从而开创新的局面,这是最为宝贵的学术品格。

《汉语语音史》还有一个特点,它的九个韵部系统所呈现的是由繁至简的态势,与"三点一线式"的"枣核形"格局迥异。先秦二十九部,一百五十二个韵母;汉代二十九部,一百三十六个韵母;魏晋南北朝有四十二部,似乎膨胀了,可韵母只有一百三十二个,还是比汉代要简;隋—中唐五十部,可韵母又简了,只有一百一十八个;晚唐—五代四十部,韵母七十七个;宋代三十二部,韵母七十三个;元代十九部,韵母四十四个;明清十五部,韵母四十个,现代北京音就不必谈了。

在写法上,《汉语语音史》的下卷设立了八章专谈"语音的发展规律",把上卷"历史的音系"加以总结归纳,上升为规律,这是他书所未有的,也是王先生对汉语语音史研究所作出的重要贡献。这些规律因为是根据汉语本身的材料概括出来的,读起来自然感到亲切、踏实、有用。

这里还有一点应当讨论的是:王力"撇开《切韵》",是否跟罗杰瑞一样"对《切韵》采取不理睬的态度",从而使"他们走到一起,结成了'同盟'"呢[1]?我看话不能这么说。从主张利用诗文来建立韵部的研究方法来说,《切韵》必须"撇开",也就是说,不能以之为中古音系的代表。而《切韵》在汉语语音史研究中是否就没有地位了呢? 不。我看王力对《切韵》地位的认识和处理还是比较得当的。

王力在该书《导论》第一章就肯定(5 页):"《切韵》音系对于汉语语音史的研究,有很大的参考价值。"定位于"参考",这

---

[1]　徐通锵《历史语言学》147 页。

就有别于罗杰瑞的"不理睬"。王力对《切韵》"参考"到什么程度呢？全书九个音系有八个与《切韵》的韵部进行了对比，标注每一个韵母在《切韵》中的音韵地位。中国老一辈音韵学家都知道，《切韵》不仅对历史上的韵文甚至对整个音韵研究都有不可替代的作用，无论是研究方言还是研究上古音、中古音、等韵学，都应该知道每一字在《切韵》中的地位。简单地上推古音下推今音当然不恰当，因为这个系统本身的综合性特点决定了它的上下关系并非直线关系，既非直线，又怎么去"推"呢？不能"推"不等于不能参照，因为它的反切，它的韵部，并不是凭空产生的，它总是有实际语音（或古或今，或南或北）为据的，对于这份极为宝贵的历史遗产，王力能像罗杰瑞那样"不理睬"吗？"同盟"云云，从何谈起？

《汉语语音史》建立的九个音系，并不是十全十美的，它克服了旧的局限，又产生了新的局限。

我首先感到疑惑的是，除了第九章的"现代音系"外，其余八个时代各只有一个单独音系，这单个音系能在多大程度上反映那个时代的语音面貌呢？如"主要是根据朱熹反切"建立起来的宋代音系，对宋代语音的代表性到底有多高？与南北两宋同时的辽金西夏地区的语音情况又如何呢？用一个音系就证明一个时代！这就掩盖了一个时代语音的复杂情况。

其次，就个别音系而言，它或许是可信的是很有价值的，但把这些音系组合在一条直线上，谈它们之间的直线发展，这就要求这些音系具有同质的基础方言，如果这些音系基础方言差异很大，语音发展的路子方向就会互有参差，将互有参差的东西取直，就很难避免主观主义、形式主义的构拟。

还有，分期越细，构拟的难度越大。以声母为例，九个时代的声母构拟，实际上五代以前基本都一样，除了照₌的构拟从东汉之

后由 ʈ 等变 tɕ 等之外,其余各母都一个面貌,这种不变的可能性
很小。无论如何,声母研究由于材料的原因,的确是一个薄弱环
节,这是王氏九大音系中的一大缺憾。介音问题也可疑。王先生
为先秦音系构拟了七个介音(50 页):

	一等	二等	三等	四等
开口	ø	e	i̯	i
合口	u	o	i̯u	iu

中经汉代、魏晋南北朝、隋—中唐、晚唐—五代一直到宋,基
本没有变化。尤其是宋代,一、二等合流,三、四等合流的情况很
普遍,仍然采用以四等论开合的古老框架,方枘圆凿,格格难入。
"等"的起源、"等"的变化、"等"的消失乃至"等"的性质,至今无
人能说得清。当然,不可能要求王先生一个人来一个彻底解决。

还有,建立音系究竟选用何种资料为宜,也大大值得推敲。
宋代为何不选邵雍而选朱熹?"魏晋南北朝韵部的分析,主要是
以阳夏四谢的诗赋为根据"(133 页),而"四谢"并不出生在阳夏
(今河南太康)。他们都生活在吴语区,其代表性如何?

最后,语音演变的历史也就是社会变迁的历史,战争,民族
接触与融合,人口大迁移,南北大分裂,帝都的多次转移,方言的
错综复杂,俗文学、口头文学与书面语言的参差,在现有的语音
史中几乎都未谈及,一个时期只有一个孤零零的音系,音系就是
一切。这种脱离社会演变,脱离民族接触,脱离文化变迁的语音
史,其真实可靠的程度有多大,或者说,即使这些个别音系是可信
的,而它的代表性到底有多广,覆盖面有多广,这都是应当正视的
问题。

我们无意于否定"三点一线式"框架,也无意于否定"九点一
线式"框架,但我们必须探索新的框架,故本文提出了"散点多线
式"框架。

四　散点多线式框架

　　所谓散点就是同一个历史平面可以有两个以上的音系点。王力的《汉语语音史》第九章"现代音系"就有北方话、吴语、闽语、粤语、客家话等五个音系，这是最为理想的写法。即使不能每一个时代都列出多个点，起码也应该列出南北两大音系。我们知道，从先秦到现代，汉语方言分歧就以南北最为突出，如果一部语音通史丝毫不涉及这种方言分歧，这无论如何是说不过去的。我在上世纪 60 年代主编《汉语发展史》时就强烈希望能反映这种分歧，但短期之内无法实现这一意愿。就这样，我们也把魏晋北朝和南朝韵部分别作了考察，"发现阴声韵、阳声韵的分部基本相同，但分部上的大体一致并不能说明音值的相同，仔细考察起来，还是能看出一些差别，例如南朝的鱼部和歌部有较多的通押现象……在阳声韵方面，南朝比魏晋北朝少登、参、嫌三部，□朝韵部中出入较大的是入声韵部。虽然魏晋北朝□□的入声韵部都分为十部，但它们之间的分合是不□□。魏晋北朝的月部在南朝分为发雪两部；北朝色国□□□南朝合为息部；北朝比南朝增加一个及部，南朝□□增加一个目部"（中册 69—71 页）。我在这里引用□□□论其目的不在于这些结论本身，而是想说明同一历□□面建立多个音系的可能性。退一步说，即使不能建立□□的音系，某些确有根据的个别特征也值得如实介绍。不必求全，能说多少就说多少。与其建立一些不可靠的体系，不如只把可靠的部分说出来，不可靠的部分存疑。孔子说："君子于其所不知，盖阙如也。"又说："吾犹及史之阙文也。"又说："多闻阙疑。"写历史应该坚持"阙疑"原则。

　　有人批评《汉语语音史》，说此书"在方言材料的运用方面则后退了一步，因为它只根据书面材料整理各个时期的音系，而没有考虑复杂的汉语方言在语言史研究中的价值"(《历史语言学》140页)。这则批评有相当的道理,可是有两个漏洞:第一个"漏洞"是王力并不是"没有考虑方言的价值",他在《导论》中专门设了一章讲"方言",说:"我们研究语音史,就会遇到方言的问题。我们所根据的语音史料,是方言还是普通话?在各种同时代的语音史料中,有没有方言的差别?在同时代的诗人用韵中,有没有方言的差别?"这不就是"考虑"吗?"考虑"的结果是:"这些都是很难解决的问题。""因为我们对于古代方音知道得太少了"(11页)。这是事实,无可非议。可非议的是王先生对方言材料的处理还是有值得斟酌之处,如第四章隋—中唐音系"以陆德明《经典释文》和玄应《一切经音义》的反切为根据",王先生说(164页):"玄应从贞观十九年(645)到龙朔元年(661)左右,一直在长安工作。他在书中屡次提到正音,应该就是长安音。"而陆德明的反切又是什么音?先生没有说。据林焘先生研究(342页):"在《经典释文》成书之前,陆德明既没有到北方去过,也很少接触北方学者的著作。他所收的音切,基本上是南人的音切……《经典释文》所收的'标之于首'的音注基本上可以反映出当时的南音系统。"从根本上来说,陆书虽然可能成于隋代,而用它来代表隋—中唐音系,本来就很不理想,陆与玄有南北之别,将二者综合在一起,还不如各自独立为优。又如第七章元代音系,"主要是根据周德清《中原音韵》和卓从之《中州音韵》"。而实际用的是王文璧的《中州音韵》的反切。我在《〈中州音韵〉述评》(见《音韵丛稿》24页)中指出:《中州音韵》是一部适应南曲需要而编撰的韵书,它并非元代北方语音系统的反映。"将《中原音韵》与《中州音韵》合为一个音系,又是南北不分。批评者不非议此,不非议其对具体材料的处理欠当,而非议其认识上有误,"没有考虑方言的价值",实在没有说到点子上。第二个"漏洞"是说王先生"只根据书面材料","而没有考虑复杂的汉语方言",似乎"书面材料"中就没有"方言"问题。其实,从语音史的角度来看,从利用方言材料的角度来看,口头的活资料和书面的死资料具有同等重要的意义,二者不可偏废。何况王先生对书面材料的利用(特指历史上记录的方言资料)并不充分。早在上个世纪,林语堂就写过《陈宋淮楚歌寒对转考》《燕齐鲁卫阳声转变考》《周礼方音考》[①],这种专题性质的研究,虽不具"音系"性质,但属于语音史研究的基础工作。某项语音演变总是从某个具体的方言开始的,这种研究越是深入,语音史可信程度就会越高。如[-m]尾的消失,不能笼统地说始于何时,因为各方言区的情况不同。大家经常引用胡曾《戏妻族语不正》诗[②],说其妻把"针"读做"真",把"天阴"说成"天因",可证唐末南方的楚方言[-m]尾已发生变化,与司马光同时的刘攽也说"荆楚以南为难,读添为天"[③]。鲍明炜《唐代诗文韵部研究》还指出许敬宗、王梵志、拾得等人的诗"[-m]韵尾字押入[-n]韵尾字中,可能是作者的口语[-m]和[-n]相混。没有[-n]韵尾字押入[-m]韵尾字中的例"(9—10页)。写唐代语音史时,这些材料就应当写进去,这些材料如何安排?可在概况中或该时期方音特点中论述。

至于现代方言资料如何为汉语语音史研究服务,也就是汉语语音史如何利用现代方言资料的问题,难度虽然相当大,而有价值的材料一定相当多。现代方言是研究汉语语音史的宝库,汉语语音史要上一个新台阶,必须在面向死材料的同时,也要面向活材料。赵元任说:"原则上大概地理上看得见的差别往往也代表

---

①　第一种见《庆祝蔡元培先生六十五岁论文集》上册 425 页,后二种均见林语堂《语言学论丛》。

②　《全唐诗》第 25 册卷八七〇 9863 页,中华书局 1960 年。

③　见宋陈鹄《耆旧续闻》卷七 615 页;又见周祖谟《问学集》下册 656 页转引。

历史演变上的阶段。所以横里头的差别往往就代表竖里头的差别。一大部分的语言的历史往往在地理上的散布看得见。"(《语言问题》104 页)语音史就是讲语音在"竖里头的差别",理应利用"横里头的差别"来说明、论证这"竖里头的差别"。而过去所有的语音史,不论是"三点一线式"还是"九点一线式",全部忽视了"横里头的差别",结果就造成了两大失误:一是"横里头的差别"是如此之大,而"竖里头"却一个时代只有一个音系,这一音系是否就具有全国通语的性质呢? 如果不具有,它的基础方言又是什么呢? 所以一个时代只有一个音系的框架根本就无法反映"横里头的差别",以此音系来论"竖里头的差别",谈"一线"发展,往往是以偏概全,不可信。失误之二是横里竖里都有反映的某些语言特征,因为不能纳入"这一音系"就只好置而不论;或者虽然能纳入"这一音系"而主观上无意去发掘,致使这些宝贵的方音资料得不到有效的利用,因而也就无法上升为汉语语音演变规律。如东汉时代透母的读音,根据刘熙《释名》的记载就有两种不同的音(《释天第一》):

　　　　天:豫、司、兖、冀以舌腹言之。天,显也,在上高显也。
青、徐以舌头言之。天,坦也,坦然高而远也。

豫州部(治所在谯)、司隶部(治所在洛阳)、兖州部(治所在昌邑)、冀州部(治所在鄗,赵郡高邑),这四个部涉及的地面相当于今之河南、河北,以及山东等地。青州部(治所在临淄)、徐州部(治所在郯)相当于今之山东、江苏等地的部分地区。这两大地区对同一个"天"字有两种绝然不同的读音。"天,显(晓母)也",其声母为喉擦音 [h];"天,坦(透母)也",其声母为 [t']。而读 [h] 为洛阳音,应该是当时的通语、正音,我们建立东汉音系时,怎能对这样的音一字不提而以 [t'] 来代表当时的通语呢? 现在我们来看

"横里头"有无透母字读 [h] 的材料。何大安的《澄迈方言的文白异读》就有不少例子，如（126页）：

　　　　天 hin　　坦 han

我曾经请问过吴可颖女士，她是海口市人，在她的方言中透母字如"土吐拖铁"等也读 [h]。"在江西中部地区，一些地方透、定二母字读 [h]"（《客赣方言比较研究》281页）。"南丰、广昌、黎川、泰和与福建建宁方言的'天'字读做 [hien]"（同上，283页）。这个例子还给我们一个启发，为什么洛阳音 [h] 没有取代青徐的 [t']，反而由 [t'] 取代了 [h] 呢？起码可以证明："正音"并不永远都是正音。"正音"边缘化，非正音主流化，这是汉语语音发展过程中的普遍规律。关于 [t'][h] 之间的关系应如何解释呢？究竟是由 [t'] 变 [h] 呢还是由 [h] 变 [t'] 呢？我在《商代复辅音声母》（《音韵丛稿》6页）中有另外的解释："汉末方言，'天'有晓母、透母两读，这正是复辅音 st^h- 分化的结果。"我相信这个解释比前两种说法要好一些。

　　下面我还举一个例子，像"古无去声"这种似乎无法从"横里头"找到证据的问题，最近也有人从河北平山方言中发现了若干实例。这就是中古去声字"败、外、类、岁、内、季"等，处于双音词首位时，均读同入声调。作者认为："这些字按照王力先生的说法在上古是长入调类。这种方音现象可以解释为上古读音的一种遗留。"[①] 这种"横里头"的证据虽然由于例字较少还不够有力，但语音史的研究必须以"横、竖"结合为基础，这是毋庸置疑的。

　　建立"散点多线式"框架，必须解决历史上横断面的分区和纵断面的分期问题，区的划分应该是动态的分层级的，但不可能像现代方言分区那么明确，描写得那么细致，能做到大概齐就不

----

① 　盖林海《河北平山方言入声流变考察》，《语文研究》2001（2）。

错了。所谓动态的就是时代不同、政治中心的转移、经济地位的
变化、人口的大迁移，必然会直接影响到方言地位、成分的变化，
影响到方言区域的划分。所谓分层级的，即大区之下肯定会有若
干小区，小区之内肯定又有小片之别。作为语音史来要求，恐怕
首先要解决的是将大区分出来，至于小区、小片能区分固然好，不
能细分，只能留给后人去做了。

　　分区与分期必须结合起来考虑，过去的语音史分期根本不考
虑分区问题，其科学性就大成问题，而且某些语音特征各方言区
本来就参差不齐，一期只有一个音系，无法作出解释说明。如重
唇的分化、端知的分化、[-m] 尾的转化、入声的消失，如不分区来
谈，必然得不出科学的结论，以一音系概括全国各种方言，能不失
之片面！

　　从原则上来说，分期不能只以朝代为据，朝代变了语音不一
定也跟着变。为了称说方便，我们也可用朝代名称作为语音史分
期的名称。分期的主要根据是各方言区语音的变化。考虑到在
整个古代社会中，语音的演变总是比较缓慢的，而且又无古人的
"活语音"为据，分期分区都只能是粗线条的。本文初步考虑将汉
语语音史分为五期，各期"点"的多少视语音实际情况而定。

　　第一期为先秦两汉　　其方言点以东西分界。王健庵的《〈诗
经〉用韵的两大方言韵系》(《中国语文》1992 [3])认为："《诗
经》用韵有东土方言和西土方言之别，东土韵类应分为三十部，
西土韵类只有二十五部……西土阴声韵去声字归属入声，正是
'秦陇去声为入'，而东土不混。"我觉得沿着这个思路和实际结
论，对西汉音系也可以分别东土与西土来进行考察。王健庵的研
究非常值得我们重视。早在上世纪 30 年代，傅斯年就发表过一
篇著名论文《夷夏东西说》，认为"在三代时及三代以前，政治的
演进，由部落到帝国，是以河、济、淮流域为地盘的。在这片大地

中,地理的形势只有东西之分,并无南北之限……夷与商属于东系,夏与周属于西系"。"且东西二元之局,何止三代,战国以后数百年中,又何尝不然? 秦并六国是西胜东,楚汉亡秦是东胜西,平林赤眉对新室是东胜西,曹操对袁绍是西胜东。不过,到两汉时,东西的混合已很深了,对峙的形势自然远不如三代时之明了"。东夷西夏之分只是文化上的不同,并不是民族的不同;是方言之分,并不是语言的不同。西方有的语言学家认为夏是古汉语族,商是与南亚语系关系密切的民族,周之先世是藏缅语族。历史学家张光直问道:"夏商周三者之间的差异是这一类的吗? 传世文献中存留下来了一些东周时代及其以后的儒家对三代或四代(三代加上虞)的比较……这种分别只能说是大同之下的小异。"(《中国青铜时代》63 页)王健庵的研究从语言地理的角度证明了傅斯年《夷夏东西说》是正确的,也证明了夏商周三代语言不同的说法是错误的,当然也证明张光直"大同小异"的说法是站得住的。王健庵根据"《尚书》等历史文献中把宗周这一范围的人称为'西土之人',而把殷商那一范围的人称为'东土之人'。按照这一地理概念把《诗经》篇什进行方言分类"。分类的结果,证明了东西方言大同之下有小异。这种"大同"当然是"东""西"方言接触混合的结果。商人自东徂西,周人自西徂东,二者在语言上互相影响,强势方言变为弱势方言,弱势方言变为强势方言,你中有我,我中有你,这是大趋势。而各自又保存某些特征,一直到西汉末年扬雄的《方言》还以东西之别为大界,书中常说"自关而东、自关而西、自山而东、自山而西"。我在《中国古代语言学史》中说(51 页):"上古汉语(原注:这里指周秦至西汉)的词汇发展可以划分为两个阶段。秦以前为一阶段,关东雅言是通语;秦汉又是一个阶段,关西方言上升为通语。而关东、关西这两大方言又随着社会的发展、文化的传播,对南中国各方言产生过深刻的影响。"语音的情况大体类似,探讨东西两种方言的语音异同,这是上古语音史的任务。

第二期为魏晋南北朝　其方言点以南北分界。因为"到了东汉,长江流域才普遍的发达。到孙氏,江南才成一个政治组织。从此少见东西的对峙了,所见多是南北对峙的局面"[①]。北方方言的中心点当然还是洛阳,南方方言的中心点就要以金陵为代表了。这两个中心点在当时都是正音,故颜之推说:"权而量之,独金陵与洛下耳。"[②]金陵为六朝帝都,其间晋元南渡,中原大批士族南来,面对弱势的南方文化,北方语音必然君临南方语音之上,二百多年的上下互动,造成了"南染吴越"的金陵式正音;洛阳音也已经不是东汉时的洛阳音了,"北杂夷虏"(《颜氏家训·音辞篇》)是其重要特征,所谓"北杂夷虏"并不是说汉语的声韵调系统中"杂"有"夷虏"的语音成分,而是"夷虏"在汉化过程中不能百分之百地原汁原味地掌握汉语,致使汉语的某些语音特征磨损或"串味",魏孝文帝于太和十九年(495)"诏断北语,一从正音"[③]。这个"正音"的标准就是洛阳音。这是一次大规模在鲜卑族中强行推广汉语的运动。诏书明文规定:"年三十已上,习性已久,容或不可卒革。三十已下,见在朝廷之人,语音不听仍旧。若有故为,当降爵黜官。"(《北史》690页)可以想见,这些鲜卑官僚一下子"不得以北俗之语言于朝廷"[④],而从他们口里说出来的"正音"必然是"洋泾浜"式的正音。洛阳音在和"夷虏"语言的接触中发生变化,这是必然的。

第三期为隋唐五代　长安是理所当然的中心点,黄淬伯的《唐代关中方言音系》(江苏古籍出版社1998年)就揭示了长安

---

① 《中国现代学术经典·傅斯年卷》237页。

② 《颜氏家训·音辞篇》,可阅王利器《颜氏家训集解》529页。

③ 《北史》卷十九《咸阳王禧传》689—690页。

④ 《北史》卷三《孝文本纪》114页。

音不同于《切韵》音的诸多特点。隋唐都有过"一帝二都"的制度,故洛阳音仍然是当时方言中心之一。李涪甚至认为:"凡中华音切,莫过东都。盖居天地之中,禀气特正。"[①]又唐代常以吴音与秦音相对,他们所说的"吴音"不一定就是苏州话,也可能是指六朝故都的南京话。唐五代西北方音也可以作为一个点,罗常培的《唐五代西北方音》、邵荣芬的《敦煌俗文学中的别字异文和唐五代西北方音》都是研究西北音系的重要文献。

第四期为两宋辽金 可分北、中、南三大中心。北音(指幽州一带)的地位逐渐明显,且呈上升之势。南音中不仅吴音地位重要,闽音也随着文化的进步、文人的增多而在文献上多有反映,杭州由于作为南宋的首都,其方音性质与地位也颇为突出。《七修类稿》卷二十六《辨证类》"杭音"条说(394页):"城中语音好于他郡,盖初皆汴人,扈宋南渡,遂家焉。故至今与汴音颇相似,如呼玉为玉(原注:音御),呼一撒为一(原注:音倚)撒,呼百零香为百(原注:音摆)零香,兹皆汴音也。"这里举了三个入声字的例子(玉、一、百)都已变为阴声,与南人大不相同。但在一般文士心目中,杭州音虽已汴洛化,其地位还是比不上原本的汴洛音。陆游说:"四方之音有讹者,则一韵尽讹……中原惟洛阳得天地之中,语音最正。"[②]南宋陈鹄(本末无考,《四库全书总目》推断为"开禧以后人也")也说:"乡音是处不同,惟京师天朝得其正。"[③]

从目前的情况看,宋代语音史的研究成绩不错。早在上世纪40年代,周祖谟先生就提出了"宋代语音史"的课题。他的《宋代汴洛语音考》就有开创之功。继周先生之后,"鲁国尧从60年代

---

① 李涪《刊误》16页,《新世纪万有文库》第二辑,辽宁教育出版社1998年。

② 陆游《老学庵笔记》卷六5页,商务印书馆涵芬楼藏版,1933年。

③ 陈鹄《耆旧续闻》卷七618页,上海古籍出版社1991年。

初期起即研究宋词用韵,三十年来著系列论文多篇"①。继鲁国尧之后,他的学生刘晓南写了《宋代闽音考》(岳麓书社1999年)。师徒三代致力于宋代语音史的研究,这是很有意义的一件事。另外,朱晓农著《北宋中原韵辙考》(语文出版社1989年),李范文著《宋代西北方音》(中国社会科学出版社1999年),最近杜爱英发表《"新喻三刘"古体诗韵所反映的方音现象》(《语文研究》2001年[2]),研究的是北宋江西方音。现在的问题是应有人对宋代语音史进行综合研究。对辽金的语音情况也应进行基础性的研究。

第五期为元明清　这一时期北京音系提到了显要地位,《中原音韵》大体上可以作为代表。南方的南京音系以及吴、闽、粤、蜀、赣等地的方言都应该分别考察。

以上是我个人对分期、分区的初步意见。唐末五代是近代汉语语音的上限,我倾向于归在第四期,现暂归第三期。还应特别强调的是关于北音的研究。

王力先生曾经指出:"就语音方面来说,离开中原越早的,保存古音越多。六朝以后,汉语方言更加分歧了。北方是汉语的策源地,北方的汉语无论在语音、语法、词汇各方面都发展得最快。"(《汉语史稿》上册37页)

"策源地、发展得最快",这两个论断都很重要,可现在的语音史谁也没有回答这两个问题。我觉得这应该是今后汉语语音史研究的重点课题、主攻方向。

作为汉语策源地的北方,按理说汉语的发展应该具有相对稳定的优势,为什么发展得反而最快呢? 根本原因是北方在历史上曾多次发生人口大迁移大流动。流动的方向先是由东向西,由西向东,秦汉以后总是由北向南。五代末至两宋,也有山西、河北两

---

① 《鲁国尧自选集·作者简介》314页,河南教育出版社1994年

地的汉人向蒙古高原、东北地区流动的。流动的原因,早期取决于游牧、游农的社会性质,三代及三代以前华夏部族是在流动过程中发展起来的。史前的流动对汉语有过什么样的影响,现在很难说得清楚。秦汉以后,北方因为战乱曾发生两次人口大流动,对汉语的发展产生过决定性的影响,这是可以深入探索的。

从公元4世纪(东晋)到14世纪(明代)的一千年间,北方有七百多年两次处于社会大动乱民族大融合的局面之中。从五胡十六国(136年)到隋灭北周将近三百年,匈奴、羯、羌、鲜卑与汉族大融合,其中鲜卑族一直处于主导地位。十六国中有五国(西秦、前燕、后燕、南燕、南凉)为鲜卑政权,后来的西燕、北魏、北齐、北周均为鲜卑政权,鲜卑语被尊为"国语",不少汉人以会鲜卑语为荣。陆法言是鲜卑后裔,有人认为颜之推、颜师古都通鲜卑语。

这一时期的人口迁移不只是北人南迁,北方内部的流动也很严重,游牧民族一掌权,第一件大事就是搞人口大迁移。大批少数民族内迁,大批汉人成为俘虏被强迫迁离故土。匈奴族刘曜(后赵)都长安,就有二十多万氐羌人迁入长安。符坚灭前燕,迁鲜卑四万余户到长安。十七年后,西燕又率领四十多万鲜卑人离开长安。历史学家范文澜说:"隋唐时期居住在黄河流域的汉族,实际是十六国以来北方和西北方许多落后族与汉族融化而成的汉族。"[1] 胡人汉化,汉人胡化,这时的"汉族"本质上就是"杂种"。朱熹已经指出:"唐源流出于夷狄。"[2] 陈寅恪进一步指出:"若以女系母统言之,唐代创业及初期君主,如高祖之母为独孤氏,太宗之母为窦氏,即纥豆陵氏,高宗之母为长孙氏,皆是胡种,而非汉族。"[3] 隋唐时期的汉族已不是原本意义上的汉族,隋唐时

[1] 范文澜《中国通史简编》第二编 526 页,人民出版社 1965 年。

[2] 黎靖德编《朱子语类·历代三》第八本 3245 页,中华书局 1994 年。

[3] 陈寅恪《唐代政治史述论稿》修订本 1 页,上海古籍出版社 1997 年。

期的长安人、洛阳人，已不是原本意义上的洛阳人、长安人。另一位历史学家缪钺指出：北朝时"洛阳语音受鲜卑语音影响而变质"[①]。此论又一次使我想起颜之推的两句名言："南染吴越，北杂夷虏。"这八个字所包含的丰富内容，我们的语音史至今未作出具体的证明。颜之推还告诉我们，北方方言已经历了大融合大一统的过程，所以才会"隔垣而听其语，北方朝野，终日难分"[②]。士大夫与普通平民口语一致，这正反映汉语口语地位上升，北方内部方言之间的差距逐渐缩小，这是北方共同语形成最为关键的时期。

北方第二次大融合要以后晋石敬瑭于公元 936 年割燕云十六州归契丹时算起，至 1368 年 9 月明大将徐达攻占元大都时为止，其间有四百三十多年，辽（契丹）、金（女真）、元（蒙古）与北方汉人大融合，东北官话逐渐形成。有文献材料可以确证，汉语当时乃东北地区各少数民族的共同交际用语。北京为辽之南京、金之中都、元之大都，现代普通话的来源应该从辽金时代研究起，而这方面的研究又是我们的薄弱环节。

我在本文中提出的"散点多线式"框架，靠个人之力在短期之内是无法完成的。应由集体合作，用相当长的时间来完成这一伟业。21 世纪，中国人应该向世界人民贡献出一部几百万字的《汉语语音发展史》，一种占世界人口四分之一的语言的历史，是值得我们去认真总结、认真研究的。

我们应当有所作为，也能该有所作为。

2002 年 6 月 10 日完稿

原载《民俗典籍文字研究》第一辑，商务印书馆 2003 年

---

① 缪钺《读史存稿》58 页，三联书店 1963 年。
② 《颜氏家训·音辞篇》，可阅王利器《颜氏家训集解》530 页。

补记：

2001 年 6 月，笔者应中国社会科学院语言研究所的邀请，参加"海峡两岸汉语史研讨会"，4 日下午我作了题为《汉语语音史研究刍议》的发言，本文即在此发言基础上改写而成。

参考文献

鲍明炜 《唐代诗文韵部研究》，江苏古籍出版社 1990 年

北京大学中文系 1956 级语言班 《汉语发展史》中册（油印稿，未正式出版）

〔宋〕陈鹄 《耆旧续闻》，上海古籍出版社 1991 年

陈寅恪 《从史实论切韵》，《岭南学报》1949（9）；又见《金明馆丛稿初编》，三联书店 2001 年

董同龢 《中国语音史》，华冈出版有限公司 1978 年

——— 《汉语音韵学》，中华书局 2001 年

段玉裁 《说文解字注》，上海古籍出版社 1981 年

傅斯年 《夷夏东西说》，《庆祝蔡元培先生六十五岁论文集》下，《史语所集刊》外编第一种，1935 年；又《中国现代学术经典·傅斯年卷》，河北教育出版社 1996 年

高本汉著，聂鸿音译 《中上古汉语音韵纲要》，齐鲁书社 1987 年

高本汉著，潘悟云等译 《汉文典》，上海辞书出版社 1997 年

高本汉著，赵元任等译 《中国音韵学研究》，商务印书馆 1995 年

何大安 《澄迈方言的文白异读》，《史语所集刊》52 本，1981 年

何九盈 《中国古代语言学史》，广东教育出版社 1995 年

——— 《音韵丛稿》，商务印书馆 2002 年

黄典诚 《汉语语音史》，安徽教育出版社 1993 年

蒋希文 《〈经典释文〉音切的性质》，《中国语文》1989（3）

〔明〕郎瑛 《七修类稿》，中华书局 1960 年

〔唐〕李延寿　《北史》,中华书局 1983 年

〔宋〕陆游　《老学庵笔记》,商务印书馆涵芬楼藏版,1933 年

林　焘　《林焘语言学论文集》,商务印书馆 2001 年

林语堂　《语言学论丛》,上海书店 1989 年

刘纶鑫主编　《客赣方言比较研究》,中国社会科学出版社 1999 年

《庆祝蔡元培先生六十五岁论文集》上,《史语所集刊》外编第一
　　种,1933 年

《全唐诗》,中华书局 1960 年

邵荣芬　《〈切韵〉音系的性质和它在汉语语音史上的地位》,《中
　　国语文》1961(4);又见《邵荣芬音韵学论集》,首都师范大学
　　出版社 1997 年

———　《汉语语音史讲话》,天津人民出版社 1979 年

———　《切韵研究》,中国社会科学出版社 1982 年

史存直　《汉语语音史纲要》,商务印书馆 1981 年

王　力　《汉语史稿》,科学出版社 1957 年;又《王力文集》9,山
　　东教育出版社 1988 年

———　《汉语语音史》,中国社会科学出版社 1985 年;又《王力
　　文集》10,山东教育出版社 1987 年

王利器　《颜氏家训集解》,中华书局 1993 年

徐高阮　《董同龢先生小传》,《纪念董作宾、董同龢两先生论文
　　集》(上),《史语所集刊》36 本,1966 年

徐通锵　《历史语言学》,商务印书馆 1991 年

张光直　《中国青铜时代》,三联书店 1999 年

赵元任　《语言问题》,商务印书馆 1980 年

周祖谟　《问学集》下册,中华书局 1966 年

周祖庠　《篆隶万象名义研究》,宁夏人民出版社 2001 年

汉语和亲属语言比较研究的基本原则

引 言

20 世纪汉语和亲属语言比较研究留下了两大公案。五六十年来,这个领域里的许多是是非非,几乎都跟这两大公案有关。

第一大公案是美国白保罗(Benedict, Paul K.)首先发难的。在汉藏语系分类的问题上,白保罗用新的二族说否定李方桂的四族说。二者的矛盾从表面看只是语源发生学分类的不同,实际上涉及如何处理远程构拟和层级构拟的关系问题。

第二大公案的案主是法国的奥德里古尔(Haudricourt, André G.)和加拿大的蒲立本(Pulleyblank)。他们关于汉语声调问题的主张,也是牵一发而动全身,从原则上来说是比较构拟和内部构拟在古音构拟中的地位问题。

这两桩公案都发源于海外,都有很广的国际背景和很远的历史背景。从 1974 年马提索夫批判李方桂到 2001 年有人批判王力,这两个事件前后呼应,一脉相承,有明显的内在联系。这不是门户之争,也不是个人意气之争,而是各人所选择的构拟原则不同。在台湾语言学界,这种争论似乎早已成为过去,而大陆内地,白保罗、马提索夫、奥德里古尔、蒲立本的某些主张仍被少数人奉为“新说”,奉为“主流”,所以我们有必要对他们的主张作一次梳理。我们所得出的结论是,这不是什么“新”“旧”之争,也不是什么“主流”与“非主流”之争,而是基本原则的论争。也就是在汉语和亲属语言的比较研究中,我们应当坚持什么样的基本原则。是用假设剪裁事实还是用事实验证假设,是尊重李方桂、张琨等人所开创的传统还是从根本上否定这一传统。

基本原则之一:远程构拟应与层级构拟相结合,应以层级构拟为基础

一、白保罗、马提索夫与远程构拟　对原始共同母语的构拟,从以往的经验来看,不外乎层级构拟和远程构拟这两种方法。所谓层级构拟就是"从最低的语言层次开始,逐级往上推,最后求出最高层次的共同母语"。远程构拟也就是马提索夫所说的"巨观语言学",这种方法是"一开始就比较差别大的语言,直接跳到构拟的目标,不很重视低层的比较"[①]。"巨观语言学以大胆和冒险为其特征"[②]。有人说,在汉藏语系研究中,运用远程构拟法,"这是白保罗的一项发明"[③]。我们现在要郑重地反思一个问题:白保罗的这项"发明",是好事还是坏事? 它留给后人的是有益的经验呢还是无情的教训呢? 也就是说:远程构拟法的运用是成功了呢还是失败了呢? 五六十年过去了,这些问题至今没有彻底澄清。我个人的选择性回答全是后者。我至少可以从三个方面说明我的回答不是没有道理的。

1. 白保罗的系属分类是建立在沙滩上的大洋楼

白保罗用远程构拟法建立了两座"大洋楼":一座是澳泰语系,认为台语、加岱语和印尼语(南岛语)有发生学的关系;一座是汉藏语系,认为汉语族、藏—克伦语族有亲属关系,而苗瑶语、侗台语不在其中。

---

① 戴庆厦《美国柏克莱加州大学〈汉藏语词源学分类词典〉课题研究》,《国外语言学》1990(4):30。

② 马提索夫《澳泰语系和汉藏语有关身体部分词接触关系的检验》(30页)。

③ 江荻《汉藏语言系属研究的文化人类学方法综论》,《民族研究》1999(4):67—74。

白保罗的这个分类在上世纪 70 年代就受到张琨的尖锐批评。张琨在台湾的一次演讲中说(《中国语言学论集》248—249、252 页):

> 在 Benedict 的书(即 *Sino-Tibetan, A Conspectus*)里头,有一章讲到语言的分类,是完全头脑简单的分类。你怎么能够拿现在这些不同的民族的地理的分类,说就是两千年三千年以前的分类呢? 但凡你有普通常识就知道。尤其这些少数民族受到有力量的人民的压迫、剥削这种事情,这个变动是很大的。所以要拿现在这些各种民族的地理分布作根据,来做这些语言的早期的分类,这是靠不住的。
>
> ……
>
> 最后,我刚才说 Benedict 的书出得太早,我的态度就是不要好高骛远,好大喜功,要从小处着手。因为他那本书里,材料是几十年以前的材料,很多现在的新材料完全没有用。有些材料只有几十个字,有调没调也没说,音标也不正确。拿这种材料来做比较研究,那就好像在沙滩上要盖大洋楼一样,那是绝对不行的。所以说我们应该要注重材料,注重一种或一支语言……这种工作没有十年二十年是做不出来的。

张琨评的是一本书,而讲的道理却是基本原则。用远程构拟法分类并不一定就是"头脑简单的分类",并不一定是"好高骛远,好大喜功",而在白保罗那里却是如此。"从小处着手","注意一种或一支语言",这就是强调层级构拟是基础。

《汉藏语言概论》于 1972 年由英国剑桥大学出版社出版之后,香港中文大学《中国文化研究所学报》请周法高写一书评。周氏写了一篇《上古汉语和汉藏语》,文中有一条小注,说他曾就白保罗《台语、加岱语和印度尼西亚语——东南亚的一种新联盟》

中的分类"函询泰语权威李方桂先生",李氏复信说:"他(指白氏)的议论是泛论,而不大看详细的事实,很有可讨论的余地。"所谓"泛论","不大看详细的事实",这正是远程构拟的特点,也是远程构拟不成功的根本原因。

白保罗最有影响的一个"泛论",就是汉藏语特别是汉语在历史上曾深受澳泰语的影响,这就是所谓"东南文化流"的假设。根据这个假设,古代的南中国原本属于澳泰语区,当时的汉文化低于澳泰文化,故"早期汉语曾向其南方的近邻澳—泰语借了少量重要的词","即澳泰语向北扩散到汉语","用作基本的交换手段的'贝壳'这个关键借词,还有'盐'和'市'、'价'、'卖'借词都说明早期汉人的文化在经济(市场)领域得过澳—泰人极大的好处"。"这一切说明古代汉语不是输出者而是借入者,它从某种技术上高于自己的民族语言(和文化)借入。这些借词后来在汉语中'自然化'之后,在许多情况下又以'返借'形式输入到东南亚各语群"。白保罗的这些说法都缺少起码的事实根据,纯属空论,无法验证。他说:"汉语的早期借贷词似乎不是借自原始澳—泰语本身,而是借自一种后来的、至今尚不清楚的澳—泰语(暂写作 X 澳—泰语),这种澳—泰语也不是台语或现今任何大陆澳—泰语的祖先。"[①]这样神秘,如何验证!所以桥本万太郎说:"白保罗博士据此提出与至今由北方(中原)语言文化同化南方语言文化的图式完全相反的见解,他想用南方语言文化向北方传播的形式来建立东亚大陆语言形成的学说。遗憾的是他的考察方法不很符合现代语言学的基本原则。"(《语言地理类型学》186 页)"东南文化流"的假设要得到证实,必须要从低层构拟做起,"泛

---

① 〔美〕P. 白保罗著,罗美珍译《澳—泰语研究·澳—泰语和汉语》,《民族语文研究情报资料集》1987(8):1—29 页。

论"不能解决问题。

2. 两种话语体系的公开较量

李方桂、张琨以及国内一些著名的汉藏语学家对白保罗的分类多持批评或保留态度,为什么在西方特别是在美国却受到高度的赞扬呢? 这中间的原因并不是白氏的分类优于李方桂的分类,而是他们在分类问题上要建立自己的一套话语体系以取代原有的话语体系。我们从马提索夫对白与李的评论态度中就明显可以看出这种用心。

马提索夫认为白保罗开创了"一个汉藏语言学的令人振奋的新纪元,大体上也是东南亚语言学的新纪元","可以有把握地预言,他的观点最后会占优势的"(《对李方桂〈中国的语言和方言〉一文的评论》136—138 页)。"白保罗的《澳泰语言和文化》是一本光辉的著作,它将激励(和激怒)未来的几代语言学家。书中学识的渊博,想象力的丰富,'突破'一般学术交流的空气等等,使这本书在东方语言学史上成为一本经得起考验的重要著作。在这本书中可能有上千条细节上的差错,但人们从白保罗的'错误'中学到的东西比从有些人所谓'正确的答案'中学到的东西还要多,他已经给我们指出了一条路,向我们提供了一个坚实的线索,提出了研究东方的新路线,他不愧是这个领域里的革命家"(《澳泰语系和汉藏语有关身体部分词接触关系的检验》1—20 页)。

马提索夫对白保罗的颂扬已到了无以复加的地步。"新纪元、新路线、革命家"都不过是"新话语体系"的代名词。他们要"革"谁的"命"呢? 矛头所向,当然是李方桂。

李方桂在 1973 年《中国语言学报》创刊号上重新刊发了他写于 1937 年的一篇旧作——《中国的语言和方言》。他为什么要刊出这篇旧作呢? 我猜想他有意要回应白保罗的"新路线、新纪元"。起码是在表明:他仍然坚持自己的分类原则和结论。

　　此文发表不久,马提索夫就在该刊第 1 卷第 3 期上刊出一篇出语不逊、措词相当偏激的批评文章——《对李方桂〈中国的语言和方言〉一文的评论》。文章指责李氏对藏缅语族的内部分类已"显得十分陈旧了"。而且说:"更糟糕的是他恢复了那个无所不包的印支语群,李大致是根据语音学和形态学的特征(单音节和区辨词义的声调)把汉语、藏缅语以及侗—台语、苗—瑶语都糅合到这个语群里去了。"马提索夫在这里用了"恢复"这个词,在他看来,李方桂的分类系统早在 40 年代就被白保罗颠覆了,到了 70 年代李氏还坚持这样的分类,这不就是复旧吗? 文章最后说:"在这里,我们展望未来,觉得像李教授这样一位大语言学家再重新发表他 35 年前的意见而没有什么修订对他确实是有损害的。"这完全是以白保罗的是非为是非。李方桂应当"修订"自己的分类结论,向白保罗看齐,这样就不会有"损害"了。可惜,不仅李方桂没有接受白保罗的"新路线",中国大多数汉藏语言学家似乎也没有轻信马提索夫的颂扬,也没有抛弃李方桂的分类。而马的评论不可能不对李先生造成心理伤害。

　　李方桂本人并没有对马提索夫的指责进行直接的反驳。直到 1976 年他才发表《汉语和台语》一文,对有关的批评作出了很委婉的回应,文章说:"有些学者却认为汉语和台语的关系是借贷关系。我认为这个问题似乎应当不带偏见地去考察一下。"所谓"不带偏见"究竟是什么意思呢? 是学术观点上的"偏见"呢还是对中国学者的"偏见"呢? 我琢磨不透。我读马提索夫的那篇"评论",明显感觉到他是那样盛气凌人,自以为是。李文还指出:"我们还没有办法确定哪些词源是可以接受的,哪些不行,也没有个判断是否借词的标准。"这后一句很重要。既然没有"判断标准",那么,白保罗说台语和汉语乃"借贷关系",同样是证据不足,

非充分判断。而马提索夫却指责李方桂不"修订"旧说,这不是
"偏见"又是什么呢!

　　李方桂发表《汉语和台语》的目的就是要用事实来纠正白保
罗、马提索夫等人的"偏见",这也是两种话语体系的公开较量。
文章说,他把台语和汉语定为亲属关系,"不单是像声调系统和音
节结构之类的类型上的相同",也有一批韵母与声母"整齐对应
的词"。在例字中,"有身体部分、亲属称谓的说法,也有普通名词
和普通动词"。李方桂列举这些例字是要反驳一种说法:"有人说
台语中与汉语有关的词总是在某种语义或文化领域中的一些词,
例如数词、商业词语等,因而可说是借词;这种说法在这儿就站不
住脚。"

　　同年,巴苹·诺玛迈韦奔在《亚洲语言计算机分析》第6期发
表《汉语和泰语是不是亲属语言》,文中的泰汉同源词表列举了
208对同源词,证明"汉语和台语在很早某个时期是属于同一语
系的"。巴苹和李方桂一样反驳了"借贷关系"这样一种说法:

> 　　欧得里古尔(Haudricourt)1948年的文章里说,台语身
> 体部分的词汇跟汉语不同,因而它和汉语是不同源的。他说
> 台语与汉语有关的词仅限于某些文化词,因而都可认为出自
> 借贷;所以他推论说这两种语言属于不同的语系。可是我们
> 的词表表明,除了有一批表示身体部位的词汇相同以外,还
> 有大量名词和动词是共同的。差不多有二十来个表明身体
> 基本部分的词是相同的,这些汉语和台语词的亲缘关系不可
> 能全属偶合。确实,这表明它们不是借词,而是从相同的词
> 根演化而来的同源词,似乎很难解释为什么台语必得从汉语
> 借入那么多这样的普通词汇。

巴苹的文章对李方桂的分类学说无疑是一个有力的支持。白、马

的话语体系无法独霸天下了。

　　3. 远程构拟法给汉语亲属语言比较研究带来的严重后果

　　评价一种方法一个原则是好是坏，无非是两种途径：一个是从一般规律来看，一个是拿事实来验证。

　　从规律来看，各门学科都有远程与近程的关系问题。"千里之行始于足下"，远程必须从近程开始。杨振宁讲物理研究中远程与近程关系的道理，对语言研究也是适用的。他在《几位物理学家的故事》的讲演中谈到费米的研究原则时说（《杨振宁文录》217页）：

　　　　费米还认为，物理学发展的方向必须从近距离的了解开始，才能得到大的规律。当然，也许有人要问，爱因斯坦发现广义相对论时，是不是用非常大的原则来做的呢？我想，回答是这样的。不错，他发现广义相对论是用大的原则来做的，表面上看起来，不是从具体开始的。不过，你如果再仔细地想一想，他取了哪些原则，他为什么抓住了那些原则，以及他怎样运用这些原则来写出广义相对论的，你就会了解，他的那些原则还是由他从近距离所看到的那些规律所归纳出来的。换句话说，爱因斯坦吸取的过程，仍然是从近距离变成远距离，然后从远距离得到规则再回到近距离来。

　　　　总而言之，我认为，一个完全只想从远距离的规律来向物理学进军的人是极难成功的，或者说，几乎是史无前例的。

在《忆费米》那篇文章中，杨振宁也谈到了他从费米的演讲中懂得了（《杨振宁文录》47页）：

　　　　物理不应该是专家的学科，物理应该从平地垒起，一块砖一块砖地砌，一层一层地加高。我们懂得了，抽象化应在具体的基础工作之后,而决非在它之前。

白保罗、马提索夫所犯的大忌,就是没有把"近距离"和"远距离"很好地结合起来。澳—泰语系的失败就是没有坚实的"近距离"作为基础,不是"从平地垒起,一块砖一块砖地砌,一层一层地加高",所以成了沙滩上的大洋楼。具体来说,就是没有解决亲属语言之间语音上到底有什么样的对应规律这一根本问题。所以即使赞同南岛语和原始台语之间有发生学关系的苏联的帕依洛斯(Ilya I.Peyros)和史塔洛斯汀(Sergey A.Starostin,又译为史塔洛斯金)也说:"南岛语和原始台语之间适合的语音对应系统还没有完全建立起来,这使得许多人对澳—泰语假设仍持反对意见。"

事实上,不仅澳—泰语假设是不成功的,迄今为止,在中国内地远程构拟法还没有构拟出一个成功的范例。相反,倒是制造了一批豆腐渣工程。我们若问:汉语有多少亲属语言? 从远程构拟者那里得到的回答是:溥天之下皆亲属也。在南美,我们和玛雅人五千年前是一家;在北方,我们和叶尼塞语、北高加索语是一家,和通古斯、蒙古、突厥语也是一家;在西方,我们和巴斯克语是一家;在南方,我们和南亚语、南岛语是一家。在世界范围内,我们和印欧语系是一家。

白保罗似乎早已预见了这一点,他说:"不加鉴别地使用远程构拟可能导致语言学的灾难。"① 他的话不幸而言中。我们现在正面临着这样的"灾难"。这种"灾难"的制造者,他们既没有白保罗那样的人类学视野、语言学视野,又没有白保罗那样丰富的田野调查经验,而他们的"大胆和冒险"却远远超过白保罗。他们给汉语建立了那么多"八竿子打不着"的亲属关系,凭什么?

---

① 　江荻《汉藏语言系属研究的文化人类学方法综论》,《民族研究》1999（4）。

在非汉语那边,就凭几本字典,或几份不全面的调查报告;在汉语这边,就凭高本汉或李方桂或王力的上古音系。这就大成问题。以元音系统为例,高、李、王三家的元音系统很不一样。用高的元音系统来比较说得通,用王的元音系统就根本无法比。而且,上古元音有特定的时空制约,各种非汉语语言也不是直线发展,直线分化,也都有自己的方言,也都与周边语言有各种各样的接触关系。任何语言都有漫长的历史,要一个一个研究才能说得清。总之,上古音万能论是错误的,非汉语一成不变论也是错误的。

我这样说,必然会有人反对。理由是:那些建立汉语亲属关系的人不是也有几十几百的例证吗? 这个问题,提出"巨观语言学"的马提索夫在理论上已有很好的说明,只不过他的"大胆和冒险"精神使他偏离了自己的理论。马提索夫说:

> 　当我们面临任何两种语言之间有相似特征时至少有四种假设在理论上是可能的:
>
> （1）偶然性:这种相似仅仅是偶然的,碰巧对上的。
>
> （2）普遍的趋势:这种相似在许多语言中出现面很广,甚至可以说是普遍性的制约。
>
> （3）接触关系:这种相似是由于一种语言影响另一种语言(单向性的影响),或是相互影响(双向的或"并合")而产生的,这种语言上的问题反映在文化接触中。
>
> （4）发生学上的亲缘关系:这种相似是共同的原始母语遗留下来的特征或趋向。

马提索夫也注意到:"本文所涉及的难题在于由于长期的或古代语言的接触所产生的相似性跟发生学上有亲缘关系两者之间不易区分。""巨观语言学……提出某些语言间有发生学上的亲缘关系,而这些语言的关系如此遥远,留下来的相似性似乎用其他假设(偶然性、普遍的趋势、接触关系)也能说得通。"(《澳泰语系和汉藏语有关身体部分词接触关系的检验》)这正是巨观语言学的致命缺点所在,它无法排除其他三种假设,又怎么能验证这种假设是可信的呢?

更何况,由于比较者对汉语和非汉语的知识有各种各样的缺陷,对古今音义及语法结构没有全面深入的研究,甚至只能利用第二手材料,比较的结果会是一个什么样子,可想而知。

两种或几种语言的比较研究,是语言学中最精密最复杂的一门学问,即使像李方桂这样的语言学大师也不敢轻言比较。巨观语言学把复杂的问题简单化,为"好高骛远,好大喜功"者大开谬误之门,这已经是有目共睹的事实。在这种情况下,我们呼唤李方桂的构拟原则,应当是很有意义的一件事情。

我在这里要郑重说明,我并不是在一般意义上反对远程构拟。远程构拟作为一种方法当然有它的重要意义,但这种意义只有在与层级构拟结合起来且以层级构拟为基础时才可显示出来。离开了层级构拟,远程构拟必败无疑。还有,本文并不是要对白保罗的学术研究进行全面评价,全面评价白保罗不是本文的任务。

二、李方桂、张琨与层级构拟　　现在有不少文章在谈到第一桩公案时,只突出白保罗、马提索夫和李方桂、张琨在系属划分问题上的矛盾,完全忽视了矛盾的理论背景是双方构拟路线不同。在分类问题上我们现在还难说谁是谁非。现在说谁是谁非,未免主观。但在构拟路线上我们可以肯定地说,白保罗、马提索夫是错误的,李方桂、张琨是正确的。白保罗为什么错,上文已有论述,李、张为什么正确呢?

首先,李、张的学术背景、语言背景、研究背景都是白、马所望尘莫及的。汉语是李、张二先生的母语,他们对自己的母语无论是现状还是历史都作过很深入的研究。李方桂的上古音研究,张琨的《切韵》研究、方言研究,都自成体系,影响及于海内外。所以,他们在谈汉语和亲属语言关系时,起码汉语这一块占了绝对优势。而白保罗跟蒲立本一样,连商周是否操同一语言的问题都不清楚,说什么"周民族也许被认为是操藏汉语者,此语言融合或渗入于商民族所操之非汉藏语中"①。他们对汉语的知识基本上是来自书本,来自一些似是而非的零零碎碎的介绍,对汉民族历史的了解也很肤浅。知道得越少,胆子就越大,他们可以毫无根据地说"泰语对汉语必定也有巨大的影响",只是我们"中国语言学家接受这一观点也许有点困难"②。我看马提索夫是过虑了,事情果如他们所言,中国语言学家是绝对会"接受这一观点"的。

关于非汉语语言研究的学术修养,与李、张相比,白保罗也弗如远甚。张琨对苗瑶语的研究具有开创之功,他对苗瑶语分类问题的发言权当然大大超过白保罗。李方桂对台语研究有 40 年的经验,"他对泰语的各个支派研究得很清楚,所以他说藏语的分派是从泰语方面看全系"③。而白、马二人呢? 且听张琨的评说:"白保罗的划分完全是凭印象,不值得仿效。""马提索夫对藏缅语研究得很深,别的就很难说了。"张琨紧接着说:"究竟有没有藏缅语族? 这在我心目里头还是一个问题。"④

既然白、马也就这种"很难说"的水平,为什么他们敢于向李方桂挑战呢? 这跟美国文化具有进攻性敢于挑战权威的特点有关,也跟美国的现代学术风气有关。朱德熙曾指出:"近年来,美

---

① 周法高《上古汉语和汉藏语》,香港中文大学《中华文化研究所学报》1972（5）1：52。

②④ 徐通锵《美国语言学家谈历史语言学》。

③ 张琨《汉语音韵史论文集》230 页。

国语言学有重理论轻事实的弊病,而且不独语言学,经济学甚至物理学亦有类似的情形。"朱先生还给我们提供了一条材料:诺贝尔奖得主魏惜理·李昂迪夫批评其经济学家同行使用太多的假设和太少的事实来玩他们的水晶球。李昂迪夫指出:"假设是廉价的东西。"[①]张光直也曾指出美国考古学界的不良学风,他说:"美国所谓'新考古学派'(New Archaeology),他们的做法是先作结论,然后发掘考古资料来对他的结论(原注:美其名曰'假设')加以验证,考古资料出现之后,就要看是否照假说预定的方向走,不管它走哪个方向,假说是否验证,考古资料本身再无用处,一般便作废物丢掉了。"[②]

　　大胆假设,跳跃性前进,把触角伸得很远,敢于向权威挑战,这本来是美国学人的优秀品格,是值得我们学习的。但仅仅满足于假设,看不起中国式的稳扎稳打,贬抑层级构拟,不愿付出长时间的艰苦的劳动,其必然结果就是"灾难",白保罗、马提索夫向李方桂提出了两种责难:一是"借贷"说,一是类型说。后来有的人也跟着这么说。而且把类型与发生的关系完全对立起来,把"借贷"与同源关系对立起来。其实,我们上当了。因为白、马这样立论,并不是以大量可信的事实为基础,而是纯属假设。马提索夫也不得不承认:"在现阶段,以我们现有的学识水平想把发生学上的同源词跟'借词'区别开,往往也不太可能。甚至某一词源我们能十分肯定它在两个语言或两个语系间曾相互借入过,但我们也往往无法肯定是谁从谁那里借入。"(《澳泰语系和汉藏语有关身体部分词接触关系的检验》)

　　解决这个问题的唯一办法就是李方桂、张琨一再提倡而且

---

① 鲁国尧《重温朱德熙先生的教导》,《语文研究》2002(4):1—3。
② 张光直《考古工作者对发掘物的责任与权利》,《考古人类学随笔》。

身体力行的构拟路线,从低层做起,先把远程构拟放上个十年几十年。张琨说:"现在最好是大家不要争辩系属划分问题,都好好地、扎扎实实地作点研究,像李先生那样把所有的泰语做出一个系统来。我希望 Matisoff 将来也能专就藏缅语做出一个扎实的成绩来……把各个语族都搞清楚了,然后再说这些语言的系属划分问题。"①

李方桂的经验更值得我们研究。上个世纪 70 年代初,台湾史语所曾举行过"汉语研究方向的研讨会"。在这次会议上,民族学家芮逸夫曾请李方桂就白保罗的语系分类问题发表意见。在回答芮逸夫的问题时,李根本没有就白保罗的分类谈任何看法,但他的看法尽在不言中。他只谈了自己的研究经验,他说②:

　　　　我个人自从 1930 年到 1970 年左右,40 年的工夫我没有作中国音韵学的研究,一直都专门在作泰语的研究。这项研究一方面需要到各处去调查,收集语言的资料,收集它的成套的词汇、故事,一方面还得要整理出来,发表出来,所以时间耗费相当多。我在这 40 年之中,对于泰语这方面比较的研究,曾经发表了很多的论文。但是对于泰语跟汉语的关系的论文却一篇也没写过,这就表示我对于这件事情非常没有信心。但是我也不能说汉语和泰语没有关系,或者泰语和汉语一定有关系,因为事实上这是需要作一番仔细的比较工作才行。我相信如果把中国古代音韵往上推得好,把泰语从比较上研究(我自己正在写泰语比较研究的书)往上推,能推多远我们不敢肯定,但至少我们希望它们能有接近的机会。如果它们接近的机会相当大的话,那么我们就有很多希望说

---

①　张贤豹《张琨院士专访》,《汉语音韵史论文集》230 页。

②　《汉语研究的方向——音韵学的发展》,《中国语言学论集》238 页。

泰语跟汉语有关系。

两年以后,李氏就发表了《汉语和台语》,为"考虑汉台关系提供一些资料",对白保罗的"借贷关系"说进行了委婉的批评。

我们今天重温李方桂先生的讲话,深感李先生构拟路线应大为发扬。他的目标非常集中,把一种语言搞深搞透。他的研究过程也很有步骤:第一步对泰语各方言点进行田野调查。第二步再在泰语内部进行比较。第三步再往上推,构拟原始台语。至于汉台比较的论文,40年间"却一篇也没有写过",仅此一点就非常值得我们深思。那些根本没有对侗台语、南岛语、南亚语进行过长期田野调查的人,反而虚张声势,大谈什么什么"语系",这不值得迷信远程构拟的先生们认真检讨一下吗?

据李壬癸介绍:"李先生亲自调查的方言有二十多种,此外他又参考其他学者的方言研究材料也将近二十种,总共有三四十种方言,参考资料何止数百种! 方言纷歧,材料庞杂,要把它们整理出系统来是何等艰巨的工作!"[①] 一个对台语有如此精深研究的大学者,为什么"比较研究"的"信心"反而远不如现在的后学小生呢? 问题在哪里? 是不是学问越少反而"信心"越足呢?

因此,我竭诚奉劝那些不愿踏踏实实作底层研究只想建立大系统的人,应该把李先生的讲话抄下来,贴在墙上,当做座右铭。于人于己,一定大有裨益!

丁邦新在《"非汉语"语言学之父——李方桂先生》中说:"要使作品有经久的学术价值,必须要经过深思熟虑,匆忙的厨师总做不出色、香、味俱佳的菜,董同龢先师以前就曾经说过:'我的文章里面谨严的说法是李先生的训练,不该推论的地方就不说

---

① 李壬癸《李方桂及其比较台语研究》,《音韵学研究通讯》1984(5):16—24。

话。'"（《中国语言学论集》468 页）快 30 年了,今天重读这些话,觉得不仅没有过时,而且对矫正时下学术界的不正之风仍然很有意义。由于李方桂、张琨长住美国,海峡两岸又长期隔绝,对他们的学术业绩,尤其是优良学风,内地学人知之者甚少。而改革开放以来,西方学术像潮水般涌入中国,白保罗、马提索夫、蒲立本等人的一些主张,乃至他们的学风,对某些缺少传统训练的人,对某些既不搞田野调查又不认真钻研文献的人,简直如获至宝,奉若神明,这对中国历史语言学的独立发展是极为不利的。

　　三、远程构拟与人类遗传学和考古学　远程构拟、巨观语言学的提出,并且在一定范围之内能吸引一定数量的追随者,当然不完全是学风问题,也不仅仅是历史语言学内部的原因。当代人类遗传学和考古学所取得的卓越成就,给远程构拟（巨观语言学）以极大的鼓舞。

　　遗传学和语言学有关系,达尔文在 1859 年的《物种起源》中已经谈到[①]:

　　　　假如我们拥有一个完善的人类系谱,则人种排列成的系谱将能提供现在整个世界上所说的各种语言的最好分类。假如所有灭绝的语言和中间的语言以及缓慢变化的方言都包括在内,这样一种排列将是唯一可能的一种。

　　世界著名人类学家斯坦福大学教授路卡·卡瓦利 - 斯福扎（L.L.Cavalli-Sforza）说:"当我知道,我们在遗传学树和语言学树间所观察到的极强的相似性已被查尔斯·达尔文所预言过时,在那一刻,我的心情混合着激动、高兴和某些窘迫。"（《人类的大迁徙》258 页）路卡于 1994 年出版了一本在国际上产生了广泛影

---

① 路卡《人类的大迁徙》258 页。

响的巨著《人类基因的历史学与地理学》，后来他又和自己的儿子弗朗西斯科在此书的基础上写成科普读物《人类的大迁徙——我们是来自于非洲吗？》。此书第七章《没有建成的通天塔》谈到：一位意大利语言学家在 20 世纪初期就提出："所有的语言有共同起源"，"现在这个想法正在被越来越多的人接受"（238 页）。人类语言如果真的是由一种共同母语分化而来，也就是说人类历史上曾经只有一种祖先语言，那么语言学家就有理由把建立一个完整的语言进化树当做自己的伟大目标。巨观语言学正是从此种理念中受到巨大的鼓舞。该书专门探讨了"语言学进化和遗传学进化间有平行关系"的问题，254 页有"世界主要人群的遗传树和语言间的关系"的树形图。图中将世界 27 个群体按遗传关系的远近排列组合。

　　整棵树分为两大支派：一支为非洲人，一支为非非洲人。这是遗传树最初的差异。非非洲人又分为三大支，左右各一支不细谈，中间这一支再分为三支。最值得注意也是最有意思的是：中国南方人／泰国人与马来波利尼西亚人距离最近，而中国北方人／日本人最近，美洲印第安人、爱斯基摩人介于"中国南方人"和"中国北方人"之间。这就引发出另一个问题：汉语的发源地究竟是在南方呢，还是在北方呢？汉语的原始状态是不是一种混合语？

　　问题并不是像树形图这么简单明白。下面我们要谈到的情况对巨观语言学都极为不利。首先是"非洲独源"理论还有争议。张光直就持否定态度，他说："非洲独源或夏娃（Eve）的理论显然是有问题，爪哇人类化石年代的重订和金牛山人头骨的发现迫使我们重新认识人类的起源，绝没有什么独源论。"① 依此说法，树形图就得连根拔掉。

① 〔加〕海基·菲里《与张光直交谈》，《考古人类学随笔》209—210 页。

　　其次,树形图本身也存在问题,路卡已指出:"在这个树上,东南亚的居民有和澳大利亚人和新几内亚人聚集在一起的倾向,这一定位并不十分肯定,因为用稍微不同的方法,便显示出东南亚人应该与居住在北方更远处的蒙古人种聚在一起,而不是与大洋洲的居民聚在一起。东南亚居民中的遗传变异,根据迄今收集到的资料尚无法得出合理的解释。"(《人类的大迁徙》155 页)南亚语、南岛语的归属问题,至少到现在为止,人类遗传学还不能提供绝对可信的旁证。无论是白保罗的假设,还是沙加尔的假设,都不能从中取得有确定意义的参考资料。

　　还有,许多研究者均已指出:遗传进化与语言进化即使有"平行关系",但二者的进化规律毕竟同中有别。例如,俄国的阔姆力对路卡的研究就既有肯定也有否定,他说:"近年来在散居人群的史前史研究中有一个重要的迹象是尝试运用某些遗传学的研究方法。在颁布的有关研究成果中包括详尽列举了遗传结构的地理分布图以及其与语系分布上可能存在彼此对应的探索(Cavalli-sforza Luca, Menozzi, Piazza, 1994)。当然,这还不能充分揭示语言学分类法与生物—遗传学分类法之间如何对应的问题。基因完全根据其遗传生物规律传承,并且每个人都不能对其基因有任何改变。而与此相反的是语言的传承则是一个文化过程:儿童在其所处的社会环境中在运用语言的过程中成长,与其是否是这个生物社会群体的亲属成员无关。"(《语言与史前史》362 页)

　　王士元"以中国背景"为例,指出:"不同种群之间的边界是不确定的,并且一直处在不停的变动之中,这导致基因和语言经常是独立发展的。如果人们确实是非常典型地把基因和语言都传给后代,那么我们应该在这两个不同的种系发生系统之间找到某种强烈的相互关联。然而,各种各样的因素使这幅画变得相当复杂。"①

　　语言谱系树的建立无疑是展示亲属语言关系的比较理想的直观模式。早在 19 世纪德国语言学家施莱歇尔（Schleicher, 1821—1868）就构建过印欧语系的谱系树模式。他在 1863 年发表《达尔文理论与语言学》，主张"把达尔文所建立的关于动植物物体的规律至少大体上应用于语言的机构"。岑麒祥批评他"完全忽视了语言的社会本质，只把它当做一种自然界的产物去加以研究"②。这个批评是对的。语言的社会性决定了语言有分也有合，不同语言在接触之间会互相影响渗透，它的发展分化不可能是单一性的，界限也不可能像谱系树显示的那样位置分明。强调语言的社会本质、文化过程，也不是要否定谱系树理论，只是要提醒人们注意，遗传树不等于语言树。

　　考古学的重大发现，对远程构拟、巨观语言学也有极大的促进作用。

　　上世纪 70 年代以来，考古新发现使黄河流域是中华民族摇篮的传统观念受到猛烈冲击，代之而起的是中国文化原本为一个多元体组合。许多考古材料"证明许多中原以外的边疆文化不比中原文化为晚，甚至有时比它还要早"。所以张光直说："我们逐渐发现从我们几十年代的老祖宗开始便受了周人的骗了：周人有文字流传下来，说中原是华夏，是文明，而中原的南北都是蛮夷，蛮夷没有留下文字给他们自己宣传，所以我们几十代的念书的人就上了周人的一个大当，将华夷之辨作为传统上古史的一条金科玉律，一直到今天才从考古学上面恍然大悟。"③

---

① 《观察历史的三个窗口》,《王士元语言学论文集》49 页, 商务印书馆 2002 年。
② 岑麒祥《语言学史概要》256 页, 北京大学出版社 1988 年。
③ 《中国考古学与历史学整合国际研讨会开会致辞》,《考古人类学随笔》77 页。

这一传统观念的打破,对印证白保罗的"东南文化流"是有利的。对汉语"多源性"的假设也是有利的。尤其是张光直的《中国东南海岸考古与南岛语族起源问题》一文中的某些论点对远程构拟者似乎提供了强有力的支持。这些论点有:

1."从考古学的资料复原南岛语族的历史,应当是最为可靠的一种方式。"

2."一般都相信南岛语族是起源于东南亚及其附近地区的。""这种研究的开山工作一般归功给柯恩 1889 年的一篇大著,题为《推定马来波利尼西亚语族最早老家的语言证据》……他相信有这种文化的原南岛语族可能居住在印度尼西亚或印度支那半岛的东岸……"

3."语言学家对柯恩氏这种推测方式的兴趣,到了 20 世纪的 70 年代骤然大为增加;这是由于大洋洲的考古工作到了这个时期有了很大的进展的缘故。"

4."在中国东南海岸地区仅在台湾有现存的南岛语族……台湾史前的南岛文化可以与大陆海岸区域的史前文化相比较而判定其间的文化关系,也就是判定史前的南岛文化(原南岛语族文化)在中国大陆东南海岸上的存在性与特性。"

5."华南考古学上的一个关键问题,是台湾的大坌(bèn)坑文化有没有延伸到大陆? 如果有的话,再如果我们接受大坌坑文化代表台湾南岛语族文化祖型的假定,那么南岛语起源于中国大陆东南海岸这个多年来的一个假设,便可以得到初步的证实。"

以上 5 点,尤其是 4、5 两点,对于可以认定汉语和南岛语有亲属关系的假设那当然是极为有利的。沙加尔还构拟了二者之间的语音对应规律。

可是,张光直在这篇文章的"余论"部分一口气提出了 5 个问题(《中国考古学论文集》206—226 页),远程构拟者对这些问题就不怎么关心了。

1. "几千年以前的中国大陆东南海岸如果是原南岛语族的老家，或至少是他们的老家的一部分，那么大陆上的原南岛语族后来到哪里去了？"

2. "自有历史材料的时代开始，我们便在中国大陆再也找不到南岛语言的踪迹了。他们与日后在这个区域占优势地位的汉藏语系的语言有什么样的关系？"

3. "南岛语族是完全绝灭了，还是与汉藏语族混合，或与后者同化了？"

4. "在这段历史上，语言、文化和民族之间的关系是不是对等性的？"

5. "最后，考古学的研究能够在什么程度上把这些问题解决？"

根据张光直的设问，要判定汉语和南岛语有亲属关系，为时尚早。起码还要进一步对语言事实进行更为深入的调查、研究，光靠远程构拟，几乎无法回答这些问题。

而且，我们一定要头脑清醒，任何个人都没有力量来全部解答这些问题。必须经过几代人的努力，积累资料，攻克一个一个难关，为后人打地基，开方便之门，将来自然会有集大成者，会有"后来居上"者。对于当前的我们来说，还是要以李方桂、张琨为榜样，从低层做起，分工合作，把一个一个语族的情况搞深搞透。在这个领域里，欲速则不达。

最后，我借用俄国学者阔姆力的话作为这一节的结尾（365 页）：

> 对我们来说，谨慎求证十分必要。应仔细区分哪些是能够充分建立起来的翔实可靠的参数，哪些是在普遍有益的科学探索中未经核实的推测，推测能够很好地为我们的理论假设提供实质性的线索，而同时也会成为极为危险的陷阱。

引用这段话的目的,意在证明:对那些廉价的理论假设表示忧虑的,不仅仅是我们,国外也有人为此而担忧。我们不愿意看到我们的某些本来可以有所作为的同行,掉进"极危险的陷阱",反而误以为是置身于"主流",是在领导"潮流",这是很可惜的。请勿将国王的新衣当做灿烂的华衮,这是忠告。

基本原则之二:比较构拟应与内部构拟相结合,应以内部构拟为基础

我们这里说的"比较构拟、内部构拟"与西方语言学词典对这两个概念所下的定义不完全一样。我们说的"比较"是指亲属语言之间或汉语与非汉语之间的音韵比较、词汇比较、语法比较、类型比较等。内部构拟则不涉及其他亲属语言或非亲属语言,专指根据一种语言的内部材料来进行构拟,而不是着眼于没有文献资料仅根据不规则的形态交替和填空格的构拟方式。同一语言内部也会有古今比较、方言比较,这是内部比较,与外部比较性质不同。不论内部比较、外部比较,所有的比较构拟均应以内部构拟为基础。对于汉语来说,上古音的构拟,必须要以内部构拟为基础,有了这个基础,才能与亲属语言进行比较。李方桂说:"假使拿汉语跟藏语或别的语言比较,而各人对上古音的看法都不一样,那么比较的结果必然是乱七八糟的。"[①] 现在我们面临的情况正是这样。所谓对上古音的看法当然不只是细节上的"看法",最根本的"看法"是对构拟原则的"看法",即坚持什么样的构拟原则。

一、两种构拟原则的对立　从高本汉开始,到董同龢、陆志韦、王力、李方桂,上古音的构拟一直以内部构拟为基础。尽管对

---

① 《上古音学术讨论会上的发言》,《语言学论丛》1987(14):16。

同样的材料各人有不同的处理原则,从而导致具体的构拟结论不一样,但谁也没有违背过内部构拟的基本原则。

与此相对立的一种做法是把比较构拟的原则引进上古音研究,也就是利用非汉语的材料包括所谓亲属语言的材料来构拟上古音。在他们那里,汉语的上古音变得很怪异,不仅没有声调,还有许多前缀后缀。他们批评"王力的构拟比较保守"[①],批评"高本汉关于上古汉语的拟测在很多方面是十分保守的"[②]。包拟古的看法就具有代表性,他说:"目前存在着好几家上古音构拟体系,其共同缺点是他们的构拟结果多未能与亲属语的形式密合,换言之'比较构拟'未受重视,至少比起材料来所受的重视要少。"(译本自序,3 页)

我的看法刚好和他相反。上古音的构拟并不代表汉语的原始形式,它与亲属语言的距离还相当遥远,故不可能也不应该"与亲属语的形式密合"。在条件极不成熟的情况下,在上古音构拟中乱用"比较构拟",其必然的结果是把上古音的面貌弄成一个非驴非马的样子,要说"缺点",这才是最大的缺点。

我们说的第二桩公案正是在上古音构拟中如何处理内部构拟和比较构拟的关系问题。这桩公案的具体起因看起来只是汉语声调起源问题上的分歧,但声调的有无涉及韵尾,涉及整个音节结构,涉及采用什么样的构拟原则等大问题,真是牵一发而动全身。这桩公案的发生也是在国际范围之内进行的,也是由国外转入国内,至今已有半个世纪之久。

人所共知,这桩公案的始作俑者是法国语言学家安德列·G·奥德里古尔,奥氏发表于 1954 年的《越南语声调的起源》和《怎样

---

① 蒲立本《上古汉语的辅音系统》120 页。
② 徐通锵《美国语言学家谈历史语言学》。

拟测上古汉语》,首次利用汉越语中的古汉语借词材料,猜想古汉语去声字曾经有一个 -s 尾,这个"后缀 *-s 可以加在其他字后头起派生作用,后来变做去声调,本身就消失了"[①]。1960 年英国的福雷斯特(Forrest)又进一步"认为这个构拟的 -s 等于古西藏文的接尾词 -s"[②]。"指出藏语的 -s 具有同样的派生功能……把越南语、藏语这些分布得很广的比较材料聚集在一起,可以强有力地证明 Haudricourt 的理论是正确的"[③]。

1962 年,加拿大的蒲立本批评"王力(1957)的构拟比较保守,只有三个韵尾 -k、-t、-p,在长元音后面变去声,以此来解释《诗经》中后来的去声字与入声字押韵现象"[④]。他赞同奥德里古尔去声源于 -s 尾的说法,"打算通过早期外语的汉译材料来验证内部拟测"[⑤]。用于"验证"-s 尾的材料有三个来源:

一是从英国学者贝利的《犍陀罗语》一文中找了 7 个例子;二是从早期佛经翻译中找了 4 个例子;三是从非佛经译音材料中找了 7 个例子。

关于上声来自喉塞尾的问题,这是蒲立本的一项"发明"。奥德里古尔只不过说(88—96 页)"汉语读'上'声的字,在越南语里读做锐声—重声调","锐声—重声调与'上声'相似,是一个升调"。他根据孟高棉语族中的日昂(Riang)和格木(克木 Khmu)语有喉塞音尾,从而判断"这个声调起于喉塞音的语音的结果,在喉塞音消失以后,变成音韵学上的确实的声调,用以区别一个词"。

① 蒲立本《上古汉语的辅音系统》127 页。

② 梅祖麟《中古汉语的声调与上声的起源》。

③ 蒲立本《上古汉语的辅音系统》130 页。

④ 同上,120 页。

⑤ 同上,1 页。

到了蒲立本那里,汉越语锐声—重声起源的假设就和汉语上声起源的假设混而为一了,他说(142 页):"按照 Haudricourt 的越南语声调演变理论,上声调从原来喉塞韵尾变来。因为汉越语与汉语的声调之间存在高度一致的对应关系,而且去声调来自*-s 韵尾的假设已经得到如此成功的证明,所以,认为汉语的上声也是来自喉塞韵尾的可能性就很大。"

1970 年,梅祖麟发表《中古汉语的声调与上声的起源》。此文一开头就批了董同龢。因为董氏在《中国语音史》中说过:

> 自有汉语以来我们非但已分声调,而且声调系统已与中古的四声相去不远了。

梅却认为(177 页):"法国汉学家 Haudricourt 于 1954 年对此一论说提出有力的反驳。他认为汉语的声调,跟越南语一样,系由字尾子音消失发展而成。"梅氏明明知道,这只不过是一种"类比的推断",蒲立本举的那些音译字例证"为数不多,可靠性值得怀疑"。说明祖麟兄的思辨能力并不差,可惜他聪明胜过学问,求新胜过求真,还是要沿着奥、蒲的路子往下走。他没有把"怀疑"发展为否定,却在"怀疑"的基础上为蒲氏的喉塞音说提供了"三项新的证据:现代方言的材料,佛经中有关中古汉语的材料以及早期的汉越借字"(177 页)。

从 50 年代到 70 年代,经过奥、福、蒲、梅四人的猜想假设,声调源于韵尾以及上古有 -ʔ、-s 尾的说法,在国际上颇有影响。当时的王力、李方桂在学术舞台上仍然相当活跃,他们对这类猜想假设持什么态度呢?

李方桂曾多次就这个问题表达了自己的看法,不赞同上古时代汉语有 -ʔ、-s 尾(张琨也持类似的观点),下文我还会谈到。至于王力的态度如何,由于大陆内地当时与西方学界处于隔绝的封闭状态中,王先生很有可能不知道蒲立本对他的非议,也有可能不知道奥德里古尔关于声调起源的主张。有一点我在这里可以肯定,从原则上来说,王力即使知道奥、蒲的说法,他也不会随声附和。早在上个世纪40年代,他在《汉越语研究》中就以先见之明发出过警告(535页):"我们如果走得太远了,就不免有危险。虽然我们对于一部分疑似的古汉越字不妨暂作一个假设,但是,可能性太小了的假设我们也应该放弃的。"王力的态度很明确,"汉语不可能是越语的亲属"(462页)。某些"疑似的古汉越字""有事实可以证明它是来自高棉语,和汉字毫无渊源可言"。王力"放弃"的假设,被奥德里古尔捡了起来,又经过不断演绎,上古音的构拟就成了越来越脱离汉语实际的"太虚幻境"。于是,"假作真时真亦假,无为有处有还无"。

我们说王力不会赞同奥德里古尔等人的假设,还有一个重要根据是这类廉价的假设与内部构拟的原则大相抵触,王力的上古音构拟一直坚持内部构拟的原则。他1964年发表的《先秦古韵拟测问题》比奥氏的《怎样拟测上古汉语》晚10年,比蒲氏的《上古汉语的辅音系统》晚两年。以年代而论,奥、蒲是旧说,王氏是新说。王力此文一开头就表明了自己的主张(291页):

> 拟测又叫重建。但是先秦古韵的拟测,和比较语言学所谓重建稍有不同。

> 比较语言学所谓重建,是在史料缺乏的情况下,靠着现代语言的相互比较,决定它们的亲属关系,并确定某些语音的原始形式。至于先秦古韵的拟测,虽然也可以利用汉藏语来比较,但是我们的目的不在于重建共同汉藏语;而且,直到现在为止,这一方面也还没有做出满意的成绩。一般做法是依靠三种材料:第一种是《诗经》及其他先秦韵文;第二种

是汉字的谐声系统；第三种是《切韵》音系（从这个音系往上推）。这三种材料都只能使我们从其中研究出古韵的系统，至于古韵的音值如何，那是比系统更难确定的。

材料的选择就包含着方法论问题，只能用特定的方法论来处理特定的材料。方法论又服务于构拟目标。如果是"重建共同汉藏语"，当然就要进行比较构拟；如果是构拟周秦古韵，当然就只能以内部构拟为基础，所利用的材料应以切合周秦音系的材料为主体。把构拟汉语的原始形式和构拟上古音混同起来，把两个层级合并为一个层级，这是常识性错误。其严重后果就是既破坏了上古音的历史性、系统性，又无法确定汉语的原始形式。懂得了这个道理，我们也就可以理解，为什么李方桂手头掌握了那么多非汉语语言材料，而他的《上古音研究》却不列举这些材料来作证，也不利用这类材料来大谈比较。就是复声母的构拟也是以内部构拟为基础，适当地参照汉语以外的材料。

我在这里要申明两点：第一，我并不反对学术研究中可以猜想，可以假设。关于"假设"的作用和"假设"的类别，法国科学家昂利·彭加勒在《科学与假设》（李醒民译）中有很好的研究，可参考。但猜想和假设在没有取得严密论证和事实根据之前，都不能称之为学说。作为学说必须成系统，必须有不可或缺的逻辑推断或事实根据。第二，汉语声调究竟是源于韵尾还是源于声母或元音，各人完全可以持不同的看法，本文并不打算介入这种争论。我所不赞成的只是那种说周秦时代无声调的意见。也就是不同意那时的上声为 -ʔ 尾、去声为 -s 尾的说法。至于原始汉语有无声调，是否有 -ʔ 尾、-s 尾，那要另说，不能与周秦音混为一谈。

我根据自己多年研究的结果，认为李方桂对汉语声调年代的判断是可信的。李方桂《上古音研究》说（34 页）："我们也不反对在《诗经》以前四声的分别可能仍是由于韵尾辅音的不同而发生的，尤其是韵尾有复辅音的可能，如 *-ms、*-gs、*-ks 等。但是就汉语本身来看我们已无法推测出来了。"1978 年他又一次强调："声调怎样在汉语里出现的问题，我看属于上古以前的汉语……这个理论可能适用于汉藏语或原始汉语，这点我们不想否认，但必须比较了可靠的词源材料才能证明。否则，这样的韵尾辅音即使可以假定在原始汉语或史前汉语里存在，却没有充分的证据可以证明它在上古汉语里存在。像 *-ks：*-k, *-ts：*-t, *-ngs：*-ng, *-ns：*-n 等等的押韵，在上古汉语里似乎很勉强。"[①] 这些道理非常透，也非常切合实际，可是持复辅音韵尾说者，置若罔闻。刚愎自用，甚为有害。

还有，董同龢关于汉语声调的看法，也不失为一家之言，与奥氏的主张虽然不合，但根本谈不上奥氏"对此一论说提出有力的反驳"。奥的主张本来就十分软弱无力，证据薄弱，哪有力量来反驳董说呢！直到今天，董说仍然值得我们重视。马伯乐就主张："在有声调的语系里，声调必然存在母语分化为几个现代方言之前。"[②] 李方桂对台语声调起源的研究也可间接支持董说。李方桂说："至少从目前来看，认为原始台语里存在声调是有理由的，它们可能起源于台语之前的时期。"[③] 现在有个别人不仅不承认《诗经》时代已有声调，甚至认为两汉时代仍然没有声调，这就完全是昧于史实以瞀言蒙人了。

---

① 《上古汉语的音系》，叶蜚声译，《语言学动态》1975（5）：8—13。

② 颜其香、周植志《中国孟高棉语族语言与南亚语系》66 页，中央民族大学出版社 1995 年。

③ 李方桂《原始台语的声调系统》，李钋祥译，罗美珍校，《民族语文研究情报资料集》1987（7）：70—86。

二、验证假设的两种方法 第一种办法是用事实验证假设。

假设"应该是可以检验的,即假设可以重新表示为一些可操作的形式,而这些形式又是可以在数据的基础上评估的","检验假设的目的是决定它受事实支持的程度"[①]。

-ʔ尾、-s尾是经不起验证的。它不仅没有可操作的形式,也没有数据作为基础。它是以多重假设为基础推断出来的。

第一重假设是由马伯乐作出来的[②]。越语中根本没有 -s 尾。马伯乐根据孟－高棉语的清擦音尾,假设汉越语的问声(3声,hoi)、跌声(4声,nga)也有擦音韵尾 -h,而这个 -h 又是从 -s 韵尾变来的。

第二重假设是由奥德里古尔作出来的。汉语原本也没有什么 -s 尾。奥氏根据马伯乐的假设,认为既然"汉语的去声和越语的 hoi 和 nga 两种声调相配",那么"现在且假设上古汉语有 -s 这么一个韵尾"(《怎样拟测上古汉语》220、221页)。

第三重假设也是由奥德里古尔作出来的。他根据孟－高棉语族中的日昂语、格木语有塞音韵尾的材料,假设汉越语的锐声(5声,sac)、重声(6声,nang)也源于 -ʔ尾(《越南语声调的起源》)。

第四重假设是蒲立本提出来的。他根据前面几重假设,假设汉语上声来自 -ʔ尾。

把孟－高棉语的 -ʔ尾和 -h/-s尾嫁接到汉越语,由汉越语再嫁接到上古汉语,这是假设中的假设。当前上古音研究中的所谓"新说"就是以假设中的假设为基础的。而他们自己已忘记了这是假设中的假设。他们说以下4种材料可以为他们作证:(1)

---

① 桂诗春、宁春岩《语言学方法论》254、257页,外语教学与研究出版社1997年。
② 〔法〕A.G.欧德利尔(奥德里古尔)《越南语声调的起源》。

汉越语中的汉语借词;(2)对音、译音材料;(3)汉语方言的材料;
(4)藏文中的 -s 尾。大家知道,这些材料全都是有问题的。1981
年,丁邦新发表了《汉语声调源于韵尾说之检讨》,对这些材料中
的相当一部分已作了摧毁性的廓清。题注说(83 页):"本文承李
方桂先生审阅教正,复承周法高、龙宇纯、李壬癸、龚煌城、Jerry
Norman、South Coblin 诸先生赐教。"这条题注已告诉我们,这篇
文章具有重要的背景、分量和意义。1998 年徐通锵发表《声母语
音特征的变化和声调的起源》,2001 年又发表《声调起源研究方
法问题再议》,对 -ʔ 尾、-s 尾的证明材料也进行了全面否定。

　　我不知道那些坚持所谓"新说"的先生们是根本不读这些文
章呢还是读了而不赞同呢? 如果根本不读这些文章,那是自闭;
读了这些文章还把一些错误材料抄来抄去,不加任何辨别,这就
是不负责任。

　　在谈到材料问题时,我不想苛责奥、蒲。洋人在汉语材料问
题上出现纰缪,情有可原。陈寅恪 30 年代就已指出:"西洋人《苍》
《雅》之学不能通,故其将来研究亦不能有完全满意之结果可期。"①
而我们某些自封为"主流"派的学者、专家,如果也是"《苍》《雅》
之学不能通",对已有专家批评过的错误材料缺乏起码的鉴别能
力,这不能不说是莫大的悲哀。

　　现在,我们在丁、徐批评的基础之上,对有关材料再作一次
"检讨"。

　　先说汉越语问题。

　　关于汉越语的年代,据王力研究(《汉越语研究》):"大批汉
字输入越南乃是第 10 世纪的事,可见在第 10 世纪以前越语里的
汉字很少。"又据王禄研究,"古汉越语是指中唐以前零星输入

---

① 　陈寅恪《致沈兼士函》,《沈兼士学术论文集》183 页,中华书局 1986 年。

越南语的汉语成分,区别于晚唐有系统地输入越南语的汉越语和越化了的汉越语",古汉越语可以和中古汉语(《切韵》时代)的音韵系统相比,汉越语只有和近代汉语相比了,如"汉语古音中读 p、b 的,在汉越语中几乎都读为 f,汉语中古音中读 m 的,在汉越语中几乎都读为 v"①。所以桥本万太郎说:"有一个很好的证据说明汉越借词是中古汉语经历了'轻唇化'之后借的。"(《汉越语研究概述》)桥本又根据重纽演变的情况,"认为借词是在中古汉语纯四等字和三、四等重纽字中的四等字合并以后借入的"。

　　关于汉越语的基础方言也很重要,这个问题虽无确定的结论,桥本的意见却有一定的权威性,他说:"根据以上的观察,我们的结论是,如果不是从 10 世纪末中国和越南曾自由移居,互相接触的话,在越南交州学校里教学的汉语应该是当时通行在中国南部的一种口语。我们今天所见到的汉越语基本上是以这么一种口语为基础的汉字读音。"(《汉越语研究概述》)

　　根据年代和基础方言这两个条件来判断,我们可以这样认为,汉越语的来源乃借自近代汉语早期的某种南方方言,与公元前中原地区的上古音系相差甚远。我们也没有材料可以证明,近代汉语早期南方某种方言有 -ʔ 尾、-s 尾。因此,不仅说上古汉语《诗经》音系有 -ʔ 尾、-s 尾是子虚乌有,就是汉越语本身究竟有没有 -ʔ 尾、-s 尾,也非常值得怀疑。即使有这样的韵尾,难道就一定来自汉语吗?越语不仅深受汉语影响,也深受泰语、孟-高棉语的影响。"有些字,是越语、泰语和汉语所同有的(形式上有不

---

① 〔越〕王禄《古汉越语研究的初步成果》,傅成劼译,《民族语文研究情报资料集》1986（7）:67—69。

同而已），在此情形之下，越语的形式总是比较地接近泰语"①。何况，丁邦新（《汉语声调源于韵尾说之检讨》）已经提出，所谓去声对应于问声、跌声的说法也与事实严重不符。

去声字有对应平声的，如：绣、贩、放、豹、惯。

也有对应弦声的，如：雾、味、未。

也有对应锐声的，如：信。

也有对应重声的，如：地、御、命。

这样明显的错误已足以证明其结论不科学，为什么我们的学者如此缺乏独立判断的能力还要以讹传讹贻误后学呢！

再说对音、译音材料问题。

从汉语方面来看，蒲立本所举的例子，在中古分属 5 个韵：

至：利匮贰类　　　　泰：奈赖蔡蘮会

未：谓魏贵　　　　　队：昧对

祭：卫劂

这 16 个字，在上古时代除"贰魏"之外，其余均属入声韵（月、质、物），收 -t 尾。由上古的 -t 尾变为中古的 -i 尾。这类长入字其 -t 尾的变化始于南北朝，也就是由长入变为去声。但在南北朝时期，这类去声字与入声还有相通的痕迹。王力在《南北朝诗人用韵考》中说：

> 由本节的许多例子看来，去声真至志未霁祭泰怪队代都有与入声相通的痕迹……归纳起来可以说：以今音读之，凡全韵为"i"或韵尾为"i"者，其去声皆可与入声相通……我们可以断定霁祭与屑薛的音值极相近，因为依王融、江淹诸人的用韵看来，这四韵简直是并为一韵了。

---

① 王力《汉越语研究》。

在南北朝时代屑薛仍收 -t 尾,霁祭仍与它们相通,其收尾有可能在南朝某些方言中仍收 -t 尾。总之,这类 -i 尾由 -t 尾变来,证据确凿,如果这类字收 -s 尾,由 -s 变 -i,就无法解释"其去声皆可与入声相通"这一事实了。在高本汉的构拟系统中,这类字虽不归入声,但除了"贰魏"二字收 -r 尾之外,其余一律收 -d 尾。李方桂对这类字的处理虽不能得其详,而脂微祭部去声收 -d 尾与高本汉一致。从分类的结果看,高、李与王有去入之别,差别颇大。从构拟的结果看,高、李与王均以舌尖塞音收尾,只不过清浊不同罢了。若收 -s 尾,性质就完全不同了。

根据以上分析,我们再来看蒲立本的结论如何。他说(131 页):"Bailey 的 *Gandhāri* (《犍陀罗语》)一文(1946)中有很多例子用汉语带 -i 的复合元音来代表外语的咝音或舌齿擦音。"这条规律是不能成立的。-i 与擦音之间不存在"代表"关系。汉语受音节结构的限制,咝音往往略而不译,这从不略的同名异译中可以得到证实。

波罗奈(vārāṇasi),释道安(312—385)《西域志》译做"波罗奈斯"[1]。

三昧(samadhi samaði),又译做"三摩提、三摩地"。

舍卫(śravastī),又译做"舍婆提、舍罗婆悉帝、尸罗跋提"。

还有的译音原本有误,如"忉利"(trāyastrimśa),丁文(《汉语声调源于韵尾说之检讨》)已指出,原文"和汉语对音距离很远"(93 页)。玄应《音义》、慧苑《音义》均说:"此应讹也","忉利,讹言","正言多罗夜登陵舍天","正云怛利耶怛利奢。言'怛利耶'者,此云'三'也。'怛利舍'者'十三'也。"[2]

① 《太平御览》3541 页,中华书局 1998 年。

② 丁福保《佛学大辞典》上 929 页,上海书店出版社 2000 年。

　　对音、译音来源很复杂，译者的语言情况及其年代也很复杂。如所谓"犍陀罗语"原本是用佉卢文书写的印度西北俗语方言，因起源于犍陀罗地区（大体上位于以巴基斯坦白沙瓦为中心的喀布尔河下游一带），贝利命名为"犍陀罗语"。这种语言何时传入西域，与汉文之间有什么对应关系，没有系统的比较研究，仅凭少数例证就拿来作为汉语上古音系的构拟根据，这未免过于大胆冒险了。我们转引这类材料时，起码也要斟酌一下。人云亦云，还搞什么研究呢？既然敢于挑战中国权威，当然也要敢于挑战外国权威，这才是学术无国界。如果只敢贬抑中国权威，对外国权威的话唯命是从，这就是有"国界"了。

　　关于古藏文 -s 尾问题。

　　以古藏文 -s 尾证上古去声有 -s 尾，这也是不可信的。据韩国成均馆大学全广镇教授研究，这种比较本身就极为片面，他说[1]：

　　　　欧第国（即奥德里古尔。Haudricourt, A.G.1954a：221）首次提到上古汉语的去声与词尾 -s 有关之后，不少学者（如蒲立本 1962，1973b，1978；梅祖麟 1970；包拟古 1974 等）讨论过这个问题。他们举出少数汉藏同源词来作旁证而已，没有全面地考察汉藏同源词的情形。在本文第 3 章所举的同源词上具有韵尾 -s 的古藏语，怎么对应汉语声调？统计以得到的结果显示：平声 29 个；上声 8 个；去声 43 个；入声 29 个。果然，对应去声者最多，但对应平声者也不少，因此不能一概而论。

　　全广镇列出的例子共计 109 个。去声字与非去声字的比例是 43：66。可见以古藏文 -s 尾来证明上古汉语去声也有 -s 尾，

---

[1]　〔韩〕全广镇《汉藏语同源词综探》306 页，台湾学生书局 1996 年。

且不说年代相去甚远,材料的使用也是只取有利于假设的部分,态度很不诚实。

全广镇的《汉藏语同源词综探》是他在台大读博士研究生班时由导师龚煌城教授指导写的论文,1996年由台湾学生书局印行。如果内地的学人不容易见到此书,不能及时了解书中的这一结论,那么,2001年由上海大学出版社出版的《汉语藏语同源字研究》应该不难见到。该书作者薛才德"根据汉藏同源字材料""对此问题作进一步讨论"。所得结论也是"看不出汉语去声字跟藏语-s尾字有什么特殊的联系……藏语-s尾字可以跟汉语去声字对应,也可以跟汉语非去声字对应。汉语去声字可以跟藏语-s尾字对应,也可以跟藏语非-s尾字对应。由此可见,汉语去声来自-s尾的假设值得怀疑"(146页)。

现在,有的论者对全广镇、薛才德的研究成果采取漠视态度,仍然以古藏文-s尾来证上古去声-s尾,这就有悖于求真务实的精神了。

最后一项材料是以方言证-ʔ尾。丁、徐二先生已有驳议,至今无人提出异议,可以不再讨论了。

第二个办法是用系统验证假设。

这里所说的"系统"是指汉语历史音韵系统。从上古到中古,汉语音韵结构系统基本上是一致的。就上古音而言,它有三大特点:三分,四调,二类。

先说三分。

所谓三分是指韵部分为阴、阳、入三大块。三分格局的确立,既非主观臆测,也不是来自外部比较,而是以先秦谐声系统和韵文系统作为内证,又以《切韵》等韵书或韵图资料作为参证,经过古音学家几百年的研究才把三分的格局及搭配关系最终确定下来。如果肯定周秦音系有-ʔ尾、-s尾,阴阳入三分的格局就被破坏了。这意味着对三大文献资料(谐声、《诗》韵、《切韵》)的轻视,因为从这些资料中根本找不出什么 -ʔ 尾、-s 尾;也意味着中古汉语与上古汉语的完全脱节;同时也意味着对中国已有几百年历史的传统古音学的彻底背弃。所以, -ʔ 尾、-s 尾的问题,不单是声调、韵尾的问题,而是对上古音整个音韵结构的大改变。我们试取王力、李方桂两家的上古韵尾系统然后加上所谓 -ʔ 尾、-s尾,看究竟是个什么样。

A. 王力韵尾系统加 -ʔ 尾、-s 尾

	平	上	入	
			长入	短入
阴	ø -i	øʔ -iʔ		
阳	-m -n -ng	-mʔ -nʔ -ngʔ		
入			-ps -ts -ks	-p -t -k

王力的长入大体上相当于通常所说的去声。他原本只有 7 个韵尾,阴阳入三分的格局井然有序。如采纳奥、蒲等人的说法就有 15 个韵尾了,其中有 7 个是复韵尾,阴阳入三分的格局彻底破坏了。

李方桂虽然对古韵分为三大类不以为然,认为"阴声韵就是跟入声相配为一个韵部的平上去声的字,这类的字大多数我们也都认为有韵尾辅音的"(《上古音研究》33 页)。但李先生承认上古有四声之别,他的阳声韵收 -m、-n、-ng,与传统完全一致;阴声韵的存在他是肯定的,只不过在构拟上加了一套浊塞尾或 -r 尾,

毕竟与入声韵有别。所以在事实上他还是阴阳入三分。分歧只
在阴声韵有无辅音尾，而不在"三分"这个层面。加上 -ʔ 尾、-s
尾之后，韵部的面目、韵尾的性质就与上古汉语本来应有的格局
迥然不同了。请看下表：

B. 李方桂韵尾系统加 -ʔ、-s 尾

	平	上	去	入
阴	（-b）	（-b）	-bs	-p
	-d	-dʔ	-ds	-t
	-g	-gʔ	-gs	-k
	-gw	-gwʔ	-gws	-kw
	-r	-rʔ	-rs	
阳	-m	-mʔ	-ms	
	-n	-nʔ	-ns	
	-ng	-ngʔ	-ngs	
	-ngw	-ngwʔ	-ngws	

　　除去两个（-b）不算，韵尾有 29 个之多，种类也很繁复。一
般对先秦韵文有点常识的人，恐怕没有不感到诧异的：我们的《诗
经》《楚辞》使用的语言，所押的韵脚，有这么多沉重而复杂的尾
巴吗？它又是怎样演变成中古汉语的呢？这样的构拟显然是脱
离实际的。

　　现在说四调。

　　"古无四声"说，并不是什么新鲜的论调。江有诰早年在《古
韵凡例》中就如此主张，态度还很坚决，说"确不可易矣"（《音
学十书》21 页）。道光二年（1822）冬在《再寄王石臞先生书》中
他放弃了自己的主张："至今反复绅绎，始知古人实有四声，特古
人所读之声与后人不同。古无四声之说，为拾人牙慧。"（《音学
十书》277—278 页）第二年（1823）三月，王念孙复信说："接奉
手札，谓'古人实有四声，特与后人不同，陆氏依当时之声，误为

分析'。特撰《唐韵四声正》一书,与鄙见如枹鼓相应,益不觉狂喜。"① 江有诰批评陆氏"误为分析",这是缺乏历史观点,不可取。但他毕竟是音韵学大家,勇于否定自己,这种精神是值得我们学习的。现在有的先生,明明自己错了,而必为之辞,御人以口给,太缺少气度了。在江有诰之前,江永也说《诗经》"平自韵平,上去入自韵上去入者,恒也"②。

段玉裁的"古四声说",主张"周秦汉初之文,有平上入而无去。泊乎魏晋,上、入声多转而为去声,平声多转为仄声,于是乎四声大备,而与古不侔"③。他的古无去声说,经王力重新解释和发展,分为平、上、长入、短入,还是调分为四。承认上古有声调,调分为四,实际上就是承认汉语的声调是一个系统,它的发展具有一贯性、连续性的特点。事实上,诗歌韵文等材料可以证明,从先秦到现代,许多字的调值在变化,而调类大体上没有变化。即使有变化,也能从声母、韵尾的变化找到声调变化的原因,而且现代方言也可作证。可是,-ʔ尾、-s尾,不仅于古无据,在现代方言中也了无痕迹,这是说不过去的。足证,-ʔ尾、-s尾的说法,纯属"拾人牙慧"。只不过拾的不是古人的"牙慧",而是洋人的"牙慧"。王力说:"古无四声之说是最荒唐的。"④ 同理,上古有 -ʔ尾、-s尾的说法也是最荒唐的。

现在说二类。

-ʔ尾、-s尾的说法不仅与汉语悠久的声调系统全然不合,也破坏了声调系统的完整性,破坏了调与调之间的有机联系。汉语

---

① 《石臞先生复书》,《音学十书》278 页。
② 江永《古韵标准》5 页,中华书局 1982 年。
③ 《六书音均表》,《说文解字注》815 页。
④ 《清代古音学》,《王力文集》12:612,山东教育出版社 1990 年。

的四声可以分为舒促两类：在上古平上为舒类，去入为促类。段玉裁说："平与上一也，去与入一也。上声备于《三百篇》，去声备于魏晋。"这几句话揭示了上古四声内部的组成关系和时间层次，极为深刻。由于时代的局限，他还无法解释。既然"去与入一也"，当然就有共同的塞音尾，那么后来去声如何从入声中分离出来了呢？塞音尾又为何脱离了呢？这个问题王力作出了回答，他说(《汉语语音史》96 页)：

> 我所订的上古声调系统，和段玉裁所订的上古声调系统基本一致。段氏所谓平上为一类，就是我所谓舒声；所谓去入为一类，就是我所谓促声。只有我把去入分为长短两类，和段氏稍有不同。为什么上古入声应该分为两类呢？这是因为，假如上古入声没有两类，后来就没分化的条件了。

王力很成功地解释了去声从入声中分离出来的条件。段氏正确地指出了"去与入一也"，而不知道这个"一"又要分为二。他正确地指出了"去声备于魏晋"，而不知道"备"的条件是什么。也就是知道"备"的已然性，而不知道"备"的必然性。王力说(《汉语语音史》89 页)：

> 上古四声不但有音高的分别，而且有音长(音量)的分别。必须是有音高的分别的，否则后代声调以音高为主要特征无从而来，又必须是有音长的分别的，因为长入声的字正是由于读音较长，然后把韵尾塞音丢失，变为第三种舒声(去声)了。

王力既尊重传统，又用现代语音学的知识阐释传统，发展传统，做到了现代与传统的完美结合。而 -ʔ 尾、-s 尾的提出，显得鲁莽灭裂，既无文献材料为证，又无语音理据可言。跟段氏平上一也、去入一也的两类说，全然不合。-ʔ 尾与平无关，-s 尾与入无关。置谐声、《诗》韵于不顾,置内部系统于不顾,纯属无稽之谈。稍有古音常识的人都知道,在谐声系统中,《诗》韵中,去入关系最为密切,所以在上古它们有共同的塞音尾。如果去声为 -s 尾,入声为塞尾,一擦一塞,关系能最为密切吗?段玉裁说:"不明乎古四声,则于古谐声不能通。"[①]那些坚持 -ʔ 尾、-s 尾的人原本也没有想"通"古谐声呢。他们急于要"通"的是藏缅语。故进退失据,羌无故实。

持去声来自 -s 尾的人,还进一步主张这个 -s 尾有派生作用。这也是套用非汉语的理论强作解说。奥德里古尔在《怎样拟测上古汉语》中举了四对例子:

恶(è,乌各切)	âk	好(hǎo,呼晧切)	xâu
恶(wù,乌路切)	âks	好(hào,呼到切)	xâus
度(duó,徒落切)	dâk	使(shǐ,疏士切)	si
度(dù,徒故切)	dâks	使(shì,疏吏切)	shis

(盈按:括号中的现代注音及中古反切为我所加)

四对例子中,有两对是去入关系问题,它们的区别不在韵尾,在元音长短不同。有两对是上去关系问题,按王力的意见:"上去两读的字,在上古只有上声。"[②]也与 -s 尾无关。这类"两声各义"的例子正好证明段玉裁的"洎乎魏晋,上入声多转而为去声"的结论是符合实情的。"两声各义"是以改变声调为主的一种造词法。从理论上来说,当然是先有声调,后有这种"别义"造词方式的产生。用 -s 尾来解释这类造词方式,纯属画蛇添足,多此一举。

用现代语音学的观点来分析,段玉裁的古无去声说,既是古

---

① 《六书音均表》,《说文解字注》816 页。

② 《上古汉语入声和阴声的分野及收音》,《王力文集》17:204,山东教育出版社 1989 年。

声调理论,又是古韵尾理论,还牵涉到元音理论。这是提出这一学说的段玉裁本人无法料想得到的。敏锐的李方桂注意到了这一点,他说(《上古音研究》32页):

> 自从段玉裁以为古无去声,就引起去声是否韵尾辅音的失落而发生的问题,更引申到四声是否都由于不同的韵尾辅音的失落或保存而成了后来的平上去入的问题。

应该说,这个问题既有趣也颇有理论价值,由长入变去确实导致韵尾辅音的脱落,能否就此作出结论,说声调起源于辅音韵尾的脱落呢? 这样说,未尝不可,问题却没有这么简单。王力所强调的重点在元音,是由于长入的元音较长,故促使韵尾塞音丢失。关键不在韵尾,所以短入的塞音尾从上古到中古都没有脱落。认为平上去入四声的形成全取决于韵尾的失落或保存,这就是把韵尾当做一种孤立现象过分看重韵尾的作用了。声、韵、调三者为一个整体,互相之间有一种互动的制约关系。欧阳觉亚在《声调与音节的相互制约关系》中说:"在以塞音 -p、-t、-k 为韵尾的促声韵音节里,韵尾不能随意伸缩,起不到调节音长的作用,因而音节的长度完全靠元音来体现。"长入韵尾之所以比短入韵尾脱落的时间要早一千多年,原因就在同音节之内,元音是首要因素(音响度高),韵尾是次要因素(音响度低)。在同样受塞尾限制的条件下,长元音的塞尾寿命短,短元音的塞尾寿命长。欧阳觉亚还谈到:"声调的产生或分化,原因是多方面的。至少可以说,声母的清浊和元音的长短对声调的产生或分化是有很大影响的。""去声备于魏晋",主要是由元音造成的,韵尾非决定因素。

关于上古声调的研究,清代古音学家和现代古音学家已积累了丰富的经验。分歧虽然还有,但大体上都是遵照系统性、历史性的原则来立论的。-ʔ 尾、-s 尾完全是从比较构拟的角度提出来的，与内部构拟无关，故必然以失败而告终。

　　三、汉语原始形式的构拟　　古音构拟向前推进到对汉语原始形式的构拟，不论成就如何，毕竟是一大进步。因为，所谓汉语和亲属语的比较，这个"汉语"当然不是指现代汉语，也不是指上古汉语，而是指汉语的原始形式。上古音有明确的时空背景，有丰富的文献资料，对上古音的构拟虽然也带有假设的性质，但这种假设不属于史前语言学的范围，也不应该利用上古音和亲属语进行比较，能跟亲属语进行比较的只能是汉语的原始形式。张琨说："要在比较稳固的基础上进行汉藏语的比较研究，首先得把汉语、苗瑶语、藏缅语的原始形式构拟出来：我们不能拿《诗经》（公元前 1100 年到前 600 年）上古汉语音韵系统来跟时代较晚的古藏语、古缅甸语、泰语等的音韵系统作比较。"（《古汉语韵母系统与〈切韵〉》59 页）在理论上来说，这是唯一正确的原则。离开这个原则谈比较，比较的基础就很难说是"稳固"的了。正是在这个意义上，我们要对汉语原始形式的构拟给予高度重视，要积极推进这种研究。从上世纪以来，对原始汉语的研究已做出了一定的成绩，也建立了几种构拟体系，我们可以从这些构拟体系中研究一个问题：对汉语原始形式的构拟应采取什么样的构拟原则。请以张琨、包拟古为例。

　　张琨于 1972 年发表《原始汉语韵母系统与〈切韵〉》，包拟古于 1980 年发表《原始汉语与汉藏语》，这两篇文章都可以成为独立的专著。从题目本身就已显示出两者的构拟目的与构拟原则迥然不同。张琨的目的是要通过汉语的构拟来解释《切韵》音与《诗经》音不一致的地方，所以他"用汉语内部证据投射原始汉语音韵系统"（59 页）。用的是内部构拟的原则。包拟古的目的是要与亲属语言接轨，证明汉语和藏语"形式密合"，所以"常常用藏语和藏缅语的材料来构拟古代的汉语"，"有时候还引用泰语和原始台语的材料来弄清早期汉语的音系"(《译本自序》5 页)。

　　张琨对"原始汉语"有自己特定的解释,他认为"把原始汉语设想为一个语言,后来才分裂为方言群——例如先分裂成原始吴语、原始闽语等等,然后再分裂为各个方言——这是荒谬的假设"(66 页)。这个假设之所以"荒谬",是因为语言发展过程是复杂的社会现象,不可能一直按照单一性分离的方式由分裂再分裂。事实上,"早期汉语方言必定比今天更为复杂,一个小的、相对孤立的部落必有它自己的语言。后来由于科技的进步,人口的繁殖,语言接触的机会增多,也越趋频繁,方言越来越感受标准语统一的影响力。因此,我们的原始系统,不是一个历史上的语言,而是一个假想的对立系统,要用最简单、最合语言实际的办法来解释已知的历史文献上的记录"(69 页)。把"原始汉语"的性质规定为"一个假想的对立系统",看起来似乎很玄虚,可这个"假想"是有文献为据的。这类文献就是"谐声字、反切、诗文押韵、《切韵》的分类以及现代汉语方言的反映"。总之,"主要的证据是从汉语内部提取的"(72 页)。这种方式跟利用亲属语言形式上的某些特点来证明汉语也有这些特点,性质完全不同。这种不同就是内部构拟和比较构拟的不同。可是,内部构拟既用于构拟上古音,又用于构拟原始汉语,所用材料也一样,二者如何区别呢? 区别只有两个字:对立。提取"对立",解决"对立",张琨的"原始汉语"就以此为目标。具体做法就是"从《诗经》元音的分配上去找线索"。他发现(67—68 页):"在《诗经》诸韵部里有极不均衡的元音分布状态,就是在舌根韵尾前的元音种类比舌尖尾、唇音尾前的元音多。在舌尖和唇音尾前,有前 a: 后 â 的对立,在舌根音尾前没有这个现象;只有在舌根韵尾前,才有元音 u 和带 u 的复合元音。"根据这种元音分布不均衡的状态,张琨提出了两个假设:

　　第一个假设,就是"那些出现在舌根韵尾前的元音,也都曾在较早时期出现在舌尖和唇音韵尾前"（68 页）。也就是"原始汉语"中，u、əu、au 之类的韵不仅出现在舌根韵尾前，也出现在舌尖、唇音韵尾前。

　　第二个假设，"上古期以后影响舌根韵尾前的元音的那些变化，在前上古时期也曾影响过在舌尖和唇音韵尾前的那些元音"（68 页）。如后上古时期的 -uə 变 -əu，既发生于舌根韵尾，也发生于原始汉语的唇音尾及舌尖音尾前。

　　张琨的原始汉语有四个元音：i、u、ə、a。这个 a 在《诗经》音系里分化为 a、â。条件是在唇音和舌尖音前为 a，舌根音尾前为 â。韵尾系统原始汉语和上古音是一致的。

　　阴声韵：g　d　b　r。有一个开尾音节（-a）。

　　入声韵：k　t　p。

　　阳声韵：ŋ　n　m。

　　没有什么 -ʔ 尾、-s 尾。坚持阴阳入三分。张琨所构拟的元音系统、韵尾系统，是否就可以作为定论，这里不加评论。因为各人构拟的上古音不同，对立分布也就会不同，结论自然也就可能不同。我们感兴趣的是他的构拟原则。这是相当典型的内部构拟。其特点：通过对上古元音的分析，推导出一个没有文献根据没有语言材料为据的早期的语音形式系统；用填空格的方法求得元音的均衡分布，形成一个假想的元音结构模式；不与非汉语比较，只在汉语内部提取材料。

　　张琨是汉藏语专家，他为什么不利用亲属语言来构拟"原始汉语"呢？请听他自己的解释①：

　　　　若是能拿汉语以外，汉藏语系中的其他语言系统来作比较分析，也是一项可行的途径。只是目前还没能确定汉语和

━━━━━━━━━━

① 　陈毓华《汉藏语系的世界——与张琨院士一席谈》。

藏语是否有亲属关系。这是第一由于目前对于材料并不熟悉的缘故,第二就是牵涉到各人的治学态度了。因为如果不是应用灵活有弹性的比较研究方法,往往在皮毛上把在声韵上、意义上相同或相似的字拿来作比较,实在容易产生相当错误的曲解。

可见,张琨并不是反对比较分析,而是条件不具备。对非汉语的材料"不熟悉"。他非常看重这一点。近几十年来,国内外的汉藏语专家进行了艰巨的努力,进行了大量的调查研究,成绩很显著,是否达到了材料很"熟悉"的程度了呢? 恐怕张琨说的"熟悉",不只是这些语言的现状,还应该包括它们的历史,它们的发展变化的历史。他说:"把藏语的古代历史能够弄清楚,那么这个做法相当难。换言之,就是内部拟测法(internal reconstruction),就是怎么样就一个语言的材料来构拟最古的一个阶段,这也相当难的。"(《中国境内非汉语研究的方向》260 页)又说:"要深一层研究语音演变历史,内部的变化是怎么个情形,更是不容易。所以在应用汉藏语系作为比较研究的工具之先,必须要先对每一种语言作深入的历史性探讨,得出那个语言的结构情形才可。""到目前为止有成绩的,还是拿一个语族来研究的学者,例如李方桂先生、我太太和我等人。从事这项研究,不可贪多。也许每个语族研究要花50 年时间,但却是必要去从事的。不可不自量力,鲁莽肤浅地作研究,不然将一事无成。"①

在这个"巧妇"能"为无米之炊","皮毛比较、鲁莽研究"相当流行的时代,仔细体会一下张琨的话,我看对这门学科的发展,对某些急于求成的研究者,一定很有好处。

拿藏语来说,它是汉语亲属关系中最无争议的一种语言,比

---

① 　陈毓华《汉藏语系的世界——与张琨院士一席谈》。

较者也常以它为对象。但我们对藏语的内部构拟,也就是张琨说的"最古的一个阶段"究竟有多少了解?汉语和藏语各自独立发展,起码也得有五千年,又都受周边地区其他语系的影响,各自发展的快慢程度也很不一样,尤其是文字、文献产生的年代也相距甚远。汉语的文字资料可追溯到公元前1300—前1028年之间,藏文呢?古藏文产生于何时至今还是一个颇有争议的问题,大体上相当于隋末唐初,即公元7世纪,与《切韵》成书年代差不多。古藏文所能反映的只是中古时代的西藏语言,不可能是藏语的上古形式,更不可能是它的原始形式。就中古藏语而言,它的语音、语法也跟同时代汉语的语音、语法大不相同。古藏文有单声母,也有不少复声母,有二合、三合甚至四合复声母,现在有的方言复声母还达百余个。古藏文辅音韵尾有 -b、-d、-g、-m、-n、-ŋ、-r、-l、-s。还有复辅音韵尾,如 -bs、-gs、-ms、-ŋs、-rd、-ld、-nd 等。古藏文没有声调,现在藏语中有的方言仍无声调。藏语动词有形态变化。语序为 SOV。

　　中古藏语的这些特点对于汉语的古音构拟有很大的启示作用,是汉语比较构拟的好材料。可问题也就出在这里。从上世纪后期开始,某些标榜在上古音构拟方面取得重大突破的人,往往是用循环论证的方法把藏文的某些形式硬往古汉语身上贴。给上古音穿靴戴帽,安上种种新尾巴,然后得意地宣布:"汉语上古音拟音面目一新,能够与汉藏兄弟民族语言接轨了。"[①]我们要问:藏语与汉语何时分的家?藏语最初的基础方言在哪里?它在发展过程中受了哪些语言的影响?它有多少借词?借自何方?它的上古形式是什么?它的原始状态又如何?有谁"花50年时间"(当然不是一定要50年)去研究过藏语?张琨说的"材料并不熟

---

① 　郑张尚芳《上古音研究十年回顾与展望》(一),《古汉语研究》1998(4):11—17。

悉",我以为包括这些问题在内。既然大家都"不熟悉",有的人勇于构拟,而有的人却不愿意"曲解",这就是"治学态度"问题了。用"上古音"与"民族语"接轨,这是接的什么轨!

现在谈包拟古的原始汉语构拟。尽管包氏申明(57页):"由于资料缺乏,我们不可能对原始汉语的各方面作面面俱到的讨论,因此在原始汉语音系的许多问题上仍然存在着相当多的疑点。"可他还是提出了一个完整的原始汉语体系。声母分单复两套,韵尾也有单复两套。去声为 -s 尾,上声因为怕与另一个 -ʔ 尾"发生可能的混乱"(157页),故"把上声记作:"(156页),"把它解释作紧喉的特征"(157页)。

这个体系无论从宏观和细节上来看,著者都做了很大的努力。这种性质的研究当然是有意义的。问题在于他的比较构拟是不可靠的。这里不能详细分析,只就声母、韵尾各举一例:

例一:在单声母中,有所谓四种塞音对立的问题,即阴调的不送气清塞音和送气清塞音的对立,阳调的不送气浊塞音和送气浊塞音的对立,如:

$$p \quad ph \qquad b \quad bh$$
$$t \quad th \qquad d \quad dh$$
$$k \quad kh \qquad g \quad gh$$

这种送气浊塞音是怎么构拟出来的呢?他的根据是"有些藏缅语如图隆语赖话则有四种塞音的对立",加上"所有的闽方言都需要建立一套有四类对立的声母塞音"(66页),于是他就将这种对立搬到原始汉语中来了。张琨也谈"对立",但他所说的"对立"是从《诗经》元音分布中提取出来的,材料范围是严格的,是由内部构拟原则控制的。包拟古也谈"对立",但这个"对立"根本不是来自上古音,而是来自赖话和所谓的闽方言。几乎与上古音毫无关系。我们在"闽方言"前用了"所谓"二字,就是"含不承认意"。这是罗杰瑞给原始闽语拟的音,早已有人表示了不同意见,包拟古自己就引用余霭芹、张琨的看法。

余的看法:"阳调的不送气塞音(它比送气塞音更常见)是基本口语的发展结果,而阳调的送气塞音则归结为北来的影响。"①

张琨论及原始闽语中这两类浊声母的时候说:"不过这两类浊音最有可能是两支方言交互影响的结果。"②

但包拟古没有采纳这些意见,坚持认为(《译本自序》,68页):"依我的看法,Norman 的观点无疑是正确的。"

近年,王福堂对此又作了更为具体的分析,否定了罗杰瑞的构拟。他说:"看来闽方言古浊声母塞音塞擦音部分字不送气、部分字送气的现象,可能也是相邻赣方言影响的结果。也就是说,闽方言原有的浊塞音塞擦音声母字清化后不送气,送气音则是由赣方言借入的……它其实不是一种历史音变,甚至也不是一种属于语音层面的变化。"③用这样的材料来构拟"原始汉语",岂非"皮毛"而又"鲁莽"!

例二:所谓 -s 尾问题,包拟古已经注意到下面这样的事实:"藏缅语元音加 -s 的形式可能跟汉语的上声对应。"(156 页)又说(156 页):"按规则,原始汉语塞音加 -s 的形式发展为中古的去声字,但是,间或也会发展少数变作中古平声的例子。"这条"规则"本来是虚的。因为汉语中古去声字的来源,首先是入声,其次是平声、上声,与所谓的 -s 尾无关。

包拟古构拟了 486 组同源词,问题颇多。我只举三个所谓有 -s 尾的例子来分析。原书例 5、例 7、例 8(63—64 页)。

_____

① ②　包拟古《原始汉语与汉藏语》68 页。

③　王福堂《汉语方言语音的演变和层次》64 页,语文出版社 1999 年。

5. 蓋 *kap/kâp

　　　*kaps/kâi

7. 沛 *paps/puâi 拔，倒下

8. 弊 *bèps

　　bjeps/bjäi 倒，偃，败坏

按包氏的规定，"带星号的汉语形式代表通过历史比较而得到的原始汉语"（68 页）。用于比较的相应的藏语材料我们没有引用，因为我们要指出的不是比较得如何，而是这些汉语材料的使用与构拟就不行。

例 5 有两个原始形式，为 *-p 和 *-ps 交替，没有注明意义，他说，"跟这种交替有关的意义也有点模糊不清"（64 页）。

无论从语音还是从意义都可证明："蓋"与"盍"是同源词，最早见于上古，甲骨文未见。

《说文》血部："盍（盍），覆也。"大徐音胡腊切，其上古音归匣母叶部。

《说文》艸（艹）部："蓋，苫也。"大徐音古太切。这个注音是错误的。

《广韵》"蓋"字有两音两义，分见于泰韵、盍韵。泰韵云："蓋，覆也，掩也。"音古太切。盍韵云："蓋，苫蓋。"音胡腊切。《说文》的"苫也"即《广韵》盍韵的"苫蓋"，名词，在这个意义上应依《广韵》音胡腊切，与"盍"同音，而不是古太切，所以我们判断《说文》的注音是错误的。"蓋"用作名词时读胡腊切，不仅有《广韵》盍韵的反切为据，《经典释文·春秋左氏音义》也可为证，襄公十四年："乃祖吾离被苫蓋……"《释文》："蓋，户腊反。"《尔雅》曰："白蓋谓之苫。"

"盍"的本义为"覆也"，即动词"蓋"。在先秦时代已借作副词，后来又分化出去声一读，在字形上又造出一个"蓋"字，故

"蓋"乃"盍"之分别字,其时代晚于"盍"。不论作动词还是作名词,其音均为胡腊切,归入声,属匣母叶部。

现在我们看包拟古的拟音。声母拟为 k-,韵尾拟为 -p,真是不伦不类。以收 -p 尾而论,乃胡腊切,这是对的;以 k- 为声母,又归古太切。去入不分,清浊不分,-t、-p 不分。高本汉的《汉文典》"盍"与"蓋"均拟为 gáp(274 页),这就比包拟古高明。包拟古虽然在例 212 中也认识到"盍蓋之类属于同一个上古汉语词族"(135 页),也将"盍"拟为 gap,但不与"蓋"同音。他所说的 *-p 和 *-ps 的交替,无所依据,纯属臆测。

例 7、例 8 也是莫名其妙,音与义均不确。拿"沛"与"弊"配对,语音上虽无问题,而意义无关,这是常识性错误。高本汉毕竟是高本汉,他已明确指出,"沛"的①②义项均属假借,包拟古还拿它来配"弊",实属鲁莽。

《说文》水部"沛"字段玉裁注(542 页):

> 今字为"颠沛","跋"之假借也。《大雅·荡》传曰:"沛,拔也。"是也。"拔"当作"跋"。

又《说文》足部:"跋,瞋也。"段玉裁注(83 页):

> 跋,经传多假借"沛"字为之。《大雅》《论语》"颠沛"皆即"蹎跋"也……马融《论语》注曰:"颠沛,僵仆也。"

还应该注意"沛"的跌倒义主要用于双音词组,未见单用的例子。

"弊"本是俗体。《说文》犬部:"獘,顿仆也。"段玉裁注(476 页):

> 獘本因犬仆制字,假借为凡仆之称。俗又引伸为利弊字,遂改其字作"弊"。

《说文》"獘"的或体作"斃"。段玉裁注:"经书顿仆皆作此字。"可证,"弊"乃后出字,而且主要是用于"利弊"义。

包拟古还断言:"例 7 '沛'和例 8 '弊'显然是不及物与及

物的关系。"二者一为假借,一为俗体,根本不见于"原始汉语",谈什么"关系"呢!

拟音问题。先看高本汉的构拟:

沛 p'wɑd

"假借为 pwɑd。"①拔除;②跌倒。(217 页)

弊 b'jad

①跌倒;②使倒下;③毁坏。(148 页)

再看李方桂的拟音。李的《上古音研究》未收"沛、弊"二字。按谐声推断,"弊"从敝得声,"沛"与"肺"同一声符。"敝、肺"李归祭部阴声韵去声,其主要元音和韵尾都是 -adh(52—53 页)。

"沛"属滂母,高本汉拟为 p',正确。包拟为 p,错误。

包说他的 -aps,相当于李的 -abh,也有问题。李方桂只有 -əbh、-adh,并无 -abh。包将"沛"拟为 -aps,这是不可思议的。"沛"类字从来不与 -b 或 -p 发生关系。另外,李方桂的 -h 只是用来表示去声的一个符号,而包拟古的 -s 是词尾,二者性质不同。李方桂的"沛、弊"拟音,按推断为 -adh,换成包拟古的体系应该是 -ats,而不是 -aps。包所谓"韵尾 *ps 在上古汉语以前就跟 *-ts 合流了"(64 页),并无具体论证。哪些字是由 -ps 变 -ts,理据何在,条件是什么,没有交代。

梅耶曾经提出:"语言学家想从形态的特点上去找出一些与汉语或越南语的各种土语有亲属关系的语言,就无所凭借,而想根据汉语、西藏语等后代语言构拟出一种'共同语',是会遇到一些几乎无法克服的阻力的。"①尽管有许多中外研究人士不赞同

---

① 〔法〕A. 梅耶《历史语言学中的比较方法》,岑麒祥译,《国外语言学论文选译》21—22 页,语文出版社 1992 年。

梅耶这段名言，甚至反对这段名言，已作出了种种挑战。但冷静想一想，梅耶说的"几乎无法克服的阻力"，究竟"克服"了没有？"克服"了多少？比较法是否适合于构拟"原始汉语"？包拟古等人的研究只能说是一种尝试。在没有把藏语的历史情况弄清之前，在没有把藏语的原始形式构拟出来之前，汉藏语的比较还是应取慎之又慎的态度。与其构拟一些无价值的"体系"，不如多作点单一语言的内部研究。桥本万太郎的话并非毫无道理，他说（《语言地理类型学》24、15、204 页）：

> 显然，用印欧语比较法来研究农耕民型的语言谱系就非常困难。
>
> 农耕民型语言由于被其中心的同化和不断借用，要想阐明这种同化的组合过程，采用印欧语用过的方法，即根据比较法来构拟祖语则是非常困难的。
>
> 认为是亲子（同系语），实际上却是养子（借词）；认为有远缘关系（同一系祖不同族的语言），实际却是冒姓祖先的后裔（借词太多的语言）。

桥本似乎是彻底灰心了。他说："还有什么比'寻根认祖'更为无聊的！"（《语言地理类型学》204 页）可人类要想知道自己的过去不亚于想知道自己的未来。语言的"寻根认祖"虽有种种困难，这种研究是永远不会停止的，更不能说是"无聊"的。

像"原始汉语"这样的大题、难题，不是一代人或两代人就能解决得了的，也不是一两个学科的研究就能解决得了的。在当前，我们应探讨的问题有：

1. 原始汉语的性质。原始汉语（proto-Chinese）是谱系树理论所说的祖语？还是一个"多源性"的混合体？还是一个"假想的对立体系"？

2. 时空的定位。在时间上起码有三种说法：一说"原始汉语"形成于四五千年前，即黄帝时代；一说"原始汉语的出现至今很可能至少已有两三万年以上的历史"[①]；一说"这种语言已经使用一百多万年了"[②]。

在地理上，一说由中原地区向四周扩散；一说由南方向北方推移；一说由北方向南方推移。这是三个不同的起源点。

3. 构拟程序与原则。这方面问题最多。按李方桂的经验，应是先内部后比较。李方桂在比较了汉藏语"露、帽（盔）"语音"接近"之后，特意强调说："在这里要特别注重向诸位说的就是：我们在这里的拟测并不靠西藏语的比较，而是单纯就汉语的本身来拟测，然后再跟藏语作比较。"（《汉语研究的方向》，233 页）

4. 汉语方言的比较。这是同一语言内部的横向比较。我们不能直接拿现代方言来构拟原始汉语，但方言材料经过加工处理之后就可成为构拟原始汉语的重要依据。加工方式主要有：研究同一个词在不同方言的语音变体，文白异读，方言特殊词，特殊语法结构等。还有方言谱系研究，方言与非汉语接触关系的研究。李方桂对原始台语的构拟就得益于对台语方言的研究。他构拟的古台语"前带喉塞音"复声母（ʔb、ʔd、ʔj，）在国际上很受重视，立论根据就来自对台语方言的综合研究。张琨在研究原始汉语时，"推想 -uə- 变成 -nu-，而不是 -nə- 变成 -uə-，这是从现代方言的反映情形来考虑的，现代汉语方言通常有个复合元音，-u- 为其中的第二个成分，从不作为第一个成分出现"（《古汉语韵母系统与〈切韵〉》68 页）。

5. 商代音系研究。对古音的研究向前推进得越久越远，接

---

① 邵靖宇《汉族祖源试说》59 页，浙江大学出版社 2001 年。

② 马学良主编《汉藏语概论》（上）79 页，北京大学出版社 1991 年。

近原始汉语的希望也就越大。商代已有一千多个字的文字资料，商代考古成绩也很突出，文献资料虽少些，但比没有资料总要强得多。

6. 利用其他学科的研究成果。

7. 亲属语言的研究。原始汉语的构拟虽然应以内部构拟为基础，但能利用亲属语的材料进行比较研究，当然更为有利。如果亲属语的原始形式我们根本不了解，谈对接，谈分化，都会有困难。

结 语

基本原则的论争、探讨，总是始于具体问题的分歧。具体问题的分歧又往往要从原则的高度来判定是非。原则是从实践经验中概括出来的。原则又要接受实践经验的验证。李方桂、张琨以及海内外许多汉藏语言研究者的实践经验是理论研究者的宝贵资料。两大公案的产生与整个汉语和亲属语言研究的水平相关。迄今为止，这种研究还没有脱离"比较幼稚的时期"[1]，"还处在'貌合神离'的阶段"[2]，"有分量的研究成果也寥寥无几"[3]。当务之急，既要立足于一个一个语族的调查研究，也要十分重视将前辈们的实践经验上升为理论原则。只有在正确的理论指导之下，汉语和亲属语言的比较研究才会有一个很大的发展。当前发生的许多争论，都有一定的理论背景，如夸大远程构拟或宏观语言学的作用、比较构拟的不恰当运用。这些，既是材料问题，又是理论方向问题。我以为在构拟原则和治学态度问题上，我们基本上应遵循李方桂、张琨等人所开拓的方向前进。这样说，并不是要死守他们

---

[1] 李方桂《汉语研究的方向》232 页。

[2] 李荣《上古音学术讨论会的发言》，《语言学论丛》1987（14）：5。

[3] 丁邦新、孙宏开《编者的话》，《汉藏语同源词研究》（一）1 页，广西民族出版社 2000 年。

的具体结论，并不是说李方桂的分类就是不可动摇的定论了。

现在有少数人轻视李方桂、张琨、王力等人的研究成果，盲目抄袭西方某些粗糙谬误的主张，以为这样就是与国际接轨，就是走向世界，这是非常有害的。我们应当有自己独立的判断能力。不论这个理论来自何方，不论是谁提供的语言素材，我们都应该加以验证。某些西方学者在使用汉语例证时，谬误相当多，而我们的中国学者竟然不能作出自己的评判，反而引来作为立论根据，这无论如何是不应该的。如果容忍这种状况继续发展下去，将会给学术界造成极坏的影响。

李方桂说："研究语言学的人，汉语和非汉语的界限不要划得太清楚……如果能混合在一起的话，这对于汉语音韵学将来的发展也是有很大的帮助的。"（《汉语研究的方向》）过去几十年间，由于教育体制、研究体制等种种方面的原因，界限划得太清，"混合"研究的程度很低，从而阻碍了汉语和亲属语言关系研究的发展，这种状况亟待改进。

发展健康的学术争鸣，是发展这门学科的必要条件。所谓两大公案，本来就是两次大的学术争鸣，给我们留下了宝贵的历史资料。本文的根本目的就是要对这两大公案进行历史性的总结，阐明它的国际背景和学术意义，也表明了我们自己对这种论争的看法和态度。同时，本文也通过引证或论述提出了解决争端的有效途径，就是立足于语言事实的调查研究。吕叔湘有一段切中时弊的话："咱们现在都是拿着小本钱做大买卖，尽管议论纷纭，引证的事例左右离不了大路边儿上的那些个，而议论之所以纷纭，恐怕也正是由于本钱有限。必得占有材料，才能在具体问题上多作具体分析。"争论双方，除了必须坚持正确的构拟原则之外，都应该积累"本钱"，扩大"资本"。说大话，胡乱建立大语系，必然导致大失败。

中国，是汉藏语的故乡、发源地，我们有责任推进汉藏语言研究的发展，中国社会科学院中国少数民族语言研究中心与中央民族大学的有关同志在这方面已作出了重要贡献，我们研究汉语史的人也应该向他们学习，尽自己的一份力量。

毫无疑问，我们也要认真对待西方学者那些有意义的研究成果，也要大胆实行"拿来主义"，但我们有自己的话语体系，自己的价值取向，自己的判断能力，决不可被西方那些无根之谈牵着鼻子走。互相交流，平等对话，取长补短，这是不变的原则。

我很清楚，公案之所以成为公案，都有聚讼纷纭、莫衷一是的特点。我并不奢望通过这篇文章来了结两大公案，何况我的论述也不可能获得方方面面的满意。但只要大家赞同两个"相结合"、两个"基础"的构拟原则，我的目的就达到了。别的可以存而不论，也可以继续争论下去，但争论一定要有风度，即使缺少学者风度（用专业和智慧的语言），也应保持绅士风度（用体面和理性的语言），不知方家以为何如？

2002 年底初稿，2003 年 2 月 18 日定稿

读一校样后补记：

2002 年 7 月，香港科技大学人文社会科学学院邀请我赴该校访问，作学术演讲。时间商定在 2003 年 4 月。本文就是我准备的讲题之一。后因 SARS 流行，访问推迟，直到今年 2 月得以履约。2 月 17 日下午，我在语言研究中心报告此文。丁邦新、张洪年、孙景涛、张军、梁金荣等多位先生不吝赐教，在此谨致谢忱。

2004 年 6 月 12 日

原载《语言学论丛》第 29 辑，2004 年

2005 年 8 月读本书校样补记:

核对引文,纠正疏漏;行文稍有修改。下面向读者推荐三种对语言寻根有意义的新材料:一是曾在路卡·卡瓦利-斯福扎门下工作过的美国遗传学家斯宾塞·威尔斯写的《出非洲记——人类祖先的迁徙史诗》(杜红译,东方出版社 2004 年);二是 2005 年 5 月 10 日《新京报》登载该报记者闫宏的长篇报道《DNA 的秘密:北京猿人不是华夏祖先?》,文章认为"华夏 56 个民族和东亚、东南亚各民族都是由南亚语系的先民分化出来的";三是 2005 年 7 月 13 日《北京科技报》第 2989 期刊发的《DNA 研究发现波利尼西亚人可能源于台湾》(杨丽君、徐冰川编译)。DNA 的研究的确鼓舞人心,但遗传进化与语言进化毕竟同中有异,语言寻根的事还是非常复杂的。

2005 年 8 月 18 日

参考文献

〔法〕A.G. 奥德里古尔著,马学进译　《怎样拟测上古汉语》,《中国语言学论集》,幼狮文化事业公司 1977 年

〔法〕A.G. 欧德利尔(奥德里古尔)著,冯蒸译,袁家骅校　《越南语声调的起源》,《民族语文研究情报资料集》1987(7)

〔泰〕巴苹·诺玛迈韦奔著,王均译　《汉语和泰语是不是亲属语言》,《民族语文研究情报资料集》1984(4)

〔美〕P. 白保罗著,罗美珍译　《澳—泰语研究·澳—泰语和汉语》,《民族语文研究情报资料集》1987(8)

〔美〕包拟古著,潘悟云、冯蒸译　《原始汉语与汉藏语》,中华书局 1995 年

陈毓华　《汉藏语系的世界——与张琨院士一席谈》,《中国语言

学论集》,幼狮文化事业公司 1977 年

戴庆厦　《美国柏克莱加州大学〈汉藏语词源学分类词典〉课题
　　研究》,《国外语言学》1990（4）

丁邦新　《丁邦新语言学论文集》,商务印书馆 1998 年

———　《汉语声调源于韵尾说之检讨》,《丁邦新语言学论文
　　集》,商务印书馆 1998 年

〔清〕段玉裁　《说文解字注》,上海古籍出版社 1981 年

〔瑞典〕高本汉著,潘悟云等译　《汉文典》（修订本）,上海辞书出
　　版社 1997 年

〔清〕江永　《古韵标准》,中华书局 1982 年

〔清〕江有诰　《音学十书》,中华书局 1993 年

〔俄〕B. 阔姆力著,丁石庆译　《语言与史前史:多学科研究趋势》,
　　《中国民族语言文学研究论集》2（语言专集）,民族出版社 2002 年

李方桂　《汉语研究的方向——音韵学的发展》,《中国语言学论
　　集》,幼狮文化事业公司 1977 年

———　《上古音研究》,商务印书馆 1980 年

李方桂著,梁敏译　《中国的语言和方言》,《民族译丛》1980（1）

李方桂著,王均译　《汉语和台语》,《民族语文研究情报资料集》
　　1984（4）

〔美〕J.A. 马提索夫著,王德温译,胡坦校　《澳泰语系和汉藏语有
　　关身体部分词接触关系的检验》,《民族语文研究情报资料集》
　　1985（6）

〔美〕J.A. 马提索夫著,梁敏译　《对李方桂〈中国的语言和方言〉
　　一文的评论》,《民族语文研究情报资料集》1985（6）

梅祖麟著,黄宣范译　《中古汉语的声调与上声的起源》,《中国语
　　言学论集》,幼狮文化事业公司 1977 年

欧阳觉亚　《声调与音节的相互制约关系》,《中国语文》1979（5）

〔苏〕I.I. 帕依洛斯、S.A. 史塔洛斯汀著,周国炎译 《汉－藏语和澳－泰语》,《民族语文研究情报资料集》1987（8）

〔加〕蒲立本著,潘悟云、徐文堪译 《上古汉语的辅音系统》,中华书局 1999 年

〔日〕桥本万太郎著,王连清译 《汉越语研究概述》,《民族语文研究情报资料集》1983（2）

〔日〕桥本万太郎著,余志鸿译 《语言地理类型学》,北京大学出版社 1985 年

〔意〕L.L. 卡瓦利－斯福扎、F. 卡瓦利－斯福扎著,乐俊河译,杜若甫校 《人类的大迁徙》,科学出版社 1998 年

王　力 《汉语语音史》,《王力文集》10,山东教育出版社 1987 年
――― 《先秦古韵拟测问题》,《王力文集》17,山东教育出版社 1989 年
――― 《汉越语研究》,《王力文集》18,山东教育出版社 1991 年
――― 《南北朝诗人用韵考》,《王力文集》18,山东教育出版社 1991 年

徐通锵 《美国语言学家谈历史语言学》,《语言学论丛》13,1984
――― 《声母语音特征的变化和声调的起源》,《民族语文》1998（1）
――― 《声调起源研究方法论问题再议》,《民族语文》2001（5）

痖弦主编 《中国语言学论集》,幼狮文化事业公司 1977 年

杨振宁 《杨振宁文录》,海南出版社 2002 年

张光直 《考古人类学随笔》,三联书店 1999 年
――― 《中国考古学论文集》,三联书店 1999 年

张　琨 《中国境内非汉语研究的方向》,《中国语言学论集》,幼狮文化事业公司 1977 年

张琨著,张贤豹译 《汉语音韵史论文集》,联经出版事业公司 1987 年

———　《古汉语韵母系统与〈切韵〉》（即《原始汉语韵母系统与
〈切韵〉》），《汉语音韵史论文集》，联经出版事业公司 1987 年
周法高　《上古汉语和汉藏语》，香港中文大学《中国文化研究所
学报》1972（5）1。

《重建华夷语系的理论和证据》序

——兼谈詹姆士·A·马蒂索夫的《回复》

　　在大学四年级下学期（1960年上半年）我听过袁家骅先生（1903—1980）的"汉藏语导论"课（据说这是中国高校第一次开设这样的课），由于毫无兴趣，故收获甚微。时隔30年，我写《中国现代语言学史》一书，其中第八章为"非汉语语言文字学"，于是钻进图书馆，对1949年之前的"非汉语"研究进行了较为系统的调查研究，虽说是"述而不作"，却使我由"毫无兴趣"转变为很感兴趣。又过了十多年，也就是退休之后，我发表了《汉语和亲属语言比较研究的基本原则》一文，刊登在2004年《语言学论丛》第二十九辑上。此文的目的是要"检讨一下比较研究的基本原则"。文中提出了两条基本原则："基本原则之一：远程构拟应与层级构拟相结合，应以层级构拟为基础"；"基本原则之二：比较构拟应与内部构拟相结合，应以内部构拟为基础"。这完全是从诸多构拟文本中总结而来，即使从今天来看，这两条"基本原则"仍然属于构拟学说的基础理论，违背这两条原则的所谓历史比较构拟，只能是纸上谈兵，自说自话，毫无实际意义。这篇文章既然是"检讨"，当然就要对以往的比较构拟做出判断，在评价中无可回避地要以白保罗（Paul K.Benedict）、马蒂索夫（James A.Matisoff）、奥德里古尔（André Georges Haudricourt）、蒲立本（Edwin G.Pulleyblank）为对象，因为他们的构拟理论影响很大，偏离"基本原则"甚远，有评判的价值，跟国籍毫无关系。

　　时隔两年，也就是2006年，《语言学论丛》第三十四辑刊发了老马同志(我们的根本目的都是为了"历史语言"研究,所以我尊之为"同志")对我的《基本原则》的"回复"。马文的标题是:《历史语言学研究不是奥林匹克竞赛——回复何九盈〈汉语和亲属语言比较研究的基本原则〉一文》。基于以下三个方面的考虑,我没有对马氏的《回复》立即做出回应,尽管《论丛》的主持人希望我回应。

原因之一:白保罗、马蒂索夫的语言分类和研究方法早在20世纪70年代、80年代就受到张琨、李方桂的严厉批评,可以说是全盘否定。张琨在一次演讲中说①:

> 这个语言的分类,你们知道是靠不住的。因为这些语言的分类是完全靠民族的称呼或是地理的分布,不是用语言学的方法来建立的语言分类……这种民族学的称呼,也未必完全没有道理。那么,怎么才能够知道呢?就是要对民族史方面进一步研究,知道这些名称的来源,知道这些名称的历史。这是一个很要紧的工作。比方说,在 Benedict 的书(即 Sino-Tibetan, A Conspectus)里头,有一章讲到语言的分类,我在我的书评里批评他这个语言的分类是完全头脑简单的分类。你怎么能够拿现在这些不同民族的地理的分类,说就是两千年三千年以前的分类呢?但凡你有普通常识就知道。尤其这些少数民族受到有力量的人民的压迫、剥削这种事情,这个变动是很大的。所以要拿现在这些各种民族的地理分布做根据,来做这些语言的早期的分类,这是靠不住的。

---

① 张琨主讲,张贤豹记录《中国境内非汉语研究的方向》,原载《幼狮月刊》四十卷六期,1974年12月;又载痖弦主编《中国语言学论集》,幼狮文化事业公司1977年。

张琨批评的是白保罗,而事实上老马同志对此书的出版问世负有直接责任,是他"发现了这本书的手稿,觉得它的资料之丰富,并以几乎像哥白尼一样的洞察力,从其他语言区域围绕着某个特定语言区域这种观点出发提出的'汉语中心说',在本尼迪克特博士自完成他的手稿而把它搁置起来去从事旁的工作以来的这些年月里,可说是独树一帜,而且无出其右"①。张琨的批评戳穿了这类无稽之谈。无论是白保罗还是马蒂索夫,他们对汉、苗、瑶、侗、台、藏等民族的远古历史和他们在新石器时代的分分合合,以及各自的来龙去脉,几乎一无所知,"这是一个很要紧的工作",他们做了什么?!因此,他们只"能够拿现在这些不同的民族的地理分类,说就是两千年三千年以前的分类",张琨斥之为"是完全头脑简单的分类",可谓入木三分。只有"头脑简单"的人,才会称颂赞扬这种分类,老马同志的"洞察力"如何?稍有头脑的人是不难做出独立判断的。如果说张琨的批评只是概乎言之,那么,李方桂的批评就直指马蒂索夫了。

人所共知,李先生是一个极为严谨的语言学大家,从不轻易评论他人。《李方桂先生口述史》第四章十七节是对"詹姆斯·马蒂索夫和保罗·本尼迪克特(白保罗):有关方法论的评论"。为了避免"曲解原意",我直接引用李先生的原话,看他是如何评论白、马二先生的②。

> 后来,他(指老马同志)同我们的老朋友保罗·本尼迪克特(白保罗)相识了。搞起了这种汉藏语言学的研究。当时

---

① 〔美〕P.K.本尼迪克特著,J.A.马提索夫编,乐赛月、罗美珍译,瞿霭堂、吴妙发校《汉藏语言概论·前言》,中国社会科学院民族研究所语言室1984年。

② 李方桂著,王启龙、邓小咏译,李林德校订《李方桂先生口述史》92、93、96、95、96、98页,清华大学出版社2008年。

他十分喜欢保罗,并有意提携他。从那以后,汉藏语在美国学术界成为一个颇有前途的学术领域。然而,在这方面我从未同保罗·本尼迪克特意见一致过,从不引用他的话。

我认为那不能称之为方法论,根本不能成其为方法论。那仅仅是,——他十分——你们都知道,他读过许多词典。他是读过许多词典,并从词典里抽出了大量词汇等等。但是,他的确很聪明,确实是个精明人。但在方法论上我不赞赏,因而我从不对我的学生引用他的话。我认为他的方法论让人误入歧途。

问题在于本尼迪克特从来不研究任何语言。

我以为所有此类构拟纯属胡闹。

我认为马提索夫对提倡这种类型的胡闹要负部分责任。

我认为他(指老马)太聪明,我不太明白他的研究。有时他的构拟我不太明白,这并不是因为我对他搞的那些语言不太熟悉之故。

中国有句成语:"聪明反被聪明误。"如果一个人"太聪明","误"的恐怕不只是自己,还要使他人"误入歧途"了。李先生用"聪明"来形容马教授,即使"头脑简单"的人也能明白此中的真意吧。我还有什么必要与如此"聪明"的人去进行什么"奥林匹克竞赛"呢?何况"聪明"人已告诉我:这"不是奥林匹克竞赛",是什么"竞赛"?"聪明"人并没有说清。

在台湾由于张琨的坚决抵制,李方桂的高调驳议,白、马所鼓吹的分类结论和比较方法早已没有什么市场,似乎也无人"误入歧途"。大陆的情形如何呢?且听听邢公畹的一段自述。邢先生1997年11月30日(盈按:时年八十又三)在《我和汉藏语研究》

一文中说①：

> 在国际上，1942 年美国学者白保罗先生（Paul K.
> Benedict）已经提出一种新学说，认为台语跟汉语并没有发
> 生学上的关系，应该把台语和南岛语归为同系……后来，他
> 主张汉藏语系应该分为汉语和藏·克伦语两族，苗瑶、侗台
> 等语不在汉藏语系之内。这个学说轰动一时，中国有不少学
> 者也都信仰。有一位中年学者写信谴责我说："侗台语和汉
> 语并没有亲缘关系，你的做法只不过是侗台语的汉语音韵诠
> 释。你走的是一条死胡同。"我读了信虽然心里非常沉重，
> 但是我还是很感激他，因为如果他不告诉我，我是不知道人
> 家对我是有这样尖锐的批评的。但是按照我多次进行田野
> 工作中的直觉，汉语和侗台语之间有可能对应的词语并不只
> 限于"文化接触型"的。但这种深层的关系很隐秘、很琐碎，
> 我一时无法把它抽出来，说清楚……不过我相信，在远古时
> 期必然有一个操说原始汉藏语的群体，后来的汉、藏缅、侗台、
> 苗瑶等语言都是从这个原始语分化出来的（这个意思后来在
> 1996 年我写《汉藏语系研究和中国考古学》才把它说清楚）。
> 所以我有可能把汉语、侗台语词汇中的对应关系及其规律
> 找出来。我坚信这一点，这正是柳永《凤栖梧》词句所说的：
> "衣带渐宽终不悔，为伊消得人憔悴。"

张琨、邢公畹都是李方桂的大弟子。张是苗瑶语研究的大专家，
邢是侗台语研究的大专家，二人都有"田野工作中的直觉"，有优
秀的研究成果。我们是相信实践者的结论呢，还是相信那些"纯
属胡闹"的"构拟"呢？有必要跟着马蒂索夫一起去"胡闹"吗？

---

① 　张世林编《为学术的一生》455—456 页，广西师范大学出版社 2005 年。

这是我懒得回应的原因之一。

　　原因之二：我对马蒂索夫教授本无任何成见，也无任何"不友好"的表示，可是，读了他的《回复》之后，深感失望。从文章的题目到通篇的内容，毫无学术含量可言，却有一股轻浮骄矜之气。他没有拿出任何一个汉语或与汉语有关的具体事实来反驳我提出的两个"结合"、两个"基础"。他有意歪曲矛盾的性质，挑拨离间，企图将学术争鸣引入歧途。说什么我的"文章全盘指责西方学者的汉藏语研究"，"具有不友好的调子"，"引入到一种互不信任的对立关系中"，把明明是学术上的分歧歪曲成"是中国学者与非中国学者的分歧"，真是逻辑混乱，胡搅蛮缠。我的文章只是我个人的意见，不代表任何其他"中国学者"，你马蒂索夫，再包括白保罗、蒲立本等人就能代表整个"西方学者"吗？何况，我也与蒲立本教授有过接触，很敬重他的探索精神，他的学风似乎与你马蒂索夫先生大不相同。说到底，你们可以任意评判李方桂、王力先生，而我的文章批评了白保罗，你马蒂索夫就沉不住气了。为什么？

　　　　就像众所周知的，白保罗（我25年的老友）可以说是我历史语言学研究中的灵感来源和偶像，我觉得我在他的心目中也有特殊的地位。①

老马同志的这一表白颇有江湖意识，不幸的是他把这种浓厚的江湖意识引进了学术研究，以致连李方桂都"不太明白他的研究"。

　　据李方桂言，"本尼迪克特从来不研究任何语言（指的是实际调查研究过的一门语言）"，"1933年，罗斯福时代大萧条时期，他们为保罗安排这个从事汉藏语研究的工作，仅仅是为了他的生计

---

① 马蒂索夫语，见《语言学论丛》34：349，商务印书馆2006年。

等等。而谢飞和保罗之间意见相左"。晚些时候,本尼迪克特成了"精神病学者。他从事这个职业,并因此赚了大钱,过着相当富裕的生活。可是,众所周知,他至今还在研究各种不同的语言。你们知道,他使用所有的词典,从中抽出许多词汇来,编出了他那本书"(《李方桂先生口述史》94 页)。

老马同志将这样一个人奉为"偶像",将"那本书"奉为"圣经,这太可悲了"(李方桂语)。我以为,老马同志崇拜"偶像",纯属个人自由,"可悲"的是他强行鼓吹、兜售"偶像"的那种"头脑简单的分类"和"纯属胡闹"的"构拟"。有人起来批评,他就乱扣帽子,什么"不友好的调子"啦!"有严重问题"啦!什么"引入到一种互不信任的对立关系中"啦!什么"使得中美学者的关系倒退"啦!什么"没有一个国家可以在真理面前垄断"啦!简直是不知所云!难怪李方桂要一再称赞其"绝顶聪明、过于聪明"了,我可领教了!

其实,只要不是头脑过于简单的人就可看出,老马表面上气壮如牛,实则学术底气严重不足呀!只有靠大帽子来压人了!他甚至忘记了这样的基本事实:严厉指斥白保罗的李方桂、张琨也是美国国籍,也在美国任教呀!真正的学术是不分国籍的,拿"中美学者的关系"来说事,太拙劣了!

玩弄概念也是老马的强项,如什么"远程构拟、超级构拟、超级比较"之类,谁要盲目地跟着这类"概念"跑,肯定要"误入歧途",因为这种缺乏史实联系和系统关系的所谓"构拟、比较",正如季羡林所言:"美国学派提倡的平行研究,恍兮惚兮,给许多不学无术之辈提供了藏身洞。"[1]

经验告诉我:跟这种"偶像"崇拜者去打笔墨官司,不仅浪费

---

[1]　季羡林《痛悼钟敬文先生》,《病榻杂记》94 页,新世界出版社 2007 年。

精力,而且有失学术体统,这是我对马氏《回复》一文保持沉默的原因之二。

原因之三:我以为什么事情都应反求诸己。一门学科的命运如何,发展前途如何,尤应不断地从理论与方法两方面反思、反省。分歧并不只是白保罗、马蒂索夫的问题,更不是什么"中国学者与非中国学者冲突"的问题,也不是写一篇回应文章与老马同志辩论一通就可以万事大吉的。这是一件极为严肃、极为复杂,须要花大功夫才会有所突破的历史性任务。我并不专攻民族语言学、历史比较语言学,充其量算个热心爱好者,或者说,有一种极强的责任心。而一语说破国王新衣真相的人,原本就是有赤子之心的旁观者。在事实面前,人人有发言权。我在《基本原则》的结尾部分说:

> 中国,是汉藏语的故乡、发源地,我们有责任推进汉藏语言研究的发展。

这句话完全符合事实,没有任何排外情绪。老马同志竟然将我的好意歪曲为"外国人没资格在这一领域提出任何看法",接着就大义凛然地宣布:"没有一个国家可以在真理面前垄断。"这样的思维方式、辩论方式,可以说,太不正常了!谁说过"外国人没资格……",个人的学术看法跟"国家"有什么关系!!!老马同志动不动就要代表整个"外国人",就要上升到"国家"层面,这是哪儿跟哪儿啊!扯什么淡呢!像个教授在说话吗???太放肆了!你的《回复》一文能在《语言学论丛》上刊出来(请注意:我也是这个刊物的编委),不足以证明我们的学术研究很开放很自由吗!我们对你不是很友好吗!谁在"垄断"?听不得不同声音想垄断话语权的人究竟是谁?你敢把我这篇序文在跟你有关的刊物上原文照登吗?请老马同志站出来公开回答!我于学术根本原则,从来壁立千仞,不骑墙,不苟且,不随波逐流,此与气量无关。

学术争鸣原本是极有意义极为平常的事,老马同志,为什么那么紧张? 那么离谱? 那么害怕真理?

实话告诉你,我真的很感谢你的"偶像"白保罗先生的"胡闹",更感谢你这位对"提倡这种类型的胡闹要负部分责任"的老马同志,是你们促使我对历史比较问题进行了长期的深刻反思,我用十余年的时间,在海量阅读的同时,反思了下列问题:

1. 为什么历史比较法(邢公畹先生说:实际是"形态比较法"[1])用于印欧语系的研究很成功,而用于汉藏语系的研究则很不成功? 为什么"汉藏语言的亲属分类研究有近 200 年的历史,但迄今为止,学者们仍然为如何分类而争论不休"呢[2]? 为什么李方桂说"人们研究语言时,多多少少不再那么重视历史比较法了"呢?《晏子春秋》里有一个故事,说:"橘生淮南则为橘,生于淮北则为枳,叶徒相似,其实味不同,所以然者何? 水土异也。"[3]将历史比较法用于汉藏语系研究是否"水土不服"呢? 明知不服,为什么还硬要使之服呢? 大惑不解!

2. 前有法国的梅耶,后有日本的桥本万太郎,他们都指出过,以形态为根据的历史比较法有天然的局限性,不可盲目套用。梅耶说:"一种形态繁杂的语言,包含着很多的特殊事实,它的亲属关系自然比较容易得到证明……反过来,远东的那些语言,如汉语和越南语,就差不多没有一点形态上的特点,所以语言学家想从形态的特点上找出一些与汉语或越南语的各种土语有亲属关

---

[1]　丁邦新、孙宏开主编《汉藏语同源词研究》(二)4 页,广西民族出版社 2001 年。

[2]　孙宏开、江荻《汉藏语系研究历史沿革》,《汉藏语同源词研究》(一)1 页,广西民族出版社 2000 年。

[3]　《晏子春秋集释·内篇杂下》卷六 392 页,中华书局 1962 年。

系的语言,就无所凭借,而想根据汉语、藏语等后代语言构拟出一种'共同语',是要遇到一些几乎无法克服的阻力的。"①

　　桥本说:"正如个人与家族之间有亲属关系一样,地球上的人类语言之间似乎也有谱系关系。英国杰出的东方学家威廉·琼斯,偶然注意到了这一事实,他在研究梵文过程中偶然地发现了这一现象。对于后来语言学的发展来说,这个偶然性的发现,既极其幸运,在某种意义上又非常不幸……人类语言谱系说这个论题发端于1786年(盈按:相当于乾隆五十一年)琼斯在孟加拉·亚洲协会年会上的演讲。语言谱系说只是在这个独特发展的印欧语土壤上开出来的花。因此,从世界观点来看,这是相当偶然的奇特事件。所谓不幸,乃是人们把这一针对印欧语的议论,轻信为适用于人类语言科学的普遍真理、绝对真理,这就束缚了跟印欧语发展不相同的语言发展的研究。""农耕民型语言由于被其中心语言的同化和不断借用,要想阐明这种同化的组合过程,采取印欧语用过的方法,即根据比较法来构拟祖语则是非常困难的。为了说明困难的程度,且举一个实例。在印欧语同源词中,再没有比数词更稳定的了。为此,以谱系说为基础的研究习惯上先从调查数词着手。可是在东亚,则完全相反,再没有比数词更为浮动了。"②

　　梅耶、桥本所言都是极为普通的常识,为什么有人就听不进去呢! 你说他们的思维方式被"束缚"住了吗,他们又很聪明。梅耶说要有"形态上的特点"才可"比较",他们就说"原始汉语"

---

① 〔法〕梅耶著,岑麒祥译《历史语言学中的比较方法》27页,世界图书出版公司2008年。
② 〔日〕桥本万太郎著,余志鸿译《语言地理类型学》11、15页,世界图书出版公司2008年。

原本就有"形态"呀。立即就可以"构拟"出各色各样的"形态"。"几乎无法克服的阻力"轻而易举就被"克服"了。

梅耶以形态来区分语言类型，桥本以"牧畜民型、农耕民型"来区分语言类型。对于桥本的类型说人们可以有不同的看法，但他指出"农耕民型语言"存在"同化的组合过程"，这是完全符合历史实情的，而白保罗、马蒂索夫们对于新石器时代就已产生的"同化的组合过程"几乎一无所知，他们就可运用"历史比较法"将一些根本不能反映"同化组合过程"的所谓"构拟"进行分类。这究竟是"极其幸运"呢，还是"非常不幸"呢？

3. 白保罗的分类学说"轰动一时"，大陆内地为什么没有人（2017年补：孙宏开先生在电话中告诉我：他们也不赞同白、马的看法）审核其原始材料的可靠性和构拟材料的真实性如何？跟风者为何这么多？自信力和判断力为何如此孱弱？难道不值得反思而又反思吗！

4. 在《李方桂先生口述史》中，访谈者罗仁地（Randy Lapolla）有这样的提问：

> 您是怎么看待他（指马蒂索夫）的主要观点（盈按：请读者注意：是"主要观点"，不是一般见解）的？比如有一天他演讲，您也去了，他谈到这样一个观点：建立庞大的词汇谱系，为整个语义群（semantic group）建构某种规范的构拟形式，比如说通过不同语言中人体部位名称和某些事物类型名称的比较，可以追溯事物的极其公式化的类型来。

李方桂如何回答呢？李说（99页）：

> 要那样做，他必须是位绝顶聪明的人。我无论做什么，都希望做到，让每个人都知道和明白我在干什么。但是，我

现在并不十分懂得他在试图干些什么。他过于聪慧,对我来说他是太聪明了。

李氏的回答极为深刻,也极为睿智,可是,由于他的幽默、反讽风格,很容易被读者忽略。这里说到了两种完全不同的学风:李氏本人的研究风格,也就是他在"干什么",目标与价值以及可行性、现实性、可操作性,都是非常"明白"的。而马蒂索夫"在试图干些什么"不是也说得很"明白"吗?李氏为什么说"不十分懂得"呢?是真的不懂吗?当然不是。直白地说,马蒂索夫的"观点",和他要建立的"谱系、构拟形式",纯属主观主义的瞎胡闹。所谓绝顶聪明、所谓过于聪慧、所谓太聪明,其实就是聪明的反面。这样的表述很深刻,而如何解读,就看老马同志是否愿意琢磨其中的真实含意了。从字里行间不难看出,李方桂已懒得或不屑于用学理分析的方法来正面批评其观点与方法如何错误。他当然懂得,对方怎么会听得进去呢。

　　不单是李方桂对这样的"谱系"研究持根本否定态度。日本的桥本万太郎也有批评,他说(《语言地理类型学》18—19页):

　　　　比如有的人像白保罗博士那样,想把各语言间的词汇项目任意地系联起来,凡属人体各部位的名称就无条件地当作基本词汇,并以此进行构拟"祖语"的探索,也有詹姆斯·马蒂索夫教授等人,以藏缅语为主要资料,从而证明人体名称这类词如何构成了稳定的单词群(盈按:括注中的引文出处,省略)。可是一看下表就会发觉,"眼""膝""颈"等人体上最重要的部分,在已经证实属于印欧语的俄语里,偏偏就包含了来自旁系的词;甚至在汉语方言里(虽然都是所谓方言,不是独立的语言),也发现至少存在"眼"和"目","膊"和"膝"及"骸","脖"和"颈"及"领"等南北两支或三支(盈按：例证省略）。

桥本认为："基本词汇和非基本词汇，在牧畜民型和农耕民型语言里各不相同。"（17页）怎么能够"任意地系联起来"呢？用如此"任意地系联起来"的材料构拟"祖语"，可信吗？不是胡闹又是什么？

道理很明白，既不了解一个民族的历史谱系，又不了解一个民族的文化谱系；既不了解这些语言在远古的原始面貌，又没有揭示其"很隐秘、很琐碎"的深层关系，也无形态可据，请问：这"词汇谱系"如何建立？连构拟对象都不真切，构拟方式都成问题，所谓"某种规范的构拟形式"如何"建构"？难道就凭今音来假设、来猜想吗？张琨指出："不要好高骛远，好大喜功，要从小处着手。"（《中国境内非汉语研究的方向》）极为正确，实为经验之谈。而马蒂索夫所谓的"远程构拟、超级构拟、超级比较"，都是一些耸人听闻、吸引眼球的"好高骛远"之举，因为他没有"从小处着手"，这不是说他完全没有小的例证。问题在于这些例证远离语言的实际状况，是孤立的，是彼此缺少内在联系的，经不起系统性与历史性的检验，根本支撑不起一个"超级构拟"体系。所以我说"白保罗的亲属分类是建立在沙滩上的大洋楼"[①]。困惑不解的是，为什么许多头脑并不简单的人也很欣赏这样的"洋楼"呢？这不就是桥本说的"非常不幸"吗！朱德熙先生在《语言地理类型学·序》中赞扬桥本："冲出了这种思潮（指不关心历史）的藩篱，高瞻远瞩，一空依傍。"这样的评说，不值得我们仔细体会吗！老马同志，桥本也是"非中国学者"，是外国学者，你能不能像"中国学者"一样，从这个"非中国学者"的著作中学点什么呢！谦

[①] 《语言学论丛》29：14，商务印书馆2004年。

虚,永远是学者的美德,傲慢与偏见是要付出代价的。

5. 张琨提出"要对民族史方面进一步研究",这肯定是他个人长期实践的总结,也是一个具有全局意义的方向性问题。也就是说,我们应朝着这个方向努力。百余年来,史前民族(这个概念并不准确,姑且从众用之)史的研究与史前语言史的研究,平行而不交叉,这对史前语言研究者来说是极大的损失。在这个问题上,我们毫无理由去责怪白保罗、马蒂索夫等人,中国史前语言研究者有无可推卸的责任把二者结合起来,这是我们自己的事,我们应该做好。当然也欢迎外国学者从事这种性质的研究,但中国人对自己祖先的了解毕竟具有各种优势。汉语没有形态(或者说形态不发达),历史比较法很难用得上,可汉语有极为丰富的民族史资料,这些资料也涉及许多兄弟民族,我们为什么不利用自己特有的优势去研究语系、语族的历史呢? 这座内容丰富的宝矿,何日能得到有效开发? 当然,民族不等于语族,但语言是民族的徽章,民族是语言的安身立命之地。梳理考证史前族群的兴起、变迁,语系、语族的基本轮廓也就呈现出来了。俞敏的《汉藏两族人和话同源探索》(1980 年)、邢公畹的《汉藏语系研究和中国考古学》(1996 年)就可以为证。这两篇文章我读过多次,很赞同两人的基本观点和立论方式。我认为这是近二三十年来史前语言史研究中两篇最值得推崇的文章,不是说完美无缺,句句可信,而是他们经过深入反思之后,走出困境,开辟了一条新的途径。

6. 必须抛弃线性模式、垂直整合的构拟方法。

各家对汉藏语同源词的对比构拟,谬论花样百出,方法大体一样,不外乎以上古音为基点,分别与藏缅语、侗台语、苗瑶语,有人还加上南岛语,进行直线比较,垂直整合,这种变化观早已过时了。

美国社会学家(也称之为"未来学家")阿尔文·托夫勒

（Alvin Toffler）在为伊·普里戈金[①]、伊·斯唐热合著的《从混沌到有序》一书所写的《前言:科学和变化》一文中说[②]:

> 普里戈金和斯唐热主张,机器时代的传统科学倾向于强调稳定、有序、均匀和平衡。它最关心的是封闭系统和线性关系,其中小的输入总是产生小的结果。
>
> ……
>
> 普里戈金的范式之所以令人感兴趣,就在于它把注意力转向了现实世界的那些方面:无序、不稳定、多样性、不平衡、非线性关系(其中小的输入可以引起大的结果)以及暂时性——对时间流的高度敏感性。
>
> ……
>
> 总括起来简而言之,他们主张当宇宙的某些部分可以像机器那样运转时,这些部分就是封闭的系统,而封闭系统至多只能组成物质宇宙的一个很小的部分。事实上,我们感兴趣的绝大多数现象是开放的系统,它们和它们周围的环境交换着能量和物质(人们还会加上信息)。生物系统和社会系统肯定是开放系统,就是说,企图用机械论的方法去认识它们,是注定要失败的。
>
> 这一点还说明,现实世界的绝大部分不是有序的、稳定的和平衡的,而是充满变化、无序和过程的沸腾世界。

语言,无疑属于开放系统,即使已经停止发展的古代语言,它曾经也是开放系统,也是有序与无序并存,稳定与非稳定并存,线性与

---

① 伊利亚·普里戈金为比利时著名科学家,"耗散结构理论"的创建者,荣获1977年诺贝尔化学奖。

② 《从混沌到有序》9—10页,曾庆宏、沈小峰译,上海译文出版社1987年。

非线性并存。线性观点,完全忽略了语言组织内部的不平衡性,
忽视了外在环境的交换作用,忽视了空间的差异性,尤其是忽视
了时间之流在语言发展中的极为重要的地位。如果以一千年作
为时间单位,语支内各方言之间会产生与扩大各种差异,语支与
语支之间的差异肯定会进一步扩大,语族和语族之间的差异会大
大多于相同点。何况现在的语族,起码已有四五千年的独立发展
历史,自身已经过多次重组,互相之间的影响也从未停止过,线性
模式、垂直整合的结果,能反映或接近原始面貌吗? 这简直是常
识性错误。

　　桥本万太郎也极力反对直线模式,他说:"他们理论上假定什
么等质的原始体,从而把语言史看成是一条直线的发展。笔者虽
然早就批判地指出,语言史的此等描写纯属虚构。但是认识到上
古汉语和中古汉语之间存在比时代差别更大的区域差别、性质差
别,则是最近几年的事(例如张琨《中古汉语语音和〈切韵〉》,《清
华学报》第 10 卷第 2 期)。"(《语言地理类型学》20 页)盈按:张
琨的"原始系统",张贤豹将其整理列为下表[①]:

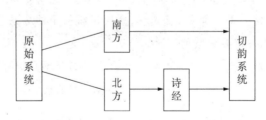

桥本所说"区域差异"即南北之别。按张琨的研究,《切韵》系统
与《诗经》并非单线发展关系,"凡是《诗经》系统无法解释的《切

---

①　张贤豹《张琨教授古音学简介(代序)》,见张琨著,张贤豹译《汉语音韵史论
文集》,台北联经出版事业公司 1987 年。

韵》类别,应该能从原始系统得到解释"(张琨语)。张琨的结论
摆脱了"一条直线的发展"模式。

　　线性模式不仅不适用于语言研究,也不适用于历史研
究。加拿大学者赫伯特·马歇尔·麦克卢汉(Herbert Marsshall
Mcluhan)说[1]:

　　　　对于史学著作里封闭系统的无益性,谁也不如厄舍尔
　　(Abbot Payson Usher)那样清楚。他在经典著作《机械发明
　　史》里,说明这样的封闭系统无法和历史变迁的事实产生联
　　系:"远古的文化不适合德国历史学派提出的社会经济演变
　　的线性模式……如果抛弃发展的线性观念,老老实实地用多
　　线并进的过程来看文明发展,就可以取得很大的成就。我们
　　就可以更好地了解,西方文化史是一个由许多分离的成分递
　　进整合的过程。"

　　鉴于线性模式、垂直整合在语言研究中一直占主流地位,很
难冲破,故特意在此介绍一下桥本、张琨、厄舍尔等人的意见,希
望有更多的年轻人共同努力改变这一局面。

　　7. 我跟詹姆斯·马蒂索夫教授的"分歧",根源究竟何在? 果
如马氏所言,是什么"中国学者与非中国学者"或者说是"中国学
者与西方学者"的"分歧""冲突"吗? 这种观念太陈旧、也太庸
俗了。这完全是西方殖民主义时代鲁迪亚德·吉卜林(Rudyard
Kipling,1865—1936 年)的东西方观。在全球化的今天,这种东
西方观早已被扫进了历史的垃圾堆。

　　我和马教授的"分歧",实属哲学思想、认识论的不同。我从

---

[1] 〔加〕埃里克·麦克卢汉、弗兰克·秦格龙编,何道宽译《麦克卢汉精粹》155
页,南京大学出版社 2000 年。

年轻时开始,就牢固地确立了以批判性思维为根基的认识论。检验学术主张、理论的唯一标准是事实。也就是说,一切概念、结论或假设(假设的重大意义人所共知)都要经过事实的验证。而这个"事实"本身也要经过验证。所谓"事实",必须是真实存在过的,是有内在联系的,是有特定历史背景的,无论是偶然的还是必然的,是普遍的还是特殊的,是简单的还是复杂的,是有序的还是无序的,都是特定演变过程中的产物,而不是个别人的观念的产物。

马教授的认识论与我大不相同。他是概念重于事实,从先验的立场出发,把不同层次的未经严格检验的语言事实聚集在一起,建立所谓的"谱系";他甚至还向我们鼓吹什么"偶像",简直到了不可思议的地步。他批评我的"文章具有不友好的调子",因为我根本就藐视"偶像";又说我的"论证也有严重的问题",是因为我否定了他的先验模式。这就是"分歧"的实质所在。如果我也向他的"偶像"三鞠躬,那当然就太"友好"了;如果我也吹捧他的先验模式,那当然就什么"问题"也没有了。可我的认识论不允许我这么做。真对不起啊,我的马教授,我可不是"唯马首是瞻"的人! 更不是傍"远来和尚"以自炫的"牛后"之徒!

我的批判性思维,首先用于检讨自己、批判自己,这就是我所要的反思。反思即"启蒙",所谓启蒙,也首先是用来"启"自己的"蒙",我从来讨厌以教训他人为务的"启蒙家"。当我步入生命的晚年时,对语言史问题有过三次大反思:

第一次大反思是以建立汉语语音通史大框架为对象。反思的结果写出了《汉语语音通史框架研究》,过了若干年之后发表于 2003 年《民俗典籍文字研究》第一辑。此文明确提出了"散点多线式框架"。横向的空间分区构成"散点",纵向的时间分系构成"多线",将时空两轴整合为一个多层次多向度的大框架,才可比较真实地反映原本的发展面貌。在写这篇文章时,我还没有读过阿伯特·佩森·厄舍尔的那段名言,可发展观几乎惊人的一致。我在此文"提要"中断言:"用'一线'来谈发展是不可信的,应该是'多线'发展。"[①]我的这个理论得到许多同行的赞同。他们不仅将此理论用于自己的研究,也用来指导自己的研究生。我相信"线性模式,垂直整合"的方式,必将渐渐远离研究领域,因为事物总是多元的,一元发展观完全是人为的、先验的,根本无法反映充满变化、交互影响、丰富多彩而又极其生动的客观世界。

第二次反思以历史比较构拟学说为对象。我认为在某些人建立的分类体系中,构拟成了符号游戏,且有泛滥成灾之势,将本来就基础很脆弱的史前研究引入歧途,于是发表了《汉语和亲属语言比较研究的基本原则》。细心的人可以发现,我的题目不是"汉藏语系语言比较研究的基本原则",不完全是因为"汉藏语系"的分类面临种种困境,而是我个人对"汉藏语系"这个概念就有保留,就有很大的怀疑。尽管由于主客观方面的原因,我未说出自己的保留、怀疑,但我在题目用词的选择上是经过严肃思考的。

这篇文章的主要结论,我至今仍然认为是不可动摇的,历史将会有中肯的评价。马蒂索夫教授的《回复》,正好说明此文击中了"胡闹"者的痛处,这就是不小的收获。现在写的这篇序文,又对马教授的《回复》谈了许多看法。我愿与之隔洋论剑,随时准备认理服输,我甚至对李学敏说过:我打算将生产这篇小序的斗室临时命名为"独孤求败庵"。但剑有剑道,论剑就是论剑,若又要出动什么"远程XX、超级XX",对不起,恕不奉陪!

第三次反思是以"汉藏语系"研究为对象。这个领域由于严

---

① 何九盈《语言丛稿》78 页,商务印书馆 2006 年。

重违背了研究不同的语言要采取不同方法这一根本原则,盲目搬用研究印欧语的形态学比较法,虽成果很多,也很热闹,但真正能经得起检验的有说服力的贴近历史真实的体系,几乎没有。取得空前成就的是田野调查,正因为调查研究做得好,才能产生《中国的语言》(孙宏开、胡增益、黄行主编)这样的伟著。至于史前语言史的研究,至少存在四个盲点:

1. 对于人类历史上普遍存在过的新石器时代革命缺乏研究。

1841 年 6 月 2 日,维克多·雨果在《入选法兰西学院院士的演说》中说:"五千年来,一切收获始于犁刀,一切文明始于战争。"[①] 他用"犁刀"和"战争"概括了新石器时代革命的两大特点。农业经济革命与战争的兴起,为语言的分化、组合,为语言地理线的创建、改变,营造了新的环境。人类社会也随之出现了大分化。这就是阿尔温·托夫勒(Alvin Toffler)在《第三次浪潮》中所说的[②]:

> 在长达几千年的历史中,当第一次浪潮文明(著者认为其"年代大约开始于公元前八千年")占统治地位的时候,世界人口可分为"原始的"和"开化的"两类。所谓原始的人,都是小伙群居,结成部落,以采集野果和渔猎为生。他们是被农业革命所忽略过去的人。
>
> "开化的"世界则明显不同。他们是世界人口的大多数,是以耕作土地为生。凡是农业兴起的地方,文明就在那里扎下了根。从中国到印度,到贝宁和墨西哥,在希腊和罗马,各族文明历尽盛衰,此起彼伏,连绵不断的相互冲突而又丰富

---

① 〔法〕雨果著,程曾厚译《雨果散文》125 页,人民文学出版社 2008 年。

② 〔美〕阿尔温·托夫勒著,朱志焱、潘琪、张焱译《第三次浪潮》71 页,三联书店 1984 年。

多彩的彼此融化。

划分"原始"与"开化"的条件，除了经济基础这个主要条件，相应的条件还有文字、政权、城、天文知识、意识形态等。语族的形成，族群的"相互冲突、彼此融化"，语言的"盛衰"，都离不开这些条件。

如果我们对中华大地上的"开化的、原始的"不同族群一无所知时，我们如何判断某语族与某语族是接触关系，某语族与某语族是亲属关系？仅仅根据现状或词典是无法对新石器时代的语言情况说三道四的。

新石器时代那场持续了数千年之久的大革命，决定了民族、语族发展的命运，其影响一直贯通整个历史。语言和语言关系史的研究，必须从新石器时代说起。至于新石器时代以前的语言情况，当然也可以研究，应该研究，但目前还缺乏有力的证据。

2. 自从疑古派当道以来，人们普遍认为，五帝时代只是一个神话，一个传说，不承认确有其人，真有其事，不仅对《山海经》《左传》《国语》等书中那些有高度史料价值的资料置而不问，甚至对司马迁经过亲自调查研究写成的《五帝本纪》也持怀疑态度，这真是端着金饭碗讨饭吃，即使考古文化已确证新石器文明确有一个五帝时代，某些人仍然相信那些头脑简单的分类，那些经不起检验的胡闹构拟。为什么？没有勇气摆脱陈见。

3. 不少出身于少数民族的专家学者，经过自己独立的研究，将本民族的历史追溯到伏羲时代、神农炎帝时代、蚩尤时代、颛顼时代，但构拟派似乎根本不感兴趣。他们不相信，华夷原本是一家。

4. 汉语中有一定数量的从新石器时代传下来的化石词，意义很隐蔽，其原始含义甚至在甲骨文时代即已失传，而在某些远古时代流传下来的地名、人名或图腾（古代虽无"图腾"之名，但不能否认有其实）名称中，深深隐藏其原始的本来的文化基因，但不经过考证、不经过与亲属语言对比就无法揭示曾经有过的、其所以得名的理据。总之，原始化石词与亲属语言的对比研究，意义甚大，难度亦甚大。不具备相当的知识条件，难以揭其奥秘。

从上述四个方面入手，我写出了《重建华夷语系的理论和证据》，总结了第三次反思的成果。但这只是一个初步的纲领性的意见，具体语族的细化研究，那是下一步应做的事。

百余年来，汉语和亲属语言关系的研究未能走上正轨，主要原因有四：一，疑古；二，崇洋；三，概念不切实际；四，方法尤为不切实际。

《重建》一文，从这四种困境中奋力挣脱出来，自铸概念，新开法门，纵横古今，上下求索，终于自成体系，成一家之言。我为自己庆幸，白首衰年，求得真知，彻底放弃了"汉藏语系"这个概念。我亦诚惶诚恐，等待"舍我熊掌，食彼马肝，土苴百王，粃糠三古"[①]者的谴责、挞伐。

我坚信：中国史前语言史的研究，一定能建立可信的哲学理论基础，一定能重建自己的话语体系、概念体系，这是学术发展的需求，是不可阻挡的。时间（也许百年？也许三百年？）将证明此言不谬。

赫拉克利特（Heracleitus）的名言是："争论乃万事之父。"[②]

古希腊另一位著名哲学家说：争论的目的"不在使别人改变看法，而在于求得真理"[③]。我不敢奢望，某些已经习惯于走旧路

---

① 王国维《国学丛刊·序》（代罗叔言参事），甲寅年（1914）五月。

② 〔德〕马夸特著，任国强译《与苏格拉底散步》205页，湖南师范大学出版社2004年。

③ 〔古希腊〕柏拉图著，王太庆译《柏拉图对话集》601页，商务印书馆2005年。

的先生会认同我的这些论断，会改变原来的看法。贵往贱今，贵远贱近，也是我们的传统。

如今，"争论"的文字汗牛充栋，维护真理，"求得真理"的有多少？灾梨祸枣、别有用心、肆意诋毁、挟私攻讦、打口水仗的又有多少？这中间就有哲人与庸人之别。谁是哲人，谁是庸人，就看他如何对待真理以及对真理有无贡献了。

上面说到的三篇反思性质的文章，有两篇作为"特稿"刊登在《民俗典籍文字研究》上，真得感谢王宁、黄易青先生为学术发展的一片公心。

《重建华夷语系的理论和证据》，承蒙商务印书馆慨允出版单行本（内容有修改，文字有增有删），得到周洪波、包诗林两位先生的全力支持，特志于此，以示铭感。

2015 年 5 月于北京独孤求败庵

《重建华夷语系的理论和证据》，商务印书馆 2015 年

后记：

本文此次单独发表，又将引文核实了一遍，改正了若干讹误，有九处做了文字上的小增补，特此说明，并向《民俗典籍文字研究》致谢！

2017 年 4 月清明节

中国现代语言学史散步

——《中国现代语言学史》修订本后序

壹　学术史的责任

"历史、过去、未来",都是相对的、流动的概念。后人的"过去"即前人的"未来"。马建忠、章太炎、王国维、杨树达、赵元任、罗常培、王力、李方桂………都已属于"过去",属于"历史";而当他们一旦走进历史,也就是走进了他们的"未来"。

学者的学术著作,是学人走进"历史"的入场券,是学人走进"未来"的通行证。

走进"历史",走进"未来",难乎其难!多少人消失在"历史"的门外,遗忘在"未来"的梦中。古今中外一切著述,莫不在问世后觅知音,在淘汰中求生存。淘汰是最为无情的,淘汰复淘汰,或淘于当代,或汰于异代。只有当某种著述成为人们某种需要时,成为人们精神上的五谷杂粮时,方可结束被淘汰的命运,方可获得"入场券、通行证",而这无疑是一个极为漫长的过程。

一切著述抗拒淘汰的不二法门,只有两个字:价值。

价值有多种内容。《春秋》的价值表现在"其事、其文、其义"等三个方面(《孟子·离娄下》)。"其事"就是事实价值,也就是史料价值;"其文"就是语文价值,也包括欣赏价值;"其义"也就是伦理判断价值。著述走向"未来"固然靠自身的价值,而如何发现其价值,认识其价值,肯定其价值,这就不是著述自身的责任了。

有的著述反潮流,不为时代所容;有的著述反传统,思想大大超前,不为时人所理解;还有种种其他因素,如:或困于出版条件,或厄于非学术因素,或毁于天灾人祸。总之,学术著作的流传,学术著作能否走向未来,冥冥之中也有机缘、命运在起着难以预料的作用。

无论如何,学术史的责任极为重大。学术史的责任就在于发现价值,肯定价值。从这个意义来说,学术史家是神圣的判官,是难遇的知音,是握有入场券、通行证的掌门人。

一个不重视学术史的学科,不可能成为一个好的学科;一个不懂学术史的学人,不可能成为一个健全的学人。每一个学术领域,都有太多的价值盲,都有太多的昧于源流、不通方不知类只会"缕葱丝"的所谓学人。如今的学术制度几乎就是生产"缕葱丝"学人的制度,只有那些走出制度的学人才有可能为自己的全面发展创造条件。南宋江西吉水人罗大经讲了这样一个故事[①]:

> 有士夫于京师买一妾,自言是蔡太师府包子厨中人。一日,令其作包子,辞以不能。诘之曰:"既是包子厨中人,何为不能作包子?"对曰:"妾乃包子厨中缕葱丝者也。"

能把葱丝切得像缕一样细微,也算得上有一技之长,可"不能作包子"只会"缕葱丝",岂非枉为"包子厨中人"!

如果我们学的是包子专业,就应该研究包子的整体,学会做包子的方法,研究做包子的历史经验,这就是有关包子的学问。而任何一门学问的构成,任何一种专业的形成,都离不开相关的历史知识。

人与动物不同。人会总结经验,积经验而成历史,积历史而成传统,由传统而创新,创新再创新,无有已时。

任何一种学说都只能是反映一定的历史进程,而不是历史的

---

① 《鹤林玉露》337 页,中华书局 1983 年。

终结。只要一种学说还有生命,它的历史就不会终结。学说历史一旦终结,学科也就不复存在。像语言学这样的学科,其必然的命运是与族类与人类共存亡,对语言学史的命运也应作如是观。

命运决定责任,责任推进命运。早在 1910 年,蔡元培就阐述了学术史的重大责任[①]:

> 学无涯也,而人之知有涯。积无量数之有涯者,以与彼无涯者相逐,而后此有涯者亦庶几与之为无涯,此即学术界不能不有学术史之原理也。苟无学术史,则凡前人之知,无以为后学之凭借,以益求进步。而后学所穷力尽气以求得之者,或即前人之所得焉,或即前人之前已得而复舍者焉。不惟此也,前人求知之法,亦无以资后学之考鉴,以益求精密。而后学所穷力尽气以相求者,犹是前人粗简之法焉,或转即前人业已嬗蜕之法焉,故学术史甚重要。

"学无涯""知有涯",这是一对矛盾。解决矛盾之法:积有涯为无涯。如何"积"? 这就是学术史的责任。"前人之知、前人求知之法",之所以能成为"后学之凭借",之所以能"资后学之考鉴",是因为有学术史。

贰　中国现代学术的关键词:欧化

上引蔡先生所言,乃普遍真理,一般原则,若仅以此普遍原则来研究现代学术史,还远远不够。请看中国现代学术史有哪些关键词:

欧化(西化)　全盘西化　西学东渐　反传统　国学(国粹)

[①] 《中国伦理学史·序例》,商务印书馆 1910 年;又见《中国现代学术经典·蔡元培卷》,河北教育出版社 1996 年。

关键词当然不止这些,而这些应是最重要的,其中尤为重要的只有下面这个词:欧化。

欧化,导致古今学术大别。故中国古代语言学史与中国现代语言学史必须分别对待,各自独立成篇。

古代语言学的演进基本上是在中国传统学术的大框架之内,尤其是在儒家小学的名目下发生发展的。汉以后也有中外交流,佛教的传入就给中国古代语言学注入新思想、新方法,对汉语本体的发展也有重大的积极的影响,但佛教只是一种宗教,一种信仰,它既不能与儒教相匹敌,也不能取儒教经典而代之,更不能摧毁封建经济制度,无损于统治阶级的统治思想,无损于中国的教育体系、学术制度,释迦牟尼无法与孔圣人相提并论,佛典也不可能成为书院教材、考试科目。所以,清代以前的中外交流,完全是在以自我为中心的条件下适度采纳外国经验,学习梵文的语音分析方法为汉语所用,根本不存在"化"的问题。

现代学术则完全不同。不仅语言学,而是整个学术,全都是在"欧化"的世界大潮中发展起来的。"打倒孔家店",经学瓦解,书院没落,文言下马,科举云亡,国学不绝如缕,传统奄奄一息。开风气的大师,反传统的猛士,一一崛起。

不反传统,就不能开新风气;风气不新,学术如何能新?学术不新,又如何汇入世界现代学术大潮?中华民族何以自救?

新风气又必然产生新问题,并不是凡"新"就好。章学诚说得对[①]:

> 夫风气所趋,偏而不备。
> 夫风气所在,毁誉随之,得失是非,岂有定哉!

---

① 章学诚著,仓修良编注《文史通义新编新注·答沈枫墀论学》,浙江古籍出版社 2005 年。

且亦趋风气者未有不相率而入于伪也,其所以入于伪者,毁誉重而名心亟也。

为了救风气之"偏",为了对抗"入于伪"的"趋风气者","国学"派亦应运而生。于是,"国学"与"欧化、全盘西化"两大阵营,就在现代学术史上大摆战场,"国学大师"这样的学术头衔也应运而生。现代学术的进步,现代学术的勃勃生机,其力量就来自"保守"与"激进"相对抗。不"激"不能"进",不"保"不能"守"。既要"进",也要"守"。从理论上来说,"进"与"守"是统一的,进其所当进,守其所当守,而事实上我们"守"住了什么呢?不错,我们守住了某些传统价值,尤为重要的是守住了自己的语言文字。但大获全胜的不是"国学",而是"欧化",语言学也不例外。我这样说对吗?关于"欧化"的程度,"欧化"的后果,如何评估?我举几种现成的说法为例。

例一:唐德刚《晚清七十年》(岳麓书社 2000 年):

众所周知,中西文化一经接触,我们那经历 2000 年无劲敌的"汉族中心主义"就被摧枯拉朽了。因此 1842 年以后的中国近代史,便是一部"汉族中心主义"向"欧洲中心主义"的不断让位史——也就是由传统中国的社会模式,向现代欧洲的社会模式让位的"转型史"。(47 页)

在上述 3 位(盈按:指张之洞、康有为、孙中山)老辈的时代里,我们的社会,我们"汉族中心主义"的宇宙观,对西方模式的让步,还没有让到最后阶段。衰势文化对优势文化的让步,原是步步为营的,能不让就不让。它不逼到山穷永尽之时,它是作不出有效的反弹的。(49 页)

例二:余英时《文化危机与民族认同》:

自十九世纪中叶以来,中国的文化危机随着时序的迁流而不断加深,一直到今天还看不到脱出危机的迹象。不但如此,今天中国的文化危机反而更加深化了,因为在这个世纪末(用中国的说法是"末世")的年代里,世界各地,尤其是西方,都出现了极其严重的文化危机,而这些外面的危机现在又都与中国原有的危机合流了。[①]（63 页）

今天无论是在大陆、台湾、香港或海外,中国知识分子中都不乏倡导文化认同的人(台湾更出现了仅仅认同于台湾本土的声音)。但是我们细察他们的持论,便会发现他们很少从内部对于自己文化传统的价值作出令人信服的新理解与新阐发。相反地,他们的主要论据是西方流行的一套又一套的"说词",包括前面所提到的"东方主义"、"后现代"、"后殖民"、"解构"之类。这些"说词"并非不可引用,不过如果文化认同不是出于对自己族群的历史、文化、传统、价值等的深刻认识,而主要为西方新兴的理论所激动,或利用西方流行的"说词"来支持某种特殊的政治立场,则这种"认同"是很脆弱的,是经不起严峻的考验的。一旦西方的思想气候改变了,或政治情况不同了,文化认同随时可以转化为文化自谴。无论如何,中国文化认同论者似乎在思想上还是认同于西方的"文化霸权"。这真是一个十分奇妙的吊诡。

这一心理的矛盾自然不自今日始。远在本世纪初,国粹学派便一方面痛斥当时中国学人"尊西人若天帝,视西籍如神圣",而另一方面则奉达尔文、斯宾塞的社会进化论为无上的真理。他们事实上已为"五四"的启蒙心态,包括贬低中国传统打开了方便之门。我们可以说,国粹派在表面认同于

----

① 《学术集林》卷七,上海远东出版社 1996 年。

中国文化,在实质上则认同西方的主流思潮。(70页)

　　一百年来,在中国文化界发生影响的知识分子,始终摆脱不掉"尊西人若天帝,视西籍如神圣"的心态。西方知识界稍有风吹草动,不用三、五年中国知识分子中便有人闻风而起(盈按:这一点在中国语言学界相当突出,"闻风而起"者至今以为这就是"接轨")……中国知识分子对自己历史、文化、传统的认识则越来越疏远,因为古典训练在这一百年中是一个不断堕退的过程。到了今天,很少人能够离开某种西方的思维架构,而直接面对中国的文学、思想、历史了;他们似乎只有通过西方这一家或那一家的理论才能阐明中国的经典……如果这一"视西籍如神圣"的心态不能根本扭转,中国人的文化认同势将长期停留在认同西方的流行理论阶段。(71页)

　　简单地说,中国经过"五四",先是否定了自己的文化传统,认为是负面的,是现状造成的主因。如果想改变现状,就先要西方化,或近代化,或全盘西化。①

例三:摩罗《主流的力量有多大》(《随笔》2007〔1〕:11—12):

　　今天来反思以陈独秀、胡适、鲁迅为代表的"五四"新文化运动,可以提出的批评意见可能很多。但在当时的国际政治格局和文化格局中,西方文化处于明显的强势状态,中国文化则处于绝对弱势状态。强势文化被认可为主流,弱势文

---

① 余英时《中国近代思想史上的激进与保守——香港中文大学廿五周年纪念讲座第四讲(1988年9月)》,《钱穆与中国文化》205页,上海远东出版社1996年。

化被认可为边缘,这是人类文化史所充分证明了的规律。强势文化与弱势文化虽然存在矛盾,但也存在一个高度一致性:那就是强势文化要求弱势文化向自己看齐,弱势文化同样急切地希望向强势文化趋近。一场"五四"新文化运动,也就是一场弱势文化积极主动地向强势文化认同的运动,其急切的程度,甚至超过了强势文化对弱势文化征服和覆盖的冲动。

从鲁迅那一代人发展到今天,我们检索一下我们教育体系的知识构成,主要即(?)是在弘扬西方文化。就拿基础教育来说,数理化是西学,政治课讲的是马克思主义,也来自西方,英语当然更是来自西方。只有语文这一科在教本民族的文化,可是教法也基本上西化,老师天天叫嚷着语法修辞这些废话(盈按:此话欠妥),而中国传统的朗读背诵方法不受重视。至于大学的课程,其西化的程度也非常严重。每个学科都在讲西学,连"中国文学"系的课堂上,也早就被各种西方词语所充斥。一位人类学教授告诉我说,中国的人类学教授绝大多数都在阅读西方人类学家的著作中度过一生,而很少有人对田野调查怀有兴趣,所以他们只会跟着西方学者人云亦云,只会搬用西方学者的概念和理论,甚至只会直接抄袭西方学者的论文。因为他们除了重复西方学者的言论,实在没有自己的感想和创建。

如何看待"欧化",上列三种意见颇具代表性,大体上是对的,却缺乏分析,深度也不够,个别意见甚至有欠妥当。

我以为:传统并非全好,"欧化"并非全坏;"欧化"不只是中国的问题,而是整个亚洲、整个东方的问题;"欧化"也不只是文化强弱问题,更不只是知识分子的问题。

我们须要有更深远的历史眼光、更全面的国际视野来看待"欧化、国学"之类的问题。

叁　马克思、恩格斯的论断

新加坡著名学者、外交家马凯硕(Kishore Mahbubani)曾著有论文集,题目叫《亚洲人会思考吗?》[①]。其目的是要研究:

> 一千年以前,大多数亚洲社会,特别是中国,经济发展遥遥领先于欧洲;今天,所有的亚洲社会(日本除外)却大大落后于欧洲。为什么会发生这种情况?为什么亚洲社会丧失了一千年的时间?亚洲社会为何忍受欧洲对其长达几个世纪的殖民统治和剥削?为什么中国这么一个具有享誉世界文明的国家在过去很长一段时间内却任由一些欧洲小国瓜分其领土(如葡萄牙占领澳门,英国占领香港)?

马凯硕提出的问题,其主要点马、恩在《共产党宣言》(1848)中已有原则性的论断[②]:

> 资产阶级……它迫使一切民族——如果它们不想灭亡的话——采用资产阶级的生产方式;它迫使它们在自己那里推行所谓文明制度,即变成资产者。一句话,它按照自己的面貌为自己创造出一个世界。
>
> 资产阶级使乡村屈服于城市的统治……使未开化和半开化的国家从属于文明的国家,使农民的民族从属于资产阶级的民族,使东方从属于西方。

---

① 韦明译,海南出版社、三环出版社 2005 年。

② 《马克思恩格斯选集》第一卷 255 页,人民出版社 1972 年。

中国属于东方，中国属于"农民的民族"，对于西方资产阶级而言，中国属于"乡村"，至于"未开化和半开化"的问题又怎么说呢？数千年的文明古国，曾经"遥遥领先于欧洲"的中国能是"未开化和半开化"吗？留辫子，裹小脚，迷信鬼神，用符咒巫术治病，视西人为"洋鬼子"，开矿破坏风水，修铁路破坏龙脉，义和团刀枪不入，皇帝三宫六院，"科学"在哪里？"民主"是什么？"自由"多可怕？你说"开化"不"开化"？"开化"也是相对的。而面对资产阶级，落后、"未开化、半开化"，就得挨打。社会进步也是"打"出来的。所以，"欧化"（西化）的根子是资产阶级，是资产阶级"迫使""农民的民族"，"迫使""未开化和半开化"的"东方从属于西方"。"从属"当然不可能是自觉自愿的，"使……从属"这个"使"字的后面就是一部血淋淋的历史，是一部炮舰入侵、文化入侵的历史。

如果有哪位象牙塔里的"书呆子"，认为马、恩的论断只不过是在鼓吹阶级斗争，那好，我们请两位资产阶级的代言人出来作证。

那位 1907 年诺贝尔文学奖得主吉卜林（Rudyard Kipling，1865—1936），你应该不陌生吧。这位以颂扬英帝国主义著称的诗人写过一首诗：《白人的责任》。诗中所说的"白人"应理解为特指资产阶级的入侵者。请听[①]：

> 担负起白人的责任，
>
> 派出你最优秀的子孙，
>
> 让他们离乡背井，
>
> 把为你的俘虏服务来担承。

---

① 转引自〔美〕罗兹·墨菲著，黄磷译《亚洲史》431 页，海南出版社、三环出版社 2004 年。

　　　　　　在繁重的日常工作中，

　　　　　　侍候那些激动不安的野蛮人——

　　　　　　那些你们新捕获的

　　　　　　半魔鬼半孩童的阴郁臣民。

吉卜林是出生于印度的英国人，诗中被称为"俘虏、半魔鬼、野蛮人"的，不就是"从属"于西方入侵者的东方农民吗！

　　另一位代言人就是美国的卫三畏（Samuel Wells Williams，1812—1884），传教士兼外交官，在华生活有 40 年之久，是武力侵华的积极鼓吹者。请听[1]：

　　　　流血是必要的……除非用恐惧唤醒他们的正义感，否则中国人不会做出任何让步。异教道德使他们成为最自私、最残忍而又胆小如鼠的民族，因此，如果我们指望她服从理性的话，我们必须以武力作后盾。有时我更倾向认为，美国如果加入英法联军，美国可能会更加受到尊敬。

还是这个卫三畏，认为《南京条约》"不论从任何观点来看，政治、商业、道德或思想方面，都可以看作是人类历史的转折点之一，其影响深远的后果将涉及所有国家的福利"[2]。

　　卫三畏毕竟不是平庸之辈，他看到了"人类历史的转折点"。只不过他所说的"转折"与我们所理解的"转折"性质完全不同。他所要的"转折"是西风压倒东风，是把西方的"福利"建筑在东方的苦难之上。我们所理解的"转折"是中国从此由封建社会沦

---

[1]　Frederick W.Williams, *The Life and Letters of Samuel Wells Williams*, LL.D. （New York：G. P.Putnam's Sons，1889）。转引自王立新著《美国传教士与晚清中国现代化》67 页，天津人民出版社 1997 年。

[2]　卫三畏著，陈俱译《中国总论》（下）978 页，上海古籍出版社 2005 年。

为半封建半殖民地社会,中国固有的学术体系由此瓦解从而逐步西化。

卫三畏大谈"福利",却不谈鸦片。中英战争因鸦片而起,鸦片因战争而更加畅销。马克思在《鸦片贸易史》一文中尖锐地指出[①]:

> 我们不能不特别指出装出一副基督教的伪善面孔,利用文明来投机的英国政府所具有的一个明显的内部矛盾。

"文明"与"伪善"之间似乎不应该有内在的联系,如果你这样理解"文明",那就太不了解人类文明史发展的实际了。恩格斯说[②]:

> 文明时代,完成了古代氏族社会完全做不到的事情。但是,它是用激起人们的最卑劣的动机和情欲,并且以损害人们的其他一切秉赋为代价而使之变本加厉的办法来完成这些事情的。卑劣的贪欲是文明时代从它存在的第一日起直至今日的动力;财富,财富,第三还是财富,——不是社会的财富,而是这个微不足道的单个的个人的财富,这就是文明时代唯一的,具有决定意义的目的。如果说在这个社会内部,科学曾经日益发展,艺术高度繁荣的时期一再出现,那也不过是因为在积累财富方面的现代一切成就不这样就不可能获得罢了。
>
> ……所以文明时代愈是向前进展,它就愈是不得不给它所必然产生的坏事披上爱的外衣,不得不粉饰它们,或者否认它们,——一句话,是实行习惯性的伪善。

---

① 《马克思恩格斯选集》第二卷 28 页,人民出版社 1972 年。
② 恩格斯《家庭、私有制和国家的起源》,《马克思恩格斯选集》第四卷 173、174 页,人民出版社 1972 年。

吉卜林说的"责任",卫三畏说的"正义感、理性、福利",都是帝国主义者掠夺东方财富的外衣。他们奴役东方农民、抢劫了东方农民的财富,还要谩骂这个"农民""最自私、最残忍而又胆小如鼠"。因为百余年来挨打挨骂,不少"东方农民"已养成了奴仆般的顺从习惯,在学术上丧失了自主创新精神,以抄袭西方为能事;西方人"据此产生了一种自负感,认为人类最终都会融入西方文明的网络之中……西方文明是惟一的普世文明"(《亚洲人会思考吗?》12页)。于是,马凯硕提出了这样的问题:"亚洲人会思考吗?"并强调指出:"对于亚洲人来说,否认这个痛苦的历史事实是愚蠢的。"(同上,6页)

肆　亚洲三个"农民的民族"

哥伦布(Columbus,1451—1506)进行的"地理大发现"始于1492年,人们把这一年认定为资本主义的发端年。

资本主义从其发端之年开始,目标就盯住了东方。西班牙王朝颁发给哥伦布的护照说得很明白:"我们兹派贵族克里斯托费鲁·哥伦布为了一定的原因和目的,率三艘配备齐全的卡拉维尔船远渡重洋前来印度地区。"[①]哥伦布还怀揣着给中国皇帝的国书。尽管后来他实际发现的是"新大陆","可是哥伦布始终认为,他到达的地方是亚洲的东部、欧洲大西洋西方的印度。所以他把美洲叫做西印度,把美洲居民叫做印第安人"。"哥伦布临终时还不知道他所发现的不是西印度"[②]。

哥伦布以及西班牙王朝为何对东方的印度、中国……如此感兴趣呢?说是为了"一定的原因和目的",故意闪烁其词。说白

---

① 张箭《地理大发现研究》128页,商务印书馆2002年。

② 同上,182、183页。

了,就是为了黄金、财富。随着西班牙王朝海上霸权的衰落,他们没有实现的"目的",由英帝国主义、美帝国主义实现了。由于三位东方老农在如何应对西方炮舰"文明"的态度上有不同的表现,于是,这三个东方"农民的民族"就有了三种不同的命运。

第一位:印度老农　印度由于内部极不统一,加之宗教矛盾严重,英国一个小小的东印度公司就逐渐征服了这位老农,使之成为自己的殖民地。印度人民也爆发过大规模起义,遭到残酷镇压后,"印度沦为英国的领土,人民就像英国的奴隶。印度人的职业是种植鸦片来毒害中国人,而让英国商人贩卖鸦片获利"①。"而那些受过教育的印度人热心按照英国模式塑造自己,他们真正以身为大英帝国的一员而自豪。这真是人世间最令人惊讶的一幕,它一直延续到进入 20 世纪很久以后"②。

作为殖民地的印度,虽然早已独立,却留下了后遗症。

语言问题最为严重。《现代印度语言述论》一文的作者向我们提供了这样一些资料③:

> 印度国父圣雄甘地早在 1918 年就说过要在人民生活中给印地语以国语地位。把印地语定为国语似乎是很自然的事,可是却遭到了全国上下的激烈反对。(205 页)

> 印地语自 1965 年 1 月 26 日正式定为国语至今,已有27 个年头了,印度政府为了在全印推广印地语花费了巨大的财力物力……在首都新德里以及一些大城市里,有不少印度人以讲英语为荣,不愿讲印地语。甚至有的个别政府官员,当我们与他讲印地语时,他也说:"你最好讲英语,我喜欢

---

①　〔日〕福泽谕吉著,群力译《劝学篇》60 页,商务印书馆 1958 年。

②　〔美〕罗兹·墨菲著,黄磷译《亚洲史》418 页,海南出版社、三环出版社 2004 年。

③　吴永言《天竺心言论集》,上海译文出版社 2002 年。

讲英语。"（206 页）

到 1947 年印度独立之初,英语基本上已被广大印度国民所接受,成为全印度各邦通用的语言工具……有的还出现这样的笑话,一个堂堂的上层知识分子能讲流利的英语,却看不懂本民族的语言,还要请翻译译成英语。（207 页）

"看不懂本民族的语言",已不是"笑话",而是悲哀。因为这种情况充分说明了"本民族"价值观的失落,"本民族"传统文化的失落,"本民族"尊严的失落,这的确"是人世间最令人惊讶的一幕"。

第二位:中国老农　中国毕竟树大根深,既无宗教矛盾,民族矛盾也不算突出,在历史上有抗御外敌入侵的优秀传统。可清王朝长期闭关锁国,以天朝自居,视洋人为蛮夷,慈禧一手操纵的中央政府又腐烂透顶,中国于是沦为半殖民地。在澳门、香港、台湾,汉语也曾经面临严重危机,这种灾难与耻辱,每一个中国人都不应该忘记。我在《论全球化时代的汉语意识》中说[①]:

> 汉语是幸存者,而且是胜利者。自从 16 世纪西方殖民主义者向东方进军以来,只有中国人能挺起自己的脊梁,傲然屹立。尽管一次次被打得遍体鳞伤,千疮百孔,割地赔款,奄奄一息,而民族尊严还在,我们的语言文字还在。我们没有印度那种语言危机、冲突,这是值得庆幸的。

第三位:日本老农　日本没有印度那么多的内部矛盾,又没有中国这样沉重的历史包袱。在亚洲诸国中,算得上是"识时务的俊杰"。

---

① 　何九盈《汉语三论》261 页,语文出版社 2007 年。

日本眼看中国鸦片战争的惨败，又慑服于美国炮舰的威力，开放门户，签约通商。从而"西洋学说逐渐盛行，终于推倒旧政权，废除藩治"。"和外国人作智力竞争"，"与外国实行竞赛，丝毫不可退让"①。

这种"智力竞争"、毫不"退让"的进取精神，使日本很快转化为资本主义强国。

可这个缺乏长远眼光、友善精神的东方暴发户，一阔脸就变，有明治政府"设计师"之称的福泽谕吉（1835—1901），于1885年3月16日在《时事新报》发表了著名的《脱亚论》："西洋文明之风，渐往东吹，所到之处，草木皆迎风披靡。""国内不分朝野，一切事情都要按照最近西洋的文明去做。""我日本国土虽位于亚细亚之东方，可国民之精神已摆脱亚细亚之鄙陋，而转向西洋文明。""但不幸的是邻近有的国家，一曰支那，一曰朝鲜……毫无疑问数年之后就会亡国，其国土将被世界文明国家分割。"②《脱亚论》证明：日本已由东方"农民"转变为东方最强的资本家；同时也证明：不论西方还是东方，资本主义的贪婪本质、侵略野心是一致的。

从此时开始，日本社会形成了蔑视中国的风气，其上层统治者产生了吞并中国、朝鲜的野心。

与此同时，"有汉字废止论及汉字节减论者，欲废汉字而代以罗马字，或减少通用汉字之数，是殆类于狂者之所为，皆心醉西风之弊也"③。

安藤正次说："至若明治初年之洋学者，则无不唯外语之马首是瞻，当时文部大臣森有礼，竟扬言欲图日本文化之进展，不得不

---

① 〔日〕福泽谕吉《劝学篇》46、49、26页。

② 转引自〔日〕安川寿之辅著，孙卫东等译《福泽谕吉的亚洲观》89页，香港社会科学出版社有限公司2004年。

③ 日本山木宪语。参何九盈《汉字文化学》133、135页，辽宁人民出版社1999年。

采世界最普通的言语为国语,遂主张采英语为国语。"①

　　森有礼(1847—1889),这是值得注意的一个人物。此人早年留学英国,1870—1873年出使美国,那本有名的《文学兴国策》就是他驻美时组编的。这本书与中国教育、学术关系密切,从中可以获得西学东渐的某种背景材料。

　　1872年,森有礼以日本驻美公使身份向美国名校(如耶鲁、哈佛、普林斯顿等)校长及政界要人、著名科学家发函,"访察一切凡有益于敝国文学(按:指文化教育)诸事,并讲求一切凡有关于敝国诸端"。

　　1873年美国著名科学家亨利(Jeseph Henry,1797—1878)复函云②:

　　　　且夫文学之事,必从语言文字入手,贵国振兴新学之初,当预先酌定参用何国语言,以为通晓西法之助。习闻贵国方言,有不能尽翻泰西各物之名目者,岂不当慎选西国之文字以表明之乎? 敝邦之人悉从英国语言文字,非敢阿私所好而故重英文也,实见夫英文通行于天下,凡通英文之人,其行事较易而获益更多。贵国取英文而学之,则其有益于通商者岂不大哉?

　　1872年哈佛大学校长欧理德(Charles W. Eliot,1834—1926)复函云③:

　　　　贵国在兴学之始,当别求一种文字,以为写字印书、学

---

① 〔日〕安藤正次著,雷通群译《言语学大纲》4页,商务印书馆1931年。
② 〔日〕森有礼编,林乐知、任廷旭译《文学兴国策》36页,上海书店出版社2002年。
③ 同上,58页。

习新法之助。更当在通国广设启蒙学堂,专教读书、写字、习算,以及泰西格致、制造等启蒙之书。

森有礼后来担任日本文部大臣,"主张采英语为国语",显然是受了上述意见的影响。

当时的日本,既有像福泽谕吉、森有礼这样的欧化主义者、全盘西化论者,也有一批坚定的国粹主义者,两派斗争激烈。福泽"由于提倡学习西方,他曾多次险些丧命"[1]。森有礼于1885年出任近代日本首任文部大臣,颁布一系列学校法令,奠定了近代日本教育制度的基础,于1889年被国粹主义者暗杀。

此前,也就是1875年,森有礼出任日本驻清全权大臣。年过半百的李鸿章(1823—1901)与这位不满30岁的使臣第一次会见时,有如下一段对话[2]:

> 李问:"中西学问如何?"
>
> 森云:"西国所学十分有用,中国学问只有三分可取,其余七分仍系旧样,已无用了。"
>
> 李问:"日本西学有七分否?"
>
> 森云:"五分尚没有。"

这一老一少,颇有象征意义。象征新旧,象征强弱,更象征三家村的农夫与野心勃勃的资本家。

伍　从东洋出来的"西风"

我们研究的是中国现代语言学史,为什么要把镜头伸向日

---

① 《简明不列颠百科全书》(3)223页,中国大百科全书出版社1985年。

② 转引自范福潮《难为李鸿章》,《南方周末》2006年7月13日。

本,伸向福泽、森有礼之流呢?

　　因为,为学术而学术,这是对的;就学术而论学术,这就不对
了。现代学术的发展,固然有内在的理路,而国际环境的影响,
几乎是绝对的,在清末民初,日本的影响尤为突出。"日本,小国
耳,何兴之暴也?"张之洞说:"至游学之国,西洋不如东洋……
中东(按:东,指日本)情势风俗相近,易仿行。事半功倍,无过于
此。"[①]1896年,美国来华传教士林乐知在《文学兴国策·序》中亦
强调:"窃见西法之转移国俗,未有如日本之速者,惟愿当国者俯
采刍荛而施行之,是则仆所深幸也。"[②]当年举国上下仿效日本,
有仿效得对的,也有仿效得不对的。"欧化"与"国粹"的分派、对
立,亦为仿效日本所致。

　　所谓仿效得不对的,有三事可以为证:

　　　　鄙视甚至谩骂自己的民族

　　　　用英语或其他外语代替汉语,废除汉字

　　　　传统文化无用论

　　写完这三点之后,我不能不赶紧申明:中国某些学人在这三
个问题上虽然与日本极端西化派唱的是同一个调子,其用心则完
全相反。1915年陈独秀说:"吾宁忍过去国粹之消亡,而不忍现
在及将来之民族,不适世界之生存而归削灭也。"[③]在救亡图存的
当年,陈独秀的这一主张具有极大号召力。否定历史,否定传统,
已不只是少数人的私见,而形成了力量巨大的社会风气。张之洞
已看到这一点。他说(《劝学篇·益智》113、114页):

---

①　张之洞《劝学篇·游学》116、117页,中州古籍出版社1998年。

②　《文学兴国策·序二》6页,上海书店出版社2002年;又见《万国公报》第88
　　期,光绪二十二年4月。

③　陈独秀《敬告青年》,《新青年》1卷1号,1915年9月15日;又见《陈独秀文
　　章选编》(上)75页,三联书店1984年。

> 大率近日风气，其赞羡西学者，自视中国朝政民风无一
> 是处，殆不足比于人数，自视其高曾祖父，亦无不可鄙贱者，
> 甚且归咎于数千年以前，历代帝王无一善政，历代将相师儒
> 无一人才。不知二千年以上，西国有何学，西国有何政也？

张之洞的《劝学篇》出版于 1898 年，书中所说的"近日风气"
渐渐衍化为大气候、主潮流。八年后，也就是 1906 年，章太炎从
上海出狱，东渡日本，在东京神田区锦辉馆留日学生召开的欢迎
会上，发表了一篇著名的演讲辞。其中谈到"为什么提倡国粹"，
他回答说[①]：

> 不是要人尊信孔教，只是要人爱惜我们汉种的历史。
> 近来有一种欧化主义的人，总说中国人比西洋人，所差
> 甚远，所以自甘暴弃，说中国必定灭亡，黄种必定剿绝。因为
> 他不晓得中国的长处，见得一无可爱，就把爱国爱种的心，一
> 日衰薄一日。

在东京后来的一次讲演中又谈到，欧化主义者"只佩服别国的学
说，对着本国的学说，不论精粗美恶，一概不采"。"看自国的人，
是野蛮人；看自国的学问，是野蛮的学问"[②]。到了二三十年代，欧
化主义还是中国学术潮流的主宰者。钱玄同是太炎先生的大弟
子之一，在对待"欧化"的问题上，与乃师大唱其反调。1925 年，
钱玄同在《回语堂的信》中说[③]：

> 您说中国人是根本败类的民族，有根本改造之必要，真

---

① 《章太炎的白话文》72 页，辽宁教育出版社 2003 年。
② 同上，40、42 页。
③ 《钱玄同文集》第二卷 150、155 页，中国人民大学出版社 1999 年。

是一针见血之论；我的朋友中，以前只有吴稚晖、鲁迅、陈独秀三位先生讲过这样的话。这三位先生的著作言论中，充满了这个意思……

　　根本败类当然非根本改革不可。所谓根本改革者，鄙意只有一条路可通，便是先生所谓"惟有爽爽快快讲欧化之一法而已"。我坚决地相信所谓欧化，便是全世界之现代文化，非欧人所私有，不过欧人闻道较早，比我们先走了几步。

中国人是什么时候始成为"败类"的呢？钱玄同在此信中明确肯定地说："中国人之成败类自宋朝始。"这是以宋人"理学"作为"败类"的定性依据。事实上，他对中国传统文化早已全盘否定，1918年发表的《中国今后之文化问题》（《钱玄同文集》第一卷）可以为证：

　　欲废孔学，不可不先废汉文；欲驱除一般人之幼稚的野蛮的顽固的思想，尤不可不先废汉文。（162页）

　　……二千年来用汉字写的书籍，无论哪一部，打开一看，不到半页，必有发昏做梦的话。（163页）

　　……欲废孔学，欲剿灭道教，惟有将中国书籍一概束之高阁之一法。（164页）

　　……

　　我再大胆宣言道：欲使中国不亡，欲使中国民族为二十世纪文明之民族，必以废孔学，灭道教为根本之解决，而废记载孔门学说及道教妖言之汉文，尤为根本解决之根本解决。（166、167页）

　　1918年10月6日钱玄同给胡适写了一信，题目为《对于朱我农君两信的意见》，其中有两点意见颇具代表性，一条是："今后的中国人,应该把所有的中国旧书尽行搁起,凡道理,智识,文学,样样都该学外国人,才能生存于二十世纪,做一个文明人。"一条是:"中国大可废去野蛮之汉文,而用尤较文明之 Esperanto(或用较文明之法、德、英文)。"①

　　从吴稚晖(1865—1953)到钱玄同(1887—1939),整整两代人,大力鼓吹"欧化",宣扬民族虚无主义,鲁迅、陈独秀等新文化运动代表人物也持同一主张。1918 午 1 月 2 日钱玄同日记云②:

　　　　独秀、叔雅(即刘文典,1889—1958)二人皆谓中国文化已成僵死之物,诚欲保种救国,非废汉文及中国历史不可,吾亦甚然之。此说与豫才(即鲁迅)所主张相同。

"保种救国"为什么就要"废汉文及中国历史"呢?此乃不通之论,毫无根据。吴、陈、钱,鲁都有第一流的头脑,为何有如此幼稚之主张呢?此四人者,均有留学日本的经历。日本的西化,日本的富强,甲午战争中方的惨败,很容易使他们误以为:西方之德风,东方之德草,"草上之风必偃"。

　　为什么章太炎对"西方之德",尤其是对"东方之德"有比较正确的态度呢?是因为他对东西方文化都有研究,深厚博大的东方文化根底、学术修养、人生阅历,培育了牢固的东方价值观。在这些方面,无论是吴、陈,还是钱、鲁,都差距甚远,故西风劲吹,后果就是"必偃"。

　　章太炎当然不会批判自己的学生,而对吴稚晖的批判则毫不留情。直到晚年仍然坚持己见。民国二十二年四月十八日的一次

①　《钱玄同文集》第一卷 220、224、225 页。
②　转引自杨天石《从帝制走向共和·论钱玄同思想》523 页,社会科学文献出版社 2002 年。

讲谈,提到"清末妄人",这位"妄人"就是吴稚晖。章氏云[①]:

> 清末妄人,欲以罗马字易汉字,谓为易从,不知文字亡而种性失,暴者乘之,举族胥为奴虏而不复也。夫国于天地,必有与立,所不与他国同者,历史也,语言文字也。二者国之特性,不可失坠者也。

章氏所言才是颠扑不破的真理。如果诚欲"废汉文及中国历史","国之特性"不待"暴者乘之"已自取灭亡,还谈什么"保种救国"呢?唐代高僧百丈山怀海禅师(720—814)云:"见与师齐,减师半德。"[②]玄同之"见"与乃师相去几何?减师德几何?真有天渊之别。

我们当然不会把钱玄同等人的"败类"论和"废汉文及中国历史"的主张,与那些打着"文明"旗号"使东方从属于西方"的入侵者等同起来。入侵者将汉民族、汉语、汉字妖魔化,其用心非"欲使中国不亡",恰恰是要使中国亡。中日甲午战争,那位福泽欣喜若狂:"此次战事的确是空前的一大快事……将邻国支那和朝鲜纳入我文明之中。"[③]台湾被日本霸占后,那位明治时期在教育界很有影响的伊泽修二(1851—1917)被派往台湾,任总督府学务课负责人,宣传"同文同种"的殖民主义谬论,强迫台湾人学用日语,并将日语称之为"国语"。1909年,出版《同文新字典》,"为了谋求日清韩三国在教育、政治、实业等方面的交流",妄图实

---

① 诸祖耿《记本师章公自述治学之功夫及志向》,原载 1936 年 9 月《制言》半月刊第 25 期,收入《追忆章太炎》86 页,中国广播电视出版社 1997 年。

② 《中国佛教高僧名著精选》(下)1296 页,巴蜀社 2006 年;又《古尊宿语录》卷一 7 页,中华书局 1997 年第 3 次印刷。

③ 转引自〔日〕安川寿之辅著,孙卫东等译《福泽谕吉的亚洲观》150 页,香港社会科学出版社有限公司 2004 年。

现"日本语、朝鲜语和中国语的汉字音的统一表记",并"按朝鲜文字的方式来组成中国音的表记"[①]。伊泽的"同文"主张当然只能以失败而告终,可给中韩两国造成的伤害却值得后人牢牢记取。对于日本人来说,同样教训深刻。1940 亐,日本京都大学吉川幸次郎(1904—1980)教授在《中国语的不幸》中说[②]:

> 在现代的我国,最没有被正确认识的外国文化是中国文化,被置于最不幸状态的外国语是中国语。

我以为尤为不幸的是相当一部分中国人接受了来自日本的不"正确认识"。百年易往,改变这一不"正确认识",还需要多少代? 前事不忘,后事之师,我的中国现代语言学史散步,一点也不轻松呀!

陆　法相宗为何敌不过禅宗

常识具有普遍意义,问题往往出在常识上。人类永远须要互相交流、互相学习,尤其是后进民族要向先进民族学习,这是常识;学习不等于照搬、抄袭,应将他国的经验、理论与本国的实际情况结合起来,使之本土化、民族化、中国化,这也是常识。百余年来的学习外国(如今叫与国际接轨)受益匪浅,但无论是以日为师,以俄为师,还是以欧美为师,教训实在太多。革命战争中的照搬俄国经验,造成死人无数,血流成河,人人看得见;学术上的照抄外国,造成传统丧失、邯郸学步,丢掉自我,原创力越来越差,几曾有过彻底反省! 百余年来,我们没有国际级的思想家、哲学

---

① 〔日〕安藤彦太郎著,卞立强译《中国语与近代日本》70 页,北京大学出版社 1991 年。

② 转引自《中国语与近代日本》111 页。

家、学术家，根本原因是迷失自我。孔夫子为什么能走上世界，朱熹为什么能走上世界，因为他们都构建了一个伟大的东方式的中国式的自我体系。

在中国古代历史上，也曾经长期地大规模地学习过外国文化，这就是佛教文化的输入。佛教文化属于印度文化体系，它跟中国文化体系一样，同属于东方文化体系（参阅季羡林《东方文化集成》总序）。尽管如此，也还有本土化的问题、中国化的问题。隋唐时代佛教各宗派的消长，影响力之大小，受到崇拜信奉与否，不是取决其印度化程度如何，而是取决其本土化的程度如何。佛教输入的经验，真值得后人深思。

玄奘，赴印留学 17 年，"共声誉之隆，千古一人"[1]。在当时的国际学术界，是公认的顶尖级大师。他对佛学原典精义的理解以及忠于原著的翻译精神，并世无人能及，而他所创立的法相宗（即慈恩宗、唯识宗），再传而斩，敌不过本土化的其他各宗，尤其是禅宗。学者们对此有不少论述。陈寅恪的论述[2]：

> 佛教学说，能于吾国思想史上，发生重大久远之影响者，皆经国人吸收改造之过程。其忠实输入不改本来面目者，若玄奘唯识之学，能震动一时之人心，而卒归于消沉歇绝。近虽有人焉，欲然其死灰，疑终不能复振。其故匪他，以性质与环境互相方圆凿枘，势不得不然也……窃疑中国自今日以后，即使能忠实输入北美或东欧之思想，其结局当亦等于玄奘唯识之学，在吾国思想史上，既不能居最高之地位，且亦终归于歇绝者。其真能于思想上自成系统，有所创获者，必须

---

①　汤用彤《隋唐佛教史稿》14 页，江苏教育出版社 2007 年。

②　1934 年 8 月《冯友兰中国哲学史下册审查报告》，《金明馆丛稿二编》283—285 页，三联书店 2001 年。

一方面吸收输入外来之学说,一方面不忘本来民族之地位。此二种相反而适相成之态度,乃道教之真精神,新儒家之旧途径,而二千年吾民族与他民族思想接触史之所昭示者也。

蒙文通的论述[①]:

> 魏晋的佛学,完全是印度佛教与中国思想结合的产物,故与印度之佛教异。唐人觉其非印度之教义,玄奘亲往印度求法,所取回者为真印度佛教,但与中国条件不适应,再传之后遂绝,而所流行者则仍为中国化之佛教——天台、华严等宗,及至禅宗出现后,与中国思想之结合愈紧密,而竟完全取代前此佛教各宗。

任继愈的论述[②]:

> 隋唐时期佛教经典已有大量的翻译和介绍,应该不会被"误解"了,但在中国广泛流布的不是生搬硬套印度经院哲学的法相宗,而是经过中国自己引申发挥,甚至在印度佛教学说中很少有根据的一些宗派(如天台、华严,特别是禅宗)。(15 页)

> 法相唯识宗虽曾风靡一时,但影响所及的区域,不过在两京(长安与洛阳)附近,流行的时间也不过三四十年。(41 页)

陈寅恪兼有中西学术的双重训练,视野开阔,头脑清晰,见解深刻。他所说的"吸收、改造、不忘本来民族之地位",既是历史经验的总结,又是验证"欧化"成败的唯一标准。他指出现代学术如不取相反相成之态度,只锐意"忠实输入",其命运必"终归于

---

① 《治学杂语》,蒙默编《蒙文通学记》(增补本)7 页,三联书店 2006 年。
② 《汉—唐中国佛教思想论集》,三联书店 1963 年。

歇绝",实为金玉良言。70多年过去了,这些论断并未过时。语言学界某些崇洋媚外的人还要攻击"本来民族之地位"吗!

柒 爱默生论美国学术

陈寅恪提出的两个"方面",是"二千年吾民族与他民族思想接触史"的基本经验。从学术发展而言,终极目的是:求是、求真。民族不同,"是、真"有别,忘却"本来民族之地位",则圆凿方枘,格格难入;从社会发展而言,"民族地位"问题是一个民族的生死存亡问题,"地位"的丧失则意味着独立自由之丧失。所以陈寅恪直到晚年,仍然"坚信并力持:必须保有中华民族之独立自由,而后可言政治与文化……反是,则他人之奴仆耳"[①]。

陈寅恪的两个"方面"理论,不仅适应于中国,也是世界通则。任何一个民族、国家,都有"独立自由"的"地位"问题。美国的历史经验也可以为证。

1837年(相当于道光十七年)8月31日,时年34岁的爱默生(Ralph Waldo Emerson,1803—1882)在美国大学生联谊会上发表了《论美国学者》的著名演说,被誉为"美国文化的独立宣言"。爱默生说[②]:

> 多年来,全世界对美洲大陆一直有某种期望:美国人并非只有机械技术方面的能力,他们应有更好的东西奉献给人类。美洲大陆的懒散智力,将要睁开它沉重的眼睑,来满足这个早该满足的希望了。我们依赖旁人的日子,我们学习他国的长期学徒时代即将结束。在我们周围,数百万计的青年

---

① 吴学昭《吴宓与陈寅恪》145页,清华大学出版社1998年。

② 〔美〕爱默生著,孙宜学译《爱默生演讲录》,中国人民大学出版社2003年。

正冲向生活,我们不能总是依赖外国学识的残羹来获得营养。(143页)

　　……学者被指派代表知识。在正常状态下,他是"思想着的人"。在不正常的情况下,当他成为社会牺牲品时,他就倾向于成为一个纯粹的思想者,或者更糟,成为别人思想的学舌的鹦鹉。(145页)

　　我宁可不读书,也不愿被书的吸引力拖出我自己的轨道,以至我成了一颗卫星,而不是一个宇宙。(149页)

　　世界上最大的耻辱,是不能独立,是不能有个性,是不能结出人生来就应结出的特殊的果实……我们要用自己的脚走路,我们要用自己的手来工作,我们要发表自己的观点。(168页)

美国1776年才成为一个独立国家,至1837年只有61年的历史,可爱默生就向世界宣告:"依赖旁人的日子""长期学徒时代即将结束","他们应有更好的东西奉献给人类。"一个民族要保持独立自由的地位,为的是给人类作贡献。而民族不是抽象的,是由众多有共同族群、共同语言、共同历史经验、传统习俗、共同文化基础的人组成的(什么叫"民族"nation,并无公认的定义。这里不是要给"民族"下定义),"学者"既然"代表知识",就肩负着本民族的使命和希望。一个民族能否把"更好的东西奉献给人类",就看这个民族的学者们能否创新先进的知识系统。如果一个民族的学者不能自成宇宙,只能当别人的"卫星",甚至以当"学舌的鹦鹉"为荣,"不能独立","不能有个性",爱默生说:这是"世界上最大的耻辱"。生活在耻辱中而不知耻,这算什么"学者"呢!

　　在当今语言学界,为什么一谈民族特点,一谈中国化,就有

"学舌鹦鹉",公然唾沫四溅,大加反对呢? 根本原因是西方中心主义、一元学术观还顽固地盘踞在这些人的头脑中,另外,给西方当"卫星"毕竟是件很容易的事情,且有名利兼收之捷效;独立自主,"结出特殊的果实",必须要有真本领才行。

从语言研究层面而言,所谓"中国特点"[①]、民族特点",基本上不是个人情感问题,甚至与情感无关。这里说的"中国、民族",都是研究对象或范围的问题。我们的研究对象既然是中国境内的语言,是汉民族的语言,其任务当然就是揭示它的特点、个性。如果我们让汉语穿西装,削汉语之足以适西洋之履,这样的研究很难成功,也不可能对人类作出新的奉献。

在汉语研究这个领域,所谓"特点",主要是语法问题。王力指出:"我们中国的语法学家早就注意到汉语语法的特点。马建忠虽然模仿西洋语法,但是他也知道为汉语分出助字一类。陈承泽著《国文法草创》,刘复著《中国文法通论》,金兆梓著《国文法之研究》,都努力于揭露汉语语法的特点。这是我国语法学的优良传统。"[②] 在同一篇文章中,王力也批评了语法研究中的不良现象,他说(296 页):

> 现在我们天天谈汉语特点,天天还是在西洋语法的范围内兜圈子。必须跳出如来佛的手掌,然后不至于被压在五行山下。

---

① 1980 年 6 月 18 日在北京市语言学会成立大会上,叶圣陶发表《建立具有中国特点的语言学》,北京市语言学会编《语言论文集》,商务印书馆 1985 年; 1991 年 6 月马学良发表《建立具有中国特色的民族语言学》,见《马学良民族语言研究文集》,中央民族大学出版社 1999 年。

② 《语法的民族特点和时代特点》,原载《中国语文》1956（10）;又《王力文集》16：289,山东教育出版社 1990 年。

半个世纪过去了,至今仍然有人认为,在如来佛手掌里翻筋斗,就是"跟国际接轨",就是创新,这是一种很奇怪的现象。

现代西方语言学的兴起,现代西方语言学的种种理论,本来是以印欧语系为研究对象、以印欧语的材料为基础建立起来的,即使如此,也还是要具体语言具体对待。布龙菲尔德就指出:"(索绪尔)的语音学是从法语和瑞士语——德语抽象而来,但甚至将之应用于英语都靠不住。"①将西方语法理论应用于汉语,就更应慎之又慎了。

在这里,我们还要澄清一个相当流行的观点,这就是:"学术无国界。"我个人也一直这样认为。

如果仅从学术交流、学术互动、学术借鉴来说,学术当然不会受到国界的限制,学术永远属于人类全体。但"学术"不等于"科学"。"科学无国界"是绝对的,"学术无国界"是有条件的。所以,自然科学不存在民族特点而人文科学却无法回避民族特点的问题。"从传统意义来讲,自然科学讨论的是普适性的问题,人文科学讨论的是特殊性的问题"。自然科学以自然为研究对象,无论是物理、化学、数学还是天文、地理,都不存在"吾民族、他民族"、中国的、外国的之类的区别,所以是"普适性的问题";人文科学则不一样了。拿语言学科来说,各民族的语言结构有别,其发展史、接触史也不一样,尤其是汉语与印欧语差别甚大,只能特殊问题特殊对待。人文科学的"特殊性"在很大程度上是由民族的特殊性、语言思维的特殊性以及文化传统的特殊性决定的。

特殊性与共同性相依相对而存在。语言的共性研究当然不以某一种语言为局限。理论语言学研究的是一般原理,应以人类

---

① 〔美〕伦纳德·布龙菲尔德著,熊兵译《布龙菲尔德语言学文集》41 页,湖南教育出版社 2006 年。

所有的语言作为自己的研究对象,在这个领域之内就不宜强调民族特色的问题。不过,共性的研究,也应以特殊性的研究作为基础。

捌　现代语言学家的类型

这里说的"现代语言学家"仅指本书所研究的 1949 年之前的语言学家,这些先生多已作古,盖棺论定。现在对他们的学术品性、学术取向进行类型上的区分,意义是多方面的:一则可以证明:"欧化"虽然铺天盖地,学术毕竟无法垄断。学者性格不同,所攻必有偏胜。对于学术多元化的格局,必须平等对待。抑此扬彼,入主出奴,人云亦云,"一犬吠形,百犬吠声"①,于学术发展,极为不利。再则,对当代语言研究工作者而言,就性之所近,取镜前人,可以知方识类,鉴往知来。

类型的划分,虽未见明文定论,却一直是学术界颇为关注的一个问题。且有多重标准,都是一分为二。如有"新派、旧派"之分,有"激进"与"保守"之分,有"传统派、现代派"之分,有"本土派、西化派"之分,还有"资产阶级语言学"与"马克思主文语言学"之分。这里有进化论的标准,有社会革命的标准,有时代演进的标准,有民族标准,有阶级标准。无论是上述标准中的哪一种,都是非此即彼的简单分类,是知识的分类,不是知识人的分类。即使作为知识分类也忽视了二者之间的深刻联系,于是引起许多无谓的矛盾和斗争。

在西方,有人将知识分为两类:"一种是累积性的知识;一种是非累积性的知识。"② 自然科学属于"累积性的",日新月异,不

----

① 〔汉〕王符《潜夫论·贤难》8 页,上海古籍出版社 1990 年。
② 陈之藩《知识与智慧》,《剑河倒影》227 页,浙江人民出版社 2000 年。

断累积,"新"与"旧"的区分很显然。阿基米德是"旧",牛顿是"新";牛顿是"旧",爱因斯坦是"新"。"非累积性"知识,只要真有价值,则光景常新。"一言以蔽之,有些知识,好像是变得很少,是越老越值钱;有些知识却是变得很快,变得很多,是越新越可贵"[①]。孔夫子和《论语》,现在不就非常"值钱"吗,两千多年了,还能帮人发家致富呢。人文学者以"新、旧"来分类,并非完全不可行,却不能说是尽善尽美。

我现在"窃取"孔老夫子论知识人的标准来给现代语言学家分类。孔夫子说(《论语·子路》):

> 不得中行而与之,必也狂狷乎。狂者进取,狷者有所不为也。

中行,《孟子·尽心》引作"中道",《后汉书·独行传》序引作"中庸",文字不同,意思一样。朱熹《论语集注》:"行,道也。"《后汉书》李贤注:"庸,常也。中和可常行之道,谓之中庸。"[②]"狂"与"狷"皆无贬义。"狂似太过,狷似不及,皆美才也"[③]。

孔子的三分法,以人的精神气质、天性爱好作标准,与意识形态、社会立场、民族立场、阶级立场无关。虽有对极,却无褒贬。上述各种二分法,都蕴涵褒贬。褒"新"贬"旧",褒"激进"贬"保守",褒"现代"贬"传统",褒"西化"贬"本土",褒"马克思主义"贬"资产阶级"(这个标准曾风行一时,却难以成立)。这样的二分法,事实上起了分裂学术队伍、阻碍学术发展的作用。所以,还是三分好。

---

① 陈之藩《知识与智慧》,《剑河倒影》226 页。

② 《后汉书》九 2665 页,中华书局 1982 年。

③ 程树德《论语集释》(三)932 页,引宦懋庸《论语稽》,中华书局 1997 年。

　　如何在孔门弟子中落实三分？有人认为："圣门如颜子，中行者也。曾子、闵子、仲弓、有若之属，抑其次也。"在"中行"类，又分出两个层次：颜回为上等，曾子等人次之。"子贡、曾皙、琴张则近于狂者也。原思、子夏、高柴则近于狷者也"[1]。

　　我之所以"窃取"孔子的三分法，不取各色各样的二分法，完全是从现代语言学家的学术实践总结出来的。面对"欧化"大潮，"狂者"以西学为"进取"目标，"狷者"则"有所不为"，"中道"之人则不中不西，亦中亦西。格局三分，昭然若揭。以章门弟子为例，玄同"狂"，黄侃"狷"，太炎先生"极高明而道中庸，温故而知新"（《中庸》）。具有普遍意义的是：凡大师级语言学家，莫不"择乎中庸"（《中庸》），莫不"温故而知新"。如马建忠、王国维、赵元任、杨树达、罗常培、王力、吕叔湘等；其次如丁声树、陆志韦、魏建功等，也以"温故知新"为特色。

　　20世纪初年，梁启超在《新民丛报》陆续发表《论中国学术思想变迁之大势》（1902—1904），此文对中国现代学术的发展，对中国现代学人的启迪，有不可磨灭的作用。文章结尾说[2]：

　　　　近顷悲观者流，见新学小生之吐弃国学，惧国学之从此
　　而消灭。吾不此之惧也。但使外学之输入者果昌，则其间接
　　之影响，必使吾国学别添活气，吾敢断言也。但今日欲使外
　　学之真精神，普及于祖国，则当转输之任者，必邃于国学，然
　　后能收其效。

梁启超不仅没有把"外学"与"国学"对立起来，而且在肯定外学"必使吾国学别添活气"的同时，又指出"必邃于国学"方可"转

---

① 　程树德《论语集释》（三）932页，引宦懋庸《论语稽》，中华书局1997年。
② 　《论中国学术思想变迁之大势》135、136页，上海古籍出版社2001年。

输"'外学之真精神"。高本汉的《中国音韵学研究》并非严格意义上的"外学",但毕竟是外国人用外国语言写成的,赵元任、罗常培、李方桂乃充当"转输之任者",他们不仅精通外语,而且"邃于国学"。如果此三人者根本不懂传统音韵学,不是这方面的专家,则高书的"真精神"就无法"转输"。就高本汉本人而言也是如此,他如果不通晓清代古音学,不通晓中国传统音韵学,尽管有西方比较语言学知识,有标音技能,他的《研究》一书也是无法完成的。

"邃于国学",谈何容易!中庸精神的丧失与"国学"的遭贬,互为因果。

在二元对立极为风行的年代,在"一边倒"思想占垄断地位的年代,"中庸"学说在理论上一直遭到否定,国学处于下风。倒向日本,倒向欧美,倒向苏联,东倒西歪,不成体统。而百余年来,我们的学术,包括现代语言学,仍能取得巨大进步,仍能在"东倒西歪"中前进,原因何在? 原因有二:

一是学术本身有一种自我调节自我纠偏的能力。这种能力既来自传统的教诲,也来自实践的教诲。儒学能传承两千多年,也得益于其自身有一套纠偏的秘诀。其中以宋人说的"十六字心传"影响最大,"人心惟危,道心惟微。惟精惟一,允执厥中"[①]。这四句话出自《尚书·大禹谟》,虽被判为"伪古文",且"传心秘诀"亦不过道统家故意神乎其辞,但无疑是古人为政治学经验的总结。蔡沈《书集传》说:"人心易私而难公,故危;道心难明而易昧,故微。"从为学之道的角度而言,这两句话包含主观世界与客观世界两个方面。人的主观世界易陷入个人私见,客观世界的内在规律又极其微妙,二者很难统一。这就要求研究者对事物作精深的研究,有专一不二的诚心,坚持"执两用中"的根本原则。从

---

① 《十三经注疏》136 页,中华书局 1980 年。

这个意义来说,中庸原则,也就是求真求是的原则。据《论语》记载,"允执其中"是尧对舜的教导,舜又将此话传给禹。所以刘宝楠说:"中庸之义,自尧发之,其后贤圣论政治学术,咸本此矣。"[①]朱熹说:"(《中庸》)乃孔门传授心法。"[②] 如果我们把"心法"理解为学术思想传统,把"心法"从道统观念中解放出来,那么,"惟精惟一,允执厥中",对推进学术发展,抵制不良学风,就具有永恒的普适的意义。

在近现代史上,有人将"中庸"与政治上的中间派、调和派混为一谈,这是对"中庸"的极大误解。反"左"防右,就是中庸,也就是实事求是。只有恢复"中庸"的原本涵义,才能正确理解"中庸"。

我小时候读私塾,是要拜孔夫子的。孔夫子的神位只不过是一张红纸,中间写上"大成至圣先师孔子神位",右边写上"颜曾思孟",左边写上"周程张朱"。这十个人(程:指程颢、程颐二人)中有五个人为宋人,将他们供奉在同一神位上,是因为他们有共同的思想理论基础:中庸。

"心法"派在北宋时期并没被被抬到"神"的地位,从熙宁年间开始,王安石的三经新义处于统治地位,"王氏学独行于世者六十年,科举之士熟于此,乃合程度"[③]。为此,道学家无限感慨[④]:

> 以介甫才辩,遽施之学者,谁能出其右……其学化革了人心,为害最甚,其如之何?故天下只是一个风,风如是则靡然无不向也。

---

① 《论语正义》412 页,河北人民出版社 1988 年。

② 朱熹《中庸注》1 页,《四书集注》,巴蜀书社 1986 年。

③ 陈振孙《直斋书录解题》卷二 28 页,国学基本丛书,商务印书馆 1939 年。

④ 朱熹编《二程语录》卷三 40 页,《丛书集成初编》本,商务印书馆 1936 年。

尽管"王学当非全无是处……然攻其新法者,遂并新经义而攻之……南渡而后,王学遂罕为人道,今则诸经义解并佚"[①]。这是儒学自我纠偏的一个典型例子。王氏新经学为新法服务,怎么可能求真求实呢?"只是一个风",风过处了无痕迹。

现代语言学也曾面临"一个风"。这"个风"约刮了三十多年,对汉语汉字汉民族施以攻击,使之妖魔化。而语言文字研究的实践活动也发挥了纠偏作用。所以,上世纪三四十年代,语言学各领域都在本土化、民族化方面出现了一批优秀人才,一批优秀成果。真正有出息的语言学家没有一个是彻底的西化主义者。后来的学苏联,也"是一个风",的确很认真,很努力,不能说毫无成效,到头来还是离不开本土化。

第二个原因是清末出生的语言文字学家有一个共同特点:青少年时期都受过基础的古典训练,基本上扫清了通往古典语言学的文字障碍。他们能背诵文言经典,能用文言写作,有的还会写旧体诗、对对子,有人在幼年时期已钻研《尔雅》《说文》,如:

陈独秀(1897—1942) 从六岁到八九岁,由乃祖亲自授以四书五经。到十二三岁,便由大哥教以《昭明文选》。十七岁,考中头名秀才。"工宋诗,善隶书,旧学根底深厚,对韵学、文字学造诣尤深"[②]。

杨树达(1885—1956) 五岁开始识字。七岁"从先君受书,略识训诂文义。一日偶思,取训义相同之字聚集为一编,岂不大佳乎?"十一岁,"读《春秋左氏传》,恒以《左传》事实命题焉"。十八岁,"时方治《周易》,遂依其体例(盈按:指阮元集《诗书古训》之

① 马宗霍《中国经学史》119页,商务印书馆1998年。

② 任建树《陈独秀大传》6页,上海人民出版社1999年。

例）辑《周易古义》"①。民国十七年杨氏在《周易古义自序》中说："余年十七八,始治《易》……盖自始事以迄今兹,凡历二十六七载矣。"

黄侃（1886—1935）　四岁,"初授《论语》"。七岁,"作《寄父诗》"。十岁,"读毕五经及四子书"。十一岁,"博览群书,奠定基础"。十六岁,"考中秀才"。"读经而外,复纵览诸子史传记及诗文集,故其学得早成"②。

钱玄同（1886—1939）　四岁,"由老父亲自教读"《尔雅》。八岁,"开始读《说文解字》,先识部首"。十一岁,"在家塾读毕五经。对《史记》《汉书》亦已熟读"。十三岁,"从塾师读《春秋左传》、《春秋公羊传》"。十四岁,"开始读段玉裁、王筠、严可均等研究《说文解字》的专著"。十五岁,"读庄存与、孔广森、刘逢禄等研究《春秋》的著作"③。

赵元任（1893—1982）　五岁,开始读朱熹的《小学》。六岁开始依次学习《大学》《论语》《孟子》《中庸》,其后学《诗经》《书经》。十三岁,开始读《古文辞类纂》,正式开笔用文言作文,同时念《唐诗三百首》,学习做诗④。

王力（1900—1986）　七岁进私塾,学习文言文。后来又自办私塾,教小学,讲授文言文。1924年赴上海之前,整整十六年间,他几乎读遍了他能见到的经史子集之类的古籍,能诗能文,长于对对子。在故乡颇有文名⑤。

---

① 　引文均见《积微翁回忆录》,上海古籍出版社2006年。

② 　引文均见司马朝军、王文晖合撰《黄侃年谱》,湖北人民出版社2005年。

③ 　引文均见曹述敬《钱玄同年谱》,齐鲁书社1986年。

④ 　参阅赵元任《我的语言自传》,赵新那、黄培云编《赵元任年谱》,商务印书馆2001年。

⑤ 　参阅张谷、王缉国《王力传》,广西教育出版社2000年。

　　魏建功(1901—1980)　五岁入小学。十四岁开始读《尔雅》,接着读段注《说文》。1914 年作旧体诗《索寒衣》[①]。

　　上述七位语言学家,在类型上和类型的比例上颇具代表性。"狂者"二位(陈、钱),"狷者"一位(黄),其余四位(杨、赵、王、魏)"择乎中庸"。我在《乾嘉传统与 20 世纪的学术风气》一文中说[②]:

　　　　贯通古今,融会中西,这是 20 世纪中国学术研究的基本经验。

　　"古"与"今"之所以能"贯通","中"与"西"之所以能"融会",根本原因在于这些学者起步伊始,"古"已成为他们学业的奠基石,传统的人文精神已融入他们的血液中。以中庸(求真求是)为体,以古今中外为用,是多数现代学人的共同特点。有人否定"中庸",是因为有人"择乎中庸"。甚至否定者本人即使在口头上大反"中庸",痛恨"中庸"(实际上与孔子的"中庸"概念性质有别),在行动上又不得不"择乎中庸"。陈独秀、钱玄同,包括胡适等人之于传统文化,往往表现为双重人格。他们以狂风暴雨、飞沙走石之势扫荡传统,似乎与传统势不两立,而事实上陈、钱二人在学术上的根据地,还是传统的音韵文字之学。与黄侃不同之处,是他们能用西方语言学的理论方法来处理传统音韵学,中西结合,便是"中庸"。

　　在现代语言学史上,"狷者"的学术地位和贡献,从"五四"以来一直没有得到应有的肯定。黄侃及其弟子们多系"有所不为"的狷者,正确理解他们所追求的学术信仰,要有一个历

－－－－－－－－－－

① 　参阅马嘶《一代宗师魏建功》,文化艺术出版社 2007 年。

② 　《语言丛稿》323 页,商务印书馆 2006 年。

史过程。曾国藩在表彰顾炎武时，说了下面一段话(《圣哲画像记》:

> 吾读其书,言及礼俗教化,则毅然有守先待后、舍我其谁之志,何其壮也!

我以为中国现代语言学界的确有黄侃一类学者坚持"守先待后"的传统精神,他们的遭遇与古之"守先待后"者也颇为类似。

"守先待后"是孟子回答其弟子彭更的责难时提出的,孟子说[①]:

> 于此有人焉,入则孝,出则悌,守先王之道,以待后之学者,而不得食于子,子何尊梓匠轮舆而轻为仁义者哉?

清代焦循《孟子正义》引"杜子春云:'待'当为'持'。书亦或为'持'……谓扶持后之学者,使不废古先之教。惟守先道以扶持后学,所以有功"[②]。

在民国时代,重科技轻人文,与战国时代的"尊梓匠轮舆而轻为仁义者"相比,有过之而无不及。黄侃们"不得食于子",不能成为学术主流,又有什么奇怪呢!

黄侃们是传统文化的守护人。其"守先待后"的精神,"有所不为"的品格,表现在三个方面:

一是"守经据古,不阿当世"[③]。

"无曲学以阿世"[④],是学者应有的品格。古今学人真正能做到这一点的,实在不多。多数人是一种什么状况呢?章学诚对他

---

① 《孟子·滕文公下》,《十三经注疏》2711 页,中华书局 1980 年。

② 《孟子正义》252 页,河北人民出版社 1988 年。

③ 《汉书·贡禹传》卷七十二 3074 页,中华书局 2002 年。

④ 《史记·儒林列传·辕固生》卷一二一 3124 页,中华书局 1962 年。

那个时代的学人有如下评说[①]：

> 今之学者则不然，不问天质之所近，不求心性之所安，惟逐风气所趋而徇当世之所尚，勉强为之，固不若人矣；世人誉之则沾沾以喜，世人毁之则戚戚以忧，而不知天质之良，日已离矣……且亦趋风气者未有不自率而入于伪也，其所以入于伪者，毁誉重而名心亟也。

黄侃曾明确表示："学问不可趋时或挟持势力以行。""学术废兴亦各有时，惟有学者不媕婀（ān'ē）而已。""不媕婀"也就是"不阿当世"，是一种自主精神。可见，"守先"重在"道"，重在基本原则，而不是一成不变。众人不变我独变是自主，众人皆变我不变亦是自主。吾读黄侃之"始变"与"独殊"论，不禁喟然而叹：何其壮也！侃之言曰[②]：

> 学术有始变，有独殊。一世之所习，见其违而矫之，虽道未大亨，而发露崖题，以诒学者，令尽心力，始变者之功如此。一时之所尚，见其违而去之，虽物不我贵，而抱残守阙，以报先民，不怨矩蠖，独殊者之功也。然非心有真知，则二者皆无以为……是故真能为始变者，必其真能为独殊者也。不慕往，不闵来，虚心以求是，强力以持久，诲人无倦心，用世无矜心，见非无闷，俟圣不惑，吾师乎，吾师乎，古之人哉！

黄侃真不愧为学界豪杰之士，"独殊"而"守先"，"始变"以"待后"，于是"有人每天做文章骂他"[③]。他却特立独行，"见非无

---

① 章学诚著，仓修良编注《文史通义新编新注·答沈枫墀论学》713 页，浙江古籍出版社 2005 年。

② 《蕲春黄氏文存》218 页，武汉大学出版社 1993 年。

③ 《胡小石追悼季刚先生讲辞》，《量守庐学记续编》22 页，三联书店 2006 年。

闷"①。庐为"量守",以古之人为师,"不肯变故辙以求免"②,更不为"末学奇邪之论"。"夫季刚之不为,则诚不欲以此乱真诬善"。"如季刚者,所谓存豪末于马体者矣"③。

二是不轻易著书。

章太炎曾对黄侃说:"人轻著书,妄也。子重著书,吝也。妄不智,吝不仁。"

黄侃回答说:"年五十当著纸笔矣。"④ 不肯轻易著书,正是狷者有所不为的性格体现。章学诚说:"守先王之道以待后之学者,不得已而著书。"⑤ 什么叫"不得已"? 当然不是个人名利,而是学术需要,社会需要。

黄侃打算五十始著书,为时并不算晚。还有更晚的呢,程颐说:"吾四十岁以前读诵,五十以前研究其义,六十以前反覆纫绎,六十以后著书。"⑥ 程颐如果生活在今日,肯定当不上教授了。但今日之所以出不了程颐,也可能是因为著书太多太轻易之故吧。

为卖钱而生产书,为晋级而赶写书,为新闻媒体而"说书"(按:1932 年 3 月 24 日章太炎在燕京大学演讲,说:"试观现在各校觍(tiǎn)居历史讲座之先生,与茶馆中说评书的有什么分别?"见《章太炎讲演集》95 页,河北人民出版社 2004 年),"书"多亦奚以为!"说书"人被尊之为"国学家",成为明星教授,故

---

① 《周易·乾》文言:"不见是而无闷。"

② 章太炎《量守庐记》,《量守庐学记》5 页,三联书店 2006 年。陶渊明《咏贫士七首》之一:"量力守故辙,岂不寒与饥? 知音苟不存,已矣何所悲!"

③ 章太炎《量守庐记》。《庄子·秋水》:"此其比万物也,不似豪末之在于马体乎?"

④ 章太炎《黄季刚墓志铭》,《量守庐学记》2 页。

⑤ 章学诚《与孙渊如观察论学十规》,《文史通义新编新注》395 页,浙江古籍出版社 2005 年。

⑥ 《二程语录》卷十五 235 页,《丛书集成初编》本。

不得不郑重提倡"狷者有所不为"精神。"吾师乎,吾师乎,古之人哉!"

三是尊师重道。

黄侃说:"我的学问是磕头得来的,所以我收弟子,一定要他们一一行拜师礼节。"[1]黄侃如何尊师重道,尊师重道对学术发展有何意义,请读《量守庐学记》(程千帆、唐文编)以及《量守庐学记续编》(张晖编)。中国历经各种运动,曾经斯文扫地,"师""道"之不"尊"不"重"也久矣,自尊自重又如何?

这篇《后序》给了黄侃这么多篇幅,其意不在于黄侃个人。黄侃代表的是一种类型,是一种足以与胡适、钱玄同抗衡的类型,是一种为捍卫传统学术奋斗终身而又不被理解的类型,是一种在全球本土化、多元化的今天有着特殊意义的类型。黄侃之死,必有隐忧;魏公子埋忧于醇酒妇人,岂非苦闷之象征?!呜呼,为黄侃招魂,"国学"其昌?近年不断学习,不断清理自己的学术观念,才获得如下认识:不薄"狂者"爱"狷者","转益多师是汝师"。告别简单化的二元对立,对我个人而言,是一次思想上的大飞跃。

现在有的妄人,连字都不认识几个,就敢于鄙夷章黄,不单说明这类人幼稚浅薄,也暴露当前的学术气象距宏伟之势还很遥远,有太多的小家子相。

玖 《中国现代语言学史》的构建原则

中国现代语言学史的撰写具有拓荒性质,没有现成的构建原则可资借鉴。本书的构建原则萌发于撰写之初,完成于过程之中,虽然说不上尽善尽美,但自创义例,亦非易事。

---

[1] 杨伯峻《黄侃先生杂忆》,《量守庐学记》147—148 页,三联书店 2006 年。

　　所谓"拓荒",有学术转型方面的原因,也有史料开发聚集分析等方面的原因。学术转型主要是换脑筋的问题,是学术观念的变换,即如何正确认识清末至民国年间的现代语言学。在很长一段历史时期之内,我们对这一段的学术研究基本上取否定态度,可谓严重"抛荒"。也就是说,从1949年起到改革开放之前的近30年间,那是一个"尊德性"的时代。儒家的"尊德性"是"性与天道",是理学,是心学,基本上是哲学问题。上世纪五六十年代的"尊德性","尊"的是阶级斗争,是意识形态,是政治立场,完全是政治问题。

　　这样一来,从马建忠到王国维、刘师培、陈独秀、胡适、林语堂,甚至于陆志韦、张世禄、赵荫棠、陈寅恪等等,都是"问题"人物;周法高、董同龢到台湾去了,赵元任、李方桂、张琨到美国去了,也是问题;留在大陆内地的某些语言文字学家1957年成了另类,一个个灰头土脸,不成人样。作为晚辈,要对这批语言学家的研究成果作出公正评价,几乎不可能。王力师在《中国语言学史》中说(206页,山西人民出版社1981年):

　　　　西方的语言学说传入中国以前,中国的语言学是封建主义的文化;西学东渐以后,直到解放前,中国的语言学的主流是资本主义的文化,而属于封建主义文化的语言学还同时存在着。

本来,民国年间的新派语言学者已犯有片面性的错误,"把中国传统的'小学'置之不顾"[①]。1949年以后,变本加厉。不是资本主义,就是封建主义,尤其是"小学",出现荒芜之势,训诂学几于无人问津。许多语言学名著被打入冷宫,这段历史完全处

---

① 　王力《中国语言学史》207页。

于尘封状态。所以,当20世纪80年代末我开始研究这段历史时,资料的搜集整合就极为费时费力,真正体验到拓荒的艰难。

20世纪80年代末,中国学术研究开始转入"道问学"年代。非学术因素的干扰逐渐缓解,老一辈或更老一辈学人的实际面目得以恢复,以学术论学术,不以人废言,已被斩断的学术传统慢慢地小心翼翼地开始得到修复,尘封已久的语言学论著渐渐重见天日。于是,发凡起例,自创纲目,终成前此未有之书。

一、八纲三十五目 八纲三十五目,是本书总体结构。八纲由现代语言学的八个分体构成,每纲之下又按各分支的实际内容不同分为若干细目,合计为三十五节。

章节的设置与纲目体系完全一致,各细目之下又按专题分成若干小题。五十余年(1898—1949)的现代语言学,纲举目张,经纬分明。每一部有一定价值的语言学论著,每一位有一定贡献的语言学人物,甚至不以语言学名家而有语言学论著的人物,在本书中大多有自己恰当的位置。遗漏也有,个人所知毕竟有限。但迄今为止,本书所论列的人物应是最全面最没有门户偏见的了。我以论著、问题为中心,以学术为中心,而不是以人物为中心。以论著、问题引出人物,以学术专题引出人物,而不是为个人立传。所以,像裘廷梁、陈荣衮、陈虬、沈学、沈步洲、潘尊行、陈浚介、廖庶谦、于安澜、高元、罗翔云、陶燠民、崔盈科、丁福保、何大定、唐玉书、叶德辉、陈光尧、朱宗莱、周兆沅、骆鸿凯、符定一、董鲁安、宋文翰、薛祥绥、何爵三、王易、陈介白、唐钺、丁文江、杨成志、陶云逵、李霖灿、李德启、罗福苌、罗福成、方壮猷、丁骕、马长寿……这一大批人物,或有一论可采,或有一篇可取,或有一书当提及,都发掘出来,写进了我的《中国现代语言学史》。我的体例是以文取人,以论取人,而不是以"家"取人。以上提到的名字均不见于《中国现代语言学家传略》,因为他们中有不少人并非以语言学为专业。遗憾的是,近年才问世的《中国现代语言学家传略》,不仅对已过世的某些专家未能收入,就是一些名家也未能立传,如吴稚晖、董同龢、葛毅卿、闻宥、曾运乾、周法高……这些名家被遗忘,一部中国现代语言学史就会留下缺陷,不完整,其价值也大成问题。

二、征引原文,钩玄提要　　清代学者章学诚指出:"文士撰文,惟恐不自己出;史家之文,惟恐出之于己,其大体先不同矣。史体述而不造,史文而出于己,是为言之无征。无征,且不信于后也。"[①]又说:"夫文士剿袭之弊,与史家运用之功相似,而实相天渊。剿袭者惟恐人知其所本,运用者惟恐人不知其所本。不知所本,无以显其造化炉锤之妙用也。"[②]章氏指出的史著应征引原文,实际就是征引史料,这是史著的根本大法。如果化原文为己意,剿人说为己有,这样的"史"连资料价值都谈不上,还侈谈什么学术价值呢!

征引原文的必要性已无可置疑,而如何达到"造化炉锤之妙用"呢?功夫在"钩玄提要"四字。

韩愈《进学解》说:"记事者必提其要,纂言者必钩其玄。"钱基博认为:"此孔孟授受心法也。"在《近代提要钩玄之作者》一文中,钱氏列举了十三部著作,视为"博综群书,钩玄提要"之典范。如:皮锡瑞《经学历史》、陈澧《东塾读书记》、梁启超《中国历史研究法》、章炳麟《国故论衡》等,"皆于古今流变,洞中奥会,读一书通千百书,如振裘之得领,如挈网之有纲"[③]。这也是拙著所追求的目标。叶蜚声在拙著《跋》文中说:"一编在手,得群书之要旨。"

---

① 章学诚著,仓修良编注《文史通义新编新注》405 页。

② 同上,409 页。

③ 光华大学中国语文学会编《中国语文学研究》,中华书局 1935 年;又《钱基博学术论著选》154 页,华中师范大学出版社 1997 年。

我以为这个评说是很恰当的。

三、综合比较，断以己意　在学术史上，概念不一，观点矛盾，甚至研究的是同一种材料，而所得数据不一，说法不一，这是常有的事。史家负有揭示矛盾进行独立判断的责任。史家既是客观叙述者，又是问题研究者。作为叙述者，应忠于原著；作为研究者，又要高于原著，断以己意。

本书第三章第十二节中的第一个专题《切韵》韵类研究，就是一例。

《切韵》究竟有多少韵类？各家颇有分歧。本书鉴于此问题相当重要，故不惜篇幅，分摄列表，分韵列数据，将五家分类一一对比，揭示分歧的原因，认为钱、黄的分类原则不适合于《切韵》，并引王力的意见作为参证。书中这样的例子很多，体现了著者个人的研究心得。学术史的写作绝不是以堆砌材料为能事，尽管材料极为重要。

四、附录注释，补充正文　正文、注释、附录，三位一体。本书在某些节的正文之后，设有附录（或附表），其功用是多方面的，而主要功用是为了补充正文。本书的注文，大致可分为两类：多数注文是注明引文出处，便于读者查检，更重要的是对原作者知识产权的尊重。把别人的思想观点、研究成果拿来，不作任何说明，这是极为恶劣的行为。还有一类注文内容比较丰富，对正文有补充作用，如第三章音韵学"概况"中的注③，引用了魏建功评介钱玄同的一段文字，史料价值很高。从中可以了解高本汉音韵学说在中国流传的情况，也可以了解当年北大音韵学课程在吸取新鲜成果方面是很敏锐很及时的。文中还涉及徐炳昶其人，我用"盈按"的方式介绍了相关材料，并指出"高著汉译可能始于此文"。本书特别注重梳理源流，不仅对大问题是如此，就是某些关键细节若涉及学术观念问题，也尽力考究其来龙去脉，如第七节注⑧，关于"对对子"问题,"在当时引起轩然大波",我介绍了周祖谟、张清常的回忆,又引用陈寅恪给傅斯年的信,读者可以获得多方面的细节知识。

作为一部断代学术史,一定要严守"代"内"代"外界限。可学术发展本身,有时候又无法将"当代"与"前代"或"后代"绝然分开。某些"现代"语言学史上的问题在当代仍然是问题,而且时间只有五十年,相当一部分语言学家来自1949年之前,他们在1949年后发表的论点,如果对本书相关正文有补充说明作用,原则上只能通过注文或附录择要介绍。这样,既不打乱时代界限,又能加强对正文的理解,为读者提供"代"外的信息,如第八节注 ㉖ 介绍了王力、吕叔湘对"一线制"的评说。又如内外转问题,正文主要介绍了罗常培的《释内外转》,正文之后有三个附录:附录一"罗常培参照高本汉所构拟的各摄音值",附录二"张世禄的修正意见",附录三"严学宭论内外转"。后两个附录均发表于当代,当然不宜阑入正文。又如第十二节关于纯四等韵有无[-i-]介音问题,正文后有一条很长的注文,介绍吴文祺的观点。吴文发表于1986年。有的注文似乎只是一个小掌故,实则关乎体系评价问题,如第四节谈到黎锦熙借用王船山《俟解》中两句话作为"比较文法研究的原则",在注释中我特意引用了吕叔湘1978年对此原则运用实况的评说。此种材料的随文调遣,融会贯通,必须胸有全局,眼观前后,方可运用自如。我以为:附录、注释,亦有学问。

五、书评史论,也是史料　书评,指当时人对当时语言研究专著的评论文章,如严伯常对吕叔湘《中国文法要略》的评论(1942年),杨联陞、高名凯对王力《中国语法理论》的评论,李方桂、林语堂、陈寅恪等人对沈兼士《右文说在训诂学上之沿革及其推阐》的评说,闻宥对《摩些象形文字字典》的批评,这类评论文字是难得的学术史资料,既有理论或文献价值,也可再现当年的学术气氛。

序跋不等于书评,同样有很高的史料价值,如周作人、郭绍虞为陈介白《修辞学》写的序,陆志韦的《唐五代韵书跋》

论,指通论、概论性质的语言文字学著作。史,指语言文字学史性质的著作。本书第十六、二十三、二十九等三节,专门研究了有关"史和概论性的著作"。将这类著作列为专题,也是本书体例之一。

一般人认为:书评、概论、研究史三者均非本体研究,无足轻重。这种观点甚为不妥。

本体研究成果固然是本书研究的首要对象,但与之相关的评论文字有助于我们认识本体研究。二者之间既不存在鸿沟,也不存在价值高下之别。还有一个保存史料的问题,好的评论文字,只要有高见,有特色,都不可置之不理。章学诚主张"不没人善"[①]。卢文弨说:"设使由我削之而遂泯焉,不复传于后世,岂不大可惜乎!"[②]

拾 尾 声

我的中国现代语言学史散步,到此就要结束了。

散步意味着思考。

书,成于学;学,成于思;思,成于行。

据说:"行走益于思考,这一认识几乎与欧洲哲学一样古老。为了将才思从腿脚下提升到头脑上,许多哲学家堪称痴迷和不懈

---

① 《文史通义新编新注》698 页,浙江古籍出版社 2005 年。
② 《抱经堂文集》卷三 27 页,中华书局 2006 年。

的步行者。"①

我在西郊已住了五十多年，往日那最宜于居住的田园风光，如今只能出现在美好的回忆中了。苇塘春水漫，平畴稻花香，蛙鸣寂寞夜，鱼戏浅水中，远村近落，阡陌纵横，亭亭莲叶，袅袅炊烟，都已消失得无影无踪。唯见百丈危楼，拔地而起，无处不在无时不在的噪音刺破了亘古以来的宁静。我的行走空间在哪里？

到福海去吧，与老妻学敏携手漫步，"在这静谧的黄昏观赏落日，宛如服侍圣人临终，极其庄严"。"物体已经融入心底，全无喜尽悲来之感"（德富芦花《相模滩的落日》）。

有时候，我也到小清河上，独立桥头，遥望西山苍茫，俯观逝者如斯，此心若洗，百障皆空……

2007 年 7 月至 12 月于抱冰庐

《中国现代语言学史》修订本，商务印书馆 2008 年

---

① 〔德〕乌多·马夸特著，任国强译《与苏格拉底散步》9 页，外国文学出版社 2004 年。

古韵三十部归字总论

一　归字为什么会产生分歧

各家在具体归字的时候,之所以会产生各种各样的分歧,是由于各人掌握的材料不同,或对同样的材料看法不同所引起的。大致说来,主要有以下五个方面的原因:

1. 谐声方面的原因　谐声是归字的重要依据。段玉裁首创谐声表,确定了 1521 个声首,江有诰在此基础上进行了一番整理,著有《廿一部谐声表》,根据他的分部,定为 1139 个声首,朱骏声又定为 1137 个声首,这是《说文》中声首的情况。还有根据《诗经》韵文归纳声首的,夏炘的《古韵表集说》就是"专为《诗》设"的,得出了 769 个声首,王力先生在《汉语音韵》中参照孔广森的《诗声类》制定了一个谐声表,也"以偏旁之见于《诗》者为准",确立了 763 个声首[①]。朱、江二家,夏、王二家在声首的总数上都非常接近,朱比江只少了两个声首,王比夏只少了六个声首。然而,问题并没有这么简单,具体的声首还是互有出入的,并非一对一的关系。如歌部,朱骏声有 33 个声首,江有诰有 38 个声首,多出五个声首。侵部,朱骏声有 25 个声首,江有诰只有 23 个声首,比朱骏声又少了两个。谈部,朱、江都是 27 个声首,总数完全一样,具体声首还是有出入。如朱有导声、赣声,江没有;江有猒声、甛声,朱没有(都从甘声)。这里有三种情况:

第一种情况是声首标准不同。有的人只列《说文》中最初声

---

① 王力《诗经韵读》又把谐声表改订为 1386 个声首。

首,有的人声首标准就要宽一些。如先祆晋,段玉裁分作三个声首,朱、江都归并为一个声首(先),又如今念金畲钦歈锦,段玉裁分为七个声首,而其他各家都归并为今声。这种情况关系不大,它只表现为声首数量增减,而无关乎归部。

　　第二种情况是同声异部,就是说同样一个声首,如夗声,朱骏声归到坤部(真),江有诰归到文部。开声,朱骏声归到乾部(元),江有诰归到耕部,这是我们要特别加以注意的,因为这种分歧的性质已直接影响到具体字的归部了。同声异部还包括这样一种情况,从同一个声首得声的字,归部不同,如“戴趮驖鐵”的最初声首都是壬,朱骏声依同声必同部的原则,将这些字归到鼎部(耕),董同龢都归到脂部入声(质)。又如“祈旂顾蕲蚚”等字的最初声首是斤,斤声归文,朱骏声把这些字都归到屯部(文),董同龢归到微部。

　　第三种情况是同字异声。所谓同字异声是指同一个字各家对其从某得声或不从某得声看法不同,这样,本字的归部自然就成问题了。如“音”,主张从否得声的就归之部,主张从豆得声的就归侯部。“徙”字认为从止得声的就归之部,认为不从止得声是会意字的,就归支部或歌部。“萬”字,认为从萛省,萛亦声的就归月部,以“萬”作为独立声首的就归元部。“采”(穗),认为它是“穗”的古体的,就归脂或脂之入,主张“褱”从采得声,就跟“褱”一起归到了幽部(如江有诰)。

　　一张谐声表,看起来似乎很简单,细加考究,情况还是相当复杂的。

　　2.《诗》韵方面的原因　　上古韵部的建立,主要是根据《诗》韵系联归纳出来的,这种办法是比较科学的,但也有一定的局限性。因为《诗经》押韵既没有一部韵书明文规定,又有地区问题、时代问题。《诗经》的作品包括北方和南方,涉及的时间上下五百多年。从一首诗来说,也不可能都一韵到底,其中可能有合韵的情况。正确地处理好合韵,并非易事,这不只是关系到个别字的归部,甚至也牵涉到分部的问题。段玉裁说:"知古合韵即音转之权舆也。顾氏之与脂与支三部,尤与萧二部皆混合不分……盖惟不知其分,又以不知其合矣。"(《六书音均表·诗经韵分十七部表》第一部古合韵"造"字注)现在,因不能处理好合韵而造成韵部混合的问题,基本上解决了,但《诗》韵中具体字的归部还有一些分歧。从江永以来,幽、宵分部是各家一致的,而《巧言》四章"庙犹"、《思齐》三章的"庙保",孔广森、王念孙都归幽部,段玉裁、江有诰则认为《巧言》不韵,《思齐》三章是合韵。"庙"归宵部,"保"归幽部。又如侵、谈分部也是众所公认的,一到具体归字就不见得都一致了。《卫风·氓》三章的"葚耽",段玉裁认为是合韵,"葚"归侵部,"耽"归谈部,朱骏声就不以为然,都归侵部。

对《诗》韵的处理不同与韵例不同也有关系,《小雅·小明》首章:"明明上天,照临下土。我征徂西,至于艽野。"江永认为这四句诗是交韵,"天西"为韵,"土野"为韵,所以,江永的《古韵标准》平声第四部(真文)就收有"西"字。江有诰"天西"不入韵,他把西声归到元部。还有所谓句中韵。再拿"西"字为例,严可均认为西字有两音:"朝隮于西(《鄘风·蝃蝀》),一句两韵,则脂类也。""一句两韵"就是"隮西"为韵。另有所谓句中隔韵,《小雅·斯干》:"下莞上簟,乃安斯寝。乃寝乃兴,乃占我梦。"孔广森、严可均认为全诗都是"句中隔韵","莞安、簟寝、寝占、兴梦"各自为韵。江有诰与孔、严基本相同,不同的就是"寝占"不入韵,因为江有诰认为这两句诗不是"句中隔韵"。这里就牵涉到占声的归部问题了。江有诰不作隔韵处理,是因为他认为占声归谈部,孔、严主张是隔韵,因为他们主张占声归侵部。所谓句中韵、句中隔韵,这样支离破碎的韵例是不足取的。

3. 声调方面的原因 声调与归字有什么关系呢？这方面的问题主要表现为中古去声字在上古如何归类的问题。可以说，阴声韵与入声韵的归字分歧，这类字是一个焦点。这里有两派意见：认为上古也有去声的，就把这类字归入相应的阴声韵；认为古无去声，只有长入和短入之分的，就把这类字的大部分当作长入归到相应的入声韵部中去。举例来说，同样是物部，王力有30个声首，周祖谟就只有21个声首。周比王少了9个声首，其中一个主要原因，就是像"卒孛费退祟对内豸旡家胃尉"等声首，周都归到了微部（其中有的是微物兼收）。同样是质部，王力有48个声首，周祖谟只有34个声首，"畀
譥计惠届自四"等声首，周都归到脂部去了。至于王力的月部和周氏的月部更不能划等号了，前者有声首65个，后者只有声首39个，相差26个之多。因为另有属于去声的38个声首，周氏独立出来叫做祭部。因此，周氏的祭部和月部加起来才大体上等于王力的月部（当然，具体声首的归类还是有分歧的）。收 -k 尾的入声各部也有跟阴声韵打架的问题，如"谓试意背备戒囿"等字，王力归职部，周祖谟都归之部，其中有个别字兼入职部；"告就奥"等字王力归觉部，周归幽部，也是这种性质的分歧。

去入关系的确非常密切，从谐声材料看，显示得非常清楚。下面以物部的一些谐声为例，看看去入之间的联系：

出（去入重出）：窋绌泏怞咄柮茁龇屈诎（入）

弗（入）：沸费（去）。茀（去入重出）

孛（去入重出）：悖誖（去入重出）

勿（入）：昒（去），忽曶（入）

卒（入）：翠萃瘁（去）

内（去入重出）：讷肭（入）

《诗》韵的例子如：《小雅·雨无正》"出瘁"为韵。《大雅·皇

矣》"苿仡肆忽拂"为韵。据陆志韦先生统计，-k 尾通阴声的声首共计 87 个，其中单生去声的有 56 个，生去声兼平声的 22 个，不生去声的只有 9 个(《陆志韦语言学著作集》一 171 页)。这个统计是很有说服力的。我们不赞成上古有去声的说法，认为这类字的相当一部分(不是全部)在上古应当归到入声韵部中去。属于这种性质的分歧，本文就不打算逐字进行讨论了.

4. 等呼方面的原因 上古并无开合四等这类概念，但古音与《切韵》音系对照，各部等呼的分别还是很有系统的。甚至有些部的划分，开合就是一个重要根据，如脂、微对立，真、文对立，质、物对立，就是以开合相对立作为基础的。所以具体确定一个字的音韵地位时，不能不考虑到等呼问题，如"眉耆爂"三字，王力归质部，周祖谟归脂部。归部虽有不同，但都是当作开口字来对待的。而董同龢把这三个字都归到微部，因为他认为这三个字属于合口。那么，董与王、周的分歧就表现为开口与合口的分歧了。又如"八"字，王力归物部，董同龢归质部，分歧的原因又在于对"八"字是开是合，看法不一样。

有些时候，我们也可以从等的角度来检查归字的分歧。如董同龢的歌部是没有四等字的，所以，他把丽声归到支部，而朱骏声丽声归随部(歌)。

5. 异文异读方面的原因 有些字的归部，从谐声韵文方面很难找到确证，不能不求助于异文、异读。如毚声，江有诰归谈部，严可均《说文声类》归侵部，严所用的证明材料就是异文。又如"继"字，各家归脂部或质部，董同龢据异文改归支部。异文无疑是重要的资料，这方面的材料还没有充分利用。不过使用异文资料也要尽量与别的材料结合起来，如从也得声的"髢"，或作"鬄"，或作"鬀"，这里就涉及好几个部，那么，髢字究竟应归到哪个部，就不能单取异文来定论了。

　　异读，就是一字多音，所据音读不同，当然就会产生归部的分歧。如"隶"（逮）在中古有三个读音：羊至切、特计切、徒耐切，分属三个韵，它的上古音应属哪个部？有归微部的，有归物部的，有归质部的，有归脂部的。又如黾声，《广韵》切音有三，它的归部也很成问题，有归阳部的，有归耕部的，有归蒸部的。

　　读若材料，也是造成归部分歧的原因之一，这里不详谈了。

　　在我们略述了产生归字分歧的原因之后，下一步就要谈到处理分歧的标准了。不确立标准，怎么评议各家的是非呢？很显然，《诗》韵、谐声是主要标准，但不少分歧，单靠这两个标准是说不清的，所以向来研究古音的人都要利用《切韵》音系作桥梁，以推求古音。乍一看，这个办法是不恰当的，拿"今音"去推求古音，岂非"以今代古"？但不要忘记，"今音"是从古音发展而来的，语音的发展是有系统性的，古今之间的异同是有对应规律可寻的。在处理个别字的归部分歧时，当然要就字论字，然而又不可只是就字论字，必须考虑语音的系统性。任何事物的发展都有普遍性与特殊性的问题，就个别字的归部来说，特殊性尤为重要。总之，从整体来说，要以语音系统作为标准，在处理具体字的归部分歧时，又要具体问题具体分析，尽量占有原始材料，进行科学处理。

二　阴声韵的归字问题

1. 之部

舊声（臼声、舅声、臼声）

　　段玉裁《古十七部谐声表》第一部（之）有舊声，幽部有臼声、臼声。江有诰之部有臼声，自注："其九切，古其止切。"幽部有臼声，自注："居六切，与臼异。舅、衰、學字当从此。"严可均幽部有臼声、"舊、舅"字都在幽部，朱骏声与严同。这里涉及三点分歧：

首先，舊声到底归之部，还是归幽部。段、江归之部是对的。《诗·大雅·荡》叶"时舊"，《召旻》叶"里里舊"。严、朱之所以不从段，不依《诗》韵，而把舊声归到幽部，因为他们据《说文》"舊"从臼得声，按"舊"金文作𦥔作𦥓。"舊"当是猫头鹰之类的鸟，全字由两部分组成，上面象鸟形，下面◡象鸟巢①，与"巢"字的⊌形近。与杵臼之◡形亦近，因而误以为声，总之，"舊"不是形声字。从异文看，舊留，亦作"鵂鶹"。从韵文看，《汉书·叙传》叶"朽舊鵂首鸟"，好像应归幽部。但"舊留"写作"鵂鶹"以及《汉书·叙传》的材料，时代都比《诗经》晚，只能说明"舊"的读音在随着时代而变化。正如段玉裁"舊"字注所指出的："按《毛诗》舊在一部（之），音转入三部（幽），乃别制鵂字，音许流切矣。"段氏所说的"音转"就是发展变化的结果。另外，"舊"与"久"通，《山海经·海外南经》有鸟名"鸱久"，郝懿行云："经文'鸱久'即'鸱舊'。"

其次，江、段之间也有分歧，江有诰"舊"从臼得声，所以"舊"归之部，臼声也在之部。但臼声应当归幽部，在这一点上，严、朱与段是一致的。

第三，"舅、舃、學"三字的得声问题。江有诰认为这三个字都从臼得声。严可均、朱骏声与江说不同。舅字从臼得声，归幽部，这是对的。《晋语一》"宜咎"，有的本子作"宜臼"（《史记·周本纪》有"共立故幽王太子宜臼，是为平王"）。舅犯，古书亦有

---

① 李学勤说："论'舊'声应归之部还是幽部，从段玉裁、江有诰说归之部，这是很正确的。作者特别提出'舊'字不从'臼'得声，不是形声字。按甲骨文'舊'字，上半作'萑'或'隹'，下半作'凵'，也有作'口'形的，确未必是从'臼'。不过《通晓》说上像猫头鹰一类鸟，下像鸟巢，似可商榷。"

　　李学勤先生于1991年第3期《中国社会科学》发表《〈古韵通晓〉简评》一文，在归字问题上发表了一些很好的意见，我以脚注的形式将他的意见分列于有关条目，以飨读者。

作"臼犯"的(《三国志·刘表传》注,中华书局 1959 年),"臼"与"咎、舅"音同。不过,孔广森有一点不同意见,他说:"按从臼之字正音当在止类(这一点与江有诰一样),唯舅字在黝类。盖甥舅之舅,古本不从臼……古文舅皆作咎……此舅字乃后人所造,故致谐声错耳。"(《诗声类》40 页)孔广森也跟江有诰一样,煞费苦心,他们两个都把臼声归到之部,因而"舅"的得声就成了问题。于是江氏就说是臼声,孔氏就说"谐声错耳",在古书中以"咎"代"舅"这是极为普遍的,但《说文》中既已有舅字,也就意味着先秦时代就有舅字了,"臼、舅"都在幽部,"舅"从臼得声,有什么"错"呢?

"裒"的得声,江说也不可信。"裒"在《诗》中多次出现,如《小雅·常棣》"原隰裒矣,兄弟求矣"。陈奂《诗毛氏传疏》说:"《说文系传》及《玉篇》引《诗》原隰抙矣……《大雅》释文引《释诂》:抙,聚也。裒即抙之俗。"朱骏声认为裒字"亦作褒,作褒","从衣,保省声,保,古文保,按孚声。采,古文孚"。严可均也认为是采声,字作裛。严、朱、陈的看法是一致的,都是孚声。王力不取江说,在幽部立有裒声,也是可取的。

"學"从臼声,段、朱、严、江是一致的。朱将臼声归在他的孚之复分部,作幽部的入声处理,也是完全对的。

醫声

严可均醫字归脂部,从殹声,殹又从矢声;江有诰、朱骏声、王力均有醫声,归之部。董同龢说:"醫是否从殹声待决。殹为佳部(支)字,各家多入脂部。"医声、殹声的归部问题下面另说。醫声归之是对的,《周礼·天官·酒正》"四饮之物:一曰清,二曰醫……"郑众认为即《礼记·内则》"浆水醷滥"之醷,郑说:"醫与醷亦相似,文字不同,记之者各异耳。""醫"的本义是什么,东汉的学者已经说法不一。按"醫"从酉的特点来看,"醫"的本义当是一种可以治病的饮料,然后再引申为醫生的醫。醯也是一种饮料(梅浆)。郑众说"醫醯"相似,是说二者音义皆同,只不过字形不同,"醯"是之部的入声字(职),"醫"与"醯"阴入对转。又《文子·上德》"与死同病者难为良醫,与亡国同道者不可为忠谋","醫谋"为韵。

乃声

段玉裁、严可均归之部,江有诰、朱骏声归蒸部。江注:"古音仍。"当依段、严归之部,"乃"虽然古可读仍,但也应像周祖谟那样,之、蒸兼收。其实,段玉裁在蒸部另有仍声,与乃声作了区别处理,这样更好些。朱骏声明明认为"乃廼得通写","叚借为仍",可是,他还是把乃字归到蒸部,还把从乃声的"鼐"字也归到蒸部。

郵声

各家都归之部,严可均作"邮",从由声,归幽部。"郵"是个会意字,从邑、垂。垂乃边垂的意思。《说文》所谓"竟上行书舍","竟上"也是边垂的意思。《诗·小雅·宾之初筵》叶"傲郵"。异文有"效郵"作"效尤"。古"尤、郵"多通用[①]。

怪字

段、江等人归之部,严、朱归脂部。屈原《九章·怀沙》"怪态来有"相协,《远游》"怪来"相协。

2. 幽部

幺声

江有诰、朱骏声、黄侃、董同龢归宵部,严可均、王力归幽部。"均谓读若幽","二幺为丝,亦取幺声"。王力也说:"幺声有幽。"

---

① 李学勤说:"《说文》'郵''邮'为两字。'郵'依段玉裁是会意字。古文字'郵'见于湖南所出'长郵'戈,字并不从'由'。"

段玉裁没有幺声,第三部(幽)有兹声、幽声。幺声以归幽部为当。幺,金文写作**8**,即古玄字,《说文》:"玄,幽远也。"朱骏声说:幺乃"细小幽隐之义","幽隐"与"幽远"义近。林义光说:"凡幺麿(mǒ,亦作麼)字疑本借幽为之,省作幺,遂与玄相混。"

褒声(采声)

各家都归幽部,这是一致的。严、江都依《说文》从采声,江有诰还另外立有采声,归幽部,这是不对的。按"褒"即今袖字,从衣、采,会意。段玉裁说:"衣袂如禾之有采也。"采非声。采,俗从禾惠声,即穗字。朱骏声归履部,段玉裁归十五部,黄侃归灰部。按我们的体系,应该归质部。但质部没有立采声,是因为已经有了惠声。"穗"从惠声,不必再列采声了。

廟(庿)字

"廟"的归部,历来就在幽、宵之间扯皮。若以谐声而论,不管从朝声或苗声,都应归宵部。问题出在《诗》韵上面。

《诗·小雅·巧言》:"奕奕寝廟,君子作之。秩秩大猷,圣人莫之。"王念孙、严可均"廟猷"隔协。段、江不入韵。

《诗·大雅·思齐》:"雍雍在宫,肃肃在廟。不显亦临,无射亦保。"段、江、王力幽、宵合韵。

《诗·周颂·清廟》:"於穆清廟。"严可均认为是一句两韵,其他各家不入韵。

《左传·襄公四年》:"虞人之箴曰:芒芒禹迹,画为九州,经启九道,民有寝廟,兽有茂草,各有攸处,德用不扰,在帝夷羿,冒于原兽,亡其国恤,而思其麀牡。"严可均、王念孙以"州道廟草扰兽牡"协音,江有诰认为廟字不入韵。

司马相如《上林赋》:"述《易》道,放怪兽,登明堂,坐清廟。"严可均、孔广森"兽廟"协音。孔广森说:"廟当音谬⋯⋯汉时读犹未误。"

《巧言》是否隔协，可以置而不论。《清庙》的"一句两韵"说当然不可从。至于《思齐》三章、《虞人之箴》《上林赋》三条材料，都是庙字入幽部的确证。

"庙"在《广韵》是宵韵系字，江有诰宵韵系全归上古宵部，这是对的，难道庙字不可以算作例外吗？

媼字

严可均、董同龢归幽部；朱骏声拘于从皿声，归文部，误。媼，《说文》"读若奥"，奥声归幽之入，与媼字的主要元音相同。

3. 宵部

䍃（䚻）声

分歧有二：段玉裁（䍃声）、江有诰（䚻声）、王力（䍃声）归宵部，严可均、朱骏声归幽部。严、朱归幽的理由："䍃（䚻）、䚻"都从肉得声，"肉"归觉部，朱骏声把"䍃、䚻、瑶、遥"等字都归到他的"孚之复分部"。

《说文》"䚻，从言、肉"，肉下并无声字。"䍃"下有"从缶，肉声"，但徐铉认为"当从䚻省乃得声"。可见，从肉得声之说不可信。

从韵文材料来看，从䍃得声的字都与宵部字相协，如：

谣：《诗·魏风·园有桃》一章叶"桃殽谣骄"。

瑶：《诗·卫风·木瓜》二章叶"桃瑶"，《大雅·公刘》二章叶"瑶刀"。

摇：《诗·豳风·鸱鸮》四章"谯翛翘摇哓"相叶，《诗·王风·黍离》一章"苗摇"相叶，《诗·桧风·羔裘》一章"摇朝忉"相叶。

遥：《左传·昭公二十五年》"巢遥劳骄"相叶，屈原《离骚》"遥姚"相叶。

"姚遥"音同假借，《荀子·荣辱》"其功盛姚远矣"，旧注："姚与遥同。"又《睡虎地秦墓竹简》："不时怒，民将姚去。""姚"即

"遥"的假借字。

丩声(纠声、收声)

这三个声首各家处理很不一样,下面一并来讨论。严可均、朱骏声只有丩声,"收、纠"都从丩得声,归幽部。所不同的是严将纠字归宵部。段玉裁、王力有丩声、收声,不同的是段氏都归幽部,王力丩声归宵,收声归幽。江有诰有丩声,归幽部,另有纠声归宵部,没有收声。

收,不论是否作声首,应归幽部,这是各家一致的。从收得声的"苃"也归幽部。问题在于"丩、纠"。王力丩声归宵,而"纠"归幽部(见《汉语史稿》)。江有诰正好与之相反,丩声归幽,纠声归宵。但《诗经韵读》将《月出》一章"皎僚纠悄"又看作幽、宵合韵,《良耜》"纠赵蓘"也当作幽、宵合韵,大概江氏实际上把纠字归到了幽部,因此与谐声表发生矛盾。在王力之前,将丩声归到宵部的有孔广森,他与王力不同之处是将纠字也归到宵部,他说"《唐韵》误入四十六黝",并引《月出》《良耜》为证,他说纠字"古读若疛"(《诗声类》卷十一)。在孔广森之前,江永也把纠字归到宵部,他说:"《月出》全篇以第六部为首章,三章韵。"《良耜》"其笠伊纠"三句也归第六部。江氏的第六部就是我们所说的宵部。我们认为江永、孔广森的意见是值得注意的。《月出》一章不必看作合韵,《良耜》可作中间换韵处理,"纠赵"为韵,"蓘朽茂"为韵。但是,对于江永、孔广森的意见为什么有的人不赞同呢?恐怕还是材料不足,单靠《诗》韵来论证是不够了。

从丩得声的字幽、宵两部都有:叫,异文有"詨",《山海经·北山经》:"其名自詨。""詨"在《广韵》属于看韵系,字又作"嗃"。赳,《说文》读若鐈。《诗·周南》"赳赳武夫",《毛传》:"赳赳,武貌。"矫矫、蹻蹻,也是"武貌"(参《广雅疏证·释训》)。又陈奂《诗毛氏传疏》说:"丩声、乔声正相近。"纠,《月出》"窈纠",《别

雅》卷三"夭蟜也"(《史记·司马相如列传》有"夭蟜枝格"句),
又"纠音矫"。按"窈纠"与"窈窕"一样,都是叠韵联绵字,窈字
亦当归宵。疛,在《广韵》中有三个读音:居求切(十八尤)、居虬
切(二十幽)、古巧切(三十一巧)。按孔广森的意见,疛字亦当归
宵部。

　　归幽部的字有"觓、虬、朻"等,不必细论。

　　至于丩字本身,我们认为亦当归宵部。《说文》:"丩,相纠缭
也。""纠缭"叠韵。我们今天所说的纠缠的"纠",其本字应当就
是"丩"。"纠"从丩,既是会意字,又是"亦声"字(依朱骏声说)。
许慎之所以不说"纠"从糸丩声,很有可能是许慎时代"纠"还音
矫(蟜)。丩声归宵还有一个理由是:从丩得声的字,在中古时代
分布在两个韵摄内:流摄有:丩朻疛(尤)、纠虬丩藭朻疛赳(幽)。
效摄有:叫蜩訆(萧韵系)、疛(肴韵系)。中古的尤、幽主要是由上
古的幽部发展而来,所以一般都把"丩纠"归到幽部。但是,从
《诗》韵、异文、读若等材料看,效摄的几个字才是丩声的古本音,
而肴韵系那个疛字,当是丩声古读之仅存者,它又分见于尤、幽二
韵,当是整个丩声一分为二的结果。这种分化当然有一个过程,
同一个声首的字,也会有的分化得早些,有的分化得晚些,如收字
本来从丩声(依《说文》),但在《诗经》时代它已与幽部字相叶。
所以段玉裁、孔广森、王力另外立一个收声,孔、王二氏以丩声入
宵,收声归幽,正说明他们在处理这些分歧时,是相当斟酌的。江
有诰虽然在宵部立了一个纠声,但在《韵读》中又退了回去,反映
了他的犹豫矛盾心情。

　　　　　　　　焦声
　　江有诰、王力、周祖谟归宵部,严可均、段玉裁、孔广森、朱骏
声、黄侃归幽部。
　　焦字本身在《诗经》中没有作为韵字的。从焦得声的憔字见

于《诗·豳风·鸱鸮》四章:"予羽谯谯,予尾翛翛。"孔广森"谯翛"相协,归幽部。段、江都认为是幽、宵通韵,但怎么个通法,意见不一致,段氏认为"谯"属幽部,"翛"乃"消"字之误。这样,全章"谯消翘摇哓"相协(幽宵通韵)。江有诰的通法是:"翛"从攸声,古属幽部,"谯翘摇哓"归宵部。但江氏又作了一点保留,翛字若依注疏作"消"字,则在本部,此章就不存在通韵的问题了。江氏的意见是可取的。严可均还把雠声、焦声混而为一,他说"焦"从火雥声,"雥"与"雔"读若酬[①]。"雔"在《广韵》十八尤,"焦"在四宵。即使主张焦声归幽的段、孔、朱,也是将焦声、雔声分开的。

朝声

　　段、严、孔、江、王、周等人都归宵部;朱骏声归幽部,理由是依《说文》从舟声。严可均也认为从舟声,但他比较注意《诗》韵的材料,他说:"《硕人》《氓》《羔裘》《白驹》《渐渐之石》五见皆入宵,唯《河广》依《说文》与'翢'协,在本类。""朝"并不从舟得声,孟鼎作🉑,陈侯因咨敦作🉐,当是潮汐之"潮"的本字。

枭声

　　段、江、朱、黄、周归宵部;严归幽部,读若休。"枭"在《广韵》四宵,古尧切,异文有"浇",《庄子·缮性》"澆淳散朴",《释文》:"本亦作浇。"《荀子·非十二子》"枭乱天下",杨注:"枭与浇同。"卢文弨曰:"枭,宋本作澆。注:澆与侥同。"严氏读若休,无据。

猋声

　　江、朱、周归宵部;严氏归幽部,他批评《广韵》误入宵,"均谓博休反"。所谓博休反,无确证。《尔雅》"扶摇谓之猋","猋、摇"

[①]　李学勤说:"《说文》'焦'从'雥'声,'雥'或读徂合切,音同'杂'字,显与'焦'字得声矛盾,段玉裁等已指出。'集'字《说文》正篆也从'雥',而殷墟出土的觯铭从'雧','雀'是古药部字,这可能为'焦'何以归宵部提供了消息。至于徂合切的'雥',疑是后起的同形字。"

叠韵。

罍声(皀声)

严可均幽部有皀声,读若黝。从皀得声之字有"罍、鼂","均谓重文。皀声今《说文》误从皀"。朱骏声皀声归宵部,从皀得声之"鼂"也归宵部,也认为"《说文》以此为罍之篆文,亦误"。他把罍字归幽部,附在朝字之后,说"此字当为朝之或体"。江有诰将罍声、皀声都归宵部。三家的分歧:第一,"罍、鼂"是重文呢,还是像朱骏声认为的那样是形音义都不同的两个字呢?从《说文》《广韵》《康熙字典》提供的材料看,"罍、鼂"应是一个字,本义是虫名,假借为姓,俗作"晁"。又假借为"朝","罍"的读音有二:直遥切、陟遥切,与朝字的音读同。《说文》"读若朝"。字头之所以一作旦,一作皀,大概都是早字之误。林义光说:"早,古作𣅔,与旦形近,从黾,早省声"。"早"不仅与"旦"形近,与𣅔亦形近。因形近而误作"旦"、作"皀"的可能性是很大的。

第二,"罍"的归部问题。归宵部是对的。朱氏之所以归幽部,盖源于他将此字作为"朝"之或体,朝字他又认为是从舟得声,就一并归到幽部了。

第三,皀声的归部问题。严氏误,朱、江不误。许慎认为此字"读若窈窕之窈"。上面说了,"窈窕"与"窈纠"一样,都是叠韵联绵字,归宵部。有的人将宨字归宵部,而"窈、纠"又归幽部,这就违背了叠韵必同部的原则。从皀得声的字有"宧"。朱骏声认为"与窈略同,字亦作突"。突字见于《楚辞·招魂》,蒋骥直音"要"。"突、要"都是宵部字。

杳声

朱、江、周归宵部;严归幽部,读若黝。杳,《广韵》归筱韵,与"皀、宧、窈"同一小韵,乌皎切。《史记·司马相如列传》"俯杳眇而无见","杳、眇"叠韵。

了声

段、朱、江、周归宵部；严归幽部，"均谓读若柳，王褒《僮约》'了、酒'协音"。查《僮约》全文，"了、酒"相连为文的只有"寡妇杨惠舍有一奴名便了，倩行酤酒"，这怎么能算是有韵之文呢？"了"假借为"憭"，《方言》卷三："知，通语也。或谓之慧，或谓之憭（郭注：慧、憭皆意精明）。"《广韵》二十九筱："了，慧也。"了，正是"憭"之假借，《尔雅·释丘》郭注："嫌人不了，故重晓之。"朱骏声认为亦"憭"之假借。

翟声

严可均、朱骏声、黄侃归宵部；江有诰归歌部，都货切。"翟罗字疑从此"。《说文》："翟，覆鸟令不得飞走也。从网、隹，读若到。"朱骏声说："今通以罩为之。"朱说甚确。"翟"在《广韵》属看韵系，亦无归歌部之理。

呶（恢）字

段、朱归鱼部，王念孙、董同龢归幽部，周祖谟"似归幽部，疑未敢定"，江有诰、王力归宵部。归鱼部是从谐声考虑的，但与《诗》韵不合。归幽部取证于《诗·大雅·民劳》二章"休逑恢忧休"为韵，归宵部取证于《诗·小雅·宾之初筵》四章"号呶"为韵，似以归宵部为当。《民劳》作幽、宵合韵，江有诰正是这样处理的。苗夔主张从《周礼》注，改"恢"作"譊"，"恢、譊"相假借，《民劳》郑笺："恢，犹谨譊也。""呶恢"都在《广韵》看韵，女交切。

4. 侯部

音声

朱骏声、王力、董同龢归之部；周祖谟归之部兼入侯部；严可均由之部入侯部；段玉裁《六书音均表》归之部，在《说文注》中又归侯部，《说文》："杏，从、从否，、亦声。"段注："、，各本作否，非。今正。杏，韵书皆入侯部，或字从豆声，豆与、同部，《周易》蔀斗主为韵,蔀正杏声也。"

朱骏声虽将音字归到颐部(之),但不作声首。他也注意到了这个字的得声有矛盾:"按此字据或体从欠豆声,则小篆当从否、声。然音读如丕。今苏俗尚有此语词,疑从否,、象出气,指事,非有所绝止之、字也。或体亦疑从愭省,会意,愭,小怒也。字亦作恒。"他摆出了矛盾,却没有解决好矛盾。

严格来说,"音"不能作为声首,起码不是最初声首。江有诰的《谐声表》不列音声,肯定是有所考虑的,"音"在《广韵》候韵,他候切。《说文》作天口切。"候、口"都是侯部字。另外,"音"的异体之所以作"歌、喑",正说明了"音"与"豆"的密切关系。章太炎在《新方言》中说:"音,相与语唾而不受也。天口切。今语如本音者,俗作唓。音转为剖者,俗作呸。"章太炎的说法就比朱骏声的意见合理。所谓"本音者,俗作唓",是"音"的本音在侯部。今苏俗读如呸者,乃后起之"转音"耳。

从音得声的字有两组:一组属侯部,如"部蔀瓵剖棓",又如叠韵联绵字"部娄、瓵甀";一组属之部,如"倍培掊"。段玉裁的《说文注》区分甚明。朱骏声将所有从音得声的字全归到他的颐部(之),甚为不当。

孜声

段、朱归幽部,不同之点是段有矛声、孜声,朱氏只有矛声,孜不作声首,从矛得声。严可均也从矛得声,但他认为"矛声之孜,孜声之菽鞪瞀蝥鹜桨罺嵍鬏鳌霖鹙蝼矜瞀蟊霖蟊……入侯类"。江有诰、周祖谟都将矛声、孜声分别归部(矛声归幽,孜声归侯),这是对的。"孜"在《广韵》属虞韵。按江永的意见,虞韵在上古分为两支:"一支从鱼模,一支从侯尤。"孜声从鱼还是从侯呢?他在讨论从孜得声的务字时说:"外御其务。《左传》引《诗》作侮,是务、侮通也。而《诗》用侮字,似当入第十一部。"他的十一部包括段玉裁的三、四部(幽、侯),段、朱将孜声归幽似乎与江永的归部并不相悖。然仔细考察一下,就可以看出江永是将"侮、孜"归侯的,他说:"侮,从每声,古音当为莫厚切。""厚"在侯部,"侮、孜"自应归侯了[①]。

侮声

传统古音学著作都依《说文》"侮"从每声,而在归部时就产生分歧了。大多数人归侯部,朱骏声归之部。段玉裁、王力、周祖谟等在侯部专门设立侮声,表示了侮声与之部无关。《诗·小雅·正月》"瘽后口口愈侮"为韵,《大雅·行苇》"句镞树侮"为韵,《左传·昭公七年》"偻伛俯走侮口"为韵,都证明侮声应归侯部。

饫声

饫,夭声。夭声归宵部,所以严可均、朱骏声等将饫字归到宵部。江有诰、夏炘认为"饫"本宵部字,"若从《文选》注,则在本部(侯)"(《诗经韵读·小雅·常棣》)。按《文选·魏都赋》注引《韩诗》:"宾尔笾豆,饮酒之醹。"醹,《毛诗》作"饫",与"豆具孺"为韵,王念孙、王力归侯部。证之以《诗》韵,二王的意见是对的。《韩诗》假"醹"为"饫",说明二者的古读相通。《广韵》"醹饫"同一小韵,正是古音的保留。

5. 鱼部

股声

股声归鱼部,各家一致,只有朱骏声归侯部。他认为"股"从

---

① 李学勤说:"论'孜'声应作声首,归侯部,其说甚是。前人多以为'孜'从'矛'声,孙诒让《名原》引述金文以证成该说。按金文'孜'字左半,下皆从'人'作,像人披发之形,当即'髳'(髦)之本字。甲骨文另有与'孜'左半相似而下从'大'的字,系方国名,也应释为'髳'。至于'矛',在甲骨文和早期金文中均像矛形,且有系缨的环,同'孜'无关,所以后者并不是从'矛'得声的字。"

殳声,殳从几(shū)声,几声归侯,"股"亦归侯,严可均也是如此处理"几、殳、股"的得声。与朱氏不同的是,他认为"股殽"等字虽从殳得声,却应归鱼部。江有诰几声也归侯,注"市朱切,蜀平声,殳从此"。而殳声又归到鱼部,并且注明"股殽从此"。但在鱼部又另立有股声。王力殳声归侯,股声归鱼,注:"股声有殽。"段玉裁殳声归侯,鱼部不立股声。《诗经韵分十七部表》"股殽"归鱼,也可能他认为"股殽"从殳得声,但并不同部。陆志韦也把殳声归侯部,而他认为"股殽"二字不一定从殳声,他说:"股殽:《诗·豳风·七月》五章,《小雅·采菽》三章,《宾之初筵》四章叶入鱼部,得声也许可疑。"(《古音说略》161页)今依王力、周祖谟以殳声归侯,股声归鱼。

莽声

各家多归鱼部,朱骏声归阳部,董同龢鱼、阳二部兼收莽字。不过,在先秦时代,莽还不一定通阳。《离骚》"莽序暮"相叶,《怀沙》"莽土"相叶,《思美人》"莽草"相叶,鱼、幽合韵。朱氏之所以归阳,主要是取"奔亦声"之说。江有诰《楚辞韵读》"莽"音姥,不取"奔亦声"说。顾炎武说:"按莽字自晋左思《吴都赋》始与'晃蟒'为韵。陆机《赴雒诗》与'广往响朗想'为韵。今此字两收于十姥、三十七荡部中,当削去,并入姥韵。"(《唐韵正》卷九)可见,顾炎武也认为"莽"在上古还不通阳。

毋声

段、严、朱、黄归鱼部,江、周归侯部。《诗·邶风·谷风》三章:"毋逝我梁,毋发我笱。"陈奂《诗毛氏传疏》:"毋,依《释文》当作无。《小弁》作无。""无"亦鱼部字。又《礼记·内则》"淳毋,煎醢加于黍食上,沃之以膏曰淳毋",郑注:"毋,读曰模。""模"也是鱼部字。毋,也与幽部的"牟"发生旁转关系,《仪礼·士冠礼》"毋追,夏后氏之道也",《释名·释首饰》作"牟追"。

6. 支部

此声

孔、严、江、黄、王、周都归支部，段、朱归脂部。《说文》"此"从止从匕。朱氏"按从匕声"。匕声归脂，因而"此"亦归脂。《文子·上德》"启解此"为韵，《家语·观周》"此徙技此卑"为韵。这些材料的时代比较晚，再看从此得声的字：

訾:《楚辞·卜居》"訾斯呷儿"为韵，《逸周书·太子晋解》"訾帝"为韵。

雌:《诗·小雅·小弁》"伎雌枝知"为韵。

泚:《诗·邶风·新台》"泚㳽鲜"为韵。

以上三字，朱骏声全归脂部，江有诰全归支部。

段玉裁虽然将此声归到他的十五部(脂)，但他也承认："古此声之字，多转入十六部(支)。"(《说文》"玼"注)在"紫"字注也说"凡此声多转入十六部"。

启声

朱骏声、黄侃归脂部，江有诰、王力、周祖谟归支部。《文子·上德》"启解此"为韵。江有诰《谐声表》启字改"康礼切"为"康是切"，可能就是以此为据。

豸声

"豸"的归部有三派意见：江有诰、严可均归脂部；段玉裁、朱骏声、林义光、董同龢归支部；黄侃豸声归到入声锡部；王力《汉语史稿》归支部，后来《古韵脂微质物月五部的分野》(下面简称《分野》)又归脂部。归支部不误。严可均批评《广韵》误入纸"，并举《上林赋》"坻水豸氏豸"为韵，证明"豸"当归脂。其实，这是支、脂合韵。"豸氏"都是支部字。古书中多借"豸"为"廌"，如解廌，亦作"解豸"。"廌"也是支部字。

7. 歌部

丽（麗）声

段玉裁、董同龢、王力归支部，严可均、江有诰、朱骏声、林义光、周祖谟归歌部，王力主编的《古代汉语》也以从丽（麗）得声的"缅（纚）"字归歌部。严可均说："《广韵》误入霁。《离骚》'蘂、缅'协音，'蘂'与'惢'同。《西都赋》、潘岳《西征赋》'丽、侈'协音，故读若罹。"江有诰认为古读郎贺切。董同龢说："有些古韵家把从丽 liě 声的字归入歌部，而从丽得声的又有几个四等韵的字，如癞鯏 liei 是。这就真的要我们考虑歌部到底有没有四等韵。我觉得他们以丽声字入歌部并没有得到《诗》韵或谐声上的证明，所据的只是丽与离—iě—*—ia（*i̯a?）的假借关系而已。事实上假借有时代与宽严界限的问题，不足用作主要的根据。丽的谐声全貌是：

丽 liei：麗 liě、liei：曬 籭 躧 -ai：酈 ……-iě：癞 ……iei。有 -ai 韵字在，就显然是佳部（支）了。"（《上古音韵表稿》94 页）

董同龢的结论是不对的，他对有些古韵家的批评也是不顾事实的。丽声归歌部，不只是与"离"的"假借关系而已"。"而已"之外，还有韵文为据，《离骚》中的"蘂缅"协音，虽不如《诗经》时代早，但也是先秦韵文呀。就异文来说：躧，字亦作"跰、蹝、屣"。声训材料有："麗，离也"（《广雅·释言》），"丽，施也"（《广雅·释诂》），"丽，靡也"（《汉书·司马相如传》注）。至于歌部是否有四等字，要依实际语音而定，不能为了证明歌部无四等字，而将本属歌部的四等字排除在外。而且从丽声的字不仅见之于齐韵系四等，也大量出现在支韵系三等。

现在，又有一条新的材料可证明丽声归歌部。马王堆汉墓帛书《战国纵横家书·谓燕王章》："燕赵之弃齐，说沙也。""说沙"就是"脱躧"①。过去，人们以"躧"假借为"屣"来证明丽声归歌，这本来是对的。可是，段玉裁、董同龢等人，就连徙声也归到支部去了。这一回，"沙"是歌部字，该不至于有任何异议了吧②。

徙声

"徙"的归部有三种意见：江有诰、黄侃、林义光归歌部，段玉裁、王力、董同龢、周祖谟归支部，严可均、王念孙、朱骏声归之部。归之部的主要理由是认为"徙"从止得声，而"止"是之部字。归支部的理由是"徙"在《广韵》属支韵字。归歌部是以韵文材料为依据的。"徙"不是形声字，段注《说文》已经指出来了，它应当是个会意字，从止从㐄，林义光、董同龢也从此说。总之，"徙"归之部的论据是不可靠的。至于歌、支的分歧，是值得斟酌的，顾炎武也曾经有过犹疑，他说："此字经无明据，以止声读斯氏反，于理为长。然《韩非子·扬权篇》'名正，物定；名倚，物徙'，《荀子·成相篇》'世之祸，恶贤士，子胥见杀百里徙，穆公任之，强配五伯六卿施'，并读为斯可反。"（《唐韵正》卷八）江有诰《先秦韵读》"徙"音琐，他列举的例证，除上两例外，还有《逸周书·周祝解》："时之行也勤以徙，不知道者福为祸。"《家语·观周》："人皆趋彼，我独守此；人皆或之，我独不徙（叶思氏反）。内藏我智，不示人技。我虽尊高，人弗我害。谁能于此。江海虽左，长于百川，以其卑也（歌支通韵）。"叠韵字有"徙倚"，《楚辞·哀时命》："独徙倚而彷徉。"《淮南子·俶真训》："中徙倚无形之域。"又："而徙倚于汗漫之宇。"林义光说："萎靡、迤靡、靡徙，皆叠韵连语，靡本音摩，

---

① 李学勤说："论丽声当归歌部，引长沙马王堆帛书《战国策》，是很对的。过去杨树达先生《积微居金文说》读金文'邇'字为'果'、'婐'，训侍，说'丽'与'果'并在歌部，足以证成此说。"

② 本文脱稿之后，读到龚达清的《反义字的读音》（《汉语论丛》），也主张"丽"当归歌部。

是委音倭、迤音陀、徙音琐也。"异文有:躧,作"蹝";纚,同"縰"。

也声

"也"的归部是一个很麻烦的老难题,各方面的材料差不多人们都注意到了,但如何处理这些材料还是很值得讨论一下的。

现在有三派意见:段玉裁、严可均、江有诰、孔广森、黄侃、林义光、王力、周祖谟归歌部;朱骏声归解部(支),从也得声的字有"匜地酏弛虵貤",另有"迆歧杝施驰阤六文,皆从也声,按当从它声,转写之误,古声可证也,今分系随部(歌)"(《说文通训定声》解部也字条)。实际上,他是歌、支两收,以支部为主;董同龢归鱼部,兼收于支部;王力在《汉语史稿》中将也字归到鱼部,后来放弃了这个意见,在《汉语音韵》和他主编的《古代汉语》中又归到歌部。也声归歌,本来是没有问题的,但从朱骏声以来发生了动摇,原因何在呢?下面我们把董同龢的意见抄录出来(《上古音韵表稿》93页):

> 从来以此字入歌部是因为有几个从也得声的字(如施地驰等)-iě常跟歌戈韵 -â -uâ 的字叶韵。但是事实上还有几个从也声的字又确为佳部字。如弛或体作貏;酏或作醨;髢或作鬄,又与鬀通。那么我们岂不是又可以把也字归佳部(支)吗?无论归歌或归佳,这样去判断总不免是间接的。我以为也字的地位正应当由他自己的行为来决定。今按:也字在古代有两种用法。(1)可以说是匜字的初文。如"鲁大司徒匜"与"子仲匜"的匜字下都有重文作也。匜《广韵》入支韵,音弋支切 iě。(2)最普遍的用法就是语助词。因为语助词的音韵地位往往比普通的字难定,所以我们就看见:
>
> (a)《诗经》中的也与兮,他书引用时多互易,秦权与秦斤的也又作殹;

（b）《论语》的也又与邪通。

依（a）项，兮殹 -iei 都是佳部（*-ieg）字，所以"也"也当是佳部字。他的韵母可以拟作 -ĭeg，或《玉篇》移尔切 iě 一音所本。依（b）项，邪是鱼部字，所以"也"也当是鱼部字。他的韵母可以拟作 *-ĭag，《广韵》羊者切 -ĭa 一音竟是这个来源！？《诗经》秦器不跟《论语》一致大概是方言的关系。

归鱼部的论据实在太玄乎了。所谓"《论语》的也又与邪通"是不能成立的。这一点，王力主编的《古代汉语》已有说明："有人认为这种也字的作用和邪（耶）字相同，那是不对的。也字和邪（耶）字区别在于：（1）也字本身不表示疑问，邪（耶）字本身表示疑问……（2）也字虽然用在疑问句里，但仍然带有一点确定语气，所以也字后面容许再用疑问语气词。"按照这个意见，《古代汉语》将邪字归到鱼部，将也字归到歌部，那是很正确的。

关于"也、兮"同用的问题，这就要我们再考虑一下"兮"的归部了。这一点，下面讨论兮字时再谈。

董同龢有一个看法接近了解决问题的边缘，他说"《诗经》秦器不跟《论语》一致大概是方言的关系"，这句话应改为"秦器与《诗经》《论语》不一致大概是方言的关系"，因为《诗经》跟《论语》是一致的，而秦器以"殹"代"也"跟《论语》《诗经》不一致。这说明什么呢？我们觉得《诗经》《论语》可作为上古音的代表，而秦器用"殹"代"也"的确是方言问题，而且时代也较晚。近年来出土的帛书中，《经法》一书出现了大量以"殹"代"也"的材料，还有以"𦏵"代"也"的。而《战国纵横家书》就没有这种现象。我们可以作出这样的推断，《经法》一书的笔录者可能操秦地方言，也可能是有意摹仿秦时的写法。所以，董同龢用以"殹"代"也"作为也声归支部的根据是难以成立的。而且殹字本身我们就不赞同归到支部去。

另外,从也得声的有几个字与支部字为异文,如"鬄"或从也声作"髢"、"弛"作"貤"等,这也是事实,也值得我们重视,但从数量来说,这种材料究竟比较少,这种现象也能得到合理的解释,歌与支,按段玉裁的排列法,前者为十七部,后者为十六部,"合韵最近"(段注《说文》九篇上髢字注文)。

至于"匜"是否"也"的初文,朱骏声已有论述,他说:"此字当即匜字,后人加匚耳。《说文》匜似羹魁柄中有道。则也正本字,象形。""也"的形体篆文作 ᱢ,金文作 ᲱᲰ ᲮᲯ,或作 ᥜ,作 ᥢ。有的说,其形象器皿,有的说象兽屁股及尾巴。不论怎么说,"也"当初是一个实词这是没有问题的,虚词也当是假借字。就说"匜"的归部,顾炎武、江永也主张归歌部,理由是《仪礼·既夕礼》"两敦两杆(盂)槃匜","匜"音徒何反,《经典释文·仪礼音义》收了这个音,陆德明又注音移,"移"也是歌部字。朱骏声、董同龢说"匜"归支部,并没有讲出什么道理来。如果拿"匜"在《广韵》入支韵为据,那支韵中本来就有一定数量的字是由上古歌部发展而来,不只一个匜字。

通过也字的讨论,我们觉得无论是对待韵文、异文或谐声等材料,都应该有主次之分、时代之分,否则,有些纠葛是永远扯不清的。

兮声

"兮"的归部也大成问题。孔广森、严可均归歌部;段玉裁、朱骏声、黄侃、王力、董同龢归支部;林义光归微部,他说:"兮与稽同音,当即钩稽本字。""稽"归脂部,那"兮"就成了脂部字了。

孔归歌部的理由是:"《唐韵》在十二齐。古音未有确证。然《秦誓》'断断猗',《大学》引作'断断兮',似兮猗音义相同。猗古读阿,则兮字亦当读阿。尝考《诗》例:助字在韵句下者,必自相协,若《墓门》之'止'同用,《北门》之'哉'同用,《采菽》之'矣'同用,皆之咍部字也。兮字则《旄丘》《君子偕老》《氓》《遵大路》皆与'也'同用。今读兮为阿,于'也'声正相类。又《九歌》'愁人兮奈何,愿若今兮无亏'。《天问》'斡维焉系,天极焉加,八柱何当,东南何亏'。亏字亦五支之当改入歌戈者。《说文》本从亏,或从兮,未必非兮声也。"(《诗声类》卷七22页)

总括起来,是三条理由:"猗、兮"相假借;"兮、也"同用;"亏"从兮得声。"虧"乃歌部字。这三条理由都值得加以肯定。"兮、也"在《诗经》中同声相用(不是押韵),主要见之于邶、鄘、卫、郑,这正是黄河流域的中心地带,是春秋时代的文化中心之一。"虧"从兮声,孔氏说得很谨慎,后来,林义光在《文源》中进一步加以肯定:"虧……当以或体从兮为正……或讹从亏。"亏字应当归到歌部,赞成的是多数,反对的是少数。《离骚》"离虧"相协,《九歌·大司命》"何虧"相协,《九章·抽思》"仪虧"相协,《管子·白心》"隳虧"相协。段、严、朱等人将虧字归到鱼部,是认为"虧"从虐声,"虐"又从虍声,虍声在鱼部。应当说,上面列举的四条韵文材料更具有权威性,何况,"虧"从虍声,本来就成问题呢[①]。

妥声

《说文》无妥字,但妥字已见于甲骨文。段、严、朱妥声归歌部(段的《六书音均表》不列妥声,见《说文》妥字注)。从妥得声的字,有"按、绥",朱骏声绥声归脂,按字归歌。段玉裁《六书音均表》归绥声于十五部,《说文注》又将"绥"定为十七部,按字与

---

①　本文脱稿之后,读到洪诚先生的《训诂杂议》(《中国语文》1979[5]),其中有关"也、兮"读音的意见,摘录如下:古文《尚书》《周易》无也字,《毛诗》《周官》始见。各书所用也字本兮字之音近假借……今本《老子》兮字,帛书甲乙本皆作"呵"……兮古音读"呵",确然无疑。

朱同,也归歌部(十七部)。王力将妥声归微部,妥声有"绥"。诸家以朱骏声最为正确。他把妥声、绥声分开,前者归歌部,后者归脂部(按王力的分部,当是微部)。关于妥声归歌,段玉裁在注《说文》捼字时已有很好的说明,证明"隋堕捼"古音相通,"隋声、妥声同在古十七部"。绥声之应该归到微部,有《诗》韵为证。"妥、绥"在《广韵》分属果韵、脂韵,亦可证上古音之有别。朱骏声根本就不承认"绥"从妥声,说"绥"是会意字,与段玉裁、严可均的说法不同,读者亦可参阅。

戲字

段、朱归鱼部,王念孙归歌部。"戲"从虍声,本当归鱼部。《楚辞·远游》"居戲霞除"为韵。归歌部的韵文有《荀子·成相》"施罢戲为"为韵,《十大经》"朵和和奇戲靡"为韵。"戲"的古音当有两读,董同龢分别归入歌、鱼两部,有理。

那字

孔广森、江有诰、王力归歌部;严可均、董同龢从冄声,冄声归谈,那字归歌,朱骏声归谈部。《诗·小雅·桑扈》叶"翰宪难那",本来是元、歌为韵,朱骏声当作"元、谈合韵"。《诗·商颂·那》"猗那"为韵,《左传·宣公二年》"皮多那"为韵,朱骏声都当作"转音",他所谓的"转音",就是认为"那"本是谈部字,临时转为歌部字相协,这是不科学的。既然大量韵文材料已证明"那"已归到歌部,就不必再死守谐声,认定它是谈部字了。

萑字

段、严入歌部,朱骏声、江有诰、黄侃入元部。《说文》有萑字,许云:鸱属(朱骏声认为即猫头鹰),读若"和"。艸部有"萑"字,许云:薍也(即萑苇),从艸萑声。"萑、萑"原本是两个字,分属两个部,后来"萑"借为"萑",音随义转,由歌部转入元部。《广韵》桓韵收"萑、萑"二字,都作胡官切,"读若和"的音,在中古已消失了。

地字（兼论象声）

地字的上古音历来成问题。江永归入第二部，"《说文》虽云也声，而古文作墬，是从队声"。批评者说："古地字从队，队，都玩反，与队异，江氏误矣。"朱骏声归支部，从土从阜彖声。彖，《说文》读若弛。"地"的古文到底是从队声（"队"在月部），还是从队声（彖声在元部），还是从读若弛的彖声（彖声在歌部，朱归履）呢？

看来，朱说比较可信，"地"不可能从入声韵和阳声韵的字得声，它应该属于阴声韵，从彖得声。但是，朱骏声在这里又造成了一点小小的混乱，不能自圆其说。因为《说文》读若弛的彖字，他归到自己的履部去了，从豕得声。他的豕声在履部，而从彖得声的"墬"又在解部（支）。这个问题江有诰解决得比较好，他把彖声归到歌部（黄侃依此说），而从彖得声的古文"墬"也应归到歌。那么，无论从也声，还是从彖声，"地"都应该是歌部字。段玉裁、孔广森、王念孙、王力，都把地字归到歌部，不仅有谐声为证，还有许多韵文材料也可以证明这一点（王念孙在《古韵谱》中列举了五条）。但事情并没有到此结束，就像段玉裁所指出的那样："考地字，周秦人亦入于十六部（支）。"他也列举了一些例证。可见，朱骏声把地字归到解部（支）是不为无因的。怎么办呢？我们是不是可以赞成"地"又归支部呢？不能，还是要用清代古音学家一条著名的理论来解决："知其分而后知其合，知其合而愈知其分。"（见段玉裁《六书音均表》吴序）分部如此，对待具体字的归部也应如此。否则，就会造成字无定部了。"地"与支部字相押时，江有诰正是当作歌、支合韵来处理的。

8. 脂部

豈声

董同龢、周祖谟归微部；王力《汉语史稿》归微部，《汉语音韵》又改归脂部。王力改归脂部可能有两个方面的原因:从语音系统看,"豈"在《广韵》属微韵系开口三等字,当归脂部。《诗》韵有《小雅·蓼萧》"泥弟弟豈"相协,都是脂部字。

㕚声

严可均归歌部,读若丽;江有诰归支部;王、周、董都归脂部。"㕚"的切音有三:《玉篇》力尔切、《广韵》力纸切、大徐力几切。江有诰取《广韵》的音,故归支部。按力几切、力尔切,都应归脂部。朱骏声说:㕚,"实即古文尔字。"段玉裁说:"周时在十五部,汉时在十六部。""尔"又假借为"尒","爾(尔)行而尒废矣"(段注《说文》三篇下 128 页)。《诗·大雅·行苇》叶"苇履体泥弟尔几",都是脂部字,"尒尔"在《广韵》归支韵系,乃古今音的流变。

冀声

朱骏声归颐部(之),从異声;王力、周祖谟归脂部;董同龢归微部。归之部是不对的。王力在《分野》中已有论述,他说:"冀是纯粹的象形字。《广韵》:冀,几利切。属至韵。《楚辞·九辩》叶冀欷。《史记·孝武本纪》冀至殊庭焉,《汉书》作幾。冀应是脂部字。高本汉划归他的第十一部,这是对的。江有诰正是把冀字归入脂部。"看来,王力在这里所使用的"脂部"这个概念是脂、微分部以前的那个脂部,因为按他所引证的《九辩》和《孝武本纪》的材料,都证明冀声应当归微部,"欷、幾"都是微部字,也可能这就是董同龢将冀声归到微部的缘故吧。而首次提出脂、微分部的王力并不把冀声归到微部,大概他没有考虑这两条材料与冀声归脂相抵触,只是考虑了"冀"是脂韵系开口字,而开口是应归脂部的。

医声

段玉裁、严可均、朱骏声、江有诰、黄侃、周祖谟归脂部,董同龢归支部,王力归质部。董归支部的理由:"《说文》:医从匸从矢。小徐又有'矢亦声'三字,如此而已。其实,小徐比大徐本多'声'

字的很多,不可靠的正不少。殹跟醫有关系,古有 -g 尾甚明。"董
同龢的道理并没有说清,只说了一句"殹跟醫有关系"。至于 -g
尾问题,我们不赞成上古阴声韵收 b、d、g。就是彻底主张上古阴
声韵收 b、d、g 尾的陆志韦先生也说:"这一部(支)的谐声谱上,
差不多没有一个'声'不能证明在上古音是 -d、-t 通 -g、-k 的。"
又说:"一看陈澧《切韵考》的表上所列各小韵的代表字,就会知
道佳韵系有一部分在上古一定收 d(脂部收 d 尾)。这样的一共
牵连到 24 个声首……这 24'声'都不属于支部,从上古一直到
失去收声的时候没有不收 d 的。"陆志韦所说的 24 声,第一个就
是"殹",这说明陆志韦也是将"殹"归到脂部的。

　　王力主张医声归质部的理由也不是很充分,他说:"医声应
属质部,《释名》:'瑿,黳也。'《诗·大雅·皇矣》'其菑其翳',《韩
诗》翳作瑿。'黳''瑿'同音同部。""黳"与"瑿"音相近这是没
有问题的,而且质、脂也可对转。但不一定就要据此将医声划归
质部。在《皇矣》中,"翳"又与"栵"相叶,是否要把"翳"划入
月部呢?从假借材料看,"殹、翳"还可以与"也"通,我们又要把
医声划归歌部去吗?"殹"通"也"的材料如马王堆汉墓帛书《经
法·道法》:"法者,引得失以绳,而明曲直者殹。故执道者生法而
弗敢犯殹。"又《十大经·顺道》:"静翳不动,来自至,去自往。"
《十大经·称》:"□□人者其生危,其死辱翳。""殹翳"之假借为
"也",是方音问题,脂与歌也可旁转。

　　我们赞同段、江、周等人将医声归入脂部,因为"矢亦声"之
说,在没有新的材料来证明其不确时,还不能轻易否定。另外,医
声字主要出现在《广韵》齐韵系开口,从语音系统看,归脂部是没
有问题的。至于从医声的"翳",我们一定要看到上古有方音的
分歧,它与入声字(如《皇矣》篇与栵字相叶)相叶,或借为入声字
(如"瑿")都可从方言的关系来理解。

9. 微部

水声

王力、周祖谟归微部,董同龢归脂部。《诗·郑风·扬之水》叶"水弟",《齐风·敝笱》叶"唯水",《小雅·沔水》叶"水隼弟",《管子·形势解》叶"水至"。以上材料出现了两可的情形,"弟"是脂部字,"唯隼"是微部字,"至"乃质部字。无论按哪一家的意见,都有合韵的情形。本来在《诗经》中脂、微合韵的情况就较为严重,所以迄今为止,仍然有人不赞同脂、微分部。但从分的立场来说,水声还是以归微部为宜。江有诰改"式轨切"为"式委切",正好与微部相应。又考虑到"水"在《广韵》为脂韵系合口三等字,也应划归微部。

危声

段、朱归支部;江有诰归脂部;董同龢归歌部;王力《汉语史稿》归歌部,《分野》归微部。"危"在《广韵》属支韵,鱼为切,江有诰改为虞佳切,则与微部相应了。《书·大禹谟》"危微"为韵,《文子·符言》"讥危微"为韵,又"衰威非危幾"为韵。"危"与歌部相通的材料也有,如《管子·形势》"和危"为韵。这只能当作合韵来处理了。

衰声

古韵家多归脂部。严可均归歌部,王、周归微部。归歌部失据。《论语·微子》叶"衰追",《管子·七臣七主》叶"衰闿"(闿,从岂声,开也。《广韵》海韵"闿,亦音开"。哈韵"开"字注:"《说文》作开,经典亦作闿。"可见,"开、闿"是异文通用)。《荀子·成相》叶"衰归累怀"。

丩声　乖声　𠦪声

严可均有丩声、𠦪声,都在脂部。朱骏声丩声、𠦪声都在解部(支),乖从丩得声。江有诰丩声、𠦪声也归支部,但乖(𢆶)声归脂部。周祖谟𠂤声归支部,乖声归微部。黄侃𠂤声、乖声、𢆶声都归齐部(支)。基本分歧是归支部还是归脂部的问题。

这三个字在《广韵》的音韵地位:

𠂤:羊角貌,古瓦切(马)　乖(韭)𢆶:古怀切(皆)

除严可均外,各家𠂤声都归支部,但《说文》"读若乖",朱骏声𠂤、乖都作工诡切,则应以归微部为宜。

𢆶字依严可均的意见应写作𠂤,他说:"《六书故》引唐本作𡗜,从大。今《说文》作𢆶,则与古文'手'相乱。"这个字也"读若乖",朱骏声作"古危切",今亦归微部。

隼声

段玉裁归十五部(自注:同雔);朱骏声归文部(作𪄕、作鶉,一曰鶉字);王力归微部,从隹声。顾炎武音"隼"为"之水反",古读若蜼。《诗·大雅·沔水》首章叶"水隼弟",次章叶"水隼"。"隼"在上古归微部,后来转为文部。

三　入声韵的归字问题

10. 职部

昱声

段玉裁、朱骏声"昱"不作声首,昱字依《说文》从立声,归缉部。江有诰、周祖谟有昱声,归觉部。江注:"余六切。《说文》误作立声。"王力、董同龢归职部。

"昱"归缉部肯定是不妥当的。"昱"在《广韵》归屋三,屋三的字一般不与缉部发生关系。江有诰有鉴于此,改归幽部的入声(觉部),从原则上来说,比段、朱要合理一些。但朱骏声认为"翌日、翼日"之"翌、翼",乃"昱"之假借。《说文》:"昱,明日也。"朱认为明日即翼日,"翼"归职部,这大概就是王力、董同龢将昱声归到职部的原因之一吧。

这个字《说文》《广韵》都作"余六切",按这个切语,似应归幽之入(觉部)。而且,《说文》的释义是否就是"明日也"也成问题。王念孙《广雅疏证·释诂四》:"昱之言燿燿也。《说文》:'昱,明日也。'《太玄·元告篇》云:'日以昱乎昼,月以昱乎夜。'《淮南子·本经训》云:'焜昱错眩,照耀辉煌。'《说文》:'煜,耀也。'义与昱同。"这里引《说文》作"明日也"似乎也能说得通。《太玄》《淮南子》用了这个字的本义及引申义。"焜昱"《左传·昭公三年》作"焜燿"。"燿"与"昱"音义俱同,则当归药部。今暂依王力归职部,存疑。

螣字

段、朱都归蒸部,王念孙归之入,王力归职部。《诗·小雅·大田》二章叶"螣贼",亦作"蟘",当归职部。

黱字

段玉裁、董同龢归之部,朱骏声归蒸部。此字《说文》"从黑朕声"。段注:"转入一部,又变其体为黛。如螣蟘字古亦作螣黱。""黛(黱)"在《广韵》代韵开口一等,在上古归职部。

11. 觉部

就声

孔、严、朱、周归幽部,王力归觉部。"就"是尤韵去声字。从谐声关系看,可归觉部。从就得声的"蹴、噈"("歊"的俗体。歁歊,即歁噈,口相就也)都是入声字。

夰声

"夰"本非最初声首。《说文》:"夰,从中六声。力竹切。"但朱骏声作为声首归需之剥分部(屋)。从夰得声的"坴陸鼀歊"等亦归剥分部,误。

12. 药部

隺声

段玉裁、朱骏声归宵部入声,严可均归幽部。从隺得声的字有"鹤"。《孟子·梁惠王上》引《诗》"濯鹤躍"为韵。严氏归幽,无据。

13. 屋部

賣声

段玉裁、严可均均归幽部,朱骏声归需之剥分部(屋),王、周归屋部。严、朱都以"賣"从睦得声。按"睦"为"睦"之古文,非声。段玉裁之所以归三部(幽部),据"《玉篇》云:賣或作粥、鬻。是賣鬻为古今字矣"(賣字注)。另外,段将侯部的入声全部归幽部,故侯部无入。金文"賣"从古贝,作𧸨𧶡,严氏之所以归幽部,主要据《说文》"读若育"。从賣得声之字有"薈",《诗·魏风·汾沮洳》"曲薈玉族"为韵。另有讀字,《诗·鄘风·墙有茨》"束讀辱"为韵。还有續字,《诗·秦风·小戎》"續轂觓玉屋曲"为韵。

觓声

此字各家都归侯部,周祖谟归屋部。"觓"在《广韵》遇韵,之戍切。《小戎》与"续轂……"为韵,以归屋部为宜。

局声

孔、严归幽部,其余各家归侯部或屋部。《诗·小雅·采绿》"绿匊局沐"为韵,是"局"当归屋部。

踣声

段玉裁说:"按古音在四部(侯)。《尔雅释文》音赴,或孚豆、蒲侯二反是也。然则踣与仆音义皆同。孙炎曰:前覆曰仆。《左传正义》曰:前覆谓之踣。"(《说文注》83页)江有诰《先秦韵读》引《吕氏春秋·行论》"将欲踣之,必高举之"作为侯、鱼通韵。朱骏声归颐部(之),王力、董同龢归之部入声(职)。

　　"踣"在《广韵》有两个读音:一见于去声五十候,匹候切;又见于入声二十五德,蒲北切。在候韵,"踣"是"仆"的异体字。朱骏声还认为"趰""即踣之或字"。"趰"在《广韵》也分见于候、德两韵,都与"踣"同一小韵,"仆、踣、趰"都是僵仆的意思。段玉裁说"踣、仆""音义皆同"是对的。"仆"在屋部,"踣、趰"亦应归屋部。朱氏之所以归之部,主要是因为"踣"从音声;王力归职部,主要是因为"踣"在《广韵》归德韵,但联系意义来考察,以归屋部为宜。

14. 铎部

戟声

　　朱骏声归颐之革分部(职)。"戟"在《广韵》归陌韵,上古职部没有陌韵的字。《诗·秦风·无衣》"泽戟作"叶韵,是"戟"应归铎部。王、周、董正是归铎部。严可均认为上古戟字有两读,除了归鱼类(即铎部)之外,又归元类,理由是"戟"从戟声。按戟非声,金文作戟,从戈鞬省。还有一条理由是《子虚赋》"戟、箭"叶音,查原文是"建干将之戟,左乌号之雕弓,右夏服之劲箭","戟、箭"并不叶音。

15. 锡部

系声

　　段玉裁归十六部入声(锡),朱骏声归履部。"系"在《广韵》属霁韵开口四等,胡计切,江有诰改为胡易切,可见他也将系声归入锡部。从声训材料来看:《说文》:"系,繋也。"《尔雅·释诂》:"系,继也。"朱骏声将繋字归到他的解之益分部(锡)是对的,系声归履部(脂),误。

继声

　　段、朱、严、江、周归脂部,黄侃归没部(物),王力归质部,董同龢归支部,他说:"继、櫼,各家入脂部,无据。《尔雅·释虫》'密肌继英',《释鸟》作'密肌繄英',则佳部(支)字也。"朱骏声说:"又为係,《后汉·李固传》:'群下继望。'"按"係、繄"都为支部入声字,继声也应该入锡部。

覈字

朱骏声归小之莘分部(药),王力、董同龢归锡部。"覈"在《广韵》入麦韵,归锡部是对的,药部无麦韵的字。

16. 月部

曰声

王力归月部,董同龢归祭入(即月部),黄侃归曷部(月),周祖谟归物部。"曰"在《广韵》为月韵合口三等字。查遍月韵,没有归上古物部的声首或散字,应依黄侃等归月部。

剞声

清朝的古音学家对"剞"的归部有两种意见:段、江归脂,朱骏声归泰(月)。黄侃归曷(月);王力《汉语史稿》归月部,在《分野》中又归到质部去了。《说文》:"剞,读若锲。"剞、锲"在《广韵》都作古屑切。王念孙说:"锲所以割草,义与剞同也。"(《广雅疏证·释诂二》)从剞得声的字有"蓟、薊"。"剞"假借为"郪","薊"读若髻。"剞郪"在《广韵》都作古诣切,"髻"也是月部字,剞声以归月部为宜。

截声

王念孙归祭部,黄侃归曷部,朱骏声归他的小之莘分部(药)。朱误。致误之由是拘守"截"从雀得声。段玉裁的处理比较灵活,他归十五部,但又说:"按雀声在二部,于古音不合,盖当于双声合韵求之。"(《说文注》631页)《诗·商颂·长发》二章叶"拔达达越发烈截",六章叶"旆钺烈曷蘖达截伐桀"。依韵文当归月部。

櫱声

"櫱"是"蘖"的异体字,《说文》:"伐木余也。"又作"蘖",亦作"枿"。《长发》六章"苞有三蘖",陈奂《诗毛氏传疏》:"刘德注《汉书·叙传》引《诗》作'包有三枿'。《尔雅》枿,余也。枿与蘖同。"櫱声无疑应归月部。段玉裁归十五部(因为他的十五部包括一些月部字);周祖谟归月部;朱骏声却归元部,从木獻声,月元可以对转。

芮声

段归十五部,朱归履部,董、周都归祭部,也就是王力的月部。分歧的实质是归物还是归月的问题。朱归履部是因为"芮"从内声,内声归物部。董、周归祭部的原因,是由于"芮"在《广韵》属祭韵合口三等。而董、周的上古物部与中古祭韵不发生关系,依照这个原则,芮声就应归到祭部,即我们所说的月部,

裔声

朱骏声归履部,黄侃归没部(物部)。朱、黄基本一致。江、王(力)、董、周归月部(祭)。分歧的原因与"芮"一样,朱、黄以裔从冏声,冏从内声。"裔"在《广韵》属开口三等。《楚辞·九歌》"裔澨逝盖"为韵。

别声

王念孙归至部(质);段玉裁归十二部入声(相当于质部),而别字注下又归十五部,自相矛盾;黄侃归屑部(质);江、朱、王、周归月部。王力别声归月部的理由见于《分野》。周说:"案别字古文作冎,从八。别字既入本部,则八字亦当列此。"(《问学集》250页)关于八字,下面再讨论。别之古文作冎,段玉裁在冎字、别字注中都已有批评,可参阅。金文作𠂢,作𠂢,八作)(,作儿,冎并不象双八,形误为八。

叡声

段玉裁祟声、叡声、寂声都在十五部；朱骏声以"叡、寂"从祟，"祟"从出声，都归履入；黄侃祟声归没部（物）；王力祟声归物部；周祖谟、董同龢祟声在物部，月部另立有叡声。

"叡"在《广韵》一见于至韵，与"祟"同一小韵；又见于祭韵，与"赘"同一小韵。从叡得声的字有：

蕺：《说文》：艸也。从艸叡声。麤最切。

寂：麤最切（泰韵）

懃：《说文》：谨也。从心叡声，读若毳。此芮切。

毳：子芮切。又此芮切（祭韵），又祖外切（泰韵）。

"寂"读若《虞书》"窜三苗于三危"之"窜"，窜，七外反。窜三苗，《孟子》作"杀三苗"，"杀"即《左传》"黎蔡叔"之"黎"。段玉裁说："黎为正字，窜杀为同音假借。"（《说文注》346 页）寂窜黎杀，上古归月部。

懃，读若毳。叡，读若赘。"毳赘"也都是月部字。

17. 质部

惠声　彗声

这两个声首，段玉裁都归十五部；孔广森归他的脂部；朱骏声归他的履部；江有诰惠声归脂，彗声归祭；周祖谟与江同；黄侃惠声入灰部（脂微），彗声入曷部（月）；王力《汉语史稿》惠声归脂，彗声归月，与江、黄、周基本一致，在《汉语音韵》中又把惠声归到质部，彗声依旧归到月部，在《分野》中又一次作了修改，惠声、彗声都归到质部来了。就惠声来说，是脂质的分歧，"惠"是阴声字还是入声字呢？就彗声来说，是质月的分歧，"彗"是脂之入还是歌之入呢？

这种分歧的原因，主要是归字的时候，有的家过分强调了中古语音系统。彗声在中古属祭韵，祭韵字在上古应归入月部，质部中一般没有祭韵的字，这是江、黄、周彗声归祭（月）部的原因。

惠声在中古归霁韵,霁韵一般古韵家归上古的脂部,不作入声处理,于是惠声归到了脂部。王力把一部分霁韵字划归上古入声,惠声也就相应成为脂之入(质)了。

我们很赞同把彗声、惠声归到质部。这两个声首的关系实在太密切了。异文有:嘒,字亦作"嚖";韢,亦作"襹";繐,亦作"繐";慧,字亦作"惠"(《论语·卫灵公》"好行小慧",亦作"惠",《释文》:鲁读慧为惠)。

韵文有:《诗·小雅·小弁》四章叶"嘒淠届寐",《诗·小雅·节南山》五章"惠戾届阕"为韵,《诗·小雅·大田》三章"穗利"为韵,《诗·大雅·瞻卬》一章"惠厉瘵届"质月合韵("厉瘵"属月部)。

畁声

王力归质部,周祖谟归脂部,黄侃归没部(物),董同龢归微部。"畁"也是至韵开口字,董同龢作合口,而且归到阴声韵,不当。《诗·鄘风·干旄》"四畁"为韵,"四"也是质部字。

夔声

王力归质部,周祖谟归脂部,黄侃归没部,董同龢归微部,段玉裁此字无音韵地位。"夔"属《广韵》至韵,《韵镜》作开口三等,陈澧作合口三等,董同龢也作合口。《说文》:"夔,读若《易》虑羲氏。""虑"亦入声字。"虑、夔"叠韵。

器声

王力归质部,周祖谟归脂部,黄侃归没部,董同龢归微部开口,理由不明。朱芳圃认为"器从犬㗊,即犬之吠声矣。从声类求之,当为狋之初文。《说文》犬部:狋,犬吠声也。从犬斤声。古音器读群声微韵"(《殷周文字释丛》180页)。此说未免迂曲。林义光也归微部,"四口象物形,以犬守之"。"器"是入声字,朱骏声举《六韬·文韬》叶"害败器世"为据,它的中古音也是至韵开口,今依王力归质部。

毇声

各家都归阴声韵或入声韵。朱骏声归鼎部(耕)，"戴鐵越驖"等字他都归耕部，这是泥于同声必同部的缘故。毇声应归质部。

希声　彖声　肄声

这几个声首，从形到音问题都不少。下面我们先列出两个表，表一反映字形的分歧，表二反映读音的分歧。

表一

出处 字形 声首	说文	尔雅	严	江	朱	金文
希	彖①	肄	彖			𧰨 𧰨
彖			彖②	彖	彖	𧰨 𧰨
肄		豭				

表二

出处 读音 声首	说文	广韵	段	严	朱	江	黄	林	王	周
希	读若弟	特计切 羊至切	15	彑声 脂	泰 彑声		灰部	微	质	
彖	读若弛	尺氏切	16	彑声 脂	履 豕声	尺可切 歌部	式视切 歌	微		
肄	从聿 希声	羊至切	15	从聿 豕声 脂	泰 彑声 脂				质	脂

---

① 正文作"希"，而十五卷上部首目录又作"彖"，与彑部之"彖"形近。

② 严可均说"此即彖豕二字之讹"。

从上二表可以看出：形体的分歧主要有："希"与"彖"是否同形。"希"在《说文》为第 363 个部首，但部首目录希字作"彖"。读若弛的"彖"，江有诰指出，"当作彖"（归歌部），与元部的"彖"（通贯切）别，朱骏声认为乃"豕之异体"。肄字《说文》从希声，严可均从豸声。

读音方面的分歧：严可均三个字都在脂部，"希、彖"从彑声，"肄"从豸声。段玉裁"希肄"在十五部（脂），"彖"在十六部（支）。朱骏声"希肄"归泰部（月），"彖"归履部（脂）。黄侃"希"归灰部（脂微），"彖"归歌部。江有诰祭部有彑声，"希、肄"也可能从彑声，归祭部。林义光三个字都归微部（他的微部包括我们所说的脂部，三个字都音遂，"希、彖"他认为是同形，注明微韵，肄字未注明韵部，但也音遂，无疑在微韵）。

严可均已指出："希、彖"同形。又指出："彖"即"彖豕"二字之讹。朱骏声也指出："彖"乃豕之异体。林义光进一步指出："彖希形非有异，亦皆与豕同音，朶当即豕之异体。"

"希、彖"同形是可信的，但同音之说，未可视为定论。无论是《说文》的读若材料，还是《广韵》的音韵地位，都说明"希、彖"即使同形，也并不同音。段、朱、江、黄都当作异部字来处理是正确的。"彖"的归部，前已讨论。就希字而言，从彑声，与字形不合。《说文》的"读若弟"还是最值得我们注意的，尽管王力先生对此有异议（王说：虽说希读若弟，但是《说文》所谓读若不一定就是同音）。《广韵》"弟"有两个读音：一是徒礼切，一作特计切；"希"在《广韵》也有两个读音：一作以至切，一作特计切。"希"与"弟"在《广韵》中同一小韵，这确切证明《说文》中的读若弟正是实际语音的反映。"希、弟"不仅在《说文》时代同音，在《广韵》时代也同音。而羊至切的出现，显然时代较《说文》为晚，这是喻四从定母分化出来以后的情形。从各家归部的情况看，归质部最为得当,其余各家归脂部也近是,唯有朱骏声归月部,相差太远。

"肆"并非如《说文》所言,从希得声。古"肆"与"肆"同字。金文"肆"作𣎴作𣏟,与"肆"形合。按王力的意见,"肆"归质部,"肆"亦归质部。"肆肆"在中古都属至韵开口。在《古韵通晓》的字表中,"肆"归到物部,主要是以先秦韵文材料为据,而"肆"仍然归到质部。但希声与肆声作为两个声首并列①。

戛声

董同龢归质部;周祖谟职质兼收;王力《汉语史稿》归质部,《分野》归物部。周说:"戛,读若棘。王念孙、张惠言收之部入声,《汉书·古今人表》颉羹侯,应劭音颉为戛击之戛。戛颉音同,戛亦可收入本部。"周说可信。"戛"在《广韵》属黠韵开口字,本应归质部。王力依高本汉归物部,大概是同"八"一样,当作合口呼了。但"八"作合口呼有等韵图为据,而"戛"作合口呼,不知根据是什么。

溢字

朱骏声归支部入声,董同龢归脂部。朱归支入是泥于谐声,董归脂,也不当。"溢"在《广韵》归质韵开口三等,无疑是入声字。《三略·上略》:"主聘岩穴,士乃得实;谋及负薪,功乃可述;不失人心,德乃洋溢。"江有诰认为"穴实"是脂部字(实际上是质部),而把"述溢"当作支部字,全诗"支脂通韵"(《先秦韵读》),跟朱骏声一样错误。但朱没有把述字也当作支部字。这可能是疏忽,查他的《谐声表》,术声归脂入,这是对的(实际上是物部)。全文应是质物合韵。"溢"归质部,还有异文可证,马

---

① 唐兰《古文字学导论》14 页说:"希字旧或误释做'求',郭沫若依孙诒让释做'希'而改读做'祟',确是一个很好的发见。"如果卜辞的"希"即《说文》的希字,又读祟音,则希声当归物部。

王堆汉墓帛书《经法·四度》:"声洫于实,是胃(谓)灭名。"又《亡论》:"上洫者死,下洫者刑。"又《名理》:"建于地而洫于天,莫见其刑(形)。"这些洫字都当作"溢"。"洫溢"在上古都是质部字。

18. 物部

隶声

朱骏声归履部,从尾省声。江有诰归脂部,由徒耐切改为徒对切,黄侃归没部(物),王力归质部,董同龢归微部。上述五家的归部,以黄侃最为得当。"隶"是"逮"的本字,段玉裁说:"此与辵部逮音义皆同。逮专行而隶废矣。"段说甚确。"隶、逮"在《广韵》中有三个读音:

1. 隶:羊至切,又音代。至韵开口三等(与"希、肆"同一小韵)。

2. 逮:特计切,霁韵开口四等(与"希、棣"同一小韵)。

3. 逮:徒耐切,代韵开口一等。

如果不考虑第三个读音,"隶"的语音演变跟希声完全一样,无疑应归质部。但这三个读音中,第三个读音最关重要。第一个读音(羊至切)很明显不属上古音,是后来分化出来的又读。二、三读音应以哪一个为主呢? 有两种可能:一种可能是在先秦时代,"逮"就有这两个读音,有的口语读特计切,有的口语读徒耐切。这样说,不仅有中古音作为根据,就是现在南方某些方言中仍然有读 dì 而不读 dài 的,这种分歧,的确是古已有之。一种可能读特计切的音较为晚出,或者在口语中不占主要地位,先秦时代,黄河流域以读徒耐切为主,可构拟为 [dət]。后一种可能性更大些。这有两方面的根据:从又音看,《广韵》:隶,又音代,即徒耐切,而不注明又音弟;《说文》的注音,作徒耐切,而不作徒计切,这难道是随随便便的吗? 当然不会,而是因为徒耐切是古本音。还有一点根据就是韵文,《诗·大雅·桑柔》叶"儇逮",《诗·大雅·皇矣》叶"萧仡肆忽拂"("肆"从隶声,所以我们将"肆"也归到物部),《易·旅》叶"位快速"(快,月部字),《易·说卦》叶"逮悖气物",《淮南子·原道》叶"悖鞯逮"。这些材料除《原道》之外,王力先生全引证了,但是他却为一条不甚说明问题的材料——认为"棣棣"与"秩秩"是一个词——而"证明隶声应属质部"。最后,从语音系统看,如果我们确定以徒耐切作古本音的话,那么,隶声也以归物部为宜,因为上古质部并无中古咍韵系的字。

八声

董同龢归脂入;周祖谟归月部;王力《汉语史稿》归质部,《分野》归物部。归质部是王念孙、夏炘的意见(他们叫至部),归月部是朱骏声、高本汉的意见(他们分称泰部、第五部)。王力认为八字属合口呼,这是他归物部的根据。林义光说:"《说文》'平'下'龚'下'乔'下并云'八,分也'。八(微韵)、分(文韵)双声对转,实本同字。"(《文源》卷三)他所说的"同字",实际上是同源词;微文对转,实际上就是物文对转(他的微部相当于我们的脂微质物四个部)。从八得声的汃字读如邠,归文部,也是物文对转。

頪声

段玉裁、朱骏声归脂部(十五部、履部),王力归物部,董同龢归祭部。段玉裁认为"頪类古今字,后乃类行而頪废矣"。"頪"有两个读音,《广韵》只载了一个郎外切,这是董氏归祭部的根据。《说文》音卢对切,戴侗《六书故》也说"孙氏卢对切",所以朱氏认为此字既属《广韵》的泰韵,又属队韵,并说:"经传多以类为之。"黄侃不采郎外切,而用卢对切,这是对的,但他归到灰部(脂微),作为阴声韵,就不如高本汉归到他的第十部得当了。韵文有《诗·大雅·既醉》"匪类"为韵,《诗·大雅·荡》"类怼对内"为韵。

弼声

王、董都归物部,周归质部。归物部是对的,理由可参阅王力《分野》一文。要补充一点的是,"弼"的异文又作"彇",段玉裁说"弗亦声"。弗声也在物部。

圣声

段玉裁归十五部,从圣得声的"怪"归之部;黄侃"怪"归德部(职),"圣"归没部(物);林义光"圣"归微部,音溃("溃"亦物部字);江有诰圣声归职部,改为苦北切。他改切下字的原因恐怕是因为"怪"归之部,故将圣声改为之入以相应。"圣"在《广韵》没韵,收 -t 尾,"怪"从圣得声,之与物主要元音相同,阴入通转。朱骏声将圣声归履之日分部,大体上是不错的。他把"怪、胫"也归到日分部,反而乱了。此字《说文》"读若兔窟","窟、圣"在中古也还是同音字。

䎛声

王力归质部,周祖谟归脂部,黄侃归没部(物),董同龢归微部,朱骏声归履部。这一个声首涉及到质、脂、物、微四个部。王与周、黄与董的分歧是入声与阴声的分歧;王、周与黄、董的分歧是开合口的分歧。"䎛"在《广韵》属至韵,《韵镜》作开口三等,陈澧《切韵考·外篇》作合口三等。王力归质部,大概就是以开口为据,今依黄侃归物部。《管子·牧民》:"御民之䎛,在上之所贵;道民之门,在上之所先。""䎛贵"为韵,"门先"为韵。"䎛贵门先"又是物文通转。《释名·释车》:"䎛,拂也。""拂"也是物部字。

19. 缉部

乏声

段玉裁归第七部(侵缉),朱骏声归谦之嗑分部(相当于叶部),江有诰、王力、董同龢、周祖谟归叶部,黄侃归入声贴部(叶),

孔广森、严可均归侵部。这个问题比较复杂,我们先把《说文》中从乏得声的十一个字排列出来,看它们在中古的分布情形如何,与哪些韵发生联系:

1. 芝(凡)泛芝妚(梵)乏泛妚妚(乏)

2. 砭(盐)贬窆(琰)窆砭(艳)

3. 馺屐(缉)

4. 鈑(盍)

5. 罢(肿)

"乏"的谐声分布是非常符合语音系统的,与阳声韵相通的有凡韵系、盐韵系以及与肿韵发生关系,与入声韵发生关系的有乏、缉、盍三韵。这里,只有"罢"字是个特殊例外的情况。在讨论"乏"是归叶还是归缉的时候,我们一定要把从乏得声而分布在凡韵系、盐韵系的几个字联系起来考虑。既然这两个韵系有关乏声的字都归到了侵部,那么,乏声无疑要归到缉部来,而且,在我们看来,中古凡韵系的绝大多数字都是由上古的侵部发展而来,这一点与王力的看法正好相反。王力认为凡韵主要是由上古谈部发展而来,个别字在上古属侵部,那是不规则的变化(见《汉语史稿》上册 97—98 页)。

韵文有:《文子·九守》"息乏"为韵。息,职部字,与"乏"为职缉通转。朱骏声说读如福,"福"亦职部字。

异文:馺,字亦作"鹝","鹝"从畐声。也是职缉通转。

同义词:"窆"与"堋"同义。朱骏声说"《周礼》用窆字,《左传》用堋字","堋"归蒸部,"窆"归侵部,蒸侵通转。"泛"与"汎"同义。"汎"也是侵部字①。

①　李学勤说:"按《说文》'法'字古文作'佥',从来没有合理的解释。近些年发现的秦至汉初简帛有'乏'字,其形和'法'字古文接近。'法'字古属叶部,缉、叶旁转,实例不少,或许其古文就是'乏'字。"

入声

各家多归缉部。严可均、孔广森归之部，严说："《广韵》误入缉，《思齐》'式入'协音。"孔说："入字古音似即当在二十四职，《思齐》式与入协，为古本音。"这实在近乎主观武断。《大雅·思齐》四章："肆戎疾不殄，烈假不瑕。不闻亦式，不谏亦入。"朱熹不强作解人，他说："此与下章用韵未详。"即使承认"式入"为韵，也是职缉合韵，如果把入归到职部去，韵尾也不一致，所以他们只好说《广韵》"误入"了。

亼声

黄侃、董同龢归缉部；江有诰改秦入切为秦弋切，归之入（职），与严可均同。《说文》："亼，读若集。""集"亦缉部字。"亼"在《广韵》为缉韵开口字，不当归职部。

林义光认为这就是口字："ʊ与ᗩ文有顺逆，皆象口形，惟独体只作ʊ，偏旁间用ᗩ耳。"因为当作口字，就把这个字归到了他的遇韵（侯）。可备一说，但不能视为定论。

集声

江有诰、黄侃、王力、周祖谟归缉部，严可均归谈部（他的谈部包括缉、叶），孔广森归职部。孔氏把入声、亼声、集声都归职部，又用以互相为证，他说："集字可改归志职一类，证以宋（玉）扬（雄）韵语，入字亦改归志职一类，《思齐》'式'与'入'协为古本音，《小旻》'集'与'犹'协为古通韵矣。《说文》食字下云：从皂亼声。亼字下云：读若集。今食即志职类字，又可资证。""集"在《广韵》也属缉韵。亼，读若集，恰恰证明"集"也当归缉部。《诗·大雅·大明》"集合"为韵。《楚辞·九辩》："圜凿而方枘兮，吾固知其鉏铻而难入。众鸟皆有所登栖兮，凤独遑遑而无所集。愿衔枚而无所言兮，尝被君之渥洽。太公九十乃显荣兮，诚未遇其匹合。""入集洽合"为韵，这就是孔氏所言宋玉韵语，其实，这是"集"归缉部的有力证明。

内声

"内"的归部也颇为复杂。它到底应该归阴声韵还是归入声韵就成为问题。《广韵》音奴对切,据此,段玉裁、朱骏声都归脂(十五部、履部),但段氏也承认此字又读奴答切,与"纳"同音。目前有两种归部法:黄侃、王力归物部(黄称之为没部,王力在《分野》一文中列举黄侃的没部声符时,将内声脱漏了),董同龢、周祖谟归微部兼缉部。我们考虑还是兼收的办法较为妥帖。不过,不赞同微缉兼收,主张物缉兼收,也就是不主张将"内"归到阴声韵。

内声归部之所以发生这样的分歧,有两方面的原因:一是内字本身音读有二:内,"经传多以纳为之"(朱骏声语);"纳,内也"(《广韵》合韵)。无论音义,"内、纳"在一定条件下,都可通用。另外,从内得声的字有三套:芮汭枘笍蜹(祭);讷朒(没);纳軜魶(合);豽(貀)朒(黠)。归祭韵的"芮"等五字,在上古属月部(周祖谟祭部有芮声,很对);没韵的"讷朒"和黠韵的"豽朒",实际上是三个字("朒"重出),在上古归物部;"纳"等三字归缉部。据以上两个原因,内声缉物兼收是必要的。朱骏声将"纳軜"也归履部,这是不符合语音系统的。

内声还牵涉到肉声(衞声)、裔声的问题,本应在月物两部分别讨论,为行文方便起见,就放在这里一起谈了。朱骏声把这些声首都混到一块(肉从内,内亦声;裔,从肉声;裔,从肉声),一股脑儿归在他的履部,所以他的内声就包括了月部、物部、缉部三个部的字。裔声归祭部(月),这是江有诰的首创,后来王力、周祖谟都采纳了他的意见,这是对的。朱骏声往往过分注重谐声资料,结果字的归部,常常界限不清。以"裔"为例,他也引用了《九歌·湘夫人》叶"裔溁逝盖",却当作"转音"处理。另外,他也知道"裔"在《广韵》归祭韵,理应划归他的泰部(月),但他不这样做。

肉声,王、周都作裔声。但王指出"裔从肉声"。林义光认为"古内与肉多相混,疑肉亦内字"。"内、肉"是否一字,难以定论,他把"内、肉"都归微韵,跟朱骏声都归履部一样,是不恰当的。黄侃、王力、周祖谟都归物部是对的。"肉"在《广韵》归没韵、黠韵合口,从肉得声的字有"橘蓿繘(术)鱊(黠)"等,全是合口,都应归物部。

坙声　暴声

这两个声首本应合并为一,暴,即古文顯字,在元部。从暴得声的有"濕隰塈",林义光认为"濕当与淫同字","隰塈皆从淫得声","字讹从暴,与顯偏旁相乱。暴《说文》以为古文顯,与淫声隔"。

20. 叶(葉)部

聿声

各家多归叶部,朱骏声以"夆"从入得声,将聿声字全列入缉部(他叫临之习分部)。"聿夆"在《广韵》都属叶韵。聿声有"捷",《诗·小雅·采薇》四章叶"業捷"。又有"婕",锴本"读若接","接"亦叶部字。

爾声

段玉裁归第八部(包括谈叶);朱骏声归履部,从爾声;江、周都归叶部;董同龢归缉部。这不是常见字。《说文》"从竹爾声",徐铉认为"爾非声",朱氏归履部,失据。此字《广韵》归三十帖,字亦作"鑈",耴声也在叶部。

図声

朱骏声归谦之嗑分部,黄侃归帖部(叶),林义光归叶部,董同龢归缉部。此字在《广韵》有两个反切:女洽切(洽)、尼立切

（缉）。董归缉部，就是以尼立切为据。《说文》"读若聂"（小徐作
"籋"），聂声亦在叶部。

厌声

朱骏声归谦部（谈），从猒声；黄侃作猒声，归添部（谈）；王力
主编的《古代汉语》"厌"亦归谈部，《汉语史稿》归叶部。从厌得
声的字，叶谈两部都有。"厌"本身又有两个读音：於叶切（叶）、於
琰切（盐）。反映了叶谈对转的情况。朱骏声把"壓、擪"等字也
归到谈部，不当。

四　阳声韵的归字问题

21. 蒸部

膺声

分歧有二：段、孔、江、王、周归蒸部；严、朱归侵部，从雍声，
"雍"从瘫省声。两派的归部都有道理。从语音演变的历史看，膺
声与音声无疑有密切关系。正如陆志韦所认为的那样："m 变 ŋ
是周朝跟周朝前极普通的现象"，而且，"这 m 变 ŋ 的现象在《诗
经》好像集中在侵、蒸、中（即冬部）的通转。蒸、中部曾一度全收
m。"严、朱膺声归侵的主要原因就在于此。不过，我们还是主张
将膺声归到蒸部，因为从春秋、战国时候的材料看，膺声主要与蒸
部相协，《诗·秦风·小戎》"膺弓滕兴音"为韵，《鲁颂·閟宫》"乘
滕弓绶增膺惩承"为韵。上述两例都有合韵的问题，到战国后
期，合韵的情形就罕见了。《九章·悲回风》"膺仍"为韵，《天问》
"兴膺"为韵。《韩非子·主道》"应增"相叶，都证明膺声应当归
到蒸部。

熊声

江、王、董、周归蒸部，严可均归谈部，朱骏声归豊部（东）。朱
说："此字音读最可疑。许谓从炎省。当在谦部（谈）。或曰：《左

文十八传》仲熊,《潜夫论》作雄。有熊氏,《白虎通》训宏大。《易林》塞之大过熊与宏叶。张叔《反论》熊与腾蝇叶。当从弇省声,则在升部(蒸)。或曰:《公》《谷》小君顷熊,《左传》作敬嬴。当从荧省声,则在鼎部(耕)。而后汉刘镇南碑颂熊衡丰兴讼叶,则出入升丰壮三部矣。"

熊本象形字。金文作 🐻,象头背足之形。所谓从炎省、从弇省、从荧省,都不可信。此字在《广韵》归东韵二类三等,与雄字同一小韵,羽弓切,当归蒸部。朱骏声列举的各种材料,以归蒸部的几条较为得当,但他对纷纭众说,殊乏抉择,就将信将疑归到东部了。段玉裁《说文》"熊"字注引"王劭曰:古人读雄与熊皆于陵反",又说"熊不妨古反于陵",也主张归蒸部。

陾声

江永、江有诰、王力、董同龢归蒸部;段玉裁、严可均归之部,从而得声;朱骏声归乾部(元),从奠声。三派意见,以归蒸部为当,之蒸本来是对转关系。《诗·大雅·绵》"陾薨登冯兴胜"为韵。叠字"仍仍"与"陾陾"音通义同。《大雅·绵》毛传:"陾陾,众也。"《广雅·释训》:"仍仍,众也。"王念孙《疏证》:"陾与仍通,合言之,则皆众民力作之貌。"朱骏声也承认:"陾陾,犹《尔雅》烝烝……《广雅》仍仍……"但他还是把陾字归到了元部,因为他怀疑"陾与畩同字,读如仍者,声之转也"。可是,这种怀疑并没有什么证据。

凭声

"𠆥冯凭(憑)"一般古韵家都归蒸部。朱骏声憑字归升部(蒸),凭字归临部(侵)。《说文》"凭"从任声,"任"在侵部,这是朱氏将凭声归到侵部的原因。"憑"与"凭"音义皆通,朱骏声作为完全不同的两个字处理,欠妥。

龶声（朕声）

严可均归东部，其余各家多归蒸部。《说文》没有龶字，金文作𡴋作𡴋，丨象物形，两手捧着东西。"侒（媵）朕滕腾縢勝"等字都从朕声（龶声）。《诗·小雅·正月》四章"蒸夢勝憎"为韵，《小雅·十月之交》三章"腾崩陵惩"为韵。严氏归东部，失据。

22. 冬部

農声（凶声、鹵声）

段玉裁農声、鹵声并立，归他的第九部；朱骏声不立農声，農从鹵省声，归丰部（东）；严可均鹵声归真类，"農"从凶得声，转侵类；王力鹵声归东部，農声归侵部；江有诰、孔广森、董同龢、周祖谟農声都归到冬部（江、董叫中部）。

段玉裁东冬不分，所以农声归第九部，无可非议。严可均依《说文》从凶声，不可从。農声无疑应归冬部。《诗·召南》"何彼襛矣"，《韩诗》作"茙"，《毛传》："襛，犹戎戎也。"银雀山汉墓出土的《孙膑兵法·见威王》"昔者神戎战斧遂"，神戎即神農。

宋声

孔广森、江有诰、董同龢、周祖谟归冬部；严可均依小徐从木声，由侯类转入侵类。从木得声，不可信。朱骏声宋字入东部，从松省声，尤不可信。"松"乃东部字，朱氏又把东、侵混到一块了。

宗声（嵩声）

段玉裁有宗声、崇声、嵩声，都归东部；孔广森、江有诰宗声归冬，嵩声归东。孔氏认为"《广韵》一东部，自'中'至'戁'九十三字，内除'嵩崧菘硹'四字，余悉误入"。他所以谓之"误入"，就是因为这些字在上古都归冬部。孔、江的归部是对的。段玉裁宗声、崇声分立，失之过细，按他的系统，也应归到侵部才是。朱骏声尤为不当，他不唯宗声归东，且认为"崇嵩崧"原是一个字,全归宗声。"嵩崧"东部字,"崇"冬部字,三字合一,就把东冬的界限搞乱了。

中声(用声)

孔广森、江有诰、周祖谟中声归冬,用声归东,这是对的。朱骏声中声归东,"用庸"等字也从中得声,又把冬、东混到一块了,误甚。

23. 东部

充声

对充字的形体有两种分析:《说文》从儿育省声;另一种意见认为育非声,从人育省。两说都不可信。篆文作𠑿,象人体高大之形。声义均与"育"无关。严可均据"育省声"之说,将充字归到幽部,转东部。"充"在《广韵》为东韵二类三等字,昌终切。董同龢据此将充字归到他的中部(冬),但《诗》韵却证明充声应当归东部。《诗·郑风·山有扶苏》二章"松龙充童"为韵。所以,从来的古韵家多把充声归到东部。

宂声

段玉裁归第三部,自注:"宂声,宂散字,与八部尤、十二部穴别。"严可均归侵部,自注:"读若毅。"按"宂"与"毅"(侵部字)声义俱不相通,严氏归侵部,事实上将尤声、宂声混为一谈了,而这正是段玉裁要着意加以区别的。但段玉裁为什么将宂声归到了幽部,原因不明。朱、江、周归东部是对的。

颙字

江永、孔广森、王念孙入东部;段玉裁归侯部。《诗·小雅·六月》叶"颙公",段玉裁认为是侯东合韵,这也是泥于从禺得声之故。王力指出:"当《诗经》用韵与谐声偏旁发生矛盾时,仍当以《诗经》为标准。例如颙字,《诗经》既拿来押公字,就不必再入侯部。"这个意见是可取的。

24. 阳部

卯(卯)声

此字篆文作卯，《说文》从卪、卪。严可均、孔广森归阳部，严说："古读未详。《广韵》入荠，《集韵》入庚兼入荠。今姑从孙恤去京切，收入阳类。"段玉裁认为"今《说文》去京切，《玉篇》《广韵》皆云:《说文》音卿。此盖浅人臆以卿读读之"(《说文注》432页)。朱骏声归履之日分部，他说:"从卪卪，《六书故》引唐本:反卪为卪，会意。按字当读如节，今读如卿，大误。卿字从卯为意，从皀为声。卯非声也。《玉篇》读如跻，《广韵》读如荠，则节缓言之。凡节制、节度、品节、节省字，经传皆以节为之，而卯废矣。今附于此。"

从《说文》对卯字的释义("事之制也")来看，我们很难说朱骏声的意见不对。严、朱二人似乎都未注意《广韵》卯字注:"《说文》音卿。"这个"《说文》音卿"是《广韵》引的《说文》原注呢，还是后人据"去京切"而直音的呢？如果属于前者，那就是许慎的原文后来阙失了。许慎"卯"与"卿"排在一起，"卿"从卯。卿字金文作卪卪、作卪卪，象两个人面向着食器，则卪卪形当为两人，与卪无关。今依孔、严归阳部，可能更接近实际一些[1]。

弜声

朱骏声归蒸部，他说:"音阙。韵书读如勇，盖以彊训为音，不足据。今附弓声。"江有诰归阳部，读其两切。段玉裁认为读其两切，是"后人以意为之也"。按"弜彊"声训是足以为据的，《说文》:"彊，弓有力也。"《广韵》上声三十六养:"弜，弓有力也。"'彊、弜'音义俱同，有可能"弜"即"彊"之异体。今依江有

---

[1] 蒋礼鸿与段、朱说同，认为此字"乃節之古字，故《玉篇》《广韵》有子兮子礼二切"(《蒋礼鸿语言文字学论丛》92页)。

诰入阳部①。

黽声（蝇声）

蝇（蠅）声各家都归蒸部，没有分歧。黽声的归部有四派意见：严可均归他的真类；段玉裁、朱骏声归阳部（段称第十部，朱称壮部）；江有诰归耕部；王力《汉语史稿》与段、朱一样归阳部，《汉语音韵》黽声改归蒸部，蝇声不复存在，可能是黽声与蝇声合而为一了。

"黽"在《广韵》有三个读音：一见于耕韵系（耿），武幸切。同一小韵的字有"瞄、蠠"。再见于仙韵系（獮），弥兖切，注："黽池，县名，在河南府。俗作渑。"三见于真韵系（轸），武尽切，注："黽池县，在河南府。"同一小韵的字有"渑（澠）"，注："上同，又音绳。"

这三个音的关系是什么呢？联系意义来考察。《说文》："黽，鼁黽也。"《广韵》耿韵注："黽，蛙属。"按"鼁"即蛙字，可见，耿韵的"黽"是本义，其读音也最早。作为蛙义的"黽"，甲骨文中已经有了，作 𪊨，其形甚似青蛙。至于"黽池"的"黽"与"鼁黽"的"黽"，音义都不同，应看作是两个不同的词，人们为字形所蒙蔽，对二者语音的区别也就模糊了。下面我们把从鼁黽的黽得声的字和与黽池的黽声相近的词，分两组排列于下：

黽₁（蛙）：鄳（一作黽）蠠

黽₂（黽池）：蝇繩澠澠

鄳，邑名。《汉书·地理志》苏林曰：音盲；师古曰：音萌，又音莫耿反。字亦作黽，《战国策·楚策四》"填黽塞之内"，旧注：黽

---

① 郭沫若《殷契萃编》346页引张宗骞说："弜应读为弼，与弗字通。大徐《说文》误以为其两切。卜辞弜字当作否定词，无不合。"若从此说，则弜声应归物部。问题在于卜辞中的"弜"与《说文》的"弜"是否即一字。裘锡圭有《说"弜"》，可参阅，见《裘锡圭自选集》。

鄳字同，谟萌反。"鄳"的异文又作"鄳"，段玉裁说：鄳者鄳之变。"盲、萌、鄳"都是阳部字。

黽，从冥，黽声。读若黽蛙之黽（《说文》冥部）。也归阳部。

黽₂，《汉书·地理志》："师古曰：黽，音莫践反，又音莫忍反。"莫忍反与《广韵》的武尽切一致，这大概就是严可均归真类的根据。但"黽"又读作绳，"绳"在上古归蒸部，其他如"渑、譝、蝇"也归蒸部，《左传·昭公二十年》"渑陵兴"为韵，《诗·周南·螽斯》二章"薨绳"为韵。

上述材料说明"黽₁"归阳部是对的，"黽₂"应当归蒸部。但历来的《说文》家都说"蝇、渑"是从蝇省声。段玉裁说："故蝇以黽会意，不以黽形声，绳为蝇省声，故同在古音第六部（蒸），黽则古音读如芒，在第十部（阳）。"又说："凡字有不知省声则昧其形声者，如融、蝇之类是。"这原因就是他们看不见有个黽₂。黽池作为地名，应当在先秦时候就有了，而且它的读音一定与黽₁不同，这才能解释"绳、蝇、渑"等的声符与黽₁无关而与黽₂一致，也才能解释黽字在中古有三个切音的由来。陆志韦先生似乎也未注意黽₁与黽₂的区别，把武尽切与武幸切的关系，作为真部跟耕部的通转，n 生 ŋ 的例证，我们认为是不妥当的。

这个武幸切也是值得讨论一下的，因为它是江有诰黽声归耕部的主要依据。而段玉裁、朱骏声都作莫杏切。幸（耕部字）杏（阳部字）都属梗摄，耕阳亦得旁转。但这两个反切所反映的时代是不一样的。莫幸切是中古音，莫杏切是上古音，这里有个旁证：《广韵》上声三十八梗"猛"小韵有六个字：猛瞢蜢艋鳊鄳，作莫幸切。而《切三》同一小韵作莫杏反，并且没有鄳字，鄳字仅见于平声庚韵，作武庚反。又，王念孙《广雅疏证》指出："黽与蜢同声，故蝦蟆之转声为胡蜢。"这说明《广韵》的莫幸切是由莫杏反改过来的，由此可以推知：黽声之所以作武幸切，也是后来改的。

25. 耕部

骍(騂觲)声

严可均归真类，"读若《诗》云骍骍角弓。今《说文》此语有脱误。据小徐增'读若'二字。据《角弓》释文引改作骍骍①，《广韵》觲字入清。按经典相承从辛，作觲。辛在真类。《草人》(《周礼》)：骍刚用牛。故《书》骍作挈。杜子春挈读为骍。挈在脂类，依例对转，当改入真类。觲读若骍，则真转入元也"。朱骏声、董同龢也归真部，孔广森、江有诰、王力归耕部。严可均说"辛在真类"，他是误以骍字从辛得声了。林义光《文源》也说"觲从辛，即辛字。从角辛声"。朱骏声虽然将觲字归真部，但并不从辛得声，他认为"骍者俗挈字"。他在这一点上是对的。从《说文》看，"骍"不是形声字。《说文》没有"骍"字，有"挈(骍)、觲"，均读息营切。"挈"形变为"骍"，"觲"形变为"觲"。《广韵》承认了二字的变体，但语音地位没有混淆，"辛"归真韵，收 n 尾；"骍觲"归清韵，收 ŋ 尾。而且上古真部根本没有清韵系的字(只有一个"令"字和从令得声的"领"字例外)，从语音系统看，"骍"归真是不合理的。

夐声

有两派意见：段、严、朱归元部，江、周归耕部。夐字在《广韵》有两读：一作休正切，归劲韵；一作许县切，归霰韵。从夐得声的字也分为两套："敻瓗矎"属梗摄，"趨謉"属山摄。主张归元部的朱骏声，以许县切为本字本义，以休正切为假借字(假借为"远")。主张归耕部的理由不明。我们认为夐字在先秦时可能

----

① 见《经典释文》卷六："骍骍，《说文》作骍，音火全反。"段玉裁"觲"字注已指出："此陆氏之误。"

就有两读,今将属梗摄的字归耕部,属山摄的字归元部。《诗·秦风·小戎》:"鋈以觼軜。"《说文》:"觼,环之有舌者。"《尔雅·释器》"环谓之捐",陈奂《诗毛氏传疏》:"捐即觼之假借字。"《广韵》十六屑"鐍、觼、镢"三字是异文,都作古穴切。在上古属月部,月元可以对转。

嬴声

严可均《说文声类》"嬴"从嬴得声,由歌类转入耕类。夏炘《古韵表集说》卷下耕部字表收有嬴声,从嬴得声的有嬴字。林义光《文源》卷十:"按嬴非声。段玉裁云,当从贝、嬴。嬴者多肉之兽也,故以会意。古作𧱤。"段玉裁的意见可备一说。严、夏均归耕部是对的。

轰声

段玉裁、朱骏声归真部。韵文无据。"轰"在《广韵》有两读:呼宏切,耕韵;呼迸切,诤韵。意思一样,都是"众车声也"。"轰"的异文为"輷",从匉声。"匉"也是耕韵字。今从董同龢,"轰、匉"都归耕部,从语音系统考虑较为合理些。

并声

段、朱、周归耕部;严依《说文》"从从开声";王力《汉语音韵》把从并得声的"屏"作为散字归入耕部,这就意味着他也认为并是从开得声,所以耕部不立并声。

林义光《文源》卷七:"按开非声,二人各持一干,亦非并义。秦权量皇帝尽并兼天下,并皆作𢆉,从二人并立。二,并之之象。"

林说可信。"开"与"并"在上古不同韵部,在中古也不同韵摄,"开"归山摄,"并"归梗摄。

茧声

段、严、朱都归耕部。《说文注》:"屮声而'读若骋'者,以双声为用也。"严依《说文》从屮得声,由脂类转入耕类。朱说:"按从屮长言之得声。"

林义光《文源》卷七："按屮非声。从屮前进之象。"所谓前进之象,就是虫子向前曳行的样子,这是"表象指事"字。林说较为合理,可以参考。

26. 元部

虔声

诸家归元部;严、朱归真部,从文声,读若矜;黄侃、董同龢也认为从文声,但都归元部。段玉裁对"文声"持疑,他说:"按声字当衍,虎行而箸其文,此会意。"他又据"读若矜",说"虔古音当在十二、十三部也"。

虔字不从文得声,林义光已有辩说,《文源》卷六:"按文非声。虔古作𤞣,畏也,象柙中有虎两手近之之形,变作𤢙、作𤢼,或作𤢷,从文,文即𠔿之讹。"

《诗》韵也有证明"虔"应归元,《商颂·殷武》"山丸迁虔梴闲安"为韵。

奂声

诸家都归元部。分歧在于严、朱都依《说文》作夐省声,因此,朱氏把本应归耕部的夐声也归到元部来了。奂,金文作𡧀、作𡨥,似乎与夐无关。

〈声 犬声

段、江归元部,朱骏声、王念孙归文部。"〈"的古文为"甽",从田、川,篆文为"畎",从田犬声。朱骏声把《说文》的"从田、川"改作"从田川声",多出一个声字,这就使"〈"的归部成为问题了。若依《说文》从犬声,则"〈犬"无疑都应归元部。从犬得声的字有"然","然"也是元部字。另外,"甽畎〈犬"四字在《广韵》都属先韵系合口四等字,也应归元部,文部中没有先韵系合口四等字。

睘声

从江永以来，各家都归元部，唯有朱骏声入文部。朱氏"睘"作"睪"，从西声。他将西声归文部，因此，"睘遝儇"等字也都归到文部去了。

《诗·卫风·氓》二章"垣关关涟言言遝"为韵，《巷伯》四章"幡言迁"为韵，《殷武》"山丸遝虔梃闲安"为韵，《离骚》"遝盘"为韵，《易·系辞》"远遝"为韵。朱氏一概当作"转音"，这是错误的。

㒼声

段、朱、董归元部，王念孙归文部，严可均归真类（实际上是文部）。江有诰自相矛盾，他在《古韵总论》中说："段氏以㒼声入元部，的矣。孔氏改入真部，据《大车》诗耳。然《诗》外凡㒼声字皆与元部协，《唐韵》亦入元寒类为多，则知《诗》乃元文通韵，孔氏盖未尝博考他书也。"在《诗经韵读》之《大车》章璊字下注："从㒼得声，古属元部。"但在《谐声表》里㒼声却又归到了文部，注："莫官切，古莫昆切。"

归文部的理由大概有二：一是认为《大车》二章"啍璊奔"相协，都是文部字，王念孙持此说；一是根据《经典释文》的释音，《左传·庄公四年》："王遂行，卒于樠木之下。"《释文》"樠"的注音有三：郎荡反、又莫昆反、又武元反。江有诰所谓古读莫昆反就是从这儿来的。

我们跟江有诰的意见相反：㒼声应归元部，"璊樠"两字应归文部。本来，从㒼得声的字元、元两部都有。《广韵》"樠璊"归魂韵，莫奔切，与"门"同一小韵。㒼字本声在桓韵，母官切，与"曼"同一小韵。陆志韦指出，元部"谐声表上魂通桓多至六次"，其中就有：㒼—璊樠；满—懑。这都是同声未必同部的例子。

另外，统观文部，没有桓韵系的字，只有一个"綩"字还是重文。

朱骏声还怀疑"𦱤"是从芇得声。林义光也主张从芇声。芇声在元部,江有诰也不例外。

开声　爰声

开声是一个较为复杂的声首,牵涉的字也比较多。各家归部的情况如下:江有诰开声在耕部,爰声在元部。严可均"开"从干声,归元部,爰声也归元部,从开得声的刑声、并声、屏声、洴声归耕部。朱骏声开声归元部,但不立爰声,"爰"从开省声,另立了一个并声,归耕部。段玉裁前后矛盾,《六书音均表》开声归耕部,《说文注》开字、栞字归元部。这里存在三点分歧:1.爰声是最初声符呢,还是从开省声? 2.开是最初声符呢,还是从干省声? 开声归耕,还是归元呢? 这是最主要的分歧。3.哪些字从开得声?

先说第一点。爰字篆文作𤓪、作𤓷、作𤓺。全字由三部分组成,上面一只手,下面一只手,中间部分有的象干,有的象一件东西。意思都是一个人把东西给另一个人,另一个人伸手来取,这是会意字,朱骏声从开省声之说,不可信。

关于开声,严可均说:"两干为开,亦取干声。"朱骏声认为"从二干,无理。愚谓即岍字,山名,吴岳也"。段玉裁在《说文》九篇"形"字注:"开声,十一部。按:枅笄字皆古兮切,研字五坚切。开声古音俟考。"后来在注《说文》十四篇"开"字时又说:"开,平也。凡岐头两平曰开,开字古书罕见。《禹贡》:道岍及岐。许书无岍字,盖古只名开山,后人加之山旁,必岐头平起之山也……开从二干,古音仍读如干。何以证之,籀文栞读若刊,小篆作栞,然则干、开同音可知……古音在十四部。"这大概就是他"考"的结论。这三家只有严主张"开"从干得声,段只不过说"开、干"同音,并不是说从干省声。既然"开、干"同音,那么,开声就应归到元部来了，而段玉裁采取矛盾的态度，这就有点不可解了。"开"在《广韵》属先韵开口四等，上古耕部并没有先韵系的字，朱骏声将开声归到元部是正确的。

第三，哪些字从开声呢？各家看法也不尽一致。段玉裁说："用开为声之字，音读多岐。如'汧麉鼱研妍'[①]，在先韵，音之近是者也。如'并刑形邢鈃'入清青韵，此转移之远者也。如'笄枅'入齐韵，此转移更远者也……荆罚字本从井，刑到字从开，画然异字异音，今则绝不知有从井之字，以刑代荆，音义两失，而凡刑声、并声之字，尽失古音。"（《说文注》715页）

严可均从开声的字有：趼訮盱雅鼱刑笄枅葇羺并形研豜麉豣开妍鈃（其中"笄枅开"入脂类，"盱刑羺并形鈃"归耕类，其余一律归元类）。

朱骏声从开声的字有：趼訮雅鼱葇研豜麉豣羺汧羺妍栞睪（归乾部——元）。从并声的字有：苹骿饼鉼栟邢併屏艵屛骈姘絣蚵軿刑邢形鈃偋荆蛢（归鼎部——耕）。从井声的字有：耕阱寈荆邢妌刭鋞（归鼎部——耕）。

以上列举了三家的归字，最有卓识的是朱骏声。他把并声独立出来，认为"并"是会意字，"开非声"，这就不存在严可均所说的由元类转入耕类的问题了，也不存在陆志韦所说的"开"与"形刑邢鈃"等字的关系是"n通ŋ"的问题了。段玉裁已感到问题的严重，感慨"刑声、并声之字，尽失古音"，他在音韵表十一部（耕）也立了一个并声，但还说以开为声之字有"并刑形"等，这就不如朱骏声那样彻底了。

还有，荆罚的"荆"与刑到的"刑"的得声问题。前者从井得声，没有分歧。后者，段氏说"刑到字从开"；朱骏声作"并省声，

---

① 编者注：从开声字，新字形多作开。

与从井之荆罚字别"。看来,二家的意见都欠妥帖。林义光说:
"刑训为刭,即荆之引申义,盖本同字。井讹为开,复讹为开耳。"
(《文源》卷十一)林说较为合理。

薦声

严归真部,《广韵》误入霰,均谓读若进";江把作甸切改为
作震切,归文部;朱骏声归元部。《广雅·释言》:"祭,荐也。""祭、
荐"双声,又月元对转,朱氏归元是对的。

孨声

此字经传未见。《说文》"读若翦"。段、严、江归元部,朱骏
声归文部。"孨"在《广韵》为仙韵系上、去声字。从孨得声的
"孱僝潺"在山韵,是孨亦当归元。朱氏把存声与孨声混到一
块,说"存"是"荐省声",很不可靠。

㕣(睿)声

段、江、董归元部;严归真部,"读若沇州之沇。均按:沇从㕣
声";朱归文部,也说"读若沇州之沇"。在"沈"字的注中,他进
一步认为"沇州本字为㕣,盖㕣沇兖本一字"。其实,"沈(沇)"也
是元部字,它们在中古都属仙韵系,从㕣(㕣)得声的"船沿铅"等
字也在仙韵系,上古音亦归元部。从㕣(㕣)得声的字还有"兑",
"㕣、兑"双声,"兑"在月部,月元对转。

班声

古韵家都归元部,唯有朱骏声归文部,他说:"班,从分省,会
意,分亦声。"分声归文,故"班"亦归文。至于《易》"迍如邅如,
乘马班如","邅班"为韵,本是元部字,他当作"转音"处理,这是
不恰当的。他所谓的"分亦声"也不对。《说文》:"班,分瑞玉,从
玨从刀。"用刀分玉为二,意思清楚明白,何必要改为从分省,分
亦声呢?

便声

严、朱归真部，江、王（念孙）、黄、董、周归元部。韵文材料有《楚辞·大招》"缅嫣娟便"，《三略·上略》"姦官便文军姦"（元文合韵）。"便"在中古亦属仙韵系，以归元部为当。

辡声

段、王（念孙）、朱归真部，江、黄、董、周归元部。"辡"在《广韵》归狝韵，音符蹇切、方免切。从辡得声的字：

辨辩瓣（仙韵上声）

辡（先韵上声）

瓣辬辨辮（山韵去声）

辬（斑）（删韵平声）

由《广韵》上推古音，仙山删韵基本上都入上古的元部。

韵文有《礼记·檀弓》"斑卷"为韵，《三略·上略》"办倦"为韵。

异文有"斑、辬"。

同源字有"辨、判、别"，有"半、片"，有"采"。

段注《说文》指出："《小宰》'傅别'，故书作'傅辨'；《朝士》'判书'，故书'判'为'辨'，大郑'辨'读为'别'。古'辨、判、别'三字义同也。"段知道此三字义同，而没有进一步指出音亦相同或相关："判"从半声，"半判"元部字。"别"与"辨"月元对转。"片"的本义：《说文》"判木也，从半木"。"采"的本义：《说文》"辨别也。读若辨"。"采、辨、别"三字也是音有关，义相近。

叓（䴏䴏䰅）字

这个字的形体说法不一。《说文》："从北从皮省，从复省（一本有声字），读若奊，一曰读若僖。"字亦作"䴏"。段玉裁说从瓦误，当从皮。字亦误作"䰅"（见朱骏声注）。通常的写法作"䰅"。严可均归真部，段、朱、黄、周归元部。从复省声之说不可信,《说文》原本作夐省,"声"字是后加的。所以,朱将夐字归到元部是对的,但与敻声混到一块,欠妥。依《说文》读若奂,读若儇,"奂儇"亦归元部。在《广韵》中"奂夐"同一小韵,都归狝韵。

粪声①

严归真部,朱、江、周归文部,《古韵通晓》亦归文部。段玉裁《六书音均表》无粪声,而𠦚部"粪"字注:"古音在十四部。"应依段注。"粪"《说文》析为"从廾推𠦚弃采(shǐ)",实际"𠦚"亦兼声。"𠦚"有北潘、卑吉二音。"𠦚"与"毕"同源,本为田猎之网,在这个意义上音卑吉切;而用作箕属,则读北潘切。又《说文》土部:"坌,扫除也。从土弁声,读若粪。"段注亦归十四部。"粪、坌"音同义同,弁声、𠦚声均归元部。"𠦚"读卑吉切时归质部。

27. 真部

扁声

从江永以来,古韵家多归真部,董同龢归元部。"扁"在《广韵》有三个读音:方典切,铣韵;芳连切,仙韵;符善切,狝韵。按第一个切音,先韵系开口四等,可归真部;按二、三切音,乃仙韵系开口三等,应归元部,这就是董同龢归元部的由来。

从扁声的字有"翩",《诗·小雅·巷伯》叶"翩人信",《诗·大雅·桑柔》叶"翩泯燼频"。以上二诗都押真韵,这是无可辩驳的。

江永认为"扁"的上古音应在真部,后来才转到元部,他在《古韵标准》平声第四部总论中说:"二仙一韵,宜其通元寒桓山删矣。然而犹有'辨翩川鸢'三(?)字,《诗》中与此部(江氏的第四部,包括真与文)字韵,后来音转,始从仙韵耳。"又说:"两部

---

① "粪声"一条是2002年出版《音韵丛稿》时新补入的。归字问题还有一些声首值得讨论,精力、时间有限,无力作更多的补充了。

分两章而不杂者:《伐檀》《伐轮》;'缉缉翩翩''捷捷翻翻';《青蝇》首、末章是也。"① 对从扁得声的几个字的具体切音他也有个意见,"翩"读批宾切,以《诗》翩字推之,"编"音卑邻切,"偏篇"犹《诗》之"翩",也读批宾切。这就是说二仙中的扁字与一先的扁字,古音都归真部。《文源》"扁音宾",显然是参考了江永的意见。看来,董同龢改扁声归元部,不是改好了,而是改坏了。他连翩字也归到元部,则《巷伯》三章、《桑柔》二章都成了合韵了。

卂声

段、朱、王、董归真部,江、夏归文部。

从卂得声的有"讯",朱骏声认为"字亦作询",所以旬声下面不收"询"字,"讯、询"同音异体。《诗·小雅·皇华》五章"驹均询"相押,卂声自应归真部。

奠声

严、江、朱归真部;董归耕部,理由是"此字谐郑。古书又多通定";段玉裁亦归耕部。

"奠"与"郑(鄭)"似应以分别处理为宜。《广韵》"郑"在清韵系,收 ŋ 尾,古音归耕部。"奠"在先韵系,收 n 尾,古音当归真部。至于"奠、定"相通,这不奇怪,耕真主要元音相同,"奠、定"又属双声,二者本是同源词,自可通转。

从字形分析,林义光的意见也可参考,他说:"'真'盖与'奠'同字,以形讹分为两字也。真实之真,为奠字之借义,或借慎字为之。《诗》'予慎无罪、予慎无辜'(《小雅·巧言》),《尔雅》'慎,诚也'是也。慎、颠、瑱、填诸字,以'真'字作𥩓例之,并当从奠。真奠古同音。"

---

① 《伐檀》押元部,《伐轮》押真部;"缉缉翩翩"押真部,"捷捷翻翻"押元部;《青蝇》首章押元部,末章押真部。

矜声

朱骏声"矜"从矛令声,"作从今者,误"。周伯琦《六书正讹》订"矜"为令声。陆志韦《古音说略》也认为"应当是'令'声字的音"。证之以《诗》韵:《菀柳》三章"天臻矜",《何草不黄》二章"玄矜民",《桑柔》一章"旬民填天矜"。"矜"不从今声这应该是可以肯定的。陆志韦说:"查遍先秦韵文,m 绝对不叶 n。"又说:"上古音并不像有 m>n。m 不变则已,要变就变 ŋ。""m 变 ŋ 是周朝跟周朝前极普通的现象。"王力先生真部有令声,而"矜"却作为散字归真部,可见,他既不赞同"矜"从令声,也不把"矜"作为声首,大概还是取《说文》的从今得声,这就无法解释 m 尾为何与 n 尾相通了。

睿(濬)声

严、朱、董归真部,段、江归文部。"濬"在《广韵》归谆韵去声,私闰切,与"迅"同一小韵。江氏卂声也归文部。

从异文看,似应以归真部为宜。《史记·五帝本纪》"幼而徇齐",《索隐》案:"《孔子家语》及《大戴礼》并作'叡齐'。《史记》旧本亦有作'濬齐'。盖古字假借徇为濬。濬,深也,义亦并通。或当读徇为迅,迅于《尔雅》与齐俱训疾,则迅濬虽异字,而音同也。"

28. 文部

西声

段玉裁、王念孙、朱骏声归文部,江有诰、夏炘归元部,严可均脂、真兼收,董同龢归脂部。王力《汉语史稿》《汉语音韵》西声都归文部,但在《分野》中又说:"段玉裁、朱骏声以西声入文部(十三部、屯部),江有诰入元部。我认为江氏是对的。高本汉把西声划归脂部,不可靠。"

严可均归脂部的根据是:"朝隮于西,一句两韵,则脂类也。""隮、西"句中为韵,不可信。

　　江有诰归元部的根据是"西""古音仙",而江氏的文部基本上没有仙韵系的字,仙韵属元,故西声亦入元。

　　从韵文材料看,应归文部。《礼记·祭义》:"日出于东,月生于西,阴阳长短,终始相巡。"郑注:"巡读如沿。"王念孙以"西巡"为韵。扬雄《太玄经》:"日动而东,天动而西,天日错行,阴阳更巡。"《汉书·礼乐志·郊祀歌》:"象载瑜,白集西,食甘露,饮荣泉。赤雁集,六纷员,殊翁杂,五采文。"颜注:"西,合韵音先。"班固《西都赋》:"带以洪河,泾渭之川,众流之隈,汧涌其西。""川、西"相押。

　　从异文看,江永指出:史传"先零羌"亦作"西零"。孔广森指出:枚乘《七发》"西施"作"先施"。江永说:"先西皆苏邻切。汉以后先韵与真文至仙十四韵相通用。西字皆与此十四韵相协,至六朝此音犹存。方音转为先稽切,此字遂入十二齐,不可复反矣。"段玉裁也认为"汉魏晋人多读如下平一先之音,今入齐"。

　　从西得声的洒字,也应归文部。《诗·邶风·新台》二章"洒浼殄"相叶,《汉书·东方朔传》颜师古注:"洒,音信。"

免声

　　段玉裁、朱骏声、王力归文部,江有诰、夏炘、董同龢归元部。"免"在《广韵》属仙韵字,归元部是有道理的。但为什么要归文部呢?王力说这是"不规则的变化"。

　　严可均说:"今《说文》无此字(免字),偏旁有之。《广韵》误入狝。均谓古读并如《檀弓》免焉之'免',音问。"从免声的"冕、絻"也音问。又说:"《广韵》《集韵》以潣为重文,真脂对转,故《韩诗》浼作浘。"严可均所谓的真脂对转,实际上就是微文对转。因为"浘"是微部字。"潣"在《广韵》一见于十四贿:浼(潣),武罪切;又见于十六轸:潣,眉殒切。也是微文对转。《广韵》上声二十八狝:浼,又音问。

以上这些材料都是免声在上古应归文部的确证。

王念孙还指出:"浼与洒殄韵(指《新台》),则免声似亦在谆部。《论语》'出则事公卿'四句(原文:出则事公卿,入则事父兄,丧事不敢不勉,不为酒困),亦似以卿兄为韵,勉困为韵。"王的谆部即文部。"勉困"都是文部字。

参声

朱骏声、王力、董同龢归真部,段玉裁、江有诰、周祖谟归文部。从参得声的字见之于韵文的有:

> 殄:《诗·邶风·新台》"洒浼殄"为韵
>
> 畛:《诗·周颂·载芟》"耘畛"为韵
>
> 轸:《九章·惜诵》"忍轸"为韵

以上三例都证明参声当归文部。

垔声　典声

段玉裁、朱骏声、王力归文部;江有诰归元部;董同龢典声归文部,垔声归真部。

董氏垔声归真的理由:"真部当有二等山韵字,虽然《诗》韵完全没有表现出来,但是我就谐声字则可以看得很清楚。如甄(山):垔烟……(真部真韵)。"这个理由并不充分。

1. "甄"不仅见于山韵,同时也见于真韵开口三等;

2. 从垔声的字,有二等,也有三等。不仅真韵、山韵有,先韵还有"煙湮",仙韵还有"甄籈"。所以,单就谐声而论,完全不足以证明垔声在上古是真部字。江有诰归元部的理由不明,但文元二部之间归类的分歧,他几乎一律归元不归文。

韵文材料还有:《史记·天官书》:"若煙非煙,若云非云,郁郁纷纷,萧索轮困。"汉元帝时童谣:"井水溢,灭灶煙,灌玉堂,流金门。""煙云纷困、煙门"为韵,这说明直到汉朝垔声还在文部。

关于典声的问题。《诗·周颂·维清》叶"典禋",段、朱都归文,江有诰归元。从异文看，段、朱的意见是对的。腆，古文作"殄"。孔广森引《新台》正义曰："腆与殄，古今字之异。故《仪礼》注云：腆，古文皆作殄是也。据此，则从典之字读当与多同。"江有诰也认为《新台》二章的韵读"殄，从多声，古属文部"，但他却没有注意"典、多"同音的问题。

尘声

　　段玉裁、朱骏声、王力、董同龢归真部，江有诰、王念孙、夏炘归文部。"尘"在《广韵》属真韵开口三等，似应归真部，但文部也有真韵开口三等的字。《诗·小雅·无将大车》："无将大车，祇自尘兮。无思百忧，祇自疧兮。"朱《集传》"疧"字注引刘（彝）氏曰："当作痕，与瘽同。眉贫反。""瘽"在《广韵》真韵，武巾切。注：病也。"思百忧则病及之矣"（朱《集传》）。"瘽"字亦作"痻"，"疧"字亦作"痕"。戴东原《毛郑诗考正》以为"痕"字乃"痻"字之误，江有诰从其说。"尘痻"为韵，归文部。"痻"又见于《诗·大雅·桑柔》，与"憗辰西"为韵，段玉裁认为"刘彝臆改痕以韵尘……考唐石经正作痕"。但段玉裁没有想到：唐石经就绝对可靠吗？唐石经所据的底本就不会有错字吗？这就很难说了。如果作"痕"字，"痕"在上古属支部，"痕"与"尘"就不相协了。

　　韵文材料还有：《老子》"纷尘存先"为韵，《九歌·大司命》"门云尘"为韵。这都是尘声归文的有力证明。

尹声　君声

　　王力尹声归文，包括君字；段玉裁君声归文，没有尹声；江有诰、朱骏声尹声归真，君声归文；严可均"君"从尹得声，归真类（严氏真文不分）。君声归文各家没有分歧。问题在于尹声的归部。《说文》"君"不从尹声。但金文君作𠁡、作𠺉，无疑是从尹声[①]。

[①] 李学勤说："以'尹'、'君'同归文部，也是很正确的。作者提到金文'君'字从形体看无疑是从'尹'声，实际上在古文字中两字常通用，如'多尹'，也即'多君'。"

胤声　壶声

段玉裁、朱骏声归真部；江有诰、王念孙、夏炘、周祖谟归文部；王力壶声归文，胤声在《汉语史稿》中归真部，《汉语音韵》改归文部。《诗·大雅·既醉》"壶胤"相叶，归文部。

｜声

江有诰归文，朱骏声归坤部（真）。朱说："读若退，今读若衮。""退"归物部，"衮"归文部。阴阳对转。

疢声

段玉裁、江有诰归真，朱骏声归文。此字亦作"疹"，严可均认为从多声。此字《广韵》归震韵，《集韵》改归稕韵，均丑刃切。

恩声

段玉裁、江有诰、王力、董同龢、周祖谟归文部，朱骏声归真部，王力主编的《古代汉语》也归真部。"恩"从因声，这大概是朱氏等人"恩"归真的原因。但《诗·豳风·鸱鸮》"恩勤闵"相叶，《三略·上略》"恩昏"相叶。这都是恩声当归文部的证明。王力先生曾正确地指出："当《诗经》用韵与谐声偏旁发生矛盾时，自当以《诗经》为标准。"

坤声

朱骏声归真部，段玉裁、王力、董同龢、周祖谟归文部。"坤"从申得声，似应归真部。古文作"巛"，朱氏说"或从川为之也"。而川声归文。《易·说卦》传："坤，顺也。"《释名·释地》："坤，顺也。"《广雅·释诂》："巛，顺也。"王念孙《疏证》："巛、顺声相近。"《文源》卷一："川，文韵，音顺。""顺"是文部字，"坤"亦归文部。

舛声

段、朱、王力归文部，江归元部。《广韵》仙韵系有舛字，昌兖切，这是江归元的根据。谆韵系有踳字，许慎引"扬雄说，舛，从足、春"（朱骏声引作"春声"，多一个"声"字）。这是归文部的根据。从舛得声的字也有两套："舜㽮瞬僢"等字归谆韵系；"桝"归狝韵。根据扬雄说和从舛得声的字来看，舛声最初应在文部，然后转入元部，像"桝"这样的字，《说文》中没有，似应出现较晚，由此也可以推知，舛字归狝韵，完全是中古音的情况，它的上古音，林义光音蠢，与"踳"同音，这是可信的。但为慎重起见，周祖谟、董同龢文元两部兼收舛声，《古韵通晓》在字表中也采取了兼收的办法。

29. 侵部

尢声　臽声

　　段玉裁尢声、臽声归谈部；孔广森、王念孙、王力归侵部；朱骏声、江有诰、黄侃、董同龢、周祖谟尢声归侵，臽声归谈。上述三种分歧盖源于对几种韵文材料的处理各异。

　　《诗·陈风·泽陂》叶"菡俨枕"。段归谈部。孔说俨字当作"嫱"；"臽"作户猪切，本音窨。江有诰在《古韵总论》中说："孔氏以枕字在侵部，遂改《泽陂》之菡字入侵，而以经文俨字为误，引《说文》作嫱。然臽声十余字，《唐韵》皆入谈类。监从峆省声，峆从臽声，则臽声当入谈部明矣。"江有诰并没有驳倒孔广森，他既不能否定"俨"是"嫱"之误文，也不能证明臽声一定要归到上古的谈部。所谓"监"从峆省声不仅不可信，简直就是错误的，而"臽"作户猪切则是确实无疑的，"猪"也作乙陷切，可见，"臽音"都是侵部字。

　　《诗·卫风·氓》各家都以"葚耽"为韵，段玉裁作合韵处理，他说："耽，本音在弟八部（谈），《诗·氓》假借作媅乐字。"江有诰不赞同此说，他说："段氏以尢声入谈部，而于《氓》之'无与士耽'不能合，谓当作媅。然《中庸》引《常棣》'和乐且湛'，亦作耽，则湛耽古本一字。盖尢声确在侵部。"江氏辩说很有说服力。

《易》:"初六,习坎,入于坎窞,凶。九二,坎有险,求不得。六三,来之坎坎,险且枕,入于坎窞。"段玉裁以"坎窞、坎枕窞"为韵,归谈部。王念孙"坎窞险坎枕窞"为韵,归侵部。孔广森也认为:"《易》来之坎坎,险且枕,入于坎窞。窞字亦与枕为韵。"江有诰不同意,他说:"孔又谓《易》入于坎窞与枕为韵,不知乃与上句'坎'为韵也。"就是说,江有诰认为"险且枕"一句根本不入韵,这样,他就回避了臽声也要归侵部的问题。

各家未提到的韵文,还有《管子·宙合》"可浅可深,可浮可沈","深沈"都是侵部字。

从语音系统看,尤声、臽声也应归侵部。"尤"在《广韵》侵韵,"枕"在《广韵》寝韵,段玉裁本来将侵韵归到上古的侵部,可是,又将尤声归入谈部,未免自相矛盾。"耽"在《广韵》覃韵,段玉裁认为覃韵归上古的谈部,因而将"耽枕"都扯进谈部去了。

臽声在《广韵》感韵,"萏窞"也在感韵。感乃覃之上声。江有诰、朱骏声将覃韵归侵部,却又将臽声归入谈部,也是自相矛盾。江有诰为了自圆其说,硬将户猎切改为户敢切,却未见他拿出韵文与谐声方面的证明材料。

同音假借材料有:犹豫,或作"淫豫、尤豫"。林义光作幽侵对转(见《文源》)。陆志韦以此例证明"侵覃跟幽宵的通转确有点蛛丝马迹"(见《古音说略》)。张世禄认为《陈涉世家》的"涉之为王沈沈者","沈沈"是"覃覃"的假借(见《古代汉语》60 页)。又作"潭潭",陈亮《与叶丞相》:"亮积忧多畏,潭潭之府所不敢登。"

歁歁,与"坎坎"同,声训材料有"坎,陷也"。异文窞字亦作"窜"。"坎窜"也是侵部字,《书·洪范》"沈潜",《汉书·谷永传》作"湛渐",师古曰:湛,读曰沈。《诅楚文》"淫失甚乱","甚乱"即"耽乱"。另外,《易》"虎视耽耽",张寿碑作"觇觇虎视"。

马声　龟声

江有诰、朱骏声、黄侃、董同龢、周祖谟归谈部；孔广森、严可均归侵部；段玉裁将马声与函声分别处理：马声归侵（从马之"氾犯范"归七部，而"范范"又归八部，自相矛盾），函声归谈，龟声也归谈；王力《汉语史稿》归谈，《汉语音韵》又改归侵，注："马，乎感切。马声有函，函本作函。"

这两个声首的韵文材料不多。《诗·小雅·巧言》"涵谗"为韵，段、江、王（念孙）、朱归谈部。孔广森"案：涵从函，函从马。《说文解字》云：马读若含。据含从今得声，知函古音亦在侵类。韩诗涵作减，从咸之字亦当以箴声为正"。王念孙在《广雅疏证》卷七下引郑注《周官》"咸读为函"，认为"械咸函并通"。而"咸"亦是侵部字。

严可均："涵，均谓读若箴。""龟，均谓读若岑。《左传》《韩非子》有谗鼎，《明堂位》作崇鼎，《吕氏春秋》作岑鼎。知谗崇皆音岑也。"

黄侃也谈到："马读若含。函俗作肣。"（见刘赜《音韵学表解》）180页）"含、肣"从今声。黄侃今声归覃部（侵），而"马、函"仍归添部（谈）。

孔、严将"谗涵"入侵部，主要以异文、读若为据。关于龟声，我们还可以补充几条通假材料：《战国策·秦策二》："樗里疾、公孙衍二人在，争之王。"在，他书作"谗"。"谗、在"既是双声，又为之侵通转。另外，古书中"纔"又假借为才，也是之侵通转。又针灸的"针"，在汉代写作"鍼"，也作"镵"，《史记·扁鹊仓公列传》"镵石挢引"，《索隐》："镵音士咸反，谓石针也。"这都是龟声应当归侵部的明证。

从"马、龟"与中古音的关系来考察："马涵"与"坎窞萏耽"一样，《广韵》都归感韵，"马函涵"又见于覃韵。"龟谗"《广韵》

归咸韵。覃咸二韵的字一般都入上古的侵部。江有诰将戡字的七咸切改为七谈切，马字的胡感切改为胡敢切，都缺少必要的证明。

欠声

段、江、朱、黄、周归谈部；严可均归侵部，"均谓读若侵去声"。从欠声的"坎"，"均谓读若寝"。"坎"入侵部，上面已讨论过了。"欠"在《广韵》属梵韵。梵韵共计五个小韵，二十二个字。其中"梵、汎、欠"三小韵入侵部，"剑、俺"两小韵归谈部。

占声　贬字

江、夏、黄、董、周归谈；段、王（念孙）、孔、严归侵部；王力《汉语史稿》占声归谈，《汉语音韵》归侵，"贬"作为散字归侵。

《诗·大雅·召旻》叶"砧贬"。孔广森说："从占之字，古并读若砧上声。"严可均也认为读若砧。"砧"在《广韵》归侵韵，知林切，占声归侵，不无道理。

异文有："砧"为"碪"之异文，"枮"为"椹"之异文，"沾"为"沈"之异文。

叠韵联绵字有：婆姈（善笑貌）。朱骏声"按婆姈，叠韵连语。婆读如椹质之椹，或姈"。

关于贬字，孔广森说："《唐韵》误入五十琰。按《唐韵》始东终凡，似取其音可相通转，有周而复始之义。故凡、范、梵三部之字，从凡者多重见于东，从乏者或重见于肿，然在古音乏只可通冬，不通东也。此贬字亦乏声，当改入范韵。古文贬损之贬作导，从巢省，巢正侵之阴声云。"（《诗声类》卷五18页）这段话中值得注意的是"从凡者多重见于东，从乏者或重见于肿"，它揭示了东韵三等的部分字（如"风凤"等）与肿韵三等的"覂（乏）"和侵部的关系，这些字都是由上古的侵部转过来的。"贬"从乏声，"乏"应归缉部，缉侵对转，这一点我们在讨论乏声的时候已谈到。

总之,上古谈部是不与东、冬发生关系的。

敻(敻)声

朱归谦部(谈),段、孔、严归侵部,黄侃归入声帖部(叶),林义光也归谈部。此字既为"贬"的异文(许慎"敻"字引杜林说。段玉裁改"敻"为"敻"。见《说文注》275页),应和"贬"一样归入侵部。

凡声

传统古音学家都把凡声归到侵部,王力《汉语史稿》归谈部,后来《汉语音韵》又改归侵部。董同龢凡声归谈部合口,他的谈部合口共有十三个字,侵部合口共有五个字,开列如下:

侵部:芁汎风枫讽。

谈部:凡汎帆飒犯范範范氾芝罗泛妥。

谈部的十三个字,涉及到四个声首。先说凡声。侵部的五个字全从凡得声,而凡声反而在谈部,这很难说得过去。严可均说:"凡,符箴反。读若今山西讽。"《广韵》作"符咸切",王仁昫《刊谬补缺切韵》作"符芝切"。"咸箴芝"都是侵部字。陆志韦说:"风声字出于凡声字,从最古的方言,一直到西汉初年,风声字跟凡声字一样,叶入侵部。"那么,"凡氾飒帆"四字当然应归到侵部。

其次,巳声。巳即马,"范範犯范氾"等五字都从巳得声,亦应归侵部,理由在上面讨论马声时已说过了。

第三,乏声。乏声归缉,"罗芝泛"三字归侵,正是阳入对转。

第四,妥声。朱、江归谈,林义光、黄侃也归谈,只有严可均归侵部。严是对的。"妥"既然"读若范",与"范"同音,当然可以归到侵部。这样,董氏所谓的谈部合口字事实上全应划归侵部。

丙声

这个字的读音很复杂,它的归类也相当成问题。江有诰、朱骏声、董同龢归谈部;段玉裁《六书音均表》归七部(侵部),在《说文注》中又归十五部;严可均归侵部。王念孙《广雅疏证》卷八上:"丙,曹宪音天念反。《说文》:丙,舌貌。义与'席'不相近。曹云,亦有本作茵字。《说文》:茵,车中重席也。则作茵者是,茵之言因也。"据此,林义光就认为"丙亦即因字"(见《文源》卷一"因"字注),"弼宿皆从因,古当无丙字"。

"丙"的读音,《说文》:"读若三年导服之导。一曰竹上皮,读若沾。一曰读若誓,弼字从此。"《广韵》他绀切(勘韵)、他念切(桥韵)。朱骏声说:"读如禫。字亦作甜。读若沾者,读若今言添也。"唐兰说:"囨(丙)字是簟形,因罗氏释席误。《广雅》丙,席也,本义尚存。《说文》丙读若三年导服之导,导即禫字,则丙当读如簟。大概丙义渐晦,就别造从竹覃声的簟字了。我们在别的假借字或后起字里还可以找到本义。"(《古文字学导论》266页)陆志韦说:"读若誓的音《广韵》不收,然而,'茵,直例切',显然从此得声。今本《说文》弼,丙声,反而是可疑的。"

总起来看,据曹宪的天念反、《说文》的读若沾、《广韵》的他念切、朱氏的读如禫和唐兰的读如簟等资料,丙声似应归侵部。"弼"如果从丙声,则是物侵通转。段玉裁归十五部也是这个缘故,因为"弼"是物部字,段氏的十五部是包括物部的字在内的。

谐声材料还有两条:秵,应当从丙声,《广韵》入忝韵,他玷切。此字《说文》不录。陆志韦列举的茵字,归月部。如果丙声归谈,"丙茵"就是月谈通转。

至于"丙"和"因"的关系,林说并非定论,当以朱骏声的分析为合理些,朱说:"又为因之误字。《广雅·释器》:丙,席也。"在作"席"解的时候,显然应作"因"字。

30. 谈部

冄(冉)声

严、朱、江、王(力)、董归谈部,段归侵部。段误。从冄得声的"那",在歌部,歌谈通转。从冄得声的"珊",或从甘声,"甘冄"都是谈部字。

叠韵联绵字：冉镰（《方言》六：伪物谓之冉镰）。"镰"从兼声，也是谈部字。

通假字：《广雅·释训》："冄冄，进也。"王念孙《疏证》："炎炎与冄冄，声相近也。""炎"也在谈部。

闪声

朱骏声、黄侃、王力归谈部，段归侵部。段误。

声训材料有：《礼记·礼运》："故龙以为畜，故鱼鲔不淰。"郑注："淰之言闪也。"淰，侵部字，可以作为"闪"归侵部之证。但另外的材料又显示，"闪"应归谈部。

班昭《女诫》："视听陕输。"赵壹《刺世疾邪赋》："荣纳由于闪揄。""陕输"即"闪揄"。"陕"从夹声，与"闪"为双声叠韵字。段注《说文》亦部夹字说："曹大家（即班昭）用陕输，《赵壹传》作陕揄，疑陕即夹字。""闪"在《广韵》归琰韵，失冉切，以归谈部为宜。就夹字来说，段也归到第八部（谈）。

兼声

江、朱、黄归谈部，段归侵部。段误。《说文》："兼，并也。""兼、并"音近，元谈通转。"𤡴""读若槛"，"𤡴㺍"亦作"尴尬"，"蠊"亦作"蚶"，"嗛"亦作"唅"。监、甘、金等声首都在谈部，"兼"亦应当归谈部。

金声

江、朱、黄归谈部，段归侵部。段误。《文子·符言》叶"俭敢"。顑，假借为"颣"；厡，假借为"陈"；醶，字亦作"酽"；簽，字亦作"槏"；㺍犹，亦作"玁狁"。这些异文材料和假借字都说明金声当归谈部。

衔声

王力、董同龢、周祖谟归谈部，段玉裁、朱骏声、黄侃归侵部

（临部、覃部），林义光亦归侵部。段、朱归侵部的理由："金亦声。"
按金非声。《广韵》：衔，户监切；监，古衔切。"监、衔"同韵。

夅声

严可均归侵部，从夅声。陆志韦亦说："当从夅声。"段、朱、
黄、周归谈部。林义光亦归谈部："按夅非声，二夊（韃）象舞时
多足迹。"（《文源》卷八）段玉裁说："夅声在九部，与八部合韵。"
（《说文注》233页）

五　小　结

以上讨论了172个声首、15个散字的归部问题。《古韵通
晓》谐声异同表中所注明的"异"，凡是涉及到归部的分歧，差不
多都论到了。

经过这样一次系统的、全面的讨论，可以有把握地回答一个
问题了：即上古韵部归字的分歧到底有多大呢？如果以760多
个声首计，分歧面占22.5%，如果以1100多个声首计，分歧面占
15.6%。结论是：大同小异。但这种"小异"也是不容忽视的，因
为一个声首往往牵涉到好些字，如果没有一个明确的意见，上古
韵字表就无法制订。

就分歧点的分布来说，很不平衡。问题较多的：阴声韵有幽
宵之间的分歧。幽部比宵部几乎要大一倍，如江有诰的幽部有声
首101，而宵部只有59。过去的古韵家往往有这样的倾向：宵部
某些字的谐声在幽部或与幽部字通韵，就宁愿归幽部而不归宵
部。入声韵问题较多的是质物月三部，但经过王力先生的整理，
眉目清楚多了。我对这几部的讨论意见，就是以他的《分野》一
文作为基础的。凡是他已论述清了的问题。我就不再谈了。阳
声韵的分歧主要有真文元三部，另外，侵谈之间问题也不少。而
有的部，如阳部、东部问题都不多。

这里要说明一点的是:有些分歧似乎早已解决,不值得一谈了,为什么还要郑重其事地来讨论一番呢?因为我要对归字的分歧来一次总清算,有的分歧虽然专门研究古韵的人自有能力作出判断,但对初学者来说就不见得了。为了使现在的初学者和将来要学习古韵的人少走些弯路,不为歧说所迷惑,来一个通盘检查,排比众说,肯定正确的,指出不妥当的,对一般读者应该是有帮助的。当然,也可能把某些正确的意见当成了错误的,把某些错误的意见反而当成了正确的,由于自己学力不够,对问题研究不深,这是完全可能的。即使这样,也没有关系吧,因为我已经把一些著名的古韵家在归字问题上的意见分歧集中起来,摆到了读者面前,读者也可由此进一步探索,自己进行抉择了。我也没有这样的奢望:经过这样一番讨论,把归字分歧问题来个彻底解决。这是根本不可能的。分歧还会存在下去! 不过,随着对古韵学的深入研究,分歧肯定会越来越小,这一点我也是深信不疑的。

本文乃著者为《古韵通晓》所写的第四章(《前言》中已有明确记载)。读者可能要问,为何《音韵学研究》(第 1 辑,中华书局1984 年)刊发此文时,还有另外一个名字? 答曰:这是因为 1980年音韵学会开成立大会时,我虽接到邀请,却因故未出席,而要出席大会的这位先生又无论文,于是就用我的论文去参会(当时毫无知识产权观念)。故此文发表时,彼亦署名于后。特此说明,以祛读者之疑,别无他意。

2021 年 1 月 8 日

《切韵》音系的性质及其他

——与王显、邵荣芬同志商榷

　　《切韵》音系的性质，从唐以来就有争论，不过那时候争论的焦点是《切韵》是否代表吴音。近半个世纪来争论的内容变了，归纳起来不外乎两大派：一是主张为古今南北杂凑；一是主张为一时一地之音或基本上是一时一地之音。这后一派意见也有分歧：一种意见认为是长安音系；一种意见认为是洛阳音系。自王、邵两同志的文章发表后①，洛阳音系论又分为二，即陈寅恪先生主张的洛阳旧音与王、邵主张的基本上是洛阳活方言音系。王显同志说：“《切韵》音系是以当时的洛阳话为基础的，它也适当地吸收了魏晋时代的个别音类，同时也适当地吸收了当时河北地区其他方言音系的个别音类以及金陵音系的一部分音类。”邵荣芬同志的看法几乎完全一样，他说：“《切韵》音系大体上是一个活方言的音系，只是部分地集中了一些方音的特点。具体地说，当时洛阳一带的语音是它的基础，金陵一带的语音是它主要的参考对象。”他们两人都强调“以当时的洛阳话为基础”，所以基本上还是属于一时一地之音这一派的。我们是古今南北杂凑论者，所以对于王显和邵荣芬同志的基本论点，特别是对邵荣芬同志的论述持有不同的意见，现在把这些不成熟的意见写出来，同王显、邵荣芬同志商榷。

---

① 王显《〈切韵〉的命名和〈切韵〉的性质》、邵荣芬《〈切韵〉音系的性质和它在汉语语音史上的地位》，《中国语文》1961（4）。

关于《切韵》音系的标准

　　王显、邵荣芬同志所借以立论的最主要的历史材料,就是颜之推曾经说过:"共以帝王都邑,参校方俗,考覈古今,为之折衷,权而论之,独金陵与洛下耳。"(《颜氏家训·音辞篇》)邵荣芬同志说,颜之推"明确地指出金陵与洛下两个地方来,认为这两个地方的语音是审订音读的标准"。这当然是颜之推的本意。可是邵荣芬同志又说:"不过应该注意的是这两个标准在颜氏的心目中并不是同等重要的。颜氏在同一篇文章中又说:'南方水土和柔,其音清举而切诣,失在浮浅,其辞多鄙俗。北方山川深厚,其音沉浊而钝钝,得其质直,其辞多古语。'可以看出颜氏是推重北方话的。洛阳话既然属于北方话的范围,那它在两个标准当中,当然就是主要的标准了。"

　　为了曲成己见,邵荣芬同志误解了颜之推的话:

　　1. 从整个《音辞篇》的文意来看,颜之推并没有重北轻南的思想,他完全是采取"折衷"主义的态度来比较南北语音的优劣。而且他首先说的是金陵,然后才谈到洛下。

　　2. 在《音辞篇》中还有这样的话:"南染吴越,北杂夷虏,皆有深弊,不可具论。"又说:"南人以钱为涎……北人以庶为戍……如此之例,两失甚多。"我们分析一下这些话,就可以确定颜之推不是重北轻南的。

　　诚然,晋元南渡,侨民东迁,江左士族,"乃有转易其声音以效北语"的①,使金陵话发生过一次大变化,但这只是事情的一面。另一方面,那"沉浊而钝钝"的北音,也是很受歧视的,像李业兴、崔灵恩、孙详、蒋显这些北方学者,到了南朝之后,都因"音辞鄙

----

① 　葛洪《抱朴子·外篇》卷二十六 609 页,万有文库本。

拙"而不受重视。而且,"南人(包括侨人与土著)对于伧楚语音之不满,百余年间如出一辙。然有不可解者,所谓'楚言'即北方语音,而宋高祖兄弟累叶江南未变之楚言,又明系东晋初渡江时侨人之语音,未受夷虏影响者……则保存达百年未变之楚音,自当为侨人所贵,何以仍如西晋时对楚音表示轻鄙?此其一。侨人语音即来自中原,虽晋宋以后中原语音渐杂夷虏,亦不至相悬已甚,何以梁时对伧人语音如是之憎恶?此其二"。周一良先生接着说:"窃谓一言以蔽,侨人同化于吴人耳。"^① 这话说得有理。从东晋到梁末,有两百多年的历史,北方侨民与南方士庶,长期杂处,在政治、经济、文化的交流中,互相靠拢,互相影响,互相吸收,语言发生混合,这是完全可以理解的。这种混合,开始于一般的百姓之间。上流社会比较保守,但积年累月,潜移默化,不可能不变,这种变化在侨民比较少的州中,更容易发生。如扬州"侨人最少,占全州人口一百四十五万余人的百分之一点五,故扬州虽为侨人之政治中心,而此州之少数侨人实最易为绝大多数之吴人所同化……于中原与吴人语音以外,渐成一种混合之语音。同时扬州土著士大夫(江东甲族尽出会稽、吴、吴兴诸郡,皆属扬州)求与侨人沆瀣一气,竞弃吴语,而效侨人之中原语音,然未必能得其似,中原语音反因吴人之模拟施用,益糅入南方成分。此种特殊语音视扬州闾里小人之纯粹吴语固异,视百年未变之楚言亦自不同"^②。除了同意周一良先生以上的分析之外,我还认为这种"特殊语音",跟当时的洛阳话也一定是相差很远的。南京侨人势力比较大,特别在上流社会中,北方语言可能要占优势,但决不能认为"金陵士族所说的话",就"是北来的洛阳话"。从理论上来看,语言是一定社会环境所有成员的共同的交际工具,如果它离

---

① ② 周一良《南朝境内之各种人及政府对待之政策》,《史语所集刊》7本4分。

开了这个全民立场，就会丧失自己的本质，而所谓金陵士族并不是生活在孤岛上，它和平民之间有着千丝万缕的经济联系和不可缺少的交际活动，如果他们说的完全"是北来的洛阳话"，在交际过程中一定要造成很大困难。从事实上来看，东晋初期，上流社会中有一部分官僚豪门，以善于在自己的方音中夹杂几句北方话而自鸣得意，在官场中也有爱说北方话的癖好，这是完全可能的。但他们也要遭到非议，如葛洪就骂这种人"似可耻可笑，所谓不得邯郸之步，而有匍匐之嗤者"[①]。可见，金陵士族要说洛阳话，阻力还是不小的。至于北来士族，久而久之，也逐渐地发生了分化，有的还保持原来的乡音，有的在乡音的基础上产生了变体，有的已由客居而变为土著了，语音也被完全同化。颜之推生于南朝末年，长于吴越之乡，对吴语一定是了解的，而他说的话大概也就是那种"混合语音"，姑名之曰"蓝青官话"吧。如果认为他说的是"北来的洛阳话"，而且把这种话作为《切韵》音系的标准音，这是与历史事实不相符合的。

　　退一步说，即使邵荣芬同志对颜氏审音标准的理解是不错的话，这也只能作为确定《切韵》音系性质的一个间接旁证而已。颜之推是什么时候写的《音辞篇》呢？陆法言是否见到了呢？这中间找不出确凿的历史联系。

　　当然，人们可以拿"萧、颜多所决定"一语来印证，可是，如果我们把这句话和具体的历史条件联系起来看，那恰恰是南北杂凑的一个根据。因为开皇初年到陆法言家里讨论音韵的八个人中，有三个是河北人，一个是甘肃人，一个是山西人，还有一个是安徽的，独萧该与颜之推是南方人，假若以洛阳话作为审音标准，最权威的应该是地道的北方人，而萧、颜反"多所决

----

① 　葛洪《抱朴子·外篇》卷二十六 609—610 页，万有文库本。

定"，又是什么道理呢？这从萧、颜的本身条件和当时讨论的内容来看就明白了。当时讨论的内容陆法言在序文中已经说得很清楚，主要是"论南北是非，古今通塞"，而不是如何建立洛阳音系的问题。事实上在大一统的局面下，为了适应政治、文化发展的需要，应该有一部"兼容并包"的韵书。按当时编著韵书的情形来看，北方作者比较多，所以基础也比较好，分部也有了大同小异的范围，而关于南方的韵部应该怎么分呢？疑难之处比较多。于是，南方来的萧、颜就成了权威。另外，他们俩又是语音学家，对于古代经籍的读音也有深厚的研究（当然，关于古音系的知识他们还没有，那是宋以后的事情），如萧该就著有《汉书音义》十二卷、《文选音》三卷，所以无论是"南北是非"，或"古今通塞"，他们都有资格"多所决定"。还有一点也值得注意，就是六个北方人中，也没有一个是河南人，执笔的陆法言虽然是河南人，而从小就随父到了长安，就他的老家来说，"临漳，豫之北鄙，古之邺都也"（《临漳县志》），与现在的河北很相近，所说的话与洛阳话也不完全一样。那么，他们是通过什么方式把握了洛阳这个"活方言"呢？要不，又怎么描写这个"活方言"呢？这是我们须要了解的一个实际问题。

为了证明《切韵》音系是以洛阳语音为标准，邵荣芬同志还举出李涪的"凡中华音切，莫过东都"一语为证。可是李涪在什么情况之下说的这句话呢？恰恰与邵荣芬同志所理解的相反，李涪认为《切韵》是吴音，所以"涪改《切韵》，全刊吴音"[①]。同时代的武玄之，著有《韵铨》，也"鄙驳《切韵》，改正吴音"[②]。

李涪距离陆法言虽已有两百多年，而我们距陆法言写《切韵》的时候却有一千三百六十年，他对当时的洛阳语音当然比我

---

① ② 孙光宪《北梦琐言》卷九 77 页，中华书局 1960 年。

们清楚,陆法言果真是以洛阳的活方言作为正音标准的话,李涪怎能批评它是吴音呢? 有人认为是语音变化了的结果。就是说,李涪所刊的吴音正是两百多年前的洛阳话。仔细想来,这话是说不通的,两百年以前的洛阳话怎么可能近似吴音却反而与两百年后的洛阳话相差如此之远呢! 根据语音变化的历史来考察,洛阳话在同一空间之内,不可能发生如此巨大的变化。唐朝的刘知几也说:"魏晋年近,言犹类今。"① 可见,从时间而言,也不应该有这样大的变化。总之,李涪的话只能证明《切韵》音系的杂凑性,而不能证明《切韵》是以洛阳的活方音为基础。

还有,邵荣芬同志认为,陆法言在序言中批评了吴楚、燕赵、秦陇、梁益,"各处都批评了,就是不提中原一带,可见也是把中原一带的语音作为正音看待的"。这个推理是不严密的。

那么,陆法言分韵到底有无标准呢?

我们的回答是:有;也没有。

要问他如何论定"南北是非,古今通塞",当然得有个标准。但标准是什么呢? 为了说明这一点,我们就得明确所谓"是非、通塞"的具体内容是指什么,简单点说,就是指韵部的分合。有南分北合、南合北分、古分今合、古合今分,分合乖互,何所依从? 陆法言说,吾从分。王仁昫《刊谬补缺切韵》韵目下的注文就是铁证,在那里凡是注明"×××分"的,就说"今依",这不等于"吾从分"吗? 关于这点,邵荣芬同志不赞成,下面还要讨论。另外从序言中也证明,陆法言主要是强调"分"。他认为以前的韵书有一个缺点就是"疏缓",即分韵太粗,于是他就要"捃选精切,除削疏缓",以"赏知音"。因此,陆的分部比起吕、夏侯、阳、李、杜来,要大大的增加,比韵部最粗的吕静多五十五部,比韵部较细的

---

① 　刘知几《史通》卷六;另可参浦起龙《史通通释》第二册3页,万有文库本。

夏侯咏多二十部，所谓"剖析毫厘，分别黍累"，就是这个样子吧。

若问他是否拿了一个"活方言"作为标准呢？回答是：没有。要是以洛阳话为正音标准，序言中应该会明确交代的。要是以洛阳话为正音标准，南来的萧、颜为何"多所决定"？要是以洛阳话为正音标准，何须"取诸家音韵，古今字书"呢？要是以洛阳音为正音标准，李涪为何斥责它是吴音呢？要是以洛阳音为正音标准，"又音"何其多！要是以洛阳话为正音标准，词汇系统何其杂！

《切韵》与五家韵书的关系

将王仁昫《刊谬补缺切韵》（以下简称《王三》）与《切韵·序》加以对读的结果，我们觉得，《王三》韵目下面的附注，说明《切韵》与五家韵书有着极其密切的关系。就整个韵书的发展历史来考察，五家韵书大概还各有"土风"，比较接近口语。颜之推批评"阳休之造《切韵》，殊为疏野"就是证明。所谓疏，即分韵疏缓；所谓野，即方言土语。陆法言在此基础上集大成，所以在韵部的分立上表现为杂凑性，这是有历史原因的。邵荣芬同志断言，"王仁昫书的附注并不能为《切韵》音系是拼凑音系这一看法提供任何可靠的证据"，似乎把话说得过于肯定了：

第一，他没有弄清"缺注"和"有注"之间的必然联系，认为"缺注的地方很可能是由于《切韵》和各家分合都相同的缘故"。细加分析，缺注情况有三：最主要的是注一韵一定牵涉到其他韵，注者的办法是在甲韵下已经注明的，在乙韵下就不互注了，如十四皆注云："吕、阳与齐同，夏侯、杜别，今依夏侯、杜。"再看齐韵下面，缺注。这当然不能说无注的齐韵是"各家分合都相同的缘故"，因为吕、阳的齐韵包括了皆韵，夏侯、杜的齐韵则是独立的，不注自明。第二种情况则可能是"各家分合都相同的"，即使韵目相同，其统属的韵字是否一样，也不可知。最后一种情况则可能是遗漏,如清、蒸不从吕静之合,奇、益不从吕静之分,在韵目下面都未加注,这种情况是很少的,反正我们大家现在所知道的仅此一例。这些注文涉及的范围应该说是极其广泛的:平声五十四韵,有注的十七韵;上声,加上王仁昫增加的广韵,计五十二韵,有注的二十韵;去声,加上王仁昫增加的严韵,计五十七韵,有注的二十韵;入声三十二韵,有注的十韵。共计注文六十七条,每一条起码牵涉一韵,甚至两三韵,怎能说"这些附注其实是很不完全"呢!

第二,所谓全注和不全注的统计,也大可商量。邵荣芬同志所说的四声相承,根据的是唐兰先生在《王三》跋言中"参合各本,比箓"之后的材料,至于陆法言的四声相承的情况如何? 五家韵书的四声相承情况又如何? 肯定说,是互有差异的,实际语音中声调的不同,不可能不在韵书中得到反映。

根据文献记载,吕静时代尚未提出四声说,所以"分取无方"。唐兰先生说:"陆生所据者,非吕氏先知四声,早定篇目,实由但考反语,即见异同。"(《唐写本王仁昫刊谬补缺切韵》跋)这说明吕静脑子里还没有四声相承的观念,所以我们无法从"全注、不全注"来考订各家四声"相承、不相承",也不能由"相承各声的分合不同"来说明"其中大部分是由于审音能力不够,分析不清的缘故"。为了说明这个"推测是可信的",邵荣芬同志还列举了附注中的"夏与止为疑"作证,说"所谓'为疑'就是分合不能确定,暂时存疑的意思。证明《切韵》以前各家韵书对韵部的分析不够清晰,不够精密,确是事实"。我们考察所有的附注的结果,只有夏侯一家有"为疑"的情形,其余各家都没有。而注中引到夏侯分合情形的共计六十四次,其中只有六处说是"为疑",一处说他"大乱杂",其余五十七处,或分或合,一清二白。这样看来,邵荣芬同志的"推测"是不确切的。

第三,对五家韵书我们也该采取分析的态度。只指出"他们也都是地道的北方人",还嫌笼统,无助于我们了解《切韵》的性质。陆法言说,五家韵书,"各有乖互",这"乖互"的内容也就是分合的问题。其"乖互"的程度,大抵是阳、杜二家比较接近,如灰咍、臻真、殷文、元魂痕、山先仙、肴萧宵等,两家都不分;脂之、微、真文两家各有别。吕、夏之间,则"乖互"较大,吕分夏不分的有灰咍、元魂、先仙、尤侯等;夏分吕不分的有谈衔、阳唐、真文、真臻、皆齐等。陆法言又主要的是参考了吕、夏两家,恰恰是这两个关键人物的生平活动,我们知道得很少。从他们分韵这种对立的程度来看,我们有理由怀疑夏侯咏很可能是南方人,至于他在南朝(梁)做过官这是肯定的。王显同志说"夏侯咏肯定是属于当时的河北方言区的"人,我们有保留。

另外,把五家韵书放在一个平面上来考察也是不恰当的,我们要从分合的矛盾过程中找出其原因,看看到底是不是反映语音的不同。以先仙、尤侯为例,最早分为不同韵部的是吕静,齐梁时期的阳、夏侯、杜合成两韵,到了陆法言又分作四章,于是构成如下过程:

分(吕)—合(阳、夏侯、杜)——再分(陆)

这种现象说明什么呢?如果说他们都是地道的北方人,分韵的依据是洛阳音系,难道在洛阳地区,从晋至隋语音会发生这样"否定之否定"的变化吗!而且到了唐朝之后,先仙、尤侯又两韵同用。洛阳音系,何其多变?

如果说这并不反映实际语音的不同,只是"由于审音能力不够,分析不清的缘故",也不确凿。唯一合理的解释,就是他们反映了语音的不同:不是根据方音,就是根据古音;但是,不可能是洛阳一时一地之音。陆法言在五家韵书的基础上论定《切韵》,为了有意求密,分韵苛细,使《切韵》具有古今南北杂凑的性质,这和韵书的发展历史是分不开的,而且也完全是可以理解的。

古今南北杂凑的初步论证

　　规定事物性质的,主要是该事物的内部的本质属性,所以我们研究《切韵》的性质时,应该从《切韵》本身出发。

　　首先,从《切韵》这个名称来看。王显同志对于它的解释应该承认是一个有价值的创见。他认为"这个'切'字,用今天的话来说,就是正确的、规范的"意思,根据是充分的;但规范的标准是否就是洛阳话呢? 我们认为不是,而是王仁昫所说的"典音",这种"典音"是与口语脱节的读书音,它里面有古音成分,也有今音。而古音又往往在方言中得到保存,于是古今分歧又往往表现为南北分歧,这种现象是长期历史积累的结果,是与汉字不表音以及文白异读、一字多音的情形相适应的。打开《经典释文》一看,就可明了"书音之作,作者多矣"[①]。各家的读音很不相同,而《切韵》兼容并包,以为作文用韵的规范。

　　拿古典经籍的读音作为规范的标准,事实上是不科学的,因为书上的读音并没有什么严密的音系,"加以楚夏声异,南北语殊,是非信其所闻,轻重因其所习"[②],结果一定是杂凑。这和当时文人的复古思想以及陆法言著韵书的目的是密切相关的。从颜之推的语言批评就可以看出来,他说:"吾见王侯外戚,语多不正,亦由内染贱保傅,外无良师友故耳。"(《颜氏家训·音辞篇》)又说他到陆法言家乡之后,唯见崔子约等人"颇事言词,少为切正"(《颜氏家训·音辞篇》)。这都不是以某一种口语而是以通行的雅言作为标准的。陆法言也并不是为了规范某一种口语来写韵书的。其规范的内容与现在我们的推广普通话完全不同。他还是从知识分子作文写诗着想的,所谓"凡有文藻,即须明声韵",

----

①② 　陆德明《经典释文·序》。

就是目的。根据这样一个目的，就无须以活方言音系作为基础。即或如此，从隋文帝定都长安到陆法言写《切韵》时已有二十余年，当时的政治、经济、文化中心也转到长安，为什么要拿洛阳话作为规范标准呢？这也是说不过去的。

第二，从《切韵》的分部来看，也表现了古今南北杂凑的特色。这就是前人所说的"音同韵异"，如《直斋书录解题》说："韵书肇于陆法言，于是有音同韵异，若东、冬、钟、鱼、虞、模、庚、耕、清、青、登、蒸之类。"（卷三，小学类）怎么会产生"音同韵异"呢？一个活方音之内，决不会有这种情形。究其实不外乎两个原因：一是古音的保存，以支、脂、之为例，章太炎说："支、脂、之三韵惟之韵无阖口音，而支、脂开阖相间，必分为二者，亦以古韵不同，非必唐音有异也。"（《国故论衡》上卷《音理论》）在此以前，段玉裁也说过："支、脂、之三韵，分之所以存古，类之所以适今。"（《六书音均表·今韵同用独用未允说》）从《王三》的附注来看，陆法言批评吕静、夏侯咏脂韵"与之、微大乱杂"，所谓大乱杂，正反映了合韵的事实，至少是反映了这样一个趋势。北京大学中文系 56 级语言班编写的《汉语发展史》（初稿）根据南北朝韵文归纳的结果，脂、之、微已合而为之部，与夏侯、吕不谋而合。另一原因就是方音的并存，以鱼、虞为例：《音辞篇》中说到"北人以庶为戍，以如为儒"，表明了鱼虞两韵，南分北合。到唐朝还是这样，《大唐新语》中有这样的故事："侯思止出自皂隶，言音不正，以告变授御史。时属断屠。思止谓同列曰：'今断屠宰，鸡云圭猪云诛鱼云虞驴平云缕，俱云居不得喫云诘。空喫结米云弭面泥去。如云儒何得不饥！'侍御崔献可笑之。思止以闻，则天怒谓献可曰：'我知思止不识字，我已用之，卿何笑也？'献可具以鸡、猪之事对，则天亦大笑，释献可。"[1]"崔献可笑""则天亦大笑"的原因何在呢？就是笑侯

---

[1] 刘肃《大唐新语》188—189 页，古典文学出版社 1957 年。

思止诛(猪)、虞(鱼)、缕(驴)、居(俱)、儒(如),满口都是鱼、虞不分。这个例子不但说明方音的不同,也说明当时是有一种"雅音"存在,而且这种"雅音"与北方口语也不尽相同,大抵只有读书人能掌握,侯思止因为"出自皂隶",又"不识字",所以,虽在宫廷里混了这么多年,又当了大官,还是"言音不正",受人讥笑。

章太炎还论到:"若夫东、钟、阳、唐、清、青之辨,盖由方国殊音,甲方作甲音者,乙方则作乙音,乙方作甲音者,甲方或又作乙音,本无定分,故殊之以存方语耳。"(《国故论衡》上卷《音理论》)因此,他第一次明确地说出了"《广韵》所包,兼有古今方国之音,非并时同地得有声势二百六种也"。

第三,从跨韵的情形看,也可以证明《切韵》的杂凑性。所谓跨韵,就是同一个字别居多韵,有跨两韵的,有跨三韵乃至四韵的。这种跨韵多发生在邻韵之间,如江韵总共才几十个字,跨两韵的有[1]:

　　釭:古双切,灯,又音工。(江韵)

　　　　古冬切,灯也,又音江。(冬韵)

　　玒:古双切,玉名,又音工。(江韵)

　　　　古红切,玉名,又音江。(东韵)

跨三韵的有:

　　橦:宅江切,木名。(江韵)

　　　　徒红切,木名。(东韵)

　　　　职容切,《字样》云:本音同,今借为木橦字。(钟韵)

　　惷:丑江切,愚也。(江韵)

　　　　书容切,愚也。(钟韵)

---

[1]　这里所列举的例字,《王三》与《广韵》完全相同。而《王三》一书比较罕见。为了便于读者查检,所以训释材料都引自《广韵》。

丑用切,愚也。(用韵)

跨四韵的有:

泽:下江切,《说文》曰:水不遵道。一曰:下也。(江韵)

户公切,《说文》曰:水不遵道。一曰:下也。(东韵)

户冬切,《说文》曰:水不遵道。一曰:下也。(冬韵)

古巷切,水流不遵道。(绛韵)

从以上所列举的几个例字来看,它们读音别,而义训则同,这在同一方言中是不大可能的。又如东韵中的"虹"字也有两种读音:一是胡笼反,一是古巷反,释义都是"螮蝀"。难道有可能在当时的洛阳方言中,一些人读 [xoŋ],另一些人又读 [kaŋ]? 这当然不可能。好在这两种读音在不同的方音中至今还分别保存着,从此来看《切韵》音系的杂凑性是非常明显的。

也有同一个字跨阴、阳两韵的,如"能"字在阴声韵中出现两次,在阳声韵中也出现两次:

咍韵:能,《尔雅》谓三足鳖也。又兽名,禹父所化也。奴来切,又奴登切。

代韵:能,技能。又姓,《何氏姓苑》云:长广人。

登韵:能,工善也。又兽名,熊属,足似鹿。亦贤能也。奴登切,又奴代、奴来二切。

等韵:能,夷人语。奴等切,本又奴登切。

这种情况怎么解释呢? 顾炎武认为这"是古今变也",他说:"晋时此音未改,江左以降,始以方音读为奴登反,而又不可尽没古人奴来、奴代之音,故兼收之。"(《唐韵正》卷六登韵"能"下注)又如"寅(脂、真)等(海、等)"也是阴阳兼收,颜师古说:"等字本音都在反,又转音丁儿反……今吴越之人呼'齐、等'皆为丁儿反。"(《匡谬正俗》卷六 68 页,万有文库本)他根本没有提到"多肯反",可是,顾野王的《玉篇》中已经有了"都肯、都怠"二切,这就说明"等"字有阴、阳两读,是当时方音的实际情况。《切韵》两收,是因为它并不规定以某一方音作为正音标准。

　　第四,调类的相混,也反映了《切韵》不是一个活方言音系。如去声宥韵与入声屋韵相混的字就有"覆、辐、蕾、镺、复、囿、畜、宿"等。中古时期的入声有很明显的辅音韵尾,与其他三声最不容易相混,可是无论是《切三》《王三》以及后来的《广韵》,入声和去声相交叉的情形特别严重。陆法言曾经说过:"秦陇则去声为入。"很有可能他在收集韵字的时候,就按方音情形处理了。兼跨三、四个调类的也有,例如:

	著	比
平	鱼韵—直鱼反	脂韵—房脂反
上		旨韵—卑履反
去	御韵—张虑反	至韵—毗四反
入	药韵—直略反、竹略反	质韵—毗必反

　　第五,根据我们初步的探索,《切韵》的声母系统也不单纯,虽然,在汉语各方言音系之间,声母的差别总是有限的,但从《切韵》中的"又音"表明,这种有限的差别也得到了确切的反映。如清、浊相混的:

　　　　旛—薄波反(歌韵),博何反(歌韵)。

　　　　澎—薄庚反(庚韵),抚庚反(庚韵)。

　　　　否—符鄙反(旨韵),方久反(有韵)。

舌头、舌上不分的:

　　　　茶—度胡反(模韵),宅加反(麻韵)。

　　　　阇—丁姑反(模韵),时遮反(麻韵)。

　　　　涂—度都反(模韵),直鱼反(鱼韵)。

　　　　橦—徒东反(东韵),宅江反(江韵)。

喉、牙音相混的:

横——胡盲反（庚韵），古皇反（唐韵）。

涡——乌和反（歌韵），古和反（歌韵）。

降——下江反（江韵），古巷反（绛韵）。

声母相混的原因，也是古今音或南北音的关系。以"氾"字的读音为例，就最能看出问题来。这个字出现在上声止韵，详里反，王仁昫说："音似者在成皋东，是曹咎所渡水。音凡者在襄城县南氾城，是周王出居城曰南氾。音匹剑反者在中牟县氾泽，是晋伐师于氾曰东氾。三所各别，陆训不当。"（《刊谬补缺切韵》卷三"氾"下注）成皋、襄城、中牟都在河南地带，而一个"氾"字的读音，就"三所各别"，如果是当时实际语音中有别，这就是反映了方音的不同。要不，也是古今音的流变。楚大司马曹咎渡氾水是公元前203年的事，这就是历史上有名的成皋之战。师古说："此水旧读音凡，今彼乡人呼之音祀。"（《汉书·高帝纪》注）就是说在隋唐以前"氾水"与"氾城"的读音是一样的。

第六，所谓活方言音系，是包括自己有独立的韵母系统、声调系统、声母系统，而语音系统又不是孤立地存在的，它必须依附于相应的词汇系统，如果将《切韵》所收的字排列成表，也可以看出它不是某一地区的活方音，其中有死亡的旧词，有方言词，下面我们把《王三》中一些注明是某方言的词列举如下：

奢——吴人呼父。止奢反。（麻韵）

镵——犁铁，吴人云。锄衔反。（衔韵）

蕒——吴人呼苦苣。莫解反。（蟹韵）

埂——堤封，吴人云埂。古杏反。（梗韵）

坱——尘埃，吴人云坱。乌朗反。（荡韵）

瓵——长沙人呼瓯。徒果反。（哿韵）

桵——禾四把，长沙云。息遗反。（脂韵）

稆——禾二把，长沙云。力脂反。（脂韵）

些——楚音，语已词。苏计反。(霁韵)

豨——楚人呼猪。希岂反。(尾韵)

瀽——荆州人呼渡津舫为瀽。胡盲反。(庚韵)

潷——蜀汉呼水洲。匹义反。(寘韵)

焰——蜀人取生肉以竹中炙。昨滕反。(登韵)

媞——江淮间呼母。丞纸反。(纸韵)

嬭——楚人呼母。乃礼反。(荠韵)

姐——羌人呼母。慈野反。(马韵)

煀——齐人云火。许伟反。(尾韵)

以上所引材料很不完整，其中已包括"吴人、楚人、长沙人、荆州人、蜀人、羌人、齐人"，主要是长江流域。我想再强调一下，研究音系，漠视词汇系统，在方法上是片面的，方言音系与方言词汇是一个统一体。

根据以上六个方面的论证，我们认为，说《切韵》音系的性质是古今南北杂凑是有道理的。王显同志说："陆法言祖祖辈辈都住在北土，根本没有到过南方。"又说："如果认为《切韵》包括了从北到南的一切方言音系的话，那就必须设想陆法言等具有现代的调查方言知识，并且事先对这些方言都作过周密的调查，整理出了它们的声母、韵母和声调的系统。"这里有几点是要加以解释的：

第一，我们说《切韵》是古今南北杂凑，并不是说陆法言曾把古今南北分作四股，各占四分之一，然后拼凑起来，主要是说它不是以洛阳活方言音系为基础，不是一时一地之音。但也不意味着它"包括了从北到南的一切方言音系"。像罗常培先生说的："《切韵》系韵书兼赅古今南北方音，想用全国方音的最小公倍数作为统一国音的标准。"(《厦门音系》55页)这是不够切合实际的。我们认为，《切韵》音系就地点来看，主要反映的是当年黄河流域一带，其次是长江流域一带的语音。王显同志批评有人"断然说是《切韵》的入声取自粤方言，是没有一点事实根据的"，我们完全同意。除了他分析的那些道理外，我们还可以从《切韵》中关于地理的训释来看，有三种情况：黄河流域一带的州、郡、县、河流，解释得详细，甚至连长安街上有一座"横门"都注上了；长江流域一带的州、郡、河流就注得简要，而且偏重于江淮流域；至于珠江流域，则很难找到反映，只有少数一些地方有注，如寒韵"番"字下注出："番禺县，在交趾。"至于河流的名字、桥名、乡名、亭名，则几乎找不出来。这和历史文献所提供的读音资料以及编韵书的人的活动范围以及当时的经济文化发展的不平衡是有关系的。

但是，第二，也不是说陆法言等一定得"具有现代的调查方言知识，并且事先对这些方言都作过周密的调查，整理出了它们的声母、韵母和声调的系统"，才能达到南北杂凑。事情恰恰相反，如果陆法言等有了现代的调查方言知识，就决不会弄成一个南北杂凑的韵部了。正因为他们由于历史的局限，缺乏这种知识，所以才弄成了一个杂凑的系统，他们自己还以为，只有这样，才能"赏知音"；而对于我们今天来说，在了解古今音的发展上，《切韵》是提供了极重要的历史根据。

第三，可是，陆法言"根本没有到过南方"，他怎么能了解南方的语音呢？只要有一定的条件就可以。这条件之一就是"多所决定"的萧、颜是南方人；条件之二就是可以通过书面材料来把握。同样，陆法言等是隋朝人，并没有生活在魏晋之前，但我们说它古今杂凑，主要也是由书面材料而来。这一点，他在序言中已经交待得很清楚，说是"取诸家音韵，古今字书，以前所记者，定之为《切韵》五卷"。"古今字书"中有"古今"不同之音这不用说了，而"诸家音韵"的"诸家"里面，一定又包括江东、河北。总之，他利用的是书面材料，而不是像扬雄一样，拿着纸笔去作方言调查，所以我们也用不着"设想陆法言等具有现代的调查方言知识"。再从《切韵》中"又音"的材料也可以得到印证。顾炎武曾说:"《广韵》之中,或一字而各韵至三收、四收、五收,又或一字而本韵中至两收、三收,或各义,或同义。盖古人之音,必有所本,如《汉书》则服虔一音,应劭一音,如淳一音,孟康一音,晋灼一音;《庄子》则简文一音,司马彪一音,李轨一音,徐邈一音。作韵之人,并收而存之书,不惟以给作诗之用,盖所以综异闻,备多识,而不专于一师之学也。"(《音论》卷上《唐宋韵谱异同》)顾炎武这一番话,可谓论古原情,深达陆法言的本意。宋朝人也说过类似的话:"唐朝定六经(音)释,具载诸音,不敢去取,向有人欲删定归一音者。乾道间议论,以为六经犹月日,人人皆欲绘画,岂可拘于一家? 其间意义极多,有借用字,有避俗音字,有五方音不同字,门类亦不一,不可不知也。"[1] 这里说的六经音释,那种"不可不知""诸音"的思想与陆法言的"赏知音"原则是一致的,他们时代的人对于活的口语、方言音系,并没有太大的兴趣,明确地提出建立某一个方言的音系,那是有了音位学知识以后的事情。周德清的《中原音韵》也是从书本上归纳出来的,不过,他所运用的书面材料比较接近口语,所以和《切韵》音系就有了根本的不同。

余　论

　　确定《切韵》音系的性质是古今南北杂凑,并不意味着对《切韵》作用的否定。只有按照客观事物本来的属性去了解它,运用它,才能达到科学的利用。如果我们把《切韵》说成是一个活方言音系,反而显得不合理,因为对陆法言提出这样的要求是不恰当的,这完全是以今律古。另外:由于《切韵》是综合音系,给《切韵》

---

[1]　赵彦卫《云麓漫钞》卷十四399—401页,见《丛书集成》;又见中华书局上海编辑所1958年出版的本子,204页。

拟音的问题,也应该有商量的余地,有人主张暂时不给《切韵》拟音,不能被认为是"主张废弃拟音","是仅仅满足于把语音归类的办法",要"使我们的语音史工作退回到几世纪以前的旧路上去"。请注意,要把已经消亡的语言的面貌描绘出来,应该对各方言中同一个词在语音形式上的各种变体进行历史的比较。在这方面,由于历史文献的局限和以往研究工作的薄弱,给中古汉语拟音,我们还缺乏必要的、可靠的材料。这种工作可以有人去做,但这些问题也可以进一步研究。就我个人的认识而言,我并不反对给中古汉语拟音。拟音是一大进步,有利于说明某些历史音变现象。但我绝不相信,目前有关《切韵》的拟音是一个单一音系的本来面貌。

原载《中国语文》1961 年第 9 期

2002 年收入《音韵丛稿》时追记:

本文是我为 56 级语言班编著的《汉语发展史》(油印稿)而作的一章,也是我大学时的毕业论文。指导教师为魏建功师,评阅人为周祖谟师。现将周师评语移录于此:

前人对《切韵》音系的研究虽有不少论著,但有些根本性的问题尚未解决。本文为《汉语发展史》中的一章,作者根据已有的文献材料,初步探索《切韵》音系的性质,不为前人成说所围,能从纷繁的材料中看出问题,提出自己的看法,有分析,有批判,具有一定的创造性。

成绩:优

30 多年过去了,二师均已捐馆,此文虽然稚嫩,先师教益不可忘。作此追记,以志感激。

古无去声补证

　　王力先生《古无去声例证》一文,"列举周秦两汉韵文的例子,证明段氏古无去声之说是正确的"①。证据有力,结论可信。但目前海内外谈上古音的,对古无去声说肯降心相从者甚少,有人还武断地斥之为"谬说",可见,这个问题还有论证的必要;另外,历来讨论上古声调的文章,多限于韵文和谐声方面的例证,本文打算以帛书、简书中的假借字为主要根据,再酌量选用一些上古文献中的假借字和少量分别字等材料,对"古无去声说"作补充论证。

　　《补证》因《例证》而作,故文章一仿《例证》格式,即以《广韵》去声韵目为序,列举例字以证明之。

　　一、送

　　众,古读平声,音同"终"。《仪礼·士相见礼》"众皆若是",郑注:"今文众为终。"《武威汉简》89 页作"终皆如是"。《史记·秦始皇本纪》"三十二年……因使韩终、侯公、石生求仙人不死之药。"又:"三十五年……今闻韩众去不报。"《正义》:众,音终。顾颉刚说:"上文三十二年称'韩终',三十五年称'韩众',知道即是一名,因同音而异写。"②《诗·鄘风·载驰》"众稺且狂",王引之《经义述闻》卷五:"当读为终。"

　　仲,古读平声,音同"中"。《战国策·西周策》"苏代遂往见

①　南开大学中文系语言学教研室编《语言研究论丛》1 页,1980 年。
②　《中华文史论丛》1979(2):56。

韩相国公中"，《韩策》及《韩非子·十过》均作"公仲"，《战国纵横家书》106 页作"公仲"。《汉书·元帝纪》"中冬，雨水大雾"，师古曰："中读曰仲。""仲"本是"中"的分别字，它们在上古时，声韵调一致。

梦，古读平声，音同"萌"。《管子·势篇》"逆节萌生"，《经法》83 页作"逆节梦生"。

二、宋

宋，古读平声。《例证》以《诗·邶风·击鼓》叶"仲宋忡"为据。顾颉刚在《尚书校释译论·西伯戡黎》中说："商人从来不自称为'衣'或'殷'，而只自称为'商'。即使商亡后，封于宋的商王朝后代虽周人称为宋（'商'和'宋'是一声之转），却往往仍然称'商'。"[①] 顾说"商、宋"乃一声之转，可信。"商"属审母三等，"宋"属心母，二者为准双声。"商"属阳部，"宋"属冬部，二者主要元音相近，韵尾相同。

三、用

颂，古读平声，与"庸、容"同韵同调。《仪礼·大射仪》"阶之西颂磬"，郑注："古文颂为庸。"《武威汉简》121 页作"容磬"。

五、真

訑，古读平声，音同"池"。《诗·邶风·燕燕》"差池其羽"，帛书《五行篇》作"差訑其羽"。"池"属定母，"訑"属喻四，二者都属歌部。

智，古读平声，音同"知"。《战国纵横家书》48 页："则臣必先智之。"《睡虎地秦墓竹简》15 页："令吏民皆明智之。"又："若弗智，是即不胜任。"三"智"字均应读作"知"。《战国策》"知伯"又写作"智伯"，实为一人。"智"乃后起字。

---

① 《中国历史文献研究集刊》第一集 57 页。

寄，古读平声，音同"奇"。《战国纵横家书》85页"列在万乘，奇质于齐"，《战国策·燕策一》《史记·苏秦列传》均作"寄质于齐"。

义，古读平声，音同"仪"。《战国纵横家书》98页"秦逐张义"，《史记·田敬仲完世家》作"秦逐张仪"。《经法》89页："有义而义则不过，侍（恃）表而望则不惑。"二义字均读作"仪"。《武威汉简》96页"如初义"，《仪礼·特牲馈食礼》作"如初仪"。

戏，古读平声，音同"呼"。汉石经残碑《尚书》中的"呜呼"，皆写作"於戏"。

伪，古读平声，音同"为"。《睡虎地秦墓竹简》129页："为听命书，法（废）弗行，耐为侯（候）。"第一个"为"读作"伪"，意为假装。《尔雅·释诂》："载谟食诈，伪也。"邵晋涵《正义》："古者为、伪二字通用……后世字别为义，则'载、谟'训作为之为，'食、诈'为虚伪之伪也。"

赐，古读入声，音同"锡"。《仪礼·燕礼》"宾所执脯以赐钟人于门内霤"，郑注："古文赐作锡。"《离骚》"肇锡余以嘉名"，王逸注："锡，赐也。"

六、至

挚，古读入声，通"质"。《战国纵横家书》31页："始也，燕累臣以求挚。""挚"读为"质"。

遂，古读入声，通"述"。帛书《老子》甲本"功述身芮"，乙本作"功遂身退"。《仪礼·大射仪》"遂卒爵"，《武威汉简》122页作"述卒爵"。"遂"又通"术"。《左传·僖公三十三年》"获百里孟明视、西乞术"，又《文公十二年》"秦伯使西乞术来聘"，《公羊传》皆作"遂"。

备，古读入声，音同"服"。《战国策·赵策二》"今骑射之服"，《史记·赵世家》作"骑射之备"。《经法》13页："衣备不相输

（逾），贵贱等也。""衣备"即"衣服"。

犕，占读入声，音同"服"。《易·系辞下》"服牛乘马"，《说文》犕字下引作"犕牛乘马"。

帅，古读入声，音同"率、遂"。《侯马盟书》34 页"不帅从"，40 页作"不遂从"。《诗·小雅·采菽》"平平左右，亦是率从"，《荀子·儒效》引此诗亦作"率从"，《左传·襄公十一年》引作"亦是帅从"。

七、志

治，古读平声，声近"之、笞"。帛书《老子》"以正之邦"，乙本作"以正之国"，今本作"以正治国"。"之"假借为"治"。《睡虎地秦墓竹简》凡"笞"字多假"治"为之，如 90 页："辄治之。直一钱，治十；直廿钱以上，孰（熟）治之，出其器。弗辄治，吏主者负其半。"例中四治字都应读为"笞"。"治"属定母，"笞"属透母，二者为旁纽；"之"属照₃，与端系相近。"治、笞、之"都属之部。

志、侍，古皆读上声，通"恃"。帛书《老子》甲本"为而弗志也"，乙本作"为而弗侍也"，今本作"为而不恃"。

忌，古读上声，通"己"。帛书《五行篇》："忌仁而以人仁，忌义而以人义。"二忌字都是"己"之假借。《战国纵横家书》58 页有"朱己谓魏王章"，《战国策·魏策三》也作"朱己谓魏王"，《史记·魏世家》作"无忌谓魏王"，《荀子·强国篇》杨倞注引《史记》作"朱忌谓安釐王"。"无"乃"朱"字之误，"忌、己"通用。

记，古读上声，音同"久"。《睡虎地秦墓竹简》64 页："县、都官以七月粪公器不可缮者，有久识者靡蚩（磨除的意思）之。"又 286 页："久刻职（识）物。"两久字都是"记"的假借字。

试，古读入声，音同"识"。《战国纵横家书》58 页："此天下之所试也。"又："而王弗试则不明。"两试字都是"识"的假借字。又同页"不试礼义德行"，《战国策·魏策三》869 页及《史记·魏世家》1857 页均作"不识礼义德行"。

八、未

畏，古读平声，音同"威"。帛书《老子》乙本"民之不畏畏，则大畏将至矣"，今本《老子》作"民不畏威，则大威至"。《尚书·盘庚中》："予岂汝威（意为予岂威胁汝）。"据顾颉刚说：敦煌本 P2516、P2643，岩崎、元亨诸写本及薛氏刊本皆作"畏"。金文及古籍中常假"畏"为"威"。

魏，古读平声，音同"巍"。银雀山汉墓竹简《孙子兵法·吴问》："韩、巍为次。"又："韩、巍制田，以百步为婉（畹）。"两巍字都是"魏"的古字。《说文》有"巍"无"魏"，段玉裁说："本无二字，后人省山作魏，分别其义与音，不古之甚。"（《说文注》437 页）

九、御

虑，古读平声，音同"庐"。《战国纵横家书》70 页："庐齐（剂）齐而生事于〔秦〕。""庐"乃"虑"之假借。

从虑得声之"蘆"，字亦作"芦"，均读平声，如《诗·郑风·出其东门》"茹蘆"。

十、遇

句，古读平声，音近"鸠"。《战国纵横家书》85 页："句浅栖会稽。"1965 年湖北江陵望山一号楚墓出土的越王句践所用的青铜剑，上有鸟篆铭文，作"越王鸠浅"。

上古"句"有两个声调，除读平声外，亦可读上声，音同"苟"。《战国纵横家书》11 页："臣请归择（释）事，句得时见，盈愿矣。"《睡虎地秦墓竹简》282 页："临材（财）见利，不取句富；临难见死，不取句免。"两例的三句字，都应读为"苟"。

十一、暮

悟，古读平声，音同"吾"。帛书《伊尹·九主》："幸主之不吾，以侵其君。"《经法》24 页："处狂惑之立（位）处（疑是而字）不吾,身必有瘵（戮）。"两吾字均读作"悟"。

露,古读入声,音同"洛"。帛书《老子》甲、乙本"天地相合,以俞甘洛",今本作"以降甘露"。《战国纵横家书》91页"臣闻〔甘〕洛降,时雨至",《战国策·赵策一》作"甘露降"。

赂,古读入声,音同"洛"。《战国纵横家书》106页"王不若因张义（仪）而和于秦,洛之以一名县",《战国策·韩策一》作"赂之以一名都"。

暮,古读入声,音同"莫"。《睡虎地秦墓竹简》104页:"行传书、受书,必书其起及到日月夙莫。""莫"乃"暮"的本字。

蠹,古读入声,音同"橐"。《睡虎地秦墓竹简》286页:"皮革橐突。"120页:"官府藏皮革……有蠹突者,赀官啬夫一甲。""橐突"即"蠹突",被虫子啮穿的意思。

护,古读入声,音同"获"。《仪礼·大射仪》"授获者退立于西方,获者兴共而俟",郑注:"古文获皆作护,非也。""护"与"获"同属匣母铎部,自可假借,无所谓"非"。《武威汉简》124页亦作"护",与古文本同。

十二、霁

剂,古读平声,音同"齐"。《战国纵横家书》70页:"庐（虑）齐（剂）齐而生事于秦。周与天下交长,秦亦过矣。天下齐（剂）齐不侍（待）夏。""齐（剂）齐"就是与齐国调和的意思。《礼记·少仪》:"凡羞有湇者不以齐。""齐"亦"剂"之假借,郑注:"齐,和也。"

计,古读入声,音同"诘"。帛书《老子》甲、乙本"三者不可至计",今本作"不可致诘"。

十三、泰

蔡,古读入声,通"察"。帛书《老子》甲、乙本"鬻人蔡蔡",今本作"察察"。又通"㡜"。《左传·昭公元年》:"周公杀管叔而蔡蔡叔。"张参《五经文字》说:"蔡,《春秋传》多借'蔡'为之。"《后汉书·樊儵传》李贤注引《传》作"周公杀管叔而蔡蔡叔"。《广韵》曷韵:"蔡,放也。若'蔡蔡叔'是也。"《史记·周本纪、管蔡世家》均作"放蔡叔"。可见,"蔡"意为放逐,假"蔡"为之。

寂,古读入声,音同"窜"。《说文》卷七下写作"寂",许慎说(依段注本):"读若《虞书》曰'窜三苗'之'窜'。"今《书·舜典》作"窜三苗",《孟子·万章上》作"杀三苗"。"寂、窜、杀"以及"蔡、蔡"等字,上古都属月部(窜,《字林》音千外、七外二反,《集韵》音取外切)。朱骏声认为这几个字"实皆借为寂"[①]。就是说"寂"是本字,"杀、蔡、蔡"都是借字[②]。可备一说。

害,古读入声,音同"曷"。《尚书·盘庚中》:"汝曷弗念我古后之闻?"据顾颉刚说:"曷字,古写隶古定本 P2516、P2643、岩畸、内野、云窗诸本及薛季宣刊本皆作害。"又引段玉裁说:"凡曷字古今文《尚书》皆作害,其作曷者,皆后人所改。"[③]

十六、怪

壞,古读平声,音同"懷"。《武威汉简》104 页"壞之",今本《仪礼·少牢馈食礼》作"懷之"。

介,古读入声,音同"契"。帛书《老子》甲本"故有德司介",乙本作"又德司芥",今本作"有德司契"。

芥,古读入声,音同"挈"。《战国纵横家书》92 页"秦尽韩、魏之上党,则地与王布属壤芥七百里",《战国策·赵策一》作"邦属而壤挈"。

---

①　《说文通训定声》泰部,2758 页,万有文库本。

②　章太炎、郭沫若都认为"杀、蔡"声通相借。沈兼士著《希杀祭古语同原考》,载《辅仁学志》八卷二期,亦可参阅。

③　《历史学》1979(1):42。

十七、夬

夬，古读入声，通"决"。《战国纵横家书》59 页"与楚兵夬于陈鄙（郊）"，《战国策·魏策三》作"与楚兵决于陈郊"。《睡虎地秦墓竹简》281 页："凡为吏之道……毋以忿怒夬。"286 页："夬狱不正。"二夬字都是"决"之假借。又借为"缺"。帛书《老子》甲本"其正（政）察察，其邦夬夬"，今本作"缺缺"。

话，古读入声，通"佸"。《尚书·盘庚中》："盘庚作……乃话民之弗率。"俞樾释"话"为"佸"之假借，义为会合。"话、佸"均属月部。

十八、队

配，古读平声①，音近"肥"。帛书《老子》乙本："是谓肥天。"《经法》45 页："唯余一人，〔德〕乃肥天。"《伊尹·九主》："神圣是则，以肥天地。"三肥字都是"配"之假借。又通"妃"，亦是平声。《商君书·画策》："故黄帝作为君臣上下之义……夫妇妃匹之合。""妃"即"配"，《礼记·曲礼》孔疏："妃，配也。"

背，古读入声，"北"的分别字。"背"本从北得声。《睡虎地秦墓竹简》265 页："某头左角刃痏一所，北二所（背上有两处伤）。"又 276 页："即疏书甲等名事关牒北（牒北，即文书的背面）。"两北字即背字。

昧，古读入声，通"蔑"。《荀子·议兵》"然而兵殆于垂沙，唐蔑死"，《史记·楚世家》作"唐昧"。

十九、代

态（態），古读平声，写作"能"，音同"台"。《素问·风论》："顾问其诊及其病能。"又《阴阳应象大论篇》："此阴阳更胜之变，病之形能也。""病能、形能"即"病態、形態"。屈原《九章·怀沙》：

---

① 我在《古韵通晓》中，依高本汉、王力先生意见，将"配"归物部，应改归微部。

"邑犬之群吠兮,吠所怪也。非俊疑杰兮,固庸態也。"《论衡·累害篇》引作"固庸能也",说明王充所见到的本子还是用"态"的古字"能",今本作"庸態",为后人所改。屈原《离骚》:"纷吾既有此内美兮,又重之以脩能。扈江离与辟芷兮,纫秋兰以为佩。""脩能"即"脩態"。"能(態)佩"为韵,都属平声,王先生《例证》在十八队已经指明,而《怀沙》"怪態"为韵,读平声,《例证》失收。《诗经韵读》18页小注:怪字"从段玉裁归之部。存疑。"

能,音"台",还有其他材料可证。《史记·天官书》:"魁下六星,两两相比者,名曰三能。"《集解》引苏林曰:"能音台。"《切韵》将"三能"径写作"三台",如《切三》(S2071)十六咍"台"字注:"三台,星名。"

代,古读入声,通"忒"。《经法》38页:"四时时而定,不爽不代。"《伊尹·九主》:"古今四纶,道数不代。""不代"均读为"不忒"。

贷,古读入声,通"忒"。帛书《老子》乙本"恒德不贷",今本作"不忒"。

二十、废

废,古读入声,音同"发"。《战国纵横家书》92页"使秦废令",《战国策·赵策一》作"使秦发令"。"发"乃"废"之假借字。又借"法"为"废",《睡虎地秦墓竹简》15页:"是即法主之明法也。"127页:"任法官者为吏,赀二甲。"129页:"为听命书,法弗行,耐为侯;不辟席立,赀二甲,法。"又《经法》29页:"一曰正名立而偃,二曰侍名法而乱。"四例的六个法字,除"明法"的"法"外,其余全是"废"的假借字。竹简和帛书中借"法"为"废"的例子甚多,是"废"古读入声之确证。"废、发"都属月部,收 -t 尾,"法"属叶部,收 -p 尾,主要元音都是 a,可以通转。

二十一、震

信,古读平声,通"申(伸)"。《仪礼·士相见礼》"凡侍于君子,君子欠伸",郑注:"古文伸作信。"《武威汉简》89 页作"申"。古籍中假"信"为"申"的例子不胜枚举,如《易·系辞下》:"尺蠖之屈,求其信也。"又如将"申徒"写作"信徒"(见《别雅》卷一)。

仞,古读平声,音同"仁"。《老子》帛书甲本"百仁之高,始于足下",今本作"千里之行,始于足下"。但魏源《老子本义》引焦竑说:"'千里之行'一作'百仞之高'。"(国学基本丛书本 74 页)是明代焦竑所见到的本子有作"百仞之高"的,帛书"仁"正是"仞"的假借字。

闄,古读平声,通"邻"。《经法》16 页:"主失位……将与祸闄。""闄"为"邻"的假借字。

振,古读平声,音同"真"。《诗·周南·螽斯》"振振兮",《麟之趾》"振振公姓",《经典释文·毛诗音义》都音"真"。

镇,古读平声,音近"填"。《史记·天官书》"填星",《广雅·释天》作"镇星",帛书《五星占》亦作"填星"。洪诚说:"镇是通行字,填是古假借字。"(《中国语文》1979〔5〕:365)

二十五、愿

怨,古读上声,音同"宛"。《经法》33 页:"为乱首,为怨媒。"35 页:"饥不饴(?),死不宛……不为乱首,不为宛媒。"两宛字乃"怨"之假借。《侯马盟书》43 页:"而卑众人窓死。"许慎说:"窓"是"怨"的古文(《说文》卷十"怨"字条),与《盟书》正合。整理小组对《盟书》"窓"字的注释是:"借用为冤字,音渊(yuān),冤屈的意思。"依此注,则上古"怨"字有平、上两读。

二十六、恩

遁,古读平声,通"循"。帛书《五行篇》:"遁草木之生,〔则有〕生焉。"又:"遁人之生……不遁,其所以受郅也,遁之则得之矣。"四遁字都是"循"之假借。

逊,古读平声,音同"孙"。帛书《五行篇》:"媿媿(俛俛)也,孙孙也。”《论语·阳货》:“近之则不孙。”皆“逊”之借字。

论,古读平声,音同“伦”。《仪礼·公食大夫礼》“伦肤七”,郑注:“今文伦或作论。”《释名·释典艺》:“论,伦也,有伦理也。”

二十九、换

贯,古读平声,音同“关”。《仪礼·乡射礼》及《大射仪》“不贯不释”,郑注皆曰:“古文贯作关。”《武威汉简》125页亦作“关”。“关”乃“贯”之假借。古书中,“弯弓”常写作“关弓”(如《孟子·告子下》),或“贯弓”(如《史记·陈涉世家》)。王先生《例证》按《诗》韵,说“贯,古读上声”,似可议。在先秦韵文中,“贯”亦与平声字押韵,如《灵枢·营卫会生》:“阴阳相贯,如环无端。”

盥,古读上声,音同“浣”。《仪礼·乡射礼》“盥洗”,郑注:“古文盥作浣。”《武威汉简》96页亦作“浣”。

算,古读上声,音同“选”。《仪礼·丧服》“野人曰:父母何算焉”,《武威汉简》9页作“父母何选焉”。《诗·邶风·柏舟》“不可选也”,《后汉书》注引作“不可算也”。“选”乃“算”之假借字。

三十、谏

宦、擐,古读平声,音同“关”。《战国纵横家书》36页:“宦二万甲自食以功(攻)宋。”102页:“关甲于燕。”“宦甲”即“关甲”,亦即《左传·成公二年》的“擐甲”。“宦、擐”与“关”同属平声,“关、宦”为“擐”之假借。

三十一、裥

间,古苋切,古读平声,音同“奸”。《战国纵横家书》112页:“燕使蔡鸟(人名)股符胠璧,奸赵入秦。”“奸赵”即“间赵”。

三十三、线

战,古读平声,音同“单、郸”。帛书《老子》乙本“善单者不怒”,甲本及今本均作“善战者不怒”。《经法》12页:“民无它志,然后可以守单矣。”13页:“号令成俗而刑罚不犯,则守固单胜之道也。”“守单”即“守战”,“单胜”即“战胜”。又通“郸”。《战国纵横家书》51页:“惠王伐赵……拔郸战,赵氏不割而郸战复归。”“郸战”即“邯郸”。

便,古读平声,通“偏”。帛书《老子》甲本“是以便将军居左”,乙本作“偏将军”。“便”为“偏”之假借。

贱,古读上声,音近“浅”。帛书《老子》甲本“不可〔得〕而贵,亦不可得而浅”,乙本、今本作“不可得而贱”。“浅”乃“贱”之假借。

三十四、啸

弔,古读入声,音同“淑”。《左传·哀公十六年》“旻天不弔”,《周礼·大祝》郑注引郑司农(即郑众)作“闵天不淑”。“弔”即金文中的“叔”字。《庄子·齐物论》“其名为弔诡”,《德充符》《天下篇》作“淑诡、諔诡”,《吕氏春秋·侈乐篇》作“俶诡”。“淑、諔、俶”皆属觉部,“弔”属药部,觉药旁转。

三十五、笑

肖,私妙切,古读平声,音同“宵”。帛书《老子》乙本“大而不宵。夫唯不宵,故能大”,今本作“不肖”。《战国纵横家书》74页“老臣贱息舒旗最少,不宵”,《战国策·赵策四》《史记·赵世家》均作“不肖”。“宵”乃“肖”之假借。

妙,古读上声,音同“眇”。帛书《老子》甲本“以观其眇”,今本作“妙”。

三十八、箇

贺,古读平声,通“加”。帛书《老子》甲、乙本“尊行可以贺人”,今本作“加”。

四十、祃

驾,古读平声,音同“加”。《睡虎地秦墓竹简》150页:“驾罪之。何谓驾罪?”又151页:“问罪当驾如害盗不当?”168页:

"甲告乙盗值□□,问乙盗卅,甲诬驾乙五十,其卅不审。"四驾字都是"加"的假借字。"诬驾"即"诬加",为同义词连用,意为告人不实。《仪礼·特牲馈食礼》"为加爵者",《武威汉简》98页作"为驾爵者"。

霸,古读入声,音同"伯"。顾颉刚《尚书校释译论·西伯戡黎》说:"伯,音义同霸。古时称诸侯中强大者为'伯',即'霸'。"又通"魄",《汉书·律历志》引古文《尚书·武成篇》"旁死霸",今文作"旁死魄"。师古曰:"霸,古魄字,同。"颜师古认为"霸、魄"为古今字,不当。"霸指月亮的光辉"[1],"霸"乃"魄"之假借。"霸、伯、魄"都属铎部。

亚,古读入声,音同"恶"。帛书《老子》乙本"人之所亚,〔惟孤〕寡不橐(穀)",甲本及今本均作"所恶"。乙本:"美与亚,其相去何若?"甲本、今本均作"美与恶"。《经法》24页:"美亚不匿其情。"又:"美亚有名。"《仪礼·特牲馈食礼》"亚献",《武威汉简》97页作"恶献"。在上古文献资料中,假"亚"为"恶"是相当普遍的情形,以致段注《说文》认为"亚与恶音义皆同"。"亚、恶"同音,这是没有问题的。岑仲勉《中外史地考证·〈穆天子传〉西征地理概测》亦说:"亚读如恶。"至于"义"是否也相同,这里不加讨论。按各家谐声表,都将亚声归鱼部。王力先生于《诗经韵读》改归铎部(见该书20页),甚是。

四十一、漾

望,古读平声,音同"眈"。《庄子·秋水》"望洋向若而叹",《经典释文》作"眈洋",后世亦写作"茫洋"。

帐,古读平声,音同"张"。《史记·魏其武安侯列传》:"请语魏其侯帐具。"又:"夜洒扫,早帐具。"《汉书·窦田灌韩传》作

---

[1]　刘启益《西周金文中月相词语的解释》,《历史教学》1979(6):22。

"张"。"张"亦借作"帐"。《史记·高祖本纪》"张饮三日",《集解》引张晏曰:"张,帷帐。"后来诗文中常见"帐饮"这一词语。

妄,古读平声,音同"忘"。《战国纵横家书》31页:"臣不敢忘请。"《墨子·大取》:"立辞而不明于其所失,忘也。""忘"乃"妄"之假借。

况,古读平声,音同"兄"。帛书《老子》乙本:"天地而弗能久,又兄于人乎!"《战国纵横家书》33页:"兄臣能以天下攻秦。""兄"乃"况"之假借。"况、兄"都属晓母阳部。钱玄同《古韵廿八部音读之假定》云:"'况'与'卿'通,荀卿亦作荀况,《史记》但称'荀卿',不言名'况'。我以为荀卿之名已佚,'况'即'卿'之同音假借。"

向,古读平声,音同"乡"。《战国纵横家书》106页:"秦韩并兵乡楚。""乡"即"向"。《尚书·盘庚上》"若火之燎于原,不可向迩",《左传·隐公六年》引作"不可乡迩"。《史记·天官书》:"帝为斗车,运于中央,临制四乡。"郭沫若:"案即古向字,古金文中乡、饗、嚮、卿,均同字。"(《甲骨文研究》232页)

嚮,古读平声,音同"乡"。《仪礼·士相见礼》"嚮者",《武威汉简》89页作"乡者"。

尚,古读平声,音同"尝"。《战国纵横家书》46页:"王尚与臣言。""尚"乃"尝"之假借。

四十三、映

庆,古读平声,音近"荆"。《史记·刺客列传》:"荆轲者……卫人谓之庆卿。而之燕,燕人谓之荆卿。"《索隐》:"轲先齐人,齐有庆氏,则或本姓庆……此下亦至卫而改姓荆。""庆"属溪母,"荆"属见母,二者为旁纽;"庆"属阳部,"荆"属耕部,二者为旁转。至中古合流为庚三。按之先秦韵文,"庆"本读平声,这是主张上古有平上去入四声的人也不反对的。《索隐》所谓"改姓"云云,乃不明古音之故,纯属主观臆断。

孟,古读平声,音同"芒"。《战国纵横家书》51页"华军,秦战胜魏,走孟卯",《韩非子·显学》亦作"孟卯",《战国策·魏策三》及《史记·六国年表》均作"芒卯"。又通"明、盟",《尚书·禹贡》"孟猪",《尔雅·释地》"孟诸",《周礼·职方氏》"望诸",《史记·夏本纪》作"明都",《元和郡县志》作"盟诸"。孟、望、明、盟,古皆归阳部,读平声。

命,古读平声,音同"名"。《仪礼·丧服》"故子生三月则父名,死则哭之;未名,则不哭也",《武威汉简》93页两名字均作"命"。"命"乃"名"之假借。"名"亦假借为"命",《孟子·公孙丑下》:"五百年必有王者兴,其间必有名世者。""名世"即后来所谓的"命世"。陆游《书愤》"出师一表真名世",说者解"名世"为"闻名于世",是不知上古无去声,"名"可以用为"命"。《战国纵横家书》106页:"兴师救韩,名战车,盈夏路。""名"亦读"命"

四十四、诤

诤,古读平声,音同"争"。帛书《老子》甲本"〔是〕胃(谓)不诤之德",乙本、今本均作"不争"。《战国纵横家书》2页:"燕事小大之诤,必且美矣。""诤"读为"争"。"争"亦借为"诤"。《荀子·臣道》:"有能进言于君,用则可,不用则死,谓之争。"《孝经》:"天子有争臣,士有争友,父有争子。"

四十五、劲

正,古读平声,音同"征"。《经法》12页:〔七〕年而可以正,则胜强敌。"又:"弛关市之正。"又:"可以正者,民死节也。"18页:"霸主积甲士而正不备(服)。"四正字皆读为"征"。南宋赵彦卫在《云麓漫钞》(中华书局1958年版20页)中说:"秦始皇以昭王四十八年正月生于邯郸,因名'正',自后(正月之正)作'征'音呼。"其说当本之于《史记正义》:"正音政,'周正建子'之'正'

也。始皇以正月旦生于赵,因为政,后以始皇讳,故音征。"(《史记》224 页)这两条记载只能说明唐宋时候的人已经昧于古无去声,不知道"正、政"古皆读平声,因此,产生了这种错误的解释。"正月"至今还读"征月",这是因为"正月"这个词具有强大的保守性,读"征"(古今调值当然不可能一样),正是古音的残存现象,是古无去声说一个小小的铁证,与秦王政有什么相干!①《说文》:"证,从言正声。读若'正月'。"段玉裁《说文解字注》:"按古音凡'正'皆读如'征',读言'正月'者,随举之耳。"(93 页)

政,古读平声,音同"征"。虢季子白盘:"锡用戉,用政蛮方。"毛公鼎:"用歲(歲即戉)用政。"两例中的政字都读为"征"。上古文献中,"政"通"征"的例子很多。《礼记·檀弓下》"苛政猛于虎",王引之《经义述闻》十四:"政读曰征,谓赋税及徭役也。诛求无已则曰苛征。"《周礼·天官·小宰》郑玄注:"'政'谓赋也。凡其字或作'政',或作'正',或作'征'。"(《十三经注疏》654 页)

姓,古读平声,音同"生"。兮甲盘"其佳我者戾百生",即"诸侯百姓"。郭沫若在《中国古代社会研究》中说:"百姓在古金文中均作'百生',即同族之义。"帛书中也有将"百姓"写作"百生"的。《老子》乙本"〔百〕生皆注其〔耳目焉〕",甲本作"百姓皆属耳目焉"。乙本"百生之不治也",甲本作"百姓之不治也"。

性,古读平声,音同"生"。帛书《五行篇》:"遁草木之生。"又:"源手足之生而知其好劈(佚)餘(愉)也。"《经法》28 页:"极而〔反〕者,天之生也。"三生字均读为"性"。

聖,古读平声,音同"聲"。帛书《老子》甲本:"是以聲人居

---

① 陈第《毛诗古音考》卷二:"正音征……然古悉此音,无有去声者。毛晃谓'正月'读征,因秦政而改,殆未考古音邪!"

无为之事。"又:"聲人不仁。"又:"是以聲人之治也。"又:"是以聲人恒善怵人。"例中的"聲人"即"聖人"。郭沫若《卜辞通纂考释·畋游》:"古聽、聲、聖乃一字,其字即作耵……聖、聲、聽均后起之字也。"郭说甚是。帛书《老子》乙本有时就将"聖"写作"耵",如:"是以耵人为而弗有。""绝耵弃知。"

四十七、证

媵,古读平声,音同"腾"。《仪礼·燕礼》"媵觚",郑注:"今文媵皆作腾。"又《大射仪》郑注:"古文媵皆作腾。""媵"属喻四,"腾"属定母,均蒸部,平声。《易·咸》"腾口说也",李鼎祚《周易集解》作"媵口说也"。

四十九、宥

售,古读平声,"雠"的俗体。《墨子·经下》:"贾(价)宜则雠。"毕沅说:"售字,古只作雠,后省。"《墨子·经说下》:"尽也者,尽去其所以不雠也。"《史记·高祖本纪》:"高祖每酤留饮,酒雠数倍。"《集解》引如淳曰:"雠亦售。""雠、售"皆禅母幽部,平声。

救,古读平声,与"求怵絿鸠"等字通。《尚书·盘庚上》"人惟求旧,器非求旧,惟新",汉石经作"救"。《周礼·大司徒》:"以求地中。"郑注:"故书求为救。"帛书《老子》甲、乙本"是以声人恒善怵人",今本作"救人"。《尚书·尧典》"方鸠僝功",《说文》卷二引作"旁逑"、卷八"僝"字条引作"旁救"。《诗·商颂·长发》"不竞不絿",帛书《五行篇》引作"不救"。

寿,古读平声,通"焘"。《经法》76页:"天道寿寿,番于下土,施于九州。""寿"乃"焘"之假借。《说文》卷十:"焘,溥覆照也。""寿、焘"均幽部,"寿"属禅母,"焘"属定母。周祖谟先生说:"经籍异文中,禅母与定母之关系最密,足证前人所谓禅母古音近于定母之说确凿有据。"(《问学集》161页)

兽,古读上声,音同"守"。《战国纵横家书》58页"苟有利焉,不顾亲戚弟兄,若禽守耳",《战国策·魏策三》及《史记·魏世家》均作"若禽兽耳"。"守"乃"兽"之假借。"古兽、狩实一字"①。知"狩"古亦读上声,证之《诗》韵亦然(见《例证》)。

又,古读上声,音同"有"。帛书《老子》甲本"玄之有玄",乙本作"又"。《战国纵横家书》2页:"甚不欲臣之之齐也,有不欲臣之之韩梁也。""有"为"又"之假借。

右,古读上声,音同"有"。《仪礼·大射仪》"若右",《武威汉简》126页作"若有"。

伏,古读入声,音同"服"。《诗·关雎》"寤寐思服",帛书《五行篇》引作"思伏"。"伏、服"皆职部字。

覆,敷救切,古读入声,音同"复"。帛书《伊尹·九主》:"复生万物。"又:"天复地载。"例中两复字都是"覆"之假借。

宿,息逐切,又息救切。"宿"在上古亦当有两读:一读入声,归觉部;一读平声,归幽部。《仪礼·少牢馈食礼》"宿"字郑注:"宿读为肃。"又说:"古文宿皆作羞。""宿"假作"肃",因肃、宿同是觉部字,至今读音仍一样。为什么作"羞"呢?这使我想到二十八宿的"宿,音秀"这个问题。"宿"在上古音"羞"正好可以证明古无去声。"宿"字直到中古才变为去声,音"秀"。"秀"这个读音正是由"羞"演变而来。过去,不少学者认为二十八宿的"宿,音秀",没有根据。洪迈、焦竑、胡鸣玉等人批评"俗读'秀',非"②。这只能说明他们自己不懂得古音的流变而已。

五十、候

候,古读平声,音同"侯"。《睡虎地秦墓竹简》107页:"侯,司寇及群下吏毋敢为官府佐、史及禁苑宪盗。"129页:"耐为侯。"

---

① 罗振玉《殷虚书契考释》中69页。朱芳圃、徐中舒都赞同此说。
② 《焦氏笔乘续集》卷五258页;《订讹杂录》卷三29—30页。

两侯字均读为"候"。候,一种被用来伺望敌情的刑徒。

督,古读平声,音同"无"。《庄子·列御寇》"伯昏督人",《德充符》作"伯昏无人"。

五十二、沁

禁,古读上声,音同"唫"。《战国纵横家书》92页"齐乃西师以唫强秦",《战国策·赵策一》作"韩乃西师以禁秦国",《史记·赵世家》作"西兵以禁强秦"。

五十四、阚

阚,古读平声,音近"监"。《战国纵横家书》60页及《史记·魏世家》"北至乎监(地名)",《战国策·魏策三》作"北至乎阚"。"监"古读平声,见《例证》。

六十、梵

氾、汜,古读平声,音同"汎"。帛书《老子》乙本"道汎呵(兮),其可左右也",今本作"大道氾兮"。氾,有的本子作"汜"。

结　语

用假借以证声调,是否可信呢?笔者个人是深信不疑的。因为假借的重要依据就是同音,同音怎能不顾声调呢。谁都明白,"声调这个东西,在中国语言里头,它的负担非常重"①。中国古代的音韵学家,始终是把声调的研究放在与韵部研究同等重要位置上的,传统的韵书没有不分声调的。假借一事与声调问题本有天然的联系,就本无其字的假借来说,是要找一个同音字来代替,设若调不同,就很难说是同音了。就本有其字的假借来说,原本就是写错别字。北京的中学生作文,有可能把"语重心长"错写成"语重心肠",而不大可能错写成"语重心畅"。所以然者何?盖

---

① 赵元任《语言问题》63页。

"长、畅"调不同也。据我的考察,先秦两汉的假借字,声、韵、调相同的占多数,这是正例;调不同而相借的占少数。这"少数"得以产生的原因,可能有古方言问题以及语音演变等等问题,也有可能写错别字的人取调近的字造成的,总之,这是变例。研究上古语音(包括声、韵、调)的人,掌握正例与变例之别,实在太重要了。不明正与变,则不足以言古音。当然,我不敢说用假借证声调就一定是有效之方,也不敢说"古无去声"说乃不刊之论。我想,对于这样一个复杂问题的解决,总应允许作多种探索,用多种办法求证才好。轻易宣判某一种主张为"谬说",并非科学态度。

1982 年元月初稿,五月底定稿于北大蔚秀园
原载《语言文字学术论文集——庆祝王力先生
学术活动 50 周年》,知识出版社 1989 年

上古主要元音的构拟

　　本文的目的是要对各家在上古元音系统构拟方面的成就和问题作扼要的评论。所谓各家，也只能是选择性的。选择的标准有二：一是影响大；二，即或影响不大，但有一定的特色。根据这样的标准，我们选择了以下七家：高本汉、李方桂、陆志韦、王力、董同龢、方孝岳、严学宭。

　　评论的办法也不是对每一家的元音系统都议论一番，那样做，就非得写一部十几万字的专著不可。我们的办法是列出一张各家主要元音异同表来，读者一看表，对各家的异同之点就能获得初步的印象。然后再通过归纳、解说，对分歧的原因进行探讨。最后再分类讨论各部的主要元音。

　　还有一点要说明的是：在主要元音构拟方面，发表了系统的意见、有大部头著作的主要有高本汉、李方桂、陆志韦、董同龢四个人。关于高氏的学说，李、陆、董三人多所批评修正，在这里，我们就不想多重复了。董、陆二家在上古音的构拟方面都做了许多精细的工作，进行过深入的探讨，但是，他们在批判高本汉的同时，又深受高本汉的影响，不像李、王二家，能卓然自立。在分类讨论中，我们将对陆氏的著作多所评说，一则是因为他的理论多，有可评说的，再则是他的具体结论，往往是我们难以赞同的。平心而言，他的《古音说略》的确是一部有气势、有观点、有材料的重要著作，文章的写法也虎虎有生气，不失为一家之言。至于方、严二家，我们现在还只读到单篇论文，也就是说，只得到一些简要的结论，不好多说。

表一　各家上古主要元音异同表

著者 韵部/等	高 一	二	三	四	陆 一	二	三	四	董 一	二	三	四	李	王	方	严
之	ə	ɛ	ə,ŭ		ə,u	ɐ	ə	ə,ĕ	â,ə̂	ə	ə,ɔ̆		ə	e	ɐ	ə ɔ̆
职	ə	ɛ	ə,ŭ		ə		ə		ə̂	ə	ə,ɔ̆		ə	ə	ɐ	ə ɔ̆
蒸	ə	ɛ	ə,ŭ		ə		ə		â,ə̂	ə	ə,ɔ̆		ə	ə	ɐ	ə ɔ̆
微	ə	ɛ	ə,ɛ	ə					ə̂	ə	ə,ɔ̆		ə	əi	ɐi	ə ɔ̆
物	ə	ɛ	ə,ɛ	ə					ə̂	ə	ə,ɔ̆		ə	ə	ɐ	ə ɔ̆
文	ə	ɛ	ə,ɛ	ə	ə		ə,ĕ		ə̂	ə	ə,ɔ̆	ə	ə	ə	ɐ	ə ɔ̆
缉	ə	ɛ	ə	ə	ʌ		ʌ	ɛ	ə̂	ə	ə	ə	ə	ə	ɐ	ə ɔ̆
侵	ə	ɛ	ə	ə	ʌ		ʌ	ɛ	ə̂	ə	ə	ə	ə	ə	ɐ	ə ɔ̆
支		ĕ	ĕ	e	æ	æ	æ,ɛ			e	e	e	i	e	ɛ	e ĕ
锡		ĕ	ĕ	e		æ	ɛ			e	e	e	i	e	ɛ	e ĕ
耕		ĕ	ĕ	e	ɐ	ɐ,æ	ɛ			e	e,ĕ	e	i	e	ɛ	e ĕ
脂			ĕ	e	ə	ɐ	ə,ĕ,ɛ	ɛ		e	e	e	i	ei	ɛi	e ĕ
质			ĕ	e	ə	ɐ	ə,ĕ,ɛ	ɛ		e	e	e	i	e	ɛ	e ĕ
真			ĕ	e			ɛ	ɛ		e	e	e	i	e	ɛ	e ĕ
鱼	â	ă	a,ă		ɑ	a	ɑ,a		ɑ	ă	a,ă		a	a	ɒ	o ŏ
铎	â	ă	a,ă		ɑ	ɐ,a	a,ɐ,a		ɑ	ă	a,ă		a	a	ɒ	o ŏ
阳	â	ă	a,ă		ɑ	a	ɑ,a		ɑ	ă	a,ă		a	a	ɒ	o ŏ
歌	â	a	a,ă	a	ɑ	a	æ,a	æ	ɑ	a	a,ă		a	ai	ɑ	ɑ ă
月	â	a,ă	a,ă	a	ɑ	a	a,ɐ	ɛ	ɑ	a,æ	a,ă,æ	æ	a	a	ɑ	ɑ ă
元	â	a,ă	a,ă	a	ɑ	a,ɐ	a,ɐ	ɛ	ɑ	a,æ	a,ă,æ	æ	a	a	ɑ	ɑ ă
叶	â	a,ă	a,ă	a	ɑ	a,ɐ	a,ɐ	ɛ	ɑ,ʌ	a,æ	a,ă,æ,ɐ	ɐ	a	a	ɑ	ɑ ă
谈	â	a,ă	a,ă	a	ɑ	a,ɐ	a,ɐ	ɛ	ɑ,ʌ,ɒ	a,æ	a,ă,æ,ɐ	ɐ	a	a	ɑ	ɑ ă
侯	u	ŭ	u		o		o		û	u	u		u	ɔ	o	u
屋	u	ŭ	u		o	ɔ	o		û	u	u		u	ɔ	o	u ŭ
东	u	ŭ	u		o	ɔ	o		û	u	u		u	ɔ	o	u ŭ
宵	o,å	ŏ	o	o	ʌ	ɔ	ʌ	ə	ɔ̂	ɔ	ɔ̂,ɔ	ɔ	a	o	ɔu	ɔ ɔ̆
药	o,å	ŏ	o	o	ʌ		ʌ	ə	ɔ̂	ɔ	ɔ	ɔ	a	o	ɔ	ɔ ɔ̆
幽	ô	ǫ̂	ô	ô	ɯ		ɯ		ô	o	ŏ,o	o	ə	u	u	o ŏ
觉	ô	ǫ̂	ô	ô	ɯ		ɯ		ô	o	o	o	ə	u	u	o ŏ
冬	ô	ǫ̂	ô	ô	ɯ	ɔ	ɯ		ô	o	o		ə	u	u	

从高本汉以来，所有构拟上古主要元音的人，无不要利用中古音系。直接了当地说，上古主要元音系统是由中古的主要元音系统推测出来的。因此，我们在谈上古元音系统的构拟时，势必要牵涉到中古的元音系统。下面，我们就要列出第二张表来，叫做《各家中古主要元音异同表》。这张表是一种参考性的资料，我们就不作什么评说了。

表二　各家中古主要元音异同表

摄	韵	著者 等	高本汉	李方桂	陆志韦	王　力	周法高	李　荣	邵荣芬
果 摄	歌	1	ɑ	â	ɒ	ɑ	ɑ	â	ɑ
	戈	1,3	ɑ	â	ɒ	ɑ	ɑ	â	ɑ
假 摄	麻	2,3	a	a	a	a	a	a	a
遇 摄	鱼	3	o	o	o	o	o	o	ɔ
	虞	3	u	u	o	u	o	u	o
	模	1	o	o	o	u	o	o	o
止 摄	支	3,4	ě	ě	e	i	ɛ̌,ě	e̯	ɛ
	脂	3,4	i	i	ě	i	ɛ̌,ě	i	ɪ
	之	3	i	i	i	i	i	iə	e
	微	3	ě	e	ə	ə	ə	e̯	ə
蟹 摄	齐	4	e	e	ɛ	e	e	e	ɛ
	祭	3,4	ɛ	ä	ɛ	ɛ	ɛ,e	ä	æ
	泰	1	ɑ	â	ɑ	ɑ	ɑ	â	ɑ
	佳	2	a	a	æ	a	ɐ,a	a	æ
	皆	2	a	ǎ	ɐ	a	ɒ	ǎ	ɐ
	夬	2	a	a	a	a	a	a	ɒ
	哈	1	ɑ·	â·	ɒ	ɔ	ɒ	â·	ɒ
	灰	1	ɑ·	â·	ɒ	ɔ	ɒ	â·	ɒ
摄	废	3	ɐ	ɐ	ə	ə	ə	ɐ	ə
效 摄	豪	1	ɑ	â	ɒ	ɑ	ɑ	â	ɑ
	肴	2	a	a	ɐ	a	a	a	a
	宵	3	ɛ	ä	ɛ	ɛ	ɛ,e	ä	æ
	萧	4	e	e	ɛ	ɛ	e	e	ɛ
流 摄	侯	1	ə̆	ə̆	ə	ə	ə	ə̯	ə
	尤	3	ə̆	ə̆	ə	ə	ə	ə̯	ə
摄	幽	3	ə̆	ə̆	e	ə	ə̆	ə̯	e

续表

摄	韵	等	高本汉	李方桂	陆志韦	王力	周法高	李荣	邵荣芬
臻	痕	1	ə	ə	ə	ɐ	ə	ə	ə
	魂	1	ə	ə	ə	ɐ	ə	ə	ə
	真	3,4	ě	ě	ě	e	ɛ̆,ě	ě	e
	(谆)		ě	ě	ě		ě	ě	e
	臻	2	ě	ɛ	ě		ě	ɛ	e
摄	殷	3	ə	ə	ə	ə	ə	ə	ə
	文	3	ə	ə	ə	ə	ə	ə	ə
山	寒	1	ɑ	â	ɒ	ɑ	ɑ	â	ɑ
	(桓)	1	ɑ	â	ɑ	ɑ	ɑ	â	ɑ
	删	2	a	a	ɐ	a	ɐ	a	ɐ
	山	2	ạ	ã	a	a	a	ã	æ
摄	元	3	ɐ	ɐ	ɐ	ɐ	ɐ	ɐ	ɐ
	仙	3,4	ɛ	a	ɛ	ɛ	ɛ,e	ä	æ
	先	4	e	e	ɛ	ɛ	e	e	ɛ
通	东	1,3	u	u	u	u	u	u	u
	冬	1	o	o	o	o	o	o	o
摄	钟	3	o	o	o	o	o	o	o
江摄	江	2	ɔ		ɔ	ɔ	o	å	ɔ
宕	唐	1	ɑ	â	ɒ	a	ɑ	â	ɑ
摄	阳	3	a	a	ɑ	a	ɐ	a	ɑ
梗	耕	2	æ	ɛ	ɐ	ɐ	ɐ	ɛ	ɐ
	庚	2,3	ɐ	ɐ	a,æ	ɐ	a,ɛ	ɐ	a
	清	3,4	ɛ	ɛ	ɛ	ɛ	e	ɛ	æ
摄	青	4	e	e	ɛ	e	e	e	ɛ
曾	登	1	ə	ə	ə	ə	ə	ə	ə
摄	蒸	3	ə	ə	ě	ə	ɛ̆	ə	e
深摄	侵	3,4	ə	ə	ě	i	ɛ̆,ě	ə	e
咸	覃	1	ɑ̇	â	ɒ	ɑ	ɒ	â	ɒ
	谈	1	ɑ̇	â	ɑ	ɑ	ɑ	ɑ̇	ɑ̇
	咸	2	ạ	ã	ɐ	a	ɒ	ã	ɐ
	衔	2	a	a	a	a	a	a	a
	严	3	ɐ	ɐ	ɐ	ɐ	ɐ	ɐ	ɐ
	凡	3	ɐ	ɛ	ɐ	ɐ	ɐ	ɐ	ɐ
摄	盐	3,4	ɛ	ä	ɛ	ɛ	ɛ,e	ä	æ
	添	4	e	e	ɛ	ɛ	e	e	ɛ

　　高本汉的上古元音系统,是董同龢"归纳他的学说而成的",见于董氏的《上古音韵表稿》,董本人的元音系统,是我们从他的《中国语音史〉第五章《上古韵母系统的拟测》中归纳出来的,这个系统与《表稿》中的系统,在某些元音的写法上略有差异。陆志韦的元音系统见于《古音说略》《诗韵谱》。王力先生的元音系统见于《同源字论》(《中国语文》1978〔1〕),并参考了他的《汉语史稿》《汉语音韵》等著作。方孝岳的元音系统见于《上古音概述》(《学术研究》1978〔2〕)。严学宭的元音系统见于《上古汉语韵母结构体系初探》(《武汉大学学报》1963〔2〕)。李方桂的元音系统见于《上古音研究》。

　　上面说的是表一材料的来源。从表一可以看出,上述七家在上古元音构拟方面有许多一致的地方,也存在一些重大的分歧。

　　各家都利用了谐声资料和《诗经》押韵的资料,利用了中古的元音系统,这是构拟根据的一致。多数人都以之职蒸、微物文、缉侵为一类;支锡耕、脂质真为一类;鱼铎阳、歌月元、叶谈为一类;侯屋东为一类;宵药为一类;幽觉冬为一类,共计六大类,这是主要元音通转的一致。第一类(即之蒸微文缉侵等)大致上是个央元音,第二类(即支耕脂真等)、第三类(即鱼阳歌元等)大致上是个前元音,第四类(侯东)、第五类(宵)、第六类(幽冬)大致上是个后元音,这是元音分布上的一致。各家多认为上古元音发展到中古元音的总趋势是由低到高,这是发展规律的一致。所谓"一致"也不是绝对的、百分之百的,只是就主流而言。

　　不一致的地方主要有以下六点:

　　第一,上古元音系统究竟是"很丰富"呢,还是比较单纯呢?这是元音数量多少的问题。现在的情况是这样:李方桂只有四个单元音,王力有六个单元音,方孝岳有七个单元音,陆志韦有十三个元音,高本汉有十四个元音,以董同龢的元音系统最为丰富,计有二十个之多(包括长短紧松之类的区别)。方孝岳七个元音不算多,但他在理论上强调"上古元音系统应该很丰富,非正则元音也许很多"。所谓"非正则元音"是什么意思呢?"多"到什么程度呢?语焉不详。

第二,元音数量的多少直接牵涉到另外一些问题。譬如说,一个韵部到底是一个主要元音呢,还是有好几个元音呢?主张一个部只能有一个主要元音的,元音数量自然就少了;主张一个部可以有好几个不同元音并存的,主要元音当然就多了。

为什么有人主张一个部只能有一个主要元音,而有人却主张一个部能有好几个元音呢?关键在于如何看待《诗经》押韵的问题。李方桂在《切韵 â 的来源》中曾提出过一个重要理论:"我觉得押韵的字他的主要元音是最重要的,韵尾还在其次。现在韵尾虽有些相似,元音差的太多,押韵是不可能的。"他用这个理论解释《郑·鸡鸣》"来与赠韵","来是 ləg,赠是 dzˈəng,我们就可以看出来他们押韵的原因是因为他们的元音是一样的"。王力在《上古韵母系统研究》中说:"关于主要元音的类别,我虽不愿在此时谈及音值,但我可以先说出一个主张,就是凡同系者其主要元音即相同。假设歌部是 -a,曷部就是 -at,寒部就是 -an。"[①] 在《汉语音韵》中又指出:"所谓阴阳对转,指的是阴声和阳声主要元音相同,可以互相转化。"李、王的这些主张对上古元音的构拟起了重大的促进作用。他们在上古元音构拟方面之所以能吸收高本汉的优点而又能去掉他的弱点,使构拟面目为之一新,跟他们这种理论主张有密切的关系。

关于这个问题,我们还可以从对立的意见中求得反证。陆志韦先生 1948 年出版的《诗韵谱》序言中有些意见刚好与李氏

---

① 《龙虫并雕斋文集》第一册 158 页;又见《王力文集》17∶195。

相反,他说:"大概古人押韵的标准,第一在乎收声的相像,第二在乎主元音的长短,也就是声调的长短。第一个标准是极严整的。"又说:"古人韵缓,音色相近的元音就可以叶韵。"他认为 ʌ 与 ə,ɯ 与 o,ɐ 跟 a、ɑ,ɐ 跟 ə,ə 跟 ɛ̌,ɛ̌ 跟 ɛ,有时候 ə 跟 ɛ,都可以叶韵,æ 叶 a、ɐ、ɑ 的居多,可是也叶 ɛ。这样一来,几乎是无所不叶了。因此,他所拟出的上古元音系统,在某些方面长于高本汉,某些方面还不如高本汉,总的面貌还是烦琐哲学,不近情理。可见,在构拟上古主元音时,怎样从事实出发提炼出正确的理论原则,该是何等的重要。

第三,构拟上古主要元音时,要不要从韵部出发。李、王诸家都认为古韵分部与元音构拟是一件事情的两个方面,它们之间的关系是密不可分的。陆先生在构拟上古主要元音时,却非常轻视韵部的作用,他说:"一有了音符,不管是合适不合适,那些关乎分部的问题,合韵、转韵等等问题,都变成无足轻重的了。"又说:"古人单知道分部,不知道拟音,越弄越是闹意见。只要把 -p、-t、-k,-m、-n、-ŋ,a、e、i、o、u 等等注上,分部的问题就无形的取消了。收声相像,元音又差不多的音缀,管他们叫同部也好,合韵也好,反正《诗》的韵脚是念出来了。"[①]

这些理论,无疑具有相当大的片面性。我们并不是为拟音而拟音,也不只是为了《诗经》的韵脚而拟音,我们是为了研究上古汉语语音发展的系统性、规律性。分部正是系统性、规律性的反映。分部是归纳音类的工作,拟音就是要标出这些音类的具体音值。如果分部只管分部,拟音只管拟音,必然要出现不可调和的矛盾。上面我们介绍了陆先生的一个部往往包含好几个元音,这只是事情的一面;另一方面,又往往同一元音出现在好些不相同

---

① 见《诗韵谱》;中华书局已将此书收入《陆志韦语言学著作集》(二)。

或根本不相通转的韵部中,如同一个 ɐ,既可以出现在之部的二等韵,又可以出现在耕脂质的二等韵,还可以出现在铎元叶谈的二等韵,形成下列的局面:

ɐg、ɐŋ、ɐd、ta、ɐk、ɐn, ɐp、ɐm

这一个 ɐ,跨越了三个大类。又如:同一个 ɛ,既可以出现于侵缉四等,也可以出现于支锡耕脂质真的四等,还可以出现在月元叶谈的四等。其形式如下:

ɛm、ɛp、ɛg、ɛk、ɛŋ, ɛd、ɛt、ɛn, ɛt、ɛn, ɛp、ɛm

这一个 ɛ 也跨越了三个大类。它之所以能这样跨越,就是靠韵尾或介音来加以区分的。其中有两个 ɛp,两个 ɛt,无法区别,还有两个 ɛn,表示真与元,韵尾也无法区分,只得重复、冲突了。陆先生说:"'先'是《切韵》的 ɛn,上古音也只有这 ɛn,别无第二支。ɛn 音介乎真部跟元部之间,大部分属于真部。"[①] 不过,这毕竟是个问题呀,那小部分属元部的先韵系字怎么有别于真部的先韵系字呢? 我是在归纳他的《诗韵谱》的主要元音时才发现这个矛盾的。请看:

> 婉兮娈兮,总角丱兮,未几见兮,突而弁兮。(《齐风·甫田》三章)

陆先生的拟音是:娈 lɪwan 丱 kwɐn 见 kɛn 弁 bɪan

这个"见"字无疑要归到元部去,而从元音与韵尾来看,它跟真部的字完全一样,没有任何标记说明它是元部字。其他如"晏、燕"等也存在同样的问题。在陆先生的构拟系统中,这些字都徘徊于真元之间,无法归部。

陆先生还承认,先韵系"偶然转文部的,也许是'恶劣的'谐

---

① 《古音说略》173 页;中华书局已将此书列为《陆志韦语言学著作集》(一),于1985 年出版。

声,叶韵,也许是无从查考的古方言的假借"[①]。这是事实吧。但从陆先生的元音构拟中,却看不出哪些字该"转文部"。他的《诗韵谱》里有一个"典"字,一般人都是归文部的,而陆氏的拟音为tɛn,跟真部的先韵系字完全一样,该算是哪个部的字呢?

我们认为:在构拟元音系统时,如能植根于韵部,这样的拟音就具有真实性、科学性,就不会是"鬼画符";如把韵部系统撇在一边,这条路肯定是走不通的。

事实上,尽管陆先生申言"分部的问题就无形的取消了",他还是不得不"勉强把周音分为二十一部"。如果没有这个"勉强",他的元音系统就更不知道是个什么样子了。

第四,主要元音在一个韵母当中,并非孤立的存在,它往往前有头后有尾,如何构拟这前头后尾,直接关系到对主要元音的看法。陆先生拟出了那么多的元音似乎够他用的了,然而仍然有一个元音跨越三个大类的现象,尽管如此,他还能构成一个体系,他就是尽量靠韵尾的变化来避免重复冲突的。相反,李方桂先生的主要元音比陆氏少得多,按理说,元音过分的少,同样会在韵部之间发生重复冲突,而李先生的体系仍然很完整,他也是靠韵尾的花样来避开矛盾的。如他把幽觉中(即我们的冬部)的主元音与之蒸等八个部通起来,一律拟为ə,若放在王力的体系中就一定要打架,而李先生安然无恙,是因为他给幽部、觉部、中部分别安上了三个特别的尾巴:-gw、-kw(圆唇舌根音)和-ngw(圆唇鼻音)。又如宵、药二部的主元音,在王力的系统中自成一组,而李先生把它和鱼阳等八个部通起来,也拟为a,同样,也是靠圆唇舌根音 -gw、-kw 来区别的。李氏之所以比王先生少两个元音,原

[①] 《古音说略》173 页;中华书局已将此书列为《陆志韦语言学著作集》(一),于1985 年出版。

因就在于此。关于韵尾问题,我有一个总的看法:王力先生把阴声韵的辅音性韵尾通通砍掉,这实在是一件值得大书特书的事,也是他别于李、陆,超越高本汉的独到之处。在总结这几十年来上古音构拟的工作时,对此应引起足够的注意。

　　关于韵头与主要元音的关系也是非常重要的。这里不只是关乎介音问题,还关系到等的问题。上古有没有等? 如果有等又怎么加以区分呢? 介音与等怎样作用于元音系统呢? 学者们拟出了两个不同的答案。严学宭先生说:"在周秦古韵每一个韵部里,都只有一个松紧的元音,并无所谓分等和洪细音色的不同。"又说:"在探讨周秦古韵的时候,中古等的观念,只有在谈演变条件和出现的范围时才用得上,但决不能以中古等的条件来作为区分周秦古韵元音的标准。"这是第一个答案,根本否认上古有等的区分,那么等对元音系统的作用就只能等于零。王力先生说:"上古没有四等之名,而有四等之实,所以不妨称等。"(《汉语史稿》上册85页)这是第二个答案。李方桂先生实际上也赞同上古"有四等之实",不过态度不那么鲜明。他在《上古音研究》中讨论各个韵部的音值时,都使用了等的概念,在分类举例时,都"按着中古的等呼每类举几个例子",他着意要申明是"中古的",就因为"上古没有四等之名"。董同龢也特别注明:"谈上古音而言等,是某个韵相当于中古某个等的韵的意思。"李、王、董诸家事实上都承认上古是有等的,但如何对等进行区别却大不相同,读者细看表一就明白了。在高本汉、董同龢、陆志韦的名下,都标出了一、二、三、四等,而其他几家没有把等列出来,就因为高、陆、董三家守着一条原则:有些等(不是全部)的不同,是由于主要元音的不同,这三家的元音系统如此繁杂,大大超出李、王、方、严四家,这也是一个重要原因。如高本汉把 ə 类各部(之蒸等)的二等韵一律拟作 ε,陆志韦则把大部分四等韵都拟作 ε。有些时候在一个等的范围之内发生了重韵或重纽的现象,他们往往用两个或三个不同的元音来加以区别。李、王诸家也承认有等,他们主要靠介音的条件来区别等,李方桂的四等韵用复合元音来区别,恐怕也比另拟出一个元音来要合理些。

关于构拟主要元音与韵头、韵尾的关系我们就介绍到这里。如果须要把话说得再明白些,那就是:有些部的关系本应要由元音不同来加以区分,而有的先生却把元音通起来,只用韵尾来区分。有的韵母系统本来只靠韵头来区别就行了,而有的先生却用主要元音不同来解决,这就是矛盾所在。如何看待这些矛盾,我们在下面要进行具体讨论。

第五,上古元音系统中有没有复合元音? 表一告诉我们:高、陆、董的系统中都没有复合元音,王、李、方都有复合元音,这是为什么呢? 这个问题也不可小看,也是牵一发而动全身的问题。高、陆、董为什么不构拟复合元音呢? 本来嘛,他们已经拟出了那么多单元音,还有一套阴声韵的特殊韵尾,这两条已能保证他们建立起系统了。所以,在他们的思想上大概就不会考虑复合元音的问题了。王力则不然,他的主要元音只有六个,又把高、陆等人给阴声韵安上的辅音性韵尾全部割掉了。这样,复合元音的问题就提到桌面上来了。如果没有复合元音,他的之部和微部、支部和脂部、鱼部和歌部就会发生冲突,这几个部的界限就会泯灭。王先生给微脂歌三个部拟上复合元音,实在是很成功地解决了这个矛盾。

从王力先生在不同时期发表的著作来看,他对复合元音的看法是不断发展的。50 年代出版的《汉语史稿》幽觉宵药都是复合元音,分别为 əu、au。另外两个复合元音是脂部的 ei,微部的 əi。而歌部却不是复合元音,是一个单元音 a。到 60 年代初期出版的《汉语音韵》,其他几个复合元音都未变,只歌部由单元音变成复元音了,也就是由 a 变成了 ai。这是为什么呢? 因为在《汉语史稿》中,他是把鱼铎阳和歌月元分为两个大类的,鱼阳的主元音为ɑ,歌元的主元音为 a,二者互不相干,无冲突可言。在《汉语音韵》中他把鱼铎阳的主元音改成了 a,与歌月元的关系打通了,这样,阳、元之间,铎、月之间的界限可以靠韵尾不同来区别,而鱼、歌之间怎么区别呢,于是给歌部也加上 i 尾,使之成为复合元音。这样,与收 -t 尾相应的三个阴声韵都变成了 i 尾韵,不仅就格局来说显得完整,就音理来说也显得和谐。到 70 年代后期发表《同源字论》时,关于复合元音有一个重要的改动,就是把 əu、au 去掉了。去掉的理由下面再谈。

　　李方桂的上古元音系统也有三个复合元音:iə、ia、ua。李氏的复合元音无论从结构还是从作用来说,都与王氏的复合元音不一样。李氏的复合元音只用于四等韵,其中的 i、u,实际上具有介音的特点。如果说,王氏的复合元音是为了解决部与部之间的冲突,那么,李氏的复合元音就是为了解决等与等之间的冲突。从他的元音系统来说,这的确也是一个机智的办法。

　　第六,上古元音系统有无长短松紧之分。

　　这里也有两派不同的意见:李方桂不赞同有长短松紧之分,他说:“一般研究上古音的人都得拿古韵分部及谐声字来作根据,但是一讨论到古韵演变成《切韵》的系统,便不得不把他们所根据的古韵部用各种的方法曲解,例如元音长短松紧之分,甚至于不同的元音也可以归入一部。这不但使我们承认些不一定必需的假定,并且使我们忽视我们的根据。这不但使上古音变得十分复杂,并且使辅音、元音在上古音系里的分配也很特殊。”力主上古元音有长短松紧之分的,第一个是高本汉,第二个是董同龢,第三位就是严学宭先生。但他们三位的学说又并不完全一样。

　　高本汉的上古元音系统是在什么情况下使用长短松紧之分

的呢？这又得从等说起。高氏对等的区别是这样：三、四等用介音来区分，一、二等的区分用了三个办法：一个办法是用元音不同来区别，上面已谈到了；第二个办法是用元音的开与关来区别；第三个办法就是用元音的长短松紧来区别，按六个大类来分，情况如下：

　　　　ə类（即之蒸微文缉侵）的二等为 ε

　　　　ô类（即幽中）的二等为 ŏ

　　　　o类（即宵）的二等为 ŏ

　　　　u类（即侯东）的二等为 ŭ

　　　　a类（即鱼阳歌祭元叶谈）的一等为 â

　　　　e类（即支耕脂真）没有一等字

　　其中 ô o u 三类就是用元音长短来区别一、二等的。

　　高本汉还在一种情况下——即一、二等重韵时用元音的长短或松紧来加以区别，所以他的祭、元、叶、谈二等都有 a 与 ă，这个 ă 就是用来代表短音的。

　　高本汉的这些"不单是累赘，也不免是七零八乱的"（陆志韦语）长短之别，差不多全被董同龢反对掉了。遗憾的是董氏的办法也不高明，他把高氏关于元音开与关的理论加以恶性发展，推广到 o、u、ə 等类，以致他的元音表上，"ᵔ"式帽子特多。同时在 a 类和其他一些元音上也搞了不少长短松紧之别，这不单是以"累赘"代"累赘"，真有比"累赘"还"累赘"之感。

　　最彻底发挥元音松紧说的当推严学宭先生，他已不像高、董二人那样，用元音松紧之分以济一、二等有别之难。他把整个上古元音系统建立在"元音松紧对立"的基础之上。每一个韵部里都只有一个松紧的元音，"从而构成大同小异的松紧相对的不同的韵母"。

　　上古汉语的元音有长短之别，这大概是不成问题的。问题在于这是属于韵母范围内应讨论的问题,还是属于声调范围内应讨论的问题呢?注《公羊传》的何休已提出了"长言之、短言之"这样的概念。王力先生指出:"元音的高低长短都是构成声调的要素。""上古阴阳入各有两个声调,一长一短。"(《汉语音韵》179页)若从声调长短的角度来理解严先生的松紧对立说,那么,严与王在这一点上颇有相似之处。当然,即使从声调来谈长短或松紧,二家的具体内容还是很不一样的(请参阅严先生的《初探》一文)。

尽管有以上六点分歧,但上古元音构拟的成就是很大的。五十多年来,关于上古元音的构拟工作是在不断前进,不断发展的。在材料的使用方面(也就是立论根据问题)也越来越严谨。更多的人认识到:"'能近取譬',最为重要。最好是用汉语来解释汉语,用语言的生理学来参证。单是东拉西扯的引用些外国语的例子,断不能教人明了汉语的历史。"[①]

另外,大家对于高本汉的那套"已经繁得可怕"(陆志韦语)的元音系统已经作了根本性的修正。由一部多元音改为一部只有一个主元音,看来是大势所趋。至于某一部的主元音到底是什么,意见也比较接近(当然,要讨论的地方还不少),这都是中国古音学者几十年努力探索的结果,对这些成果我们要采取积极慎重的态度,去粗取精,去伪存真,使上古元音的构拟工作日益臻于完善。

现在,我们就开始分别讨论各部的主元音。

之 职 蒸

在讨论之部的主要元音之前,让我们先引点清朝人的材料。清代的古音学家当然还没有主要元音之类的概念,但他们用直音

---

① 陆志韦《古音说略》73 页。

或反切的注音方法给这类韵字注上了音,说明他们对之部的读音是什么,已经有明确的看法,只差用现代的音标标出来了。以江有诰的《诗经韵读》为例:

左右采之　　采:此止反　　来即我谋　　谋:模丕反

琴瑟友之　　友:音以　　　至于顿丘　　丘:音欺

害瀚害否　　否:方鄙反　　亦已焉哉　　哉:音兹

归宁父母　　母:满以反　　曷云能来　　来:音釐

无我有尤　　尤:音怡

下面还引两个入声职部字的例:

求之不得　　得:丁力反　　二三其德　　德:丁力反

我们读了这些直音和反切材料,不是非常明显地感觉到了吗,那个元音 i 简直是呼之欲出了。江有诰当时如懂得 a、i、u、o 之类的音标,他一定会写上:之部的主元音是 i。

我们觉得更重要的还在于江有诰这些人已经有这样的思想,或者说已经接近这样的思想,即一个韵部的字,主元音应该是一致的。你看他们敢把咍韵的"来哉采"、侯韵的"母"、尤韵的"友谋丘"、德韵的"德得"都读成 i,这不比现在有的人把一个韵部的字拟成好几个不同的元音要高明吗?尽管他们把之部字读成 i 是错误的,而他们从押韵原则出发,设想同一韵部的字,主要元音应该一致,这个思想认识是非常宝贵的,这跟朱熹他们的叶音说,在性质上是有所不同的。

本世纪 30 年代初,林语堂写了一篇《之脂支三部古读考》,对清代古音学家把上古之部字读作 i 的音值提出了批评。根据他的考证,之部的元音为 ü、eü。紧接着,李方桂就发表了《切韵 â 的来源》,指出:"之韵的字同咍韵的字不是偶尔押韵的,是时常押韵的。他们的元音应当极相似或者相同。林先生的 ü、eü 去解释时常押韵的之、咍未免牵强些。"李氏在这里特别坚持"时常押韵"的字"元音应当极相似或者相同"的原则,这是用科学的语言表达了江有诰们想要说而还没有条件能说出来的话,他把元音的构拟非常严格地建立在韵部的基础之上,乍一看起来,这是一件很平常的事,实际上这是上古元音构拟工作的一次飞跃。

李方桂把之部的元音拟为ə,这是运用历史比较法得出的结论,当然比江有诰的带有一定程度的主观猜想要合理多了。本来,高本汉、董同龢、陆志韦的之部都含有一个ə,但他们缺乏同韵部必同元音的思想,结果,除ə之外,又拟出了一些别的元音,或者在同一个ə上又搞出了一些别的花样,如:

一等韵的字高本汉拟为ə,董同龢拟为ə̂、ə̣,陆志韦拟为ə、u。董的拟音还不如高本汉,他认为这里"一、二等的关系是元音的关与开。并且在写法上也可以袭用一等加[ʌ]号与二等无号的办法"。于是就把咍灰两韵的字拟成了ə̂。至于他那个ə̣和陆志韦的那个u都是为侯韵的几个字而拟的。这就是《诗》韵的"母畝"、谐声字的"音某"。关于"音"的归部就成问题,我在《古韵三十部归字总论》中已经谈了。"母"在《诗》韵中出现十七次,只有《鄘风·蝃蝀》"雨母"相叶,孔广森认为是方音的缘故,江有诰认为是"之鱼借韵"。除此例外,"母"与咍、灰、之、尤字相叶占绝对优势,我们很难设想,它的上古音会与咍、灰、之、尤字相差那么远。

"某"虽然在中古属侯韵系,而从它得声的"禖谋腜媒"等字都分见于灰、尤韵,证之以《诗》韵,"谋媒"都与之部字相押韵,那么"某"在上古的主元音也不应该是什么ə̣或u。

李方桂认为"母畝某"在中古归入了侯韵系是属于例外的演变,这个意见是可取的。不过,陆先生也申明是"暂且把'母'等字的上古音全拟成ug","是猜测之辞","恐怕过于冒险",因为是"暂且",所以"母"等几个字的拟音就带上了一个"?"号,"表示不肯定"(《古音说略》166 页)。

二等韵是指中古皆韵系的几个字。《诗》韵只有"戒霾"二字,《楚辞》中有一个"怪"字。陆志韦认为这为数极少的几个字与之部字相押,"不过是方言的遗迹",拟音为 ɐ,高本汉拟为 ɛ,董同龢拟为 ə,这回是高本汉不如董同龢了。董说:"我认为他的ɛ……须要重新考虑。""据高氏自己说,ɛ 是一个开而短的 ä 音。起初他是为耕麦两韵字而拟的。以后更沿用于上古微文缉侵诸部的皆山洽咸诸韵的字以及其他类似的情形之下。"[1] 陆志韦拟出一个 ɐ 来,很明显是受了高本汉的影响,他这个 ɐ 也是与耕麦相配的,他说:"上古音暂时保留一个 ɐg,相当于耕 ɐŋ 麦 ɐk。"(《古音说略》151 页)糟糕的是一查他的职、蒸二部,连麦、耕的位置都没有,怎么个"相当"呢?这一点下面我们将有进一步的揭示。总之,他的 ɐ 跟高本汉那个 ɛ 是一样的不合理。王力先生将"埋霾怪"三字作为"不规则的变化",这是比较实际的办法。

三等韵包含之、尤、脂三个韵系的字。之韵系高、陆、董均拟为 ə,没有分歧。尤和职部、蒸部的屋三东三,高本汉拟为 ŭ,受到李方桂、董同龢、陆志韦等人一致的批评。陆志韦说:"他以为这尤应当作 ĭŭg > ĭəu,屋三 ĭŭk > ĭuk,东三 ĭŭŋ > ĭuŋ。主要元音作 ŭ,因为他把幽、侯、中、东各部的主要元音拟成 u,所以之、蒸部的主元音不能不变一点花样。然而这 ŭ 又是跟 u 不通叶的,例如尤 ĭŭg 不叶侯 ug,谐声也不相通。所以他又得申明这 ŭ 的念法实际跟 u 不同。因为受了介音的同化,ĭŭg 的 ŭ 变成英文 value 的 u,介乎 u 跟 ə 之间。

"尤 ĭŭg 不跟侯 ug 通转,反而跟之 ĭəg 通转,无论怎样弥缝,反正是说不通的。"(《古音说略》111 页)

---

[1]　《上古音韵表稿》74 页。

　　李方桂原本将这几韵的音拟为 ĭuəg、ĭwək、ĭwəng，"因为高氏的反驳，把所拟的音改成 ĭwɤg、ĭwɤk、ĭwɤng"，陆志韦说："也大可不必。ə 跟 ɤ 作为不同的音素，在汉语的历史上反而是太玄妙了。"（《古音说略》112 页）在这一点上，陆氏的意见是正确的。李氏在后来写的《上古音研究》中，又恢复了 ə，将 "ˇ" 号去掉了，而董同龢反而仍然守着这个 ɤ 不放。

　　陆志韦在之部三等还拟了一个 ĕ，这是其他各家所没有的。他这个 ĕ 是为脂韵系几个字而拟的。但这些字的归部问题，在他那里又是模棱两可的，他说："脂或当入支部"，"据我看来，脂四等开口的上古音本就是 iĕg，跟之 iəg 是两回事，也不一定属于之部。""脂的三等开口自然可以作 iĕg, iwĕg。"

　　李方桂说："至于脂部的几个字我们可以说之的合口与脂混，因为之韵没有合口的字。"董同龢正是将这些字（只出现于唇音和喉牙音，有 "丕鄙否葍、龟逵轨洧" 等字）拟作 ə，全归到之部阴声合口。王力先生作为 "不规则的变化" 处理，比另外拟出一个 ĕ 要好些。

　　蒸部的拟音与之部是平行的。董同龢在一等拟了一个 ə̂，与之部的一等侯韵系相配，其实这个 ə̂ 只代表 "夢" 一个字。问题较大的是陆志韦，他的职、蒸二部二等是个空白。职部的二等本来有 "麦革" 等字，蒸部的二等本来有耕韵系的几个字。陆氏说："其实麦根本不能作 ɛk, ĕk。一查《诗》韵表，就知道麦最好跟耕同作 ɐk, ɐŋ。"他在《诗韵谱》中把 "麦革簀謫適获" 都拟为 ɐk 或 wɐk，这些字归哪个部呢？从他的元音表看，麦韵归在鱼部，而在支部的入声表下又注云 "可兼收麦"，按通常的归部，"革麦" 归职部，"適謫簀" 归锡部，"获" 归铎部，这三个部的主元音不一样，而陆志韦只用一个 ɐ 来代表，部的界限又不清楚了。

　　蒸部的二等耕韵系也不知归到哪里去了。尽管他已经指出:"东₃通登耕合的例子见于'厷声'(登韵)''朁声'(登韵)。"
(《古音说略》121页)而从朁得声的"蕾(耕韵)、从厷得声的"宏
纮闳竑泓"(耕韵)等字,都不见于蒸部,因为蒸部没有它们的位
置,他拟的那个ɐŋ,仅仅见于耕部。

他说话有时也自相矛盾,在121页是那样讲,而在128页又
说"东冬钟江蒸登绝对不通庚耕清青阳唐。"别的不说,上面指出
的登通耕不就是事实吗? 怎么能说"绝对不通"呢?

微　物　文

这三个部的主元音,李方桂、王力作ə,与之职蒸同。董同龢
也承认:"微部与文部——主要元音是ə。"他在三等中分别拟了ə
与ɜ,"只为标明脂质真谆诸韵字中古仍与微迄物欣文不同"。这
种考虑当然是多余的。

陆志韦脂、微、质、物不分部。他的文部一等拟为ə,三等有
两个元音,即ə与ɜ,二、四等是个空白,这样一来,不单拟音有问
题,连韵部的格局也与众不同了。

文部二等有山韵系的字,陆先生并不是没有注意到,他在
《说略》171页"收 -n 各部的诗韵表"后注云:"山跟痕殷谆₃相
逢,除《敝笱》一章'鳏'叶'云'合口外,其余全用'艰'字。"175
页又说:"谐声表上山通痕4次,也都是'艮声'。"但是,他又说:
"'艮声'字的反切代表特种方言,音理不明。""wən 偶尔通……
wan,wɐn,不必详细计较。"查他的《诗韵谱》,"艰"字拟为 kən,
还是归到了文部,而元音表上又没有这个音,自相矛盾。至于
"鳏"字他干脆拟作 kwɐn,归到元部去了。再说,应当归文部的山
韵系字还有"纶盼"等,不"计较"是不行的。

他的文部四等为什么也是空白呢? 他说:"中国人的文部不
列先,我觉得比高表来得妥当。"(《古音说略》172页)这又是皮
相之见。段玉裁的《六书音均表》十三部(文)第一个声首就是

"先"，江有诰的《谐声表》也列有先声。《小弁》六章先字与"墐
忍陨"为韵，江有诰在《韵读》中就注明为"文部"，可见，高本汉
文部列出先韵，正是按中国人的意见办的。陆先生将"先"拟为
tsʻɛn，归到真部四等，反而不当。

他的文部三等有两个问题：一是把几个臻韵系的字给抹掉
了，他说："不论谐声，《诗》韵，臻韵系不通这四系（按即痕魂殷
文）。《诗》韵表上臻、痕相逢一次，是段表《蓫斯》一章的'诜孙
振'。'孙'字是否入韵本属可疑；《蓫斯》第二、三章的第三句都
不入韵。臻跟痕魂殷文不同部，高本汉的表错了，还是江表是对
的。"（《古音说略》171 页）这个话就有点不全面了。江有诰的
《谐声表》诚然没有注明臻韵该入文部，那是因为字太少的缘故，
至于臻韵的"诜"字应归文部，这是江有诰也不反对的，他的《韵
读》，《蓫斯》一章就以"诜振"为韵，注明"文部"，足见高表与江
表在这一点上是一致的。陆先生将"诜"字拟为 tsʻiɛn，归到真
部，倒真是错了。

高本汉是有错的，错在拟音。把二等山韵的"艰鳏"拟为 ɛ，
三等的"诜"及真韵的"巾陨"等字也拟为 ɛ，这都不对的，董同龢
已指出了这一点，见他的《表稿》105 页。

陆氏文部三等的另一个问题是拟出了一个 ě，这个 ě 是代表
真谆二韵的，《诗》韵有"巾贫闵墐馑"和"春轮沦鹑犉纯"等字。
陆说真谆"通文部的是 ĭěn，ĭwěn；iěn，iwěn，跟中古音相同。ě 跟
ə 是同部"（《古音说略》173 页）。把文部真谆韵的字拟作 ě，跟
高本汉拟作 ɛ 一样，都是错误的。陆氏说的"ě 跟 ə 同部"，不只
在文部三等如此，在之部三等，乃至脂部、质部三等都有 ě 跟 ə。
他的 ě 跟 ə 跨越了两个大类，也就是说之文和脂质四个部三等的
元音是一样的。段玉裁煞费苦心分出来的之、脂二部，在一定程
度上又被陆先生搞乱了。

缉　侵

高本汉的侵部有三个元音：ə、ɛ、u。ɛ 代表二等的咸、三等的盐，u 代表东₋（芃）和东₌（风）。ɛ、u 之不合理，董同龢已有批评，他说："芃与风确是侵部字，但是他们的主要元音决不能是 u。李方桂先生曾经根据《诗》韵与谐声证明古代的 ə 与 u 是如何的不相亲近。现在'风'在《诗经》韵凡六见都叶 ə 音的字，他不读 pi̯um 就是再明显不过的了。"（《上古音韵表稿》114 页）又说："咸洽韵字原不能脱离覃合诸韵字的系统而自具 ɛ 元音，那么'-i̯ɛm'与'-i̯ɛp'就无所依托。"

陆志韦在他的《说略》第十一章"为侵缉拟了两个主元音，ə 跟 ɛ，然而 ɛ 是可疑的。ɪəm, ɪəp, i̯əm, i̯əp 是通覃合的一支。《切韵》的侵缉字最大部分从这个来源发生"。可是，到第十二章，他又说："侵覃确有点通幽宵的痕迹"，"古侵部跟幽宵部的元音相近"，"所以我敢肯定覃的古音，在方言可以作 ʌm，侵作 i̯ʌm，ɪʌm……在那些方言里，后来覃侵也许变了 əm, ɪəm, i̯əm，因为 ʌ 受了 -m 的同化。"他认为侵韵演变的途径是：

　　　　ɪʌm → ɪəm → ɪěm, i̯ʌm → i̯əm → i̯ěm

ʌ，代表《诗经》时代的侵部主元音。他的《诗韵谱》的侵部字除一个字拟作 ɛ 外，其余全作 ʌ，另外，他在上文所说的"方言"，按他自己的说明是指《大雅》《小雅》《秦风》《鲁颂》《邶风》。

ə，是指《诗经》以后中古以前的侵部主元音。

ě，是指中古侵韵的主元音。

应该说，陆氏把侵部的主元音拟作 ʌ，与宵部的主元音完全一样，理由是不充分的。他自己也说，只不过"有点蛛丝马迹"。缉侵的主元音是什么，李方桂在《切韵 â 的来源》中已证明是 ə。他的证明比之陆先生的"蛛丝马迹"更有说服力。读者可参阅。

以上八个部（之职蒸、微物文、缉侵）的主要元音都是 ə（其

中微部是复合元音 əi），还可以从《诗》韵、谐声、异文等材料得到证明。我们看《秦风·小戎》这首诗的用韵，颇有意思：

二章：龙盾之合（əp），鋈以觼軜（əp）。

言念君子，　　温其在邑（əp）。

方何为期（ə），　胡然我念之（ə）。

三章：俴驷孔群（ən），厹矛鋈錞（ən）。

蒙伐有苑，　　虎韔镂膺（əŋ）。

交韔二弓（əŋ），竹闭绲滕（əŋ）。

言念君子，　　载寝载兴（əŋ）。

厌厌良人，　　秩秩德音（əm）。

这里共用了缉之文蒸侵等五个韵，当然有所谓换韵、合韵的问题，假若我们仅从韵尾看，而不从主元音看，简直无法体会这两章诗的语音流畅，韵脚和谐。

又《邶风·燕燕》三章：

燕燕于飞（əi）　上下其音（əm）。

之子于归（əi），远送于南（əm）。

瞻望弗及，　　实劳我心（əm）。

这首诗的特点是所谓的交韵。微侵主元音一致，是构成交韵的重要条件。若按陆志韦的构拟，这首诗就要出现两个主元音：

A 飞 pɪəd　　　　B 音 ɪʌm

A 归 kɪwəd　　　B 南 ndʌm

○　　　　　　　B 心 ts'iʌm

按这样的标音，这首诗不知怎么能唱得出口。即使唱出来，还有什么诗味。

《诗》韵通转的例子还可以举一些：

《小雅·六月》"服炽急国"为职缉通转。

《小雅·沔水》"隼止友母"为微之通转。

《小雅·正月》"林蒸"为侵蒸通转。

《大雅·生民》"登升歆时祀悔今"为蒸侵之通转。

谐声材料有：

在:存。之文相谐。　　　　圣:怪。物职相谐。

立:翊。缉职相谐。　　　　人:食。缉职相谐。

竷:纔。侵之相谐。

异文林料有：

在:谗。之侵相假借。

支 锡 耕

怎么区别之脂支的音值，清代的古音学家从段玉裁到江有诰，都因拙于工具，束手无策，不过，有一件应引起我们重视的事情是江有诰对支部的许多切下字都作了改动。他的支部共计49个声首，改了切下字的就有22个，如：

卑:宾弥切,改宾知切。

斯:息移切,改息支切。

析:先激切,改先益切。（入声）

改得对否，是另外一回事，但他之所以要改这些反切下字，实际上也是想重建古音系统，区别古今音读，使相邻韵部之间的读音区别开来，使同一韵部内部的元音一致起来。他们已经在历史条件允许的范围之内尽了最大的努力了，我们能说他们的工作是徒劳无益的吗？

今人对这三个部的拟音颇为分歧。李方桂作 i，王力作 e，董同龢也作 e，方孝岳作 ɛ，高本汉二、三等作 ĕ，四等作 e。陆志韦最为复杂，支部的二、三等作 æ，四等作 ɛ，耕部的二等作 ɐ，三等有两个元音 ɐ、æ，四等有 ɛ。好在各家的大方向还算一致，都是前元音，只不过高低不同而已。

我们认为对支部的拟音要有一个通盘的考虑。段玉裁说：

"脂微齐皆灰音与谆文元寒近,支佳音与歌戈近,实韵理分劈之大耑。"[①]他的《六书音均表》把脂支歌紧紧排在一起,是十五、十六、十七的关系。江有诰的《谐声表》也把歌支排在一块,说明这两部的元音决不能相差得太远。现在,各家都把歌元拟为最低元音,而把支耕拟为最高元音 i 或次高的 e,距离似乎太大了一些。方孝岳之所以不赞同高、王、董、李的拟音,另外选择了一个低元音 ε,料想他是考虑到了这一点的。

如果我们把陆志韦拟的 ɐ、ε 去掉,只保留他为二等佳韵系和三等支韵系拟的那个 æ,这当是上古支部较为理想的主元音了。

第一,这个 æ 能合理地说明歌、支相邻的关系。

第二,从支部演变的情况看。中古的佳韵字除极少数来自上古的歌部,其余全部来自上古的支部,董同龢、李方桂都主张将上古的支部改名为佳部,是很有道理的。中古的支韵字主要来源不是上古支部,它只有三分之一是上古支部来的,中古齐韵字也只有一半来自上古的支部。所以,佳韵的中古读音是我们推断上古支部音值的重要依据。陆志韦、邵荣芬都将中古佳韵的音拟为 æi,齐韵拟为 εi,邵氏中古支韵的主元音也是 ε。无论往前看还是往后看都比较合理。根据这个拟音,我们就可以说,既然中古的佳、支、齐都还停留在 æ、ε 上,怎么能把它们的上古音推到 e、i 的高度呢。支、齐发展为现代汉语的高元音 i,应经历了 æ → ε → i 的发展阶段。它的演变是由低而高,由洪而细。

上古耕部元音的考订,要特别重视庚韵系的字。据陆志韦先生的调查:"庚韵系在谐声几乎全入阳部,在《诗》韵有一部分入耕部。"好像应当为庚三拟两个不同的上古音:

阳部的　　　　　　ɪaŋ → ɪæŋ　　　　　ɪwaŋ → ɪwæŋ

①　1775 年 10 月段玉裁《与戴东原书》,见《说文解字注》805 页。

耕部的　　　　　ɪæŋ → ɪæŋ　　　　　（没有合口）

"《诗》韵的庚₌也可以分为两支……例如'生'æŋ,'盲'aŋ。到后来,aŋ也变为æŋ"(《古音说略》129—130页)。但是,他最后还是放弃了这个意见。其实,他这个意见是很正确的。我们认为庚韵系的发展经历了这么一个阶段:

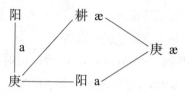

在《诗经》以前的谐声时代,庚阳的主元音都作a,在《诗经》时代,庚韵系分化为二,一部分仍然作a,与阳同部;一部分上升为æ,与耕同部;到《切韵》时代,作a的那一部分庚韵系字也变作了æ,这就成了中古的庚韵系。

从庚与阳的关系,我们可以推知以下三点:

第一,上古耕部的元音应当与阳部相邻,跟支、歌应当相邻一样。

第二,我们既然肯定了庚韵系在上古通耕的那一部分的主元音是æ,那么,耕、清、青三韵系属耕部的字也应作æ。

第三,从演变情况看,清、庚在中古不变,仍作æ(邵荣芬中古的清韵系就作æ),耕、青韵上升为ε,演变特点也是由低而高,由宽而窄。

脂　质　真

今人对这三个部的拟音与支锡耕的主元音一致,不必细论。

最成问题的是陆志韦先生的拟音。他这三个部,除四等韵之外,其他各等的主元音与支锡耕均不相配,就这三个部本身而言,主元音也是五花八门。

这三个部,他拟出了四个元音:ə、ɐ、ɵ、ε。一等(只见于脂质,真部没有一、二等字）的 ə 代表哈灰。王力、李方桂、董同龢的脂部没有一等字，有关哈灰韵系的字归到微部去了，《古韵通晓》的归字总表也归到微部，只有从岂声的几个哈韵字作为例外归到了脂部。陆先生把一等哈灰的字拟为 ə，无可非议，因为这些字本当归微部，微部的主元音就是 ə。

中古皆韵二等应有两个来源：一个来自上古的 ə，一个来自上古的 æ。陆先生把全部皆韵系的上古音一律拟作 ɐ，结果之部和脂部的二等字同一主元音，这在他的系统里当然不至于混乱，他靠韵尾 -g、-d 的不同来区分就是了，但从整个之、脂的关系来看，它们的主元音断不可相同。正如王力先生所指出的那样："脂部在上古和支、之的界限很严；第四世纪以后，脂、之渐渐同用。"（《汉语史稿》上册 81 页）

三等韵就更复杂了，有三个主元音：ə、ĕ、ɛ。ə 代表微韵系的字。ĕ、ɛ 代表脂三、脂四，与入声、阳声配起来，格局是很整齐的。下面是他的拟音：

脂三	ıĕd	质三	（ıĕt）	真三	ıĕn
	ıɛd		ıɛt		ıɛn
	ıwĕd	（术三）	（ıwĕt）	（谆三）	ıwĕn
	ıwɛd		ıwɛt		ıwɛn
脂四	iĕd	质四	iĕt	真四	iĕn
	iɛd		iɛt		iɛn
	iwĕd	（术四）	iwĕt	（谆四）	iwĕn
	iwɛd		iwɛt		iwɛn

拿他的《诗韵谱》对照起来分析，就可以发现其中问题不少。

第一，把脂三脂四分为 ĕ 与 ɛ，不只是拟音不当，连分部、归字都成了问题。我们看 ĕ、ɛ 下面的例字就明白了。

脂三　ıĕd　饥几季悸眉美湄郿悲履

	ɪɐd	祁迟师稇屎坻寚利溿阂麋
	ɪwɐ̌d	絫蘲虆累类匵位怼追
	ɪwɐd	（无例字）
质三：	ɪɐ̌t	（无例字）
	ɪɛt	栗慄秩挃瑟栉
（术三）	ɪwɐ̌t	律
（术三）	ɪwɐt	率䘏
脂四	iɐ̌d	寐屭弃肆
	iɛd	脂旨至匕比妣毗纰渼膍肄夷姨姊梛视矢兕四菁死尸砥茨驷资秭
	iwɐ̌d	穗骙葵萃醉瘁绥遗遂槮水季唯维隧出隼讯
	iwɛd	（无例字）
质四	iɐ̌t	（无例字）
	iɛt	实室七吉日漆疾一韠至邲匹密
（术四）	iwɐ̌t	遹出述卒
（术四）	iwɛt	（无例字）

将脂三、脂四、质三、质四、术三、术四成系统地各分两支归在一个脂部之内，实在混乱得很。脂三的ɐ̌绝大多数是脂部字，脂三的ɛ大多是质部字，脂三合口的ɐ̌，一部分要归微部，一部分要归物部。脂四的ɐ̌只有四个字，有两个归质部，有两个归物部，脂四的ɛ除个别字外，基本上都归脂部，脂四的合口ɐ̌又相当乱，脂、微、质、物四个部的字都有。

尤为奇怪的是脂三的ɪwɛd和脂四的iwɛd都有音无字。很明显，这两个音是从真、谆两韵的情况相应推出来的。入声质、术的音也是依真、谆的分为两支推出来的。陆先生说："质（术）通屑，也有点通弘元音的各系，无疑的得像真（谆）作ɪɛt＞ɪɐ̌t，ɪwɛt＞ɪwɐ̌t，iɛt＞iɐ̌t，iwɛt＞iwɐ̌t。质（术）的四等字也像真（谆）四

等字的通ə部,上古音也得有 iet＞iĕt, iwet＞iwĕt。三等字没有
作 ɪĕt, ɪwĕt 的上古音可以怀疑,不妨保留这两个音。"(《古音说
略》178 页)从《诗韵谱》看,质₌ɪĕt 是个空白,没有韵字。ɪɛt 有
六个字,应全归质部, ɪwĕt 有一个"律"字,应归物部, ɪwɛt 有两
个字,"率"应归物部,"怴"应归质部。iĕt 也是空白, iɛt 有十三个
字,应全归质部, iwĕt 四个字,应归物部, iwɛt 又是空白。

　　分部是这样粗糙,拟音就不得不穷于对付了。陆先生心目
中根本没有把韵部当作一个科学体系来对待,不要说微部他不承
认,就是清朝人分出的那个至部他也不承认,所以他对脂部的拟
音是完全不成功的。

　　第二,他把真、谆也分为两支,拟了两个主元音ĕ、ɛ,好像是
跟脂、质相配似的。实际上不是这样。他拟的 ɪĕn, ɪwĕn, iĕn、
iwĕn 这一支归到文部去了,只有 ɪɛn、ɪwɛn, iɛn、iwɛn 这一支才是
上古真部的元音。iĕn……既然归文部,与之相对应的 ɪĕd、ɪet 又
归脂部,这就意味着文部三等和脂部三等在主元音上是相通的
了。上面我们已经指出:他把脂部二等的皆韵系字拟为ɐ,跟之部
二等的ɐ混而为一,乱了之、脂二部的界限,这里又在脂部三等与
文部三等都拟了一个ĕ,这样一来,就把有ə类元音的八个部与有
æ类元音的六个部(支脂等)搞成了一团乱麻,这就是撇开韵部拟
音所产生的严重恶果。

　　以上六个部的主元音是 æ (其中的脂部是复合元音 æi),也可
以从韵文得到证明。下面举《荀子·赋篇》关于"知"的一段为例:

民均贤	(真部)	æn
淑穆	(觉部)	
日室	(质部)	æt
精形成宁名	(耕部)	æŋ
隘狄敌迹适	(锡部)	æk

精荣宁平　　（耕部）　æŋ

疵知　　　　（支部）　æ

这一段文字当然有换韵的问题。但除了觉部的两个字外，其余韵脚的主元音都是 æ，全文语音流贯和谐。

至于真耕通转更是极为普遍的现象。陆志韦先生指出："不论谐声、《诗》韵，-n 都通 -ŋ，并且都像集中在真部跟耕部的通转。"据他统计，《易经》真耕互叶 13 次，《荀子》真耕 7 次。"再论史实，真耕的通转，越到周朝的末年，越是普遍。一直到汉魏，耕部的收声还好像捉摸不定"（《古音说略》219 页）。

鱼　铎　阳

江有诰在《先秦韵读》《楚辞韵读》后面都附有古音总释。根据他在总释中对鱼部字的注音来看，鱼部的音是 u、ü，如：

邪：音余。野：音宇。夜：音豫。（以上为 ü）

家：音姑。华：音呼。马：音姥。寡假：音古。（以上为 u）

经过今人的考订，鱼部的主要元音不是前 a 就是后 ɑ，反正不能是 u、ü。正如汪荣宝所指出的："鱼虞模之读 u 音，ü 音，乃宋齐以后之变迁。"（《歌戈鱼虞模古读考》）

陆志韦先生还提到一个有意思的现象，鱼部有好些感叹词跟象声字，它们的元音都应该是 ɑ、a，如（《古音说略》107 页）：

《大雅》跟《颂》的"於乎"可拟为 ɑ-xɑ。

"乌"又叫做"雅"，牙声字。乌鸦的叫声好像得作 ŋa。

《生民》三章："鸟乃去矣，后稷呱矣。"小儿啼哭声显然是 kwa。

这三个部的元音目前有四种方案：李方桂、王力作 a，方孝岳作 ɒ，严学宭作 o，陆志韦、董同龢有 a、ɑ，董跟高本汉一样，还有 ä。高氏还有一个 â。关于 ä、â 之类的问题这里就不再谈了。

严先生将这三个部的主元音拟为 o，不知根据是什么。o 是个半高元音，鱼、阳的上古音值似乎还没有这么高。即使中古音的构拟,鱼、模已拟为 o,但也没有一家将阳部的元音拟作 o 的。

方先生将这三个部的主元音拟为 ɒ,理由是:"先秦的歌鱼,是两个不同的韵摄,分得很清楚,它们中间应该也还有区别。我们从先秦方音通转方面,看到歌摄的字和元摄(an)、月摄(at)对转,鱼摄的字和阳摄(ɒŋ)、铎摄(ɒk)对转;歌摄与支摄旁转,为开元音前元音一路,鱼摄与之幽侯各摄旁转,为央后圆唇一路。后来歌鱼两摄的发展路线也不相同。"这里,方先生只讲旁转,而不讲通转。旁转只要元音相近即可,这当然也是我们考虑鱼部主元音的依据,可是,更重要的是通转,因为通转的条件必须要主元音相同。鱼歌、阳元能否通转呢?

《易·观》:"大观在上,顺而巽,中正以观天下。观,盥而不荐,有孚颙若,下观而化也。""下、化"为鱼歌通转。

《管子·四称》:"居处则思义,语言则谋谟。""义、谟"为歌鱼通转。

《文子·道原》:"四支不动,聪明不损,而照见天下者,执道之要,观无穷之地也。""下、地"为鱼歌通转。

《文子·道原》:"一之嘏,察于天地。""嘏、地"为鱼歌通转。

《鹖冠子·世兵》:"事成欲得,又奚足夸,千言万说,卒赏谓何。""夸、何"鱼歌通转。

又以同源字为例:

吾:我(鱼歌通转)　　　　莫:晚(铎元通转)

徒:但(鱼元通转)　　　　强:健(阳元通转)

关于鱼部向后元音发展,这是大家所承认的事实,分歧在于起点不同。打个比方,我们本来是要从北京出发到广州,起点当然只能在北京,而方先生把起点定在武汉,严先生则把起点定在广州郊区,结果,尽管发展方向一致,发展过程却大相径庭。

为什么把发展的起点定在 a 呢? 这要从鱼部的内部结构谈

起。鱼部包括一等模韵，二等麻韵，三等麻韵、鱼韵、虞韵。麻韵的中古音各家都拟为 a，这个 a 也是上古鱼部的主元音（理由参阅高本汉《上古中国音当中的几个问题》一文），由 a 出发，才能向后演变为 o，为 u，如果反过来，由 o 或由 ɒ 向 a 发展，那么，鱼部向后元音一路发展的结论就动摇了。

阳部的发展方向也跟鱼部一致，不过它没有走得那么远。

歌 月 元

高、李、王、董这三个部的主元音与鱼铎阳一致。方、严这三个部都不与鱼铎阳通转，主要元音都作 ɑ。陆志韦的歌部有三个元音：ɑ（歌戈）、a（麻二、三）、æ（支三支四）。陆先生本来想把支三支四也拟作 a，可是，"因为麻三已经拟成 iad"，为了避免冲突，才把支三拟成了 æ。为此，他怀疑"上古音有没有 iad 那一支"，"然而把麻三在谐声可以作 iad 的一支完全抹杀，未免冒险"（《古音说略》185—186 页）。

陆氏怀疑的麻三问题，董同龢也提出来了，从他们成书的时间看，二位可能是不谋而合。董氏虽然"很相信"歌部没有麻三的字，却"还不敢作十分肯定的结断"。

麻三无疑是不应抹杀的。《古韵通晓》的字表中收了三个麻三的字：些、嗟、也。一个又音字：蛇。我在《古韵三十部归字总论》中讨论"也"字的归部时，已经证明"也"是不能从歌部中抹杀的。

即使不抹杀麻三，也没有必要像陆氏那样再拟出一个 æ 来。谐声与《诗》韵都证明，支三与歌在上古的主元音必然一致。

谐声：我——義議儀　　它——鸵　　多——誃趏

《诗》韵：《邶风·北门》："天实为之，谓之何哉。"

　　　　《鄘风·柏舟》："汎彼柏舟，在彼中河，髧彼两髦，实
　　　　　　　　　　　维我仪，之死矢靡他。"

如果按陆先生的拟音，第一首诗是：gɪwæd 与 gɑd 为韵。第

二首诗是:ɡɑd 与 ŋɡæd、tʻɑd 为韵。同一诗中, ɑ、æ 相押,这是不太可能的。

按陆先生的拟音,还会遇到一个问题,就是 æ 元音曾出现于支锡耕,今又出现在歌部,这几个部的主要元音也相通了。

陆氏祭、元两部的拟音与歌部又不相应。其中元部拟了四个不同的元音:ɑ(寒桓)、a(山仙)、ɐ(删元)、ɛ(先)。这四个元音前后高低都有,其中的 ɐ、ɛ 还跨越几个大类,不仅押韵困难,连韵部的系统性也没有了。下面我们举出他所构拟的几首诗就能看出问题的所在了。

《齐风·猗嗟》三章:A 娈 lɪwan

　　　　　　　　A 婉 ɪwɐn

　　　　　　　　A 选 tʃʻiwan

　　　　　　　　A 贯 kwɑn

　　　　　　　　A 反 pɪɐn

　　　　　　　　A 乱 lwɑn

这一首诗就有三个元音:a、ɐ、ɑ,我们很可以怀疑,《诗经》时代的口语会是这个样子的吗?

关于部的界限不清,归字混乱的问题,我在前面已举《齐风·甫田》三章为例,下面再把它和《豳风·东山》三章的几句诗的拟音对照起来看,问题就更清楚了。

A 娈 lɪwan　　　　　D 薪 tsʻiɛn

A 卝 kwɐn　　　　　D 见 kɛn

A 见 kɛn　　　　　　D 年 ndɛn

A 弁 bɪan

(《甫田》三章)　　　　(《东山》三章)

同一"见"字(当然不简单是一个"见"字的问题),在《甫田》算元部,在《东山》又算真部,这不是自相矛盾吗! 月部的四等 ɛ

也存在类似的问题。这个 ε 本是代表纯四等屑韵的,屑韵字主要归质部,但也有归月部的,陆氏一律作 εt,如质部的"怭"作 dεt,月部的"截"作 dzεt,韵母韵尾全相同,无法区分。对陆先生的元音系统来说,这是一个无法克服的矛盾。

　　董同龢的祭、元拟音也不与歌部相配。歌部在他的系统中不与入声和阳声相配,而又算是 a 类,怎么与祭部相区别呢?前者无韵尾(这是阴声韵部唯一没有韵尾的部),后者收 -d 尾。他对歌部元音的构拟比较简单,问题也不大。祭、元的拟音则显得相当复杂。既不同于高本汉,也不同于陆志韦,因为他对这两个部的内部结构有新的看法[①]:

			元　部			祭　部			祭　入	
一等			寒 桓			泰			曷 末	
			ɑ uɑ			ɑ			ɑ uɑ	
二	分	（1）	删 仙₂ 元			夬 祭₂ 废			鎋 薛₂ 月	
三	两个		a a ă			a a ă			a a ă	
四	支	（2）	山 仙₁ 先			皆 祭₁ 齐			黠 薛₁ 屑	
等	派		æ æ æ			æ æ æ			æ æ æ	

他拟的这个 æ 是为了解决两个问题:第一是删山、夬皆、鎋黠重韵的问题。高本汉是用长短音的办法解决的。董氏认为"把一、二等重韵说为元音长短的不同,非但在中古是个无法证实的幻想,更进而应用于上古音的系统之中,就越发显得与事理不合","我们正有许多确凿的线索可以判定他们的不同也在音色方面"(《上古音韵表稿》78 页)。第二是为了解决仙祭薛三韵中开合之外还分两类的问题,他从谐声字发现:"仙₁的字多与山先两韵的字有关系,仙₂的字多与删元两韵的字有关系,界限相当清

[①]　这些拟音见《中国语音史》,与《表稿》不同。《表稿》ɑ 写作 â,æ 写作 ä。

楚。"(《上古音韵表稿》97 页）

这两个问题,李方桂是怎么解决的呢？他的办法很简单,并没有在元音上作什么文章。删夬鎋作 a,山皆黠作 ia。仙祭薛两类:一类作 a,二类作 ia。当然,这里牵涉所谓重纽问题,我们将另行讨论。

叶　谈

这两部主要元音为 a,各家的拟音基本一致。若细论起来,问题不少。

一等韵,董同龢拟出了两个元音:ɑ、ʌ。ʌ 是为覃合而拟的,李方桂、高本汉、陆志韦的一等都没有覃合二韵。王力先生的谈部收了覃韵的个别字,作为"不规则的变化"处理,这个办法比另外拟出一个元音来要好。

二等也有所谓重韵问题。高本汉照例用长短音对付,陆、董二人意见完全一致,都给衔狎拟了个前 a,给咸洽拟了个 ɐ,王力不作区别,李方桂衔狎作 a,咸洽作 ia。

三等包括盐叶严业凡乏。陆志韦严业凡乏的元音都是 ɐ,盐叶作 a（三、四等靠介音区别）。董同龢严业凡乏的元音都作 ă,盐叶分为两类:一类作 a,一类作 ɐ。"a 与 ɐ 两个系统在谐声中分得很清楚。换句话说,就是谈衔严与一部分盐韵字常常谐声;覃咸添与另一部分盐韵字常常谐声,两者绝少相涉（入声字同）。黄侃晚年有《谈添盍帖古分四部说》,大致与此相同"[1]。

王力也有"大致与此相同"的看法,他说:"可能上古叶部实际上有两类:一类是 ap,在中古是盍狎叶帖;另一类是 ɐp,在中古是洽业乏。""可能上古谈部实际上有两类:一类是 am,在中古是谈衔盐添;另一类是 ɐm,在中古是咸严凡。"（《汉语史稿》上册

---

① 董同龢《中国语音史》165 页。

89 页）但是，他的实际拟音，这两个部都只有一个 a 元音。

黄侃的《谈添盍帖分四部说》并非晚年定论。据他的弟子孙世扬说：此文为"民国七年所作"。1936 年第一次发表在《制言》杂志半月刊第 8 期上，这时黄侃已经去世，从文章的写成到发表，中间隔了十多年的时间，所以孙世扬说："亦不知先生晚年定论云何。"据我们现在所知，黄侃的古韵实为二十八部，可见并没有把从谈盍中分出的两个部加上去。大概还是根据不足的缘故。

他分出的谈添两部，也是洪细对立的关系，谈为洪，添为细（a、ɐ 的分别与此相应）。但他制定的这两个部的谐声表就很成问题，如他的谈部有马声、㕭声、敢声，我们都归到侵部去了。添部有欠声、占声、丙声、㚔声，我们也都归到侵部去了（盍部与帖部的界限也不是很清的，在此不细论）。除了谐声的归部有问题，洪细之别也不是那么清楚，他的谈部一共 13 个声首，其中有好几个是"洪兼细音"或"细兼洪音"，这么混杂，很可能是由于谐声时代不同，方言不同所造成的。

总之，根据这些材料，我们还不能断定谈叶可以再分为 a、ɐ 两类。

以上八个部的主要元音为 a（歌为 ai），它们在主要元音方面能够通转。

谐声有：

冉:那 谈歌相谐。　　去:狱 鱼叶相谐。

异文有：

奢:麦 鱼歌对转。　　篷:鯯 铎元对转。

侯 屋 东

幽 觉

宵 药 冬

以上是三个元音不同的大类，为什么要放在一起来讨论呢？

请先看下面四个拟音方案：

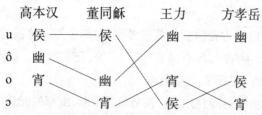

从拟音来看，对这三个部事实上有三种排列法，高、董二氏是侯幽宵，王力是幽宵侯，方孝岳是幽侯宵（不过，他的宵是个复合元音 ou）。这三种不同的排列法，反映了对三大类主要元音高低的看法不同，哪一种排列最为合理呢？

另外，u、o、ɔ 这三个音，董氏用来代表侯幽宵，王力用来代表幽宵侯。同一个 o，高、王二氏用来代表宵，董氏用来代表幽，方氏用来代表侯。同一个幽部，高氏用 ô 代表，董氏用 o 代表，王、方二氏用 u 代表。纵横交错，一致点很少。之所以会形成这样的格局，就因为这三个后元音距离很近，难以分别。陆志韦先生说得好："上古音 u, ô, o 会分成三部，除非万不得已，不可轻信。"

为了解决这些分歧，我看很有必要对这三大类的元音构拟进行系统的全面的考虑。怎么考虑呢？先把构拟这三大类元音的一些基本原则确立下来：

1. 之幽关系很近，考虑幽部的元音时，要注意不能距离之部太远。

2. 侯鱼关系很近，考虑侯部的元音时，要注意不能距离鱼部太远。

3. 幽宵关系很近，考虑这两个部的元音时，既要注意相近的这一面，又要注意它们毕竟是两个不同的部，它们的元音应该是音位的不同。

4. 江永幽宵分部、侯鱼分部的根据是弇侈对立。所谓弇，就是舌位高一点;所谓侈,就是舌位低一点。这也是确定幽宵舌位的根据。

5. 从它们向中古音演变的条件考察,侯部变为一等侯韵、三等虞韵(部分)。幽宵二部不仅有一等、三等,还有四等。据此也可以推断它们的上古音的舌位高低。

据第 1、2 项原则,幽与之近,侯与鱼近推断,幽部的元音应高于侯部。

据第 4 项原则推断,幽与宵有弇侈之别,幽应高于宵部,因为幽属弇,宵属侈。侯高于鱼部,理由同上。

据第 5 项原则推断,幽宵二部有四等,应高于侯部。所谓"一等洪大,二等次大,三、四皆细,而四尤细"的原则,在这里完全用得上。

结论:王力先生的幽宵侯排列法是三种排列法当中最好的一种排列法,这虽然不是王力先生的创见(江有诰的《谐声表》就纠正了段玉裁的宵幽侯排列法而改为以幽宵侯为序),但也说明高、董二人对幽宵侯的排列法认识不深,他们在表面上也是这么排的,而到拟音的时候,又把侯提到幽宵之上,结果,实际上否认了幽宵侯排列法的科学性。

这三大类的元音构拟一定要遵循这个排列法,这只是解决了确立元音高低的基础问题。高,究竟高到什么程度呢? 低,低到什么程度呢? 我们拿幽部作为讨论的起点。陆志韦为幽部拟的主要元音是 ɯ,王力是 u,二者的差别是圆唇不圆唇的问题。陆志韦拟作不圆唇元音是对的,但《诗经》时代,幽部的元音不会有这么高,这一点是从之幽、冬侵的密切关系来判断的,董同龢把幽冬(即他的中部)的元音拟为 o,从高度来说比较合适,不过,选择与 o 相对应的不圆唇元音 ɤ 似乎更好些。陆志韦把宵部的主要元音拟作低而不圆唇的 ʌ,也比较得当。侯部的元音陆志韦为 o,

似乎太高,我选择一个低而圆唇的 ɔ。

末了,我们还要介绍一下李方桂先生对这三大类的构拟。因为他的拟音与诸家大不相同。他把侯部拟作后高元音 u,幽部为 ə,宵部为 a,从韵部排列次序看,也是侯幽宵。不过,元音的分布有前有后,还有一个央元音。他把宵拟为 a,幽拟为 ə,构拟的理由是一样的。第一步,也是大前提,先确定《切韵》时代的豪韵为 â。第二步,推断豪韵这个 â 有两个来源:一种来自上古的 a,即宵部的豪韵系字;一种来自上古的 ə,即幽部的豪韵系字。第三步再推定,同豪韵 a 相押的看韵字是 au,宵韵字是 ĭau,萧韵字是 iau;同豪韵 ə 押韵的尤韵字是 ĭəu,看韵"不明了他的来源",屋三"很难定,也许是 ĭuk,或者 ĭuək"。结论:上古宵部是 a,幽部是 ə。

王力先生在《汉语史稿》《汉语音韵》中将宵部拟为 au,幽部拟为 əu,在一定程度上是受了李方桂的影响。但王先生要改为复合元音,使这两个部都收 u 尾,这是从他自己的元音系统来考虑的。因为 ə、a 这两个元音,前者已用于之职等部,后者已用于鱼铎等部,如不加上 u 尾,就把幽冬和之蒸、微文、缉侵都打通了,把宵药和鱼阳、歌元、叶谈也都打通了,李方桂正是这么通着的。对李氏来说,这样通着,不会发生冲突,因为他有韵尾的不同来补救,这一点在上面已经谈到了。而对王氏的系统来说,之职与幽觉都作 ə、ək,鱼铎与宵药都作 a、ak,这四个部就变得两两重叠,无法区别了,所以非得加上 -u 尾不可。

王力先生对这个方案并不满意,终于在《同源字论》中把这两个复合元音取消了,幽部的主要元音改了 u,宵部的主要元音改成了 o,这样的改动是很必要的。

在高本汉的元音系统中,a 类元音都有戴帽不戴帽的区别,o 类元音也有这种区别。到了董同龢这种办法得到恶性发展,ə 类、u 类、o 类、ɔ 类元音都有这种区别。这种区别在音理上究竟

属于什么性质呢？高本汉是作为深浅的不同，深 a 写作 â，等于
[ɑ]，浅 a 写作 a。而董同龢理解为"元音的关与开"的关系。如
ô，就是一个"关的'o'本身就具有近于 u 的圆唇性"（《上古音韵
表稿》83 页）。那么，ô 就是介乎 u 与 o 之间的一个音了。

　　我们认为运用历史比较法给上古元音系统拟音时，还只能确
定它们的大致部位，把元音的差别说得特别细微，可信的程度反
而要低。

　　根据以上分类讨论的结果，我将自己重新拟构的上古元音系
统表列于后：

单元音　　　　　　　　复合元音

əi　æi　ai

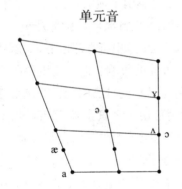

本文乃著者为《古韵通晓》所写的第五章第三节

上古元音构拟问题

小 引

　　上古元音系统的构拟已有几十年的历史，比较有影响的方案也不过有数的几种，中间还存在不少分歧，目前还没有任何一种方案能处于独尊的地位。根本问题是立论根据有别。譬如，有人"对于《诗经》音的看法是建筑在汉藏音系的比较上的"，是用"汉藏比较、梵汉对音这些手段"来打破"框子、突破限度"的[①]。汉藏音系的比较研究对《诗经》音系的修补、完善无疑有重要价值，但是在目前条件下，何谓"汉藏音系"说法尚且不一，何况我们所掌握的所谓"汉藏音系"的资料与《诗经》音究竟是一种什么样的时间关系、可比性如何、可信程度如何，有谁作过严密的考证？甚至连汉语形成于何时、《诗经》以前的汉语是什么样子，我们都没有一个像样的说法，匆匆忙忙作"比较"，未免有些太性急了。至于梵汉对音资料的使用，问题更多，用这类资料来证明的《诗经》音系尤应慎之又慎。

　　还有一种较为普遍的情况是，把《切韵》音系中的种种音类差别一齐推到《诗经》音系中去，这就很成问题。多数音韵学家已经取得共识，《切韵》是综合音系。既然如此，我们又怎么可以在《诗经〉和《切韵》之间谈直线发展呢！陆志韦曾经注意到此，他说："我们构拟上古音的时候，多少有盲从中古音之处，正像中古音必得摹仿近代方言。无意之中会上了圈套。整个上古音的

――――――――――

[①] 《俞敏语言学论文集》28 页，商务印书馆 1999 年。

系统都免不了这很严重的缺点。"①五十多年过去了，"这很严重的缺点"究竟克服了多少？

所谓"空格理论"问题，也是到了应该反思的时候了。有人批评王力、李方桂的上古元音系统留下了若干"空格"，说是不匀称、不整齐，于是一一为之填满。这也使我大惑不解。所谓语言越古就越匀称，我根本就不相信这个理论具有科学性。就算这个理论是正确的，事实果真如此，难道《诗经》时代的汉语就是最古老的汉语了吗？我们把《诗经》的元音系统填得满满的，殷商时代的元音系统又该如何处置？夏代的元音系统又该如何处理？事物的对称与不对称总是相对而言的，填空格必须将历时系统与共时系统的关系搞清楚，必须有足够的材料为证。

上古元音系统的种种分歧，多与立论原则有关，下面就一些具体分歧进行讨论。

一　元音构拟的三种类型

所谓三种类型是指一部多元音型、一部一元音型、介于二者之间的折衷型。

一部多元音型的构拟原则是以元音分等，即四等是按着主要元音的洪细分的。有人还用元音不同来区分重韵、重纽。

一部一元音型，改元音分等为介音分等。

顾名思义，所谓折衷型当然是指折前两型之衷。这种元音系统，既不是每一部都有多种元音，也不是所有的部都只有一个元音。他们的构拟原则是双重标准：既以介音分等，又以元音分等。他们批评"王、李二氏都太相信'上古同一韵部的字只有一种主

---

① 《陆志韦语言学著作集》（一）104 页，中华书局 1985 年。

要元音'了","矫枉过正"了①。他们大体上把上古韵部分为两大类:一类是一部一元音,如侯屋东、鱼铎阳等;一类为多元音,如幽觉冬、宵药、微物文、歌月元、叶谈等。

折衷型的问题有二:一是所有的元音都跨越多部,二是相当一部分韵部分属两三个元音。以郑张尚芳的上古元音系统为例,六个元音中有五个跨越十个韵部,一个跨越八个韵部;三十个韵部中有六个一分为二,十一个一分为三,这样的元音系统破坏了几百年来多少代人建立的古韵部组织结构,也破坏了相邻韵部的区别性特征,韵部的划分全然失去了意义。而且,o、a、e 共居一部,u、ɯ、i 别户同门。前后合一,高低混同,耷侈难分,一部之内三种元音的距离比相邻韵部元音的距离还要远,构拟本身同样也失去了意义。

从《诗经》的押韵情形来看,本来很和谐的韵律也变得不和谐了。如《诗经》最后一篇的最后一章,七个韵脚都是元部字,依王力、李方桂的构拟都只有一个元音,和谐可诵。若按折衷派的构拟则有三个元音,请看:

陟彼景山(en) 松柏丸丸(on)

是断是迁(an) 方斫是虔(en)

松桷有梴(an) 旅楹有闲(en)

寝成孔安(an)

从不圆唇的前元音 e 跳到圆唇的后元音 o,又跌到前低元音 a,再跳回到 e,又跌到 a,再跳回到 e,又回到 a。这样的押韵现象,实在太别扭了,恐怕与事实不符吧。

郑张说:"若要贯彻'同一韵部必同元音',那把分部升级为

---

① 郑张尚芳《上古韵母系统和四等、介音、声调的发源问题》,《温州师范学院学报》1987(4)。

韵部就是了。"① 这当然很干脆。但"升级为韵部"之后又会是个什么样子呢？还以这首诗为例，其押韵情况是：

　　　　仙部→桓部→寒部→仙部→寒部→仙部→寒部

仙、桓、寒三部绕来绕去，实在太绕嘴、太别扭了。

　　一首原本是一韵到底的诗，被分割成这个样子，都是一部多元音造成的恶果。俞敏愤愤地说："凡是假定一部只许有一个元音，'在一块儿押韵的元音准一样' 这类理论的，都是走另外一个极端的。""每部一个主要元音的话非推翻不可……这些位死守押韵分部的人好像缠足老太太难懂天足的事。我不抱怨他们，就盼他们活活脑筋。"②《诗经》押韵应该属于"天足"，经俞敏们一搅和，反而成为绕来绕去的"缠足老太太"了。至于他说的"只许、准一样"均属夸张之辞。学术争鸣是正常的，一"只许"就不正常了。俞先生的上古元音构拟理论实在肤浅，不足为训。

二　韵部不是韵摄

　　凡是主张一部多元音的人，就必然要坚持一个韵部相当于中古时期一个摄的观点。1964 年王力先生在《先秦古韵拟测问题》中就对这个观点提出过不同意见，他说③：

　　　　中国传统音韵学从来不认为韵部等于韵摄。实际上韵部就是韵。

　　　　古韵部无论相当于《广韵》多少韵，也只能认为只有一个共同的元音。

　　　　把韵部看成韵摄，如高本汉所为，是不合乎段氏"古音

---

① 《上古韵母系统和四等、介音、声调的发源问题》。
② 《俞敏语言学论文集》24、26 页。
③ 《王力文集》17：292—294，山东教育出版社 1989 年。

韵至谐"说,是认为先秦诗人经常押些马马虎虎的韵,那是不合事实的。

　　把韵部看成韵摄,最大的毛病是韵部之间的界限不清楚。

　　王先生的意见主要是针对高本汉的。但折衷派与多元音派在这个问题上观点完全一致。所以,高本汉、董同龢、陆志韦之后,一部多元音的构拟原则已很少有人赞同,而折衷派却仍然坚持韵部等于韵摄的观点。俞敏还要拿十三辙作"药方"来医治我们这些"想事的方法都有毛病"的人。他举的例子有《摔镜架儿》"把十三道大辙都用全了"。"一七辙更乱了,一辙四个元音。要求一部一个元音,干脆别作了!"接下去还举了一些不伦不类的外国例子,然后问道:"谁说押韵的都用一样的元音?"最近,郑张也说:"民间艺人押十三辙,不可能一辙是一个元音,拿十三辙当北方话韵母系统拟元音,跟拿《诗经》韵部当上古韵母系统拟元音同样的荒谬。"[1]

　　我认为十三辙与《诗经》韵部系统并不具有可比性。因为二者时代不同,性质不同。十三辙是一个很复杂的概念,你指的是哪个十三辙?是早期的十三辙还是现在的十三辙?是京剧的十三辙还是某一个方言的十三辙?《等韵图经》的十三摄也是十三辙,与《指掌图》的十三摄却大不相同。《指掌图》一摄之内,一、二等元音有别,《等韵图经》除止摄(一七辙)外,其余各摄都是一摄一元音。京剧十三辙并非纯粹自然音,带有人为性质,不经专门传授,就难以达到"字正腔圆"。"如发花韵内的字变成爷茄韵,是黄河流域的字音。庚青韵的字变成人辰韵,是长江流域的字音,都是由习惯而成韵的"[2]。甚至"还有唱与念白的不同,

①　《上古音研究十年回顾与展望》(二),《古汉语研究》1999(1)。

②　张伯驹《春游纪梦·京剧音韵》305页,辽宁教育出版社1998年。

剧与剧中人不同,念白比唱,湖广音要多一些。《空城计》中州韵
就多一些,《失印救火》湖广音多一些"①。可见,拿十三辙来比附
《诗经》元音系统,很欠考虑。至于《等韵图经》止摄(一七辙)为
何将[i][y]合在一块,这是由历史原因、方音原因造成的,限于
篇幅,不能详说。若以此作为论据证明上古一部多元音,这个论
据实在太脆弱了,因为语音材料、背景全然不同。

　　朱晓农曾经将"韵部"区分为"韵书部"和"韵脚部"。"韵脚
部也有两种情况:一是韵辙的类,如宋代十七部(北大中文系56
级语言班《汉语发展史》)、上古六部(郑庠)、十部(顾炎武);另一
是韵母类,如《诗经》二十九部(王力)"②。这种区分颇有意义。在
近代汉语历史上,十三辙因时因地因戏曲种类的不同,既有韵辙
类,又有韵母类,它跟实际方音一直保持或紧或松的联系。《诗
经》韵部的韵母类完全是从书本上的韵脚归纳出来的,无法拿实
际口语来验证评价。所以王力说:"古音拟测只应该是一种示意
图,因此,上古元音只能是音位性质的描写。"③也就是说,一个韵
部之内,其主要元音也可能的确存在某些差异,可作为"一种示意
图",对这种非音位性质的差异,既无必要事实上也不大可能作"实
验语音式的描写"了。描写得越细,可信的程度越低。

　　从韵部结构而言,折衷派所谓的上古韵部只不过是一个矛盾
体。以一部多元音为标准来衡量,它不像真正意义上的"摄";以
一部一元音为标准来衡量,它又不像真正意义上的"部"。如果是
"摄",为什么有的韵部只有一个元音而无所"摄"呢?而且作为
韵摄,必须要具有相同或相应的韵尾,折衷派的某些韵部不仅元

①　张伯驹《春游纪梦·京剧音韵》305页。
②　《北宋中原韵辙考》6页,语文出版社1989年。
③　《王力文集》17:294。

音不同,甚至连韵尾也不同。郑张的幽觉、脂质真都有两套韵尾,这算什么"摄"呢!同一个"真部",有的收 -n,有的收 -ŋ,这无论如何是违背常理的。既然标为 -ŋ 尾,就断乎不可能再名之曰"真部"了。所谓真耕相通,或者是方言问题,或者是历史音变问题,不可能在同一个方言区,在有 -n、-ŋ 对立的情况下,同一个真部(请注意:我们指的是部,不是个别韵字)时而收 -n,时而收 -ŋ,如果有此情形,那也是归字的问题,即某些字真耕两收。所谓相通,大前提就是韵部有别,是部际的问题,既然同属一个部,还谈什么"相通"呢。

三　开合、洪细与上古音

开合、洪细本是等韵学的用语,是汉语音韵分析不可或缺的基本概念,在上古音的拟测中,这两对概念同样具有重要作用。元音问题上的分歧,就跟如何对待开合、洪细有一定的关系。

先说**开合**。

开口问题比较简单,基本上不存在分歧,合口就复杂了。合口是声母问题呢,还是介音或元音问题呢?

李方桂的《上古音研究》也有开合对立,可他不赞成上古有合口介音。他构拟了圆唇喉牙音,可舌尖音声母的合口字怎么办?他不得不构拟一个复合元音 ua。这个 ua 一进入音节之后,u 的性质又成了问题:是介音? 还是元音? 李氏未作交代,于是招来不少非议。

李新魁"主张上古音中不存在介音"[①]。他把圆唇成分转嫁到声母和元音两个方面。既构拟了 kw、k'w、gw、g'w 之类的圆唇化声母,又建立了与歌祭曷寒相对立的戈废月桓之类的圆唇元音

----

① 《汉语音韵学》345 页,北京出版社 1986 年。

韵部。

　　折衷派在形式上未将戈桓等独立成韵部,事实上构拟了圆唇与非圆唇对立的元音格局,这是造成歌月元一分为三的一个原因。歌戈、寒桓的对立本是介音问题,连陆法言的《切韵》都没有将戈、桓独立成韵,何况上古音呢? 构拟《切韵》音系的人一般也将歌戈、寒桓拟为同一元音(四韵的韵母当然有别)。李荣《隋韵谱》也说:"果摄的歌部和戈部互相押韵。山摄的寒部和桓部互相押韵。"[1] 黄淬伯《唐代关中方言音系》的歌戈之别、寒桓之别,还是介音问题,不牵涉到主要元音。李新魁说(《汉语音韵学》340 页):

　　　　钱玄同所列的二十八部中,也并列寒桓、歌戈、曷末为韵目。我们认为,就《诗经》押韵和谐声系统来说,歌与戈两类固然有互相纠缠、互押、互谐的地方,但大体上也有相对可以分立的界限。它们在上古音的主要元音应有所不同,正如它们在中古《切韵》系统中有所不同一样。歌类韵与戈类韵的分合,情形和脂、微类的关系差不多,脂、微两部已经分立,歌、戈也理应分开。同样,与歌、戈配对的祭、曷、寒和废、月、桓也应分开。

　　李新魁摆出的这些理由,无论是材料还是逻辑都有问题。先假定《切韵》的歌戈、寒桓是元音的不同,然后推断上古的歌戈、寒桓也是"主要元音应有所不同",前提和结论都是虚的。钱玄同将三组韵目开合并列,那是为了体现黄侃"古本韵"的主张,而黄侃和钱玄同都不主张将开合分别建部,钱氏拟的元音系统尤可为证。按之《诗》韵,寒独用的例子有十九个,桓独

---

[1] 《音韵存稿》207 页,商务印书馆 1982 年。

用的例子有十个,寒桓合用的例子有三十个。分与合的例子几乎是一半对一半,其分合情况不是跟脂、微差不多,而是差得很远。王力考察了《诗》韵"共一百一十个例子,可认为脂微分韵者八十四个,约占全数四分之三,可认为脂微合韵者二十六个,不及全数四分之一"[①]。脂微分部已得到普遍赞同,而寒桓分部、歌戈分部响应者稀,根本原因就是没有足够的材料可证明其主要元音有别。

当然,郑张也列举了一些谐声、异读、异文、通假方面的材料以证元部合口字应拟为on[②],这些材料我一一考核过,有的要进一步斟酌,有的可用传统办法作解,大可不必在元音上打主意。如:

"短"从豆声,原本就有争议。《说文》四大家中的段、桂、朱认为豆非声,王筠认为"短豆双声也"。"短、裋"同源。《史记·秦始皇本纪》:"夫寒者利裋褐。"《集解》引徐广曰:"一作'短'。"从豆声的字往往有短小义。"短"在《诗经》时代本应归侯部,严可均就是这么处理的。至于"短"后来变为都管切,这是历时音变,不应该在《诗》韵元音系统中拟出一个on来解释其与侯部的o(这是郑张侯部的元音)相通的问题。从豆得声的字有三十余个,只有"短"变为阳声韵,这无疑是例外(音变有例外,这是很正常的,我们怎么可以不承认例外呢!),将例外引入系统,当作普遍规律来对待,在方法论上也是不可取的。

"瞳(睡)"从童声,吐缓切。在《诗经》时代是否就可以拟为on,从而证明元部有这样的韵母呢? 我认为不可。《说文》段注:"(瞳),十四部,此音之转也。古音盖在九部。"《诗经》时代"瞳"本来归东部,直到《集韵》还有"他东切"一音。"町疃"是

① 《王力文集》17:187。
② 郑张尚芳《上古韵母系统和四等、介音、声调的发源问题》。

联绵字,联绵字的写法和读音都容易受方言影响,前后二字也容易相互影响。《经典释文》"町"音他典反,"疃"音他短反,二字既双声又叠韵(江有诰"典"归元部)。"町"又音他顶反,则"疃"应读他东切,耕东旁转。"疃"的两读也是历时变化所造成的,不应在共时系统中为这样的例外字专门立元音,使系统杂乱。任何一个单一的共时系统都不可能没有例外,都不可能照顾各种细微末节。

"濡"有人朱切、奴官切两读,也用作 on 的证据,殊不知"奴官切"的来源有误。《说文》水部"濡"字大徐音人朱反,段注:"此水断不作乃官反也。师古注《汉书》于'故安'下云:'濡,乃官反。'殊误……今谓之滦河者音乃官反是矣。其字盖本作'灓',讹而为'濡'。"(《说文解字注》541页)《说文》手部"擩"字,许慎引《周礼》"擩祭"为书证,段氏改"擩"为"换"云:"古音奂声在十四部,需声在四部,其音画然分别,后人乃淆乱其偏旁,本从'奂'者讹而从'需',而音由是乱矣。"(《说文解字注》604页)孙诒让《周礼正义》"擩祭"下引段说:"凡奂声之字在元寒部,音转入脂微部,需声之字在侯部,音转入鱼虞部,而后人作偏旁多乱之,此其大较也。"[1] 段改"擩"篆为"换",证据不足,但指出"需、奂"之讹变为形误,非音转关系,这是对的。徐灏《笺》亦指出:"隶书'需'字或作'奂',故《礼经》擩换错出。"[2]

郑张还以"叩"又作"款"为证,也不确。"叩、款"双声,有同义关系,并非同源字。

"菆"是多音字,在在丸切(《集韵》作徂丸切,同)这个意义

---

[1] 《周礼正义》第八册 1999 页,中华书局 1987 年。

[2] 《说文解字诂林》第十三册 11876 页,中华书局 1988 年。

上,《集韵》说"或作'桵',通作'欑'"。"莪"通"欑"与"桵"有关,由侯歌旁转再转为歌元对转,此例不足以证明侯元之间一定要拟一个共同元音 o。

郑张又以唇音字证明 o 与 u 的关系,更成问题。唇音字的开合问题看法很不一致。李方桂说[1]:

> 重唇音的字各人都以为是开口……唇音后的成分不是一个重要辨字的成分,很可能是后起的现象……门 muən、没 muət、文 mjuən、物 mjuət 等普遍认为是合口字,也可以是从开口的 *mən、*mət、*mjən、*mjət 变来的。这对语音演变条例并无不合,对古音拟测也更简单。

郑张批评"李氏'没'-ət,'冒'是 -əgw,韵尾差得太远"。批评 -gw 之类的韵尾,我很赞同,可也不能因为"韵尾差得太远",就在幽部、物部另拟出一个圆唇元音 u 来。"曼"从"冒声",依段说"此以双声为声也",完全没有必要为了调和"冒、曼"之间的关系而在元部又拟出一个 on 来。

郑张又以"敦"字异读为例,证明元部 on 的必要性。他列举了"敦"字的四个读音,并批评王、李的拟音"都很觉别扭","叫人难以信服"。为了醒目,我们把郑张的拟音和他所谓的王、李的拟音用表的形式列出来:

	王	李	郑张
①都昆切(文)	uən	ən	un
②度官切(元)	uan	uan	on
③都回切(微)	uəi	əi	ui
④都聊切(幽)	iəu	iəgw	jŭ

---

[1]　《论开合口》,《史语所集刊》55 本 1 分。

在这里，首先要辨证一个事实，在我的印象中和我所掌握的材料中，王、李二先生似乎从来没有说过要为"敦"字的②③④读拟出不同的读音和归在不同的韵部，这跟王力的古音学思想完全不符。王力主张字有一定之部，字的归部原则基本上是据谐声或《诗》韵，而不能根据异读把同一个字归到好几个部中去。王力有一套处理异读或音转的办法，即"对转、旁转、旁对转、通转"等。另一个事实是，王力对幽部元音的构拟在 70 年代末期即已将 əu 改为 u。

我个人是赞同王先生的归部原则的。退一步说，即使"敦"的四读可以分归不同的部，也宁可取向熹的办法。向熹的《诗经词典》都昆切归文部，度官切也归文部，都回切归微部，丁聊切也归微部①。微文对转，主元音相同，何必节外生枝先误归其部又误拟其音呢？

现在说**洪细**。

将洪细引入韵部分析始于江永。所谓"一等洪大，二等次大，三、四皆细，而四尤细，学者未易辨也。辨等之法，须于字母辨之"②。江氏说的"洪、细"，其含义不同于今人仅以洪细指介音 i 的有无，其中应该有元音问题、声母问题。后来黄侃把上古二十八部全按洪细分为两大类，二十个归洪，八个归细，就完全是元音问题了。这种划分的不合理，王力先生在《上古韵母系统研究》中

---

① 《诗经词典》(修订本)126—127 页，四川人民出版社 1997 年。锡良按：其实郑张完全误解了王力先生。王先生在《王力古汉语字典》中为"敦"字列了八个今音，收了七个反切。在五个今音下列了古韵，都是文部或微部。其他三个今音下未列古韵，因为那是通假音。"敦"的都聊切是通"雕"的音，如果列古韵，也是"雕"的古音。不分本音和通假音，将把古音研究搅得一团糟，某些古音研究者却没有觉察到这一点(这个按语，是我和九盈同志交换意见时，他要我加的)。

② 《四声切韵表·凡例》2 页，北平富晋书社 1930 年。

已有批评,不再赘言。

折衷派的上古元音构拟,在很大程度上接受了黄氏洪细音的说法。李新魁说(《汉语音韵学》350 页):

> 上古的一个韵部,往往包含有中古的一等韵(或二等韵)和四等韵字。也就是说,中古的四等韵字与一等韵字(或少数的二等韵字)往往同居于上古的一个韵部之中。四等韵与一等韵的不同,不应是介音的不同,而是主要元音的差异。黄侃认为,上古音中的"古本韵",既包含有中古的一等韵,也包含有四等韵,它们都是"古本韵",都是上古时本来就有的。他的看法是对的。我们认为,一等韵就是一个韵部中的"洪音",元音发音的开口度较大;四等韵就是"细音",发音的开口度较小。它们的发音很接近,可以在韵文中通押(当然,它们分押的情况也是很多的)。到了中古,这个洪音就发展成一等韵(或二等韵),细音就发展成四等韵。如支部中,我们构拟它的主要元音有 [ɛ] 和 [e] 两个,[ɛ] 主要发展为中古的三等韵佳韵 [æi],[e] 发展为四等韵齐韵 [ei]。

郑张处理一、四等的原则与李新魁一样,也是以元音的高低来区分"洪、细"。他认为"一、四等互补,凡旧说同一部中含'一等、四等'两韵的,都应分一等为 a、四等为 e"(《上古音研究十年回顾与展望》二)。看下表:

e(细)	歌月元	宵药	盍谈
a(洪)	歌月元	宵药	盍谈
o(圆)	歌月元	宵药	盍谈

洪细之别再加上圆唇元音,于是上面这些部均一分为三。一、四等名义上是"互补",实际上变成了"对立"。

现在要讨论四等韵的性质,四等韵是否就是"细音",是什么意义上的"细音"。

　　黄侃在《音论》中将四等韵归入细音,可是在另一个地方又说"齐先添萧四韵《切韵》本为洪音"[1]。为什么会出现这样的矛盾? 下面还要谈到。但从黄侃的前后矛盾中可以看出"四等"问题并不像李新魁、郑张等人所说的那么简单。黄淬伯的意见更值得注意,他明确认为通常说的五个"纯四等"韵本来就是一等,他说[2]:

　　　　国内外汉语研究者,把《切韵》齐、萧、先、青、添五个韵部硬说是"纯四等"的韵部。其实这五个韵部所用的反切上字都属 A 系,是一等而非四等。到了慧琳描写的关中方音,才一致用 C 系上字替代 A 系,"纯四等"韵部由是形成。

据此,"硬把《切韵》音系纳入等韵体系中,认为《切韵》音系中也是韵分四等"是有问题的。黄淬伯还说:"更有甚者,昌言上古音中也是'四等俱全'。其实等韵体系和《切韵》毫不相干,遑言上古。"

　　我并不完全赞同黄淬伯的说法,但四等韵本为洪音,再用洪细来区分一、四等也就缺少了根据。而把上古一、四等的韵母构拟得完全一样,毫无区分,也不是上策。

　　李方桂是怎么处理这个难题的呢? 他说:"四等字的声母完全跟一等字一样,显然高本汉所拟的四等的 i 介音是个元音,它对于声母不发生任何影响。因此我们不把它当作介音而归入元音里去讨论。近来研究《切韵》音系的人也有采取四等韵里根本没有介音 i 的说法。这也许在《切韵》音系不发生太大的困难,

① 《文字声韵训诂笔记》109 页,上海古籍出版社 1983 年。

② 《唐代关中方言音系》150 页,江苏古籍出版社 1998 年。

但是从上古音的眼光看来至少在上古音里应当有个 i 元音在四等韵里,可以免去许多元音的复杂问题。"[1]这里只有两种选择:一是为四等韵单独构拟一个有别于一等的元音,这样就破坏了一部一元音的原则,李先生说的"复杂问题"即指此;另一种选择就是为四等韵构拟一个 i。

问题又来了,这个 i 是什么性质? 李先生说是个 i 元音。我在《上古音》中也说"有一个 i 元音"[2]。从汉语音节结构的规律来看,一个音节之内只能有一个主元音,不能同时有两个主元音并存。李氏的《上古音研究》四等韵分布在二十一个韵部(包括入声部)中,其中以 i 为主元音的只有脂质真支锡耕六个部,幽觉缉侵微物文为 iə,歌祭月元叶谈宵药八个部为 ia。iə、ia 前的这个 i 只能算是个介音,"i 元音"的说法就成了问题。有鉴于此,我打算将《上古音》中的"四等韵没有介音,但有一个 i 元音"一语改为"四等韵有一个元音性 i 介音"。重庆师院赵克刚教授在《四等重轻论》中也谈到:"等韵学家不是按元音来分等,不能认为一、二等不同元音,事实上是一、二、三、四等都同元音的。"只是"四等……声母与不单独使用的元音性 i 相结合"[3]。"不单独使用"实质上就带有介音性,介音是不单独使用的。

迄今为止,关于洪细与上古元音的关系问题,还有许多矛盾的说法一直未能进行彻底讨论。下面还谈一点不成熟的意见。

我以为洪细与上古元音的关系应从两个层面来看:一是韵部层面,二是韵母层面。

就韵部层面而言,韵部与韵部之间主要元音的构拟,可以有

---

① 《上古音研究》23 页,商务印书馆 1980 年。

② 《上古音》27 页,商务印书馆 1991 年。

③ 《音韵学研究》(3),中华书局 1994 年。

洪细之别。a元音韵部是洪，i元音韵部是细，还可以有次洪、次
细。但如只考虑这个层面，就会出现黄侃式的格局，二十八部非
洪即细。这样，正如王力所言，"未免把古韵看得太简单了"[①]。所
以，必须考虑到韵母层面，而且主要应落实在韵母层面。一个韵
部之内，并非只有一个孤零零的主元音，一定有由主元音构成的
韵母结构，有了韵母结构，同一韵部之内就构成了洪细之别。那
么，洪细之别应落实到韵母的哪一部分呢？当然不会是韵尾，剩
下的只有介音和元音了。李新魁、郑张等主张由元音来区分洪
细，事实上是把韵部之间的洪细扩大到韵母层面上来了，或者说
把本应由韵头来区分的洪细扩大到韵部层面上去了。这就把洪
细问题搞乱了。洪细之别多数情况下靠介音，而介音又联系到声
母，所以江永才说："辨等之法，须于字母辨之。"江永这个学说，
以赵克刚的解释最为透辟，他说（《音韵学研究》3）：

> 　　要谈声母的等，不用重轻而用洪细也一样，一个要点是：
> 不可分开声母与元音、介音的配合关系（如 kɑ、kr、kj、ki）单
> 独看，必须把它们这些关系拉拢来看，而拉拢来的结果又不
> 是落户在元音一边，而是安家在声母、在声母与介音的结合
> 体一边，即不管是重四等也好，轻四等也好，等都是定在声母
> 上的。江氏的洪细，即跟上述重轻理论相一致，等都定在声
> 母上。不然，怎么会提出四等洪细来告诉人们"辨等之法，须
> 于字母辨之"呢？

这样解释江氏的洪细说是可信的，只是下面这句话又有点语意含
混了，他说："在等韵图里，一、四等是声母与元音拼读的类型，以
元音洪细不同而分为一、四等。"这跟他说的"事实上是一、二、

---

① 《上古韵母系统研究》，《王力文集》17：126。

三、四等都是同元音的"说法似乎有矛盾,既然都同元音,为什么又说一、四等元音洪细不同呢? 这是因为他不愿意把四等韵中"不单独使用"与声母拼读的那个 i 看成介音性的。至此,我们也可以解释,为什么黄侃既说"纯四等"韵是洪音,又说是细音。从四等韵的反切上字完全同于一等来看,本是洪音;从四等韵的声母后面有一个"不单独使用的元音性 i"来看,又是细音。

折衷派在元宵谈等部拟出一个 e 元音来,并非专为四等韵而设,还要借此来解决"通转"关系问题。如郑张列举了许多例子以证 e 元音在解决"通转"问题上的作用①。经过一一查考,颇令人失望。

郑张说:"《诗·陈风·墓门》叶'斯、知、然'。如依王氏'然'为 ian,'斯知'为 ie,不好押;依李氏则'然'为 jan,'斯知'为 ig,就差得更远了。再看《汉书·货殖传》'乃用范蠡、计然'师古注:'一号计研'、'又《吴越春秋》及《越绝书》并作计倪'。'然研'跟'倪'也有上述那样的问题。看来'然研'与'倪斯知'应该具有同样元音才好解释,这个元音应在 i—a 之间,照理自是 e 最合适,可惜李氏不构拟 e 元音,而王氏 e 元音又拟给真脂类了。"这条材料本身就有问题。《墓门》首章从顾炎武到段玉裁、江有诰,一直到王力,都不以"然"字作为韵脚。王力这首诗的构拟是:斯(sie)、知(tie)、已(jiə)、矣(jiə)②。至于"然研"(元部)与"倪"(支部)是中原音与越方言的不同。"研、倪"声母相同,如果据此就拟出一个 e,这是把不同方音包括在一个音系之中,反而不可信。

"前、齐相通",并非"难以解释",按王力的体系属"旁对转","箭、晋"相通乃元真旁转。至于李氏这两个部"元音都差好远",

---

①　郑张尚芳《上古韵母系统和四等、介音、声调的发源问题》。
②　《王力文集》6：255,山东教育出版社 1986 年。

那是李氏个人构拟的问题,不能证明元部一定要再拟出一个 e 来。

"睘(𡙕)"本袁声,"嬛"本睘声,《毛诗》都读渠荣切,元耕相通,也不能证明元部必得有 e 元音。三家诗作"茕茕",《毛诗》作"嬛嬛",还是方言问题,朱骏声指出:"睘睘、嬛嬛"乃"重言形况字","皆以声为训,本无正字"①。

"汃"从八声,又音府巾切,本属物文对转,正是主元音相同。用壮语"八"字读音来证明其"也是 e 元音",未免扯得太远。证据的使用必须注意系统性,不能随意抓一个例子就充当证据,这是使用证据的常识。

"螵蛸、蟲蛸"为联绵字的不同写法,其音因时地而异,不宜纳入一个音韵系统之中。

"地、嚟"音韵地位的变化都是历时音变现象,不可能也不应该在一个共时系统中构拟多种元音来解决。

例外谐声、异读、又切、阴阳对转、韵部归字的纠葛,清人在划分韵部时已作过研究,而且有很好的认识。如戴震说:"审音非一类,而古人之文偶有相涉,始可以五方之音不同断为合韵。"② 孔广森说:"其用韵疏者,或耕与真通,支与脂通,蒸侵与冬通,之宵与幽通。然所谓通者,非可全部混淆,间有数字借协而已。"③ 近人曾运乾说:"纽近而韵远者,其原因或为音读之沿讹;或为制字之时,只取双声为声,而韵母不必兼顾。"又说:"阴声阳声界域厘然,不相通用。其有相通用者,则阴阳对转之迹也。其余阴声各部、阳声各部,亦各自有其相通之迹。"④

---

① 《说文通训定声》乾部 3039 页,万有文库本。
② 《戴东原集》(上)58 页,万有文库本。
③ 《诗声类》卷一 1 页,中华书局 1983 年。
④ 《音韵学讲义》405、520 页,中华书局 1996 年。

现在,主张一部多元音的人,将"偶有相涉"之音、五方不同之音、"间有数字借协"之音、"只取双声为声"之音,乃至音读"沿讹"之音,通通纳入一个音系之中,用元音不同来加以解释,这实际上是变相的叶音说。叶音说是以今律古,主张一部多元音的人,除了以今(指中古音)律古(指上古音)之外,还要以"五方之音"律《诗经》音系,这样的元音系统看起来是照顾了方方面面,消除了各种例外,实际上使古韵部经界由密变疏,由整齐变为支离,不能不说是一个大倒退。

四 重韵、重纽与上古音

王力先生在《中国语言学史》中指出:"高氏对于一、二等的重韵如哈与泰,佳与皆,删与山,覃与谈,咸与衔,硬分长短,没有什么可信的证据,他本人也缺乏信心。但是批评他的人并不说他不应该硬分,而只是说应该分为不同的元音。高氏在三、四等里不认为有重韵,而中国某些音韵学者却也认为支脂祭真仙宵盐诸韵也有重韵。这样越分越'细',所构拟的音主观成分很重,变成了纸上谈兵。"[①]"纸上谈兵",批评得太对了。王先生所说的"三、四等里"的"重韵",即通常所说的"重纽"。所说的"批评他的人"即董同龢。

董同龢以元音区分重韵、重纽,所以他的上古元音有二十个之多。

董同龢的上古重韵数量比较多。一等有两对,二等有七对,三等有十四对。由于对中古韵的离析,某些中古时代的重韵上古已不构成重韵关系,而某些中古非重韵到上古变成了重韵。另外,由于他把庄₃归到庄₂,在二等韵中造出了三组重韵。中古重韵的产生,有的是上古来源不同,如覃:谈;有的是方言现象,如

---

① 《中国语言学史》196—197 页,山西人民出版社 1981 年。

黄侃所云"江南人能辨佳皆,北人则不能分"(《文字声韵训诂笔记》24 页);有的则如薛凤生所言"'重韵'则为《切韵》与等韵之间的音变所造成的"①。总之,无论是《切韵》中原有的"重韵",还是因离析《切韵》而新产生的所谓重韵,这都是用分析中古音的观念来看待问题的。在上古韵中,它们已经同居一部,还有什么"重韵"可言呢? 谁跟谁"重"完全是中古音的说法,在上古是不能成立的。陆志韦所批评的"盲从中古音","无意之中会上了圈套",重韵问题就是一例。

把《切韵》中的重纽推到上古音当中去,并用元音来加以区分,同样是"盲从中古音"。

重纽是中古音韵中一个特定的概念,不承认中古音有重纽是不妥当的,但重纽究竟包括哪些韵,重纽各韵的舌齿音是同于本韵的重纽三等还是四等,重纽的语音性质是什么,至今没有统一的说法。周法高从青年时代起就研究重纽,一直到晚年还在研究重纽,几易其说,似乎没有什么重大突破。既然中古音的重纽还是问题重重,我们怎么可以贸然把重纽问题推到上古去呢? 上古既无韵书,也无韵图,谈什么"纽"呢?

再者,就中古重纽字在上古的分布情形来看,也完全没有必要在重纽问题上大做文章。

重纽字的大部分在上古分属两个不同韵部。支韵重纽字基本上分属支歌两部,脂韵重纽字基本上分属脂微幽之等部,真韵重纽字基本上分属真文两部。重纽字共居一部的有祭、仙、宵、盐等韵,但这几韵的重纽字数量很少。

有人拿中古重纽作为根据,批评李方桂、王力的拟音"弁便"不分,"珉民"不分,"密蜜"不分,这样的批评都是"盲从中古",

---

① 《汉语音韵十讲》47 页,华语教学出版社 1999 年。

是完全错误的。

　　董同龢将"便"拟为ä，"弁"拟为 a，均属元部。可"便"的归部本来就有分歧，严可均、朱骏声都归真部。"便"又通耕部的"平"，所以段玉裁说"便"字"古音盖在十一部"。董同龢把"民"拟为 e，"珉"拟为 ə。分出了中古重纽，却丢掉了上古谐声。"珉"从民声，构拟上古音不以谐声为据，反而拿什么重纽为据，真是不可思议。董同龢据重纽将"蜜"归质部，"密"归物部，同样是违背了段玉裁说的"同声必同部"的原则。我并不否认在历史上"蜜"与"密"有过不同音的事实。北宋山东临淄人王闢之在《渑水燕谈录》中还批评淮阳人"以'蜜'为'密'，良可哂也"[1]。但我们研究的是上古，"密蜜"均从"宓"得声，这样的证据可以置之不理吗？当然不能。

　　董同龢是第一位将重纽引进上古音研究并以元音别重纽的音韵学家，他的这个主张本来响应者稀，但近二十年来，"纸上谈兵"者越来越多，早已把韵部的重要性、"古音韵至谐说"置诸脑后。他们批评王力在拟音上回避了至关紧要的重纽问题，显然是把重纽问题夸大了。我个人认为"一部一元音"说是王先生古音构拟学说的精华所在，因为在众多的说法中王说最接近上古汉语的实际。为了回答"纸上谈兵"者的种种责难，此文不得不作。亡友新魁以及郑张先生都是我很尊重的学者，他们的音韵研究很有成就。我们在某些观点上有分歧，纯属学术原因，应该是正常的，与"门户之见"无关也。

　　原载《纪念王力先生百年诞辰学术论文集》，商务印书馆 2002 年

---

① 《渑水燕谈录》卷九 119 页，中华书局 1981 年。

《语言丛稿》补记：

近读 André G. Handricourt（奥德里古尔）《怎样拟测上古汉语》，才知奥氏已批评高本汉的填空格理论，他说填空格"除了结构上的平衡以外，并没有什么证据可以证明'结构填空'是必要的"（马学进译，《中国语言学论集》206 页，幼狮文化事业公司1977 年）。

上古音节的结构问题

　　李方桂先生所构拟的上古音,作为一个系统来说,的确是很严密的。尤其是关于"上古同一韵部的字一定只有一种主要元音"的假设(《上古音研究》27页),是非常科学的。理由就是李先生自己曾经说过的:"我觉得押韵的字他的主要元音是最重要的,韵尾还在其次。现在韵尾虽有些相似,元音差的太多,押韵是不可能的。"(《切韵 â 的来源》)但是,李先生对上古音节结构的假设,仍有一些值得商榷的地方。李先生说:"上古时代似乎没有以元音收尾的字……也许我们的材料使我们很难分出有元音韵尾的字,也许上古的音节的结构根本就是 CVC(辅音＋元音＋辅音),正如陆志韦的说法。"(《上古音研究》35页)

　　上古的音节结构到底是不是 CVC,涉及到对阴声韵性质的看法问题。在李先生和某些古音学家看来,上古韵部的结构不应是阴阳入三分,因为他们认为:"阴声韵就是跟入声相配为一个韵部的平上去声的字。这类的字大多数我们也都认为有韵尾辅音的,这类的韵尾辅音我们可以写作 *-b, *-d, *-g 等。"(《上古音研究》33页)这样一来,又回到段玉裁、江有诰等人的老路上去了。阴声韵与入声韵的区别,只是个声调问题,而不是韵部问题。所不同的是:(1)李先生是拿阴声跟入声相配,而江有诰等人则是拿入声跟阴声相配;(2)李先生给所有的阴声韵都安上了塞音尾巴,不难处理阴入通韵的问题,而江有诰在处理阴入通韵的问题时,就带着很大的随意性。如《中谷有蓷》"脩薂薂淑"为幽觉通韵,江有诰认为"薂,音脩","淑"读平声,改入声为平声。甚至同一个字，一处读平声，一处读入声，如《何人斯》"易知衹"通韵，江有诰认为这个"易"字读平声，《韩奕》"解易辟"通韵，江有诰认为这个"易"字读入声。这样解决阴入相纠葛的问题，显然是不成功的。那么，像李先生那样，把所有阴声韵的的字都安上尾巴，是否就合理地解释了阴入相纠葛的问题了呢？

在这里，我们第一步要把时代问题搞确切。李先生和我们所说的上古音，实际上是指《诗经》时代的语音系统，也就是周秦古音。在周代以前，也就是商代或夏代，当时的音节结构是不是CVC 就很难猜测。从谐声资料和汉藏语系某些语言闭音节占优势的情况来判断，有可能在远古时期，原始汉语的音节结构或许是CVC，但在《诗经》时代绝不可能还都是 CVC 这样的音节结构。

我们现在构拟《诗经》时代的语音系统，很重要的一个依据就是拿《切韵》音系往上推。而《切韵》音系的音节结构是阴阳入三分的，有辅音＋元音＋辅音（阳、入）这样的结构，也有以元音收尾的阴声韵。如果《诗经》时代阴声韵收 -b、-d、-g 等辅音，那么，它们是什么时候脱落的呢？为什么脱落得这么彻底，连一点残存的痕迹也找不出呢？中国地区这么大，汉民族的方言又这么复杂，许多早已消失的古音现象都可以得到某种方言资料的印证，为何这 -b、-d、-g 却找不到证据呢？如果对这些问题不能作出认真的回答，作出合理的解释，那么，CVC 学说就无法令人信服。

从《诗经》用韵的情况来考察，阴声韵和入声韵的关系的确是比较密切的，但它们的关系是否到了密不可分要合而为一个部呢？我以为事实并非如此。这里仅以所谓收 -g 尾和 -k 尾的六个部来进行讨论（收 -d 尾和收 -t 尾通韵的情况极少）。

（一）之部

《诗经》之部入韵的入声字（我们称之为职部）共计 60 个，其中与阴声通韵的字有 27 个,占 45%。这些字是:异意牧背₂ 棘试辐克富₃ 息戒识₂ 食₃ 直备福亟翼₂ 德式₂ 塞忒极愍织富福₂^①。

(二)幽部

《诗经》幽部入韵的入声字(我们称之为觉部)35 个,与阴声通韵的字有 10 个,占 28%。这些字是:歊 淑觉轴皓绣鹄就祝笃。

(三)鱼部

《诗经》鱼部入韵的入声字(我们称之为铎部)62 个,与阴声通韵的 18 个,占 29%。这些字是:御₃ 愬露路₄ 恶₂ 莫₄ 度₃ 夜₃ 庶₂ 获席酢炙膴咢若斁伯。

(四)宵部

《诗经》宵部入韵的入声字(我们称之为药部)26 个,与阴声通韵的有 7 个,占 26.9%。这些字是:乐₄ 悼₃ 暴₂ 曜虐₂ 藐躏₂。

(五)支部

《诗经》支部入韵的入声字(我们称之为锡部)30 个,与阴声通韵的有 7 个,占 23%。这些字是:辟₃ 掷刺易₂ 帝绩适。

(六)侯部

《诗经》侯部入韵的入声字(我们称之为屋部)36 个,与阴声通韵的有 5 个,占 14%。这些字是:裕木奏谷彀。

总计六部入韵的入声字为 249 个,阴入通韵的入声字为 74 个字,占 29.7%。

阴入通韵的入声字占到三分之一,比例的确不小,这种现象应当怎么解释呢?阴入通韵的实际情形是否有如此严重呢?我觉得这要从多方面来找原因:

第一,有的阴声字原本有可能是入声字。如支部的"解"

---

① 这些入韵字是从王力先生的《诗经韵读》中归纳出来的。其中某字右下角所加阿拉伯数字指在《诗经》中与阴声通韵的次数。下同。

字入韵三次,都是跟入声字相押,《韩奕》一章"解易辟"为韵,《闷宫》三章"解帝"为韵,《殷武》三章"辟绩辟适解"为韵;在《楚辞》中"解"字入韵一次(《九章·悲回风》),也是和入声字"缔"押韵。《老子》"解"字与"迹谪策"为韵。如果"解"字不算阴声字,那么,《韩奕》《闷宫》《殷武》都不能算是阴入通韵,支部入声通阴声的字就只剩下四个了,百分比也由23下降到13。

第二,有的入声字可能有两读。王力先生曾经主张上古入声有两类:一类为长入,一类为短入,长入到中古变为去声,短入到中古还是入声。我很赞同这个意见。从入声发展的整个历史看,它是由闭口音节逐步向开口音节转化的。长入变去声,这是第一次大演变;入派三声,这是第二次大演变。在北方方言中,入派三声虽然完成于元代,但它的分化应始于唐宋,而至今有的方言还保存入声。这就是说,经历了一千多年之久,入声还没有全部、彻底在所有的北方方言中消失。由此可以推知,长入变去声,也经历了一个漫长的演变过程。这种演变应是起于《诗经》时代,直到中古才完成。因此,在《诗经》时代,这些读长入的字,在有的方言中还是读长入,而在有的方言里已有可能演变为与中古去声相接近的开口音节了。我在上面说的"有的入声字可能有两读",就是指的这种情形。如果承认当时的长入字的音节结构正处在演变过程中,承认各方言对这些字的读音会有所不同,阴入通韵的问题也就大半可以得到合理的解释了。如之部的"异意背富试备"、鱼部的"恶度路"、侯部的"奏"、支部的"易刺"等字,在一些方言中还是"长言之"或"缓气言之"的长入字(这是主流),而在另一些方言中,已有可能丢掉了 -k 尾。尽管我们在归字的时候,还可以将它们归在入声部,但应注意到它们与短入字之间不仅元音有长短之别,就是在韵尾方面也有一元化与二元化的区别。从两千多年汉语语音演变的历史来看:阳声韵的音节结构变化最小

（只有 -m 尾变为 -n 尾，但 CVC 的结构不变），入声韵的音节结构变化最大，而它的变化趋势就是不断地向阴声韵转化（由于入声字的渐入，以致使人误以为阴入原本是一类），所以我们设想《诗经》时代长入字的韵尾存在二元化（即带辅音尾和不带辅音尾）的可能性，不见得就是无稽之谈。

第三，还有的阴入通韵涉及到归字和韵例的问题，这里各举一例。王力先生的《诗经韵读》认为《鹊巢》一章"居御"是鱼铎通韵，《黍苗》三章"御旅处"也是鱼铎通韵，关键在一个"御"字。王先生在《汉语音韵》中将"御"字归鱼部（187 页），而在这里又归到了铎部，如果是鱼部字，这两章诗就不存在合韵的问题了。

韵例不同，也直接影响到"通韵"的问题。如《瞻卬》四章"忒背极慝倍识事织"，王力先生认为是职之通韵，但江有诰认为"倍"与"事"叶，如从江说，也就不存在"通韵"的问题了。类似的例子还可以列举一些。

看来，彻底弄清《诗》韵中阴入通韵的情形，的确是研究上古音节结构的症结所在。

原载《语言学论丛》第 14 辑，商务印书馆 1984 年

关于复辅音问题[*]

关于复辅音问题,《上古音》余论已有一个初步看法(81页)。这些年来,我一直在思考这个问题。现在,利用读二校的机会把这些想法用后记的形式写出来,供读者参考。

我在余论中说:"远古汉语有可能存在复辅音。"现在我认为:不是"有可能",而是肯定有。因为不仅某些谐声资料证明远古汉语曾经有过复辅音,就是周秦文献中某些联绵字、又音、异文、假借也须要追索复辅音的历史才能得到合理的解释。

但我又不赞同上古汉语(指《诗经》时代,包括战国时期在内)仍然存在复辅音。我认为在上古汉语中留下了许多远古汉语复声母的遗迹,但复辅音声母作为一个系统已经消失。我们既不可把"遗迹"当作系统来看待,也不应该无视这些"遗迹",以为汉语中从来就不曾有过复辅音。

在古代经济非常落后、交通很不发达的情况下,语言的演变非常缓慢。因此,复辅音的消失必然有一个非常漫长的过程。如果上古汉语还存在完整的、成套的复声母系统,岂能在《切韵》音系中消失得那么彻底,了无痕迹?! 而上古汉语中确实能找到复辅音消失的遗迹。根据这些遗迹再加上有关语种的资料可以重建远古汉语的复声母系统,并追索上古某些单体声母的来源,根据这些遗迹也可以推断复声母消失的规律。

据现有研究的成果,我们设想远古汉语的复辅音以二合结构

---

[*]　编者注:此文原为作者读《上古音》(商务印书馆 2015 年)的二校后记。

为主,它的消失规律大概有以下三种:

(一)一分为二 即一个二合复声母分化为两个单声母,也就是两个不可分割的单音节联绵体,如:

pl-——pjəljwət （不律）[1]　　　xt-——xwantɔ （驩兜）

kl-——kwailwai （果嬴）　　　　bd-——bjɣkdɣ （复陶）

"不律、果嬴、驩兜、复陶"均为举例性质。这些联绵词均不构成双声关系,如果我们知道它们是由复声母演变而来,就会明白,它们之所以联绵在一起,是因为在远古时代有着非常密切的关系。

(二)合二为一 二合辅音在一定的条件下演变为一个新的单体辅音。如上古的照三系本书拟为 ȶ、ȶʻ、ȡ、ɕ、ʑ、ȵ,但根据谐声和其他一些资料,跟舌根音谐声的照三在远古时期应为复辅音声母。李方桂的构拟是(1980 : 91):

krj-、khrj-、grj-、hrj-、ngrj-

其中的 grj- 包括跟舌根音谐声的喻、禅以及床三。关于构拟的细节在此不能详加讨论,我只不过要把这套复辅音由上古推到远古。也就是说,在远古照三是复辅音,而且是以舌根音为主体的复辅音。这些舌根音经过舌面化的演变过程,变为上古的 ȶ、ȶʻ、ȡ、ɕ、ʑ、ȵ。这是就主流而言,在当时那么复杂的方言中,krj- 的演变不可能只有一种途径。

(三)一存一亡 这是二合结构复辅音变为单体辅音的重要方式。表现为两个辅音在某一方言中有一个脱落,有一个保存;或前者脱落,或后者脱落。所谓存亡是相对的。如:

kl- 卵(卢管切) lwan 　　　（读如管） kwan

---

[1] 本书关于复辅音构拟均属假设性,音标的左上角本应标出 * 号,为减少排印上的麻烦,* 号一律省去。

	纶（力迍切）	ljwən	（古顽切）	kɪwən
	角（卢谷切）	lwɔk	（古岳切）	kɪɔk
gl-	缪（渠幽切）	gjɤ	（力幽切）	ljɤ
ml-	卯（莫饱切）	mɪɤ	（古同乑）	ljɤ
sm-	糸（莫狄切）	miæk	（新兹切）	sjə
sy-	亘（须缘切）	sjwan	（胡官切）	ɣwan

从古汉语和现代汉语来看，kl-式复辅音脱落的大都是 l，某些方言中的个别词则脱落的是 k，留下来的是 l。如"裹"字的声母从上古至今均为 k-，而笔者的方言中却读 lo（湖南安仁方言），潮州方言有两读:ko、lo（《汉语方音字汇》40 页）。文献资料也有例子，《周礼·春官·龟人》:"东龟曰果属。"注："杜子春读果为蠃。"《释文·周礼音义》:"果，鲁火反。"如果不承认远古有 kl-式的复声母，这种现象就不能得到圆满的解释。

　　研究复辅音的直接目的当然是为了弄清汉语语音史的真实面貌，弄清远古汉语和汉藏语系其他语种的关系，但复辅音问题与词汇学、训诂学、文字学以及古汉语语法都有很密切的关系。梅祖麟（1983）曾谈到:"高名凯（1957：294—296）看到'之'和'其'上古都用作规定词，曾疑心这两个字同出一源，但因不能解决照₃系声母读舌根音的历史音韵问题，没有继续研讨。"这个例子足以说明某些历史语法问题须要从复辅音中找答案。喻世长在讨论以 z 起头的复辅音时说（1984）:"我们可以提出这样一个假设:复辅音第一成分 z，在某些词里，可能是一个语法前加成分，表示以 z 起头的字是和名词相对待的动词。"这样的假设是值得我们重视的。严学宭对探讨复辅音的意义也有过深刻的论述，他说（1984）:"须知有了复辅音声母的构拟，不仅可以解释谐声系统的种种异常谐声现象，还可以说明古汉语中的音变，特别是许多稀奇古怪的又音以及形体、训诂等的许多疑难问题，而且便于寻找汉藏语系的同源词,组成对应关系,建立原始型。"下面我就列举一些与复辅音有关的词汇、训诂等问题加以论证,希望能引起读者的兴趣。

一、复辅音与联绵词

仅举三组例子为证:

穧秜　迟曲　郤曲

《说文》:"穧,穧秜。"段注(275页):"按穧秜字或作枳椇,或作枳句,或作枝拘。其入声则为迟曲,穧秜与迟曲皆双声字也。"又"穧"字下注(275页):"穧秜谓之双声。"《说文》:"迟,曲行也。"段注(73页):"迟曲双声。迟通作枳。《明堂位》注:'枳椇,谓曲桡之。'《庄子》:'吾行郤曲。'郤曲即迟曲,异部假借也。"段玉裁认为"穧秜、枝拘"均双声字,又说"迟通作枳",话虽不错,却未提供任何音理上的根据。齐佩瑢和蒋礼鸿用"音转"或"音近"来加以解释,齐说:"诘诎……转为郤曲(《庄子》),迟曲(《广雅》);曲木曰枳枸(《毛传》),枝拘(《淮南》),枳椇(《礼记》),穧秜,穧秜(《说文》)。"(《训诂学概论》29页)蒋说:"穧句即穧秜。穧与穧音近……支苟即穧秜。"(《义府续貂》49页)

"穧"(职雉切)、"枳"(诸氏切)、"枝支"(章移切)均属章母字,它们怎么能与舌根音"秜椇"(俱雨切,读如苟)、"迟郤"(绮戟切)等构成双声关系呢?按照李方桂的构拟,"支枝穧枳"的声母是krj-,我个人设想,在"穧椇、枝拘、支苟"这种联绵词中,"穧枝支"已不是复声母,也没有按通常的演变规律变成为t,而是后置辅音(或称为介音)r脱落,变为kj- 这种形式。今厦门话"支枝"的白读为ki,潮州话"枝"读ki,建瓯话"枝"的白读也是ki(均见《汉语方音字汇》)。可见,段玉裁判断"穧秜"为双声是完全正确的,只不过要从音理上找出根据,才可明其所以然。至于"音转、音近"这些笼统的提法,只给人以雾中观花、隔靴搔痒之感。

侏愚　梼杌　倜傺　拘愚

蒋礼鸿说:"梼杌者,侏愚之转。"(《义府续貂》8页)侏愚,又作"诛愚"(《商君书》),又作"朱愚"(《庄子》),又作"倜傺"(《集韵》)。蒋先生说:"梼、鋾与朱、侏、诛,杌与愚,古皆为双声,故侏愚转为梼杌……倜傺亦即侏愚、梼杌。"蒋先生指出"梼、鋾(倜)、朱"为双声关系,这是很正确的,但更为重要的一点蒋先生未涉及到,"梼"与"杌"是否为双声呢?"朱"与"愚"是否为双声呢? 这些不同写法的联绵字(上下二字之间)在声母方面是否毫无关系呢?

要解决这个问题还得从复声母说起。"朱侏"(章俱切)为章母字,"诛"(陟输切)为知母字,"梼"有直由切(澄母)和徒刀切(定母)二音,"倜"(他历切)为透母字,"鋾"(徒刀切)为定母字。"愚、杌、傺"均疑母字。这里牵涉到照三与端系(知澄上古归端定)、与舌根音的关系问题。当我们把这些关系揭示清楚之后,就可以发现:这些不同写法的联绵字反映了不同历史时期的语音变化。同一联绵词尽管意义未变,而语音变了,作为语音载体的用字也随之而变。联绵词的不同写法往往隐藏着音变的秘密,破译这些秘密,有助于了解古声母演变的历史。拿"侏愚"和"梼杌"来说,就反映了两个不同历史时期的音变,虽然它们共存于先秦时代,但历史发展有先后之别。"侏愚"产生于上古前期或者更早,"侏"和"愚"为旁纽关系。"侏"在远古时代为复声母字,它的声母为 krj-,当它和"愚"构成联绵关系时,r 介音已脱落,所以,"侏愚"的读音形式是 kjwɔŋjwɔ。这里,我还补充一条蒋先生没有谈到的材料,《楚辞·九叹·忧苦》:"偓促谈于廊庙兮。"王逸注:"偓促,拘愚之貌。""拘愚"即"侏愚","拘、侏"同为舌根音,故得通假,这也是"侏愚"为旁纽关系的一个证据。

梅祖麟在讨论"之、其、底"的关系时,曾经谈到(1983,《中国语言学报》）：

> "之"字上古早期的声母是 krjəg，上古晚期变成 tjəg，理
> 由之一是非如此设想才能解释"底"的来源。

梅先生这个"设想"很值得重视。尽管音变的历史时代还可以斟
酌，但 krjəg 变 tjəg 的历程、轨迹，应该符合事实。这个"设想"也
有助于我们认识照≡和端组的关系问题。照≡有一部分字的读音
与端组相近，以至有人主张章组归端，这种归并法未免太简单，不
可取。

现在我们拿梅先生的设想来说明"朱"的音变，同样是可
行的。

$$krjwɔ > kjwɔ > tjwɔ$$

这三个音代表"朱"字在远古、上古早期、上古晚期的读音，
由舌根音变为腭化的舌尖前塞音。这也有文献材料为证，如"讙
兜"又作"讙朱"。现代汉语的"兜"就是古代的"株"。厦门话
读"株"为 tu（白读）。可以设想，上古的"侏愚"既可读为 kjwɔ
ŋjwɔ，又可读为 tjwɔ ŋjwɔ。从共时系统来说，这是方言之别。
"侏愚"既可读为 tjwɔ ŋjwɔ，于是就可写作"梼杌、偶僳"。就构
拟细节而言，如果不用 tj- 这个拟音，也可用本书构拟的章母读
音，写作 ȶj-，同样可与"偶"（th-）、"梼"（d-）构成通假关系。

娄务　　毂督　　恂愁

《说文》："娄，一曰娄务，愚也。"段注（624 页）："务读如督。
娄务即子部之毂督。"桂馥《义证》（1092 页）："按《玉篇》：'恂
愁，愚貌。'《楚辞·九辩》：'直恂愁以自苦。'恂愁即娄务。"又作
"沟督、谷督"。

这里要解释的是"娄"（落侯切）与"毂恂"（古候切）、"沟"
（古侯切）的关系。

在复辅音时代,"佝、娄"同音,其形式为 klɔ。后来在有的方言中,前辅音 k 脱落,成为 lɔ(娄);有的方言中后辅音 l 脱落,成为 kɔ(沟、佝),于是有"娄务、佝愁"之别。

二、复辅音与同源词

王力先生说:"同源字还有一个最重要的条件,就是读音相同或相近,而且必须以先秦古音为依据。"(《同源字典》12 页)这个论断无疑是正确的。问题在于王先生不赞同先秦有复辅音,这样一来,他观察同源词的时候,视野就会受到限制,把一些本来存在同源关系的词排除在同源词之外,如:

墉(郭) 墉 城

《说文》:"墉,城垣也。从土庸声。𡒄,古文墉。"段注(688页):"此云古文墉者,盖古读如庸,秦以后读如郭。"段玉裁由于不了解"墉"与"𡒄"的语音关系,这条注就很不得要领。商承祚《说文中之古文考》仅指出:"庸墉古今字。𡒄在篆为郭,在古为墉……庸之古文本作𡒄。""庸"与"𡒄"的语源关系,一字也未提及。沈兼士以此为义通换用之例(1986:251)。

《说文》:"城,以盛民也。从土、成,成亦声。𩫡,籀文城,从𡒄。"籀文城字从𡒄,"𡒄、墉"又原本同是一个词,三字同源不成问题。但按王先生构拟的先秦音系,𡒄(见,k)、墉(喻四,ʎ)、城(禅,z),三字难以构成同源关系,读音相差很远。而采用李方桂的构拟,这个问题就解决了。上文已经介绍,李方桂构拟的 grj-,包括喻四和禅母,那么"墉"与"城"的声母相同,都是舌根音,与"𡒄"同类。这样,我们就可以沟通三字在语音上的同源关系了。

頯 䏚 顁

《说文》:"頯,权也。"段注(416页):"权者今之颧字。"

《说文》:"䏚,面頯也。"段注(167页):"䏚,《史》《汉》作準,高祖'隆準'①。服虔曰:準音拙……按準者假借字,肫其正字。其入声则音拙,《广雅》作頔,是也。"

《广雅·释亲》:"顴、頵、頔也。"王念孙《疏证》(203页):"顴頵为颊頔之頔。《急就篇》颜师古注云:頔,两颊之权也。"

"頯、肫、頔"同义,都是颧骨的意思。但它们是否同源呢?

頯,渠追切;肫,章伦切;頔,古忽切,又朱劣切。"頯、頔"都是舌根音,如果知道"肫"的声母原本为 krj-,也是舌根音,就可以确认三字为同源关系。"頔"字的两个读音更富有启发性。古忽切与渠追切为旁纽,章伦切与朱劣切为双声,而古忽切与朱劣切又同出一源。

三、复辅音与异文

古书中有的异文似乎语音关系很疏远,难以贯通,其中往往就有复声母的问题,如:

提弥明　示眯明　祁弥明

《左传·宣公二年》的提弥明,《史记·晋世家》作示眯明,《公羊传》作祁弥明。"提(杜奚切)、示(神至切)、祁(渠脂切)"的发音部位差别较大。"示"字在《类篇》中有翘夷切②,与"祁"为双声,但作为姓氏的"示",《类篇》音市之切。在李方桂的构拟系统中,不论神至切还是市之切,声母都是 grj-,读为舌根音,与"祁"同类。这同一名字的三种不同写法,当以《晋世家》的示眯明为正。《左传》成书虽然早于《晋世家》,但《晋世家》有可能是根据晋国史料写成,示眯明本晋国人,晋史对他的名字不会写成别字。《左传》是传鲁之《春秋》的,将示弥明误写作提弥明,可能鲁之方言"提、示"音近。《史记索隐》"提音市移切"(1674页),《类篇》

---

① "準"的释义有分歧。
② 《广韵》与"祇"同音,巨支切。

"提"字音常支切,又市之切,证之以谐声(提,从手,是声。"是"亦禅母字),我们可以肯定,"提"字在远古的声母与"示"同,也是grj-。"提"是支部字,"示、祁"是脂部字。现在将三字在春秋时的读音构拟如下("示祁"声母已由远古的grj->gj-。r已脱落):

　　　示 gjæi　　　祁 gjæi　　　提 gjæ

从颂　从容

《战国策·赵策三》:"世以鲍焦无从容而死者,皆非也。"《史记·鲁仲连世家》作"从颂"。《索隐》:"从颂者,从容也。"《汉书·儒林传》:"汉兴,鲁高堂生传《士礼》十七篇,而鲁徐生善为颂。"师古曰:"颂读与容同。"《说文》:"颂,皃也。从页公声。頌,籀文。""颂"字有两读:余封切,又似用切。"容"亦余封切。"颂"以舌根音"公"为声符,原来也是复声母,其形式为grj-,后来分化为邪母和喻四两读。喻四一读,与"容"同音,在上古为gj-。

立　位

《周礼·春官·小宗伯》:"掌建国之神位。"郑注:"故书位作立。郑司农云:立读为位。古者立位同字。古文《春秋经》公即位为公即立。""位(于愧切)、立(力入切)"古为复声母ɣl-。上古有的方言脱落l-,读ɣ-,有的方言脱落ɣ-,读l-,随着意义的专指分为"位、立"二形。

四、复辅音与又音

又音情况很复杂,其中有一定数量的异读字反映了复辅音的历史演变。

　　羹:古行切,又卢当切。kl-

　　镠:渠幽切,又力幽切。gl-

　　馶:章移切,又居企切。krj-

　　臭:尺救切,又许救切。khrj-

　　仇:市流切,又巨鸠切。grj-

匋：读与缶同，又徒刀切。pd-（杨树达曾证明金文之鞫叔即经传之鲍叔）

五、复辅音与读若 [1]

自，读若鼻。bdz- [2]。

潒，读若荡。zd-。（"潒"有似两、待朗二切，见《类篇》）

榆，读若屯。tl-。（"榆"有株伦、龙春二切，见《类篇》）

觳，读若莘。khph-。

啻，读若鞭。stj-。

囟读若导，读若沾，一曰读若誓。zdj- 或 zthj-。

六、复辅音与声训

《毛传》："昴，留也。"ml-。

《说文》："考，老也。"khl-。

《说文》："戌，威也。"sm-。

《说文》："及，逮也。"gd-。

七、复辅音与假借字

先秦两汉文献中有大量假借字。多数假借字的语音关系是可以说清的；有些假借字的语音关系还不能充分而又圆满地加以解释；有少数假借字还没有被发现。后两种情况的存在，在很大程度上是因为没有运用复辅音的知识来研究假借，或者说是由于复辅音问题未能彻底解决，有些假借字的谜底我们还无法猜得出来。请看下列例子：

裹，古火切

蠃蜾蠃，以成切

如果只用单体辅音来观察，这两个反切的声母无论如何也不能构

---

① 读若材料均引自《说文》。构拟参阅喻世长（1984）。

② 李方桂（91 页）："鼻字原与自字通，是否自字是 ·sbjidh＞dzji？"

成通假关系。但用复辅音来观察,我们可以证明"裹、赢"双声。

"裹"原本为复声母 kl-,经演变前后辅音各自独立为 k-、l-。赢,《说文》从贝羸(郎果切)声。可证古书中常见的"赢粮"实际上就是"裹粮"。

《诗·大雅·公刘》:"乃裹餱粮。"《文子·上德》:"无裹粮之资而饥。"《列子·说符》:"裹粮就学者成徒。"《庄子·胠箧》:"赢粮而趋之。"《释文》:"赢,裹也。"《战国策·楚策一》:"于是赢粮潜行。"《荀子·议兵》:"赢三日之粮。""赢粮"也写作"嬴粮"(《六臣注文选·过秦论》)。李方桂说(1980:13):"大体上看来,我暂认喻母四等是上古时代的舌尖前音,因为他常跟舌尖前塞音互谐。如果我们看这类字很古的借字或译音,也许可以得到一点线索。古代台语 Tai Language(Li,1945,340 页)用 *r- 来代替西 jǐəu 字的声母,汉代用乌弋山离去译 Alexandria 就是说用弋 jiək 去译第二音节 lek,因此可以推测喻四等很近 r 或者 l。""赢"的声符本来就是来母的"羸"(lwai),与"裹"(lwai)同音,我们说"赢"借为"裹",理由是充分的。

"攍(擽)"是"赢"的后起字。"赢"由于长期借作"裹",于是人们误以赢字原本就具有裹缠、担负义,为了与"赢"的其他意义相别,又加上意符手,造出了一个"攍"字。《方言》七:"攍(本亦作擽、赢)、膌、贺,儋也。齐楚陈宋之间曰攍,燕之外郊、越之垂瓯、吴之外鄙谓之膌。""贺"是"何(荷)"的假借字,"膌"和"攍"一样都是"裹"的假借字。郭璞注:"担者用膌力,因名云。"这是望文生训。

"赢"的声母在先秦时代一定还有舌根音一读。理由是:"裹"虽可读 l-,但当以读 k- 为主,"赢"既然常借作"裹",有的方言就可能将"赢"读作 k-;另外,上古喻四等字也有跟舌跟音发生关系的,李方桂的构拟是 grj-,r 与 l 相近,g 与 k 相近,大概"赢"与

"裹"一样，既有 l- 声母，又有 g- 声母。还有一个证据，《类篇》"赢、氒"为一字。《说文》："氒，秦人市买多得为氒。古乎切。"《类篇》将"氒"作为"赢"的异体字，说明"赢"当有舌根音一读。

"赢"是"裹"的假借字，古人已经不晓，误以为二者是同义词。于是《史记·孙子吴起列传》中就有这样的句子："亲裹赢粮，与士卒分劳苦。"训诂学家对借作裹的"赢"，在释义上似乎也有分歧，《经典释文·庄子音义》以及《淮南子·修务》注均释"赢"为"裹也"，《方言》七释为"儋（担）也"，《荀子》杨倞注释为"负担"。古人外出旅行，往往自备干粮，要将干粮包裹好并背着或担着行走，故裹、负、担义实相因，不存在实质性的区别。新《辞海》将这一意义的赢字解为"装足"（863 页）。这就完全错了。

纯，徒浑切，又朱闰切

稛，苦本切

"纯"是个多音字，《类篇》收的反切有十个之多。在稛束这个意义上，《类篇》就有徒浑、杜本、朱闰三切。《说文》："纯，丝也。常伦切。"段注（643 页）："此纯之本义也……《诗》之'纯束'读如屯，《国语》之'稛'、《左传》之'纋'，皆其字也。"所谓《诗》之"纯束"，指《召南》的"白毛纯束"。《国语》之"稛"，指《齐语》的"稛载而归"。《左传》之"纋"，指《哀公二年》的"（赵）罗无勇，纋之"。十三经注疏本作"麇"，《广韵》十八吻引《左传》作"纋"，邱粉切。"纋、麇"都是"稛"的异体字。《说文》禾部："稛，絭束也。"段注指出"纯束"之"纯"即"稛"与"纋"，可谓非常精辟。他的本意就是"纯"假借为"稛"。不过，段玉裁没有揭示语音上的根据。"纯、稛"均文部字，而声母相差较远，为什么说"皆其字也"？

这里又涉及到照三与舌根音和舌尖音的关系问题。就是说"纯束"的"纯"原本不是徒浑切，应读舌根音，是复声母。《类篇》

的朱闰切值得注意。由朱闰切推知其复声母为 krj-，由 krj- 再变
为 kj-，再变为 dj-（徒浑切）。《诗经》时代"纯"读 kjwən，"稇"
读 khwən。这就是"纯"假借为"稇"的原因。《经典释文·诗经
音义》音"纯"为徒本反、徒尊反，这已是汉魏时代的注音，kj- 已
变为 dj-。

尻，苦刀切　　　　窍，苦吊切

州，职流切　　　　醜，昌九切

涿，竹角切　　　　豚，丁木切

这三组字都是肛门的古称，其间的假借关系古人已经谈到，
而音理上的根据还须论证。

《说文》："尻，脾也。"段注（400 页）："尻今俗云沟子是也，脾
俗云屁股是也。析言是二，统言是一。"

《说文》："窍，空也。""窍"的本义是空（孔），引申为肛门，与
"尻"同义。"州、醜、涿"都是"尻"的假借字，"豚"是后起字。

《尔雅·释畜》："白州，驠。"郭注："州，窍。"《山海经·北山
经》："伦山有兽焉，其州在尾上。"《说文》"驠，马白州也"，朱骏
声注："州者尻之借字。或曰，涿字之转注，亦通，俗作豚。"《礼
记·内则》"鳖去醜"，郑注："醜谓鳖窍也。"王念孙《广雅疏证·释
亲》："膴、尻、州、豚、臀，五者异名而同实……醜与州声近而义
同，豚与州声亦相近。"

"州"与"醜"借为"尻"，还是因为照三古读同舌根音。"州"
的复声母是 krj-，"醜"的复声母是 khrj-。至于"涿"借作"尻"，
时代较晚些，说明 krj- 已演变为 tj-。这种演变在上古已经完成。
《国语·楚语下》有个"豴"字，星宿名，意为龙尾，《广韵》音都豆
切，字亦作"犿"。《玉篇》有"豚"字，释为"尻也"，《广韵》释为
"尾下窍也"。其俗体作"屌"，都谷切。"豴"的本义为龙尾，引申
为动物的尾下窍，"豚、犿、屌"都是它的变体，"涿"（属端母）是

"豚"的假借。请看下面这个故事(《三国志·蜀书》1021页)：

> 先主与刘璋会涪时,(张)裕为璋从事,侍坐。其人饶须,先主嘲之曰:"昔吾居涿县,特多毛姓,东西南北皆诸毛也,涿令称曰'诸毛绕涿居乎'!"裕即答曰:"昔有作上党潞长迁为涿令者,去官还家,时人与书,欲署潞则失涿,欲署涿则失潞,乃署曰'潞涿君'。"先主无须,故裕以此及之。

在这个故事中,借"涿"为"豚",借"潞"为"露"。"诸毛绕涿"意为屁股眼周围都是毛,"潞涿"意为光着屁股眼。彼此都以对方的嘴巴为戏谑,而以仁德著称的刘备竟然怀恨在心,终于找碴儿把张裕给杀了。

重建复辅音的意义我就说到这里。复辅音的研究只有几十年的历史,还存在一些重大问题有待于进一步解决,如:

（一）复辅音产生和消失的确切时代;

（二）究竟有多少复辅音,除二合复辅音之外是否还有三合、四合复辅音;

（三）各家对复辅音的构拟,从原则到细节都不统一,缺乏完善的条例、规则、理论体系。

这些问题恐怕要经过几代人的努力才能彻底解决。上古韵部的研究经历了几百年的时间,才达到"几如日丽中天"（江有诰语）、"前无古人,后无来者"（王国维语）的境界。声母问题,尤其是复辅音问题,情形要复杂得多,我们应当坚持"百花齐放、百家争鸣"的原则,鼓励各种探索,使这方面的研究不断深入,不断前进。

在这本小册子已经定版之后,我又补上了这样一条又长又粗的尾巴作为"二校后记",势必给排印工作增添不少麻烦,请允许我向排印这部书稿的师傅们表示深切的谢意。

1990.4.22

参考文献

董同龢　《上古音韵表稿》

李方桂　《上古音研究》

高本汉　《中上古汉语音韵纲要》

王　力　《汉语语音史》

张世禄、杨剑桥　《论上古带〔r〕复辅音声母》

孙宏开　《藏缅语若干音变探源》

唐作藩　《上古音手册》

严学宭　《周秦古音结构体系》(稿)

喻世长　《用谐声关系拟测上古声母系统》

林语堂　《语言学论丛》

尚玉河　《"风曰孛缆"和上古汉语复辅音声母的存在》

刘又辛　《古汉语复辅音说质疑》

梅祖麟　《跟见系谐声的照$_=$系字》

陈复华、何九盈　《古韵通晓》

商代复辅音声母

在古音研究中，复辅音声母是一个具有全局意义的问题。既关系到商代音系的建立，也关系到汉藏语系同源词的研究，文字训诂中某些疑难问题，也要在复辅音声母研究的基础上才有可能求得满意的解决。

研究复辅音声母，主要途径有二：一是全面利用《说文》中的谐声资料，根据谐声关系的变异规律归纳出复辅音声母系列；一是利用亲属语言个别词对应关系的研究，建立起各种类型的复辅音声母结构。前者着眼于内部拟测，后者着眼于历史比较。这两种方法都是行之有效的。问题在于：这两种材料本身都无法提供明确的时代界限和汉语方言的具体区域。谐声资料经过上千年积累而成，包含不同时地的语音素材，情况颇为复杂；亲属语言的比较，主要是寻找同源词，在现阶段来说，这项工作还只能说是零敲碎打，各家构拟的所谓"原始形态"，时地观念同样是模糊的，所谓的"同源词"，其可信程度如何，很难判断。

有鉴于此，本文尝试对复辅音声母进行断代研究，即以殷商时代为基点，以甲骨文中足以说明复辅音形态特征的资料为本证，再从后世的文献资料、语言资料中寻找有关的材料作为旁证，把这两种材料结合起来，对商代复辅音声母进行全面拟测。这样，本文所拟测的复辅音声母，从理念上和逻辑上来说乃属于纪元前1300—前1028年之间的"殷虚"方言，其地在洹水、淇水、黄河之间。它既不是汉语的"原始形态"，也不属于我们通常所说的"上古音"（周秦古音）。

殷商卜辞中有哪些材料可以用来证明复辅音声母的存在呢?

1. 同源分化。卜辞"令"与"命"同字,金文从"令"分化出一个"命"字,"命"从令得声,二字同源。在商代"令"的声母应为 mr-。

2. 同音假借。卜辞假"各"为"落","各日"即"落日"。有的假借材料不见于卜辞,只要借字或本字见于卜辞,也可沟通其语音的联系。如卜辞有"㺇",金文中"㺇"可借作"熙";卜辞中未见"柳"借作"酉",而春秋时代"柳"通"酉"。

3. 同字异读。卜辞中每一个字的音韵形式、地位都要与后世文字材料相比较才可确定,因此,卜辞中的某个字,如果后世有多种读音,而且这些音读之间的历史演变又是可以说得清的,我们就可以假定:它们在卜辞时代,不论是声母还是韵母,存在某种联系。

4. 谐声交替。卜辞"歓(饮)"字见于《说文》,从酓声,"酓"从今声,"歓、酓"与"今"当有复声母关系。又如"姬"从臣声、"姜"从羊声、"酒"从酉声,都有复辅音声母的问题。

5. 方言转语。卜辞"甾"字,用作地名。《甲骨文字典》认为:"字形与《说文》甾字篆文及古文相近。"[①]《说文》:"东楚名缶曰甾。"[②]"甾"乃"由"字之误,其义为"缶"。"由"与"缶"在卜辞时代应为复声母,后世东楚方言名缶曰由,乃复辅音分化后的音变。

6. 经传异文。卜辞中商代开国之君汤的庙号为"乙",《论语》《墨子》作"履"。"乙、履"音通,其声母为复辅音。

7. 经籍旧音。《礼·曲礼上》"急缮其怒",郑玄注:"缮读曰劲。"[③]"缮"从善得声,"善"从誩得声。卜辞无"缮"有"善",

① 　徐中舒主编《甲骨文字典》1395 页,四川辞书出版社 1990 年。
② 　段玉裁《说文解字注》637 页,上海古籍出版社 1981 年。
③ 　《十三经注疏·礼记正义》1250 页,中华书局 1980 年。

"善"与"劲"在声母上必然有联系,这种联系用单体辅音是无法解释的,我们很自然就想到复辅音的问题了。

根据初步研究,我们为商代音系构拟了 32 个复辅音声母,分为四种类型:

甲　清擦音 s 和其他辅音的结合。

　　sp、sph、sb、sm、st、sth、sd、sn、sr、sl、sk、skh、sg、sng。

乙　带 1/r 的复辅音声母。

　　pl、pr、phr、br、mr、thr、kl、kr、khr、gl、gr。

丙　章组与舌根音相通。

　　klj、khlj、glj。

丁　其他。

　　ʔk、ʔr、mg、ng。

如果用对称性的原则来评价这个系统,就会发现其内部存在不对称不平衡的现象,存在可填补的空格。但从语言事实来看,从混沌学说而言,不平衡不对称是绝对的。以汉藏语系还保存复声母系统的语言为例,它们的复声母系统也并不都是对称的。所以我们并不因为有了 thr,就一定要再拟一个 tr。我们认为:要用事实构建框架,而不能用框架来构拟事实。

还有一个问题,商代以后的材料可否作为构拟的依据呢?我以为只要所构拟的这个字见之于甲骨文,而后代的材料又足以说明这个字曾经有过复声母的历史,我们就可以上推到甲骨文。这里的大前提是:甲骨文时代(商代)有复声母,金文时代(指西周中后期至春秋战国时期)复声母已基本消失。从"令"分化出"命",从"土"分化出"社",都是复声母分化的结果。甲骨文时代还没有分化,是因为那个时代还存在复声母。从历史构拟的原则来说,所有的构拟都要利用后代的材料。高本汉不利用现代汉语方音的材料,能构拟出《切韵》音系吗!复声母的构拟尤其要利用后代的材料。因为我们所见到的差不多都是复声母分化后的材料，我们的工作就是将这些已经分化的语音材料加以整合，恢复其历史"原貌"，不上推怎么行呢。为什么要上推到殷商时代呢？因为我们所能见到的最早的文字材料是甲骨文。

甲　清擦音 s 和其他辅音的结合

本文构拟的 s 包括传统音韵学所说的精、清、从、心、邪、晓、审、透（彻）以及照₂中的某些字，可以与唇音、舌尖音、舌根音相结合。

一、s 跟唇音的结合

sp

又音　豩，伯贫、呼关切。皀，彼及、许良切。

谐声　爕（稣典），从火豩声。卿（许良），皀声；鵖（彼及），皀声。

sph

同源　亯（许两），亨（许庚），烹（普庚）。杨树达《卜辞求义·唐部》："古文亯字，后世分化为享亨烹三字。"[1]

sb

同源　四（息利），自（疾二），鼻（毗至）。"四"本象鼻形，金文始借"四"为数词。泗（息利），《诗·陈风·泽陂》毛传："自鼻曰泗。"[2]呬（虚器），《说文》："东夷谓息为呬。"段注："东夷当作东齐。"（56 页）

谐声　息（相即），从心、自，自亦声。眉（虚器），从尸自声。《说文》段注："（眉、呬）音义略同。"（400 页）

sm

同源　巫（武夫），筮（时制）。张日升："疑（巫）字象布策为筮

---

[1]　《卜辞求义》21 页，《杨树达文集》之五，上海古籍出版社 1986 年。

[2]　《十三经注疏·毛诗正义》379 页，中华书局 1980 年。

之形,乃筮之本字。"① 《经典释文·周礼音义》:"九巫皆音筮。"②
黄侃:"《周礼》以巫为筮字,则巫亦有筮音,且筮即从巫也。"③
萬(无贩),蠆(丑介)。卜辞"萬"象蝎形,借作数词。后来又造
"蠆"字。威(许劣),滅(亡列),从水威声。《说文》火部:"威,
滅也。"

  谐声 每(武罪),悔(呼罪),晦(荒内)。卜辞"每"可读为
悔、晦。沈兼士说:"晦音当读如每,皆用 M 母发音。"④ 無(文甫),
鄦(虚吕)。卜辞"無"通"鄦"。士(鉏里),牡(莫厚)。《说文》
"牡"字从土得声,段玉裁说:"按土声,求之叠韵双声皆非是。或
曰:土当作士。士者夫也,之韵尤韵合音最近。从士则为会意兼
形声。"⑤ 王国维《释牡》与段说同⑥。

  又音 糸字《类篇》音莫狄、新兹切。糸与絲(息兹切)同源。

  方音 《方言》十:"齐言娓火也。"藏缅语和壮侗语"火"的
读音:

道孚	藏语	门巴	格曼僜语
ɣmə	me	me、mi	mǎi⑦

壮	布依	临高	傣西	侗	水	黎
fei	fi	vəi	fǎi	pui	wi	fei⑧

  假借 闻(无分),昏(呼昆)。卜辞"闻""象人跽而谛听之

---

① 周法高主编《金文诂林》第 6 册卷五上 2893 页,香港中文大学 1974 年。

② 《经典释文·周礼音义》上 31 页,《四部丛刊》本,上海涵芬楼景印通志堂刊本。

③ 黄焯编《说文笺识四种》97 页,上海古籍出版社 1983 年。

④ 《沈兼士学术论文集》117 页,中华书局 1986 年。

⑤ 段玉裁《说文解字注》50 页。

⑥ 《观堂集林》卷六。

⑦ 戴庆厦等《藏缅语十五种》18 页,北京燕山出版社 1991 年。孙宏开等《门
巴 珞巴 僜人的语言》320—321 页,中国社会科学出版社 1980 年。

⑧ 《壮侗语族语言词汇集》5 页,中央民族学院出版社 1985 年。

形"①，金文或作从耳昏声，"闻"可借作昏、婚。"卹"（辛聿）借作"滅"，《庄子·徐无鬼》"若卹若失"，《淮南子·道应》作"若滅若失"。

二、s 跟舌尖音的结合

st

同源　升（识蒸），登（都滕）。二字初义均与敬神有关。

假借　弔（多啸），叔（式竹）。卜辞"弔""象人持弋射矰缴之形"②，作人名时读如"叔"。

sth

同源　土（他鲁），社（常者）。卜辞有"土"无"社"，"土"既指土地，又指土地之神。随着复辅音声母的分化，金文产生了"社"。声（书盈），圣（式正），听（他丁）。卜辞三字同源，原本为一字。

谐声　丑（敕九），羞（息流），从羊、丑，丑亦声。

方音　刘熙《释名·释天》："天，豫司兖冀以舌腹言之，天，显也，在上高显也。青徐以舌头言之，天，坦也，坦然高而远也。"汉末方言"天"有晓母、透母两读，这正是复辅音 sth- 分化的结果。今海南省海口市"天"读喉擦音 [h-]，属于透母的"土吐拖兔偷添铁"等字的声母也读 [h-]。另外，从天得声的"祆"，《广韵》音呼烟切，《集韵》先韵云："关中谓天为祆。"

sd

同源　申（失人），电（堂练）。卜辞"申"为电之本字，象电光乍引乍纵曲回闪烁之形。《说文》"虹"字："籀文虹从申，申，电也。"次（涎，夕连），盗（徒到）。卜辞"盗"从舟次声，《说文》"舟"讹作"皿"。钱玄同《古音无邪纽证》主张次声归定③。卜辞次、盗

---

①　徐中舒主编《甲骨文字典》1290 页。

②　同上，897 页。

③　曹述敬选编《钱玄同音学论著选辑》59 页，山西人民出版社 1988 年。

同源,均水流泛滥之意。

谐声　且(七也),叠(徒协)。唐兰说:"且多假为祖……盖且即今俗之爹、奢,及爷字,犹父之即爸字也。且之得变为爹奢等字者,且字古当读舌头音,与,'多'略近……且古当读舌头音,更可以'叠'字证之。叠当是从晶且声,且读如多,与'叠'声相近也。"[1]

sn

同源　而(如之),须(相俞)。卜辞"而"为"须"之初文,金文始有"须"字。妥(他果),绥(息遗)。卜辞有"妥"无"绥",《说文》有"绥"无"妥"。"妥"为"绥"之本字。《礼·曲礼上》郑注:"绥,耳佳反。"[2]《说文》从妥得声的"桵"音儒佳反,与"绥"同音。需(相俞),儒濡(人朱)。"需"为"濡"之初文,象人沐浴之形,宗教祭礼之司仪者沐浴斋戒,故名司礼者为需,又因"需"义别有所用,复增人旁作"儒"[3]。农(奴冬),蓐(而蜀),薅(呼毛)。三字共同义为手持农具(辰)锄草,"蓐"为"薅、农"之初文。张永言先生还证明"动词'薅(茠)'h- 和名词'耨(槈,鎒)'是同根词,'薅'字跟鼻音声母应有关涉"[4]。

sr

同源　事(鉏吏),史使(疏士),吏(力置)。卜辞"驶",《说文》新附作駛",从马吏声,大徐音疏吏切。《说文》酉部"酸",从酉吏声,读若迅(心母),大徐音疏吏切。段注:"吏声即史声,史与迅双声。"(218页)耖(许其),蓥(里之),釐(里之、虚其),"耖、蓥"本一字,"蓥"为"釐"之初文。"蓥"象手持麦以支击之而脱粒之

---

①　唐兰《殷虚文字二记》,《古文字研究》(1),中华书局1979年。

②　《十三经注疏·礼记正义》1250页。

③　徐中舒《甲骨文字典》879页。

④　张永言《关于上古汉语的送气流音声母》,《音韵学研究》(1),中华书局1984年。

形,以示有丰收之喜庆,由丰收之喜庆引申为福祉之义。"釐"通
"禧",又借作"僖"。

异文　杞(相,详里),梩(里之)。《说文》木部:"相,从木昌
声。梩,或从里。"(《段注》259页)《说文》唐写本木部残卷:
"杞,(音)里,从木已声。"《周礼·考工记·匠人》"里为式",郑注:
"里读为已,声之误也。"①《经典释文·周礼音义》:"里读为已,音
以。"②郑玄所谓"声之误",其实是来母与喻四的关系问题。

又音　泷,从水龙声,有力公、所江二切。率,《类篇》音所
律、所类、所劣、劣戌、力遂等五个反切。

假借　帅(所类),酹(卢对)。于省吾:"甲骨文用作祭名之
𠂤,应读作酹,酹从寽声,与𠂤音近相假。"又说卜辞𠂤是帅之初
文,由帅变为帅③。

《说文》:"臖(lǜ),血祭肉也。从肉帅声。膟,臖或从率。"大
徐音吕戌切。《广韵》薛韵:"铹,力辍切,又音刷。"《周礼·考工
记·冶氏》郑司农注:"铹,量名也。读为刷。"④《书·吕刑》"其罚
百锾",《史记·周本纪》作"其罚百率"。孙星衍《尚书今古文注
疏》:"锾作率者,锾当为铹。率,假借字也。"又:"率即铹,同音假
借字。"⑤《周本纪》集解引徐广曰:"率即锾也,音刷。"《史记·周
本纪》"其罚倍灑",《索隐》:"灑音戾。"⑥《广韵》灑,所绮切。

　　　　　　sl
谐声　易(羊益),赐(斯义),锡緆裼(先击)。彡(息廉、所

---

① 《十三经注疏·周礼注疏》933页。
② 《经典释文·周礼音义》卷九30页,《四部丛刊》本。
③ 于省吾《甲骨文字释林》282页,中华书局1979年。
④ 《十三经注疏·周礼注疏》915页。
⑤ 孙星衍《尚书今古文注疏》533页,中华书局1986年。
⑥ 《史记》卷四140页,中华书局1959年。

衔），肜（彤，丑林、余弓），"肜"亦从彡声（参阅小徐本《说文》及
段注），徒冬切。羊（与章），祥（似羊）。酉（与久），酒（子酉）。卜
辞"酉"通"酒"。臣（与之），狱（息兹）。《说文》："狱，从犾臣声。"
巳（详里），配（与之），熙（许其）。《说文》："熙，从火熙声。""熙，
从臣巳声。""熙"又与"狱、怡"通。1976 年出土的史墙盘有"亟
狱趄慕"一语①，古文字学家认为"狱"通"熙"。《史记·鲁世家》
鲁炀公名熙，而鲁侯狱鬲作"狱"。《史记索隐》云：熙一作怡。羊
羕（余亮），樣（徐两）。樣字亦作橡，又借作"像"（徐两）。《说
文》段注："按樣俗作橡，今人用'樣'为式样字，'像'之假借也。"
（375 页）"像"从象声，而《说文》"读若养字之养"。

　　同源　子（即里），巳祀似（详里），已（羊己）。《甲骨文字典》：
"巳之初形当为子，子为祭祀时象征神主之小儿。""古以子即
幼儿为祭祀之尸，引申之子有祭祀之义，此时子当为祀。"（19、
1571 页）

　　《广雅·释言》："子、巳，似也。"《诗·小雅·斯干》："似续妣
祖。"《毛传》："似，嗣也。"郑笺："似，读如巳午之巳，已续妣祖
者，谓已成其宫庙也。"②据此，段玉裁在《说文》"巳"字注中说：
"此可见汉人巳午与已然无二音，其义则异而同也。"（745 页）据
唐钰明研究，《甲骨文合集》"巳"字 67 例，除作干支外，全部作
祭祀，到春秋金文中"已"字出现了"已止"义③。

　　由"子"分化出巳（详里），由巳再分化出已（羊己）、祀。"祀"
的或体《说文》作"禩"，从异得声。

　　"似"字卜辞未见，金文已有似字。从人吕声。"似"之本义

①　参洪家义编著《金文选注绎》203 页，江苏教育出版社 1988 年；唐复年《金文
　　鉴赏》178 页，北京燕山出版社 1991 年。
②　《十三经注疏·毛诗正义》436 页。
③　唐钰明《卜辞"我其巳宾乍帝降若"解》，《中山大学学报》1986（1）。

为嗣续，也与祭祀有关。金文"似"通"已"（羊己），又通"台"（与之）。

　　假借　春秋时代"柳"可借作"酉"。王引之《春秋名字解诂》已有论证。郑印癸，字子柳。王说："柳读为酉……酉之为柳，犹酉之为留也。《汉书·律历志》曰：'留孰于酉。'训酉为留也。"[①]鲁颜辛，字子柳；鲁泄柳，字子庚。二柳字均读为酉。《山海经·海外北经》"共工之臣曰相柳氏"，《大荒北经》作"相繇"，郭璞注："相柳也。语声转耳。""柳"作"酉"是复辅音声母分化后的事，酉的 s 头已经脱落。矢（式视），寅（翼真）。早期卜辞"矢、寅"同字，这是审₃与喻₄发生关系，其声母为 sl-。谐声亦可为证，"瞋"从寅声，音舒闰切。尸（式脂），夷（以脂）。卜辞有"尸"无"夷"，西周晚期出现"夷"字。《山海经》的黄姬之尸、女丑之尸（《大荒西经》），贰负之尸（《海内北经》），奢比之尸、肝榆之尸（《海外东经》）。于省吾说，这些"尸字均应读为夷，夷指少数民族言之"[②]。弋（与职），姒（详里）。《春秋·襄公四年》"姒氏"，《公羊》作"弋氏"。《说文》"姒"字段注："姒姓本作以，春秋亦用'弋'为之，皆一声之转然也。"（616页）卜辞、金文、《说文》无姒字，朱骏声以为即似字，或以为"姒"古本作"姬"，又变作"始"，㠯（以）、台均喻₄。王献唐《释醜》云：金文始"字从司声，或司以两从"，"形体虽异，皆以所从之声，变其制作，古㠯（即以字）、台同音，从以亦犹从台……以齿音求之，司姒同音，而齿音姒字，以时间及空间关系，每与舌上音之'以'相混，亦或读以"[③]。"司"（息兹）、"姒"（详里）与"以"的关系是心、邪、喻₄的关系，用复声母来解释较为

---

①　《经义述闻·春秋名字解诂》卷二十三 14 页，《四部备要》本，上海中华书局据自刻本校刊。

②　于省吾《关于古文字研究的若干问题》，《文物》1973（2）。

③　《山东古国考》234 页，齐鲁书社 1983 年。

合理。金文"始"的声符或从以或从司,反映了不同方音中 sl- 消变的情况。从以作"姒",其声母为 sl-;从司声者盖第二辅音 l- 已发生变化。"脩"(息流)借作"卣"(与久),《周礼·春官·鬯人》"庙用脩",郑注:"脩读曰卣。"《集韵》有韵以"脩"为"酉"之或体。段玉裁云:"脩卣字,同在古音尤幽部,声类同也。卣即《说文》卤字,写之异耳。"(转引自《周礼正义》1505 页)

三、s 跟舌根音的结合

　sk

谐声　岁(相锐),刿(居卫)。告(古到),造(七到)。

同源　賡(古行),续(似足)。卜辞賡字与《说文》续字古文同形。钱大昕说:"古文賡续同声,《家语》申续,盖读如庚,与棠音亦不远。"[1]

　skh

同源　好(呼到),孔(康董)。卜辞有"好"无"孔"。好字子母(女)相连,象小儿就乳穴之形;金文"孔"象婴儿(子)吮食乳穴之形。"好、孔"均有孔穴义、嘉美义。

郷(许亮),饗(许两),卿(去京)。宴饗之时相郷(后起字为"嚮")食器而坐,"卿"为陪国君共饗之人。三字原本同形,随着音义的分化,字形歧而为三。

𠂤(嶲,丘追),师(疏夷)。卜辞"𠂤"用作"師",罗振玉认为即古文"師"字[2]。语音上的关系如何,没有一致的说法。《国语·周语下》韦昭注:"小阜曰魁。"《文选·木华〈海赋〉》李善引贾逵《国语注》亦曰:"小阜曰魁。"段玉裁《说文》"𠂤"字注,据贾逵、韦昭《国语注》认为"小阜曰𠂤,《国语》假借魁字为之……

---

① 《十驾斋养新录》卷五 114 页,商务印书馆 1957 年。

② 《增订殷虚书契考释》20 页,转引自李孝定《甲骨文字集释》第十四卷 4121 页。

即许之自也"（730 页）。俞樾说:"《释文》引《字林》云:'歸,
邱追反。'疑此'歸'字即自之或体。《说文》:'自,小阜也。象
形。''小自'之义与'小山'合,象形作自,则有众义矣。'歸'字
本从自得声,自变作歸,又从歸得声,古人作字,自有此转展相从
之例。"[1] 根据段、俞的考证,我们认为"自"在商代的读音不可能
是都回切,应是舌根音。"歸"是"自"的后起字,"魁"（苦回切）
是"自"的假借字,这是复辅音声母分化后的情形。

　　至于"自"的初义是否如《说文》所言为"小阜"呢?加藤常
贤在《汉字的起源》中谓自字本为横书作⌒形,象人之臀尻。徐
中舒主编的《甲骨文字典》肯定了这种说法,并指出"自既象臀尻
之形,故可表人之坐卧止息及止息之处。古人行旅,止息于野必
择高起干燥之地,故称此类止息及其处为自,《说文》即用此引申
义谓:'自,小阜也。'行旅人数以军事征伐所集结者最为众多,故
军旅止息驻扎之自引申为师众之师"（1500 页）。在加藤常贤之
前,章炳麟的《文始》二已谈到:"自又高象臀。《汉书·武帝纪》:
'立后土祠于汾阴脽上。'如淳曰:'脽者河之东岸特自。'以自名
脽,知孳乳为脽臀也。"现在我们考察"脽"与"自"在语音上的联
系。唐人颜师古对"汾阴脽上"的"脽"的注解是:"脽者以其形
高起如人尻脽（盈按:章炳麟的"自高象臀"即从此受到启发）,故
以名。地本名'郂',音与'葵'同。彼乡人呼葵音如'谁',故转
而为'脽'字耳。故《旧汉仪》云'葵上'。"段注"郂"字云:"郂脽
本无二,似不当分别郂脽为两地也。"（289 页）《类篇》卷四肉部
"脽"字有三个反切:川佳切、视佳切（音谁,shuí）、之由切。根据
颜、段的注文和这三个反切,我们认为"脽"的古声母为 sg-,第一
辅音演变为视佳切,第二辅音演变为"郂"（葵,渠追反）,"脽"与

---

① 转引自《说文解字诂林》第 15 册 6472 页,中华书局 1988 年。

"自"的复声母只是清浊之别。"自"的演变形式几乎与"脽"一样,第一辅音演变为疏夷切(师)、所类切(帅),第二辅音演变为举韦切(归)、丘追切(巋)、古丸切(宫,今作"官"),由 k>t,为都回切(堆自)、陟佳切(追)。"追"从自表师众(军队)之义。"官"字《说文》云:"从宀、自,自犹众也,此与师同意。"《甲骨文字典》云:"会建屋于自之意。自既为旅途中止息之处,则于自所建之屋舍,亦即客舍。"(1502页)二书均以"官"为会意字,我们认为"官、师"都是会意兼形声。

总之,"自、归、巋、师、官、追"都是同源关系,"脽"虽不从自声,但音义相近,亦属同源。

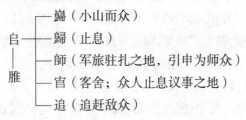

　　sg

同源　回(户恢),亘(须缘)。"亘"《说文》大徐本音须缘切,《广韵》音古邓切,须缘切无此字。回、亘象水中漩涡之形。卜辞"回、亘"同字,又有洹字,从水亘声。《广韵》"洹"音须缘切,又于元切,又音桓(胡官切)。从又音看,"亘"也有 s 辅音。

页(胡结),首(书九)。卜辞二字形近,本为一字,《说文》分为二。

谐声　善(膳,常演),誩(渠敬)。卜辞"善"乃"膳"之初文,善字从羊取意,羊肉味美。《说文》"善"字从誩、羊会意。从谐声及古注可以推知,"善"字与舌根音有关,"誩"应是声兼义。饶炯《说文解字部首订》:"誩犹二人直持其说,各不相让,盖争言也。但争者以其手,其意有恶无美;誩者以言,其意有恶有美。故争

詍之音义相同。部中善从詍,意取其美。"①《礼·曲礼上》"招摇
在上,急缮其怒",郑玄注:"缮读曰劲。"②《经典释文·礼记音义》:
"依注音劲,吉政反。"《周礼·夏官·叙官·缮人》郑玄注:"缮之言
劲也,善也。"③ 从善得声的撍字,《广韵》九犎、丑犎二切,反映了
sg 分化后的音变。

sng

谐声 膚(牛建),獻(许建)。《说文》"膚"从鬲虍声(荒乌
切)。卜辞"膚"本象形,也有上部加"虍"(古虎字)字的。"膚、
獻"本一字,后分化为二,有名动之别。獻字曾有 s 辅音,从经籍
古注可以得到证实。《仪礼·大射仪》"两壶獻酒",郑玄注:"獻
读为沙。"④《礼记·郊特牲》"汁獻涗于醆酒",郑玄注:"獻读当为
莎,齐语,声之误也。"释文:"莎,素何反。"⑤《周礼·春官·司尊彝》
"郁齐獻酌",郑玄注:"獻读为摩莎之莎,齐语,声之误也。"⑥

"獻"又读为"犧",见《周礼·春官·司尊彝》郑司农注⑦。"犧"
读如"沙",见《礼记·明堂位》孔疏引《郑志》⑧。又《说文》段注
"娑"字(621 页):"《郑志》张逸曰:'犧读为沙。'""犧"从羲得
声,"羲"又从义得声,其复声母形式也是 sng-。

"獻"又读为仪,见《周礼·春官·司尊彝》郑司农注。又
《书·大诰》"民獻",欧阳、夏侯作"民仪"。"仪"亦通"义",《尚书
大传》"仪伯",郑注:"仪当为义。"

---

① 转引自《说文解字诂林》第 4 册 3176 页。
② 《十三经注疏·礼记正义》1250 页。
③ 《十三经注疏·周礼注疏》832 页。
④ 《十三经注疏·仪礼注疏》1029 页。
⑤ 《十三经注疏·礼记正义》1457 页。
⑥ 《十三经注疏·周礼注疏》774 页。
⑦ 同上,773 页。
⑧ 《十三经注疏·礼记正义》1489 页。

"獻、犧"均晓母,之所以读如"沙(审二)、莎(心母)",这是复辅音声母分化的结果。"獻"读为"仪"(疑母),是 s 脱落的缘故。"仪"读为"羲",因为"仪、羲"均从义得声。上述材料说明,同一复辅音形式,在不同方言中其具体演变方式有可能不一样。郑注所谓"声之误",其实是方言问题。

乙　带 l/r 的复辅音声母

l 或 r 作为第二辅音可以跟唇音、舌尖音、舌根音相结合。这个 r 还是代表来母,l 代表喻四。

一、唇音带 l/r

pl

方言　䚟(甶,以周),缶(方久)。卜辞"䚟"即《说文》"东楚名缶曰䚟"之"䚟"字,段注及王国维《释甶》(《王国维遗书》第一册),均认为此"䚟"字即甶字。"以声音证之,甶、缶二字同部,故东楚名缶曰甶"(王国维语)。我们认为,二字不仅同部,其早期声母应是 pl-。

笔(鄙密),聿(余律)。卜辞聿字象手持笔形。《说文》:"聿,所以书也。楚谓之聿,吴谓之不律,燕谓之弗,秦谓之笔。"第一辅音变为"笔、弗",第二辅音变为聿,"不律"由 pl- 分化为 p-、l-。

同源　缶(方久),陶(余昭、徒刀)。卜辞"缶"用作方国名,疑即"陶"。《说文》缶部云:"(匋)《史篇》读与缶同。"缶为瓦器,匋为"作瓦器也"(《说文》五篇下)。"陶"为"匋"之后起字,徐灏《说文解字注笺》"匋"字笺:"窑即匋之异文耳。"《说文》:"窑,烧瓦窑竈也。"段注:"《绵》诗郑笺云:'复穴皆如陶然。'是谓经之'陶'即窑之假借也……匋窑盖古今字。"我在《上古音》(103 页)和《〈说文〉段注音辨》中都把"匋"字拟为 pd-,当时没有考虑到"匋"与"窑"的关系,也没有考虑到从匋得声的"陶"

有喻$_{四}$一读,现在改为 bl-,"缶"拟为 pl-。"陶(匋)"读徒刀切是喻$_{四}$由 l>d 之后的事情。

pr

同源　亩(廩,力稔),稟(笔锦),鄙(方美)。

卜辞"亩"指边邑,读如鄙。强运开《说文古籀三补》第五:"(稟)读若廩。古廩稟为一字。"《说文》段注"稟"字云:古书"稟"字,"今本多讹为廩,即有未讹者,亦皆读为力甚切矣。今之廩膳生员,于古当作稟膳。"(230页)

依照杨树达的说法,"亩"与"鄙"并非假借关系,而是同源词。杨氏云:"啚者,鄙之初文也……鄙亦野也。字从口者,象区画之形,犹'或'字'邑'字之从口也。从亩者,亩廩同字,野鄙为田畴之所在,亦即仓廩之所在,盖谷获于田而藏之于廩,农夫省转输之劳。田野与仓廩理不当远距也。"[1]

假借　盧(落胡),膚(甫无)。

于省吾:"盧膚同字,后世歧化为二。"[2] 赵诚:"卜辞的盧作为动词用作后代的膚,有割裂、剥离之义,则为借音字。"[3]

《说文》臚字(甫无切)从肉盧声,籀文作"膚"。段注"臚"有两读,一读为"敷奏以言"之敷,一读为"廷实旅百"之旅(167页)。《类篇》"臚"有凌如、风无二切。

phr

同源　豊(卢启),豐(敷空)。二字同源。李孝定《金文诂林读后记》:"古豊豐同字,契文作㘆㘆㘆诸形,审其辞例,除部分可知当释豊,读为醴外,未见有当释为豐者,金文则二义俱有,其字象以器盛玉(间变盛他祭物)事神,以言事神之事则为禮,以言事神

---

① 杨树达《积微居小学述林》卷二 42 页。
② 转引自李孝定编《甲骨文字集释》第五卷 1712 页。
③ 《甲骨文简明词典》313 页,中华书局 1988 年。

之器则为豊,以言牺牲玉帛之腆美则为豐,其始盖只一字,及后始异字异读耳。"(188页)商承祚也曾谈到:"豊乃酒醴之本字,《说文》训为'行豊之器'[1],乃引申之后(谊),复孳乳为豐满之豐。"[2]他们都只论述了形义,音的关系未涉及。

br

又音 庞(薄江),龙(力钟)。卜辞"庞"为方国名。《说文》"庞"从龙得声。《诗·小雅·车攻》"四牡庞庞",《经典释文·毛诗音义》:"鹿同反。徐:扶公反。"《集韵》"庞"音卢东、皮江二切。

mr

同源 命(眉病),令(力政)。崔盈科《山西闻喜之方言》"命读令"(1929年)。卯(莫饱),劉(力求)。"卯、劉"均剖杀义。卜辞"柳"从卯声。《书·尧典》"昧谷",《史记·五帝本纪》集解引徐广曰:"一作柳谷。""柳"既与"酉"通,又与"昧"通,这是mr分化后在不同方言中的反映。麦(莫获),来(落哀)。米(莫礼),类(力遂)。郭沫若说:"米盖读为类,类从頪声,頪从米声,例可通假。"[3]关于"米"的构拟可参阅拙文《〈说文〉段注音辨》。

二、舌尖音带 l/r

thr

假借 宠(丑陇),龙(力钟)。卜辞借"龙"为"宠"。佑宠。《集韵》"宠"又音卢东切。

三、舌根音带 l/r

kl

同源 尹(余准),君(举云)。卜辞"尹、君"义同,"多尹"即"多君"(商代职官名)。《说文》"君"从尹、口,段注:"尹亦声。"

---

[1] 编者注:陈昌治本作"行禮之器"。

[2] 转引自李孝定编《甲骨文字集释》第五卷1681页。

[3] 同上,第七卷2395页。

亶（古博），墉（余封）。卜辞有"亶"无"墉"。《说文》"亶"即城郭之郭的篆文，又是"墉"之古文。"亶、墉"原本为一字。羊（与章），姜（居良）。"姜"从羊得声，姜族为羌人之后，其族以羊为图腾。卜辞羌女之为奴者曰"姜"。羖（公户），养（余两）。《说文》"养"从羊声，"羖（羧）"为"养"之古文，与卜辞"羧"同，卜辞"羧"亦有牧养之意。谷（古禄），㕣（以转）。卜辞"谷、㕣"为一字，象溪水流出山涧之形。

　　谐声　谷（古禄），欲（余蜀）。《说文》"欲"从谷声。段注"谷"字云："亦音欲。"《史记·货殖列传》"畜至用谷量马牛"，《索隐》："谷，音欲。"《集韵》烛韵"谷"音俞玉切，字亦作"峪"，云："《尔雅》：'水注豀曰谷。'或从山。"今北京郊区仍称山谷曰峪。臣（与之），姬（居之）。"姬"从臣声。《史记·吕太后本纪》"戚姬"，《集解》引如淳曰："姬音怡。"（《史记》卷九 395 页）

　　　　　kr
　　谐声　各（古落），落（卢各）。"落"从洛声，"洛"从各声。卜辞借"各"为"落"。

　　又音　鬲，郎击切、古核切。

　　　　　khr
　　同源　老（卢皓），考（苦浩），《说文》："考，老也。""老，考也。"
　　　　　gl
　　同源　后（胡口），育毓（余六）。《说文》"毓"为"育"之或体，象妇女产子之形，在母系社会中，尊称其头领为毓，即典籍中之"后"。"后"上部为人形，下部为倒子形之讹变，卜辞用"毓"为后。羽（王矩），翊（与职），昱（余六）。卜辞"羽"为祭名，古者舞羽而祭。《说文》"翊、昱"均从立得声。

　　　　　gr
　　同源　立（力入），位（于愧）。卜辞有"立"无"位"。《周礼·春官·小宗伯》郑司农注：“古者立、位同字。”①

丙　章组与舌根音相通

一、照≡通舌根音

klj

同源　干（古寒），單（都寒），戰（之膳）。“戰”从戈單声，卜辞“單”与“干”为一字之异形。这里涉及照≡与见母和端母的关系，其演变规律为 klj＞t。

假借　旨（职雉），饥（居夷），耆（渠脂）。杨树达《释旨方》云：“经传未见有旨方之称，余疑其为《尚书·西伯戡黎》之黎也。知者，《尚书〉黎字或作耆……《说文》八篇上老部说耆字从老省，旨声，甲文作旨，《尚书大传》及《史记》作耆，其音一也。黎与耆为一事，旨与耆为一音，故知甲文之旨即耆，亦即黎矣。”②“耆”又作“饥”，《史记·殷本纪》“及西伯伐饥国，灭之”，《集解》引徐广曰：“饥，又作耆。”“饥、耆”清浊相混，“饥”为第一辅音，“黎”为第二辅音。朱（章俱），考（苦浩）。《书·尧典》：“胤子朱启明。”《经典释文·庄子音义》引崔譔云：“尧杀长子考监明。”（《盗跖》“尧杀长子”句）朱芳圃说：“盖‘长子考监明’，即‘胤子朱启明’之讹。”③“朱”可构拟为 klj，与 khr- 音近相假。

二、穿≡通舌根音

khlj

谐声　臭（尺救），糗（去九）。《说文》糗，从米臭声。区（岂俱），枢（昌朱），《说文》枢，从木区声。

又音　车，尺遮切、九鱼切。

---

① 《十三经注疏·周礼注疏》766 页。
② 《积微居甲文说》卷下 69 页，《杨树达文集》之五，上海古籍出版社 1986 年。
③ 《中国古代神话与史实》34 页，中州书画社 1982 年。

三、床₃(禅)通舌根音

glj

谐声　示(神至)，祁(渠脂)。《说文》祁字从示得声。"示"通舌根音不仅有谐声为证，"示"又音巨支切、翘夷切，异文有"示眯明、祁弥明"。九(举有)，仇(市流)，仇，又音渠尤切。臣(植邻)，叵(苦闲、口耕)。杨树达说："牵叵音同，皆溪母字，然则臣字古音与牵叵相近，而《广韵》作植邻切，属禅母，又与古不合矣。"[①] 这种"不合"正是复辅音演变造成的。

同源　卜辞无"主"字，"示、主"同源。《史记·殷本纪》的"主壬、主癸"即卜辞的"示壬、示癸"。陈梦家说："卜辞的示字我们旧以为即后世的主字所从来。"[②] 所谓后世，确切地说，应是周代。"示"字为什么能分化出"主"呢？因为 gij＞ȡ，在周方言中，ȡ 又变为 t。

丁　其　他

一、喉音ʔ和其他辅音的结合

ʔk

谐声　今(居吟)，歆(於锦)。《说文》"歆"从欠酓声(於剡切)，"酓"从酉今声，《说文》古文"歆"从食今声，又作从水今声(依段注414页)。清陈诗庭《读说文证疑》："字从今者，皆有舌义。"(转引自《说文解字诂林》第13册5760页唫字条)吕(雒，於容)，宫(居戎)。宫字从宀吕声。于省吾说："吕字本象连环形。故其孳乳为雒以及从雒的字如饔、罍、癰、灉、攤等，均有合和贯通之义，即由连环之义所引申。"(《甲骨文字释林》464页)"宫"作

---

① 《增订积微居小学金石论丛》卷五270页。
② 陈梦家《殷虚卜辞综述》400页。

名词有墙垣义,作动词有围绕义,可证"宫"从吕声,乃形声兼会意,"宫"与"吕"同源。

假借　雔(雓,巨淹),黔(陰,於今)。雓,从隹今声,卜辞借作陰阳之陰。"黔"的古文作"亼",陰"从亼声。"黔、亼"均从今声。

ʔr

假借　乙(於笔),礼(卢启),履(力几)。《说文》"禮"古文作"礼",从示乙声。商代开国之君成唐(汤),卜辞称为"天乙"。《论语·尧曰》及《墨子·兼爱下》作"履",《大戴礼记·少閒》亦作"履"。卢辩注:"履,汤名。"又引《王侯世家》云:"汤名天乙。"《潜夫论·五德志》云:"黑帝子履,身号汤,世号殷。"据上述记载,汤既名履,又名天乙,为何一人二名?《白虎通·姓名》云:"汤生于夏时,何以用甲乙为名? 曰:汤王后,乃更变名(为)子孙法耳。本名履,故《论语》曰:'予小子履。' 履,汤名也。"按照这个解释,汤本名履,伐桀之后,更名为乙。这是东汉人的胡诌,不可从。据《白虎通·三正》说,《论语》中汤自称"予小子履",乃伐桀时的誓词,而《书·汤誓》《史记·殷本纪》以及卜辞均未出现履这个名称,称汤为履最早见于《论语》,"履"应是"乙"的假借字,这是古今方音不同造成的。俞敏在《等韵溯源》中说:"商汤叫'天乙',见卜辞。可在《论语·尧曰》里他自称'予小子履'。《系传》'礼'字乙声①。太炎《文始》说:'乙履一也。'"② 章太炎的意见是对的,但还要作点补充。"礼、履"是 ʔr- 分化后的第二辅音 r。

联绵　鷾(於记),鴯(如之)。卜辞有"燕"无"鷾鴯"。"鷾鴯"见于《庄子·山木》,成玄英疏:"燕也。""鷾鴯"应是由复辅音声母 ʔr- 分化所造成的联绵字。

---

① 　盈按:乙声之说见朱骏声《说文通训定声》履部,《系传》无此语。
② 　《音韵学研究》(1):411。

ʔrjə > ʔjək rjə

其方言变体为"燕"、为"軈"。燕 ʔian,軈 ʔlat。下面是壮侗语族的例子：

　　壮 ɣok ʔen　　　　临高 ʔen nen

　　侗 ʔin　　　　　　水语 ʔjin

"鷾"本属日母，应拟为 n-，我们拟为 r-，是参考了曾运乾的意见。曾说："燕、意影母双声，鷾鷾噫摄（即之部）叠韵。鷾，日母，古读入泥母。附尾语词，尾音必为来母，而此为泥母者，古音为（？）泥亦相乱也。"①

二、鼻音 m、n 与群（匣）母的结合

　　mg

　　同源　犬，狐（户吴）。卜辞的"犬"从犬亡声，即后世所说之狐。"犬狐"的韵部为鱼阳对转，"犬"的声母为复辅音 mg-。壮侗语族"狐"的读音：

　　壮 ma nai　　　　布依 ma faːŋ　　　　临高 meu fia

　　傣德 ma lin　　　傣西 ma tsi tsɒk

　　ng

　　同源　夒（猱，奴刀），夒（猴，渠追）。章太炎《小学答问》云："夒既猴身，其字上象有角，下即夒字，夒亦母猴，则夒特母猴有角者尔。"唐兰说："其说最为明确。"（《殷虚文字记》44 页）《说文》："猴，夒也。"段注："猱即《说文》之夒字。"（477 页）猴，户钩切，匣母一等字，在卜辞时代匣母归群，"猴"字应是从"夒"而来。李孝定认为："夒猴二字，实则当为一字也。"②可备一说。

　　以上的拟测，只是一种尝试，一种假设。由于笔者对商代的

①　《古语声后考》，《湖南师大学报》古汉语专辑，1986 年增刊。
②　《甲骨文字集释》第十卷 3114 页。

主要元音系统、声调的有无问题以及单体辅音的情况还没有进行全面的拟测，所以本文还不能对所拟的复声母例字进行全面的拟音，也无意说明这些复声母的历史演变情况。

原载《第一届国际先秦汉语语法研讨会论文集》，
岳麓书社 1994 年

《诗词通韵》述评

　　康熙二十四年（1685）问世的《诗词通韵》（以下简称《通韵》）是一部独具风格的韵书，在清代产生过一定的影响。王鵔在《中州音韵辑要》里曾两次谈到此书，评价颇高。戈载的《词林正韵》有两处文字似乎是从《通韵》抄袭而来，其中有一段话彼此一字不差①。近代学人中曾注意到此书的有赵荫棠先生，赵先生说："《诗词通韵》……分析南北之音极为清晰，也是一部好书。"②赵诚同志在《中国古代韵书》的《词韵专书》一节里，对此书作了进一步介绍③。去年，我因为给《语言学论丛》看稿子，有机会读了日本学人花登正宏研究《诗词通韵》的文章④，产生了要直接研究一下这部韵书的愿望。我读了赵文和花登的文章，虽然从中受到不少启发，但还有一些重要问题未获得明确的答案，如：《通韵》的作者朴（樸）隐子是什么地方的人，《通韵》到底是不是一本"词韵专书"，《通韵》究竟反映了哪个地方的实际语音，有多

---

① 《词林正韵·发凡》："人为瘂音，欲调曼声，必谐三声。故凡入声之正次清音转上声，正浊作平，次浊作去，随音转协，始有所归耳。"这段话也见于《诗词通韵·例说》，词句稍微有异。又，《词林正韵·发凡》："韵有四呼七音三十一等，呼分开合，音辨宫商，等叙清浊。"《诗词通韵·例说》也有这段话，一字不差。是戈载抄朴隐子呢，还是二书共有所本呢？
② 赵荫棠《中原音韵研究》49页，商务印书馆1956年。
③ 《中国古代韵书》109—110页，中华书局1980年。
④ 花登正宏的文章将刊在《语言学论丛》第十五辑上，题目叫做《〈诗词通韵〉考》。他的文章因为已经发稿，拙稿如有与之相同之处，也无法一一注明，特在此说明，非敢有意掠美。

少声母，有多少韵母，《通韵》中所谓的通音、正音、南音、北音、中州音的确切涵义到底是什么，入声是否已经消失，-m尾是否已经消失，以及这部韵书在中国古代韵书史上有什么意义等等，因此本文试图对这些问题作出初步回答。

朴隐子和《通韵》

朴（樸）隐子其人，籍履不详。幸亏中国社会科学院语言研究所藏本的自序，结尾部有两行系年文字。原文是：

> 康熙二十有四年岁在乙丑三月穀□日[①]
> 璞隐王山民书于石公山厂。

"璞隐"就是"朴隐"。扉页上盖有"朴隐图书"方形朱色印文，卷一的题款和卷六的题款均为"朴隐子"，可证"璞隐"无疑就是朴隐。"山民"不一定是真名，王是他的姓，这是不会有问题的。关于王朴隐的籍贯，"石公山"这三个字为我们提供了线索。经考证，清代有两个石公山：一个在镇江。据《镇江志》卷六载："石公山，在城东北八里，濒江，与焦山对。"这个石公山在长江南岸；另一个石公山在苏州西南，距苏州府城一百二十里。朴隐子提到的这个石公山，是前者还是后者，现在还无法弄清，只知都在江南，在江苏境内。也就是说朴隐子是江苏人。

王朴隐的生卒年也不可考。《诗词通韵·自序》说："余究心韵学，远历诸方，考校二十载，详知南北中州之辨。"如果假定他是从二十岁左右开始"稽声律之学"的，"考校二十载"，到康熙二十四年的时候，他就是四十岁左右的人了。这样推算，他的生年应当在崇祯末年或顺治初年。他与阎若璩、潘耒、刘献廷等是

---

① □，表示原字已残阙不清。

同辈人,比顾炎武、毛先舒要晚一些。

大致上确定了朴隐子的籍贯和生活年代之后,就可以进而论定《通韵》的音系了。

《通韵》全书共分五卷,卷一、二为上下平声,卷三、四、五为上、去、入声。另有一本《反切定谱》,附在书后,是为卷六。其内容是按四呼编排的声韵配合图,具有等韵学的性质,此图是为《通韵》服务的。

从编著体例而言,《通韵》有两个特色:一是拿诗韵与曲韵进行对比;二是拿北音和"中州音"进行对比。对比的方法是:

> 以世传诗韵,稍删僻赘,改用通音。同音者汇列,不叶于词者别为一韵,仍系原名。诗之近体分用,古体通用,词曲则循音合用。(例说)

> 韵目各系一音,收摄所归也。以音相从,自能和叶,如东冬二韵属翁音,萧肴豪三韵属鏖音,凡二十音,词韵之分合系此。(例说)

"世传诗韵"指的是平水韵。"韵目"即106韵的标目。"稍删僻赘"是指旧韵中的僻字,今悉删去。"改用通音"是指用"通音"认可的中州音作反切。"不叶于词者别为一韵"是指按曲韵离析诗韵,如支韵、鱼韵、虞韵、佳韵、灰韵、寒韵、麻韵、庚韵、青韵、蒸韵,各分为二,元韵一分为三。"词曲循音合用"是指把相同的韵合为一音。合起来之后,共有二十个音。这二十个音就是离析诗韵后归并的二十个曲韵部。朴隐子只是在诗韵目下面分别注明二十音的读音,并未确立这二十个音的韵部名称。如果在这二十个音上面冠以当时通用的曲韵部名,那就是:

东钟(东冬庚₂青₂蒸₂):翁音　　　　先天(元₃):嫣音

江阳(江阳):映音　　　　　　　　桓欢(寒₁):剜音

支思(支₋):而音

齐微(支₋微灰₂齐):伊音

居鱼(鱼₋虞₂):纡音

苏模(虞₋鱼₂):乌音

家麻(佳₋麻):鸦音

皆来(佳₂灰):欸音

真文(真文元₋):恩音

寒山(元₂寒₂):安音

萧豪(萧肴豪):鏖音

歌罗(歌):阿音

车遮(麻₂):耶音

庚青(庚₋青₋蒸₋):英音

尤侯(尤):讴音

侵寻(侵):阴音

覃咸(覃咸):谙音

廉纤(盐):淹音

若只孤立地看这二十音,人们会误认为《通韵》是一部北曲韵书。但它平声不分阴阳,在形式上又保存入声,有三十一个声母,这些特点又类似《洪武正韵》。

我认为:《诗词通韵》并非单一音系,它是取舍于《中原音韵》和《洪武正韵》之间的一部曲韵书,也不是"词韵专书"。明末清初人所谓的"词",并不一定都是指"诗余",有些时候指的是曲。"词曲"连用时,"词"是指歌词,"曲"是指曲调。朴隐子所说的"词曲"就是指南曲。那么,他所说的"正音、通音"是不是就是北方普通话呢?他所说的"中州音"是不是指当时的洛阳音或开封音呢?他所说的"南音"是否指吴音呢?下面试作分析。

"正音"这个概念来自《洪武正韵》。《正韵·凡例》说:"五方之人皆能通解者,斯为正音也。""正音"是对"土音"而言的。清人徐大椿说:"何谓字音?一字有一字之正音,不可杂以土音。""譬之南北两人,相遇谈心,各操土音,则两不相通,必各遵相通之正音,方能理会,此人之常情,何不可通于度曲耶?"[①]这种非南非北的"正音",也就是"通音",也就是南曲所用的"中州

———————
① 徐大椿《乐府传声》,《中国古典戏曲论著集成》(七)152、165 页,中国戏剧出版社 1959 年。

音"，而不是北方官话音。所以朴隐子的《诗词通韵》于"平上去之通音，概用中州反切，犹用旧韵者，亦必附注中州某音；诗余南曲，并当从之"（《例说》）。王鵔的《音韵辑要》，在反切方面也多以《通韵》为据，他说："字音全在反切……周本未尽探求，范本尚属疑似，兹悉考证《通韵》《反切定谱》，辨析毫芒，归清切准。"又说："迩复参证《诗词通韵》，更得归准反切，劈分异音。"（《中州音韵辑要》自序及例言）无论是范善臻的《中州全韵》，还是王鵔的《中州音韵辑要》，都是王文璧《中州音韵》这个系统的南曲韵书，他们所说的"中州"，与当时的开封、洛阳无关。朴隐子说他的《通韵》"概用中州反切"，也是指中州系韵书的反切，但他又不是照抄这些韵书的反切，而是按照四呼、清浊的要求，对《中州音韵》的反切进行了重新改造。至于《通韵》与吴音有关系，这是没有问题的，浊声母系统的保存就是确证。朴隐子所说的"北音"，主要是指《中原音韵》的音。《通韵》对于北音与通音不同的，一一注明北音读什么，这就为我们研究北音与通音的不同提供了依据。赵荫棠说："《诗词通韵》……分析南北之音极清晰。"这个话说得再清楚一些，就是所谓南北之音不过是南曲之音和北曲之音，也即中州音与中原音。这两种曲韵本来相似之点颇多，沈宠绥说："尝考平上去三声，南北曲十同八九。其迥异者，入声字面也。"[1]朴隐子也说："平上去之通音……北音大概相同。唯出声（指声母）加重，似无正浊。"（《诗词通韵·例说》）他们都认为南北曲的平上去声基本相同。南曲保存正浊，入声的处理不同于北曲，韵部的划分和归字也不尽同，这是彼此不同的地方。

---

[1]　《度曲须知·入声正讹考》，《中国古典戏曲论著集成》（五）279 页。

声母问题

朴隐子在《例说》中指出:"韵有四呼七音三十一等。"三十一等就是三十一个声母。与传统的三十六字母相比,少了五个声母。即并知彻澄娘于照穿床泥,并敷于非。这个声母系统与《洪武正韵》的声母系统相同。刘文锦曾对《洪武正韵》的声母系统进行过考证,他得出的结论是:"综此三十一声类以与等韵三十六字母相较,则知彻澄娘与照穿床泥不分,非与敷不分;禅母半转为床,疑母半转为喻;而正齿音二等亦与齿头音每相涉入……此其大齐也。"(《史语所集刊》3本2分)《通韵》的声母系统与《正韵》如出一辙。须要进一步说明的,有以下几点:

(一)**疑母** 朴隐子说:"'疑'通音读若移,与喻母同,俗读若泥。旧列群母下,是谓方音。"又说:"余尝以'敖'字代疑母。"(《反切定谱·字母说》)

朴隐子的意思是:"疑"字在通音中已混入喻母,读"移"的音,故用"敖"字作为疑母的代表字。这表明原来的疑母已分化为二:开口仍为疑母,如"敖皑我昂岸艾暴"等字,读[ŋ-];齐合撮已与喻母混而为一,如"牙牛眼吟宜危五阮鱼禺元语愿"等,变为零声母。

《洪武正韵》的疑母只是"半转为喻",《通韵》疑转为喻的字要比《正韵》多得多,可以说大部分字都已转为喻母,如"五、阮、吾、语"等,在《通韵》里均已转为喻母。说明从《正韵》到《通韵》这三百多年间,疑母进一步混同于喻母。

《通韵》疑母也有混同于影母的,不过只有"雅疋"两个字。

(二)**泥母** 朴隐子说:"泥娘二母,南属牙音,北属舌音,未可专列定母下,改用囊字。"(《反切定谱·字母说》)"泥"字和"娘"字在南方都读作牙音,即归于见组,读为[ȵ]。所以朴隐子要"改用囊字"来代表泥(娘)母,这就是所谓的舌音,读为 [n]。分化的条件是:开合读 [n],齐撮读 [n̠]。这个问题,记得花登的文章已讨论到了,在此不再详述。

(三)禅母 朴隐子说:"禅读如擅,亦读如廛,与床澄母混,改用神字。"(《反切定谱·字母说》)"擅"是禅母字,"廛"是澄母字,"神"是船母字。"擅、廛"的声母是 [dz̠-],"神"的声母是 [z̠-]。

第一类读"神"[z̠]。

开口:时鲥埘匙褆(绳诗切)

合口:慵鳙(谁中切)　　　　肾蜃脤(绳哂切)慎(绳震切)

　　　谁脽(绳痕切)　　　　善膳埏单鳝(蛇展切)

　　　瑞睡(绳税切)　　　　擅埏禅缮膳(蛇扇切)

齐齿:韶(绳烧切)　绍佋(绳少切)　劭邵(绳照切)

撮口:殊洙铢殳(顺书切)　　署曙树(顺恕切)

以上都是禅母字,但它们的切上字为"绳",为"蛇",为"顺","绳、蛇、顺"都是船母字。在这一类中,还有支思韵上去声的禅母字与船或崇共一小韵。

上声　(禅)是谥氏市视:(崇)士仕柿

去声　(禅)侍莳视嗜:(崇)事:(船)示谥

船母字不与禅母混而读 [z̠-] 的有"蛇阇神绳渑"等,均为齐齿呼。

第二类读廛 [dz̠]。

这一类禅母字,完全与澄相混的限于真文、先天、江阳、庚青四韵平声齐撮二呼。

真文　(禅)臣辰晨宸(原注:辰晨宸,南音神):(澄)陈尘

先天　(禅)禅婵蝉澶:(澄)廛躔缠

江阳　(禅)裳尝常鲿:(澄)长苌场

庚青　(禅)成城诚盛:(澄)呈程酲

以上是齐齿呼禅澄相混的例子。齐齿呼还有一组禅澄船相

混的例子：

（禅）承丞:（澄）澄惩:（船）乘塍

撮口呼禅船相混的例子只见于真文,禅船澄崇相混的例子见于先天:

（禅）纯淳鹑醇镎蓴:（船）脣漘

（禅）遄篅:（船）船:（澄）椽传:（崇）潺孱

开口韵只有侵韵的"谌"（禅）与"岑涔"（崇）相混。

禅船二母在中古就难以分辨,它们原本不是对立关系。至于禅澄相混,这跟现代汉语的情形也很相符,因为它们都是卷舌声母。

（四）影母和喻母 《通韵》的影母和喻母并不相混,二者仍然存在对立关系。但这种对立似乎只是阴阳的不同。喻母字有的已跟北音中的微母字同音,如"王忘、违微";有的已跟北音中的疑母同音,如"移疑"。喻母应不再是一个半元音 [j] 了,它跟影母一样,也是零声母。影喻的对立关系仅出现于齐合撮三呼,开口呼有影无喻,不存在对立问题。

齐齿呼　央:阳　伊:移　英:盈

合口呼　汪:王　威:违　弯:顽

撮口呼　邕:容　纡:余　渊:圆

（五）微母 《通韵》微母的读音在齐齿呼为"重脣兼齿音"（微薇）,在合口呼为"满脣兼齿音"（无巫）,在开口呼为"轻脣兼齿音"（亡望）[1]。总之,它不像同时代北方话微母那样变成了零声母,它还是个脣齿音。根据杨耐思同志的建议,我把微母的读音拟为 [υ]。

（六）全浊声母是否送气 《通韵》全浊声母是否送气,从它

---

[1]　重脣兼齿音、满脣兼齿音、轻脣兼齿音,都是朴隐子的术语,见《反切定谱》。

内部很难找出有力的证据。现代吴语全浊是不送气的,我们的构拟也按不送气处理。

根据上述讨论,我们将《通韵》声母的读音构拟如下:

邦	滂	並	明	非	奉	微	端	透	定	泥之开合	来
p	p'	b	m	f	v	ʋ	t	t'	d	n	l

精	清	从	心	邪	照	穿	床	审	禅	日	见	溪	群	泥之齐撮
ts	ts'	dz	s	z	tʂ	tʂ'	dʐ	ʂ	ʐ	ʑ	k	k'	g	ȵ

疑之开口	晓	匣	影喻及疑之合齐撮
ŋ	h	ɦ	∅

上面的"影、喻",作者认为是两个声母。整个来说,北音的情形是:三十一个声母,减去全浊的 [b][d][dz][dʐ][g][v][ɦ],减去 [ŋ][ʋ][ȵ],只有二十一个声母,这是北音与中州音在声母方面的异同。

韵母问题

《通韵》的韵母系统跟《中原音韵》非常接近。就分部而言,它只从鱼模分出了一个居鱼。在朴隐子之前,李渔就主张南词音韵"鱼模当分",他说:"予谓南韵深渺,卒难成书。填词之家即将《中原音韵》一书,就平上去三音之中,抽出入声字另为一声,私置案头,亦可暂备南词之用。然此犹可缓,更有急于此者,则鱼模一韵,断宜分为二。鱼之与模,相去甚远,不知周德清当日何故比而同之。"① 朴隐子将鱼模分为二,正符合李渔的主张。

《通韵》除了分部与《中原》有所不同,其他方面也有一些不同。下面提出几点来评述:

(一)[-m]尾已消失 [-m]尾的消失,在各个方言中情形有些不同。就是在同一个大方言区,[-m]尾的消失也不是同

① 《闲情偶寄》卷二,《中国古典戏曲论著集成》(七)40页。

步进行的。拿吴语为例,徐渭在明末就说:"吴人不辨清、亲、侵三韵。"[1]但晚于徐渭的凌濛初指出:"其廉纤、盐咸、侵寻闭口三韵,旧曲原未尝轻借。今会稽、毗陵二郡,土音犹严,皆自然出之,非待学而能者;独东西吴人懵然,亦莫可解。"[2]东吴与西吴已消失[-m]尾,而会稽(绍兴)、毗陵(常州)"土音犹严",说明 17 世纪的吴语区[-m]尾并未在一切地区彻底消失。《诗词通韵》是保存[-m]尾的,这一方面是为了照顾曲韵书的传统,另外也有"土音"为据。但就当时的通音来看,[-m]尾肯定已经消失。朴隐子虽然保存了这三个韵,却并不认为这是必不可少的。在《反切定谱》中,他就取消了闭口韵,他说:"侵韵与真文同反,覃咸韵与寒删韵同反,盐韵与先韵同反,各以本韵字为切。"(13 页)"同反"就是同音。他的《字母全图》就是把它们当作同音字来处理的,如"安"字旁附注"谙","寒"字旁附注"含","干"字旁附注"甘","丹"字旁附注"耽","滩"字旁附注"贪","跚"字旁附注"三","巾"字旁附注"今","亲"字旁附注"侵"。朴隐子这样处理[-m]尾韵,完全反映了通音的实际情况。

(二)[-n]尾与[-ŋ]尾之别　有少数字《中原音韵》收[-n]尾,《通韵》收[-ŋ]尾,所涉及的都是臻摄与梗摄的关系问题。如:

　　肯,北音恳。《通韵》抠梗切。｜孕,北移孽切。《通韵》移敬切。｜亘恆緪,北音艮。《通韵》钩映切。

《中原音韵》字音与现代汉语一致的有"肯、孕、亘(亘)"。"恆緪"现在收[-ŋ]尾。新《辞海》于亘字下注了两个音:gèn,旧读gèng。正是这种分歧的反映。

[1]　《南词叙录》,《中国古典戏曲论著集成》(三)244 页。
[2]　《谭曲杂札》,《南音三籁》,上海古籍书店 1963 年影印本。

（三）**四呼**　明末的桑绍良、袁子让、叶秉敬已运用四呼原理分韵，但那时有四呼之实，而无开齐合撮四呼之名；清初潘耒已用开齐合撮四呼分韵，但比《通韵》要晚一二十年。《通韵》所分四呼，与《中原音韵》和现代汉语的四呼颇为接近。但它既不完全同于现代汉语，也有别于《中原音韵》。《通韵》在四呼方面不同于《中原音韵》的地方主要有三点：

（1）《中原音韵》有三个介音：[i] [u] [iu]①。《通韵》除了这三个介音之外，还有一个 [y] 介音。[iu] 和 [y] 不是平行关系，而是 [y] 在某些韵里部分地取代了 [iu]。也就是说，[iu] 与 [y] 介音正处在新旧交替的过程之中。《通韵》中，东钟（仅限于喉牙音）、居鱼、真文、先天、车遮等五个韵部有 [y] 或 [iu] 介音。它们的分布是：见系为 [y]，精照来日为 [iu]。端组及帮系不出现于撮口呼，自然也就不与这两个介音中的任何一个发生关系了。

（2）由于介音的变化以及方言的不同，《通韵》某些字的归呼与《中原音韵》有别。如"珑、龙"在《中原音韵》并非同音字，前者为 [luŋ]，后者为 [liuŋ]，《通韵》都变为 [luŋ]，这是因为 [iu] 中的 [i]，在东钟韵来母中已脱落。"鬆"与"松嵩"在《中原音韵》也非同音字，前者为合口，后者为撮口，在《通韵》都是合口，成了同音字，其原因也是 [iu] 中的 [i] 脱落了。

也有合口变齐齿的例子。"皮"字在《中原音韵》读 [-uei]，与"裴培陪"同音。《通韵》"裴培陪"仍为合口，"皮"却变成了齐齿呼，与"羆貔疲"同音 [-i]。它如"彼鄙、被倍"也都由合口变为齐齿。根据《通韵》记载："非诽霏飞妃"及"肥淝腓"等字，北音芬

①　本文第一稿写成之后，杨耐思同志提了修改意见。关于《中原音韵》的拟音，全系根据杨耐思《中原音韵音系》，谨此说明，并致谢意。

威切或焚威切,都是合口呼①,而《通韵》都归齐齿呼,音 [-i]。

齐齿变开口的例子也有。朴隐子在"庚一"韵目下注:"庚部《中州》音京。阢部《中原》音轻,非。"所谓庚部、阢部,即庚小韵、阢小韵。朴隐子说的"部"就是小韵的意思。庚部的字有"庚鹒庚耕秔羮更",这些字"北音京",读 [kiəŋ],朴隐子归开口呼,作钩亨切,读 [kəŋ]。阢部的字有"铿硁牼",音轻,读 [kʻiəŋ],朴隐子作抠亨切,读 [kʻəŋ],都属开口呼。

（3）四呼格局的不同。在《中原音韵》里,庚青韵四呼完整,东钟则只有合撮而无开齐。到了《通韵》,这种格局发生了变化,庚青韵的合撮二呼与东钟合撮二呼合而为一。这一点从《通韵》本身还看不大清楚,朴隐子只是在"庚二、青二、蒸二"等三个韵目下注明有"英翁二音",即既可归东钟（翁音）,又可归庚青（英音）。可是,在《反切定谱·四呼七音三十一等字母全图》里,情况就不同了。在《全图》中,庚青韵并不出现于合撮二呼,它们已正式合并于东钟韵,如合口呼喉音"翁"字旁附注"泓","烘"旁附注"轰","洪"旁附注"横";牙音"公"旁附注"觥";唇音"琫"旁附注"崩","蓬"旁附注"朋","蒙"旁附注"盲"。撮口呼"凶"旁附注"兄","容"旁附注"荣","穷"旁附注"琼"。在东钟韵旁边附注庚青韵的字,表明二者完全是同音关系。这样一来,庚青韵只有开齐二呼,东钟韵只有合撮二呼,双方正好形成互补关系。

（四）[iau] 与 [ieu] 的对立 《中原音韵》萧豪韵里存在着 [iau] 与 [ieu] 的对立。因此,"交郊"与"娇骄"不同音,"敲磽"与"趫橇"不同音。在《通韵》中这种对立已经消失。交,音骄;

---

① 杨耐思《中原音韵音系》说:"齐微韵'非肥……'等唇音小韵归 i 类,不归 ei 类,均据《韵会》和《蒙古字韵》。"（92 页）但据朴隐子的意见,这些字在北音中的读音均为合口呼,为 [uei]。

"敲"与"趫"都为腔幺切。可证 [iɛu] 已经转化为 [iau]。

但是,《通韵》[iau] 的收字与《中原音韵》并不完全一样,如《中原音韵》的 [iau] 包括"学约药觉"等入声字(又见于歌戈韵),而在《通韵》中这些字都读 [io]。

(五)尤侯韵的 [uəu] 《中原音韵》的尤侯韵只有 [əu][iəu] 两个韵母,《通韵》除此之外,还有一个 [uəu]。[uəu] 共有三十多个韵字,这些字在《中原音韵》里分布于鱼模的 [u] 和尤侯的 [əu][iəu],全属唇音:

$$
uəu
\begin{cases}
\text{鱼模 } [u]: 谋亩某牡浮阜不戊 \\
\text{尤侯 } [əu]: 抔哀剖懋否 \\
\text{尤侯 } [uɛu]: 牟侔眸矛
\end{cases}
$$

"浮、谋"等字的读音问题,明人已有异议。王骥德说:"浮与蜉蝣之蜉同音,在《说文》亦作缚牟切,今却收入鱼模韵中,音之为扶,而于尤侯本韵,竟并其字削去。夫浮之读作扶,此方言也。"[①]

这种分歧的性质是祖《中原音韵》还是宗《正韵》的问题。沈宠绥说:"予故折中论之……矛原不唱缪,谋原不唱谟……则又未尝不以《正韵》为模楷矣……且扶为方言,在吴下诚然,安必《中州》之亦以扶音为土音哉?余则谓南唱蜉音,北唱扶音,自两无违碍。"[②] 万历年间的某些南词家,他们既要取周韵作曲填词,又訾议周韵与南曲不合者为方言,为谬误,沈宠绥为之"折中",倡"两无违碍"之论,这种态度是比较开通的。

下面我列了一张韵母表,这个韵母表当然与诗韵无关,而是曲韵的韵母系统。《通韵》共四十四个韵母,其中有 [ei][io][yu][yɛ][iuɛ] 来自古入声,讨论声调问题时再作分析。

---

① 《曲律》,《中国古典戏曲论著集成》(四)111 页。
② 《度曲须知》,《中国古典戏曲论著集成》(五)235—236 页。

	开	齐	合	撮
东钟(翁)			uŋ	yŋ
江阳(映)	aŋ	iaŋ	uaŋ	
支思(而)	ï			
齐微(伊)	ei	i	uei	
居鱼(纡)				y、iu
苏模(乌)			u	yu
皆来(欸)	ai	iai	uai	
真文(恩)	ən	iən	uən	yən、iuən
寒山(安)	an	ian	uan	

	开	齐	合	撮
桓欢(剜)			uon	
先天(嫣)		iɛn		yɛn、iuɛn
萧豪(鏖)	au	iau		
歌罗(阿)	o	io	uo	
家麻(鸦)	a	ia	ua	
车遮(耶)		iɛ		yɛ、iuɛ
庚青(英)	əŋ	iəŋ		
尤侯(讴)	əu	iəu	uəu	

声调问题

这一部分本应讨论平分阴阳、浊上变去、入声性质等三个问题,但《通韵》跟《正韵》《中州音韵》一样,平声不分阴阳,故在此只讨论后两个问题。

(一)浊上变去 浊上是否变去,这是北音与《通韵》不同的主要内容之一。《中原音韵》全浊已经消失,浊上变成了去声,而《通韵》的全浊上声字并未发生这种性质的转化。

朴隐子对上声各韵浊上变去的字有详细的记载。全部列举如下:

一董:汞动二部中州去声。

二肿:重奉二部中州去声。

三讲:棒项二部中州去声。

四纸一:似是二部中州去声。

四纸二:技雉婢跪被五部中州去声。

六语一:巨序宁墅四部中州去声。

　　七虞一:户杜簿腐四部中州去声。

腐部有"辅父釜腐"四个字,现代汉语除"父"字外,其余三字都
不依《中原音韵》读去声。

　　七虞二:拒聚柱竖四部中州去声。

　　八齐:傒弟荠陛四部中州去声。

　　九蟹:豸部中州去声。

　　十贿一:亥待在三部中州去声。

　　十贿二:瘣罪琲三部中州去声。

　　十一轸:尽朕肾膑楯五部中州去声。

　　十二吻:扻近蕴三部中州去声。

蕴部有"蕴韫愠醖愇"等字,这些字在《广韵》中本来有上去两
读,又都是影母或喻₌的字,北读去声,南读上声,反映了古方言的
分歧,与浊上变去无关。

　　十三阮一:混遯鳟三部中州去声。

　　十三阮三:楗圈二部中州去声。

　　十四旱一:缓断伴三部中州去声。

缓,《通韵》禾管切,读上声,现代汉语亦读上声。《中原音韵》"缓、
换"同音,都是去声。

　　十四旱一:旱但瓒三部中州去声。

　　十五潸:栈睅撰限四部中州去声。

　　十六铣:岘件填践善辨铉篆八部中州去声。

　　十七篠:窕兆绍三部中州去声。

　　十八巧:鲍部中州去声。

　　十九皓:浩道皁抱四部中州去声。

　　二十哿:荷祸惰坐四部中州去声。

　　二十一马一:下踝二部中州去声。

　　二十一马二:社部中州去声。

二十二养:沆荡晃彊象丈上七部中州去声。

二十三梗:杏静二部中州去声。

二十四迥一:迸部中州去声。

二十五有:后瞉臼纣受五部中州去声。

二十六寝:濅朕葚三部中州去声。

"濅"部有"噤",《集韵》这两个字有上、去两读。

二十七感:领襢槷三部中州去声。

二十八琰:俭簟渐三部中州去声。

"俭"部有"芡",《中原音韵》"俭芡"都读去声,但声母不同,"芡"为 [k'],"俭"为 [k],现代汉语"俭"读不送气上声,"芡"读送气去声。

二十九豏:湛范豏三部中州去声。

上面 108 个小韵(蕴部未计入)由上变去的字,其声母多为並定从群奉匣床,只有极少数几个小韵为邪禅二母的字。

(二)关于入声

(1)《通韵》入声的性质。

南曲原本没有韵书,曲家大抵以《中原音韵》为准。到明代又形成了"北叶《中原》,南遵《洪武》"的传统。平上去三声问题不大,纠纷最多的是如何处理入声。北曲入派三声,有《中原音韵》为据,南方口语中存在入声,而入为瘂音,不能用来唱曲。朴隐子说:"入声者,江淮之音……而中州无入声。词曲必从中州者,盖入为瘂音,欲调曼声,必归平上也。"(《例说》)江淮存在入声,这是事实。《诗词通韵》卷五有十七个入声韵部,却并不意味着南曲一定要保存入声。朴隐子主张"词曲必从中州",也就是主张南曲的入声并非"江淮之音",而要派入平上两声。根据《通韵》入声韵目下面的小注,我们知道,朴隐子把入声韵分别派入了齐微、居鱼、苏模、家麻、歌罗、车遮。它们的读音是:伊、纡、乌、鸦、阿、耶。朴隐子所注的这些读音与几个有关阴声韵的读音完全一样。可证在南曲中，入声不仅失去了塞音韵尾，而且也不自成调类，它的性质跟阴声韵完全相同。朴隐子对入声韵作这样的处理，应当是有语言事实为据的。明末阮大铖的《燕子笺》阴入同押的例子就很多，例如：

　　　　第三出［一封书］　都绿沾住初奴都鹿
　　　　第六出［山渔灯犯］　罢马甲寡茶花法差马花
　　　　第二十五出［香柳娘］　怯赊舍歇歇节劣劣挈
　　　　第二十八出［五团花］　悽垂的时疾
　　　　第三十一出［金蕉叶］　蛾落螺雀
　　　　第四十一出［点绛唇］　移气归日

因为篇幅有限，就不多举例了。

（2）《通韵》入声变阴的两种类型。

《通韵》入声变为阴声之后，分布在十五个韵母之中（见下表）。

韵部	原入声韵	韵母			
齐微	质$_1$物$_3$陌 锡$_1$职缉	ei 塞白得黑客瑟	i 一吉疾乞尺日	uei 蟀或国获虢	
居鱼	质$_2$锡$_2$物$_2$				y 聿出术
苏模	屋沃月$_1$物$_1$		u 绿鹿屋沃勿		yu 郁菊旭
家麻	月$_2$黠 曷$_2$洽合$_2$	a 伐达八拉	ia 轧鸭甲瞎	ua 滑刷	
歌罗	觉曷$_1$药合$_1$	o 驳各洛䃭	io 学约药雀觉	uo 卓郭活	
车遮	月$_3$叶屑		iɛ 叶折彻歇		ye、iue 月血说雪

这十五个韵母有两种不同的类型：一类是与原有的阴声韵合

流,如[i][uei][u][a][ia][ua]等十个韵母属于这种类型;还有一类是没有相同的阴声韵,这些韵母的字全部来自入声,是入声韵尾脱落之后新产生出来的阴声韵,[ei][io][yu][yɛ][iuɛ]等五个韵母属于这一类型。第一类在这里用不着细论了,我们感兴趣的是第二类。

a. [ei]

[ei]来自质₁:栉狒虱瑟瑟。

陌韵:厄搤赫核翮革鬲客额赜谪喀册策索宅泽择百伯柏迫拍魄霸白帛帕陌麦脉。

职韵:黑劾克刻德得忒特勒肋则塞贼侧昃测恻翼色啬穑北匐墨默繴。

缉韵:涩。

《通韵》的[ei]比《中原音韵》[ei]的范围要大得多,可是比现代汉语[ei]的范围又要小。《中原音韵》里这个韵母只有"贼劾德得黑勒肋"等七个字,也全来自入声。现代汉语[ei]除了来自入声韵的字之外,还有因[uei]的[u]脱落而变来的唇音字和来母字,如"悲卑碑杯裴眉枚梅煤莓美、雷垒诔耒"等。这些字无论是在《中原音韵》还是在《通韵》里,都是合口呼,[u]介音还完整地保存。我们可以说,[ei]这个韵母发源于入声字,然后才有一部分阴声韵的字与之合流,进一步扩大成现在这样的范围。

不过《通韵》里的[ei]在现代汉语中并不全都读[ei]。

b. [io]

歌罗的[io],在《中原音韵》已经出现。但这个韵当时只包括十几个入声字,如"着杓学略掠若弱蒻虐疟岳乐药约跃钥"等。《通韵》[io]的范围并不与《中原》相等,它包括来自觉韵的:握渥学确嶽乐觉角珏桷确埆搉憝逴踔。药韵:药跃龠钥瀹脚攫镬却恪噱醵虐疟略掠弱嫋若爵雀爝鹊碏削嚼酌勺灼焯缴绰躇著杓汋。

[io] 在现代南方某些方言中还保存着。如"药钥",汉口、长沙仍读 [io],成都也保存 [io]。在现代普通话里,[io] 已不存在,《通韵》读 [io] 的字多数变为 [yɛ],有的变为 [uo]。

c. [yu]

[yu] 是《通韵》中比较特殊的一个韵母。入声屋沃韵的字本来都读乌音,属于苏模韵。但屋沃中都有撮口呼的字,它们的主要元音是个 [u],再加上介音 [y],就变成 [yu] 了。

属于屋韵 [yu] 韵母的字有:郁彧稶澳燠愭蓄育昱煜鬻匊掬菊鞠鞫鵴麴朒衄衄。沃韵:旭勗顼欲慾浴鹆玉狱挶撮曲苗局跼。

共计三十六个字。如果加上屋韵的一个又读字(粥),就是三十七个字。这些韵字在《中原音韵》里并未全部收录。凡收录的都归在鱼模 [iu] 韵母之中。[iu] 与 [yu] 并不完全一样,[iu] 既是韵母,又是复合介音,而 [yu] 的 [u] 纯属主要元音,不带有介音的性质,[y] 在这里是道道地地的介音。这些字在现代普通话中元音都是 [y],《通韵》并没有把这些字归进居鱼韵,而是放在苏模韵,可见朴隐子认为它的主要元音是个 [u],而又要以撮口呼之,这就是 [yu] 的来源。

d. [yɛ][iuɛ]

这两个韵母出现于车遮韵。见系为 [ye],精照来日为 [iuɛ]。这两个韵母的字除了"瘸䠥"二字之外,全部来自入声韵。来自月₃的有:越钺樾粤曰月刖轧厥蹶刷阙檗掘。来自屑韵的有:血威哜穴悦阅决诀玦抉觖缺谍籆缺阕劣埒铩爇呐蕝雪绝拙苗惙啜辍剟缀帨说刷。

在现代汉语中,[iuɛ] 已变成了 [yɛ] 韵母的字几乎全部是古入声字,但来源却不完全同于《通韵》。《通韵》中某些 [io] 韵母的字,如"虐疟略掠爵雀"等,在现代汉语中都变成了 [yɛ]。

由原入声字组成新的阴声韵,这个事实说明:入声韵转化为阴声韵之后,并不是全都归并到另一个阴声韵中去,它们自己也可以成为一个新的阴声韵母,而且原来其他阴声韵母的字,经过一定条件的音变,还会变到这个新的阴声韵中来,如 [uei] 部分字变为 [ei]。这个事实还说明:入声韵的演变和阴声韵的演变并非平行关系,它的每一个韵母的演变都有自己的历史。

(3)《通韵》和《中原音韵》入派阴声的异同。

《通韵》入派阴声显然参考了《中原音韵》的结论,所以二书有不少相同之点。但《通韵》毕竟是为作南词者而编撰的,不能不照顾南曲的特点,因此,二书对入声的处理差异颇多。这里着重介绍这些差异。

《通韵》有十个阴声韵,其中六个阴声韵有来自入声的字;《中原音韵》只有九个阴声韵,所有阴声韵都有派进来的入声字。《通韵》没有原入声字的四个韵是:支思、皆来、萧豪、尤侯。《中原音韵》里这四个韵的原入声字,在《通韵》中分配到哪些韵里去了呢?

a. 支思

《中原音韵》支思韵只有三个入声作上声的字:塞涩瑟。这些字《通韵》都归齐微韵开口呼,读 [-ei]。

b. 皆来

《中原音韵》皆来韵有三个韵母,都有来自入声的字:

[ai] 白帛舶宅泽择百伯柏迫擘则责策色麦陌搦……

[iai] 革格客刻额厄……

[uai] 画掴……

以上这些字在《通韵》都归进了齐微韵。

c. 萧豪

《中原音韵》萧豪韵有三个韵母,都有来自入声的字:

[au] 博泊箔铎凿浊鹤剥驳托作错卓各郭壑落……

[iau] 学角觉岳跃……

[iɛu] 着雀绰略弱虐……

以上这些字《通韵》都归歌罗。《燕子笺》第三十一出"蛾落螺雀"相协，正符合《通韵》的情况，如果依《中原音韵》就不相协了。

d. 尤侯

《中原音韵》尤侯韵只有 [uei] 有来自入声的字。例字有"轴逐熟宿竹烛粥六肉"等。这些字在《通韵》都归入了苏模韵。

总以上所述，《中原音韵》支思、皆来、萧豪、尤侯四韵的古入声字，在《通韵》中分别归入了齐微、歌罗、苏模三韵之中。

原载《中国语文》1985 年第 4 期

《中原雅音》的年代

根据蒋希文、杨耐思等同志的考证,《中原雅音》是一部反映"北音"的韵书。但《中原雅音》的年代问题,至今尚无一致的意见。

蒋希文说:"这部书有可能出于两(?南)宋遗民之手,是1292—1375年间的产物。"[①]杨耐思说:"《中原雅音》是明初以前的……一部韵书。"[②]邵荣芬说:"《中原雅音》……的出现年代可能是在1398—1460年之间。它是《中原音韵》以后,另一个记录北方方言语音的最早韵书。"[③]蒋所定的上限与邵所定的上限相差百余年。按邵说,《中原雅音》不唯晚于《中原音韵》,且晚于《洪武正韵》;按蒋说,《中原雅音》有可能早于《中原音韵》。

弄清《中原雅音》的年代,对于确定此书的历史地位和研究"北音"韵书的发展过程都有重要意义。我赞同蒋希文的意见,现提供一些新的论据,供同志们参考。

(一)明万历年间的等韵学家袁子让在《字学元元》中三次提到《雅音》,原文如下:

> 关中刘士明作《切韵指南》以正翻切,学韵者皆祖之,然中不无纰缪……如云"其两切强,时赏切上,皆当读如去声。如世读强如清音之礁,读上如清音之赏,则其蹇切件,可读如清音之遣乎? 时忍切肾,亦可读如清音之哂乎?"[④]

①② 《中国语文》1978(4)。
③ 《中原雅音研究·前言》1页,山东人民出版社1981年。
④ 这段话与《指南》原文在文字上略有出入。

此刘士明所以正世之讹也,而予以为刘公先自讹矣。夫上有
上之类,去有去之伦,岂上可切去乎! 是上去相杂,四声必不
分矣。不知此四者,元读如"哂"、如"赏"、如"遣"、如"誮",
而《雅音》叶上为去之后,遂读如"慎"、如"尚"、如"键"、如
"弶"。彼作《指南》者,亦沉溺于后世之声音而莫知其辨也。
(卷八)

　　上去两声……无或互混,自《雅音》出,而有叶上声作去
声者,于是上与去始乱位矣。是故通之"奉、动",江之"捧①、
顷"……皆上声字也,又非上去互用者也,而今皆读为去声,
何也? 予尝以诸字求《等子》,皆在各摄群定澄並奉从床邪
禅匣喻十一分浊母之下,而以试读《等子》者,则读各摄分浊
母之上声亦如其去声读,又何也? 岂皆沿《雅音》之谬欤?
(卷二)

　　袁子让认为浊上变去始于《雅音》,《指南》的作者刘士明(即
刘鉴)只不过步《雅音》的后尘,"亦沉溺于后世之声音而莫知其
辨也"。这就确切地证明《雅音》出现于《指南》之前。我们知
道,《经史正音切韵指南》成书于元顺帝至元二年(1336),《雅音》
无疑也是元代的作品了。人们也许会问:袁子让所提到的《雅
音》是否即《中原雅音》呢? 我把袁子让列举浊上变去的例字,
与章黼所引用的《雅音》的注音进行对照,二者完全一致(只见于
袁书而不见于章书的字除外),两书所说的《雅音》都是指《中原
雅音》。

　　(二)明末清初的李实在《蜀语》中也引用过《雅音》,如"日
中曰晌午○《中原雅音》晌音赏"。尤为值得注意的是:康熙
二十四年(1685)成书的《诗词通韵》(作者为璞隐王山民)有这

————————
① "捧"乃"棒"之误。

样的话(《诗词通韵·自序》):

> 元辑《中原雅音》为试□金科[①]，然皆北音，罔析阴阳等次。明《洪武正韵》出而遂失传。

璞(本亦作"樸")隐说《洪武正韵》出现之后《雅音》"遂失传"，此话显然失据。但他明确肯定《中原雅音》为元代作品，这是可信的。

《诗词通韵·例说》还有这样的话:"世传周德清《中原音韵》，本从《中原雅音》摘出，后人增广，改名《中州韵》者。"(卷首)根据这条材料，可证《中原雅音》不唯早于《指南》，而且早于《中原音韵》。《中原音韵》只比《指南》晚出十三个年头。

(三)根据袁子让和璞隐的记载，可证吕坤关于《中原雅音》的一些说法绝非无稽之谈。吕坤说:"故宋制《中原雅音》……《正韵》之初修也，高庙召诸臣而命之云:韵学起于江左，殊失正音，须以《中原雅音》为定……万历中，余侍玉墀，见对仗奏读，天语传宣，皆《中原雅音》。今二书具在，余不敢与《正韵》抵牾，听读者之所从耳。"(《交泰韵·凡例》)

吕坤说《中原雅音》是宋代的作品，而璞隐说是元代的作品，二说是否矛盾呢？我认为不矛盾。因为《中原雅音》既然出现在《中原音韵》之前，其距离宋代亡国的时候一定不会太久。宋亡后，当时有不少知识分子并不承认元代的统治者，仍然自称为宋朝的臣民。就是后来的历史记载，对于宋元之际某些人物的时代问题，说法也不一。如戴侗到底是宋人还是元人？其实，两说都不错。不仅宋元之际有这种两可的情形，明清之际也有类似的情形。方以智、顾炎武到底是明人还是清人？《通雅》和《音学五

---

① "试"字后面的一个字原书已缺，故用□表示，我疑心所缺者乃"士"字。

书》到底是明制还是清制？《中原雅音》的年代问题亦当作如是观。希文同志推测说，《雅音》"有可能出于南宋遗民之手"，从现有材料来看，这个结论是能成立的。

原载《中国语文》1986 年第 3 期

补记(1998 年 3 月)：

朝鲜崔世珍(？—1542)的《四声通解·凡例》第九条云："诸字于一母之下，《洪武韵》与《蒙韵》同音者，入载于先，而不著蒙音；其异者则随载于下，而各著所异之蒙音。故今撰字序不依《通考》之次也。至于《韵会》《集韵》《中原雅音》《中原音韵》《韵学集成》及《古韵》之音，则取其似或可从而著之，非必使之勉从也。"崔世珍将《中原雅音》排在《集韵》与《中原音韵》之间，可证此书绝非明代作品。这条材料有力地证明了《雅音》"有可能出于南宋遗民之手"的结论是可信的。《雅音》年代的确定，对解决北音研究中的某些分歧以及普通话的来源问题有重大意义。

我曾请就读于北大的韩国博士生朱星一先生寻访有关《中原雅音》的资料，一无所获。难道此书在彼邦也失传了？令人遗憾！

《中州音韵》述评

　　王文璧的《中州音韵》是一部影响颇大的曲韵书。关于这部韵书的音切，还没有人进行过详细的研究。目前流行的看法认为这部韵书是"根据近代北音所作的音切"，"这种音切，可以帮助我们了解元代的语音系统"[①]。有的同志还直接运用《中州音韵》的反切给《中原音韵》注音[②]。根据笔者对《中州音韵》（据西吴张汉重校本）的反切进行全面考察的结果，认为此书所反映的并非元代的北方音系，它是为了适应南曲的需要而编撰的一部南曲韵书。尽管它跟《中原音韵》一样，也分十九个韵部，但正如王骥德所指出的："且周之韵，故为北词设也；今为南曲，则益有不可从者。盖南曲自有南方之音，从其地也。""吴兴王文璧，尝字为厘别，近檇李卜氏，复增校以行于世，于是南音渐正。"[③]这里特别值得注意的是"字为厘别"和"南音渐正"这八个字。王文璧"厘别"的具体内容是什么呢？我认为主要是通过加注反切，以"厘别"字母的清浊。王文璧是依据南曲的基础方言吴音来进行"厘别"的。经过"厘别"，使南曲韵书的语音有别于《中原》，达到"渐正"。所谓"正"就是符合南曲的语音特点。

一　《中州音韵》音系概貌

　　《中州音韵》的声母系统接近《洪武正韵》，韵母系统接近《中

---

①　王力《汉语音韵》72—73页，中华书局1963年。

②　李新魁《中原音韵音系研究》，中州书画社1983年。

③　《曲律》，《中国古典戏曲论著集成》（四）112页，中国戏剧出版社1959年。

原音韵》,声调系统别具一格,这是它在音系方面的根本特点。

　　根据我的归纳,《中州音韵》有二十九个声母。这就是:帮、滂、並、明、非、奉、微、端、透、定、泥、来、精、清、从、心、邪、照、穿、床、审、禅、日、见、溪、群、晓、匣、影。它们的读音是:[p][p‘][b][m][f][v][υ][t][t‘][d][n][l][ts][ts‘][dz][s][z][tʂ][tʂ‘][dʐ][ʂ][z][ʑ][k][k‘][g][h][ɦ][Ø]。

　　跟《洪武正韵》一样,照二与照三合并,知彻澄娘与照穿床泥合并,敷与非并。疑母在《洪武正韵》和《中原音韵》中都还保存,而《中州音韵》疑母已经消失。所以"仰"和"养痒"同音,"业邺额"和"拽谒"同音,"昂"和"王"都用"吴"作切上字,"敖鳌"音讹高切,而"讹"为吴歌切,"吴"音王姑切。沈宠绥说:"又《中原韵》敖字为讹高切,讹字为吴哥切,傲字为昂告切,昂字为吴冈切,乃考吴字竟是王姑切,则昂乃叶杭,傲乃叶浩,讹乃叶和,敖乃叶豪无疑矣。"[1]沈氏所说的《中原韵》,就是《中州音韵》,他列举的这些反切都见于今本《中州音韵》。他认为"昂傲讹敖"与"杭浩和豪"相叶,不是说它们已经变成了匣母字,而是说明这些牙音疑母字的读音已经变为与喉音匣母同类的零声母了。

　　中古的禅母字,《中州音韵》分为两类:一类混同于床(澄),一类与船合并。混同于床的例子如:东钟"慵鳙"与"虫重崇"同音;江阳"尝偿鲿裳常"与"长肠"同音;真文"纯蓴醇鹑"音池沦切;先天"缠"音城战切;与船母合并的例子如:支思"时匙鲥葹"音蛇之切;鱼模"殊茱铢殳"音绳朱切;真文"神"音蛇真切;先天"善蟮鳝禅擅"音绳战切。

　　关于影母和喻母的关系跟《诗词通韵》近似。我在评述《诗词通韵》时曾经谈到:"《通韵》的影母和喻母并不相混,二者仍

────────────

[1]　《度曲须知》,《中国古典戏曲论著集成》(五)233—234页。

然存在对立关系。但这种对立似乎只是阴阳的不同。"[①]《中州音韵》的影母和喻(疑)母也是对立的关系,这种对立的性质也是阴阳的不同。在《中原音韵》里,影喻对立仅存在于平声,影母字归阴平,喻母字归阳平,上去二声并不存在这种对立关系。《中州音韵》则不同,它不仅平声中存在影喻对立,上去二声也存在影喻(疑)对立。也就是说,《中州音韵》的平上去三声,影喻(疑)都分为阴阳两类。所以《中原音韵》有关的一个小韵,在《中州音韵》里要分为两个小韵。如《中原》鱼模去声"误悮悟寤恶汙"为一小韵,《中州》分"恶汙"为汪故切,"误悮寤悟"为王故切。两个小韵的切下字完全一样,切上字都属于零声母,所不同的是"汪"(影母)代表阴,"王"(喻母)代表阳。影喻(疑)二母的字平上去三声都存在阴阳对立关系,这是南派曲韵书的一个特点,下面再举一些实例为证。

平声　邕:容　汪:王　央:阳　因:寅　弯:顽　冤:圆　威:围
　　　於:鱼　乌:吴　烟:延　抝:遥　鸦:牙　挨:崖　哀:皑
　　　氲:云　英:盈　淹:岩　淹:盐

上声　伛:雨　盌:澣　宛:远　偃:演　影:郢　掩:琰

去声　恶:误　恔:外　印:孕　酝:运　燕:砚　怨:愿　要:耀
　　　奥:傲　厌:艳

《中州音韵》平声不分阴阳,上去二声也不分阴阳,只有零声母中的影喻(疑)分阴阳,这应该是实际语音的反映。

　　《中州音韵》的韵母系统大体上与《中原音韵》一致,略有不同。按照杨耐思先生的《中原音韵音系》计算,《中原》有四十六个韵母,《中州音韵》却只有四十四个韵母。萧豪的 [iau] 与 [ieu] 合流,歌戈没有 [io],其余四十四个韵母与《中原音韵》相同。

---

① 《中国语文》1985(4)。

　　《中原》的［iau］与［iɛu］对立，只出现在萧豪韵的见系各母。平声有"交"与"娇"、"敲"与"趫"、"哮"与"枭"、"坳"与"邀"，上声有"狡"与"皎"、"齩"与"杳"，去声有"窖"与"叫"、"拗"与"要"，这种对立在《中州》已经消失。

　　《中原》歌戈的［io］共有七个小韵，全来自原入声。其中入作平有"着、杓、学"三个小韵，入作去有"略、若、虚、岳"四个小韵。这些小韵又见于萧豪，音［iau］或［iɛu］。《中州》这七个小韵不见于歌戈，只出现在萧豪，全都音［iau］。其中"弱蒻"虽歌戈、萧豪两收，但歌戈的"弱蒻"也不读［io］，变成了［uo］。总之，［io］已经消失。

　　《中州音韵》只有平、上、去三个声调（影喻阴阳对立不算的话）。在平声不分阴阳这一点上，同于《洪武正韵》；在入派三声方面，又同于《中原音韵》。入派三声的规律也跟《中原音韵》差不多，全浊派入平声，次浊派入去声，清声派入上声。

　　关于《中州音韵》的声、韵、调系统就介绍到这里。下面着重讨论全浊的问题，并比较《中州》与《中原》在小韵方面有哪些不同。

二　全浊的性质及其演变

　　《中州音韵》的反切上字分为清浊两套，小韵也保持清浊对立，基本不混，这是明摆着的事实。但这种清浊对立的性质是什么呢？看法不一。一种意见认为这种清浊对立是声母问题，如张世禄先生，他说："我们看王文璧所增的反切，正是清浊分组，和《洪武正韵》的声纽系统相同；他们把阴阳取消，正是表明北音韵书里阴阳之分，不适用于南方方音。"[1] 另一种意见认为是声调问题，即平声清浊声母的区别已完全转化为声调的不同，上去清浊

① 《中国音韵学史》下册232页，上海书店1984年。

声母的界限也已经消失①。笔者赞同张世禄先生的看法,所以为《中州音韵》构拟了清浊两套声母。

从传统的观点来看,明清时代的曲韵家多认为《中州音韵》系统的韵书是保存浊声母的。沈宠绥在《度曲须知》里指出:"字母贯通三十六;要分清浊重和轻。"(《中国古典戏曲论著集成》[五]244页)他的"阴出阳收考"就是研究《中州音韵》全浊声母的实际读音的(同上,307页)。《中州音韵》之所以不采纳《中原音韵》阴阳平的区别,将阴阳平合而为一,是因为当时南音中并不存在《中原音韵》那种性质的阴阳平的区别,即声母的清浊对立并没有转化为阴阳二调。后来,槜李卜氏增校的《中州音韵》又恢复阴阳平的区别,到了范善臻的《中州全韵》、王鵕的《中州音韵辑要》,不仅平声分阴阳,去声也分阴阳。其实,他们所说的"阴阳"乃是声母清浊问题,与周德清的平分阴阳在性质上是不一样的。张世禄先生指出:"南曲韵书也分出阴阳,似乎是恢复《中原音韵》之旧,实际只是开始把南方方音里清浊之分和阴阳调相混而已。北音系统上阴阳调的区分,在南方的人看来,就不容易明白。"(《中国音韵学史》下册232页)古代的曲韵家的确有把阴阳问题和清浊问题混为一谈的,如刘禧延说:"去入声阴阳,呼之俱易分明,独上声阴阳,最难显分界限。"又说:"平去入俱有阴阳,何独上声无阴阳,若止纯清次清,无次浊全浊(原注:纯清次清,阴也;次浊全浊,阳也),则音缺而不全。"②他所说的阴阳,就是清浊,不是声调问题,而是声母问题。不仅古代的曲韵家混说阴阳清浊,就是本世纪30年代的音韵学家如白涤洲、钱玄同等人也有混说的时候,白涤洲说:"《中州音韵》虽不注明阴阳,实际上却

---

① 李新魁《〈中原音韵〉音系研究》52—53页,中州书画社1983年。

② 《刘氏遗著》10页,《丛书集成初编》本。

分清浊:不但平声,连去声也如此⋯⋯我们知道《中原音韵》的阳平都是浊平字,可知《中州音韵》表面上虽不分阴阳,实质上仍是分的。"①这个说法也没有严格区分阴阳和清浊在性质上的不同。据赵荫棠说,钱玄同"以前也是把二者混为一谈",直到"近几年来"才把二者分清②。

从事实来看,《中州音韵》的清浊是成系统的,大的界限是清楚的。我统计了一下,《中州音韵》共有 268 个全浊小韵,其中平声有 150 个小韵,上声有 8 个小韵,去声有 110 个小韵。上声全浊小韵为何这么少,这涉及全浊演变的过程问题,下面再讨论。特别值得注意的是去声清浊声母的界限并没有消失,它跟平声一样,全浊系统保存得很完整,这是不可忽视的事实。正因为如此,所以《中原音韵》里清浊已经合一的小韵,《中州音韵》又都一分为二,也就是把一套清声母再分为清浊两套声母。请看下列各例(加着重号的是浊声母字):

《中原》皆来的"拜湃败惫稗",《中州》分为帮卖切、旁卖切,这是帮并有别。

《中原》东钟的"洞动栋冻蛛",《中州》分为多弄切、徒弄切;萧豪的"道翿纛焘盗导蹈稻到倒",《中州》分为当劳切、唐涝切;监咸的"淡啖憺担",《中州》分为多滥切、徒滥切,这都是端定有别。

《中原》真文的"尽晋进骏",《中州》分为臧信切、藏信切;歌戈的"佐左坐座",《中州》分为臧个切、藏佐切;廉纤的"僭渐",《中州》分为"叶尖去声"和"叶潜去声",这都是精从有别。

---

① 白涤洲《中原音韵与中州音韵之比较观》,《晨报·学园》1934 年 1 月 14 日。
② 赵荫棠《关于中州音韵》,《晨报·学园》1931 年 7 月 28 日。

《中原》先天的"线羡霰",《中州》分为桑箭切、词箭切;车遮的"谢卸榭泻",《中州》分为丧借切、词借切,这是心邪有别。

《中原》江阳的"帐胀涨丈仗杖障墇瘴",《中州》分为知上切、池上切,齐微的"製制置滞雉稚致齹治智帜炽",《中州》分为张世切、长世切("长"在中古属澄母,不同于"生长"的"长"),这是照床有别。

《中原》鱼模的"恕庶树戍竖署曙",《中州》分为"叶书去声"和徜注切;尤侯的"受授绶寿兽首售狩",《中州》分为"叶收去声"和神咒切,这是审禅有别。

《中原》庚青的"敬径俓经镜獍竟竞劲更",《中州》分为"叶经去声"和其硬切,这是见群有别。

《中原》寒山的"限閒苋",《中州》分为奚涧切、希涧切;桓欢的"唤换焕涣缓逭奂",《中州》分为荒贯切、黄贯切;家麻的"化画华䑽桦话",《中州》分为荒卦切、胡卦切,这都是晓匣有别。

《中原》寒山的"饭贩畈範范犯",《中州》分为方绊切、防绊切,这是非奉有别。

这些材料说明,《中州》的清浊对立,不仅见于平声,也见于去声,如果把平声的清浊对立视为阴阳问题,对去声的清浊对立,我们又作何种解释呢? 我以为抹杀了《中州》清浊对立这一根本特点,也就是抹杀了《中州》和《中原》的根本区别。

但是,我们也不可否认,在《中州音韵》中的确已经出现了全浊清化的问题。不仅上声有,去声有,平声也有。这里要解决两个认识方面的问题:第一,要分清主流和支流,我认为《中州》全浊清化是支流,非主流;第二,对全浊是否清化的问题,要作具体分析,不能采取绝对化的一刀切的方式。所谓绝对化,就是要么认为全浊一律保存,要么认为一律消失。在实际语言中,全浊的演变不可能这么简单,它应该有一个非常缓慢的演变过程。我认为《中州音韵》全浊系统正反映了这个缓慢演变的过程。它的全浊系统已经有别于《广韵》的全浊系统,它的全浊内部已经发生了某些显著的变化。这些变化可以用来说明全浊清化的一般规律:即浊上首先发生演变,其次是浊去,最后才是平声。只有当平声的全浊消失之后,象《中原音韵》这样的韵书才有可能产生。

现在,我们先分析《中州》浊上的演变情况。浊上变去,在晚唐时代已有确证。但是否所有的浊上字一下子就都变为去声了呢?那些变为去声的浊上字是否就一齐清化了呢?从《中州》来看,有四种不同的情况:

一类浊上字还没有发生变化,前文已经谈到,这样的小韵有八个:东钟有"唝"(胡孔切)、"焩"(胡勇切),皆来有"绐"(叶苔上声),真文有"牝"(旁敏切),寒山有"莞"(胡管切),先天有"吮"(徐选切),歌戈有"荷"(叶何上声),监咸有"禫"(徒感切)。"唝、绐、牝、吮"在《中原》里也归上声,我们似乎很难证明,它们在《中州》还是浊上,而没有变为清上。但是,从切上字和这类字所处的音韵地位来看,可以断定它们还没有与清上合流。

第二类是浊上变清上。如东钟的"嗿"与"瑽"同音,江阳的"上"与"赏"同音,齐微的"跪揆"与"跬"同音,真文的"窘"字"叶君上声",先天的"珍"与"腆"同音。

第三类是浊上变清去。如东钟"重""众"同音;江阳的"强""降"同音;支思的"氏是"与"试弑"同音;齐微的"被倍"与"辈贝"同音;鱼模的"杼柱"与"铸注"同音;皆来的"待代"与"带戴"同音;先天的"践""箭"同音;庚青的"并""併"同音;廉纤的"芡""欠"同音("芡"有清浊两读),"簟""玷"同音。

第四类是浊上变浊去,这一类占大多数。如东钟"洞""动"同音;支思"儿似祀"与"寺"同音;真文"肾""慎"同音;寒山

"诞""但"同音;桓欢"断""段"同音;先天"辩辨"与"卞弁"同音;萧豪"赵兆"与"召"同音;车遮"社"与"射麝"同音;庚青"静""净"同音;尤侯"臼舅咎"与"柩旧"同音;监咸"萏""淡"同音;廉纤"俭芡"音强焰切。

浊上是变浊去还是变清去,在性质上是有区别的。浊上变浊去只是声调的变化,浊声母仍然保存;浊上变清去就不只是声调问题,而是说明这些字已由浊声母演变为清声母。可以这样认为:大部分浊上字都先经历了变浊去这个阶段,然后再跟同类浊去字一起清化。《中州》系统的韵书,浊上字大部分已转为浊去,所以刘禧延说:"独上声阴阳,最难显分界限。""独上声无阴阳。"他的意思是上声不存在清浊对立。对于浊上所发生的历史演变,他显然是既不理解,更不能作出明确的解释。

浊去的情况与浊上大不相同。它的变化很小,不仅原有的浊去字基本不变,还把大部分浊上字吸收为同类,它的队伍可以说是扩大了。浊去变清去的例子有没有呢? 有,为数不多,如东钟的"凤俸缝"与"讽"同音;江阳的"宕砀"音他浪切;支思的"示视侍嗜谥事笾噬"音诗至切;齐微"备""背"同音;鱼模的"住箸"与"注"同音;皆来的"黛大"与"带"同音;真文的"膑""鬓"同音;先天的"荐洊"与"箭"同音;萧豪的"曝""豹"同音;庚青的"病""併"同音;尤侯的"伏""覆"同音。

浊平系统保存得最为完整,只有个别字已经清化,如东钟"冲种翀"与"充"同音;齐微"奇期芪骑衹其旗耆蕲祈琪"等二十四个字音击移切;皆来"骀""胎"同音;监咸"酣""憨"同音。

综合以上分析,我们可以得出两点结论:第一点,《中州音韵》的清浊对立是属于声母性质的问题,九个全浊声母并未消失;第二点,《中州》的清浊对立具有自己的时地特点,全浊中的一部分字已经在向清声转化。

三 小韵的增补及其分合

《中州音韵》各部的小韵,除了全浊独立这一根本特点之外,其余的小韵基本上与《中原音韵》相同,不同的有以下四点:

(一)增补小韵 小韵的增补,只出现在《中原》的空缺点上,并不影响到韵母系统,如齐微的 [uei],《中原》[tʻ] 母平声阳有字,而平声阴无字,《中州》增补了"推"小韵(他雷切)。真文的 [uen],《中原》[tʻ] 母平去二声都有字,上声空缺,《中州》增补了"瘒"小韵(他本切)。庚青的 [əŋ],《中原》[l] 母平上声均有字,去声空缺,《中州》增补了"稜"小韵(郎凳切)。车遮的 [iɛ],《中原》[k] 母平声空缺,《中州》增补了"迦"小韵(鸡耶切)。

《中州》增补的小韵大致上有两种情况:一种是《中原》不收的字,如"瘒、迦"。一种是异读字,如"推"有痴谁、他雷两读,《中州》兼收,《中原》只收痴谁切一读;又如"稜"也是两读字,《中原》只见于平声阳,《中州》平去兼收。

(二)合并小韵 合并小韵是指《中原》的两个小韵《中州》合而为一。合并的原因有二:有的是在《中原》声母不同,如齐微入作去,《中原》"匿"读泥母,"逸易"等字归零声母,《中州》合为一个小韵,音银计切,都归零声母("匿"本疑母字,在《中原》里归泥母,《中州》变为零声母)。

有的是在《中原》韵母不同,如东钟平声的"空悾"[kʻuŋ] 与"穹芎"[kʻiuŋ],《中原》分为两个小韵,《中州》合而为一;上声的"箐拢"[luŋ] 与"陇垅"[liuŋ],《中原》分为两个小韵,《中州》合而为一。这种合并都是由于介音 [iu] 中的 [i] 脱落所引起的。也就是说,这些字的介音已由 [iu] 变为 [u]。

齐微上声的"彼鄙"[puei] 与"比匕"[pi],《中原》分为两个小韵,《中州》合而为一。沈宠绥指出:"彼原不唱比",《中州》"彼、比"同音,"则又未尝不以《正韵》为楷模矣。"(《中国古典戏曲论著集成》[五]235 页)[uei] 变 [i] 的例子还有一些,不必一一列举。这个材料可以证明,《中州》的韵字归类,在个别情况下也受《洪武正韵》的影响。《中原》歌戈的"讹鈋"读 [uo],"俄莪"读 [ŋo],《中州》合为一韵,音吴歌切,读 [o]。

(三)离析小韵　《中州》不只是合并了《中原》的某些小韵,还将某些小韵离析为二(不包括别浊于清的小韵在内)。如萧豪入作上,《中原》"郭廓"为一小韵,读 [k'au];《中州》"郭"音沽卯切,"廓"音枯卯切,分为见溪两母。鱼模入作平的"伏佛",《中原》同一小韵;《中州》"伏"音房夫切,"佛"音房波切,二者韵母有别。

(四)归字的分歧　二书的归字基本一样,但也有分歧。有归部的不同,也有声、韵、调方面的不同。如庚青 [uəŋ][iuəŋ] 的字,在《中原》里庚青、东钟两收,《中州》多见于东钟,庚青只收了个别字,这是归部的不同。还有个别字的归部有分歧,如"则"字,《中州》归支思,《中原》归皆来。

鱼模上声的"谱"字,《中原》与"普"同音,《中州》与"补"同音。前者归滂母,后者归帮母。歌戈平声的"阿"字,《中原》归零声母,与"痾"同音,《中州》音何哥切,归匣母(沈宠绥的《弦索辨讹》也作何哥切。同上,178 页)。这都是声母方面的分歧。

齐微去声的"幣弊婢避",《中原》归"背"小韵,《中州》归"陛"小韵,由 [uei] 变为 [i]。"袂"字《中原》归"妹"小韵,读 [muei],《中州》与"谜"同音,读 [mi]。这是韵母有分歧。

齐微的"鼻"字,《中原》归阳平,《中州》归去声。

通过上述考察,可以肯定:《中州音韵》虽然是《中原》系统的韵书,但《中州音韵》并不等于《中原音韵》,用《中州音韵》来

"了解元代的语音系统"是不恰当的。《中州音韵》是曲韵南化的产物,它以后产生的南曲韵书,都曾受到过它的深刻影响。因此,弄清楚《中州音韵》的语音系统,对于研究南曲韵书发展的历史,具有重要意义。

　　本文初稿写成后,承唐作藩教授是正多处,谨致谢忱。

原载《中国语文》1988 年第 5 期

五音与四声

　　五音即五声，指宫、商、角（jué）、徵（zhǐ）、羽五个音阶，从魏晋开始却和音韵发生了密切关系。这种关系究竟是音乐术语的偶然借用呢，还是音乐和音韵本来就有某种内在的有机联系呢？

　　对此，前人已有不少研究，如陈寅恪《四声三问》中的第三问、张清常的《李登〈声类〉和"五音之家"的关系》、詹锳的《四声五音及其在汉魏六朝文学中之应用》等[①]。他如唐兰、魏建功、王国维等也有研究[②]。再上溯至清代，戴震、邹汉勋、陈澧等也对五音与四声的关系做过一些探索[③]，可证这是音韵学史上的一大

---

① 陈寅恪《四声三问》，原载《清华学报》1934 年 4 月 9 卷 2 期；后收入《金明馆丛稿初编》，三联书店 2001 年。张清常《李登〈声类〉和"五音之家"的关系》，原载《南开大学学报》（人文科学）1956 年第 1 期；后收入张清常《语言学论文集》，商务印书馆 1993 年。詹锳《四声五音及其在汉魏六朝文学中之应用》，《中华文史论丛》第 3 辑，1963 年。

② 唐兰《论唐末以前的"轻重"和"清浊"》，《国立北京大学五十周年纪念论文集》，1948 年。魏建功《论〈切韵〉系的韵书——〈十韵汇编·序〉》，原载《国学季刊》1936 年 5 卷 3 期；后收入《魏建功文集》（贰），江苏教育出版社 2001 年。王国维《五声说》，《观堂集林》卷八，中华书局 1994 年；又王国维遗著《观堂书札（与罗振玉先生论学手札）》第四十四札，《中国历史文献研究集刊》第一集。

③ 戴震《声韵考·书刘鉴〈切韵指南〉后》，《戴震全集》（五）2286 页，清华大学出版社 1997 年。邹汉勋《五均论》（蔡梦麒校点），《邹叔子遗书七种》，岳麓书社 2011 年。陈澧《切韵考·通论》，中国书店 1984 年；又见《陈澧集》（叁）218 页，上海古籍出版社 2008 年。

难题,已引起古今许多语言学家的关切。遗憾的是至今无人做出
系统而又可信的结论,猜测推论居多。

一　乐律五声的性质

要解决五声与音韵的关系,第一步要明白五声的性质。

本节一开头就说,五声即五音,但"声"和"音"原本有别。

《礼记·乐记》郑玄注:"宫商角徵羽,杂比曰音,单出曰声。"
孔颖达疏:"极浊者为宫,极清者为羽,五声以清浊相次。云'杂
比曰音'者,谓宫商角徵羽清浊相杂和比谓之音。云'单出曰声'
者,五声之内唯单有一声无余声相杂,是'单出曰声'也。然则
初发口单者谓之'声',众声和合成章谓之'音'。"(《十三经注
疏·礼记正义》2527 页)

单独一个音阶,或清或浊,叫作"声";清浊按一定规律组合
才能成为"音"。

清浊是中国古典音乐中极为重要的一对概念,也是确定五声
性质的一对基础概念。

《左传·昭公二十五年》"章为五声",孔颖达疏:"声之清
浊,差为五等……声之清浊,入耳乃知,章彻于人,为五声也。"
(《十三经注疏·春秋左传正义》2107 页)

《国语·周语下》:"耳之察和也,在清浊之间,其察清浊也,不
过一人之所胜。"[1]

《春秋繁露·保位权》:"声有顺逆,必有清浊……故圣人闻其
声则别其清浊……于浊之中必知其清,于清之中必知其浊。"[2]

"清、浊"是什么意思?

---

[1]　《国语》123 页,上海古籍出版社 1982 年。

[2]　董仲舒《春秋繁露》,见《汉魏丛书》119 页,吉林大学出版社 1992 年。

《吕氏春秋·适音》云："太清则志危……太浊则志下。"陈奇猷《吕氏春秋校释》对清浊的解释是："清音最悲,悲音则高而尖,故此谓'太清则志危'。"(277页)又:"浊音低沉,故志下。"(279页)

詹锳对清浊的解释是:"大抵声细者调高,声洪者音低,可知宫商角徵羽五音由低而高。"

在中国古代早期的音乐史料中,不是用"高低"来形容音阶等差的,而是用"清浊"来表示高、尖、低、沉,故古人所说的清浊就相当于今之高低。古人所说的"清商、清徵、清角"(见《韩非子·十过》)中的"清"也是高的意思,王光祈说:"'商羽角徵'四音之清音;换言之,即比较商羽角徵各高半音。"[①]

五音的清浊关系并非单一的、固定不变的,梳理秦汉音乐史料可证当时有不同的五音调式,《礼记·礼运》中还有"还(xuán,旋)相为宫"的谱音之法。但清浊关系的组合是有规律的,其规律就是三分损益法[②]。而如何损益五声,《国语·周语下》《史记·律书》、郑玄《月令注》是一个系统,《管子·地员》又是一个系统。先说《地员》[③]:

> 凡听徵,如负猪豕,觉而骇;凡听羽,如鸣马在野;凡听宫,如牛鸣窌(jiào)中;凡听商,如离群羊;凡听角,如雉登木以鸣,音疾以清;凡将起五音,凡首(尹知章注:谓音之总先也)先主一而三之,四开以合九九(尹注:一而三之,即四也。以是四开合于五音,九也。又九九之为八十一也),以是生黄钟小素之首以成宫(尹注:素本宫八十一数,生黄钟之宫,而

① 《中国音乐史》15页,广西师范大学出版社2005年。
② 可参阅《辞海》"三分损益法"条,以及杜景丽编著《乐圣朱载堉》56、57页,中州古籍出版社2006年。
③ 《管子》,光绪二年浙江书局据明吴郡赵氏本校刻。

为五音之本）①。三分而益之以一，为百有八，为徵（尹注：黄
钟之数本八十一，益以三分之一——二十七，通前为百有八，
是为徵之数）。不无有三分而去其乘，适足以是生商（尹注：
不无有，即有也。乘，亦三分之一也。三分百八而去一，余
七十二，是商之数也）。有三分而复于其所，以是成羽（尹注：
三分七十二，而益其一分——二十四，合为九十六，是羽之数
也）。有三分去其乘，适足以是成角（尹注：三分九十六，去其
一分，余六十四，是角之数）。

按《地员》的损益法，用算式表示，为：

$$1 \times 3 \times 3 \times 3 \times 3 = 9 \times 9 = 81 （宫）$$

$$81 \times \frac{4}{3} = 108 （徵）\qquad 72 \times \frac{4}{3} = 96 （羽）$$

$$108 \times \frac{2}{3} = 72 （商）\qquad 96 \times \frac{2}{3} = 64 （角）$$

其高低次序（清浊关系）为：

徵：108　　　　最浊　　　　（最低）

羽：96　　　　次浊　　　　（次低）

宫：81　　　　清浊中　　　　（不高不低）

商：72　　　　徵清　　　　（次高）

角：64　　　　最清　　　　（最高）

《地员》为"五音徵调"系统，以徵音为最低音，也称为下徵
调钩法。1978 年湖北随县曾侯乙墓出土的编钟钟铭所记录的

---

① 　王光祈《中国音乐史》（7 页）引《清史稿·乐志二》"小素"云者，素，白练，乃熟
　　丝，即小弦之谓。言此度之声，立为宫位，其小于此弦之他弦，皆以是为主。盈
　　按：将"小素之首"释为"小弦之首"，即将《管子》的律数与弦律联系起来（崔宪
　　《曾侯乙编钟钟铭校释及其律学研究》161 页，人民音乐出版社 2000 年）。

"钧法"与《地员》的下徵调系统完全相同①。下面谈"五音宫调"
系统。

《国语·周语下》:"琴瑟尚宫,钟尚羽,石尚角,匏竹利制,大
不逾宫,细不过羽。夫宫,音之主也,第以及羽……故乐器重者从
细,轻者从大。是以金尚羽,石尚角,瓦丝尚宫,匏竹尚议,革木一
声。"(127页)所谓"大不逾宫",即宫音最低;"细不过羽",即羽
音最高;"革木一声","无清浊之变也"(韦昭注)。

《史记·律书》:"律数:九九八十一以为宫。三分去一,五十四
以为徵。三分益一,七十二以为商。三分去一,四十八以为羽。
三分益一,六十四以为角。"(1249页)

《礼记·月令》郑玄注(《十三经注疏·礼记正义》):

> 三分羽益一以生角,角数六十四。属木者,以其清浊中,
> 民象也……凡声尊卑,取象五行,数多者浊,数少者清②。大
> 不过宫,细不过羽。(1353页)

> 三分宫去一以生徵,徵数五十四。属火者,以其微清,事
> 之象也。孔疏:"三分宫去一以生徵者,宫数八十一,三分分
> 之,各二十七,去二十七,余有五十四,故徵数五十四也。云
> '属火者,以其微清,事之象'者,清者,数少为清,羽数最少为
> 极清,徵数次少为微清。"(1364页)

> 声始于宫,宫数八十一。属土者,以其最浊,君之象也。
> 孔疏:"按《律历志》五声始于宫,阳数极于九。九九相乘,
> 故数八十一。以五声中最尊,故云'以其最浊,君之象也'。"
> (1372页)

---

① 黄翔鹏《均钟考——曾侯乙墓五弦器研究》,原载武汉音乐学院学报《黄钟》
　1989(12);转引自崔宪《曾侯乙编钟钟铭校释及其律学研究》268页。

② 这里的"数多、数少",指管、弦的长短。

三分徵益一以生商,商数七十二。属金者,以其浊次宫,臣之象也。(1372 页)

三分商去一以生羽,羽数四十八。属水者,以为最清,物之象也。(1380 页)

用算式表示:

$$1 \times 3 \times 3 \times 3 \times 3 = 9 \times 9 = 81（宫）$$

$$81 \times \frac{2}{3} = 54（徵）\qquad 72 \times \frac{2}{3} = 48（羽）$$

$$54 \times \frac{4}{3} = 72（商）\qquad 48 \times \frac{4}{3} = 64（角）$$

其高低次序(清浊关系)为:

宫:81	最浊	(最低)
商:72	次浊	(次低)
角:64	清浊中	(不高不低)
徵:54	次清	(次高)
羽:48	最清	(最高)

"五音宫调"系统以宫音为最低。《文心雕龙·声律》说:"商徵响高,宫羽声下。"既不符合"五音宫调",也不符合"五音徵调",于是遭到两方面的批评。

黄侃说:"彦和此文为误无疑","当云'宫商响高,徵羽声下'。"[①] 这是以"五音宫调"来立论的。

詹锳说:"今本《文心雕龙·声律篇》云:'商徵响高,宫羽声下',当是'徵羽响高,宫商声下'之误。"[②] 这是以《地员》"五音徵调"来立论的。

我以为黄侃与詹锳的批评都是不可信的。他们用先秦乐律

---

① 《文心雕龙札记》149 页,华东师范大学出版社 1997 年。

② 詹锳《四声五音及其在汉魏六朝文学中之应用》。

中的调式来指摘齐梁时代声律中的五声,缺乏历史观念,而且对何谓"声、响",也茫然无知。迄今为止,海内外那么多"龙学"专家以及文学批评史家,无人对此二语做出正确解释,就是《文心雕龙》中其他一些语句,被人误解者亦不少。下文还有机会讨论有关问题。

二　声律五声的性质

乐律是音乐问题,声律是音韵问题,二者都以五声为基础。声律中的五声既是借用乐律中的五声,也是汉语语音本身跟音乐关系极为密切的反映,所以早期音韵中也采用五声来分析语音,如西汉司马相如(前179—前118)就用"宫商"表示字音的搭配,据《西京杂记》卷二云[①]:

> 友人盛览,字长通,牂牁名士,尝问以作赋。相如曰:"合綦组以成文,列锦绣而为质。一经一纬,一宫一商,此作赋之迹也。"(12页)

明确将"言语"和"五声"联系在一起的是东汉的郑玄,《周礼·天官·疾医》"五声"郑注云:"五声,言语宫商角徵羽也。"贾公彦疏:"云'五声,言语宫商角徵羽也'者,宫数八十一,配中央土,商数七十二,配西方金……此五声,数多者声浊,数少者声清,人之言语似之,故云。"(《十三经注疏·周礼注疏》667页)正是"言语似之",成了声律可以借用五声的前提条件。

魏左校令李登"以五声命字","凡一万一千五百二十字"[②],均按五声分类,故其书名为《声类》,其后晋世吕静"仿李登《声

---

①　中华书局1985年;又见《太平御览》卷五八七2645页。

②　封演《封氏闻见记》(赵贞信校注)6页,中华书局1958年。

类》之法，作《韵集》五卷，使宫、商、角、徵、羽各为一篇"①，这都
是直接以五声来分析语言。用今天的眼光来看，李登、吕静的分
类究竟是声母的分类呢还是韵部的分类呢还是声调的分类呢？
由于二书失传，难以确证。有一点可以排除，不是声母的分类，
《韵集》这个书名已可证是"韵"的问题，但这个"韵"应包括声调
在内，而且应以声调为基础。北魏孝文帝太和年间（477—499）
崔光（451—523）"依宫商角徵羽本音而为五韵诗，以赠李彪
（444—501）"②。这里明确说的是"五韵"。当然，这不等于说李
登、吕静的韵书总计只有五个韵部，而应该是在五个声调的基础
上，各调再划分出若干韵部。这个问题之所以无法求得确证，固
然是由于原著失传，无从考证，更深层的原因是音韵学处于滥觞
期，乐律中的老术语和音韵学中的新术语同时并用，两套术语之
间究竟是一种什么关系，使用者自然很清楚，而后人却莫名所以。
对于新的音韵学来说，在相当大的程度上它是由声律学催生出来
的。从李登到沈约，从魏晋到齐梁时代，中间有三百余年，产生
了一大批声律学家，其中有的就是音韵学家。我们要研究这一阶
段的音韵学，就不能不研究这一阶段的声律学，甚至可以说二者
是很难分开的。早期的"音韵"二字连用，还不能说是一个词，往
往是一个词组。"韵"字的出现是比较晚的，顾炎武《日知录》卷
二十一"字"条说："二汉以上，言'音'不言'韵'。周容（颙）、沈
约出，音降而为韵矣。"③

　　韵，古作"均"。《文选》魏晋间人成公绥（231—273）《啸
赋》："音均不恒，曲无定制。"李善注："均，古韵字也。《鹖冠
子》曰：'五声不同均，然其可喜一也。'晋灼《子虚赋注》曰：

---

①　《北史·江式传》1280 页，中华书局 1983 年。
②　《北史·崔光传》1622 页。
③　《日知录》下册之七 75 页，国学基本丛书，商务印书馆 1935 年四版。

'文章假借，可以协韵。均与韵同。'"① 清代钮树玉《说文新附考》"韵"字条云："然古但言'声、音'而不言'韵'。李登尚名《声类》，吕静始名《韵集》耳。"（转引自《说文解字诂林》第四册 3190 页）

顾炎武认为"韵"字"必起于晋宋以下"。陈澧指出："《尹文子》云：'韵商而舍徵。'此'韵'字之见于先秦古书者，亭林偶未考耳。"②《说文》无"韵"字，《新附》有之，释为"和也"。《玉篇零卷》音部引《声类》："音和曰韵也。""音"是什么？贾谊《新书·六术》说："是故五声宫商角徵羽，唱和相应而调和，调和而成理谓之音。"③ 可证，早期"音韵"连用的意思是指五音协和，也就是字音协和。这种协和的要求不只是韵脚，也包括句子中间的字音搭配的协和。阮元《文韵说》已指出④：

> 梁时恒言所谓"韵"者，固指押脚韵，亦兼谓章句中之音韵，即古人所言之宫羽，今人所言之平仄也。

声律就是音韵协和的规律。从这个意义上来说，魏晋至齐梁的声律学也就是音韵学。声律学既关注双声，又关注叠韵，尤其是汉语声调学说更是在声律学中孕育发展起来的。

关于声律学，古今中外研究的文字已相当多，但就鄙见所及，似乎还没有谁指出：所谓的"声律"究竟有哪些"律"。一般的意

---

① 《六臣注文选》卷十八 344 页，《四部丛刊》初编缩印本。盈按："韵"字产生之后，作为音乐用语，与"均"有别。宋人蔡絛《铁围山丛谈》卷二说："乐曲凡有谓之均、谓之韵。均也者，宫徵商羽角变徵为之，此七均也……韵也者，凡调各有韵，犹诗律有平仄之属，此韵也。"（23 页）

② 《东塾集》卷四《跋音论》，《陈澧集》（壹）146 页。

③ 贾谊《新书》卷八 59 页，上海古籍出版社 1991 年。

④ 阮元《揅经室集》1064 页，中华书局 2006 年；又阮福编《文笔考》5 页，《丛书集成初编》本，商务印书馆 1936 年。

见都是:声律就是四声八病之学。对于"五声"与声律的关系,声律中"五声"的性质,讨论不多。本节首次将齐梁时代的声律学说概括为四个律条:

　　1. 清浊律(或曰宫商律、宫羽律);

　　2. 声响律(或曰前后律);

　　3. 双叠律(包括不得"隔字双声、隔越叠韵");

　　4. 四声律(不等于平仄律,平仄律始于唐代近体诗)。

四个律条来自两个系统:一是乐律中的五声系统,一是齐梁时代产生的声调系统。

　　先说清浊律

　　上文已谈到,清浊本是乐律术语,是形容五声高低之别的,将清浊以及宫商角徵羽等名称用来分析语音,始于李登、吕静。潘徽《韵纂序》说:"末有李登《声类》、吕静《韵集》,始判清浊,才分宫羽。"[1] 既然清浊判,宫羽分,文士们就必然会自觉地运用已判之清浊、才分之宫羽于文学创作实践。文学批评史家普遍认为,陆机(261—303)说的"暨音声之迭代,若五色之相宣",已具有声律性质。《文选·文赋》李周翰对"音声"的注释是:"谓宫商合韵也。至于宫商合韵,递相间错,犹如五色文采以相宣明也。"[2] 所谓"宫商合韵"之"韵"并不只是韵脚,而是文辞之间的上下组合要清浊相间,抑扬协和。到了范晔(398—445)时代,对"宫商、清浊"与字音的关系已有更深入的专门研究。范晔就宣称[3]:

　　　　性别宫商,识清浊,斯自然也。观古今文人,多不全了

---

① 《隋书·潘徽传》1745页,中华书局1973年。

② 《六臣注文选》卷十七312页,《四部丛刊》初编缩印本。

③ 《狱中与诸甥侄书》,附《后汉书》第十二册末尾,中华书局1982年。

此处;纵有会此者,不必从根本中来。言之皆有实证,非为空谈。年少中谢庄最有其分,手笔差易,文不拘韵故也。

文中用"宫商"指代五声,用"清浊"兼赅次清、次浊、最清、最浊等,不能把"宫商、清浊"看作是二分法,所以不能与"平仄"画等号。范晔"晓音律","善弹琵琶,能为新声"[①]。他能运用乐律于声律,用乐律的术语来说明声律,"斯自然也"。古人本来就认为乐音与语音均生于"人心",《礼记·乐记》说:"音之起,由人心生也。""情动于中,故形于声,声成文(指声之清浊杂比成文)谓之音。"(《十三经注疏·礼记正义》2527 页)《文心雕龙·声律》说:"夫音律所始,本于人声者也。声含宫商,肇自血气。先王因之,以制乐歌。故知器写人声,声非学器者也。故言语者,文章关键,神明枢机;吐纳律吕,唇吻而已。"

从范晔的话我们也可以看出,在晋宋时代,"清浊、宫商"虽已被用于析声辨字,但"古今文人,多不全了此处"。范晔也可能言过其实,因为范的卒年和周颙的卒年相距不过 40 多年(假定周颙卒于永明末)[②],这其间正是永明声律学说发育成长期,如果文人们"多不全了此处","四声"说就难以提出,声律学也不可能在永明年间(483—493)突然产生。不过,有一点可以肯定,四声说出现之后,声律学的常用术语、基本术语还是"宫商、清浊"等。

① 《南史·范晔传》848、849 页,中华书局 1975 年。
② 周颙生卒年不详。有卒于永明六年、七年等推断,但"均无实据","颙于永明八年尚存",说见饶宗颐《论四声说与悉昙之关系兼谈王斌、刘善经、沈约有关诸问题》(《古汉语研究》[１]:305,中华书局 1996 年)。此文的节录篇以《〈四声三问〉质疑》为题收入著者《澄心论萃》(224 页,胡晓明编,上海文艺出版社 1996 年)。又,曹道衡、刘跃进《南北朝文学编年史》(人民文学出版社 2000 年)284、285 页对周颙卒年亦有讨论,认为"周颙卒年至少在本年(指永明八年)冬季以后",其"卒年的下限","至迟不会晚于永明十一年"。周颙为发现四声的首要功臣,对于他的生卒年,我们理应高度关注。

而且,也如陆厥所言:"前英已早识宫徵,但未屈曲指的,若今论所申。"(《南史·陆厥传》1196页)直到唐朝的释皎然(720?—?)还认为:"乐章有宫商五音之说,不闻四声。近自周顒、刘绘(458—502)流出,宫商畅于诗体,轻重低昂之节,韵合情高,此未损文格。"[1]所谓"屈曲指的","宫商畅于诗体",正说明当时的声律学不仅还是采取"宫商五音之说",而且比之范晔,"今论所申"更能体现"轻重低昂之节"。

即使是大力提倡四声学说的沈约,明明知道,五声四声,"各有所施"[2],但他还是使用"宫商"这类术语来说明声律问题,如云"宫羽相变,低昂舛节"(《宋书·谢灵运传·论》),"自古辞人,岂不知宫羽之殊,商徵之别?"(《答陆厥书》)。《文心雕龙》第33篇专讲"声律",并未出现"四声、平上去入"这类名词,讲的还是"声含宫商""商徵响高,宫羽声下""宫商大和""左宫右徵"等等。刘勰(467—520)比沈约小20余岁,对沈约等人提倡的"四声八病"学说甚为了解,也深受其影响,但他讲声律时仍然口不离"宫羽",文不离"商徵"。并非守旧,而是清浊杂比、宫羽相变的确是声律学中最基本的律例。"清浊律"影响深远。《切韵》陆法言序:"欲广文路,自可清浊皆通;若赏知音,即须轻重有异。"唐末苏鹗《苏氏演义》云:"陆法言著《切韵》,时俗不晓其韵之清浊,皆以法言为吴人而为吴音也。"[3]南宋魏了翁(1178—1237)《吴彩鸾〈唐韵〉后序》云:"是书号《唐韵》,与今世所谓《韵略》,皆后人不知而作者也。然其部叙于一东下注云:'德红反,浊,满口声。'自此至三十四乏皆然。于二十八删、二十九山之后,继之以

---

① 释皎然《诗式·明四声》,清何文焕辑《历代诗话》(上)26页,中华书局1981年。
② 沈约《答甄公论》,王利器《文镜秘府论校注》102页,中国社会科学出版社1983年。
③ 《苏氏演义》卷上11页,辽宁教育出版社1998年。

三十先、三十一仙,上声、去声亦然,则其声音之道,区分之方,隐然见于述作之表也。今之为韵者,既不载声调之清浊,而平声辄分上下,自以一先二仙为下平之首,不知先字盖自真字而来,学者由之不知而随声雷同,古人造端立意之本失矣。"[①] 这段引文中的"一东下注云""浊"和"声调之清浊"跟苏鹗的"韵之清浊"意思是一样的。东韵乃平声,属宫、为浊音,应是六朝遗制。无论从何种意义上来说,六朝韵书的失传,对于音韵学史的研究无疑是永远无法弥补的重大损失!

现在说**声响律**

从未有人谈过什么"声响律",这个律条是我自己从原始资料中归纳出来的。"声"与"响"的关系应是人人皆知的,但事实上在现代汉语中已不像古人那样把"声"与"响"看作是一种相应关系。古人常常用"形"与"影"、"声"与"响"来形容事物的前因后果、内在联系。我们先看几个一般性的例子:

《庄子·在宥》:"大人之教,若形之于影、声之于响。有问而应之,尽其所怀。"注:"大人之于天下何心哉?犹影响之随形声耳。"[②]

《庄子·天下》:"是穷响以声,形与影竞走也。"成疏:"亦何异乎欲逃响以振声,将避影而疾走者也!"[③]

《春秋繁露·保位权》:"有声必有响,有形必有影。声出于内,响报于外;形立于上,影应于下。响有清浊,影有曲直。"

《列子·天瑞篇》:"《黄帝书》曰:形动不生形而生影,声动不生声而生响。"张湛注:"夫有形必有影,有声必有响,此自然

① 《鹤山先生大全文集》卷五十六,《四部丛刊》初编本。魏了翁,字华父,号鹤山,庆元五年进士。
② 郭庆藩《庄子集释》395页,中华书局1982年。
③ 同上,1113、1114页。

而并生,俱出而俱没。"①

《潜夫论·贤难》:"此随声逐响之过也。"②

傅咸《鹦鹉赋》:"披丹唇以授音,亦寻响而应声。"③

陆云《与陆典书》:"续及延陵,继响驰声。"④

谢灵运《佛影铭》:"因声成韵,即色开颜。望影知易,寻响非难。"⑤

王简栖《头陀寺碑文》:"夫幽谷无私,有至斯响。"《文选》李周翰注:"幽深之谷本无情,有声至则必答之以响。"⑥

沈约《齐故安陆昭王碑文》:"接响传声,不逾时而达于四境。"⑦

梁简文帝《筝赋》:"学离鹍之弄响,拟翔鸾之妙声。"⑧

薛道衡《老氏碑》:"大音希声,时振高响。"⑨

"声、响"之间的必然性关系如何运用于声律学? 就是要求前后相应。所谓前后,不仅是一句之中有前后关系,对于五言诗来说,上句与下句也有前后关系,甚至两联之间也有前后关系。这种关系的实质是字音上的相反相成,对立对仗。清浊相反,高下对立。请看沈约的理论:"若前有浮声,则后须切响。"(《宋书·谢灵运传·论》)诚如朱东润所言:"二语实为音律论之骨干。"

---

① 杨伯峻《列子集释》18 页,中华书局 1985 年。

② 王符《潜夫论》8 页,上海古籍出版社 1990 年。

③ 《艺文类聚》卷九十一 1576 页,上海古籍出版社 1999 年;又严可均辑《全晋文》卷五十一 536 页,商务印书馆 1999 年。

④ 严可均辑《全晋文》卷一〇三 1086 页。

⑤ 严可均辑《全宋文》卷三十三 323 页,商务印书馆 1999 年。

⑥ 《六臣注文选》卷五十九 1089 页。

⑦ 同上,1104 页。

⑧ 严可均辑《全梁文》88 页,商务印书馆 1999 年。

⑨ 严可均辑《全隋文》卷十九 215 页,商务印书馆 1999 年。

但是,"究竟浮声切响,所指何物,后之言者,迄无定论"①。而现在的文学批评史家和注释家的共同看法以为是平仄问题。

罗根泽说:"'若前有浮声,则后须切响'——大概同于《文心雕龙·声律》所谓'声有飞沉'。黄侃《札记》云:'飞则平清,沉则仄浊。一句纯用仄浊,或一句纯用平清,则读时亦不便,所谓"沉则响发而断,飞则声飏不还"也。'的确,平声飞而浮,仄声沉而切,所以这种解释,似合沈刘之意。"②

朱东润说:"《文心雕龙·声律》,首言'声有飞沉',释之云'沉则响发而断,飞则声飏不还'。沉字盖指切响,飞字则指浮声。《何义门读书记》云:'浮声切响即是轻重,今曲家犹讲阴阳清浊。'即诸家之言论之,浮声切响之指如是。"(41页)

郭绍虞说:"蔡氏(指蔡宽夫)说过:'四声中又别其清浊以为双声,一韵者以为叠韵,盖以轻重为清浊尔,所谓前有浮声则后有切响者是也。'根据此节,可知蔡氏所谓清浊,即是轻重,自来音韵学者往往以轻重代平仄,或以轻重来说明平仄。"③

郭绍虞主编《中国历代文论选》对"前有浮声后须切响"的注释是:"前,指前一句。后,指后一句。浮声,平声。切响,仄声,包括上、去、入三声。"④

王力主编《古代汉语》对这两句话的解释是:"切,不浮。《文心雕龙·声律》说:'凡声有飞沉。'浮声正是飞,切响正是沉。浮声可能指平声,切响可能指仄声。"⑤

周振甫《文心雕龙今译》说:"刘勰讲的'声有飞沉',就是沈

① 朱东润《中国文学批评史大纲》41页,古典文学出版社1957年。

② 罗根泽《中国文学批评史》(一)171页,古典文学出版社1957年。

③ 郭绍虞《中国文学批评史》79页,新文艺出版社1955年。

④ 《中国历代文论选》上册176页,中华书局1962年。

⑤ 《古代汉语》(修订本)第三册1128页,中华书局1981年。

约在《宋书·谢灵运传·论》里讲的'欲使宫羽相变,低昂互节,若前有浮声,则后须切响'。宫羽就是宫商角徵羽,相当于音乐简谱中的1、2、3、5、6。宫商的振幅大而振动数小,声大而不尖,徵羽的振幅小而振动数多,声细而尖。低昂指声的大小说,即前面用了宫商,后面就用徵羽。浮声指宫商声大而不尖,切响指徵羽声细而尖,也即前用宫商,后用徵羽。飞沉,飞指声大,沉指声细,即宫商为飞,徵羽为沉。《文镜秘府论》讲到调声三术,指出宫商是平声,徵是上声,羽是去声,角是入声,上去入即后来所说的仄声。那么所谓宫羽、浮切、飞沉就是后来讲的平仄。'声有飞沉'就是声有平仄。"[1]

以上诸家论"浮切",大同而小异。基本上都把"切响"释为仄声。至于什么叫"切",什么叫"响","切响"与"浮声"究竟是什么关系,为什么是"声""前"而"响""后",都没有说清楚。《古代汉语》的注释对将"切响"释为"仄声"显然有保留,将"切"释为"不浮",于训诂无据。诸家都把"声有飞沉"等同于"浮切",纯属误解,与上下文也不符。

我认为"切"与"沉、仄"毫无关系,《文心雕龙》中的"切"字基本上是切合、贴切、正确的意思。所谓"切响"就是与"声"相切合的"响",所以"声"必定在"前","响"必定在"后"。"声"与"响"等于唱和关系。但这个"和"就是刘勰说的"异音相从谓之和"。"前有浮声"或"前有沉声",对"后"文的要求都是"后须切响"。区别在于浮声的后响是"沉",沉声的后响是"浮"。不仅"声"有"飞沉","响"亦有"飞沉",否则就不能"异音相从"了。所谓"切响"不是跟"前声"一模一样,而是"异音相从",这是不切之"切"。周振甫说"前用宫商,后用徵羽",这是对的。但他不

———

[1]　周振甫《文心雕龙今译》300页,中华书局1986年。

懂:若前用徵羽,则后须用宫商。"声"与"响"是"异音相从"的关系,所以不能说"切响"就是徵羽,就是仄声。沈约的话只说了一半(即"前有浮声"),而另一半(即"前有沉声")没有说出来。刘勰说"声有飞沉",替沈约说全了。所以沈约极为重视《文心》,尤重《声律》一篇,"约取读,大重之,谓深得文理,常陈诸几案"(《南史·刘勰传》)。而今人把"声有飞沉"与"前有浮声,后须切响"等同起来,这就错了;又认为"声飞"等于"浮声",这当然不错,而说"切响正是沉",这是把两个问题混而为一了。原来注释家们根本就忽视了"响"与"声"是"异音相从"的关系。声的"沉"不等于响的"沉"。《文心雕龙》的材料有助于我们了解声响律[①]:

1. 商徵响高,宫羽声下。

2. 响在彼弦,乃得克谐;声萌我心,更失和律,其故何哉?

3. 声有飞沉,响有双叠。

4. 沉则响发而断,飞则声飏不还。

5. 异音相从谓之和,同声相应谓之韵。韵气一定,故余声易遣;和体抑扬,故遗响难契。

6. 声得盐梅,响滑榆槿。

我在前文讲了,第一条材料"商徵响高,宫羽声下",迄今为止,无人对此二语做出正确解释。几乎所有注家都妄改刘氏原文以屈从己说。

首先请注意:"商徵"连用,"宫羽"连用,并非始于刘勰。

《尹文子·大道上》:"韵商而舍徵。"

《礼记·玉藻》:"古之君子必佩玉……左宫羽。"

《宋书·谢灵运传·论》:"欲使宫羽相变,低昂舛节。"

沈约《答陆厥书》:"自古辞人,岂不知宫羽之殊,商徵

---

① 《文心雕龙辑注·声律》,《四部备要》本。

之别？"

《隋书·潘徽传》："始判清浊，才分宫羽。"

其次，我们要注意，"宫"与"羽"、"商"与"徵"相提并论，有什么内在联系呢？与"声、响"有什么联系呢？

原来在"五音宫调"中，"大不逾宫，细不过羽"，也就是宫为最浊（最低），羽为最清（最高），二者正好相反；商为次浊（次低），徵为次清（次高），二者亦相反。"声"与"响"为异音相从，也是相反的关系。《韩非子·外储说右上·说三》"疾呼中宫，徐呼中徵"的"疾、徐"也是相反的关系。用五声相反相成的清浊原理来说明"声、响"的高下关系，这是声响律的要点所在。

第三，既然"商"与"徵"清浊相反，有次低次高之别，为什么只用一个"高"字来表示呢？既然"宫"与"羽"有最低最高之差，为什么只用一个"下"字来表示呢？而且"响"只与"商徵"联系吗？"声"只与"宫羽"联系吗？回答这三个问题就要从修辞方式上来找原因了。骈体文由于句式、字数、对仗的制约，往往要将两个相关的句子合起来理解，这叫互文见义。事实上这两个句子说的是：宫声、羽声、商声、徵声有高下之别，因此宫响、羽响、商响、徵响也有相应的高下之别。高下相应，这就是声响律。《礼记·乐记》说："小大相成，终始相生，倡和清浊，迭相为经。"沈约、刘勰的声响律，正是以此作为理论根据的。《正义》对这四句话的解释是[①]：

> 小大相成者，贺玚云："十二月律互为宫羽而相成也。"
>
> 终始相成（生）者，贺玚云："五行宫商迭相用为终始。"
>
> 倡和清浊者，谓十二月律先发声者为倡，后应声者为和。

[①] 《十三经注疏·礼记正义》1536页，中华书局1980年。

黄钟至仲吕为浊,长者,浊也。蕤宾至应钟为清,短者,清也。

迭相为经者,十二月之律更相为常,即还相为宫,是乐之常也。

声响律讲的是字句的音韵问题,当然不可能跟乐律画等号。而且"商徵响高,宫羽声下",完全是假乐律之名来说明"声律"中的"前、后"组合关系。所以紧接两句之后,刘勰就运用他的语言知识,从发音不同说明声响律有发音生理作为基础:"抗喉矫舌之差,攒唇激齿之异,廉肉相准,皎然可分。"(《文心雕龙·声律》)

　　　　抗喉(张喉)　宫 [kiuŋ]

　　　　矫舌(举舌)　徵 [tie]

　　　　攒唇(敛唇)　羽 [ɣio]

　　　　激齿(发齿)　商 [ɕiaŋ]

《玉篇》后面所载的《五音之图》应是由刘勰的四音发展而来。四音与五音相比,牙音尚未从喉音中独立出来。周祖谟在《五代刻本〈切韵〉及其声母的读音》一文中说[①]:

　　　书内各韵五音的先后并不确定,但牙音与喉音总是连属在一起的……这一点正反映出晓匣与见溪群疑发音部位相同或相近。相同即读 x ɣ,相近即读 h ɦ。

但周先生所论"五音"(喉牙舌齿唇)纯属声母问题,刘勰的喉舌唇齿四音并非单论声母,而是指整个字的发音特点。即使后出的《五音之图》也是一种"含混的辨音",这一点要特别加以强调。正如张世禄所言:"把这五个字音分别形容它们发音的部位和情

----

① 《周祖谟语言学论文集》266页,商务印书馆2001年。

状,并不是单就辅音而言,还包含着这些字音里元音性质的关系。这种含混的辨音,一方面启示了韵素上'等呼'的区分,一方面在后代又配成了'五音''七音',用这些名称来表明声纽上发音部位的差别。"①

刘勰讲的四音,与"声响律"有什么关系呢?必须要与"廉肉相准"这句话联系起来才可理解。

"廉肉"出自《礼记·乐记》,这是一对反义词。郑玄注:"廉肉,声之鸿杀(shài)也。"孔颖达:"鸿谓粗大,杀谓细小……言声音之宜,或须繁多肉满者,或须瘠少廉瘦者。凡乐器大而弦粗者,其声鸿;器小而弦细者,其声杀矣。"(《十三经注疏·礼记正义》1544页)

廉肉相准,就是音的鸿细互相搭配协调。宫商徵羽又可分为鸿细两类,在文中前后搭配协调,这就是"声"与"响"的律条。

据现有文献记载,在中国音韵学史上,刘勰是第一个提出"喉舌唇齿"四音的人,又是第一个提出音有鸿细(廉肉)的人。他有此两大贡献,却从未有人将其列为语言学家,而且他的某些论说,至今还受到种种曲解,如"声有飞沉,响有双叠""沉则响发而断,飞则声飏不还",都是互文见义。并不是"飞沉"只属于"声","双叠"只属于"响";也不是只有"响""沉"而"声"不"沉",只有"声""飞"而响不"飞"。一般注家都没有解释清。刘勰的本意是:声有飞沉,响亦有飞沉。但不能以飞对飞,以沉对沉,而是前飞对以后沉,前沉对以后飞。如果"声、响"均"飞",则扬而不还;如果"声、响"均"沉",则发而如断。所以说"和体抑扬,故遗响难契"。后"响"要"契"合前"声",前抑后则扬,前扬后则抑,这才叫作"和"。如果不"和",就犯了声病。八病中的平头、上尾,就是前后两句之间,"声、响"均飞,或"声、响"均"沉",

---

① 张世禄《中国音韵学史》下册25页,上海书店1984年。

不是有抑有扬,乃至"声、响"不"和"。《文镜秘府论》西卷《文二十八种病》举的"平头、上尾"例子有:

平头例:芳时淑气清,提壶台上倾。

"芳时"为前声,"提壶"为后响,前后均平声(飞、浮),故后响不"切"。

树表看猿挂,林侧望熊驰。

"树"为沉声,"林"为飞(浮)响,堪称为"和";而"表"与"侧"均沉(仄),非"异音相从",后响不"切",犯了"平头"。

上尾例:西北有高楼,上与浮云齐。

"楼"与"齐"均为浮声,故后响不"切"。沈约说的"两句之中,轻重悉异",就是指前声与后响"悉异"。

蜂腰与平头、上尾不同,它是一句之内的声响关系问题。如:

闻君爱我甘,窃独自雕饰。

前声"君"、后响"甘"均飞声,非"异音相从",前声"独"、后响"饰"均沉声,也非"异音相从",故后响不"切"。"和体"要求前声、后响构成"抑扬"关系,故"遗响"难与"余声"契合。

第二字与第五字是两个节奏点,两点不能重复,应该有"飞"有"沉",或"抑"或"扬"。如果两点均飞(如"君、甘"),"飞则声飏不还";如果两点均沉(如"独、饰"),"沉则响发而断"。

"鹤膝"不是句内问题,也不是出句与对句问题,而是五言诗第一联首句与第二联首句的最末一字(即第五字与第十五字)不得同声,如:

例一:陟野看阳春,登楼望初节。

绿池始沾裳,弱兰未央结。

"春、裳"同声,均平声字,是谓犯鹤膝。

例二:客从远方来,遗我一书札。

上言长相思,下言久离别。

"来、思"均平声字,犯鹤膝[①]。

声响律是声律学说的核心。首先倡此说的是沈约,其次是刘勰。沈约说(《宋书·谢灵运传·论》):

> 若前有浮声,则后须切响。一简之内,音韵尽殊;两句之中,轻重悉异。妙达此旨,始可言文。

沈约的话完整地表达了声响律的内容,而且强调了"此旨"的极端重要性。向来的古典文学批评家、龙学家、注释家、音韵学家都没有用声响律的观点来揭示这段话的内在关系,似乎前声后响与"一简、两句"的"轻重"无关。沈约说的"轻重"也就是"清浊"问题、"飞沉"问题。

刘勰说的"商徵响高,宫羽声下""沉则响发而断,飞则声飏不还。并辘轳交往,逆鳞相比",是对沈约声响律的进一步阐述。我在前文已有详细解释。

声响律对后来唐代的近体诗(格律诗)影响甚大,也可以说律诗就是在此基础上发展起来的。《新唐书·杜甫传》赞云:"研揣声音,浮切不差,而号律诗,竞相袭沿。"这里说的"浮切"就是来自沈约的声响律。"律诗"的"律"就是前声后响。"律体虽成于唐,实权舆沈约声病之说"[②]。

本节揭示沈、刘二氏的声响律,借用沈约的话来说,也是"多历年代……而此秘未睹……如曰不然,请待来哲"[③]。

关于**双叠律**

"双叠"是双声与叠韵的简称。我们用这个简称,是从刘勰

---

① 此例见宋魏庆之编《诗人玉屑》卷十一 234 页,古典文学出版社 1958 年。
② 胡震亨《唐音癸签》卷一 3 页,中华书局 1959 年。
③ 《宋书·谢灵运传·论》1779 页,中华书局 1974 年。

那里学来的。所谓"响有双叠"这句话如何理解,下文再谈。

关于双叠有两个内容:一是指双声联绵词、叠韵联绵词;一是指凡声母相同的字为双声,凡韵相同的字为叠韵。前者是双音节单纯词,后者可能是双音节词,也可能是词组,也可能意义上毫无关系。

自从汉末中国人发明了"反切"分析法,双叠知识逐步为人所重视,文士们也自觉地在文学作品中运用双叠律。

范晔《狱中与诸甥侄书》还不忘"清浊、宫商",称许"年少中谢庄最有其分"。谢庄(421—466)比范晔小23岁,宋文帝元嘉二十二年(445)范晔被杀,谢庄时年25,沈约才5岁,与谢庄的儿子谢朏同年。谢庄既然如此受到范晔称赞,对声律必有研究,惜无文字传世,从常被人们引用的一个例子可证他对"双叠"异常精通。《南史》本传有这样一个例子[1]:

> 孝建元年(宋孝武帝刘骏年号,454年)迁左将军。庄有口辩……王玄谟问庄何者为双声,何者为叠韵。答曰:"玄护为双声[2],碻磝为叠韵。"其捷速若此。

"玄护"为人名,"碻磝"为古黄河南岸津渡名(北魏时属卢县,与金墉、虎牢、滑台为河南四镇,军事要地)。"玄护"属匣母,"碻磝"属宵部。妙在本地风光。王玄护其人未加详考,对王玄谟而言应不陌生。碻磝(qiāoáo)即"硗磝"。《广韵》肴韵:"城名,今济州(北魏置,治所在卢县碻磝城,今山东茌平西南)是也。"周祖谟校勘记改为"戍名"。《洪武正韵》爻韵"磝"字条:"又硗磝,戍名。硗,又音丘交反。"辞书均未注明"硗磝"即"碻磝",

---

[1] 《南史》卷二十554页,中华书局1975年。

[2] 《文镜秘府论》西卷《文二十八种病》引谢庄语作"悬瓠"(王利器校注本432页),明胡震亨《唐音癸签》卷一引此语作"互护"(3页,中华书局1959年)。

故略加说明。碻磝其地,有王玄谟的一段伤心往事:宋文帝元嘉二十七年(450)以王玄谟为宁朔将军,统兵北伐,"前锋入河……军至碻磝,玄谟进向滑台,围城二百余日。魏太武自来救之,众号百万"(《南史·王玄谟传》464页)。玄谟惨败,差一点被杀头。辛弃疾《永遇乐·京口北固亭怀古》说的"元嘉草草,封狼居胥,赢得仓皇北顾",就是指此战的严重恶果。谢庄的答问,不知王玄谟有何感想,大概是不堪回首吧。

差不多与谢庄同时的羊玄保,有一个儿子叫羊戎,此人说起话来,"好为双声"。《南史·羊玄保传》有如下记载(934页):

> 江夏王义恭(宋武帝刘裕之子)尝设斋,使戎布床,须臾,王出,以床狭,乃自开床。戎曰:"官家恨狭,更广八分。"王笑曰:"卿岂唯善双声,乃辩士也。"文帝好与玄保棋,尝中使至,玄保曰:"今日上何召我邪?"戎曰:"金沟清泚,铜池摇飏,既佳光景,当得剧棋。"

　　　官家:见母双声　　　恨狭:匣母双声
　　　更广:见母双声　　　八分:帮母双声
轻唇音当时尚未分化出来。

　　　金沟:见母双声　　　清泚:清母双声
　　　铜池:定母双声　　　摇飏:以母双声
舌上音当时尚未分化出来。

　　　既佳、光景:均见母双声
　　　当得:端母双声　　　剧棋:群母双声

下面再举两个北朝的例子,可证在当时的语文天地中,"双声语"已成为社会风尚:

> 《洛阳伽蓝记·城北》:"洛城东北上商里……人皆弃去住者耻。"唯冠军将军郭文远游憩其中,堂宇园林,匹于邦君。时陇西李元谦乐双声语,常经文远宅前过,见其门阀华美,乃曰:

"是谁第宅？过佳！"婢春风出曰："郭冠军家。"元谦曰："凡婢双声。"春风曰："儜奴慢骂。"①

  是谁：禅母双声　　　　第宅：定母双声

  过佳：见母双声　　　　郭冠军家：见母双声

  凡婢：並母双声　　　　儜奴：泥母双声

  慢骂：明母双声

舌上音、轻唇音在当时的洛阳也未分化出来。

  《北史·魏收传》：收外兄博陵崔岩尝以双声嘲收曰："遇魏收衰曰愚魏。"魏答曰："颜岩腥瘦，是谁所生，羊颐狗颊，头团鼻平，饭房答笼，著孔嘲叮。"其辩捷不拘若是。②

  遇魏、愚魏：疑母双声

  收衰：审母双声

但"收"为书母，"衰"为生（山）母。按王力拟音，"衰"的声母为舌叶音 [ʃ]，"收"的声母在舌面前音 [ɕ]，二者均为清擦音。

  颜岩：疑母双声　　　　腥瘦：心生（审₂）声近

黄侃《文字声韵训诂笔记》171 页云"六朝人心审盖不甚分"，所举证为"愚魏衰收"，疑误。当为"颜岩腥瘦"。这里涉及精组与照₂的关系问题。

  是谁：禅母双声　　　　所生：生母双声

  羊颐：以母双声　　　　狗颊：见母双声

  头团：定母双声　　　　鼻平：並母双声

  饭房：並（奉）母双声　　答笼：来母双声

  著孔：《北史》卷五十六校勘记引钱大昕《考异》云："'孔'与'著'非双声，当是'札'之讹。或云：'著'当作'看'。"

————

① 范祥雍《洛阳伽蓝记校注》249 页，上海古籍出版社 1978 年。

② 《北史》卷五十六 2038 页。

（2053 页）

嘲玎:端母双声

黄侃《文字声韵训诂笔记》153 页说:"嘲今在知母,玎在端母,是舌上读舌头,北朝亦然。"

我在上面引用这些材料的目的是为了说明这样一个事实,即双叠律的产生并非偶然,它是当时那种语言风气、文人情趣的必然产物。既然文士们在口语中以运用双叠为才学、为机趣、为韵味,自会将其运用于文学作品之中,并加以律化。违此律音,即为声病。双叠律不一定始于刘勰,但以刘勰的论述最为明确:"凡声有飞沉,响有双叠。双声隔字而每舛,叠韵杂句而必睽。"(《文心雕龙·声律》)

我在前文已说过,"声"与"响"、"飞沉"与"双叠"都是互文见义,即前声与后响均有或飞或沉之别,均有或双声或叠韵之异。就双叠而言,从积极方面来看,凡双声字、叠韵字均不可隔开使用。现以《文心雕龙》的句子为例:

> 譬舞容回环,而有缀兆之位;
> 歌声靡曼,而有抗坠之节也。(《章句》)

"回环"匣母双声,"靡曼"明母双声,均不可隔字使用。

> 螟蛉以类教诲,蜩塘以写号呼。(《比兴》)

"螟蛉"耕部叠韵,"蜩塘"定母双声,不可隔字使用。

> 经典沉深,载籍浩瀚。(《事类》)

"沉深"侵部叠韵,"浩瀚"匣母双声,不可隔字使用。

从消极方面来看,双叠律就是规定犯声病的律条。"八病"之中有四病属于双叠问题。

"大韵"与"小韵"属八病中的第五病、六病,都是隔越同韵的问题。

大韵例:泾渭扬浊清

这是一句之内隔越同韵,"泾、清"均耕部平声。"清"为韵脚,句内不得用同韵字。

　　良无磐石固,虚名复何益。

"石、益"均入声锡部。"益"为韵脚,上九字不得用一韵部内的字(见王利器《文镜秘府论校注》425 页)。

　　小韵例:搴帘出户望,霜花朝澹日。

第九字用"澹",第五字不得用"望"。二字均阳部去声。

　　夜中无与悟,独寤抚躬叹。

第七字用"寤",第五字用"悟",二字均模部(王力《汉语语音史·魏晋南北朝音系》)去声,亦为犯小韵。所谓犯小韵,即"除韵以外,而有迭相犯者,名为犯小韵病也"(王利器《文镜秘府论校注》426 页)。

　　八病中的"傍纽、正纽"属于双声律条。《文镜秘府论》对"傍纽"的解释是(王利器《文镜秘府论校注》428 页):

　　　　傍纽诗者,五言诗一句之中有"月"字,更不得安"鱼"、"元"、"阮"、"愿"等之字,此即双声,双声即犯傍纽。

从"月"至"愿"等五字,均属疑母,"元、阮、愿、月"为一纽,乃平上去入关系。

　　《文镜秘府论》对"正纽"的解释是(王利器《文镜秘府论校注》434 页):

　　　　正纽者,五言诗"壬"、"衽"、"任"、"入",四字为一纽。一句之中,已有"壬"字,更不得安"衽"、"任"、"入"等字。如此之类,名为犯正纽之病也。

　　双声叠韵不同调(四声相承)的四个字为一纽,如"元阮愿月、壬衽任入"(分属侵寝沁缉四韵)为两个不同的纽。"正、傍"

的差别就是：本纽字双声隔用为犯正纽。如已有"月"字，不得用
"元、阮、愿"，已有"壬"字，不得用"祍、任、人"之类。与本纽之
外的字会成双声为犯傍纽。何谓"傍"？"傍"乃对"正"而言，意
为"别的、其他的"。鱼语御对元阮愿月而言，就是傍纽，就是"别
的、其他的"双声纽。无论是正纽、傍纽，必须是隔字双声，才会
构成声病。

双叠律有正确的方面，如不能将联绵字拆开使用，双声叠韵
可以构成对仗关系。毛病是过于烦琐，难以遵循。

关于**四声律**

"四声律"是本文首创。我之所以要提出这个概念，是要将
"四声"与"四声律"加以区分。四声不等于声律。

四声是客观存在，四声律是人为的主观的绝对规定。四声是
语言问题，四声律是创作问题（即语言运用问题）。四声律的基本
内容包括在"八病"之中。

周、沈等人发明四声[①]，在汉语音韵学史上无疑是伟大的创
举；以四声用于文学创作，以四声为基础建立永明声律学说，也
是了不起的创举。但是，以"八病"为戒条，这就犯了形式主义
错误。

只有将"四声"和"四声律"这两个既有联系又有区别的
概念分别清楚，我们才能正确地评价周、沈等人的功过是非，才
能正确地了解为什么当时有那么多名家批评沈约的声律学说。
批评者对"四声"这一新发明、这一新鲜事物当然会有可能采

---

① 我在这里特意用了"发明"这个词，因为有人在讲堂上批评说："四声是不能
　发明的。"可陈寅恪《四声三问》说："无论何代何人皆可以发明四声之说。"
　罗根泽《中国文学批评史》（一）第三篇第四章第四节的标题就是"四声的
　发明"，难道这两位大学者都用错了词？《现代汉语词典》第5版"发明"义项
　③"创造性地阐发；发挥"。四声学说的提出难道不属于"创造性地阐发"？

取保守主义的态度,但根本点不是反对"四声",而是反对"四声律"。

齐明帝建武元年(494),23 岁的陆厥(472—499)写信给 54 岁的五兵尚书(五兵指中兵、外兵、骑兵、别兵、都兵。三国魏置,齐、梁、陈因之,即后代的兵部尚书)沈约,并未直接反对四声说,而是批评其对前人的评价不公正,反对他用声病说贬抑前贤[1]:

> 但观历代众贤,似不都暗此处,而云"此秘未睹",近于诬乎!
>
> 今许以有病有悔为言,则必自知无悔无病之地。引其不了不合为暗,何独诬其一合一了之明乎!

所谓"病",所谓"悔",所谓"暗",所谓"明",都是指合"律"不合"律"的问题,也就是犯不犯声病的问题。当然,犯不犯声病的前提是能否区别四声,但四声存在于人们口头之中,自然而然,而所谓"病、暗"是沈约等人"生"出来的,是主观规定。拿自己的规定来要求"历代众贤",非"诬"为何?沈约的复信也是就声律而言(1197 页):"韵与不韵,复有精粗,轮扁不能言之,老夫亦不尽辩此。"

北魏孝文帝、宣武帝时代的甄琛(字思伯,?—524)曾作《磔四声》,实际上也是对四声律不满。"以为沈氏《四声谱》不依古典,妄自穿凿,乃取沈君少时文咏犯声处以诘难之"[2]。所谓"犯声"就是沈氏本人的诗作违背了他自己规定的四声律。沈约的《答甄公论》指出五声不同于四声[3],解释"周孔所以不论四声

---

① 《南史·陆厥传》1195—1196 页。

② 王利器《文镜秘府论校注》97 页。

③ 同上,101 页。

者"，以四时之中就有四声之象，"故不标出之耳"；又说"圣人有所不知"。对于"犯声"问题却没有做出正确回答，反而强调"能达八体，则陆离而华洁"。"八体"即"八病"，也就是四声律的基本内容。

齐梁时代的钟嵘（466？—518）对四声律也持批评态度[①]：

> 昔曹、刘（指曹植、刘桢）殆文章之圣，陆、谢（指陆机、谢灵运）为体贰之材。锐精研思，千百年中，而不闻宫商之辨，四声之论。或谓前达偶然不见，岂其然乎？

> 故三祖之词，文或不工，而韵入歌唱，此重音韵之义也，与世之言宫商异矣。今既不被管弦，亦何取于声律耶？

> 齐有王元长（467—493）者，尝谓余云："宫商与二仪俱生，自古词人不知之……"尝欲造《知音论》，未就而卒（齐永明十一年被杀，年仅27岁）。王元长创其首，谢朓（464—499，36岁被杀）、沈约扬其波……于是士流景慕，务为精密，襞积细微，专相陵架。故使文多拘忌，伤其真美。余谓文制本须讽读，不可蹇碍，但令清浊通流，口吻调利，斯为足矣。至平上去入，则余病未能；蜂腰鹤膝，闾里已具。

对于钟嵘这些具有理论意义、历史意义的主张历来有两种误解：一种误解认为钟嵘反对四声学说；第二种误解说钟嵘"尝求誉于沈约，约拒之"，于是在《诗品》中故意贬低沈约，"盖追宿憾，以此报约也"（《南史·钟嵘传》1779页）。

第一点涉及版本问题。从"至平上去入"至"已具"，《四库全书总目》卷一九五1780页作"蜂腰鹤膝，仆病未能；双声叠韵，

---

①　钟嵘《诗品下·序》，吕德申《钟嵘诗品校释》154—157页，北京大学出版社1986年。

里俗已具"。潘重规《中国声韵学》第 161 页引作"平上去入,闾里已具,蜂腰鹤膝,余病未能"。二家所引,均与流行本迥异。潘氏所引前两句与李季节《音韵决疑序》说的"平上去入,出行闾里"意思一样。即使不计较版本差异,也只能说钟嵘对四声说不理解,他所反对的还是四声律,而不是"四声"本体。

关于第二点,《南史》作者李延寿所据史料是否属实,甚为可疑。明胡应麟《诗薮》外编卷二云:"休文……诸作材力有余,风神全乏,视彦升(任昉,460—508,竟陵八友之一)、彦龙(范云,451—503,竟陵八友之一),仅能过之。世以钟氏私憾,抑置中品,非也。"①《四库全书总目》亦有评说:"按约诗列之中品,未为排抑。惟《序》中深诋声律之学,谓'蜂腰鹤膝……'是则攻击约说,显然可见,然亦不尽无因也。"(1780 页)《总目》的评说很对,钟嵘这段话的重点是批判四声律,而不是否定四声说。

直到唐代,四声说早已确立不移,而四声律仍然遭受"深诋",卢照邻说:"八病爰起,沈隐侯永作拘囚;四声未分,梁武帝长为聋俗。后生莫晓,更恨文律烦苛;知音者稀,常恐词林交丧。"②释皎然说:"沈休文酷裁八病,碎用四声,故风雅殆尽。后之才子,天机不高,为沈生弊法所媚,懵然随流,溺而不返。"③

四声律并不是少数人的主张,就在唐代也还有相当影响,释皎然狠批沈约,但也不是从根本上否定声律。"碎用四声"有害,而只要"作者措意,虽有声律,不妨作用"④,"用律不滞,由深于声对"⑤。日本遍照金刚说⑥:

---

① 《诗薮》152、153 页,上海古籍出版社 1979 年。
② 《卢照邻集·南阳公集序》71 页,中华书局 1980 年。
③⑤ 释皎然《诗式·明四声》,清何文焕辑《历代诗话》(上)27 页。
④ 同上,26 页。
⑥ 王利器《文镜秘府论校注》天卷《序》9 页、西卷《论病》396 页。

　　　　沈侯、刘善之后，王、皎、崔、元之前，盛谈四声，争吐病
　　犯，黄卷溢箧，缃帙满车。

　　　　颙、约已降，兢、融以往，声谱之论郁起，病犯之名争兴；
　　家制格式，人谈疾累；徒竞文华，空事拘检；灵感沉秘，雕弊实
　　繁。窃疑正声之已失，为当时运之使然。洎八体、十病、六
　　犯、三疾，或文异义同，或名通理隔，卷轴满机，乍阅难辨，遂
　　使披卷者怀疑，搜写者多倦。予今载刀之繁，载笔之简，总有
　　二十八种病，列之如左。

这两段引文中提到论"病犯"的名家共计 7 人，除周颙、沈约为齐
梁时人（这里周、沈并提，重在"声谱"。严羽《沧浪诗话·诗体》小
注云："四声设于周颙，八病严于沈约。"周颙并无声病说），其余
均为隋唐时代的人。刘善即刘善经，王为王昌龄，皎即皎然，崔指
崔融，元指元兢。"病犯"总共有 28 种之多，其中不全是"碎用四
声"的问题，尚有对仗问题、修辞问题、意境问题。

　　关于声病说的兴衰历史，唐代殷璠（天宝时人）《河岳英灵
集·叙》有简要概括[①]：

　　　　曹、刘诗多直语，少切对，或五字并侧，或十字俱平，而
　　逸驾终存。然挈瓶庸（璠按："庸"乃错字，当据《文苑英华》
　　《文镜秘府论》改为"肤"）受之流，责古人不辨宫商徵羽，词
　　句质素，耻相师范。于是攻异端，妄穿凿，理则不足，言常有
　　余，都无兴象，但贵轻艳。虽满箧笥，将何用之？自萧氏以
　　还，尤增矫饰。武德初，微波尚在。贞观末，标格渐高。景
　　云（按：唐睿宗年号，710—711）中，颇通远调。开元十五年

①　李珍华、傅璇琮《河岳英灵集研究·河岳英灵集（校点）》117 页，中华书局
　　1992 年；王利器《文镜秘府论校注》346、347 页。二书文字略有出入。

（727）后，声律风骨始备矣。

殷璠所言"声律"，与齐梁时代的声律虽有关系，内容却已有不同。根本不同之点是四声律已发展为平仄律。平仄律不同于四声律，也不同于五声中的"双音结构"，这是我们要分辨的又一组概念。

所谓五声中的"双音结构"，是指"宫商"并提，"宫羽"并提，"宫徵"并提，"徵商"并提，我在前文已经谈到，从来都把这种并提结构误以为平仄律。陈澧的观点很有代表性，他说[①]：

> 古以四声分为宫商角徵羽，不知其分配若何。《宋书·范蔚宗传》云"性别宫商，识清浊"，此但言"宫商"，犹后世之言平仄也，盖"宫"为平"商"为仄软？《谢灵运传·论》云"欲使宫羽相变，低昂舛节"，《隋书·潘徽传》云"李登《声类》，吕静《韵集》，始判清浊，才分宫羽"，此皆但言"宫羽"，盖"宫"为平"羽"亦为仄软？《南齐书·陆厥传》云"前英已早识宫徵"，此但言"宫徵"，盖"宫"为平"徵"亦为仄软？又云"两句之内，角徵不同"，此但言"角徵"，盖"徵"为仄"角"亦为平软？然则孙恒但云"宫羽徵商"而不言"角"，"角"即平声之浊软？以意度之当如是，然不可考矣。

陈澧这段话大前提就有问题。他说"古以四声分为宫商角徵羽"，这句话有什么根据？李登"以五声命字"，沈约谱调四声，他们都没有"以四声分为宫商角徵羽"，李季节虽"谓宫商徵羽角即四声"，但如何具体"命字"，"分配若何"，不得而知。陈澧以平仄附会五声中的"双音结构"，纯属"意度"之辞。"宫商、宫羽、商徵"

---

① 《切韵考·通论》卷六7页；又《陈澧集》（叁）223—224页。

等双音结构，前文已有解释，"宫徵、角徵"也是清浊高低问题[①]。孙愐《唐韵序》说的"参宫参羽，半徵半商"，还是"宫羽、徵商"分别并提，为什么"不言角"，陈澧认为"角即平声之浊"，亦毫无根据。孙愐这段话似乎无有确解，不唯陈澧未得其正解，其他解释亦不足信。先将原文引述如下，再加讨论[②]：

> 论曰：切韵者，本乎四声，纽以双声叠韵，欲使文章丽则、韵调精明于古人耳。或人不达文性，便格于五音为定。夫五音者，五行之响，八音之和，四声间迭，在其中矣。必以五音为定，则参宫参羽，半徵半商，引字调音，各自有清浊。若细分其条目，则令韵部繁碎，徒拘桎于文辞耳。

从这段话里绝对得不出"宫羽徵商"相当于平上去入的结论。陈澧不仅将二者等同起来，还进一步认为"四声各有清浊，孙愐之论最为明确"。这里的"各"到底是指什么，"清浊"是指"五音"的清浊呢，还是指"四声"的"清浊"呢？我以为陈澧又误解了孙愐。

在中国古代乐律系统中，"宫、羽、徵、商"是四个基本音级，简称为"四基"。1978年随县出土的曾侯乙墓编钟，经专家研究，其乐律关系就是以"宫商徵羽"为核心。古人论音级时，往往以"宫

---

① "宫徵"并提亦见《文镜秘府论》天卷元兢引沈约语（王利器校注本54页）。"宫商"为浊，"徵羽"为清，"宫徵"并提，乃取一浊一清。关于"角徵"并提有两种可能性的解释：一种是按《地员》"下徵调钧法"，角最高，徵最低，二者清浊对立；一种是五音的排列为"角徵宫商羽"（见《文镜秘府论校注》54页"元氏曰：声有五声，角徵宫商羽也"），"角徵"并提即包括"宫商羽"在内。总之，与"平仄"不能等同。

② 《广韵·陈州司法孙愐〈唐韵序〉》。盈按：这段话的作者究竟是不是孙愐，仍属疑案。

羽"并提,"商徵"并提,例如晋潘岳《笙赋》:"设宫分羽,经徵列商。"①也有以"宫商"并提,"徵羽"并提,如北魏陈仲儒《答有司符问立准以调八音状》:"若尺寸少长,则六十宫商相与微浊;若分数加短,则六十徵羽类皆小清。至于清浊相宜,谐会歌管……寻调声之体,宫商宜浊,徵羽用清。"②孙愐说的"各自有清浊",很明显是指用"辨五声清浊之韵"的方法来辨字音③,不只是声调问题。陈澧还回避了一个重要问题,"宫、羽"前面那个"参"读什么音,是什么意思;"徵、商"前面那个"半"字又是什么意思。如果孙愐在这里说的"宫羽徵商"即相当于"四声",为何要加以"参"与"半"呢?

清人邹汉勋《五均论》"论《声类》《韵集》规橅"条云:"夫'参宫参羽'者,五韵之下,各析为三类,所谓'才分宫羽'者,此也。"又"八呼表"条云:"所云'参宫参羽'者。'宫''羽'五声之终始,五而参之,则十五矣。"④今人詹锳不赞同此说,另有新解,他说(168页):

> 按孙愐《唐韵序》后论所谓"参宫参羽,半徵半商",乃指四声与五音难以配合,盖其调有抑扬,或参有宫之成分,或参有羽之成分,或前半为徵,后半为商。而邹汉勋竟误"参"为"叄",牵强附会,并分韵部十五类以实之,失其旨矣。

邹汉勋以"五韵之下,各析为三类"来解"参宫参羽",的确不可

---

① 《六臣注文选》339页。

② 杜佑《通典·乐三》卷一四三1921页,岳麓书社1995年;又《册府元龟》卷五六七6809—6810页,中华书局2003年。

③ 同上;又王国维《天宝韵英陈廷坚韵英张戬考声切韵武玄之韵铨分部考》(《观堂集林》二,388页):"唐人所谓清浊,盖以呼等言。"裴务齐正字本《刊谬补缺切韵》说:"小韵三千六百七十一,注云:二千一百二十韵清,一千五百五十一韵浊。"这里的清浊也应是呼等之别,与声调无关。

④ 蔡梦麒校点《邹叔子遗书七种》290、287页。

信。如“参”为分成三类,那么“半”又如何解释？总不能说是各析为半类吧。但邹汉勋读“参”为“叁”是对的,说“宫、羽”乃“五声之终始”也是完全对的,这一点比陈澧高明。詹锳的说法倒是望文生义,不得要领。

我以为孙愐说的“参宫参羽,半徵半商”,还是乐律问题。不仅“宫羽”赅五声,“徵商”也赅五声而言,区别在“参”与“半”。“参”与“半”指五音十二律相生法。

参,就是“三”,即三分损益法。参宫,三分宫数八十一;参徵,三分徵数五十四;参商,三分商数七十二;参羽,三分羽数四十八。“角”不再三分,故不言“角”。“半”就是半声,即子声、半律,为十二律中相邻两音之间的音程。王应麟《小学绀珠》卷之一“四清声”条引“朱文公曰:半律,《通典》谓之子声。后人失之,唯存四律有四清声,即半声也”。杜佑《通典》卷一四三“五声十二律相生法”云[①]:

> 半者,准半正声之半,以为十二子律,制为十二子声。比正声为倍,则以正声于子声为倍;以正声比子声,则子声为半……其为半正声之法者:以黄钟之管,正声九寸为均,子声则四寸半……故有正声十二,子声十二,分大小有二十,以为二十四钟,通于二神,迭为五声,合有六十声,即为六十律。其正管长者为均之时,则通自用正声五音;正管短者为均之时,则通用子声为五音。亦皆三分益一减一之次,还(xuán)以宫商角徵羽之声得调也。

六十律只是理论上的说法,实际操作“业已繁杂难用”[②],根本不

① 杜佑《通典·乐三》1917、1918页。

② 王光祈《中国音乐史》43页。

可能用来"引字调音"。所以孙恤说:"若细分其条目,则令韵部繁碎。"可见他所说的"各自有清浊",绝对不是四声各自分清浊,而是"参宫参羽,半徵半商""各自分清浊"。《礼记·乐记》:"倡和清浊,迭相为经。"郑注:"清,谓蕤宾至应钟也;浊,谓黄钟至中吕。"孔颖达疏:"倡和清浊音,谓十二月律先发声者为倡,后应声者为和。黄钟至仲吕为浊,长者,浊也;蕤宾至应钟为清,短者,清也。""十二月之律,更相为常,即还相为宫,是乐之常也。"(《十三经注疏·礼记正义》1536页)五音分清浊,十二律分清浊,这套理论对"四声"当然有借鉴作用。孙恤说的"四声间迭"就是陆机《文赋》所说的"音声之迭代",即清浊相间,平上去入如何搭配组合的问题。只不过陆机向无平仄观念,孙恤时代(唐天宝年间,742—756)平仄律已经确定。

从四声律发展为平仄律,中间约二百年。永明时代的声律学说虽有清浊对立、声响对立的观念,但并无平仄对立的观点。将四声按平仄一分为二,乃近体诗的声律标准。"平仄(或平侧)一词,在现存文献中,据一般考证最早即见于《河岳英灵集》的《叙》里"[①]。

四声律与平仄律的根本差别在:前者"碎用四声",后者将"上去入"简约为一个"仄"字。这种简约之所以成为可能,原因之一,汉语四声分布的特点为二元对立结构。刘滔已有论述[②]:

> 刘滔又云:四声之中,入声最少,余声有两,总归一入,如征整政隻、遮者柘隻是也。平声赊缓,有用处最多,参彼三

---

① 盈按:即前引殷璠语:"或五字并侧,或十字俱平。"任铭善《无受室文存》406页(浙江大学出版社 2005 年):"始以平侧命声者,今所见惟殷璠《河岳英灵集》为先。"

② 刘滔,《南史》(1777页)作"刘绍",字言明,为《后汉书》作注的刘昭之子。引文出自《文镜秘府论·文二十八种病》,王利器校注本 413 页。

声,殆为大半。且五言之内,非两则三……

从音质而言,平声有"赊缓"的特点,足以与其他三声构成语音上的对立关系;从韵律空间而言,平声"有用处最多","五言"之中,有"两""三"字之多。

原因之二,创作实践产生了韵律的平仄化。四声律作为"律"而言,也就是作为一种理论而言,几乎是"八病"的同义语,但在实际创作中它是难以行得通的,在实际创作中管用的还是平仄律,从这个意义上来说,四声律也有一定的积极意义,它既包含了平仄律的内容,也促进了平仄律的产生。不经过四声律的"碎用"阶段,就不可能产生平仄律。错误往往是正确的先导,因为错误中往往包含导致正确的因素。

平仄律也有一个发展过程。宋人李之仪(元丰中举进士)《姑溪居士文集·谢人寄诗并问诗中格目小纸》说:"近体见于唐初,赋平声为韵,而平侧协其律,亦曰律诗。由有律体,遂分往体;就以赋侧声为韵,从而别之,亦曰古诗。"① 宋人张表臣《珊瑚钩诗话》三:"沈宋而下,法律精切谓之律。"② 以"上去入"合为仄声,初唐应该已成为事实。而侧声这个术语在元兢(罗根泽疑元兢即元思敬,唐高宗、武后时人)的《诗髓脑》和王昌龄的《诗格》中还未出现。《诗髓脑》说③:

> 拈二者,谓平声为一字,上去入为一字。第一句第二字若安上去入声,第二、第三句第二字皆须平声。第四、第五句第

---

① 转引自王利器《文镜秘府论校注》316 页注⑬。

② 《珊瑚钩诗话》亦以"古"与"律"对言:"苏李而上,高简古澹谓之古;沈宋(指沈佺期、宋之问)而下,法律精切谓之律。"见《历代诗话》(上)476 页。

③ 张伯伟《全唐五代诗格汇考》115 页,凤凰出版社 2005 年。王利器《文镜秘府论校注》56、57 页亦引此文,二书文字略有出入。

二字还须上去入声,第六、第七句第二字安平声,以次避之。

元兢这段话三次"上去入"并提,且合"为一字",其实一个"侧(仄)"字便可了之,而他不用这个"侧"字,肯定是在他的观念中还没有"侧"这个概念,术语一般总是晚于事实。王昌龄与殷璠是同时代人,"侧"声已见于文献,而《诗格》对侧声的表述还是用"上去入"三个字,如云[①]:

上去入声一管。上句平声,下句上去入;上句上去入,下句平声。以次平声,以次又上去入;以次上去入,以次又平声。如此轮回用之,直至于尾。两头管上去入相近,是诗律也。

元兢、王昌龄说的都是五言律诗的平仄格式,却未用"侧"字,至少可以说明,三声合为一"侧"的术语,在开元、天宝年间虽已出现,却还未被普遍接受。

三 四声学说产生的原因及其意义

四声学说不产生于先秦,不产生于两汉,也不产生于魏晋,而恰恰产生于刘宋、萧齐之间,原因有四:

原因之一,先秦两汉,汉语的四声尚不完备。其时只有平声、上声、入声(入声又分为长入、短入),去声尚未产生。段玉裁《六书音均表·古四声说》指出:"去声备于魏晋","考周秦汉初之文,有平上入而无去,洎乎魏晋,上入声多转而为去声,平声多转而为仄声,于是乎四声大备,而与古不侔。"[②] 王力"深信段玉裁古无去声的说法","认为他的话是对的"[③],在《汉语语音史》中,王先生

---

① 张伯伟《全唐五代诗格汇考》149 页、《文镜秘府论校注》36 页。

② 《说文解字注》815 页,上海古籍出版社 1981 年。

③ 王力《汉语语音史》,《王力文集》10:129,山东教育出版社 1987 年。

"从六个方面来证明汉代没有去声"（129页），"汉代确实还有长入一类声调，基本上还没有变为去声"（134页）。

"古无去声"的理论对我们研究四声学说产生的时代有重要意义。既然汉末尚无"四声"，当然就不可能凭空产生出四声学说，正如王力所言："沈约撰《四声谱》，以为在昔词人累千载而不悟。他们不知道，汉代以前，根本没有平上去入四声之分，在昔诗人怎能'悟'得出来呢？"[①] 既然魏晋时代"四声"刚刚"大备"，在人们的认识上就不可能立刻做出全面反映，故3世纪的李登、吕静只能以五声命字的方式来编韵书。起码要到5世纪下半叶，也就是150年之后，周颙才"始著《四声切韵》行于时"（《南史·周颙传》895页）。从魏晋"四声大备"到周颙首创四声学说，时间是很充分的。这期间经历了由漫长的酝酿走向系统的建立，由民间自发的认识到文人学士的自觉总结，四声学说才得以最后确立。

有人把"四声大备"的时间和四声学说产生的时间乃至和四声律产生的时间混为一谈，这也是极其错误的。"四声大备"是实际语音发展的结果，四声学说是人们对这一"结果"的认识和描写。先有"结果"，后有"认识和描写"，中间有一个半世纪之久。两者之间的时间定位，既不能往前推，也不能往后挪，只能如此。

在清代就有人主张"四声起于永明"，这是把四声律产生的时间和"四声大备"的时间混而为一了，故段玉裁明确指出："其说非也。"段玉裁虽未提出"四声律"这一概念，但他懂得，语言中四声的"大备"，四声学说的提出，四声律的运用，这是三个有

---

① 《汉语语音史》199页。按：王先生说"汉代以前根本没有平上去入四声之分"，不是指先秦无声调，而是指"平上去入"这种性质的"四声"还不完备。同书89页："我认为上古有四个声调，分舒促两类。"

关联而又性质不同的问题。他说（815—816 页）：

> 永明文章，沈约、谢朓、王融辈始用四声以为新变（原话
> 出自《南史·庾肩吾传》）。五字之中，音韵悉异；一（盈按：原
> 文作"两"）句之内，角徵不同（语出《南史·陆厥传》）。梁武
> 帝不好焉，而问周舍（周颙之子）曰："何谓四声？"舍曰："'天
> 子圣哲'是也。"（语出《南史·沈约传》）谓如以此四字成句，
> 是即行文四声谐协之旨，非多文如梁武不知平上去入为何物，
> 而舍以此四字代平上去入也。取《宋书·谢灵运传·论》及《南
> 史·沈约、庾肩五（吾）、陆厥传》《梁书·王筠传》读之自明。

"永明文章……始用四声以为新变"，"新变"指永明体的产生，这
就是我在前文已经指出的，乃四声律的问题，当然不能据此得出
结论："四声起于永明。"段玉裁只点出沈、谢、王的大名，根本不
提周颙，可证段氏对四声学说的提出和四声学说运用于"文章"
这两件事是严格区别开来的。阮元更进一步指出，沈约《谢灵
运传·论》《答陆厥书》所提倡的声律学说，"实指各文章句之内
有音韵宫羽而言[1]，非谓句末之押韵脚也[2]。是以声韵流变而成
四六，亦只论章句中之平仄，不复有押韵脚也。四六乃有韵文之
极致，不得谓之为无韵之文也。《昭文》所选不押韵脚之文[3]，本
皆奇偶相生有声音者，所谓韵也。休文所矜为创获者，谓汉魏之
音韵乃暗合于无心，休文之音韵乃多出于意匠也"（《文韵说》，此
文作于道光乙酉年〔1825〕三月）[4]。

　　我在这里把"三个有关联而又性质不同的问题"严加区别，

① 实，《揅经室集》作"乃"。

② 原注：即如：雌霓连蜷，"霓"字必读仄声是也。

③ 昭文，指《文选》，《揅经室集》1065 页 "文"字作"明"，是。

④ 阮福编《文笔考》5 页；又《揅经室集》（下）1064、1065 页。

不仅有益于认识四声学说产生的原因,也可证四声大备的年代只能定在魏晋。这三个问题不是孤立的,应作通盘研究。

原因之二,乐律中的五声促进了声律中的四声学说的产生。

五音有清浊之别,"宫羽调音,相参而和"[1],这个原理对人们发现汉语四声有直接启发作用。汉语字音也有清浊、轻重、缓急、长短的不同,运用于诗歌,如同"宫羽调音,相参而和"。清浊可以细分为最清、最浊、次清、次浊、不清不浊,这就启发人们对语音作进一步分析。于是在反切知识的基础之上,在完全掌握了双声叠韵知识的基础之上,终于总结出"四字一纽,或六字总归一纽(人)"(《文镜秘府论校注》23 页)的四声谱,这完全合乎认知逻辑。

从古代诗与乐的关系而言,四声学说产生于刘宋、萧齐时代也具有一定的必然性。在《诗经》时代、乐府时代,诗是可歌可唱的,乐是曲调,诗是歌辞。调的宫羽相参而和,也就是辞的宫羽相参而和,正如孙愐所言:"四声间迭,在其中矣。"(《唐韵序》)到乐府消亡,诗不入乐,调与辞分家,歌辞本身的韵律就突显出来了。韵律的核心是声调,区分四调,四调如何组织搭配,只能以五声的组合搭配为譬。北宋范祖禹的儿子、秦少游的女婿范温在《潜溪诗眼》中说:"自三代秦汉,非声不言韵;舍声言韵,自晋人始。"[2]钱钟书认为:"吾国首拈'韵'以通论书画诗文者,北宋范温其人也。""范氏释'韵'为'声外'之'余音'遗响,足徵人物风貌与艺事风格之'韵',本取譬于声音之道。""韵必随声得聆,非一亦非异,不即而不离。"(1361、1364、1365 页)范与钱论音乐与诗韵的关系,非常透辟。尤可注意者,为什么"自晋人始""舍声言韵",我以为正是诗乐分家的结果。诗虽不入乐,还可以清

---

[1]　刘善经语,见《文镜秘府论·文二十八种病》,王利器校注本 413 页。

[2]　钱钟书《管锥编》第四册 1362 页,中华书局 1979 年。

唱，可以吟诵，无韵就不能成为诗。诗的音乐美、韵律美，只有通过四声"相参而和"才得以表现。

钟嵘对永明声律学说提出批评，其理由之一是："故三祖之词，文或不工，而韵入歌唱，此重音韵之义也，与世之言宫商异矣。今既不被管弦，亦何取于声律耶？"（《诗品·序》）范温的话正好与钟嵘这段话合契。"三祖"（曹操、曹丕、曹叡）的诗是可以入乐的，"声"与"韵""非一非异"，"不即不离"。沈约时代诗已"不被管弦"，故"舍声言韵"，而用的术语还是借用乐律中"宫商"，名之曰"声律"，钟嵘表示异议。其实，钟嵘批评四声律即声病说，这是对的，而对诗乐分家之后必然会产生为诗歌服务的声律说，他却很不理解。

总起来看，乐律对四声学说的产生有积极与消极两方面的原因。积极原因就是无论乐律与声律均需"宫羽调音，相参而和"，韵律美的要求是一致的。消极原因是诗乐分家，"舍声言韵"。"所谓韵者，固指押脚韵，亦兼谓章句中之音韵"（阮元《文韵说》），于是以四声为内容的声律学说就建立起来了。沈约对于声律学说的建立，有大功也有大过。大功是开辟了一个诗歌的新时代，大过是"碎用四声"，以"八病"束缚诗歌的发展。

我在本文已多次谈到，五声（音）不等于四声，但有两条材料还应向读者做出交代：

一条是唐代元兢《诗髓脑》说："宫商为平声，徵为上声，羽为去声，角为入声。"（《文镜秘府论校注》54页）王利器校注认为，其说可能来自李概的《音韵决疑序》。而后人却将此说直接归到沈约《四声谱》和周颙《四声切韵》中，如王应麟（1223—1296）《小学绀珠》卷一"四声"条[1]：

① 王应麟《小学绀珠·律历类》卷一15页，中华书局《丛书集成初编》本。

平　开。宫,上平;商,下平。
上　发。徵。
去　收。羽。
入　闭。角。
沈约传《四声谱》,周颙注《四声切韵》。

康熙年间进士宫梦仁编的《读书纪数略》人部·艺术类"四声"
条[①],其内容与上引文一样,只是没有提周颙《四声切韵》。

　这种材料不可能出自周、沈之手,他们不可能以上平下平分
宫商,读沈约《答陆厥书》《答甄公论》,就可知他对五声、四声的
看法,这里不详细讨论。

　另一条材料是唐末段安节《乐府杂录》中的以平声配羽,
上声配角,去声配宫,入声配商,徵声为上平声调(即阳平)[②]。这
条材料的搭配关系是正确的,反映了近代汉语语音的变化,我
在《论普通话的历史发展》中有讨论,而研究语音史的人谁也没
有注意到这条材料的重要价值。与这条材料相关的是日僧安然
(Annen,841—889或903之间)《悉昙藏》中所反映的唐代几种
声调系统,那都是早期近代汉语要研究的问题,与我们这里讨论
的五音与四声关系不是一回事。安然所记载的声调系统,平山久
雄有详细介绍[③]。

　原因之三,文体的演进与四声学说的产生可以说得上是血肉
关系。

　首先是赋,其次是骈文,其次是五言诗。这三种文体都是讲

---

① 宫梦仁《读书纪数略》卷三十二448页,上海古籍出版社1994年。
② 《乐府杂录·别乐识五音轮二十八调图》42页:"用宫商角羽并分平上去入四声。
　其徵音有其声无其调。"中华书局1958年;又辽宁教育出版社1998年,20页。
③ 《平山久雄语言学论文集》113页,商务印书馆2005年。

究韵律的。骈文虽不押韵,但很讲究声音对仗,讲究句中韵律,五言诗汉代已产生,而韵任自然,与永明体大不相同。这里只讲赋与四声学说的关系。

赋不仅有韵脚,而且句子中间也要求"一经一纬,一宫一商"[1],"丽词雅义,符采相胜,如组织之品朱紫,画绘之著玄黄"(《文心雕龙·诠赋》)。所谓"经纬、宫商、朱紫、玄黄",其寓意都含有声音清浊、高下、缓急的组合问题。生活在公元 3 世纪下半叶吴语区的陆机(261—303,华亭人,今上海市松江县)在《文赋》中谈到"音声迭代,若五色相宣"的特点,根据这一原则来检验一下《文赋》是如何"音声迭代"的,从而可以看出四声学说与赋体的关系。

《文赋》除序言外,通篇押韵。全文共计 21 个韵段,四声分用,丝毫不紊。依次为:

平去平平去去平平入平去平平平上去平入上平平。

第二个韵段臻摄字与深摄字的"浸深"相押,"深"读式禁切。

第三个韵段"翰,音胡安切""叹,音他干切",均读平声。

第六个韵段"长",《文选》音佇亮反,读去声。

第十一韵段"纬、伟"均读去声。

第二十韵段"勠",《文选》音留。《说文》段注引嵇康、吕静、《尚书音义》等材料,并引《文赋》"勠"与"流求"为韵,认为"此相传古音也"(段注 700 页力部)。

    21 个韵段:平声占 12 个韵段

        上声占 2 个韵段

---

[1] 司马相如答盱眙名士盛览(字长通)语,见晋葛洪著《西京杂记》卷二 12 页"百日成赋"条,中华书局 1985 年。

去声占 5 个韵段

入声占 2 个韵段

我们揭示《文赋》四声严格分用这一特点,其重要意义有二:一是四声经界分明,说明陆机的语言中只有四个声调,不是三个,也不是五个,更不是声调还没有产生;二是四声分用的性质等于没有"谱"的"四声谱",如果广泛地收集归纳这种分用的材料,四声学说不就出来了吗? 下面的问题就是等待有人以"平上去入"来命名了。

前人只注意到《文赋》有平仄对立的特点,这是远远不够的,而且也不完全符合事实,必须揭示其四声分用的押韵规律,才有利于了解四声学说与赋体的密切关系。

以上说的是韵脚的四声分明,下面看句中韵律。《文赋》多为六字句,一句之内有两个节奏点,两点也构成对立,如:

> 伫中区(平)　　以玄览(上)
>
> 颐情志(去)　　于典坟(平)
>
> 遵四时(平)　　以叹逝(去)
>
> 瞻万物(入)　　而思纷(平)
>
> 悲落叶(入)　　于劲秋(平)
>
> 喜柔条(平)　　于芳春(平)

末例平平同调,例外。

四字句比较少,也为两个节奏点,上二下二:

> 收视(去)　　反听(平)
>
> 耽思(平)　　傍讯(去)
>
> 精骛(去)　　八极(入)
>
> 心游(平)　　万仞(去)

也有上一下三句式,如:

> 炳(上)　　若缛绣(去)

凄(平) 若繁弦(平)
来(平) 不可遏(入)
去(去) 不可止(上)

这种"迭代"关系,从后人的观念来看,基本上是平仄对立(阮元
《文韵说》:"古人所言之宫羽,今人所言之平仄也。"此言失之粗
疏),但也不尽然,其中有去—入、上—去、去—上之间的对立。作
赋的人,为了掌握这种对立关系,"迭代"关系,就必须要了解汉
语有四个声调,而且要懂得利用这四个声调的不同,创造出有
"迭代"关系的具有音乐美的赋文。隋代刘善经《四声指归》云:
"陆公(指陆机)才高价重,绝世孤出,实辞人之龟镜……至于四声
条贯无闻焉耳。"(王利器《文镜秘府论校注》73页)此论缺乏分
析。陆氏未立"四声"之名,却能辨别四声之实,未明言"条贯",
而创作中已"同条牵属,共理相贯",为百余年后四声说的出现奠
定了坚实的基础,这一点是古今研讨四声的人所未注意到的。到
了南北朝,文人的字音知识一般已很丰富,而且也很讲究,沈约与
王筠论字音的故事值得一谈[1]:

> 约制《郊居赋》,构思积时,犹未都毕,示筠草。筠读至
> "雌霓(原注:五的反)连蜷",约抚掌欣抃曰:"仆常恐人呼为
> 霓(原注:五兮反)。"次至"坠石磓星"及"冰悬垎而带坻",筠
> 皆击节称赞。约曰:"知音者希,真赏殆绝。所以相要,政在
> 此数句耳。"

《类篇》雨部"霓"字有平去入三音:研奚切、研计切,又倪结切、
倪历切。宋人王观国《学林》卷八引《南史》"雌霓连蜷"注作五
结反(295页"霓"字条),非五的反。《昭明文选》卷三张衡《东

---

[1] 《南史·王昙首传》附王筠传,609页,中华书局1975年。

京赋》以"设铩霓哲"为韵,"霓"字李善注"五结反"。《文选》卷十一何晏《景福殿赋》以"霓泄"为韵。《广韵》屑韵五结反收"霓"字,与"啮"同一小韵。据《学林》和《增韵》《古今韵会举要》《洪武正韵》等载,北宋范镇为参知政事,召试学士院,用"彩霓"字作平声,"考试者引《郊居赋》以为证"(《学林》260页)"谓范为失韵"。事情闹到司马光那里,司马光与范镇为好友,说:"约《赋》但取声律便美,非'霓'不可读为平声也。"①

司马光的意见是对的。但"声律美""美"在哪里呢? 从来无人谈及。我以为沈约之所以高度重视"霓"字的读音,以至于"抚掌欣抃",因为如果读五兮切,"雌霓"(南北朝时均支部字)就变成叠韵关系了,岂非自犯声病!"连蜷"乃联绵字,"故作叠韵,此即不论"(王利器《文镜秘府论校注》424页)。另外,沈约之前的赋家已用"霓"为入声,尽管"常人呼为"五兮反(可证入声一读在口语中已不通行),而沈约还用为五的反(或五结反),就显得文章典雅,于古有据。我们从这个例子中可以获知:沈约对字音是下过死功夫的。他能继周颙之后写出《四声谱》,四声学说与沈约这个名字紧紧联系在一起,这是理所当然的。

如果说陆机对四声的实际运用是"音韵天成,皆暗与理合"②,那么周颙、沈约的理论总结已完全进入了自觉阶段,这是一次了不起的飞跃。可惜,《四声切韵》《四声谱》均早已失传。明清时代的音韵学家甚至误以为《唐韵》来源于约《谱》;有的无聊文人"又称家藏有《四声韵》及约故本";康熙年间广东香山县某监生"自言得沈约《四声谱》古本于庐山僧今𰒽(dǔ)"③。现在真正

---

① 《古今韵会举要》86页齐韵"霓"字条,中华书局2000年;又《洪武正韵》36页齐韵"霓"字条。

② 《宋书·谢灵运传》994页,岳麓书社1998年;又《六臣注文选》卷五十948页。

③ 《四库全书总目·小学类存目二》382页"韵经"条,中华书局1983年。

能考见约《谱》面貌的文献资料是日本僧人空海（774—835）的《文镜秘府论·调四声谱》。

空海，法名遍照金刚，死后追封弘法大师。唐德宗贞元二十年（804）随日本遣唐使来华留学，宪宗元和元年（806）回国。《文镜秘府论》一书保存了丰富的音韵资料、声律资料。其中"天卷"首列《调四声谱》，一般认为此即沈约之《四声谱》。《调四声谱》一开头便说："诸家调四声谱，具列如左：平上去入配四方：东方平声（平伻病别），南方上声（常上尚杓），西方去声（祛麮去刻），北方入声（壬衽任入）。"所谓"诸家"，可证此《谱》乃空海综合而成，非约《谱》原样。又以"平上去入配四方"，也与约说不符。沈约《答甄公论》以四声配四时，认为"昔周孔所以不论四声者……以其四时之中，合有其义，故不标出之耳"（《文镜秘府论校注》102 页）。这个说法当然不科学。但空海所录"诸家四声谱"的确与沈约有关，关系就在那个纽字图，先将原图列出（《文镜秘府论校注》24—25 页）：

凡四字一纽，或六字总归一纽（当作"入"）

（平）　皇　滂　光　荒

（上）　晃　旁　广　恍

（去）　璜　傍　珖　侊

（入）　镬　薄　郭　霍

（平）　禾　婆　戈　和

（上）　祸　泼　果　火

（去）　和　皱　过　货

上三字，下三字，纽属中央一字，是故名为总归一入。

盈按：这个纽字图按原样直排，故不可按从左至右横着读，应按原书从上至下读。所谓上三字，如"皇晃璜"；下三字，如"禾祸和";纽属中央一字,如入声"镬"字。这个排列次序体现了语音(声、韵、调)的系统性。上三字代表阳声的平上去,下三字代表阴声的平上去。四声中入声是"纽",既纽联平、上、去,又纽联阴与阳。此图之入声,既与阳声相配,又与阴声相配,如:皇晃璜镬、禾祸和镬。阴阳入之所以能相配,说明其主要元音必同。我们用王力先生《汉语语音史·魏晋南北朝音系》(138页)的韵部来对比此图,这个纽字图正是歌铎阳相配,其主要元音为 [ɑ],下、中、上的语音关系是:[ɑ][ɑk][ɑŋ]。纽字图以双声叠韵为基础,竖读为双声,横读为叠韵。纽字图的重大意义是解决了四声相承的问题,陆机只有四声分用,还不懂得四声相承。只有解决了四声相承的问题,按四声编制韵书才有可能。也就是说,没有沈约的纽字图,就很难出现后来的《切韵》之类的以四声为纲的韵书。从这个意义上说,沈约在中国音韵学史上的地位乃是"元勋"一级人物,其功显然在颜之推、陆法言之上。当年的沈侯,面对自己如此重大的发现,洋洋自得地宣布:"自灵均以来……此秘未睹。"①这绝对不是自我吹嘘。毛头小伙陆厥批评其声病说是对的,而对沈侯的"冠世伟才"② 缺乏足够的尊重,这就是小伙子的不是了。学术一定要有伟才,而如何认识伟才、对待伟才,恐怕并不比伟才的出世容易啊!

　　这里还要稍加论证,我们把空海《调四声谱》的纽字图等同于沈约的《四声谱》,有什么根据?王利器《文镜秘府论校注》23页注⑤引任学良的考证文字,足资参考③。又宋本《玉篇》附有沙门神珙《四声五音九弄反纽图》,序文说:"夫欲反字,先须纽弄为

---

① 《宋书·谢灵运传·论》《六臣注文选》卷五十。
② 严可均辑《全齐文·谢朓〈酬德赋〉》卷二十三235页,商务印书馆1999年。
③ 任学良曰:"按此《四声谱》,即沈约《四声谱》也。安然《悉昙藏》所引《四声谱》,与此全同。"

初,一弄不调,则宫商靡次。昔有梁朝沈约创立纽字之图,皆以平书,碎寻难见。"① 戴震《书玉篇卷末声论反纽图后》断定神珙为元和以后人②:"珙所为图远在沈休文后,祖述休文者也。"神珙研究过沈约的"纽字之图",非"圆图"亦非"方图",而是"平"面展开,与空海所引正好一致。空海、神珙应该年代相差无几,当时约《谱》还流行于世,这是可以肯定的。约《谱》与周颙对"体语"的研究应该有关。唐代封演《封氏闻见记》卷二说:"周颙好为体语,因此切字皆有纽,纽有平上去入之异。"孙恤说:"切韵者,本乎四声,纽以双声叠韵。"体语也叫双声语。根据四声纽以双叠,首创之功应归周颙。

周、沈研究四声的目的是什么? 当然不是为研究语言学,而是为了玩文学。"作五言诗者,善用四声,则讽咏而流靡"③,"妙达此旨,始可言文"④,而"前世文士便未悟此处"⑤。呜呼! 人类许多重大发现,都是入迷的"玩家"玩出来的,与意识形态无关也。

原因之四,梵文字音分析知识的启发。佛教东传,悉昙字母之学随之输入,对反切之学、四声之学的产生无疑有很重要的意义,如经师转读的声法中有"高调、平调、折调、侧调"等⑥,肯定跟四声有关。《高僧传》卷十三"经师"篇后论说的"平折放杀(shài)"也可以使人联想到汉语中的"平上去入"(508 页)。但当时人在具

---

① 《宋本玉篇》540 页,中国书店 1983 年。

② 《戴东原集》(上)71 页,商务印书馆万有文库本,1939 年;又见《戴震全书》(叁)325 页,黄山书社 2010 年。

③ 沈约《答甄公论》,《文镜秘府论校注》102 页。

④ 《宋书·谢灵运传·论》。

⑤ 沈约《答陆厥书》,《南齐书·陆厥传》473 页,岳麓书社 1998 年。

⑥ 梁释慧皎撰,汤用彤校注《高僧传》(中华书局 2004 年)502 页:"高调清彻,写送有余。""智欣善能侧调,慧光喜飞声。"505 页:"释法隣平调牒(叠)句,殊有宫商。"508 页:"僧辩折调,尚使鸿鹤停飞。"

体操作上究竟如何运用梵学知识研究四声，1934 年 4 月陈寅恪
在《清华学报》玖卷贰期发表《四声三问》提出了自己的看法[①]：

初问曰：中国何以成立一四声之说？即何以适定为四
声，而不定为五声，或七声，抑或其他数之声乎？

答曰：……以除去本易分别，自为一类之入声外，复分
别其余之声为平上去三声……实依据及摹拟中国当日转读
佛经之三声。而中国当日转读佛经之三声又出于印度古时
声明论之三声也。

再问曰：……无论何代何人皆可以发明四声之说，何以
其说之成立不后不先适值南齐永明之世？而创其说者非甲
非乙，又适为周颙、沈约之徒乎？

答曰：南齐武帝永明七年二月二十日，竟陵王子良大集
善声沙门于京邸，造经呗新声[②]。实为当时考文审音之一大
事。在此略前之时，建康之审音文士及善声沙门讨论研求必
已甚众而且精。永明七年竟陵京邸之结集，不过此新学说研
究成绩之发表耳。此四声说之成立所以适值南齐永明之世，
而周颙、沈约之徒又适为此新学说代表人之故也。

三问曰：……四声与五声之同异究何在耶？

答曰：宫商角徵羽五声者，中国传统之理论也……至平
上去入四声之分别，乃摹拟西域转经之方法，以供中国行文
之用……然则五声说与四声说乃一中一西，一古一今，两种

---

① 《金明馆丛稿初编》367—381 页，三联书店 2001 年。
② 《南史·竟陵文宣王子良传》1101、1103 页："竟陵文宣王子良，字云英，武帝第
二子也……武帝即位，封竟陵郡王、南徐州刺史，加都督。永明二年，为护军
将军、兼司徒……五年……移居鸡笼山西邸……招致名僧，讲论佛法，造经呗
新声，道俗之盛，江左未有。"

截然不同之系统。

1985 年饶宗颐在《论四声说与悉昙之关系兼谈王斌、刘善经、沈约有关诸问题》一文中的第四大段对陈说提出驳议[①]："《三问》文中所陈，与史实多未吻合。"他对第一个问题的驳议是：

> 周颙著有《四声切韵》，书已不传……其性质……为切韵反音之事，用宫商以四声定韵……沈约已言四声总归一入，其上下三声之平上去，且有阴声阳声之辨。足见其时审音专家，对平上去入分别已严，何须借重印度远古围陀（Veda，盈按：即吠陀）之三声，始能订其调值而制出平上去三声之名乎？永明四声之成就，在于韵律之避重遝，使文章丽则，而非四声名称之创立。李概固已明言："平上去入，出行间里。"知民间已习知，如家常便饭也。故不得如寅老说，"文士依据及摹拟转读佛经之声分别定为平上去之三声"。

他对第二个问题的驳议是：

> 当日（盈按：指永明七年二月二十日）子良集诸僧于鸡笼山邸第所造者实是转经之事，诸文士未闻参预。谓周沈辈加入此一新声工作，史无明文，此其一。
>
> 何以谓之新声？因支谦、康僧会均先造呗，并著录于僧祐之《经呗导师集》。此种转读实为经师唱导，事属僧乐之声曲折，与永明体之诗律，不应混为一谈，此其二。
>
> 元嘉以来读经道人名有专录（见《经呗导师集》第十八），故《高僧传》于经师、导师别为论次，颙固非此道中人

---

① 《古汉语研究》(1)：304—306，中华书局 1996 年；上海文艺出版社 1996 年出版的饶宗颐《澄心论萃》第 87 篇《四声三问质疑》为此文之摘要。

也。此其三。

　　饶宗颐的基本论点是可信的。既然一、二两个问题,陈说言之无
据,第三个问题所谓"四声说乃一中一西"也就站不住了。但饶
说亦有不当之处。佛教音乐文化,在魏晋南北朝时代逐渐发展为
三种形式:呗赞、转读、唱导。饶说"此种转读实为经师唱导",把
经师转读与唱导混而为一了。转读与唱导性质不同,《高僧传》
第十三讲得很明白。《出三藏记集·法苑杂缘原始集目录序》中
的《二十一首经呗导师集》包括呗赞、转读、唱导三个方面的内
容。在解释"梵呗新声"的"新声"时,引《经呗导师集》中的支
谦、康僧会与之比拟,又是把呗赞与转读混而为一了。据中央音
乐学院袁静芳教授说:"当时(指魏晋)传诵的梵呗,除曹植'鱼山
梵呗'外,均为西域僧侣所传之梵文梵呗。"[①] 月支(氏)人支谦的
"赞善提连句梵呗"三契、康居国僧侣康僧会制"泥洹梵呗",都属
于梵文梵呗,与用汉语咏经转读不同。用汉语咏经转读,制定曲
调,也始自曹植"删治《瑞应本起》,以为学者之宗"[②]。竟陵王子良
在鸡笼山西邸招致名僧所造之"经呗新声",也是用汉语制定转读
经文的新曲调,因为有"撰集异同,斟酌科例"的特点,所以才称
之为"新声"。此事《高僧传·经师后论》有明文记载,与四声说毫
无关系。可陈寅恪是考证名家,他既然把"新声学说"与"考文审
音""四声说之成立"联在一起,而饶宗颐的"质疑"也有个别含
混之处,故不惜篇幅,略加说明。

　　周颙、沈约、王融等人都是佛学专家,他们研究四声学说肯

────────────────

① 袁静芳《中国汉传佛教音乐文化》4 页,中央民族大学出版社 2003 年。

② 《高僧传·经师》507 页;又《续谈助·殷芸小说》(中华书局《丛书集成初编》
本)84 页:"中华佛法,虽始于汉明帝,然经偈故是胡音……今梵呗皆(曹)植
依拟所造也。"

定会受到悉昙之学的启发,他们也著有佛学方面的诗文,如《出
三藏记集》第十二卷的《经呗导师集》中有一首《齐文皇帝令
舍人王融制法乐歌辞》[①],《广弘明集》卷三十和《乐府诗集》卷
七十八都收了这首辞。周叔迦说:"(此辞)显然是歌颂释迦如来
一生事迹。现在虽不知其曲调,无疑是用梵呗来歌唱的。"[②] 而
这个 27 岁就死于非命的王融(467—493,字元长)就对钟嵘说
过这样的话[③]:

> "宫商与二仪俱生,自古词人不知之。"(王融)尝欲造
> 《知音论》,未就而卒。

这是很可惜的。钟嵘认为声律学说的发展,是"王元长创其
首,谢朓、沈约扬其波"。声律学的产生跟四声的产生不是一回
事,所以刘善经说:"宋末以来,始有四声之目。沈氏乃著其谱论,
云起自周颙。"[④] 周颙虽生卒年不详,但刘宋孝武帝时,他已随益
州刺史萧惠开入蜀,"为厉锋将军,带肥乡、成都二县令,仍为府主
簿"(《南史·周颙传》894 页)。他在宋末提出"四声之目",是完
全可信的。陈寅恪以为"值南齐永明之世,而周颙、沈约之徒又
适为此新学说"的主张,与刘善经的说法显然不合,这桩公案应
该可以画上句号了。

关于四声学说的意义。

汉语是有声调的语言。"声调这个东西,在中国语言里头,它
的负担非常重"[⑤]。从《诗经》时代起,声调在诗歌语言中的作用

---

① 释僧祐《出三藏记集》486 页,中华书局 2003 年。

② 周叔迦《佛教基本知识》74 页,中华书局 2002 年。

③ 吕德申《钟嵘诗品校释》156、157 页。

④ 王利器《文镜秘府论校注》80 页。

⑤ 赵元任《语言问题》63 页,商务印书馆 1980 年。

就已经很明显,但古代的"声调"与今义不同。古代"声调"这个
词,最初是指五声(或七声)的乐调,引申为泛指韵文的音律节奏
等。现代汉语"声调"这个词,赵元任说是由他"杜撰"的"一个
名词"[1]。四声学说的产生改变了整个汉语音韵学的面貌。反切
法只解决了单个字音的切分问题,双声叠韵之学有益于声母系统
韵母系统的建立,但声调问题不解决,还是无法把声与韵组建成
一个完整的音韵系统。四声乃切韵之本,故沈括说:"自沈约为四
声,音韵愈密。"[2] 如何个"密"法?《切韵》之类的韵书和后来的
韵图,其架构之严谨,其组织之有序,无不得益于四声。

四声学说的产生根源于文体的演进,而文体的演进又深受四
声的影响与制约。无论是律诗还是律赋,无论是对联还是铭箴赞
颂,无论是宋词元曲还是京戏地方戏,甚至是散文,都要求有音韵
知识,区分四声乃基本功。

这就涉及中国古代的教育制度、考试制度。隋唐兴起的科举
制度,以经义取士,也有以诗赋取士的规定。所以,一个儿童,从
接受教育的那一天起,老师就要对他进行声律启蒙,就要授以四
声平仄之学,就要学会对对子,学会利用各种各样的"官韵",准
备参加政府的各级考试。宋人吴曾说[3]:

赋家者流,由汉晋历隋唐之初,专以取士,止命以题,初
无定韵。至开元二年(714),王邱员外知贡举,试《旗赋》,始
有八字韵脚,所谓"风日云野,军国清肃"。

隋、唐初为什么"无定韵"呢? 为了标准一致,阅卷方便,能有效

① 赵元任《语言问题》59 页,商务印书馆 1980 年。
② 沈括撰,胡道静校注《新校正梦溪笔谈》卷十五 159 页,中华书局 1958 年。
③ 《能改斋漫录》卷二 27 页,中华书局上海编辑所 1960 年。

地限制考生自由发挥,几乎所有的考试制度都喜欢一刀切,喜欢程式化。之所以"无定韵",不是政府不主张,不是考官发慈悲,而是考试制度的发展往往有一个过程。唐代科举考试增加诗赋内容始于唐中宗神龙元年(705)^①:

> 调露二年(680,唐高宗第十个年号)考功员外刘思立奏请:加试帖经与杂文,文之高者放入策。寻以则天革命,事复因循。至神龙元年方行三场试,故常列诗赋题目于榜中矣。

从神龙元年到开元二年才十个年头,就产生了"八字韵脚"的死规定,而且是四平四仄,仄声也是不能混用的。《容斋随笔 续笔》卷十三"试赋用韵"条说:"自太和(唐文宗年号)以后,始以八韵为常。"^② 似不确。由于四声平仄之学与科举制度联系紧密,又由于韵书为文士必读之书,稍有疏忽,就会"犯格、犯韵、落韵"^③,危及人生出路。其必然结果是一千三百余年间,四声知识大普及,用韵知识大普及。周、沈时的专家之学变而为文化常识,变而为文化制度,变而为汉语音韵学的基本组成部分。所有这些,都是"善识声韵"的汝南周颙,"文皆用宫商""以气类相推毂"的吴兴沈约、陈郡谢朓、琅邪王融所始料未及的(《南史·陆厥传》1195 页)。

---

① 王定保《唐摭言·试杂文》卷一 9 页,中华书局 1960 年。

② 洪迈《容斋续笔》(中州古籍出版社据《四部丛刊》缩编本影印)卷十三"试赋用韵"条所举《旗赋》以"风日云舒军容清肃"为韵,故云"六平二侧",与吴曾所言不一致;又岳麓书社《容斋随笔》248 页。"四平四侧"条例唐后仍使用,《旧五代史·晋书·卢质传》:"会覆试进士,质以'后从谏则圣'为赋题,以'尧、舜、禹、汤倾心求过'为韵。旧例:赋韵四平四侧。质所出韵乃五平三侧,由是大为识者所消。"《册府元龟·贡举部·条制三》云:"覆试之日,中外膳口,议者非之。"(7698 页)

③ 《册府元龟·贡举部·条制第四》:"李飞赋内三处犯韵,李谷一处犯韵……卢价赋内'薄伐'字合使平声字,今使侧声字,犯格。孙澄赋内'御'字韵,使'字'字,已落韵。"(7694 页)

　　本书用好几万字的篇幅来研讨五音与四声的关系，五音、四声与声律的关系，以及研讨四声的产生、四声的发现、四声学说的运用等问题，是因为这些问题从未有人认真解决，从未得到科学的如实的阐述，而这些问题在中国古代语言学史上乃至在文化学术史上都有极其重要的地位和意义。

　　　　　　　　　　　本文原为《中国古代语言学史》第四章之内容

抱冰庐选集

下册

何九盈 著

中华书局

《说文》省声研究

　　《说文》中的"省声"是指某些形声字的声符部分形体有省略,如:

　　　　珊:从玉删省声。　　融:从鬲蟲省声。

"删、蟲"都是会意字。"删"从刀、册,省去刀旁作"珊"的声符;"蟲"从三虫(huǐ),省去二虫作"融"的声符。也有形声字省略后作声符的,如:

　　　　茸:从艸聰省声。　　羔:从羊照省声。

"聰、照"都是形声字,"聰"从耳忩声,省去忩声以耳旁作"茸"的声符;"照"从火昭声,省去昭声以火旁作"羔"的声符(这两个例子实非省声,见下文)。

　　有的省声字其实就是声符的简化。"融"字小篆从蟲省声,而籀文并不省,可证"融"乃籀文写法之简化;"秋"字小篆从禾龞省声,籀文不省,"秋"乃籀文写法之简化。

　　这些例子说明,形声字中的确存在一部分省声字。研究省声字,可以了解某些字形的演变,确定其音韵地位。段玉裁说:"凡字有不知省声,则昧其形声者,如'融、蝇'之类是。"[①] 这个意见是对的。不过,段玉裁也指出:"许书言省声,多有可疑者,取一偏旁,不载全字,指为某字之省,若'家'之为豭省,哭之从狱省,皆不可信。"[②] 现代一些学人也对许书的省声多所否定,丁山说,"凡

---

① 《说文解字注》"斋"字注,3 页,上海古籍出版社 1981 年。

② 同上,"哭"字注,63 页。

《说文》所称省形省声者，讹以传讹，许君未得其解者十八九。"①
王力说："我们以为'省声'之说常常是主观臆测的结果，段玉裁
批评许慎的话是对的。"②姚孝遂说："《说文》凡言'省声'，十之
七八是不可靠的。这可能有两种情况，一是许慎的误解，一是后
人所羼入。"③

　　《说文》中有的"省声"不可信，这是肯定的。但是否"十之
七八是不可靠的"，"不可靠的"省声中哪些属于"许慎的误解"，
哪些"是后人所羼入"，这些问题的解决，都有赖于对每一个省
声字进行具体分析。问题在于：《说文》中究竟哪些字属省声，从
什么字省声，不仅清代段（玉裁）、桂（馥）、朱（骏声）、王（筠）等人
说法不一，分歧很多，就是大小二徐也不一样，如：卤（réng，又音
nǎi）字，大徐本从乃省西声，小徐本从乃卤省声；渠字，大徐本从
水榘省声，小徐本从水杲声。考虑到大徐本流传广、影响大，我们
的讨论以大徐本中的"省声"作为对象。根据笔者统计，大徐本
（中华书局1963年印陈昌治刻本）共有省声材料310条，经过逐
条考察，发现不可信的省声有158条。这些不可信的省声是怎么
产生的呢？我归结为以下四个方面的原因。

一　不明秦汉古音而误改

　　我们怎么判断有的"省声"是后人不明古音而误改的呢？这
主要是由语音系统和语音演变规律推断出来的。就是说，某些所
谓省声的形声字，在许慎时代，其声符与本字的读音原本相同或
相近，由于语音演变，出现了声符与本字读音不一致的情况，后人

---

① 《说文阙义笺》，《史语所单刊》乙种之一，1930年。
② 《中国语言学史》130页；又《王力文集》12：163。
③ 《许慎与〈说文解字〉》30页，中华书局1983年。

不明古今音的演变规律,于是根据今音将声符改为某省声。这种情况王筠也注意到了,他说:"可知凡省声,后人以近世韵书改之者多矣。"① 细加分析,有以下六种情况:

1. 不明入变去而误改　有的声符与被谐字上古均属入声,后来其中之一变为去声,不懂得入变去的人,将被谐字变为去声者的入声声符改为今某去声字的省声,将声符变为去声者改为今某入声字的省声。如:

赴:从走仆省声。按:本应作卜声,段、朱、王均改仆省声为卜声,是。赴、仆、卜,上古均屋部字,中古"赴、仆"变为去声,"卜"仍为入声,故后人误改卜声为仆省声。

"趹、跌、胅、缺、突、疢、妜、鴂"等八字均作决省声。按本应作夬声。段、朱均改决省声为夬声,是。"夬"在上古属月部,后来变为去声,而从夬得声的"缺"等仍为入声,故误改夬声为决省声。其中"趹、跌、胅、缺"四字,小徐仍作夬声,保存了许书原貌。

"迮、怍"均为作省声。按:本应从乍声。段、朱、王均从乍声,是。上古"迮、怍、作、乍"均铎部字,中古"乍"变为去声,"迮、怍、作"仍为入声,故后人误改乍声为作省声。"怍"字《韵会》引《说文》从乍声,乃许书原貌如此。

"蹢、鷫"均作适(適)省声。按:本应作啻(商)声。段、朱、王均作啻声,是。"蹢、鷫、適、啻"上古均锡部字,中古"啻"变为去声,"蹢、鷫"仍为入声,故误改啻声为适省声。小徐"蹢"从商声,"鷫"从啻声,基本上保存了许书原貌。"摘"字大小徐均作啻声,乃改之未尽者。但大徐注云:"臣铉等曰:当从适省乃得声。"大徐不晓古音,以非为是。

"鴳、阅"均作说省声。按:当作兑声。段、朱王均作兑声,是。

---

① 《说文释例》卷三 248 页,万有文库本。

"鸩、阅、说、兑"上古均月部字,中古"兑"变为去声,"鸩、阅、说"仍为入声,故误改兑声为说省声。小徐"鸩、阅"均从兑声,保存了许书原貌。

　　辥(zuì):从茻絴省声。按:当作卒声。段、朱均作卒声,是。"辥、絴、卒"上古皆物部字,中古"辥、絴"变去声,"卒"仍为入声,故误改卒声为絴省声。

　　醮:从酉嚼省声。按:当作爵声。小徐及段、朱均作爵声,是。"醮、嚼、爵"上古均药部字,中古"醮、嚼"变去声(《集韵》"醮、嚼"均归去声笑韵,《广韵》"嚼"归入声),"爵"仍归入声,故误改爵声为嚼省声。

2. 不明音转而误改

　　(1)不明阳入相转而误改

　　飻(tiě):从食殄省声。按:小徐作㐱声,保存了许书原貌。段、朱、王均依小徐,是。"飻"属质部,"㐱"属文部(严可均、朱骏声、王力归真部,段先归文部,后归真部),二者旁对转。段玉裁说:"铉本作殄省声,不明于平入一理,妄改之也。"[1] 段氏所谓"平入一理",实际是对转问题。"飻"字亦作"餮",《说文》引"《春秋传》曰:谓之饕餮",今本《左传》作"餮"(见《文公十八年》)。"餮"是"飻"的后起异体字,不当因"餮"从殄声,而误以为"飻"从殄省声。

　　炭:从火岸省声。按:小徐作屵(è)声,段、朱、王均依小徐,是。"炭、岸"皆元部,"屵"归月部,"炭"从屵声,月元对转,后人误改为岸省声。

　　"邁、厲"均作蠆省声。按:小徐"邁"作萬声,段、朱、王依小徐,是。王筠"厲"字亦作萬声,他说:"厲邁并作萬声,今作蠆省

――――――――――

① 《说文解字注》"飻"字注,222页。

声者,因重文靈、蠹而迁就其说。"又《说文释例》卷三云:"邁下云蠆省声,小徐本作萬声,是也。积古斋'萬年'字屡见……要之皆借邁为萬也。声苟不同,何以借用? 何必委曲其词而谓之省乎!"自注:"萬与邁同声,即与蠆叠韵矣。吾谓萬蠆一字,此亦可证。"王说甚是。"萬、蠆"古本一字,至于"萬、邁"同声,乃元月对转。又《说文》力部"勱"字从力萬声,读若厲(此依桂馥《义证》)。大徐本作"读若萬",小徐作"读与厲同",桂馥注:"萬声者,本书厲、邁并从蠆省声,馥谓厲、邁亦当云萬声。"段玉裁"勱"字注云:"厲亦萬声也,汉时如此读。""厲、勱、邁"均月部字,"萬"元部字,可以对转。

轊(è):从车㩝(è)省声。按:小徐作獻声,保存了许书原貌。段、朱、王均依小徐,是。段注:"俗改作㩝省声,不知古音者所为也。"《说文》木部"㩝"字,大小徐均作獻声,而不作轊省声,亦可证"轊"之㩝省声,确系后人误改。"轊、㩝"同音,均月部字,"獻"属元部,月元对转。

妗(càn):从女奴省声。按:小徐作卨(niè)声,段、王依小徐。"奴"归元部,"卨"属月部,月元对转。

(2)不明阴入相转而误改

齺(bó):从齿博省声。按:段、桂、朱、王均认为当作尃声。王筠说:"齺下云齿博省声。按博字大徐会意,小徐兼声。如溥从尃声,薄又从溥声,可知尃声自谐,不须言博省。口部嗜亦云尃声。嗜、齺音义并同。"[1] "齺、博"上古归铎部,"尃"(fū)归鱼部,鱼铎对转。后人不明对转音理,误改为博省声。《说文》口部"嗜"从尃声,乃改之未尽者。

梼(zhé):从木特省声。按:段、朱、王都认为当从寺声。段

---

① 《广韵》"齺"为"嗜"之异体字。

云："各本作特省声，浅人所改也，'特'又何声耶！"朱云："特从寺声，则'峙'亦从寺声。""峙、特"均属职部，"寺"属之部，之职对转。

（3）不明阴阳对转而误改

庋（huán）：从广閡（xuàn）省声，读若環。按：桂馥说："閡省声者，当从戈声，后人以環戈音异，改为閡省声。"桂说可信。"庋"元部字，"戈"歌部字，歌元对转。

鼖（fén）：从鼓贲省声。按：小徐作卉声，段、王均依小徐，是。段注："铉本改作贲省声，非也。贲，从贝卉声，微与文合韵最近。"段氏所说的"合韵"，在这里即微文对转。

（4）不明旁转而误改

漢：从水難省声；嘆：从口歎省声；歎：从欠鸛省声。按："莫"即"堇"字。"漢、嘆、歎"均应从堇声。段注"漢"字云："按鸛、難、嘆字从堇声，则漢下亦云堇声是矣。難省声盖浅人所改，不知文殷元寒合韵之理也。"段说可信。上古"堇"属文部，"漢、嘆、歎"归元部，文与元旁转。

（5）不明通转而误改

彬（"份"之古文）：从彡、林。林者，从焚省声。按：小徐无"林者"二字。王筠说："林者，从焚省声。此句盖后人增。彼以'彬、林'声异，遁词于焚省，又忘《说文》作棥也。"《说文》有"棥"无"焚"（段注改篆文"棥"为"焚"，484页）。"焚、彬"均文部字，故误改为焚省声。原书应作从彡林声。林，侵部字，与文部之"彬"主要元音同，侵与文通转。

3. 不明古韵分化为不同的今韵而误改

璚：从玉敻省声。按：段、朱均作矞声，是。段说："从玉矞声，依《韵会》所引锴本。今锴本亦作敻省声，又浅人改之也。""璚、敻、矞"上古皆元部字，中古"璚、敻"归狝韵，"矞"归换韵，故误改象声为篆省声。《集韵》"璙"有重文"璙",从篆声,不省,当是后起字。

茵(méng):从艸朙省声。按:朱、王均作囧声,是。七篇上"囧"字下说:"(囧)贾侍中说读与明同。""朙"字小徐作"从囧月声。锴曰:当言囧亦声"。王筠说:"当系从月囧声之误倒,与囧部说之'读与明同',正相灌注也。"王说可信。"茵、朙(明)、囧"古皆阳部字,今韵"茵、明"归庚韵,"囧"归梗韵(大徐作俱永切,音jiǒng),故误改囧声为朙省声。王筠说:"萌从朙声,茵从朙省声。案从囧声自谐,此或后人改也。"

龇(zī,又音chái):从齿柴省声,读若柴。按:段、桂、朱、王都认为当作此声。段说:"各本作柴省声,浅人改也。"王筠《说文释例》卷三说:"柴固从此声,似校者因读若柴而改之。""龇、柴、此"古韵均支部字,今韵"龇、柴"均归佳韵,"此"归纸韵,故误改此声为柴省声(《广韵》支部亦收"龇"字,侧宜切)。又"龇、柴"均从此声,因历史上庄组精组关系密切。

讙(xuān):从言圜省声。按:小徐作睘声,段、桂、朱、王依小徐。桂馥说:"本书儇、嬛并从睘声,此讙应同。"段注:"与人部儇音义皆同。""讙、圜、睘"上古皆元部字(睘,字本作瞏,从袁声。段、朱归元部,一般归耕部),今韵"讙、圜"皆属仙韵,"睘"归清韵,故误改睘声为圜省声。

虓(háo):从木號省声。按:朱骏声作唬声,是。王筠亦说:"唬声自谐。"王氏又在《说文释例》卷三指出:"虓下云號省声,食部'饕'之籀文'虓'下云:从號省。虽不言'声',承上可推知也。然口部'唬'下云:读若暠。《说文》虽无'暠',《广韵》暠,古老切。《玉篇》唬,呼交切。平仄韵合,即与虓音土刀切,虓音乎刀切,亦无不合,则虓、虓皆云唬声可矣,而必云號省者,《唐韵》唬,呼讶切,则其音不同也。可知凡省声,后人以近世韵书改之者多矣。"王说甚是。他不仅正确地指出了后人改虓声为虢省声的原因,而且指出"以近世韵书改"声符是一种普遍现象。上古"虓、虢、唬"皆宵部字,《广韵》"虓、虢"归豪韵,均音胡刀切,而"唬"归祃韵,呼讶切(xià),故误改唬声为虢省声①。

椑(bì):从木陛省声。按:小徐作坒声,《韵会》亦引作坒声,段、朱、王均作坒声,是。上古"椑、陛、坒"均脂部字,《广韵》"椑、陛"归荠韵("椑"字又音边兮切),"坒"归至韵,故误改坒声为陛省声。

羺(ruí):从生豨省声。按:小徐从豕声,《一切经音义》亦引作豕声,当是许书原貌,段、朱、王均依小徐,是。朱骏声"豕、羺、豨"均归脂部(段玉裁"豕、羺"归十六部,"豨"归十五部。《说文》豕字下说:"读与豨同。"朱将"豨"归脂部是有道理的)。中古"羺"归脂韵,"豨"归微韵,"豕"归纸韵。"校者以当时读豕不与豨同,则与羺不合"(王筠《说文释例》卷三251页),故误改豕声为豨省声。

囊:从㯻(hùn)省襄省声。按:桂、朱均依大徐,段、王都认为当作𡓑声。段说:"𡓑各本作襄省二字,浅人改也,今正。"王说:"段氏、严氏皆云当作𡓑声,是也。"又说:"案以楷书'囊'字去其上半,则㐺为襄省矣,此不识篆者所改也。"从语音演变来看,"𡓑、囊,襄"上古均阳部字,《广韵》"襄、囊"分归阳、唐(二韵同用,主要元音同),"𡓑"归庚韵(乃庚切),故误改𡓑声为襄省声。

橐(piáo):从㯻省匋省声。按:段、桂、朱均主张作缶声。"缶、匋"古同音。《说文》缶部"匋"字:"按《史篇》读与缶同。"黄侃《说文同文》:"缶同匋。"杨树达说:"(匋)大徐音徒刀切,今

以字形核之，訇读徒刀切者，非古音也。何者？訇字实从勹声，而读与缶同，勹缶皆唇音字，非舌音字也。"[1] "橐、訇、缶"上古均幽部字，《广韵》"橐、訇"分归宵、豪（主要元音相近），而"缶"归上声有韵，故误改缶声为訇省声。

船：从舟铅省声。按：段、朱、王均作㕣声，是。段说："各本作铅省声，非是。口部有㕣字；水部有沿字，㕣声。今正。"王说："段氏改为㕣声，是也。"[2] "㕣、船、铅"上古皆元部字，《广韵》"船、铅"归仙韵，"㕣"归狝韵，故误改㕣声为铅省声。

黰（diàn）：从黑殿省声。按：段、朱、王均作屈声，是。"屈、黰、殿"上古皆文部字，中古"黰、殿"归霰韵，"屈"（tún，字亦作"臀"）归魂韵，故误改屈声为殿省声。

縠（hù）：从赤縠省声。按：段、朱、王均作㱿声，是。"㱿、縠、縠"上古均屋部字，中古"縠、縠"归屋韵，"㱿"（ké）归觉韵，故误改㱿声为縠省声。王筠说："縠下云縠省声。案从㱿声者凡十余字，縠亦在其中，忽作此言，岂有许君如是谬妄者乎！"（《说文释例》卷三262页）

悦：从心况省声。按：段、朱、王均作兄声，是。段云："各本作况省声，乃不知古音者所改。"王筠："段氏改兄声，是也。况亦从兄声。《白虎通》曰：'兄者况也，况父法也。'此以同音相训释也。《史记·吕后本纪》郦寄字况，吕产谓'郦兄不欺己'，此以同音相假借也。"（《说文释例》卷三264页）王筠说的吕产，原文作"吕禄"。"郦兄"，《集解》引徐广曰："音况，字也，名寄。""兄、悦、况"上古均阳部字，中古"悦、况"分归养、漾二韵（仅上去之别），"兄"属庚韵，故误改兄声为况省声。

---

① 《积微居金文说》（增订本）92页，可参阅81页，中华书局1997年。

② 《说文句读》八下1151页，上海古籍书店1983年。

蜥(jiàn)：从虫渐省声。按：段、朱均作斩声，是。"蜥、渐、斩"上古皆谈部字，中古"蜥、渐"归琰韵，"斩"归豏韵，故误改斩声为渐省声。

飙(liáng)：从风凉省声。按：桂馥认为"凉省声者，当为京声。"段注："各本作凉省声，俗人所改。'凉、辌、醇'皆京声，今正。"朱骏声说："此字实凉字。""飙、凉、京"上古皆归阳部，中古"凉、飙"归阳韵，"京"归庚韵，故误改京声为凉省声。

4. 不明声母音变而误改　同一声母，由于古今音值不同，也是误改某声为某省声的一个原因。

在上古语音系统中，喻四与定母关系密切，音值相近。到了唐代，喻四的音值变为半元音 [j]，定母仍然为 [d]（有人拟为 [d']），因此，唐宋时候的人对于定母字以喻四字作声符感到很不顺口，往往就将声符改为某定母字的省声，如：

莜(diào)：从艸條省声。按：段、桂、朱、王均主张从攸声。段注："旧作條省声，乃浅人所改，條亦攸声也。""莜、條"均定母字，"攸"为喻四，改攸声为條省声，就因为中古喻四的音值与定母相差较远。

犊：从牛渎省声。按：《韵会》引作賣声，乃许书原貌。段、桂、朱、王均作賣声，是。"犊、渎"定母字，"賣"属喻四。《说文》贝部："賣，读若育。"育，古读如毒。《老子》五十一章"亭之毒之"，《释文》："（毒）今作育。""育"归喻四，"毒"属定母。"育、毒"通假，亦可证上古"賣、犊"音近。

窦：从穴渎省声。小徐作賣声，乃许书原貌。段、朱均依小徐，是。段说："按古音去入不分。"他的意思是："窦、渎、賣"上古均入声，而中古"窦"为去声，"賣"为入声，故误改。这个意见有一定道理，但非的论。误改的"渎省声"，"渎"字亦非去声（"渎"与上例之"犊"，中古均屋韵字），仍然与"窦"不相应，且上例之

"犊、賣、渎",无论是上古还是中古,均入声字,为何也改賣声为渎省声呢?可见误改是由于声母音值的演变造成的。即"窦"(声母为[d])与"賣"(半元音[j])不相应。

除了喻四与定,还有禅母与端母的关系问题。在上古音系中,禅与端关系密切。黄侃的十九纽将禅母并入定母,高本汉将禅母的古音拟为[dˆ],与定母相近,端母的音值为[t],与定禅为清浊之别。周祖谟说:"经籍异文中,禅母与定母之关系最密,足证前人所谓禅母古音近于定母之说确凿有据。然其中亦必有少数字读如端母者。"[①]《说文》谐声资料,端母字有以禅母字为声符者,后人不知其音近,改为某省声。如:

哾(dōu):从口投省声。按:小徐作殳声,保存许书原貌。段、桂、朱、王均作殳声。桂馥云:"投省声者,戴侗曰:唐本作殳声。徐锴本同。"殳,禅母字;哾,端母字。按照李方桂的拟音,端母[t],禅母[d],二者只是清浊之别,故"哾"从殳声是完全可信的。而且"投"也从殳声(依小徐。大徐从手从殳,不可信),"投"为定母字,以禅母字为声符,其声母音值相同。中古端、定音值未变,禅母由塞音变为擦音[ʑ],差别较大,故误改殳声为投省声。

駒(dí):从马的省声。按:段、朱均作勺声,是。"駒、的"均端母字,"勺"为禅母字,由于禅母古今音值不同,故误改勺声为的省声。且"旳(的)"亦从勺声,也是端母字以禅母字为声符。

5. 不明一字多音而误改

"隋"字在中古有两个读音,即旬为切(三等)、徒果切(一等);在先秦时代,隋声字归歌部,但也有两读,即三等、一等之别;到了东汉,三等隋声字转入支部,故《说文》"蓨、隓、随"皆从隋声(以小徐为据)。而大徐本"隋"字音徒果切,以为"蓨、隓、随"与隋

---

① 《禅母古读考》,《问学集》上册161页,中华书局1966年。

声不相应,故误改"蕅、罋"为随省声。另外,"隓、鱐"二字大小徐均作惰省声,这应是许书原样,非后人误改,因为许慎也不明白"隋"字有两读,他只知有旬为切,而不知有徒果切,故将从隋声的"隓、鱐"二字定为惰省声。王筠《释例》卷三说:"罋隋随惰,小徐亦并作隋声,是则小徐不误,大徐改之。前乎大徐而改者,小徐仍之,是以纷错也。"他所说的"前乎大徐而改者",其实应是许慎不明"隋"有二音而误解。

嬴:从女羸省声。按王筠《句读》说:"非也,当作羸声。一字两声者……不得以今音拘挛之也。"又《释例》卷三说:"羸,郎果切。从其声者,赢、嬴、蠃、瀛、鸁……而嬴、嬴从羸声,自为一类。"(298、299 页)"《史记索隐·魏公子列传》侯嬴,音盈;又曹植音赢瘦之羸,是同此从女之字,而一音盈一音雷也。可知羸字本两音也"[1]。王说近是。关于"嬴"的读音涉及复辅音声母问题,我在《上古音》(104 页)中有论述。

6. 不明声符假借而误改

岳;从丘泥省声。按:小徐从丘从泥省,泥亦声。段玉裁依小徐。朱骏声作尼声,是。《说文》释"岳"为"反顶受水丘也"。孔子生而圩顶(头顶中低而四旁高)故名丘,字仲尼,汉碑有写作"仲泥"的,若按《说文》释义,则应写作"仲岳"。段玉裁说:"岳是正字,泥是古通用字,尼是假借字。"后人为了表示声旁兼义,故改尼声为泥省声。其实,"尼、岳、泥"同音,借"尼"作"岳"之声旁,本无不可。颜之推说:"至如'仲尼居'三字之中,两字非体。《三苍》尼旁益丘,《说文》尸下施几,如此之类,何由可从。"(《颜氏家训·书证》)颜氏的意思是,若拘守《三苍》《说文》,就应改为"仲岳凥",但事实上是不可从的。而且"泥、岳"的产生肯定

---

[1] 《说文释例》卷三补正,309 页。

晚于"尼",经典中不见有写作"仲昵"的。

二 因字形问题而误改

1. 因形近相混而误改

哣(xuǎn):从口宣省声。按:亘字包括小篆两个相近的字形:
(1)亘,音须缘切,读 xuān,见于《说文》十三篇下的二部,从二从
回;(2)亘,古邓切,音 gèn,见于《说文》木部,为"楅"之古文。
二字形音义均不同,"亘"归元部,"亘"归蒸部,隶定均作"亘",
《集韵》仙韵、嶝韵均收"亘"字,音义不同,《广韵》仙韵无"亘",
只嶝韵收"亘",嶝韵之"亘"实为"亘"字,与"哣"声不相应,加
上"亘(亘)字经典不常见"(段玉裁语),故误改亘(亘)声为宣
省声。王筠说:"哣既不取宣义,何须言省,'宣'固从亘声也。"
(《说文释例》卷三 236 页)

2. 以后起不省声的异体字改篆字某声为某省声

斸:从鼠畾省声。按:段、朱、王均作乑声。段注:"各本作畾
省声,今正。"王注:"大徐作畾省声者,盖以今字作'鼺'而改之
也。"[1]王说甚是。乑,古文西字。《说文》"珋、栁(柳)"均作乑
声,"斸"不当作畾省声。"鼺"字见于《类篇》。

3. 因小篆字形传写失真而误改

趣(chě):从走庶省声。按:"趣"的小篆小徐作 趣,从走庶
声。大徐误作 趣,故误改为庶省声。段依小徐,注云:"《五经文
字》庶,隶省作斥……云庶省声,非也。"桂馥说:"庶省声者,徐锴
本作斥声。案:'斥'当为'庶',隶作'斥',讹为'斥',徐铉以为
庶省,篆作斥,皆非也。"

訴:从言斥省声。按:段、王改从庶声,是。桂馥说:"《韵会》

---

[1] 《说文句读》十上 1366 页。

引徐锴本作庎声。"误改的原因亦是篆形传写失误。大徐作"斤"
非;小徐作"庎"是。

　　隇:从木隐省声。按:段玉裁说:"《篇》《韵》皆引《说文》:
隇,栝也。不省'心'。"王筠说:"隇下云隐省声,此等省法,极为
卤莽。段氏谓《玉篇》《广韵》引《说文》皆不省'心',是也……
《韵会》引篆作隇,说作隐声。"(《说文释例》卷三 250 页)《类
篇》将"檼、隇"误合为一,又收"隇"字,注引《说文》:栝也,从木
隐省声。《类篇》所引《说文》与大徐本同,与《玉篇》《广韵》所
引不同。"隇"乃"隇"之俗体,后人据俗体改篆文,又据已改之篆
文改隐声为隐省声。

4. 因声符为僻字而改为某常用字的省声

　　逢:从走峯省声。按:段、朱、王均作夆声。段云:"夆,啎也。
啎,逆也,此形声包会意。各本改为峯省声,误。《说文》本无
峯。""峯"为大徐所补十九字之一。《集韵》"夆、峯"同一小韵,
但"峯"为常用字,而"夆"经传不常见,故改夆声为峯省声。

　　匋:从缶包省声。按:应作勹声。王筠说:"勹,古包字;包,古
胞字。此人不分今古,故改勹声为包省声耳。"(《说文释例》卷三
247 页)杨树达说:"匋字实从勹声,而读与缶同,勹缶皆唇音字。"
二说均是。后人之所以改勹声为包省声,由于"勹"乃僻字,不见
经传。

　　榜:从木㷘省声。按:应从㷘声。自部有"㷘"字,与"榜"同
音,但"㷘"为僻字,故误改为㷘省声。

　　塞(sè):从心塞省声。按:应作㥶(sè)声。卷五上有㥶字。
段玉裁改为㥶声,是。朱骏声认为"从心从㥶,会意,㥶亦声"。
"㥶"为僻字,故误改为塞省声。

　　溦:从水微省声。按:应作散声。人部有"散"字。段、朱、王
均作散声,是。"散"为僻字,且"溦"后来又写作"濈",故误改。

渠：从水榘省声。按：小徐作枲声，是。"枲"即"柜"字。经传不见"枲"字，故误改。

券(juàn，同倦)：从力卷省声。按：小徐作桊声，段、朱、王均依小徐，是。《说文》卷三上："桊，读若书卷。""卷、桊"同音，"桊"为僻字，故误改。

5. 因声符有异文(重文)而误改

齌：从示齊省声。按：小徐作齊声，是。齊，甲骨文作𠂤、𠂤，金文作𠂤；齌，金文作𠂤、𠂤，显然为从示齊声，但《说文》"齊"字作齊(商鞅方升也作𠂤)，与作齌字声符的"齊"相比，下面多了二，故误以齌字为齊省声。

騌(裯之或体)：从馬壽省声。按：王筠、朱骏声均主张从畱声，是。壽，豆闭簋作𠂤，但小篆加形旁作𠂤(见老部)，从老省畱声，后人以小篆"壽"字为据，误改为壽省声。巾部之"幬"、酉部之"醻"……皆从畱声，不云壽省声，可证"騌"字原本亦作畱声。

兹：从艸兹省声，小徐本作絲省声。按：《韵会》引作丝声，是。甲金文兹字作𠂤，与𠂤同形，小篆"丝"只作𠂤，故以小篆为据改为絲省声，又因"兹、兹"同音(均子之切)，又误改为兹省声。

薼：从豆蒸省声。按：蒸，或省火作烝，卷一草部以"烝"为"蒸"之重文。王筠说："(薼)当作烝声，《说文》以重文为声者多矣。"[1]王说可信。

鋈：从金茨省声。按：小徐作沃声，是。误改的原因是《说文》有"茨、芙"而无"沃"，但"沃"与"茨"同。王筠《说文释例》卷三说："将无篆既捝艸，注乃加'省'邪？""捝艸"之说无据，只能说"沃、茨"并存。

---

[1] 《说文句读》五上 609 页。又《说文释例》卷三说："薼下云蒸省声。按蒸有重文烝。"

6. 不明象形意义而误改

杏:从木可省声。按:《六书故》引唐本从木从口,是。后人不明从口之意而误改为可省声,段玉裁又误改为向省声,均不可信。王筠说:"槑(某之古文)下亦云从口。窃疑篆当作杏、槑,说当云:从木,象形。"(《说文句读》六上 700 页)王说可信。口,非口舌之口,而象杏子之形。高鸿缙说:"某槑槑楳梅五字一物,原作杏者,倚木而画其上有小果之形。"[①]丁山说:"杏上从甘与从曰同,盖果尚未熟之象,既熟则有龟坼纹,字不从曰而从田作果矣。果字卜辞作(67)(68)者,累累树上,兼熟与未熟之果象之也。"[②]"杏"字形体结构的原理与"某"字同。为何改为可省声,可能反映了唐宋时的某一方音。小徐本杏字音根猛反,徐锴说:"今旁纽可槑为纽。槑苦矿反(kǒng),近杏,古之声韵为疏多此类。"他的意思是,"杏"与"槑"音近,而"槑"与"可"为纽(声母相同),大概唐宋时期有的方音"杏"字读见母,不读匣母。

三　因版本、传写讹误而误改

不仅我们见到的《说文》已非许书原貌,就是大小二徐见到的《说文》也已屡经窜改。或传写夺字,或篆文重出,这些,都是造成省声混乱的原因。

1. 由夺字而误改某声为某省声

萧:从艸稀省声。按:段、朱、王均作希声,是。大小徐之所以改为稀省声,是因为《说文》无"希"字。《说文》"稀"字从禾希声,徐锴说:"当言从禾、爻、巾,无'声'字,后人加之,爻者希疏之义,与爽同意,巾亦是其希象。至萧与晞皆从稀省,何以知之?《说文》巾部、爻部并无'希'字,以是知之。"徐铉在"稀"字下引

用错说,并把"莃"字的从艸希声(见小徐本)径改为稀省声。王念孙说:"徐锴以为希、晞皆从稀省,故徐铉于莃字注改为从艸稀省声也。今考《说文》莃、晞、唏、睎、郗、稀、俙、欷、豨、绤十字,并从希声,又昕字注云:读若希。则本书原有希字明甚,稀字而外,从希声者尚有九字,又可一一改为'稀省声'乎!"[1]钱大昕说:"《说文》稀、莃、晞皆取希声,明有希字。古文绤、绤皆从巾,今本《说文》有峪无希,盖转写漏落。"[2]段玉裁说:"《说文》无希篆,而希声字多有,然则希篆夺也。"诸说可信,大徐本"睎、唏、欷"的稀省声,许书原本均应作希声。《韵会》"睎、欷"引《说文》,也均作"希声"。

譖:从言矗省声。按:小徐作皛声,段、王均依小徐,是。桂馥说:"徐锴本作皛声。本书无皛字,转写脱漏。"徐铉因本书无"皛"字,故改为矗省声。又,"譖"《说文》或体作"謤",据或体改为省声,这也是原因之一。

檵:从木繼省声。按:段、王均主张作䜌声,是。因《说文》无䜌字,故改为繼省声。段注:"按繼下云:'一曰反䜌为繼。'然则此云䜌声足矣,疑或窜改之也。"王说:"檵下云繼省声,繼下云'从糸、䜌,一曰反䜌为繼。'按此语承'绝'之古文'䜌'而言,然必出古文'䜌'而说之曰:'古文反䜌为繼。'既经挩失'䜌'篆之后,乃附此句于'繼'下,而改'古文'二字为'一曰'二字,又改'反䜌为繼'之'䜌'作'繼',并改檵下之䜌声为繼省声,几乎泯没其迹矣。"(《说文释例》卷三249页)王说甚是。朱骏声亦说:"䜌当为繼之古文。"金文繼作𦃇,郭沫若说:"䜌即古繼字。"[3]

---

① 转引自桂馥《说文义证》"莃"字条。

② 《潜研堂文集》卷十一152页,万有文库本。

③ 转引自《金文诂林》第十四册卷十三"继"字条,7258页。

妆：从女牂省声。按：段、朱、王均作爿声，是。《说文》"牂、
肝、戕、壮"等字，俱云爿声，而"妆"独云牂省声，因"爿"字脱漏
而误改。朱骏声说："爿，从反片，指事，读若墙。《说文》夺此字，
今据说解偏旁补。《六书故》引唐本《说文》有此。"段玉裁在片
部补"爿"字，注云："各本无此，按《六书故》云：唐本有爿部。"又
木部"牂"字段注云："然则反片为爿，当有此篆。二徐乃欲尽改
全书之爿声为牂省声，非也。"

2. 因篆文重出而误改某声为某省声　《说文》在流传过程
中，既有夺字，也有个别篆文重出，校订者不敢删去重出之篆文，
反而改某声为某省声，以示语音有别。

大徐本言部有两个"誆"字，一个在"误"字之后，从言圭声；
一个在"譌"字之后，从言佳省声。桂馥说："或从言佳省声者，宋
本小字本、徐锴本无此文。"段注及王筠《句读》均无重出之"誆"
字，不取佳省声。"誆、圭"上古皆支部字，中古"圭"归齐韵，"誆"
归卦韵（佳韵去声），故据今韵改为佳省声。

3. 将正篆与或体分为两字，一作某声，一作某省声
土部有两个"堀"字，一在"堪"字之后，作"堀"："突也。从
土屈省声。"一在部尾，作"堀"："兔堀也。从土屈声。"小徐本也
有两个"堀"字，第一个堀字作屈声。段玉裁删去部尾之"堀"，将
"堪"后之"堀"改为"堀"，将屈省声改为屈声，注："各本篆堀，解
作屈省声，而别有堀篆缀于部末，解云：'兔堀也。从土屈声。此
化一字为二字，兔堀非有异义也。篆从屈，隶省作屈，此其常也，
岂有篆文一省一不省分别其义者，今正此篆之形，而删彼篆。"祁
本《说文解字系传校勘记》指出："屈声，铉作屈省声。按部末有
堀篆，当与此相合。堀当为正篆，堀当为堀之或体，锴本旧当如
是，后人或依铉本离之也，故屈声尚仍其旧。考《韵会》已分引，

知沿讹已久。"① 又于部尾之"堀"下指出:"按此篆当移置'堀'前,删此注而移'堀'注入于此篆下,改'堀'注为'或省作'三字,方如许书之旧。"② 这些意见均很有见地。

《说文》戈部有"肈",大徐"按李舟《切韵》云:击也。从戈聿声"。攴部也有"肇"字,云:"击也,从攴肈省声。""肈、肇"本一字。段玉裁说:"古有肈无肇,从戈之肈,汉碑或从攴,俗乃从攵作肇,而浅人以窜入许书攴部中。《玉篇》曰:肇,俗肈字。《五经文字》戈部曰:肈,作肇,讹。《广韵》有肈无肇。"段玉裁、王筠均删去攴部"肇"字。段谓"肈、肇"一字,可信;谓古有肈无肇,不可信。金文有⿰⿱丿戶攴、⿰戶攴,也有⿰⿱丿戶戈、⿰戶戈,以攴击户与以戈击户,意思一样。依"肈"从戈聿声之例,"肇"字应是从攴聿声。

四 许书原本有误

清朝人已经注意到"《说文》中不须省声之字,不尽是唐宋人改窜矣"(《说文释例》卷三)。其中有不少省声是许慎本人误解,这是可以理解的。许慎未见到甲骨文,他见到的小篆有的已非造字时的初形,字形结构的意义已不甚了然,即使可析而见义,我们也不能要求许慎万无一失。所以,字形结构分析失误,是许慎误用省声的一个重要原因;另外,许慎时代的语音系统虽与先秦基本一致,但已有某些变化。桂馥说:"《说文》谐声,多与《诗》《易》《楚辞》不合,音有流变,随时随地而转……前乎《说文》者,三代之音也;后乎《说文》者,六朝之音也;《说文》则汉音并古音也。"③ 许慎用"汉音"(有时是汝南方音)分析谐声,其不合者则误以为某省声,这是误用省声的又一原因。下文从五个方面来分

①② 附《说文解字系传》后,364 页,中华书局 1987 年。

③ 转引自《说文句读·说文附录》2291 页。

析许慎的失误。

1. 误以会意为省声

進：从辵閵省声。按：从走从隹，会意。高鸿缙说："按字从隹从止，会意。止即脚，隹脚能进不能退，故以取意。周人变为隹辵，意亦同。不当为形声。"[1]

聑（niè）：从支耴省声。按：张舜徽说："聑字在经传中未见行用，诸家疏释许书者，亦阙而未论。窃意许训'使也'，乃指使教诲之意，故与敕篆比叙。字当从支从耳，谓提其耳而教之也。"（《说文解字约注》卷六58页）张说可信。王筠以为耳旁当作耴，从支耴声，不可信。

羔：从羊照省声。按：从羊从火，会意。林义光说："按火为照省，不显。羔小可炰，象羊在火上形。"[2]

豈：从豆微省声。按：从ナ（ナ）从豆，会意。孔广居曰："愚意豈从ナ从豆，ナ即左本字。"[3]张舜徽说："豈之得义，盖与喜字同意。见豆丰盛而手取之，则悦乐义出矣。豆者，食肉器。古食肉用手……或左或右，故豈字上从ナ，亦可从彐也。"（《说文解字约注》卷九）

否（mì）：从日否省声。按：从不、日，会意。段玉裁说："其音云否省声，则与自来相传'密'音不合，且何不云'不声'也。以理求之，当为'不日也'（许释为'不见也'），从不、日。"王绍兰说："不见者，谓不见日也。故其字从不、日，会意。"[4]

事：从史之省声。按：甲文"事"与"史"为一字，从又持屮，会意。徐中舒说："甲文史原作屮，屮，乃干戈之干本字。古人狩猎作

---

① 《中国字例》四篇，转引自《金文诂林》卷二879页。

② 《文源》，转引自《金文诂林》卷四2406页。

③ 《说文疑疑》，转引自《说文解字诂林》第六册五上2080页，中华书局1988年。

④ 《说文段注订补》，转引自《说文解字诂林》第八册七上2939页。

战，即以有杈槎的木棒作为武器，进则以侵犯人兽，退则以捍卫自身。从又持，古代人类从事狩猎，取得食物，是当时大事。史之本义为事。文史之史，乃引申之义。”①

段：从殳耑省声。按：金文作，从手持殳捶石，会意。朱芳圃说：“《左传·襄公二十年》宋褚师段字子石，《二十七年》郑印段字子石，又《二十九年》经公孙段字伯石，古人名字相应，段以捶石为本义，与字形密合，是其确证矣。”②

黍：从禾雨省声。按：甲金文“黍”字从禾从水，会意。林洁明说：“从雨盖从水之讹变，余意黍字初本为象形，殷人尚酒，始以黍酿酒，故字又改为从黍入水，至金文又简化为从禾从水。”③

敚：从人从攴豈省声。按：金文作，从从攴，会意。高鸿缙说：“应从攴，会意。为髮之最初文，象人戴髮形。攴，小击也，从（手）卜声，髮既细小矣，攴之则断而敚也。”林洁明说：“金文字作，从从攴，非从人，许君之误显然，高鸿缙谓字从攴从（髮之初文）会意，其说近是。许说豈省声，盖就篆形强说耳。”④

㣎（mù）：从彡㝅省声。按：段、朱均作“㝅省，会意”。林义光说“从㝅省，从彡。㝅者细意，彡者文意”（《文源》）。

監：从卧䘓省声。按：甲金文“監”由两部分组成：一部分从人、目，表示一个人睁着眼睛往下看；一部分从皿，金文皿上有一点，表示水。古人以水为镜，“監”就是一个人弯着腰，睁大眼，从器皿的水里照看自己的面影。

---

① 《汉语古文字字形表》，可参徐氏主编《甲骨文字典》316 页，四川辞书出版社 1990 年。

② 《殷周文字释丛》139 页，中华书局 1962 年。

③ 转引自《金文诂林》卷七 4503 页。

④ 同上，卷八 5018 页。

奚:从大繇省声。按:"奚"本会意字。甲骨文作🐾,金文作🐾,用手牵着一个被绳索捆着脖颈的人,这个人是战俘或奴隶。于省吾认为"甲骨文称带发辫的奴隶为奚"[①]。郑注《周礼·春官·序官》释"奚"为女奴[②]。

量:从重省,㬎省声。按:于省吾说:"量字的初文本作量,从日从重,系会意字。量字的本义,应读为平声度量之量。量字从日,当是露天从事量度之义……量所以量度物之多少轻重。量字从重从日,乃会意字,这就纠正了《说文》以为形声字的误解。"[③]

家:从宀豭省声。按:段玉裁说:"此字为一大疑案,豭省声读家,学者但见从豕而已,从豕之字多矣,安见其为豭省耶!"段说有理。"家"从宀从豕,本会意字。先民养豕于家,解放前云南某些地方犹保存这种遗俗[④]。

覃:从㫚鹹省声。按:覃为会意字,从㫚从卤。唐兰认为㫚"本象巨口狭颈之容器,覃象⊗在㫚中"(《殷虚文字记》32页)。

哭:从吅獄省声。按:王筠说:"哭下云獄省声,獄字会意自可省,然从犬何以知为獄省?凡类此者,皆字形失传而许君强为之解。"(《说文释例》卷三238页)段玉裁说:"哭入犬部,从犬、吅,会意。"朱骏声说:"犬哀嗥声也。从犬㗊省声。"刘盼遂《说文师说别录》:"段说从犬吅会意,甚是。"段对"哭"字结构的分析、朱骏声对本义的解释,均可信。

宜:从宀之下,一之上,多省声。按:"宜"为会意字,上从宀,下象肉在俎上之形。商承祚说:"宜与俎为一字,而宜乃俎之孳

---

① 《甲骨文字释林》316页,中华书局1979年。

② 《四部丛刊》初编本82页。

③ 《甲骨文字释林·释量》414、416页,中华书局1979年。

④ 关于"家",我在《汉字文化学》中有新的认识:"家原本就是豭,家从豭分化而来。"(172页)可参阅。

乳。《说文》以为从多省声,依后形立说,非也。"①

宕:从宀碭省声。按:许慎释"宕"为"过也。一曰洞屋"。朱骏声说:"字从宀,洞屋当为本训。洞屋者,四周无障蔽之谓。"林义光说:"按石为碭省,不显,洞屋,石洞如屋者,从石、宀,洞屋前后通,故引申为过。"林说甚是。"宕"是会意字。

烦:从页从火。一曰焚省声。按:"烦"是会意字,许慎的分析是正确的。"一曰焚省声",不可信。王筠说:"焚当作燓,上说会意,下说形声,亦取'如惔如焚'义也,然似涉牵强。"②王筠的意思是:焚省声乃取"如焚"之义,然牵强不可信。

疛:从疒肘省声。纣:从糸肘省声。按:肘省声均不可信。卜辞"疛"从疒从又会意,"纣"字从糸从又会意。从又与从寸同。

2. 误以象形为省声

皮:从又为省声。按:古文字学家多以皮为象形字。王筠说:"古文 有角形,亦可知为象形,非形声也。"林义光说:"古作 ,从尸,象兽头角尾之形,⊃象其皮,彐象手剥取之。"刘盼遂《说文师说别录》:"(皮),象又持半革,则当是象形字,非形声。"

奔:从夭贲省声。按:象人奔走之形。郭沫若说:"奔字大盂鼎作 ,乃象形文,象人奔轶绝尘之状,下从三止,止,趾之初文也。三止讹变而为卉,《说文》遂谓奔从卉声矣(盈按:从卉声见段注)。石鼓文作 ,乃繁文,从止,尚未失古意。"③

宫:从宀躳省声。按:从宀、吕,象形。杨树达说:"甲文宫字作 ,作 ,冂象屋架,吕、吕象房屋,此纯象形字。"④罗振玉说:"宫从吕,从吕,象有数室之状,从吕,象此室达于彼室之状,皆象

---

① 《说文中之古文考》,转引自《金文诂林》卷七 4664 页。

② 《说文句读》九上 1199 页;又《说文释例》卷三 255 页可参阅。

③ 转引自《金文诂林》卷十 6092 页。

④ 《积微居小学述林》卷七 302 页,中国科学院出版社 1954 年。

形也。《说文解字》谓从舟省声,误以象形为形声矣。"(《增订殷虚书契考释》卷中)

要:从臼交省声。按:段玉裁说:"上象人首,下象人足,中象人腰,而自臼持之。"段说大体不错。金文"要"作🔲、🔲,正象一直立人形,凵,表示突出腰部。三体石经作🔲,与《说文》相近,人形已不明显,故许误以为交省声。

龍:从肉(象)飞之形,童省声。按:唐兰说:"龍旧以为童省声,实象蜥蜴类戴角的形状。"①

巠:从川在一下,壬省声。按:林义光说:"巠即經之古文,织纵丝也。巛象缕,壬持之。壬即滕字,机中持经者也。上从一,一亦滕之略形。"高鸿缙说:"按巠倚壬(滕之初文,持纵丝之器)画纵丝形,由物形𝍦生意,故为纵丝之意,名词,壬字原可作工或王形。巠字周人或有加糸为意符作經者,經字行而巠字废,《说文》说巠字全误。"② 林、高二说大同小异,"巠"为合体象形。

3. 误以某声为某省声 这里有字形问题,也有语音问题,或既有字形问题,又有语音问题。

鲁:从白(zì)鮺(zhǎ)省声。按:甲金文"鲁"从鱼从口,鱼亦声。口,非口舌之口,表示器皿,"鲁"的本义象鱼在器皿之中。"鲁、鱼"在先秦两汉均鱼部字,东汉时鱼部字的主要元音由先秦时的[a]变为[ɔ],在许慎的方言中,有可能"鲁"的读音并未跟着整个鱼部字的读音发生变化,仍读[a],跟汉代歌部字的读音[a]一样,故许慎不取鱼声,误解为鮺省声。

受:从受舟省声。按:从爪、又、舟,舟亦声。甲文作🔲,金文作🔲,小篆演变为🔲。从甲金文看,受是上下两只手,中间一个

---

① 《古文字学导论》(增订本)269页,齐鲁书社1981年。
② 转引自《金文诂林》6377、6378页。

托盘(舟)表示传递物件,舟不省。小篆 𠀚 变作 ∩,舟形不显,当有讹误。

崋(崋, huà):从山華省声。按:"崋、華、雩(xū)"先秦均鱼部字,到了许慎时代,"華、崋"已变为歌部字,而"雩"仍归鱼部,故"崋"本从雩声,许慎以为"崋、雩"音不相应,误解作華省声。王、朱均作雩声,是。王说:"崋下之華省声,必是雩声,后人犹知雩音讦(xū),而華已变为户瓜切,与崋之胡化切近也,遂改之耳。此条二徐并同,知其误已在六朝变音之时矣。"(《说文释例》卷三 250 页)王筠把"变音之时"定在六朝,以为乃"后人""遂改之",非也。王氏不知东汉时"華、崋"已变入歌部。

竆:从邑窮省声。按:从穴躬声。于省吾说:"竆字从躬,躬所从之邑,亦吕形之讹,犹昌之讹为邑。故竆即从穴躬声的窮字之讹,并非别有国名专用的竆字。"(《甲骨文字释林》466 页)于说可信。

望:从亡朢省声。按:"望朢"一字。"朢"字本义为人立于地上望月。壬原象人挺立地上之形,臣表示眼睛,故"朢"为会意字。"望"是"朢"的异体字,用亡代替臣作为声符。"望"字的结构是从月从壬,亡声。

產:从生彦省声。按:王筠认为"產下云彦省声,亦不甚妥"(《说文释例》卷 250 页)。从金文"產"字分析,应是从文从生,厂声。"產"与"生"同义,又与"文"义有关。郑国子產又字子美,可证"產(产)"字的上部应从文。

童:从辛重省声。按:金文"童"作 𩰹、𤞤,"重"作 𡥀、𨠁。"童"字从重得声,不省。

熊:从能炎省声。按:"能"为"熊"之本字。"熊"的本义为火光,从火能声。徐灏说:"能,古熊字……假借为贤能之能,后为借义所专,遂以火光之熊为兽名之能,久而昧其本义矣。"[①]

　　敪:从火教省声。按:王筠说:"敪即古文教,不当言省。"王说是。金文散盘亦作"敪"。"敪"字从火敪声。

　　狄:从犬亦省声。按:段注改为朿声,朱骏声改为朿省声,王筠改为赤省声。均不当。"狄"在早期金文中作、,从犬、火会意,本义为"赤犬"(见《初学记》卷二十九 712 页"狗第十"引《说文》)。王筠《句读》:"依《初学记》引补,此以字形说字义也,惟狄为犬名,故在此(盈按:指犬部与犬部有关的一组词之中),若以赤狄为正义,则羌夷之类,皆在部末矣。"王说甚是。大徐以"赤狄"为本义,已与许书不合,而段注又改为"北狄",更为谬误。在金文中,"狄"又是形声字,从犬亦声,见曾伯簠。狄,定母锡部;亦,喻四铎部。声母相近,锡铎旁转。许慎解为亦省声,误。

　　4. 不明声符而误解　有的声符在甲金文中原本是单字,而在小篆中未独立出现,许慎就把从这些声符得声的字误解为某省声。

　　祲寑梫骎綅堫:《说文》均从侵省声,非。唐兰《殷虚文字记》指出:"《说文》无夒字,于寑……等字,并谓为从侵省声……今卜辞有夒字,则侵字正从夒字,其余从夒作之字,亦非从侵省矣。"(27 页)

　　嚳:从告學省声;鷽,从鳥學省声;觷,从角學省声;覺,从見學省声;嶨,从山學省声;礐,从石學省声。按:以上六字均从與声。徐灏说:"學与嚳、鷽、觷、嶨、礐同声,疑與自为一字,而今佚之。"徐说甚是。甲骨有與字,即"學"之初文。朱芳圃说:"象两手结网之形,象两手奉爻(网目)以缀于川(网纲)。初民以田渔为生,结网为生产必具之技能,故造字象之。"(《殷周文字释丛》128 页)

---

① 《说文解字诂林》9856 页。

將:从寸醬省声;獎,从犬將省声;浆,从水將省声。按:以上三字均从爿声。"爿"为"將"之初文,本象祭祀时陈列肉类于几案之形。说见于省吾《甲骨文字释林·释爿》(423页)。

扂:从户劫省声。按:段、王主张作去声,非。去,乃"厺"(音盍)字之误。应改为从户从厺,厺亦声。《礼记音义》:"扂,《字林》户臘反,闭也。《纂文》云:古闔字。"户臘反即音闔。《字林》《纂文》的注音是正确的。由于"厺"误为"去",故《玉篇》音羌据反,先误其形,后误其音。裘锡圭说:"《说文》把'扂'、'鈶'说为从劫省声,并没有把问题解决。原来小篆的'去'字把较古的文字里两个读音不同的字混在一起了。古文字里有𠫤字,从大从口,表示把嘴张大的意思……也就是离去的去字。张开跟离去这两个意义显然是有联系的。古文字里又有一个象器皿上有盖子的𠙺字(也写作𠙺),这个字应该读为'盍',正好是葉部字。甲骨文有𠙺字,前人不识,其实就是闔,也就是《说文》训'闭'的'扂'。在小篆里,𠫤、𠙺这两个形状相近的字已经混同了起来。"[1] 裘的考证分析,确切证实了劫省声的不可信。

督:从目叡省声;啓,从日叡省声;棨,从木叡省声。按:均应作攷声。《说文》正篆无"攷"字,但糸部"繁"字从糸攷声,"督、棨、啓"亦当作攷声。甲金文均有攷字[2]。从户从攴,正是《说文》"啟、督、啓、棨、繁"诸字所从得声之字。

禜:从示榮省声;璒,从玉熒省声;謍,从言熒省声;督,从目榮省声;鶯,从鳥榮省声;箏,从井璒省声;罃,从缶熒省声;榮,从木熒省声;蔡,从瓜熒省声;營,从宮熒省声;袋,从衣熒省声;滎,从水熒省声;嫈,从丮營省声;嫈,从女熒省声;縈,从糸熒省声;塋,从土熒

---

① 《裘锡圭自选集》197页,河南教育出版社1994年。

② 可参阅杨树达《积微居小学述林·释启啟》。

省声;鉴,从金熒省声;輂,从車熒省声;醤,从酉熒省声。按:以上十九字均应作燚声,只因《说文》无燚字,故误解为省声。燚即榮字,金文作ᛉ、ᛉ、ᛉ。于省吾说:"当即燚字,今隶作燚,《说文》有从燚之字而无燚字,从燚之字凡二十三见,或曰瑩省声,或曰熒省声,或曰榮省声,或曰营省声,均不可据。盖燚字之本义,上从二火,下象交繁之形,故从燚之字如熒榮瑩营榮繁等,均有光明交互繁盛之义也。"①盈按:"榮"字大徐本作从林熒省,小徐本作熒省声;"熒"字大小徐均作从焱、冂。"榮熒"均应作燚声。

5. 不明方音转语而误解

茸:从艸聪省声。按:段注改为耳声,是。但认为"此浅人所臆改,此形声之取双声不取叠韵者"。不确。"耳"在古代是个多音字。《类篇》:"耳,而止切,又如蒸切,昆孙之子为耳孙。又仍拯切,耳也。关中、河东语。"《汉书·惠帝纪》:"及内外公孙耳孙。"师古曰:"耳音仍,仍耳声相近。"由这些材料可以推断,"耳"在上古归之部,某些方言归蒸部。"茸"属东部,蒸东旁转。"茸"从耳声,由旁转而得声。

髶:从髟茸省声。段注改为耳声,是。语音根据不只是髶耳双声,亦为蒸东旁转。王筠以为"《玉篇》作髶,固不省也。将无篆既挩艸,注乃加'省'邪?段氏改为耳声,于音则是,于事实则非。"王筠所谓的事实,即《玉篇》作"髶,"但"髶"应是后起字。

结 语

上文对大徐本中不可信的省声进行了讨论,分析了每一条不可信省声产生的原因。这些分析有笔者个人的见解,也吸收了《说文》家及古文字学家的研究成果,其中难免有误。另外,哪些

---

① 转引自《金文诂林》卷六 3691 页。

省声是许慎误解,哪些省声是后人误改,也很难说得绝对准确。

不可信的省声是否都讨论到了呢?没有。有一些明显不可信的省声,苦于找不到恰当的、合理的根据来加以解释,只得存而不论了。如:薅,从蓐好省声;余,从八舍省声;商,从肉章省声;充,从人育省声;桑(mèi 籀文魅字),从象首从尾省声。

研究古文字的人对这些字的结构也有种种解释,多非的论,难以令人信服,故不取。

对《说文》省声的讨论,原则上是以小篆为据,参照甲金文。如果完全以甲金文为据,这就等于用甲金文来修改小篆了。本文对这个原则的掌握,还有值得斟酌的地方。

省声,无疑是汉字构造的一个方法,许慎之前,有的文字学家已经运用省声的方法来分析形声字,但许慎及后代的《说文》家,滥用省声者的确不少。段玉裁一面批评许书省声多不可信,一面又在制造不可信的省声,朱骏声更是滥用省声的典型。省声问题不只是字形结构问题,也与字义、语音有关。因此,这也是古汉语研究应当关心的问题。

原载《语文研究》1991 年第 1 期

《说文》段注音辨

段玉裁的《说文解字注》，博大精深，首屈一指，早有定论。注中存在不少纰缪、问题，亦为世所公认。此书问世之后，钮树玉、王绍兰、徐承庆、徐灏、冯桂芬、王念孙、朱骏声等人，即有"订段、匡段、申段、笺段、补段"之作。诸家论段，多着重于形体、意义、引证、校勘、体例等，至于音韵，未见有专文进行全面讨论。

段氏是清代杰出的古音学家，《说文注》蕴含着丰富的古音学知识、资料，全面贯彻了段氏的古音学主张，其中最值得称道的有以下五条：

（一）提出"形声相表里"（"一"字注），以十七部为标准，注明《说文》九千余字的古韵地位。

（二）凡字之谐声与读若、声训、反切、假借不一致时，就用"合韵"（也叫"合音、合声、互转"）来加以贯通，如"合韵"不灵，就求诸双声。段氏的"合韵"包括对转、旁转、通转等内容。钱大昕、陈寿祺、张行孚等都对"合韵"说提出过批评[1]，近人林语堂也认为"段氏之'合韵'则更无聊"（《语言学论丛》17页）。王念孙《说文解字注序》对"合音"说大加推崇。我是赞同段、王的，

---

[1] 钱大昕《与段若膺书》："足下又谓声音之理，分之为十七部，合之则十七部无不互通，盖以三百篇间有歧出之音，故为此通韵之说，以弥缝之，愚窃未敢以为然也。古有双声，有叠韵……故无不可转之声，而有必不可通之韵。"见《潜研堂文集》卷三十三。陈寿祺《与王伯申詹事论古韵书》："部分不能尽通，则归之合韵，合韵有以异于唐以来之言叶韵乎？"见《左海文集》，转引自林语堂《语言学论丛》17页。张行孚《说文审音》卷一："段氏于音韵双声（转下页）

用"合音"说明古今音变、方言音转，从原则上来说无可非议。

（三）贯彻因声求义的原则，揭示《说文》声训的双声叠韵关系，并利用方言证古音。

（四）指出"声与义同原，故谐声之偏旁多与字义相近"（"禛"字注），为汉语字族研究提供理论根据。

（五）在指出"凡字有不知省声，则昧其形声"（"斋"字注）的同时，又指出"许书言省声，多有可疑者"（"哭"字注）。

本文的主要目的是讨论段注在音韵方面所存在的各种问题，总括起来，有以下八条：

（一）从钱大昕到朱骏声、俞樾都感叹"叠韵易晓，双声难知"①，"双声之法，自来知此者鲜矣"②。段玉裁也没有提出过上古声母系统，但又好谈双声。他说的双声，内容很宽泛，有同纽双声、同类双声、位同双声③、谐声双声等，其中谬误不少。我从大桥由美的《说文解字注にみえる転语について》一文中得知仓石武四郎博士于30年代发表过《段懋堂の双声说》④，但未见到原

（接上页）相转之理，似更疏略，不能得古人数韵合用之所以然，而于合之无可合者，又欲避古人用方音之说。于是，于彼所谓不当同部而古人合用者，概谓之合韵。夫本不在此部而强以合乎此部，何以异乎本不在此韵而强以叶乎此韵乎！段氏于叶韵则深诋之，于合韵则坚持之，宜乎当时陈恭甫（寿祺）已不满其说也。"

① 《潜研堂文集》卷十五214页，万有文库本。《说文通训定声》（一）50页，万有文库本。

② 俞樾《说文审音序》，见张行孚《说文审音》。按邹汉勋（1805—1854）对古声组颇有研究，但影响不大。李葆嘉《清代上古声组研究史论》第十章有专题研究，可参阅。

③ 所谓"位同"是戴震《转语二十章序》中提出来的。转语将声母分为喉舌腭齿唇五类，每类又分一、二、三、四等四位。同类相转为同位双声，异类同位相转为位同双声。《说文注》有的"双声"既非同位，也非位同，而是以方言为据，还有一些双声无法解释。

④ 《中国语学》236期，1989年

文。段氏的双声说是值得研究一番的。

（二）段氏关于同音假借的理论也不成系统，而且前后不一，自相矛盾。前面说"凡假借必同部同音"，后面的注文中又出现"异部假借"，有的注文还说："假借多取诸同音，亦有不必同音者。"如"童"字注说："廿本二十并也，古文假为'疾'字，此亦不同音之假借也。"甚至只凭"双声"亦可假借。

（三）段氏的十七部由于入声韵的分合及配置不得当，因此《说文注》的某些"合音"说就显得粗疏、甚至不科学。还有一些本属合韵的材料、他只作双声处理。

（四）某些声符的归部标准不一，前后矛盾，或与《六书音均表》的归部相矛盾。成书时间长达几十年之久，自相矛盾很难避免。

（五）大徐本取孙愐《唐韵》反切注音，段玉裁常常拿上古韵作标准来批评这些反切，以古律今，显然不当。顾炎武在《唐韵正》中说："凡韵中之字，今音与古音同者，即不复注；其不同者，乃韵谱相传之误。"段氏继承了这种非历史主义的观点。

（六）段氏疏于等韵之学，注中常说某字与某字同音，某字读如某字。或清浊混淆，或平入不分，或等呼不合，悖于音韵常理，其中有的注音是以今律古。

（七）对字形结构分析不当。这里只谈跟语音有关的问题，即以非形声为形声，以非省声为省声；或本为形声，段氏以为"声"字衍；甚至改变原文，曲从己说。

（八）《说文》中保存一些很复杂的古音资料，由于时代关系，段氏掌握的文字资料、语言资料都有限，因此对某些复杂资料的解释，不是失之武断，就是语焉不详。所谓武断、不详，就是不揭示音理上的根据。

下面我们对段注中一些具体字的音韵问题分卷进行讨论。

讨论的方式,先列举《说文》原文(不一定全文列举,原文基本上用段注本),然后摘引段注中供讨论的文字,再以按语的形式提出笔者的看法。

卷 一

1.《说文》:元,从一兀声。

段注:徐氏锴云,不当有"声"字。以"髡"从兀声、"軏"从元声例之,徐说非。古音"元、兀"相为平入也。

按:所谓"相为平入",即平声"髡元"以兀为声符,入声"軏"以元为声符。"兀元"本同族字,语音相通,故"髡"可作"髡","軏"可作"軏"。"元"的本义是人头,下面是人身,上面的"一"甲文作口形,金文作 · 形,或作二形,裘锡圭归在"象物字"类(《文字学概要》119 页)。《六书故》认为"元"字从儿从二。"儿"古文人,"二"古文上,人上为首,会意。大小徐均不以"元"为形声字,段氏改为兀声,于音理虽可通,而从甲金文的材料来看,小徐以为不当有"声"字,无可非议。

2.《说文》:丕,从一不声。

段注:丕与不音同,故古多用不为丕,如不显即丕显之类,于六书为假借,凡假借必同部同音。

按:"不"是个多音字,《广韵》收了五个反切,分布在平上去入四声之中。段氏既然以"丕与不音同",则"不"在上古应读平声,但"不"字注又说:"其音古在一部,读如德韵之北。"是又以"不"为入声字矣。"不"在上古应属舒声,到中古才有入声一读。"不丕""音同"之说亦不妥,"不"属帮母,"丕"属滂母,同类不同纽。"不丕"本同族字,可以通用。至于"凡假借必同部同音",此话过于绝对。以"不"字为例,"不"既可与同部之"丕"字通,又可假作段氏十五部"弗"字。《论语》"公山弗扰",《左传·定公

十二年》作"公山不狃";《论语》"则不复也",《史记·孔子世家》
作"则弗复也"。"弗"字我们归入声物部,"不、弗"主元音同,二
者为阴入通转。

3.《说文》:祪,从示危声。

段注:祪谓毁庙。十六部。

按:我在《古韵通晓》中主张危声归微部(相当于段氏的十五
部),"祪"的本义为已毁庙之远祖,"毁"亦微部字:"祪、毁"叠
韵为训。《诗·卫风·氓》"乘彼垝垣",《毛传》:"垝,毁也。"《尔
雅·释诂》同。可证从危声之字有毁义。

4.《说文》:祼,灌祭也。从示果声。

段注:此字从果为声,古音在十七部。《大宗伯》《玉人》字作
果,或作淉,《注》两言"祼之言灌"。凡云"之言"者,皆通其音义
以为诂训,非如"读为"之易其字、"读如"之定其音……祼之音
本读如果……与灌矿为双声,后人竟读灌读矿,全失郑意。

按:《周礼·春官·大宗伯》"以肆献祼享先王",郑注:"祼之言
灌,灌以郁鬯,谓始献尸求神时也。"又《考工记·玉人》:"祼圭尺
有二寸。"郑注:"祼之言灌也,或作'淉',或作'果'。"所谓"之
言",是声训的一种方式。"祼"训灌,不只是双声,亦为叠韵,这
是由歌与元构成的阴阳对转关系。《周礼》中有一些阴声韵的字
读作阳声韵。林语堂《周礼方音考》说:"夫(盈按:夫,当作"火")
之为烜、衣之为殷、和之为桓、牺之为献、瓬之为甀、夷之为电为寅
为焉为人为叾[1],可见今日无 n 音字,古实可有 n 音,假定水古本
音准,火古本音烜,并非全属无据,如此则《周礼》之字乃代表最

---

[1] 原注:《淮南·天文》"庚子干丙(原误为庚),夷",注:"夷或为电。"又章太炎
谓《说文》古文仁字作叾,而古夷字亦作叾。《汉书·樊哙传》"与司马叾战",
注:"叾与夷同。"云云。见《正名杂义》。

古之音读。"段氏怪后人"全失郑意",不明白古方言中某些阴声韵字本读作阳声韵。"祼之言灌"可为林说添一佳证。

5.《说文》:禓,道上祭。从示昜声。

段注:按《郊特牲》"乡人禓,孔子朝服立于阼",即《论语》"乡人难,朝服而立于阼阶"也。注:"禓或为献,或为傩。"凡云"或为"者,必此彼音读有相通之理,昜声与"献、傩"音理远隔,《记》当本是"禓"字,从示昜声,则与"献、傩"差近。徐仙民音"禓"为傩,当由本是"禓"字,相传读傩也。

按:蒋礼鸿《怀任斋读〈说文〉记》对此已有驳议,蒋说:"祭神道为場,故道上祭为禓。此如墠变为禅,壇变为禪之例。場之与禓当同从昜声。《记》或当从昜作禓,而非所与论《说文》也。"[①]蒋氏从同族字证"禓場"均从昜声,立论正确,但仍未解段氏之惑。段氏以昜声与"献傩"音远,昜声与"献傩"音近,事实正好相反,请看我们的构拟:

-jæk（昜）　-jan（献）　-ai（傩）

-jaŋ（昜）　-jan（献）　-ai（傩）

"昜"与"献、傩"主元音相同,可以通转(阳元歌通转)。"昜"与"献、傩"主元音不同,锡部与元部歌部不通。另外,不仅《说文》无"禓"字,《玉篇》《广韵》亦无此字。

6.《说文》:禁,吉凶之忌也。

段注:禁忌双声,忌古亦读如记也。

按:"禁记"为见母,"忌"为群母,为牙音同类双声。

7.《说文》:瓊,赤(段本作"亦")玉也。从玉敻声。璚,瓊或从矞。璜,瓊或从巂。

段注:矞(原误作"巂")声也,矞为敻之入声,角部觼或作鐍,

---

① 《语言文字研究专辑》(下)231页,上海古籍出版社1986年。

此十四部与十五部合音之理。篔声也，此十四部与十六部合音之理。虫部蠣亦作蟥。

按：段氏夐声归十四部，既与十五部之入声合音，又与十六部合音。按照段氏的古韵部系统，十四部与十五部合音是可以的，十四部与十六部合音则大成问题。不仅主元音不同，韵尾也不同。"夐"在《广韵》有许县、休正两切，上古亦应有两读。许县切来自古元部，休正切来自古耕部，故董同龢夐声既归元部，又归耕部[①]。"瓊"与"璚"为元月对转，"瓊"与"璊"为耕支对转。虫部的"蠣、蟥"亦为支耕对转，段氏认为是十六部与十四部合韵，不妥。

8.《说文》：琫，从玉奉声。

段注：《左传》作鞛，音奉合音，如梧字亦音声之比。

按：从音得声的"鞛"字读与"琫"同。"音奉合音"即侯东对转。《六书音均表》音声归一部（即之部），《说文注》"音"字归四部（即侯部），前后矛盾。

9.《说文》：玉，从王有点，读若畜牧之畜。

段注：各本篆文作"珛"，解云"从玉有声"，今订正……"畜牧"字依《说文》本作"嘼"，许救、许六二切，"玉"音同之。杜陵玉姓音肃，双声也。

按：段氏擅改小篆"珛"为"玉"，前人已有批评。所谓双声，又语意含糊。作为姓氏的玉，与"肃"同为息救切，不只是双声关系；若以许救切为"玉"之正音，则与"肃"叠韵，非双声。或许据戴震《转语》心晓均属第四位，段氏以"肃玉"为位同双声。

10.《说文》：瑗，大孔璧，人君上除陛以相引。

段注：瑗引双声。

---

① 《上古音韵表稿》，《史语所集刊》18本，商务印书馆1948年。

按:"瑗、引"在《广韵》均属喻母,但"引"为喻四,"瑗"为喻三,上古归匣。段氏所谓双声,乃以今音说古音。

11.《说文》:瑰,玫瑰也。从玉鬼声。

段注:玫瑰本双声,后人读为叠韵。

按:玫,莫杯切;瑰,公回切,又胡魁切。明母与见母或匣母何以构成双声!即使依戴氏《转语》之例求之,亦不可解。或许段氏以"玫"为微母字,又将微与影喻归在喉牙音类,故与见匣为双声。至于"读为叠韵",这是逆同化所致,文声已不标音。

12.《说文》:珋,从玉丣声。

段注:*古音卯丣二声同在三部为叠韵……许君卯丣画分,而从丣之字,俗多改为从卯,自汉已然。卯金刀为劉之说,纬书荒缪……凡俗字丣变卯者,今皆更定,学者勿持汉人缪字以疑之。*

按:段氏关于"卯、丣"之辨,不得要领。从丣之字甲金文原本作卯(卯)。王国维说:"卜辞屡言卯几牛,卯义未详,与尞瘗沈等同为用牲之名;以音言之,则古音卯劉同部,柳留等字,篆文从丣者,古文皆从卯。疑卯即劉之假借字。《释诂》:'劉,杀也。'汉时以孟秋行猋杀之礼,亦谓秋至始杀也。"(《戬寿堂所藏殷墟文字考释》)篆文"丣"应是由"卯"演化而来,"劉"应是"卯"的后起分别字,汉人所谓"卯金刀为劉"并非无稽之谈(古文"劉"从又不从刀。可参阅《徐复语言文字学丛稿·镏鐂劉留四字释》)。从古音而言,"卯"原本为复辅音声母,其形式为 ml-。齐佩瑢说:"甲文卯字象物中剖两分之状……其义为剖杀。其音盖复辅音 ml-,故后来分化为 m- 及 l- 两系。"[1] m- 系之字有"昴贸茆"等,l- 系之字有"留聊柳劉"等。段玉裁"昴"字注云:"《召南》传曰:昴,留也。古谓之昴,汉人谓之留,故《天官书》言昴,《律书》直

---

① 《训诂学概论》55—56 页,中华书局 2004 年版 72 页。

言留。毛以汉人语释古语也。《元命包》云:'昴六星,昴之(为)言留,(言)物成就系留。'此昴亦呼留之义也。"段氏引的这些材料很有意义,可证"昴"因方言不同,有 m-、l- 两读,这正是复辅音分化后的情形。《类篇》有"鼎"字,音力求切,注:"星名。《诗》'维参与鼎'。"又有"昴"字,莫饱切。其实"鼎、昴"本一字,后人不明古有复辅音,故因声造形,强分为二。段氏在"昴"字注中大谈卯声与丣声之别,也是不明白 m- 与 l- 原本共一形。

13.《说文》:毒,厚也。

段注:毒厚叠韵,三部、四部同入也。

按:所谓"三部、四部同入",即幽侯共一入,这个结论是错误的。王念孙从觉部分出屋部,问题才算解决。"厚"为侯部字,"毒"归觉部,段氏所谓的叠韵,实为旁对转关系。

14.《说文》:莽,须从也。

段注:莽须为双声,莽从为叠韵。

按:邓廷桢《说文解字双声叠韵谱》亦取此说。"莽"属帮母,"须"属心母,二字显非双声。其误始于郭璞,《方言》三"薹"字郭注:"旧音蜂,今江东音嵩,字作菘。"段玉裁进一步肯定:"薹、菘皆即莽字,音读稍异耳。'须从'正切菘字。"今人廖海廷说:"以菘释莽则可,读莽如菘,则断不可也。""盖谓三代名莽,汉时名菘。菘即菁,声之转也。""段氏言双声,大抵误谬,此其一端。"[①]

15.《说文》:淩,薼,司马相如说淩从遴。

段注:此当是《凡将篇》中字……淩声古音在六部,遴声古音在十二部,而合之者,以双声合之也。

按:"淩"又作"薼",不仅因二字双声,盖蜀方言"淩"收 -n

① 《转语》卷五 508 页,广西人民出版社 1991 年。

尾。今南方有不少方言，如成都、武汉、合肥、南昌、长沙等地，“菱”字都收 -n 尾。

16.《说文》：莒，从艸吕声。

段注：居许切，五部……《孟子》“以遏徂莒”，《毛诗》作“徂旅”，知“莒”从吕声，本读如吕。

按：“吕、莒”之声母原为复辅音 kl-，其后“吕”的第一辅音脱落，“莒”的第二辅音脱落。

卷　二

17.《说文》：少，从小丿声。

段注：丿，右戾也。房密、匹蔑二切，又於小切。按上二切近是。少之形声，盖于古双声求之。书沼切，二部。

按：“丿”与“少”的声母相差很远，无缘构成双声。朱骏声指出，少字“从丿从小会意，小亦声”（《说文通训定声》小部 1267 页）。于省吾说：“少字的造字本义，原于小字下部附加一个小点，作为指示字的标志，以别于小，而仍因小字以为声。”（《甲骨文字释林》457 页）“小少”叠韵；“小”属心母，“少”属审三。周祖谟说：“今之审母三等字尚有一类不可详考者，其古音盖读与心母相近。如少，书沼、失照二切，古与小声近义通。”（《问学集》上册 128 页）

18.《说文》：释，从釆（biàn），从睪声。

段注：《考工记》以泽为释，《史记》以醳为释，皆同声假借也。

按：所谓“同声假借”是指声符相同之字通借。牛部“犨”字注：“皠，鸟之白也，此同声同义。”“同声”亦指声旁相同。

19.《说文》：告，从口从牛。

段注：此字当入口部，从口牛声，牛可入声读玉也。

按：“告”的结构性质和意义，至今说法不一。但“牛可入声读玉”的说法,不能成立。“牛”为疑母之部,“玉”为疑母屋部,“告”为见母觉部,三字韵部不同。

20.《说文》:嚼,从口焦声。嚼,嚼或从爵。

段注:二部……古焦爵同部同音,《唐韵》乃分嚼切才笑、嚼切才爵矣。今北音去声,南音入声。

按:《六书音均表》焦声归三部,爵声归二部。又,“樵”字注云:“古音二部三部。”举棋不定。我们以为“焦、爵”分归宵药二部,有阴声、入声之别。

21.《说文》:台,从口㠯声。

段注:何予台三字双声也。

按:“予台”属喻四,“何”属匣母,本非双声。钱大昕、戴震等均以影喻晓匣为双声,认为“古人于此四母,不甚区别”(《十驾斋养新录》卷五“字母”条)。

22.《说文》:咸,从口从戌。戌,悉也。

段注:戌为悉者,同音假借之理。

按:杨树达说:“段氏谓假借,得之,云同音则偶误。古音戌在月部,悉在屑部(即质部),二字双声,非同音也。”(《积微居小学述林》卷四97页)段注有不少“同音”之不可信,实非偶误,而是疏于审音。《六书音均表》戌声归十五部,《说文注》“戌”字又归十二部。当他说“戌、悉”同音的时候,是把这两个字都归在十二部了。

23.《说文》:此,止也。从止、匕。

段注:十五部,汉人入十六部。

按:《说文》从此得声的字共有二十九个,段注这些字的归部有三种情况:

(1)只注十五部,有“訾㭰泚”等三字;

(2)只注十六部,有“呰龇柴”等十字;

(3)有十六字注“十五部十六部”,或“古音在十五部,转入十六部”。

这三种情况的出现,说明段氏对此声的归部比较慎重。朱骏声亦将“此”字归脂部(十五部),他认为“此”从匕得声。也有人认为匕非声,匕为反人,人所止之处为此。从韵文情况看,此声应归十六部。可参阅《古韵通晓》341 页,或拙著《音韵丛稿》64 页。

24.《说文》:辵,读若《春秋传》曰“辵阶而走”。

段注:古音盖在二部,读如超。

按:“辵”的归部,至今意见不一。有的归药部,有的归铎部。《六书音均表》归五部,这里又说“盖在二部”。不论归五或二,“读如超”是不对的,“超”归宵部,属阴声。许慎所引《春秋传》见《公羊传·宣公六年》。唐石经诸本均作“躇阶而走”。《经典释文·公羊音义》:“躇,丑略反,与踱同。一本作辵,音同。”丑略反与“踱”同,可证知彻澄还未从端透定分化出来,也可证“辵”当归铎部,可拟为 thjak。

25.《说文》:巡,视行也。

段注:视行,一作“延行”。延巡双声。

按:“延”属喻四,“巡”属邪母,二字何以为双声,段玉裁未说明理据。“延”字注说:“延音读如移。”“移”也属喻四。钱玄同《古音无“邪”纽证》将喻四、邪纽都归在定纽之下,段氏“延、巡”双声的理据是否与钱氏同,不得而知。“遁”字注说:“此字古音同循。”“循、遁”都从盾声,符合邪纽归定的主张。

26.《说文》:䢘,从辵䮔声。读若住。

段注:按“䮔,马小皃。从马垂声,读若箠”。则“䢘”不得读若住。倘云会意,则又无取马小也。疑此字当在十六、十七部,下文“读若住”三字当在“从辵豆声”之下。

按:“读若住”因为与䮔声不相应,于是生出种种怀疑。有人认为当是从辵从馵会意;有人以为当是读若馵;段氏疑"读若住"当在"逗"篆之下。《玉篇》"遾"字有竹句、丑凶二切。按竹句切,"遾"归端母侯部,与"读若住"(定母侯部)音近;按丑凶切归透母东部,正是侯东对转。"遾、驻、偳(住)、逗"音近义通。马不行曰"遾、驻",人不行曰"偳、逗"。

27.《说文》:律,均、布也。从彳聿声。

段注:均律双声,均古音同匀也。

按:这是以声符为双声。"匀、聿"均属喻四。

28.《说文》:延,从延厂声。

段注:厂延虒曳古音在十六部,故《大雅》"施于条枚",《吕氏春秋》《韩诗外传》《新序》皆作"延于条枚"。延音读如移也。今音以然切,则十四部。

按:段氏将厂声归十六部,故以为"延"亦在十六部。厂声应归月部(段氏的十五部),与"延"为月元对转。"施"与"延"的关系为歌元对转。"施"字注说:"古音十七部。《毛传》曰'施,移也',此谓施即延之假借。"这条注是对的。而这里又说"延"读如移,段氏"移"归十六部,以证"延"亦归十六部,不妥。段氏多声归十七部,"移"为何归十六部?"曳"归十六部也不妥。《六书音均表》及十四篇"曳"字注均归十五部(相当于月部),正确。

29.《说文》:齔,毁齿也。从齿、匕(音化)。

段注:各本篆作齔,云从齿从匕,初忍、初觐二音,殆傅会匕声为之。今按其字从齿、匕,匕,变也……毁与化义同音近。玄应书卷五,齔旧音差贵切……今当依旧音差贵切,古音盖在十七部。

按:"齔"字的音韵地位争议颇多,原因是对结构原形看法不一。大徐从匕,小徐从匕声,段注改为从匕,匕亦声。桂馥认为当作匕声,王筠"不能决,两存之"。有一条材料或许有助于问题的解决,《释名·释长幼》说:"毁齿曰齔。齔,洗也,毁洗故齿,更

生新也。”从“齔、洗”声训,可推知七声为是。“七”属清母质部,
“洗”归心母脂部;心清旁纽,质脂对转。又初觐、初忍二切,上古
归真部,真与脂、质都可以对转;“初”为照₂,与清纽音同。旧音
差贵切,属初母物部,也与“七”音近。又与“女七月生齿,七岁
而齔”之释义相合。若依段氏作匕声,则与旧反切及声训均相隔
甚远。

卷 三

30.《说文》:舌,从干、口,干亦声。

段注:干在十四部,与十五部合韵。

按:据甲骨文“舌”为象形字,象舌头伸出口外,并有口
液。有的古文字学家认为“舌”字前部的分叉象蛇的信子,可从。山
西陶寺出土的彩绘蟠龙陶盘,龙舌前部为树杈形分支,亦可证
“舌”字之形取象于蛇信子。许慎误解为形声,段氏又用“合韵”
附会其说。

31.《说文》:羊,读若饪,言稍甚也。

段注:饪甚同音……故读若饪即读若甚也。

按:“饪、甚”叠韵。“饪”属日母,“甚”属禅母,禪日旁纽。
段氏所谓同音,盖以吴方言为据,苏州“甚饪”读 zən。

32.《说文》:阍,从言门声。语巾切。

段注:此字自来反语皆恐误。凡断断为辨争,狺狺为犬吠,皆
于斤声言声得语巾之音,若门声字当读莫奔切、或读如瞒如蛮,断
不当反从“言”之双声切语巾也。

按:段氏的辨证颇有见地,只是结论不当。他不敢疑许,却疑
反语有误。此字非反语有误,而是门声不可信,当是从言得声。
清人张文虎《舒艺室随笔》卷二对“阍”字的分析:“从门,会意,
从言,省亦声(盈按:即未标明乃亦声字),非从门声也。”

33.《说文》:誎,从言㪅声。

段注:古骂切。按昍部作㪅,㪅举朱切,不得㪅声读古骂切。

按:这是鱼侯关系问题。举朱切属侯部,古骂切属鱼部。昍声字本应归鱼部,但段注不以"㪅(㪅)"为形声字,并以举朱切为据,认为此字"古音在三、四部",从㪅得声的"誎"字就不当读古骂切了。

也有的《说文》家认为"㪅当是畀之误"。字书"誎"亦写作"謈",畀,九遇切,亦与古骂切不合。我以为"誎"读古骂切当是受"诖"字音读的感染,二字由音近义同变为音义俱同。《集韵》卦韵"诖、謈"为重文,音古卖切。祃韵以"誎謈诖"为重文,音古骂切。

就上古音而言,"㪅、誎"均应归鱼部(段氏的五部),但鱼侯两部关系密切,有的方言"㪅"归侯部,亦不足怪。

34.《说文》:訇,从言匀省声。

段注:古音在十二部(真部)……今入耕韵,非也。

按:先秦古韵,真耕通转,相当普遍。"訇"在《广韵》兼收先耕两韵,并非偶然。

35.《说文》:粪,从粊、八。八,分之也,八亦声,读若颁。一曰读若非。

段注:按八古音如必,平声如宾,在十二部,音转乃入十二部。读如颁者,如颁首之颁也,再转入十四部,读布还切矣……颁又读非者,十三、十四部与十五部合韵之理。

按:段氏认为"粪"的得声是由质部转入真部再转入文部,再转入元部。这是因为段氏将八声归质部(十二部的入声),所以要经过旁对转才可说明八声为何读若颁。我们把八声归在物部,与文部(十三部)为对转关系,就无须跟十二部发生关系了。至于布还切,乃是今音,不能说"再转入十四部"。段氏常常用他的古韵部名称来说中古音,将古今混而为一。至于"读若非",则归微部,微文亦为对转,也不必扯上十四部。

36.《说文》:臚,从肁虎声。

段注:十四部……歌元古通,鱼歌古又通,虎声即鱼歌之合〔音〕也。

按:段氏的目的是要解释鱼部的虎声可作元部"臚"字的声符,是因为歌与元通,而鱼又与歌通。鱼部的虎声先与歌部"合音"再转通元。段氏如此辞费,说明他不知道鱼元可以通转。"虎"的上古韵 -wa,"臚"的上古韵 -jan,通转的条件是主元音相同。

37.《说文》:齴,从齒侃声。

段注:诸延切,十四部。按此当去虔切……浅人谓即"馣"字不分,故同切诸延耳。

按:《类篇》"齴"字的重文有"齴、齸",音诸延、居言二切。无论是古音还是现在某些方言,都可证照三系一部分与舌根音有密切关系,段氏对这一规律不了解,又以为是什么"浅人"作怪。

38.《说文》:闠,从門龟声。读若三合绳纠。

段注:按龟古音如姬,汉人多读如鸠,合音最近也。

按:"龟"在先秦归之部,汉代归幽部。

39.《说文》:燮,从言、又,炎声。读若湿。

段注:苏叶切,八部。与今切音不同而双声。

按:湿,失入切,故"与今切音(指苏叶切)不同",所谓双声是"苏"与"失"二者双声,这又是心母与审三的关系问题。《左传·襄公八年》"获蔡公子燮",《穀梁传》"燮"作"湿",周祖谟说:"湿燮声近通假。"(《问学集》上册128页)今苏州、扬州等地"苏失湿"的声母为 s,段说"双声"可能是以方音为据。至若"燮湿"的古声母当与复辅音有关。

40.《说文》:叏,从又、屮。

段注:古音盖在三部。按从屮未详其意,盖从又肯省声……叏癹皆以肯为声,则谓青苦江切者非也。

按:"叏癹"本归二部(宵部),段氏为了证明"叏"是从肯省声,于是将"叏"以及从叏得声的字拉扯到三部;段氏既肯定"叏癹"从青得声,不得不否定"肯"有苦江切的读音;"肯"本归屋部,《类篇》"肯"字有苦江、克角二切,正是屋东对转,段氏屋觉不分,"肯殼"均归三部,实为幽之入,故看不出屋东对转关系。"肯"的苦江切,可证"肯、殼"与"腔"同源;"叏"归宵,"肯"归东或屋,二者语音相差很远,肯省声之说无任何音理根据,徒添纷乱。

41.《说文》:臤,从又臣声。读若铿鎗。

段注:谓读同铿也……古音在十二部,今音铿在耕韵,非也。

按:段氏石部"硻"(即铿)字注说:"硻,口茎切。按古音在十二部,真耕之合也。"既然知道"真耕之合",为什么还要说"铿在耕韵,非也"呢?这些矛盾的说法,都说明段氏晚年精力衰退,已无力对这部巨著作进一步加工。

42.《说文》:毆,捶击物也。从殳区声。

段注:按此字即今经典之"瓯"字。《广韵》曰"俗作毆"是也……区声古音在四部,读一口反,音转入五部。《释文》读起俱、丘于反,浅人乃析"一口"为毆打之字,"起俱、丘于"为驱逐之字,误矣。

按:段氏将"毆"(ōu)与"敺"(qū,驱之古文,敺之俗体)混为一谈,徐灏已有批评。《广韵》在"毆"字下注"俗作敺",也是以讹传讹,没有尽到匡谬正俗的责任。段氏对区声的分析也不确。"区"字本有两读(溪母三等与影母一等),所谓"音转入五部",乃区声三等字从汉代开始转入鱼部,与"浅人"有什么关系呢!

43.《说文》:夓(ruǎn,后代字书作甈、甈),从北从皮省夐省。

段注改"夐省"为"夐省声",他说:夐古音在十四部,此省其上下,取四为声也。

按:王国维《史籀篇疏证》说:"仈,从一人在穴上;甾,从二人在穴上。意则一也。"邓散木《说文解字部首校释》说:"从二人相背从穴从皮省,象人在穴上治皮形,会意。"王、邓二说可信,段氏夐省声跟许氏夐省一样谬误。

44.《说文》:敕,从攴束声。

段注:各本有"声",误,今删。攴而收束之,二义皆于此会意,非束声也。

按:"束"为审母三等,"敕"为透母,周祖谟先生《审母古读考》详细论证了审三与端透定诸纽的关系。"敕"从束声,乃会意兼形声。

45.《说文》:敹(liáo),择也。从攴杲(mí)声。

段注:各本有"声",误,今删。杲或粜字,冒也。

按:李孝定《金文诂林读后记》说"清人治《说文》者多以为字与杲音不谐,当为从攴杲会意,钮氏《校录》、桂氏《义证》均以杲为宋之讹,宋谛故能择,其说是也。"从段玉裁到李孝定对这个字原结构的解释都近似猜谜。上古语音很复杂,单靠文字材料往往难以定论,有时要靠汉藏语的比较做旁证。邢公畹说:"以'米'为最初声符的字有'敹'(liag>lieu,《说文》:'择也,从攴杲声(段氏以为"杲"非声)。'《广韵》:'敹,落萧切,拣择。'这个字可以跟泰语 lwak(德宏 lvk)'拣择' 相比较。那么'米'字就可能有 mlid 形式。"[1] "米"既为复辅音 ml-,那么"杲"是以第一辅音

---

① 《语言论集》256 页,又见《邢公畹语言学论文集》444 页,商务印书馆 2000 年。

m- 为声母,"敕"是以第二辅音 1- 为声母,海南临高县壮语"米"音 lop^8,"选(种子)"这个词,布依语为 le^6,临高为 $liak^8$,傣西双为 $lɣk^{8①}$,均可与"敕"相比较。

段氏无任何根据就删去"声"字,以不误为误,与语言视野局限有关。

46.《说文》:鼓,击鼓也。从攴壴,壴亦声。读若属。

段注:铉本无此三字(指"读若属"),非也。属,之欲切,故鼓读如敖,与"击"双声。大徐以其形似鼓,读公户切,删此三字,其误盖久矣。《玉篇》云"之录切,击也",此顾氏原文;云"又公户切",此孙强所增也。《佩觿》云:鼓,之录、工五二切,沿孙之缪。

按:从徐铉到段玉裁都不能解释"读若属"与公户切之间是什么关系,大徐删去此三字,段氏反对公户切。唐兰说:"壴既鼓之象形,则其本读当如工户切,今《说文》音中句切者,乃其转音耳。""所谓'读若属'者,乃后世之变音,与壴转音为中句切同科矣。"(《殷虚文字记》66—67 页)唐兰用"转音"来解释是可以的,这中间有一条音变规律,就是见系字与照≡系字原本存在复声母关系,照≡系字与端组也有关系。之欲切的声母为照≡,中句切的声母为端纽。"鼓"有公户、之欲两切,正是复辅音分化后在不同方言中的反映。有的方言以 k- 为声母,有的方言以 tj-(或 t-)为声母。唐氏反对古有复辅音,故只笼统地谈"转音",未揭示转音的条件根据。

47.《说文》:卜,灼剥龟也。

段注:灼双声,剥叠韵。

按:灼,之若切,段氏以为与"卜"双声,盖以"位同"为据,帮照均第一位。

---

① 《壮侗语族语言词汇集》86、254 页,中央民族学院出版社 1985 年。

卷 四

48.《说文》:旻(xuè),读若颎。

段注:此与言部詠音同。

按:"旻、颎"均晓母字,"詠"心母字,声母不同。即使以"位同"视之,也不等于"音同"。段注有不少"音同"不确,本文不打算一一讨论。

49.《说文》:矕,目矕矕也。从目緣声。

段注:班固《答宾戏》:"矕龙虎之文。"孟康、苏林皆曰:"矕,被也。"此双声之假借也。

按:清人钱大昕力主双声可以假借,他说:"古书声相近之字,即可假借通用。"段氏也受此影响,"矕"(明母)、"被"(並母)并非标准的双声,只是都属唇音,算得上"声相近之字"。不过《答宾戏》中的"矕"究竟应如何解释,注家意见不一,这里不加讨论。

50.《说文》:百,从一、白。十百为一贯。贯,章也。

段注:百白叠韵,贯章双声。

按:贯,见母;章,照三。位同双声。

51.《说文》:奭,从大从皕,皕亦声。读若郝。

段注:诗亦切,古音读若郝,在五部。又赤部"赫"字注:《诗》中凡训盛者,皆假奭为赫……《尔雅·释训》"奭奭",本作"赫赫",二字古音同矣。

按:"奭"的读音涉及唇牙齿音三方面的关系。"郝"属晓母,诗亦切属审三,"皕"属帮母。先说审三与晓母的关系。周祖谟已指出:"审母字尚有少数由牙喉音及泥娘日诸母转来者,如饷之从向,襫之从奭(奭读若郝)。"(《问学集》上册 129 页)又音材料如"螫"字,《经典释文》有矢是、呼洛二反,玄应《音义》:"螫,舒赤反,《说文》虫行毒也,关西行此音;又呼各反,山东行此音。"段氏

"螫"字注："《周颂》曰'自求辛螫'，古亦假奭为之。""奭"读诗亦切，又音郝，也应是关西与山东方言的不同。这种不同是由复辅音声母分化造成的。按李方桂《上古音研究》93页的构拟，其演变公式为 hrj->sj-。

"奭"从皕得声读若郝，血部的"盡"也从皕得声读若愊，都是牙音与唇音的关系问题。陆志韦说："牙音跟舌音尚且可通，何况是跟唇音呢？"（《陆志韦语言学著作集》一272页）这里有两种可能：一种是唇音变牙音，一种是牙音变唇音。严学宭为"奭"构拟的复辅音声母是 sp-[1]，如果这个构拟能成立，那就是第一辅音变为审三，第二辅音变为帮母，由帮母再变为晓母。韵书及字书中未见有"奭"读帮母的切语，但笔者家乡从前的私塾先生读此字为 [phǐ]。另外，董绍克《阳谷方音》"鼠"读 fu，"水"读 fəi。丁振芳、张志静的《曲阜方言内部的语音差别》"鼠"亦有读 fu 的。这都证明审三的某些字与唇音有关。

以上只是摆了一些情况，关于"奭"的音变过程，我们现在还无法提出圆满的解释。"奭"字在甲骨文中已出现，关于它的音义乃至形体结构，古文字学家已有不少论述，但难以定论。日本学人白川静认为："（奭）字非皕声也，按皕者，妇人两乳之象，死丧之时，以朱绘身，故爽奭并有明盛之义，大者人也，加之以夶以皕，所以神之也。"（1981）可备一说。

这里附带说一下皕声归部的问题。段氏于《六书音均表》及《说文》"盡"字注，皕声归第一部，"盡"读若愊，亦归一部，而"皕"字注又说："盡奭字以为声，在第五部。"根据"皕"读若逼，"盡"读若愊，这两个字应归一部，"奭"字可一部、五部兼收。

52.《说文》：翊，从羽立声。

---

① 《周秦古音结构体系》，《音韵学研究》（1）：95，中华书局1984年。

段注:师古曰:翊音弋入切,又音立。按翊字本义本音仅见于此……以七部立声之字读一部异声之与职切,字书韵书承讹袭缪,小颜弋入、力入之音无有采者矣……大徐用《唐韵》与职切,非也。

按:段氏拘守谐声,不明白弋入变与职是某些方言 -p 尾字变为 -k 尾,《诗》韵、谐声不乏缉通职的例子,二者的主元音都是ə,这种通转是很自然的。陆志韦在《古音说略》中研究过"缉何以老是通职"的问题(《陆志韦语言学著作集》一 201 页),可参阅。

53.《说文》:雒,从隹各声。

段注:鸲即雒字,各家音格。但今江苏此鸟尚呼"钩雒鸲",雒音同洛,则音格者南北语异耳。

按:段氏说"雒"有格、洛二音,乃南北语异,可见他对语音资料的研究是相当细心的。"语异"的原因当是复辅音声母 kl- 分化后造成的。

54.《说文》:鹞,从鸟䍃声。

段注:鹞,古音淫,见《释文》;今音燿,见《广韵》。语之转也。《说文》鹞即鷂。

按:《广韵》"鷂"字有余针切、弋照切(音燿),"鹞"亦弋照切。段氏所说的语转,在这里是指宵侵对转。陆志韦说:"侵覃跟幽宵的通转确有点蛛丝马迹。"(《陆志韦语言学著作集》一 189 页)"鹞、鷂"语转可增一证。

55.《说文》:鵔,鵔鸃,鷩也。从鸟夋声。

段注:私闰切。按古音当读如虽,十五部。

按:从夋得声的字,段氏归部不一。《六书音均表》夋声归十四部,"狻酸"二字注亦归十四部,而"夋"字注归十三、十四两部,"逡骏浚晙"等归十三部。这里又将"鵔"归到十五部。"读如虽"最无理。《史记索隐·司马相如列传》引郭璞曰:鵔鸃音浚宜。杨树达说:"鸟曰鵔鸃,兽曰狻麑,字义异而语源无二也。"(《积微居小学述林》卷三 76 页)段氏盖因"鵟"归十五部,乃定"鵔"之古音读如虽,亦归十五部。朱骏声将夋声及从夋得声之字均归十三部(文部),可从。

56.《说文》:骫(wěi),从骨丸声。

段注:於诡切,十六部。按丸声在十四部,此合韵也。

按:"骫"与"委"同音。《史记集解·司马相如列传》及《汉书·淮南厉王刘长传》师古注均以"骫"为古"委"字。《六书音均表》委声归十五部,《说文》"委"字注又说"十六、十七部合音最近"。"委"字从禾得声,可归十七部(歌部),与十四部之丸声为歌元对转。"骫"归十六部是不对的,十四部与十六部主元音相差很远,难以"合韵"。

57.《说文》:胵,从肉至声。

段注:十五部,古音至声在十二部。

按:"胵"归脂部,"至"归质部,本为平入关系,此例又说明段氏将质部归在十二部是不恰当的。

58.《说文》:腏,项也。从肉豆声。

段注:《士虞礼》:"肤祭三,取诸左膉上。"注:"膉,腏肉也。古文曰'左股上',此字从肉,非从殳矛之殳声。"……寻古文用字之例,假股为膉,正与假脾为髀……假头为腏,皆以异物同音相假借。股与膉当是同音,盖从肉役省声,如坃疫毅皆从役省声之比,役与益同部。此股非股肱字,注当云"此字从肉从役省声,非从殳矛之殳声"。今本脱误不完。

按:《仪礼·士虞礼》"左膉上",古文本作"左股上"。郑玄注:"膉,腏肉也。古文曰'左股上'。此字从肉殳,殳矛之殳声。"段氏为了证明"股"与"膉"同音,将郑玄原注改为"非从殳矛之殳声”,增一“非”字,与原意大悖。他还认为在“股肱”之“股”外,还有一个“从肉役省声”的“股”字,与“脰”同音。

我们研究同题,只能从原始材料出发。郑注说“股”读“殳矛之殳声”,我们就应当在“殳声”上找答案。殳,市朱切,属禅母侯部,古禅母与定母音近,因此“左股上”之“股”应是“脰”之假借字。脰,定母侯部,从殳得声之“投吺”都属舌音,“股”有舌音一读是不奇怪的。另外,《士虞礼》又有“取诸脰膉”,“脰、膉”同义连用。

59.《说文》:腝(臡),从肉耎声。

段注:人移切,古音在十四部。

按:“人移切”误,应据《集韵》作“人栘切”,或依《切三》作人兮、奴兮反。古音由十四部转入十七部。

卷　五

60.《说文》:等,从竹、寺。

段注:会意……古在一部,止韵,音变入海韵,音转入等韵。多肯切。

按:“等”字应从寺得声,会意兼形声。《玉篇》“等”字有都肯、都怠二切,《广韵》有多改、多肯两切。都怠、多改切是“等”从寺声之确证,都肯切说明“等”由之部转入蒸部。

61.《说文》:笘,从竹占声。

段注:失廉切,七部。按《篇》《韵》丁颊切为是,失廉误也。

按:失廉切为审三谈部,丁颊切为端母叶部。审三在上古与端母音近,叶谈对转。不存在“误”的问题。

62.《说文》:差,从左、𠂢。

段注:《韵会》作𠂢省声,疑是𠂒(乖)省声之误。初牙切,十七部。

按:《韵会》引《说文》作巫省声,不可信,段说巫省声更不可信。巫字段氏未注明古归何部(段注 611 页),我们归微部,与归十七部的"差"主元音不同。《古韵通晓》以差从左从巫,巫亦声,马叙伦以差从巫左声,均较省声为优。

63.《说文》:沓,从水、曰。

段注:徒合切,古音盖在十五部。

按:段氏为何对"沓"的归部着一"盖"字,因为《孟子》及《毛传》皆曰"泄泄犹沓沓也"。"沓"又假借为"达"字。"泄、达"均月部字,按段氏体系即十五部。严可均以沓从曰得声,"曰"亦属十五部。按徒合切以及从沓得声的字来看,"沓"应归缉部。段氏注意到这种矛盾,故"盖"以传疑。他为什么不以"合音"来作解呢?因为谐声及诗韵 -p 一般不通 -k。我们认为缉月音转虽罕见,但例外是应当承认的,何况它们都有塞音尾,也具备通转的条件。王力先生谈到:"虽不同元音,但是韵尾同属塞音或同属鼻音者,也算通转(罕见)。"(《同源字典》16 页)而且,"沓、达"均定母字,"泄(呭詍)"为喻四,声母相近。

64.《说文》:嚭,大也,从喜否声。

段注:训大则当从丕,《集韵》一作㕰是也。匹鄙切,十五部。

按:无论是丕声、否声,或像朱骏声主张的从丕喜声,"嚭"字都在一部,《六书音均表》不声、丕声、否声、喜声均在一部;《说文注》"不、丕,否、喜"也都在一部;即使依匹鄙切,也在一部。十五部盖偶误。

65.《说文》:鼛,鼓鼛声。从鼓缶声。

段注:土盍切。按缶声不得土盍切明矣。《玉篇》曰:鼙,鼓声也,七盍切。《广韵》曰:鼙,鼓声也,仓杂切,皆即其字。缶者,去之讹,去声古或入侵部也,然皆鼙之误字耳。今鼙之解说既更正,则鼛鼙可删。

按：清代《说文》家没有人能解释从缶得声为何音土盍切，于是产生了种种臆断。"韶"从缶声音土盍切，是一条很珍贵的历史语音资料。《说文》缶部："匋，从缶包省声。案《史篇》读与缶同。""匋、缶"读音同，可证唇音"缶"与舌头音相通。陈梦家《殷墟卜辞综述》说，甲骨文之"缶疑即陶"（294页）。杨树达说："匋字实从勹声，而读与缶同，勹缶皆唇音字，非舌音字也。言部誨或作詷，余近日考得鼄黻镈之鼄叔即经传之鲍叔，此皆匋包同音之证也。"① 杨氏的考证很有意义，但问题还未彻底解决，他没有揭示"匋缶"在远古汉语中存在复辅音声母的问题。"匋"字读与"缶"同，其复辅音形式为 pd-。复辅音声母分化之后，"缶"字可能有两读，有的方言读 p-，有的方言读 d- 或 th-。黄侃《经籍旧音辨证笺识》说："缶有舌音，以匋读与缶同明之。""韶"从缶声而音土盍切，也是"缶"有 th- 音的一证。段氏将"礤"（cà，此字见《玉篇》，《说文》无）、"韶"（tà）、"韶"（tǎ）三字牵合在一起，实由不明"缶"的古声所致。

66.《说文》：缿，从缶后声。

段注：大口切，又胡讲切。按胡讲，音之转也。古音在四部。"大"当作"火"。

按：段以大口切当作火口切，乃据《广韵》讲韵"缿"的又音，但《广韵声系》指出："火，北宋、宋小字、元泰定及符山堂本均作大。"1983 年上海古籍出版社出版的《钜宋广韵》也作"大口切"（可参阅余迺永《新校互注宋本广韵》240 页），《玉篇》同。尤为值得注意的是《类篇》作"徒口切"。"徒、大"均定母，可证"大"决非"火"之误；相反，"火"乃"大"之误，古逸丛书本《广韵》又误为"夫口切"。《类篇》还有与"后声"相应的下遘切。"大口切"

① 《积微居金文说》111 页；中华书局 1997 年版 92 页。

有很重要的语音价值,说明古方言中牙音字确有与舌音相通的,《释名》以"显"与"坦"为"天"之声训,今南方某些方言还有把"天、田"读同晓母的。清代《说文》家对这种语音现象完全缺乏认识,故以不误为误。

67.《说文》:罴,从弟、眔。

段注:眔者,逮也。"鰥"下曰:从鱼眔声。则此亦可眔声。合韵也。古魂切,十三部。

按:鱼部"鰥"字注:"眔古读同隶,十三、十五部合音也。"所谓眔同隶,这是以"眔"归十五部,《六书音均表》同。目部"眔"字注云:"眔与隶音义俱同……眔,徒合切,在八部,隶在十五部。云'同'者,合音也。"但"眔"字时而归十五部,时而在八部,毕竟是个矛盾。唐作藩《上古音手册》以眔声归缉部,《古韵通晓》眔声归缉部,隶声归物部。"眔"与"隶"为缉物通转,"眔"与"鰥罴"为缉文通转,主元音都是ə。

卷　六

68.《说文》:樠,松心木。从木㒼声。

段注:旧有樠楠二字,一㒼声,一两声。《左传》"樠木",《音义》云:"郎荡反,又莫昆、武元二反。"《马援传》章怀注曰:"《水经注》武陵五溪,谓雄溪、樠溪……蛮土俗'雄'作'熊','樠'作'朗','潕'作'武'。"是皆认"樠"为"楠",未别其字,而强说其音也。

按:"樠"字有m-及l-两读,一直无正确解释。《左传正义·庄公四年》云:"此字之音,或为曼,或为朗。若以㒼为声,当作曼;以两为声,当作朗。字体难定,或两为之音。"(《十三经注疏》1764页)吴承仕《经籍旧音辨证》卷二说:"《释文》之例,每以首音为正,孔《疏》定从朗音,与德明说同。疑自六朝迄唐,旧读相承如此。韵书樠楣同训,而分入元养两韵两部,则沿讹久矣。"《庄子·人间世》"液樠",李桢曰:"余疑楣为樠之或体。"[1] 李桢的推测是可信的,但没有解释"或体"产生的原因,没有说明"樠"字为何有 m- 及 l- 两读。我以为"樠"的声母之所以有 m、l 之别,是复辅音分化后有的方言读 m-,有的方言读 l-。先分其音,后分其形,或体就是这样产生的。"樠"从㒼得声,从"樠"有 m、l 两音,可推知"㒼"应是形声字,从廿从网,网亦声。"㒼"与"网"韵部虽不同,但元部与阳部主元音都是 a,可以通转。黄侃也说:"㒼自有舌音。"[2] 又说:"《说文》有樠无楣,盖读'朗'者亦止是樠字。"(273 页)另外,段氏将"樠"字归在十五部,无疑是疏忽。卫瑜章《段注说文解字斠误》已指出:"五字误,当作古音在十四部。"

69.《说文》:槳,木叶陊也。从木㲋声,读若薄。

段注:小徐云此亦蔋字。按此与蔋义同,音不必同,相为转注,非一字也。言部"誃"读若㲋,此槳读如薄,然则㲋之在二部或五部,难定也。

按:"槳"既从㲋得声,理应音蔋(他各切)。㲋,丑略切,上古归透母铎部,与"蔋"同。"槳"又读若薄,则为并母铎部,古书中常借"暴、毗"为"槳",《方言》十三:"毗,废也。"钱绎《笺疏》引钱同人云:"《说文》:'槳,木叶陊也。从木㲋声,读若薄。'即毗字。毗、暴乐,皆双声之转。又转而为仳离,薄即暴声之转。"[3] 曾运乾《古语声后考》说:"余谓暴乐原系附尾语词,本字当为槳落……槳落语转则为暴乐,又转则为毗刘,皆以双声相转而义无别。《释文》音暴为剥,正当音暴为槳也。两字一词,槳废用,落

---

① 郭庆藩《庄子集释》172 页。
② 黄侃《经籍旧音辨证笺识》,见吴承仕《经籍旧音辨证》附录一 277 页,中华书局 1986 年。
③ 钱绎《方言笺疏》下,卷十三 1 页,上海古籍出版社 1984 年。

字专行。"① "枲"为何有"择、薄"两读,因古方言唇音可与舌音相通。段注及《方言笺疏》都不赞同小徐"枲、择"音义同的说法,也是少所见而多所怪也。

70.《说文》:栝,炊灶木。从木舌声。

段注:臣铉等曰"当从昏省乃得声"。按徐说非也。栝昏铦等字皆从西声,西见谷(jué)部,转写讹为舌耳。他念切,七部。

按:段氏对徐铉等人的批评完全正确,只是"西"与舌的关系尚未说清。这个问题,古今文字学家及训诂学家已发表过很多意见,这里不一一介绍。

《说文》:"西,舌皃,一曰竹上皮。"可见"西"是一字两用:一用为"因"或"席","宿"及古文"席(圂)"从此取义。《集韵》栝韵他念切"西"字注:"一曰席也。"《广雅·释器》:"西,席也。"所谓竹上皮,即竹席之义。在这个意义上后来写作"簟"。一用为"舌皃",吕思勉说:"舌西两字,或小异其形,或直是到(倒)文,故说西曰舌皃也。"(《文字学四种》259页)作为"舌皃","西"字有两读:"一曰读若誓","誓、舌"古音近,"舌"为床母月部,"誓"为禅母月部,上古床禅不易分辨。又"读若三年导服之导",这个"导",正如段玉裁所言:"古语盖读如澹。"归谈部。这两读的关系为月谈通转,主要元音都是 a。"栝、昏、铦、絬"等字都与舌皃有关。刘赜《初文述谊》说:"案舌貌谓吐舌舓取食物之貌也。俗西字作册,亦作餂……炊灶木一端烧于灶内,其未烧一端吐出灶口如人舌吐出外然,栝从舌声犹从西声,《集韵》五十六(栝韵),'栝'有重文'柄'是也。'铦'从舌声亦犹从西声,西字之形象锸也。"笔者家乡称一种铁锹为"牛舌子",亦

---

① 《湖南师大学报》(古汉语专辑),1986 年增刊。曾氏此文为遗稿,由何泽翰整理。

取其形象舌也。"甜"为"舌知甘者","舌舌"为火光,与火舌义相关。"栝、甜、铦"等既取义于舌,段氏所谓"转写讹为舌耳"的说法就不确了。

71.《说文》:枻,梼枻也。从木出声,读若《尔雅》貀无前足之貀。

段注:女滑切,十五部。《玉篇》当骨切,引《说文》五骨切。又"梼"字注:《左传》无"梼枻",惟《文十六年》有"梼杌"……出声、兀声同部。又出部"黜"字注:以《说文》梼杌作梼枻例之,则出声、兀声同。黜当是从臬出声,五忽切。

按:段氏判断出声、兀声同,"梼枻"即"梼杌","槷黜"即"臲卼",都是很有见地的。"枻"的五骨切(《类篇》作五忽切),正与"兀"同音。"出"为穿=物部,"兀"为疑母物部,二字为何声同?这里的语音理据就是照系三等字有的与见系字有谐声上的关系。从出得声的字有读见母的,如"屈"(九勿切);有读溪母的,如"诎"(区勿切);有读疑母的,如"耴"(五滑切)、"疷"(五忽切)。《类篇》"疷"的重文为"疘",都足以证明"出声、兀声同"。

72.《说文》:贳,从贝世声。

段注:神夜切。按古音在五部。《声类》《字林》、邹诞生(盈按:齐梁时人,《史记·高祖本纪》索隐)皆音势,刘昌宗《周礼音》乃读时夜反。

按:"贳"有舒制切(音势)、神夜切两读。《六书音均表》贳声归十五部,取舒制切。这里据神夜切,归五部。在段氏之前有颜师古,之后有章太炎、吴承仕都讨论过"贳"的读音问题。颜氏以时夜切非正音,章、吴以时夜切为古音。吴说:"旧来贳、射同读,至德明、师古时,则贳字已无时夜之音矣。"[1] 丁声树的《古今字音

---

① 《经籍旧音辨证》112页。

手册》"贳"字仍取神夜切,音 shè。"贳"字的两读实际是古方言的不同。舒制切为审₃月部,神夜切为床₃铎部。审床旁纽,月铎主元音都是 a,可以通转。

卷 七

73.《说文》:昱,从日立声。

段注:凡经传子史翌日字皆昱日之假借,翌与昱同立声,故相假借。本皆在缉韵;音转又皆入屋韵,刘昌宗读《周礼》"翌日乙丑"音育,是也;俗人以翌与翼形相似,谓翌即翼,同入职韵。

按:这条注涉及"翌、昱"二字和缉、屋、职三个韵部。古文字学家王国维、唐兰等人都对甲金文的"翌、昱"进行过分析。有的认为从羽得声,有的坚持从立得声,有的认为构形不明。一般认为,"翌"为"昱"之初文,二字均从立得声,原本归缉部,后来转入职部,由 -p 尾变 -t 尾。"翌(翊)昱"有两个读音,直到汉代还保存。《汉书·礼乐志·郊祀歌》有"息服德翊"韵,又有"翊集"韵。与"集"相押的"翊",颜师古立音。按颜注,"翌昱"的声母也有喻₄和来母两读的问题,应是复辅音声母分化的结果。至于刘昌宗(晋人,一说齐梁间人)音育①,声母仍为喻₄,韵部是职觉旁转,也是方言音变。

74.《说文》:籭,导车所载,全羽以为允。允,进也。从㐱遂声。

段注:允籭亦双声叠韵也。《诗》"仲允膳夫",《古今人表》作"膳夫中术"。"术"与"遂"古同音通用。允古音如戈盾之盾,是以汉之大子中盾后世称大子中允。允盾术遂四字音近。

按:籭,徐醉切(邪物)。术,食聿切(床₃物)。允,余准切(喻₄

文)。盾,徒损切(定文),又食尹切(床₃文)。依钱玄同的古音
十四纽,邪、喻Ⅳ、床₃都归定纽,以上四字为双声,又为物文阴阳
对转。依李方桂的构拟,床₃与定同音,喻Ⅳ与邪同音,均属舌尖
音。段玉裁由于忠实于原始材料,所以能得出“允盾術遂四字音
近”的结论,但他没有建立起上古声母系统,不能揭示音理上的
根据。

75.《说文》:盟,从囧皿声。

段注:锴皿作血,云“声”字衍;铉因作从血,删“声”字。今与
篆体皆正。

按:段氏的主观武断往往表现在这些地方。金文“盟”字有
的从血,有的从皿,取义于以皿盛血,歃血为盟。“盟”字应是从
皿(血)囧(贾侍中说,读与明同)声。

76.《说文》:卤(tiáo),读若调。

段注:徒辽切,二部。按调本周声,“中尊”之义,羊久反,又
音由。乃部之卤(迪)用卤为声,古三部与二部合音最近。

按:段氏周声归三部,从卤得声的“卤”也归三部,而“卤”
(隶变为卣)归二部,于是造成“合音”。应将卤(卣)声改归三部,
朱骏声就是这么处理的,董同龢《上古音韵表稿》“卤、卣”亦归
幽部。

77.《说文》:牏,从片俞声,读若俞。

段注:度侯切,四部。徐广曰:音住。盖本《说文音隐》。住
即侸。

按:徐广为徐邈之弟,生于东晋穆帝永和八年(352),卒于刘
宋文帝元嘉二年(425)。他的《史记音义》“牏”音住,又音窦,
见裴骃《集解》转引。《说文》无“住”字,《广韵》“住”持遇切,
与“牏”同一小韵,“牏”在《广韵》又音羊朱、度侯切。由徐广对
“牏”的注音有“住、窦”两读,我们推测5世纪某些方言澄母字已

从定母分化出来。

段玉裁说"住即侸",又马部"驻"字注云:"人立曰侸,俗作住,马立曰驻。"朱骏声也认为"侸"俗作"住"。但段在"侸"字注中又说:"侸读若树,与尌竖音义同,不当作住。今俗用住字,乃驻逗二字之俗,非侸字之俗也。"段说自相矛盾,当以"住即侸"为是。《集韵》以"尌竖"为重文,与"住"同一小韵,厨遇切(zhù),均释为"立也"。《玉篇》"住"亦释"立也"。

78.《说文》:糳,糳糳,散之也。从米殺声。

段注:《左传·昭元年》曰:"周公杀管叔而蔡蔡叔。"《释文》曰:"上蔡字音素葛反,《说文》作糳。"《正义》曰:"《说文》糳为放散之义,故训为放。隶书改作,已失字体,糳字不可复识,写者全类蔡字,至有(重)为一蔡字重点以读之者。"定四年《正义》同。是糳本谓散米,引申之凡放散皆曰糳。字讹作蔡耳,亦省作殺。

按:糳,今作"撒",如"撒种子"。《正义》说"蔡蔡叔"之"蔡"原本作"糳",隶书改作,后人误作"蔡"。段注亦袭其谬。"蔡"字不误,乃同音假借。"蔡"清母月部,"糳"心母月部(《广韵》作"糳蔡叔")。至于《孟子》"殺三苗"之"殺",亦为"糳"之假借,并非如段氏所言"省作殺"。

79.《说文》:罶,从网留,留亦声。婁,罶或从婁。《春秋国语》曰:"沟眔婁。"

段注:三部、四部合音。

按:"罶"的重文作"婁",段氏作幽侯合音处理。黄侃说:"汉时读刘氏之刘盖有异音,《汉书·娄敬传》:'娄者,刘也。'犰刘之字本作膢。或刘音读近侯部,而留音仍在萧部与?""娄"与"刘"通,"婁"为"罶"之重文,是因为先秦侯部一等字到汉代有的转入幽部。不少音韵学家认为汉代无侯部。

80.《说文》:厬,古文席,从石省。

段注:下象形,上从石省声。

按:下象形是对的,圆变为丙。"石省声"不可信。二字声母亦不类。《说文疑疑》说:"古文席从厂,下象席形。"《说文》:"厂,山石之厓岩,人可居,象形。"

卷 八

81.《说文》:併,竝也。从人并声。

段注:竝(竝)古音在十部,读如旁;併古音在十一部,读如并。竝併义有别。

按:这条注是正确的。可是立部"竝"字注又将"竝"字归十一部,说"(併竝)二篆为转注,是二字音义皆同之故也"。这样明显的矛盾,段氏刻此书时竟未纠正。

82.《说文》:儥,见也。从人賣(yù)声。

段注:余六切。按此音非也。今音徒历切,古音徒谷切,三部。

按:大徐本作"儥,賣也",故音余六切。段依小徐改为"见也",以为"儥"即"覩"字,故取徒历切。按喻四归定的主张,徒谷切与余六切的声母都是 d-,只有一、三等之别。问题在于段氏三部之入声包括屋、觉两部,賣声应归屋部,即第四部(侯部)之入。

83.《说文》:僖,乐也。从人喜声。

段注:《春秋》三传"僖公",《史》《汉》皆作"釐公",殆《史》《汉》假釐为僖乎?

按:上古音"釐"与"僖"韵母全同,声母有来晓之别。"釐"从里犛声,"犛"亦许其切,与"僖"同音。《类篇》"釐"有里之、虚其、落盖三切,可证"釐"原本可读晓母。黄侃认为"里"在古代"有喉音"一读(《经籍旧音辨证笺识》269 页),如《说文》:"趆,从走里声,读若小儿咳。""咳"亦晓母字。这些材料说明:"里"曾有复辅音声母问题。

84.《说文》:侮,从人每声。

段注:五部。按每声在一部合音。

按:《六书音均表》侮声归四部,正确。归五部可能是偶误。

85.《说文》:俑,痛也。从人甬声。

段注:《礼记》《孟子》之"俑",偶人也。俑即偶之假借字。

按:"俑"非"偶"之假借字,廖海廷已有驳议,廖氏说:"偶俑虽是侯东对转,然偶是疑母,俑是透母(他红切),无缘相通。"[1] 李学勤《东周与秦代文明》说:"《吴越春秋》的'盲僮'即简文(指望山2号墓遣策)的'亡童',即木俑,故《越绝书》称为'甬(俑)',在西汉前期的遣策或木牍中,则又写作'明童'。"(342页)"盲、亡"是"明"之假借字,意为明器;"俑"应是"童"之假借字。木俑又叫"桐木人",陈琭《六九斋撰述稿》卷下说:"桐木之桐,与童通,童木,小木也。"(转引自《沈兼士学术论文集》)王引之《经义述闻》第二十八:"桐之言童也,小木之名也。"《吴越春秋》以"盲僮"乃用梧桐树所作,可能是东汉人已不了解"桐人"的真实含义。

86.《说文》:身,躬也。从人申省声。

段注:大徐作"象人之身,从人厂声"。按此语先后失伦,厂古音在十六部,非声也。今依《韵会》所据小徐本正。《韵会》"从人"之上有"象人身"三字,亦非也。

按:段氏驳"厂"非声是正确的,然"申省声"同样不可信。倒是"象人身"三字颇接近原义。古文字学家多认为"身"象人腹部突出之形。

87.《说文》:耆,从老省,占声,读若耿介之耿。

段注:双声也。

按：段的意思"占"与"耿"乃照三与见母位同双声。钱大昕说："者本音似检，转读如耿也。"现在有的方言仍然把照三系部分字读同见系字，如温州"占"音 tɕi，湖南江永消江土话照三字归见组。

88.《说文》：艐，从舟夋声，读若莘。

段注：子红切，九部。此音（指莘）与子红为双声，与届亦双声。又尸部"届"字注："艐届双声。"

按：《类篇》"艐"字有祖丛、口箇、居拜三切，"届"亦居拜切（大徐古拜切）。孙炎、郭璞都认为"艐"古届字（见《经典释文·尔雅音义》及《方言》卷一注），故段氏谓"艐届双声"。陆志韦说："艐何以跟 ts、跟 k 在汉朝同时是双声呢？他（指段）好像有话说不出来，只能教人体会。""其实艐并不音届，郭璞本有错了。"（《陆志韦语言学著作集》一 268 页）陆先生说郭璞错了，却未讲明理由。在谐声中，精组与见系发生关系的例子还是有的，如"耕"（见）从井（精）得声，"造"（从）从告（见）得声。"夋"字从凶（晓）得声，"艐"有牙音一读并非偶然。严学宭将"夋"的声母拟为复辅音 xts-[①]，这样的拟音当然只是一家之言，而对于理解"艐"的居拜切有一定帮助。

89.《说文》：次，从欠二声。

段注：当作从二从欠，从二故为次。七四切，古音在十二部，读如漆。

按：当依朱骏声"从欠从二会意，二亦声"。"次"为何从欠，杨树达说："次当以亚次为义，乃词之表副贰者也。以其为词，故字从欠。"（《积微居小学述林·释次》56 页）《六书音均表》二声、次声均在十五部，从次得声的"资、髭"亦在十五部，正确。这里

———

① 《音韵学研究》（1）：95。

据"读如漆"归在十二部,不妥。"次"与"漆"为脂质对转,不能说"次"的本音就是"读如漆"。

卷　九

90.《说文》:形,从彡开声。

段注:户经切,十一部。按枅笄字皆古兮切,研字五坚切,开声古音俟考。

按:在《古韵通晓》中我把开声归到元部,至于"形"的声符没有进行讨论。朱骏声作并省声,不可从;今依桂馥作井声。《六书音均表》开声归十一部,《说文注》"豜、弅"也归十一部,而"麑"(jiān)归十二部,"研、狅、妍"又归十四部。段氏对开声的归部摇摆于耕、真、元之间。

91.《说文》:髟,从长、彡。

段注:《五经文字》必由反,在古音三部。泰部鬖字从此为声,可得此字之正音矣。音转乃为必凋切、匹妙切,其云所衔切者,大谬,误认为彡声也。

按:所衔切见大徐本及《玉篇》《广韵》,小徐作所咸,音同。段氏断言此音大谬,失之武断。必由与所衔二切,反映了幽侵通转的关系,如:惨,从参得声,有山幽、师衔切(见《类篇》);犹豫,又作"尤豫、淫与"。陆志韦也认为"髟"从彡得声可疑,但他同时表示:"然而跟假借的例子合起来研究,我们断不能否认上古有阴声(-b)通-m那一回事。"(《陆志韦语言学著作集》一209页)依李方桂的构拟,幽侵的主元音都是[ə],可以通转。就声母而言,审母二等字,前人多认为读为心母,审₂与唇音帮母发生关系,有可能是复辅音形式sp-。

92.《说文》:趜(jū),曲脊也。从勹籍省声。

段注:此《论语·乡党》《聘礼记》"鞠躬"之正字也。《聘礼》

"鞠躬"亦作"鞠窮"……《汉书》注曰:"鞠躬,谨敬也。"盖上字丘弓切,下字巨弓切,为叠韵……三部,音转入九部。

按:段注认为"鞠(鞠)躬"之"鞠"有丘弓切一音,音转入九部(即由觉部转入东部),缺乏可信的证据。《史记·鲁世家》"锔锔"(今本作:锔锔,音窮窮,1520页)之"锔",《类篇》有居雄、丘六二切,并不能证明"鞠"可读丘弓切。《左·宣十二年》之"山鞠穷",《释文》"鞠"音起弓反,《集韵》东韵音丘弓切,但这是另外一个意义,不能证明"鞠躬"之"鞠"音丘弓切。

93.《说文》:匏,瓠也。从包从瓠省。

段注:"瓠省"旧作"瓠声",误。《韵会》作从夸包声,亦误,今正……包亦声,薄交切,古音在三部。

按:大徐作从夸声,小徐作包声,段改为"瓠省",包亦声。桂馥、姚文田、苗夔、朱骏声等均同段说。钮树玉《说文解字校录》云:"当作从包、夸,包亦声。"较段说为优。《广雅·释诂》:"夸,大也。"匏乃瓜之大者,故从夸取义,何必从瓠省呢?

94.《说文》:丸,圜也。

段注:《商颂》"松柏丸丸",传曰:"丸丸,易直也。"……《大雅》"松柏斯兑",传亦云:"兑,易直也。"兑与丸,古盖音同而义同矣。

按:丸,匣母元部;兑,定母月部,月元虽可对转,但声母不类。王筠说"丸丸盖桓桓之借",较段说为优。

95.《说文》:豨(wěi),从豕隋声。

段注:以水切,按当依《广韵》羊捶切,古音在十七部。豨与豙(yì)音同,疑豨即豙之或字。

按:"豨"归十七部,"豙"归十六部,且有阴、入之别,说不上"音同"。"豨"指阉猪,"豙"是上谷地区对猪的称呼,义亦不同。

96.《说文》:貐,从豸俞声。

段注:以主切,古音在四部。《尔雅音义》曰:韦昭余彼反。按"彼"字必"侯"字或"候"字之误。《集韵》《类篇》不知其误,乃云貐尹捶切,入四纸。盖古书之袭缪有如此者。

按:段氏对旧反切的批评,往往反映出他不正确的语音观。中国古代方音复杂,作切语者又非一时一地之人,一些看来互相矛盾的切语,除了确有把握可以定为错别字的不算,其余都是研究语音流变、方言变体的宝贵材料,而段氏对于自己无法解释的切语,往往判为"字之误、大谬"。拿"貐"字来说,以主切与古音相合,但先秦侯部字到汉代已发生分化(可参阅王力《汉语语音史》),怎么可以拿先秦音来改三国时吴国人韦昭的反切呢? 余彼切、尹捶切一定有特定的方言为据。今梅县客家方言就把遇摄字读作止摄,如"愉、羽"音 i,我们怎么能否定"貐"有余彼切这样的音呢!

卷　十

97.《说文》:冯,马行疾也。从马仌声。

段注:冯者,马蹄著地坚实之貌,因之引申其义为盛也、大也、满也、懑也,如《左传》之冯怒、《离骚》之冯心……《地理志》之左冯翊,皆谓充盛,皆"畐"字之合音假借。畐者,满也。

按:所谓合音假借,指一部与六部(即职蒸对转)合音,借"冯"为"畐"。段氏既以"冯"之引申义为满也、盛也,为何又要乞灵于假借呢? 看来,段氏对"引申"与"假借"的区别不甚严格,常把引申与假借混为一谈。

98.《说文》:廌,象形,从豸省。

段注:此下当有豸亦声。

按:"廌"为通体象形,"从豸省"已不妥,"豸亦声"亦无缘成立。

99.《说文》:麎,牝麋也。从鹿辰声。

段注:《吉日》"其祁孔有",笺云:"祁当作麎。"……《大司马》注,郑司农曰:"五岁为慎。"后郑云:"慎读为麎。"……按麎在汉时必读与祁音同,故后郑得定《诗》之祁为麎。《字林》麎读上尸反,徐音同,沈市尸反,皆本古说也。

按:段氏断言"麎在汉时必读与祁音同",可谓卓识,不足之处是没有从音理上加以说明。吴承仕指出:"郑作麎者,则真脂对转。"(《经籍旧音辨证》101页)也只是说明了韵部关系。至于声母,则是照三系字读同见系字,祁,渠脂切;麎:上尸、市尸、植邻切。"上、市、植"均禅母字。李方桂的《上古音研究》禅母的复辅音形式为 grj-,读为舌根音,与"祁"音近。

100.《说文》:猰,犬食也。从犬、舌。

段注:《汉·吴王濞传》曰:"猰糠及米。"《史记》作"舓","舓"见舌部,以舌取食也,食尔反。猰读如答,异字异音而同义。颜注云:猰,古舓字。乃大误。

按:"舓"为"舐"之重文。段氏"舐"字注认为"舐"或作"舓,或作猰",并引《汉书》"猰康及米"为证。这里又说颜注"大误",前后不一。《类篇》"舓、猰"均音甚尔切,一释为"以舌取食",一释为"以舌取物",二字音同义同。《广韵》"猰"音吐盍切,"舓"音神纸切,若依黄侃的十九纽,都属舌头音。"猰、舓"即使非古今字关系,也是同源关系。

101.《说文》:灼,灸也。从火勺声。

段注:医书以艾灸体谓之壮。壮者,灼之语转也。

按:"灼、壮"非语转关系。《梦溪笔谈·技艺》:"医用艾一灼谓之壮者,以壮人为法。其言若干壮,壮人当依此数,老幼羸弱量力减之。"

102.《说文》:悃,愊也,至诚也。从心困声(依大徐)。

段氏改篆文"愠"为"愠",他说:"愠、幅亦双声字也……古困声在真文韵,音变遂入魂韵,非困声在真文,困声在魂,各有畛域也。"

按:《六书音均表》有困声,无困声。《说文注》"梱"字从困得声,其余"稇、顡、愠"均改为困声。"困困"均属文部,"困"为一等字,"困"为三等字。段氏谓"困""音变遂入魂韵",也就是困声由三等变入一等,这是他把困声改为困声的音理根据,也是《六书音均表》不立困声的原因。但困声与困声毕竟有别,所谓音变入魂,乃主观臆断。至于"愠、幅"双声,是以溪滂为位同双声。

103.《说文》:怲,忧也。从心丙声。

段注:怲怲与彭彭音义同。古音在十部,读如旁。

按:怲,兵永切;彭,薄庚切;旁,步光切。"彭旁"並母,"怲"属帮母,清浊有别;三字等亦不同。段氏所谓的读如、音同,往往欠精确。

卷十一

104.《说文》:汃,从水八声。《尔雅》曰:"西至于汃国。"

段注:汃之作豳,声之误也。

按:"汃"之作"豳"为物文对转。《类篇》"汃"有悲巾、普八二切。段氏八声归十二部入声,故与文部关系较疏。八声可与文部字对转,本文第35条已谈到。

105.《说文》:潏,从水矞声。

段注:沇从允声,余准切;潏〔从〕矞声,食聿切。二字相为双声叠韵。

按:段以喻四(允)和床三(矞)为双声,文物为叠韵。依钱玄同十四组喻四和床三均为舌尖音,当然不可视为定论。我们引钱说,只是参考前人对这类问题的处理意见。

106.《说文》:轏,从频卑声。

段注:按从卑声,则古音在十六部。《易》"频复",本又作"颦"……诸家作频,省下卑;郑作卑,省上频。古字同音假借,则郑作卑为是,诸家作频,非。轏在支韵,不在真韵也。

按:"轏"字的上频下卑均可作声符,故《类篇》此字有符真、频弥二切,支真通转。段氏只强调《易》复卦郑作卑,忽视《庄子·天运》假"瞋"为"轏",从而否定"轏"字可归真部,这是片面的。徐灏认为"卑"者乃讹字,亦不足信。若依徐说,又如何解释《说文》的卑声及《类篇》的频弥切呢!

107.《说文》:朕(凌),从夕朕声。

段注:轻读为力膺切(líng),重读则里孕切(lìng),今俗语犹尔。

按:段氏这里所说的"轻、重"是指声调平仄不同。"孕"(以证切)字今收-n尾。

108.《说文》:霚,从雨鲜声,读若斯。

段注:鲜声在十四部而读如斯者,以双声合音也。

按:所谓双声合音,即"鲜、斯"因同属心母而合音,也就是训诂家常说的一声之转。段氏以元与支相差很远,故不用"合韵"作解。其实这里有方言音变的问题。《诗·瓠叶》"有兔斯首",郑笺:"斯,白也,今俗语斯白之字作鲜,齐鲁之间声近斯。"《正义》:"齐鲁之间,其语鲜斯声相近,故变而作斯耳。"《书·禹贡》"析支",《大戴礼·五帝德》作"鲜支",注:"鲜读曰析。"《释名·释疾病》:"癣,徙也。故青徐谓癣为徙也。"鲜,通"斯"(支部),又通"析"(锡部);癣,通"徙"(歌部),说明齐鲁方言元韵字可与歌支通转。林语堂《燕齐鲁卫阳声转变考》认为:"齐鲁鲜声似斯,即仙韵读似支韵,变ian入ia(或入iɛ)。"钱大昕《说文读若之字或取转声》(《十驾斋养新录》卷四)也谈到霹鲜声,而读若斯,“皆古音相转之例,自韵书出,分部渐密,有不及两收者,则诧以为异矣”。

109.《说文》:鯍,从鱼㠩声。

段注:武登切,古音当在十部,读如茫。音转入蒸登部,而字形亦改为鱛矣。

按:㠩,呼光切,属晓母。从㠩得声的“㡃、鯍、䋾”,段注都读如芒。段氏“㡃”字注引先郑说读如(原作“读为”)“芒芒禹迹”之“芒”。郑众这条注见《考工记·总叙》,当有实际语音作为根据。《经典释文·周礼音义》“㡃氏”的“㡃”字亦音茫。“㠩”从川亡声,“亡”属明母。关于明母与晓母的关系,高本汉、董同龢、李方桂都注意到了。解决的方案有二:高氏拟为复辅音 xm-,李、董拟为清鼻音 m̥- (李写作 hm-)。“鯍”的字形变为“鱛”,这当然是清鼻音 m̥- (或复辅音 xm-)消失以后的事。

卷十二

110.《说文》:戹,隘也。从户乙声。

段注:按“声”字衍,或于双声取音……於革切,十六部。

按:段氏以“乙”(十二部)、“戹”不同韵部,故“戹”不能从乙得声,或者只因“乙、戹”均属影母而“取音”。段氏不明白十二部(质)与十六部(锡)主元音相同,可以通转。

111.《说文》:開,从门幵声。

段注:大徐本改为从门从开,以幵声之字古不入之咍部也。玉裁谓此篆幵声,古音当在十二部。

按:“開”属十五部,从幵或幵声均不当。古文“開”的结构从门从开,“开”由两部分组成,上面的一横表示门闩,下面的“廾”表示左右两手,两手持门闩以开之。“开”讹变为“幵”。

112.《说文》:阏,从门於声。

段注:此于双声取音,乌割切,十五部。

按:段注以为"阏"从於得声,与韵部无关,只是"於、阏"均影母而"取声"。於声归第五部,"阏"声归十五部(相当于我们的月部),段氏不明白鱼部与月部主元音同,可以通转。

113.《说文》:揣,从手岩声。

段注:此以合音为声,初委切,十四、十五部……木部有"椯"字……声义皆与此篆同,而读兜果切。

按:"椯、揣"声同,段氏将前者归十四部,后者作"合音"。作"合音"处理也可,然非十四、十五部合音,而是十四、十七部合音。《广韵》"揣"字有丁果切,更足以证明"揣"应归十七部。

114.《说文》:拓,拾也。从手石声。摭,拓或从庶。

段注:《仪礼》摭古文作摕(见《有司》郑注),此实非一字,因双声而异。

按:所谓"因双声而异",指"摭、摕"二字因双声而成为异文。《段注抄案》说:"摕读若《诗》'蟋蟀'之'蟀',则都石切,而'摭'今之石切,与摕非双声矣。"这个批评是不对的,《经典释文》"摕"有之舌切一读,舌音端组与照三本来就关系密切。段注的问题是只注意到双声,不知道"拓、摕"属于铎月通转,即 -ak 通 -at。

115.《说文》:姼,从女多声。

段注:《方言》曰,谓父(妇)妣曰母姼,称父(妇)考曰父姼。音多,此方俗俚语也。尺氏切,古音在十七部。

116.《说文》:媞,从女是声。一曰江淮之间谓母曰媞。

段注:方俗殊语也。《广韵》承纸切,又音啼。

按:我们将这两条注合起来讨论。"父妣、父考"应依《方言》作"妇妣、妇考"。《广雅·释亲》:"妻之父谓之父姼,妻之母谓之母㛂。”段注谈到“㛂、媞”的又音,也是舌音与照三系字的关系问题。“㛂”音多,“媞”音啼,都与“爹”音相近,朱骏声以“爹”为“㛂”之俗体,很有道理。

117.《说文》:或,邦也。从口、戈以守其一。

段注:从三字会意,于逼切。《广韵》分“域”切雨逼、“或”切胡国,非也。

按:“域”是“或”的分别字,形不同音亦小别。“或”为匣母一等,“域”为喻三,上古归匣。二字的上古音可拟为:ɣwək 或,ɣjwək 域。《广韵》的雨逼、胡国二切是中古音,“域”的声母已不再是 ɣ-,段氏谓“非也”,是不达古今流变。

118.《说文》:截,从戈雀声。

段注:昨结切,十五部。按雀声在二部,于古音不合,盖当于双声合韵求之。

按:段氏说的“双声合韵”是指“雀”与“截”为精从旁纽,他说的十五部与二部,相当于我们的月部与药部。按王力的构拟,这两个部的确“不合”,若依李方桂的体系,药 -akw 与月 -at 主元音一样,可以通转。古代方言情况是很复杂的,不可轻易断言“不合”。

119.《说文》:戠,从戈从音。

段注:此戠当以“音”为声……盖七部与一部合韵之理。之弋切。

按:“戠”的得声前人已有很多讨论。段氏主张以音为声旁,虽可用职缉通转来解释,但声母(影与照三)相差颇远。丁山说:“戠弋古音同,戠非从戈,实谐弋声。旧说以为从戈音声者误得其反矣。”[1] 弋声之说可从,“弋、戠”不仅叠韵,而且声母相近。裘锡圭说:“戠牛的戠,一般读为犆(特)。”正与弋声契合。

---

① 转引自周法高主编《金文诂林》卷十二7016页。

120.《说文》:匪,从匚丙声。

段注:丙声不可通。大徐云:当是从内会意,传写之误。玉裁按或从谷部之㐬声,艸部茜从㐬声而读若陆,陆与漏音相近也。

按:丙声不可信[1],㐬声更不可信,结构不符,音亦不类。至于"茜"字读若陆,段于前文已改为"读若侠",且说:"或作陆,误字也。"我以为此字形体当有误,《汗简》作"医",中间既非"丙",也非"内",而作"大"。那么,"匪"字象人逃匿之形,段谓"隐藏不出者也",殆造字之本义。

卷十三

121.《说文》:續,从糸賣声。赓,古文續,从庚、贝。

段注:从庚贝会意……《唐韵》以下皆谓形声字,从贝庚声,故当皆行反也[2]。不知此字果从贝庚声,许必入之贝部或庚部矣……赓有续义,故古文续字取以会意也。

按:沈兼士认为"续古文赓,以示两字虽异而义互通"。也就是所谓"义通换用",其特点是"义同而音异"(《沈兼士学术论文集》243页),相当于现在所谓的"训读"。从语音演变规律来看,这种训读可能是复辅音声母分化的结果。

　　续,似足切(邪母屋部)　　赓,古行切(见母阳部)

　　它们的复声母形式,按李方桂的构拟为 sg-,按严学窘、喻世长的构拟为 zk-[3]。它们的韵部为屋阳旁对转。

---

① 廖海廷《转语》:"当从匚从丙会意,《尔雅》:'鱼尾谓之丙.'今言夹起尾巴逃跑,正与从丙义合。张舜徽说:'今语所谓溜走,当以匪为本字.'是也。"(407页)廖说牵强,不敢苟同。

② 盈按:《群经音辨》卷七"赓"字条云:古《尚书》释文赓有加孟、皆行二切,曰:《说文》以为古续字。

③ 喻世长《用谐声关系拟测上古声母系统》,《音韵学研究》(1)。

122.《说文》:綮,从糸攽声。

段注:各本作攽声,攽不成字。按木部"棨"下曰啟省声,则此亦当云啟省声。

按:《说文》作攽声,不误。"綮棨"均非省声。说见拙文《〈说文〉省声研究》。

123.《说文》:綪,以茜染故谓之綪。从糸青声。

段注:古音在十一部,茜在十三部,以双声合韵。

按:段氏"茜"字注"古音当在十一部",这里又归十三部。《古韵通晓》及《汉语大字典》"茜"归真部(段的十二部),唐作藩《上古音手册》"茜"与"倩"一并归耕部(段氏十一部),真耕本可合韵。段归十三部仅以西声为据,但西声也可以归十二部。另外,段氏明知"蒨即茜字"(31页),为什么不彻底放弃归十三部的主张呢!

124.《说文》:纍,从糸晶声。

段注:晶声即靁省声也。

按:段氏拘泥于许书篆文无晶字,故以为从靁省得声。

125.《说文》:纇,绊前两足也。从糸须声。

段注:《庄子·马蹄篇》:"连之以羁纇。"……相主切,古音在四部。按向秀云:"马绊,音竦。"

按:今本《庄子》作"羁(絷)"。向音竦,即《集韵》的笋勇切,与相主切为同纽双声,侯东对转。

126.《说文》:蚩,从虫中声。读若骋。

段注:中读若彻。中声而读骋者,以双声为用也。依《说文》在十一部,今读丑善切。

按:当读若与谐声不一致时,段注通常用合韵来解释,如以为非合韵,就求诸双声。"中"与"骋"上古均属透母,"以双声为用"是能成立的,但并非与韵部无关。中声有人归月部,有人归质部,

这两部同收 -t 尾,可以旁转。以读若骋为据,则"中"与"蚩"为质耕通转,段氏彻声本归质部,不难自圆其说;以今读丑善切为据,则"中"与"蚩"为月元对转,亦可成立。

127.《说文》:蠹,蠹蛸也。从虫卑声。

段注:匹标切。按《尔雅》释文音俾,又婢跱反,在十六部。与蛸双声,非叠韵也。

按:蛸,相邀切,即使求诸位同,亦无缘与"蠹"双声。"蠹蛸"即"螵蛸","螵、蠹"双声,"螵、蛸"叠韵。

128.《说文》:卵,凡物无乳者卵生。象形。卝,古文卵。

段注:卢管切,十四部。糸部"绾"下云:"读若鸡卵。"盖古卵读如管也……《内则》:"濡鱼卵酱。"郑曰:"卵读为鲲。鲲,鱼子也。"

按:段氏从"绾"官声而读若卵,推知"卵"古读如管,又证鱼子鲲即卵,论断非常精确。"卵"之古文音古患反,亦可证卵有 k- 音。《类篇》将"卵"分为两字两音:1)卢管切,又鲁果切;2)公浑切,鲲,鱼子。其实"卵"本一字,卢管、公浑二切是有联系的,原本为复辅音形式 kl-,后来分化为 k-、l-。请看壮侗语族的材料:

侗族"睾丸"为 $kəl^5ləu^5$,毛难为 $kə^6tə^5$。侗族"鱼子(鱼卵)"为 $kəi^3pa^1$,仫佬为 $kvəi^5məm^6$,水族为 $kai^5mən^6$。壮族"蛋""为 $kjai^5$,侗族为 $kəi^5$,仫佬为 $kvəi^5$,毛难为 kai^5。这些资料引自中央民族学院出版社出版的《壮侗语族语言词汇集》,可证古汉语"卵"当有 k- 音。

129.《说文》:填,从土真声。

段注:十部。

按:应是十二部。据卫瑜章言:"惟学海堂本不误。"

130.《说文》:垐,从土次声。圣,古文垐,从土、即。

段注:古音在十二部……古次即同在十五部,而次古读如漆,故即声后改为次声。

按:这里说"即"在十五部,而《六书音均表》及五篇下"即"字注均归十二部,"漆"亦归十二部。如果把十二部的入声(即质部)按通常的古韵体系归在十五部,那么"坒"与"垔"之别只不过脂质对转,不必牵扯到十二部。段氏的十五部常常与十二部发生纠葛,根本原因就在于此。

卷十四

131.《说文》:镌,从金隽声。一曰:琢石也,读若瀸。

段注:子全切,十三部……"瀸"在闭口音,非其类。

按:《六书音均表》隽声归十四部(元部),则"镌"不当归十三部。《古韵通晓》鐩声归谈部。谈部与元部通转,主元音都是 a。

132.《说文》:釿,从斤金声。

段注:"声"字今补。古音在七部。

按:"金声"误。应是从金、斤,斤亦声。"斤、釿"同源,"釿"是"斤"的分别字。如果从金声,则收 -m 尾,非其类。

133.《说文》:斜,从斗余声,读若荼。

段注:荼当作余,今似嗟切,古音在五部。

按:"荼"不误。从余声的字如"涂稌駼邾"等都属定母。"斜"读若荼,亦归定母。钱玄同《古音无"邪"纽证》亦收此例。

134.《说文》:輟,从车睘声。

段注:胡惯切,十四部。按大徐云:"睘,渠营切,非声,当从瞏省。"①此惑于《毛诗》"青青②、睘睘"为韵,而不知《诗》之"睘睘"乃"茕茕"之双声假借也。

按:段氏对大徐的批评是正确的。睘(睘),本从袁得声,所以

---

① 瞏,陈昌治刻本作"遝"。

② 青青,应作"菁菁"。

曩声归十四部，从曩得声的字大多归十四部。只有"曩、嫙"二字作叠字用的时候，由 -n 变到 -ŋ，如：

《诗·唐风·杕杜》："有杕之杜，其叶菁菁。独行曩曩。岂无他人？不如我同姓。"

《诗·周颂·闵予小子》："嫙嫙在疚。"《说文》"孓"字许慎引《诗》作"茕茕在孓。""嫙"字许慎引《春秋传》曰："嫙嫙在疚。"今本《左传·哀公十六年》作"茕茕余在疚"。

段玉裁对"曩、茕"通用的情况解释不一，在"曩、嫙"二字的注文中都用"合音通用"来解释，这里作"双声假借"。陆志韦认为："只有《杕杜》二章的'曩'字，那时候已经是 -n > -ŋ 了。"朱骏声的解释比较好，他说"曩曩、嫙嫙"字同，"皆孤特之貌，于本训无涉也……皆以声为训，本无正字"（嫙字注）。方言使用叠字，在韵尾上也可能发生音变，可作例外对待。

135.《说文》:甲，从木戴孚甲之象。

段注:《大雅》"会朝清明"，《毛传》曰："会，甲也。"会，读如桧（guì），物之盖也。"会朝"犹言第一朝，此于双声取义。《货殖传》"盖一州"，《汉书》作"甲一州"。

按:段氏所说的"双声取义"属于同源词的问题。"会"读古外切（桧），与"甲"同为见母，二字双声，"会"有盖义，与"甲"义同，都有超群出众的意思。"会、盖"属月部，"甲"属叶部，主元音都是 a，可以通转。单靠双声是不能构成同源关系的。

136.《说文》:戊，中宫也。

段注:莫候切，三部。俗多误读。

按:《广韵》《集韵》"戊"与"茂"同音。段氏所谓"俗多误读"，这是五代朱梁时因避讳改读造成的。可参阅何九盈《汉字文化学》（第 2 版 63 页，商务印书馆 2016 年）。又可参阅《王力文集》卷九《汉语史稿》（233 页，山东教育出版社 1998 年）。

137.《说文》:辰,从乙、匕,厂声。

段注:铉等疑厂呼旱切,非声。按厂之古音不可考,文魂与元寒音转亦最近也。今植邻切,古音在十三部。

按:郭沫若说,"辰"字在卜辞中其习见之形体结构可分为两类:其一上呈贝壳形,其一呈磬折形。其作贝壳形者,盖蜃器也;其作磬折形者,则为石器①。《说文》家所谓的厂声,正卜辞中石器之形。可见"辰"并非形声字。

小 结

我对段注中137个字的音韵问题进行了讨论,大致上弄清了段注在音韵资料及理论方面的失误与不足。应讨论的字虽然不止这些,而应讨论的问题大概都涉及到了。清代没有任何一个《说文》注本为我们提供了如此丰富的可供讨论的音韵素材,也没有任何一个《说文》家像段玉裁这样大胆地、广泛地、深入地"互求"古形、古音、古义。正因为如此,失误与不足几乎是不可避免的。王筠说:"此君能见人所必不能见,亦误人所必不能误。"这的确是段玉裁的特点。

在批评段氏的失误与不足时,笔者个人的见解是否都正确呢?未敢自信,希望行家指正。尤其是复辅音声母问题,我还没有形成系统的方案,对具体问题的解释可能不尽如人意;另外,对汉藏语系其他语族语言资料的比较研究也很不够。这两个问题是进一步研究《说文》语音的关键所在,很值得注意。

原载《国学研究》第一卷,1993 年

---

① 《甲骨文字研究·释支干》,《郭沫若全集·考古编》1.203—204 页,科学出版社2002 年。

詞義辨惑

（一）乍

"乍"的最普通的意义是"初也、暂也、忽也"，这是无须讨论而人尽皆知的。我们发现它在汉魏六朝时还有一个常用意义，可是一般词书上都没有加以必要的注意。

从许多材料可以证明，"乍"这个词能够作为指示代词用，在这种情况下，总是两个"乍"字连用，构成"乍×乍×"式，分指两种相反的情形，其具体意义与文言虚字中的"或"字是相同的，例如：

1. 乌浴也者，飞乍高乍下也。《大戴礼记·夏小正》
2. 军乍利乍不利，终无离上心。《史记·蒯成侯周緤列传》
3. 先王之道，乍存乍亡。《史记·日者列传》
4. 一尊之身，三期之间，乍贤乍佞，岂不甚哉！《汉书·王尊传》
5. 天大风，建使郎二人乘小船入波中。船覆，两郎溺，攀船，乍见乍没。建临观，大笑，令皆死。《汉书·景十三王传》
6. 则一俯一仰，乍进乍退。（荀悦《申鉴·杂言下》）
7. 内独怖急，乍冰乍火。（《后汉书·赵壹传》）

这些"乍"字的用法都与"或"字同，从逻辑意义上看都有自己的先行词，可以翻译成"有时、有的"。有人将这些"乍"字也当作"忽然"解，至使文气扦格，语意模糊，这是不对的。

到六朝时，这种搭配关系稍微起了一点变化，"乍"字与"或"字直接组成了固定格式，成一并列复合句，这更进一步证明"乍"

与"或"在词义上的关联了：

8. 乍回迹以心染，或先贞而后黩。（孔稚珪《北山移文》）

9. 或飞柯以折轮，乍低枝而扫迹。（同上）

10. 或春苔兮始生，乍秋风兮暂起。（江淹《别赋》）

11. 乍风惊而射火，或箭重而回舟。（庾信《哀江南赋》）

12. 乍九光（《汉武内传》"然九光之灯"）而连采，或双花而并明。（庾信《灯赋》）

13. 鸟道乍穷，羊肠或断。（庾信《秦州天水郡麦积崖佛龛铭》）

但是，一些注家对这些"乍"字的注解也是不准确的，如《魏晋南北朝文学史参考资料》554 页将例七注为"暂"，对例八的翻译是"忽然……"，《古代汉语》下册第二分册 1215 页将例九的"乍"字也注解为"忽然"。这样，句子就很难讲得通顺了。这都是由于不了解"乍"字与"或"能通用而且经常搭配在一起的缘故。

若上述论证不谬的话，我们还可进一步打破一桩悬了几百年的历史疑案了。

《仓颉篇》对于这个"乍"字曾有一个语焉不详的解释："乍，两词也。"这"两词也"到底是什么意思呢？有各种猜疑。

朱骏声在他的《说文通训定声》中表示"未详其义"，但紧接着他又说："两，疑止网二字之误。"（豫部第九，世界书局本 394 页）

后来，杨树达先生在他的《词诠》258 页中又提到这个问题，他说："按《一切经音义》引《仓颉篇》云：'乍，两词也。' 两词，疑即指下例用法言。"他所引的例句与本文例一至六是大同而小异的，为了节省篇幅就不重出了。朱、杨二位对此都用持疑的态度进行了解释。我认为：朱的臆测是完全错了；杨树达所举的例证是对的，而他仍然把它归入"表态副词"，在词义的解释上还是离不开"忽也"，这就欠妥当了。

其实,所谓两词也,正是"乍×乍×"式,也就是"乍…,或…"式,它在语法作用上是一个不折不扣的指示代词,若当作表态副词处理,这种并举格式就很难解释得符合原意。

(二)平居

杜甫《秋兴八首》:"鱼龙寂寞秋江冷,故国平居有所思。"这"平居"二字,在冯至先生编的《杜甫诗选》228页中注为"平时居处";肖涤非先生的《杜甫研究》(下)174页注为"平日所居",意思完全一样。这两家的注解都有较大的影响,但对这个词的解释是有问题的,所以我们将它提出来讨论。

我觉得,"平居"是一个词,是不能拆开来讲的,在唐宋的作品中它出现的次数是非常之多的,可以认定它是当时人的口语,如:

1. 遇寇不守,则如勿屯。平居有残人耗国之烦,临难有启敌纳侮之祸。(《陆宣公集》卷九1页)

2. 平居望外遭齿舌不少,独欠为人师耳。(柳宗元《答韦中立论师道书》)

3. 平居闭门,口舌无数。(柳宗元《与肖翰林俛书》)

4. 今夫平居闻一善,必问其人之姓名。(苏洵《张益州画像记》)

5. 其平居无事夷灭者,不可胜数。(苏轼《留侯论》)

6. 臣切观安石平居之间,则口笔丘、旦。(《挥麈录》288页)

这里要顺便提一下,《宋代散文选注》(上)72页在注解例5时说:"平居无事夷灭——平白无故遭到杀戮。"这也是望文生义。

"平居"就是现代汉语中所说的"平时、平常",它既不是指"平时居处",也无"平白无故"之意。它相当于先秦的一个"居"字,《论语·先进》说:"居则曰:不吾知也。"朱熹的注解是:"言女平居则言人不知我。"这就可以为证。

（三）隐然

对于"隐然"这个词的解释也有点混乱，这是在注解曾巩那篇《墨池记》时所出现的："临川之城东，有地隐然而高，以临于溪，曰新城。"

《宋代散文选注》56 页说："隐然：隐约地。"

《中华活叶文选》（3）716 页说："隐然而高：微微高起。"

《古代散文选》（中册）215 页说："隐然，形容牢固高起的样子。"

这三个注本，前面两家的解释是完全错了，第三个说法也只有一部分是正确的。

"隐然"这个词在宋代也是常见的。我们打开《挥麈录》就可经常见到它：

1. 累历战功，声名隐然。（196 页）

2. 窜伏溺河中，觉有物隐然，抱持而出，乃木匣一，启视之，铜印一颗。（221 页）

3. 前此以言得罪者众矣，阁下之名独隐然特出[①]，不知何以致此？（231 页）

从上例可以证明，隐然者，突出也，也就是高起的意思。隐，当然有安稳、牢固的意思，但"隐然而高"，并无牢固之意。《古代散文选》说"牢固高起"，所以只能是部分正确。"隐"有高起之意，在《西征赋》中也有一例："裁岐屹以隐嶙。"《文选》中的注是：绝起貌。《挥麈录》274 页中有云："石自壁隐出，嶄岩峻立。"这个"隐"字也是"绝起貌"。

（四）爪牙

在现代汉语中，"爪牙"是个贬义词，可是，在古汉语中则完

---

① 指邹浩，字志完。哲宗朝遭章惇排挤，羁管新州。《宋史》有传。

全相反,我们若拿贬义去解释它,也要出毛病的。

杜甫《壮游》诗中说:"爪牙一不中,胡兵更陆梁。"冯至先生编的《杜甫诗选》214页说:"全句说击其爪牙,可惜一击不中。"这也是差之毫厘,谬以千里了,因为这个"爪牙"本是指唐王朝的将领,并非指敌人的"爪牙",它与下句的"胡兵"是对举成文。起句与对句是"因为"与"所以"的关系:因为唐朝的将领没有击中敌人,吃了败仗,所以胡兵就更加猖獗了。

《诗经小雅·祈父》:"祈父,予王之爪牙。"

《汉书·叙传》:"股肱萧、曹,社稷是经;爪牙信、布,腹心良、平。"

《汉书·王尊传》:"诚国家爪牙之吏,折冲之臣。"

韩愈《与凤翔邢尚书书》:"今阁下为王爪牙,为国藩垣。"

《挥麈录·后录余话》:"(宋太祖)班太原之师,则谓将士曰:尔辈皆吾腹心爪牙。"

可见,从先秦到汉、唐、宋,"爪牙"这个词都还有褒义。

以上所辨,未必正确,特提出来,请大家指教。不过,从这四条"辨惑"中也可以看出一点问题:我们的词义研究,在从前是偏重于先秦的古籍,所以汉以后一些词义的解释,反而困难更多,人们往往直接拿现代汉语去硬套,结果就弄得望文生义。假若我们有一部好的词典,能反映每一个词的时代意义,这对于研究古籍的人就要方便得多了。然而,这样大的工程,一定需要时间,需要很多人的努力才可办到。所以,我写这篇短文决不是消极地指摘毛病,倒是有心要引起人们在词义研究方面适当地关心一下汉以后的情况。

北大燕园 19 斋 128 号

2015 年 12 月校记：

此文发表之后，是年秋我就下放到北京郊区（小红门公社龙爪树大队）参加"四清"运动（清政治、清经济、清组织、清思想），第二年 6 月就遭遇了"史无前例"，6 月 3 日深夜两点全体北大下放人员乘大卡车回校，听市委吴德讲话。气氛之紧张，势头之猛烈，可想而知。这以后的十余年间，沉沦于劳动、运动之中，身心备受摧残，最美好的年华就这样荒废了，可记也。

原载《中国语文》1965 年第 1 期

词义杂辨

准确地解释古汉语词义,是提高古籍今注质量的关键所在,但这的确不是一件容易的事,有些词义的解释似乎没有什么问题了,但若仔细推敲一番,觉得还有商量的必要,下面仅举八例,略陈管见,以就正于海内通人。

(一)构

《左传·僖公三十三年》:"彼实构吾二君。"句中的"构"字,现在的注本一般都释为"挑拨离间",如:

《先秦文学史参考资料》169 页:"他们实在是挑拨离间秦、晋二君的人。"

朱东润主编的《中国历代文学作品选》46 页:"构,挑拨离间。"

徐中舒《左传选》89 页:"构,挑拨。"

杨伯峻老师《春秋左传注》499 页:"构谓进谗言以挑拨离间,与桓公十六年传'宣姜与公子朔构急子'之构同义。构吾二君又与《诗·小雅·青蝇》'构我二人'句法同,谓挑拨秦、晋二君之关系也。"

1979 年版《辞源》1615 页,"构"字的第七义项:"挑拨,离间。"举"彼实构吾二君"为书证。(新《辞海》无此义项)

把"构"字释为"挑拨离间"在这个句子中似乎是讲通了。但读者若问:"构"字怎么会有"挑拨离间"之意呢?这就难以回答了。因为不论是从本义、引申义来看,还是从古义、今义来看,"构"字都没有"挑拨离间"的意思,相反,它倒是有结、合、交、会等意思。

《说文》:"构,盖也。"《淮南子·氾论》高诱注:"构,架也。谓材木相乘构。"原来"构"的本义就是架屋,架屋要"材木相乘构",所以"构"具有结构的意思,由结构房屋引申为一般意义上的结、合等义,如《孟子·梁惠王上》"构怨于诸侯",《荀子·劝学》"邪秽在身,怨之所构"。"构怨"就是"结怨"。今语"构仇、构和"之"构"也是结的意思。"怨之所构"的"构"是会合、会集的意思。

"彼实构吾二君"的"构"也是结的意思。古人称两国交战为"构兵、构难",也可只用一"构"字,如:

《孟子·告子下》:"吾闻秦楚构兵。"

《战国策·楚策》:"楚尝与秦构难,战于汉中。"

《战国策·秦策》:"秦楚之构而不离,魏氏将出兵而攻留。"

"构兵"就是交战,"构难"就是结难,最后一例的"构"也是"构兵、构难"之意。"构吾二君"就是"使吾二君构难","构"用作使动,其具体内容为"交兵结难"。宋人林尧叟将这句话译为:"言彼三帅实交构我秦晋二君。"[①] 林氏所说的"交构"也是"结难"的意思。

杨先生说,这个"构"字"与桓公十六年传'宣姜与公子朔构急子'之构同义"。此说亦可商榷。"构急子"应理解为"构陷急子"。杜注"构会其过恶",即罗织罪名进行陷害之意。"构陷"与"挑拨"是有区别的。卫宣公强占急子之妻,与急子关系本来就很坏,无须宣姜与公子朔去搞什么"挑拨"。

至于《诗经》中的"构我二人",其句法确实与"构吾二君"同,意思应是"使我二人结怨"。郑笺:"构,合也。合,犹交乱也。"朱熹也用此说。所谓交乱就是结仇、结怨的意思。这个"构"字

---

① 《精校左传杜林合注》卷十四6页,扫叶山房本。

也可以解为构陷。"构我二人",即罗织罪名构陷我二人。《左传·昭十二年》:"叔仲子欲构二家。"杨先生也解为离间。而杜注为"欲构使相憎",即结仇,结怨之义。总之,无"挑拨离间"之意。先秦时关于挑拨、离间这样的概念,一般用"谗、间"来表示,用"构"字来表示的例子,可以说没有。

"构"与"搆、篝"为同源关系。《淮南子·人间训》"两人構怨",意为构怨、结怨。《史记·陈涉世家》"夜篝火",《索隐》云:《汉书》作"搆",而今本《汉书·陈胜传》作"夜构火",师古曰:"构谓结起也。"即将木柴架构在一起燃烧。王力先生《同源字典》"构、篝"条说:"篝火应即今所谓篝火,是在空旷的地方或野外架木柴燃烧的火堆。"(《王力文集》)8:231,山东教育出版社1992年)

古书中常有"构祸",此"构"亦为本义引申而来。《诗·小雅·四月》:"我曰构祸。"《毛传》:"构,成。"郑笺:"构,犹合集也。"朱熹:"构,合也。"陈奂:"合集即构成之义。"朱熹译为"而我乃日日遭害"。陈子展《诗经直解》也译为"我在天天遭祸"。"遭"即合、成、结的意思。今湖南安仁方言有"构仇"这个词,此"构"即保存古义。

(二)诬

《易·系辞下》:"诬善之人其辞游。"高亨《周易大传今注》598页:"诬蔑善人之人,捏造事实,不敢坚定言之,故其辞游移。"新《辞海》390页,"诬"字的第一个义项"诬蔑",也引"诬善之人其辞游"作为书证。

我认为把这个"诬"字解为"诬蔑",是不恰当的,这个"诬"是妄言、夸口的意思。"诬善"就是妄言自己善,而事实上并不善,所以他的言辞虚夸而无根据。

在上古汉语中,"诬"仅仅指这样一种言论活动,即:"不能行而言之,诬也。"(《大戴礼记·曾子立事》)"有一言,无一行,谓之诬。"(《十大经·行守》)可见,"诬"是说了而根本做不到的意思。《说文》:"诬,加言也。""加言"也是虚夸、妄言的意思。

"诬善"的结构与"诬能"一样。"诬能"是战国时的常用词语,如:

《荀子·君道》:"臣不能而诬能,则是臣诈也。"

《管子·乘马》:"臣不敢诬其所不能。"

《管子·法法》:"今以诬能之臣事私国之君,而能济功名者,古今无之。诬能之人易知也。"

帛书《伊尹·九主》:"为官者不以妄予人,故知(智)臣者不敢诬能。"

《韩非子·二柄》:"君见好,则群臣诬能。"

《韩非子·八奸》:"是以贤者不诬能以事其主。"

《韩非子·外储说左下》:"上不过任,臣不诬能。"

最后一例,梁启雄解为:"人臣也不冤枉有才能的人。"[①]大误。例一,王先谦注:"诬能,自以为能。"(《荀子集解》160页)王注比梁启雄的解释要好得多,但也不能算是的诂。因为"诬能"不只是主观上"自以为"有能耐,而是向国君夸口、妄言自己有才能,比"自以为"在性质上要严重,在政治上也更为恶劣,故法家都很反对"诬能"之臣。

"诬贤、诬情"的"诬"也是妄言、虚夸的意思。《荀子·儒效》:"身不肖而诬贤,是犹伛伸(身)而好升高也,指其顶者愈众。"[②]"诬贤"就是妄言自己贤,不能解为"诬蔑贤人"。《韩非子·说疑》:"文言多、实行寡而不当法者,不敢诬情以谈说。"梁启雄引《左》昭

---

① 《韩子浅解》292页,中华书局1961年。

② 原注:"则头顶尤低屈,故指而笑之者愈众。"

二十六年《传》注："诬，欺也。"不妥。"诬"在古汉语中有欺的意思，但"诬情"不能解为"欺情"。"不敢诬情"应解为"不敢虚夸事实真情"，即不敢违背真情而妄言。

"诬"有时也写作"巫"，《法言·君子》："不果则不果矣，人以巫鼓。"注："巫鼓，犹妄说也。""巫鼓"与"诬瞽"通。在这里，"诬"和"瞽"是同义词，都是妄言、瞎说一气的意思。

查考先秦文献，"诬"还没有诬蔑的意思。《睡虎地秦墓竹简》的"诬"字也只有诬告之意，如：

诬人盗千钱，问盗六百七十，诬者何论？毋论。（168页）

甲告乙盗牛若（或）贼伤人，今乙不盗牛、不伤人，问甲何论？端为，为诬人；不端，为告不审。（169页）

"端为"是有意诬告；"不端"是主观上无诬告之意，只是所告的罪情与事实不符。这两种情况都叫"诬人"，但前者构成了诬告罪，要"反坐"，后者可以"毋论"。

这里的"诬"是法律术语。在非法律性质的作品中，"诬人"就不一定有诬告人的意思，如《韩诗外传》卷五："知之为知之，不知为不知。内不自诬，外不诬人。"这个"诬"乃欺骗之意，与诬告无关。《荀子·儒效》正作"内不自以诬，外不自以欺"。"诬"与"欺"在这里是同义词。"诬"的欺骗义是由言语不真实、虚夸、妄言引申出来的。

（三）乘

《荀子·儒效》："鼓之，而纣卒易乡（向），遂乘殷人而诛纣。"

吉林人民出版社出版的《荀子选注》260页："乘，因，依靠。"272页翻译："开始鸣鼓进攻，纣王的兵就倒戈了，于是就借殷人的力量讨伐了纣王。"

北京大学《荀子》注释组的《荀子新注》103页："于是凭借殷人的力量杀掉了纣王。"

　　由于一个"乘"字解释失当,使整个句子文意大误。周人借殷人力量杀掉纣王的事,于史无征。我这样说,肯定会有人反对。他们的证据是:《尚书·武成》:"会于牧野,罔有敌于我师,前徒倒戈,攻于后,以北,血流漂杵。"宋蔡沈《集传》:"纣众虽有如林之盛,然皆无有肯敌我师之志。纣之前徒倒戈,反攻其在后之众以走,自相屠戮,遂至血流漂杵。史臣指其实而言之。盖纣众离心离德,特劫于势而未敢动耳。一旦因武王吊伐之师,始乘机投隙,奋其怨怒,反戈相戮,其酷烈遂至如此。亦足以见纣积怨于民,若是其甚。而武王之兵,则盖不待血刃也。"这不是"凭借殷人的力量杀掉了纣王"吗?

　　据郑玄云《武成》"建武之际亡"。今所见《武成》乃晚出之古文。此文对牧野之战的描述已乖历史事实,战国时代的孟子就说:"吾于《武成》取二三策而已矣。仁人无敌于天下,以至仁伐至不仁,而何其血之流杵也。"赵岐注:"经有所美,言事或过……《武成》,逸《书》之篇名,言武王诛纣,战斗杀人,血流舂杵。孟子言武王以至仁伐至不仁,殷人箪食壶浆而迎其师,何乃至于血流漂杵乎?"而《集传》所谓"自相屠戮"云云,更是任意发挥。对此,明之梅鷟、清初阎若璩以及后来的朱骏声都有驳议。但他们对《荀子》"乘殷人"之"乘"都未得其正解。朱骏声的说法见《经史答问》卷三,与梅、阎所论大体一样。阎若璩的《尚书古文疏证》卷八,在介绍梅说的基础上,也讲了他自己的看法(630—631页,上海古籍出版社):

　　　　鷟曰:"(赵)岐之言云尔,平正无碍,甚得《孟子》口气。而晚出《武成》则言前徒倒戈,攻于后,以北,血流漂杵。是纣众自杀之血,非武王杀之之血,其言可谓巧矣……且均之无辜,党与什什伍伍争相屠戮,抑独何心!且真如蔡《传》言,王之兵则盖不待血刃者,非痴语乎!"……余谓鷟说善矣，而抑未尽也。此作伪者学诚博，智诚狡，见《荀子》有：
"厌旦于牧之野，鼓之，而纣卒易乡，遵乘殷人而（进）诛纣。"
盖杀者非周人，因殷人也……魏晋间视《孟子》不过诸子中
之一耳，纵错会经文，亦何损！而武王之为仁人，为王者师甚
著，岂不可力为回护，去其虐杀，以全吾经？故曰智诚狡。

　　阎氏的驳议是对的，但他也解"乘殷人"为"因殷人"，不妥。
这里的"乘"原是一个军事术语，《说文》："乘，覆也。从入、桀。
桀，黠也。《军法》入桀曰乘。"段注："入桀者，以弱胜强。《书序》
云：周人乘黎。《左传》：车驰卒奔，乘晋军。"[1]王夫之《说文广义》：
"乘，本从入从桀。桀，黠也。从黠而入，乘人于危之辞也。故伏兵
以邀人之虚曰乘，其本训也。"马宗霍《说文解字引群书考》卷二
18页："许君训乘曰覆，覆者从上覆之，即入桀之义也。"

　　"乘"作为军事术语，具体意义有三：一为"乘其不备、乘虚而
入"之"乘"。《左传·宣公十二年》："士季曰：备之善。若二子怒
楚，楚人乘我，丧师无日矣，不如备之。"《资治通鉴·唐纪一》高
祖武德元年"（李）密营中惊扰，将溃；（王）世充不知，鸣角收众，
密因帅敢死士乘之"。苏轼《教战守策》："是以区区之禄山一出
而乘之。"此即王夫之所说的"本训"。

　　二是乘胜追击、攻取之意。如段注《说文》已引用的"车驰卒
奔，乘晋军"。又如《战国策·韩策二》："公战，胜楚，（秦）遂与公
乘楚。"《史记·高祖本纪》："毋令楚乘胜于汉。"又："楚兵不利，
淮阴侯复乘之。"《荀子·儒效》的"乘殷人"的"乘"也应作此解，
意为乘胜追击殷人。因为"纣卒"虽"易乡"，不过"辟易奔北耳，
未必倒戈相杀也"[2]，故周人乘之。

---

① 段玉裁《说文解字注》237页，上海古籍出版社1981年。
② 郝懿行语，转引自《荀子集解》。

三是凭陵掩杀,即覆压之意。马宗霍所言与此近,如《韩非子·难二》:"鼓之而士乘之,战大胜。"《吕氏春秋·贵直》:"一鼓而士毕乘之。"《汉书·陈汤传》:"吏士喜,大呼乘之,钲鼓声动地。"师古曰:"乘,逐也。"至于《淮南子·人间训》所说的"此独以父子盲之故,得无乘城",此"乘城"虽为军事活动,但"乘"为常用意义"登也","乘城"即为守城而登上城墙。父子二人均因目盲,故不能与众人一起守城,得以保全性命。又如《汉书·高帝纪》:"宛郡县连城数十,其吏民自以为降必死,故皆坚守乘城。"师古曰:"乘,登也,谓上城而守也。"

(四)堕

邹阳《狱中上梁王书》:"披心腹,见情素,堕肝胆,施德厚。"

吴楚材、吴调侯编的《古文观止》254页注:"堕,落也。"(中华书局1963年版)

了一师主编的《古代汉语》893页注:"堕肝胆:就是肝胆涂地的意思。"(中华书局1981年版〔修订本〕)

这两家的注似乎都没有把"堕"字解释清楚。所谓肝胆涂地,大概是以为"堕"有落义而产生的联想。但"堕肝胆"决不可解释为"肝胆涂地"。《史记·淮阴侯列传》"使天下无罪之人肝胆涂地",《古代汉语》716页注:"肝胆涂地,喻惨死。"与"堕肝胆"全不相干。

其实,"堕"在这里是输的意思。《史记·淮阴侯列传》:"臣愿披腹心,输肝胆,效愚计。"《古代汉语》716页注:"输,等于说献出。"这条注是正确的。《汉书·赵广汉传》:"吏见者皆输写心腹,无所隐匿。"二例中的"输"与"堕"同义。在古汉语中,"输、堕"互训的例子并不难找。

《左传·昭公四年》:"寡君将堕币焉。"服虔注:"堕,输也。"《经典释文·春秋左氏音义》:"堕,许规反,布也。"孔颖达《正义》:

"杜（预）唯云将因诸侯会，布币乃相见，不解堕之义。案隐六年《公羊传》：郑人来输平。输平者何？输平犹堕成也。然则'堕'是'输'之义也。朝聘之礼，客必致币于主，据主则为受，据客则为输。襄三十一年《传》子产论币云：其输之，则君之府实也，非荐陈之，不敢输也。是谓布币为输币也。言将待输币之时乃相见，见既在后，故遣我来敢谢后见也。"①

训"输"为"堕"的例子还有，如《诗·小雅·正月》："载输尔载，将伯助予。"郑笺："输，堕也。"

"输、堕"为什么可以互训呢？段玉裁说："以车迁贿曰委输，亦单言曰输。引申之，凡倾写皆曰输。输于彼，则彼赢而此不足，故胜负曰赢输。不足，则如堕坏然。故《春秋》郑人来输平，《公羊》《穀梁》皆曰：输者，堕也。"（727页）段玉裁也跟陆德明一样，认为这个"堕"字应读为"隳"。其本字为"陸"，其本义为倾坏，与"堕落"之"堕"音义都不同。

《王力古汉语字典》丑集土部"堕"字条也指出："徒果切的堕《说文》作陊，云：'落也。'许规切的堕《说文》作陸，重文隓……《说文》无堕字。"（169页，此条为了一师亲手撰写）

（五）苛

《荀子·富国》："苛关市之征。"杨倞注："苛，暴也。"②柳宗元《捕蛇者说》："孔子曰：苛政猛于虎也。"冯其庸等编注的《历代文选》下册64页注："苛酷的政令。"

将二例中的"苛"字解为"暴、苛酷"，具有相当的普遍性，但我认为这个解释不妥当。

在古汉语中，"苛"可以作名词、形容词、动词。《说文》："苛，

---

① 《春秋左传正义》卷四十二14页，中华书局1957年。

② 王引之亦赞成此说，见《经义述闻》第十四"无苛政"条。

小草也。"这是名词,也是"苛"的本义。由小草"引申为凡琐碎之称"(段玉裁《说文解字注》40页)。这是用作形容词,如:

《史记·孝文本纪》:"汉兴,除秦苛政,约法令。"

《史记·郦生陆贾列传》:"郦生闻其将皆握龉,好苛礼自用。"

《汉书·宣帝纪》:"今郡国二千石,或擅为苛禁,禁民嫁娶不得具酒食相贺召。"

《汉书·武帝纪》:"奸猾为害,野荒治苛者,举奏。"师古曰:"治苛,为政尚细刻。"

例中的"苛"都是繁多的意思。"苛政"意为繁多的政令,即法如牛毛,所以要"约法令"。"苛礼"是礼仪琐碎繁缛。"苛禁"指禁令繁多,连老百姓嫁女娶亲办酒席之事都加以禁止。《捕蛇者说》的"苛政"引自《礼记·檀弓下》,是赋税繁重之意,柳宗元引用孔子的话意在批判当时的"赋敛之毒"。"政"通"征",指赋敛,非政令之谓。在金文和先秦古籍中,"征、政"通用是常见的事,无须举例。"苛政"指繁琐政令的例子也有,如《汉书·宣帝纪》:"勿行苛政。"

"苛"由形容词转化为动词。上面所举《荀子·富国》"苛关市之征"的"苛",即用作动词,意为增多、加重,若解为"暴"字,语法上也说不通。《国语·晋语一》:"骊姬曰:以皋落狄之朝夕苛我边鄙,使无日以牧田野。"句中的"苛"也是动词,意为繁扰,即频繁搔扰。

当然,我不是说"苛"在任何语言环境中都不能释为"暴"。《汉书·宣帝纪》:"今吏或以不禁奸邪为宽大,纵释有罪为不苛。"此"苛"字当作"暴"解为是。

(六)屏

《史记·魏公子列传》:"公子再拜,因问。侯生乃屏人间语。"

北师大出版的《大学语文》63页注:"屏人间语——躲开众

人，秘密交谈。屏：本义为遮蔽，引申为躲避。"

王伯祥《史记选》207页注："遣开旁人，趁空当儿进言。"

释"屏"为"躲避"，原是为了扣住本义而推求引申义。但魏公子竟然"躲开众人"，于情理上讲不通。何况，还有类似的句子，又将作何解释呢？

《战国策·秦策三》："秦王屏左右，宫中虚无人，秦王跪而请曰。"

《史记·孟子荀卿列传》："客有见髡于梁惠王，惠王屏左右，独坐而再见之。"

又："寡人虽屏人，然私心在彼。"

例一的"屏左右"，不可能是躲开左右。如果是秦王躲开左右，那"左右（之人）"应在宫中，怎么又说"宫中虚无人"（这个"人"指秦王以外的人，即"左右"）呢？例二"惠王屏左右"之后"独坐"，可见也是左右被"屏"，而不是惠王躲开。例三承例二，文意同。总之，释"屏"为"躲避"，于文理不通。

王伯祥将"屏"注为"遣开"，从文意和人物身分来说，都是通的。所难通者是为何"屏"有"遣开"之意呢？《大学语文》之所以不取王注，其原因盖在于此。

《说文》："屏，蔽也。"段玉裁认为它是名词，所以举《诗·小雅·桑扈》"万邦之屏"为证。段氏认为"屏除"是它的引申义（《说文解字注》401页）。我认为上例中"屏人、屏左右"的"屏"是屏除的引申义，乃退避之意，在句中用作使动，习惯上读bǐng。"屏人"意思是使人（即左右之人）退避，"屏左右"意思是使左右之人退避。《战国策·秦策三》鲍本注引《博雅》：'屏，除也。'此谓去之"（上海古籍出版社1978年上册185页）。"去之"也是使动用法，即使之（左右）离开。

"屏"本是不及物动词。《礼记·曲礼上》："侍坐于君子，若有

告者曰:'少间,愿有复也。'则左右屏而待。"郑玄注:"屏,犹退
也。""左右屏"是左右退避。"屏左右"是不及物动"屏"带上了
宾语"左右",故用作使动。

(七)鼓之

《左传·庄公十年》:"公将鼓之。"这个"之"字怎么解释,研
究文言语法的人已经争论多年了。据我所知,目前有五种说法:

1. 指代鲁军。

2. 指代齐军。

3. 上面"两种解释都讲得通,也都可以找到旁证"[①]。

4. "'之'就是指示'发动进攻'这件事。"

5. 杨伯峻先生说:"很难说它是指代词,因为不能说出它指
什么,所以并不能算做宾语,似乎只是凑足一个音节。"[②]

我认为这个"之"字之所以讨论不清,主要原因有二:一,怎
么理解"鼓"这个词的意义? 将"鼓"释为"进攻"对不对? 二,
例句不充分,对"鼓之"这种结构没有进行系统的考察。

在古代战争中,鼓具有重要作用。击鼓的人是战争中的最高
指挥者。《荀子·议兵》:"将死鼓,御死辔。"《左传·成公二年》鞌
之战,晋方主帅郤克受了伤,"流血及屦,未绝鼓音"。都说明了
主帅和鼓的关系。击鼓的目的是什么呢? 《军法》规定:"鼓以
进众,钲以退之。"(《淮南子·道应》高诱注)《荀子·议兵》也说:
"闻鼓声而进,闻金声而退。"《尉缭子·勒卒令》:"鼓之则进,重
鼓则击;金之则止,重金则退。"《吴子·治兵》:"金之不止,鼓之不
进,虽有百万,何益于用。"《左传·僖公二十二年》:"金鼓以声气
也。"这些材料说明,把"鼓"字笼统地解释为"进攻"是不对的。

---

① 《中学语文教学》1981(10):32。

② 《文言语法》167页,北京出版社1956年。

完整准确的解释应是:指进攻的信号。这个信号的物质表现就是鼓音,这个信号所传递的对象是己方之军,所以,"鼓"后面的"之"无疑应视为宾语,不能看成"只是凑足一个音节"。而且,这个"之"作宾语时,只能是指代信号所要传给的对象——己方之军;根本不可能是指代敌方之军,因为发出鼓音这一信号的目的并不是为了传递给敌军;当然,也不能认为这个信号既是发给己方的,又是发给敌方的;同样,也不能认为这个"之"是"指示抽象事物,意思比较空泛,所以很难说出它是称代什么",只不过"是动词的连带成份"(《语言学论丛》[6]:66)。

我们弄清了"鼓"的涵义,就可以肯定:前面列举的关于这一"之"字的五种解释,只有第一种是正确的,2、3、4、5种解释都不能成立。为了证明我的论断,下面列举十二个例句来进行一下分析:

1.《左传·庄公十年》:"公将鼓之。"

之,代鲁军。全句意思是:庄公将对鲁军发出进攻的信号。

2.《公羊传·僖公二十二年》:"已陈,然后襄公鼓之。"

之,代宋军。全句意思是:楚军已经摆好阵势,然后宋襄公对宋军发出进攻的信号。

3.《左传·襄公二十三年》:"莒子亲鼓之。"

之,代莒军。全句意思是:莒子亲自对莒军发出进攻的信号。

4.《战国策·秦策二》:"甘茂攻宜阳,三鼓之而卒不上……甘茂曰:'……请明日鼓之,而不可下,固以宜阳之郭为墓。'于是出私金以益公赏。明日鼓之,宜阳拔。"

这段话有三个"鼓之",这三个"之"无一例外是指代秦卒。(甘茂)"三鼓之而卒不上",就是"三鼓卒而卒不上"。

5.《战国策·齐策六》:"(田单)立于矢石之所,乃援枹鼓之,狄人乃下。"

之,代田单率领的齐军。全句意思是:田单站在能受到敌军矢石所攻击的地方,拿着鼓槌击鼓向齐军发出进攻的号令,才把狄人攻下。

6.《韩非子·难二》:"赵简子围卫之郛郭(《吕氏春秋·贵直》作"附郭"),犀楯犀橹……鼓之而士不起……简子乃去楯橹,立矢石之所及,鼓之而士乘之,战大胜。"

鼓之而士不起,与例4的"鼓之而卒不上"完全一样,前面"之"所指代的就是"而"字后面的"士"。鼓之而士乘之,就是"鼓士而士乘之",最后一个"之"才是指代敌军。

7.《墨子·兼爱中》:"越王亲自鼓其士而进之。士闻鼓音,破碎(萃)乱行、蹈火而死者,左右百人有余,越王击金而退之。"

"越王亲自鼓其士"和例三的"莒子亲鼓之"意思完全一样,宾语"其士"就相当于"之"。仅此一例就非常有力地证明了:①鼓,不能释为"进攻"。若将"鼓"释为"进攻",那"越王亲自鼓其士而进之",就成了"越王亲自进攻他的士卒而使士卒进攻"了。同样,"公将鼓之",就成了"鲁庄公将要进攻鲁军"了,不成话。②"鼓"后面的"之"是不折不扣的宾语,它所指代的具体对象就是"其士"。上述各例的"鼓之",全部可以换成"鼓其士",意思丝毫不差。

在古汉语中,我们又经常看到:"鼓"后面的宾语"之"可以省略。这些省略了的"之"全都可以补出来,而且译成现代汉语时,只有补出这些"之"来,对这些句子的意思才能得到一个完整的理解。请看下列各例:

8.《左传·庄公十年》:"齐人三鼓(之)。"

这个省略了的"之",代齐军。《战国策·秦策二》:"三鼓之而卒不上。"可证这里的"三鼓"后面同样应有一个"之"字。

9.《左传·庄公十年》:"一鼓(之)作气,再(鼓之)而(气)

衰,三(鼓之)而(气)竭。"

"一鼓"后面省略兼语"之",如果不承认这里有省略,不惟"鼓"没有了对象,而且"作气"的主语又是谁呢?"再、三"后面不仅省略谓语"鼓",连宾语"之"也省略了。

10.《左传·宣公四年》:"(楚子)鼓(其士)而进之,遂灭若敖氏。

这个句子和例7的"越王亲自鼓其士而进之"基本相同,只不过省略了"其士"。

11.《左传·僖公二十二年》:"寡人虽亡国之余,不鼓不成列。"

有人由于把"鼓"理解为"进攻",因此认为"不成列"是"鼓"的宾语,并据此得出了"鼓的宾语是指对方"也"讲得通"的结论(《中学语文教学》1981[10]:32)。我认为"不鼓不成列",应当作一种特殊句式来分析,可理解为"鼓"后面省略了宾语"之","不成列"前面省略了主语"敌军"。即:(寡人)不鼓(之),(敌军)不成列。意为在敌军没有排列成阵时,寡人不向士卒发出进攻的号令。

12.《墨子·鲁问》:"藉设而攻不义之国,鼓而使众进战,与不鼓而使众进战而独进战者,其功孰多?"

这里的"鼓"与"不鼓",若解为"进攻、不进攻",根本就讲不通。两个"鼓"字后面也应理解为省略了宾语"之"。句中"而"字所连结的是一个动宾结构和一个递系结构,"鼓"后宾语"之"指代的就是后面出现的兼语"众"。

以上十二例证明:"鼓之"的"之"是宾语,指代对象为己方之军。在这种语言环境中,"鼓"不能释为"进攻"。

这种用法在中古仍然保存。如《资治通鉴·唐纪一》高祖武德元年:"(窦)轨自将数百骑居军后,令之曰:'闻鼓声有不进者,自后斩之!'既而鼓之,将士争先赴敌。"(5896页)

（八）比数（数）

《晏子春秋·外篇第八》："婢妾，东廓（郭）之野人也。愿得入身，比数于下陈焉。"（中华书局 1962 年版 509 页）"比数"这个词语应作何解，似乎没有一致的意见。下面我们先介绍一下"比数"与别的词语相搭配的常见格式。

1. 谁比数。

君不见富家翁，旧时贫贱谁比数？（高适《行路难》）

长安布衣谁比数？反锁衡门守环堵。（杜甫《秋雨叹》）

平生学问止流俗，众里笙竽谁比数？（苏轼《寄刘孝叔》）

2. 无所（与）比数。

刑余之人，无所比数。（司马迁《报任安书》）

水灾亡（即"无"）与比数。（《汉书·梅福传》）

3. 无（不）足比数。

驵卒钤奴，一时倾崄，不足比数。（王明清《挥麈录》318 页）

秦之德义，无足比数，而卒并天下。（《望溪先生文集》卷二）

审音识字，度曲家无足比数矣。（刘禧延《刘氏遗著》，《丛书集成初编》本 7 页）

关于"比数"的解释，就我所知，有以下六种意见：

1.《汉书·梅福传》颜师古注："言其极多，不可比较而数也。"

2. 旧《辞海》："谓彼此比较而计算其数也。"

3.《历代文选》上册 251 页："无法彼此相比而算计。"

4. 了一师主编的《古代汉语》（修订本）903 页注："比，比并，放在一起。数（shǔ），计算。"

5. 第二版《辞源》："比数：同列，相提并论。"

6. 肖涤非《杜甫研究》下卷 30 页："谁比数，是说人们瞧不起,不肯关心我的死活。"

前三种意见都把"比"释为"比较",不妥,最后一种解释很笼统。《古代汉语》的解释较为贴切,但"放在一起"的说法不够严密。我认为这个"比"与《孟子·许行章》"子比而同之"的"比"意思相同。《古代汉语》308页对这个"比"字的注释是:"比,平列,等于说同等看待。"据此,"比数"也就是"平列计算"之意,"平列计算"即"同等看待"。"比数于下陈",意即"跟下陈的宫女平列计算",也就是充当宫女。"长安布衣谁比数",即"谁把(我这个)长安布衣平列计算呢?"意即不同等看待我。"刑余之人,无所比数",直译为:受过宫刑的人,是没有人(把他们)平列计算的人。即什么人都不如,极言其地位之低。"水灾亡(无)与比数",可以扩展为"水灾无所与之比数",即没有什么时候的水灾能跟现在的水灾平列计算,极言水灾之多。"不足比数",即不足以平列计算,也就是不值一提的意思。

"不足比数"这种形式,有时可不用"比"字,而意思一样,如《史记·游侠列传》:"自是之后,为侠者极众,敖(倨傲)而无足数者。"又《佞幸列传》:"自是之后,内宠嬖臣大底外戚之家,然不足数也。"《汉书·酷吏传》:"自是以至哀、平,酷吏众多,然莫足数。"

"谁比数"与"谁相数"义近。李颀《放歌行答从弟墨卿》:"柏梁赋诗不及宴,长楸走马谁相数?""相"乃指代性副词,这里代李颀自己。"谁相数"意为"谁算上我啊?"

"自比数"即自己把自己与缙绅先生同等看待。

《史记》《汉书》中还有"不以为……数"的格式,如:

宪王雅不以长子梲为人数。(《史记·五宗世家》)

王、王后、太子皆不以为子兄数。(《史记·淮南衡山列传》)

先母之子皆奴畜之,不以为兄弟数。(《史记·卫将军骠骑

列传》)

宪王雅不以梲为子数。(《汉书·景十三王传》)

例中的"数"字都是计算的意思,"不以为……数",即"不把(他)当作……计算","不以梲为子数",就是不把梲当作儿子计算(看待)。

又与"肯"结合,表示可与……一起计算。王维《老将行》:"射杀山中白额虎,肯数邺下黄须儿。"(黄须儿指曹操之子曹彰。彰"少善射御,膂力过人,手格猛兽,不避险阻"。见《三国志》本传)"肯数……黄须儿",即可与黄须儿一起计算。

这些"数"字和"比数"之"数",都是动词,音 shǔ。《史记索隐》于《卫将军列传》音去声,颜师古于《汉书·景十三王传》音所具反,《佩文韵府》上声收"比数"之外,又于去声也收"数",引司马迁"无所比数"为书证,都把"比数"当作名词,谬。《分门集注杜工部诗》卷一将"比数"之"数"音所矩切,正确。

1982 年 4 月

原载《语海新探》,山东教育出版社 1984 年

词义琐谈之一

因为教"古代汉语"的关系,常参考一些社会上流行的古文注本,受益匪浅。偶尔也发现某些词句有释义欠妥之处,于是略加考辨,顺手写成札记,名曰"词义琐谈",现抄录数条,以求教于学人。

(一)报

《韩非子·存韩》:"今若有卒报之事,韩不可信也。"句中的"报"字是什么意思呢?这个问题本来俞樾已经初步解决,但语焉不详,梁启雄先生在《韩子浅解》中对俞樾的意见作了错误的理解,因此还有申述的必要。

俞樾说:"报读为赴疾之赴。《礼记·少仪篇》'毋报往',《丧服小记篇》'报葬者报虞',郑注并云:'报,读为赴疾之赴。'是也。"(转引自王先慎《韩非子集解》)盈按:"赴疾"即快速。《释名·释饮食》:"脬,赴也。夏月赴疾作之,久则臭也。"

梁启雄说:"猝(卒借为猝)报之事,指突然向韩国赴报的紧急军事。"

很显然,梁先生对郑注和俞樾的意见都未正确理解,把"报"译为"赴报",全句理解为"向韩国……"云云,这就完全错了。

按汉人注经"读为"之例,就是要用本字来说明假借字。郑注《礼记》"报读为赴疾之赴",意思是说句中的"报"字乃"赴"字之假借,它的意义跟"疾"一样,是急速之义。所谓"毋报往",就是"毋速往",和上一句"毋拔来"相对成文,"拔"也是急速的意思。"报葬"就是不到一定日期就急速埋葬。"报虞"就是急速举行虞祭(古时既葬而祭叫虞)。

那么,《存韩》中这句话应如何翻译就很清楚了,在这里,"卒报"都是假借字,即"猝赴",二者是同义词,都是急速的意思。全句大意是:如果发生突然事变,韩国是不可信的。

在古汉语中,还把"脍切"称为"报切",《礼记·少仪》:"牛与羊鱼之腥,聂而切之为脍。"郑注:"聂之言牒也。先霍叶切之,复报切之则成脍。"段注《说文》:"脍,所谓先霍叶切之(即切为薄片),复报切之也。报者,俗语云急报,凡细切者必疾速下刀。"段玉裁的意见是对的。

又,汉乐府《焦仲卿妻》"吾今且报府"与"吾今且赴府"并见于篇,"报"即"赴"之假借。

"报"借为"赴",在语音上是有根据的。"报、赴"上古都是双唇音。报,幽部字;赴,按段玉裁的分部为幽之入,各家归侯之入,无论是幽入还是侯入,都是可以与"报"相通的。

(二)俭

司马迁在《报任安书》中说李陵能"恭俭下人"。"恭俭"本是一对常用词,不少注家却未能得其确解。王力先生主编的《古代汉语》说:"恭俭,是偏义复词,着重在恭。"(862页)这是因为没有弄清楚"俭"在句中的实际意义,就当作"偏义复词"来处理了。"恭俭"连用,在《论语》中就已经出现了。"夫子温良恭俭让以得之"(《学而》篇)就是一例。杨伯峻先生在《论语译注》中把"俭"译为"节俭",也不恰当。"节俭"主要是从物质方面来说的,它与待人有什么关系呢? 从上下文来看,也很难讲得通。

《说文》:"俭,约也。"段玉裁注:"俭者,不敢放侈之意。"这就对了。其实,朱熹在《论语注》中早已指出"俭,即容貌收敛而不放肆,非俭约之说"(朱熹所说的"俭约"是节约的意思)。王聘珍《大戴礼记解诂·文王官人》:"其色俭而不谄。"(189页)注:

"俭，卑谦也。"司马迁所说的"恭俭下人"的"俭"也是不放肆、态度谦谨的意思。

（三）分

《滕王阁序》的"星分翼轸"一语，各家都把"分"字联上注，解为"星空的分野"，如朱东润主编的《中国历代文学作品选》说："星分翼轸：星空的分野属于翼轸……据《越绝书》，豫章郡古属楚国地，当翼轸二星的分野。又《晋书·天文志上》谓豫章属吴地，吴越扬州当牛斗的分野，所以下文言'龙光射牛斗之墟'。"王力主编的《古代汉语》说："豫章古为楚地，所以说'星分翼轸'。"人民教育出版社编的《古代散文选》说："古人以天上的某个星宿对着地面的某个区域，叫做'某星在某地之分野'。"该书也引用《越绝书》证明翼轸是豫章的分野。

上述三家都把"星分"看作偏正结构，即星的分野；都把翼轸当作豫章的星宿分野。这样一来，就出现了三个问题：

1. 豫章的分野明明是属于牛斗，地处吴越扬州，南昌本属吴地，这里为什么又说是翼轸呢？朱注已摆出了这种矛盾，却没有作出合理的解释。似乎豫章既可以归翼轸，又可以归牛斗。同一个王勃，在同一篇文章之中，会出现这种常识性的差错吗？王注虽没有细说，也和该书的"古代文化常识（一）"天文部分的论述相矛盾（见790页星宿分野表）。这里不详述。

2. 从文意来看也成问题。"星分翼轸，地接衡庐"，两句相对成文，都是写南昌的接壤地。如果认为第一句是写南昌本身，第二句是写接壤地，这就和王勃的原意大相径庭了。

3. 《滕王阁序》是一篇漂亮的骈体文，它的平仄、对仗都是很讲究的。从平仄来说，两句的格式应是：平平仄仄，仄仄平平。而分字如理解为"分野"的"分"，就应该读去声。《春秋·僖公三十一年》及《左传·昭公二十六年》杜注"分野"，《经典释文》都音"扶问反"。《文选·皇甫士安〈三都赋序〉》"考分次之多少","分"注"去",即读去声。陈其元《庸闲斋笔记》卷四:"分野之'分'是去声。"(95页)但此"分"读去声,则于平仄不合,可见不能作"分野"解。

从对仗而言,"分"与"接"是动词对动词,如果把"分"字当名词看,于对仗也有所乖违。

因此,我的意见:"分"在这里是分界的意思。这两句都不是写豫章本身,而是写豫章的邻境。上句是从天空的分野而言,与翼轸相分界,下句是从地面的接壤而言,与衡庐相接连(用衡山代表衡州,庐山代表江州)。这样,才不至于和下文的"龙光射牛斗之墟"相矛盾,而且也与历来有关州国分野的记载相吻合,平仄和谐,对仗工整,这是读者一看就能明白的了。

"分"和"接"连用时,作为分界的意思,在王勃的作品中还有类似的例子:

《游冀州韩家园序》:"星辰当毕昴之墟,风俗是唐虞之国。虽接燕分晋,称天子之旧都;而向街当衢,有高人之甲第。"所谓"接燕分晋",是说冀州与燕晋相接壤。这里的"分、接"与《滕王阁序》的用法丝毫不差,而且"分"与"接"在句中可以互换,基本意思不变。如说"星接翼轸,地分衡庐",未尝不可,所不可者,只平仄不谐耳。

剩下一个问题是怎么解释《越绝书》的说法。原来《越绝书》认为豫章属楚地,分野属翼轸,并不错,它所说的那个"豫章"和王勃所说的这个"豫章",名同而实异。注家不明乎此,就把古豫章和隋唐时代的豫章拉扯到一块了。宋人吴曾在《能改斋漫录》中已指出:"春秋之豫章为濒楚,在江夏之间。"又说:"予江西人,尝考今之豫章,非春秋之豫章……按宋武帝讨刘毅,遣王镇恶先袭至豫章口。豫章口去江陵城二十里(盈按:可阅《宋书·王镇恶传》),乃知春秋之豫章去江陵甚近,与今洪州全不相干。"(卷九251—252页)因此,注家引《越绝书》来证明《滕王阁序》中的"星分翼轸",对材料的时代性没有鉴别,结果"证"而不"明"。由于"分"字失解,有人批评王勃"星分翼轸,分野尤差"(叶大庆《考古质疑》卷五51页)。有人强作解说,顾前不顾后,音韵训诂均失据。

(四)控

"控、引"曾经是同义词,我们今天的读者已经不大能理解了。《滕王阁序》中"控蛮荆而引瓯越"。这个"控"字,从《古文观止》以来,就有些不贴切的注解。《古文观止》注:"荆楚主南蛮之区,此则控扼之。"《中华活叶文选》不唯"控"字没注清,连"引"字也误解了,它把这句话译为:"西控两湖,东扼浙江。"(见合订本卷五174页)还有的注本说:"控、引:这里都有控制的意思。"

《说文》:"控,引也。"段注:"引者,开弓也。引申之凡引远使近之称。""控蛮荆而引瓯越",正是以豫章为中心,"引远使近"的意思。在这里,"控"和"引"就是一对同义词,并非"控制、控扼"的意思。

王勃这个句子是从左思的《吴都赋》"控清引浊"脱胎而来。"控清引浊"也不能理解为控制清流和浊流,而是说大海接引清流和浊流,即清流浊流都归大海的意思。李周翰注:"控,亦引也。"这是对的(按:清、浊原本指济水、黄河。《史记·苏秦列传》:"燕王曰:'吾闻齐有清济、浊河可以为固。'"这里是泛指)。

"控"作接引解,在古汉语中也是不乏其例的,如陆机《齐讴行》:"洪川控河济,崇山入高冥。"左思《魏都赋》:"同赈大内,控引世资。"班固《西都赋》:"泛舟山东,控引淮湖,与海通波。"我统计了一下,"控"字在《昭明文选》共出现十八次,基本上都

是引或接引的意思。用作控制或控扼的，一例也没有。又，《梁
书·张缵传·〈南征赋〉》：“青溆、赤岸，控汐引潮。”

张元干《芦川归来集·水调歌头(陪福帅谦集，口占以授官
奴)》：“引三巴，连五岭，控百蛮。”“引、连、控”同义。《芦川归来
集·代洪仲本上徐漕书》：“豫章之为郡，襟常江湖，控引夷越，乃
东南一都会。”可证“控、引”同义古无分歧。

（五）三尺

王勃在《滕王阁序》中称自己是“三尺微命，一介书生”。什
么叫“三尺微命”呢？王力先生主编的《古代汉语》是这么注的：
“三尺，指衣带结余下垂的部分(绅)的长度。《礼记·玉藻》：‘绅
长制，士三尺。’微命，指卑贱的官阶。《周礼·春官·典命》郑注：
‘下士一命。’王勃曾为虢州参军，所以自比为一命之士，而说‘三
尺微命’(依高步瀛说)。”人民教育出版社编的《古代散文选》也
依高步瀛说，故与王注几乎完全一样。

三尺，本来可用于指人的身长，引申为指人的年龄。在这里，
是“童子”一词的代称。“童子”在战国时候通常为“五尺”。《孟
子·滕文公上》：“虽使五尺之童适市，莫之或欺。”《管子·乘马》：
“童五尺一犁。”到了唐代，往往用“三尺”指童子。由五尺减到三
尺，当然不能误解为唐代的童子要比战国时候的童子矮一截，而
是名物制度有异。例子有：《杨盈川集·少室山少姨庙碑》：“童子
三尺，羞谈霸后之臣；冠者六人，惟述明王之道。”《新唐书·李泌
传》：“杨炎视朕如三尺童子，有所论奏，可则退，不许则辞官。”王
勃写《滕王阁序》时，年纪尚轻，自己谦称为“三尺”，未尝不可，而
且上文有“童子何知，躬逢胜饯”，与此正好相照应。从文献资料
看，称童子为三尺，宋代尚然。胡铨《戊午上高宗封事》：“夫三尺
童子，至无知也，指仇敌而使之拜，则怫然怒。”

由于高步瀛对“三尺”的注释不对，对“微命”的解释也失之

牵强。事实上,郑注《周礼》所说的"一命"与王勃所说的"微命"没有任何关系。"微命"这个词语,早已见之于屈原的《天问》:"蜂蛾微命力何固。"这里所说的"微命"就是微小的生命。郭沫若先生译为"蜜蜂和蚂蚁尽管微渺,而力量何以又那么顽强?"这是完全正确的。像王勃这样的文学家,由于受当时文风的影响,对《昭明文选》这样的作品都是读得滚瓜烂熟的,他作品中的许多词语都可以从《文选》找到出典。"微命"就是一例,如祢衡《鹦鹉赋》:"托轻鄙之微命,委陋贱之薄躯。"谢灵运《初发石首城》:"寸心若不亮,微命察如丝。"殷仲文《解尚书表》:"伫(又作抒)一戮于微命,申三驱于大信。"例中的"微命"都是渺小微弱的生命的意思,和"一命、王命"没有丝毫联系。我们把"微命"解释清楚了,那么,"三尺微命"的意思就不难理解了。上下文的关系也不难理解了。王勃说自己是三尺童子渺小微弱,是为了引出下面的"无路请缨……",说自己是"一介书生",是为了紧扣下文的"有怀投笔……"。三尺童子无路请缨,一介书生有怀投笔,文理严密,丝丝入扣,作任何别的解释都会使文义扞格不通。

(六)塞责

"塞责"这个词语在古书上是常见的,究其实应作何解,似乎尚无确说,翻开辞书一查,出现了五花八门的说法:

《辞源》说:"塞责,谓免于责备也。《史记》:吾责已塞,死不恨矣。"(348页)

《联绵字典》:"隔塞其责让也。《汉书·游侠·原涉传》:诛臣足以塞责。"(247页)

《汉语词典》:"塞责,谓完其责任。如,前犹与母处,是以战而北也,辱吾身;今母殁矣,请塞责。"(1043页)

《辞源》二版第一册:"塞责,尽责,当责。"接着列举了两个例证:例一与《汉语词典》同,例二出自《史记·项羽本纪》:"故欲以法诛将军以塞责。"这例二在《中华活叶文选》(4)16页的注解中又不一样,它说:"塞责——掩饰自己的责任。"

上述诸解,可分为两类:"免于责备""隔塞其责让"为一类。"完其责任""尽责""掩饰……责任"为一类。

我觉得,这些说法都欠妥帖。古汉语中的"塞责"与今义并不完全一样。它的古义应当是弥补罪过的意思。我们还用上面那些例句来作点分析。

1. "吾责已塞,死不恨矣"。出自《史记·张耳陈余列传》。这话是赵相贯高说的。贯高曾鼓动赵王张敖反叛汉王朝,事泄,汉王朝逮捕了张敖,贯高被迫自首,说出了事情的真象,张敖才得以无罪开释。因此,贯高说:我的罪过已经弥补了,虽死也没有什么遗憾了。从上下文看,《辞源》"免于责备"之说就不对了。

2. "诛臣足以塞责"。语出《汉书·游侠传》。王莽执政时,曾经要把游侠漕中叔抓起来,而中叔与强弩将军孙建关系很好,王莽疑心孙建将他隐藏起来了。孙建说:"臣名善之,诛臣足以塞责。"(3719页)所谓"足以塞责",也是弥补(漕中叔)的罪过。如果解释成"隔塞其责让",那是很难讲通的。

3. "今母殁矣,请塞责"。语出《韩诗外传》卷十。说这话的人叫卞庄子。他在战争中"三战三北",当然是有罪的,而他之所以当逃兵,理由是家有老母,需要照顾。后来,他的母亲去世了,故卞庄子请求给他机会,让他弥补从前当逃兵的罪过。下文说:"遂走敌而斗,获甲首而献之,请以此塞一北。又获甲首而献之,请以此塞再北……又获甲首而献之:请以此塞三北。将军止之曰:足。请为兄弟。卞庄子曰:夫北以养母也。今母殁矣,吾责塞矣。吾闻之,节士不以辱生。遂奔敌,杀七十人而死。君子闻之曰:三北已塞责,又灭世断宗,士节小具矣,而于孝未终也。"文中的"塞一北",就是弥补一次逃跑的罪过,"塞再北、塞三北",理同。"三北已塞责",就是三次逃跑的罪过已经弥补了。若解为"完其责任",这些"塞"字就一个也讲不通了,最后一句成了"三次逃跑已完成责任",这成什么话呢?

4. 至于《项羽本纪》中的"故欲以法诛将军以塞责"一语,《中华活叶文选》的注释也是似是而非。这句话的本意是:赵高想诛章邯以弥补自己的罪过,并非掩饰责任的意思。

这样的例子还可以列举一些,如《文子·符言》:"治不顺理则多责,事不顺时则无功。妄为要中,攻成不足以塞责,事败足以灭身。"杨恽《报孙会宗书》:"当此之时,自以夷灭不足以塞责。"《后汉书·刘盆子传》:"必欲杀盆子以塞责者,无所离(避也)死。"《宋书·范晔传》:"晔妻……回骂晔曰:'君不为百岁阿家,不感天子恩遇,身死固不足塞责(或作"罪"),奈何枉杀子孙。'"欧阳修《乞根究蒋之奇弹疏札子》:"臣若有之,万死不足以塞责。"(见本集709页,世界书局本)也都是弥补罪过的意思。

"塞"字有弥补的意思,前人已注意到了,《汉书·于定国传》:"今丞相、御史将欲何施以塞此咎?"颜师古注:"塞,补也。""塞咎"等于"塞责",也是弥补过错的意思。

"责"字由责求、诛责引申为罪责,在古汉语中也是常见的意义。直到宋朝还这样用,《包孝肃公奏议》卷一10页:"盖负责之人,自忿废绝,不能振起。""负责"即"负罪"。今成语还有"罪责难逃"。

(七)猖獗(蹶)

"猖獗"的今义是人所共知的,正因为如此,就很容易用今义来理解它的古义,以至把一些文句弄得半通不通,请看下面两个例子:

1.《三国志·诸葛亮传》:"而智术短浅,遂用猖獗,至于今日。"陈中凡编的《汉魏六朝散文选》注为:"盗贼势盛貌。此指曹

操势焰说。"（88 页）

《历代文选》注："猖蹶：偏义复词。即蹶，颠仆，跌倒，引申为挫败意。"（上册 323 页）

1963 年第 10 期的《文字改革》译为："可是智力谋术够不上，（奸臣）就越来越猖狂，到了今天这个局面。"[①]

2. 丘迟《与陈伯之书》："沉迷猖蹶，以至于此。"

朱东润主编的《中国历代文学作品选》注："猖獗，狂妄。"（上编第二册 1313 页）

哈尔滨师范学院中文系编的《中国古典文学作品选》注："意思说伯之一时被北魏的狂肆之势所迷惑。"（226 页）

这些情况说明，对"猖蹶"一词的误解，具有相当的普遍性，提出来讨论一下，并非多此一举。

把例一的"猖獗"注为"盗贼势盛貌""（奸臣）越来越猖狂"，例二的"猖蹶"注为"狂妄""北魏的狂肆之势"，都是错误的，错在以今义释古义，以至连句子的主语都偷换了。似乎一说"猖獗"，就是指盗贼、奸臣之类的坏人或敌对势力。可是，李白说："嗟余沉迷，猖獗已久，五十知非，古人常有。"[②] 这个"猖獗"的主语是指谁呢，难道不是指李白自己吗？从刘备到李白都说自己"猖蹶"，足见，中古汉语的"猖蹶"断乎不同于今义。这里应当补充说明的是，把"猖蹶"解为"盗贼势盛貌"，并不始于陈中凡先生，几十年前出版的《辞源》就是这么说的（见该书 972 页），其影响就更广了。

其次，《历代文选》的注释虽然比较可取，但也只把问题说对了一半。它说"蹶"是颠扑，跌倒，引申为挫败意。这是对的。而

---

① 这篇译文又见 1964 年出版的《中学语文课本文言课文的普通话翻译》。

② 《李太白集·雪谗诗赠友人》，卷九 490 页。

"偏义复词"的说法就不对了。

从构词法来说,"猖蹶"是联合式。《说文》中没有"猖"字,朱骏声认为它是"伥"字的俗体(见《说文通训定声》壮部,万有文库本3590页),这是对的。按《说文》:"伥,狂也……一曰:仆也。""仆"也是跌倒的就思。那么,"猖蹶"是由同义词组成的双音词,意思就是遭受挫折,跌跤。刘备说自己智术短浅,因此受到挫折。丘迟批评陈伯之迷失方向,以至受挫折。跟"盗贼势盛"几乎全无关联。

"猖蹶"在中古是常用词。《晋书·王彪之传》:"无故恳恳,先自猖蹶。"又《殷浩传》:"不虞之变,中路猖蹶。"都是跌跤、受挫折的意思。

原载《语言学论丛》第7辑

盈按:

写这条"琐谈"时,尚不知清人赵翼在《陔余丛稿》卷二十二已讨论过"猖獗",所得结论为:"凡此皆为倾覆之意,与常解不同。"(424页,河北人民出版社2003年)但本人所论意在匡谬正俗,且论说亦有新意,可补赵说之不足。

词义琐谈之二

《语言学论丛》第7辑登载过我的一篇《词义琐谈》，故把这个续篇称为"之二"。

（一）厉

《辞海》（修订本）厂部"厉"字的第六义项是："河水深及腰部，可以涉过之处。"我已经看到有两篇文章批评这条释文。

1. 张涤华同志说："河水深及腰部，可以涉过"的话，说得似乎过于确凿。《尔雅·释水》虽然说"由带以上为厉"。但郝懿行《义疏》已经指出"亦略举大概而言。实则由带以下亦通名厉……可见不必说什么"深及腰部"，只依《释水》另一解释"以衣涉水为厉"就行了①。

2. 张君惠同志不仅不同意"河水深及腰部"的释义，且亦不同意"以衣涉水""由带以上为厉"的说法。他同意戴震的意见，《诗》"深则厉"，《说文》引作"深则砅"。砅，履石渡水也。《诗》之意以水深必依桥梁乃可过。砅就是桥，一声之转则为"梁"，后来就称为桥梁。他还说："厉"字无论就形、音、义来说，都无法得出"以衣涉水"或"水深至心"的义训②。

这个问题在乾嘉时代就产生过争论。首先据《说文》以驳《尔雅》的是戴震（《答江慎修先生论小学书》，《戴东原集》上卷49页，万有文库本），段玉裁在《诗经小学》中赞同师说，在《古文

---

① 《辞书研究》1981（1）：230。

② 《四川师范学院学报》1980（4）。

尚书撰异》和《说文解字注》中就不同意戴说了。邵晋涵的《尔雅正义》也批评了戴说。邵、段二人的论证已经很充分①，张君惠还搬出戴说以驳《辞海》，实在没有必要。

（1）"砅"并不等于桥。"履石渡水如今人蹈砖石过泥泞，此水之至浅者"。《说文》只不过假"砅"为"厉"（《古文尚书撰异》，《段玉裁遗书》109页）。

（2）把"深则厉"的"厉"理解为石桥，于事理上讲不通。"谓水深则渡石桥，倘其地无石桥，则将待构之乎？绝非《诗》之语意"（同上）。

（3）《诗经》中的"厉"字有几个义项，不得专主一解。邵晋涵列举了下列七例证明"厉"有"以衣涉水"之意（《尔雅正义·释水》）。

a. 倥陵赴险，越壑厉水。（《史记·司马相如列传》3034页）

b. 互折窈窕以右转兮，横厉飞泉以正东。（《史记·司马相如列传》3058页）

c. 棹舟杭以横濿兮，济湘流而南极。（刘向《九叹》）

d. 惜往事之不合兮，横汨罗而下濿。（刘向《九叹》）

e. 悬水三十仞，圜流九十里……有一丈夫，方将厉之。（《列子·说符》）

f. 陆德明引《韩诗》云："至心曰厉。"（《毛诗音义·邶风·匏有苦叶》）

g. 许慎解"涉"字云："徒行厉水也。"（《说文解字》㳞部239页）

这些例证不见得都可作"以衣涉水"解，但全与渡水有关，而与桥梁毫无关系，尤其是最后一例，可证"许氏未尝不以'厉'为

---

① 王引之《经义述闻》卷五，亦不同意戴说，论述甚详，可参阅。

涉水矣"（邵晋涵语）。

（4）我认为"厉"字作为涉水的意思，它的发展有三个阶段：

第一阶段是指"至带曰厉"，或言"至心曰厉"，也就是《辞海》说的"水深及腰部"，如《诗·邶风》"深则厉"。

第二阶段引申为泛指"以衣涉水"，"由膝以上"也包括在内了。如"方将厉之、徒行厉水"之类。

第三阶段再引申为泛指渡水，如"棹舟杭以横濿"等例。为什么"由带以上为厉"呢？这是因为"厉"有"带"的意思。

　　a.《方言》四："厉谓之带。"（《方言疏证》111页）

　　b.《小尔雅》："带之垂者为厉。"

　　c.《诗·小雅·都人士》："彼都人士，垂带而厉。"

　　d.《广雅·释器》："厉，带也。"

"厉"既然可以释为"带"，那么"由带以上为厉"的说法也就不难理解了。相反，把"深则厉"的"厉"释为"桥"，于古训无据（戴震引"吐谷浑于河上作桥，谓之河厉"以证明"桥有厉之名"，这是晚出的材料，不足为证）。张君惠说砅"一声之转为梁"，这是滥用因声求义，不可取[①]。

（二）逢

《左传·成公二年》有逢丑父，《孟子·离娄》有逢蒙，《后汉书·逸民列传》有逢萌，这个"逢"字有的人读为 féng，有的人读为 péng。

读 féng 是不对的，读 péng 亦无据。《广韵》江韵："逢，姓

---

① 盈按：此文发表之后，才见到汪中《释厉字文》，汪文也是为戴说而发，不赞戴说，他说："《说文》砅或作沥，厉乃沥之省文。二文正通，非《尔雅》之失。履石渡水为厉，以衣涉水，由带以上亦为厉，一文二义，未可偏废……涉水则垂者先濡，此文因由带以上之厉转相训而生是名也。深则厉之义，以《尔雅》为长。"（《新编汪中集》353、354页，广陵书社 2005 年）

也,出北海。《左传》齐有逢丑父。"音薄江切,与"庞"同音。所以,逢丑父、逢蒙、逢萌的"逢",按今音应该读作 páng,《新华字典》正作 páng,只是字形作"逢"。可是,上古文献中,姓逢的"逢"字或写作"蓬、蠭",不见有写作"逢"的,这是为什么呢?因为汉魏以前,还没有产生"逢"字,钱大昕认为是"六朝人妄造无疑"(《十驾斋养新录》107 页)。"妄造"的说法不可信。"逢"应是"逢"的区别字,在两汉以前的读音应是 [bong],属并母东韵。

　　关于这个字的读音,颜师古已不得其解,他说:"逢姓者,盖出于逢蒙之后,读当如其本字,更无别音。今之为此姓者,自称乃与'庞'同音。"这条材料透露出唐朝时候姓"逢"的人,还自读为 páng。颜师古不尊重语言事实,硬说这是"妄为释训",所以郭忠恕批评说:"《刊(匡)谬正俗》,混说逢逢。"[1]

　　《后汉书·刘盆子传》:"(樊)崇同郡人逢安。"李贤等注引"《东观记》曰逢,音庞"(478 页)。袁文《瓮牖闲评》卷一 10 页也讨论了逢丑父、逢蒙的读音:"当读作庞字。"俞樾对此有评说(上海古籍出版社 1985 年李伟国校点本作为"附录"收入《瓮牖闲评》),认为"古有逢字无逢字,《玉篇》犹然"(104 页)。可从。但"逢"字的产生是形音分化的结果,"误作"之说不可信。

　　(三)突

　　《庄子·逍遥游》:"我决起而飞,枪榆枋而止;时则不至,而控于地而已矣。""枪"也作"抢",支遁(字道林)注:"抢,突也。"现在有几种注本不知道这个"突"字的确切意思,于是有的释"抢"为"突过"(《古代汉语》修订本 379 页,中华书局 1981 年版);有的释"抢"为"突,冲上"(《庄子浅注》4 页,中华书局 1982

────────

[1]　颜说见《匡谬正俗》卷八,郭说见《佩觿》卷上。元李文仲《字鉴》四江对"逢"字的读音也有辨正。

年版）。

这样释"抢"，则"抢榆枋"就成为"突过了榆树、枋树"，或"冲上了榆树、枋树"。这跟原文的意思很不相合。

首先，我们应了解："抢"和"突"在这里是同义词，都是触或撞的意思。如《战国策·魏策四》："布衣之怒，亦免冠徒跣，以头抢地尔。"注："抢，突也。"黄丕烈《札记》："今《说苑》作'顿地耳'。"可见，"抢、突、顿"义同。"以头抢地"不能解为"以头突过地"，也不能释为"以头冲上地"。"抢地"也可以说成"触地"，如《吕氏春秋·疑似》："其子泣而触地曰。"

"突"亦作"揬"。《广雅·释诂》："触、冒、搏、敨、冲，揬也。""敨"与"敵、根"通，都是撞的意思。《众经音义》卷三引《三仓》云："敵，撞也。""唐突"在古书中常见，是冲撞的意思，"冲"也是冲撞的意思（参阅王念孙《广雅疏证》489页，万有文库本）。

其次，"抢榆枋"这句话还涉及到一个校勘问题。现在流行的本子"抢榆枋"后面脱"而止"二字，所以译为"突过"，语气还顺。但《庄子阙误》引文如海本、江南古藏本均有"而止"二字，可参阅蒙文通《道书辑校十种·重编陈景之〈庄子注〉》885页，我们弄清了"抢"是撞的意思，就知道"而止"二字必不可少。全句意思是碰到了榆树、枋树就止落其上，有时如果还飞不到榆树、枋树，就"控于地"罢了。"控于地"是与"止"于榆枋相对待的两种情况。

（四）齭

《说文》齿部有个"齭"字，许慎的释义是"齿伤酢也。从齿所声，读若楚"。段玉裁说字"亦作齼"。"所、楚"都是鱼部字，由"齭"变作"齼"是可以理解的。明代岳元声的《方言据》就写作"齼"，释文如下：

有所畏谓之齼(楚去声),京师亦有是语。此字原谓"齿
怯"。今借通用。曾茶山《和人赠柑诗》云:"莫向君家樊素口,瓠犀
微齼远山颦。"

由牙齿怕醋(酢)酸,引申为怕其他酸物(齿怯),再引申为
"有所畏",这就是"齼"义的演变过程。这个词在现代汉语中并
没有消失。请看《新华字典》60页:

憷 chù 害怕,畏缩:他遇到任何难事,也不发～。

"憷"就是"齼",也就是"齭"。由齿旁变为忄旁,反映了词义
的演变,由所声变为楚声,反映了读音的演变。

(五)已诺

"已诺必诚"(《史记·游侠列传》),"刑赏已诺,信乎天下矣"
(《荀子·王霸》),"已诺不专"(《鹖冠子·王铁》),"已诺不信"(马
王堆帛书《经法》)。上述诸例中的"诺"都是"许也"的意思,
"已"是"不许也"的意思(请参阅《荀子·王霸》杨倞注),"已"和
"诺"原是一对反义词,这一点郭在贻同志已经论证过了(《漫谈
古书的注释》,《学术月刊》1980〔1〕)。

最近,读到刘百顺同志的一篇文章(《"已诺"辨析》,《学术月
刊》1982〔1〕),不赞同古人将"已"解为"不许"的说法,不赞同
郭在贻的论证。我认为郭的论证是不可动摇的。如果说郭文所
列举的例证还不足以服人的话,下面我再补充三个例证:

a. 已诺无决,曰弱志者也。(《逸周书·官人解》)

b. 扶之与提、谢之与让、得之与失、诺之与已,相去千里。
(《文子·上德篇》。又见《淮南子·说林训》)

c. 诚必不悔,决绝以诺。(枚乘《七发》)

例一"已诺无决"是说"应许还是不应许犹疑不决",所以
说这种人是"弱志"。如果像刘百顺同志那样,把"已诺"解为
"已经许诺",这句话就讲不通了。既然已经许诺,还说什么"无

决"呢。

例二就更明显了。扶提、谢让、得失都是反义关系，"已"和"诺"无疑也是反义关系。在这里，"已"决不能看作是副词"已经"，也不能看作是动词"践履"之义。

例三"决绝以诺"，古人已不得其解。李善注："事之决绝，但以一诺，不俟再三。"（《昭明文选》卷三十四641页）李善把"以"字理解为介词，释义为"用，凭"，完全错误。《中国历代文学作品选》也承此谬误（见该书474页）。《汉魏六朝赋选》19页说："以，同'已'。"这就对了。古书中，假"以"为"已"的例子，不胜枚举。但是释义仍然错误。把全句话译为"已经许诺的，就决计实行"。不仅词义失误，也不符合原句的结构。事实上，"决绝"是一对反义词，"以（已）诺"又是一对反义词。"决"指决定，应许，与"诺"相应；"绝"指拒绝，不应许，与"已"相应。与上一句"诚必不悔"相照应，是表示一种干脆痛快的风格。

现在我们来讨伦刘百顺同志的反证。刘同志引用了《史记·灌夫传》"已然诺"一语，同时引了司马贞《索隐》："谓已许诺，必使副其前言也。"以此证明释"已"为"不许"是不正确的。这是只顾其一，不计其二。"已然诺"的"已"解为动词"践履"，这是对的，"然诺"在这里是作为宾语出现的。"已然诺"是一个述宾结构，和前面所有例句中的"已诺"，在语法结构上是不相同的。当然，词汇意义也并不一样。"已"有已经、践履（即兑现）的意思，并不排斥它可以有"不许"之义①。下面这个例子更为典型，"圣人之诺已也，先论其理义，计其可否。义则诺，不义则已；可则诺，不可则已"（《管子·形势解》）。"已"的"不许"义实际上

---

① 裴学海《古书虚字集解》27页说"以"字或作"已"。"已然诺"，"言灌夫有然诺也"。可备一说。

就是"已"的本义"止也"的今译。吴世拱曰:"已,止也,诺之反辞。"(黄怀信《鹖冠子汇校集注》176页)甚确。

我们也不是说,不论在任何时候"已诺"连用都表示反义关系。有时候它是偏义复词,如范摅《云溪友议》卷上4页:

> 濠梁人南楚材者,旅游陈颍。岁久,颍守慕其仪范,将欲以子妻之。楚林家有妻,以受颍牧之眷深,忽不思义,而辄已诺之。

这个"已"既不是"已经",也不是"践履",更不是"不许",无义。

(六)徒行

《后汉书·列女传》:"及(蔡)文姬进,蓬首徒行,叩头请罪。"《古代汉语读本》21页注:"徒行,赤足行走。"蔡文姬虽然困窘,何至于打赤脚走路呢? 这条注是不正确的[①]。"打赤脚走路"古人叫"徒跣"。"徒跣"与"徒行"义不相混。"徒行"是出无车马,徒步行走的意思,从先秦到唐宋都应作如此解。如:

a.吾不徒行以为之椁。以吾从大夫之后,不可徒行也。(《论语·先进》)

b.(叔)向曰:子无二马二舆,何也? 献伯曰……班白者多徒行,故不二舆。(《韩非子·外储说左下》)

c.舐痔结驷,正色徒行。(赵壹《刺世嫉邪赋》)

d.郑子戏之曰:美艳若此而徒行,何也? 白衣(女妖任氏)笑曰:有乘不解相假,不徒行何为? (沈既济《任氏传》)

e.出或徒行无驴。(《归潜志》143页)

古人也称涉水为"徒行",但它的意思也不是"赤足行走",还是强调不凭借舟车的意思,如《说文》林部:"涉,徒行濿(厉)水

---

① 唐末邱光庭《兼明书》卷五"徒行"条云:"范晔《后汉书》,蔡琰见曹公,蓬首徒行而入。明曰:不乘车谓之徒行,不履袜者谓之徒跣。今文姬盖徒跣,非徒行也。故下文云:曹公与之巾袜。"此乃改原文立说,不必讨论。

也。"段注:"许云徒行者,以别于以车及方之、舟之也。"（567页）

（七）取容

《辞海》（修订本）:"取容,犹言取悦,谓取得别人的欢喜。"书证有《汉书·张释之传》:"以不能取容当世,故终身不仕。"

二版《辞源》第一册452页:"取容,曲从讨好,取悦于人。"书证有《吕氏春秋·任数》:"人臣以不争持位,以听从取容。"又《似顺》:"夫顺令以取容者众能之。"

这两本辞书都把"取容"的"容"释为喜悦,"取容"就是取得别人的喜悦。这是错误的。主要原因是对"容"字理解有误。《说文》宀部:"容,盛也。"盛东西的"盛"是"容"的本义。所以胡秉虔说:"容专为容纳之容,而容仪之容作颂。"（《说文管见》卷中）《新华字典》"容"字的第一个义项是"容纳,包含,盛（chéng）"。说明"容"的本义古今一致。"取容"的"容"就是用的本义。"听从取容""顺令以取容",就是唯命是从以取得国君的容纳,也就是以此保住自己的饭碗的意思[1]。司马迁《报任安书》"苟合取容"[2],王嘉《拾遗记》卷六140页"幸爱之臣,竞以妆饰妖丽,巧言取容",都是取得容纳的意思[3]。"容"的否定式是"不容","不能取容当世"意思等于"不容于世"（邹阳《上梁王书》）。《史记·孔子世家》:"颜回曰:夫子之道至大,故天下莫能容。虽然,夫子推而行之,不容何病,不容然后见君子!"《宋

---

[1] 《管子·形势解》:"小人者枉道而取容。"《淮南子·主术训》:"守职者以从君取容,是以人臣藏智而弗用。"

[2] 《汉书·朱建传》:"行不苟合,义不取容。"《后汉书·蔡邕传》:"盍亦回途要至,俛仰取容。"《文选·夏侯孝若〈东方朔画赞〉》:"明节不可以久安也,故诙谐以取容。"

[3] 李贺《南园》之七:"长卿牢落悲空舍,曼倩（东方朔之字）诙谐取自容。""取容"之间加一"自"字,语意更显豁。

书·王玄谟传》："时朝政多门,玄谟以严直不容。"这些"不容"都是不被容纳的意思。

在古书中,有"容悦"连用的例子,但二字的意义并不同,如《孟子·尽心上》："有事君人者,事是君则为容悦者也;有安社稷臣者,以安社稷为悦者也。"杨伯峻先生把这段话译为(《孟子译注》308 页):

> 有侍奉君主的人,那是侍奉某一君主,就一味讨他喜欢的人;有安定国家之臣,那是以安定国家为高兴的人。

把"则为容悦者"译为"就一味讨他喜欢的人",与原文不符。"为容悦"等于"为容身而悦",这个"悦"和下面的"以安社稷为悦者"的"悦",意思完全一样,"悦者"都是臣子,而不是国君。这个问题,黄生在《义府》中解释得很好,他说(《义府》卷上 30 页):

> 《孟》"事是君则为容悦者也",与下以"安社稷为悦""悦"字一意,言心所慊者在此也。"事君人者"苟得君而事,心无他念,惟以容身保位为主。王深甫云:事君者以见容于吾君为悦。此解得之。

1983 年 4 月于北大蔚秀园

原载《语言学论丛》第 13 辑

词义琐谈之三

（一）承

《吕氏春秋·贵信》："于是明日将盟，庄公与曹翙皆怀剑至于坛上。庄公左搏桓公，右抽剑以自承，曰：'鲁国去境数百里，今去境五十里，亦无生矣。钧其死也，戮于君前。'"高诱注："承，佐也。"这条注前人已指出不妥，但陈奇猷认为："高训承为佐不误。佐，助也。此文谓庄公左手搏桓公，右手抽剑以自助，示刺桓公之意……梁释'自承'为'以剑自向'者，盖误解下文庄公'戮死君前'之语为自杀于君前耳。殊不知庄公之所以说'戮死君前'者，乃庄公知其刺桓公之后，必为桓公之卫士戮死，故云然。梁因误解'戮死君前'为自杀君前，遂不得不释'自承'为以剑自向矣。"（《吕氏春秋校释》1308 页）

陈奇猷所批驳的"梁释"，即梁履绳（仲子）的解释。梁释"自承"为"以剑自向"，无论是从上下文来看，还是从词义来说，都是很确切的。鲁庄公并不是要刺杀齐桓公，所谓"戮于君前"，就是要自杀于齐桓公之前。至于陈奇猷说的"必为桓公之卫士戮死"，这完全是陈氏自己的主观推想，文中并无此意。

"承"有指向义，《辞源》《辞海》均不载，然古书中不乏其例：

《左传·昭公二十一年》："使子皮承宜僚以剑而讯之，宜僚尽以告。"

《左传·昭公二十七年》："执羞者坐行而入，执铍者夹承之，及体，以相授也。"

《左传·哀公十六年》："告之故，辞；承之以剑，不动。"

《晏子春秋·杂篇上》："戟钩其颈，剑承其心。"

例一"承宜僚以剑"，就是以剑指向宜僚。例二"夹承之"，是两旁的执铍者用铍指向执羞者。孔疏："铍之锋刃及进羞者体也。"例三"承之以剑"，就是用剑指向他，杜注："拔剑指其喉。"正是以"指"释"承"。例四"剑承其心"，《论衡·命义》作"直兵指胸"，"直兵"就是剑，"指"就是"承"的对译。

《吕氏春秋》的"抽剑以自承"就是抽出剑来指向自己。在先秦时代，"自"作宾语时总是前置，所以"自承"即"承自"。从"承"的使用规律来看，凡与刀、剑等兵器联在一起时，总是指向的意思，找不出有"佐助"义的例子。而且解为"抽剑以自助"，在事理上也是不通的。陈奇猷先生只知"承"有"佐"义，而不知"承"有指向义，故斥梁释为"误解"，曲护高注，以至曲解原文。

"桓公劫于鲁庄"（《荀子·王制》）的故事，历史记载有分歧，《管子·大匡》的记载与《吕氏春秋·贵信》所述大体相合。原文如下：

> 庄公自怀剑，曹刿亦怀剑。践坛，庄公抽剑其怀，曰："鲁之境去国五十里，亦无不死而已。"左椹（应作揕）桓公，右自承，曰："均之死也，戮死于君前。"

尹知章注云："左手举剑将椹（揕）桓公，且以右手自承而言曰：齐迫鲁境亦死，今杀君亦死，同是死也。将杀君，次自杀。故曰：均之死也，戮死于君前。"

《贵信篇》说是"左搏桓公"，《大匡》说是"左揕桓公"。这一字之差，说明剑的指向对象不同。"搏"在这里是用手抓住的意思，"揕"是用剑击刺。从左右手的分工习惯而言，《贵信篇》的记载是可信的，鲁庄公应该是左手抓住齐桓公，右手拿着剑。荆轲刺秦王时的动作是"臣左手把其袖，右手揕其胸"（《索隐》："揕谓以剑刺其胸也。"）。这是事先设想。后来行动时也是。"左手把秦王之袖,而右手持匕首揕之"(《史记·刺客列传》)。用左手拿剑刺人,这个动作不符合习惯。但即使如《大匡》所言,"自承"的"承"也非"助"义,而是用右手指着自己,故尹注说:"将杀君,次自杀。"

（二）钩（鈎）

《辞源》(二版3179页)"钩"字义项四为"圆规"[①],列举的书证有二:

《庄子·胠箧》:"毁绝钩绳,而弃规矩。"

《汉书·扬雄传·反离骚》:"带钩矩而佩衡兮。"注引应劭:"钩,规也。"

《辞海》(1703页)"钩"字义项②为"圆规",所举书证亦为扬雄《反离骚》句,并引应劭说。在"钩绳"词条下说:"钩,正圆之器。"书证有二:

《庄子·马蹄》:"匠人曰:'我善治木,曲者中钩,直者应绳。'"

王勃《福会寺碑》:"班匠献钩绳之巧。"

《古汉语常用字字典》(85页)"钩"字义项③为"木匠用来画圆的工具"。书证亦为《庄子·马蹄》的"曲者中钩。"

以上三部辞书都认为"钩"有"圆规"义,但训诂家对这个"钩"字释义颇有分歧。作为木工工具的"钩"字在《庄子》中共出现六次。除《胠箧》一次外,《马蹄》出现两次,《骈拇》两次,《徐无鬼》一次。原文(其余两例,上文已出现):

且夫待钩绳规矩而正者。　　　　　　　(《骈拇》)

曲者不以钩。　　　　　　　　　　　　(《骈拇》)

岂欲中规矩钩绳哉。　　　　　　　　　(《马蹄》)

吾相马,直者中绳,曲者中钩,方者中矩,圆者中规。

　　　　　　　　　　　　　　　　　　(《徐无鬼》)

---

① 第三版已改为:"木工取曲线的工具。"(4182页,商务印书馆2015年)

唐朝成玄英把这些"钩"字解释为"曲",如《骈拇》"且夫待钩绳规矩而正者,是削其性者也",成疏:

> 钩,曲;绳,直;规,圆;矩,方也。夫物赖钩绳规矩而后曲直方圆也,此非天性也。

王先谦的《庄子集解》采取成疏,亦训"钩"为"曲"。叶玉麟的《白话译解庄子》把"钩"译为"钩子"。曹础基的《庄子浅注》释为"用来画曲线"的工具。欧阳景贤、欧阳超的《庄子释译》释为"曲尺"。

归纳起来,分歧有四:画圆的工具;画曲线的工具;曲尺;钩子。

"钩子"这个意思很含混,根本不能成立,可以置而不论。圆规与曲尺这两说,也不能成立。因为在《庄子》中"钩绳规矩"是作为四种不同的木工工具相提并论的。如果说"钩"就是圆规,则"钩"与"规"同义重复,而"规"是画圆的工具,这是用不着讨论的。所以,《辞源》《辞海》释"钩"为圆规,完全错误。这种错误盖源于汉之应劭。应劭在《反离骚》中释钩为规,颜师古加以引用,以讹传讹,于是"钩"与"规"混而为一。

"曲尺"说则是将"钩"与"矩"混而为一。曲尺是木工用来求直角的尺。曲尺者,矩尺也。《史记索隐·礼书》云:"矩,曲尺也。"《骈拇》说:"曲者不以钩,方者不以矩。"《马蹄》说:"方者中矩……曲者中钩。"可证曲尺(矩尺)不等于"钩"。

《礼记·乐记》有段文字,也可证"钩"既不是圆规,也不是曲尺。原文:"故歌者上如抗,下如队(坠),曲如折,止如槁木,倨中矩,句中钩,累累乎端如贯珠。"朱彬的《礼记训纂》解释说:

> 倨中矩者,音声雅曲如中于矩也。句(即勾字)谓大屈也,音声屈曲如中于钩也……倨则不动,不动者方之体,故中

矩。句则不直,不直者曲之体,故中钩。

朱彬的解释是正确的。根据这个解释可以断定:矩是量方体的工具,钩是量曲体的工具。其实,成玄英释"钩"为曲,本来不错,只是文字太简炼,容易使后人发生误解。他对"钩绳规矩"的训释是:"钩,曲;绳,直;规,圆;矩,方也。"有人误以为这个"曲"是曲尺,是钩子,与成的本意不合。把成玄英的训释译为现代汉语,应是:钩:取曲线的工具;绳:取直线的工具;规:求圆形的工具;矩:求方形的工具。

《淮南子·原道》:"规矩不能方圆,钩绳不能曲直。"又《齐俗》:"譬犹冰炭钩绳也。"冰与炭相反,钩和绳相反。以上二例有助于对"钩"形的理解。

关于"钩"作为木工工具的本义,上文已经讲清了,可为什么从应劭以来就有人释为"圆规"呢?此中必有原因。几经查考,我以为他们是把"钩"的引申用法当成木工工具的本义了,因为曲线是可以演变为圆形的,《庄子·达生》:"东野稷以御见庄公……庄公以为文弗过也,使之钩百而反。"成疏:"任马旋回,如勾之曲。"《经典释文·庄子音义》:"司马云:稷自矜其能,圆而驱之,如钩复迹,百反而不知也。"宋人林希逸《庄子鬳斋口义》卷六云:"钩,御马而打围也。"所谓打围,也就是"打转",也就是"圆而驱之"。这是不严整的,宽泛意义上的"圆",只能说是引申用法。

（三）入日

《山海经·海外北经》:"夸父与日逐走,入日。"袁珂的《山海经校译》把"入日"译为"走进太阳炎热的光轮里"（208 页）。我参加编写的《古代汉语》说:"入日:意思是追赶上了太阳。"（7 页,北京出版社）还有的译为"到了太阳的热力圈中""并闯进了太阳里面去"。

这些译解都把"入日"理解为动宾关系,这是不对的。"入日"就是"日入"。这种谓语在前、主语在后的语法形式,不是偶然的现象,甲骨文里已有例子:

> 戊戌卜,内:乎雀戜就于出日于入日辛。(合178)

《书·尧典》中也有类似的例子:

> 寅宾出日。(恭敬地迎接太阳出来)

> 寅饯纳日。(恭敬地饯别太阳落下)

"纳日"就是"入日",也就是太阳落下。这种谓语前置的结构在先秦典籍中已属罕见,到《史记·五帝本纪》这两个句子被译为:

> 敬道日出。("敬"对译"寅","道"对译"宾")

> 敬道日入。

"日出"就是"出日","日入"就是"纳日"。由于这种谓语前置的语法形式后来已被淘汰,人们对《山海经》的"入日"已不理解,于是有人把"入日"径改为"日入"。《史记·礼书》裴骃《集解》所引《山海经》,即作"夸父与日逐走,日入"(1166页)。何焯、黄丕烈、周叔弢等人也都将"入日"校改为"日入"。

古人把"入日"改为"日入",文意通了,而原文的面貌、时代特点被改掉了;今人虽未轻信错误的校改,但由于对这种残存的语法形式缺乏认识,结果把文意搞错了。

(四)拱

杜甫《北征》:"鸱鸟鸣黄桑,野鼠拱乱穴。"《辞源》"拱"字义项五引此作为书证,释为"用身体顶动,撞开"(二版1252页)。我参加编写的《古代汉语》则释为"钻进去"(959页)。我以为这两种解释都欠妥。

《北征》所说的"野鼠",实际上就是古书上所说的"拱鼠",也称之为"礼鼠"。

刘敬叔《异苑》三："拱鼠形如常鼠,行田野中,见人即拱手而立。人近欲捕之,跳跃而去。秦川有之。"《北征》所描写的"野鼠"正在秦川的范围之内。

罗愿的《尔雅翼》也有关于拱鼠的记载："今河东有大鼠,能人立,交两脚于颈上,或谓之雀鼠。韩退之所谓'礼鼠拱而立'者也。"(《丛书集成》本 259 页)

很显然,"野鼠拱乱穴",只能解释为野鼠"拱手而立"于乱穴之前,与"撞开""钻进去"义不相涉。

1988 年 7 月完稿于北大中关园 44 楼 109 室

原载《古汉语研究》1988 年第 1 期(创刊号)

词义琐谈之四

（一）徐趋

"徐趋"这种古代步法，今人已很不理解，有关注释往往不得要领。《战国策·赵策四》"触龙说赵太后"的故事有"入而徐趋"一语，王力先生主编的《古代汉语》注解说（修订本 125 页）：

> 徐，慢慢地。趋，快步走。当时臣见君，按礼当快步走，只因触奢（盈按：应作龙。）脚上有毛病，所以只能徐趋，其实只不过作出趋的姿势罢了。

初中《语文》课本第五册的注释是（155 页）：

> 徐趋，形容费力向前紧走的样子。徐，慢。趋，快步走。古代臣见君应该快步走，这是一种礼节。触龙脚有毛病，只能"徐趋"。

这些解释不确。《礼记·玉藻》说：

> 君与尸行接武，大夫继武，士中武，徐趋皆用是[1]。疾趋则欲发，而手足毋移。圈豚行[2]，不举足，齐如流。

---

[1] 王夫之《礼记章句》："徐，步也。'皆用是'者，步趋有疾迟……"标点者在原文"徐、趋"之间加顿号（768 页，岳麓书社 2011 年）。与原义大不符。又，王梦鸥《礼记今注今译》将此句注为"谓步趋有快慢"（416 页，天津古籍出版社 1987 年），同样不可从。"徐趋、疾趋"都是偏正结构，"徐、疾"均为修饰成分。

[2] 圈豚行："圈，转也；豚，循也。言徐趋法曳转足循地而行也。"（《正义》）

可见,古人行礼时,有两种"趋"法:一曰徐趋,二曰疾趋。国君、大夫、士都有"徐趋"步法,因地位不同,步法亦不同。国君的徐趋"接武",即后足及前足之半。朱彬说:"武,迹也。接武者,二足相蹑,每蹑于半,未得各自成迹。"(《礼记训纂》卷十三)大夫徐趋"继武",即后足紧接前足,两足迹相继。士徐趋"中武","中"是间隔的意思,后足与前足间隔一足之地,乃蹑之也。徐趋足不离地,举前足,曳后踵,踵趾相接,旋转如圈,故为圈豚,言其圈而循行(《玉藻》郑注"豚之言若有所循")。

疾趋没有接武、继武、中武等步法,但手足要直正,不得低邪摇动。

触龙属于大夫一级,他的徐趋为继武。《论语·乡党》说孔子出使外国举行典礼时,"足躩躩如有循"。也是"继武"式的徐趋。郑注:"足躩躩如有循,举前曳踵行。"朱熹注:"躩躩,举足促狭也。如有循,《记》所谓'举前曳踵',言行不离地,如缘物也。"《说文》段注"缩"字云:"《论语》'足缩缩如有循'。郑注曰'举前曳踵行也'。'曳踵行'不遽起,故曰缩缩。俗作'躩躩',非,踵,足跟也。"(644页)这是关于徐趋的具体描写,有助于我们正确理解"入而徐趋"一语。《礼记·曲礼下》说的"行不举足,车轮曳踵",也是徐趋的步法。其意为"行时不得举足,但起前曳后,使踵(脚后跟)如车轮曳地而行"(《礼记正义》,十三经注疏本1256页)。可见,"徐趋"的主要特点就是用脚后跟曳地而行[①]。

(二)重足　累足

《史记·汲郑列传》:"必汤也,令天下重足而立,侧目而视矣。"

王伯祥《史记选》:"重足而立,两脚并拢站住,形容不敢跨

[①]　关于徐趋,还可参阅《仪礼·士相见礼》注疏。

步。重,重叠;复合。读平声,引申有并拢的意义。"(472 页)

《汉语成语小词典》:"重足:一只脚踩着另一只脚……指不敢迈步走路。"(47 页)

《辞海》:"重足:迭足而立,不敢前进。形容非常恐惧的样子。"(85 页)

《现代汉语词典》:"重足而立:后脚紧挨着前脚,不敢迈步。"(150 页)

《现汉》的释义,孙德宣先生在《论释义的科学性》(《辞书研究》1981〔3〕)一文中讲了一点根据。现摘录如下:

> 当时编写这一条的时候,参考了有关的资料,同时也注意到古代还有"累足"的说法。《诗·小雅·正月》:"不敢不踏。"《毛传》:"踏,累足也。"《说文解字》:"踏,小步也。"段玉裁注:"累足者,小步之至也。"按"累"不仅指上下重叠,也可以指两个个体前后紧挨着……把"重足"的颜师古注和《毛传》《说文》"踏"字注联系起来看①,可以说"重足"就是"累足",也就是段氏所谓"小步之至",也就是后脚紧挨着前脚。

孙先生列举的资料只能证明"累足"有小步义,有"后脚紧挨着前脚"义,而不能确切证明"重足"就是"累足"。

在古汉语中,"重、累"为同义关系,这是不成问题的,如:

《后汉书·仲长统传》:"彼君子居位为士民之长,固宜重肉累帛,朱轮四马。"

《搜神后记》卷十:"重门累阁,拟于王侯。"

"重足"和"累足"也是同义关系,但二者又有区别。从语言资料来看,"累足"有三种形式,也就是有三个意义:

---

① 颜注见《汉书·张冯汲郑传》,原文是:"重累其足,言惧甚也。"

1. 小步也。这个意义上的"累足"等于《诗经》中的"蹐"。但请注意，这是行进中的动态，很显然不同于"重足"而立的静态。古人对此理解不谬。杜甫《入衡州》："销魂避飞镝，累足穿豺狼。"注："累足，行步惊恐之义。"惊恐的具体表现就是"后脚紧挨着前脚"，小步行进。

2. 上面说的是步行中的"累足"，还有一种卧式"累足"。《大般涅槃经》卷中："尔时世尊与诸比丘，入娑罗林，至双树下，右胁著床，累足而卧，如师子眠。"（199页）这种"累足"就是上下重叠式，是左足叠于右足之上。参观过北京香山卧佛寺的人，对释迦的卧式累足会有一个形象化的了解。

3. 立式"累足"。在这个意义上，"累足"与"重足"同。古书中的"累足"多为此义，如《史记·吴王濞列传》"今胁肩累足，犹惧不见释"，《汉书·吴王传》作"絫足"。颜师古注："絫，古累字。累足，重足也。"《辞源》2559页"胁肩累足"条引此为书证，释义为"缩敛肩膀，小步走路"。2411页"累足"条亦用此为书证，而释义为"犹重足。两足相叠，不敢正立"。《辞源》对"累足"的释义，一则前后矛盾，二则都不正确，只有"犹重足"三字可取。

这种语境中的"累足、重足"，应取王伯祥说，意为"两脚并拢站住，形容不敢跨步"。"重、累"都是相连的意思。两足相连，比并而立，收敛肩膀，屏住呼吸，都是恐惧的表现。下面举几个例子来说明这一点：

《史记·秦始皇本纪》："使天下之士，倾耳而听，重足而立，拑口而不言。"

《后汉书·陈龟传》："龟既到职，州郡重足震慄，鲜卑不敢近塞。"

《诸葛亮集·将苑》："束肩敛息，重足俯听，莫敢仰视者，法制使然也。"（据前人考证，《将苑》非诸葛亮作品）

《罗隐集·广陵妖乱志》："破灭者数百家,将校之中,累足屏气焉。"

《史记·汲郑列传》的"重足而立",与上述例中的"重足、累足"一样,不可能是"后脚紧挨着前脚"的意思。在实际生活中,也不可能存在这种"立"的姿势。

（三）比邻

《辞源》《辞海》都收了"比邻"这个词条,二书都释为"近邻"。《辞源》列举了三个书证:

《汉书·孙宝传》："宝徙入舍,祭灶请比邻。"

《曹子建集·赠白马王彪》："丈夫志四海,万里犹比邻。"

王勃《杜少甫之任蜀州》："海内存知己,天涯若比邻。"

第三例《唐诗选注》（上）也释为"近邻"（2 页,北京出版社）。但在串讲这个句子时,又译为"邻居"。注者大概没有意识到:"近邻"并不等于"邻居"。"近邻"是附近的邻居,这是把"比"字译为形容词"近"。"邻居"是把"比邻"当作同义名词连用,故对译为"邻居"。

我认为,注为"近邻"是不对的。"比"虽有"近"义,但在这里却是个名词。"比"在古代是一种基层组织,《周礼·地官·大司徒》："令五家为比,使之相保。""比"与"邻"连用,就是"邻居"的意思。还有一点可以为证,就是"比邻"可以逆序为"邻比",如:

《三国志·魏书·管辂传》注引《辂别传》："与邻比儿共戏土壤中,辄画地作天文及日月星辰。"（811 页）

《搜神记》卷三："旻之妻已私邻比,欲媾终身之好……郡守命未得行法,呼旻问曰:'汝邻比何人也?'曰:'康七。'遂遣人捕之。"（39 页,中华书局）

"私邻比"即与邻居私通,"邻比何人"即邻居是谁。这些

"邻比"都无法译为"近邻"。就结构而言,"比邻、邻比"都是联合结构,而不是偏正结构。

按照旧的注音,这个意义上的"比"字应当读去声。为了适应格律的需要,在近体诗中也有读作平声的,如杜甫《将赴成都草堂途中有作先寄严郑公五首》之二:"休怪儿童延俗客,不教鹅鸭恼比邻。"《九家集注杜诗》卷二十五:"比,频脂切(《切三》作房脂反)。近也。"这个平声音应是后起音,无关乎意义,注家以"近也"释之,不妥。

　　　　　　1988 年 7 月完稿于北大中关园 44 楼 109 室

　　　　　　原载《古汉语研究》1989 年第 3 期

词义质疑

（一）场圃

《诗·豳风·七月》："九月筑场圃。"《毛传》："春夏为圃，秋冬为场。"郑玄进一步解释说："场圃同地。自物生之时耕治之以种菜茹，至物尽成熟，筑坚以为场。"[1] 后代解释"场圃"的人，大多依从毛、郑，都以为"场"是指"打谷场"，"圃"就是"菜圃"。甚至对孟浩然的"开轩面场圃"（《过故人庄》），注家们也照抄此说。新编的《辞源》连"场"与"圃"的区分也不讲，只笼统地说："场圃，收谷物、种蔬菜之地。"

我查考了上古时代有关"场圃"的资料，觉得毛、郑的解说很可怀疑。许多材料证明："场"与"圃"是同义词连用，也可以看作是同义名词构成的复合词。也就是说："场"是种植树木的地方，"圃"也是种植树木的地方。"场圃"连言，其义就是种植园（种蔬菜、树木等）。《周礼·地官》有"场人"，场人的职责就是"掌国之场圃，而树之果蓏珍异之物"。这里的"场圃"，若依毛、郑的解说，根本就讲不通。因为菜茹成熟之后，到秋冬时其地诚然可改为打谷场，而果树和珍异之物（郑注"珍异，蒲桃枇杷之属"），是不能通通挖掉的。《周礼·地官·载师》还说："以廛里任国中之地，以场圃任园地。"又说："凡任民：任农以耕事，贡九谷。任圃以树事，贡草木。""不树者无椁。"圃人贡的不只是"草"（指蔬菜），而且还要贡"木"。这里说的"木"不只是果木，也包括其他经济木

---

① 毛、郑二说均见《十三经注疏》391页，中华书局1980年。

材，"不树者无椁"就可以为证。另外，《孟子·告子上》说："今有
场师，舍其梧槚，养其樲棘，则为贱场师焉。"又《管子·八观》说：
"场圃接，树木茂。"这茂盛的树木就在场圃之中。这都是场圃为
种植场的确证。《诗·小雅·白驹》："食我场苗。"朱熹注："场，圃
也。"（《诗集传》122页）陈奂说："场圃同地。场即圃也。场圃毓
草木，场有苗，非禾也。"（《诗毛氏传疏》卷四67页，万有文库本）
除了"场圃同地"是因袭郑玄之外，其余的说解都很正确。这种
"十亩"场圃，土地为公有，却在庐舍附近，与"场师"所管理之国
有场圃，可能有别。国之场圃有多大，是否在"郊外"，不得而知。

　　杨树达说："《诗》云：'食我场藿。' 知场为种菜之地。"（《积
微翁回忆录》219页）所言甚是。晚于陈奂的黄以周在解释《载
师》"场圃"时，也明确指出："场圃，即九职'园圃毓草木'之地，
非农夫所筑纳稼之场。"（《礼记通故·井田通故》1540页，中华
书局2007年）不过，《周礼》所说的"场圃"，并非个体农户的"场
圃"，这种"场圃"设有专职官员"场人"来掌管，为"国"所有。
《七月》这首诗一般认为是春秋时代的作品，诗中所描写的各种生
产活动具有集体的性质，这种"场圃"可能属于奴隶主贵族所有。

　　"场圃"面积有多大？张载《经学理窟·周礼》："十亩，场圃
所任园地也。《诗》'十亩之间'，此也。不独筑场纳稼，亦可毓
草木也。"（《张载集》252页）朱熹《诗集传·魏风·十亩之间》
注："十亩之间，郊外所受场圃之地也。"马瑞辰《毛诗传笺通释》
说："此诗'十亩'盖指公田十亩及庐舍二亩半，环庐舍种桑麻杂
菜。"（卷十327页）根据有关材料推断，"场圃"之内是有建筑物
的。《周礼·地官·场人》："掌国之场圃，而树之果蓏珍异之物，以
时而敛藏之，凡祭祀，宾客共其果蓏，享亦如之。"所谓"敛而藏
之"，是"敛、藏"于何处呢？当然是在场圃内的建筑物中。所以
《国语·周语上》说："场协入，廪协出。"韦注："场人掌场圃，委积

珍物,敛而藏之也。"(《国语》卷一 25 页,上海古籍出版社)崔寔《四民月令》:"九月,治场圃,涂囷仓,修窦窖。"(《四民月令校注》65 页,中华书局)崔寔把"场圃、囷仓"二者并提,因为二者都是敛藏之所,只是形状有别、所藏之物不同。可见,广义的"场圃"是指种植园,狭义的"场圃"是类似仓库的敛藏之所,《七月》的"筑场圃"就是修筑这种敛藏之所,与崔寔所言"修场圃"意思完全一样。"场圃"类似仓库这个意义,在唐朝还保存,陆贽说:"有藏于襟怀囊箧,物虽贵而人莫能窥;有积于场圃囷仓,直虽轻而众以为富。"(《陆宣公集》卷十四 3 页,刘铁冷编校本)文中"场圃、囷仓"连言,都是敛藏之所。

在先秦时代,"场圃"与"场园"是同义关系。《墨子·天志下》:"今有人于此,入人之场园,取人之桃李瓜姜者。"《荀子·大略》:"大夫不为场园。"这些"场园"就是"场圃"的意思。王念孙认为"场园当为场圃,字之误也"(转引自《荀子集解》331 页),其说不可信。《韩诗外传》的"大夫不为场圃"(卷四),只能证明"场园"与"场圃"同义。

"园"与"圃"义近而微殊。《诗·郑风·将仲子》:"无踰我园,无折我树檀。"朱注:"园者圃之藩,其内可种木也。"(《诗集传》48 页)《诗·秦风·驷铁》孔疏:"有藩曰园。"圃的篱笆(藩)叫做"园",《齐风·东方未明》"折柳樊圃",可证这种篱笆有的是用柳条编成的。《左传·庄公十九年》:"及惠王即位,取芬国之圃以为囿。"杨伯峻先生说:"圃种菜蔬果蓏,以篱笆围绕之。"(《春秋左传注》212 页)"圃"既然可以用来作为苑囿,当然就不可能仅仅是指菜园子,这样的圃也不可能到秋冬时又改作打谷场。而且,《七月》时代,人少地多,人们没有必要把打谷场挖了去种菜,又把菜园子筑成打谷场。"场"作为打谷场的意思已见于《说文》,《说文》:"场,一曰治谷田也。"但这个"场"与"场圃"的"场"原本是两个不同的义项，不可混而为一。"场圃"同义之"场"，可能与《说文》"场"的另一个"一曰田不耕"有关。场圃共地的方法恐怕起于秦汉之际，北中国某些农村至今仍保持这种方法。

为什么从《毛传》开始，人们就误认为"场圃"的"场"是指打谷场呢？这主要是由于"场"作为种植园的意思从汉开始逐渐湮没，农业生产中所说的"场"，通常都是指打谷场，这种打谷场也可敛藏农作物，如：

曹操《步出夏门行》："钱镈停置，农收积场。"

谢朓《和王著作八公山》："春秀良已凋，秋场庶能筑。"

杜甫《从驿次草堂复至东屯二首》："筑场看敛积，一学楚人为。"

另外，后人所说的"场圃"也与上古有别，不再是种植园的意思，如《后汉书·仲长统传》："使居有良田广宅……场圃筑前，果园树后。""果园"与"场圃"已经分家。

孟浩然《过故人庄》："开轩面场圃，把酒话桑麻。"

杜甫《雷》："吾衰尤计拙，失望筑场圃。"

上述三例的"场圃"都是指堆积农作物的场所，这种场地当然也用作打谷场，但并不一定就是"春夏为圃，秋冬为场"。

在中古，"场圃"还产生了一个新的义项，即泛指田园。谢玄晖《拜中军记室辞随王笺》："故舍耒场圃，奉笔兔园。"张铣注："舍耒：罢耕也。场圃：田园也。"（《六臣注文选》卷四十 755 页，《四部丛刊》初编缩印本）

（二）败绩

关于"败绩"的意义，已经有好几篇文章进行过讨论。其中影响较大的是陆宗达先生的说法，他认为"败绩"的"败"同"不"，"绩"同"迹（蹟）"。因此"败绩"就是"不迹"（《训诂简论》165 页）。"绩"通"迹"，这是对的，"败"同"不"则缺乏根据。

从语音而言，"败"是並母月部字，"不"是帮母之部字，在古书中未见过"败、不"相通的例子。

《礼记·檀弓上》："鲁庄公及宋人战于乘丘，县贲父御，卜国为右。马惊败绩，公队。佐车授绥。公曰：末之卜（指车右卜国）也。县贲父曰：他日不败绩而今败绩，是无勇也。遂死之。"江永说："败绩谓车覆。"（转引自《礼记训纂》卷三9页）后来戴震在《屈原赋注》中秉承师说，一般注家也都视江说为确诂。

我觉得陆先生和江永的解说都值得商榷。首先我们看这个"败"字究竟是什么意思。《庄子·达生》："东野稷以御见庄公，进退中绳，左右旋中规。庄公以为文弗过也，使人钩百而反。颜阖遇之，入见曰：稷之马将败。公密而不应。少焉，果败而反。公曰：子何以知之？曰：其马力竭矣，而犹求焉，故曰败。"《吕氏春秋·适威》也记载了这个故事，"败"字出现了五次："其马必败""将何败""少顷，东野之马败而至""子何以知其败也""臣是以知其败也"。《荀子·哀公篇》记载这个故事时，"败"字作"失"（读为逸，狂奔），"其马将失""东野毕之马失"，《韩诗外传》二作"马将佚"，《新序·杂事五》作"其马将失""须臾，马败闻矣"。"马失"或"马佚"，是指马狂奔乱跑。"马败"是指马迹（绩）败，即进退不中绳，左右旋不中规，或如《荀子·哀公篇》所说的"两骖列"[1]，《韩非子·外储说右下》"驸马败""渴马见圃池，去车走池，驾败""马惊驾败"，《史记·袁盎列传》"如有马惊车败"。这些例子都说明：马败就是马的步骤失常，也就是狂奔乱跑。所以，郑注《檀弓》的"马惊败绩"为"惊奔失列"，意思并不错。在这里，"败"还是毁、坏的意思。"绩"是"迹"的假借字，指马的步

---

[1]　杨注："列与裂同。"俞樾说："两骖裂者，两骖断靷而去也。两骖在外，故得自绝而去。"

法,并不是指车辙。"败绩"即"绩败"。

　　马绩败可以导致翻车,也有可能不翻车。翻车是"败绩"所引起的后果之一,而不能说"败绩"就是"车覆"。《左传·襄公三十一年》:"譬如田猎,射御贯则能获禽;若未尝登车射御,则败绩厌(压)覆是惧,何暇思获!"句中的"覆"是指车覆,是败绩所引起的后果。《曹刿论战》中的"齐师败绩",也并不是兵车都翻了的意思,还是指齐军的战车被马拉着狂奔乱跑失去了常规,所以下文说"其辙乱"。

　　在战争中,战马狂奔乱跑,人仰车翻,这当然是军队溃败的表现,所以《左传·庄公十一年》说:"大崩曰败绩。"但这已经是"败绩"的引申义。

　　这里还要附带说明一下,注《庄子》的人把"稷之马将败"的"败"释为"垮"或"疲困",也是不对的。同一个故事,《荀子》《韩诗外传》《新序》作"马将佚(失)"就可以为证。

(三)猖狂

　　"猖狂"在先秦就已出现,至今还是常用词。它的古义与今义并不完全一样,但辞书的释义却古今莫辨。

　　《新华字典》(46页)和《现代汉语词典》(120页)都释为"狂妄而放肆"。

　　《汉语词典》:"谓纵恣而无检束。"(811页)

　　二版《辞源》释为"肆意妄行"(2005页)。

　　新编《辞海》立了两个义项:"①纵恣迷妄;②桀傲不驯。"

　　《新华字典》和《现代汉语词典》以及《汉语词典》的释义无可非议,因为它们是供学习现代汉语用的工具书。《辞海》的释义比《辞源》要好一些,但也欠妥。《辞源》是一本古汉语词典,它对"猖狂"的释义与《新华字典》几乎一模一样。用这个释义来理解古书中的"猖狂",不是欠准确,就是不够用。

"猖狂"在先秦时代并非贬义词,不能释为"肆意妄行"。它的本义是漫无目标地自由自在随意行走,如:

《庄子·在宥》:"鸿蒙曰:'浮游,不知所求;猖狂,不知所往。'"又:"朕也自以为猖狂,而民随予所往。"

《庄子·山木》:"其民愚而朴……猖狂妄行,乃蹈乎大方(指大道)。"成疏:"猖狂,无心。妄行,混迹也。"

《庄子·庚桑楚》:"吾闻至人尸居环堵之室,而百姓猖狂不知所如往。"

这个意思到汉唐还保存,如:

《淮南子·俶真》:"当此之时,万民猖狂,不知东西,含哺而游,鼓腹而熙。"

王勃《滕王阁序》:"阮籍猖狂,岂效穷途之哭。"有的注本把句中的"猖狂"解为"这里用来形容行为的有类疯狂"(《中华活页文选》五180页)。与原意相差甚远。王勃在这里选用"猖狂"一词,准确地表现了阮籍与道家的思想联系。

从构词方式来看,"猖狂"是联合式。按照朱骏声的意见,"猖"是"伥"的俗字(《说文通训定声》壮部3590页,万有文库本)。《说文》:"伥,狂也。"王筠说:"此义多作猖。"(《说文句读》卷十五1080页)可证"猖"与"狂"原是同义词。《荀子·修身》:"人无法则伥伥然。"杨倞注:"伥伥:无所适貌,言不知所措履。"《礼记》曰:"伥伥乎其何之。"《广韵》四十三映:"崩,崩伥,失道貌。"又:"伥,崩伥,失道。"这些材料对我们理解"猖狂"的本义很有帮助。"随意行走"与"无所适貌""失道貌",在意思上很接近。

先秦以后,"猖狂"由"随意行走"产生了四个引申义:

(1)形容任情奔放的样子,如:

《淮南子·诠言》:"凡人之性,少则猖狂,壮则暴强,老则好利。"

陶渊明《和胡西曹示顾贼曹》:"逸想不可淹,猖狂独长悲。"

王勃《黄帝八十一难经序》:"无猖狂以自彰,当阴沉以自深也。"(《王子安集》卷九 268 页)

柳宗元《答韦珩》:"(扬)雄之遣言措意,颇短局滞涩,不若退之猖狂恣睢,肆意有所作。"(《柳河东集》卷三四)

《醉翁谈录·宪台王刚中花判》:"只因赋性太猖狂,游遍名园切(窃)尽香。今日误投罗网里,脱身惟仗探花郎。"(17 页,古典文学出版社)

《项氏家说》:"决藩篱,破绳墨,而放一世于猖狂恣睢之地者,必子之言夫!"(卷七 86 页)

《李觏集·上余监丞书》:"伏念觏十岁知声律,十二近文章,思虑猖狂,耳目病困者既十年矣。"《卷二十七 312 页》

还有一个例子是二十多年前记下来的,现已记不清出处,姑录于此。原文是[①]:

宋处士杨朴被召。其妻送诗曰:更休落魄贪杯酒,亦莫猖狂爱咏诗。

(2)瞎闯乱撞,即"无所适貌、失道貌"的意思,如:

董仲舒《春秋繁露·深察名号》:"民之号,取之瞑也……以瞑言者,弗扶将则颠陷猖狂。"

《吴越春秋·夫差内传》:"吴王……胸中愁忧,目视茫茫,行步猖狂。"

在敦煌变文中也写作"獐狂",如:

---

① 2015 年 12 月校记:《苏轼文集》卷六十八《题杨仆妻诗》,以及《东坡志林·书杨朴事》均记此事。但此处此记当另有出处。

《伍子胥变文》:"子至吴国,入于都市,泥涂其面,披发獐狂,东西驰走,大哭三声。"(《敦煌变文集》卷一15页)

又:"举头忽见一人,行步獐狂,精神恍惚。"(《敦煌变文集》卷一5页)

(3)肆意妄行,如:

《三国志·魏书·董二袁刘传》:"袁术无毫芒之功,纤介之善,而猖狂于时,妄自尊立,固义夫之所扼腕,人鬼之所同疾。"

《宋书·王僧达传》:"窃以天恩不可终报,尸素难可久处,故猖狂芜谬,每陈所怀。"(1952页)

卢文弨《说文解字读序》:"唐宋以来,如李阳冰……之流,虽未尝不遵用,而或以私意增损其间……逮于胜国(指明朝),益猖狂灭裂,许氏之学寖微。"(段玉裁《说文解字注》790页)

《李觏集·常语上》:"董卓、李傕之猖狂,献帝虽在,无献帝矣。"(卷三十二387页)

(4)形容气焰嚣张或气势猛烈的样子,如:

《汉书·赵充国传·杨雄〈赵充国颂〉》:"先零昌狂,侵汉西疆。"

柳开:"臣近随天兵深入贼界,虽则部领粮草,颇亦经涉阵场,见犬戎之猖狂,知边鄙之捍御。"(《河东集》卷十2页,《四部丛刊》初编)

柳宗元《招海贾文》:"海若啬货号风雷,巨鳌领首丘山颓,猖狂震虩(xì)翻九垓。"(《柳河东集》卷十八)

一、二例都是指敌方气焰嚣张。

(四)熊经

熊经是古代的一种导引术,类似现在的气功。前人对于"熊经"有不同的解释:

1.《庄子·刻意》:"吹呴呼吸,吐故纳新,熊经鸟申,为寿而已矣;此道引之士、养形之人、彭祖寿考者之所好也。"司马彪注:"熊经,若熊之攀树而引气也。"成玄英疏:"如熊攀树而自经。"

2.《淮南子·精神》:"熊经鸟伸,凫浴蝯躩,鸱视虎顾,是养形之人也。"高诱注:"经,动摇也。"

3.《后汉书·华佗传》:"是以古之仙者为导引之事,熊经鸱顾,引挽腰体,动诸关节,以求难老。"李贤等注:"熊经,若熊之攀枝自悬也。"

4.《文选·高唐赋》:"倾岸洋洋,立而熊经。"张铣注:"熊经,如熊攀树而立,其身偻佝。"

5.《文选·长笛赋》:"熊经鸟伸,鸱视狼顾。"吕延济注:"熊经,谓以前足凭木而立。"

6. 郝懿行《晒书堂笔记·导引书》卷下:"熊经者,熊罴之属,冬则穴。穴者蛰也,熊将蛰,登百尺木,手抱其葼(原注:《方言》云"木细枝谓之葼"),悬而坠之,令气四周,乃入蛰。养气者效之,反交两手,引气而上,用足末为踵,植于地,如椓木橛,欻开其手,体如悬坠而下,若此者凡五度或十度,是谓熊经。"

7. 陶炜《课业余谈》卷中:"熊经:身不动而回顾,导引者学其法也。"

上述八种说法,可以分为四类:

一是"攀树引气";二是"攀树自经",即"攀枝自悬",郝懿行的说法实际上也是"攀枝自悬";三是"攀树而立",即"以前足凭木而立";四是把"经"解为"动摇",陶炜的意见与此相近。前面三种说法都与"攀树"有关。今人陈鼓应释"经"为"直立的意思"(见《庄子今注今译》395 页,中华书局 1983 年),大概是从"攀树而立"推断出来的。若依"自悬、自经"的说法,则"经"是悬挂的意思。郝懿行说"经者,磬也",并引《礼·文王世子》"磬于甸人"为据,郑注:"悬缢杀之曰磬。"(《十三经注疏》1409 页)

归纳起来,对"熊经"的"经"字有三种不同的解释:动摇;直立;悬挂。诸说中以"攀树自悬"影响最大,《辞源》和我们编的《古代汉语》(上册220页,北京出版社1981年)都取此说。

20世纪70年代初,长沙马王堆三号汉墓出土了一种《导引图》,其中第41图为"熊经"。图像着棕灰色衣服,束腰,半侧身作转体运动状,两臂微向前。这个图像的出土,为我们研究"熊经"的具体形状提供了宝贵的资料。唐兰先生根据图像否定了司马彪、李贤的说法,对"熊经"作出了新的解释,他说:"从新发现的这个图看,它根本不像是攀枝自悬,尤其不像人的自经即上吊的样子,图中的熊经,只像熊的模仿人那样走路,那么,这个经字可能当作经过的经讲,有行走的意思,题记似从人作俓,也可作径的意义。这个图出于汉初,可见战国时人所说的'熊经'就应该是这种形式。"(《导引图论文集》6页)

唐先生的解释,似难成立。把"经"解为"行走的意思",熊经就是"像熊的模仿人那样走路",这跟导引术的特点不符。"导引者,擎手而引欠也"(《黄帝内经素问集注》50页注文)。"擎手"是双手运动的姿势,"引欠"是呼吸吐纳的运气活动。如果熊经只是跟走路一样,是在行走中运动,那跟熊的活动有什么必然的联系呢?另外,"像熊的模仿人那样走路"一语与"熊经"的语法结构不符,"熊经"的"熊"是名词作状语,表示比喻,正确的解释应当是人像熊那样……

根据马王堆出土的图像和题记,再斟酌前人对"熊经"的解释,我认为"熊经"这种导引方式应是:

1. 像熊那样直立。熊的直立要靠后两足着地,"前足凭木而立",图像两臂微向前,正是模仿熊前足凭木的样子。《高唐赋》说的"立而熊经",已明确说到"熊经"是一种"立"的姿势,而不是走路的样子。这种立式也不是挺身正立,因为两臂微向前,又半侧身作转体运动,所以张铣说"其身偻佝"。

2. 唐兰先生指出:熊经的"经"题记似从人作侄,也可作径的意义。这条材料很重要。"径"或"侄"都有直的意思,"熊侄"就是熊直立的意思。释"侄"为"直立",不仅与图像一致,与古代的训诂资料也大体上一致。另外,古书上即使把"熊侄"的"侄"写作"经",但它的读音不是平声而是去声,《庄子·刻意》的"熊经",《释文》引李说,"经"音古定反。又,《三国志·华佗传》作"熊颈","颈"为"侄"之同音假借。

3. "熊经"这种导引术也不是一成不变的。以上对"熊经"的解释当是战国至东汉时的方式,至于郝懿行所描述的"熊经"与马王堆出土的图像显然不合,这可能是明清时代的方式。

(五)鸿鹄

《史记·陈涉世家》:"嗟乎! 燕雀安知鸿鹄之志哉!"句中的"鸿鹄"是指一鸟,还是"鸿"与"鹄"分指两种鸟,历来就有分歧。

颜师古认为是两种不同的鸟,他说:"鸿,大鸟也,水居;鹄,黄鹄也。"(《汉书·陈胜传》注)王筠《句读》认为"鸿鹄二字为名,与黄鹄别,此鸟色白,异于黄鹄之苍黄也"。我参加编写的《古代汉语》也把"鸿"与"鹄"解释为两种鸟,即大雁与天鹅(《古代汉语》上册 170 页)。

司马贞认为是一种鸟,他说:"鸿鹄是一鸟,若凤皇然,非谓鸿雁与黄鹄也。"(《史记·陈涉世家》1949 页注 4)宋人袁文在《瓮牖闲评》卷七也讨论了"鸿鹄"问题,未有明确结论。清代的段玉裁、朱骏声和《辞源》第二版以及中学语文课本都解释为一种鸟,但都未论证,所以分歧依然不能彻底解决。

我赞同鸿鹄是一种鸟的说法,而且认为"鸿鹄"即"黄鹄",也就是"黄鹤"。

（1）以文献资料为证。

　a. 宁与鸿（或作"黄"）鹄比翼兮,将与鸡鹜争食乎?（《楚辞·卜居》）

　　宁与燕雀翔,不随黄鹄飞。（《阮步兵咏怀诗》之八）

　b. 夫鸿鹄一举千里。（《韩诗外传》卷六）

　　夫黄鹄一举千里……臣将去君,黄鹄举矣。（《韩诗外传》卷二）

　c. 夫鸿鹄一举千里。（《新序·杂事》卷五）

　　黄鹄白鹤,一举千里。（同上）

　d. 鸿鹄高飞,一举千里。（《史记·留侯世家》）

　　黄鹄一远别,千里顾徘徊。（《文选》卷二九 545 页）

以上四组例子中的"黄鹄"与"鸿鹄",意思完全一样。段玉裁说:"凡经史言鸿鹄者皆谓黄鹄。"（《说文解字注》"鹄"字注文）这个结论是完全正确的。

（2）以语音资料为证。

"鸿"与"黄"在语音上相通,"鹄"与"鹤"在语音上也相通。"鸿、黄"都属匣母;"鸿"属东部,"黄"属阳部,二者为旁转关系。古人把"黄帝"称为"帝鸿"（见《左传·文公十八年》,又见《史记正义·五帝纪》)。"帝鸿"即鸿帝,也就是黄帝。顾颉刚说:"至称之曰'帝鸿氏'者,黄与……鸿音转变甚易。江苏无锡县有皇山,为泰伯墓所在,而一作'鸿山'……知'皇'之可转为'鸿',则知'帝鸿'即'帝黄',颠倒其字耳。"（《史林杂识初编》184 页,中华书局）顾说极是。所谓颠倒其字,实际是个构词方式问题。"帝鸿"这种构词方式与"后稷、公刘"一样,都是以大名冠小名。

"鹄、鹤"均匣母字,"鹤"属药部,"鹄"属觉部,二者旁转。《庄子·庚桑楚》:"越鸡不能伏鹄卵。"《释文》:"鹄,本亦作鹤,同。"《庄子·天运》:"夫鹄不日浴而白。"疏:"鹄,古鹤字。"《乐府诗集·艳歌何尝行》题解:"鹄"一作"鹤"(576页)。杨慎《转注古音略》卷五:"鹤,古音鹄,亦音鹄。鹄亦音鹤。"他如武昌黄鹤楼的所在地,古名黄鹄矶。袁中道《东游日记》解释说:"鹄与鹤一也,鹄即鹤音之转……鹤鹄二字,古人通用。"(《珂雪斋近集》卷一)古书中不仅有"鸿鹄、黄鹤",也有"鸿鹤",《拾遗记》:"惟有黄发老叟五人,或乘鸿鹤,或衣羽衣。"(卷三79页,中华书局1981年)这都是"鹄、鹤"通用的确证。

(3)"鸿鹄"是一种什么鸟。

朱骏声说:"形似鹤,色苍黄,亦有白者,其翔极高。一名天鹅。"(《说文通训定声》孚部1130页,万有文库本)这段描写文字大体上是正确的。只是"黄鹄"并非因"色苍黄"而得名。"黄鹤、鸿鹄"都是偏正式,"黄、鸿"都是大的意思。"鸿鹄"即大鹄,也就是大鹤。从古书对其生活习性和外形的描写来看,朱骏声认为它就是"天鹅",这是可信的。

《管子·戒》:"今夫鸿鹄春北而秋南,而不失其时。"可证这是一种候鸟。

《汉书·昭帝纪》注:"黄鹄,大鸟也,一举千里者;非白鹄也。"可证此鸟能远距离高飞,且与白鹤不同。《新序》"黄鹄白鹤"并提,也可证"黄鹄"不等于"白鹤",尽骨黄鹄的颜色也可以是白的。

《乐府诗集》的《黄鹄曲》引《列女传》:"悲夫黄鹄之早寡兮,七年不双。"(663页)旧题苏武《别诗》之二:"愿为双黄鹄,送子俱远飞。"可证此鸟为雌雄结伴。

《战国策·楚策》:"黄鹄因是以游于江海。"《新序·杂事二》:"鸿鹄嬉游乎江汉,息留乎大沼。"可证此鸟常栖息于江湖及沼泽地带。

《韩诗外传》卷二:"夫黄鹄…止君园池,食君鱼鳖。"汉昭帝

《黄鹄歌》:"黄鹄飞兮下建章,羽肃肃兮行跄跄。金为衣兮菊为裳,唼喋荷荇,出入兼葭。"可证此鸟以鱼和水生植物为食。

以上这些特点,天鹅都具备,所以我相信鸿鹄即天鹅的说法。

(六)计失

《史记·淮阴侯列传》:"夫听者,事之候也;计者,事之机也;听过计失而能久安者,鲜矣。"

王伯祥先生的《史记选》对"计失"的注释是:"定计失算。"(371页,人民文学出版社1973年版)

《中华活叶文选》合订本(4)的注释是:"打错了主意。"(289页,中华书局1962年版)

《古代汉语》综合两说,注为"定计失算,也就是打错了主意"(718页,中华书局1981年版)。

上述三家注释只是措词有别,意思完全一样。我以为把"计失"释为"定计失算"是不准确的。"计失"原本的意思是"失去了好的计谋",即"没有采纳好的计谋"。《淮阴侯列传》里的"听过计失"用的是典故,《战国策·秦二》:"计者,事之本也;听者,存亡之机。计失而听过,能有国者寡也。"这是楚使陈轸劝说秦王的话,与蒯通说韩信的那段话几乎完全一样,其中的"计失"也是不采纳好的计谋的意思。《秦策二》还有一个例子,意思更为明确。原文是:"计失于陈轸,过听于张仪。"所谓"计失于陈轸"当然不能解释为"陈轸打错了主意",或"陈轸定计失算"。恰恰相反,故事说的是楚怀王没有采纳陈轸的计谋。姚本注为"坐不从陈轸之计故也",准确地解释了原意。

"计失"也可以变为动宾式"失计",意思不变,如《战国纵横家书》:"故韩是(氏)之兵非弱也,其民非愚蒙也,兵为秦禽,知为楚笑者,过听于陈轸,失计韩俑(佣)。"(107页,文物出版社1976年)《韩策一》作"失计于韩朋",意思是韩王没有采纳韩朋的计谋。

《辞海》和《辞源》都把"失计"和"失算、失策"等同起来。《辞海》的书证有:《史记·越王句践世家》"今王知晋之失计,而不自知越之过"(缩印本77页,1979年版)。《辞源》的书证有:《韩非子·六反》"赴险殉诚,死节之民,而世少之曰:失计之民也"。《大戴礼记·保傅》"故成王中立而听朝,则四圣维之,是以虑无失计,而举无过事"。《辞源》《辞海》把这些"失计"都释为"计谋错误"。从结构上看都是主谓关系,从词性看,"失"成了形容词。我认为这三个"失计"都是动宾结构,与"失算、失策"意义有别。"失计之民"是指不采用正确计虑的人,梁启雄释为"可谓失计算之人"(《韩子浅解》428页),意思较好;"虑无失计"是说虑事没有丢掉正确计谋,意即能采纳好的计谋;"知晋之失计"意为知道晋国失去了好的计虑。

古书中的"失计"也有"错误的计谋、失算、失策"的意思,但这是引申义,如《文选·为幽州牧与彭宠书》"内听娇妇之失计";明黄淳耀《诸葛亮论上》"今伐吴之失计,群臣皆能知之"(《陶庵文集》卷三)。这个引申义始于何时,还有待进一步查考。

(七)彼观其意

司马迁《报任安书》:"(李陵)身虽陷败,彼观其意,且欲得其当而报于汉。"何谓"彼观其意",众说纷纭。

《昭明文选》刘良注:"彼观,犹观彼也。"清初吴楚材、吴调侯的《古文观止》取此说(卷五221页)。

《马氏文通》说:"以上下文言之,'彼'当太史公自谓,不应用'彼'字。而遍查各本,皆用此字,实无他书可为比证。未敢臆断,附识于此。"(上册60页)

杨树达《马氏文通刊误》引高元《新标点之用法》云:"'彼、其'二字并指李陵,马氏以为'彼'当太史公自谓,不应用'彼'

字,此大谬也。'彼'乃句之主词,'且欲得其当而报汉',其谓词
也。'观其意'为插注的散动,乃句之孤立部,例无主词,不得曰
'吾观其意'也。此句若以破折标易读点分之,则意更晓矣。如:
彼,——观其意,——且欲得其当而报汉。"

杨树达认为"高君之说甚当,足以解马氏之疑矣"(28—29
页,中华书局1983年版)。

我在《古代汉语讲授纲要》里说:"彼,指李陵。观,示,显示
给人看。意思是李陵表示出他的意思。"(上册238页,中央广播
电视大学出版社1983年)

我的解释跟以上各家的意见都不同,但不少读者来信感到犹
欠论证,故在此作些补充。

首先,各家解释之所以失误,主要是错解了"观"字。"观"在
古汉语中既有看的意思,也有给人看的意思。《尔雅·释言》:"观,
示也。"郝疏引《玉篇》云:"示者,语也,以事告人曰示也。"《考工
记·栗氏》"嘉量既成,以观四国"注:"以观示四方,使放象之。"
(《十三经注疏》917页)《庄子·大宗师》:"彼又恶能愦愦然为世
俗之礼以观众人之耳目哉!"《经典释文·庄子音义》注:"观,古
乱反,示也。"[1]《汉书·严安传》:"调五声使有节族,杂五色使有文
章,重五味方丈于前,以观欲天下。"(2810页)孟康曰:"观,犹显
也。"师古曰:"显示之,使其慕欲也。"朱骏声《说文通训定声》说:
"以此视彼曰观,故使彼视此亦曰观。"(乾部2821页,万有文库
本)都足以证明我把"观"释为"显示给人看"是有充分根据的。

其次,把"观其意"当作插入成分,认为"观其意"的逻辑主
语是司马迁,即司马迁观李陵之意。此说在情理上很难讲通。司

---

[1] 古注"观瞻、观示,有平去之分",钱大昕说(《潜研堂文集》卷一五215页):
"人之观我,与我之观于人,义本相因,而魏晋以后经师强立两音。"

马迁与李陵天各一方，不通音问，凭什么"观其意"？很显然，"欲得其当而报于汉"的意图，是李陵本人表现出来的。他在投降前，命令残部"各鸟兽散，犹有得脱归报天子者"（《汉书·李陵传》）。归报的内容是什么，史书未详言。但那逃回来的人中，一定有人谈起过李陵有意假投降。司马迁应是据此而说"彼观其意"云云。《汉书·李陵传》更直接了当地说："彼之不死，宜欲得当以报汉也。"旧题李陵《答苏武书》也说："子卿视陵岂偷生之士而惜死之人哉！宁有背君亲、捐妻子而反为利者乎？然陵不死，有所为也，故欲如前书之言，报恩于国主耳。"（《昭明文选》卷四一）这些材料说明假投降是李陵的原意，应看作是"彼观其意"的最好注脚。

1984 年 12 月完稿于中关园 44 楼 109 室
原载《古汉语研究》第一辑，中华书局 1996 年

词义商榷

（一）赤子

"赤子"的本义是初生的婴儿，这是不成问题的，但初生的婴儿为什么叫"赤子"呢？颜师古说："赤子，言其新生，未有眉发，其色赤。"孔颖达说："子生赤色，故言赤子。"新编的《辞源》《辞海》都取孔说。

几年前，曹先擢同志对我说："赤子"的"赤"应是"尺"的假借。我以为他的看法很正确，但语焉不详。近读清人陈作霖的《养和轩随笔》，这个问题才获得彻底解决。陈作霖说：

> 《建康实录》中"尺"字皆作"赤"，或疑之。今案《说文系传》沟洫字下广若干、深若干，"尺"皆作"赤"。苏州有八尺湖，陆放翁、杨诚斋皆有"过八赤遇雨"绝句[①]，"八赤"即"八尺"也。程鼎臣孝廉（先甲）云："古注赤子以其长仅及尺耳。"可见"尺、赤"相通，由来已久，亦假借之音也。

"赤、尺"在上古都是昌母铎部，"赤"假借为"尺"是完全可以的。在陈作霖以前，明代的焦竑在《俗书刊误》第五卷也已指出：赤通尺。其实，《辞源》在第七个义项中已经谈到"赤"通"尺"（chǐ），而且列举了《齐民要术》、汉《西岳石阙铭》等多种材料为证。但在释"赤子"时仍取孔说，真是未达一间。

---

① 《杨万里集笺校》卷二八、陆游《入蜀记》卷一："过平望，遇大雨暴风，舟中尽湿。少顷，霁，止宿八尺。"

在上古时代,用长度来说明年龄的大小,这是很普遍的。"尺子"就是一尺之子,"尺儿"(见《三国志·魏书·阎温传》注文"捕诸赵尺儿以上,及仲台皆杀之")就是一尺之儿,均指初生的婴儿。"丈夫"就是一丈之夫,指成年人。《管子·乘马》有"童五尺一犁",《孟子·滕文公上》有"五尺之童",《论语·泰伯》有"六尺之孤"。身长五六尺的人还算是童子,这是因为古尺比今尺要短,六尺相当于今之 138 公分,按年龄来说,一般指十五岁以下的人(可参阅杨伯峻《论语译注》86 页)[①]。

(二)幽人

　　谁见幽人独往来?缥缈孤鸿影。(苏轼《卜算子》)

胡云翼《宋词选》注:"幽人,指下句的孤鸿。"唐圭璋《宋词三百首笺注》引铜阳居士云:"幽人,不得志也。"若按胡注,就成了"谁见孤鸿独往来,缥缈孤鸿影"。孤鸿的影子看见孤鸿独自往来,显然不通。"孤鸿影"是回答问句中的"谁"的,"幽人"是指作者本人。铜阳居士释为"不得志",也不恰当。

苏轼为什么要自称为"幽人"呢?"幽人"这个词,最早见于《易经》,《易·履》:"九二,履道坦坦,幽人贞吉。"又《归妹》:"九二,眇能视,利幽人之贞。"关于《易经》中的"幽人",旧注有两种不同的解释:一解为"幽隐之人"、隐士、高士(见孔疏及《周易姚氏学》);一说"在狱中,故称幽人"(见《集解》引虞翻说)。在

[①] 盈按:写这条札记时,我还没有见到杭世骏(1696—1772)的《订讹类编》。其实,"赤子"问题,杭氏早已解决,我真是孤陋寡闻。《订讹类编》卷一"义讹"第85条"赤子"云(29—30页,中华书局1997年):"古字尺、赤通用,故尺牍亦谓赤牍。《文献通考》云:深赤者,十寸之赤也。成人曰丈夫。六尺之躯、七尺之躯、三尺之童、五尺之童,皆以尺数论长短。故《曲礼》曰:'问天子之年。曰:闻之,始服衣若干尺矣。'谓赤子以初生色赤者,非也。或云:古者二岁半为一尺,十五岁为六尺。愚案:二岁半为一尺之说,于《孟子》赤子匍匐入井句,其义尤通。否则,初生色赤及仅盈尺小儿能匍匐乎?"

后代的作品中,也有把"幽人"当作隐士的,如孔稚珪《北山移文》:"或叹幽人长往,或怨王孙不游。"《昭明文选》刘良注:"幽人:隐者之称。"把"幽人"作为囚人解的例子也有,如《易林·剥》云:"执囚束缚,拘制于吏,幽人有喜。"苏轼词中的"幽人"不能释为隐士,这是肯定的。这首词写于黄州,乌台诗案后,苏轼出狱,贬为黄州团练副使,名义上他还是政府的官员,实际上无权过问政事,政治上没有自由,如同囚人一样。所以在这一时期,他在作品中常称自己为"幽人",寓意是深刻的。"幽人"一词确切地说明了他当时的处境,也说明了政敌对他的无情迫害。下面略举数例(均见《苏轼诗集》):

《定惠院寓居,月夜偶出》:幽人无事不出门,偶逐东风转良夜。(1033页)

《石芝》:空堂明月清且新,幽人睡息来初匀。(1048页)

《红梅三首》之三:幽人自恨探春迟,不见檀心未吐时。(1108页)

《寄周安孺茶》:幽人无一事,午饭饱蔬菽。(1165页)

《过江夜行武昌山上,闻黄州鼓角》:清风弄水月衔山,幽人夜度吴王岘。(1203页)

哲宗绍圣元年(1094),苏轼贬官英州,尚未到任,又贬为宁远军节度副使,惠州安置。在《十月二日初到惠州》这首诗中,苏轼又自称为"幽人":"岭南万户皆春色,会有幽人客寓公。"

在封建专制制度的统治下,一个臣子被贬官,"罪过"总是在臣子这一边,因为皇帝总是"圣明"的。苏轼自称为"幽人",跟柳宗元贬官永州后自称为"僇人"一样,都是罪人的意思。

(三)商旅

《岳阳楼记》:"商旅不行,樯倾楫摧。"解者谓"商"为"商人","旅"为"旅客",以为"商旅"是联合结构,指两种不同的人。

"商旅不行"一语出自《易·复》。郑注:"资货而行曰商;旅,客也。"有人以为郑玄这条注是把"商人"和"旅客"当作两种人。其实这是误会了郑玄的意思。按郑玄的意思,"商旅"应是偏正结构,意为在外做生意的旅客。《周礼·冬官考工记》的郑注可以为证。《考工记》:"通四方之珍异以资之,谓之商旅。"郑注:"商旅,贩卖之客也。"可见郑玄认为"商旅"就是指行商,而不是商人和旅客。

但是,"商旅"倒底是偏正结构还是联合结构呢?《左传·襄公十四年》:"商旅于市。"杨伯峻先生注:"商旅同义词连用。"(《春秋左传注》1017页)杨先生还列举了一些例子,如《礼记·月令》:"易关市,来商旅。"《汉书·贾山传》:"庶人谤于道,商旅议于市。"我还补充两个例子,《汉书·货殖传》:"商旅之民多,谷不足而货有余。"《酉阳杂俎》前集卷一:"东市百姓王布,知书,藏锿千万,商旅多宾之。"我以为这些"商旅"都应当作偏正结构来理解,郑玄释为"贩卖之客"是对的。因为"旅"并无"商"义,把它们看成"同义连用",似乎欠妥。

(四)恶(wù)

《赤壁之战》:"(刘)表恶其能而不能用也。"中学语文课本第一册249页注:"恶其能,嫉妒他的才能。恶,厌恶。"这条注把"恶"解为"嫉妒、厌恶",欠妥。

"恶"在这里是担心、害怕的意思。《三国志·郭嘉传》:"表,坐谈客耳。自知才不足以御备,重任之则恐不能制,轻任之则备不为用。"又《先主传》裴注引《世说》:"备屯樊城,刘表礼焉,惮其为人,不甚信用。""恐不能制""惮其为人"与"恶其能",意思差不多。"恐、惮"也是担心的意思,与"嫉妒、厌恶"义不相涉。

在《三国志》中,"恶"为担心、害怕的意思,并不乏其例,如:

遂果救长离,与渊军对陈。诸将见遂众,恶之,欲结营作堑

乃与战。（271页）

郑度说璋曰："左将军县军袭我，兵不满万，士众未附，野谷是资，军无辎重……彼至，请战，勿许，久无所资，不过百日，必将自走。走而击之，则必禽耳。"先主闻而恶之，以问（法）正。正曰："终不能用，无可忧也。"（958页）

（五）自今

《左传·成公二年》："自今无有代其君任患者，有一于此，将为戮乎？"王力先生主编的《古代汉语》（修订本，中华书局1981年）第一册35页注："直到目前为止，没有能代替自己国君承担患难的人。自今，从现在追溯到以前。"

"自今"并不是"从现在追溯到以前"，而是"从今以后"。如《左传·襄公八年》："晋楚伐郑，自今郑国不四五年弗得宁矣。"杨伯峻注："言郑国自此至少四五年内不得安宁。"（《春秋左传注》956页）又《襄公三十一年》："自今请，虽吾家，听子而行。"这个"自今"也是从今以后的意思。《资治通鉴·唐纪》文宗太和七年："八月，庚寅，册命太子，因下制：诸王自今以次出阁，授紧·望州刺史、上佐。"（卷二四四8008页）句中的"自今"无疑只能解释为从今以后，不可能有其他解释。

"自今"是"自今以往、自今以来"等句式的省略，如：

（1）自今日以往，既盟之后，行者无保其力，屈者无惧其罪。（《左传·僖公二十八年》）

（2）自今日既盟之后，郑国而不唯晋命是听，而或有异志者，有如此盟！（《左传·襄公九年》）

（3）自今以往，兵其少弭矣。（《左传·襄公二十五年》）

（4）自今以往，敢不率从。（《侯马盟书》40页）

《侯马盟书丛考》指出："盟辞中把'自今以往'作为前词，这是当时的习惯，在盟辞中是常见的。"（73页）

（5）（郑卿叔詹伯）乃就烹，据鼎耳而疾号曰："自今以往，知忠以事君者，与詹同。"乃命弗杀，厚为之礼而归之。郑人以詹为将军。（《国语·晋语四》）

（6）自今以来，亶父（即单父，鲁邑名）非寡人之有也，子之有也。（《吕氏春秋·具备》）

（7）被瞻据镬而呼曰："三军之士皆听瞻也，自今以来，无有忠于其君，忠于其君者将烹。"文公谢焉，罢师，归之于郑。（《吕氏春秋·上德》）

案：此例与例（5）说的是同一故事。例（5）作"自今以往"，这里作"自今以来"，意思完全相同。

"自今"这种用法，唐宋时亦不乏其例，如《资治通鉴·唐纪》玄宗开元二年云："五月，己丑，以岁饥，悉罢员外，试、检校官，自今非有战功及别敕，毋得注拟。"（6817页）胡三省注："此三项官，今后非有战功及别敕特行录用，吏、兵部毋得注拟。"关于"自今"，我在《词义答问》中也有讨论，观点一样，材料有所不同，可参阅。

此文作于北大中关园44楼109号

原载《中国语文》1987年第2期

词义拾零

（一）翳桑

《左传·宣公二年》：“宣子田于首山，舍于翳桑。”杜预解“翳桑”为“桑之多荫翳者”。《辞源》（2512页，1981年修订本）和徐中舒的《左传选》（116页）主此说。清代的江永、王引之认为翳桑是地名，王力主编的《古代汉语》（修订本29页）和杨伯峻的《春秋左传注》（661页）主此说。今人陈其猷则认为“翳桑谓枯死之桑也”（《吕氏春秋校释》897页）。我赞同陈先生的解说，理由如下：

关于翳桑饿人的故事，除《左传》外，还有下列一些记载：

《吕氏春秋·报更篇》：“赵宣孟将上之绛，见骫（wěi）桑之下有饿人。”

《公羊传·宣公七年》：“子某时所食活我于暴桑下者也。”

《淮南子·人间》：“赵孟宣活饥人于委桑之下。”

《史记·晋世家》：“（赵）盾常田首山，见桑下有饿人。”

这四条记载，《晋世家》作“桑下”，无疑为桑树之下，非地名。其余“骫桑、暴桑、委桑”，均与《左传》的“翳桑”义同，也跟地名无关。“骫、委、暴、翳”都是树木枝叶枯萎的意思。除“暴”字外，其余三字实属同源关系。“萎”本是“委”的区别字。

“骫”本是弯曲的意思（见《说文》《玉篇》），《史记·司马相如列传》注、《汉书·淮南厉王长传》注、《枚乘传》注、《后汉书·赵壹传》注，都认为“骫”乃“古委字”。二字同音，均於诡切。可证“骫桑”即“委桑”。

"暴"是叠韵联绵字"暴乐"（亦作"爆烁"）的单用。《尔雅·释诂》："毗刘，暴乐也。"郭璞注："谓树木叶缺落荫疏。"《方言笺疏》卷十三引钱同人说："'暴桑'当训'暴乐'之暴，亦毗废之意。""暴"的本字应是"枭"。《说文》："枭，木叶陊也。读若薄。"盈按：朱骏声《说文通训定声》将"暴、枭"二字均归入他的小部（即宵部）。《玉篇》："枭，落也。"

"翳"字陈其猷引《诗·大雅·皇矣》传："（木）自毙为翳。"可谓确证。还可以补充一条材料，《尔雅·释木》："木……蔽者翳。""蔽"古本作"毙"，死也（见郝懿行《义疏》）。朱骏声认为"翳"是"殪"的假借字，《韩诗》作"殪"（《说文通训定声》2420页）。《释名·释丧制》："殪，翳也。"《说文》："殪，死也。"可证"翳桑"应即"殪桑"，乃枯死之桑，与"荫翳"无关。

王引之说："自公羊氏传闻失实，始云'活我于暴桑下'，而《吕氏春秋·报更篇》《淮南·人间篇》《史记·晋世家》，并承其误。"（《经义述闻》十八）王氏所谓"传闻失实""并其承误"，实无任何证据。他断言"翳桑是地名"，也只不过按文例加以推断而已，他说："若是翳桑树下，则当曰'舍于翳桑下''翳桑下之饿人'。今是地名，故不言'下'也。"《左传》"不言'下'"，只能看作是行文不周，汉代的刘向就把这个"下"字给补出来了，《说苑·复恩》云："赵宣孟将上之绛，见翳桑下有卧饿人不能动。"

（二）药石

宋人袁文《瓮牖闲评》说："余尝问人药石之义，答者多不同。"（卷七）这说明对于"药石"的释义，宋代已存在分歧。下面列举几种有影响的意见：

袁文说："夫'药'固无可疑者，若'石'则砭石也……人有病患，有用药者，有用砭石者，此所以谓之药石。"《辞源》《辞海》的释义与此相同。

王引之说："药石谓疗疾之石,专指一物言之,非分'药'与'石'为二物……药字并与疗同义,药石犹疗石耳。"(《经义述闻》十八)

什么叫做"疗石"？今人胡厚宣说："因石可以疗疾,所以古籍中又称药石。""药石所以刺病,刺病曰砭,所以古籍中又称砭石。"(见《论殷人治疗疾病之方法》,《中国语文研究》第 7 期)

王瑶说："药石,药物中也有用石类的,药石就是药。"(王瑶编注《陶渊明集》59 页)

杨伯峻说："药谓草木之可治病者,石谓如钟乳、礜、磁石之类可用治病者。或谓古针砭用石,谓之砭石。"(《春秋左传注》1081 页)对"石"的释义,杨先生兼采二说。

按袁文、杨伯峻的释义,"药石"乃二物,为并列名词词组;依王引之的释义,"药石"是一个词,为偏正式,王瑶也认为"药石"是一个词,但释义不同于王引之。

在先秦古籍中,"药石"并不常见。《诗》《书》《墨子》《庄子》《韩非子》均无"药石"连用的例子。《春秋》三传只《左传·襄公二十三年》出现一例:

> 臧孙曰："季孙之爱我,疾疢也;孟孙之恶我,药石也。美疢不如恶石。夫石犹生我,疢之美,其毒滋多。

从这条材料来看,"药石"就是"石"。药与石并非二物。但这个"石"是砭石(疗石)还是口服的钟乳、磁石之类的药呢？我以为是后者。《史记·仓公传》的一段话为我们提供了有力的证据(2811 页):

> 齐王侍医遂病,自练五石服之[1]……臣意(淳于意)即诊

---

[1] 《汉书·王莽传》："威斗者,以五石、铜为之。"注引李奇曰："以五色药石及铜为之。"《抱朴子·内篇·金丹》："五石者,丹砂、雄黄、白礜、曾青、慈石也。"

之，告曰，"公病中热。论曰'中热不溲者，不可服五石'。石之为药精悍，公服之不得数溲，亟勿服。色将发臃。"遂曰："扁鹊曰'阴石以治阴病，阳石以治阳病'。夫药石者有阴阳水火之齐，故中热，即为阴石柔齐治之；中寒，即为阳石刚齐治之。"

这里也是"石"与"药石"并用，而且是口服药。显然，"药石"之"石"绝非砭石。另外，《集韵》爻韵"峱"（náo）字释义："峱沙，药石。"《集韵》阳韵"硁"字释义："硁硝，药石。"这些都是口服用的石药。

在古书中，"药石"可易位为"石药"，《素问·腹中论》："帝曰：夫子数言热中消中，不可服高粱芳草石药，石药发癫，芳草发狂。"注："石药，金石之药也。"又："岐伯曰：夫芳草之气美，石药之气悍。"注："石药者，其性坚劲于下沉，故非中心和缓之人，服之则中气易于虚散也。"（《黄帝内经素问集注》156页）所谓石药"性坚劲"与《史记》说的"石之为药精悍"，意思一样。

从概念来说，"药"与"石"本是属概念和种概念的关系，《周礼·天官·疾医》有"五药"，郑玄注："五药：草、木、虫、石、谷也。"就构词方式而言，"药石"为偏正式。

药石由专指石药，经过引申也可泛指药物，如：

枚乘《七发》："今太子之病，可无药石、针刺、灸疗而已。"

陶渊明《示周续之祖企谢景夷三郎》："药石有时闲，念我意中人。"

苏轼《上韩持国》："犯时独行太嵲嶭，回天不忌真药石。"

（三）州部

《韩非子·显学》："宰相必起于州部。"梁启雄认为"似指州官的衙署"（《韩子浅解》499页）。《辞源》"州部"条亦引此例，释为"地方行政机构"。

《庄子·达生》:"宾于乡里,逐于州部。"曹础基《庄子浅注》288页:"州部,州邑。"按《辞源》和梁氏之说,"部"为"衙署",即"行政机构";按曹说"部"相当于"邑"。二说均不确。其实,"州部"乃泛指基层组织。

部,在先秦时代是州里以下的组织。《墨子·号令》篇多次谈到"部"这个基层单位。下面列举数例:

> 例一:"因城中里为八部,部一吏,吏各从四人,以行冲术及里中。里中父老(小)不举守之事及会计者,分里以为四部,部一长,以苟往来不以时行,行而有他异者。"

> 例二:"吏行其部至里门。"

> 例三:"部吏亟令人谒之大将,大将使信人将左右救之,部吏失不言者,斩。"

> 例四:"诸吏卒民,非其部界而擅入他部界,辄收以属都司空若候。"

里之下可以分为四个部,也可以分为八个部,部有部长,有部吏。他们的职责是在道路上查问来往行人,维护治安,保卫州里。各部有一定的分管地段,诸卒吏民,不得擅自进入其他部界。按组织规模而言,一个里只有25人家,部则是里下面的一个居民小组,只管辖几户人家。

从汉代开始,"州部"的词义已有变化。汉武帝元封五年,在全国设立十三部,也叫十三州。州的意义与古之九州、十二州的"州"相同,而不同于《韩非子》中"州部"的"州"。作为基层组织的"州",是里以上的组织(里十为州),据说2500家为一州,而十三州的"州"则是大的按察区。"州部"连用,乃同义连文,不是州下的部。《文选·齐故安陆昭王碑文》:"监督方部之数。"注:"方部,四方州部也。"这个"州部"为刺史按察区,与先秦时代的"州部"不同。

（四）想

王力先生主编的《古代汉语》对"思"与"想"的辨别是："在思考的意义上，只能用'思'，不能用'想'。"（1605页）任学良先生在他的新著《古代汉语·常用词订正》里说："'思'是文言，'想'是口语，这才是它们的区别……二者意义上的区别是不存在的。"（186页）任先生为了证明"思"与"想"不存在区别，列举了五个例证。我们就对这五个例证进行讨论，看看"思"与"想"究竟有无区别。

例一 《吕氏春秋·知度》（按：这个篇题，任先生误认为《勿躬》）："去想去意，静虚以待。"

任说："这个'想'是'思考'的意思。"

例二 《吕氏春秋·情欲》："胸中大扰，妄言想见。"

任说："这是表示希望的'想'。"

例三 《韩非子·解老》："人希见生象也，而得死象之骨，案其图以想其生也，故诸人之所以意想者，皆谓之象也。"

任说："这是'想象'的'想'。"

例四 《素问·痿论》："思想无穷，所愿不得。"

例五 《素问·上古天真论》："外不劳形于事，内无思想之患。"

任说："'思想'成为一个词，作'思考'讲，更证明了二者意义上的区别是不存在的。"

我认为任先生对这些"想"字的解释，都可商榷。

例一的"想"和"意"是同义关系，所谓"去想"并不是去掉"思考"，而是要去掉臆想。

例二的"想"与"妄"是近义关系，根本不能释为"表示希望"。所谓"妄言"，是指病人无根据的胡言乱语；所谓"想见"，是指病人的幻想、幻觉。《论衡·订鬼》："凡人不病则不畏惧，故得病寝衽，畏惧鬼至。畏惧则存想，存想则目虚见。"又："凡天地之间有鬼，非人死精神为之也，皆人思念存想之所致也。"这些"想"字也是指病人产生的幻想、臆想。其中的"存想则目虚见"，即《情欲》所说的"想见"，即"活见鬼"之类的幻觉。《辞源》释《订鬼》之"存想"为"构思，想象"（0782页）。高中语文课本第四册释"存想"为"想念"，都不正确。

例三任先生释为"想象"，虽可疏通文意，但梁启雄先生释为"臆度或臆测"（《韩子浅解》158页），更符合原意。

例四、例五"思想"连用，很难说这是"一个词"，我以为是两个同义词连用。"思"是思考，"想"是臆想。臆想太多，所以难得如"愿"，以致成"患"。

除上述五例外，还可以补充一例，《周礼·春官·眠祲》："掌十煇之法，以观妖祥，辨吉凶。一曰祲，二曰象……十曰想。"郑注："想，杂气有似可形想。"疏："想，杂气有似可形想者，以其云气杂有所象似，故可形想。"（《十三经注疏》808页）这个"想"字，也是主观臆测的意思。

"思、想"之别，《说文》区分得很清楚："思，容也。"（段玉裁改为"睿也"。）"想，冀思也。"（段玉裁改为"觊思也"。）李士珍《字训》卷三说："想，冀思也，希冀而思之也。字从心、相。本无其相，而思之所结，若有相焉，故想者心中所呈之幻相也。"《说文》以"想"为形声字，而李氏当作会意字，很有道理

金岳霖先生的《知识论》有"分论思与想"："思与想底分别何在呢？这分别最好从内容与对象着想。我们以后会叫思为思议，叫想为想像……想像的内容是像，即前此所说的意像；思议底内容是意念或概念。想像的对象是具体的个体的特殊的东西，思议底对象是普遍的抽象的对象。"（297、298页，商务印书馆2003年）我们当然不能把金先生的这种区分搬到古代去，但"思、想"

有同有别,这是古今一致的。

(五)屈

"屈"在唐宋时期有请义,《辞源》《辞海》都失收。《广韵》《康熙字典》也未载此义。只有《集韵》迄韵说:"屈,曲也,请也。"下面我们列举一些语言资料来证明"屈"有请义。

例一　牛僧孺《玄怪录》107页:"一人握刀拱手而前,曰:'都统屈公。'公惊曰:'都统谁耶?'曰:'见则知矣。'公欲不去,使者曰:'都统之命,仆射不合辞。'……垂帘下有大声曰:'屈上阶。'阴知其声,乃杜司徒佑也。"

例中的"都统屈公",即"都统请公","屈上阶"即"请上阶"。

例二　刘崇远《金华子》53页:"光德相国崇望举进士,因朔望起居郑太师从说,阍者已呈刺,适遇裴侍郎后至,先入从容,公乃命屈刘秀才以入。"

例中的"屈刘秀才",即"请刘秀才"。

例三　王定保《唐摭言》27页:"宰相既集,堂吏来请名纸;生徒随座主过中书。宰相横行,在都堂门里叙立。堂吏通云:'礼部某姓侍郎,领新及第进士见相公。'俄有一吏抗声'屈主司',乃登阶长揖而退。"

例中的"屈主司",即"请主司"。

例四　沈括《梦溪笔谈》25页:"百官于中书见宰相,九卿而下,即着吏高声唱一声'屈',则趋而入。宰相揖及进茶,皆抗声赞唱,谓之'屈揖'。"

《辞源》(二版)"屈"字下收有"屈揖"这个词条,但由于不了解"屈"有请义,把"高声唱一声'屈',则趋而入",误解为"屈躬而入"。

例五　陶宗仪《南村辍耕录》卷八104页:"又段成式《庐陵官下记》(盈按:此书今已不存):韦令去西蜀时,彭州刺史被县令密论诉。韦前期勘知,屈刺史诣府陈谢。"

"屈刺史"即"请刺史"。

《敦煌变文集·八相变》中"屈请"连用,如"屈请将来""屈请将来令交相""大王屈请圣仙才"(332、333 页)。按:"屈"有请义,在此文之后才知蒋礼鸿先生《敦煌变文字义通释》(190 页)已谈到,但我所举例证为个人读书所得,故与蒋文无重复者,可对蒋文做补充。

(六)校勘

《辞源》《辞海》对"校勘"的释义只有一个义项:"比较审定。特指将书籍的不同版本和有关资料加以对比,审定原文的正误真伪。"(《辞源》1558 页)我们发现"校勘"还有对照检查、检讨的意思,如:

例一 明黄渊耀《存诚录》上:"学道须得路头清,先将宋五子书就自家身上校勘一番,次将象山、姚江之书细细参究,便不走入歧途。"

所谓"先将宋五子书就自家身上校勘一番",就是用宋代二程及朱熹等五人的著作对照自己进行检查。

例二 《存诚录》上:"将五经四子书向自家身上校勘一番,何者我已能,何者我未能。"

这是说用五经四书来对照自己进行检查。

例三 《存诚录》中:"近日校勘自家弊病,力求变化,觉得一时强制,济不得事。"

这是说检讨自己的毛病。

例四 《存诚录》下:"近同伯氏与同志诸君子作'直言社',每当相聚时,各举平时日录互相校勘。有善必劝,有恶必惩。"

"互相校勘"即互相检查。

盈按：

本文完稿后，读到曾运乾遗著《古语声后考》（何泽翰整理，《湖南师大学报》1986年增刊）。曾氏也认为"暴乐""本字当为臬落"，"臬落语转则为暴乐"。但曾氏认为"暴乐原系附尾语词"，非叠韵联绵字。所谓附尾语词，即上一字音义兼备，举上即可以赅下，如举"暴"可代"暴乐"。

1988年元月完稿于北大中关园44公寓109室

原载《湖北大学学报》（哲学社会科学版）1988年第6期

《庄子》札记之一

　　去以六月息者也。(《逍遥游》)

　　这句话有好几种不同的解释。有人译为:大鹏是乘着六月风而飞到南海去的。有人解为:鹏飞半年至南溟才歇息下来。一说:鹏鸟一飞,半年才呼吸。均与原意相距甚远。这句话的主语"鹏"承上省略,"去以六月息者也"是谓语部分,其中的"去"是谓语动词,意思是离开。注家释为"飞去南海""至南溟",均与"去"的原义不符。先秦时代的"去"还没有产生到什么地方去的意思。"以六月息"是介词结构作补语,"息"是名词,指大风,"六月"作"息"的定语。译为现代汉语,句中的补语成分照例可译为状语。全句意思是:(大鹏)凭着六月的大风飞离了北冥。

　　正确理解这个句子,一方面要把结构层次搞清楚,另外就是对"去、息"这两个关键性的词要解释得当。上面已经说了,"去"只能释为离开,至于"息"字,在这里用的是比喻义,前人释为"风",联系上下文和全篇的主题思想来看,无懈可击。有的注家以为这个"息"是动词,释为"休息、止息、呼吸",不仅文意不合,就是对句子结构的内在联系也理解错了。解"六月"为半年,亦不当。

　　野马也,尘埃也,生物之以息相吹也。(《逍遥游》)

　　从下面几种译文可以看出,对这个句子结构的误解带有相当的普遍性。结构被误解,释义也就成问题了。

　　叶玉麟《白话译解庄子》译为:"诸如春日田野中的游丝水

气,天空中像尘埃充满似的积气,以及一切生物所出的气息,都是鹏鸟赖以飞腾天空的。"（7页）

《庄子内篇译解和批判》译为:"像野马般的游气(春天阳气发动,远远遥望,它好像奔驰的野马),飞扬着的尘埃,在空中活动着的微小生物,都是被风吹着在空中游荡的呀!"（69页）

《庄子今注今译》:"野马般的游气,飞扬的游尘,以及活动的生物被风吹而飘动。"（5页）

三家译文都没有把"生物之以息相吹"的结构搞清楚,共同的错误是把"生物"与"野马、尘埃"作为等价的并列成分。叶玉麟的误译尤为突出,凭空添进"都是鹏鸟赖以飞腾天空的"意思,这是袭郭注而传谬。郭象的注释是:"此皆鹏之所凭以飞者耳。"

"野马也,尘埃也"是全句的主语部分,二者是并列关系。至于什么叫做"野马",在这里不详加讨论。闻一多说:《庄子》盖以野外者为野马,室中者为尘埃,故两称而不嫌。"（《古典新义》238页）我基本上同意这种看法。"生物之以息相吹也"是谓语部分,其中特别值得注意的是"相"字。按照通常的说法,"相"是个指代性副词。就指代作用而言,相当于代词"之",在这个句子中指代主语"野马、尘埃";就副词作用而言,它和介词结构"以息"一起作动词"吹"的状语。"以息相吹"就是以息吹之。即:野马,尘埃,都是生物用气息吹拂起来的。我参加编写的《古代汉语》解为"……用气息互相吹拂",也是一种误解。因为"相"在这里的作用是指代接受动作的一方,不是表示相互对待的关系。

句中的"息"字与上文"六月息"之"息"释义不同,而它们的深层含义却"息息相关"。六月息指风,生物之息也变成风;大鹏因风而起,野马、尘埃也因风而起;小大不同,其因风则一也。这些似乎离题的"闲笔"文字,实则为"犹有所待者也"而发。

王勃《上刘右相书》:"以息相吹,时雨郁山川之兆。"此乃用两典说明一意,用语巧妙。只不过"吹"的对象不是"野马、尘埃",而是"山川之兆"。"兆"是什么?《礼记·孔子闲居》云:"清明在躬,气志如神,嗜欲将至,有开必先,天降时雨,山川出云。"所谓"山川之兆"就是"云"。郑注云:"清明在躬,气志如神,谓圣人也。嗜欲将至,谓其王天下之期将至也。神有以开之,必先为之生贤知(智)之辅佐,若天将降时雨,山川为之先出云矣。""云"是"时雨"之先兆,而"云"从何而来,是"以息相吹"的结果。勃用此典,自"吹"又"吹"刘(刘祥道,龙朔三年迁右相),言在此而意在彼,不露痕迹。年未及冠的"神童",对"以息相吹"的理解很准确,故加援引以证吾解之不谬。

犹然笑之。(《逍遥游》)

有的注家认为"犹"即"繇",乃古今字,释为"笑的样子"。"犹然"也见于其他古籍,亦作"迪然、迪尔":

《荀子·哀公》:"故犹然如将可及者,君子也。"杨倞注:"犹然,舒迟之貌。"

《逸周书·官人》:"喜色犹然以出。"注:"犹然,舒和貌。"

《列子·力命》:"终身迪然,不知荣辱之在彼也,在我也。"《释文》:"迪,音由。迪然,自得貌。"

《昭明文选·班固〈答宾戏〉》:"主人迪尔而笑。"注:"迪,宽舒颜色之貌也,读若攸。"又:"迪尔,宽闲之貌。"

我引的这四条材料都有古注,这些注释材料说明,"犹然"不能笼统地释为"笑的样子",其确切含义是宽舒自得的样子。说"犹、繇"是古今字,也不正确。"犹然"的"犹",其本字应是"迪"。《说文》乃部:"迪,气行貌。"徐灏《说文解字注笺》认为:《列子·力命篇》的"迪然"、《答宾戏》的"迪尔","皆与气行之义相近"。桂馥、王筠、朱骏声在解释"气行貌"时,都引有关"迪然"

的材料作为书证。无疑,犹然自得乃"气行貌"之引申义。

　　　肌肤若冰雪。(《逍遥游》)

　　这句话注家多理解为:肌肤如冰雪一般洁白。《辞源》0326页"冰雪"条释为"比喻晶莹洁白"。《辞海》不同,它的"冰雪"条有二音二义:①比喻纯净清澈;②读níng,"冰雪"即凝雪,释为"脂膏"。书证有:

　　《尔雅·释器》:"冰,脂也。"郭璞注:"《庄子》云:'肌肤若冰雪。'冰雪,脂膏也。"(365页)

　　《辞海》的注音是对的,释义照抄郭注,不太明确。

　　在《说文》中,"仌"和"冰"是形音义均不同的两个字。仌,是我们现在所说的冰;而《说文》的"冰"字读níng,俗体作"凝"。古书中多借"冰"为仌,"凝"字取代正体"冰"字,"冰"的本音本义渐渐不为人们所知。

　　《尔雅》"冰,脂也"的"冰"就是"凝"字,郝懿行《尔雅义疏》说:"郭引《庄子·逍遥游篇》文以冰雪为脂膏,冰亦音凝也。"

　　席世昌《读说文记》也指出:"肌肤若冰雪,绰约若处子。'冰雪'与'处子'对文,以冰为凝可知。"

　　郭庆藩的《庄子集释》也说:"冰,古凝字,肌肤若冰雪,即《诗》所谓肤如凝脂也……冰脂以滑白言,冰雪以洁白言也。"(29页)郭庆藩说的"冰(níng)雪以洁白言"是很正确的。在先秦作品中,没有以"冰"(bīng)来形容肌肤洁白的,就是"冰雪"连用也罕见。后来的文学作品也以雪来形容肌肤洁白,如韦庄《菩萨蛮》:"垆边人似月,皓腕凝双雪。"[①]苏轼《洞仙歌》有"冰肌玉骨,自清凉无汗"。有注家认为这是"用《庄子·逍遥游》'肌肤若

————————

① 雪,或作"霜"。

冰雪'语意"。果如是,只能说明苏轼对《逍遥游》"语意"不甚了
然。我以为不必附会。南宋初年第一位注坡词的傅干也不云此
语典出《庄子》。此语实脱胎孟昶诗"冰肌玉骨清无汗",与庄子
无关也。

　　总之,《逍遥游》的"冰雪"应读为"凝雪",意为凝结的白雪。
郭注《尔雅》引此文为证,不错;而释为"脂膏"不精确。注家将
"冰雪"理解为两个名词连用,则纯属误解。

　　　　宋人资章甫而适诸越。(《逍遥游》)

　　《庄子浅注》将句中的"资"释为"购取";《庄子今注今译》
释为"货,卖"。《辞源》释为"鬻,售"(2960页)。均非的诂。

　　《说文》:"资,货也。"段玉裁注:"资者,积也。旱则资舟,水
则资车,夏则资皮,冬则资绨纻(盈按:《国语·越语上》《史记·货殖
列传》均有类似的话),皆居积之谓。"(279页)

　　"资章甫"显然不是一般情况下的"购取章甫"或"售卖章
甫",而是指囤积、收购。段注有助于我们理解"资"的古义。

　　　　而独不见之调调之刁刁乎。(《齐物论》)

　　《庄子浅注》:"调调、刁刁,都是形容摇动的样子。"(17页)

　　"调调"与"刁刁"应该有别。《说文》:"卤,草木实垂卤卤
然。读若调。"段注:"《庄子》曰:'之调调,之刁刁。'之,此也。
调调谓长者,刁刁谓短者。调调即卤卤也。"叶德辉《说文读若
考》亦指出:"此卤卤即调调之本字,风吹草木之实卤卤然也。"

　　"刁刁"本亦作"刀刀",音同。卢文弨曰:"旧俱作刁,俗;今
改依正体。"(转引自《庄子集释》49页)而《正字通》认为刁"俗
讹作刀"。《说文》无"刁"字。既然"旧俱作刁",从旧即可。

　　　　谦然已解。(《养生主》)

成玄英《疏》："谋然，骨肉离之声也。"历来的注家多采此说。以"谋"为象声词。

《广雅·释诂》："挮、劀，裂也。"王念孙《疏证》："挮者，《说文》：'挮，裂也。'《庄子·养生主篇》云：'动刀甚微，谋然已解。'谋与挮同……挮、劀声并相近。"王说可信。古书也假霍为劀，《荀子·议兵》："劳苦烦辱则必奔，霍然离耳。""劀"与"劌"同，《玉篇》："劌（kuò），解也。劀，籀文。"

谋、挮、劀（劌），字异音近义同。"谋、挮"均晓母字，"劀（劌）"属溪母，都是牙音，意思都是裂也、解也。"谋然"作"解"的状语，并非形容牛解体时发出的声音，而是形容牛解体时的状态，形容速度很快。陈鼓应先生的《庄子今注今译》释"谋"为"解散"，并引用了王闿运等人的说法，这是对的。我在此列举的材料，可证陈注之不谬。

　　无门无毒。（《人间世》）

分歧主要在"毒"字。古人早已指出，"毒"是个错别字，《庄子》原文应该是"每"字。《庄子浅注》及《庄子释译》《庄子今注今译》等仍然就"毒"字立训，使一个已经解决了的问题至今纠缠不清。

判断"毒"为"每"之误，有如下根据：

1. 以版本为据。《经典释文·庄子音义》："崔本作'每'，云：贪也。"崔即东晋人崔譔，一说为晋初人。

2. "每"之所以误作"毒"，乃形近所致。小篆"每"作𣫭，"毒"作𣫼。《说文》："每，从中母声。""毒，从中毒声。"

3. 清人姚鼐已指出："止、每、已为韵。"即"入则鸣，不入则止。无门无每，一宅而寓于不得已，则几矣"为韵。"几"字也应看作韵脚。"止、每、已"均之部字，"几"属微部，之微通韵。若是

"毒"字则不叶，"毒"为入声字。

4. 何谓"无门无每"？焦竑的解释最为精确："广大无门，澹泊无每。"广大无门，不开一隙，则对方无可乘之机；心志澹泊，不存贪欲[1]，才能做到"一宅"。

以上四点理由都是能成立的，所以朱骏声在注《说文》"每"字时就引《庄子》的"无门无每"为证，马其昶的《庄子故》也作"无门无每"。他们都将"毒"字径改为"每"，一扫无稽之谈。每，又作"挴"，《方言》十三："挴，贪也。"《广雅·释诂》："挴，贪也。"王念孙的《广雅疏证》、钱绎的《方言笺疏》在引用《庄子》"无门无毒"时，均以崔譔本作"每"为是。"挴"亦讹作"挴"，葛信益《广韵丛考》已指出："海韵'挴'《王二》、《王三》均作挴，与贿韵挴字同，作挴讹误。"（82页，北京师范大学出版社1993年）

　　其脰肩肩。（《德充符》）

《庄子集释》引李桢曰："《考工记·梓人》文'目数顅脰'注云：顅，长脰貌。与'肩肩'义合。知'肩'是省借，本字当作"顅"。"

《说文》"顅"字："头鬓少发也……《周礼》曰：数目顅脰。"段玉裁注："许说《周礼》与先郑同，后郑易之曰：顅，长脰也。非许义。证以《庄子》'其脰肩肩'，则后郑是也。肩即顅。"（420页）

李桢、段玉裁认为《考工记》的"顅脰"与《庄子》的"其顅肩肩"义合，"肩"是"顅"的假借字，并依郑玄释为"长脰貌"，完全正确。后人不明假借，望文生训，认为"其顅肩肩"，是"其脰肩于肩"之省，句意为："两个肩膊扛着一个脑袋的人。"其说虽辩，恐非《庄子》原意。而且，对《考工记》的"顅脰"又作何解？《经典释文·庄子音义》"肩肩"条，收录了三种旧注，李颐说："羸小

---

[1]　贾谊《鵩鸟赋》："品庶每生。"《文选》注引孟康曰："每，贪也。"《史记索隐·伯夷传》云："邹诞本作'每生'。每者，冒也，即贪冒之义。"

貌。"简文云:"直貌。"二家都把"肩肩"当作叠字形容词,释义也与郑注《考工记》相近,这是值得我们重视的。

　　穿池而养给。(《大宗师》)

　　《庄子浅注》105 页:"穿,贯穿,通过。穿池,意谓离开水池,游到江湖去。"这是以后起义解古义。先秦时代"穿"字并无离开、通过义。《说文》:"穿,通也。从牙在穴中。"许慎说的"通"不是通过的意思,而相当于现代汉语的"穿透、凿通"。《诗·召南·行露》:"何以穿我屋""何以穿我墉"。二"穿"字正是用的本义。由穿透引申为挖掘,古书中说的"穿井、穿窦窖、穿池"即此义。叶玉麟《白话译解庄子》将"穿池而养给"译为:"掘个池子得些水就是够养活了。"大意不错。成玄英大概认为"穿池"非人力所为,而是鱼类自身的活动,故解为"鱼在大水之中,窟穴泥沙,以自资养供给也"。成《疏》求之过深,近于穿凿,不如叶译明白、准确。

　　造适不及笑,献笑不及排。(《大宗师》)

　　《庄子浅注》107 页注:"意谓适意的心境出现时,往往还来不及笑,从内心发出的笑声,出于自然,往往也来不及安排。"《浅注》对句式理解有误。这是两个否定性的比较句。"不及"并非"来不及",而是赶不上,比不上。《逍遥游》的"小知不及大知,小年不及大年",句法与此大体相同。用"安排"来解释"排",也不妥当。将下文的"安排而去化"的"安排"释为"安于自然的安排",同样不妥当。郭象注:"排者,推移之谓也。""安排"即"安于推移",也就是顺应自然,随物变化。在《庄子》中,这是很高的精神境界。这两句话可译为:适意比不上欢笑,美好的欢笑比不上随物推移。

　　犹涉海凿河而使蚊负山也。(《应帝王》)

　　《庄子内篇译解批判》257 页将"涉海凿河"释为"于大海之

中凿河",认为"这与庄子精神相合"。《庄子今注今译》也取此说,译为"就如同在大海里凿河"。此说甚谬,与原意大相径庭。

涉海、凿河、使蚊负山本是三件事情,都是无法办得到的。涉海、凿河都是动宾结构。"涉"的本义是"徒行濿水"(见《说文》),即不要舟桥徒步从水中蹚过去。这里正是用的本义。徒步不能蹚过大海,比喻事情无法办得成。凿河也是不可能的,"河"不宜泛解为一般的河流,应是特指黄河。黄河源远流长,非人力所能开凿。

　　块然独以其形立。(《应帝王》)

注家多释"块然"为"如土块"。似不确。"块然"形容孤独无偶的样子。成疏"块然无偶也"可信。

《荀子·君道》:"块然独坐,而天下从之如一体。"《史记·滑稽列传》:"今世之处士,时虽不用,崛然独立,块然独处。"《昭明文选·刘越石〈答卢谌〉》:"块然独坐,则哀愤两集。"注:"块然,独居貌。"这些"块然"都不能释为"像土块那个样子"。"块然"又作"傀然、魁然",《荀子·性恶》:"傀然独立天地之间而不畏,是上勇也。"杨倞注:"或曰:傀与块同,独居之貌。"《汉书·东方朔传》:"今世之处士,魁然无徒,廓然独居。"颜师古注:"魁,读曰块。"

　　使天下簧鼓以奉不及之法。(《骈拇》)

《经典释文·庄子音义》:"簧鼓,音黄,谓笙簧也。鼓,动也。"这条注本来很正确。但王先谦《庄子集解》误以"簧鼓"为并列结构,释为"如簧如鼓"。现在的注家多取王说,并进而发挥说:"簧鼓,应为并列的两个名词,这里用如动词,意即如簧如鼓。又,簧为吹奏的乐器,鼓为打击乐器,故簧鼓亦即今语吹吹打打之意。"(《庄子释译》188页)"簧鼓作动词用,吹笙打鼓,鼓吹,比喻宣传吹捧。"(《庄子浅注》123页)孤立来看,这些解释似乎不错,但在先秦作品中,"簧"有花言巧语的比喻义,而"鼓"无吹捧义。"鼓"与"簧"连用时,不论是"鼓簧"还是"簧鼓",都不是并列性的名词结构。《诗·小雅·巧言》:"巧言如簧,颜之厚矣。"疏:"如簧,如笙之鼓簧也。"又《鹿鸣》:"吹笙鼓簧,承筐是将。"疏:"吹笙之时,鼓其笙中之簧以乐之。"例中的"鼓簧"均动宾结构。还应指出,与"簧"相联系的动词是"鼓",而不是"吹"。至于"簧鼓"则是状动结构。簧本是乐器中用苇或竹、金属制成的薄片,用以振动发声,当然是名词。在这里用作状语,修饰动词"鼓",意为如簧一样鼓动,比喻用动听的花言巧语迷惑人,跟《诗经》"巧言如簧"意义相通。《辞源》对"簧鼓"的释义也可为我们提供佐证,现抄录如下,供读者参考:

〔簧鼓〕笙竽等皆有簧,吹之则鼓动出声。喻以巧言惑人。(2373页,商务印书馆1982年)

无所去忧也。(《骈拇》)

《骈拇》:"是故凫胫虽短,续之则忧;鹤胫虽长,断之则悲。故性长非所断,性短非所续,无所去忧也。"何谓"无所去忧"?本来不难理解,而从郭象开始,这句话的注解就与原意不符。现在的注家更是众说纷纭。《庄子今注今译》:"没有什么可忧虑的。"《庄子浅注》:"去,抛弃。无所去忧,没有什么忧愁,所以无须抛弃。"《庄子释译》:"'所'用同'可'。似宜训'藏',去忧,藏忧,意即'怀忧''置虑'……无所去忧,即'无可藏忧''无可怀忧''无可置虑'之意。"有几种注本引用了高亨的说法,高亨认为"去,借为怯"。诸说均难以成立。

"无所"是古汉语中一种常见的格式,它的作用是表示一种否定的动宾关系。"无"是个动词,"所去忧"是个名词性词组,作"无"的宾语。"所"是个特殊指示代词,在这里指代与行为有关的办法。"无所去忧"即"没有什么办法去掉忧伤"。这是一个表示原因的分句,前一个分句"故性长非所断,性短非所续"是表示结果的。整个复句可以译为:"所以天生就很长的不能砍断它,天生就很短的不能接长它,因为没有什么办法能去掉忧伤呀。"

这个"忧"字与"续之则忧"的"忧"意思完全一样。从字面上看只谈到无法"去忧",实际上也包括无法"去悲",这就是不能"断"也不能"续"的原因。

呴俞仁义。(《骈拇》)

《庄子今注今译》:"呴俞:爱抚。"《庄子浅注》:"呴俞,吹嘘。"《庄子释译》:"呴俞,犹言嬉皮笑脸。"三家对"呴俞"的注释,差别很大,似乎都有旧说作为根据。

呴,字亦作"欨",《说文》:"欨,吹也。"大概是《浅注》释为"吹嘘"的根据。"一曰:笑意。"大概是《释译》解为"嬉皮笑脸"的依据。成疏:"呴俞,犹妪抚。"当是《今译》释为"爱抚"的原因。"呴俞"是叠韵联绵字,上古均属侯部。也写作"呴谕、呕喻、欨愉":

《淮南子·原道》:"呴谕覆育,万物群生。"注:"呴谕,温恤也。"

《汉书·王褒传》:"是以呕喻受之。"注:"和悦貌。"

《昭明文选·嵇康〈琴赋〉》:"其康乐者闻之,则欨愉欢释。"注:"欨愉,喜悦貌。"

《方言》十二:"怤愉,悦也。"郭璞注:"怤愉,犹呴愉也。"钱绎《笺疏》:"怤愉,言颜色和悦也。"

《广雅·释诂》:"怤愉,喜也。"王念孙《疏证》:"呕喻、呴喻、怤愉,皆语之转耳。"

"呴愉"可叠用为"愉愉呴呴",《汉书·东方朔传》:"故卑身贱体,说(悦)色微辞,愉愉呴呴,终无益于主上之治。"颜师古注:"愉愉,颜色和也。呴呴,言语顺也。"

上述材料足以说明，"呴俞"既不能释为吹嘘，也不能释为爱抚，更不能释为嬉皮笑脸，应解为和颜悦色、言语柔顺的样子。"呴俞仁义"就是为了行仁义而故意和颜悦色，言语柔顺。在这句话中，"呴俞"活用为动词。

　　　　人大喜邪，毗于阳。（《在宥》）

"毗"是什么意思？俞樾已经有了正确的答案，他说："此毗字当读为'毗刘，暴乐'之'毗'。《尔雅·释诂》：'毗刘，暴乐也。'合言之则曰'毗刘'，分言之则或止曰'刘'，或止曰'毗'。此言'毗于阳''毗于阴'是也。"（《诸子平议》349页）

　　有的注家似乎不以俞说为然。《庄子浅注》释毗为"偏"，"偏于阳就表现为阴虚或阴亏病症，偏于阴就表现为阳虚或阳亏病症"（144页）。1986年出版的《庄子释译》仍取司马彪的说法，释"毗"为"助也"，"太喜则助长了阳气偏旺，太怒则助长了阴气偏旺……如此解说，似乎文亦可通，理亦可顺"（2215页）。

　　注家不接受俞樾的意见，也可能是俞说太简略，今人已不能透彻地理解，故有申述的必要。

　　毗字《说文》作"膍"，本义是人的肚脐。"毗于阳"之"毗"与此无关，无疑是假借字。从它出现的语言环境判断，应是联绵字"毗刘"的单用。

　　在古汉语中，有一批以来母字为第二个音节的复音词，如"果蠃、瓠卢、不律、蒲卢、无虑"等，"毗刘、暴乐"也属于这种类型。我个人把这类复音词也归在联绵词中，曾运乾认为这是附尾语词，语尾音仅限于来母，他说："暴乐原系附尾语词，本字当为枭落……枭落语转则为暴乐，又转则为毗刘，皆以双声相转而义无别。"[1]曾运乾对"枭落"声转的分析是对的，但与其他附尾语词不同，

---

① 《古语声后考》，何泽翰整理，《湖南师大学报》1986年增刊。

"毗刘"可以分用,俞樾已经谈到。这里补充一个例证,《方言》十三:"毗,废也。"这个"毗"就是"毗刘"之"毗"。"毗刘"原本指"树木叶缺落荫疏"(郭注《尔雅》语)。对人体而言,就是损伤、伤害,与《方言》所说的"废也"可吻合。俞樾说:"喜属阳,怒属阴,故大喜则伤阳,大怒则伤阴,毗阴毗阳,言伤阴阳之和也。"俞氏以"伤"对译"毗",非常贴切。我还从医书中觅得一例,《素问·阴阳应象大论篇》:"暴怒伤阴,暴喜伤阳……喜怒不节,寒暑过度,生乃不固。"注:"多阳者多喜,多阴者多怒,喜属阳而怒属阴也。是以卒暴而怒,则有伤于阴矣;卒暴之喜,则有伤于阳矣。""伤阴、伤阳"与"毗阴毗阳"义同。

子不闻夫越之流人乎。(《徐无鬼》)

《经典释文》:"越,远也。司马云:流人,有罪见流徙者也。"《庄子浅注》和《庄子今注今译》均依旧注,释"流人"为"流放之人"。"流人"实际上是指航海者,与流犯全然无关。我们把《庄子》中的整段文字引出来,再与《吕氏春秋·听言》中类似的文字对照,这个问题就可迎刃而解了。

《徐无鬼》:子不闻夫越之流人乎?去国数日,见其所知而喜;去国旬月,见所尝见于国中者喜;及期年也,见似人者而喜矣。不亦去人滋久思人滋深乎!

《听言》:夫流于海者,行之旬月,见似人者而喜矣;及其期年也,见其所尝见物于中国者而喜矣。夫去人滋久而思人滋深欤!

这两段文字大同小异,可以互相补充。《徐无鬼》所说的"流人",显然与《听言》的"流于海者"意思一样(参阅陈奇猷1991年)。《听言》提到了"海",可证"流人"并非流犯。《徐无鬼》提到了"越",可证在战国时代,濒海而居的越人已经掌握了丰富的航海经验,他们可以终年在大海上航行,足迹远达"似人者"的异国他邦。所谓"似人者",大概指海外不同肤色、不同人种的居民,或指尚未开化的原始部落。陈奇猷先生对《听言》这段话有一条注文,他说:"据此,秦以前已有流于海至期年之久者,则著陆美洲已是意料中事。然则中国人发现美洲之说,当上溯至秦以前矣。"(《吕氏春秋校释》701页)人们也许要问,先秦时代越人有如此高超的航海技术吗?这个问题,当时留传下来的古籍没有明确的记载,然而考古资料却提供了充足的证据。1973年,在浙江余姚河姆渡村发现了一处新石器时代的遗址,从遗址中出土了一条船橹。这就是说,到战国时期越人已经有四五千年的航海历史了。陈连开先生谈到:"以福建闽侯县石山遗址为代表的昙石山文化,与台湾省凤鼻头文化属于同一个系统,可见在公元前2000—前1000年以前,中国大陆东南沿海的先民已跨越台湾海峡创造了同一类型文化。"(《中华民族多元一体格局》126页)孔老夫子在发牢骚时也说过:"道不行,乘桴浮于海。"《史记·封禅书》还谈到:"自威、宣、燕昭使人入海求蓬莱、方丈、瀛洲。"说明当时一些濒临大海的诸侯国(如齐国、燕国、吴、越等),都有长年生活在海上的"流人",如果没有一代接一代的"流人",秦代的"入海方士"是不可能产生的。

　　　　眦搣可以休老。(《外物》)

　　《庄子浅注》:"眦,上下眼睑接合的地方,即内外眼角。搣,通搣,按摩。眦搣,对眼角进行按摩,犹眼功操。"这条注盖源于郭嵩焘。然郭氏只是以推测的口气:"似谓以两手按摩目眦。"紧接着又说:"然与上下二句文义不类。"《浅注》进一步肯定"眦搣""犹眼功操"。但有两个问题不好解决:一,"眦搣"本亦作"揃搣","眦、揃"声近,假借为"揃";一说"眦搣"即"揃搣","字并从手",《庄子》从目作"眦"盖形之误(朱起凤《辞通》2481

页）。不论是假借还是形误，可以肯定这个"眦"字用的不是本义，不是指"内外眼角"。二，如何分析"眦㨹"的结构，从异文"揃㨹"来看，"眦㨹"乃并列结构，由两个近义动词构成，而按《浅注》的释义，则是宾语在前，动词在后，不符合汉语的构词规律。因此，《浅注》的释义不可信。

清代《说文》家对"眦㨹"有两种不同的释文。段玉裁说："《庄子》'眦㨹可以休老'，本亦作'揃㨹'。揃㨹者，道家修养之法，故《庄》云'可以休老'。"又说："㨹者，摩也。然则㨹颊旁者，谓摩其颊旁，养生家之一法……眦㨹即揃㨹之假借字。"（599页）朱骏声基本上同于段玉裁，他说："《庄子·外物》'眦㨹可以休老'，盖擎挈按摩之法以休养理体者。"（《说文通训定声》3060页，万有文库本）

徐灏坚决反对段说，他说："庄子、史游所云'沐浴揃㨹'，即翦理鬓发之义，道家修养岂别有所谓揃㨹者而特为之专造此二字乎！""养生家亦未闻有所谓摩颊旁之术也。"史游即《急就篇》的作者。《急就篇》说："沐浴揃㨹寡合同。"颜师古注："揃㨹，谓鬓拔眉发也，盖去其不齐整者。"成玄英亦解"眦㨹"为"翦齐发鬓"。大概唐人对这个词语的释义不存在什么分歧。又，《宋本玉篇》"㨹"字下引"《庄子》云'揃㨹'，拔除也"（116页）。今人张舜徽先生也说："揃㨹二字皆从手，其本义谓以手拔去之也。段注附会《庄子·外物篇》'眦㨹可以休老'，其异文作揃㨹，因谓揃㨹为道家修养之法，非也。"（《说文解字约注》"揃"字注）我赞同颜注和成疏。要补充的是"眦"（从母）、"揃"（精母）都是齿音，可以通假，"眦㨹"即"揃㨹"。

今者阙然数日不见。（《盗跖》）

《庄子浅注》的标点是："今者阙然，数日不见。"注："阙，缺，不在。"（454页）注者误以"阙然"是"不在"的意思，把它当做谓语动词，加以逗断，自成一句。就"阙然"与句中前后词语的关系而言，应这样切分：

今者／阙然数日不见

"阙然"作状语，直接修饰"数日"。表时间，而不是表人的行为。《昭明文选·司马迁〈报任少卿书〉》："阙然久不报。"两个"阙然"意思一样。《汉书·司马迁传》颜师古注："谓中间久不报也。"郭锡良等编的《古代汉语》对"阙然"的注释是："指时间隔了很久。"（392页，北京出版社1982年）《庄子》中的"阙然数日不见"，可译为"隔了好些天没有见到你"。

内周楼疏。（《盗跖》）

《释文》引李颐注："重楼内匝，疏轩外通，谓设备守具。"成疏："舍院周回，起疏窗楼。"这都是用后起义解"楼疏"。

《说文》："楼，重屋也。"这已经是"楼"的后起义。《释名·释宫室》："楼，言牖户诸射孔娄娄言也。"这条材料很重要，可证"楼"的本义是"射孔"，即建筑物上的"箭眼"。今湖南安仁方言仍称窗户为箭眼，说明窗户与射孔曾经有密切关系。"楼"应是"娄"的区别字，《说文》："娄，空也。"空、孔同义，射孔多在建筑物的高处，引申为重屋曰娄，并分别出一个"楼"字。

现在说"疏。"疏"是"毵"的假借字。《说文》："毵，门户疏窗也。"又："梳，房室之疏也。"段注："疏当作毵。疏者，通也；毵者，门户疏窗也。"（256页）疏窗也具有射孔的作用。所以，《庄子》中的"楼疏"为同义连用，指建筑物上的射孔。内周楼疏，大意是院墙屋舍布满了射孔。

好经大事，变更易常，以挂功名，谓之叨。（《渔父》）

成疏释"叨"为"叨滥之人"。《庄子浅注》释为"叨窃，意即不应当占有而占有了"（473 页）。"叨"是"饕"的或体字。《说文》食部："饕，贪也。叨，俗饕。"《方言》二："叨、惏，残也。"《汉书·礼乐志》："贪饕险诐，不闲义理。"颜师古注："贪甚曰饕。"《后汉书·岑晊传》："父豫，为南郡太守，以贪叨诛死。"注引《方言》曰："叨，残也。"《书·多方》："亦惟有夏之民，叨懫日钦。"《正义》："叨饕，谓贪财贪食也。"（《十三经注疏》228 页）王符《潜夫论》："灭典礼而行贪叨。"这些材料都说明，"叨"与"贪、残"义近。释为"叨滥、叨窃"，不妥。下文说："专知擅事，侵人自用，谓之贪。"也可证"叨"与"贪"属于同一意义范畴，都是指在政治上有贪心有野心的人。《庄子》"叨、饕"并用，《骈拇》说："不仁之人，决性命之情而饕贵富。"那些"好经大事，变更易常，以挂功名"的人，不就是"不仁之人"吗，不就是"决性命之情"吗！

"叨、饕"后来分化为二字，各有专义。《广韵》豪韵："饕，贪财曰饕。"又："叨，叨滥。"由于"叨、饕"分用，今人对于"饕、叨"原为正俗关系，已不甚了然。

原载《北京大学学报》（哲学社会科学版）1992 年第 3 期

《庄子》札记之二

以言其老洫也。(《齐物论》)

句中的"洫"字应作何解,仅崔大华的《庄子歧解》就列举了成玄英、林希逸、章炳麟、阮毓崧、朱桂曜、杨树达、于省吾等人的说法,还有戴震、王先谦等人的解说没有收入。为节省篇幅计,诸说的具体内容就不一一介绍了。

解决这个难题,先要确定"洫"是本字还是假借字及"洫"的音韵地位。《庄子》"洫"字共出现两次,除了《齐物论》这个"洫"字,《则阳》还有"与世偕行而不替,所行之备而不洫"。这两个"洫"字意思一样。《经典释文·庄子音义》对《齐物论》"洫"字注云:"本亦作溢,同,音逸。郭许鶍(按:字亦作鶏)反,又已质反。"对《则阳》"洫"字注云:"音溢。郭许的反,李虚域反,滥也。王云:坏败也。"

根据《释文》的注音和对字形的认定,《集韵》就将"洫"字分归质韵和锡韵。质韵音弋质切(即郭象的已质反。《释文》的音逸、音溢也是弋质切),注云:"深意。《庄子》'老而愈洫',郭象读。"并以"洫"作为"溢"之或体,即《释文》所谓的"本亦作溢,同"。但《释文》这个"同"是指有的本子作"洫",有的本子作"溢",其意思一样,其音都音逸,并不是说"洫"和"溢"就是异体字,而《集韵》处理为异体字,这就有问题了。实际上"老洫"的"洫"用的是假借字,作"溢"可能是形近而误。

还有,《集韵》锡韵收了两个"洫"字,一个注云:"深意。郭象曰'老而愈洫'。"音况壁切,与郭象的许的反读音同。另一个注云:"水名,在渔阳。"音呼昊切,与郭象的许鹏(鶏)反同,但意义为水名,与"老洫"之"洫"无关。

有一点值得注意,《集韵》质韵"洫"释为"深意",不见于《释文》,这可能不是郭象等人的释义。而且用"深意"来解释"老洫"或"不洫"均不确。戴震在《毛郑诗考正》"假以溢我"句下也讨论过"老洫"问题,认为其本字作"谧",是慎、静的意思,"然则谧之为溢为恤,亦声音字形转写讹失"①。戴说颇有影响,但我以为与"老洫"句的语境不合,不可从。至于林希逸将"老洫"之"洫"释为"谓其如坠于沟壑也",将"不洫"之"洫"释为"泥着而陷溺之意也"②。乃望文生训,更不可信。

我以为还是王叔之(字穆夜,晋末宋初人)释《则阳》的"洫"字为"坏败也"施于两处均可通③。讲得通不等于讲得对,所以还要从语境来进一步检验。

其发若机栝,其司是非之谓也;

其留如诅盟,其守胜之谓也;

其杀若秋冬,以言其日消也,其溺之所为之不可使复之也;

其厌也如缄,以言其老洫也,近死之心莫使复阳也。

以上是我的标点,与各家都不同。诸家均在"以言其日消也""以言其老洫也"之后用分号,将本来的四个层次误分为六个层次。又,各家在"其溺之所为之""近死之心"后分别加逗号,致使整个语段文意不畅,句子之间关系不清。现在的标点把"若机栝""如诅盟""若秋冬""如缄"四者并列,并认为两个"言"字后而都有复杂的宾语成分。

① 戴震《毛郑诗考正》,《清人诗说四种》,华中师范大学出版社1986年。
② 林希逸《庄子鬳斋口义》,周启成校注,中华书局1997年。
③ 郭庆藩《庄子集释》卷八(下)。

言〈其日消也
　　其溺之所为之不可使复之也

言〈其老洫也
　　近死之心莫使复阳也

这样，语段制约句子，句子制约词语，不容有歧解。关于"其溺之所为之不可使复之也"问题最多。马其昶的《定本庄子故》在注文中说此"十二字为一句"，而正文的标点还是分为两句。句中三个"之"字各家的解释也很乱。有的把第一个"之"字释为"于"，"溺之"犹"溺于"。林希逸把上"之"字释为"助语也"，后两个"之"字都释为"往也"。我以为第一个"之"字相当于"其"，"溺之所为"即"溺其所为"；第二个"之"是一个名词化标记，其作用是使主谓结构名词化，各家都在这个"之"字后加逗号，看作"为"的宾语，大误；第三个"之"是指示代词，"复之"就是恢复"其日消也"之前的状态。"其日消也"与"其溺之所为之不可使复之也"是因果关系，因为"其溺之所为……"所以"其日消也"，于是"杀若秋冬"。"其老洫也"与"近死之心莫使复阳也"也是因果关系，因为"老洫"，所以近乎死亡的心已没有办法使之复苏。"老洫"就是老朽，将"洫"解为"坏败"是正确的。解为"深、沟洫、静、慎"等，与"近死之心莫使复阳"就失去了内在联系。成了前言不搭后语、不知所云了。《则阳》篇的"与世偕行而不替，所行之备而不洫"，王先谦《庄子集解》解为"与物偕行而无所替废，所行皆备而无所败坏"。以"败坏"释"洫"是完全正确的。

"洫"为何有"坏败"义？我以为"洫"是"威"之假借。《说文》火部："威，灭也。《诗》曰：赫赫宗周，褒姒威之。"大徐音许劣切（xuè）。"威"为晓母月部，"洫"为晓母质部，音近可假。《庄子·徐无鬼》"若邮若失"，《淮南子·道应》作"若灭若失"。这个

"郰"也是"烕"的假借字。"烕、灭"同源,"灭(滅)"是"烕"的分化字。"若郰"的"郰"虽然不能译为"败坏",但可译为"消失"。"老洫"的"洫"可译为"败坏",也可译为"腐朽、衰败"等。总之,其义都来自"烕,灭也"。

至于"洫"是否可假借为"烕",我一时不敢断言。《释文》所说的"洫"与"溢"同,或说"洫"音溢、音逸,我怀疑这些说法并没有实际语音为据,很有可能是先误其形,后误其音,经过《集韵》一肯定,似乎"洫"的确有质韵、锡韵之别,"洫"也可写作"溢"了。《集韵》有集古之功,却疏于考古,利用《集韵》时,应该慎重,不可盲从。

蚊虻僕缘。(《人间世》)

《人间世》"适有蚊虻僕缘"的"僕"在晋初就有歧解。崔譔解为"僕御",向秀不取此说,解为"僕僕然蚊虻缘马稠概之貌"。宋人大体上取向说,如林希逸《庄子鬳斋口义》将此句释为"忽有蚊虻聚于其身"。又说:"僕缘者,僕僕然缘聚也。"到了清朝,王念孙推倒旧说,别作新解[①]:

> 念孙案:向、崔二说皆非也。僕之言附也,言蚊虻附缘于马体也:僕与附声近而义同。《大雅·既醉篇》"景命有僕",《毛传》曰:"僕,附也。"郑笺曰:"天之大命,又附著于女。"《文选·子虚赋》注引《广雅》曰:"僕,谓附著于人。"

王与向的分歧主要是:"僕缘、有僕"是否为本字。从王氏的声训来看,他以为这个"僕"就是"僕人"之"僕",读並母。段玉裁(《说文解字注》)也是这么看的,他说:

① 王念孙《读书杂志·余编》上卷,中国书店 1985 年。

　　《大雅》"景命有仆"，《毛传》："仆，附也。"是其引申之义也。《大雅》"芃芃棫朴"，毛曰："朴，枹木也。"《考工记》"朴属"，此皆取附著之义。字当作"仆"，《方言》作"樸"。

　　段比王走得更远，竟然以"樸"为"仆"之假借字。朱骏声就不这么看，朱氏将"景命有仆"之"仆"、《子虚赋》注引《广雅》之"仆"，以及《人间世》"仆缘"之"仆"，都看作是"奜"之假借[①]。《说文》："奜，渎奜也。"即烦多烦猥之义。对草木而言就有丛生、丛聚、稠密之义，故产生了"樸、樸、稯"等字，"附著"是从烦多、丛生引申而来，并非由"仆人"之"仆"引申而来。"仆"有仆人和丛聚二义，读音是不同的。在前一个意义上读並母，在后一个意义上读滂母，《释文》音普木反，徐邈音敷木反。他们对这样一个常用字要特意注音，就是提醒读者"仆缘"之"仆"不是仆人之仆。据此，《集韵》屋韵"仆"字有两个反切，意义不同，读普木切的"仆"注云："群飞貌，《庄子》：'蚊虻仆缘。'"读步木切的"仆"注云："给事者。"

　　现在讨论"仆缘"的意义与结构问题。依王解，"仆"与"缘"为并列关系。依向解，"仆"是修饰动词"缘"的，附著义落实在"缘"字上。向所说的"仆仆然、稠概"都是烦多、密集的意思。"仆缘"意为密集地附著，即很多蚊虻叮在马身上。

　　《周礼·考工记·叙官》："凡察车之道，欲其朴属而微至；不朴属，无以为完久也。"郑注："朴属，犹附著坚固貌也。"这是指车轮的各个部分要牢固地附著在一起，与"仆缘"结构同。"属"（zhǔ）为附著，"坚固貌"由"仆"义而生。

　　《方言》三："撲（段玉裁引作"樸"），聚也。"郭注："撲属，藂

---

①　朱骏声《说文通训定声》需部，万有文库本。

相著貌。"钱绎《笺疏》:"撰,通作僕。"接着他引了"景命有僕"、《文选》李善注引《广雅》的材料和《大雅》"棫樸"、《考工记》"樸属"等,云:"皆丛聚之意也。"①

> 战而死者,其人之葬也不以翣资。(《德充符》)

句中的"资"作何解,从六朝以来一直使注《庄》诸家感到困惑,只能勉强给一个说法。《释文》引李云:"资,送也。"这个李不知是晋之李颐还是李轨。唐人成玄英解为"是知翣者武之所资……无武则翣无所资"②。到了宋之林希逸就直接解"资"为"用也"(《庄子鬳斋口义》91页)。后人也有在"翣"字下断句让"资"字属下句的。只有清人孙诒让在《周礼正义》中作出了正确解释,可今之注《庄》者,似乎无人注意孙说,还是把"资"释为"送""供给、资助"等,不管文意通不通。现将孙说引述于下,并略加申说。《周礼·天官·缝人》:"衣翣柳之材。"郑玄注:"故书'翣柳'作'接欇'。郑司农云:'接读为翣,欇读为柳,皆棺饰。'"孙诒让《正义》③:

> 段玉裁云:"欇从木从贸声,贸从贝从卯声,而先郑读欇为柳,此于叠韵求之也。"④案:段说是也。《庄子·德充符篇》云:"战而死者,其人之葬也不以翣资。"资盖即欇之讹文,翣资即翣柳也。

孙说可信。翣与柳均为棺饰,无可置疑。"柳"又写作"欇",段玉裁以为只是叠韵关系,他不知道"柳"与"欇"在声母上原

---

① 钱绎《方言笺疏》卷三33页,上海古籍出版社1984年。
② 郭庆藩《庄子集释》卷八211页。
③ 孙诒让《周礼正义》卷十五601页,中华书局1987年。
④ 段说见《古文尚书撰异·尧典》"昧谷"条。

本有联系，古有［mr/l］这样的复辅音声母，分化之后，有的方言作［m-］，有的方言作［l-］。即使同一个字，也有或读［m-］或读［l-］的。"贸"加木旁作"楙"虽见于"故书"，却不见于《说文》。在《庄子》中可能就是"翠贸"，"贸"与"资"形近，因误为"翠资"。崔本作"翠枕"又如何解释呢？我以为也是形近而误。《庄子》在传抄过程中，有人将"翠贸"写成"翠楙"，"楙"字的右边或烂坏磨损，于是就错成"枕"了。后之注家强作解人，说："音坎，谓先人坟墓也。"鲁鱼亥豕，遂成千古疑案矣。

　　　　用志不分，乃凝于神。（《达生》）

宋人林希逸《庄子鬳斋口义》云："凝于神，凝定而神妙也。"（289 页）今人陈鼓应《庄子今注今译》译为："用心不分散，凝神会精。"（473 页）按，"凝"是错字，原本作"疑"，意为比拟。从苏轼到俞樾、王先谦、叶德辉、张文治、王叔岷等已一再指出这一点。

苏说见《东坡续集》卷五《与潘彦明书》，又见于《仇池笔记》。南宋张淏《云谷杂记》卷三"疑凝二字"条（46 页，中华书局 1958 年）、叶德辉《书林余话》卷上（3 页，上海古籍出版社 1957 年）、张文治《古书修辞例》（71 页，中华书局 1996 年）均引其说，我不再重复。

值得强调的是：苏说有版本为据，当时的蜀本《庄子》就作"疑"。在小篆中"凝"乃"冰"（读 níng）之俗体。《在宥》篇的"其寒凝冰"，《庄子》原本肯定不如是作。南宋孝宗年间葛立方《韵语阳秋》卷十五云："其庄周所谓用志不分，乃疑于神者乎？"也可为苏说作证。

《达生》还有一个借"疑"作"拟"的例子："器之所以疑神者，其是与？"陈鼓应也作本字看待，译为"乐器所以被疑为神工，就是这样吧！""疑神、疑于神"都是可以跟神灵相比拟的意思,古书中借"疑"为"拟"的例子是很多的。而且"疑于神"为述补结构,若解为"凝定"或怀疑,则与结构内在意义大不符。

十日戒,三日斋。(《达生》)

古礼只有"七日戒"的制度,此处作"十",无疑乃"七"字之误,注家却从未表示怀疑。

杜佑《通典》卷一四七有"散斋不废乐议"条,云:"后汉仲长统论散斋可宴乐,御史大夫郗虑奏改国家斋日从古制:诸祭祀皆十日。致斋七日,散斋三日。""十日"制是符合古礼的,三、七开也是对的。如果是"十日戒,三日斋"就变成了十三日了,古无此制。但郗虑把"致斋"和"散斋"的天数说反了。《礼记·祭统》云:"故散斋七日以定之,致斋三日以齐(qí)之。夫人亦散斋七日,致斋三日。"又《礼器》:"七日戒,三日宿。"郑玄注:"戒,散斋也。宿,致斋也。"① 又《坊记》:"子云:七日戒,三日斋。"郑玄注:"戒,谓散斋也。"② 又《郊特牲》:"三日斋,一日用之。"《正义》曰:"凡祭,必散斋七日,致斋三日。"③

"戒"就是"散斋",为期七天,从未有作"十日"的。"戒"与"斋"的区别,即"散斋"与"致斋"的区别。《礼记·祭义》谈到了"致斋"与"散斋"有何不同,可参阅。斋与戒析言有别,统言均可称为斋。故《庄子·达生》有"斋三日、斋五日、斋七日"的说法,《六韬·文韬·守国》也有"王即斋七日"的说法。

古文献中"七"误为"十"的例子甚多。《荀子·礼论》:"故有天下者事十世。"杨倞注:"(十)当为七。《穀梁传》作天子七庙。"

① 《十三经注疏》1493页,中华书局1980年。
② 同上,1612页。
③ 同上,1449页。

王先谦说:"《大戴礼》《史记》皆作七。"① 同篇"故天子棺椁十重",《读书杂志·荀子补遗》云:"引之曰:十疑当作七(原注:凡经传中"七、十"二字多互讹,不可枚举。"② 孙诒让《札迻》卷六:"案王说是也。《庄子·天下篇》述丧礼正作'天子七重……',足证此文之误。"③

"七"字不仅误为"十",同时也误为"小"字,《周礼·天官·小宰》"七事者",郑玄注:"七事,故书为小事。"④

"七"为何容易误为"十",实因二字形近难辨。在卜辞中,"七"与"十"区别明显,"十"字为一竖画,后变为╋或╈,与"十"(七)之别仅在于横画略短。睡虎地秦简及先秦陶文(见高明、葛英会《古陶文字徵》,中华书局 1991 年)"七"与"十"之别还是"七"字横画略长"十"字横画略短,传写过程中最容易发生混淆。

　　饰小说以干县令。(《外物》)

"夫揭竿累、趣灌渎、守鲵鲋,其于得大鱼难矣;饰小说以干县令,其于大达亦远矣。"成疏解"县令"为"高名令闻"。林希逸《庄子鬳斋口义》解"县令,犹揭示也。县与悬同,县揭之号令,犹今赏格之类"(419 页)。今之注《庄》者,或取成疏,或取林义,但二说均不可信。"令"虽有令闻之义,"县"怎么会有"高名"义?林希逸就不满意此说了,故别创新解。他以"县令"为动宾结构,将"令"直解为"赏格",可前面的动词"干"他就不管了。"干求高悬赏格"不成话。

现在的辞书和注家多以为"县令"作为官名始见于《韩非

<hr />

① 王先谦《荀子集解》卷十三 4 页,商务印书馆 1933 年。
② 王念孙《读书杂志》下册 12、44 页,中国书店 1985 年。
③ 孙诒让《札迻》卷六 187 页,中华书局 1989 年。
④ 《十三经注疏》654 页。

子》,故不敢将此处的"县令"解为官名,都没有深入考察。请琢磨一下上下文。

上文说"举着小竿绳,到小水沟里,守候着鲵鲋小鱼,那要想钓到大鱼就很难了"。这是陈鼓应的译文,一连用了三个"小"字,准确地传达了原文的意思。下文也是小大之比,上文这个比喻就是要说明下文的。大意是:用识见短浅的言说来干求小小的县令,想取得显贵的地位就差得太远了。"大达"在这里指在政治上取得高位以实现自己的理想。县令太小,求他也没有大用处,故诗人李贺就改为求天官了,他的《仁和里杂叙皇甫湜》诗云:"欲雕小说干天官,宗孙不调为谁怜!"上一句显然是套用《庄子》的话,他把"干县令"改为"干天官",亦可证他是把"县令"作为职官来理解的。清人王琦《李长吉歌诗汇解》先引了《庄子》的"饰小说以干县令",证明这句诗的来历,接着说:"长吉以天潢之裔,淹久不调,故欲上书天官,乞其见怜之事。"[①]二十多年前,我就是读了这首诗之后,才认识到成疏对"县令"的解释是错误的。去年,我又读了宋人马永卿《嬾真子》的有关材料,更坚定了自己的看法。且深感自己读书太少,九百多年前的宋人已解决了的问题,我竟然不知。诚如戴震所言:"古经难治,类若是矣。"现将马说抄录于下[②]:

> 《庄子》"饰小说以干县令"。而疏云:"县"字古"悬"字,多不著"心"。县,高也。谓求高名令闻也。

> 然仆以上下文考之,"揭竿累以守鲵鲋,其于得大鱼亦难矣;饰小说以干县令,其于大达亦远矣。"盖"揭竿累"以譬"饰小说"也,"守鲵鲋"以譬"干县令"也。彼成玄英肤浅,

---

① 王琦等《李贺诗歌集注》129 页,上海古籍出版社 1977 年。
② 马永卿《嬾真子》28 页,中华书局 1985 年。

不知庄子之时已有县令,故为是说。《史记·庄子列传》庄子与梁惠王、齐宣王同时。《史记·年表》(盈按:指《六国年表》):秦孝公十二年并诸小乡聚为大县,县一令。是年乃梁惠王之二十二年也(盈按:应为二十年)。

《四库全书总目》称《嫩真子》"考证之文为多,皆引据确凿,不同臆说",所举例子就有批评成玄英的这一条。且《外物》应是庄子后学所作,篇中出现"县令"一词,不足为奇。

> 宋元君夜半而梦人被发窥阿门。(《外物》)

何谓"阿门"? 有人说是"旁门,侧门";有人说是"旁曲处的小门";有人说是"寝门名";有人说是"阿旁曲室之门"。这些说法的共同缺点是不明白"阿"作为古代建筑术语究竟是什么意思。

"阿门"与"阿阁"的具体意义不同,但构词方式是一样的。"阿阁"就是有阿之阁,《文选·古诗十九首》之五:"交疏结绮窗,阿阁三重阶。"李善注:"《尚书中候》曰:'昔黄帝轩辕,凤皇巢阿阁。'《周书》曰:'明堂咸有四阿。'然则阁有四阿,谓之阿阁。郑玄《周礼注》曰:'四阿,若今四注者也。'"[①]郑注见《周礼·冬官·匠人》。"阿门"是门之有阿者。阁阿有四注(即屋檐四向流水处),而门只有前后屋檐。另外,此处之门不是指旁门、寝门,而是指国君宫殿前具有防卫意义的台门。《考工记·匠人》云:"王宫门阿之制五雉。"又云:"门阿之制以为都城之制。"孙诒让对"门阿"有详细考证,如云:"盖中高为阿,而内外各两下为霤,是其制也。""此门阿,依后注即台门之阿,则是天子诸门之通制。""郑以栋训阿者,非谓栋有阿名,谓屋之中脊其当栋处名阿耳。阿之

---

① 《六臣注文选》540 页,《四部丛刊》初编缩印本。

训义为曲……其在宫室,则凡屋之中脊,其上穹然而起,其下必卷然而曲。其曲处即谓之阿……《考工记》于四注者曰四阿,于两下者曰门阿,然则阿为中脊卷曲之处明矣。中脊者栋之所承,故郑以当阿为当栋耳(此为孙诒让引胡承珙语)。"阿"有"四阿"与"门阿"之别,其共同点就是指"中脊卷曲之处"。孙诒让还在《正义》中讨论了"阿门"的意义,他说(《周礼正义·考工记·匠人》3472页):

> 《庄子·外物篇》"窥阿门",阿门亦即谓门台之有阿者。彼《释文》引司马彪云:"阿,屋曲檐也。"屋曲檐即所谓反宇,与阿栋上下悬殊,非正义也。

"门台之有阿者"即台门有阿者。《礼记·郊特牲》:"台门而旅树。"孔颖达疏:"台门者,两边起土为台,台上架屋曰台门。"[①]屋之中脊卷曲,故谓"阿门"。

原载《北京大学学报》(哲学社会科学版)2003年第1期

---

① 《礼记正义》1448页,见《十三经注疏》。

古汉语语法札记一则

"动·之·名"与"动·其·名"

古汉语动词后面的"之·名"或"其·名",既可以是双宾语,也可以是偏正结构。如果是双宾语,则"其"与"之"同;如果是偏正结构,则"之"与"其"同。

关于"之、其"在特定的格式中是否等价的问题,颇有争议。远的不说,80 年代初期,《中国语文》还展开过讨论:一方认为"之、其"分工明确,"之"不能代替"其","动·之·名"中的"之"只能作间接宾语,不能作定语。另一方认为,古汉语中"动·之·名"结构中的"之"确实有与"其"等价的。

这里且不说"之、其"同源的问题,就方法论而言,也有个一般与个别的关系问题。"之"作宾语,"其"作定语,二者分工明确,这是一般;在特定条件下,"之"可以代替"其",这是个别。

例一,《公羊传·成公十五年》:"为人后者,为之子也。为人后者为其子,则其称仲何?"

何休对"为之子"的注释是:"为公孙之子。"马建忠认为"(这是)'之'解'其'字之确证。故'之'居偏次"(《马氏文通读本》93 页,上海教育出版社 1986 年)。

例二,《孟子·公孙丑》:"天下之民皆悦,而愿为之氓矣。"《周礼·地官·载师》郑玄注引郑司农云:"孟子曰:则天下之民皆说而愿为其民矣。"①

---

① 王引之已引此例证明"之"可训为"其"。

例三,《韩非子·内储说下》:"州吁果杀其君而夺之政。""皇喜遂杀宋君而夺其政。"[1]

例四,《战国策·魏策三》:"两弟无罪,而再夺之国。"《韩非子·内储说下》:"鲁孟孙、叔孙、季孙相戮力劫昭公,遂夺其国而擅其制。"

例五,《史记·楚世家》:"牵牛径人田,田主取其牛。径者则不直矣,取之牛不亦甚乎?"

这些例子中的"之、其"可以互换,是"之"可以用作"其"的确证。但应当承认,类似的例子尽管还可以列举一些,毕竟为数不多。在上古汉语中,"之"用作"其"是个别现象。《马氏文通》由于没有讲清这种个别与一般的关系,所以吕、王二位先生批评他"很有点举棋不定"(同上,94 页)。至于杨树达先生,则几乎是用个别来代替一般了,他说(《古书疑义举例续补》卷二):

> 其实古人文字,"之"字可用为"其","其"字亦可用"之",颇无划然之界划,此亦初学者所易致疑,而不可不知者也。

曾经有人批评杨氏此论为"大而化之"。"之"用作"其"已属个别,"其"用作"之"更是罕见,怎么能说"无划然之界划"呢!

我们的结论是:在上古汉语中,"动·之·名"一般是双宾式,只有当"动·之·名"可以转换为"动·其·名"时,其中的"之·名"才可看作偏正结构,不宜作双宾语处理。

下面讨论"其"代替"之"的问题。

目前较为通行的看法,"其"代替"之"作间接宾语始于晋朝,常引的书证是:

---

① 刘百顺已引此例,《中国语文》1981(5)。

可引军避之,与其空城。(《三国志·魏书·陈登传》)
我认为"其"作间接宾语在战国末期就产生了。

例一,《文子·上义》:"丈夫丁壮不耕,天下有受其饥者;妇人当年不织,天下有受其寒者。"[①]

例二,《吕氏春秋·爱类》:"士有当年而不耕者,则天下或受其饥矣;女有当年而不绩者,则天下或受其寒矣。"

例中的"其"相当于"之",可用"之"替换,如:

例一,《管子·轻重甲》:"一农不耕,民或为之饥;一女不织,民或为之寒。"

例二,贾谊《论积贮疏》:"一夫不耕,或受之饥;一女不织,或受之寒。"

"受其饥"等于"受之饥","受其寒"等于"受之寒"。跟一般间接宾语不同的是,这种"之、其"不表对象,而是表原因。译为现代汉语时要加上介词"因",即"因之(其)受饥、因之(其)受寒"。

原载《中国语文》1993 年第 3 期

---

① 《淮南子·齐俗》亦有此语。

"家人"解诂辨疑

——兼论女强人窦太后

在先秦两汉,"家人"乃常用词。注家多有随文解诂。现有几种涉古的大型辞书,如《辞源》《辞海》《汉语大词典》《汉语称谓大词典》均立专条,详加解释。明末清初方以智《通雅·称谓》也有"家人"条目,清道光年间俞正燮《癸巳存稿》卷七有"家人言解",近人杨树达《汉书窥管》(上海古籍出版社2006年)卷一"有两龙见兰陵家人井中"条也对"家人"的诸多例句进行了讨论,钱钟书《管锥编·史记会注考证·儒林列传》在讨论"家人"一词时,批评"俞说似深文",赞同"家人为匹夫、庶民"说,2003年第3期《语文研究》发表了赵彩花的《〈史记〉、〈汉书〉"家人"解》。综览各种资料,对某些句中的"家人"究竟应作何解,往往互相抵牾;甚至"家人"到底有几个义项,各义项产生的时代,四种辞书的处理也同中有异。也就是说,"家人"一词的解诂,至今仍是诸说纷纭,莫衷一是。原因之一是颜师古等人对"家人"的注释就欠准确,后人亦多受其误导;但最根本的原因是注家及辞书编撰者往往因循旧说,未考镜源流,进行系统探求。

"家人"作为一个具有社会、伦理意义的常用词应该有三个不同的来源。三个来源之间既有联系,又有性质上的差别。解诂者往往将来源不同的"家人"混为一谈,加之又不明白"家人"与"庶人"也是既有联系又有区别这样的事实,于是错解文句,扞格难通,即使是通人大家之言,或亦非的诂也。

一 "家人"的常用义

来源之一是《诗经·周南·桃夭》的"宜其家人"。《毛传》释"家人"为"一家之人"。郑笺略有不同，他说："家人，犹室家也。"（《十三经注疏》279 页）《正义》加以发挥说："桓十八年《左传》曰：'女有家，男有室。'室家谓夫妇也。此云'家人'，'家'犹夫也，犹妇也。以异章而变文耳，故云'家人，犹室家也'。"依此解，"家人"谓夫妇二人，《诗》意乃赞美"男女以正，婚姻以时"。

毛、郑二说并不矛盾。夫妇为家庭之本，郑说强调了家庭核心成员的作用，强调了婚姻为人伦之始。而《毛传》的解释，正如陈奂所言："此逆辞释经之例。"陈奂还指出[①]：

> 此篇上二章就嫁时言，末章就已嫁时言。《礼记·大学篇》引末章而释之云："宜其家人，而后可以教国人。"正所谓家齐尽宜之道也。《传》意实本《大学》为说。

现代辞书中的"家人"都有一家之人、家中的人这个义项，即源自"宜其家人"。从古至今，此义一直保存。

但，"一家之人"乃全称，"家中的人"乃特指。后者是前者的引申，如：

> 《汉书·外戚传·孝景王皇后》：初，皇太后微时所为金王孙生女俗，在民间，盖讳之也。武帝始立……乃车驾自往迎之。其家在长陵小市，直至其门，使左右入求之。家人惊恐，女逃匿。（卷九十七上 3947—3948 页）

> 《汉书·五行志中之上》：其后帝（指成帝）为微行出游，常与富平侯张放俱称富平侯家人，过阳阿主作乐，见舞者赵飞燕

---

① 《诗毛氏传疏》卷一 16 页，万有文库本，商务印书馆 1930 年。

而幸之。(卷二十七中之上 1395 页)

例一为"一家之人",指全家;例二指"家中的人",即富平侯家里的人。

"一家之人"又引申为"人家",即"凡人之家"。

《左传·哀公四年》:蔡昭侯将如吴,诸大夫恐其又迁也,承公孙翩逐而射之,入于家人而卒。(《十三经注疏·春秋左传正义》2158 页)

《正义》释"家人"为"凡人之家"。

《史记·汲黯传》:河内失火,延烧千余家,上使黯往视之。还报曰:"家人失火,屋比延烧,不足忧也。"(卷一二〇 3105 页)

这里的"家人"也即"人家、凡人之家"(意为非官府)。

《汉书·惠帝纪》:春正月癸酉,有两龙见兰陵家人井中。(卷二 89 页)

此"家人"亦"人家"义。钱大昭在《汉书辨疑》中指出(卷一 8 页):

> 家人,《汉纪》(荀悦著)作"人家"。案《五行志》:"癸酉,有两龙见于兰陵延东里温陵井中。"[1] 则作"人家"者是。

此例颜师古释为"庶人之家"[2];"刘向以为龙贵象而困于庶人井中"(《汉书》二十七下之上 1466—1467 页)。他们所说的"庶人"也就是"凡人",普通"人家"。杨树达批评"钱说非也"(《汉书窥管》卷一 30 页),将"人家"与"庶民"对立起来,似不妥。

但"凡人之家"并不是在一切情况下都等于"庶人之家"。请

---

① 《汉书》卷二十七下之上 1466 页,

② 《汉书》卷二 89 页颜注。

看下面三例：

　　《汉书·佞幸传·董贤》:(王)闳为(董)贤弟驸马都尉宽信
求(萧)咸女为妇,咸惶恐不敢当,私谓闳曰:"董公(指董贤)为
大司马,册文言'允执厥中',此乃尧禅舜之文,非三公故事,长
老见者,莫不心惧。此岂家人子所能堪耶!"闳性有知略,闻
咸言,心亦悟。乃还报恭(恭,董贤之父),深达咸自谦薄之意。
(卷九十三 3738 页)

　　颜师古说:"家人犹言庶人也。盖咸自谓。"(3738 页)颜说
欠妥。

　　萧咸何许人也? 萧咸为王闳岳父,乃"前将军望之子也,久
为郡守,病免,为中郎将",故"(董)贤父恭慕之,欲与结婚姻"。
萧咸也是高官,即使"自谦",也非"庶人"可比。这里的"家人"
只能解释为"凡人之家",因为当时的董贤"权与人主侔"。萧咸
与之相比,"自谦薄"为"凡人之家",有不敢高攀之意。"家人子"
无疑非萧咸实际身分。

　　《盐铁论·崇礼》:大夫曰:"夫家人有客,尚有倡优奇变之
乐,而况县官乎?"(县官:指天子)

　　杨树达《盐铁论要释》:"汉人谓庶民为家人。"(70 页,上海
古籍出版社 2007 年)将此"家人"与"庶民"画等号,甚为不当。
案之此例中的"家人",只可释为"凡人之家",而非"庶民"。汉
代的"庶民"招待客人如有"倡优奇变之乐",这是什么样的"庶
民"? 汉代的"庶民"多是农民或无任何官阶爵位的人。能享有
"倡优奇变之乐"者,无疑属于上层社会人士,可对"县官"(天子)
而言,他们当然就是平常人家了,但绝不是"庶人"。

　　《汉书·谷永传》:陛下(指成帝)弃万乘之至贵,乐家人之
贱事。(卷八十五 3461 页)

　　颜师古曰:"谓私畜田及奴婢财物。"依颜注,这里的"家人"

也只能解释为"凡人之家",一般"庶民"可以"私畜田及财物",如有"奴婢",这就跟"庶民"的社会地位不相符合了。

二 《周易·家人》卦及窦太后与 "家人言"的风波

现在,我们谈"家人"的第二个来源,即《周易》中的"家人"。各辞书均将此"家人"作为独立义项,这无疑是正确的。而《辞源》(0836页,1980年版)无释义,只说此乃《易》卦名。《汉语大词典》指出:"内容是论治家之道。"此释义也不得要领。

如果仅从卦名而言,的确看不出此"家人"与《诗经》中的"家人"有什么不同。朱熹的《周易本义》就说:"家人者,一家之人。"这个释义与此卦的精神实质全然不符,不可信。原来这里的"家"已非家庭之家,乃特指妇、妻。"家人"就是妇人、妻子。

《左传·僖公十五年》晋国卜筮之史有占辞说:"逃归其国,而弃其家。"杜注:"家谓子圉妇怀嬴。"《正义》:"夫谓妻为家,弃其家谓弃其妻,故为怀嬴也。"①

屈原《离骚》:"固乱流其鲜终兮,浞又贪夫厥家。"王逸注:"妇谓之家……贪取其家,以为己妻。"②

此两例乃"家"有妇、妻义之确证。

从《家人》卦的内容来看,也不是对"一家之人"而言的,所言全属妇女问题。

《家人》的卦象为离下巽上:☲☴③。这个卦象的符号意义是什么?六二、六四为阴爻。"巽一索而得女,故谓之长女。""离再索而

---

① 《十三经注疏·春秋左传正义》1807页。
② 《楚辞补注》上册17页,中华书局1957年。
③ 《十三经注疏·周易正义》卷四50页。

得女,故谓之中女。"①

《家人》的卦辞为:"利女贞。"马融曰:"家人以女为奥主,长女、中女各得其正,故特曰'利女贞'矣。"(《周易集解》卷八 1 页)王弼对象辞"女正位乎内,男正位乎外"的解释是:"家人之义,以内为本者也,故先说'女'矣。"(同上引)

马、王的注很明确:"家人"卦的内容不是泛言"治家之道",而是讨论为妇之道的。用今天的观点来看,就是在家庭范围之内如何管束妇女,让家庭主妇自觉自愿地处于被压制的地位。于是,第一爻的爻辞就毫不客气地提出了:

> 初九　闲有家。悔亡。

此话是什么意思?表述了什么样的传统伦理观念?下面我们引述王弼、欧阳修、王夫之、朱骏声等人的有关言论来作答辞。王弼注(《十三经注疏·周易正义》38 页):

> 凡教在初,而法在始。家渎而后严之,志变而后治之,则悔矣。处家人之初,为家人之始,故宜必以闲有家,然后悔亡也。

"教"的对象是谁?家"法"管的是谁? "家渎"的原因在谁? 谁"志变"了? 谁"处家人之初"? 谁"为家人之始"? 全部矛头均指向一个目标:女子。或曰家庭中新嫁过来的女子。

欧阳修撰《新五代史》,将宗室后妃传称为《家人传》,其理论根据就来自《周易·家人》。他在《梁家人传》序文中说(《新五代史》卷十三 127 页,中华书局 1974 年):

> 梁之无敌于天下,可谓虎狼之强矣。及其败也,因于

---

① 《十三经注疏·周易正义·说卦》卷九 94 页。

一二女子之误。至于洞胸流肠，刲若羊豕，祸生父子之间，乃
知女色之能败人矣。自古女祸，大者亡天下，其次亡家，其次
亡身，身苟免矣，犹及其子孙，虽迟速不同，未有无祸者也。
然原其本末，未始不起于忽微。《易·坤》之初六曰："履霜，
坚冰至。"《家人》之初九曰："闲有家，悔亡。"其言至矣，可
不戒哉！

"女祸"历史观，从夏商周至近现代，一直被男权统治者奉为圭臬，
从未动摇。防范的药方就是《周易》时代已经总结出来的三个大
字："闲有家。"欧阳修的这篇序文就是用男权史观剪裁历史事实
为"闲有家"作注脚的。

何谓"闲"？下引朱骏声文会谈到。我们先问：为什么对女子
要"闲"，何以"闲"？这就要听王夫之的慷慨陈词了。王夫之说
（《周易外传·家人》913页，岳麓书社2011年）：

闲之于下，许子以制母；威之于上，尊主以治从；而后阴
虽忮忌柔慢以为情，终以保贞而勿失矣。

又说（312、313、315页）：

《家人》中四爻（盈按：指代表男位的初九、九三、九五、
上九四阳爻）皆得其位，而初、上（指初九、上九）以刚"闲"
之，阳之为德充足而无间，御其浮游而闲之之象也，故化行于
近，而可及于远。

而知齐家之道，唯女贞之为切也。阳之德本和而健于
行，初无不贞之忧；所以不贞者，阴杂其间，干阳之位；而反御
阳以行，是以阳因失其固有之贞而随之以邪。岂特二女之嫔
虞，太姒之兴周，妹（应作妺）喜、妲己、褒姒之亡三代，为兴
衰之原哉！即士庶之家，父子兄弟天性之合，自孩提稍长而

已知爱敬，其乖戾悖逆因乎气质之凶顽者，百不得一也。妇人一入而乱之，始之以媚惑，终之以悍骜，受其惑而制于其悍，则迷丧其天良，成乎凶悖，而若不能自已。人伦斁，天理灭，天下沦胥于禽兽，而不知其造端于女祸。圣人于此惧之甚，戒之甚，而曰"利女贞"，言女贞之不易得也。女德未易贞，而由不贞以使之贞，唯如《家人》之"严君"，刚以闲之，绝其媚而蚤止其悍，使虽为"哲妇、艳妻"[①]，而有所制而不得逞。

"闲"者，御其邪而护之使正也。家人本无不正，尤必从而闲之。谨之于微，母教也。虽若过于刚严，而后悔必亡。

依照王夫之的逻辑，阳德原本"和而健于行，初无不贞之忧"，阳之所以"失其固有之贞"，都是阴干阳位造成的。因此，妇人是犯有"原罪"的。呜呼！在西方的《圣经》中亚当和夏娃都犯有原罪，而中国的《易经》中，亚当本无"不贞之忧"，"不贞者"乃夏娃，夏娃自己"不贞"使亚当也"不贞"。这也是中西文化传统的巨大差异。

王夫之也全盘接受了男权社会对妹喜、妲己、褒姒的诬枉之辞，并进而推论到"士庶之家"，父子兄弟间之所以有"乖戾悖逆"的"凶顽"之徒，全是由于"妇人一入而乱之"。弄得家不家，国不国，人伦天理丧灭，"天下沦胥于禽兽"，这样的"家人"还不该"闲"之而又"闲"之吗！可是，唐太宗率长孙无忌等于玄武门诛杀皇太子建成、齐王元吉，胁迫其父让位；雍正残酷迫害杀戮自己的亲兄弟，还有数不清的"人伦斁，天理灭"，行同禽兽的故事，有几件是"妇人一人"而造成的呢？细读历史就知道：妹喜、妲己、

---

① 《诗·大雅·瞻卬》："哲妇倾城。"《小雅·十月之郊》："艳妻煽方处。"《毛传》："艳妻，褒姒。"

褒姒之类的人物,多数是受害者,即使有罪,也应该与亚当相提并论才公正呀。亚当、夏娃这一对"家人",岂可随意轩轾!

《家人》卦标榜的是"利女贞",而数千年来,此卦对妇女真是有万害而无一"利"!国内外那么多易学大师,有谁能为中国的夏娃鸣不平?

《家人》中的妇女观早已浸透了国人的骨髓,不仅奉为经典,而且深入到民间俗谚中去了。

19世纪的朱骏声是《说文》大家,介绍一下他对"闲有家"的解诂,对我们了解《周易》的"家人"一词是会有帮助的。他说(《六十四卦经解·家人》卷五160页,中华书局1958年):

> 膚户之内谓之家。闲,阑也。木设于门,所以防闲也。处家宜和,治家宜严,颜之推曰:"教子婴孩,教妇初来。"此之谓也。

这里要说明的是:朱氏所引颜之推云云,并不是颜氏个人的言论。此话出自颜之推的《颜氏家训·教子》篇。原文作:"俗谚曰:'教妇初来,教儿婴孩。'""教妇初来"的"俗谚"与"初九"爻辞"闲有家",意思完全一致。所谓教,就是诸多禁忌,诸多防范,诸多服从。一言以蔽之曰"闲"。

行文至此,我相信我已经把《家人》卦的确切含义弄清楚了。现在要做的就是拿语言材料来证明。下面两个例子在古代都是很有影响的。

例一,取自《汉书·游侠传·原涉》(3715页):

> 或讥(原)涉曰:"子本吏二千石之世,结发自修,以行丧推财礼让为名……何故遂自放纵,为轻侠之徒乎?"涉应曰:"子独不见家人寡妇邪?始自约敕之时,意乃慕宋伯姬及陈孝妇,不幸壹为盗贼所污,遂行淫失,知其非礼,然不能自还。吾犹

此矣!"

这是一段名言,也是一个名典。南宋戴埴《鼠璞·柳子厚文》(《丛书集成初编》本43页)、俞文豹《吹剑录》"原涉"条(10页)、清人钱大昕《十驾斋养新录》"河间传"条,都认为柳宗元的小说《河间传》"盖本于此","其意正相类"。

妇人河间,原本是一个很"有贤操"的女子,"自未嫁"至"既嫁","谨甚,未尝言门外事",恪守为妇之道,"以贞顺静专为礼",是当地声望甚佳的模范"新妇",后因"族类丑行者""必坏之",逐渐堕落为"淫妇人"[①]。戴埴等人将柳宗元这篇小说溯源于原涉的"家人寡妇"论,完全正确。可我现在要进一步提问:原涉所谓的"家人"又出自何处?答案只有一个:出自《周易·家人》。原涉的话正好是"初九,闲有家"及俗谚"教妇初来"生动、贴切的演绎。

可是,杨树达谓"家人谓庶民,汉人常语"时,亦举原涉此话为证(《汉书窥管》卷一31页),这显然是讲不通的。不唯"庶民"与"寡妇"不能相提并论,而且下文"壹为盗贼所污,遂行淫失",也与"庶民"毫不相干。何谓"污"与"淫",柳宗元笔下的河间即是一例。唯一可信的结论,原涉所谓的"家人"只能是"利女贞"之"女","教妇初来"之"妇",也就是《河间传》中称之为"新妇"的已婚女子。总而言之,是妇道人家。

例二,这个例子涉及到本文副标题中所谓的女强人窦太后(《史记·儒林列传·辕固生》3123页,中华书局1959年):

　　窦太后好《老子》书,召辕固生问《老子》书。固曰:"此是家人言耳。"太后怒曰:"安得司空城旦书乎?"乃使固入圈刺

[①] 《柳河东集·外集·河间传》卷上67页,国学基本丛书简编本,商务印书馆1938年。

豕。景帝知太后怒而固直言无罪,乃假固利兵,下圈刺豕,正中其心,一刺,豕应手而倒。太后默然,无以复罪,罢之。居顷之,景帝以固为廉直,拜为清河王太傅。久之,病免。

这是一段气氛相当恐怖而又妙趣横生的史文,今日读来犹如身临其境。现场人物有三:窦太后、书呆子辕固先生、汉景帝。还有一只猪。古今中外,以刺豕来决学术胜负,大概仅此一例吧。窦太后的狂野风度,可谓空前绝后。

全部矛盾是由"家人"这个词引起来的。

司马贞《索隐》:"服虔云:'如家人言也。'案:《老子道德篇》近而观之,理国理身而已,故言此家人之言也。"(《史记》3123页)

《汉书·辕固传》师古注:"家人言僮隶之属。"(3613页)

俞正燮《癸巳存稿·家人言解》:"宫中名家人者,盖宫中无位号,如言宫女子、宫婢……'家人言'本意谓仁弱似妪媪语,而家人又适为宫中无位号者……窦太后始为家人,故怒,怒其干犯,非仅以有仁弱之讥也。"[①]俞说与颜注接近,"宫婢"与"僮隶"无本质差别。

杨树达谓"家人谓庶民",亦举此例为证。杨说与颜、俞大不相同。博学多闻的钱钟书为了证明此例之"家人"即"人家",即匹夫、庶人之义,还援引魏收《魏书·崔浩传》浩论《老子》曰:"袁(盈按:原书作韦,钱先生误为袁)生所谓家人筐箧中物,不可扬于王庭也!"(钱说见《管锥编》第一册372页,中华书局1979年)崔浩说的"韦生",为三国时的韦曜。曜在回答孙晧问"瑞应"时说:"此人家筐箧中物耳!"(《三国志·吴书》1462页)应该说,韦曜所说的"人家"与辕固所说的"家人"毫无关系。而崔浩改"人

① 《癸巳存稿》卷七199页,辽宁教育出版社2003年。

家"为"家人",又与批判老庄之书联系起来,已与韦氏原意大不相同,倒是与辕固相呼应了。所以,我认为这个"家人"未必不是指妇道人家。何谓"筐箧中物"? 当然不是指书本或男士的衣物,应该跟妇女有关。《周易·归妹》"女承筐",《诗·豳风·七月》"女执懿筐","筐"也可以是妇女盛衣物的箱子。这里"筐箧"连用,喻老庄书为妇女所用衣物,"故不可扬于王庭也"(《魏书·崔浩传》812页)。

现代辞书举辕固语证时,多取颜注,如《辞源》《汉语大词典》《汉语称谓大词典》均释为"仆人、仆役"。《辞海》"家人"的义项3"旧时称仆人",只举《红楼梦》中的例子为证,大概是有意回避"家人言"这个例子吧。杨氏的"庶民"说也有一定的影响,如台湾六十教授合译的《白话史记》译为:"这只是庶人之言罢了。"(下册1051页,岳麓书社1987年)

从服虔到杨树达、钱钟书,对辕固这句"家人言"有四种不同的解释。不仅杨、钱不同于颜,司马贞与服虔也是不同的。司马的案语似乎是对服注的申说,实则大相径庭,下文再细说。

辕固这句话为什么如此难解呢?

如果仅从字面求解,必然难以定论。只有联系当时的环境,深入分析窦、辕、景帝三人的情态,尤其是景帝与窦、辕的微妙关系,这个谜是不难破译的。

矛盾的主要方面是窦太后。

窦太后这个人物,无论从哪种意义来说,都是值得一论的。本文副标题说她是"女强人",是从身世、政治权力、学术专制三方面来立论的。

窦太后乃汉初赵地清河郡观津县人。景帝年间观津又划归分置的信都国,其地在今之衡水市武邑境内。"吕太后时以良家子选入宫",这是《汉书·外戚传》的说法;《史记·外戚世家》不用"选"字，只说"以良家子入宫侍太后"。《汉书》的表述远不如《史记》准确。窦氏的出身是很凄苦的，早年丧父，其弟四五岁被人"略卖"，家贫且贱。她的入宫实为生活所迫，与"选"妃子根本不是一回事。《史记》说"侍太后"，表明了她的身份只不过是吕后的贴身丫头，与《红楼梦》里的鸳鸯、平儿差不多。

可窦丫头运气实在太好了，幸福之花似乎专为她而开。她碰上了一个有利于自己攀升的时代，当时的皇帝们不计较后妃的出身门第，故"汉初妃后多出微贱"[①]。她又碰上"太后出宫人以赐诸王"的机会，她原本想"如赵，近家"，结果却被主持此事的宦者"误置代伍中"，感谢上苍这一"误"，"至代，代王（即后来的文帝）独幸窦姬"。"独幸"的原因似非色与艺，按年龄她应该长于代王，之所以取得代王"独幸"，恐怕与其少也贱，故谦谨、历练、勤敏、善于体贴年轻的代王有关。她又为年轻的代王生了一个儿子，即后来的景帝。上帝又让她一枝独秀，代王王后及王后所生四男全都自然死亡，故代王立为皇帝时，景帝没有任何竞争就被立为太子，窦姬也理所当然地成为皇后。文帝崩，景帝立，窦皇后就成了皇太后；景帝崩，武帝立，她成了太皇窦太后。她卒于武帝建元六年（前135）。文帝去世之后她还活了22年。这22年中，她管着儿子（景帝）和孙子（武帝），直接干预朝政，操纵学术方向，功大于过，所谓文景之治，窦氏乃关键人物。如果从立为皇后之日（前179）算起，她在位有45年之久，始终未离开权力中心、学术中心。她既保护了景帝、武帝（即位时才16岁），又必然会和自己的儿子、孙子在政见及学术趣味上产生种种矛盾。

在窦太后与辕固这场火药味极浓的学术论战中，同时也暴露

---

① 赵翼《廿二史札记》卷三46页，辽宁教育出版社2000年。

了儿子景帝与母亲窦太后之间存有不可明言的矛盾。书呆子辕固敢于当面口出狂言顶撞窦太后，而又没有被窦太后整死，留下了一条老命，居然还拜为太傅，显然是景帝为他撑腰，巧妙地保护了他。景帝为什么不站在母亲一边打压辕固反而支持辕固呢？

就学术趣味而言，景帝乃至后来的武帝，都不喜欢黄老之言。道理很明显，儒术是为加强巩固君权服务的；黄老之言只能削弱君权，有利于母后干政。《外戚传》说得很清楚："窦太后好黄帝、老子言，景帝及诸窦不得不读《老子》尊其术。"（《汉书》卷九十七 3945 页）"不得不"三字显示了母后的威权，也道出了景帝无可奈何的处境。景帝即位时已经 32 岁了，身后还站着这样一位强势母亲来管着自己，帝王的权威何在！他多么渴望用儒术来为自己的皇权造声势，辕固这样的儒术中坚正是反对妇人干政、皇权的铁杆捍卫者，他能不保护辕固吗！

这母子二人更深层的矛盾还不在学术取向，而在"窦太后心欲以孝王为后嗣"[①]，这是景帝无论如何不能容忍的。窦太后为文帝生了两个儿子，小儿子即梁孝王刘武。太后偏爱这个小儿子，必欲以刘武来继景帝位，梁王也因此无法无天，派出刺客杀害朝中那些反对由他"为后嗣"的"议臣"。当景帝要查办刺客且"由此怨望于梁王"时，梁王有意"匿于长公主园"，造成失踪假象。太后泣曰："帝杀吾子！"后来梁王薨，"窦太后哭极哀，不食，曰：'帝果杀吾子！'"[②]给景帝造成了极大压力。

不难理解，学术趣味的对立正是皇权遭遇母后挑战的意识形态化。按儒学的机制，妇人是不能干政的；君为臣纲，子承父业，梁孝王的行为完全违背了"三纲"学说。

---

① 《史记·梁孝王世家》卷五十八 2084 页。
② 同上，2086 页。

讲清了这些背景、关系之后,我们应该明白了:辕固说的"此是家人言耳",乃一语双关,有双重指向性,既指向《老子》其书,也指向窦太后其人。

所以,这里的"家人言"就是指妇人之言,即妇道人家的见解。

辕固一语出口,捅了马蜂窝。此言刺伤了太后的自尊心,直挑太后的价值观。

从表层意义来看,是说《老子》提倡"无为、不争",提倡"绝学无忧","以贱为本"(见《老子》),提倡"无为自化,清静自正"等等(《史记·老子传》卷六十三 2143 页),全是妇人之见。从深层看,窦太后原本就有过"家人"(宫婢)经历,如今虽然能管着皇帝,一个无法改变的事实是,她还是女人身。女人不宜过问朝政的礼制,她当然心知肚明。窦太后焉能不愤怒!她的回答充满了杀机:到哪里去找让罪人"司空城旦"读的书呢!

辕固这个时候应该是七八十岁的老年人了[①],要辕固去"刺豕",无异于让他去送死。好在景帝"假固利兵",又好在那头猪"应手而倒",才"无以复罪"。设若辕老头子遭遇的是王小波笔下那种"特立独行的猪",那只"一百人也逮不住"的猪,那只能躲开手枪与火枪射击的猪,他就死定了。即或不死,也得与"城旦"为伍了。

这绝对不是危言耸听。武帝初年,窦老太太还逼死了两位儒生,《史记·儒林列传》有明文记载(3122 页):

> 太皇窦太后好老子言,不说(yuè)儒术,得赵绾、王臧之过以让上(斥责武帝),上因废明堂事,尽下赵绾、王臧吏,后皆自杀。

《汉书·武帝纪》于建元二年(前 139)也记载了赵绾、王臧自杀事

---

① 汉武帝元光五年(前 130)辕固 90 余岁,见《资治通鉴》卷十八 602 页。

件。应劭有一条很重要的注(《汉书》卷六 157 页)：

> 礼，妇人不豫政事，时帝已自躬省万机。王臧儒者，欲
> 立明堂辟雍。太后素好黄老术，非薄五经。因欲绝奏事太后
> （即不再向太皇太后奏事），太后怒，故杀之①。

将应劭此注与服虔在《史记·儒林传》中那条注联系起来分析，我们就会发现：在颜师古之前的东汉，应劭、服虔他们对辕固说的"家人言"还是能正确理解的。

《索隐》引服虔云："如家人言也。"比原文只多了一个"如"字，几乎是同语反复，等于没有解说。

没有解说就是解说。他没有用"僮仆"或"庶人"来作注，就已经证明：辕固所说的"家人"既非仆人也非平民。"家人"就是"家人"，而"老子言"毕竟不就是"家人言"，所以要加个"如"字。"如"什么呢？　"如"《周易》中的"家人"，即妇人。

应劭并未给辕固的话作注，而他指出了"礼，妇人不豫政事"，事实上就是拿儒家"闲有家"的根本大法来指责窦太后。

有"闲"者就有被"闲"者。辕固、应劭、服虔乃至景帝，在理论上都是"闲"者，而窦太后在理论上却处于被"闲"者的地位，可事实上实权为窦太后所牢牢控制。这就如同王夫之说的："阴杂其间，干阳之位；而反御阳以行。"辕固、景帝作为"闲者"，就是要"御其邪而护之使正也"。正如王夫之所言："闲之于下，许子以制母；威之于上，尊主以治从。"

"家人言"三字，涉及到辕固本人、窦太后、景帝这三个人的核心价值观。因此，辕固不能不"直言"，窦太后不能不发"怒"，

---

① "请毋奏事太皇太后"者，乃御史大夫赵绾。因此案受牵连的丞相窦婴、太尉田蚡均被免职。武帝本人也受到皇太后的警告，要他设法取悦太皇窦太后。

景帝不能不保护辕固"以制母",全都取决于核心利益。看似闹剧,实则各有大义存焉。

辕固要捍卫的是儒术的核心价值——三纲学说;窦太后要维护的不只是自己的权威,还有政权的稳定;景帝要维护的是手中的皇权,他与辕固有共同的契合点。

所以,将这里的"家人"释为"僮隶之属",既与《老子》一书的内容不切合,也有悖于当时的语言环境、人物身份。辕固虽然敢于"直言",还不至于以"僮隶"来直射太后,这样的用语也不符合其儒者的身份、学术理念;再则,景帝虽与其母在内心深处有某些龃龉,但绝不可能容忍辕固以"僮隶"这样的恶语来伤害自己的亲生母亲,为人子者岂能听了"尔母,婢也"这样的攻击还能肯定其"直言无罪"吗? 如果自己的母亲喜欢的是"僮隶"之言,景帝本人岂不成了"家人"子吗? 景帝的现场反应是解开"家人"之谜的重要依据。

为什么"庶民"说也是错的呢? 如果辕固说的"家人"就是"庶民",窦太后犯不着如此怒不可遏,犯不着用"使固入圈刺豕"的野蛮手段来决此争端,而且《老子》学说也不代表"庶民"的主张,辕固也没有必要拿"庶民"来说事,儒家什么时候反对过"庶民"呢!

我既非帝党,也非后党,更不是辕派,只是就事论事。

就事实而言,用人性的眼光来看历史,所谓"闲有家",所谓"礼,妇人不豫政事",以及所谓"家人之言",都是违背人性、大成问题的。而中国数千年的史书都是男性写出来的,是非折衷于夫子,几乎听不到妇女的声音。窦太后是第一个敢于公然"非薄五经"的女性,是第一个批判"儒者文多质少"的女性[①],是第一个

---

① 《资治通鉴·汉纪九》武帝建元二年,卷十七564页。

用"刺豕"的方法来处罚儒生的女性。说她是女强人,是女中豪杰,我以为不算过分。

据《妒记》一书记载,晋代谢安的刘夫人反对谢安"立妓妾",有人拿《关雎》《螽斯》"有不忌之德"来讽谕。这位刘夫人乃问:"谁撰此诗?"答云:"周公。"夫人曰:"周公是男子,相为尔。若使周姥撰诗,当无此也。"[①]尽管周祖谟师的老丈人、也是我的乡先贤余嘉锡先生"疑是时人造作此言,以为戏笑耳"[②],而"戏笑"之言也道出了颠扑不破的真理。

同理,我们也可以替窦太后发问:应劭所谓的"礼"是谁制的?答案也是:"周公。"窦太后一定会说:"若使周姥制礼,当无'妇人不豫政事'之理也。"

要之,"妇人之见"与男子之见,不论高下如何,从话语权而言是同等的,是神圣不可侵犯的。

何况,汉朝初年,经连年战乱之后,民不聊生,社会破败,黄老的清静无为之术,有利于休养生息,恢复元气,促进社会稳定。"文景之治"就可以为证。在中国历代的皇帝中,汉文帝是体恤民生疾苦、严格节俭克己的典范,那是一个大体上没有贪官没有酷吏的时代,黄老术岂能一概否定。文帝死后,窦氏作为母亲监督景帝,景帝死后又以祖母太皇太后的身份,监管16岁的小孙子武帝,她不也是为了刘氏王朝能平安无事吗?她在干豫朝政时也有各种各样的错误,尤其是偏袒梁孝王,对儒生过于严酷,都无益于社会发展,可人世间有不犯错误的统治者吗!

不得不指出的是:窦太后一驾崩,武帝就迫不及待地"绌黄老、刑名百家之言,延文学儒者数百人"[③],汉王朝从此进入了矛

① 《艺文类聚·人部·妒》卷三十五615页,上海古籍出版社1965年。
② 余嘉锡《世说新语笺疏》696页,中华书局1983年。
③ 《史记·儒林列传》3118页。

盾重重的多事之秋。可以说,窦太后之死,标志着一个清静无为时代的结束,也意味着儒术独尊的开端。研究中国学术思想史,如果抛开窦太后不论,历史的拐点就成了盲点,我说的不对吗?

三 主家的奴仆:家人、家人子

最后,我们讨论"家人"的第三个来源。在封建制度时代(指周王朝的封土建国),天子诸侯曰国,卿大夫曰家。家有主,有隶属于主家的奴仆。具有这种隶属身份的人就是"家人"。封建制度崩溃之后,各色各样的"家主"还存在,奴仆也一直存在。所以,"家人"的奴仆义在整个古代社会也一直存在。这个"家"字既不是"家庭"之家,也不是特指"妇、妻",而是指"主家"。《汉书·外戚传·孝文窦皇后》说:"(窦后之弟)少君独脱不死。自卜,数日当为侯。从其家之长安,闻皇后新立,家在观津,姓窦氏。"(3944页)何谓"从其家"?颜师古注:"从其主家也。"这时候的少君就是奴仆,是隶属于"之长安"的主家的奴仆。靠其姊为皇后的关系,一夜之间由奴仆而封侯,身份产生了质的变化。

古代的僮奴大体上有四个来源:

一是战俘。俞正燮说:"《史记》列国《世家》所谓'家人',即奴虏。"(《癸巳存稿》卷七199页)"奴虏"意为以俘虏为奴(引申为泛指奴隶)。

《史记·鲁周公世家》:"二十四年,楚考烈王伐灭鲁。顷公亡,迁于下邑,为家人,鲁绝祀。"(1547页)日人泷川资言《史记会注考证》引冈白驹曰:"家人,齐民也。"又引韦昭云:"庶人之家也。谓居家之人无官职也。"[1]

---

[1]《史记会注考证》卷三十三55页,北岳文艺出版社1999年。

《史记·晋世家》:"静公二年,魏武侯……灭晋后而三分其地。静公迁为家人,晋绝不祀。"(1687 页)泷川资言《会注考证》云:"家人,庶人也。"(卷三十九 94 页)

这两例中的"家人",《会注考证》的释义均与俞说相矛盾。我以为《史记》用"家人"而不用"庶人",说明这两个词是有原则性区别的。如果仅仅是削职为民,可以说是"免为庶人"或"废为庶人",而鲁顷公、晋静公都是亡国之君,为敌方所俘,与"居家之人无官职"者大不相同,他们不仅失去了土地,失去了君位,更重要的是失去了人身自由,成了监管对象。比较而言,我以为俞之"奴虏"说是可信的。

下面这个例子也是有分歧的:

《史记·魏豹传》:"魏豹者,故魏诸公子也。其兄魏咎,故魏时封为宁陵君。秦灭魏,迁咎为家人。"(2589 页)《汉书·魏豹传》将"迁咎为家人"五个字改为"为庶人"(1845 页)。杨树达据此断言:"尤家人即庶人之明证。"(《汉书窥管》卷一 31 页)

事情恐怕不这么简单。《汉书》不只是改"家人"为"庶人",尤应注意的是删去了"迁"字。按《汉书》的文意是,秦灭魏国之后,魏咎变成了庶人,也就是平民。而按《史记》的文意,魏咎被强制迁徙到别的地方去了,这意味着他失去了人身自由,受到刑罚制裁。

如果不是《汉书》编者所见的原始材料与《史记》不同,那么这种文字加工就完全是错误的。《汉书》乱改《史记》,使《史记》的原意走样,这样的例子不少。

因此,我对杨树达所谓的"明证",不敢苟同。此例也应依俞说才是。

二是罪人。所谓"罪人"不见得都有罪,权势者认定他(她)有罪就成了"罪人"。也不是所有的罪人都等同于"家人",只有

那些没入官府或豪门从而成为男女僮仆的人,或被废黜的后妃等同罪犯的人才有可能成为"家人",如:

> 《汉书·宣元六王传·东平思王宇》:"姬胸臑故亲幸,后疏远,数叹息呼天。宇闻,斥胸臑为家人子,扫除永巷,数笞击之。"(3323、3324页)颜师古对"家人子"的注释是:"黜其秩位。"(3324页)

这条材料要说明的有两点:"家人子"是一个词,并不等于"家人"的子女。此例中的"家人子"很显然是一个完整的称谓,不能拆开来讲。这个"子"是什么意思呢?《后汉书·王符传·浮侈篇》"葛子升越"注:"子,细称也。"(卷四十九1635页)在"家人子"中"子"既表示年幼、细小,也表示地位低下,带有词尾性质,这是一;第二点,"家人子"是一种身份,据《汉书·外戚传》载:汉代宫廷女子共有14等级位(卷九十七上3935页),而"家人子"在等外,是地位最低的仆人。胸臑斥贬为"家人子"的境遇也可以为证。颜注"黜其秩位"是对的。由"姬"黜为"家人子",身份、待遇、处境,有天渊之别。

> 《汉书·外戚传·中山卫姬》:"卫后(汉平帝之母)日夜啼泣,思见帝……(王)宇(王莽长子)复教令上书求至京师。会事发觉,莽杀宇,尽诛卫氏支属。卫宝(平帝之舅)女为中山王后,免后,徙合浦。唯卫后在,王莽篡国,废为家人。"(卷九十七下4009页)

由母后"废为家人",降为仆役,无以存活,故"岁余卒"。

在《外戚传》中,"庶人"与"家人"完全是两种不同的身份。请注意下列各例(《汉书》卷九十七下):

> 《孝昭上官皇后》:"且用皇后为尊,一旦人主意有所移,虽欲为家人亦不可得。"(3959页)

此例的"家人"颜师古注为:"言凡庶匹夫。"(3960页)当然也解得通。我以为这个"家人"与上例卫后"废为家人"意思一样,也是仆役。上官安(霍光女婿)的意思是:如果"谋杀(霍)光"、废除皇帝而立上官桀(安之父)的阴谋一旦败露,即使想当仆役也不可能,言外之意就是会招来杀身之祸。结果桀、安皆被处以死罪,皇后因为"年少不与谋",又是霍"光外孙,故得不废"(3959页)。

《孝成赵皇后》:"哀帝于是免新成侯赵钦、钦兄子成阳侯䜣,皆为庶人,将家属徙辽西郡。"(3996页)又:"今废皇后为庶人,就其园。"(3999页)

《孝元冯昭仪》:"上不忍致法,废为庶人,徙云阳宫。"(4007页)

又:"(宜乡侯)参女弁为孝王后,有两女,有司奏免为庶人,与冯氏宗族徙归故郡。"(同上)

又:"(张)由前诬告骨肉,(史)立陷人入大辟……以取秩迁,获爵邑,幸蒙赦令,请免为庶人,徙合浦。"(3996页)

上述五例中的"庶人",皇后为"废",其余为"免",都是贬黜为平民。例中的"庶人"均不可改为"家人"。因为这两类人有性质上的差别。

所谓"上(哀帝)不忍致法",说明黜为庶人,并不是法律制裁。而"废为家人",就人身自由也没有了,户籍也没有了。

"庶人"乃"良人、良家子","家人"乃罪人,乃"奴婢",根本没有自己独立的户籍。据王仲荦考证,"奴婢上户籍始于北魏",但也只是"可以附载在主人的户籍之上"(《蜡华山馆丛稿》77页,中华书局1987年)。

家人,也就是奴仆,其身份不等于"庶人",从元帝时贡禹上书所言也可以得到确证,他说:"诸官奴婢十万余人戏游亡事,税良民以给之,岁费五六钜万,宜免为庶人,廪食,令代关东戍卒,乘北边亭塞候望。"（《汉书·贡禹传》3076页）"官奴婢"有男有女，均非民籍，与"家人"身份是一样的。所谓"免为庶人"，即免除其"奴婢"身份使之成为"庶人"。汉高祖时也赦免过私家奴婢，诏曰："民以饥饿自卖为人奴婢者，皆免为庶人。"（《汉书·高帝纪》54页）王后"免为庶人"是黜贬，而奴婢"免为庶人"是解放。

贡禹建议元帝解放奴婢以代戍卒，因为这些奴婢属于皇家。如不转换其身份，他们是不许离开皇宫的。

汉代的从军者也有民间富豪的"家人子"，《史记·冯唐传》云："夫士卒尽家人子，起田中从军，安知尺籍伍符？"（2759页）例中的"家人子"应作何解？存有分歧。

司马贞《索隐》："谓庶人之家子也。"[①] 杨树达所谓的"家人谓庶民，汉人常语"亦举此例（《汉书窥管》卷一30页）。《汉语大词典》"家人子"有专条，第一个义项"平民的子女"即举此例（缩印本上卷2060页）。此解有以今律古之嫌，在后代的文献中，"家人子"确有此义，但西汉时代冯唐所说的"田中、家人子"，应从俞正燮解。俞云（《癸巳存稿》卷七199、200页）：

> 《冯唐列传》："士卒尽家人子，起田中从军，安知尺籍伍符。"即苍头军亦私属，朱家买季布置之田是也。又与"七科谪"皆非民籍，故不知尺籍伍符。

俞正燮为了证明自己的观点，用了三种资料：一是由"家人子"组成的军队"即苍头军"。何谓"苍头"？奴仆即苍头，《汉书·鲍宣传》："奈何独私养外亲与幸臣董贤，多赏赐以大万数，使奴从宾客浆酒霍肉，苍头庐儿皆用致富！非天意也。"注引孟康曰："汉名奴为苍头，非纯黑，以别于良人也。"臣瓒曰："《汉仪注》官奴给

① 《汉书·冯唐传》2315页之颜师古注与《索隐》一字不差。

书计，从侍中已下为苍头青帻。"（3090页）第二条材料以季布为例。季布被汉高祖定为罪人，"罪及三族"。逃匿于濮阳周氏家。周氏为他设一藏身之计，即"髡钳季布，衣褐衣，置广柳车中，并与其家僮数十人，之鲁朱家所卖之。朱家心知是季布，乃买而置之田"（《史记·季布传》卷一〇〇 2729页）。朱家为高祖时大侠，"所藏活豪士以百数，其余庸人不可胜言"（《汉书·游侠传·朱家》卷九十二 3699页）。周氏一次卖给他的家僮就有"数十人"之多，可证汉初在"田中"从事劳动的"家人子"其数量之多不可胜记①。冯唐说"夫士卒尽家人子"，这有什么奇怪的呢！第三条材料是将"家人子"与"七科谪"相提并论。所谓七科谪②，就是汉代的"黑七类"分子，"皆非民籍"而谪戍边疆。据《大宛传》张守节《正义》引张晏云，这七种人指吏有罪、亡命、赘婿、贾人、故有市籍、父母有市籍、大父母有籍等七科（《史记》卷一二三 3176页）。汉武帝时代，"贾人有市籍者，及其家属，皆无得籍名田，以便农。敢犯令，没入田僮"（《史记·平准书》卷三十 1430页）。但在六七十年前冯唐与汉文帝对话时，还没有"禁兼并之涂"③，那个时候戍边的"家人子"应来自豪门及商人家的"田僮"。俞正燮这三条材料可以确证，冯唐说的"家人子"非"庶人之家子"。而且，我在前文已说过，"家人子"为一词，司马贞将其拆开来解，已曲解了原意。"子"的词尾化迹象，王力先生认为"在上古时代……特别是像《礼记·檀弓下》'使吾二婢子夹我'（疏："婢子，妾也。"），只有把'子'字认为词尾，才容易讲得通"（《王力文集》

---

① 汉武帝元鼎三年实行"告缗"法，"得民财物以亿计，奴婢以千万数，田大县数百顷，小县百余顷"（《汉书·食货志下》1170页）。

② 《史记·大宛传》："发天下七科适（zhé），及载糒给贰师。"

③ 《汉书·武帝纪》卷六 180页注引文颖曰："兼并者，食禄之家不得治产，兼取小民之利；商人虽富，不得复兼畜田宅。"

卷十一《汉语语法史》11页,山东教育出版社1990年)。日人太田辰夫举的例子为《左传·僖公二十二年》:"寡君之使婢子侍巾栉……"①

《史》《汉》中的"家人子"与先秦时代的"婢子"一样,"子"均表细称、贱称,处于词尾化的进程中。

三是良家子。这是僮奴的又一个来源。何谓"良家子"?《史记·李将军列传》司马贞《索隐》引如淳云:良家子"非医、巫、商贾、百工也"(2867页)。"良家子"原本属于民籍,而一旦入宫,又无位号,就落入"家人"行列了。俞正燮说:"宫中名'家人'者,盖宫人无位号,如言宫女子、宫婢。"(《癸巳存稿》卷七199页)《汉书·外戚传》序中有"上家人子、中家人子"。颜师古曰:"家人子者,言采择良家子以入宫,未有职号,但称家人子也。"②颜师古这条注是很好的,好在将"家人子"看作一个完整称号,而不是拆开来讲。可换一个语境,他就又胡涂了,如《汉书·娄敬传》:"上竟不能遣长公主,而取家人子为公主,妻单于。"(卷四十三2122页)师古注:"于外庶人之家取女而名之为公主。"(2123页)此"家人子"即《外戚传》里的"家人子"。高祖放着宫中的"家人子"不用,有必要到宫外"庶人之家取女"来冒充吗?这样做岂不泄密,能骗得了单于吗? 所以周寿昌批评说:"颜注讹。"③可是周寿昌也只知其一不知其二,他接着说:"《冯唐传》:'士卒尽家人子。'则是庶人之家子,不能与此同解也。"另一个湖

---

① 太田辰夫著,蒋绍愚等译《中国语历史文法》85页,北京大学出版社2003年。按:周法高《中国古代语法·构词编》亦举此例为"名词的后附语"。

② 《汉书》卷九十七上3935、3936页,按:元帝时,"单于自言愿婿汉氏以自亲。元帝以后宫良家子王墙(嫱)字昭君赐单于"(《汉书·匈奴传》卷九十四下3803页)。这里说的"良家子",实即"后宫"之"家人子"。

③ 转引自泷川资言《史记会注考证·刘敬传》卷九十九9页。

南老乡王先谦又说："据《匈奴传》'使刘敬奉宗室女翁(《史记》作"公")主为单于阏氏'，是'家人子'，乃宗室女也。"①

话分两头。先说周寿昌对《冯唐传》的"家人子"的理解，还是受前人解诂的影响，不可取，我在前文已有讨论。

至于王先谦所言，有《汉书·匈奴传》为据，如何解说？

《娄敬传》(《史记》作《刘敬传》)与《匈奴传》的矛盾，《史》《汉》完全一样。《汉书》后出，并未纠正、统一。从事实层面而言，有两种可能：一是实为"家人子"，"而令宗室……诈称公主"(《史记·刘敬传》卷九十九 2719 页)。二是原本打算用"家人子""诈称"，后来实际奉送的乃"宗室女翁主"。这种矛盾，后人已无法说得清了。从语言层面而言，"家人子"正如周寿昌所言，即《外戚传》中的"家人子"，所以刘敬说是"诈称"。如果"家人子"等于"宗室女"，就与"诈称"之"诈"不符。而且刘敬的诈谋中有两种身份完全不同的人：一是"宗室"之女，二是"后宫"之宫人，即"家人子"。依《史记·匈奴传》奉送的是"宗室女公主"，仍然是"诈称"，却与"后宫"之"家人子"无关；若依《汉书·匈奴传》，奉送的是"宗室女翁主"，乃诸侯王之女。虽非"诈称"，可与"后宫"之"家人子"也不相关。颜师古曰："诸王女曰翁主者，言其父自主婚。"(《汉书·匈奴传上》卷九十四上 3754 页)天子不自主婚，故其女为"公主"。王先谦将"宗室女"与"家人子"混为一谈，纯属望文生义，失之深考。

其实，刘敬建议"以适(dí)公主妻"单于事，史家已指出："此事未可信。"高祖长女鲁元公主早已嫁给了赵王张敖为后，钱大昕说："讵有夺赵王后以妻单于之理乎？"②

---

① 转引自泷川资言《史记会注考证·刘敬传》卷九十九 9 页。王氏所据为《汉书·匈奴传》。

② 《廿二史考异》卷五 72 页，上海古籍出版社 2004 年。

还有,《史》《汉》关于此次和亲的记载,两《传》内部自相矛盾,两书之间又有抵牾:嫁给单于的到底是"公主"还是"翁主",还是"家人子",要另加考证。不过,从后来"文帝复遣宗人女翁主为单于阏氏"的记载来看(《汉书·匈奴传上》卷九十四上 3759页),这个"复"字告诉我们:似乎以"翁主"说为可信(《史记·匈奴传》作"宗室女公主")。

"家人"多指宫女,也有男性"宫人"。《史记·孝武本纪》云:"栾大,胶东宫人。"《集解》引服虔曰:"(胶东)王家人。"(卷十二 462、463页)这位栾大"家人"是一个超级大骗子,骗得汉武帝晕头转向,连女儿都搭进去了①。最后戏法败露,被诛。如果老祖母太皇窦太后还在世,这样的丑剧能上演吗!老祖母的经验智慧,是汉王朝的福祉祯祥。

四是略卖。汉代略卖人口为奴的情况颇为常见。前文说到窦太后之弟少君四五岁时就"为人所略卖",而且"其家不知其处。传十余家"(《史记·外戚传》卷四十九 1973页)。还有,"(栾)布为人所略卖,为奴于燕。为其家主报仇"(《史记·栾布传》卷一〇〇 2733页)。这些被"略卖"为奴的人也就是"家人"。又:"始梁王彭越为家人时,尝与布游。穷困,赁佣于齐,为酒人保。"这条材料有两点分歧:《索隐》以为这个"家人""谓居家之人,无官职也(同上)"。这条注是不正确的。"彭越为家人"就是彭越为仆役。宋人叶廷珪《海录碎事》的"奴婢门"就引此例为证②。另一点分歧是:有人以为"穷困,赁佣于齐"的主语为栾布,如台湾六十教授合译的《白话史记》译为:"栾布家里穷困,在

———————

① 《史记·封禅书》:"又以卫长公主妻之。"《索隐》:"卫子夫之……女曰长公主。是卫后长女,故曰长公主。"(1391页)

② 298页,中华书局 2002年。

齐国当佣工,做了酒店的酒保。"(886页)

这段译文是错误的。"为人酒保"的主语是彭越,所谓"家人",在这里就是指被人雇佣为酒保。为什么当雇工?"穷困"。在字面上看不出彭越是被"略卖",但"赁佣"也有卖身为奴的性质。"奴婢"虽与"佣保"有别,若对主家而言,他们都是"家人"。故《艺文类聚》卷三十五"佣保"类引《史记》:"又曰:栾布与彭越为家人。"[1]按唐代欧阳询的理解:栾布、彭越都曾"赁佣于齐为酒人保",所以都是"佣保",又都是"家人"。依欧阳询解,则"穷困"的主语为彭越、栾布二人,"游"的具体内容就是一起为"佣保"。此解可能更合原意。

汉代的奴隶买卖情形如何?蜀郡王褒于宣帝神爵三年(前59)写的《僮约》提供了许多细节知识[2]。虽为文学作品,当有事实为据。

奴仆,这种既黑暗又丑恶的压迫制度,在中国有数千年的历史,直到清王朝仍然盛行,清人福格《听雨丛谈·满汉官员准用家人数目》云[3]:

> 本朝康熙年,粤都周有德(?—1680)……值吴三桂之
> 叛,起为四川总督,闻命陛辞,选带家丁四百名,星夜前进。
> 时四川文武已降贼,周有德至广元县,大败之,遂克其城……
> 初未尝以仆从多寡定其人也,后因督抚置买奴仆太多,有至
> 千人者,乃于康熙二十五年,议准外任官员,除携带兄弟妻子
> 外,汉督抚准带家人五十人,藩臬准带四十人,道府准带三十
> 人,同通州县准带二十人,州同以下杂职准带十人,妇女亦不

----

① 636页,上海古籍出版社1965年。

② 唐徐坚等著《初学记·奴婢》卷十九466页,中华书局1962年。

③ 《听雨丛谈》卷五117、118页,中华书局1984年。

得过此,厨役等不在此数。旗员外官,蓄养家人,准照此例倍之。按此则仆从多寡,不以所司繁简而论,均以职分尊卑而定,以示等威也。

福格说的是清王朝明令规定的"蓄养家人"制度,这些"家人"是怎么来的?乃由"置买奴仆"而来。如何"置买"?不外乎"略卖"、拐卖、设计骗卖、自愿卖身为奴等等。在此,福格还追溯了古代的情况。他说:

> 古之为将者,必有家卒。《春秋传》"冉求以武城人三百为己徒卒"①。《三国志·吕虔传》:"(太祖以虔)领泰山太守","将家兵到郡",郭祖、公孙犊等皆降②。《晋书·王浑传》:为司徒,"楚王玮将害汝南王亮,浑辞疾归第,以家兵千余人闭门拒玮,玮不敢逼。"③是古人家兵之多,于此可见。

冉求与吕、王二人似有不同。后二人的"家兵"是完全隶属于自家的军队,其成员带有僮奴性质。冉求的"己徒卒"其社会身份乃"武城人",当为自由民,非僮奴为兵。

《司马法》中有一个名词叫"家子"。曹操注《孙子兵法·作战篇》云:"家子一人,主保固守衣装。"杜牧注引《司马法》云:"炊家子十人,固守衣装五人。"④蓝永蔚认为:"家子当即《汉书·冯唐传》的'家人子'……指乡遂未成年的奴隶子弟。"⑤他的看法在

---

① 《十三经注疏·春秋左传正义》2166 页。

② 《三国志·魏书》卷十八 540 页。按:《吕虔传》云:"郭祖、公孙犊等数十辈,保山为寇,百姓苦之。"

③ 《晋书·王浑传》卷四十二 1204 页。

④ 《十一家注孙子·作战篇》卷上 21 页,中华书局 1962 年。今传《司马法》此文已佚。

⑤ 《春秋时期的步兵》75 页,中华书局 1979 年。

一定程度上印证了我对《冯唐传》中"家人子"的解释。蓝永蔚
将这两条材料沟通，很有意义。

　　本文对"家人言、家人子"作出了新的解释，也纠正了有关
"家人"例句的错误认识。同时，也探讨了对"家人"这样的社会
制度词的研究方法，联系历史实际、伦理意识，溯源竟流，祛含混，
别同异，求真务实，这后一点更为重要。

2013 年 4 月清明节于北京蓝旗营抱冰庐

原载《民俗典籍文字研究》第十二辑,2013 年

《辞源》:通往传统文化的桥梁

《辞源》的性质、意义,要从传统文化说起。《辞源》沟通古今,是今人通往传统文化的桥梁。中国传统文化主要以古汉语(文言文)、汉字为载体,曾经有人指出 [①]:"八千年来的人类文明史中,学者们还未找到第二种文字能与我们的传统语文比。它替我们保留了十九世纪以前人类文明最丰富的纪录。它保留的总量超过人类文明史上所有其他文字所保留的总和。人类知识史上很多学科的'第一部书',都是用文言文、方块字写的。"我们现代人无疑要继承这丰富的文化遗产,并在此基础上创建新时代的新文化,但如何理解方块字的形、音、义,如何理解文言文,也就是如何理解古人的思想文化、各种制度,从而和古人对话。必须要有《辞源》这样的工具书。《辞源》是一部兼收古汉语普通词语和百科词语的大型综合性词典。

《辞源》之本在字。太初有字,道在其中,理在其中,文献语词在其中,百科名物在其中,五千年文化基因、文明传统在其中,某些外来文化元素亦在其中。只有明白字的文化功用、文化渊源,才可明白《辞源》价值之所在。《辞源》以字为本,以词条为骨干。字和词条经过《辞源》解读阐释,传承伟大中华民族的历史与希望。《辞源》奠基者陆尔奎先生,早在百年前就深知此义,曾剀切地指出"国无辞书,无文化之可言也"。此话实为当年国人共同心声,说出了人们对《辞源》编纂、问世的殷切期盼。

---

① 唐德刚《胡适杂忆》146 页,广西师范大学出版社 2005 年。

　　《辞源》在中国现代语文辞书发展史上属于开山之作，为现代辞书编纂创立了科学范式。《辞源》的创造性贡献是在总结古代字书经验的基础之上，同时参照国外的辞书特点，建立了一个语词和字头之间的网络结构。字头是纲，语词是目，纲举才能目张。字头与语词首字不只是有形体上的一致性，字头音义系统不论或近或远或直接或间接总像脉络一样贯联着各个语词。所以，字头的形体、释义及古今音变的仔细辨别，往往还涉及所统属的各个语词音义的来龙去脉。梳理网络结构，理清各种音义关系，这是极为重要的基础工程。多年来，古汉语辞书编纂中的根本性弊端，就在于轻视"纲"的复杂性、重要性，忽视"纲"与"目"的网络关系。"纲、目"理念是构建《辞源》殿堂的总蓝图。当然，构建一个溯源竟流、寻端及尾、真正符合形音义历史真实面貌的网络体，由于主客观方面的种种原因，特别是人们的释古能力（包括形音义、文献、文化等专业知识）往往有各种不同的局限，故虽然经过两次大的修订，缺点错误仍然难以避免。二版总纂吴泽炎先生说："《辞源》是一辈人接一辈人的事业。"这是很明智的观念，表述了一个亲历者的担当精神以及遗憾与希冀。我们要对后来者说的，还是吴先生这句话。我们希望下一辈人做得更好，务必精严，慎之又慎！

　　此次修订工作始于 2007 年，这年 2 月商务印书馆成立了《辞源》修订组。修订的总目标是：正本清源，修旧增新。方式是：以修订组为职能机构，从 2011 年开始，聘请馆外专业人士承担全部修订任务，直至定稿。编辑部协调其间，内外合作，统一行动。

　　近三十年来，中国辞书的生存环境已发生了巨大变化，各种门类的大中小型辞书纷然杂呈，对《辞源》的地位形成了挑战和竞争之势；而且，社会的急剧转型，价值观念的变化，以及新的研究成果不断产生，《辞源》如不及时修订，就难以适应社会需要，继续发挥自己独特的优势。

从《辞源》自身而言,有诸多问题、缺失,亟待改进,如字头要适当增加,语词条目要限量增加,百科条目要大幅度增补,插图也要重点增补。须新增的内容还有音项、义项、书证等。修旧也很艰巨,如释义是否准确,如何保持价值中立;音项、义项的或分或合;书证的全部核实;异文、标点的斟酌;书名、篇名、卷次、作者的查对;人物生卒年涉及新旧纪年的换算;古地名与今地名的对应;书名线、地名线、人名线的落实;参见条目的照应、沟通;凡此种种,都有可修可补之处。辞书无小事,标点之微,一线之细,都关乎信息、知识的准确性问题。修旧的最大难点还不在此,而是所谓"《辞源》无源"的问题。此说虽言过其实,但"源"的问题的确非常复杂,故此次修订的重点在正本清源。当然,什么是"源",这是值得探讨研究的一个问题。源者,原也。追溯始出为"源",梳理流变,保持原貌都是"源",我们是在相对意义上来理解"源"这一概念的。"源"有字源、语源,二者有联系,又不可混淆。这种区分只是为了便于操作,有很强的实用性,不必从理论层面计较。字源又可分为形源、音源、义源;语源又可分为典源、证源(所谓始见例)。此"五源"实非同一层面。所谓"典源、证源"只是文献、语料问题,属于书证层面,实为文化源,称之为"语源"有些勉强。但人们批评《辞源》无源"时,是把"典源、证源"当作"语源"了,我们也就借用了这一说法。"字源"才是真正的语言文字问题,基本上属于字头层面。

清代学人段玉裁《王怀祖广雅注序》云:"小学有形、有音、有义,三者互相求,举一可得其二;有古形,有今形;有古音,有今音;有古义,有今义。六者互相求,举一可得其五……学者之考字,因形以得其音,因音以得其义。"这段文字讲了两个原理:一是语言文字的系统性,二是语言文字的历史性。《辞源》对字形的确定、选用,今音与古音的对应关系,今义释古义,都应遵循这两个原理,才有理据可依;而不能有任何主观随意性,以致无据可言,源流不清,根本谈不上什么学术性、实用性,从而失去辞书的权威地位。

一、形源问题　有造字之源、用字之源,《辞源》讲究用字之源,原则上不涉及造字之源。

《辞源》以传世古典文献(下限至鸦片战争)所用字作为阐释对象,上不引用甲骨、金文,下不用近现代的新造字和简化字,但古代文献中的用字情况也异常复杂,所以用字的形源问题就特别重要,理应系统清理,且要有相应的操作规程。

我们与有关技术部门合作,以《辞源》为封闭系统建立了字库,制定了部件主形择定表,确立了异体字的主从关系,规定了《辞源》第三版部首及字头用字整理原则。基本精神以“源”为首选标准,这是楷体层面的“源”,符合传统就是“源”,通用就是“源”。以“源”为选择标准,有利于纵向沟通(即古今沟通)和横向沟通(即陆台沟通)。

形源还有一个内容,即书证用字要忠实于原文,如原文作“欧阳脩”,不能改为“欧阳修”。

辞书中常见的“同、通”,二者性质不同,但都与形源有不同程度的关系。“同”用于沟通异体字之“源”,“通”用于明假借之“源”。本有其字的假借,用“通”揭示其本形,证明此形与所“通”之字,只是音同而形、义均不同,同音(或音近)不同“源”。

二、音源问题　二版的注音由于有了汉语拼音字母,比第一版大有进步,但以历史性、系统性的原则来要求,有待改善的地方颇多。作为《辞源》,不注上古韵部,乃系统上的缺失。至于今音与反切的对应关系,总体而言是正确的,可往往一个今音与多个反切相对应,今音与反切的匹配很不严格,散漫无纪,殊乏裁断。

另外,对反切上字声类的标注,内部也不统一。

此次修订伊始,即规定了《辞源》第三版审音注意事项二十条。总的原则是:音义契合,古今贯通。同时,设立审音组,专司其职。

三、义源问题 每一个字都有自己的意义系统,本义就是"源"。不能离开书证说义源,也不必涉及造字理据和事物得名之由之类的问题。

四、典源问题 力求搜寻记载该典发生时的原著,尽量不用后起的类书代替第一手资料。

五、证源问题 书证力求用"始见"例,可以借助计算机来搜寻。这中间有两点要注意:一是"始见"必须要可信,宜排除伪书的干扰;一般不应舍经典名句而用时代虽早却很冷僻的作品中的例子来作证。二是书证提前,宜以大的历史时期为断限。从南宋提前到北宋,意义就不大,而从隋唐提前到秦汉,意义就不一样了,这是由中古提前到上古,字头的音韵地位也变了。因为有计算机提供的方便,书证提前,颇见成效。

百科条目,以增为主,以修为辅。根据知识系统性原则以及阅读古书的需要,选定新增词目6500余条,涉及人名、地名、职官、文献、宗教、器物、动物、植物等内容。百科条目的加强,是三版《辞源》的一个重要特色。

此次修订是有限修订,不是全面修订。新旧之间在体例上和释词方式、用语等方面可能会产生某些差异,这是很难避免的。如旧版有不少隐性书证条目,将释义与书证合而为一,本应重新改写,但原则上未加修改,因为修订时间有限。

经过修订的第三版《辞源》,全书由214个部首统摄14210个字头,众字头又统摄92646个词条,构成1200万字、4767页的长卷巨幅,按形体笔画,次第展开,且有近1000幅插图辉映其中。

一字一天地，方寸之内，信息密集，发皇故典，益人神智，博古通今，释疑解难，是学习研究古籍的重要工具书和参考书。由于我们自身水平有限，缺点错误肯定不少，敬请海内外方家批评指正。

值此《辞源》诞生百年之际，三版问世之时，我们对第一、二版所有撰稿者以及编辑人员深表敬意，缅想《辞源》奠基者陆尔奎（1862—1935），二版编纂吴泽炎（1913—1995）、黄秋耘（1918—2001）、刘叶秋（1918—1988）等先生，他们功成不居，身后寂寞，而他们呕心沥血的奉献精神，将永远垂范后人，同时，也向所有关爱《辞源》、曾对《辞源》提出各种批评修正意见的读者致敬。

此次修订工作，得到许多高等院校、研究机构和文化单位的大力支持，在此深表谢忱。

原为《辞源》第三版前言，何九盈、王宁、董琨主编，何九盈执笔

《实用文言词典》序

这是一部析形、注音、释义并标明词性的实用文言词典,供语文教师、大中学生以及具有同等文化程度的读者使用。本词典有以下五个特点:

第一,**分析字头的形体结构** 汉字跟汉语有着十分密切的关系,尤其是在早期的古汉语作品中,汉字不仅可以表示意义,绝大多数汉字还可以表示音读。如本词典对"春"字结构的分析是:"从艸屯从日,屯亦声,会意兼形声。"从艸,表示春天到了,青草丛生;从屯,因屯字象草木初生根芽而孚甲尚未脱落之形;从日,表示春日载阳。通过对"春"字这三个构件的分析,使我们明白了:草色青青,万物萌芽,阳光明媚,这就是富有诗意的"春"。什么叫做"屯亦声"呢? 因为"屯"与"春"在上古汉语中都是平声、合口、文部字,如果用国际音标标出这两个字的拟音,屯音 duən,春音 tʻiwən,二字的主要元音和韵尾一样,故"屯"可作为"春"字的声符。又如"行"字,本词典的分析是:"象十字路口,象形。""行"的本义是道路,这在古代作品中可以找到确证。

我们分析字形结构,主要依据《说文》,但《说文》的某些分析显然是不可信的,古文字学家多所纠正,本词典择善而从。如"家"字《说文》是"从宀豭省声",不可信,我们采取"从宀从豕"的说法;《说文》对"爲"字的解释是:"母猴也。其为禽好爪,爪母猴象也,下腹为母猴形。"文字学家公认为这个说法没有根据,我们采取了"从爪从象,手牵象之形"的说法。清代的《说文》家对大徐本《说文》的结构分析也有不少批评。应该承认,某些字形结构的理据相当复杂,众说纷纭。我们的态度是:如无绝对可信的根据,不轻易改动《说文》的分析,即使《说文》的分析不合理。

清代《说文》家王筠曾写过一本《文字蒙求》,从《说文》中选取了两千多字,分析其形体结构,说解本义,对初学者大有裨益。但随着古文字资料的增多,古文字形体结构研究的深入发展,《文字蒙求》的不少说法就不一定可靠了。本词典既从《文字蒙求》中受到启发,又想努力反映字形结构研究的新成果,故对所收字头的结构一一加以分析。

还有一点要说明的是,对于某一个具体字来说,究竟是会意字,还是指事字,还是象形字,往往各家说法不一。我们认为这种问题不必急于统一,重要的是把结构搞清楚,归类是次要的。

第二,**义项能分则分,释义力求反映新的研究成果**　义项和释义是确保词典质量的关键,这方面有许多问题值得研究。义项的设立可以分为两种类型:概括型、分析型。究竟采取哪种类型好? 这要由该词典(包括字典)采取哪种编写原则、适应什么对象来决定。商务印书馆出版的《古汉语常用字字典》基本上属于概括型,义项的设立是粗线条的。因为它的"义项一般按词义引申的远近次序排列",它是立足于一个词的自身意义系统来划分义项的。本词典则属于分析型,义项划分较细,可以说是能分则分,具有随文释义、因文立训性质。试以"节"字为例,比较两书的义项:

《字典》	《词典》
①植物分枝长叶的地方。	①竹节。
②时节,季节。	②人或动物骨骼衔接处。
③符节。	③季节,时节。
④气节,节操。	④节日。
④节制,节约。	⑤符节。
⑤古乐器。	⑥节拍,节奏。

⑦关键,制约。

⑧法度。

⑨气节,节操。

⑩礼节。

⑪规律,节制。

⑫柱子上的斗拱。

以上是名词"节",共 12 个义项。动词"节"还有两个义项:①约束;②节省,节俭。

本词典将"节"字义项划分得如此之细,一则是为了适应特定读者对象的需要,另外也是以编著者收集、积累的语言资料为依据的。义项的划分来源于原始语言资料,编著者只不过视情况加工处理而已。如义项 12"柱子上的斗拱",《古汉语常用字字典》不收这个义项,理由可能是以此为僻义。对于本词典来说,这个义项不能不收,因为司马光的《训俭示康》中有"山节藻棁"一语,这篇文章中学生和中学语文教师都有可能接触到。在这个义项中,我们还引用了《论语·公冶长》的"臧文仲居蔡,山节藻棁"作为书证,这等于告诉读者,司马光在这里是暗引古文。本词典有不少类似内容重复的书证,其实都是我们有意安排的,是为了加强对义项的证明。这样的安排都体现了本词典有很强的针对性、实用性。当然,所谓义项能分则分,不等于说本词典所收的单词都收集了该词所具有的各个义项,对于一部小型词典来说,不可能也没有必要备列种种义项。仍以"节"字为例,"古乐器"这个义项本词典就没有收。

一般来说,词典的释义都具有一定的保守性、稳定性,对于各种不符合传统训诂的新说,总是持审慎态度,这是有道理的,因为新说是否可信,须要经受时间的考验,但这丝毫不意味着我们应当因袭谬说,让它流传。我们觉得,以讹传讹,这是不负责任的表现。本词典如发现旧说确系谬种流传,则采取新说加以纠正。如《史记·魏公子列传》"微察公子",柳宗元《童区寄传》"童微伺其睡"。这两个"微"字旧说多解为"悄悄地、偷偷地"。根据今人考证,"微"与"察"、"微"与"伺"乃同义连用,"微"与"瞲"通,《说文》:"瞲,司也。""司"即伺察之"伺"。本词典"微"字的第二个义项"伺察,窥伺"就以此二例作为书证。又如"周星",旧说分为两个义项:①即岁星,岁星十二年一周天,故称十二年为周星;②指一周年。经过今人考证,"周星"只有一周年的意思,原意为星宿运转一周天。我们采取了这个说法。

《史记·屈原列传》说:"其行廉故死而不容自疏濯淖污泥之中。"这段文字从标点到词义的解释都有分歧。先说标点,一种意见主张"廉"字下用逗号,"疏"字下用句号,"中"字下用逗号。即:

　　其行廉,故死而不容自疏。濯淖污泥之中,

另一种标点是:

　　其行廉,故死而不容,自疏濯淖污泥之中,

中华书局出版的《史记》为第一种标点。有的字典根据这种标点,将"容"字释为"允许","疏"字释为"疏忽,懈怠",新加坡一位华人学者也维护这种标点,他说"自疏"意犹"自疏懒"。

黄侃、杨树达主张第二种标点,中学语文课本也采取了这种标点。我们认为这种标点是正确的。杨树达解"不容"为"不见容",这是对的。但他说"自疏"犹言"自远",即自动地远离。句子虽然解释通了,但并非的诂。本词典解"疏"为"涤荡,涤除",列举了三条书证,除了《屈原列传》这条书证之外,还有:

　　《国语·楚语上》:"教之乐,以疏其秽而镇其浮。"注:"疏,涤也。"

　　《素问·汤液醪醴论》:"疏涤五藏。"

这三条书证说明，"疏"字的确有涤除义，"疏秽"与"疏濯淖污泥"意思很接近。屈原不只是自动地远离污泥浊水，而是自动地荡涤污泥浊水，这与下文的"蝉蜕于浊秽"正好呼应。又如"涉血"，《辞源》认为这个"涉"字应读 dié，释义是："流血。指杀人。通'喋'。"书证有《战国策·赵策四》："马服君曰：君过矣！君之所以求安平君者，以齐之于燕也，茹肝涉血之仇耶？"涉字并无"流"义，"涉"的本义是徒步蹚水过河，"涉血"正是其本义的引申，意为蹚血，形容杀人之多，血流成河，人们蹚血而行，字音也完全没有必要改读为 dié。本词典"涉"字义项⑥："蹚着，踏着。"书证除《赵策四》的"茹肝涉血"，还引证《吕氏春秋·期贤》："扶伤舆死，履肠涉血。"《淮南子·兵略》："涉血属肠，舆死扶伤。"丘迟《与陈伯之书》："朱鲔涉血于友于。"

又如《韩非子·五蠹》："州部之吏。"《显学》："宰相必起于州部。"《辞源》释"州部"为"地方行政机构"，有人释为"似指州官的衙署"，也有的字典将此"部"字释为"地方，区域"。经考证，州和部在古代都是基层组织，"部"在先秦时代是指州里以下的组织，"州部"连用，泛指基层单位。本词典"州部"条就是这样释义的。

标明词性 是本词典的第三个特点。《辞源》《辞海》乃至于《现代汉语词典》都是不标词性的，1985 年山东教育出版社出版的程湘清主编的《古汉语实词释辨》，对所收的近千个实词都标明了词性，我们认为这是很有意义的尝试。在《马氏文通》之前，人们学习古代的文言作品，完全是凭语感、凭训诂来了解文意的，尽管这种了解也可以达到很精确的程度，

但对一个句子的内部结构、程序，各个词的地位、彼此之间的关系，很难说出一个所以然来，总有"囫囵吞枣、所见无非全牛"的遗憾。自从人们掌握了区分汉语词类的知识，掌握了词在句中

的语法功能方面的知识,学习文言文就进入了一个新的阶段。专家们运用语法知识来解决文言中一道一道的难题,初学者运用语法知识精确地、快速地掌握文言这个工具。尤其是外国人学汉文言,更希望从辨认词性、分析句子结构入手。所以本词典采取了按词性分列义项的方法,以加强这部词典的实用性。希望读者在面对一个文言句子时,会得意地说:"未尝见全牛也。"

划分词类,标明词性,难度是很大的。原因有三:一是整个古汉语语法的大框架究竟是个什么样子,意见并不一致,这里面还存在许多问题有待于进一步研究;二是各类词在句中的语法功能、作用,看法也不一致,这就直接影响到词性的确定,如名词处在状语地位时,是否就变成了副词,也就是说,普通名词能否作状语;第三,确定词性跟确认这个词在句中的实际意义有非常密切的关系,这一点在古代汉语中显得非常突出。我们可以这样说,对于一个具体的词,如果对它的意义了解有问题,就很难准确地确定它的词性。如《过秦论》的"山东豪俊遂并起而亡秦族矣",这个"族"字究竟是名词还是动词,这就跟如何解释"亡秦族"有关。一种意见认为"族"是"宗族,作政权解","亡秦族"就是灭亡秦国。依此解,这个"族"当然是名词。最近河南有一位青年学人写了一篇文章,批评了这种解释,他认为"亡秦/族"是主谓结构,"族"是族灭的意思,"亡秦族矣"的"族"不是名词,而是动词。我们认为这个意见很好,在词典中采纳了他的见解。

文言虚词是人们研究较深、较细的一个领域,但分歧不少,有些问题还要进一步研究。如常见的、作为独词句的"唯、诺、然",一般语法著作都认为是应对副词,本词典均确定为叹词,"唯"与"诺"作为叹词可能读者比较容易接受,"然"作为叹词似乎不好理解,为此,本词典引用了《说文》《方言》《广雅》、段玉裁、朱骏声的说法作为书证,我们认为这些材料是很有说服力的。

总之,词典对所收的词标明词性,还处在尝试阶段,问题一定不少。但我们断言:标明词性是词典应当追求的目标,它反映了广大读者的要求,是编撰文言词典必须要解决的一个课题。

第四,**注明中古韵、调** 也是本词典的一个特点。中国韵文有着悠久的历史,有许多脍炙人口的佳作,尤其是唐诗宋词更是一份珍贵的文化遗产,平仄、押韵是这类作品的重要形式,要懂得平仄、韵脚,就要了解这些字在中古的音韵地位。不言而喻,本词典对所收的字都注明其韵部、声调,对读者阅读诗词是有意义的。

另外,注明中古韵、调,对于了解汉字的现代读音也有积极意义。方言地区的读者,保存入声地区的读者,可能从中受到更多的启发。

把以上四个特点联贯起来,就可以看出:本词典力图把词义与词的书写形式、语法、语音作为一个整体来把握,在把握整体的基础上突出词典的中心内容——词的释义,从而提高本词典的实用价值。

最后还有一个特点应当提到,就是本词典在三分之一的词条后面设有"备考"一栏。为什么要有"备考"?因为在编写过程中我们感到,有些话在词典正文中无法表达,而这些意见又应当告诉读者,于是想到了"备考"。"备考"的内容可谓五花八门,有字形分合演变,字源知识,字音流变、分歧,同源字,同义词、反义词的辨析,成语介绍,文化常识,问题讨论等等。如"气(氣)"字的"备考"是:

> 气和氣在古代本是两个不同的字。气的本义是天上的云气,其字象形;氣的本义是馈送给客人的柴草、粮食,故其字从米。但古书中常借"氣"作"云气",又为"氣"造了一个"餼"字,读 xì。今氣简化为气,二字合一。

又如"斋"字的"备考":

　　斋与戒为同义关系。《庄子·达生》:"十日戒,三日齐(斋)。"
《史记·淮阴侯列传》:"择良日,斋戒。"上古所谓的斋与佛教
所提倡的吃斋不完全一样。《论语·乡党》:"斋必变食。"《周
礼·天官·膳夫》:"王斋,日三举。"在平常,每天只杀一次牲作
为王者的肴馔,而斋戒时,朝食、日中、夕食都要杀牲供馔,以保
持肉食的新鲜。朱骏声说:"古人祭祀行礼,委曲烦重,非强有
力者弗能胜,三日之先杀牲盛馔者,所以增益其精神。'致斋'
内寝、'散斋'外寝者,所以专壹其意志。且凡敬其事则盛其
礼,故斋之馔必加于常时也。"(《说文通训定声·履部》"斋"字
注)可见上古不仅斋戒吃肉,且盛馔超过平常。

"备考"加强了本词典的学术性、知识性,我们希望读者从中得到
益处。

　　编词典是一件很难的工作。早在 1983 年广东教育出版社就
约我们编写本词典,至今已达六年之久。现在虽已完稿,但错误
在所难免。欢迎读者提出意见。

　　愿本词典为宏扬中华传统文化作出贡献!

编者 1989 年 10 月于北京西郊中关园

清儒研究假借的经验

　　学习、研究古代汉语，必须要明假借。假借不明，就会对原文作出不正确的解释，如《左传·隐公六年》说："恶之易也，如火之燎于原。"杜预注："言恶易长，如火焚原野。"杜预把"易"字解为容易的"易"，然后又凭空增加一个"长"字，于是原文的意思完全被曲解了，这段话的前后文也联不起来了。直到清代王念孙才指出："易者延也，谓恶之蔓延也。"（《经义述闻》卷十七）释"易"为"延"，就是以本字破借字。

　　明假借是一件很复杂的事情，从许慎到清朝乾嘉之前，一千七百年间，对假借问题的研究没有什么重大的进展。许慎本人给假借下了个定义："假借者，本无其字，依声托事，令长是也。"定义本身就欠完整，以"令、长"作为说明这个定义的例证就更不恰当了。至于落实到具体的文字材料，在哪种情况下是本字本训，非假借；在哪种情况下算是假借，在朱骏声的《说文通训定声》之前，从未有人进行过这种性质的全面研究。清以前的学者对于什么叫"假借"都说不太清。卫恒说："假借者，数言同字，其声虽异，文意一也。"（《晋书·卫恒传》）"声异、意一"，这根本不是假借的特点。宋代的郑樵对假借进行过一番研究，他批评许慎"惟得象形、谐声二书以成书，牵于会意，复为假借所扰，故所得者亦不能守焉"，又批评"惑象形于假借"（《通志·六书略》）。还认为："先儒所以颠沛沦于经籍之中，如航（本亦作汎）一苇于溟渤，靡所底止，皆为假借之所魅也。"这些意见都很有道理。但他将假借区分为"有有义之假借，有无义之假借"，还是不得要领。明代赵古则等人更是抓不住假借的本质特点,最明显的一个错误是把引申义与假借义混为一谈。

清儒(主要是指乾隆、嘉庆、道光时候的语言文字学家)对假借问题的研究作出了很好的成绩,我以为他们明假借的主要经验有三条。

第一,因声求义,不拘形体 朱骏声说:"假借者,亦训诂之事,而实音声之事也。"(《说文通训定声》37页,万有文库本)又说:"不知假借者,不可与读故书;不明古音者,不足以识假借。"王念孙说:"窃以诂训之旨,本于声音。故有声同字异,声近义同,虽或类聚群分,实亦同条共贯。譬如振裘必提其领,举网必挈其纲……此之不寤,则有字别为音,音别为义。或望文虚造,而违古义;或墨守成训,而鲜会通。易简之理既失,而大道多歧矣。今则就古音以求古义,引申触类,不限形体。"(《广雅疏证·序》)

王念孙、朱骏声的意见都很正确。一个说"假借……实音声之事",一个说"就古音以求古义……不限形体"。他们都把假借问题当作语言问题来看待,从语言的角度来研究假借,彻底摆脱字形的束缚,做到了"提其领""挈其纲",这个"领",这个"纲",就是"音声"。如《诗·豳风·七月》有一句诗说:"四之日其蚤。"如果将这个"蚤"字理解为跳蚤的"蚤",这就是"望文虚造,而违古义",也就是"限"于"形体",这句诗就无法讲通了。如果我们懂得"就古音以求古义",就会明白"蚤"与"早"音同,所以"蚤"是"早"的假借字。

假借必须以音声为纲,其理的确至为"易简"。但用此"易简之理"来解决具体问题时,还是十分复杂的一件事情。这里特别值得注意的有两点:

一、王念孙说的是"以古音求古义"。他为什么强调"以古音"呢?因为语音是有时代特点的,解决上古文献资料的假借字问题,当然就要注明上古音,如果对上古音不了解,就今音以求古义,同样解决不了问题。在这一方面是有教训的。我们知道,"因声求义"这个主张,并不是乾嘉学者首先提出来的,宋末元初的戴侗,明末清初的方以智、黄扶孟都讲到了"因声求义"的问题,他们有讲对了的,也有讲错了的。讲对了的往往是古今音一致的地方①,讲错了的主要是由于他们不明古音。如黄扶孟认为"乐"与"角"音近通借,清人钱熙祚批评说:"古音'乐'在药部,'角'在屋部,绝不相通,何云音近?"(《义府·跋》)他们在理论上很懂得"因声求义"的重要性,而在事实上却未能取得像样的成就,原因就在于"不通古韵,而于今韵又限于方音,往往执今议古,无事自扰,此其所短也"(《义府·跋》)。到了乾嘉时代,情况就大不相同了,经过顾炎武、江永的努力,上古音的基本体系已确立起来,当时的文字学家、训诂学家如段玉裁、王念孙等人,都是第一流的古音学家,他们都在早年就对上古音进行了全面深入的研究,并且有不少创见,建立了自己的体系,然后再运用古音学的成果来解决训诂学、文字学中的问题,所以他们"以古音求古义"时,就很少犯"执今议古,无事自扰"的错误了。后来的王引之、朱骏声、王筠等人,虽然在上古音方面没有什么创见,但他们都是精通上古音的,有了这样的条件,方可与言假借。

二、要懂得古音通假的具体条例。语音有自己的严密结构,明假借就是要证明甲乙二字之间在语音结构上的一致性。但这种一致性有时是全面的一致,有时只是某一方面的一致。它的具体条例是什么呢?朱骏声总结了四条,他说(《说文通训定声》48页):

假借之例有四:有同音者,如"德"之为"惪","服"之

①　这里所说的今音不是指现代汉语,而是指中古音,习惯上把《切韵》音系称为今音。

为"戻";有叠韵者,如"冰"之为"掤","冯"之为"淜";有双声者,如"利"之为"赖","答"之为"对";有合音者,如"茪（chōng）蔚"为"萑"（tuī,益母草）,"蒺藜"为"茨"也。

"德、悳"都是端母职部字,"悳"的本义是道德、恩德的意思,"德"的本义《说文》解为"升也",古书中常用"德"作"悳"。"服、戻"都是并母职部字,古书中实际上只有"服"字,假"服"为"戻",而"戻"废矣。

叠韵假借是指韵部相同而声母不同的假借字。如"冰"的本义是"水坚也"。《左传·昭公二十五年》:"公徒释甲执冰而踞。""执冰"并不是拿着冰块,"冰"的本字应该是"掤"。"掤"是箭筒的盖子,《诗·郑风·大叔于田》"抑释掤忌"就是用的本字本训。"冰"与"掤"在上古都是蒸部字,是为叠韵,故得假借,而它们的声母并不相同,"冰"是帮母字,音 [p-],"掤"是并母字,音 [b-]。又如"淜"的本义是"无舟渡河也"（《说文》水部）。但古书中实际上都借"冯"作"淜",如《诗·小雅·小旻》:"不敢暴虎,不敢冯河。""冯"与"淜"都是蒸部字,是叠韵关系,它们的声母也不相同,"冯"属帮母,"淜"属并母。

双声假借是指声母相同而韵部不同的假借字。朱骏声举的例子是借"利"为"赖"。"利"与"赖"都属来母,但不同韵。"利"是质部字（朱骏声归履部）,"赖"是月部字。还有一个例子是借"答"为"对"。"答、对"都是端母字,但"答"是缉部字,"对"是物部字。

朱骏声所说的"合音"假借,并没有为后人所接受。"萑、茪"双声,"萑、蔚"叠韵;"茨、蒺"双声,"茨、藜"叠韵,这种语言现象究竟应怎么解释呢? 有人认为是方音问题,有人认为是快读造成的二合音,有人还以"蒺藜为茨"证明上古有复辅音,总之,谁也不认为这是假借问题。所以，朱骏声列举的四个条例，真正管用的只是前三条，掌握了前三条规律，明假借的困难就可扫除大半。

但由于上古音的研究还有待于进一步深入，有些问题大家意见还不一致，所以从语音上分析假借字的时候，各人的说法就可能不完全一样。如朱骏声认为"冰、掤"非双声，"冯、溯"也非双声，他是立足于谐声系统来看待双声的。董同龢的《上古音韵表稿》把"冰、掤"当作同音字，他是从中古音来推上古音的，"冰、掤"在《广韵》中都是笔陵切。"冯"在中古是並母字，上古也应归並母，可是，朱骏声根据《说文》"冯"字从"仌声"，认为它是帮母字，这样，"冯"与"溯"就非双声了(《广韵》"冯、溯"都是扶冰切，是同音字)。

对叠韵的看法也有分歧，产生分歧的原因是由于各家所分的韵部并不完全一样。如段玉裁分古音为十七部，朱骏声分为十八部，还有二十一部、二十八部、三十部等差别，分部不同，字的归属必然有别，甚至于分部一样，由于对谐声的看法不同，或对《诗》韵的处理不一，具体归字的结果也会产生分歧。这些问题，我们并不要求每一个初学古汉语的同志都有深透的了解，但略微懂得一点这方面的知识，对明假借乃至于研读段注《说文》之类的著作，都是有用的。

第二，本无其意，依声托字　朱骏声说："假借者，本无其意，依声托字，'朋、来'是也。"朱骏声给假借下的定义，显然与许慎的定义有别。许慎说的"本无其字，依声托事"，只是假借中的一种情形，即清人所说的无字之假借。"至于经典古字，声近而通，则有不限于无字之假借者，往往本字见存，而古本则不用本字，而用同声之字"(《经义述闻》卷三十二)。朱骏声的定义就是对有字之假借的概括，但是，他举的这两个例字并不可信，他说："往来之来，正字是'麦'，菽麦之麦，正字是'来'。"(见颐部"来"字注)

后半部分说对了,前半部分是错误的。他又认为朋友的"朋",本字是"倗",这也缺乏说服力。朱骏声在理论上犯了一个错误,他认为"假借,数字供一字之用,而必有本字"。于是凡遇假借,他就硬去找"本字",这就等于不承认无字之假借了。

但朱骏声的定义是很值得我们重视的。所谓"本无其意",是清儒检验假借的一个重要标准。所有的假借字都应该是"本无其意"的,如果该字"本有其意",那还算什么假借呢!这个问题看起来很简单,有许多人却认识不清,不仅宋元明的某些学者没有彻底讲清,就是清代某些学者也没有讲清,如钱大昕说:"古书假借之例,假其音并假其义,音同而义亦随之。"(《潜研堂文集》卷三42页)"假其义"的说法就很不确切。

在朱骏声之前,江永已经说过:"其无义而但借其音,或相似之音,则为假借。"(转引自戴震《答江慎修先生论小学书》)"无义"并不是说这个字没有意义,而是说当它作为假借字出现时,它是"无义"的。段玉裁进一步发展了江永的观点,他说:"依形以说音义,而制字之本义昭然可知;本义既明,则用此字之声而不用此字之义者,乃可定为假借。本义明而假借亦无不明矣。"(《说文解字注》757页)在段玉裁看来,明本义与明假借是一个问题的两个方面,这个见解是卓越的,因为他提出了以词义系统作为区分假借的又一标准。每一个词都有它自己的意义系统,它有本义,有引申义,如果在一个具体的语言环境中,这个字的出现既非本义,又非引申义,而是无义,那就是假借字了。可见,判断何者为假借,并不是一件孤立的事情,并不是说抓住了声音这个纲,就万事大吉了,还必须要对这个字的意义系统有一个相当完整的了解,才能得出可靠的结论,段玉裁正是从这个意义上强调指出:"本义明而假借亦无不明矣。"因为"凡与本义不符者,皆假借也"(王筠《说文释例》478页)。

我们可以举一个例子证实这个观点,《孟子·万章》说"杀三苗于三危",有人把这句话译为"将三苗的君主杀死在三危"。可是《博物志》说:"帝杀有苗之民,叛浮入南海,为三苗国。"这两个"杀"字是一样的,都不可解为"杀死"。王筠说:"夫民不可尽杀,果杀之,又何由叛!"(《箓友臆说》11 页)按照"杀"的本义来解释"杀三苗",于义难通,这就要考虑是假借问题了。下面的材料为我们提供了确切的答案。

1. 窜三苗于三危。(《尚书·舜典》)

2. 投三苗于三危。(《庄子·在宥》)

3. 迁三苗于三危。(《史记·五帝本纪》)

4. 竀,读若《虞书》曰"竀三苗"之竀。(《说文》卷七下,段注改为"窜三苗"之"窜",可从)

5. 粲,放也。若"粲蔡叔"是也。(《广韵》曷韵)

6. 周公杀管叔而蔡蔡叔。杜注:蔡,放也。(《左传·昭公元年》)

7. 罪人曰杀。杀,窜也,埋窜之使不复见也。(《释名·释丧制》)

"窜、投、迁、竀、粲、蔡"等,都是放逐的意思。三苗并没有被"杀死",而是被投窜、被放逐。"杀"无疑是假借字。在上古语音中,"杀、竀、粲、蔡"都是月部字,"窜"有两个读音:一个读音属元部,一个读音属月部(《说文》竀字段注 342 页;《易·讼·象传》、宋玉《高唐赋》……吕忱《字林》"窜"皆音七外反),元、月主要元音相同,可以对转。其实,段玉裁、朱骏声早已解决了这个问题。

段玉裁说:"'粲'本谓散米,引申之凡放散皆曰粲。字讹作'蔡'耳,亦省作'杀'。《孟子》曰:杀三苗于三危。即粲三苗也。"(《说文解字注》333 页)

　　朱骏声说：蔡"假借为'檠'，按实为'寂'，投诸边塞也"（《说文通训定声》2675页）。又于"檠"字下注云："《左昭元年传》，周公杀管叔而蔡蔡叔。注：蔡，放也。以'蔡'为之。《孟子》杀三苗于三危。以'杀'为之。按：实皆借为寂。"（《说文通训定声》2758页）段、朱二人的意见，稍有不同。段认为"杀"的本字是"檠"。朱认为"杀"的本字是"寂"。但"杀三苗"的"杀"非本义，这是不存在分歧的。

　　这个例子也说明，我们在遇到假借问题时，要注意吸收清儒的研究成果。

　　第三，旁征博引，言之有据　这是清儒明假借的第三条经验。明假借的过程就是一个论证的过程。一要论证借字和本字在语音结构上是有联系的，二要论证借字和本字在语义系统上是不存在联系的，但仅止于此还不够，论证的任务还没有完成，起码是论据不充分。还有一件要做的事情，就是要拿出证据来。有人以为出示证据还不容易吗，把有关的资料排比一下就行了。这样谈问题，显然是不了解求证的艰苦所在。

　　我认为，列举丰富而有力量的证据，它本身就显示了一个人的学问和功底。因为要做到这一点，不仅要博览群书，而且要求对所阅读的资料有精细透彻的理解，而且还要有调遣组织材料的能力。清代的语言文字学家也不是所有的人都能做到这几点的。有的人博而不精，引据失当；有的人不会条分缕析，堆砌证据；下焉者不精不博，就很难拿出像样的证据来了。清代破假借的能手当推高邮王氏父子，王念孙的《读书杂志》、王引之的《经义述闻》《经传释词》都以证据博洽精审而著称于世。他们求证的方法主要有以下三种：

　　一、引异文以明假借　如《逸周书·时则解》："大暑之日，腐草化为萤。"王引之说"萤"本作"蛙"。唐段公路《北户录》引

《周书》正作"腐草为蛙"①。而"蛙"乃"蠲"之借字。王引之引证了三条异文：

1.《说文》虫部"蠲"字注："马蠲也。"并引《明堂月令》曰："腐草为蠲。"王引之说"蛙"从圭声。"圭、蠲"古同声。

2.《诗·小雅·天保》："吉蠲惟饎。"② 郑注《周官·蜡氏、士虞礼记》并引作"圭"③。"腐草为蠲"之"蠲"作"蛙"，亦犹是也。

3《吕氏春秋·季夏篇》："腐草化为蚈。"高注：蚈，马蚿也（一种多足虫）。蚈，读如蹊径之"蹊"。声与"圭"亦相近。王引之认为"即'蠲'之或体也"（《读书杂志·逸周书第三》）。

又如《史记·韩世家》："公战而胜楚，遂与公乘楚，施三川而归。公战不乘楚，（楚）塞三川守之，公不能救也。"《正义》对这个"施"字的解释是："施犹设也。三川，周天子都也。言韩战胜楚，则秦与韩驾御于楚，即于天子之都，张设救韩之功，行霸王之迹，加威诸侯，乃归咸阳是也。"张守节的这番议论纯系望文生训，所以王念孙说"张说甚谬"。王念孙认为这个"施"字应当"读为移。移，易也。言与韩乘楚，而因易三川以归也"。接着他就举《战国策·韩策》的异文为证，《韩策》作"易三川而归"（《读书杂志·史记第三》）④。

二、引注疏以明假借　如《经义述闻》解"恶之易也"的"易"为蔓延的"延"，就引用了三种注疏材料：

1.《诗·大雅·皇矣》："施于孙子。"郑笺曰："施犹易也，延也。"

2.《尔雅·释诂》："弛，易也。"郭注曰："相延易。"

---

① 原注：公路误解为蛙黾之蛙，盖不知为"蠲"之借字。
② 原注：《释文》："蠲，古元反，旧音圭。"
③ 盈按：郑注《周礼》原文是："蠲，读如'吉圭惟饎'之'圭'。"
④ 盈按：也有不同意王说者，在此不展开讨论。

3.《东观汉记》载杜林疏曰:"见恶如农夫之务去草焉,芟夷蕴崇之,绝其本根,勿使能殖,畏其易也。"正取"延易"之义(《经义述闻》卷十七)。

三、引假借以明假借 古书中的假借字往往在多处出现。它在某一特定语言环境中容易误以为本字,而在另一特定语言环境中则不难判断这是假借字。所以,有时可以引用一处之假借以明另一处之假借。如《战国策·韩策》:"秦攻陉,韩使人驰南阳之地。秦已驰,又攻陉,韩因割南阳之地。秦受地,又攻陉。陈轸谓秦王曰:'国形不便故驰,交不亲故割。今割矣而交不亲,驰矣而兵不止,臣恐山东之无以驰割事王者矣。'"这段话共出现了五个"驰"字。南宋鲍彪解"驰南阳"之"驰"说:"驰,反走,示服也。"解"秦已驰"的"驰"为"进也。韩避之,而秦进也"。王念孙说:"鲍说甚谬。驰读为移。移,易也。谓以南阳之地易秦地也。下文曰'国形不便故驰',谓两国之地形不便,故交相易也。"王念孙解"驰"为"易",事实上就是以本字破借字,在文意方面完全可以贯通。但王念孙并不就此满足,他还找到了另外一个"驰"借为"易"的例子为证,《竹书纪年》:"梁惠成王十一年[1],及郑驰地。我取枳道,与郑鹿。"这里的"驰地"无疑就是"易地"(《读书杂志·战国策第三》)。

以上三种求证方法往往是综合利用,所以王氏父子谈假借往往无懈可击(不是说字字可信)。同治年间,曾国藩《题俞荫甫〈群经平议〉〈诸子平议〉后》云:"顾阎启前旌,江戴绍休烈。迭兴段与钱,王氏尤奇杰。大儒起淮海,父子相研悦[2]。子史及群

---

① 盈按:《纪年》这条材料所据为《水经注·河水五》,原文作"十三年",戴校改为"十一年"。一说"十三年"不误。

② 原注:谓高邮王怀祖先生念孙及其子文简公引之。

经,立训坚于铁。审音明假借①,课虚释症结。旁证通百泉,清辞皎初雪。九原如有知,前圣应心折。"②曾氏的评价至今仍然不可动摇。清朝末年,王氏的私淑弟子俞樾也好谈假借,而博洽精审远不如王氏父子。他大胆假设有余,认真求证不足,如《韩非子·诡使》:"而士卒之逃事状匿,附托有威之门以避徭赋,而上下不得者万数。"俞樾说(《诸子平议》434 页):

> "状匿"即"藏匿"也。"状"与"壮"通。《考工记·栗氏》"凡铸金之状",故书"状"作"壮"是也。"壮"与"庄"通,《汉书·古今人表》柳壮,《檀弓》作"柳庄"是也。而"藏"字《说文》所无,古书多以"臧"为之。"臧、庄"声近,"状"通作"壮","壮"又通作"庄",则亦可通作"臧"矣。

俞樾为了说明"状匿"即"藏匿",拐了多大一个弯呢?由状—壮—庄—臧—藏,声音上是讲"通"了,可是却没有一条像样的证据。故难免"迂曲"之讥。其实,这个"状"根本不是通假字,而是由"伏"字形近而讹。梁启雄说:"迂评本、赵本、凌本作'伏匿',谓伏藏隐匿。"这就对了。《史记·范雎传》:"范雎亡,伏匿。"亦可以为证。这个例子说明:声近而通,本是明假借的一个法宝,若滥用一声之转,就不足为训了。

原载《电大语文》1983 年第 10 期,

后收入《古汉语丛稿》,略有补充

---

① 原注:王氏精于古音,谓字义多从音出,经籍多假借字,皆古音本同也。

② 《曾国藩诗文集》119 页,上海古籍出版社 2005 年。

乾嘉时代的语言学

引 言

公元 18 世纪 30 年代至 19 世纪初，在我国是清王朝的乾嘉时代。若把清代语言学的发展划分为三个阶段，乾嘉时代正是最具特色的第二阶段[①]。清代著名的语言学家江永、戴震、钱大昕、段玉裁、桂馥、邵晋涵、王念孙、郝懿行、王引之、阮元、江有诰等，都出现在乾嘉时代；一批语言学名著如《古韵标准》《四声切韵表》《声韵考》《声类表》《六书音均表》《谐声表》《入声表》《古无轻唇音》《舌音类隔之说不可信》《说文义证》《说文解字注》《尔雅正义》《尔雅义疏》《广雅疏证》《经义述闻》《经传释词》等，也都出现在乾嘉时代。乾嘉时代的语言学是中国古代语言学最后的、也是最为辣桀的一个高峰。

乾嘉时代为什么会出现一个语言学的高峰？当时的语言学工作者创造了哪些成功的经验？过去某些研究清代学术史的论著也涉及到此，但大都停留在片面的、表象的认识上，如：

有人说：是清代经学的发展推动了小学的发展，故清代小学只不过是经学的附庸。笔者认为应当反过来说：是小学的发展有力地推动了经学的发展，清代经学水平之所以超越前代，在很大程度上得助于小学。清代的小学，人才辈出，著作如林，自成体

[①] 笔者在《中国古代语言学史》书稿中，将清代语言学分为三个阶段：康雍为第一阶段，乾嘉为第二阶段，道咸同光为第三阶段。

系,蔚为大国,怎么能说它是经学的附庸呢!

有人说:清代语言学兴盛,是由于清廷实行了高压政策,迫使知识分子逃避现实,埋头考据。笔者认为:考据只是个方法问题,考据本身并不能导致语言学的兴旺发达。乾嘉时代的皖派(以戴震为首)和吴派(以惠栋为首)都搞考据,结果却大不一样。前者进入了语言研究的科学领域,后者则是食古不化,抱残守缺。至于逃避现实云云,更不足据。戴、段、二王之徒从来没有逃避过现实,而且都跟清王朝有着非同寻常的关系。

有人说:资本主义萌芽,西洋科学的输入,是清代语言学兴盛的原因。笔者认为:乾嘉时代的语言学完全是中国的"土特产"。当时的语言学家只有江永在历算方面"早年探讨西学"[①],这对他从事语言研究无疑有益处,而戴、段、二王等的汉语研究则与"西学"毫无关系。至于资本主义萌芽跟小学这朵花很难找出内在的必然的联系。

要从本质上揭示乾嘉时代语言学兴盛的原因,最好还是清理一下乾嘉近百年间汉语研究的整个进程,弄清楚当时社会对汉语研究提出的主要课题是什么,语言学家们又是怎样解决这些课题的;另外,也要研究他们的学术道路和学风;还要研究历史给他们提供了哪些前提,现实又为他们创造了哪些条件。

本文虽名为"乾嘉时代的语言学",但乾嘉时期尚无语言学(linguistics)这个词。当时的著作中,只有"小学、声音文字训诂之学、六书之学、许郑之学、古学、实学、朴学、汉学、考据之学"这样一些名目。"小学"和"六书之学、声音文字训诂之学",意思差不多。大致上相当于今天广义的语言学。其余的名称含义比较宽泛,但都跟语言学沾边,在某些特定语言环境中就是指的"语

---

① 江永《答汪绂书》,《汪双池先生年谱》卷二34页。

言学";其中的"汉学"实际上是学派的名称,而不是学科的名称;"考据之学"的说法也相当含混。这些,我在下文还会谈到。不过,从这些名称中我们已可以获得一个总的印象:所谓乾嘉时代的语言学,其主要内容是对汉语古音古义的研究。所以,在我们探求它的发展原因时,就应从这一根本特点入手。

决定性的原因

音韵、文字、训诂,是中国古代语言文字学的三个部门。音韵学又分为古音学、今音学和等韵学。笔者认为:古音学的发展是乾嘉语言学兴旺发达的决定性的原因。古音学源于宋之吴棫、郑庠,到明代陈第、焦竑、赵宧光等确立了古音学的一些基本观点[①],到清初顾炎武才建立第一个科学的上古韵部体系,分古韵为十部。乾嘉时代的古音研究就是在这个体系上发展起来的。

乾嘉时代古音学之所以得到充分发展,除了历史已为他们准备了必要的前提之外,还因为这门学科的理论意义和实用价值获得前所未有的发挥。戴震在青年时代写的《转语二十章序》指出:"疑于义者,以声求之;疑于声者,以义正之。"后来又提出"因声而知义"(《戴东原集·论韵书中字义答秦尚书蕙田》),"故训声音,相为表里"等观点(《戴东原集·六书音均表序》)。戴氏所说的"声",就是指的上古音。他的友人朱筠、钱大昕,学生段玉裁、王念孙以及受戴氏影响的一些语言学家,都接受了这个观点。

朱筠说:"学者不通古音,无以远稽古训。"(《笥河文集》卷首,朱锡庚序)

钱大昕说:"声音之不通,而空谈义理,吾未见其精于义也。"

---

① 关于赵宧光的古音学成就,可参阅拙著《中国古代语言学史》。

（《潜研堂文集·诗经韵谱序》）

段玉裁在《王怀祖广雅注序》中说：“治经莫重乎得义，得义莫切于得音。”

王念孙《广雅疏证自序》说：“训诂之旨，本于声音。”

王引之说：“夫诂训之要，在声音不在文字，声之相同相近者，义每不甚相远。”[①]

从理论上阐述古音与古义的关系，还不能算是戴派的独创。早在宋末元初，《六书故》的作者戴侗就已经指出：“训诂之士，知因文以求义矣，未知因声以求义也。夫文字之用，莫博于谐声，莫变于假借，因文以求义而不知因声以求义，吾未见其能尽文字之情也。”（《六书通释》）明朝末年，《通雅》的作者方以智也说：“欲通古义，先通古音。”（卷首“音义杂论”）又说：“因声求义，知义而得声。”（卷六）这些精辟的见解都说明：当时古汉语研究中的主要矛盾是古音问题。宋人“不达古音，往往舍声而求义，穿凿傅会，即二徐尚不能免，至介甫益甚矣”（钱大昕《小学考序》）。要提高古义的研究水平，就要突破古音这个关。

问题的提出不等于问题的解决。戴侗、方以智已认识到“古音”如此重要，为什么他们在“因声求义”方面没有取得戴、段、二王那样的成就呢？原因在于他们所说的“古音”还很笼统，还缺乏明确的时代界限和历史观念，他们甚至拿《切韵》系统来解决先秦两汉的古音问题，这当然不会有显著的成效；更为重要的是他们并没有着手去解决古音体系的问题。上古音的体系如果不建立起来，“因声求义”就只是一句空话。到乾嘉时代解决古音问题的条件完全成熟了。更具体一点说，古音问题的基本解决是在乾隆年间。乾隆初期，江永继顾炎武之后分古韵为十三部，

---

① 《经义述闻》卷二十三29页，中华书局聚珍仿宋版。

乾隆中期,段玉裁分古韵为十七部,王念孙分古韵为二十一部,戴震、孔广森的古音对转理论也出现在乾隆中期。由于古音问题已基本解决,这一成果立即被运用到古义研究中来,从此,"因声求义"才有了可靠的、科学的根据,乾隆后期和嘉庆年间才产生了一批训诂学名著,如段注《说文》、王注《广雅》,以及《经义述闻》《经传释词》等。我们常以"乾嘉"并提,作为一个历史阶段来看,无疑是对的。若细加分析,犹有不同。乾隆时代语言研究的主要成就是解决了上古音的问题,嘉庆时代语言研究的成果则主要在古义方面。但是,乾隆时代如果不解决古音问题,则嘉庆时代一系列的训诂名著根本就不可能产生。先治古音,后治古义,这个发展过程正是顺应了当时古汉语研究的规律。当时凡是认识了这一规律并按这一规律办事的,都取得了突出的成就。下面以段玉裁和王念孙二人为例。

段玉裁于乾隆二十五年(1760)来到北京,"得顾亭林《音学五书》读之,惊怖其考据之博[①],始有意于音均之学。乾隆二十八年,他从戴震那里"又知有《古韵标准》一书,与顾氏少异"[②]。乾隆三十二年,他从北京回到故乡,进一步钻研古音,定古音为十七部,直到乾隆四十年(1775),他的《六书音均表》最后定稿,古音研究告一段落。从乾隆四十一年起,着手注释《说文》。这就是说,段玉裁是在对上古音进行了九年的研究之后,才转上古义研究的。到嘉庆十二年(1807),《说文注》定稿,历时达三十二年之久。

王念孙二十三岁(1766年)来北京参加会试,"得江氏《古韵标准》,始知顾氏所分十部犹有罅漏。旋里后,取《三百篇》反复寻绎,始知江氏之书仍未尽善,辄以己意重加编次,分古音为

---

① ②　《寄戴东原先生书》,《说文解字注》804页,上海古籍出版社1981年。

二十一部"(《寄江晋三书》,《高邮王氏遗书》)。王念孙几乎是与段玉裁同时进行上古音研究的,他分出的古韵二十一部不唯早于江有诰(王、江二人都分古韵为二十一部,内容却有差异),而且在未见到《六书音均表》之前,他也将支、脂、之分为三,真、文分为二,与段氏"若合符节"(《寄江晋三书》,《高邮王氏遗书》)。王念孙在研究了古音之后,原本也打算研治《说文》,后因不愿与段玉裁"争锋",才于乾隆五十二年(1787)开始作《广雅疏证》,到嘉庆元年(1796)完稿,历时将近十年。

后人把乾嘉时代的小学径称为"段王之学",这不是没有原因的。段、王是乾嘉语言学的杰出代表,他们的学术思想、学术道路基本相同,都顺应了时代的潮流,推进了古代语言学的发展。

为了进一步论证抓住古音学这个主要矛盾对于推动整个小学的研究有何等重大的意义,我们还可以提出三位学者与段、王进行比较。

(一)桂馥和段玉裁的比较 桂馥在北京时,也曾"与戴东原先生居相近,就谈文字"(《晚学集·集韵跋》)。他"自诸生以至通籍,四十年间,日取许氏《说文》与诸经之义相疏证,为《说文义证》五十卷"(《桂君未谷传》,《晚学集》卷前)。桂、段二人都研治《说文》,论时间,桂馥还要多几年;论资料,《义证》优于段注。可是,这两位《说文》大家的治学道路则大不一样。主要差别在于:段玉裁精通古音,能运用古音学的知识研治《说文》,他把《说文》九千余字的形音义结合起来进行考察,确定了每一个字的音韵地位,造成了一个完整的体系。结果,他的《说文注》无论是学术水平还是实用价值,都要高于《义证》,这是一部真正的语言学著作。而桂馥的《义证》并没有建立起自己独特的体系,"专胪古籍,不下己意"(王筠《说文释例·序》)。"但如一屋散钱未上串"①。虽然"声亦并及",毕竟不邃于声。段玉裁说:"于十七部不熟,其小学必不到家,求诸形声,难为功也。"(《与刘端临书》,《段王学五种·段玉裁年谱》)这一科学论断,是区别乾嘉语言学家成就高低的一个重要标准。

(二)邵晋涵、郝懿行和王念孙的比较 邵晋涵、郝懿行都是研究《尔雅》的。前者用十年时间写成了《尔雅正义》,后者用几十年的时间写成了《尔雅义疏》。邵、郝都是有名望的学者,但他们研治《尔雅》为什么没有达到王念孙《广雅疏证》的水平呢?原因也就是吃了不精通古音的亏。邵晋涵根本不谈古音,"又袭唐人义疏之弊,曲护注文(指郭璞的注),至于形声,则略而不言"(江藩《炳烛室杂文·尔雅小笺序》)。郝懿行呢,又走向了另一个极端,乱谈古音。谈古音而至于"乱",还是因为他不精于此道。对此,郝懿行颇有自知之明。在他谢世的前一年,段、王的学生陈奂来到北京,郝懿行抱着《尔雅义疏》来找陈奂,对他说:"训诂必通声音,余则疏于声音,子盍为我订之?"(陈奂《三百堂文集·尔雅义疏跋》)他的《义疏》详于名物考订,价值颇高,而"疏于声音",又是一大缺陷。

与邵晋涵、郝懿行比,王念孙成功的经验是什么呢?请听段玉裁的评价。乾隆五十四年,段玉裁从南方来到北京,见到《广雅疏证》手稿,"爱之不能释手。曰:予见近代小学书多矣,动与古韵违异。此书所言声同、声近、通作、假借,揆之古韵部居,无不相合,可谓天下之至精矣"(王引之《光禄公寿长征文启事》,《段王学五种》)。乾隆五十六年,他为《广雅疏证》作序时,又一次强调指出,王念孙"尤能以古音得经义,盖天下一人而已矣"。

---

① 这是段玉裁在《与刘端临书》中评论《经籍籑诂》的话(见《段王学五种》),笔者借来评论桂馥的《义证》。

通过比较已足以证明：段、王成功的秘诀就在于能以古音求古义。大抵在学术研究中，谁能洞察本学科发展中的主要矛盾所在，并及时地、全力以赴地去解决它，谁就能推动这门学科的发展。乾嘉时代古音学的研究成果，当然不仅仅是推动了古义学的发展，同时也推动了词源学（如程瑶田的《果蠃转语记》、王念孙的《释大》等）、方言俗语学乃至校雠学的发展，就是文言虚字的研究（如王引之的《经传释词》），也是利用了古音学的成果才开创了新的局面。后来，俞樾等人滥用"因声求义"的原理，这个责任应由他们自己来负，而不能怀疑这个原理的正确性。段、王也有失误，也有不足之处，这是难以避免的。我想，"句句是真理"的学术著作大概是不存在的吧。

考据与学风

乾嘉时代的语言学既然以研究古音古义为主要内容，这就决定他们的研究方法必然崇尚考据。但考据并不是乾嘉时代语言学得以繁荣的直接原因，至若将乾嘉语言学径称为"考据之学"，尤为不当。考据，又名"考证、考核"。在什么是"考据"、如何看待"考据"这两个问题上，当时的学术界就已有过不少争论。大体上有三种态度：第一种态度是把"天下学问之事"分为义理、文章、考据三个部门，但对三者关系的看法又有区别。戴震认为义理是统帅，段玉裁则"以谓义理、文章，未有不由考核而得者"（《戴东原集序》），姚鼐却以为"三者之分异趋而同为不可废"（《惜抱轩文集·复秦岘书》），是则"区别不相通"（段玉裁《戴东原集序》）；第二种态度是鄙薄考据，如袁枚认为"形上谓之道，著作是也；形下谓之器，考据是也……盖以抄撮故实为考据，抒写性灵为著作耳"（孙星衍《问字堂集·答袁简斋辈书》）。当时的文人以及学人中的宋学家多对考据持批评态度，因为有人批评考据，反对考据,于是第三种人就出来说:根本不存在什么"考据之学",他们搞的都是"经学","本朝经学盛兴,如顾亭林、江永、戴、段、二王,是直当以'经学'名之,乌何以不典之称之所谓'考据'者混目于其间乎!""袁氏之说不足辨,而考据之名不可除"(焦循《雕菰集·与孙渊如观察论考据著作书》)。

　　据实而言,戴、段等人所谓的"考核之学",内容相当广泛,不只是语言学的问题。他们的本意是指对"故训、音声、算数、天文、地理、制度、名物、人事之善恶是非,以及阴阳气化、道德性命,莫不究乎其实"(段玉裁《戴东原集序》)。这种"究乎其实"的学问,主要是详细占有材料的问题。但是,材料并不等于学问的全部,如何分析材料,处理材料,引出科学的结论,这才是真正的学问。所以,乾隆末期,阮元将考据学分为两类:一类是"浩博之考据",一类是"精核之考据",他说:"为浩博之考据易,为精核之考据难。"(阮元《晚学集序》)所谓"浩博之考据"与"烦琐考据"的意思差不多。"精核之考据"则要求具有严密的科学性,要求去粗取精,去伪存真,做到"言言有据,字字有考"[1],"一字无假"[2],这种性质的考据的确是一种优良学风的反映。所以,我认为乾嘉时代语言学兴旺发达的第二个原因是戴、段、二王等人造成了一种优良的学风。他们经常挂在口头上的有两句话:第一句是"实事求是";第二句是"好学深思"。这是他们在学风方面的根本特征。这种学风与"精核之考据"是一致的,但又难以用"考据"二字来概括。一是清儒对"考据"这个概念的内涵和外延并无规定性的解释,语意比较含混;二是学风问题包括认识论、思维方式等内容,仅以"考据"二字不足以尽其意。

---

① 　方东树《汉学商兑》39页,万有文库本。
② 　雍正祭阎若璩文中语,见《汉学师承记》卷一8页,国学基本丛书。

（一）**实事求是，反对凿空，反对墨守** "实事求是"这个口号，表现了戴、段、二王等人在语言研究方面的革新精神。一个学术高峰的形成，如果缺乏革新精神，那是不可思议的。戴、段、二王都是生龙活虎富有朝气的学问家，他们在古音古义的研究中，为了坚持"实事求是"的原则，及时地批判了两种错误倾向。

首先批判的是训诂学中的凿空倾向。这种批判工作始于顾炎武，完成于戴震。所谓凿空，就是不从古人的语言文字出发，空谈性理。"儒者以己之见，硬坐为古贤圣立言之意，而语言文字，实未之知"（《戴东原集·与某书》）。戴震说："数百年已降，说经之弊，善凿空而已矣……凿空之弊有二：其一缘词生训也，其一守讹传谬也。缘词生训者，所释之义非其本义；守讹传谬者，所据之经非其本经。"（《戴东原集·古经解钩沉序》）在封建社会中，经书和为经书作的注疏，一般人是根本不敢非议的，戴震公然提出有的经文非"本经"（指在流传过程中出现了各种文字上的错误），有的训释非"本义"（指经书的原义），这就在训诂学领域里吹起了革命的号角，为后来的"段王之学"开辟了广阔的道路。戴震被乾嘉语言学界尊为领袖人物，就因为他能冲破旧注重围，清算古义研究的积弊，掀起了思想解放的潮流。这是那些思想平庸、学问浅陋的人所望尘莫及的。

其次，批判训诂学中的墨守倾向。如果说对凿空倾向的批判只是一种历史的清算，对墨守的批判则是一场现实的斗争，这个批判的锋芒主要是指向同时代的吴派。过去某些研究清代学术史的论著往往把戴派和吴派统称为"汉学"，这是非常不恰当的。戴派和吴派在反对凿空这一点上的确是同盟军，戴震说："惠君（定宇）与余相善，盖尝深嫉于凿空以为经也。"（《戴东原集·古经解钩沉序》）他们都反对"凿空为经"，都批判宋、明"义理之学"，也都批判朱熹。因此，在宋学家的眼里，不管你什么吴派戴派，反对我家朱夫子的就都是"汉学",都在抨击之列,方东树的《汉学商兑》就是这么做的。实则戴派和吴派对待宋学的态度和批判的出发点原本不同。区别在于:吴派根本反对谈一切"性理",江声说:"盖性理之学,纯是蹈空,无从捉摸,宋人所喜谈,弟所厌闻也。"[1] 性理=蹈空,这是形而上学。戴派则不然,他们要以一种新的"性理"来代替旧的"性理",戴震不仅肯定有"义理之学",而且认为"义理者,文章、考核之源也"(段玉裁《戴东原集序》)。戴震要以《孟子字义疏证》"正人心",何尝不谈"义理"?问题在于谈的是什么"义理"。段玉裁在晚年也主张"理学不可不讲"。

　　论者又谓:戴派和吴派都推崇许、郑之学,都推崇汉代经学,统名之曰"汉学",有何不可? 问题就出在这里。吴派的王鸣盛曾对惠、戴二人有这样的评说:"方今学者,断推两先生。惠君之治经术求其古,戴君求其是。"(转引自洪榜《初堂遗稿·戴先生行状》)此论可谓一针见血。一派是一味"求古","古训不可改,经师不可废"(惠栋《九经古义·首说》)。"但当墨守汉人家法,定从一师"(王鸣盛《十七史商榷·序》)。他们突决宋学罗网,又入汉学藩篱,反对别人拜倒在程、朱脚下,自己却拜倒在许、郑脚下,惟汉是好,惟古是好,依傍他人门下,不能自立;一派要"求是",他们站在封建社会最后一个文化高峰上,品评汉宋,抑浊扬清,一切传、注、义、疏都要在一个"是"字面前接受检验。戴震指出:"汉儒故训""亦时傅会。"(《戴东原集·与某书》)又说:"汉郑氏,宋程子、张子、朱子,其为书至详博,然犹得失中判。"(《戴东原集·与姚孝廉姬传书》)有得有失,就是一分为二。这就跟吴派形而上学的学风大不一样。形而上学与实事求是之间必然要发

---

[1]　江声《阅问字堂赠言》,见孙星衍《问字堂集》4页,《丛书集成初编》本。

生矛盾、产生斗争。因此,从戴震开始一直到阮元、王引之、焦循等人,对吴派的"墨守"倾向进行了长时期的批判。可以说乾隆年间对"凿空"的批判,主要是由戴震本人进行的,而对于"墨守"的批判,戴震一开头,段、王等人都上阵了。戴震说:"今之博雅能文章、善考核者,徒株守先儒而信之笃,如南北朝人所讥:宁言周孔误,莫道郑服非。"[1]"株守先儒"就是特指墨守汉学。段王就直接以"汉学"为靶子进行批判,段玉裁说:"今日之弊在不当行政事而尚勤说,汉学亦与河患同。"(《与王石臞书》)又说:"今日大病,在弃洛、闽、关中之学不讲,谓之庸腐,而立身苟简,气节坏,政事腐,天下皆君子而无真君子,未必非表率之故也,故专言汉学,不讲宋学,乃真人心世道之忧,而况所谓学汉学者如同画饼乎!"[2]王念孙说:"世人言汉学者,但见其异于今者则宝之,而于古人之传授、文字之变迁,多不暇致辨。"[3]

王引之说:"大人(指其父王念孙)又曰:说经者期于得经意而已。前人传注不皆合于经,则择其合经者从之;其皆不合,则以己意逆经意,而参之他经,证以成训,虽别为之说,亦无不可。必欲专守一家,无少出入,则何邵公之墨守,见伐于康成者矣。故大人之治经也,诸说并列则求其是,字有假借则改其读,盖孰(熟)于汉学之门户,而不囿于汉学之藩篱者也。"(《经义述闻·叙》)

王引之还点名批判了吴派的开创人惠栋,他说:"惠定宇先生考古虽勤,而识不高,心不细,见异于今者则从之,大都不论是非……来书言之,足使株守汉学而不求是者,爽然自失。"(《与焦

---

[1]　《戴东原集·答郑丈用牧书》。钱大昕《戴先生震传》亦引此语。其中"如南北朝人所讥"作"如唐人所讥"。

[2]　《与陈恭甫书》,转引自钱穆《中国近三百年学术史》404页。

[3]　王念孙《拜经日记序》,见《王石臞先生遗文》卷二。

理堂先生书》，见《王文简公文集》卷四）"来书"是指焦循给他的信。焦循在信中说："盖近之学者，不求其端，不讯其末，惟郑之欲闻，乃郑氏之书见存者不耐讨索，而散而求之残缺废弃之余，于是不辨其是非真伪，务以一句之获、一字之缀为工，及其以赝为真，又不复考其矛盾龃龉之故，甚而拘守伪文，转强真文以谬与之合。"（《雕菰集·禹贡郑注释》自注）盲目崇拜郑玄，厚古薄今，不辨真伪，反而强真文与伪文合，这就是汉学家的特色，也是戴派所极力反对的。

　　乾隆后期到嘉庆年间，训诂学领域里的主要错误倾向已不是"凿空"，而是"株守"（即"墨守、拘守"），所以二王及阮元、焦循等人把反对"株守"作为自己的任务，王念孙说："自元明以来，说经者多病凿空，而矫其失者又蹈株守之病。"（《汪容甫述学叙》，见《王石臞先生遗文》卷二）吴派矫凿空之失是有成绩的，但他们又滑入了"株守"，这是批判了一个极端，又出现了另外一个极端。所以阮元说："盖株守传注，曲为附会，其弊与不从传注、凭臆空谈者等。夫不从传注凭臆空谈之弊，近人类能言之，而株守传注曲为附会之弊，非心知其意者，未必能言之也。"（《揅经室集·焦理堂群经宫室图序》）阮元的意思是："凿空"的流弊，大家都能说得出来，而株守旧传、旧注，曲为附会的弊病，只有心知古人之本意的人，才能揭示出来。说明当时的批判目标，就是要反"株守"。与"株守"相反，就是坚持"实事求是"。阮元说："余以为儒者之于经，但求其是而已矣。'是'之所在，从注可，违注亦可。"（《揅经室集·焦理堂群经宫室图序》）又说："余之说经，推明古训，实事求是而已。"（《揅经室集·自序》）王念孙说："好学深思，必求其是，不惑于晚近之说，而亦不株守前人。"（《群经识小序》）

　　由于他们坚持了"实事求是"的学风，所以他们坚信"今人胜古人"①,敢于批评旧说。不唯敢于批评大小二徐、朱熹等人,也敢于批评许慎、郑玄,也敢于批评本朝的老前辈,甚至于还敢于批评自己的老师,至于同辈之间开展讨论批评,更是常事。

由于他们追求的是"实事求是",所以他们就不搞宗派,不结帮拉伙,不存在门户之见。阮元说:"且我朝诸儒,好古敏求,各造其域,不立门户,不相党伐。"(《揅经室集·国史儒林传序》)如果将"诸儒"二字具体化为顾、江、戴、段、二王等人,这段话就颇中肯綮。从学术发展史来看,师承如变为门户,学派如变成了宗派,这都是一种堕落,是不治之症。嘉庆末年,江藩著《汉学师承记》,标榜门户。年轻的学者龚自珍就大为反对,他认为江藩这部著作,名称就不当,建议改为《国朝经学师承记》,理由有十,现摘录其中的六条如下(《定庵全集·与江子屏笺》):

1. 夫读书者"实事求是",千古同之,此虽汉人语,非汉人所能专。

2. 本朝自有学,非汉学。有汉人稍开门径而近加邃密者,有汉人未开之门径,谓之"汉学",不甚甘心。

4. 汉人与汉人不同,家各一经,经各一师,孰为"汉学"乎!

5. 若以汉与宋为对峙,尤非大方之言,汉人何尝不谈"性、道"!

6. 宋人何尝不谈名物训诂,不足概服宋儒之心。

9. 本朝别有绝特之士,涵泳白文,创获于经,非汉非宋,亦惟其是而已矣。

龚自珍是在嘉庆二十二年(1817)发表这番议论的,时年仅

---

① 段玉裁《说文解字注》725页,又见孙星衍《问字堂集·答袁简斋前辈书》。

二十五。可是,他的识见、胆略,远远超出同辈人之上。他所说的"绝特之士",当然是指戴、段、二王等人,他认为他们搞的那一套语言研究,"非汉非宋","惟其是而已"。而江藩硬把这些人都纳入汉学家的行列之中,给批判"汉学"的人戴上"汉学家"的帽子,实在荒唐!

当然,龚自珍的话还不全面,还需要我们作些补充:第一,清代的确存在"汉学","汉学"这个概念是与"株守、墨守"的学风联在一起的,其代表人物就是惠栋、江声、余古农等;第二,从学派而言,戴、段等人"非汉非宋",从学术发展的继承性而言,应是"亦汉亦宋",龚自珍反对"以汉与宋为对峙",又指出:"宋人何尝不谈名物训诂",已包含了"继承性"这个意思在内。事实上戴、段、二王等人不单是继承了汉代的"朴学",也继承了宋代的古音学、等韵学以及名物训诂之学。不承认这一点,就是割断历史,我们就会跟前人一样犯形而上学的错误。在这个问题上,即使对乾嘉诸老的言论,也要取分析态度。他们也难免主观武断,意气用事,自我标榜。甚或攻其一点,不计其余。如戴震说:"晋人傅会凿空益多,宋人则恃胸臆为断,故其袭取者多谬,而不谬者在其所弃。"(《戴东原集·与某书》)此话就失之片面,跟前面所引的"得失中判"也相矛盾。又如,钱大昕说:"自晋代尚清谈,宋贤喜顿悟,笑问学为支离,弃注疏为糟粕,谈经之家,师心自用,乃以俚俗之言,诠说经典。"(《潜研堂文集·经籍籑诂序》)这些话不仅"不足概服宋儒之心",也难以概服晋以后清以前历代故训家之心。钱大昕把汉以后的训诂学家一棍子打倒,这就太不公正了。方东树在《汉学商兑》中对这段话逐句进行批驳,我看是很有道理的。总之,乾嘉时代的语言学既是特定历史条件下的产物,又是中国封建时代传统语言学的大总结。

(二)好学深思,探求规律,发明义例 要做到"实事求是",

就一定要"好学深思"。"惟好学则不妄,惟深思则不俗"(《潜研堂文集·赠邵冶南序》)。"好学"不只是读万卷书,也包括亲身试验;"深思"是指推理、概括。在乾嘉时代,江永、戴震、王念孙等人都以"好学深思"著称于当世。他们爱好缜密的逻辑思维,反对空洞的思辨性思维。按思维特点而言,他们更接近于自然科学家。语言学本来就是一门介乎自然科学与社会科学之间的学科,以传统的音韵学而论,尤近于自然科学。在这里,思辨性思维基本上不管用。就个人条件而言,江永、戴震都精研过天文、数学,在逻辑思维方面有过严格的训练。段、王等人在自然科学方面虽没有发表过专著,但他们在研究名物训诂时,都很重视亲验,在思维方式上也深受戴震的影响,都有"擘肌分理,剖毫析芒"的硬功夫。

1. 长于归纳推理和演绎推理。语言研究须要详细占有材料,也须要善于推理。王念孙说:"学问须有性灵,苦功而无性灵,是人役也。"[①] 王氏所说的"性灵"就有推理的意思。大抵江、戴长于演绎推理,段、王长于归纳推理。江永在古音研究中,运用演绎推理的方式,将宵幽分为二,真元分为二,侵谈分为二。其推理的根据就是弇侈对立[②]。戴震确立阴阳入三声分立的古韵系统也运用了演绎推理的方式,至于他提出的"正转、变转"的学说,更是大胆地运用了演绎推理的方式。

段、王二人都善于发明义例,就是因为他们善于运用归纳推理的方式。如段在《周礼汉读考》中所发明的三例:谓"读如"主于说音,"读为"主于更字说义,"当为"主于纠正误字。"自先生此言出,学者凡读汉儒经、子、《汉书》之注,如梦得觉,如醉得醒"

---

① 章学诚《丙辰札记》,转引自《段王学五种·高邮王氏父子年谱》31 页。

② 可参阅《古韵标准》平声第十二部总论。

(《揅经室集·周礼汉读考序》)。段注《说文》对条例的发明以及他在古音研究中所提出的各种条例,都是他善于运用归纳推理的确证。

同样,王念孙也擅长于归纳推理,他在《广雅疏证》中指出:"夫双声之字,本因声以见义,不求诸声而求诸字,固宜其说之多凿也。"(卷六上723页)又说:"大抵双声叠韵之字,其义即存乎声,求诸其声则得,求诸其文则惑矣。"(卷六上748页)这也是从实际材料归纳出来的通例,非简单枚举例证者可比。

戴派的另一人物汪中在归纳推理方面也有可称者,最为学界所推崇的是《释三九》。文中对"曲"(即曲笔)和"形容"(即夸张)两种修辞格例的发明,也是由归纳推理而来。他说:"周人尚文,君子之于言,不径而致也,是以有'曲'焉;辞不过其意则不鬯,是以有'形容'焉。名物制度可考也,语可通也,至于二者,非好学深思,莫知其意焉。故学古者,知其意,则不疑其语言矣。"(《述学》内篇卷一)

过去评论乾嘉学术的人,只赞扬段、王等人能旁征博引。"一字之征,博及万卷",这当然是"好学"的表现,但若不"深思",不分析,不推理,只是简单的汇集材料,那么,还算不上是真正的科学研究。戴派语言学家之所以在古音古义研究方面能超越前人,能超出同时代的那些只会饾饤字句的规规小儒,其重要原因之一,就在于他们不仅"好学"(能占有材料),而且会"深思"(能推理概括)。他们已自觉地把"好学深思"作为指导自己进行研究工作的一条重要原则,这一点是本文要特别加以强调的。

2. 重视观察亲验。在我国漫长的封建社会中,一般士人都轻视科学技术,更谈不上亲身从事科学实验了。只有在天文、数学、医药以及名物训诂方面还不断有人注意观察试验。名物训诂家要做到"博物不惑",就应"多识鸟兽草木之名",就应进行观察亲验。郭璞花了十八年时间注《尔雅》,其中有不少时间就是用于对实物进行观察。他的《尔雅注》配以实物图形,不亲验是办不到的。宋人陆佃著《埤雅》、罗愿著《尔雅翼》,都进行了长时期的亲验活动。不过,宋代训诂家把这种亲验也叫做"格物"。

直到乾隆初年,江永还袭用"格物"这个词,他说:"十八九岁读《大学》,熟玩先儒之言,知入手工夫在格物。程子所谓今日格一物,明日格一物,久则自然贯通者,深信其必然。"又说:"《尔雅》虫鱼草木药性,亦格物者所不遗,岂敢忽略不讲。"(江永《答汪绂书》,见《汪双池先生年谱》卷二)他的学生戴震,戴震的学生段、王等,很明显受到了这种"格物"精神的启迪。据说"王氏作《广雅疏证》,花草竹木、鸟兽虫鱼,皆购列于所居,视其初生与其长大,以校对昔人所言形态"(《段王学五种·高邮王氏父子年谱》)。郝懿行著《尔雅义疏》时,也是"草木虫鱼,多出亲验"(陈奂《三百堂文集·尔雅义疏跋》)。段注《说文》,有许多动植物的知识,也是通过亲验得到的。"好学"的精神,实事求是的学风,鼓舞着他们追求科学的释义,耻于袭讹传谬,力求说有坚据。故段注《说文》、王注《广雅》,既攻往谬,复多新裁,原因之一,就在于他们重视亲验。

3. 通古今之变。语言有古今之别,这个道理今人类能言之,乾嘉以前的古人却不然。如顾炎武虽分出了古韵十部,但不懂得古韵与今韵的关系,他斥今韵不合古韵者为谬,要"据唐人以正宋人之失,据古经以正沈氏、唐人之失",他的《唐韵正》一书就是"辨沈氏分部之误,而一一以古音定之"(《音学五书·叙》)。戴、段等人就比顾炎武高明一些了。戴震批评顾炎武于"古韵今韵,究未得其条贯"(《戴东原集·书广韵四江后》)。什么叫做"未得其条贯"?就是不懂得古今音的流变。段玉裁明确提出"有古形,有今形;有古音,有今音;有古义,有今义。六者互相求,举一可得其五"(《王怀祖广雅注序》,见《经韵楼集》卷八)。段玉裁懂得文字的形、音、义是一个完整的系统,又懂得古今形、音、义的联系和区别,这实在是传统语言学在理论上的一大进步。过去不少训诂学家只会"随文释义","见字达字",下焉者甚或"画字体以为说,执今音以测义,斯于古训,多所未达"(《经义述闻》卷二十三29页)。

专门化与社会化

我国古代语言学虽有悠久的历史,产生了不少名著,但可称之为语言学家的专门人才,为数并不多。乾嘉语言学高峰的突起,跟那个时代造就了一批语言研究的专门人才有一定的关系。他们在这方面有哪些成功的经验呢?

(一)反对轻视语言文字学的错误思想,宣传语言文字学的重要性 明清时代的知识界,多数人艳于科名,于高头讲章、八股时文之外,所知甚少。有的状元于苍雅之学未问津,有的进士不知《史记》为何人所作,有的秀才"謟谄不分,鍜锻不辨,據旁著處,適内加商,点画淆乱,音训泯梦"(朱筠《笥河文集·说文解字叙》)。因为"谈科名者,有敲门砖之说,谓不必根底经术,但求涂饰有司耳目,便可骗得"(焦循《雕菰集·先考事略》)。腐败的科举制度,败坏人才,促使人们轻视语言文字之学;另外,封建社会的知识分子,多以谈义理性道为高尚,视语言文字之学为"雕虫小技,壮夫不为"。

清初,顾炎武、毛奇龄等人矫明人空疏之弊,大力提倡实学、古学,语言文字学的地位逐步得到提高。到乾隆年间,戴震在对理学开展批判的同时,也批判了轻视语言文字学的错误倾向。他从理学家的"轻凭臆解,以诬圣乱经"(《戴东原集·六书音均表序》),更明确了语言文字学的重要性。戴震说:"夫今人读书,尚未识字,辄目故训之学不足为,其究也,文字之鲜能通,妄谓通其语言,语言之鲜能通,妄谓通其心志。"(《戴东原集·尔雅注疏笺补序》)又说:"宋儒讥训诂之学,轻语言文字,是犹渡江河而弃舟楫,欲登高而无阶梯也,为之三十余年,灼然知古今治乱之源在是。"(《与段若膺书》,见《段王学五种·段玉裁年谱》)戴震认为能否正确解释经籍的语言文字是"古今治乱之源"所在,这个观点是错误的,夸大了语言文字的政治作用。但这个观点对于引起士人重视语言文字的研究是有积极意义的。它使人们认识到:从事语言文字的研究,并不都是"章句小儒,破碎大道",也是关系世道人心的大事。

(二)务精不务博,长期地、深入地进行专题研究 学贵创新,不专不精,则难以创新。戴震说:"学贵精不贵博,吾之学不务博也。"又说:"知得十件而都不到地,不如知得一件却到地也。"(段玉裁《戴先生年谱》,附《戴东原集》后)他的主张很符合现代科学的研究原则。美国一位物理学家说:"不求知道一切,只求发现一件。""知道一切"并不能为人类的知识宝库增添什么,而"发现一件"却能为知识宝库添宝增光。

学贵专精,在乾嘉时代已成为风气。桂馥就是受了这种风气的影响才聚一生之精力从事《说文》研究的。起初他的友人周永年(字书昌)告诫他:"涉猎万卷,不如专精一艺,愿君三思。"他"负气不从"。后来他见到戴震,戴又向他介绍江永的治学经验是"不事博洽","故其学有根据"。"又见丁小雅(即丁杰)自讼云:'贪多易忘,安得无错!'馥憬然知三君之教我也"(《晚学集·上阮学使书》)。于是专研《说文》。其余如段玉裁、王念孙、郝懿行、江有诰等人,都是以毕生精力专攻语言文字学的某一个专题,这些著作都能经受历史考验,传之其人。

学贵专精,是指选题要专门,研治要精透,而不是说基础知识可以不要广博。戴、段、二王等人在从事著书之前,都已作了充分准备。所谓"必读经十年,校经十年,始可与言著书也"(陈奂

《三百堂文集·王石臞先生遗文编次序》)。卢文弨总结了段玉裁注《说文》的经验,认为"不通众经则不能治一经"(《说文解字读序》)。段玉裁自己也说:"非通人不能治之。"(《说文解字注》卷十五下 784 页)王引之还认为:"经之有说,触类旁通。不通全书,不能说一句;不通诸经,亦不能说一经。"(《王文简公文集·中州试牍序》)这些话的精神实质是正确的。这个治学原则也渊源于戴震。戴震说:"一字之义,当贯群经,本六书,然后为定。"(《戴东原集·与是仲明论学书》)语义是一种社会现象,它富有很强的系统性和时代性,必须贯串起来考察,才不至于"通"乎此而不通乎彼。戴震以前的训诂学家往往不知道这个道理,我们今天一些注本出问题也往往出在这个问题上。

(三)官方提倡扶持,造成重视语言文字学的社会风气 学术事业的发展固然要靠内在因素,但官方的态度和社会的力量都是不可忽视的条件。乾嘉两朝的达官显宦(如朱筠、毕沅、阮元等),有的本人就长于语言文字之学,有的身边团结了一批语言文字学专家,有的出资刊刻语言文字学名著或将当代语言学名著进呈馆阁,有的表彰在语言文字学方面有贡献的学者,有的主考官、学政、教谕、书院讲席大力提倡读《尔雅》《说文》,大力提倡"许郑之学",某些有头脑的知识分子,知道"所重在学术,不在科甲",他们教育子女"勿溺时艺"(指八股文),有的人"身厕科举之林,心游科举之外"(江永《答汪绂书》,见《汪双池先生年谱》卷二),有的人"谈经冰署,借清俸以怡颜"(王念孙《与端临书》)。士大夫"群居坐论,必《尔雅》《说文》《玉篇》《广韵》诸书之相砥角也,必康成之遗言,服虔、贾逵末绪之相讨论也"(程晋芳《勉行堂文集》卷一)。特别是"东南之士,两君(许、郑)是程"(《雕菰集·代诂经精舍祭许祭酒郑司农文》)。有人"平生于许郑之书,诵习极熟"(《通艺录·解字小记·说文引经异同叙》)。焦循说:"近时数十年来,江南千余里中,虽幼学鄙儒,无不知有许郑者。"(《雕菰集·与刘端临教谕书》)阮元说:"《尔雅》一书,旧时学者苦其难读,今则三家村书塾鲜不读者,文教之盛可谓至矣。"(《揅经室集·十三经注疏校勘记序》)会谈《尔雅》《说文》、郑注,未必都能成为"专家、学者",未必都能造而有得,但"专家、学者、深造有得"之士,没有这样的社会风气,没有这样的群众基础,是不可能产生的。至于有的人厚古薄今,好古成癖,虽尺牍、家书、记账,皆依《说文》,生平不肯作隶楷;有的人脱离现实,不关心民生疾苦,埋头故纸堆,于经济致用之学懵然无知,这大概就是段玉裁所感到痛心疾首的:"汉学亦与河患同。"

(四)师承与图书 乾嘉时代,有两个地方是声音文字训诂学的中心,这就是北京和江南①。北京是政治中心,又是文化中心,它吸引着全国的学者,戴震、王念孙、王引之、郝懿行等人的语言文字学论著基本上都是在北京完成的,段玉裁、桂馥、孔广森等人也是在北京接受了戴震的指导,确立了自己的研究方向。北京成为声音文字训诂学的研究中心,这是很可以理解的。至于江南地区为什么也能成为中心呢?除了经济发达这个基本条件之外,就文化本身而言,最关重要的有两条:师承和图书。衡量一个国家、一个民族、一个地区的文化是否发达,水平如何,可以有多种标志,但这两条是无论如何不可缺少的。对此,当时的北方学者桂馥已说得很清楚,他说:"北方学者,目不见书,又鲜师承,是以无成功。"(《晚学集·周先生永年传》)

乾嘉时代的语言文字学起源于安徽的徽州府。徽州是经学渊薮,"故有朴学"(《知足斋文集》卷三),江永、戴震、程瑶田、江有诰等人都出生在这个山区。乾隆初纪,徽州的歙县西溪有一名

---

① 清初以安徽、江苏二省为江南省。这里的"江南"特指皖、吴二地。

叫汪梧凤（字在湘，号松溪，师事江永）的贡生，家有不疏园，"斥千金置书，益招好学之士，日夜诵习，讲贯其中，久者十数年，近者七八年、四五年，业成散去"。江、戴二人"无从得书……汪君独礼而致诸其家"（汪中《述学·大清故贡生汪君墓志铭》）。可见，这个不疏园对于江、戴学术事业的成就是很有意义的。

　　后来，戴震来到北京，在礼部尚书王安国家当家庭教师，王念孙从之学，"一二好学之士，皆从先生讲学，玉裁与焉"（段玉裁《戴先生年谱》，《戴东原集》附录）。钱大昕推崇戴震为"天下奇才"，姚鼐也要尊他为师，"一时馆阁通人，先后与先生定交"（钱大昕《戴先生震传》，《潜研堂文集》卷三十九）。于是，戴震成为"天下儒宗"，江永的音学著作，经戴震介绍，也受到中央王朝的重视，藏于秘府。又经段、王等人的介绍，皖派学术流传到苏浙一带，影响了好几代人。苏浙地区从明以来就不乏藏书之家。段玉裁在苏州注《说文》，就有图书之便。在这里，他能看到多种版本的《说文》，能找到必要的参考书，能及时吸收各种新的研究成果，能跟学人商讨学术是非。跟他同时注《说文》的桂馥就不行了。桂馥于嘉庆元年派到云南边境当知县，一住就是十年。他的《说文注》"本拟七十后写定"，但"求友无人，借书不得"（《晚学集·寄颜运生书》）。在这样的条件下，他的研究工作再也难以深入，"仅检旧录签条，排比付录"（《晚学集·上阮中丞书》）。桂馥这个例子证明：图书资料对于一个从事学术研究的人来说是何等重要。

　　关于乾嘉时代的语言学，我的研究还很肤浅，不当之处，欢迎批评。

1982 年 12 月完稿，1983 年 3 月改定

原载《北京大学学报》1984 年第 1 期

附记:

孙景涛先生于《语文导报》1987 年第 4 期发表《〈乾嘉时代的语言学〉介绍》一文,谈到拙稿与王力先生某个观点有矛盾,景涛颇为感慨:"据说该文发表前曾经王力先生审读,先生非但没有责怪,反而极力推荐,这正反映了老一代语言学家对'爱师更爱真理'学风的肯定和赞赏。"请王先生"审读"拙稿,应是《北大学报》的决定,本人至今不知了一师如何"极力推荐",但先师的博大胸怀,包容精神,永远值得怀念,故特记于此。

《尔雅》的年代和性质^{*}

　　《尔雅》的编者是谁？成书于何时？古今中外的学者已进行了不少探索。

　　一说周公"著《尔雅》一篇，以释其意义"，"今（指三国时代）俗所传三篇《尔雅》，或言仲尼所增，或言子夏所益，或言叔孙通所补，或言郭郡梁文所考"（魏·张揖《上广雅表》）。

　　一说孔子门人所作。郑玄《驳五经异义》："某之闻也，《尔雅》者，孔子门人所作，以释六经之旨。盖不误也。"（《诗·黍离》正义引，又《周礼·大宗伯》疏引）刘勰也取此说，《文心雕龙·练字》："夫《尔雅》者，孔徒之所纂。"是孔子的哪位门徒所纂呢？扬雄说："孔子门徒游、夏之俦所记。"（《西京杂记》引）明代焦竑亦主此说："《尔雅》，《诗》训诂也。子夏传《诗》者也。"（《焦氏笔乘》卷一）

　　一说《尔雅》出于汉世"，"考其文理，乃是秦汉之间学《诗》者纂集说《诗》博士解诂之言尔"^①。梁启超也说《尔雅》"是西汉人编的字典，刘歆又扩大些，干周公什么事"（《古书真伪及其年代》148页）。

　　诸说多以为《尔雅》与孔门有关，与解经有关，不无道理；但成书年代却相差甚远，从周公到汉代刘歆，有一千多年之距。这就意

　本文的观点形成于1981年，1982年春写成初稿，这年7月读了洪诚遗著《略论中国古代语言学与名学的关系》，更加深了我对《尔雅》是一部"名书"的看法，但私意与洪文并不完全一样，且论证更为详密，故于最近再加修订，以供发表。

① 《欧阳修全集》999页，世界书局本；欧阳修《诗本义》卷十2页"文王"条。

味着:在刘歆之前,《尔雅》一直没有定本,这是令人难以置信的。

张揖说周公著《尔雅》一篇,这句话有歧义。可以理解为《尔雅》的第一篇《释诂》为周公所著[①];也可以理解为周公著的《尔雅》只有一篇,而不是三篇,俗所传三篇《尔雅》是在一篇的基础上增益而成。钱大昕就是这么理解的,他以为今本《尔雅》"十九篇中皆有周公正文"(《潜研堂文集》卷十)。邵晋涵认为《尔雅》"诸篇之目,皆周公所定"(《尔雅正义》卷一)。这种争议没有什么意义,因为《尔雅》的确不"干周公什么事"。

《尔雅》"乃是秦汉之间学《诗》者纂集"的说法也不确。秦王朝是反对学《诗》的,"天下敢有藏《诗》《书》、百家语者,悉诣守尉杂烧之。有敢偶语《诗》《书》者弃市"(《史记·秦始皇本纪》)。欧阳修怎么把这样一个重要事实给忘了呢? 至于把整本《尔雅》的内容视为"说《诗》博士解诂之言",更与事实不符。《尔雅》全书"释《诗》者不及十之一,非专为《诗》作"(《四库全书总目》)。又,秦汉之际哪来的说《诗》博士呢? 始皇帝有博士七十,未闻有说《诗》者;汉高祖至惠帝时,什么经学博士也没有;汉文帝时,"《诗》始萌芽"(《汉书·刘歆传》)。只可能学《诗》者依据《尔雅》,而不可能是"秦汉之间学《诗》者纂集"《尔雅》。据东汉人赵岐(? —201)说:"孝文皇帝欲广游学之路,《论语》《孝经》《孟子》《尔雅》皆置博士。"(《孟子》题辞)汉文帝即位距离汉高祖开国才二十多年的时间,在这短暂的时期内如果有人编出了《尔雅》,而且中央王朝还为此书专立了博士,此书的编纂者是谁,岂能湮没无闻! 所以,《尔雅》成书于西汉初年的说法也不可靠。

我个人的看法是:《尔雅》当成书于战国末年,它的作者是齐

---

① 陆德明就是这么理解的,他说:"《释诂》一篇,盖周公所作,《释言》以下,或言仲尼所增。"

鲁儒生。理由有以下四点：

第一，历史渊源 从宋代开始，那些不相信《尔雅》是成书于先秦时代的人，有一个重要原因是他们对先秦名物训诂学的发展认识不足。朱熹的"《尔雅》是取传注以作"（《朱子语类》）的观点影响深远。可是，一说"传注"，人们就坐实到《毛传》上。其实，大量的材料说明，在《毛传》之前，名物训诂就已经产生了，如：

1. 《国语·周语下》晋国叔向解《周颂·昊天有成命》："夙夜，恭也；基，始也；命，信也；宥，宽也；密，宁也；缉，明也；熙，广也；亶，厚也；肆，固也；靖，龢也。"

2. 《礼记·乐记》："肃肃，敬也；雍雍，和也。"

3. 《吕氏春秋·不屈》："恺者，大也；悌者，长也。"

4. 《尸子》卷上："春为青阳，夏为朱明，秋为白藏，冬为玄冥。四气和，正光照，此之谓玉烛。甘雨时降，万物以嘉，高者不少，下者不多，此之谓醴泉。祥风，瑞风也，一名景风，一名惠风。"

5. 《尸子》卷下："天神曰灵，地神曰祇，人神曰鬼。鬼者，归也。"

6. 《逸周书·谥法解》："勤，劳也；遵，循也；肇，始也；怙，恃也；享，祀也；锡，与也；典，常也；糠，虚也；惠，爱也；敏，疾也；捷，克也；载，事也。"

这些材料有的跟《尔雅》一样，有的不同于《尔雅》。这说明先秦时期的训诂学也有不同的流派，《尔雅》并不是将当时各派的训诂资料都收集起来了。再者，拿《尔雅》与《毛传》相比，二者也多有不同之处，如：

1. 《小雅·巧言》："蛇蛇硕言。"《尔雅·释训》："蛇蛇，美也。"《毛传》："蛇蛇，浅意也。"

2. 《魏风·陟岵》："陟彼岵兮……陟彼屺兮。"《尔雅·释山》:"多草木,岵;无草木,峐(屺)。"《毛传》:"山无草木曰岵……山有草木曰屺。"与《尔雅》正好相反。

过去长期争论的一个问题:是《尔雅》抄《毛传》呢,还是《毛传》抄《尔雅》? 我认为这两个说法都不正确。二书来源有同有异,不存在谁抄谁的问题。

主张《尔雅》成书于西汉的人,不仅认为《尔雅》抄《毛传》,甚而至于认为《尔雅》抄《史记》,这就更背于事实了。司马迁在《史记·五帝本纪》中翻译《尚书·尧典》的文字,无疑是以《尔雅》作为根据的。《汉书·艺文志》说:"古文《尚书》者,出孔子壁中……《书》者,古之号令,号令于众,其言不立具,则听受施行者弗晓。古文读应《尔雅》,故解古今语而可知也。"什么叫做"读应《尔雅》"呢? 陈澧在《东塾读书记》中解释得很好,他说:"观于《史记》采《尚书》,以训诂代正字而晓然矣。如'庶绩咸熙',《史记》作'众功皆兴'。庶,众也;绩,功也;咸,皆也;熙,兴也。皆见《释诂》。其一二字以训诂代者,如'寅宾'作'敬道','方鸠'作'旁聚'。寅,敬也;鸠,聚也。亦见《释诂》。此所谓'读应《尔雅》'也。"文学史家们津津乐道的司马迁翻译了《尚书》中的某些古文,实际上只不过是司马迁根据《尔雅》"以训诂代正字"而已。"以训诂代正字"也就是"解古今语"。"古"是指《尚书》中用的古词,"今"是指《尔雅》中的释词。

看来,《尔雅》不是渊源于汉初经师的诂训,而是战国末年的人所编纂的名物释义书,在时代上比较合理。

我们为什么要把《尔雅》的成书定在战国末年呢?

上文我们否定了《尔雅》成于汉世的说法,但《尔雅》的成书也不可能是在战国末期以前,即不会是在春秋时期或战国初期、中期。因为对名物的释义,也有一个发展过程。这些释义资料,起先是零散的,由于资料的日渐增多,就会有人出来汇编成书。

这种汇编工作也有一个发展过程，大概在战国中期就开始了，先是把有的名物释义编成单一的条目，如《尸子·广泽》就保存了这种性质的材料：

> 天、帝、皇、后、辟、公：〔皆君也〕。

> 弘、廓、宏、溥、介、纯、夏、幠、冢、晊、昄：皆大也。十有余名而实一也。

尸佼与商鞅同时，战国中期人。在他的著作中已经出现了类似《尔雅·释诂》中的词条，这是很值得我们注意的：一，它证明这种以一词释众词的释词方式在战国中期就已经产生了，《尔雅》只不过是将此种释词方式推而广之罢了；二，《尸子》明确谈到：用一个"大"字来解释十一个与"大"有关的词，是"十有余名而实一也"，这证明先秦诸子研究词义是从辨名实出发的，他们是为了适应当时的名实之争而对词义发生兴趣的，这也可以间接证明《尔雅》并不完全是一部训诂书，从本质上看它是一部名书，是春秋时期开始的一直持续到战国时期的名实之争的产物。离开了这一时代背景，我们就很难找到更适合于它得以产生的历史条件了。战国末年的名书当不只是《尔雅》一种，西晋太康年间有人从魏王墓（战国末年的魏襄王或安釐王）中发掘出《名》书三篇，据说此书类似《尔雅》（参阅《晋书·束皙传》）。这条材料足以证明：《尔雅》之类的名书，在战国末年可能有多种。魏王把《名》书作为随葬物，也可看出这种性质的书在当时有很重要的地位。

第二，《尔雅》名义 《尔雅》这个书名也是判断其成书年代的好证据。何谓"尔雅"？有各种不同的解释。我以为刘熙的解释最好（《释名·释典艺》）：

> 《尔雅》：尔，昵也；昵，近也。雅，义也；义，正也。五方之言不同，皆以近正为主也。

"尔、昵""雅、义",各自以双声兼叠韵构成声训关系,这个我们可不去管它。要紧的是"五方之言不同,皆以近正为主"这句话。在刘熙以前,王充、郑玄等人只讲到《尔雅》是解经的,刘熙提出《尔雅》是释方言的,把这两种意见结合起来,才可以对《尔雅》作出全面评价。但刘熙所说的是什么时代的"五方之言"呢?"近"的是什么时候的"正"呢?从刘熙将《尔雅》这个条目安排在《国语》之后、《论语》之前来判断,当是指先秦时代了。

在春秋战国时期,存在一种"雅言",这是人所共知的。《尔雅》的任务之一,就是以雅言为标准解释不同的方言词语。黄侃说:"《尔雅》之作,本为齐壹殊言,归于统绪。"(《黄侃论学杂著·尔雅略说》)这个看法深得《尔雅》编者之意。就从经书的解诂来说,也不可能是随意的,一般均有师承为据。师又承于谁?师承于"雅"。用"雅言"(不仅有词汇问题,也有读音问题)去解经、去读经,这是社会的共同要求。"子所雅言,诗书执礼,皆雅言也"(《论语·述而》)。就可以为证。

到了汉代,"尔雅"的"雅"不仅有"正"的意思,又增添了"古"的意思。先秦时候的雅言到这时已成为古言了。于是,"尔雅"这个词的意思与战国时候作为书名的《尔雅》已经有些不同了。

1.《大戴礼记·小辨》:"尔雅以观于古,足以辨言矣。"

2.《史记·三王世家》:"称引古今通义,国家大礼,文章尔雅。"

3.《史记·儒林列传》:"文章尔雅,训辞深厚,恩施甚美。小吏浅闻,不能究宣,无以明布谕下。"

4.《史记·乐书》:"至今上(汉武帝)即位,作十九章……通一经之士不能独知其辞,皆集会五经家,相与共讲习读之,乃能通知其意,多尔雅之文。"

5.《白虎通·礼乐》:"乐尚'雅'何?雅者,古正也,所以远郑声也。"

6.《汉旧仪》:"武帝初置博士,取学通有修,博识多艺,晓古文《尔雅》,能属文章者为之。"

《尔雅》作为书名,原本是以雅言(标准语)解方言、以雅言(今语)解古语的意思。而上述的一至五例中的"尔雅"的"雅"都是"古雅"的意思,"尔雅"就是近乎古雅。"尔雅以观于古"是根据先秦雅言(对于汉人来说就是古言了)以了解古代;"文章尔雅"是指书奏文牍的体例近于古雅;"多尔雅之文"是指用了很多的文言字;"雅者古正"更是以古为正(标准)来释"雅"了;《旧汉仪》的《尔雅》是书名,这条材料说明汉武帝时一般人已经不能完全读懂《尔雅》,要"学通有修,博识多艺"的人才能通晓。因此,这时候有犍为文学者起来给《尔雅》作注,这就是很可以理解的了。

第三,《尔雅》内容　《尔雅》的内容并非一时一地的产物,故此,仅据内容以判断其成书年代是有困难的,但其中有些内容还是可以帮助我们了解此书的时代背景的。如:

一、日本的内藤虎次郎曾根据《释地·九府》"中有岱岳(泰山)"一语,推断此篇编者"是以岱岳之附近为全国中央之思想"。又认为《释地·四极》云"距齐州(即中州)以南……"和《释言》"齐,中也"之思想大体一致,推断此篇所反映的"大约是战国文化中心之齐稷下多数学者所集之时代思想"(江侠庵编译《先秦经籍考》中册 171 页)。这样的推测是有意义的。在内藤之前,清代学者阮元就已指出:"泰山者,古中国之中也……古中国地小,以今之齐国为天下之中。故《尔雅》曰:齐,中也。又曰:中有岱岳。"(《阅问字堂赠言》,见孙星衍《问字堂集》卷首)汉代人不可能有这样的地理观念,战国时秦楚人也不可能产生这样的地理观念,这是《尔雅》为齐鲁儒生所作的一个难以动摇的证据。

二、在地理方面还有两条材料也值得注意:一是《释地·十薮》

与《周礼》《吕览》都不同。后二书只有"九薮"。《吕览》根本没有"大野",《周礼》虽有"大野",却名列第五,而《尔雅》将"鲁有大野"列为十薮之首,它这么突出鲁国的"大野",也证明此书的编者当是齐鲁人。还有,后二书的九薮之中都没有"焦护",《尔雅》将"周有焦护"列在最后,反映了齐鲁儒生不忘"尊周"的思想。二是《尔雅》在释"九州"称谓时,没有梁州,梁州是秦通巴、蜀之后才有的称谓,先秦典籍中,除《禹贡》外,《周礼》《吕览》等书都无梁州,这也可证《尔雅》成书在秦通巴蜀之前。可是,《尔雅》的九州却有"齐曰营州",《周礼》《禹贡》《吕览》都作青州。刘熙在《释名·释州国》中,释了汉代的十三州之后,又加上一笔说"古有营州",营州是汉以前的古制,先秦其他古籍均不载,仅见之于《尔雅》,这跟《尔雅》的编纂者为齐鲁儒生不无关系。

三、《释天·星名》一章,暗含着四象、十二次、二十八宿的体系,可是却没有出现"二十八宿"这样的称谓。"二十八宿"始见于《吕氏春秋·有始》,又见于《淮南子·天文训》,这是秦汉时候的天文术语。《周礼》有"二十八星"的总称,把"宿"也叫做"星",这是战国时候的用语,《尔雅》正与此合。如果《尔雅》是西汉时候的人编定的,不可能弃"二十八宿"这样的基本概念不用(司马迁称为"二十八舍","舍"与"宿"同义)。另外,十二次的名称,始见于《左传》《国语》,此后,直到刘歆之前,均未再见,这也可以证明《尔雅》非汉世产物。

从前研究《尔雅》成书年代的人,往往忽略"星名"一章。有人认为这些材料应出现于二十八宿的概念形成之前[1];也有的人疑心这是汉代人随意加进去的。总之,都没有发现:星名虽不全,

---

① 如内藤虎次郎《尔雅新研究》说:"又星名一章……想是二十八宿说未发生以前之书。"

只有十七个，而次序的排列却暗含着二十八宿的完整体系。

1978 年在湖北随县曾侯乙墓发现了二十八宿青龙白虎图象，这是迄今所知的最早记载二十八宿名称的文字资料。拿这份资料与《尔雅》的"星名"两相对照，二者排列次序完全一样，《尔雅》所不录的星名，都可以据曾侯乙墓星图在相应的位置上填补出来。请看下表：

曾侯乙墓二十八宿	尔雅十七星名及九次	星宿分野
角	角 〕寿星	〕郑
亢	亢	
氐	氐	
方	房	〕宋
心	心 〕大火	
尾	尾	
箕	箕 〕析木	〕燕
斗	斗	
牵牛	牵牛　星纪	〕越
女	○	〕吴
虚	虚　玄枵	
危	○	〕齐
西萦	定 〕娵訾	
东萦	东壁	〕卫
圭	奎 〕降娄	
娄	娄	〕鲁
胃	○	
矛	昴　大梁	〕魏
繹	毕	
此佳	○	
参	○	〕赵
东井	○	
与鬼	○	〕秦
西	柳　鹑火	
七星	○	〕周
张	○	
翼	○	〕楚
车	○	

问题在于有的星名为何《尔雅》不录呢？若说《尔雅》的"星名"早于二十八宿，为何次序与曾侯乙墓星图一丝不差呢？且十二次的名称，《尔雅》出现了九个。十二次是战国时候的产物，不得早于曾侯乙墓。若说《尔雅》乃训诂之书，其不录之星名因经书中未之见，是又不然，如参星早已见之于《诗经》，《尔雅》若是专门释《诗》的，为何不载此星？这真是一个谜。最近，我把这些不录的星名与战国时的星宿分野联系起来考察（见上表），谜底终于揭开了。原来凡属于秦楚两国分野的星宿，《尔雅》就不录，不唯星名不录，秦楚两国的次名照样不录，这难道是偶然的吗？我推断:《尔雅》不录

秦楚分野的星名,纯系政治原因。战国末年的齐鲁儒生对西方的虎狼之秦、南方的蛮夷之楚,深怀敌意。他们在"星名"中把这两国的分野一笔抹掉,并非小题大做,而是表示了一种文化抗敌的心理。

第四,结构体例 《尔雅》结构完整,体例划一,这足以证明"递相增益"论是不正确的,但也是判断其成书年代的重要依据。《尔雅》乃"递相增益"而成,这个观点源于张揖。其后,内藤的《尔雅新研究》对《尔雅》各篇的成书年代分别作了考证,每一篇之中,又考证其增益成分。我认为如此考证《尔雅》的成书年代是不恰当的,是夸大了"递相增益"的成分。

首先我们要把个别材料的年代和整本《尔雅》成书的年代分别开来看待。个别材料有"增益"的问题,而全书的编定不可能是"递相增益"而成。其次,后人"增益"的成分究竟占多大比例,是否影响了此书编定时的基本面貌,也是须要弄清的一个问题。

我个人认为:就《尔雅》一书的个别材料而言,它不是一个时代的东西。如《释鱼》的"鱼枕谓之丁,鱼肠谓之乙,鱼尾谓之丙""左倪不类,右倪不若",这些恐怕都是殷商或西周早期的资料。这些材料一代一代传下来,可能也是有书为据的。我们可以这样设想,《尔雅》成书之前,已经有类似的著作存在了。但是,《尔雅》经战国末年齐鲁儒生之手编定为二十篇之后,在基本面貌方面不会有什么太大的变化。绝对不可能像梁启超说的那样:

> 东汉时代今《尔雅》尚未通行,尚未独立……篇幅一定没有今本那么多。今本之多,由于刘歆,刘歆才特别提出这书来,有一回征募了千余能通《尔雅》的人,令各记字廷中,也许就因这回《尔雅》才变成庞然大物。

这段话完全是私逞臆说。据《汉书·王莽传》载:"是岁(汉平帝元始四年）……益博士员，经各五人。征天下通一艺教授十一人以上，及有逸《礼》、古《书》《毛诗》《周官》《尔雅》、天文、图谶、钟律、月令、兵法、《史篇》文字，通知其意者，皆诣公车。网罗天下异能之士，至者前后千数，皆令记说廷中，将令正乖缪、壹异说云。"王莽不只是把通《尔雅》的人找了来，也把通《诗》《书》《礼》……的人找了来，其目的是为了"正"文字之"乖缪"，"壹"训诂之"异说"，并没有说对《尔雅》原书有什么"增益"。元始五年又"征天下通知逸经、古记……及以五经、《论语》《孝经》《尔雅》教授者……遣诣京师，至者数千人"（《汉书·平帝纪》）。西汉末年《尔雅》已是教科书，"东汉时代今《尔雅》尚未通行"之说也不能成立。梁启超的老师康有为是今文学家，他把先秦时代一些重要古籍都说成是刘歆伪造的。梁启超认为是刘歆把《尔雅》"变成庞然大物"也是受了康有为的影响。

《尔雅》是一部结构完整、体例划一的著作。全书二十篇（这是《汉书·艺文志》的说法。今《尔雅》只有十九篇，有人析《释诂》为上下两篇，有人则认为另外有一个"序篇"，已失传）的篇题一律作《释×》，篇与篇之间的先后次序也是经过周密考虑的。《释诂》《释言》《释训》三篇，属于语词部分，其中有形容词、名词，也有动词。《释亲》以下十六篇，几乎全是名词，其中《释亲》《释宫》《释器》《释乐》四篇是对于人物称谓、日用器物的释义；《释天》至《释畜》十二篇是对于自然科学的名物释义，其中《释天》《释地》《释丘》《释山》《释水》五篇为一组，是对天文地理名词的释义，《释草》《释木》《释虫》《释鱼》《释鸟》《释兽》《释畜》七篇是关于动植物名称的释义。

就各篇内部考察，各词条出现的先后，词条与词条之间的关系，虽说不上是精心设计，但布局大体上是统一的，有少数地方安排不合理，有些内容为书成之后所增益，基本上可辨别出来。如

第一篇《释诂》的第一个词条是："初、哉、首、基……始也。"最后一个条目是："求、酉、在、卒……终也。"从"始"到"终"，这是编纂者的构思。在"终也"之后还有一个条目："崩、薨……死也。"这可能是后人加进去的，即所谓"增益"成分。第二篇《释言》的第一个词条是："殷、齐，中也。"最后一个词条是："弥，终也。"由"中"到"终"，也是原编者的构思，无任何"增益"迹象可言。又如第十一篇《释山》，开篇第一条释五岳："河南华，河西岳，河东岱，河北恒，江南衡。"篇终又出现释五岳："泰山为东岳，华山为西岳，霍山为南岳，恒山为北岳，嵩高为中岳。"这条材料很明显为后人所增益，以嵩山为中岳，非齐鲁儒生的思想。

　　就《尔雅》的释词方式而言，各篇内部的释词方式基本一致。如《释诂》《释言》《释训》三篇都是"×××……×也"。唯一的例外是《释训》的最后一个词条："鬼之为言归也。"《尔雅》全书不见"之为言"这种释词方式，显系后人"增益"。还有，汉代常用的释词方式，如"某某声、某某貌、某某然"，均不见之于《尔雅》[1]，仅此一条，也可以推倒《尔雅》成书于汉世的说法。

　　确定了《尔雅》的成书年代，就可以进一步论定它的性质了。《尔雅》是一部什么性质的书，历来有各种不同的说法。有的说它是字典[2]，有的说它是训诂札记(陆宗达《训诂简论》7页)，有的说它开类书之先河[3]，有的说它是百科全书[4]。这些看法都有一定的道理，也都有一定的事实作为依据，但与此书编纂者的本意未必相符合。

---

[1]　可参阅洪诚《训诂杂议》，《中国语文》1979（5）。

[2]　我曾经和程湘清同志合写一文《中国第一部字典——〈尔雅〉》，《光明日报》1961年6月4日。

[3]　刘叶秋《类书简说》8页，上海古籍出版社1980年。

[4]　蔡声镛《〈尔雅〉与百科全书》，《辞书研究》1981（1）。

　　我认为《尔雅》是一本为两个目的服务的教科书。欧阳修说:"《尔雅》出于汉世,正名命物,讲说者资之。"(《欧阳修全集》999 页,世界书局本)这三句话讲了三个问题:第一句讲了成书年代问题,这是我们所不赞同的,上文已经论说过了;第二句讲了编《尔雅》的目的;第三句讲《尔雅》的性质是教科书。"讲说者"就是老师,"资之"就是以《尔雅》为凭借、依据。明代的乔世宁也说:"古者《尔雅》列诸小学,盖识名物、便训诂,自童子始也。"(《丘隅意见》2 页,《丛书集成初编》本)王国维只谈到《尔雅》在汉代是教科书(《观堂集林·汉魏博士考》)。事实上,汉代用《尔雅》作教科书当是承先秦旧制,阮元说:"《大戴记·小辨》一篇,足明《尔雅》之学。小辨者,一知半解之俗学也,鲁国当时或有此学……又曰:'士学顺辨言以遂志。''顺'与'训'通借,即训诂之'训';'遂志'者,通其意也。不学其训,则言不辨,意不通矣。"(《揅经室集·与郝兰皋户部论〈尔雅〉书》)阮元的意思也是要说明在鲁国曾有"学顺辨言"的"俗学",《尔雅》也是这种性质的读物。

　　"正名命物"是《尔雅》的第一个目的。清代的《尔雅》专家邵晋涵也说:"《尔雅》者,正名之书也。"(《尔雅正义》卷十二 2 页)《尔雅》的正名有两个内容,即:辨名物;释方语。《周礼·地官》说,大司徒的职责之一就是要辨九州之"山、林、川、泽、丘、陵、坟、衍、原、隰之名物"。又《天官·庖人》说:"掌共(供)六畜、六兽、六禽,辨其名物。"所谓"辨名物"是指对客观事物本身的名号与实体进行分辨,将分辨的结果笔之于书,就成为名书了。我们看《尔雅》中的《释丘》《释山》《释兽》《释畜》等篇,就可以证实《周礼》所说的"辨名物"乃实有其事,非纸上空谈。先秦时代,反映事物的"概念",表示概念的"词",纪录词的"字",统称之为"名"。《尔雅》作为一部"正名之书",既是在辨析事物

的概念(如属概念、种概念等),也是对名词进行释义,这在战国
时代是一件很重要的事情。正名的第二个内容就是释方语。释
方语的办法是以雅言为标准,比较各方言区的有关词汇。有的
是同一事物有不同的方言名称,如:"中馗,菌。""菌"是江东方
言。"蛭,蚬。""蚬"也是江东方言。有的只是方音不同,如:"茨,
蒺藜。""蟷,蠰。""仓庚,商庚。"从这个意义上来说,《尔雅》与
《方言》有相同之处。《方言》卷一共计三十二个词条,其中有
十七个词条与《尔雅》相同或基本相同,占一多半。《尔雅》有相
当一些篇如果在释词部分加上方言区名,就成了《方言》,《方言》
如果将释词部分的方言地名通通删掉,就会和《尔雅》某些篇的
面目一个样了。《尔雅》如此关心当时的方言,是由此书的性质决
定的。阮元说:"《尔雅》一书皆引古今天下之异言,以近于正言。
夫曰'近'者,明乎其有异也。正言者,犹今官话也;近正者,各省
土音近于官话者也。扬雄《方言》自署曰《輶轩使者绝代语释别
国方言》,夫'绝代、别国'尚释之,况本近者乎!"(《揅经室集·与
郝兰皋户部论〈尔雅〉书》)从政治观点看,研究方言也是为了加
强与诸侯国之间的联系。"夫习俗不同,言语不通,我得其地不能
处,得其民不能使"(《吕氏春秋·知化》)。在"五霸、七雄"相争
的时代,言语问题是何等的重要。《周礼·秋官·大行人》:"王之所
以抚邦国诸侯者……七岁属象胥,谕言语,协辞命;九岁属瞽史,
谕书名,听声音。"周天子每逢七年要把象胥(译官)召来,每逢九
年要把瞽史(乐师和史官)召来,谕之以言语,谕之以书名(书之
字),当时也应该是有教材的,这种教材的进一步演变,就是《尔
雅》这种性质的名书。

　《尔雅》作为一本教科书,还有第二个目的就是解经。过去
有的论者只讲《尔雅》是为经学服务的,这个看法失之片面,但并
非全错。周初流传下来的文献,到春秋战国时代已是"古代汉语"

了,不经老师的训释,孩子们是读不懂的。《释训》把《诗经》中的叠字和释语编成大段韵文,就是为了便于儿童记忆。《尔雅》把一些意义相关的词系联为一个词条,然后用一个词去加以解释,这个办法也可能是经师们的创造,其目的也是为了便于记忆。当时的注文并不附在经文之下,是独立成篇的,把独立成篇的注文贯通起来,再按意义加以分类,就造成了《尔雅》式的名书。从词典编纂的历史来看,《尔雅》首创了按词的义类编排词汇的体例。它把两千来个词条分成十九个大类,基本面貌是清楚的。后世的"雅书"差不多都模仿了这个分类法。按义类编排词汇,不便于人们查检,但《尔雅》原本就不是供查检用的字典,我们又何必用字典的标准来苛求它呢?

原载《语文研究》1984 年第 2 期

乾嘉传统与 20 世纪的学术风气

　　每一个勤于思考的人都会注意到：新旧世纪之交，不只是时间上历法上的交替，而是整个文化界、思想界、学术界都面临着新与旧的交替。

　　20 世纪的结束，意味着在过去看来某些天经地义的陈旧思想、陈旧观念也将随着一个时代的结束而结束，学术上的许多是非要重新评价，学术史要重新改写。我们要发扬那些在学术史上具有永恒意义的优良传统，自觉地抵制那些阻碍学术发展、阻碍我们追求真理的不良学风。

　　学术风气是决定学术发展方向决定学术命运的大事。少数优秀人物的学术实践发展成为具有群体影响的学术风气甚至变为具有历史意义的传统，需要多方面的条件。其中最重要的有三条：一是学术资源，二是学术品格，三是学术机缘。新材料的发现，新思潮的刺激，以具有生命活力的旧传统作为立足根基，这是资源问题；为学术而学术，及时提出新的重大与原创问题，勇于"独上高楼，望尽天涯路"，"衣带渐宽终不悔，为伊消得人憔悴"，这是品格问题；明辨学术变革的潮流，营造优良的学术环境，这是机缘问题。具此三者，然后才能产生开风气的学术人物。他们用自己的著作为范例，影响启迪同时代的人和后来者。

　　学术风气问题，往往要经过几十年上百年的历史过程，才可以论定其盛衰之理，得失之由，利弊所在。我们现在要全面深入谈论 20 世纪的学术风气，可能条件还不十分成熟，但有些问题是比较明显的，而且学术界已有一些非常值得我们重视的提法，如

80 年代初有人提出"回到乾嘉学派去"①,90 年代初又有人提出
"走出疑古时代"②,近些年出现了所谓"陈寅恪现象"(或称"陈
寅恪热")。这些学术动向促使我思考下面这个题目:乾嘉传统与
20 世纪的学术风气。

　　我们中国已有几千年的学术传统,为什么要单单提出"乾
嘉传统"来谈呢?因为,从时间上来说,这个传统距离我们最近。
乾嘉时代相当于 18 世纪上半期至 19 世纪上半期,其下限距今
也不过一百多年。这是一个真正为学术而学术的时代,出现了一
批专门学术家,他们对古代语言文字的研究达到了很高的水平,
有些巨著至今还是高等学校最基本的教学用书。还有一个更重
要的理由,就是周予同指出的:"现代学者都曾受到乾嘉学派的
影响。"③他所说的"现代学者"应是指 20 世纪第一代学人章炳
麟、梁启超、王国维、刘师培等,第二代学人胡适、杨树达、黄侃、钱
穆等,第三代学人中真正了解乾嘉传统的人就不多了。从 50 年
代以后,乾嘉传统一直处于被否定的地位,一提乾嘉传统就联想
到繁琐考据,尤其是年轻人,对考据有一种情绪上的反感、厌恶。
1980 年王力先生在一次讲话中强调指出④:

　　　　能不能因为乾嘉学派太古老了我们就不要继承了呢?
　　决不能。我们不能割断历史,乾嘉学派必须继承。特别是对
　　古代汉语的研究,乾嘉学派的著作是宝贵的文化遗产。段王
　　之学,在中国语言学史上永放光辉。他们发明的科学方法,
　　直到今天还是适用的。

---

① 　王元化《思辨随笔》161 页,上海文艺出版社 1994 年。
② 　李学勤《走出疑古时代》,辽宁大学出版社 1994 年。
③ 　《学术集林》卷八 76 页,上海远东出版社 1996 年。
④ 　《王力文集》16:78,山东教育出版社 1990 年。

但是，"古调虽自爱，今人多不弹。"我们把乾嘉传统的命运与 20 世纪的学术风气联系起来考察，就会发现："冰冻三尺，非一日之寒。"这一百年之中，起码有八十年的历史页页都写着三个大字：反传统。有主张废汉语废汉文的时髦文人，也有主张把线装书丢在茅厕里三十年的民国元老，有"只手打倒孔家店"的老英雄，也有交白卷不以为耻的"革命小将"。五千年的文明史没有任何一个时代像 20 世纪这样，一心要摧毁自己的传统文化，在世界文化史上也没有任何一个民族如此自己动手横扫自己的传统。有功利的驱动，也有野心的驱动，反正"革命无罪，造反有理"，谁都可以"以革命的名义"革这传统妈妈的命。

然而，传统是复杂的，如何对待传统就更为复杂。中国学术界几乎用了整整一个世纪的时间来解决传统与现代化的问题，积累了丰富的资料和经验，在世纪之初就形成了多元化的学术风气。

一　20 世纪前期的三大国学圈

所谓三大国学圈，是就其学术业绩和与乾嘉传统的关系来界定的，不能理解为圈外无圈，圈外无学术。马克思主义属于指导思想，属于思想史的范围，不能降低为一个学术圈来讨论，我认为这是常识范围以内的问题。我所说的三大国学圈，是以辛亥革命为背景的国学派，以章太炎为代表；以新文化运动为背景的新潮派，以胡适为代表；以清华国学研究院为背景的古今中西会通派，以王国维、梁启超为代表。国学研究院（1925—1929）存在的时间并不长，有不少主张中西会通的学人如蔡元培、钱穆等与国学研究院无关，王、梁二人也不是任职清华以后才主张中西会通的，所谓"以清华国学研究院为背景"只具有象征意义，在理解上不必太拘泥。二三十年代颇有影响的学衡派，就其反新文化运动而言,与章、黄颇为接近;就其主张"昌明国粹,融化新知"(《学衡杂志简章》语)而论,又与会通派相亲近。"然议论芜杂,旗鼓殊不相称"[1],学术上卓有建树的也只有一个汤用彤。

三大学术圈都为创建20世纪的新文化作出过独特的贡献。他们都不尊孔,不尊经,都主张学术要独立自由发展,对乾嘉传统基本上都持肯定态度,而如何对待新思潮、新材料、旧传统,态度不完全相同。章太炎是站在传统的立场上来看待西潮的,胡适是站在西化的立场来对待传统的,王国维是站在学术的立场上来看待古今中外的。章太炎严守正统派的立场,坚持以中国文化为本位,并不反对西学,只反对欧化主义,反对全盘西化。胡适也提倡整理国故,但有人说他的学问构成是"三分传统,七分洋货"。胡适到台湾后,还有人说他"是中国文化的叛徒"(梁实秋《胡适先生二三事》)。1919年,北大文科有"新潮"与"国故"之争,这是章与胡两大学术圈的一次正面交锋。章太炎本人并没有在北大任教,但辛亥革命后"五四"运动之前,章门弟子曾是北大文科的主力军,其中紧跟章太炎能发扬章氏小学而且能量最大的是黄侃,与章太炎学术观点相同被黄侃尊之为师的刘师培也于1917年来北大任教。他们二位是《国故月刊》的总编辑,马叙伦、黄节是特别编辑。《新潮》的主将是傅斯年,还有顾颉刚、毛子水等人,他们是胡适的崇拜者。傅原本颇受黄侃的器重,顾、毛原本服膺章太炎的学说,后来都转向胡适。章、黄不能及时调整自己的学术方向,株守传统的学科分类,缺乏新的学识和新的理论体系,学理资源单调陈旧。胡适能写出令人耳目一新的《中国哲学史大纲》,章太炎只能用传统的方法作《齐物论释》。章、黄都反对白话文,章还不相信出土的甲骨文,这就注定了他们要败

[1] 钱穆《国学概论》347页,商务印书馆2008年。

给新潮派。1919年7月黄侃不得不离开北京大学，不久刘师培又去世，"将军一去，大树飘零"，北大的国故派已溃不成军，而国故派在全国颇有影响，他们有很强的内聚力，在小学与经学这两个领域里有很强的优势，加之尊师重道，所以直到现在，章黄之学还是一个颇有影响的学术流派。

当年的"新""故"之争，傅斯年们算是打了一个大胜仗，奠定了自己的学术地位，也张扬了北大学生爱好批评的学术风气。但胡适、傅斯年、毛子水等人的很多观点是相当片面的。胡适于1919年发表《新思潮的意义》，提出了"研究问题，输入学理，整理国故，再造文明"的十六字方针。他要研究的"问题"大多是社会问题，他说的"学理"是杜威等人的实证主义。他认为中国"古代的学术思想向来没有条理，没有头绪，没有系统"，如何"整理"？"就是从乱七八糟里面寻出一个条理脉络来；从无头无脑里面寻出一个前因后果来；从胡说谬解里面寻出一个真意义来；从武断迷信里面寻出一个真价值来"。总之，中国古代学术只是一堆没有生命力、没有学理系统的死材料。毛子水就更为偏激了，他说[①]：

> 国故是过去的已死的东西，欧化是正在生长的东西；国故是杂乱无章的零碎智识，欧化是有系统的学术。这两个东西万万没有对等的道理。
>
> 因为我们中国民族，从前没有什么重要的事业，对于世界的文明，没有重大的贡献，所以我们的历史，亦就不见得有什么重要……譬如一个得了奇病而死的人，是很没有用处的一个东西，却是经一个学问高深的医生，把他解剖起来，就可以得了病理上的好材料，就有很大的用处。我们中国的国

---

① 毛子水《国故和科学的精神》，《新潮》第1卷第5号，1919年。

故，就同这个死人一样。

文中说的"学问高深的医生"无疑是指胡适。这位胡医生的"整理国故"就是拿着西方文明的解剖刀来"解剖"已经死了的中国国故。毛子水否定了中国文明，进而否定东洋文明，他说[1]：

> 东洋文明和西洋文明，怎么能够处于对等地位呢？一两和十五两成为一斤，这个一两和这个十五两，除同为加法中的一个相加的数目外，并没有对等的道理。现在西洋文明和东洋文明的比，何止十五和一的比呢！

傅斯年很赞同毛子水的观点，他说："研究国故有两种手段：一、整理国故，二、追摹国故。由前一说，是我所最佩服的……至于追摹国故，忘了理性，忘了自己，真所谓'其愚不可及'了。"又说："研究国故好像和输入新知当于对待的地位，其实两件事的范围、分量、需要，是一和百的比例。"[2]

一个食古不化，一个食洋不化，新潮派与国故派各有是非。史家对新潮派一味唱赞歌，这就不是以是非论学术，而是以成败论英雄了。新潮派以虚无主义的态度对待民族文化、东方文化，盲目崇拜欧美，今天看来很幼稚，在当年却有很大的蛊惑力。他们对国故派的批评也很不公正，缺乏学理上与事实上的根据，其水平跟大字报差不多。1928年，傅斯年作为中央研究院历史语言研究所所长，为该机关刊物写了一篇《历史语言研究所工作之旨趣》，文中对"国学"，对国学研究院，对章太炎的《文始》《新方言》全面否定。这时的章氏因不通时务，沉浮于新旧军阀之间，

---

① 　毛子水《驳'新潮''国故和科学的精神'篇 订误》，《新潮》第2卷第1号。

② 　傅斯年在毛文后面写的"附识"，共六条。

两次受到上海当局通缉。由于学术本身和政治方面的原因,当年的章黄之学不可能成为显学,只能由往年的中心退居边缘地位。从事纯学术研究的人为太炎先生惋惜,直到 40 年代还有人说:"昔太炎先生不理卜文,学林以为憾事。"[1] 以太炎的功底研究卜文,卜辞研究史上就不只"四堂"而应是"五堂"了。此论并非求备于一人。

"新""故"之争是现代学术史的基本主题,也是任何一位有成就的学术家必须选择的立场。所谓选择,可以是非此即彼,也可以是亦此亦彼,不此不彼,于是就有了会通派。会通派是如何看待黄与胡的"新""故"之争的呢? 1939 年,梁启超的学生、陈寅恪的挚友、曾任教于清华的杨树达,写过一篇短论《温故知新说》[2],对胡适与黄侃各打五十大板。文章说:"温故而不能知新,其病也庸。""不温故而欲知新,其病也妄。"在杨氏心中这两句话是各有所指的,直到《积微翁回忆录》公开发表,我们才看到1939 年 7 月 12 日有下列记载(152 页):

> 撰《温故知新说》,温故不能知新者谓黄侃;不温故而求知新者,谓胡适也。

一语中的,值得后来者深思。

作为会通派的代表人物王国维,1925 年入清华之前,早已有"考古大师"之称。他重视旧传统,也重视新材料、新观念。跟国故派相比,他具有锐利的世界眼光;跟西化派相比,他有深厚的传统根基、学术素养。他对新旧之争、中西之争,都持批评态度(《国学丛刊序》):

---

[1]　董彦堂复杨树达信,杨树达《积微翁回忆录》225 页,上海古籍出版社 1986 年。

[2]　此文收入《积微居小学述林》,科学出版社 1954 年。

余正告天下：学无新旧也，无中西也，无有用无用也。凡立此名者，均不学之徒，即学焉而未尝知学者也。

余谓中西二学，盛则俱盛，衰则俱衰，风气既开，互相推助。且居今日之世，讲今日之学，未有西学不兴而中学能兴者；亦未有中学不兴而西学能兴者。

"输入学理"问题，王国维的见解也比胡适要成熟得多，他说："西洋之思想之不能骤输入我中国，亦自然之势也。况中国之民固实际的而非理论的，即令一时输入，非与我中国固有之思想相化，决不能保其势力。"(《论近年之学术界》）所谓相化，就是会通，就是有机结合，这些符合学术进步规律的精辟见解，是主张全盘西化的胡适之徒所不能道的。陈寅恪、冯友兰、杨树达、郭沫若以及后起的王力等人，所攻专业不同，"相化"的原则是一致的。这是中国传统学术走向现代化的惟一正确途径。

王国维的成功固然在于当新旧之争、中西之争乱作一团时，他能保持哲学家的清醒头脑，捉住矛盾的焦点，也在于他有高超的学术品格，勇于拥抱新材料和新问题。陈寅恪说："一时代之学术，必有其新材料和新问题。取用此材料，以研求问题，则为此时代学术之新潮流。治学之士，得预于此潮流者，谓之预流（借用佛教初果之名）。其未得预者，谓之未入流。此古今学术史之通义，非彼闭门造车之徒所能同喻者也。"[1]20世纪出土了那么多新材料，甲骨、简牍、卷轴……王国维都有研究，硕果累累，"几乎篇篇都有新发明"（梁启超语。转引自刘烜《王国维评传》354页），而章、黄却"未入流"，这又是王国维高出章、黄之处。我注意到，喜欢研究新材料、新问题，这是梁启超、王国维、陈寅恪给清华国学研究院造

---

[1] 陈寅恪《敦煌劫余录序》，《史语所集刊》1本2分，1930年；又《金明馆丛稿二编》266页，三联书店2001年。

就的好学风。随着三校合并为西南联大,特别是 50 年代初院系调整,此种风气已"光被四表"。20 世纪开风气的学术大师,只有王国维的学术地位乃众望所归,不存在什么争议。不论是因提倡白话文而"暴得大名""风靡一时"的胡适,还是胡适的学生以疑古著称的顾颉刚(顾在《悼王静安先生》中说:"[王氏]为中国学术界中唯一的重镇"),乃至文坛巨擘鲁迅、郭沫若,都对王国维的学术业绩有很高的评价,"只有王国维最有希望"①,适之先生如是说。

"最有希望"的王国维,终其身只是个导师,而不是领袖。会通派一直未能处于主流学术地位。一是王国维、梁启超过早逝世;二是中国的学术总是不得不跟政治摽在一起。一个曾是保皇党,一个到了 1923 年还食五品俸,南书房行走,其号召力当然就远不如留美博士、可望竞选总统的胡适了。1949 年以后,胡适派虽然失去了政治背景,且以运动的方式在全国批判胡适,但学术风气一直向左向左,由疑古进而上升为薄古、非古,根本反对考据;学理输入由全面输入欧美转为全面输入苏联,传统学术仍然没有找到恰当的位置。这就很可以理解,80 年代有人提出"回到乾嘉学派去",90 年代清华出身的李学勤提出了一个具有划时代意义的口号:"走出疑古时代",接着出现了"陈寅恪热"。对此,余英时有一个解释:"通过对陈寅恪的研究,大陆学者似乎在认真地重新考虑中国传统文化在现代世界的定位问题,其意义也是深远而重大的。"②疑古之风可以休矣(这不是说什么"古"都不能"疑"),乾嘉传统不能丢,这不应该再有什么可争议的了吧。

---

① 1922 年 8 月 28 日胡适日记。
② 《"陈寅恪热"的新收获》,《广东文化》1997 年第 1 期。

二　章王梁胡等人与乾嘉传统

20 世纪几位开风气的大师章、王、梁、胡等,都在不同程度上受过乾嘉传统的熏陶,又都在不同程度上为发扬乾嘉传统作出过历史性的贡献。

从道光初年开始,以戴震为首的乾嘉学派就受到种种责难、抨击。方东树的《汉学商兑》完全用"派性"的卫道者的眼光衡量乾嘉诸老,他也击中了汉学的某些弊端,但学风很不好。他攻击戴震的《孟子字义疏证》为"亘古未有之异端邪说"[①],攻击段玉裁"诞妄愚诬,绝不识世间有是非矣"(《汉学商兑》122 页),又说"近世汉学家……耳食门面语,唯务与宋儒立异为仇,颠倒迷妄,信口乱道……但恃数卷驳杂断烂汉儒之言,黄吻少年皆议宿学,势必流于狂诞无忌惮"(《汉学商兑》153 页)。中国的学术界历来很重视"经世致用",宣布一种学术为无用之学,这是击败敌手的高招。方东树很懂得这一点,他说(《汉学商兑》39 页):

> 汉学诸人,言言有据,字字有考,只向纸上与古人争训诂形声,传注驳杂,援据群籍,证佐数百千条。反之身己心行,推之民人家国,了无益处,徒使人狂惑失守,不得所用。

方氏的这些话,对热血青年、新学小生很有鼓动作用,加之社会风气的变化,实证学风由此江河日下。继宋学派之后,清末的今文学派,也"主人生实行,不主训诂考订,与乾嘉以来风尚绝异"[②]。

梁启超说:"在此清学蜕分与衰落期中,有一人焉能为正统派

---

①　《汉学商兑》44 页,万有文库本。

②　钱穆《中国近三百年学术史》705 页,商务印书馆 1997 年。

大张其军者,曰:余杭章炳麟。"[1]

　　所谓"正统"就是乾嘉传统。章太炎的《释戴》首次肯定了
《孟子字义疏证》对清廷的批判意义。此后,戴震的学术受到广泛
重视。刘师培、王国维、梁启超、胡适等都研究过戴震。1924 年
北京学术界还在安徽会馆举行了戴东原生日二百年纪念活动。
梁启超认为"《疏证》一书,字字精粹。综其内容,不外欲以'情感
哲学'代'理性哲学';就此点论之,乃与欧洲文艺复兴时代之思
潮之本质绝相类……戴震盖确有见于此,其志愿确欲为中国文化
转一新方向;其哲学之立脚点,真可称二千年一大翻案。实三百
年间最有价值之奇书也"(《清代学术概论》68 页)。胡适认为戴
是"三百年中数一数二的巨人"。从 1943 年起,胡适用了近二十
年的时间,重新研究所谓戴震剽窃赵一清《水经注》一案,阅读了
六十多种不同版本的《水经注》,写了上百万字的研究文稿,为戴
震辩诬[2]。

　　章、梁、胡都对乾嘉传统进行过系统总结。章太炎的《清儒》
《学隐》对清代学术发展的背景、流派、特色作了简明扼要的剖析,
表彰戴、段、二王之学,盛赞戴震"深通"小学、礼经、算术、舆地,
他说(《訄书·清儒》):

　　　　凡戴学数家,分析条理,皆彣密严瑮,上溯古义,而断以
　　　　己之律令,与苏州诸学殊矣。

　　章氏还追踪惠、戴心迹,故意以"学隐"倡导时人,"家有智
慧,大凑于说经,亦以纾死"(《清儒》)。"近世为朴学者,其善三:

---

① 《清代学术概论》157 页,商务印书馆 1921 年。

② 参阅方利山《胡适重审〈水经注〉公案〉浅议》,《现代学术史上的胡适》,三
　　联书店 1993 年。

明征定保，远于欺诈；先难后得，远于徼幸；习劳思善，远于偷惰。故其学不应世尚，多惆悒寡尤之士也"（《检论·学隐》）。

梁启超对乾嘉传统的评价虽然受到章炳麟的影响，却比章炳麟的研究要深入开阔，如论"正统派之学风"有十点"特色"（《清代学术概论》77页），论高邮王氏父子"用科学的研究法"治学，其方法有六（注意、虚己、立说、搜证、断案、推论）（《清代学术概论》74页），都能示后人以轨则。

与章、王、梁三大师相比，胡适的古典训练、国学根底弗如远甚，而梁启超也称赞他"亦用清儒方法治学，有正统派遗风"（《清代学术概论》12页）。胡适于1918—1920年，断断续续写成了《清代学者的治学方法》，认为"中国旧有的学术，只有清代的'朴学'确有'科学'的精神"。文章的结尾指出：戴震说的"但宜推求，勿为株守"（《与王内翰凤喈书》）[1]，这"八个字是清学的真精神"。胡适的名言是"大胆的假设，小心的求证"。他认为清代学者的治学方法，总括起来，也是这两点。"推"就是假定，"求"就是求证。这样的比附不能说毫无道理，然二者毕竟有主观与客观之别。

现代学术对乾嘉传统的继承是很自觉的，也很有成就，主要有以下四个方面：

1. 以语言文字学为根基　戴震的治学方法是"由文字以通乎语言，由语言以通乎古圣贤之心志"（《古经解钩沉序》）。他批评"宋已来儒者以己之见，硬坐为古贤圣立言之意，而语言文字，实未之知"（《与某书》）。又说："今人读书，尚未识字，辄目故训之学不足为。其究也，文字之鲜能通，妄谓通其语言；语言之鲜能通，妄谓通其心志。"（《尔雅注疏笺补序》）乾嘉学人研究古代

_____

① 《戴东原集》37页，万有文库本。

语言文字所取得的辉煌成就,即使是方东树也不能不佩服,他说:"小学音韵是汉学诸公绝业。所谓此自是其胜场,安可与争锋者,平心而论,实为唐宋以来所未有。"(《汉学商兑》145 页)作为语言文字学大家的章炳麟、王国维,不仅继承了乾嘉语言文字学的成果,而且他们本人在语言文字学方面都作出过重大贡献,这是人所共知的。陈寅恪也受过严格的古典训练,他能背诵十三经[①],他的语言学论文如《四声三问》《东晋南朝之吴语》《从史实论〈切韵〉》,都有独到的见解。胡适读过九年私塾,在语言文字上也下过功夫,还发表过音韵、文字、训诂、语法方面的论文。研究中国学术文化,不了解乾嘉传统中的小学训诂成就,就很难与传统亲近。

2. 以考据为治学方法 乾嘉传统以考据为中坚。诚如梁启超所言:"夫无考证学则是无清学也。"(《清代学术概论》51 页)章、王、梁、胡等人都继承了这一方法。王国维成绩最为突出,清儒只从事书本上的考古,王国维创"二重证据法",将考据学发展到一个新的阶段。胡适的"考据癖"曾影响过整个学术界,他的《红楼梦考证》开创了"新红学"派,功不可没。胡适的考据手段是古典的,其考据理论是西洋的。他信奉杜威的"实验主义",将实证过程分为五步:(1)疑难,(2)难点,(3)提出种种假定的方法,(4)选择最适用的一种假设,(5)证明。胡适说:"五步之中,最重要的就是第三步",因为"杜威一系的哲学家论思想的作用,最注意'假设'。"[②]50 年代以来,"考据"二字一直遭受鄙薄。不仅胡适的考据曾经被全盘否定,甚至认为"从乾嘉时代起,所谓考据家几乎都堕落了,变为统治阶级的婢女了"[③]。这不是事实,而是

① 《清华汉学研究》第 2 辑 316 页。
② 《胡适文存·实验主义》卷二 127 页;又黄山书社 1996 年本一集卷二 239 页。
③ 周辅成《戴震》72 页,湖北人民出版社 1957 年。

信口雌黄。还是梁启超的判断正确(《清代学术概论》178页):

> 自经清代考证学派二百余年之训练,成为一种遗传,我
> 国学子之头脑,渐趋于冷静缜密。此种性质,实为科学成立
> 之根本要素。

3. 以学术为目的,不以学术为手段　这个问题涉及到学术
有用与无用的大辩论。章太炎在《清儒》中已经指出,乾嘉学术
与汉代学术有迥然不同之处,后者以"经世致用"为目的,前者以
学术本身为目的[①],他说:

> 大抵清世经儒,自"今文"而外,大体与汉儒绝异。不以
> 经术明治乱,故短于风议;不以阴阳断人事,故长于求是。

章氏还站在古文派及排满的立场,指责今文派"魏源所谓用
者,为何主用也? 处无望之世,炫其术略,出则足以佐寇"(《检
论·学隐》)。无用与有用之争深化到民族立场、学者人格层面,这
是方东树、魏源们所招架不住的。

> 魏源深诋汉学无用。其所谓汉学者,戴、程、段、王未尝
> 尸其名。而魏源更与常州汉学同流,妖以诬民,夸以媚虏,大
> 者为汉奸、剧盗,小者以食客容于私门。三善悉忘,学隐之风
> 绝矣! (《学隐》)

章太炎、王国维都对康有为利用学术搞维新变法的做法持否
定态度,章在《与王鹤鸣书》中指出:"仆谓学者将以实事求是,有
用与否,固不暇计……康有为善傅会,媚以拨乱之说,又外窃颜、
李为名高,海内始彬彬向风,其实自欺。诚欲致用,不如掾史识形

---

① 章太炎在《与人论朴学书》中也谈到:"通经致用,特汉儒所以干禄。"

名者多矣。学者在辨名实，知情伪，虽致用不足尚，虽无用不足卑。"王国维说："然康氏之于学术非固有之兴味，不过以之为政治上之手段。""此其学问上之事业不得不与政治上之企图同归于失败者也。""故欲学术之发达，必须以学术为目的，而不视为手段而后可。""未有不视学术为目的而能发达者，学术之发达，存于其独立而已。"（《论近年之学术界》）

按照章太炎的理论，"经术致用，不如法吏"（《与王鹤鸣书》），为什么还要研究"经术"呢？章太炎回答说："学术求是，不以致用。""故说经者，所以存古，非以是适今也。"（《国粹学报祝辞》）经术是古代的东西，"载祀数千，政俗迭变，凡诸法式，岂可施于晚近！"（《与人论朴学书》）前些年有人将亚洲"四小龙"的经济腾飞归功于"新儒学"，其识见则在章太炎之下了。现在又有人鼓吹以"国学"为经济服务，更是自欺欺人之谈！

"存古"是不是就毫无意义呢？章太炎在《印度人之论国粹》中指出：

> 释迦氏论民族独立，先以研究国粹为主，国粹以历史为主。自余学术，皆普通之技，惟国粹则为特别。譬如人有里籍与其祖父姓名，他人不知，无害为明哲；己不知则非至童昏莫属也。国所以立，在民族之自觉心，有是心，所以异于动物……国粹尽亡，不知百年以前事，人与犬马何异哉！

王国维对有用无用的问题有更为深刻的论述，他是从整个人类社会的发展来看待学术研究的价值取向的（《国学丛刊序》）：

> 余谓凡学皆无用也，皆有用也。夫天下之事物，非由全不足以知曲，非致曲不足以知全，虽一物之解释，一事之决断，非深知宇宙人生之真相者，不能为也。而欲知宇宙人生者，虽

宇宙中之一现象,历史上之一事实,亦未始无所贡献。故深湛幽渺之思,学者有所不避焉;迂远繁琐之讥,学者有所不辞焉。事物无大小,无远近,苟思之得其真,纪之得其实,极其会归,皆有裨于人类之生存福祉。己不竟其绪,他人当能竟之;今不获其用,后世当能用之。此非苟且玩愒之徒所与知也!

梁启超也讨论过学术有用与无用的问题,他的观点与章、王相同,他说(《清代学术概论》79—80页):

> 正统派所治之学,为有用耶?为无用耶?此甚难言。诚持以与现代世界诸学科比较,则其大部分属于无用,此无可讳言也。虽然,有用无用云者,不过相对的名词……其实就纯粹的学者之见地论之,只当问成为学不成为学,不必问有用与无用,非如此则学问不能独立,不能发达。

他根据自己的所见所闻,总结出一条很有教训意义的规律:

> 一切所谓"新学家"者,其所以失败,更有一总根原,曰:不以学问为目的而以为手段……质言之,则有"书呆子"然后有学问也。(《清代学术概论》163—164页)

> 所谓"学者的人格"者,为学问而学问,断不以学问供学问以外之手段;故其性耿介,其志专壹。虽若不周于世用,然每一时代文化之进展,必赖有此等人。(《清代学术概论》176页)

梁启超的这些剀切议论写于1920年,七十多年过去了,"为学术而学术"的传统几经斩断,危害极大。"书呆子"如果越来越少,学问的发展自然难成气候。不郎不秀、不伦不类、不三不四的半瓶醋,能创造出里程碑式的著作来吗!若以学术为幌子,以钻营为手段,以钱权为目的,那就更不可与言学术了!

4. 以实事求是为学鹄　重证据,为学术而学术,保持学术的独立,终极目的是为了实事求是。梁启超说:"有清学者,以实事求是为学鹄,饶有科学的精神。"(《中国学术思想变迁之大势》)"实事求是"是一条很古老的学术原则,"求"的过程就是学者的主观世界努力接近客观世界的过程,学者本人的学术修养和思想修养是决定过程成败的关键因素。梁启超说的"有清学者"主要是指皖派的戴、段、二王等人。戴震很重视学者的自身修养,他说:"余尝谓学之患二:曰私,曰蔽。"(《沈处士戴笠图题咏序》)搞学问存私心,追名逐利,害怕真理,不敢坚持真理,甚至"卖论取官",曲学阿世,必然背弃学德,损害学术尊严。戴震明确表示,自己研究学问"不为一时之名,亦不期后世之名,有名之见,其弊二:非掊击前人以自表襮,即依傍昔儒以附骥尾。二者不同,而鄙陋之心同"(《答郑丈用牧书》)。去私是学德问题,去蔽是学养问题。戴震的原则是:"不以人蔽己,不以己自蔽。""以人蔽己"者迷信权威,"徒株守先儒而信之笃"(《答郑丈用牧书》),或墨守师说"而不复能造新意"(《春秋究遗序》)。"以己自蔽"者迷信自己,"好立异说,不深求之语言之间,以至其精微之所存。夫精微之所存,非强著书邀名者所能至也"(《春秋究遗序》)。戴震所提倡的学术规范一时成为风气,终于成为传统。高邮王氏父子就受过这种优良学风的熏陶。王引之在《经义述闻·序》中说:

> 家大人又曰:说经者期于得经意而已。前人传注不皆合于经,则择其合经者从之;其皆不合,则以己意逆经意,而参之他经,证以成训,虽别为一说,亦无不可。必欲专守一家,无少出入,则何邵公之墨守见伐于康成者矣。故大人之治经

也，诸说并列，则求其是。

学术研究的目的是为了求是求真，故即使师生之间也应进行健康的学术讨论批评，这种雅量在江、戴、段、王的著作中不乏其例。章太炎说："学者往往尊崇其师，而江、戴之徒，义有未安，弹射纠发，虽师亦无所避。苏州惠学，此风少衰。常州庄、刘之遗绪，不稽情伪，惟朋党比周是务。"（《说林》下）惠学不如戴学，因为惠派的学风是"凡古必真，凡汉皆好"（《清代学术概论》53页），犯了"以人蔽己"的毛病。庄存与、刘逢禄开创的常州今文学派，其学风本来不同于苏州、徽州（江、戴均徽州人），章氏所说的"遗绪"应是指魏源、龚自珍及廖平、康有为等人，他们的学风不可一概而论，而"以己自蔽"则是通病。苏州不如徽州，是学术范围以内的事情；常州之"遗绪"不如苏州，原来他们已经不是以学术为目的了。

20世纪的大师级学人中，王国维、陈寅恪、杨树达等人都能承继实事求是的学风。王国维说："凡事物必尽其真，而道理必求其是。""平生于小学，最服膺懋堂先生。"《国学丛刊序》张尔田尝谓王国维之学"极近歙派，而尤与易畴为似，使东原见之，定有后来之畏"。杨树达"私淑段王"，"派接乾嘉"，沈兼士说他的成就超过了段、王。陈寅恪终其生都坚持实事求是的学术立场，这是人所共知的。章太炎、梁启超、胡适也为提倡实事求是的学风作出了自己的贡献。这三个人都不长于政治，而又喜欢过问政治。梁启超说章炳麟"智过其师，然亦以好谈政治，稍荒厥业"（《清代学术概论》12页）。梁启超对自己的解剖是诚实而可爱的，他说（《清代学术概论》11页）：

　　　　有为、启超皆抱启蒙期"致用"的观念，借经术以文饰其政论，颇失"为经学而治经学"之本意，故其业不昌。

他是一个有自知之明的人，下面的话更可以证明他有实事求是的好风格，他说（《清代学术概论》150 页）：

> 启超虽自知其短，而改之不勇；中间又屡为无聊的政治活动所牵率，耗其精而荒其业。

梁氏的率真坦诚，虚己服善，是 20 世纪学术界的好榜样。他以学者的人格魅力展示了世纪初的学术风采。

三　20 世纪的学术通病

1942 年毛泽东在《反对党八股》中对"五四"运动的功过有极为精确的分析，他说（《毛泽东选集》合订本 789 页）：

> 五四运动本身也是有缺点的。那时的许多领导人物，还没有马克思主义的批判精神……他们对于现状，对于历史，对于外国事物，没有历史唯物主义的批判精神，所谓坏就是绝对的坏，一切皆坏；所谓好就是绝对的好，一切皆好。这种形式主义地看问题的方法，就影响了后来这个运动的发展。

形式主义看问题的方法是与乾嘉学派提倡的"实事求是"的方法相违背的。"五四"时期新文化运动的健将们犯此通病，连最深刻的鲁迅也不例外。毛泽东说："鲁迅后期杂文最深刻有力，并没有片面性。"（《毛泽东选集》第五卷 414 页）不言而喻，鲁迅前期也是有片面性的，"我以为要少——或者竟不——看中国书，多看外国书"（《鲁迅全集》第三卷 9 页）。这跟吴稚晖的"不看中国书"，"把他丢在茅厕里三十年"（《箴洋八股化之理学》）的论调没有什么实质上的不同。至于西化派就不是片面性的问题了，惟洋人马首是瞻，拥洋人以自重，洋人打喷嚏，他们就患感冒，这种病态文化心理流行于整个 20 世纪。我们可以不读金岳霖的形式逻辑,却不应忘记他在 30 年代说过的一句名言,他说读胡适之先生那本《中国哲学史大纲》的时候,"难免一种奇怪的印象,有的时候简直觉得那本书的作者是一个研究中国思想的美国人"(据冯友兰说,原稿作"美国商人",发表时征得金先生的同意删去"商"字)①。我相信高明的读者不会把这样的批评跟所谓学术无国界、跟所谓狭隘的民族主义这种毫不相干的命题搅和在一块。

有人认为两种异质文化发生冲突时,片面性、绝对化是不可避免的,但事情发展到诋毁传统,消灭传统,怀疑一切,否定一切,至少反映了文化心理的不健全,急功近利,浮躁盲动。王国维说:"今之学者,于古人之制度文物学说无不疑,独不肯自疑其立说之根据。"缺乏"自疑"精神,也就是缺乏自我批评精神。对于个别学人而言,损失仅在自己,对于主持风会的学界领袖人物而言,损失就难以估量。早在 20 年代,梅光迪就已经看到了这一点②:

> 吾国近年以来,所谓"新文化"领袖人物,一切主张,皆以平民主义为准则,惟其欲以神道设教之念,犹牢不可破,其行事与其主张相反,故屡本陈涉宋江之故智,改易其形,以求震骇流俗,而获超人天才之名。
>
> 彼等固言学术思想之自由也,故于周秦诸子及近世西洋学者,皆知推重,以期破除吾国二千年来学术一尊之陋习。然观其排斥异己,入主出奴,门户党派之见,牢不可破,实有不容他人讲学,而欲养成新式学术专制之势。
>
> 若假彼等以威权,则焚书坑儒与夫中世纪残杀异教徒之

---

① 金岳霖为冯友兰《中国哲学史》写的《审查报告》,参阅《三松堂自序》229页,三联书店 2009 年。

② 梅光迪《评今人提倡学术之方法》,《学衡》1922(2);又《梅光迪文录》11、8、9页,辽宁教育出版社 2001 年。

惨祸,不难再演,而又曰言学术思想自由,其谁信之。

18 世纪的伏尔泰已进入这样的思想境界:"我不同意你,但拼命维护你说话的权利。"20 世纪的新文化领袖人物还奉行"学术一尊之陋习","养成新式学术专制之势"。可见,实行"百花齐放""百家争鸣"的学术原则是何等的重要,一旦背弃这个原则,学术繁荣就只能是滑稽可笑的空话。

记不清是哪一本书上说过这样的意思,西方文化是经济文化,中国文化是政治文化。"泛政治化"是中国文化的一个重要特征。多年来流行于学界的所谓"学术要为政治服务",就是一个"泛政治化"的口号,弊端甚大。有的学术距离政治很近,有的则距离甚远;学术要自由,政治要专一;政治可以一元化,学术必须多元化;既不可以利用学术来达到政治目的,也不可以用政治来裁判学术。一个学者可以有自己的政治立场、信仰,但此事非关学术。现在四五十岁以上的人,应该还记得当年的"评法批儒""批孔"运动,某些学者被迫为"政治"服务,有的充当了不应该充当的角色,有的终于为"政治"所吞噬。学者良知丧尽,学术尊严扫地。逼良为娼,可耻之极。而且,从事纯学术研究的人,书呆子一个,在本行本业可能是天才,一涉足政治就可能无所措手足,服什么务呢! 从司马迁到吴晗,这样的悲剧还少吗!

20 世纪的先行者,早就提出要解决这一弊端。

严复说:"国愈开化,则分工愈密。学问政治,至大之工,奈何其不分哉!"①

蔡元培的"三不主义",首要一条就是不做官,他为北大定的

---

① 《论治学治事宜分二途》,《严复集》第一卷 89 页,中华书局 1986 年;又《严复文选》104 页,上海远东出版社 1996 年。此文原载《国闻报》1898 年 7 月 28、29 日。

宗旨就是"为学术而学术",他说:"大学学生,当以研究学术为天职,不当以大学为升官发财之阶梯。"①

冯友兰说:"为什么研究学术呢？一不是为做官,二不是为发财,为的是求真理,这就叫'为学术而学术'。"(《三松堂自序》328页)

在这个物质化的时代,弹这些不合时宜的旧调,是有人要嗤之以鼻的。

为学、从政、做官、发财,都是人间正道,没有什么高下之别。为什么学术要为政治服务呢？这还是"学而优则仕""政治高于一切"的旧思想在作怪。邓小平《在中国文学艺术工作者第四次代表大会上的祝词》指出:"不是发号施令,不是要求文学艺术从属于临时的、具体的、直接的政治任务,而是根据文学艺术的特征和发展规律,帮助文艺工作者获得条件来不断繁荣文学艺术事业,提高文学艺术水平,创造出无愧于我们伟大人民、伟大时代的优秀的文学艺术作品和表演艺术成果。"②对文艺的要求如此,对学术的要求就更不能搞什么为政治服务了。邓小平的理论的确具有重要意义。

问题在于我们的学者能否创造出无愧于我们伟大人民、伟大时代的优秀的学术著作来呢,这就涉及到20世纪另一种学术通病:华而不实的学风。

搞学问,真正要搞出一点名堂来,真得要把身家性命投进去。要甘于寂寞,要勇于探索。段玉裁四十多岁退出官场,全力作《说文解字注》,费时三十多年,完成了这部不朽名著。面对贫病交加的困境,他没有退却。大学问家不仅贫贱不能移,威武也

① 蔡元培《我在北京大学的经历》,《东方杂志》31卷1号,1934年1月。
② 《邓小平文选》第二卷213页,人民出版社1994年。

不能屈,我们的老校长马寅初先生堪称榜样。20 世纪还有几支
"董狐笔"? 还有几枚"太史简"? 学术尊严是靠学人求真的骨气、
情操支撑起来的,是靠真理、正义支撑起来的。华而不实,媚时媚
俗,能取宠于一时,不能垂范于永远。中国学术的优良学风,有乾
嘉老传统,有"五四"以来的新传统,当务之急,是要从传统中汲
取营养,形成适应于新时期学术研究的好学风。

传统与现代化原本不存在对抗性的矛盾,二者是可以融合
的。传统离开了现代,就是死传统;现代离开了传统,就会是无源
之水、无本之木。老一辈学者的中西之争、古今之争,应该告一
段落了。中国的传统文化应该走向世界,成为世界文化的一个
部分。贯通古今,融会中西,这是 20 世纪中国学术研究的基本
经验。

追记:

1998 年"五四"为北大百年华诞,北京大学中国传统文化研
究中心于 5 月 6 日至 8 日在香山举办汉学研究国际会议,本文为
笔者提交会议的论文。笔者又应北大学生会学术讲座的邀请,于
5 月 15 日晚上在三教报告此文。

原载《汉学研究国际会议论文集·语言文学卷》,2000 年

汉字文化学简论

　　《汉字文化大观》是一部兼有学术研究和工具书作用的雅俗共赏的读物,力图吸收最新研究成果,系统地、科学地向人们展示汉字的文化功能、价值及其在文化史上的崇高地位。

　　《汉字文化大观》又是建立汉字文化学的一项基础工程。汉字文化学的提出并非少数人心血来潮,刻意标新,而是汉字"时来运转",是多年来汉字研究经验的总结、升华。如果说汉字学有如一棵根深叶茂的大树,那么汉字文化学便是这大树分蘖出来的新枝。

一

　　我们现在还无法为汉字文化学下一个完整的、能得到大家广泛认可的定义,因为什么是"文化",意见就相当分歧。英国人类学功能学派的大师马林诺夫斯基说:"文化,文化,言之固易,要正确地加以定义及完备地加以叙述,则并不是容易的事。"(《文化论》2页,费孝通等译,中国民间文艺出版社1987年)据美国人类学家克罗伯和克拉克洪统计,从1871年到1951年,关于"文化"的定义已有164种之多(转引自张立文《传统学引论》22页注①,中国人民大学出版社1989年)。那么,我们是怎样理解"文化"的呢?我们认为,文化有四个方面的内容,即物质文化、精神文化、社会文化、语言文化。当我们谈汉字文化学的时候,就是从这四个方面对文化进行整体上、系统上的把握。这也可以说明:汉字文化学是一门以汉字为核心的多边缘交叉学科。尽管研究工作还有待于深入,但这门学科的总任务已非常明确:一是阐明汉字作为一个符号系统、信息系统,它自身所具有的文化意义;二是探讨汉字与中国文化的关系,也就是从汉字入手研究中国文化,从文化学的角度研究汉字。

汉字文化学与汉字学关系最为密切,但它又不等于汉字学。汉字学,也叫中国文字学。唐兰在《中国文字学》里为中国文字学规定了一个范围,他说:"我的文字学研究的对象,只限于形体。"(5页,上海古籍出版社1979年)研究汉字形体的发展、演变、结构类型,以及汉字的起源、性质等,是汉字学的主要任务。汉字文化学无疑要充分利用汉字学的研究成果,但更重视汉字作为一个文化系统与整个汉民族文化制度的关系,通过古代汉字和现代汉字了解汉民族的古今文化模式、习惯行为模式、思维模式。

汉字文化学与文化语言学也有密切关系,二者有一个共同关心的课题:文化。文化语言学,有些学者也称之为人类学语言学,罗常培写的《语言与文化》(北京出版社2004年)就属于这种性质的著作。我们列举该书若干章的标题,读者就可以大体上知道文化语言学的内容了,如:从语词的语源和演变看过去文化的遗迹、从造词心理看民族的文化程度、从借字看文化的接触、从地名看民族迁徙的踪迹、从姓氏和别号看民族来源和宗教信仰、从亲属称谓看婚姻制度。这些标题所涉及的文化内容,汉字文化学也会涉及。不过,所依据的材料有别。前者以语言作为材料,后者以文字作为材料,且只以汉字为材料。文化语言学还可以分为不同的层面,可以是研究语言和文化的一般性关系,也可以是研究某一种语言和某一种文化的关系,而汉字文化学只能是研究汉民族所使用的汉字与汉民族的文化以及与之有关的某些民族文化的关系。从理论上来说,语言和文字是两个不同领域,界限很清楚,具体材料的运用却很难绝然分开。本书所使用的汉字材料,既涉及文字方面,往往又涉及语言方面。这种交叉、重叠,在所难免。

概念来源于实践,"汉字文化学"这个概念也是实践的产物。既有古人的实践,也有今人的实践;既有成功的实践,也有不成功的实践。总之,经过了漫长的甚至是很艰难、很痛苦的实践,到了本世纪80年代,人们才较为普遍地对汉字与中国文化的积极关系,有了一个清醒的、科学的认识。有了这种认识作为前提,《汉字文化大观》这样的读物才能在神州大地问世,并昂首阔步走向读者,显示汉字文化的古朴风姿和时代精神。

二

汉字是世界上寿命最长、使用人数最多的一种文字。汉字与中国文化的关系是一个古老而又时髦的话题。其中有正确的认识,也有特定文化制度下产生的谬误,还有不同文化心态所产生的感情色彩,也包含着某些有待于在发展中证实的论题。如果我们从本质上来考察一下这种认识历程,就不难发现,古今关于汉字文化的认识,显然可以划分为三个不同的阶段,即崇拜阶段、否定阶段、多维反思阶段。

崇拜阶段,或曰前科学阶段。大概从汉字作为一个系统初步形成之日起,先民们就给它涂上了一层神秘的、尊严的色彩。在封建社会崩溃之前,汉字一直是人们崇拜的对象。

汉字的神秘性,可以有关仓颉(也作"苍颉")的传说为证。《淮南子·本经》说:"昔者仓颉作书,而天雨粟,鬼夜哭。"(刘文典《淮南鸿烈解·本经训》卷八81页,商务印书馆1934年)仓颉何许人也?一说为黄帝史官,一说为远古帝王。我认为,也可能是一个部落名称或部落头领。传说他有四只眼睛,《论衡·骨相篇》说:"苍颉四目,为黄帝史。"熹平六年(177)立的仓颉碑说:"天生德于大圣,四目重光,为百王作宪。"(转引自黄晖《论衡校释》卷三104页注文,商务印书馆1938年)鲁迅当年"还见过一幅这位仓颉的画像,是生着四只眼睛的老头陀"(《门外文谈》,《鲁迅全集》六65页,人民文学出版社1958年)。我姑且把仓颉看作是新石器时代一位伟大的文字学家,他在规范、统一原始汉字方面的功绩是值得大书特书的。所谓天雨粟,鬼夜哭,表示汉字在物质上和精神上有一种神奇功能,这是先民文化心态的反映。至于"四目重光",正是强调了文字与视觉的关系。恩斯特·卡西尔说:"神话遵循的是一条与科学思维全然不同的原则……神话思维中的一切都呈现出一种特殊的面相。"(《语言与神话》于晓等汉译本152—153页,三联书店1988年)仓颉"特殊的面相",并非荒诞无稽之谈,这是神话思维所制造的特殊的概念结构。

文字的神秘性起源于以神话解释世界的时代,起源于以神权统治世界的时代,不独汉字如此,埃及圣书、印度婆罗米文等都如此。中国整个封建时代,人们始终认为"汉字神圣,一点一画无非天经地义"(倪海曙《清末汉语拼音运动编年史》20页,上海人民出版社1959年)。即使敢于反传统的王安石,也认为汉字"皆本于自然,非人私智所能为也",他说秦王朝"变古而为隶,盖天之丧斯文也。不然,则秦何力之能为!"而他那本《熙宁字说》的产生,"庸讵非天之将兴斯文也,而以余赞其始"(均见《熙宁字说》,《王临川集》534页,世界书局1936年)。

汉字既然属于天意,其地位之尊、面貌之严,可想而知矣。《史记·万石列传》中有这样一则故事:汉武帝时,万石君石奋的长子石建官居郎中令,有一次给皇上写了个奏章,皇帝将奏章批回之后,石建又读了一遍原文,发现"馬"字少写了一笔,于是惊恐万分,说道:"呵! 写错了! 馬字下面四点加上尾巴,共有五笔,现在只有四笔,缺了一笔,皇上一定会谴责我,我犯死罪了!"一笔之差,惊怖有如此者,这是因为汉字与王权结合在一起了。刘勰说:"吏民上书,字谬辄劾。是以'馬'字缺画,而石建惧死,虽云性慎,亦时重文也。"(《文心雕龙·练字》)至于因避讳而有意缺笔、改字,科场考试,"有因一点之误、半画之讹,竟遭勒帛"(王炳堃《王炳耀〈拼音字谱〉序》,1887)。这都是王权思想在汉字文化问题上旳表现。

　　自从神权让位于王权,汉字就处处受到王权思想的支配。子思引述厥祖孔丘的话说:"非天子不议礼,不制度,不考文。"[1]旧注:"考是考究、裁正,文是字之点画音声。"(《四书补注·中庸》)考正文字,权归天子,在当时的历史条件下也是"天经地义"。苏联文字史学家伊斯特林认为:"国家对文字制定的规则对于表词文字旳形成起了重大作用。"(《文字的产生和发展》汉译本98页)天子"考文"当然也有一定的积极意义。许慎说:"盖文字者,经艺之本,王政之始,前人所以垂后,后人所以识古。"《说文解字·叙》这几句话概括了汉代人对汉字文化的认识。"垂后、识古",就是我们现在说的汉字有超时空的作用;"王政之始"即导源于天子"考文";而"经艺之本"的观点,影响更为深远,后来顾炎武提倡"读九经自考文始"(《答李子德书》),戴震主张"由文字以通乎语言,由语言以通乎古圣贤之心志"(《古经解钩沉序》),都与"经艺之本"的观点一脉相承。从汉王朝开始,百家罢黜,经学成为显学。王权至上,经学至上,帝王有权考文,经学家必须考文,尽管"考文"的内容、含意略有不同,但都可证明汉字在中国古文化史上的特殊地位。

---

① 　按:朱熹认为这是子思的话。

　　物极必反,这种特殊地位决定了汉字必然要遭受厄运,必然要面临长时间的极为严峻的挑战。果然,随着封建王朝的没落,经学的废黜,帝国主义的入侵,西方文化的传入,汉字的神秘性、尊严性不复存在了。尤其是清末兴起了中外文化比较,许多热血青年、志士仁人开始怀疑:汉字究竟是促进了中国文化的发展还是阻碍了中国文化的发展。从这时起,人们对汉字文化的认识进入了第二阶段。在这个阶段,汉字被当作传统文化中的糟粕,挨骂受辱,遭到种种不公正的指责,岌岌可危,所以我们称这个时期为否定阶段。

　　对于否定阶段我们是否也要来一个全盘否定呢? 简单的否定不能代替科学的分析。如果我们不想重犯否定阶段否定者的错误,我们就应该取科学分析态度。

　　去掉汉字的神秘性,把它由崇拜对象转变为科学研究对象,从"非天子不考文"转变为平民百姓也能"考文"(拟定种种汉字改革方案),这难道不是一种飞跃性质的进步吗?!

　　前人那种以汉字为耻、以汉字为罪的文化心态,那种片面偏执的思维方式,那种浮躁机械的文化比较方法,与半封建、半殖民地的历史背景有着密切的关系。鸦片战争,列强用大炮轰开了清帝国的大门,中国人被迫拖着长辫子、穿着长袍走向国际社会。真是"外人不见见应笑,天宝末年时世妆"(《上阳白发人》,《白居易集》第一册59页,中华书局1979年)。有人说:"中外相形,中国不啻羲皇上人,最绌者文字一学。"(沈学《盛世元音》自序,1896年)一时间,汉字竟然和女人的小脚、男人的辫子一样,成了落后的象征。有人甚至在国外著文,丑诋汉字为"野蛮文字"。外国人,如黑格尔也认为中国"文字很不完善","他们的文字对于科学的发展,便是一个大障碍"(《历史哲学》177页)。于是,汉字改革成为潮流。据周有光《汉字改革概论》(1961)统计,清末二十年间,个人提出的汉字改革方案就有 28 种之多。民国时期、中华人民共和国成立之后,汉字改革一直以运动的形式向前推进,至少是在舆论界,几乎"顺之者昌,逆之者亡"。近百年的事实使我们获得这样一个认识:无论是维新派,还是旧民主主义者,或新民主主义者,乃至共产党人,尽管政见很不相同,而在汉字必须改革这一点上,意见大体上一致;尽管各人理想的国家模式迥然不同,而希望中国富强的人,几乎都想到了汉字改革。

　　卢戆章(1854—1928)是第一本切音字著作的作者。他说:"窃谓国之富强,基于格致;格致之兴,基于男妇老幼皆好学识理;其所以能好学识理者,基于切音为字……当今普天之下,除中国而外,其余大概皆用二三十个字母为切音字。"又说:"中国字或者是当今普天下之字之至难者。"(《一目了然初阶》,1892 年)

　　谭嗣同(1865—1898)在《仁学》中明确提出要改汉字为拼音文字:"由语言文字万有不齐,越国即不相通,愚贱尤难遍晓。更若中国之象形字,尤为之梗也。故尽改象形字为谐声,各用土语,互译其意,朝授而夕解,彼作而此述,则地球之学,可合而为一。"(《仁学》二 62 页,中华书局 1958 年)他说的"象形字"即方块汉字,"谐声"即拼音文字。

　　钱玄同(1887—1939)的《汉字革命》列举了汉字的种种"罪恶",他说(1923 年):

　　　　我敢大胆宣言:汉字不革命,则教育决不能普及,国语决不能统一,国语的文学决不能充分的发展,全世界的人们公有的新道理、新学问、新知识决不能很便利、很自由地用国语写出。何以故?因汉字难识、难记、难写故;因僵死的汉字不足表示活泼泼的国语故;因汉字不是表示语音的利器故;因有汉字做梗,则新学、新理的原字难以输入于国语故。

　　汉字的罪恶,如难识、难写,妨碍于教育的普及、知识的传播:这是有新思想的人们都知道的。此外如字典非用"一、丿、丶、丨……"分部就没有办法,电报非用"0001、0002……"编号就没有办法,以及排版的麻烦,打字机的无法做得好,处处都足以证明这位"老寿星"的不合时宜,过不惯二十世纪科学昌明时代的新生活。

　　但我觉得这还不打紧,最糟的便是它和现代世界文化的格不相入。

　　钱玄同还认为:"欲使中国不亡,欲使中国民族为二十世纪文明之民族,必以废孔学、灭道教为根本之解决,而废记载孔门学说及道教妖言之汉文,尤为根本解决之解决。"(《中国今后之文字问题》,《新青年》4卷4期)

　　鲁迅(1881—1936)主张实行拉丁化新文字,他对方块汉字的判决是:"方块汉字真是愚民政策的利器,不但劳苦大众没有学习和学会的可能,就是有钱有势的特权阶级,费时一二十年,终于学不会的也多得很……所以,汉字也是中国劳苦大众身上的一个结核,病菌都潜伏在里面,倘不首先除去它,结果只有自己死。"(《关于新文字》,1934年)

　　汉字是否应该改为拼音文字,本来是个科学问题,学术问题。一旦被纳入新思想、新文化、文化革命这样一些范畴,就成了新旧思想之争。钱玄同、鲁迅都是"新文化运动"的主将,他们对汉字的讨伐也就代表了新文化的方向,影响相当深远。在钱玄同之前,吴稚晖等人在巴黎出版的《新世纪》也猛烈攻击汉语、汉字。当时,勇于站出来唱反调的有章太炎。章氏发表《驳中国用万国新语说》,认为文化是否发达与文字是否为拼音式并无必然联系,他说:"今者,南至马来,北抵蒙古,文字悉以合音成体,彼其文化,岂有优于中国哉!"章氏还认为方块汉字是由汉语以单音节为特点决定的,"且汉字所以独用象形,不用合音者,虑亦有故。原其名言符号,皆以一音成立,故音同义殊者众,若用合音之字,将芒昧不足以为别"。章太炎说的"象形"与谭嗣同所言一样,都是指方块式汉字,他说的"合音"就是拼音的意思。

章太炎说的两点理由,至今仍然正确。本来,国家兴亡的责任完全在文字的论调,貌似有理,实则毫无根据。同是用拉丁字母的国家,科学文化发达程度相去甚远,国运盛衰也大不相同,文字何责之有!历史已经证明:同是使用汉字,千百年来国运有盛有衰,世事沧桑巨变,这难道不是人所共知的事实吗?封建统治者将汉字尊为神明,主张文字西化的人又认为汉字罪恶累累,两种偏差的共同原因,实在于都把汉字当作一种政治工具来看待。在汉字否定派占压倒优势的形势下,章太炎的辩护,大有"迷恋骸骨""保存国粹"之嫌。他的弟子鲁迅、钱玄同也深深不以为然,与之分道扬镳。

时过境迁,我们今天可以平心静气地来评论这段历史了。大多数主张改革汉字的人,其动机无可非议。他们的主要缺点有二:一是对汉字的伟大历史功绩,对汉字在中国文化史上的不朽地位缺乏科学评价,而是一笔抹倒。二是对汉字的现状与前途完全抱悲观态度。当然,汉字本身的确存在缺点,的确有一个适应时代的问题,过去存在,今后还会存在。我们的任务就是要通过科学研究使之适应时代。至于汉字是否要改为拼音文字,恐怕这是几百年以后的事情(请允许我们作一种随意设想),把几百年以后应议应办的事情提上今天的议事日程,并采取革命的办法来加以解决,其后果如何,可想而知。应当说,崇拜阶段也好,否定阶段也好,对汉字都缺少深入的科学的研究,所以很容易从一个极端走向另一个极端。

　　随着改革开放大潮的到来,整个文化领域出现了许多令人鼓舞的新气象。与思想政治路线不无关系的汉字改革问题,也开始打破舆论一律的僵局,进入了多维反思的第三阶段。

　　这个阶段刚刚开始,只有十余年的历史。值得一记的事情主要有:

　　1978年12月,在青岛举行了全国汉字编码学术交流会,成立了中国汉字编码研究会。

　　1979年,汉字信息处理研究会、汉字编码专业委员会分别成立。

　　1980年,在杭州举行了第二次全国汉字编码学术交流会。

　　1980年3月,海内外部分学者联合成立了汉字现代化研究会。

　　1981年6月,在中国汉字编码研究会和汉字编码专业委员会的基础上成立了全国性的一级学会组织——中国中文信息研究会。研究会当前的主要任务是研制汉字信息处理系统。

　　1985年12月,经国务院批准,中国文字改革委员会更名为国家语言文字工作委员会;次年,该会机关刊物《文字改革》更名为《语文建设》。

　　1986年1月,国家教委和国家语委在北京召开了全国语言文字工作会议。《会议纪要》指出:"在今后相当长的时期,汉字仍然是国家的法定文字,还要继续发挥其作用。"

　　1986年5月,在日本东京召开了"汉字文化的历史和将来"国际学术讨论会。中国社会科学院语言文字应用研究所周有光、语言研究所李荣应邀出席。

　　同年,巴黎出版了汪德迈(Leor Vandermersch)的专著《新汉文化圈》(Le Nouveau Monde Chinoise,日本铃木教授译作《中国文化的新世界》)。他从几个使用汉字的国家和地区(即所谓汉字文化圈）近年经济发展突飞猛进或正在进行巨大的经济改革这些现象出发,断言所谓汉字文化传统对现代化过程不是如一向所说的巨大的"障碍",而是"具有巨大的动力"（转引自同年12月陈原在汉字问题学术讨论会上的讲话）。

1986 年 12 月,国家语言文字工作委员会和语言文字应用研究所在北京召开汉字问题学术讨论会。吕叔湘、周有光、朱德熙、郑林曦、殷焕先、黄典诚、袁晓园、管燮初、曹先擢、陈章太、曾性初、陈炜湛、史有为、胡双宝、傅永和等参加了大会。陈原在开幕式讲话中对汉字文化作了肯定评价,他说:"汉字这种书写系统是同汉语这种语言系统相适应而生存发展的,有人认为,应当承认汉字系统和我们这个民族的思维模式、文化模式是在互相适应的过程中起作用的。虽然汉字书写系统从很久时候开始就已经或多或少脱离了口语,但它确实为民族团结,为文化积累,为信息传播,为思想交流起过重大作用,有过不可磨灭的功绩。"

1989 年,《汉字文化》创刊。《创刊词》指出:"'汉字落后'是长期套搬印欧语文模式得出的结论。"对所谓汉字落后说提出了激烈的反对意见。

反思,就是要总结历史的经验教训,要对汉字的功能、价值重新进行论证,要对汉字如何适应现代化、为现代化服务的问题进行探索,要从理论和实践两个方面进行许多艰苦的工作。目前,在以下几个方面已初见成效:

首先应当肯定的是:随着电子计算机技术的发展和普遍应用,汉字信息处理的研究与实践取得了重要成就,在汉字研究的科学化方面作出了重要贡献。电子计算机的使用,是人类文化发展史上继造纸术、印刷术、打字机之后第四次伟大的文化工具的革命。古老的方块式汉字终于适应了这场革命,这是值得大书特书的一件事情。人们曾颇为担心,在电子计算机面前,汉字将无能为力,汉字会拖住四个现代化的后腿。现在看来,这种担心已是多余的了。

其次,人们对当今世界两大文字体系,即拼音文字与汉字,重新进行了比较。在比较过程中,对汉字的特点、性质进行了多侧面考察,对汉字难学难认的问题有了新的认识。

另外,对汉字与大脑、与思维的关系进行了初步探索。

对汉字与中国传统文化、现代文化的关系从多方面进行了肯定,这是思想认识上的重大转变。

总之,通过反思,汉字的合理性、合法地位重新得到肯定。至于汉字的未来,只能顺应自然,顺应时代,该子孙后代办的事情,我们何必"只争朝夕"呢,这似乎已成为人们的共识。

我们认为:汉字与汉民族共荣辱。汉字对国家的兴亡虽说无能为力,而国家是否强盛却直接影响着汉字的命运。在历史上,汉字最倒霉的时候,也是中华民族饱受灾难的时候,人们把本应由社会负责的种种"罪恶"归结到汉字头上,这实在是天大的误会。从长远、很长远的观点来看,汉字能否长生不老,永久立足于世界文字之林,能否越来越成为国际上最有影响的文字之一,在很大程度上不取决于汉字本身,这要由社会经济、科学技术、文化等多方面的因素来决定。

当前的问题是,我们不能走向另一个极端:汉字批评不得。在学术问题上,不苛求前贤,是后学应有的气度、胸怀。反思是为了总结历史,不是纠缠过去的恩恩怨怨,着重点是把握现实,开拓未来。只有"振衣千仞冈,濯足万里流",才能对汉字文化研究作出新的贡献。

以上我们对汉字文化的认识历程进行了整体的、阶段性的考察,总的轨迹,一言以蔽之,曰:否定之否定。

三

从古至今,关于汉字文化研究的症结是什么呢?曰:理论思维贫乏,概念模式贫乏,方法论贫乏。

一门学科,如果没有自己的理论系统,没有表现理论系统的概念模式,没有服务于理论系统的方法论,它就是一门残缺的、不完全的学科,它就不可能健全地、生动地向前发展。

汉字文化学的理论价值如何,还须要在实践中、在发展中进一步探索研究。这里,我们谈一些粗浅的想法。

汉字文化学是一门独立的学科。汉字文化是中国文化的一部分,也是世界文化的一个组成部分。汉字文化与阶级、民族、国家有密切关系,但在通常情况下,不能拿对汉字文化的态度如何作为政治上划分左右派的依据,作为衡量民族感情的标准,作为是否爱国的一个条件。康、梁是保皇派,赞同汉字改革;章太炎是革命派,却反对汉字改革;钱玄同是民主主义者,又是气节高尚的爱国主义者,但他痛骂汉字,一定要革它的命;而清末某些坚决反对汉字改革的人却并不是爱国志士,他们的态度是:"地可割,款可赔,而文字终不可变"(温灏《拼音字谱序》,转引自倪曙《清末汉语拼音运动编年史》62页)。过去在汉字文化问题上造成许多失误,就是把一个符号系统、信息系统当做政治问题、思想问题来对待。这种理论认识的混乱、糊涂,固然有深刻的社会原因,也反映出在汉字文化研究领域里缺乏科学的理论系统作为指导,而没有理论指导的学科,必然产生可怕的盲目性,必然独立不起来。汉字文化学的提出,将有助于这门学科向独立方向迈进。

世界各地的文字有共同发展的规律,某一种具体文字又自有特殊的发展规律。如原始的图画文字大约形成于新石器时代,这是早期文字发展的共同规律,根据这条规律再加上考古的新发现,我们断定古代关于仓颉的传说决不是无稽之谈。仰韶文化的陶器符号,仓颉的传说,又可证实文字产生于新石器时代的规律是可信的。以往关于文字演变规律的探索,主要是以印欧语及拼音文字为依据,其轨迹为图画文字→表词文字→词素文字→音节文字→字母→音素文字。汉字究竟是什么文字,目前正争论不休,但它不是音素文字,这是肯定的。因此,过去有人认为汉字是低等文字,发展为音素文字是必然规律。这条规律对汉字是否有效呢?汉字有无自身演变的特殊规律呢?这都须要从理论上加以说明。这是汉字发展的前途问题。从历史来看,中国是人类文明五大发源地之一,其他四大文明发源地的文字,即埃及圣书、两河流域的楔形文、美洲的玛雅文,都已进入历史博物馆,印度梵文虽然为一些学者所研究、使用,但它早已不是社会通用的文字。唯独汉字"长生不老"。人们惊叹这是人类文明的一个奇迹。这个奇迹的存在,难道没有规律可寻吗?探寻这些规律,促进汉字文化的发展,是汉字文化学的理论课题。

日本一位学人说:"汉字的信息量很大,它本身是一种 IC(集成电路)。"国内也有同行学者谈到:"方块汉字作为一种信息载体,是中国文化的缩微系统。"这样评价汉字的文化功能一点也不过分。绝大部分汉字具有二元结构的特点,它的意符是信息存储体,它的声符是信息识别体,至于象形字、会意字,几乎可以望文知义(这当然要有相当的修养),说明它有丰富的文化内涵,这样的信息载体的特点是线性拼音文字所不具备的。19 世纪末,甲骨文开始出土,正是通过这种信息载体,使我们对殷商文化,甚至于整个中国文化源的认识展开了新的一页。什么"上古芒昧无稽考""中国文化西来说",种种臆说,不攻自破。王国维的《殷卜辞中所见先公先王考》《殷周制度论》,郭沫若、胡厚宣等人的甲骨学研究,都在以字考史方面作出了重要贡献。以字考史是汉字文化学的原料基地,是培育汉字文化学的一块沃土,但以字考史不等于汉字文化学,汉字文化学的内容并不只是"史",汉字文化学的研究方法也不只是"考"。汉字文化学要求全面发挥汉字的信息功能,系统地(而不是零碎地)考察汉字与中国文化的关系。汉字文化学根据研究对象的不同,或采用经验方法,或采用历史方法,或采用结构方法。经验方法重考据,重事实;历史方法重古今联系,重发展过程;结构方法要求对汉字文化进行结构处理和分析,探索汉字文化内部及外部的结构。方法论的研究是汉字文化学的内容之一。

　　以往的汉字研究着重于汉字内部体系,重点在形音义,这当然是应当肯定的。但是,若以为关于汉字的学问仅限于此,就大错而特错了。汉字文化学还要求从汉字外部关系研究汉字,拓宽汉字研究的领域。我们认为,汉字既是一个封闭系统,又是一个开放系统。作为开放系统,就要与别的相关学科沟通。目前,就已有不少人正在利用语言学、文字学、人类学、民族学、社会学、考古学、哲学、历史学、心理学、系统论、信息论等等科学的知识,对汉字系统进行多侧面考察、论证,并已取得了相当的成果。

　　汉字文化学还要求自觉地总结中西文字比较的经验教训。中西文字比较已有几百年的历史。明末清初(如方以智、刘献廷)、清末民初,一直到现在都有人在进行比较,而得出的结论却大不相同。过去认为汉字难读难认,现在认为汉字有个性,有条理,从认读以及学习基础的全过程看优于拼音文字,阅读速度高于英文;过去认为汉字不利于智力开发,现在有人指出,拼音文字靠左脑处理,而汉字左右脑并用,是开发大脑的工具;过去认为汉字和现代世界文化格不相入,认为汉字进不了计算机,不如拼音文字,现在汉字信息处理已经普遍运用于工、农、商、学、科研等部门。所谓格不相入,不过是危言耸听,迄今为止并没有出现什么新鲜事物不能用汉字翻译表达。当然,比较是一件十分复杂的事情,必须经过反复实践才可引出科学的有普遍意义的结论。

任何一次大的社会革命(如秦王朝统一中国、清王朝被推翻),新的技术革命(如计算机的出现),都会引起文化结构的变化,在这个变化的潮流中,作为文化载体的汉字往往首当其冲,而汉字始则被动,甚至令人失望,但最终总能发挥自己的应变能力。"同书文字"是古代的应变方式;注音字母和汉语拼音方案是现代的应变方式。王力说:"两套工具比一套好;汉字的法定文字地位不会因为汉语拼音的推广而被动摇。"(1986 年)在当前,汉字为了与计算机技术结合,就要作到字体、字形、字数规范化、标准化,进一步研究汉字的属性,更经济更有效地提高信息处理自动化的能力,这都要求汉字发挥应变能力。汉字文化学的一个基本观点,认为变是绝对的。正是因为变,汉字才有如此长久的生命力,才能为中国文化的发展作出不朽贡献。"穷则变,变则通,通则久"(《周易·系辞下》)。这条规律同样适应于汉字。

《汉字文化大观》的任务是要展示汉字文化的方方面面,它虽非理论性的学术专著,也无意于全面表现汉字文化学的理论价值,但它对汉字的历史和特征,对以汉字为载体的辉煌文明,对汉字的研究和教学,有较系统的介绍、论述,这对于汉字文化学的建设有重要意义。

"大观"这个词语最早出现于《周易》,范仲淹《岳阳楼记》使用这个词语时,已与原意不同,意思是指雄伟壮美的景观,由此而引申为文体名称,意思是指某门学科的内容丰富多彩,洋洋大观。

《汉字文化大观》涉及多种学科,北京大学出版社约集北京大学和中国社会科学院语言研究所、语言文字应用研究所、中国艺术研究院、中华书局、清华大学、中国人民大学、北京师范大学、北京师范学院、北京中医学院、山东大学、厦门大学、郑州大学、杭州大学、辽宁师范大学等单位的四十多位学者专家撰稿,内容相当可观,门类繁多,资料完备,有不少见解精辟独到,引人人胜。这是有史以来第一部如此大规模地介绍汉字文化的专书,是了解汉字文化乃至中国文化不可或缺的读物。将此书名之为"大观",名副其实。

原载《北京大学学报》1990 年第 6 期

后收入人民教育出版社《汉字文化大观》

汉字文化的昨天、今天和明天

在近现代史上，没有一个时代的人们有我们今天这样的幸运。持久的和平稳定，初步的繁荣昌盛，为医治百余年来的文化创伤和发展新时代的新文化提供了良好的文化生态环境。改革开放三十年，人们的时空观念已经发生或正在发生前所未有的极为深刻的变化。全球化的空间观和现代化的时间观为我们认识中国文化的昨天、今天和明天，尤其是汉字文化的昨天、今天和明天，提供了宏观的、鲜明的学术视野。

我们之所以能超越前人，而且能公正地从容平静地品评前人在汉字文化问题上的得失，不是我们比前人高明，而是我们具有崭新的时空观。我们的前辈本来也可以建立这样的时空观，但因为救亡图存压倒一切，后来又是阶级斗争冲击一切，于是失去了几十年的大好时机，对西方世界早已积累得相当丰富的学术资源几乎无人问津，漠然置之；即使是对于马克思，我们的理解也是极为片面的。

时至今日，我们仍然要补课，要启蒙，特别是要换脑筋。因此，我们要"听一听 19 世纪现代性的两个最突出的声音"，一个是尼采（1844—1900），"人们一般认为他是我们时代许多种现代主义的一个首要源泉"；一个是马克思（1818—1883），"人们通常不把他与任何种类的现代主义联系在一起"①，但他是"最早的最

---

① 〔美〕马歇尔·伯曼著，徐大建、张辑译《一切坚固的东西都烟消云散了——现代性体验》20 页，商务印书馆 2003 年。

伟大的现代主义者之一"①。我们要重温波德莱尔(1821—1867)关于"现代性"的经典定义②,要研究麦克卢汉(1911—1980)关于"地球村"和"媒介即是信息"的理论。麦氏理论的出炉,被形容为"犹如一场大地震,在整个西方乃至全世界引起了强烈的冲击波和余震"③。

汉字文化跟马克思、尼采、波德莱尔、麦克卢汉等人有何关系?他们有一言半语涉及过"汉字文化"吗?没有。但有关,而且关系甚大,是我们研究汉字文化的理论起点与基点。

因为,从本质上来说,"中国的文化,就是汉字的文化"④,中国文化的危机,也就是汉字文化的危机。汉字文化是遭遇全球化、现代化才有的问题。古代也有汉字文化,但从来没有成为问题;成问题的是现代汉字文化,而不是古代汉字文化。所以,不论是品评汉字文化的昨天,还是观察汉字文化的今天,抑或展望汉字文化的明天,我们都要从马克思、麦克卢汉等人的全球化、现代化理论中寻找不是答案的答案,结合汉字文化的实际,用世界眼光建立我们自己的思考方式。

先从汉字文化的昨天说起。

"昨天"是一个时间概念,我们当然要划分起点与终点。

现代汉字文化的昨天,大体上可以从鸦片战争算起,或者更早一点。其终点应以两件事情作为标识:一件是"中国文字改革委员会"更名为"国家语言文字工作委员会";另一件是"文字必

---

① 〔美〕马歇尔·伯曼著,徐大建、张辑译《一切坚固的东西都烟消云散了——现代性体验》165页。

② 参波德莱尔1863年发表于《费加罗报》的《现代生活的画家》,郭宏安译,浙江文艺出版社2007年。

③ 何道宽译《理解媒介》中译本第一版序,商务印书馆2000年。

④ 〔日〕平冈武夫《日本文〈中国古代书籍史〉序言》,《书于竹帛》附录三185页,上海书店出版社2004年。

须改革,要走世界文字共同的拼音方向"的最高指示自动停止,不再被人提起。这种看似戏剧性的变化,正反映了现代化进程中充满了矛盾、对立,充满了不确定性,"世事如棋局局新"。对此,我们就要请教马克思了。马克思并没有说,汉字要改革,"要走世界文字共同的拼音方向"。马克思也没有说,要摧毁中国传统文化。但马克思对全球文化的现代性已有如下精辟论述①:

> 生产的不断变革,一切社会状况不停的动荡,永远的不安定和变动,这就是资产阶级时代不同于过去一切时代的地方。一切固定的僵化的关系以及与之相适应的素被尊崇的观念和见解都被消除了,一切新形成的关系等不到固定下来就陈旧了。一切等级的和固定的东西都烟消云散了,一切神圣的东西都被亵渎了。人们终于不得不用冷静的眼光来看他们的生活地位、他们的相互关系。

《共产党宣言》是一篇"消灭私有制"的宣言,这一点我在六十年前就已经认识到了;而下面这样的认识却是近年才得到的②:

> 的确,它使人以一种全新的眼光来看待《共产党宣言》,把《共产党宣言》看作未来一个世纪的现代主义运动和宣言的原型。《共产党宣言》表达了现代主义文化中某些最深刻的洞见,同时也将现代主义文化中某些最深刻的内在矛盾戏剧化了。

> "事物破碎了,中心不复存在"。而这个形象正是来自于马克思,来自《共产党宣言》的核心部分。

---

① 《共产党宣言》,《马克思恩格斯选集》第一卷 275 页,人民出版社 1995 年。
② 〔美〕马歇尔·伯曼著,徐大建、张辑译《一切坚固的东西都烟消云散了——现代性体验》114、115 页。

　　重温《共产党宣言》，对"昨天"中国所发生的重重充满矛盾、
对立、不确定性变革就可获得一个清晰的认识；同时，我也认识
到，什么《中国本位的文化建设宣言》（1935 年）、《为中国文化敬
告世界人士宣言》（1958 年），基本上都是书生之见，对于我们面
对的这个时代"不同于过去一切时代"这一根本事实，不是缺乏
足够的经验知识，就是缺乏理论的解释与概括，无非是想借"宣
言"来抬高个人的文化地位或宣告某种不三不四的学术主张；同
时，我也认识到，既然"一切固定的东西都烟消云散了，一切神圣
的东西都被亵渎了"，那么孔圣人"被亵渎"，汉字"被亵渎"，传统
文化"被亵渎"就不足为奇。封建君主制的"烟消云散"，科举
制度的"烟消云散"，三纲五常的"烟消云散"，汉字在朝鲜、在越
南"烟消云散"，在日本、在韩国、甚至在中国本土也有"烟消云
散"之势，也就不足为奇。我们也没有必要在汉字拼音化的问
题上过分看重钱玄同、鲁迅、瞿秋白等人的个人责任了。这不是
说他们的主张是正确的，他们的主张"等不到固定下来"也"陈
旧"了，也"烟消云散"了。正如马克思所言："在我们这个时代，
每一种事物好像都包含有自己的反面。"[1]进步中包含着退步，建
设中包含着破坏，获得中包含着失去，现代化就是以这样的运动
形式向前发展的。马歇尔·伯曼说[2]：

　　　　马克思和尼采也会为现代人摧毁传统的结构而欣喜；但
　　他们知道人类要为这种进步付出的代价，知道现代性还要走
　　很长的路才能治愈自己的创伤。

---

[1]　马克思《在〈人民报〉创刊纪念会上的演说》，《马克思恩格斯选集》第一卷
　　775 页。

[2]　〔美〕马歇尔·伯曼著，徐大建、张辑译《一切坚固的东西都烟消云散了——现
　　代性体验》29 页。

马克思和尼采的这两个"知道"，我们现在有很多人却不知道。有的人只愿意看到"进步"，对"昨天"所"付出的代价"，埋怨、指责；有的人又不愿意看到"创伤"，甚至扩大"创伤"，要彻底与传统决裂。这都是汉字文化的"今天"所应正视的问题。即使"还要走很长的路"，要几代人才能走完这条长路，也必须"治愈自己的创伤"。

汉字文化的今天不同于昨天，就是从"治愈创伤"开始的。一本《汉字文化大观》的推出，其治疗功效远胜于一打说空话的"宣言"；"汉字文化学"这个新概念、新学科的建立，是汉字文化由昨天发展到今天的重要标识。这门学科的深远意义，不仅在今天已得到证明，可以断言，在明天将继续得到证明。在国内外将会有更多的人为这一学科的发展、成长贡献自己的力量。汉字文化学是一门超越地理边界，超越意识形态的学科，它拒绝狭隘的民族主义，反对贬抑欧美字母型文字，它有光明的前景和无限的生命力。

汉字文化学也非常珍惜由"昨天"传下来的两项伟大成果：一项是简化字，一项是汉语拼音方案。这两项成果都是在现代化全球化的背景下产生的，与意识形态无关。简化字虽不尽如人意，也可以微调，但适当简化有利于汉字的生存，有利于汉字走向国际，有利于汉字更便捷地为人们服务，这个道理是明摆着的。至于拼音方案的产生，那是中国人（还有某些外国人）经过百余年的反复研究实践所取得的成果，功在千秋，利及全球。汉字有了拼音这个辅助工具，如虎添翼，飞向世界，飞向电子时代。中国人既保存了汉字，又能让汉字与现代高科技相结合，为持续发展传播汉文化开辟了广阔的前景。

今天，汉字的性质没有变，汉字的地位发生了根本性的转变。由不确定到确定，由受批判到受尊重，这一场历史性的大转变是我们的前辈所难以想象的。汉字还能翻身，又一次向世界证明：现代化是一个充满矛盾的复杂过程。导致这一转变的具体因素究竟是什么？还得用马克思所塑造的"形象"来说明，这就是：

　　　　事物破碎了，中心不复存在。

　　西方中心主义"不复存在"了，由西方中心主义构建的世界文字发展观"破碎"了；"一言堂""破碎"了，"舆论一律"的局面"破碎"了，汉字翻身了。

　　"今天"的全球化、现代化与"昨天"已有显著不同。市场经济的崛起，电子时代的到来，禁锢多年的思想文化界一旦"破碎"（解放），新时期的文化建设几乎是自然大趋势，文化建设的首选基地就是汉字文化。三十年来，文化建设成就最实在最有长远意义的也是汉字文化。汉字文化观念的提升就值得大书特书，还有一大批人以汉字文化作为专题研究方向，形成了专门之学。汉字的国际地位也在提高。据2009年1月29日《北京青年报》报道，我们的邻邦日本正准备在现有常用汉字表基础上增加191个常用汉字。韩国多位前总理在全国汉字教育推进总联合会的推动下联名向政府提出《敦促在小学正规教育过程中实施汉字教育的建议书》，"韩国五大经济团体在2003年决定，建议属下19万家公司，从2004年起招聘职员时进行汉字资格检定考试，只录取能认识1817个汉字、书写1000个汉字的新职员"[①]。

　　汉字能翻身，是因为汉字乃国之灵魂。"文革"中有位老先生作诗云："文字国之魂，魂亡何所寄。中夏百年内，文字乃日敝。有心痛哭者，能无心惊悸。亟思醒国人，勿自就坟次。""国灭尤

---

①　黄彬华《韩国"去汉字化"带来尴尬后果》，《北京青年报》2009年2月1日。

可复,文字灭不继。"① "国人"终于"醒"过来了,终于找回了自己的"魂",一颗颗"惊悸"的"心"终于安宁下来。

从学科性质而言,汉字属于学科之母,是一切母体文化的根基,没有任何一种文字可以取而代之。20世纪初年章太炎提出了学科方圆说,讲的就是这个道理,他说:"凡在心在物之学,体自周圆,无间方国。独于言文历史,其体则方,自以己国为典型,而不能取之域外。斯理易明,今人犹多惑乱,斯可怪矣。"②

章氏所说的"在心"之学指的是概念、逻辑思维科学;"在物之学"指的是自然科学。这两类学科具有普适性的特点,故其体"圆"。"言文历史"指语言、文字、历史这三门学科具有民族特点,故"其体则方","不能取之域外"。这个道理虽然"易明",可章氏之前无人能"明",章氏此言之后已有一百年,还是"犹多惑乱"。章氏作为学术思想家,"五四"以来,一直受到西方中心主义者的排斥,这的确是汉文化的不幸。

20世纪初年日本的山木宪曾说:"世有为汉字废止论及汉字节减论者,欲废汉字而代以罗马字,或减少通用汉字之数,是殆类于狂者之所为,皆心醉西风之弊也。此论之发生,非文字之关系,乃国势消长之关系耳。好奇趋新之徒,雷同附和,将酿成不可救治之毒害。"

"好奇趋新之徒","狂者之所为","不胥时而落"(《荀子·君道》),我们这一代人有幸亲眼看到了。汉字的地位保住了,而汉字文化所遭受的"创伤",以及"不可救治之毒害",至今仍然存在。

一是传统汉字观的颠覆　东西两大文字体系产生的背景不

---

① 高成鸢《身后名不若生前一杯酒》,《中华读书报》2003年3月9日。

② 章太炎《自述学术次第》,1913年。

同,因此文字观也大不相同。在西方,"字母随着商业"而产生[①],
"腓尼基商人……从埃及象形文字中借得一点画儿,又从巴比伦
文字里简化了一些楔形字,为了图快,他们牺牲了旧写法的美
观,并且把旧写法的几个画重组成一组,变成简便的 22 个字母"。
"腓尼基人……从不留心书籍和学问,他们只注意钱"[②]。腓尼基
人的文字观就是两个字:一曰"快",二曰"钱"。

　　在希腊神话中,腓尼基王的儿子卡德摩斯王(King Cadmus)
"把拼音字母引进希腊,种下凶龙的牙齿,牙齿长成了全副武装的
人……这一神话也囊括了一个漫长的过程,将其凝练成瞬间的顿
悟。拼音字母意味着权力、权威,意味着运筹帷幄、决胜千里"[③]。
"字母文字产生黩武主义……拼音文字是人类最悠远的、用于均
质化军事化生活的、最了不起的加工媒介,上述神话已指出这一
点"[④]。"使用拼音文字的人,从古希腊人到现代人,在与环境的关系
中,始终都表现出进击的姿态。他们需要把环境转换为语音的、文
字的东西。这就使他们成为征服者,成为推土机和平土机"[⑤]。

　　麦克卢汉的话不可全信,但从腓尼基到希腊,字母文字与商
业、"黩武主义"结缘,的确形成了海洋文化的特色。

　　西方世界没有崇拜拼音文字的习俗,"在 2000 多年的读写文
化中,西方人很少去研究或了解拼音字母在创造他们的许多基本
文化模式中产生了什么效用"[⑥]。

　　中国人对文字的崇敬有几千年的历史。汉字的神话是:"昔

① 〔美〕房龙著,常莉译《人类征服的故事》243 页,江苏人民出版社 1998 年。

② 同上,245、241—242 页。

③ 〔加〕马歇尔·麦克卢汉著,何道宽译《理解媒介》119 页。

④ 同上,109 页。

⑤ 《麦克卢汉精粹》426 页,南京大学出版社 2000 年。

⑥ 〔加〕马歇尔·麦克卢汉著,何道宽译《理解媒介》119 页。

者仓颉作书而天雨粟,鬼夜哭。"(《淮南子·本经训》)文字可以上通天神,下劾鬼怪,这是早期农业社会的原始崇敬。其遗俗有"惜字会、惜字歌、惜字章程";有"仓亭、仓颉庙、仓颉造书台"。中国人崇敬方块汉字还有两层理由:汉字是中华民族发展、统一、团结的第一大功臣;另外,汉字具有真、善、美的品格。"黄帝之史仓颉,见鸟兽蹄远之迹,知分理之可相别异也,初造书契"(《说文解字·叙》),这就是真。"文者宣教明化于王者朝廷,君子所以施禄及下,居德则忌也"(《说文解字·叙》),这就是善。至于汉字的结构美、书法美,前人之述备矣,至今还有数不清的书法家和书法爱好者,"字"与画一样,是可以论品计价的。

　　遗憾的是,百余年来,传统的汉字观完全被颠覆了。"一切固定的僵化的关系以及与之相适应的素被尊崇的观念和见解都被消除了","素被尊崇"的汉字岂能例外。"功臣"被说成是罪人,"真善美"被说成是"野蛮""混蛋"。虽然这类"被说成"的不实之辞如今已"烟消云散",而汉字的真善美性格及其不朽功勋,真正了解的人有多少? 争议还是有的吧? 如果我们对自己的文字缺乏崇敬之情,我们的文字又怎能理直气壮地参与国际竞争呢?一种"自惭形秽"的文字岂能肩负文化传播的任务!

　　二是"文房四宝"的没落　古人所说的"文房四宝"是指笔墨纸砚,笔特指毛笔。"四宝"将汉字与书写汉字的人联为一体,展现汉字特有的人文精神,也展示每一个书写者的独特个性。陆游有诗云:"水复山重客到稀,文房四士独相依。"[①]由"宝"而"士",情感更深。古人对汉字的深厚情感已融入生命,生活在电脑和互联网时代的人们不能不与"四宝"绝交(电脑用"纸"与"四宝"中的"纸"功能不同),电脑"写"出来的汉字

① 《闲居无客所与度日笔砚纸墨而已戏作长句》,《剑南诗稿》卷二六。

虽然还是汉字,但既无书写者的个性在其中,也无书写者的情感在其中。麦克卢汉说:"媒介即是信息","媒介正是发挥着塑造和控制作用。"[①]电脑和互联网这样的媒介传播的是什么样的信息?是消解传统的汉字文化观念和汉字文化精神的信息,是在不知不觉中改变人们对汉字情感的信息。电脑和互联网在塑造人的情感世界、文化观念,这是任何力量都阻挡不住的。"文房四宝"已由大众层面撤退而进入小众世界,成为少数爱好者的专门之学。无可奈何,只能如此,因为我们是现代人,我们无法摆脱电脑和互联网的"塑造和控制"。历史的经验告诉我们:当传统与现代发生矛盾时,传统必须让位给现代。人,万不可成为传统的奴隶。

三是书面文字的疏离化　麦克卢汉说:"由于电力技术使我们的中枢神经系统延伸,它似乎偏好包容性和参与性的口语词,而不喜欢书面词。我们西方的价值观念建立在书面词的基础上,这些观念已受到电话、电台、电视等电力媒介相当大的影响。我们时代许多大学问家为何发现在研究这个问题时难免陷入道德上的恐慌状态,其原因恐怕就在这里。"[②]

电视等媒介导致书面文字的疏离化是世界性的,也是灾难性的。电视通过缺少文化内涵的口语词和"讲坛"之类的形式,使大众于视听过程中被控制被塑造,从而丧失独立思考能力、研究能力,也丧失对文字形、音、义的感悟能力和对传统文化的敬畏之情,这不能不引起"道德上的恐慌"。

现代中国人对书面文字的疏离化,电视等媒介的口头文化、流行文化只不过是原因之一,而且不是主要原因。我们的书面文

---

① 〔加〕马歇尔·麦克卢汉著,何道宽译《理解媒介》34 页。

② 同上,118、119 页。

字有文言白话之分,有繁体字简体字之别,我们与之疏离的是文言文、繁体字。不只是普通读者读不懂文言文,不认识繁体字,就是受过高等教育的人,能读懂章太炎、王国维、陈寅恪、钱钟书著作的人有多少? 更不要说诸子百家、十三经、二十四史了。古籍整理中的标点错误、注释错误,触目惊心。更为可怕的是,很少有人批评这些错误。口语与书面语断裂,文言与白话断裂,挽救的唯一办法是从汉字文化入手。因为"每个汉字都沾满了几千年的使用的'踪迹痕'(trace track)和它们所带来的信息"①。今人只有读懂这些"踪迹痕"和"信息",才可进入古典世界。

　　四是汉字结构知识的普及问题　2008 年中国十大新词评选中,"囧"字被誉为"21 世纪网上最牛的汉字","是古老文化与现代网络的完美对接"②。关于它的结构分析是③:

> 外面的"口"代表人的脑袋,里面的"八"代表眉眼,小"口"则代表嘴。低垂的眉眼、张开的嘴巴,构成了"囧"天然的表情功能。这样的表情,可以表达惊诧、哭笑不得、郁闷等多种不可言说、不便言说、不想言说的情绪。而"囧"的发音正是"窘",或许是巧合,却堪称完美,共同支撑了"囧"的强大意义功能。

　　每一个时代都会产生王安石式的汉字结构分析,只不过网络力量大无边,故"囧"字"最牛","越来越多的人喜欢它,使用它,它的生命力也更加旺盛了"(刘艳语)。

---

① 郑敏《世纪末的回顾:汉语语言变革与中国新诗创作》,《文学评论》1993(3);又见《知识分子立场——激进与保守之间的动荡》169 页,时代文艺出版社 2002 年。

② 王夕《2008 中国十大新词》,《北京科技报》2008 年 12 月 29 日。

③ 刘艳《让人发"囧"的"囧"》,《语文建设》2008(11)。

"囧"字见于《说文解字》(简称《说文》)第七篇,如果一位大学老师讲《说文》时,按照网络上的"新意"来讲"囧"字,恐怕不是"和90后学生一下亲近了很多",而是要被轰下讲台。流行文化和经典文化各有不同的背景、功能,而我们现在缺的是对汉字结构经典分析的传播、普及。汉字的形、音、义各有自己的系统,源远流长,博大精深,几乎蕴涵了汉文化的方方面面。形书有《说文》,音书有《切韵》(《广韵》),义书有《尔雅》。远的不说,就在百余年前的清代,这三本书既是普及读物,又是专家之学。那时的读书人,在青少年时代已受过较为基础的文字、音韵、训诂教育,这三门功课若不"及格",国学就不能入门。那时的官僚们多有丰富的文字知识,其中不少人是大专家。《说文》四大家有三人当过县令,朱骏声是安徽黟县的训导,相当于教育科的副科长。我们现在的县官们有几人读过《说文》? 有几人通晓汉字文化? 当然,时代不同了,我们不必提出这样的要求。但县官也是要读书的,2008年11月27日《南方周末》登载了一篇不足三百字的小文章,题目是《县官读的什么书》。读的是《官经》《中国历代君臣权谋大观》《古代帝王驭人术》《蒋介石的权术》《孔子为官之道》《官场文化与潜规则》《教你如何聪明工作往上爬》……文章的作者说:"发现他们书架上的'私密读物'大同小异,让我大跌眼镜。"我以为真正让我们"陷入道德上的恐慌状态"的正是这样的阅读趣味、价值取向。"父母官"如此,何以"治国平天下"! "作《易》者,其有忧患乎?"(《周易·系辞下》)"汉字文化学"的提出,"忧"亦在其中矣。

有问题就会有忧患,有忧患就会有希望。汉字文化的明天将会如何? 我有两点希望:

一点是与教育相结合,这是由汉字文化的性质决定的。汉字文化属于传统文化、制度文化。作为传统文化,它具有古典性、人文性、本土性这样的一些特点；作为制度文化，它具有现代性、工具性、全球性这样一些特点。传统要靠人来继承，制度要靠人来维护。如何继承，如何维护，要通过教育来实现。离开教育，传统必然要流失，制度必然遭破坏。恐怕要经过几代人的教育实践，才能走出历史的阴影，医治百年创伤，建立新型的汉字文化学说。所谓新型的，即古典性与现代性统一，人文性与工具性统一，本土性与全球性统一。如果现代与古典断裂，人文与工具分离，本土与全球对立，汉字文化就不可能有什么希望。

　　我的第二点希望是汉字文化要面向世界，参与国际文化交流。这样的希望古已有之。宋代的郑樵(1104—1160)曾感慨地说："何瞿昙之书能入诸夏，而宣尼之书不能至跋提河？声音之道有障阂耳，此后学之罪也。"① 现在有了汉语拼音方案，"声音之道"已无"障阂"。而汉字文化的传播，在今后相当长的时期之内，还是无法与英语文化的传播相比。在古代中国，汉字文化虽未传播到跋提河，而东方有一个汉字文化圈，儒家文化的高度发达，是汉字文化得以向邻近诸国传播的原动力。现代的儒学即使是所谓的新儒学已没有多少号召力，现在人们所说的"汉语热"，基本上是市场经济在起作用。外国人学汉字、学汉语，是为了和中国人做生意。我们还没有一种用汉字写的文学、思想、哲学或科学著作足以感动世界，领先世界，让外国人感到：非学中文不可。只有真正成为文化大国，汉字文化才能实现走向世界的希望。

原载《汉字文化大观》

---

① 《七音略·序》。瞿昙，Gautama，又译为"瞿答摩"，佛教创始人释迦牟尼的本姓。跋提河，《大唐西域记》卷六作"阿恃多伐底河"，梵文作 Ajitavati，这里指印度。

汉字有味　其味无穷

——《汉字文化大观》日文版序言

　　《中庸》第四章说:"人莫不饮食也,鲜能知味也。"何谓"知味"? 知味就是探索真理的味道。从未知到能知,是一个极其复杂的受各种条件制约的群体性认知活动。投身这种认知活动,我以为,学术研究的乐趣就在于此吧。汉字之于我们,乃至整个中华民族,其重要性当然不亚于饮食,而当今亿万汉字使用者能解其中味的究竟有多少? 汉字有味,其味无穷。这部百余万言的《大观》,撰稿者有48人,可谓集众智于一书,能否称得上是"知味"之作呢,这要由读者来评定,由时间来评定。我个人能说的只有一点:自有汉字以来,还没有这样一部全面研究汉字与中国文化关系的书。此乃开山之作,具有划时代的意义。

　　《大观》是新时期的产物。西方中心主义的崩溃瓦解,东方文明的再度崛起,多元文化观念的深得人心,这就是我们所面临的新时期。新时期引发了中国人的思想大解放。如何看待自己的传统文化,如何看待世界上寿命最长的汉字,应当重新反思。我们深信,世界上各民族的传统文化,各种不同的文字体系,都是人类共同的宝贵财富,可以互相学习、借鉴,不存在什么高低贵贱之别。所谓"汉字落后"论,这是百余年前西方中心主义者强加给汉字的不实之词,应当彻底摒弃。在新时期,中国人积极推广《汉语拼音方案》,同时也放弃了文字必须实现拼音化的既定方针。于是,探索汉字的文化味道,揭示汉字与汉文化的内在联系,如天降大任,参与者众,前呼后应,风气大开。论文、专著,如雨后春笋,呈生机勃勃之势。一门新的学科——"汉字文化学"就这样诞生了。1990 年,我代表三位主编撰写的《汉字文化学简论》,第一次将汉字文化研究定性为一门独立的学科。可以这样认为:《汉字文化大观》的理论基础就是汉字文化学。没有明确的、统一的理论设计,《大观》是不可能产生的。兹事体大,我在后来写的有关专论专著中多有论述,这是我们这一代学人应尽的责任,不敢掉以轻心!

现在,欣闻《大观》要出日文版,有关方面命我写篇序言,心情确实很愉悦。扶桑由来风光美,汉字文化如故乡。晚清末年,使日参赞官黄遵宪说:"以余观之,日本士夫,类能读中国之书,考中国之事。"又说:"九流百家无不有,六合之内同此文。"1911 年,静安先生寓居日本京都,在一首"奉答"日本友人的诗中说:"闾里尚存唐旧俗,桥门仍习汉遗经。故人不乏朝衡在,四海相看竟弟兄。"实诚、善良的中国人,从来都把国际友人当作兄弟一样看待,朝衡名列新、旧《唐书》,他就是当年中国人的好弟兄。王维《送秘书晁监还日本国》,"送"的就是这位朝衡。

历史的回顾,有益于促进两国的文化交流。尽管汉字、汉文化在今日东瀛的地位、影响,已远不如朝衡时代,甚至也不如静安先生浮海东渡时所见到的那样,但在世界范围内,日本仍然是汉字、汉文化研究的大国,成就卓著,有目共睹,我对这些研究者一直心怀敬意。"他山之石,可以攻玉"。我希望《大观》日文版的问世,能促进中日汉字文化的共同发展,也希望得到日本读者的支持、关注。是为序。

2021 年 7 月于北京

百余年间两种汉字文化观的较量

这里说的两种汉字文化观是指理性的汉字文化观与非理性的汉字文化观。

区分理性与非理性的标准是什么？

是价值尺度，价值评估。

如果说"文化是制度之母"，那么文字就是文化之母（我们这里使用"文化"这个概念时，也包含"文明"在内）。对于民族文化而言，文字永远属于核心价值。维护核心价值，属于理性行为；反对核心价值，则属于非理性行为。

百余年间，在汉字文化问题上非理性认识或行为主要可分为以下四个流派：

一 "大同"派的汉字文化观

以谭嗣同（1865—1898）为代表。谭于1896年著《仁学》，"将以会通世界之心法，以救全世界之众生也"[①]。他认为"同生地球上，本无所谓国"，"地球之治也，以有天下而无国也"，"统之佛教，能治无量无边不可说不可说之日球星球，尽虚空界无量无边不可说不可说之微尘世界。尽虚空界，何况此区区之一地球！故言佛教，则地球之教，可合而为一……又其不易合一之故：由语言文字万有不齐，越国即不相通，愚贱尤难遍晓。更若中国之象形字，尤为之梗也。故尽改象形字为谐声，各用土语，互译其意，朝

---

① 梁启超《仁学序》，《仁学》附录82页，中华书局1958年。

授而夕解,彼作而此述,则地球之学,可合而为一"(《仁学》65、76、62页)。

这是冶儒佛为一炉的"大同"派。以佛教统一地球,国家不复存在,实现儒家幻想的世界大同。在谭嗣同看来,地球之所以不能一统,人类之所以不能合一,其障碍在各国的"语言文字万有不齐",互不相通。扫除障碍的办法,就是统一文字,尤其是要改"中国之象形字"为"谐声",即废除汉字,采用拼音文字。但谭嗣同并没有说全球语言也要"合而为一",而是"各用土语,互译其意"。也就是每一种"土语"都有一套拼音文字,各"土语"之间经过"互译"可以沟通,对本"土语"而言,拼音文字确有"朝授而夕解"之捷效;若要"互译其意",则并无"彼作而此述"之便利。因为各"土语"都有自己的声韵系统,所设计之"谐声"必然有别。结果,"土语"是言文"合一"了,"愚贱"也能"遍晓"了,"朝授而夕解"了,却加大加深了各"土语"之间的"不相通",加大加深了各"土语"社会之间的分裂,不统一。反而不如"象形字"有合一之功。各"土语"虽以土音读象形字,但其形其意是统一的,故能"彼作而此述"。总之,各"土语"和各"谐声"之间的矛盾,只有消灭土语才能解决,也即全地球只有一种语言、一种文字,"地球之教",才"可合而为一"。但这种主张纯属乌托邦[①]。即使作为乌托邦,也无法自圆其说。谭嗣同的文字观显非深思熟虑的产物。我称之为"派",是因为这种朦胧的大同文字观非谭嗣同一人所有,当年的维新派首领康有为乃始作俑者,谭嗣同只不过作了具体的发挥。梁启超在《仁学序》中说(82页):

---

① 列宁《两种乌托邦》:"乌托邦是一个希腊字,按照希腊文的意思,'乌'是没有,'托邦'是地方。乌托邦是一个没有的地方,是一种空想、虚构和童话。"见《列宁选集》第二卷429页,人民出版社1975年。

　　　　南海之教学者曰:"以求仁为宗旨,以大同为条理,以救
　　中国为下手,以杀身破家为究竟。"《仁学》者即发挥此语之
　　书也。

证之康有为《我史》(即《康南海自编年谱》)所言,梁启超的"发
挥"说是有根据的。《我史》光绪十年(1884年)条云[①]:

　　　　以诸天界、诸星界、地界、身界、魂界、血轮界,统世界
　　焉。以勇礼义智仁五运论世宙,以三统论诸圣,以三世(盈
　　按:即据乱世、升平世、太平世。康有为据公羊学推演出"三
　　世",作为变法的理论根据)推将来,而务以"仁"为主,故奉
　　天合地,以合国合种合教一统地球。又推一统之后,人类语
　　言文字饮食衣服官室之变制,男女平等之法,人民通同公之
　　法,务致诸生于极乐世界。

到了光绪十三年(1887),康有为提出,世界大同之后,"欲立地球
万音院……以考语言文字"(《我史》14页)。
　　民国二年(1913),《大同书》的甲、乙两部分发表于《不忍》
杂志。乙部第三章中康氏对大同世界的语言文字问题有较为系
统的设想[②]:

　　　　各国语言文字,当力求新法,务令划一,以便交通,以免
　　全世界无量学者兼学无用之各国之语言文字,费岁月而损脑
　　筋。若定为一,增人有用之年岁,公益之学问,其益无穷。夫
　　语言文字,出于人为耳,无体不可,但取易简,便于交通者足
　　矣,非如数学、律学、哲学之有一定而人所必须也。故以删汰

---

① 《我史》12页,江苏人民出版社1999年。
② 《大同书》66、67页,时代文艺出版社2009年。

其繁而劣者,同定于一为要义。但各国并立,国界未除,则各国教育,当存其本国语言文字,以教其爱国心,为立国之根本也。故一时虑未能废去,但当定一万国通行之语言文字,令全地各国人人皆学此一种,以为交通,则人人但学本国语言文字,及全地通行语言文字二种而已,可省无限之岁月,可养无限之脑力,以从事于其他有用之学矣,所谓"不作无益害有益"也。且移无用之岁年为有用之岁年,移空费之脑力为实益之脑力,合世界人计之,其余剩年月脑力,巧历不能算其数,以为非常之学思,创非常之器艺,其文明进化之急,岂可量哉!及国界已除、种界已除后,乃并本国本种之语言而并舍之,其文字则留为博古者之用,如今之希腊、拉丁文及古文篆隶、印之霸厘及山士诰烈可也。(中国文乃有韵味者,不易去也。)

总的目标是要全世界各国的语言文字"定为一"。理由是便于交际,减少学习语言文字的时间,节省脑力,用于学习其他更有益的"学问"。步骤是分两步走:在国界种界"未除"的时候,人们要学两种语言文字——"本国语言文字"及"万国通行之语言文字";当国界种界已除,就要"舍"弃本国本种之语言,只用"万国通行之语言文字",文字则"留为博古者之用"。

至于各种语言文字和文化的关系,语言文字之巨大价值,即使在世界大同之日各国语言文字也不当"弃"、不能"弃"的理由,完全不在康有为的考虑之中。

康有为于19世纪末提出的"地球万音室(院)",在《大同书》里说得更具体了。他的这一主张虽未在现实生活中产生什么影响,也无理论价值可言,而作为一份历史资料,作为一种空想的观念,还是值得我们关注的(71页):

全地语言文字皆当同，不得有异言异文。考各地语言之法，当制一地球万音室。制百丈之室，为圆形，以像地球，悬之于空，每十丈募地球原产人于其中。每度数人，有音异者则募置之，无所异者则一人可矣。既合全地之人，不论文野，使通音乐言语之哲学士合而考之，择其舌本最轻清圆转简易者制以为音，又择大地高下清浊之音最易通者制为字母。凡物有实质者，各因原质之分合，因以作文字；其无质者，因乎旧名。择大地各国名之最简者如中国采之，附以音母，以成语言文字，则人用力少而所得多矣。计语言之简，中国一物一名，一名一字，一字一音。印度、欧洲，一物数名，一名数字，一字数音，故文字语言之简，中国过于印度、欧、美数倍，故同书一札，中国速于欧、美、印度数倍。若以执事谈言算之，中国人寿亦增于印度、欧、美数倍矣。惟中国于新出各物尚有未备者，当采欧、美新名补之。惟法、意母音极清，与中国北京相近而过之。夫欲制语音，必取极清高者，乃宜于唱歌协乐，乃足以美清听而养神魂。大概制音者，从四五十度之间，广取多音为字母，则至清高矣；附以中国名物，而以字母取音，以简易之新文写之，则至简速矣。夫兽近地故音浊，禽近空故音清。今近赤道之人音浊近兽，近冰海之人音清转如鸟，故制音者，当取法于四五十度也。闻俄人学他国语最易而似，岂非以其地度高耶？制语言文字既定，以为书，颁之学堂，则数十年后，全地皆为新语言文字矣。其各国旧文字，存之博物院中，备好古者之考求可也。

康有为的"地球万音室（院）"，也可称之为"世界语言文字研究院"，或可称为"语言文字全球化工作委员会"。在世界范围内挑选一批"通音乐言语之哲学士"，又从不同纬度中挑选"音异者"作为调查研究对象,其中北纬40度至50度的语音"极清高",宜"广取多音为字母"。在此纬度之内的北京话、法语、意大利语以及俄国、美国某些地方的语言都是首选对象。尤以中国字、中国音为"最简者"。看他的意思,似乎是以中国语、文为基础,补充一些欧美出现的"新名",他的"新语言文字"就可以定案了。几乎所有主张汉字改革的人都大骂大批汉字如何如何不好,而康有为先生深深懂得:"中国文乃有韵味者,不易去也。""文字语言之简,中国过于印度、欧、美数倍。"这就跟吴稚晖们有本质上的不同。他的文字观完全是由大同幻想引出来的。

二　无政府主义者的汉字文化观

20世纪初年,受日、法无政府主义思潮的影响,中国也出现了一批无政府主义者的信徒。其中有两位代表人物,这就是吴稚晖(即吴敬恒,1865—1953[①])、钱玄同(1887—1939)。他们在汉字文化问题上,都主张以万国新语取代汉语汉字,都取虚无主义的民族文化态度,这两点都与大同派有别。其国际背景是[②]:

> 在二十世纪最初几年,当世界语主义者在法国打下根基以后,世界语运动的中心便开始迁移到法国。在巴黎和法国一些大城市,许多学者和教授参加了世界语运动。
>
> 从1905年起……每年都召开的全世界世界语者大会,往往有一千多人参加……开始出现了若干专门杂志。

当时正在巴黎的吴稚晖、张静江、李石曾等人也组织了世界社,并

---

① 据《中国近代学人象传》,吴生于同治四年二月二十八日,即1865年3月25日。《辞海》作1866年,误。

② 〔俄〕德雷仁著,徐沫译《世界共通语史》313页,商务印书馆1999年。

于 1907 年创办《新世纪》周刊,鼓吹无政府主义,推广万国新语。
所谓万国新语,又译为"世界语、国际语",原文为 Esperanto,创
始者为波兰犹太人柴门霍夫(1859—1917)。1887 年出版《国际
语》课本①,1905 年出版《世界语基础》。可是,正如章太炎所言:
"万国新语者,本以欧洲为准,取其最普遍易晓者,糅合以成一种,
于他洲未有所取也。""且万国新语者,学之难耶,必不能舍其土
风,而新是用;学之易耶,简单之语,上不足以明学术,下不足以道
情志。苟取交通,若今之通邮异国者,用异国文字可也,宁可自废
汉语哉!岂直汉语尔,印度、欧洲诸语犹合保存。盖学之近质者,
非绵密幽邃之词,不足宣𧮉。今之持无政府主义者,欲废强权,岂
欲废学术耶!"②

　　"万国新语"既然是以欧洲诸语言为基础"糅合以成",当然
与汉语体系不符。而且即使"印度、欧洲诸语犹合保存",凭什么
说汉文可以尽废呢?章太炎问得对呀,无政府主义者"岂欲废学
术耶!"吴稚晖的回应是③:

　　　　无政府党之能废强权,全恃乎能尊学术。尊学术必能排
　　斥不足为学术者。不足为学术,而必固守其习惯,为妨碍于
　　世界,即可与强权通论。即作者所谓"节奏"与"句度",如其
　　不合声响之定理,为甘带(盈按:带,指蛇。以带为甘美。参
　　见《庄子·齐物论》)逐臭之偏嗜,何足以言学术?盖异日后
　　民脑之细密,当别成美富之种姓,岂野蛮简单之"篇章",所

---

①　钱玄同《论世界语与文学》(1917 年《新青年》3 卷 4 号):"考世界语自 1887
　　年 6 月 2 日出世,至今才三十年。"
②　《驳中国用万国新语说》,《中国学术经典·章太炎卷》594、598 页,河北教育
　　出版社 1996 年。
③　《书〈驳中国用万国新语说〉后》,1908 年 7 月 25 日《新世纪》第 57 号,以笔
　　名"燃料"发表;收入《吴稚晖先生全集·国音与文字学》43 页。

足动其情哉？故无论摆伦(即拜伦)之诗,汉士之文,不在摧
烧之列,即为送入博物院之料。

吴氏的驳议告诉人们,他之所以主张废汉文,甘"为万国新语之
摇旗小卒"(见《全集》44页),根本原因他是一个民族文化虚无
主义者。"欧人脑理清晰,中人脑理胡涂"(37页)。"汉士之文",
要么就"摧烧之",要么就"送入博物院"。因为这些"篇章"都是
"野蛮简单"的东西。

无政府主义者也知道,要废汉语汉文,谈何容易! 所以他们
要"编造中国新语","以能逐字翻译万国新语为目的"(《全集》
32页),其《凡例》云[①]:

> 中国现有文字之不适于用,迟早必废,稍有翻译阅历者,
> 无不能言之矣。既发(盈按:疑为"废"字)现有文字,则必用
> 最佳最易之万国新语,亦有识者所具有同情矣。一旦欲使万
> 国新语通行全国,恐持论太高,而去实行犹远。因时合势,期
> 于可行,其在介通现有文字及万国新语,而预为通行万国新
> 语地乎? 编造中国新语,使能逐字译万国新语,即此意也。

《凡例》的作者为前行,吴稚晖以"本报附注"的形式提出了自己
的"暂时之改良"法,办法之一,即"限制字数,凡较僻之字,皆弃
而不用,又如日本之限制汉文"(《全集》35页)。吴稚晖满怀信
心地说(《全集》35—36页):

> 第一法行,则凡中国极野蛮时代之名物,及不适当之动
> 作词等,皆可屏诸古物陈列院,仅供国粹家好嚼甘蔗滓者之

----

① 《编造中国新语凡例》,1908年3月28日《新世纪》第40号,以笔名"燃"发
　表;收入《吴稚晖先生全集·国音与文字学》32、33页

抱残守缺,以备异日作世界进化史者为材料之猎取。所有限制以内之字,则供暂时内地中小学校及普通商业上之应用;其余发挥较深之学理,及繁赜之事物,本为近世界之新学理新事物,若为限制行用之字所发挥不足者,即可挽入万国新语,以便渐挽渐多,将汉文渐废,即为异日径用万国新语之张本。

这段文字表明了吴氏的民族文化虚无主义的观念,也表明他以"进化"的观点来看待语言文字,认为汉语汉字无法表述"新学理新事物",它的"名物"属于"极野蛮时代",这当然完全与实情不符。我引用这段文字主要不是为供批判用,而是为了建立一种历史联系。这中间有太多的发人深思的问题。

我所说的"历史联系",是指吴氏此文发表十年之后,章太炎的弟子钱玄同于 1918 年在一篇很重要的文章中引用这段文字作为证据。众所周知,钱玄同有两篇"明目张胆声讨汉字罪恶"的檄文[①]:一篇是 1923 年发表于《国语月刊》的《汉字革命》,另一篇就是上文说的 1918 年发表的《中国今后之文字问题》,是以与陈独秀通信的形式发表于该年 4 月 15 日《新青年》4 卷 4 号。此文现已收入《钱玄同文集》(中国人民大学出版社 1999 年)第一卷,读者不难见到。所以文中那些反理性的、文化虚无主义的、比吴稚晖有过之无不及的夸张之辞,在这里就不必一一引用了。而我要把吴、钱相提并论的根据不能不有所交代。1917 年钱氏在《论世界语与文学》中谈到了这种历史渊源,他说[②]:

犹忆丁未(1907 年)戊申(1908 年)之间,刘申叔(师

---

① 语出钱玄同《汉字革命》。钱氏以谭嗣同为首例,不确。谭氏并不认为汉字有什么"罪恶"。

② 1917 年 6 月 1 日《新青年》3 卷 4 号;《钱玄同文集》第一卷 20 页。

培）、张溥泉（继）诸君在日本，请彼国之大衫荣君教授此语
（按：指世界语），其时日本此语亦始萌芽。一面吴稚晖、褚民
谊两先生在巴黎著论于《新世纪》周报，大加提倡。而中国内
地尚无人知之。己酉（1909 年）秋冬间，上海始有世界语会。
七八年以来，欧洲用此语出版之书籍，日新月盛，中国人亦渐
知注意……中国人虽孱弱，亦世界上之人类，对于提倡此等事
业，自可当仁不让。乃必欲放弃责任，让人专美，是诚何心！

如果只把世界语作为一种学术来研究，或者作为辅助语来对
待，未尝不可①。但钱玄同与吴稚晖一样，要把世界语作为全体中
国人的共同语②：

> 至废汉文之后，应代以何种文字，此固非一人所能论定。
> 玄同之意，则以为当采用文法简赅、发音整齐、语根精良之人
> 为的文字 ESPERANTO（盈按：有人音译为"爱斯不难读"）。

至于攻击汉字，钱与吴也有渊源关系，他在《汉字革命》中说③：

> 后来《新世纪》周刊中，吴敬恒、褚民谊、李煜瀛……诸
> 人，对于汉字，都曾施过很剧烈的攻击。

倪海曙先生指出："吴稚晖的主张曾经一度影响五四时代文字改
革的急先锋钱玄同，而五四《新青年》关于文字改革问题的讨论，
也是无政府主义者的这种主张引起的。"④ 倪氏指出这一点，极为

---

① 2010 年 12 月 9 日《北京青年报》："目前北京市世界语协会的会员仅剩下
　 300 多名，而能够积极参加活动的也只剩下 30 到 40 人。"
② 《中国今后之文字问题》，《钱玄同文集》第一卷 167 页。
③ 《钱玄同文集》第三卷 61 页。
④ 《清末汉语拼音运动编年史》199 页，上海人民出版社 1959 年。

重要。"五四"的大方向没有错,功绩显赫,而由于深受无政府主义思潮的影响,由于吴稚晖们的虚无主义文化观仍然很有市场,给汉字问题乃至整个新文化运动造成了混乱,留下了不可弥补的后遗症。无政府主义思潮对汉字文化的破坏力、对新文化运动的破坏力,我们认识不够,批判不力。直到"十年动乱","怀疑一切,打倒一切","破四旧","砸烂"这个,"砸烂"那个,往往可以看到无政府主义阴魂不散,泛滥成灾。不信,我们把吴稚晖1923年"科玄论战"中的主张翻出来重温一遍[①]:

> 我二十年前同陈颂平先生相约不看中国书,直到五四运动之后,我遇见康白情、傅斯年诸位先生,我才悟他们都是饱看书史,力以不空疏为尚;他们不是闹什么新文化,简直是复古……

> 这国故的臭东西,他本同小老婆吸鸦片相依为命。小老婆吸鸦片,又同升官发财相依为命。国学大盛,政治无不腐败。因为孔、孟、老、墨便是春秋战国乱世的产物,非再把他丢在毛厕里三十年,现今鼓吹成一个干燥无味的物质文明……把中国站住了,再整理什么国故,毫不嫌迟。

> 什么叫国故?与我们现在的世界有什么相关?他不过是世界一种古董,应保存的罢了……这如何还可以化青年脑力,作为现世界的教育品呢?

在整个中国近现代史上,大概没有一个文化人如此蔑视、丑化中国传统文化。所谓"国学大盛,政治无不腐败",是不是国学大衰政治就清明了呢?而且从清末到吴氏发此谬论时的1923年,"国学"何曾"大盛"?而"政治无不腐败"。"政治"与"国学"

---

① 《箴洋八股化之理学》,《科学与人生观》285页,辽宁教育出版社1998年。

并无必然联系,如果说有,那只能是:一个政治腐败的时代,"国学"根本就不可能"太盛",文化人连生存权都没有保障,学术研究能有保障吗!"国学"若真正"大盛",社会必然安定、政治必然走上轨道,学术必然不受干扰。"国故"与"物质文明"并不存在势不两立的矛盾,如果真正把"国故""丢在毛厕里三十年",学术传承被斩断,后继无人,文化断层一旦形成,谁还愿意去毛厕里"整理什么国故"呢!即使你想"整理",你"整理"得了吗!

吴氏当年大肆妖魔化"国学"时,已不是少不更事的毛孩子,而是一个很有影响的年近六十的民国元老,为何对自己的言论如此不负责任呢? 有人说他"头脑混乱"[①],又有人说他是"老前锋"[②]。我以为:吴稚晖这种"老前锋"式的"混乱"头脑,只不过是那个时代的产物。那是一个言论相对开放的大时代,是一个"头脑风暴"迭起的特殊时代。有理性的建设性的头脑风暴,也有混乱的灾难性的头脑风暴。吴稚晖属于后者。这类头脑的统治思想就是:汉字文化、传统文化是"臭东西","二千年来用汉字写的书籍,无论哪一部,打开一看,不到半页,必有发昏做梦的话。此等书籍……若令初学之童子读之,必致终身蒙其大害而不可救药"。"中国文字,自来即专用于发挥孔门学说,及道教妖言故"[③]。

在今人看来,钱玄同与吴稚晖的先后呼应、互相唱和,实难理解。为什么?

作为章太炎的高足弟子,他对章、吴二氏的品格、学问、矛盾,应该有所了解。癸卯年(1903,光绪二十九年)《苏报》一案,吴

---

① 郑林曦《五四运动促进了汉字改革》,《中国语文》1959(4);后收入《论语说文》,商务印书馆1983年。

② 〔美〕郭颖颐著,雷颐译《中国现代思想中的唯科学主义》33页,江苏人民出版社2005年。

③ 《中国今后之文字问题》,《钱玄同文集》第一卷163、164页。

氏向清政府告密,出卖太炎及邹容,玄同岂能不知;章、吴关于万国新语之争,孰是孰非,一目了然。章的驳论有理有据,博大精深,守正创新,兼而有之;而吴氏的那些文章,用词刻薄粗鄙,虚张声势,空话呓语,根本经不起推敲。就学术贡献学术地位而言,今有人说吴氏是"一个出色的语言学家","他发明了一套新的发音字母"[①]。钱玄同应该非常清楚,只有章太炎才配称那个时代的"出色的语言学家",所谓"发音字母"(盈按:实为"注音字母")的"发明"权主要应归功于章太炎,这都是学界共知的事实。章、吴二人完全不是一个重量级,钱玄同为何不追随本师,反而与吴氏相唱和呢?

原来,钱玄同是一个唯"新"主义者,他以"新""旧"来判是非。消灭汉字、赞同世界语的就是新派,维护汉语汉字、不赞同在中国使用世界语的就是旧派。也就是说,吴稚晖这样一个"头脑混乱"的人是新派,章太炎是旧派。而钱玄同的学术原则是[②]:

> 对于旧的,尽力攻击,期其破坏、消灭;对于新的,尽力提倡,期其成立、发展。这才是正当的行为!

钱玄同如此理直气壮,当然就不怕向太炎先生挑战了,他说[③]:

> 昔年吴稚晖先生著论,谓中国文字艰深当舍弃之,而用世界语。章太炎师曾著论驳之。弟则认为世界未至大同,则各国皆未肯牺牲其国语,中国人自亦有同情。故今日遽欲废弃汉文而用世界语,未免嫌早一点。然而不废汉文而提倡世

---

① 〔美〕郭颖颐著,雷颐译《中国现代思想中的唯科学主义》28页。

② 《汉字革命》,《钱玄同文集》第三卷60页。

③ 《论世界语与文学》,1917年6月1日《新青年》3卷4号;《钱玄同文集》第一卷20页。

界语,有何不可?

钱玄同的文意很明确,在中国推行世界语只是迟早问题,"不废汉文而提倡世界语",是为将来废汉文实行世界语做准备,创造条件,这和章太炎的文字观完全对立。

值得注意的是:玄同并未因文字观与乃师唱反调,从而不尊师、损害师生情义。章太炎也未因玄同支持自己的宿敌、论敌,要以"叛师"论处,来个"小子鸣鼓而攻之",他似乎根本就没有理这个话茬。这是真学者应有的学术气度,我们现在还有这样的气度吗!

太炎弟子,各有特色。玄同能走在潮流前面,也往往随风倒,也常常变化风向,自己否定自己。1918 年他还反对汉语拼音,对注音字母也颇有微词。到了 1923 年,他又宣布:"从汉字的变迁史上研究,汉字革命,改用拼音,是绝对可能的事"。"鼓吹注音字母独立施用,承认它和汉字同样有文字的价值。"① 当然,这类主张也非的论。

这一百年来,中国学术一直向西方看齐,连文字语言也要以西方为标准。符合这一标准的就是"新",反之就是"旧"。舆论界盲目地、非理性地倡导"破旧立新",说起来理直气壮,实际上都是缺乏民族自信心的表现,也是肤浅与急躁的表现,十足的幼稚病。

我们这样谈问题,不是以轻薄的态度来贬斥前贤,而是要总结经验教训。一个民族不能总不长进,不能总以"革命"的招牌来摧残自己的文化。可以断言,从今以后,谁一定要"革"语言、文字的"命",谁一定要"革"中国文化的"命",必败无疑。语言、文字、文化都在变,但不能"革命"。

---

① 《汉字革命》,《钱玄同文集》第三卷 62、84 页。

三　阶级论者的汉字文化观

如果说,无政府主义者的汉字文化观反映的是半殖民地下弱势民族的文化心理,那么阶级论者的汉字文化观则反映了半封建时代弱势群体的文化意图。而这两种文字观都是误区,是少数人根据表面现象构建起来的误区。所谓阶级论者的汉字文化观是怎么形成的呢? 有哪些表现呢? 为什么说是误区呢?

自从汉字改革问题提出的第一天起,穷人与富人跟汉字的关系、跟汉文化的关系问题就一齐摆到世人的面前了。富人能识字读书,掌握文化,穷人不识字,没有文化。于是,汉字有罪,罪在偏向富人,远离穷人。只要废除难懂、难学、难写、难念、难认的汉字,采用拼音字母文字,似乎矛盾就解决了。谭嗣同说"象形字""愚贱尤难辨晓"。"愚"并非专属穷人,"贱"肯定是指穷人了。故为"愚贱"着想,汉字不能不改革。几乎所有主张汉字改革的人,都有这样一片为"愚贱"着想的好心、善意,这是当年多数主张社会改革的人之所以赞同汉字改革否定汉字文化的重要原因。

到了 20 世纪 30 年代,主张汉字改革的人内部明显分成了两大派。从前,吴稚晖、钱玄同、傅斯年等人极力咒骂汉字,"希望这似是而非的象形文字也在十年后入墓"[①]。但他们并没有将阶级意识明确引入汉字改革,至于赵元任,他也是改革派,对"国语罗马字"有过精深的研究,是"国语罗马字拼音法式"(中国"第一个法定的拉丁字母拼音方案")的主要制定者,可他从未痛骂汉语汉字汉文化。晚年,他在一篇文章中谈到,"音韵学家钱玄同……曾经提议废除汉语,采用世界语(Esperanto)"是"全盘

---

① 　傅斯年《汉语改用拼音文字的初步谈》,《新潮》1 卷 3 号,1919 年 3 月。

西化情绪的一次冲动"①。以赵元任为代表的"国罗（GR）"派，
将汉字改革作为一门学问，"持一种研究的态度，晓得种种问题，
先要平心地，准确地，周到地，把关于那问题的事实都调查出来，
然后再说的到提倡宣传。作者眼前的目的是要引起对于实用的
国语罗马字研究的兴趣"。对于各色各样的"误解"，取心平气和
的态度——进行解释，而不是扣帽子、打棍子。在《国语罗马字的
研究》一文中，他对"反对罗马字的十大疑问"——解答之后说②：

> 以上种种反对罗马字的疑问是最常遇见的，虽然都是根
> 据于误解，但也是有价值的理论，不尽是无理的瞎反对，所以
> 作者费了这些事来——解答它。

这是有益于学术发展的正确态度。而"北拉"派高擎"拉丁化是
东方的伟大革命"的旗帜，将阶级斗争理论导入"新文字"研究，
汉字改革队伍立即分化为二。请看下文③：

> 在目前的中国的语文革命战线上，非常明显地呈现了两
> 大阵营的对立：一方是把文字（即笔头语）占为私有的少数
> 权贵以及知识分子；另一方是只有口语并无文字（即笔头语）
> 的大众。前者为巩固他的特权起见，就利用封建汉字来厉行
> 愚民政策，一方面把僵死了的汉字捧为"国粹"，另一方面也
> 做点改良主义的欺骗——方块汉字识字运动，"平民千字课"
> 之类。大众要求获得文字，但是无法像知识分子那样"十年

---

① 《谈谈汉语这个符号系统》，《赵元任语言学论文集》888 页，商务印书馆 2002 年。
② 《赵元任语言学论文集》57 页。
③ 叶籁士《一个拉丁化论者对于汉字拜物主义者的驳斥》，1934 年 8 月 11、12
　日《中华日报·动向》增刊；收入倪海曙编《中国语文的新生——拉丁化中国
　字运动二十年论文集》93、91 页，时代书报出版社 1949 年；又收入《民国丛
　书》第二编 52，上海书店 1990 年。

窗下"来一块又一块地攻钻这难记难识难写的方块字,于是永远只好被禁锢在"愚昧、黑暗、野蛮"的深渊里。这是使大众永远"站在政治之外"的最巧妙的毒计……权贵要独占文字,所以要竭力延长汉字的生命。

拉丁化论者要强调汉字的变革,因为它是数千年来把大众和文化隔离的万里长城,只有坚决地废弃汉字,大众语的建立才成为可能。这正是中国现阶段语文革命的特征。

叶先生是"20年代上海语文左翼运动主要的人物"①,我很能理解叶先生流淌在字里行间的革命激情,也高度重视他对文字改革所作出的重要贡献。但他把文字问题与阶级斗争扯在一起,真是误入歧途。以"建立""大众语"为由而"坚决地废弃汉字",纯属主观空想。把汉字定性为"封建汉字"作为"革命"对象,把不赞同这种"革命"的人"尊"之为"权贵",为"拜物主义者",可以说是天大的误会。一个社会"愚昧、黑暗、野蛮",要从经济基础、上层建筑方面找原因,与语言、文字绝对无关。可是有人却把文字列为上层建筑。请看②:

　　　　文字是文化的工具,它和其他艺术、宗教、文学等等一样是人类社会的上层建筑物③。社会的经济基础一起了变化,则上层建筑物中,或迟或速地都要发生变革。

把文字视为上层建筑,是产生误区的理论根据。何谓"上层建

①　《周有光百岁人生》,《文汇读书周报》2008年6月6日,"20年代"应为"30年代",1934年,叶才20出头。

②　《新文字与新文化运动》,吴玉章《文字改革文集》28页,中国人民大学出版社1978年。

③　吴老1952年7月《在中国文字改革研究委员会成立会上的讲话》已经指出"这句话错了",见吴玉章《文字改革文集》89页。

筑"，《现代汉语词典》列有专条，可参阅。我们没有必要从理论上来探讨文字与上层建筑有无关系，我们只用事实来说话。

汉字已有几千年的历史，几千年来中国社会的上层建筑已发生多次重大变化。远的不说，中华人民共和国成立至今已六十多年了，新中国的上层建筑已发生了根本性的变化，按当年"汉字革命"的理论，汉字这条老"命"早就应该被"革"除了，而汉字依然健在，越活越风光，公然大踏步地走出国门，成为世界最有影响的文字之一。可证，过去加在汉字头上的种种"罪恶"，纯属不实之辞，把应由社会制度肩负的罪责推在汉字头上，把应由工具使用者承担的责任诿罪于工具本身，这就是误区。

误区是逐渐形成的，而阶级论者使之发展到登峰造极的地步。1931年9月海参威（崴）第一次中国新文字代表大会通过了《中国汉字拉丁化的原则和规则》，第一部分为《中国拉丁化新文字的原则》（即《中国新文字十三原则》）[①]。上引叶籁士先生和吴老的观点都跟此《原则》有关，1936年由蔡元培、孙科、陶行知、陈望道、叶绍钧、巴金、鲁迅、郭沫若、茅盾等688人签名的《我们对于推行新文字的意见》，目的也是为此《原则》造声势、争取合法地位，并彻底否定国语罗马字。所以，《十三原则》在汉字文化史上是一份很有影响的文献，故摘录几条，从中可以了解20世纪30年代意识形态对汉字文化观念的巨大影响[②]：

（一）大会认为中国汉字是古代与封建社会的产物，已变成了统治阶级压迫劳苦群众的工具之一，实为广大人民识

① 吴玉章《新文字与新文化运动》，《文字改革文集》58页。
② 倪海曙编《中国语文的新生——拉丁化中国字运动二十年论文集》54、55页，时代书报出版社1949年；后收入《民国丛书》第二编52，上海书店1990年。倪海曙收录的《十三原则》，从题目到个别文字与吴玉章的记述略有差异。

字的障碍,已不适合于现在的时代。

（二）要根本废除象形文字,以纯粹的拼音文字来代替它……

（三）要造成真正通俗化、劳动大众化的文字。

（四）要采取合于现代科学要求的文字。

（五）要注重国际化的意义。

（七）中国旧有的"文言",是中国统治阶级的言语……这种特权者的言语,成了中国劳动群众普遍识字的"万里长城"。所以为实现中国汉字拉丁化的文字革命而斗争,同时也是为接近劳动群众、使劳动群众明白了解的、新的言文一致的文学革命而斗争。

（八）大会反对那种对于拉丁化的自由派资产阶级态度……

（九）大会反对资产阶级的所谓"国语统一运动"。所以不能以某一个地方的口音作为全国的标准音（盈按:反对 GR 以北京音为标准语）。中国各地的发音,大致可以分为五大种类:

一、北方口音;二、广东口音;三、福建口音;四、江浙一部分的口音;五、湖南及江西一部分的口音。

这些地方的口音,都要使它们各有不同的拼法来发展各地的文化。因为现在住在苏联远东的中国工人,大多数是北方人,所以现在先用北方口音作为标准来编辑教本和字典,以后再进行以其他地方口音作标准的编辑工作。

（十三）因为拉丁化的出发点,在于根据劳动者生活的语言,所以研究中国方言的工作,在文化政治的意义上,有第一等的重要。

《十三原则》的主观愿望完全为了劳苦大众在文化上求得翻身解

放,故根据不同方音制定拼音文字方案,这是与 GR 的根本不同之点,也是它注定不能成功的根本原因。如果这个方案真在全国范围内实现了,那我们面临的灾难不仅是"言语异声",而且还有"文字异形"。最后有可能像欧洲那样[1]:

> 就这样,他们逐渐疏离了欧洲的语言——拉丁语,开始吹捧各自特殊的语言和文学。
>
> 那时,知识分子、学者和思想家们不再用拉丁文来发表著作,而开始改用各自的民族语言(盈按:吴语、粤语、闽语虽不是独立的民族语言,但一旦有了自己的拼音文字,再经过一二百年的独立发展,各方言之间的差异只会越来越大,后果如何,"北拉"诸君,未之深思吧)。

现在,欧洲的有识之士,"为拉丁语的消亡和各民族语言的出现而痛惜",悔之晚矣!他们回顾历史上的欧洲,深感今不如昔(《对欧洲民族的讲话》32 页):

> 在欧洲历史上,要有一个美好的时代,那时全欧洲的思想家们相互之间使用一种超世俗的语言,它象征着精神世界的统一,超越了充满利益争夺和激情冲突的世界。可惜的是,他们后来改用民族语言来表达思想,相信思想本身是有民族性的,从此,各个民族不仅以物质利益为借口相互进行不义之战,而且它们还以精神的名义互相残杀,其血腥味更浓。

汉字当然不能与"拉丁语"画等号,但汉字对于中华民族的大团结,厥功甚伟。消灭汉字,推行各方言不同的拼音文字,究竟是搞

---

[1] 〔法〕朱利安·班达著,佘碧平译《对欧洲民族的讲话》20、32 页,上海人民出版社 2005 年。

团结还是搞分裂呢？究竟是文化的进步还是文化的倒退呢？这不是什么理论问题，而是实际问题。

汉字改革本是文化问题，是学术问题，用阶级分析法、用阶级斗争的方式来对待文化问题、学术问题，来对待文化人、学人，数十年间，造成无数悲剧，各类文化人、学人深受其害，严重阻碍与破坏了中国文化、学术的发展。把不赞同"北拉"的人打成"自由派资产阶级"，给"国语统一运动"贴上"资产阶级"的标签，那种"革命"者、"新文化"代表者、劳苦大众代言人的优越感，从根本上损害了"革命、新文化、劳苦大众"的利益，损害了全体中国人的根本利益。事实上，GR 的制定者并不是就不为劳苦大众着想，我以为他们想得更深更远。请听赵元任先生的意见[①]：

> 推行平民教育的问题，自然是文字改良目的底一大半，但是不先有根本的预备，不先有"登款"的排场，只先从平民教育入手，教他们一种只够写写家信，记记流水账的拼音文字，恐怕结果还是像西人的试验一样地发展不开来。必定先入手把这文字做到有充分的资格来做发展本国新文明的很完备的器具，做到将来这罗马字的语体文——犹如现在的汉字的语体文，犹如过去或将过去的汉字的旧体文——成了思想阶级人底思想生活底一部分，那时说到推行到平民教育，自然是风吹软草，一推就行的了。

汉字改革涉及到五六千年汉文化的各个方面，涉及到汉文与汉语如何"融为一体"的问题，不论是 GR 还是北拉，乃至现在通用的《汉语拼音方案》，都无法彻底地全面地替代汉字。北拉之作用，

① 《国语罗马字的研究》，《国语月刊》1 卷 7 期，1922—1923 年；《赵元任语言学论文集》88 页。

也无非是"教他们一种只够写写家信,记记流水账的拼音文字",即使制定、推行这种"新文字"的"思想阶级人",也不可能使"北拉"成为自己"思想生活底一部分"。这跟这个"器具"(工具)是姓"无"还是姓"资"毫无关系,一个属于全民的根本制度的变革,与阶级斗争也毫无关系。

吴玉章老人毕竟是一个真诚的汉字改革研究者,是一个实事求是的学人①。1952 年 7 月他《在中国文字改革研究委员会成立会上的讲话》说(《文字改革文集》89 页):

> 我过去对文字改革的认识有以下两方面的错误:(一)认为文字是社会上层建筑,并认为文字是有阶级性的……
>
> (二)没有顾及到民族特点和习惯,而把它抛开了。认为汉字可以立即用拼音文字来代替。这事实上是一种脱离实际的幻想。

1941 年 12 月,吴玉章发表《新文字在切实推行中的经验和教训——在新文字协会第一届年会上的报告》,正确地指出:"新文字运动一开始就带了很浓厚的政治色彩……有些同志常常不免提出过左的口号,并且常常和政治也联系起来,使新文字太政治化,自然就造成了关门主义的倾向。"他还指出,GR 派和新文字运动,"在改革汉字为拼音文字,使中国文字国际化,科学化等根本问题上,是没有大不相同的。这两派的人应该是和衷共济,互相提携来达到共同的目的。不幸有上面的关门主义和政治色彩作了阻碍,而同时还发展宗派主义,使他们不但不合作而且互相攻击,甚至还常常不是争论学术问题,而是参杂着政治和党派问

---

① 1960 年 7 月 1 日,笔者与几位同学因编写《汉语发展史》问题,曾登门请教吴玉章老人,对老人的指教,至今难忘。

题,这样就离开了科学的研讨而落到意气的争执"(《文字改革文集》16、18 页)。

这些批评都非常重要,虽然吴玉章并未放弃"改革汉字为拼音文字"的根本主张,但采取研究的态度,回到学术本位,反对把汉字改革"和政治运动联系起来",这无疑是巨大进步。1949 年以后,汉字简化以及拼音方案的制订,都取得了历史性的成功,与他的正确领导分不开。很遗憾,还是有人硬要把汉字改革问题"和政治运动联系起来"。

学术之所以能发展,就因为有前车之鉴。从今以后,永远不要在学术领域搞什么政治斗争、阶级斗争,学术才有希望。这是一个极为严肃的话题,不能因为时过境迁,置而不论。"前车之鉴",也是全民族最宝贵的财富。

四 保守主义者的汉字文化观

这里说的"保守主义",毫无贬义。它既不是指政治立场的保守,也不是指思想意识的保守,特指对于汉字的一种传统的文化态度。再具体一点说是对 20 世纪 50 年代公布的《汉字简化方案》(1956 年 1 月)、《汉语拼音方案》(1958 年 2 月)持不同意见或反对态度。

《汉字简化方案》本身的确存在一些问题,对这类问题提出批评、商榷,不能视为保守主义的态度。早在 1958 年,吴玉章就说[①]:

> 必须指出,汉字简化工作中确实还有一些缺点。好些同志向我们提出了合理的建议,希望我们考虑。对于这些提意

[①] 《关于当前文字改革工作和汉语拼音方案的报告——1958 年 2 月 3 日在第一届全国人民代表大会第五次会议上》,见《文字改革文集》145—146 页。

见的热心人士,我们是很感谢的。两年来的事实证明:汉字
简化方案中的确有少数汉字的简化办法,特别在同音代替方
面,考虑得不够周到,因此在使用上还不够妥善,或者可能发
生误解。比方以"只"代"隻",这本来是早已流行的习惯,在
绝大多数场合是恰当的,但是"许多船只通过苏伊士运河",
就有可能被理解为"许多船仅仅通过苏伊士运河"。还有一
些字,由于在方案中没有交代清楚,因而被人误用。例如,
"徵收""乾净"简化成为"征收""干净"是适当的,但是把
"宫商角徵羽""乾隆"写成"宫商角征羽""干隆",自然就
是错误的了。

读了吴老这段文字,回过头来再读此前一年陈梦家先生关于简化
字的意见,二者的基本精神大体一致,甚至于有的例字都一样。
吴老说"好些同志向我们提出了合理的建议……我们是很感谢
的"。这些应"感谢"的"同志"理应包括陈梦家"同志"在其中,
因为他的许多"建议"也是"合理的"。而事实却有大谬不然者,
梦家"同志"不仅未获得"感谢",却变成了人人喊打的大右派。

1957 年陈梦家先生发表了三篇有关汉字改革的文章:《略
论文字学》,1957 年 2 月 4 日《光明日报》;《慎重一点"改革"汉
字》,1957 年 5 月 17 日《文汇报》;《关于汉字的前途——1957
年 3 月 22 日在中国文字改革委员会的演讲》,1957 年 5 月 19 日
《光明日报·文字改革》第 82 期①。在《略论文字学》中,他说(《梦
甲室存文》238 页):

　　简体字应该是继承过去许多代的习用而正式规定,而
不是创造。在未行拼音文字以前,改若干繁体字为简体字,

---

① 　这三篇文章均收入《梦甲室存文》,中华书局 2006 年。

为了工作效率和学习书写方便,是非常必要的。但这些事的进行,必需要经过调查研究,并且要像汉朝未央宫所开过的文字大会一样①,集全国文字学学者于一堂,共同争论商讨。试行以后,一定还要征集反对的意见,重新加以考虑。改革文字是一件大事,不可以过于忙迫。现在颁布的简体字,在公布前所作的讨论是不够充分的,日常听到许多意见。我觉得,在文字改革工作中,负责部门吸取文字学家的意见是不够的。

去年有人手持唐兰先生对于文字改革的一份建议,要我以文字学的角度加以批评,说是一种任务,我拜读了唐文,觉其文字学的学说很高明,无从批评,而且我不赞成这种"围攻",没有参加"痛击"。

在《慎重》中他进一步提出:"现在报刊上试用的简字,有一部分有很不好的后果,希望考虑将这个方案暂时撤回,重作慎重的考虑……文字的改进应该先经过学术的研究与讨论,不宜于用行政命令来推行。"(《梦甲室存文》241页)

在《前途》中他明确表示(《梦甲室存文》):

我觉得"文字改革"一词值得商榷,所以改称"改进"。(245页)

到了共产主义社会还是用汉字的话也没坏处。若要废除汉字,改用拼音文字,不免会引起天下大乱。(247页)

同音替代。这不应该属于简化字的范围。《文汇报》上提到了"丑化了小丑"这句话,这就使人不知何意。"干"字

---

① 《说文解字·叙》:"孝平皇帝时,征(爰)礼等百余人,令说文字未央廷中。"又《汉书·艺文志》:"至元始中,征天下通小学者以百数,各令记字于庭中。"

代"乾","乾隆"就成"干隆"了。(248 页)

> 简化后有些字混淆了……如"隻"用"只"替代。(248 页)

> 从我所接触的许多人的谈话中,都以废除汉字为隐忧,都赞成部分的汉字应作适当的简化而不完全赞成现在公布的简化字方案。(250 页)

> 我个人对这次公布的程序是不赞成的,制定得不周详,公布得太快,没有及时收集反对的意见。因此,在某些方面它是不科学的,没有走群众路线,也脱离了汉字的历史基础,把学术工作当作行政工作做。我因此希望是否可以考虑撤回这个简字方案,重新来过。(251 页)

这篇"讲演"一开头,陈先生就亮明了自己的身份和"立场",他说(《梦甲室存文》244 页):

> 我是以什么资格来讲汉字前途问题的:我是以一个过去搞过文字学的学生来讲这个问题的。什么立场呢? 我过去是个爱国主义者,这恐怕不够,还要加上社会主义四个字。

也就是说,他是内行,是以学术专业的眼光来考量汉字前景的;他又是一个社会主义爱国主义者,是为这两个"主义"的根本利益来发表意见的。然而,这样的表白毫无用处。既然当权者能"把学术工作当作行政工作做",也就能把学术问题当作政治问题来处理,陈梦家的下场可想而知了。

如果(这是废话)当年能认真对待陈梦家的建议,展开大讨论,反复修改,改它个数十次,数百次,我们的简化方案一定会更科学、更经得起时间的考验。不至于五十多年过去了,陈梦家先生早已过世了,后来者还是议论纷纷,甚至比陈梦家的意见还要激烈,还要"难听",从根本上就反对简化汉字,不只是"程序"问题、"不周详"的问题、有待"改进"的问题了。我说的"保守主义的汉字文化观"就是以这类意见为依据的。当然,保守主义的汉字文化观并非自今日始,而是与改革派同时产生的。清末保守派反对卢戆章的理由就是:"汉字神圣,一点一画无非地义天经,岂后儒所能增减!"[①]

新时代的保守主义者有新时代的理由,他们清楚地知道,什么"神圣、地义天经"之类的大话已毫无意义。何况,汉字简化乃既定事实,他们只能对已简化的汉字加以讽刺、挖苦、讨伐,进而主张"回归繁体字"。2008年由二十余位政协委员联名提出:在小学增设繁体字教育。2009年有人肯定地认为"最终要回归繁体字"。反对者也大有人在,认为这是"文化返祖","恢复使用甲骨文如何?"这样的反驳,未必能服人。是否应该"回归繁体字",这是一个文字制度问题,也是一个学术问题,须要严肃而又理性地论证。我们要研究一下"回归"者的理由能否成立。

理由之一:"繁体字是中国文化的根。"

此言犯了概念上的错误。正确的表述应该是:汉字是中国文化的根。汉字和繁体字的关系是属概念(上位概念)和种概念(下位概念)的关系。繁体字并不等于全部汉字。繁体字是与简化字相对而言的,是特指那些形体被简化之前的汉字,它们在数以万计的汉字体系中实际上只占一小部分。

究竟有多少字被简化了呢? 据1964年发布的《简化字总表》:第一表收简化字352个,第二表收简化字132个和简化偏旁14个,第三表乃"应用第二表所列简化字和简化偏旁得出来的简化字",计1754个。三表总计简化字2238个,后来经过个别调整,现在实际使用的简化字为2235个。这个数目看起来有些吓

人,但请注意:其中偏旁类推字高达78%强。这类简化字是很容易掌握的。有人说[1]:

> 问题不在于《简化字总表》第三表,也不在第一、二表的484个字全部(1986年删去了"迭叠""象像",实为482个),容易用错的只是第一、二表的一部分,即并非一对一的繁简字。

简化字所引起的麻烦有多大,不过如此而已。而好处多多,利大于弊,乃有目共睹,不必辞费。

简化字的弊端是否伤及到了中国文化的根了呢? 这种担心是由于不了解繁简字的性质所引起的。在绝大多数情况下,繁简字的区别只限于形体层面,即笔画的多少,而不涉及音和义。诚然,汉字的形旁可以表示事物的类别,声旁可以表示历史语音,简化之后这类信息遭到破坏,文化含量会有所减弱。但也是利大于弊,且这种"弊"也很有限,形旁声旁简化之后变为特定的符号,透过符号仍然可以了解它的意思所在。偏旁符号化,无损于音义。

所以,简体字、繁体字在性质上是一样的,都是汉文化的根。

繁体字简化之后所失去的某些优点,简化字以易学、易写、大大节约时间的诸多优点给弥补上了。在第一表中"鬱"简化为"郁",从文化信息上来看,的确有些不伦不类。实际上这不算简化字,这是同音替代。二字形、义均无关,在古代可以叫做"假借字"。但是,那些主张恢复繁体字的人,认为繁体字是中国文化之根的人,在29画与8画之间愿意作何种选择呢? 从整个华文世界来看,我相信绝大部分人愿意选择8画。至于和古籍打交道的

---

[1]　胡双宝《繁简汉字话短长》,《汉语 汉字 汉文化》54页,北京大学出版社1998年。

人毕竟是少数,一个人能进入古典世界的人,好意思说,这也算是问题吗! 反对简化的人恰恰不是这类人,也不是初学汉字的人。

理由之二:简体字"制造了文明的分裂"。

"文明的分裂",这是"简体字原罪"论者提出来的。何谓"原罪"?《现代汉语词典》(第5版)是这么解释的(1676页):

> 基督教指人类始祖亚当和夏娃在伊甸园偷吃了上帝禁吃的智慧之果而犯下的罪。传给后世子孙,成为一切罪恶和灾祸的根源。

简化字的罪孽有如此深重吗? 它怎么可能"成为一切罪恶和灾祸的根源"呢? 这太骇人听闻了。这位论者将汉字简化与"汉字革命"混为一谈,又将"文革"的罪恶加在简化字头上,从而进行政治大批判,这就离开学术探讨的立场,将简化字彻底妖魔化了。下面这些说法都是经不起推敲,难以成立的[①]。

> 这场拼音化运动的序曲,并非只是一种文字自身的变革,而是隐含着更为复杂的政治诉求,它一石数鸟地实现了下列战略目标……

> 简化字只是一种过渡手段,其最终目标,就是要彻底消灭汉字,以及消灭一切由这种文字所承载的历史传统,实现向"文化共产主义"的伟大飞跃。

> 但作为拼音化革命的半成品,简化字却被保留了下来,与反"右"斗争的伟大成果一起,成为引致文化衰退的种籽。这种"简体字原罪",就是它今天遭到普遍质疑的原因。

> 1950年代下半叶入学的小学新生,从一开始就注定要

---

① 《汉字革命和文化断裂》,《南方周末》2009年4月16日。

> 接受简体字的规训,并且以简体字为文化认知的根基,这就是所谓"简体字世系"。该世系成员对"繁体字"文本的敬畏已经退化,历史情感日益淡漠。这种文脉承继链索的断裂,为"文革"的大规模爆发奠定了文化基础。

> 竖排繁体字图书的大焚毁运动,导致了一个严重后果,那就是繁体字图书几乎荡然无存。

> 繁体字文献就是文化复苏的秘密摇篮,它的文化贡献,至今未能得到必要的阐释。

这位论者还在此文末尾"附识":"繁体字的正确叫法应当是'本体字',而简体字则应当称为'毛体字'。"看来,"简化字原罪"论的全部根据就在这个"毛"字了。这样为简化字定"罪",是否离题太远、太荒唐? 据报载:"蒋介石历史上曾两次大力推动简化汉字。"是否蒋介石也有什么"复杂的政治诉求"? 是否蒋介石也要"实现'向文化共产主义'的伟大飞跃"? 是否蒋介石也要培养所谓的"简化字世系"? 又有人"看见台湾马英九先生力挺繁体汉字变为简体化的报道",难道马英九就不怕简体字"成为引致文化衰退的种籽"? 就不怕"文脉承继链锁的断裂"? 论者是否要让简体字既姓毛,又姓马、姓蒋呢?

简体字的存在从有繁体字时期就开始了。近百余年来不断有人研究简体字,不断有人要求政府推行简体字,他们代表了千百万普通群众的呼声。中华人民共和国成立不久,就实施了简化汉字方案,不完全是靠行政命令,靠的是群众基础、历史基础。厥功甚伟,何罪之有!

至于论者所说的"文化衰退",所说的"历史情感日益淡漠",根子在"文革"。而"文革"与简化字何干? 焚书根本就不论繁简,论的是"封资修","封"与繁体有关,"资修"就不一定都是繁体字写的了。所谓"是繁体字图书几乎荡然无存",纯属信口开河,毫无根据。说什么"繁体字文献就是文化复苏的秘密摇篮",我不明白:这中间有什么"秘密"可言。繁简之间并不存在什么鸿沟,一个受过简体字"规训"的人,最初接触"繁体字文献"可能不太习惯,但不经过专门"规训",也不难掌握繁体字。"文化复苏"的障碍几乎与繁简体无关。"文化复苏"靠的是经济"复苏",靠的是不断清除"文革"遗毒,靠的是进一步换脑筋、清除那些束缚文化发展的僵化了的文化机制。不知论者以为如何?

我们何年何月能正确对待汉字呢?从前是有人把汉字骂得体无完肤,如今又有人把简化字说得一无是处。难道文化能如此"复苏"?

理由之三:"手写时代已经结束了,键盘写作时代来临了,此时繁体和简体在写作上的成本差异不大。简体字与传统有距离,而繁体字与传统直接对接。"[①]

这条理由具有显而易见的片面性。关于"手写时代已经结束"的问题,正是有识之士为汉字前景担忧的话题。我先列举两条材料为证:

第一条:《北京青年报》2010年7月21日登了山东籽言的《汉字,某一天的"床前明月光"》,文章说:

> 据美国《洛杉矶时报》报道,中国老百姓由于使用罗马拼音来撰写手机短信或在计算机上打字,取代传统的一笔一划汉字书写,因此让越来越多的中国人发现,他们已经忘记如何用笔书写汉字。
>
> ……

---

① 《专访〈汉字五千年〉总策划兼撰稿指导麦天枢》,《南方周末》2009年4月16日。

执笔忘字，说到底，是我们缺少了一种对民族文字的热爱。当我们醉心于各类电子书，而不再陶醉于纸墨香；汉字，注定了要"上下千年一梦长"，在某天，只会变成"床前明月光"，照见的是曾有的光亮，而却不是我们手中、心中真正的拥有。

第二条：《北京青年报》2010年9月17日记者朱玲报导，《首届两岸汉字艺术节昨天开幕 专家透露台湾汉字教育"玄机" 台湾人缘何不"提笔忘字"》：

随着电脑的日渐普及，中国大陆青少年中"提笔忘字"的现象，正日渐严重。与大陆共享同一书写体系的台湾，现状如何呢？……台湾艺术大学校长黄光男告诉记者，台湾暂时没有"提笔忘字"的危机。据介绍，长期以来，台湾推行的是小学三年级到六年级，每天中午硬性规定进行书法练习。8年前，这一规定不再"硬性"，台湾便采取了多项措施"捍卫汉字书写的地位"……另据透露，每天中午练习书法，虽然不再是"硬性"规定，但在今日的台湾中小学中正逐步恢复。

黄光男强调，书法是仁义道德教育很重要的手段，所以台湾人教孩子写字，从来不是只教写法，而是非常重视"解字"——告知字的来源。"海峡两岸都使用汉字作为共同的书写体系，其实随着时间的推移，台湾的繁体字也有'简化'的倾向，不过我们从不漏掉汉字的文化元素。提笔忘字，很大程度上是出于对汉字背后文化意涵的疏远"。

一个六七岁的儿童，接受汉字发蒙教育，总不能从"键盘写作"开始吧。"手写"是基础训练。儿童时代就应该从点画之间认知"字的来源"，逐渐理解"汉字的文化元素"、字里的"仁义道德"，

享受"书法艺术"的独特美。"台湾人教孩子写字"的经验,说明
"手写时代"永远不会"结束"。尤应注意,"台湾的繁体字也有
'简化'的倾向"。我预计,要不了一百年,港澳台地区都将接受简
体字。简化字合乎人心,顺乎潮流,开倒车是行不通的。

　　至于繁、简二体与"传统"的关系问题,当然繁体字优于简
体。可我在上文已有分析,二者并非性质上的差别,"与传统有
距离"的简体字数量很少,绝大多数简体字(如偏旁类推字)也能
"与传统直接对接"。

　　老实说,如果仅从个人情感和职业特点来论,我当然倾向
于繁体字,而且还喜欢直排。我对"后(後)、余(餘)、厂(廠)、
广(廣)、适(適)"之类的"简化"、合并,也深感不便。但类似我
这样的个人,毕竟是少数,有一定的特殊性。大众是主流,故"吾
从众"。

　　简化字属于国策范围,其影响已及于世界,对其中的失误当
然可以从学术层面、从实用角度提出批评,甚至可以微调,而全面
"回归繁体字"的主张,既不实际,也无必要,更无可能。

　　2004年,曾有人建议:"在小学选读繁体字","让两种文字平
行使用。经过更长的一段时间,考验出孰优孰劣,再作定论"[①]。
此文作者说的是"选读",与"回归"派、"原罪"论大不相同,只不
过可行性要大打折扣。在此"建议"之后,又有文章提出了"选
读"的具体范围,该文说[②]:

　　　　简化字大多有与之相对的繁体字,但也有不少是多对一或
　　多对多简化的,人们称之为"非对称繁简字",共约有120多组。

---

① 茅于轼《建议在中小学选读繁体字》,《南方周末》2004年3月11日。
② 上海汉字研究史料馆周胜鸿《也谈"在小学选读繁体字的建议"》,《南方周
　　末》2004年3月25日。

如果能在中小学对 100 多组"非对称繁简字"进行选读和辨认教学,将是一件有意义的事。

我觉得这个主张值得重视。可以制定一个"非对称繁简字"表,"辨认教学"只限于此表之内,不引入课文,更不是"两种文字平行使用"。繁体字、简体字只是形体、笔画有别,不能称为"两种文字"。此文作者与"再作定论"说不同,他认为:汉字简化已是不可逆转,简化字的功绩也是主要的,这些应予充分肯定。

我以为这种态度是比较现实的。汉字简化看起来只涉及点画之微,但折腾一下就关乎印刷、文献、教学、国际交流诸多方面的问题,可谓影响巨大,后果严重,当慎之又慎。

节选自《中国的文化,就是汉字的文化》,

《民俗典籍文字研究》第八辑

《汉语三论》后记

看完这本小书的校样,不觉产生如下想法:人到晚年,有饭可吃,有衣可穿,有书可读,有话可说,有老妻可作伴,百体无灾,天君无系,这算是一种什么样的境界呢? 我想,诸葛先生所谓的"淡泊明志""宁静致远",也就是这个样子吧。

我们湖南人曾国藩是相信运气的。他在给郭嵩焘的信中说:

> 事会相薄,变化乘除,吾尝举功业之成败,名誉之优劣,文章之工拙,概以付之运气一囊之中,久而弥自信其说之不可易也。

他曾对人戏言:"他日有为吾作墓志者,铭文吾已撰:'不信书,信运气;公之言,告万世。'"① 运气这种东西,有宿命论的解释,有科学的解释。在宿命论者看来,上面说的"五有""二无"之境乃前世注定,乃上天注定;从科学观点而言,运气取决于性格,运气取决于时机。好运靠个人拼搏而来,也靠时代的恩赐,个人的运气与国家的运气、民族的运气密不可分。百余年来的中华民族灾难深重,如今时来运转,我辈小民也就不愁吃穿、"有书可读""有话可说"了。

所谓有话可说,无非是像鸟鸣于春、雷鸣于夏、虫鸣于秋、风鸣于冬而已,无非是像韩愈、孟东野之流,"皆以其所能鸣"。我,作为一个以汉语为母语的人,作为一名汉语研究工作者,理所当

---

① 欧阳兆熊《水窗春呓》17 页,中华书局 1997 年。

然要为汉语而鸣，为汉语的历史而鸣，为汉语的命运而鸣，为汉民族之兴盛而鸣，这本小书的主旨就在于此。

我绝非民族主义者，甚至很厌恶狭隘的民族主义，但我很不赞同阿尔温·托夫勒所言，在"第三次浪潮"中，"民族国家已经寿终正寝了"，"已遭到了来自内部和外部的毁灭性打击"[①]。相反，地球村的诸多民族，正利用第三次浪潮，击水三千，扶摇而上，为语言多元化，文化多元化，怒而奋飞，"而后乃今将图南"。

中华腾飞，乃五千年一大变革之局也。由古代飞向现代，当以二百年为期。本书认为中国的现代化滥觞于19世纪60年代，到21世纪60年代，一个崭新的现代化中华将屹立于地球的东方。同时认为："中国语文转向与中国文明模式的现代化几乎是同步进行的。正如中国现代化是命定的也是唯一理性的选择一样，中国的语文转向，同样是命定的，是唯一理性的选择。"本书提出现代书面语发展的五个阶段和三个来源，就是对以往百年语文转向的初步总结。

回顾汉语共同语的历史，是《三论》中的第二论。"一源三京"、两个南北朝造就了两种官话，以入声作为区分中古与近代普通话的重要标准、区分官话的性质与地位、普通话的发展"始于一归于一"的理论构架，就其完整性、系统性而言，均为本书独创，此亦文辞之"善鸣者"也。

在这样一个大变革大开放的时期，密切关注汉语未来的命运，完全是出于历史的责任感。我信奉为学术而学术，却不赞同玩学术而玩物丧志，更不赞同以学术为敲门砖。汉语兴亡，匹夫有责，岂敢因年老位卑默而不鸣！《全球化时代的汉语意识》，作为一个理论框架而言，亦为本书独创，也是扎硬寨打死仗的心血

---

① 〔美〕阿尔温·托夫勒著，朱志焱等译《第三次浪潮》426页，三联书店1984年。

之作。

任何一个框架的构建，都要有事实为据，没有事实为据的理论是苍白无力的，是飞不起来的。

本书所使用的大量资料，是长年累月一条一条积攒起来的。绝大多数材料，都是亲眼所见亲手摘抄下来的。有的采自美国，有的摘自香港。其中有相当一部分材料来自专业以外的书籍。我所要解决的问题，在专业范围之内几乎找不到"铁证"。我断言辽金时期东北地区各民族以汉语作为通用语，并进而肯定东北官话与北京官话之间的内在联系，"铁证"就来自许亢宗的《行程录》。第一眼见到这条材料，我兴奋了好几天。在解决明清时期南京官话与北京官话的关系问题时，我提出要区分地位与性质的不同，"决定官话地位的三个条件"，"'胡儿'学得汉儿语，又向汉儿传正音"……都是从材料中总结出来的，其中外国传教士所记载的汉语资料最为有用。我对入声问题的认识，段安节的《乐府杂录》以及清人方成培的《香研居词麈》，都提供了最有力的证据。《论全球化时代的汉语意识》究竟引用了多少种材料，我懒得去统计，但涉及面之广，搜集之勤，读者一看就能明白的。我无意堆砌材料，但要由材料抽象出理论，由理论构成框架。材料是人家的，而抽象过程是我自己完成的，理论框架是我自己构建的。材料只有抽象化、理论化，组织到系统中去，材料才能发挥作用。何种材料可以做栋梁，何种材料可以做门窗，何种材料可以打地基，运用之妙，存乎一心。从材料到理论，是一个极为艰辛的劳动过程，也是一个极为复杂的思考过程。最精要的理论，高度概括的理论，可能只是一句话或几句话，或者只是一条公式，而处理过的材料，保存下来的材料必须是一大堆。这不仅是立论的需要，也是对读者的尊重。读者可以根据材料检验你的理论，也可以根据材料引出新的结论。

　　一个新的学术领域的开辟,往往是"其作始也简,其将毕也必巨"[①]。《三论》基本上属于"作始"之章,亦在必"简"之列;有"善鸣者"出,推出皇皇巨著,等待《三论》的,就是"用覆酱瓿"的命运了。即使如此,我也不会有"覆瓿书成空自苦"的慨叹[②],夫抛砖而能引玉,何憾之有!

　　天高地迥,宇宙无穷;物物随化,新新不居;后水非前水,今形非昨形。《三论》为何物?随风而逝,不亦宜乎!

　　《三论》由语文出版社出版,并由南保顺先生担任责编,深表感激。

写于 2006 年 11 月 12 日

[①] 《庄子集解·人间世》,中华书局 1987 年。

[②] 陆游《病起镜中见白发……偶得长句》,《剑南诗稿校注》卷十七 1327 页,上海古籍出版社 2005 年。

汉语"主导语言"地位不可动摇

——《汉语三论》再版后记

《汉语三论》出版至今，已有八个年头了，读者反映还不错，有的先生还写了热情洋溢的书评，在此深表感谢。为了适应不同读者的需要，现将《三论》改为两本小册子分别出版。改正了几十处印刷上的或原稿就有的文字上的错误，个别地方有所增删，基本内容没有什么改动。

《汉语三论》之所以值得改版重印，是由于书中的主要内容、基本观点，不仅没有过时，而且仍然有自己的理论价值、实用价值。八年中也没有出现可以取而代之的类似著作。

个人认为：在整个全球化的历史发展过程中，"汉语意识"将始终是一个具有挑战性质的重大的尖锐的话题。"语文转向"也是语言决策者、语文教育工作者以及一切文字工作者共同关心的文化大业，白话文的发展离不开正确的方向和健全的理论指导。至于普通话的历史研究，还很不全面，个别问题的看法也是见仁见智。个人的研究如能起促进作用就心满意足了。

这些年来，我一直在思考一个问题：今后五百年、千年之内，汉语的生存状态将会如何？预测的结论是：机遇与危机并存。

所谓危机，不是指存亡问题，而是能否保持强劲的竞争能力和无可替代的国际地位以及永远旺盛的语言自信心。我们有足够的语言自信心吗？无论是过去还是现在，无论是在国内还是在国外，对汉语缺乏信心的大有人在。

2013 年 10 月中信出版社出版了《李光耀论中国与世界》

一书。该书第一章在讨论"中国实施民族复兴的主要障碍是什么？"时,李先生认为(13页):

> 从内部看,主要挑战是文化、语言以及不能吸引、同化他国人才,今后还会面临治理方面的挑战。

> 我不知道中国在雇用外国人才时能否克服语言障碍及由此带来的困难,除非让英语成为主导语言,就像新加坡一样。但新加坡在过去40年间努力把英语确立为第一语言,把汉语作为第二语言……我们这么做是为了向世界开放自己,使我们自己接触并利用那些促进发现、发明与创造力的主要力量,这些力量不仅存在于英语这门语言中,还存在于英语的思维方式中。

> 在新加坡这样的小型国家,我们可以运用强势的领导力做到这一点,虽然我曾经建议一位中国领导人把英语作为中国的第一语言,但对于一个自信的大国和文化而言,这显然是不现实的。但语言的确是一个严重的障碍。

我相信李先生的这些意见、"建议"完全是友好的,是善意的。2013年11月8日下午,我在给古汉语研究生讲《21世纪的汉语史研究——促进汉语史学科发展的一些想法》时,对李先生的上述观点有所回应。

李先生"是我们尊敬的长者",他对中国"主导语言"的看法、建议,属于顶层设计的国策范围,在中外读者群中一定会产生深远的影响,我们研究汉语的人不能漠不关心。

其实,我个人的看法很简单也很明确:李先生所谓的"主导语言"问题,对汉语而言是百分之百的危机,是无法估量的灾难性的危机。

在中国,不论任何一项顶层设计,都要考虑三个数字:一是五千年,二是十三亿五千万,三是五十六个民族。如何对待语言问题,这三个数字尤为重要。

五千年文明史,留下了海量的文献资料,这笔财富是当今世界上任何一个民族、国家所没有的。这批代代相传的文献资料主要是用汉语汉字构建起来的,其中包含着丰富的智慧、经验和人类如何共同生存的哲思以及追求真善美的伟大进程。中国人如果改为以英语为"主导语言",就等于自己割断自己的历史命脉,自己抛弃自己的核心价值观,自己毁灭自己的团结纽带,从而沦为失去民族特色的、仰人鼻息的只会赚钱、只会追求物质利益的高等技术动物。什么三皇五帝、唐诗宋词、十三经、二十四史都见鬼去吧。"中国人"成了只会说英语的"假洋鬼子"。有哪个中国人希望看到这样的社会愿景呢!

"主导语言",对于一个伟大民族的主导语言来说,她就是该民族的标志,包含着该民族的全部记忆、经验、智慧,是该民族生存发展的根据地,是千百万年发展演变的结晶。她的语音、词汇、语法结构、书写形式,都有着长期的、深厚的文化积淀。汉语、汉字和汉民族已经是骨肉关系,是不可分离割裂的。

从现实社会实际而言,一个有着十三亿五千万人口的头等大国,靠什么力量凝聚在一起?中央政府用什么工具号令全体人民群众?我们有五十六个民族,有众多的民族语言,各民族之间的交往以什么作为交际工具?在历史上中华民族出现多次社会大分裂,靠什么纽带维持了形分而神不分的文化局面?一言以蔽之,靠的是汉语、汉字、汉文化。

汉语作为"主导语言",功在千秋,利在当今。如果改为以英语为"主导语言",社会混乱、分裂,立马可见。

所谓主导语言,起码应在以下七个方面起主导作用:学校教育、法律语言、政府公文、媒体用语、外交用语、学术用语,以及国内各民族的共同用语。在这些领域若均以英语为第一语言,以英语为"主导语言",这就意味着,从幼儿园到高等学校一律用英语,全国"两会"要用英语,新闻联播要用英语,接见外宾要用英语,秋菊打官司要用英语,研究"中国学"一律用英语,这是典型的自我殖民化,中华民族真的就要遭殃了。

历史经验告诉我们:中国现代化的最大障碍,既不是语言,也不是文化。是什么? 首先是帝国主义的野蛮入侵,尤其是日本帝国主义,它给中国人民所造成的灾难,罄竹难书。只要世界上还存在霸权主义,还存在战争狂人,还存在侵略者,中国的现代化就潜藏着危机,汉语就存在危机。从国内而言,以往的军阀混战,经济凋敝,民不聊生,也是现代化的最大障碍。

汉语和汉字从来就不是社会发展的障碍。赵元任说:"汉语就其普遍性而言,跟世界各种语言相比,得分是很高的,它可以和西方古代的拉丁语的地位相比,甚至高出拉丁语。""世界上有这么多的人讲汉语,因此历来有人主张把汉语作为世界语言的可能的候选者。"又说:"汉语的文字系统,即使把简化字考虑在内,当然是很不简单的,可是它在优美性尺度上的等级是高的。""汉语的文字系统,外族人固然感到困难,本族儿童也不容易学会……另一方面,一旦学会了汉语的文字系统,它的丰富的花样就有助于辨认,这比多次复现同一些少量的要素来得优越。"又说:"人们学会了一千个字之后就能猜测新字的读音而且有时能猜对。开头的一千个字是难的。"[①]

赵元任是语言大师,长期生活在美国,精通多种语言,他对自己的母语充满信心,充满赞美之情,这种信心、赞美不只是情感的流露,而是以科学比较、客观分析为基础的。热衷于自我殖民化

---

① 《赵元任语言学论文集》888、879、881、886 页,商务印书馆 2002 年。

的人,比赵元任还更了解汉语和英语吗?

我以为世界上各种语言文字,都是了不起的伟大创造,都有自己的优缺点,对他者而言都会构成一定的障碍,这是上帝造成的。只要巴别塔还不能通天,我们就要正视障碍,可以超越,而不是拆除。至于谁是"主导",谁该排"第一",谁该排"第二",基本上不取决于语言自身,而是取决于权力,在权力的躯壳中又隐藏着一整套不同的核心价值。也就是说:语言—权力—价值,三位一体。语言的失落,也就是权力的失落,价值的失落,这已为古今中外无数历史事实所证实。远的不说,苏联解体,东欧转向,俄语的命运立即随之改变,这是尽人皆知的事实。

同样也是尽人皆知的事实,现在有人要向全世界推行自己的核心价值观,公开宣言要"领导"全世界,他们的总统要"总统"全世界;谁敢不服,他就斥之为"民族主义、保守主义";再不服,就继之以"封锁、制裁、打击";我们能离开这样的国际环境来谈什么更换"主导语言"吗!

以英语作为工具和以英语作为"主导",无论是性质还是后果,都是迥然不同的。作为工具,英语无疑要受到高度重视。让英语君临汉语之上,使汉语边缘化,性质就变了,后果也就严重了。

语言问题从来就与民族兴亡相关,这么浅显的道理都不懂,或者不敢正视,尊严、独立、自主、自信,从何谈起!

尊敬的读者(包括未来千百年内的读者),请记住我的话:只要地球村还没有进入永久的和平时代,汉语的生存状态就只能是机遇与危机并存。

人类还很年轻,还会犯很多错误,战争仍然有正义和非正义之分,和平时代的到来,战争的永远结束,不知道要经过多少代人才能实现。因此,以汉语为母语的人们,抓住机遇,化解危机,既是当代人的责任,也是子孙后代的责任!

2014 年 8 月 9 日于北京西郊抱冰庐

《汉语三论》语文出版社 2007 年出版。2015 年,《汉语三论》分编为二:《中国现代化进程中的语文转向》《全球化时代的汉语意识》

大道之行也，语言领先

——挑战上帝，天下人要重新共建巴别塔

《创世纪》第十一章说："那时，天下人的口音言语，都是一样。"他们彼此商量，要共建一座通天塔，作为人们永不分散的象征。上帝不高兴了！要"变乱他们的口音，使他们的言语彼此不通"。

多少个世纪过去了，巴别塔建造者的子孙后代，全世界的劳动者，多么渴望重建巴别塔，实现天下一家，世界大同。

福音终于降临。在全球化、互联网大发展的关键时刻，在人类关系越来越密切而矛盾与危机却越来越严重的情况下，习近平首次提出了构建人类命运共同体的倡议，这是有史以来一个世界第一大政党的领导人提出的最真诚最美好最得人心的倡议。如何将倡议传播到世界各地？如何让全世界的政要乃至普通劳动者理解这个倡议、信奉这个倡议、共同实现这个倡议？为此，我们提出了：大道之行也，语言领先。语言如何领先？一是要用自己的语言传播倡议，讲好中国故事；一是要用他者的语言传播倡议，讲好中国故事。

然而，"天下一家"，却说着不同的百家话，语言凭谁来领先？

"洪荒造塔语言殊，从此人间要象胥"（马祖毅《中国翻译简史》1页）。"象胥"是文言词，译为现代汉语就是翻译工作者。象胥就是上帝的挑战者，人类能发展到今天，象胥应记第一功。

在当今这个世界，象胥事业具有空前重要的意义，直接关系到人类命运共同体的构建进程。我们要有千年眼、万年心，还要

有若干个百年大计，把象胥事业摆在重要国策的位置来对待。要有全国性的专门机构，统筹安排，从基础建设做起。要对全世界大小语种的语言资料、语言制度、语言习惯，分期分批，从学习到调查研究，落实到具体单位、具体人。中国完全应该而且可以成为世界语言大国、强国，这是成为文化大国、强国的基本前提。

对他者语言的学习、研究，必然会促进母语的发展、传播。汉语要进入世界舞台中心，要传播到世界各地，这也是国人的共同心愿。

近年来，"汉语热"这个词语不断见诸媒体，与曾经的"冷"相对而言，的确是一个了不起的进步。但"热"是有客观标准的。当互联网上的中文信息量达到百分之四五十时，当国人行走在各大洲中等以上城市可以用汉语与当地人自由交流时，当国际一流学术刊物采用汉语作为主要用语之一时，那就真正地"热"了！

这一天会到来的，而距离还颇为遥远。

原载《语言战略研究》2018年第1期

侨吴老人三章

我是"独学"主义者。

《学记》说:"独学而无友,则孤陋而寡闻。"此话的重点在"无友",第一个"而"是表假设的连词,逻辑关系是能成立的。我的重点在"独学"。人生不患"无友",唯患不"独学"。不独学则不能坚守孤独,不独学则不能成为快乐的"单干户"。

"独学"的重点又在"学"。学必有对象,我的学习对象很广泛,古今中外都有。我的个性与职业又决定了,我的学习对象也可以说我的朋友,多是从未谋面的古人。如蒙城那个穷得揭不开锅还能遨游蝴蝶梦乡的庄生、长安那个因口语而闯下大祸的刑余之人司马迁、黄州那个贬不死的乐观主义者东坡居士、衡阳那位"活埋"于深山的老乡船山先生,还有,姑苏城外枫桥那位贫病交加风骨嶙峋的侨吴老人。

我对此五人的景仰,以侨吴老人为最。这位经师、人师是我平生最服膺的古典语言学家,给我诸多启示与教益。

侨吴老人就是乾嘉学术中坚段玉裁。段翁德业如玉,斐然成章,吾何以裁之! 只是早年即好读段《注》,而从1989年2月至2002年1月,十余年间,我多次开设"说文段注研读"。常年跟侨吴老人打交道,或讨教,或阐释,或辩驳,笔记就有十余册。论学之余,亦倾慕其为人。26年前我就写过一篇小文章:《段玉裁注〈说文〉》,发表在秦似主编的《语文园地》上,现在作为本文第三章。今年春节有暇,又增写两章,合为一篇,题为《侨吴老人三章》。

第一章　段玉裁与恩师尹会一及《小学》

段玉裁说:"学者所以学为人也。"① 不同社会、不同时代、不同阶层,有不同的"为人"标准。段玉裁一生有两位恩师,也是他"学为人"的两个标准。戴震是那个时代标准的经师,尹会一是士大夫标准的人师。段玉裁对戴震的深情厚意,历经二百余年,犹然人人称道;他对尹公的感恩戴德,则鲜为人知。我早年读《说文解字注》,对下面这段文字并未引起足够注意,因为我对《小学》这本书很不以为然。可段玉裁则完全相反,他说②:

> 年十三,学使者博野尹公讳会一,录取博士弟子,授以朱子《小学》,生平敬守是书。

乾隆十二年丁卯(1747),段玉裁13岁,尹会一正是在这一年视学三吴,亲自录取这名少年儿童为秀才(即博士弟子,又名庠生),并赐予《小学》一书。"尹师谓孺子可教,赐饭,宠异之"。这一系列的奖励;在段氏幼小的心灵中留下了极为深刻的印记,对段氏日后的奋进和积极为人都有难以估量的意义。

到了嘉庆十四年,段玉裁时年七十有五,又写出了感情真挚的《博陵尹师所赐朱子〈小学〉恭跋》。嘉庆十九年,段氏作《八十自序》,仍念念不忘尹师(《经韵楼集》202页):

> 余幼时,先君子亲授经典,博陵尹师授以朱子《小学》。吾父吾师之爱我者至深,责我者至重也。

《自序》将"吾师"与"吾父"并提;所谓"爱我、责我"者即寄予

---

① 《经韵楼集·娱亲雅言序》192页,上海古籍出版社2008年。

② 《说文解字注》784页,上海古籍出版社1981年。

厚望也。少年段玉裁若在厚望中陶陶然，飘飘然，段玉裁就不能成其为段玉裁了。段玉裁能将"爱我"转换为自爱，将"责我"转换为自责，这就是庸人与豪杰之士的区别所在。八十之老，还能深深自责自爱，无愧于"吾父吾师"矣。《自序》云(《经韵楼集》202页)：

> 回首平生，学业何在也？政绩何在也？自蜀告归，将以养亲，将以读书；然虽以此自期，而养亲未之能力也；而读书竟无成也。余之八十年不付诸逝水中乎？其将何以见吾父吾师于地下乎？此余之自悔也。

我以一个现代人的眼光遥望段玉裁，其养亲之"能力"("力"为动词)，其读书之有成，堪称吾人表率，而老先生犹"自悔"不已，是因为他心目中有"吾父吾师"的高标准在。由此我想到，现代人的学术成就有望超过段玉裁，而现代人的"自悔"精神，尊师重道精神，已相距十万八千里。这原因何在？是教育机制出了问题？还是社会伦理已不复存在？我没有深入思考过。

一本《小学》，一个尹会一，在那样的时代，能产生那样大的作用，足以影响人的一生，这就值得研究。尹会一何许人也？《小学》是本什么书？明乎此，方可进入侨吴老人的精神世界。

尹会一(1691—1748)，字元孚，号健馀，河北博野人。博野在历史上名博陵，故段玉裁说"博陵尹师"，今博野县属保定市，县政府所在地为博陵镇。

尹会一是名臣、孝子、理学家。顾栋高有《尹先生会一传》，方苞有《尹元孚墓志铭》，《清史稿》有传，《清代七百名人传》中也有长篇传记。有著述多种，其《健馀先生文集》十卷，颇得张舜徽先生好评。

康熙五十九年，尹会一中举，雍正二年中进士。雍正朝当过襄阳、扬州知府，乾隆朝开府河南，入为副都御史。十一年三月授工部侍郎,是年冬到任,"未逾旬,特命视学江南。十二年秋莅金陵……未几有旨:复掌江南学政。逾岁(乾隆十三年,1748)七月,按试至松江(今属上海市),遘疟疾,卒于官。前是月,特晋少宰(吏部侍郎)。"[1]

尹会一"前后居官二十年,大都廉以褆(tí,又音 zhī。安,修)身,勤以供职,宽以接下。其所历运使及盐政诸缺,皆世人所视为善地,而先生洗手奉公,子妇不得取分毫,大半尽归于官中,为军民资本救灾恤贫之用,余则以周宗族乡党"[2]。

尹会一,三岁丧父,由母亲培养成人。其母"李氏,有妇德。凡先生亲师取友,立身制行与居官仓卒应变,拯饥救患,禀太夫人之教"(《尹先生会一传》)。其居官,每夕必以所措施详告太夫人,意或未惬,则跪而请罪,不命之起,不敢起。官中禄赐出入,壹禀于母"(《墓志铭》)。乾隆八年特赐御制诗及楹联予以表彰,天下传为美谈,"海内大吏,靡不迁道请见,其妇德实古今罕有之"(《尹先生会一传》)。母亲干政,未必符合法治社会的规范,但在人治重于法治的时代,官们幕后如有这样一位优秀母亲掌舵,施以家规,严加管教,不仅草民有幸,也是官家之大幸。

尹老太太教子之方,尹公为官之道,在今人看来,不是作秀以沽名钓誉,就是愚不可及,因为现代人对传统伦理道德已经非常非常陌生了。其实,他们母子所作所为都有明确的理论背景。张舜徽先生指出[3]:

> 足徵其学期致用,不坠虚玄。大抵采颜、李之长,而去其

---

① 《望溪先生文集》卷十一《尹元孚墓志铭》,四库备要本。

② 《尹先生会一传》,《清代碑传全集》卷三十 186 页,上海古籍出版社 1987 年。

③ 《张舜徽集·清人文集别录·健馀先生文集》卷五 126 页,华中师范大学出版社 2004 年。

偏激；救程、朱之失，而取其精华。谓为融合颜、李之旨于程、朱之中，亦无不可。

尹会一"学宗朱子"，与康雍时代的统治思想主流学术完全一致，而作为北方学者，身为博野人，他又深受颜习斋（1635—1704）、李刚主（1659—1733）学术的影响。方苞《尹元孚墓志铭》一开篇就说（《望溪先生文集》卷十一1页）：

> 蠡吾李塨刚主尝言："北方少俊，不肯自混于俗者，博野有尹元孚。"

古之蠡吾，在博野县西南，后并入博野县。方苞在这里说的蠡吾，实际上是蠡县，与博野相邻。刚主对尹会一有如此高的评价，因为尹公"于颜氏之学，推尊甚至"（张舜徽语）。

程、朱重节义，颜、李重实践。为官为民，躬行节义，一丝不苟，这就是尹门家风。尹家的故事，少年时代的段玉裁必有耳闻；而尹公的清高形象，却成为他终身崇拜的楷模。

乾隆二十五年，距尹"师薨于松江试院"已有十余年，段玉裁入都，准备明年参加会试，他还特意"谒师令嗣亨山方伯，亦勤勤恳恳望以力学"[1]。这位亨山方伯（任甘肃布政使，后来升至大理寺卿）乃尹公长子，名嘉铨，雍正乙卯（十三年，1735）科举人。他的命运可惨得很。乾隆于四十六年路过保定府，嘉铨上书以汤斌、李光地及其父等从祀孔庙，加之他的著作又为乾隆所不满，竟被逮治处绞，时人伤之[2]。这一年，段玉裁正好告别官场回归金

---

① 《博陵尹师所赐朱子〈小学〉恭跋》，《经韵楼集》193页。
② 李春光《清代名人轶事辑览》（2）856页，中国社会科学出版社2005年；又见《清儒学案》卷六十二2428页《尹会一健馀学案》；以及杜景华《尹嘉铨文字狱案》，《清代文字狱案》，紫禁城出版社1991年。

坛,他对嘉铨一案有何看法,后人已不得而知。所可知者,他对尹师所赐朱子《小学》一书时刻不忘"敬守"。但是[1]:

> 玉裁自入都,至黔,至蜀,久不见此本,在巫山曾作家书上先君子,请检寄之。先君子寄以他本,而梦寐间追忆在是。五年前乃于四弟玉立架上得之,喜极,继以悲泣(盈按:五年前段氏已年过七旬,睹物思人,伤感有如此者),盖痛吾师及吾母吾父之皆徂,吾父所以训我,吾师所以郑重付我者,委之蛛丝煤尾间,不克如赵襄子之简,探诸怀中,愧恨何极!幸吾师之编尚存,吾父之题字如新,年垂老耄,敬谨翻阅,绎其恉趣,以省平生之过,以求晚节末路之自全;以训吾子孙敬观熟读,习为孝弟恭敬,以告天下之教子孙者,必培其根而后可达其支,勿使以时义、辞章、科第自画也。此则小子之微意也夫!

一位年过七旬的经学大师对一本启蒙读物如此重视,从修身、齐家推及"天下之教子孙者",其律己之严,其社会责任心之重,今天读来,仍能发聋振聩,仍可促人深思猛省。侨吴老人甚至以赵襄子之简为喻,也能给后人以启发。今人读书,人是人,书是书,人书两张皮,书之于人,不过广见闻求进取而已;侨吴老人读书,处处联系自己,联系社会实际,故其"自悔"自省之功深刻,气象不凡。

"赵襄子之简"的故事见于《资治通鉴》卷一,语焉不详。据《绎史》云,《通鉴》这条材料来自《韩诗外传》[2]:

---

① 《经韵楼集·博陵尹师所赐朱子〈小学〉恭跋》,《经韵楼集》194 页。

② 今本《韩诗外传》无。转引自〔清〕马骕《绎史》卷八十七 2162 页,中华书局 2002 年。

赵简子大子名伯鲁,小子名无恤(即赵襄子)。简子自为一书牍(即"简")曰:"节用听聪,敬贤勿慢,使能勿贱。"亲自表之,与二子,使诵之。居三年,简子坐清台之上,问二书所在。伯鲁亡其表,令诵,不能得;无恤出其书于袖,令诵,习焉。乃出伯鲁,而立无恤,是为襄子。

尹公赐书被"委之蛛丝煤尾间",与夫"伯鲁亡其表",情形毕竟不同,而老人竟然有"愧恨何极"之责,足证其立品之严。作此《跋》之前两年,也就是嘉庆十二年丁卯(1807),老人时年七十有三,与顾千里为"西郊"或"四郊"之异进行激烈辩论。这里且不谈二人学术上的是非,只说学品。比侨吴老人小三十余岁的千里,一直得到老人的提携与鼓励,可"骄傲性成",恶语伤人,将一字之争引向意气之争,终至毁灭友谊,彻底决裂。在《答顾千里书》的结尾,老人劝顾氏"姑读《小学》",并引用两段历史材料为据(《经韵楼集》300页):

> 《颜氏家训》曰:"今有读数十卷书,便自高大,陵忽长者,轻慢同列。人疾之如仇敌,恶之如鸱枭。如此以学求益,今反自损,不如无学也。"子朱子《小学》取之(盈按:《小学·嘉言·广敬身》引此文)。顾泾阳(明末东林领袖顾宪成之号)诲钱牧翁曰:"汝自谓读书多我,有书二本汝却未读,乃《小学》也。"

在这两条材料之后,老人立即下一断语:"未有无人品而能工文章者。"对顾氏的"人品"提出质疑。老人显然很伤心,大失所望,顾千里为何如此"骄傲"呢?只能劝他"姑读《小学》",学会如何尊重"长者",敬重"同列",端正学风。古今中外多少事实都告诉我们:一个学术气量褊狭、心术不正的人,不仅败坏学术空气,对自身而言也很难有大发展。敢于挑战权威并不错,以怨报德,不遵守游戏规则,那就请你去读读朱熹的《小学》吧。

侨吴老人如此推崇《小学》,在"朱子"前面还要加上一个"子"字,能否证明他是朱熹的信徒呢? 是一位理学崇拜者呢? 不能。他在七十有六也就是嘉庆十五年时给王念孙的信中说①:

> 东原师曾与弟书云:仆生平著述,以《孟子字义疏证》为第一,所以正人心也。今详味其书,实实见得宋儒说理学,其流弊甚大。

如何对待理学,他是东原师的忠实信徒;如何对待《小学》,他是尹师的忠实信徒。这两位恩师共同塑造了一个段玉裁。两位恩师都以"正人心"为己任,尹师偏于蒙养之功,戴师重在理论清算。而段玉裁深深"自悔"的是理论功夫不及戴师。下面这段话是他晚年的心声②:

> 所读之书,又喜言训诂考核,寻其枝叶,略其本根,老大无成,追悔已晚。

侨吴老人这种心态涉及一个重大理论问题:如何定位古典语言学,如何看待学术分工。

"本根、枝叶"论与戴东原的"轿中人、轿夫"论,道理一样,只是说法不同。把"训诂"——语言文字研究看成"枝叶",比喻为"轿夫",把"性与天道"研究看成"本根",比喻为"轿中人",这在封建社会、在经学占统治地位的时代,不仅是可以理解的,而且也

---

① 《经韵楼文集补编·与王怀祖第六书》418页。
② 《博陵尹师所赐朱子〈小学〉恭跋》,《经韵楼集》193页。

是必然的。但从现代学术分工来看,语言文字学与哲学、伦理学,都是独立学科,都有自身的独特价值,不是"根"与"叶"、"轿中人"与"轿夫"的关系。在我们今人看来,段玉裁的学术道路并没有错。不仅没有错,而且取得了卓越的成就。他的古音学研究、《说文》研究,都是专家之学,都是一流水平,并世无双,有什么可"追悔"的!为什么高邮王氏父子就没有这种"追悔"的心情呢?我以为段老先生紧跟两位恩师,风义可嘉,景仰有加,而平视不足,以致"自惭形秽、自愧弗如"。他缺少高邮王氏那份宁静,那份孤芳自赏,那份世家子弟的贵气。贫寒人家,七品芝麻官,学问虽大,脾气也不小,而底气毕竟有点不足啊。王亦有不及段者,段、王均是东原高足,而段是铁杆保戴派,是东原的忠实捍卫者,人穷道不穷啊!

人的自我评价,与后人对其人的评价,往往差距甚大。吹牛之徒,自我膨胀的家伙,要后人来戳穿他;成就卓著而谦言"老大无成"者,后人应当肯定他,赞美他。段氏属于后者。谦谨是德性,是少小养成的德性。段玉裁说:"朱子之《小学》,蒙养之全功也。"他的"自悔"自省精神,"以圣贤之学"为分内事的精神,得益于蒙童时代养正之功,故至老"敬守是书"。

《小学》,只不过是一本通俗读物,而它在中国封建社会后期的思想统治史上却占有极为重要的地位。如果有人能写一部《〈小学〉研究》,研究宋以后的士大夫如何在蒙稚阶段接受养成传统的核心价值观,研究《小学》在传播封建意识形态巩固封建社会统治秩序中的巨大功能,研究朱熹的影响力为何如此之深广,其价值可谓不言而喻。思想史家们醉心于抽象概念的探索,不厌其烦地唠叨朱陆之争,谁也不屑于谈及《小学》这样的儿童读物,说不定根本就不知《小学》为何物。道无所不在,道在《大学》,道亦在《小学》,道在童心,道在草根。与教化无关的"道",与宇宙人生无关的"道",与安身立命无关的"道",与天地祖宗无关的"道",非道也。

《小学》为朱熹主编,刘子澄等"众人编类",朱熹本人和有的记载也称之为《小学书》,南宋孝宗淳熙十四年定稿。全书分内、外两篇。内篇有"立教、明伦、敬身、稽古"四卷,外篇有"嘉言、善行"两卷。共计六卷,由圣贤语录及历史故事构成。"二千年贤圣之可法者,胥于是乎在!"(段玉裁《恭跋》)。元明清三代为此书作注释的就有几十家之多。段在《恭跋》中提到的两种影响颇大。

一种是"坊间所行陈恭愍注"。恭愍是陈选的谥号,浙江临海人,明英宗天顺进士。明代程昌《刻小学古训序》云:"尝忆成化中天台陈公选督学南畿(指南京),崇尚是书,亲为句读,绣梓通行,以之较士。一时诸生,率皆摘记题意,以倖其录。"①《四库》提要云:"选《注》为乡塾训课之计,随文衍义,务取易解,其说颇为浅近。"②另一种为"新刻梁溪高紫超氏所注《小学》",也就是尹师所赐的那本。此书《四库》列入存目,提要云:"是书因天台陈选旧注略删订之,后附《总论》及《朱子年谱》。"(《四库全书总目》804页)据彭绍升《高先生愈传》云:"高紫超名愈,江南无锡(即梁溪)人,忠宪公(即高攀龙)之兄孙也……年八十七卒。尝注《周礼》及朱子《小学》,乾隆中督学尹公以《小学》取士,颁行其书。"(《清代碑传全集》卷一二九 649页)又据顾栋高《尹先生会一传》云:"(尹)最后视江苏学政,申明《小学》之教,无锡有宿儒高紫超愈辑注《小学》,先生为板行之,一时纸贵,有售至一金者。"(同上,卷三十 186页)栋高是紫超的学生,有《紫超高先生

---

① 黄佐撰《小学古训》1页,《丛书集成初编》,中华书局1991年。
② 《四库全书总目》781页,中华书局1983年。

传》，亦收入《清代碑传全集》一二九卷之中。另外，江藩的《宋学渊源记》卷下也有高愈传，也提到"督学尹会一以《小学注》颁行于学官，使诸生习之"。

"一时纸贵"，不是因为此书有什么学术价值或文学价值，而是与考试挂钩①，成了乡塾启蒙必读书。嘉庆年间青浦县朱家角镇（今属上海市）人周郁滨编了一本《珠里小志》，其"塾规"内容就有："子弟八岁入塾……九岁，读《小学》。"② 早在宋末元初，《小学》即已产生广泛影响。元初著名学者河南人许衡（1209—1281）于至元三年十二月二十九日《与子师可》书云："《小学》《四书》，吾敬信如神明。自汝孩提，便令讲习，望于此有得。他书虽不治，无憾也。"③ 这是北方的情形。南方如何？ 江西人熊朋来（1246—1323）"隐处州里间，生徒受学者，常百数十人。取朱子《小学书》，提其要领以示之，学者家传其书，几遍天下"（《元史·熊朋来传》卷一九〇 4335 页）。据明代叶盛《水东日记》卷一载：明代北京国子监还藏有元至正十三年（1353）重刻元统癸酉（1333）燕山嘉氏《小学书》板。明代广东人黄佐于正德六年（1511）编《小学古训》，其书"采取（《小学》）'内篇'之最切要者，旁及他书"，计二十篇。嘉靖十年（1531）巴陵方田为之作《集解》，叙云："幼稚之童，亦可以遍通。使父兄知所教，弟子知所学。自八岁初学时，便读是《小学古训》，以养其德性，以觉其知识，以端其趋向。"（《小学古训集解叙》1 页）这种受朱子《小学》影响而编撰的蒙童课本，同样值得研究。

《小学》为什么会产生于 12 世纪末期的南宋时代？ 因为封

---

① 梁章钜说："我朝兴学造士，将《小学》著之令甲，以试童子。"见《退庵随笔》卷十八 4 页，广陵古籍刻印社 1997 年。

② 《珠里小志》158 页，上海古籍出版社 2000 年。

③ 《全元文》卷七十 448 页，江苏古籍出版社 1997 年。

建统治发展到南宋末年已面临严重的道德危机、社会危机。朱熹在《小学题辞》中说:

> 世远人亡,经残教弛。蒙养弗端,长益浮靡。乡无善俗,
> 世乏良材。利欲纷挐,异言喧豗(huī,喧闹声)。

风俗败坏,思想混乱。"今天下大势,如人有重病,内自心腹,外达四支,无一毛一发不受病者"(《宋史·朱熹传》)。这正是大思想家挺身而出扶危济世之秋。从娃娃的教化抓起,"蒙以养正,圣功也"(《周易·蒙》)。《小学》适应了这一需要,是这一时代特有的产物。它只能由朱熹来完成,因为朱熹是新儒学的集大成者。朱熹入祀孔庙,朱学登上统治思想的宝座,《小学》也是不可或缺的奠基石之一。得童心者得民心。至于《小学》有哪些负面作用,如何扭曲人性,如何束缚精神,如何阻碍社会发展,统治者哪管这些呢! 朱熹往矣,重塑儿童价值观的任务,是现代人所面临的艰巨课题。

第二章 段玉裁与吴省钦及《六书音均表·序》

张舜徽先生《清人文集别录·白华前稿》提要云:"省钦与段玉裁交甚厚。段氏所为《六书音均表》及《富顺县志》,省钦皆为之序,载《前稿》卷十一。"

这段话有两点可疑:一是"交甚厚";二是《六书音均表》序言的著作权问题。

在清代历史上,吴省钦以卖友求荣而臭名昭著,段玉裁这样一位正直之士怎么可能与之交情"甚厚"呢? 即使两篇序文真是吴的手笔,也不足以证明二人有"甚厚"的交情。

吴省钦和他的弟弟吴省兰都是和珅党羽。洪亮吉嘉庆四年八月二十四日写的《乞假将归留别成亲王极言时政启》对二吴有

尖锐的批判,启云①:

> 纯皇帝(盈按:清高宗弘历谥号为"纯")大事之时,即明发谕旨数和珅之罪,并一一指其私人,天下方为快心。乃未几而又起吴省兰矣,召见之时,又闻其为吴省钦辨冤矣。夫二吴之为和珅私人,与之交关通贿,人人所知。故曹锡宝之纠和珅家人刘全也,以同乡素好,先以摺稿示二吴,二吴即袖其稿走权门,藉以为进身之地,亦人所共知。今二吴可雪,不几与褒赠曹锡宝之明旨相戾乎?夫吴省钦之倾险,以及掌文衡、尹京兆,无不声名狼藉,则革职不足以蔽辜矣。吴省兰先为和珅教习之师,而后反称和珅为老师。以至竭力汲引,大考则第一矣,视学典试则不绝矣,岂吴省兰之才望学品足以致之乎?非和珅之力而谁力乎?如是而降官亦不足以蔽辜矣。是退而尚未退也。

曹锡宝(1719—1792)弹劾和珅家人一案发生在乾隆五十一年丙午(1786)。朱珪《特赠副都御史掌陕西道监察御史曹公锡宝墓志铭》云(《清代碑传全集》卷五十六298页):

> 乙巳(乾隆五十年),与千叟宴。特旨授陕西道监察御史。丙午上封事,劾奏大学士和珅家人刘全,衣服、车马、房屋逾制。先有窃知其事者,漏言于和,乃星夜毁其迹。于是,奉旨留京王大臣勘查僭妄踪迹,竟不可得。而公危甚,驰赴热河待询。当是时,和珅当路已十余年,中外无一人敢投鼠者,闻公此举,皆咋舌噤不能吐气。一二有心人,仰屋窃叹而已,亦未敢颂言公贤,皆曰:曹公祸且不测。然上竟不以罪公也。部议镌三级,奉旨改为革职留任。

---

① 《洪亮吉集》第一册《卷施阁文甲集续卷》226页,中华书局2001年。

这篇《墓志铭》出自朱珪之手,当然可信。但他对吴省钦的丑恶行为并未正面揭露,所谓"先有窃知其事者,漏言于和",这是轻描淡写,实情要严重得多。请看昭梿《曹剑亭之谏》(剑亭是曹锡宝的号)①:

> 曹副宪锡宝,上海人。成乾隆丁丑(1757)进士。任给谏时,和相专擅,其仆刘全尝交接士大夫,纳贿巨万,造屋逾制,僭如王侯规度,公密疏劾之。先商之同乡某,某潜修书驰告和相,和相令刘全拆毁如制。及公疏上,纯皇帝命公率近臣往毁其宅,以奏对不实论,上优容之。公自恨为友所卖,侘傺以死。己未(嘉庆四年),今上亲政,和相既伏诛,念公往言非谬,因追赠副都御史。

文中所说的"同乡某",即吴省钦,他们都是今上海地区人。曹锡宝"密疏"的内容是与吴省钦商量过的,而吴却背后告密,一则取悦和珅,再则欲置曹于死地,其恶毒比"窃知、漏言"要严重得多,因为这完全是坑害同乡的阴谋,凶狠之极。昭梿的记载还没有揭示吴省钦是如何骗取曹的信任,如何施行缓兵之计的。龚自珍的《松江两京官》云②:

> 御史某与侍郎某相惇也。御史公得大学士和珅阴事,欲劾之,谋于侍郎。侍郎曰:"大善。比日上不怿。事不成,徒沽直名;诚恤国体者,迟十日可乎?"御史诺:"缓急待子而行。"上幸木兰热河,留京王大臣晨入直,有急报自行在至。发之,和珅答侍郎书。大略云:和珅顿首谢,种种有处置矣。月余,报至,亦和珅与侍郎书,辞甚啴,谓君绐我。侍郎惭,急

---

① 《啸亭杂录》卷四112页,中华书局2006年。
② 《定盦全集》卷七16页,扫叶山房1920年石印。

诣御史曰:"可矣。"御史方饮酒,劾竟上。是月以燓典罢官。

"御史某与侍郎某"即曹锡宝与吴省钦,所谓"迟十日"就是争取时间以便"潜修书驰告和相",和珅当时随乾隆在热河。所谓"比日上不怿",这是骗曹不宜即日上疏,还是为了拖延时间,让和珅有充分准备。而曹锡宝竟然大上其当,"安虑天下有阱己者哉!"(龚自珍语)苏轼曾对王安石说:"今之君子,争减半年磨勘,虽杀人亦为之。"(《宋史·苏轼传》)吴省钦就是这样的"君子"。这样的"君子"并未断子绝孙,曹锡宝们,当心啊!

坏人到头要完蛋,和珅、刘全也不例外。刘全是什么人?王念孙在嘉庆四年正月《敬陈剿贼事宜摺》中云[①]:

> 其家人刘秃子,本负贩小人,倚仗和珅之势,广招货贿,累万盈千。

至于吴省钦,至今还有文章斥之为"无耻文人"。当然,人们可以说,段、吴之交是在曹案发生的十多年之前。吴省钦在《富顺县志叙》中也说:"予友段君若膺。"这里所说的"友"也是一般客套话,没有材料可以证明,段、吴在成都时有过"厚交"。乾隆四十二年,段玉裁在成都候补,吴省钦时任四川学政,请吴氏为《六书音均表》作序的事就发生在这一年。而此序实为段氏本人所作,"假名于吴冲之(省钦)"。刘盼遂《段玉裁先生年谱》已明确指出:"据江沅《说文解字音均表》卷首《叙录》所记如此。"[②]段玉裁为什么要把自己写的序假名于吴省钦?是因为二人有"厚

---

① 《高邮王氏遗书》119页,江苏古籍出版社2000年。

② 刘氏《段谱》见《经韵楼集》附录,此引文见445页。又北京师范大学出版社2002年出版的《刘盼遂文集》亦收入《段谱》。笔者有幸得顾之川先生赠此书,甚为感激。

交"吗？另外，按吴省钦的学养而言，能写出这样水平很高的序文吗？段、吴完全是不同的两路人。段是学人，是经师人师；而吴是文人，他的诗歌创作谈不上有多高水平，可在《乾嘉诗坛点将录》中也被列为"步军协理头领"二十六员之一，名之为"笑面虎"[①]。至于官声，洪亮吉已说过，所历之处，"无不声名狼藉"。他如此巴结和珅，坑害老乡，绝非偶然不检。段玉裁为官不忘读书，不忘著述，晚年作《送龚婿丽正之徽州郡守序》，他检讨自己，颇为自悔（《经韵楼集》221页）：

> 余壮盛出宰，气质未化，未能尽心于民，颇以好读书玩公事。年已老眊，时用自悔。

他的"好读书"，比之好巴结，好搞阴谋陷害人，好一万倍，不值得"自悔"。所谓"玩公事"也是严于律己的说法。乾隆三十七年，"奉命发四川候补。八月至蜀（成都），后署理富顺及南溪县事，又办理化林坪站务。王师申讨金酋（平定大、小金川），储偫（zhì，积聚）辇输，无敢稍懈怠"（乾隆四十年《寄戴东原先生书》）。可证段县令并非敢"玩公事"者。他的读书时间、著述时间是靠开夜车获得的，"每处分公事毕，漏下三鼓（三更，半夜子时），辄篝灯改窜是书（指《六书音均表》）以为常"。乾隆四十一年秋，段氏离开富顺县赴成都候补，在《书富顺县县志后》中又谈到其深夜著书的情况（《经韵楼集》241页）：

> 盖是县于川南（富顺今属自贡市）最剧治者，日不暇给，而予乃能以其余闲成《诗经小学》《六书音均表》各若干卷，所居西湖楼，一灯荧然，夫人而指为县尹读书楼也。岂予之

---

① 〔清〕舒位（1765—1815）《乾嘉诗坛点将录》，见叶德辉编《双梅影闇丛书》356页，杨逢彬、何守中校点，海南国际新闻出版中心1998年。

多暇欤！

那时的段玉裁正是壮年,精力旺盛,敏于事而勤于学,有口皆碑。

但是,县令毕竟是一个小小的下级官吏,《诗经小学》《六书音均表》虽是不朽之作,毕竟尚未公开问世,段氏在学术界也还是无名之辈,借吴省钦的大名序于《表》端以自重,未免有点庸俗,却也不难理解。

有关序文的猫儿腻,往往要稍加考证才能得其实。段玉裁为自己的著作写序用了吴省钦的大名,这是猫儿腻;王念孙作《重刻说文解字序》却由朱筠署名(刘盼遂有论证,见《高邮王氏遗书·王石臞文集补编》6页)[①],这也是猫儿腻。王国维也玩这种猫儿腻,他的《人间词甲稿序》《人间词乙稿序》均出自己手,却托名于樊志厚,这是人所共知的事实。

有趣的是,上述三位挂名作者,其水平都与相关的序文极不相称。樊志厚写不出二序,朱筠也写不出王念孙那种水平的序文(其弟子章学诚也承认朱筠于"六书未尝精研"),吴省钦的学术水平能为《六书音均表》作序吗?当然不能。吴于古音学纯属外行。从序言的口气、行文风格及内容来判断,必是段氏手笔,绝非他人所作。序文一开头就泄露了天机:

> 予友金坛段君若膺《六书音均表》既成,有问于予者曰:
> 是书何以作?读之将何用也?

所谓"予友",纯属客套话。"问于予"的"予"就已经无意间告诉我们:本序文的作者是谁了。段玉裁作《表》,人们问的当然

---

① 刘盼遂:"《说文解字》朱序,盖出自石渠(即石臞)捉刀,似无容置疑者,兹特定为石渠之作。"

是段玉裁本人,也只有段氏本人才有资格有条件回答所问。人们凭什么去问一个不通古音的吴省钦呢?如果本序文果为吴省钦所作,他是绝不可能这样来设问的。这样设问不是以作者自居吗?只有作者自己才可回答"是书何以作"。下面按各《表》的内容提出了十几个问题,都是自问自答。而且对"六书、音均、表"这个书题分三层来加以解释,完全是段玉裁本人在和读者对话。序文最后一句是"书之以为释例",这更是段氏的口气和构思了。这篇序文的全部内容,从头到尾都是"释例",吴省钦如果真是序文的作者,他会傻乎乎地为他人的著作去"释例"吗?这个"例"他"释"得了吗?

通观全篇序文,没有一个字谈及段、吴相与论学,也没有一个字谈及二人的交谊,更没有一个字的赞美或读后感受。除了"南汇吴省钦冲之甫"这个署名外,看不出与吴有丝毫关系。侨吴老人曾说:"此《表》唯江氏祖孙知之外,无第三人知之者。"[1] 这就彻底排除吴省钦作序的可能性了。

有趣的是:爱因斯坦的理论,据说"当时世界上只有三个人能理解",而段《表》的"知之者"还不足三人呢。如果凭什么"学术委员会"来评教授,段玉裁就只能靠边站了!呜呼,可爱的侨吴老人,你能怎么样?

第三章　段玉裁注《说文》

嘉庆十二年(1807),段玉裁已经73岁了,经过32年的艰苦奋战,他的《说文注》大功告成了。按常理而论,他此时的喜悦之情应是难以用言语来形容的。

然而,事情却不是这样。就在这年十月十五日,他给远在北

---

[1]　祖,指江声(号艮庭)。孙,指江声之孙江沅(字子兰)。

方的王念孙写了求援信，信中说："玉裁老、贫、病三者兼之，向者
耻言贫，今日乃更不能自讳也。"（《与王怀祖第四书》，《经韵楼
集》416页）

因为贫，这一大堆《说文注》书稿怎么刊刻问世，他一筹莫
展；因为贫，上年王念孙帮助他的四十金刻资，已经作了别的用
场，而今，不得不又一次伸出了求援的手；还是因为贫，"年只
七十，而老耄过于八九十者，是可叹也"（《与王怀祖第四书》，《经
韵楼集》416页）。

他五世同堂，家口三十，在那物价昂贵的姑苏城，居何容易！
难怪他说："心之忧矣，云如之何？"（《与刘端临第十八书》，《经
韵楼集》406页）

自古道："贫贱忧戚，玉女于成。"出身寒素的段玉裁，从小就
受过这样的家教："不种砚田无乐事，不撑铁骨莫支贫。"晚年的
段玉裁以铁骨支贫，以著述为乐事。若无这样的支贫铁骨，又哪
来的"千七百年来无此作"的《说文注》！

贫可支，病奈何？

乾隆五十九年（1794），段玉裁时年60，注解《说文》的工作
正在加紧进行。不料，那年八月，他却跌坏了右足，从此成为废
疾之人。这个打击，非同小可，他每天都要查找那么多资料，行
动不便，如何是好！一想到日暮途远，他不免惆怅起来。在给友
人的信中说："'采得百花成蜜后，不知辛苦为谁甜？'每诵此语，
为之怅然。"（同上，404页）当然，他没有悲观，反而，似乎得到了
一种新的精神上的鼓舞，他对友人说：《说文注》"三年必有可成，
亦左氏失明、孙子膑脚之义也"（《与邵二云书二》，《经韵楼集》
389页）。

"三年必成"——后来的事实证明，这个话未免过于乐观了。
但是，"左丘失明，厥有《国语》；孙子膑脚，《兵法》修列"，段氏坏

足,《说文注》成,此中之"义",不也可以发人深思吗?

年过"耳顺"之后,他的健康状况越来越不佳。"盖春夏秋三季多不适,而春病尤甚","疮烂疥烦","两眼昏花","心脉甚虚,少用心则夜间不能安宿,又左臂疼痛不可耐"。这时,他最为担心的是什么呢? 是事业。他对友人说:"贱体春病如故,栗栗危惧,《说文注》恐难成","精力衰甚,能成而死,则幸矣。"待到全书告竣时,他对自己的一个学生说:"吾似春蚕一般,茧既成,惟待毙焉。"可敬的春蚕精神! 若无这点精神,这位贫病交加的老人,怎能完成这不朽巨著?

诚然,段注并非字字句句都可信,尤其是老人的主观武断,好逞私臆,更招致了后人的种种非议。但是,瑕不掩瑜,段注毕竟是所有《说文》注本中最优秀的一种。

龚自珍曾在《己亥杂诗》中赞扬段注,认为其考核文字(包括形、音、义三个方面)源流之功,有如导河于积石,此书一出,"万谳"始"奠"。我们不能因为他是段氏的外孙,就以为这纯属溢美之辞。原诗是:

张杜西京说外家,斯文吾述段金沙。

导河积石归东海,一字源流奠万谳。

原载《书山拾梦》,商务印书馆 2015 年

语文建设与人性的塑造

　　语言文字在生存过程中也会遭受磨损、污染、歪曲、破坏，故此须要有人来进行建设。但建设的理想目标并不只是为了消极地纠偏。语文后面深深地联系着人性，有什么样的人性状态就会有什么样的语文天地。如果人性卑鄙堕落，语文必然格调低下，面目可憎；如果人性健康向上，语文必然纯洁严谨，活泼多姿。《孟子》说："诐辞知其所蔽，淫辞知其所陷，邪辞知其所离，遁辞知其所穷。"韩愈说："仁义之人，其言蔼如也。"句句说的是语文和人性。

　　性本善还是性本恶，这是可以永远争论下去的命题。说人性是可以塑造的，该不会有什么争议吧。在人性的塑造过程中，语文，历来都肩负着最基础的教化使命。或刻意灌输，或主动模仿，潜移默化，沦肌浃髓。婴儿牙牙学语，少年苦苦学认字、学作文，都是人性的养成教育。从这个意义上来说，人一生下来就进入了语文天地。主宰这一方天地的是父母、邻里乡亲、老师、朋友。他们的语文素质，也就是一个儿童所面临的语文环境，影响将及于终生。"少成若天性，习惯如自然"（《汉书·贾谊传》引孔子语）。为人父母者，为人师长者，在语文化的人性修养方面，是否起到了表率作用呢？我们的家庭语境、学校语境，还有许多误区。如："打是亲，骂是爱"，就是摧残人性的浑话。至于家庭的话语专制，课堂的话语垄断，社会上的话语霸权主义，都是阻碍人性健康发展的大敌，真值得我们深刻反思认真对待呀！无数事实证明，语言文字也具有极大的杀伤力。"文革"中那些死于非命的人,并不一定都是死于铁棍长矛,有不少是死于恶语毒文。"有话好好说",这是人性最低的要求;"骂你没商量",这不是强者应有的品格。

我们是一个文明古国,古人对语文的教化功能有许多很深刻的认识。那本启蒙读物《三字经》,开篇就切入人性:"人之初,性本善。性相近,习相远。""习"就是塑造。时代不同,社会性质不同,塑造人性的道德标准、价值标准当然也不同。但自有生民以来,人性要向善去恶,这是一致的;语言不应放弃自己的教化使命,不仅不应放弃,而且要看做天职,这一点也是一致的。

担负语文教化责任的人,当然不只是教师、家长,还应包括作家、思想家、哲学家等等。作家不仅应该是正确使用语言的能工巧匠,而且也应该是塑造人性的能工巧匠。至于有出息的思想家、哲学家,他们从来都把对人性的关爱作为终极使命。这里我要以朱熹为例。朱老夫子是公认的教育家、语文学家、哲学家,他编的那本《小学》,就是一本讲人性的启蒙读物,此书也是一开篇就切入人性:"元亨利贞,天道之常。仁义礼智,人性之纲。"老夫子的用心很明确:"今颇搜集以为此书,授之童蒙,资其讲习,庶几有补于风化之万一云尔。"[①]"风化"要从娃娃抓起,要从语文基础教育抓起。从南宋至清的七百多年间,《小学》代代相传,影响极其深远。段玉裁在《说文解字注》中写道:十三岁时,学使者尹会一"授以朱子《小学》,生平敬守是书"。用今天的眼光来衡量,《小学》中也有反人性的歪理邪说,如程颐说的"饿死事极小,失节事极大",后世的妇女因此吃了不少苦头,真是罪过。但撇开这个具体问题不论,宋人高谈气节,也是有历史原因的。宋承唐末五代之后,风化、人性已坏到了极点。历史学家范文澜说:五代是

---

① 《小学序》,见刘文刚《小学译注》1 页,四川大学出版社 1995 年。

一个"卖国成风，丑恶无以复加"的时代(《中国通史简编》第三编382页)。北宋的范仲淹、欧阳修以及理学家们，开一代新风，恢复古典人文主义，弘扬崇高的人性，砥砺士大夫的情操气节，于是世风丕变。朱熹的《小学》也就是这个特定时代的产物。

我并不主张从故纸堆中把《三字经》《小学》之类的读物重新请出来，我还没有迂腐到这个地步。我只想提出一个问题：这类读物寓人性塑造于语文教育之中的特点，我们如何继承；我们如何取代这类读物，超越这类读物；如何为孩子们、成年人、老年人建设一个新的语文天地；我们何时也能产生这么一本具有经典意义的小书，让有学问的、没有学问的、平民百姓、大官小吏，都"生平敬守是书"？

从上个世纪的新文化运动以来，我们的语文学科就一直向学理化、知识化、技术化的方向发展，这当然是进步，其副作用是导致语文教化功能的淡化乃至消亡。就整个学术事业、教育事业而言，语文学科也是江河日下，其地位是在可有可无之间。人才难乎为继，人性能不滑坡！人性滑坡，社会如何能团结稳定、长治久安！一种极其浅薄的邪说就可以蛊惑人心，说明人性塑造工程正面临着严重的危机。

我并不主张把语文课教成伦理课、修养课，何况语文建设也根本不是一门课的问题。全社会的人都在使用语言、使用文字；全社会的人都在用语言用文字塑造别人，同时也都在用语言用文字塑造自己。塑造的目的千千万、万万千，终极目的只有一个：使人性变得美好、崇高。如果有人鄙视"美好"与"崇高"，人性与兽性还有什么区别！

原载《语文建设》2001年第7期

读刘月华《汉语语法和对外汉语教学》感言

今年是我们 56 级语言班入学北大六十周年,恰逢同班同学刘月华的大著《汉语语法和对外汉语教学》在北大出版社出版,我受命作序,一时百感丛生,不知从何说起。文本昭昭,人人可读,何以序为?我想,不如写点读后感言,或许更有意义吧。

六十年,这是一个什么样的概念?似乎很短,又似乎很长。飞光无痕,月华依旧,昨日种种似乎仍在眼前;桑海余生,饱经风霜,老同学有三分之一已永无再会机缘!短耶长耶?

六十年来,老同学无不习惯性地称月华为小哈。尽管在夫君府上她已是太皇太后级人物,在学界已是知名教授,而在老同学这里,外号早已变成了昵称,如再改称学名,就显得生疏、见外了。有小哈,就有大哈。是的,大哈就是何乐士。据小哈《怀念大哈》一文所言:"我和大哈都是来自北国冰城哈尔滨。大概大家觉得哈尔滨这个城市的名字有些特别吧,就把大哈叫大哈尔滨,把我叫小哈尔滨。"大小二哈为终生好友,乃当代语言学界女性双璧。从学术定位而言,大哈是古汉语专书语法研究第一人,小哈是对外汉语教学语法第一人。她们都善于在学术发展的节点上,抓住机遇,准确地找到自己的学术定位。

遥想当年,我们的孔圣人说:"道不行,乘桴浮于海。"对一个"三月无君则皇皇如也"的官迷来说,这不过是牢骚话,说说而已。大小二哈可真的"浮于海"了,只不过目的与孔子大不相同。大哈"浮"到了欧洲,在欧洲汉学界大行其"道";小哈"浮"到了美洲,在美国中文学界大行其"道"。她们的学术人生在海外大放异彩。她们在西方世界播种汉语文化、中华文明,孤身而往,载誉而归。然而,风光后面也有忧伤,有艰辛,有种种不必写出来的文章。今日读小哈文章,感及往日大哈,非涉笔成趣,实乃事出有因。大学毕业后,数十年间,难得一见,而学术江湖的翻云覆雨,人所共知。我能为老同学庆幸的是,从"万山不许一溪奔",到"堂堂溪水出前村",是母校、也是先师,给了你们永不言败的奋斗精神和过硬的学术本领。

20 世纪五六十年代,北大中文系组建了共和国语言学第一大重镇。燕京、清华、中山大学的语言专业人才合并到北大。于是,王力、魏建功、岑麒祥、袁家骅、杨伯峻、高名凯、周祖谟、朱德熙、林焘诸先生,得以聚首燕园,可谓"汉之得人,于斯为盛"。请想一想,中国现当代语言学的众多领域,有多少个"破天荒",多少个"破题儿第一遭",多少个新概念、新结论、新体系,多少门新课程、新教材,以及国家多少个重大语文建设项目,跟他们的名字联系在一起。他们以言传身教,为我们树立了三大优良学风:

第一,靠自己的著作立足于学术之林。自己写书教学生。不攻人短,不矜己长,不立山头,不设关卡,不垄断学术资源。

第二,提倡独立思考,养成缜密的、一丝不苟的科学精神。

第三,痴迷于专业研究,以学术为生命。即使在极其艰难困苦的条件下,也珍惜光阴,力求有所作为。

这三大优良学风,是九位先师留给北大语言专业最为宝贵的精神财富。传统继业者,代有其人,仅以本科毕业生为例,如 52 级的徐通锵、王福堂,54 级的曹先擢,55 级的陆俭明,56 级的何乐士、刘月华,57 级的蒋绍愚,62 级的江蓝生,他们都赶上了汉语专业的黄金时代,都是诸先师的及门弟子,在《中国现代语言学家传略》中,他们的名字,赫然在目。今日呼唤先师传统,别有深意在焉。

三百多年前,清初学者顾炎武曾对自己的外甥、门生说:"与君辈相处之日短,与后世相处之日长。"在一封给友人的短札中又说:"吾辈所恃,在自家本领足以垂之后代,不必傍人篱落,亦不屑与人争名。"这是何等学术自信,人格清高。因为"自家本领足以垂之后代",故"与后世相处之日长"。逻辑关系如此简单,当今能以如此简单逻辑律己者,还有几人?"傍人篱落""与人争名"者,满坑满谷。

九位先师已先后作古,他们的精神是与顾炎武相通的。我读刘月华的书,探求字里行间所律动的规矩、气质、悟性、风格,我无以名之,姑且称之为"先师精神"。她在北大,有过将近十年的学术训练,有本科时期的科研经历,有研究生阶段的名师熏陶。一旦有机会登上能施展本领的学术平台,就能发出耀眼的光芒,令人刮目相看。

刘月华这本专著收了三十几篇论文,有二十一篇发表于1979年至1988年这十年间。那时,她在北京语言学院任教,从事对外汉语教学。

中国的对外汉语教学,历有年所,可定性为一门独立学科,则始于20世纪70年代末期。参与学科建设的主要是一批中青年教师。刘月华脱颖而出,成为里程碑式人物,她的治学经历对后人有何启示呢?所谓里程碑,根据又是什么呢?

我一向认为,学人研究学问跟军事家指挥战争,其根本原理是相通的。最重要的是要有战略观念,全局意识,对客观现状有清晰的判断;其次要洞悉具有全局意义的重点、难点是什么,知道自己应当干什么,尤其是知道自己不应当干什么。这两条加在一起,就是人们通常所说的聪明、智慧。成功不能光凭聪明与智慧,最后一条就是下死工夫、笨工夫,不惜一切代价,勇于斩关夺隘,直至胜利。我观刘月华的学术韬略,亦大抵如此。她跟何乐士一样，干起学问来，一点也不打哈哈，大处不糊涂，细处同样不糊涂，二哈不"哈"，有真正的工匠精神。

刘月华清楚地知道，对外汉语教学的艰巨任务是教材建设。教材建设的难点在哪里，不在语音，也不在词汇，难点也就是重点是语法。她就向语法发起进攻了，进攻就要有突破口，她选择了补语，一炮打响，势如破竹。

我们先看她1983年发表的《关于汉语作为外语教学中的语法研究和语法教学问题》，这是一篇纲领性的文章。文中对当时流行的甚至是权威性的语法著作在对外汉语教学中的种种不适用有深刻揭示，她说：

> 到目前为止，国内出版的汉语语法著作几乎都是为母语是汉语的人编写的。我们在教外国人汉语的过程中，普遍感到这些语法书不能满足教学的需要。有些在语法书中花费不少篇幅讲的，甚至是长期以来争论不休的问题，在我们的语法教学中并不是困难所在……而我们教学中常常遇到的、迫切需要解决的许多具体问题，在这些书里往往找不到或很难找到满意的解释。

实践出真知。"迫切需要解决的许多具体问题"是从实践中提出来的，如何"找到满意的解释"是要靠研究。通过数以百万计的语料，对补语问题进行了全面调查，写出了一组有关补语的文章，如《可能补语用法的研究》《趋向补语的语法意义》《几组意义相关的趋向补语语义分析》……后来，又从400万字的语料中搜集趋向补语的用例，主持编著了一部56万字的《趋向补语通释》。其他如《状语的分类和多项状语的顺序》《定语的分类和多项定语的顺序》以及《动词重叠的表达功能及可重叠动词的范围》等等，都是为"满足教学的需要"而作。刘月华进入了科研与教学完美结合的境界。

　　20 世纪 80 年代,由她领衔与另外两位作者合著了《实用现代汉语语法》。此书在海内外产生了广泛影响,深受读者欢迎,韩、日都有译本,台湾还出版了繁体字本。一位日本教授说:日本的汉语教师手头有三本必备书:一本是《汉和词典》,一本是《现代汉语八百词》,另一本就是《实用现代汉语语法》。《实用》紧贴汉语实际,"凡是外国人难以理解和掌握的语法现象,本书都做了尽可能详细的描写,对某些容易引起混淆的语法现象还做了比较分析,指明正误"(《前言》)。吕叔湘先生在序文中赞扬"她们说到做到,有不少内容是别的书上不讲或一笔带过,而这本书里有详细说明的……还有别的书上也讲,但是没有这本书讲得仔细的"。行文至此,"里程碑式人物"的论断乃实至名归、隐然可见、确乎有据的了。在对外汉语教学这门学科的建设中,刘月华有这样两大贡献(本书及《实用》),我不能不为之"感",而有所"言"了!

　　从 1989 年起,刘月华赴美访学。先后在卫斯理学院、麻省理工学院、哈佛大学从事中文教学。她主编的《中文听说读写》,成为美国用得最多的一套中文教材(现已出第四版),也受到欧洲、加拿大、澳大利亚、新西兰以及中国香港、大陆一些学校的青睐。美国中文教学界称赞她是"最受尊敬的老师之一。美国的中文老师对她编写的汉语语法专著及中文教材都相当熟悉"。2003年 11 月全美中文教师学会在费城召开的年会上,颁发给刘月华教授终身成就奖。这是美国中文教学界的最高荣誉。此后出版了《刘月华教授荣退纪念论文集》。所有的这一切,使"里程碑式人物"形象变得更加丰盈、饱满,其影响更加深远。母校、先师的培育之恩更是须臾不可忘怀的了。她的这本大著交北大出版社出版,也表达了"胡马依北风,越鸟巢南枝"式的情怀吧。

　　汪曾祺说:"北大的学风是很自由的,学生上课、考试,都很随便，可以吊儿郎当。我就是冲着吊儿郎当来的。""中文系的学生更为随便，中文系体现的'北大'精神更为充分。"真是此一时也，彼一时也。20世纪50年代的北大中文系，再也不能"吊儿郎当"了。"随便""自由"，流风犹存。所谓随便，即学生自主意识的张扬；自由即学术民主空气浓烈。上课、考试缺席是不允许的，而课堂发问、递条，甚至要求换任课老师，这是常有的。但考试无须监考，绝对无人作弊。我们班自编《汉语发展史》，刘月华也是一员干将。同学们也常为学术问题争得脸红耳赤。都是来自各地的学霸，不经过反复较量，谁肯降心相从，甘拜下风？刘月华还多年担任班文委，应该记得，我们是如何勤工俭学自筹班费建立班金库的。春日到圆明园北门外一生产队的稻田除草，冬日到颐和园整修鱼塘，夏夜东操场放电影，何乐士领着女生卖冰棍，我们也时有大块文章在报刊发表。劳动所得和稿费，一律交金库。办壁报，举行文艺晚会，秋日全班去香山看红叶，登鬼见愁，月夜泛舟昆明湖，全部由金库开支。我们的集体观念、合作精神，就是这样锻炼出来的。测试劳卫制，为了人人达标，往往全班上阵，呐喊助威。

历经六十年的漫长岁月，我们也遭遇过大风大浪，急流险滩。坦坦荡荡，昂首前进。寄愁天上，埋忧地下，无愧于天地国亲师！

晚年的刘月华，与夫君北大哲学系教授王永江长居美国加州圣地亚哥。他们相知于燕园。哲学与语言结婚，天作之合。如今，他们秋回春去，劳燕双飞。大洋彼岸，今夜又是他乡月色，在时光雕刻的记忆碎片上，王刘长念自家的燕园春秋。湖光潋滟，岸柳婆娑，小哈初嫁时，风仪楚楚、布拉吉翩翩。知否、知否？未名情结，原是另一种文化乡愁！

2016年10月27日（时年八十又四）

原载《此世今生未名情》，北岳文艺出版社2019年

三十年来圆一梦　丹心一片在中原

——序《近代中原官话语音演变研究》

"士别三日，即更刮目相待"，这是我读完建喜这本书之后心中立即冒出来的第一个想法。其次，作为意态平淡的书山老人，早已心如止水，犹能引起此心欣慰激赏的事，莫过于喜见晚辈学术有成了！此种感受，该如何来形容呢？我想起了司马迁的那句名言："未尝不废书而叹也！"

古人三十年为一世。建喜对近代中原官话的研究，足足跋涉了"一世"的漫长历程。这中间的种种艰辛，可想而知。他的韧性、耐心、专一精神，不是人人都能具有的。或许，跟他的修为有关吧。建喜是地道的中原人，以中原人研究中原官话，情有独钟，得天独厚。正是：三十年来圆一梦，丹心一片在中原。

关于"中原官话"，此前已有不少研究。在近代语音史这个研究领域，较为普遍的看法是把北方官话与中原官话等同起来，建喜这本书第一次将"中原官话"作为一个独立体从北方话中分离出来，名之曰"近代中原官话"，或曰"明代中原官话"。经过深入考察，断定"明代中原官话的基础方言是开封音，而不是洛阳音"。我以为这是本书的第一大成就。

本书第二大成就是创造性地运用、验证了"一源三京"的官话发展理论。所谓创造性是指本书根据明代的实际情况，将"洛京"改为"明代中原官话"。换句话说，即以汴京取代"洛京"。这里要稍加解释的是，"洛京"是个点，是大概念，代表整个汴洛地区，并不完全等于断代官话语音史中的"洛阳音"。它的历史背景、长度很远,与建喜书中的"开封音"是大概念与小概念的关系,二者范畴有别,不存在本质上的矛盾。

本书音系三分,意义有二:一是三大音系的并立,用事实证明了"一源三京"的理论应用于明代是完全可行的。三分的另一层意义是突破了用一个音系涵盖一个时代的单线发展模式,从而证明"散点多线式"框架是切合实际的理想框架。只有"散点"才可反映一个时代语音演变的真实面貌。可以这样认为:本书的三分框架为汉语语音通史或断代语音史建立了一种新的范式。意义深远,值得大大肯定。

在明代,之所以三分,而不是四分、五分,这完全是由这些音系本身的价值、地位来决定的。中原、南京、北京,这三种官话音在当时都具有地方通用语的性质(按:"地方通用语"这个概念是我们在交谈时由高永安提出来的),如果去掉其中任何一个,对近代官话语音史来说都是不完美的。

音系的科学性取决于资料的真实性。本书使用了三种性质的原始资料:韵图、地方志中有地方特色的韵文资料、方言调查资料。前两种资料都属于"文学语言"(即"书面语")。这就给我们一种启示,古典"文学语言"的语音层面是有梯度有层次的,有明显的地方色彩,这是由历史上汉字读音的多元性决定的。正因为同一个汉字在同一个时代有不同的书面语读音,"散点"音系的建立,才有可能,才有必要,才有可信的根据。

构拟、比较,是本书的第三大成就。我所指导的博士研究生,凡是以汉语语音史为研究方向的都要了解构拟学说,能熟练运用构拟工具。因为只有用音标构拟具体音值,字音的各种音韵成分的展示才有可能达到精细、科学的境地。本书对字音的全面构拟,对音系的全面构拟,都能一丝不苟,清晰明白。在构拟的基础上,进而对三大音系的字音一一比较,得出了一系列的相关结论。

本书几乎没有空话，就得益于严密的构拟和比较。从构拟和比较的角度而言，书中四个附录的重要性一点也不亚于正文。附录的前三个是《比较表》，最后一个是《演变表》，如果要没有音标构拟，当然也可以谈"比较"、谈"演变"，而效果就很不一样了。我深表赞许的是，如此浩繁、复杂、琐碎的音标构拟，完全是磨人的慢工细活，建喜却干得如此缜密、完美、漂亮，仅此一点，就足以拍案叫绝，浮一大白。

我跟建喜相识已有 20 年了。他具有中原人质朴、沉稳、内敛的气质。在家庭堪称模范父亲，在学界守规矩，有家法，默默耕耘，精益求精。我以为人的性格往往决定书的性格，故在序文的结尾写了这样一些看法，或许有助于读者对本书的理解。

2020 年 10 月于蓝旗营抱冰庐

乔永《辞源史论》序

　　《辞源》修订是集体事业。《辞源》展示给读者的每一个词条，每一个版面，每一项完整的成果，往往是几代人集体智慧的结晶。

　　集体由个人构成。这些个人有决策者、组织者、领导者、主编、撰稿人、审稿人、临时特约审稿人、编辑人员、编辅人员、排版人员等等。

　　所有参与其事的个人（包括专业人士）都能受惠于这个集体，因为这也是一所学校，是考验、造就人才的地方。人磨《辞源》，《辞源》也磨人。而且，个人能为之操劳，尽瘁其业，亦无忝所生、无负所学和无负于盛世矣。付出与收获是统一的。

　　百余年来，从张元济（1867—1959）时代起，商务印书馆有好几代人为《辞源》奉献了自己的聪明才智和宝贵的年华。如果说，以往的事例只能从耳闻或文字记载得其大略，那么第三次修订我躬逢其役就得以亲眼见证：从总编周洪波起，都称得上是"拼命三郎"。人人勇挑重担，独当一面，殚精竭虑，夜以继日，对撰稿人和主编的工作全力配合协助，我们的合作是成功的。

　　《辞源》修订非一朝一夕之功。年复一年，重任压肩，人非草木，孰能无感！我们的乔永博士感慨多矣，在本书第七章《辞源》修订札记中有他的心声：

　　　　搜集与整理索引的几年时间里，充满了艰辛，也受尽了委屈。到现在，整整八年了，搜集与整理索引是枯燥、琐碎的，也是没有报酬的。只是为了热爱的辞书事业，花费了我们老中青三代大量的业余时间。史建桥已经退休，我也是人过中年，两鬓斑白，垂垂老矣。

这是平常人的平常心态，我很能理解。感慨的深层，有一种不屈不挠的精神和勇于担当的气概。古代有一个和尚说过："如人饮水，冷暖自知。""自知"者明。他人知否，并不重要。人类文化的每一个进步，即使点点滴滴的进步，都是由无数人的"艰辛"积累而成。艰辛是机遇，也是福分，是平凡人生中的不平凡境界。乔永正当盛年，处于事业的黄金阶段，距"老矣"还相当遥远。至于白发侵鬓，能证其"艰辛"，岂能证其"老"而且"矣"！

乔永热爱辞书事业实非偶然。据我所知，他与《辞源》结缘已有十余年之久。曾与建桥、从权合编过《〈辞源〉研究论文集》（2009 年）、《〈辞源〉修订参考资料》（2011 年）和《古汉语辞书编纂参考论著索引》（2015 年）。还参加过《辞源》修订本 2009 纪念版的编辑工作，也是《辞源》第三次修订项目组的重要成员。实践长知识、长才干，"热爱"之心也由此而生，《辞源史论》也由此而成。

乔永赶上了好时机。为了确保《辞源》第三次修订的学术质量，商务印书馆从全国各地遴选一百多名专业人才，聘请了三位主编，组建统一的工作平台，从宏观与微观两方面对《辞源》进行全面检修。如何修？哪些该修？哪些不该修？理据是什么？自然会有不同看法。这就须要讨论、交流，甚至是反复切磋，最后达到和谐统一。而公开出版后的《辞源》，读者只能看到结论，看不到过程。《辞源史论》往往不动声色地向读者展示了某些过程（当然不可能是全部），这正是《辞源史论》得以产生的大背景、大前提，所以我说乔永赶上了好时机。

《辞源》的内容几乎涉及古典传世文献的各个方面，成书也已有上百年的历史，修订的难度不言而喻。面对这样极为复杂、细致的大工程，如何开局，无疑先要有最好的顶层设计。

2011年春，三位主编到职之后，即与商务印书馆《辞源》修订项目组密切合作，在短期内就制定了八个文件，即：

《辞源》第三版修订方案

《辞源》第三版修订体例

《辞源》第三版修订工作的几点意见

《辞源》第三版增补删改的几点意见

《辞源》第三版百科条目修订计划

《辞源》第三版百科条目修订体例

《辞源》第三版新增补字头的若干原则

《辞源》第三版审音注意事项二十条

随着修订工作的逐步展开，又制订了五个文件：

字形、字用与字际关系处理的条例

释义行文修订要求

引书格式修订要求

专名线修订要求

"参见"体例

以上十三个文件，先后汇编成册，因封皮为白色，故人们戏称为"白皮书"。"白皮书"确定了《辞源》第三次修订工作的根本方针、指导思想、工作进程、操作程序，以及各类业务、技术问题应如何处理的具体规定，是全体编修人员必须遵守的共同行动纲领。

当修订工作全面展开、审稿工作立即跟上之后，2012年1月17日，主编及时写出了2011年3月至12月《〈辞源〉修订工作小结》，发至每一卷的修订人员。小结回顾、总结了前一段的经验、成绩，提出了五个方面应注意的问题，对提高修订质量有重要意义。

在整个修订过程中，审稿是确保质量的中心环节，各类审稿人员和主编，都写出了大量的审稿意见，这些内容极为丰富的原始材料，都是他们的劳动心血，如果筛选汇编，公之于世，即使作为参考资料，其价值也不可低估。可是，掌握全面情况的主编们，都已忙于他务，无暇做此费时费力的整理工作，而《辞源史论》的推出，在一定程度上、在某些方面可以弥补若干缺憾，本书的重大学术价值也在此。所以我说乔永赶上了好时机。

《辞源史论》的内容可分为两大块：一块是对《辞源》形、音、义、书证、插图等本体的研究、论述；一块是对《辞源》编纂、修订过程以及版本情况、附录变化、体例演变等的追踪、回顾和总结。其中对第三次修订情况的记载，堪称珍贵实录，属权威性的独家报道，随着时间的推移，其史料价值将会愈益显著。

至于《辞源》本体的研究，固然由于乔永得天独厚，与一般参与者大不相同，有条件直接看到各种原始资料，能与众多高手交流，直逼疑点难点，很快就能登上理论高度，故视野开阔，洞察力、判断力与年俱增；但重要的是钻研精神，这种内在条件，在《辞源》本体研究中随处可见。乔永对《辞源》本体研究涉及形、音、义、书证等各个方面的内容，有分析、有实证、有一系列数据。尤其是对"音义契合，古今贯通"的阐释，头头是道，纵横无碍；对《辞源》注音音节的分析、未收音节的分析，对插图的研究，都有许多新鲜见解。可以说《辞源史论》是当前研究《辞源》内容最全面、最丰富的总结性之作，难能可贵。

我并不相信命运就能决定一切，但我相信命运能提供发挥潜力的客观条件。命运就是机遇，个人无法创造，能否撞上机遇，靠福气。我希望博士先生能惜福。得文化大环境之天时，得商务印书馆之地利,得辞书团队之人和,乔永的确赶上了好时机,机不可失,学无止境。

　　值此《辞源》百年华诞暨第三版问世之际,乔永及时奉献了《辞源史论》,我为《辞源》称贺!也为乔永先生称贺!

2015 年 9 月 18 日北京海淀抱冰庐

高小方《〈辞源〉修订匡改释例》序

　　平生不跑会,不奔竞,不谋求眼前风光,亦不希冀身后风光,厕身"天子脚下"已有六十余年,犹是一介"心远地偏"的乡下人。经年永日,独坐于饱经风雪的冷板凳,澹如也。于书山外的人和事,则鲜知而寡闻。前些年,经友人劝说,投身于《辞源》修订团队,与众多学风正、造诣深、善于合作、勇于担当的海内方家结缘,受益良多。高君小方即众多方家之一。

　　初读小方的修订稿,我记得是 2012 年 5 月间。当时,心里就产生了一种想法:何谓人才? 这就是人才,这就是辞书事业所需要的理想人才。无须晤谈,从字里行间就可以确证:此君受过严格的古典训练,有一流的学识,一流的洞察力、判断力;尤为令我击节叹赏的是,高君有超一流的拼搏精神。

　　于是,我问乔永:"高小方何如人也?"一听到"高小方"这三个字,我们的"乔老爷"眼睛一亮,忙说:"高老师是南京大学文学院教授、博士生导师,是江苏省优秀教育工作者,1991 年被评为江苏省优秀共产党员。"

　　乔永的话印证了我的"想法",也证明我这个"乡下人"是何等"鲜知而寡闻"!

　　2012 年 6 月 30 日,商务印书馆召开审稿专家会议,小方专程来京参会。当天下午,他的发言颇为精当。特别是十条《小方自用口诀》,与会诸君听了之后,无不欣忭鼓舞,报以热烈掌声。

　　人民托付责任比天大,忠于学术最应讲良心。

全狮搏兔千万不失一,词典修订第一须严谨。

只有牢记"人民托付"的人,才会由内心深处产生强大的动力,才会在静寂的深夜考问自己的良心。

时至今日,人们可能要问:高君小方的"口诀"兑现了吗?

摆在我面前的《〈辞源〉修订匡改释例》就是最好的回答。

《释例》全书五百余页,数十万言,所"释"之"例"有1718条。尽管日衔西山,任重道远,来日无多,我还是放下手头的事情,用了整整二十天的时间,通读了全部校样。

读这样的书,心中常常有波澜在涌动。

与其说我是在读一种枯燥无味的文字,毋宁说我是在读一种精神,读一种学风,读一种情操。

与其说我是在读小方的《释例》,不如说我是在读小方的赤诚之心,是在读小方的学术灵魂!

读罢此书,遥望南天,叩问石头城上那轮"淮水东边旧时月",请告诉我:你陪伴高君小方度过了多少个不眠之夜?

我之所以如此深情赞美《释例》一书,是因为此书继承了段、王、章、黄以来的优秀学术传统,是因为此书为辞书审订确立了某些极为重要的基本范式,还因为此书的撰稿人实为新时代辞书事业的杰出典型。能支撑这些论断的,有以下五点:

一、全面彻查,一丝不苟。

二、深入考证,断以己意。

三、溯源补阙,多方照应。

四、律己甚严,自纠舛误。

五、积劳成疾,抱病拼搏。

第一条就是范式问题。重点是"全"与"彻"。彻而不全,挂一漏万;全而不彻,乃走过场;不全不彻,司空见惯。而小方审订的稿子,既全且彻。改动牵涉面达百分之五十。"全、彻"二字,是何等重要。我曾经说过:"辞书无小事,标点之微,一线之细,都关乎信息、知识的准确性问题。"

所以一丝不苟,最为重要。小方明察秋毫,心细如发,一个顿点,半根浪线,都被他一一校正。粗心大意的人,没有责任心的人,名利心重的人,干不了这种良心活!

第二、三条,既是范式问题,也是责任心问题,还是学识问题。审稿人所要处理的并不全是技术性的问题,还有鉴别古书本身的原始错误、判断史料的真实性问题,异文的正误问题,许多名物的古今对应关系问题,各词条之间的照应问题,词条本身的科学性问题,释义是否恰当的问题,形音义的结合问题……凡此种种,都要求审稿人有相当高的专业水平,博览群书,能娴熟地运用考证方法,能做出正确的判断,能得出新的结论。《释例》在这些方面都有可圈可点之处。其中四、十五、四十等节尤值得称道。

在当代学人中,有几人能像小方这样律己甚严、自纠舛误呢?请注意下面这两段文字:

1681条:"小方并以此自警:辞书编纂修订,必须多方参证。懈怠难免遗憾,勤乃不二法门。"(483页)

1693条:"可见'颗盐'自有意义,不需改作'课盐'。故立即向编辑部申请撤销此改。并效仿法国卢梭自著《忏悔录》之意,特将自纠过程记录于此,以永远自警:做学问哪怕稍有一丁点儿懈怠,或少研读了一页书,或少核对了一份资料,或少查看了一篇文献,或少思考了一分钟,就可能造成错误。切记!"(487页)

读了这两段话,我又向自己发问了:"小方何如人也?""君子人与? 君子人也。"

因为是君子,所以在学术上他有十足的安全感,勇于自纠舛误。

看看那些末流学人,往往因缺少安全感,"叫嚣乎东西,隳突乎南北",以此来壮胆、立威、贴金。效果如何? 真不屑一评。

以上说的是第四条。"律己甚严,自纠舛误",这是一切一流学者所具有的气度。朱熹如此,顾炎武如此,梁启超、王力莫不如此。我在一篇《题辞》中说过:

> 为学就是追求真理。
>
> 自我反思,自我批判,是追求真理的必要条件。
>
> 阻碍你追求真理的那个家伙,不是别人,就是你自己!

君不见,那些敢于在真理面前耍横、耍大牌的人,不论多么张狂,终其身只能定格于"末流"了。

现在我要说第五条。小方病了,是累病了。《辞源》修订团队中有不少先生有累病的经历,我就不一一说出他们的名字和事迹了,仅以小方为代表。读者可能要问:修订《辞源》纯属案头文字工作,怎么会累病呢? 请听小方言:

> 本书追述了笔者自 2011 年 5 月以来参与《辞源》修订、自 2012 年 7 月以来参与《辞源》……虽然每天凌晨两三点钟就起床工作,甚至连除夕、春节也不例外……
>
> 最基本的办法仍是"向少睡要时间",所以往往在凌晨 1 点 20 来分就起来工作了。这几年中,为了给审稿工作留足时间,连一年一度到校医院的常规体检也未曾去过——您想啊,身体已然这么差,要是检出什么问题来,医生非得让我住院治疗的话,那审稿工作岂不是就要被迫中断了吗? ——连节假日也总是"杜门谢客忙《辞源》"。遇到有课的日子,也

总要先审稿数小时，然后再赶去课堂讲授上午 8 点到 10 点
的课……有时我就在下课回家的路上，边走路边睡觉。

虽已积劳成疾，也不敢松一口气。因为怕一旦松弛下
来，就再也无力提笔了。

我要说，牺牲睡眠，不怕损害健康，全都是自觉自愿的。思
想基础就是小方说的："《辞源》修订，乃是一件关乎中华文明传
承和学术发展的、意义十分重大的文化建设工程。"他非常不赞
成个别不负责任的做法："老实说，这种不讲良心的马马虎虎的做
法，你就是打死我我也不肯这么干。"

我还要说，五年《辞源》修订，实际上就是一场看不见硝烟而
又高度紧张严肃的战争。只有拈出"战争"二字，你才能体会出
"拼搏、累病"的真实涵义；才懂得，这是老常规。这场战争的实际
决策者、管理者，并不是三位主编，而是商务印书馆的老总们，这
就是总经理于殿利、原副总经理江远、总编辑周洪波。他们在文
化上、学术上开明大气，在管理上具有商家铁腕风格。这两种品
格直接作用于"《辞源》修订战"，影响及于整个运行模式、过程，
局外人当然不得而知。

平心而言，《辞源》修订能如期完工，按时出书，管理者功不
可没。但老总们很谦虚，《辞源》第三版扉页、封底连个"工作委
员会"的名单都没有，他们实在不愿意在此留名啊！

小方这本书又名为《一份写于凌晨两点的修〈源〉报告》，既是
给广大读者的报告，也是给商务印书馆的报告。这是他个人的劳
动成果，却在一定程度上反映了整个《辞源》修订团队攻坚克难的
战斗精神。我有责任也很乐意为此书作序，衷心祝贺此书出版！

2017 年 9 月 6 日北京蓝旗营抱冰庐

我的阅读历程

　　读了六十多年的书，个人藏书也不算少，阅读兴趣也颇为广泛，按理说，推荐几本"我最喜爱的书"，这不是很容易的事吗？但此事的确很难说。对书的爱也会随着年龄、阅历、时代而变的。在我的阅读经验中，说不上只有某几种书为我所特别喜爱，或者说影响最大、最重要。读书如蜜蜂采蜜，一只蜜蜂要飞越多少花林芳坞，采集多少花液，才能酿成一点点蜂蜜呢？何况，世变时移，观念常新，我的阅读经验几乎没有什么典型意义，对现在的青年更谈不上有什么实用价值，说不好还会招来物议，故不敢轻言"推荐"。无奈我拗不过李常庆先生的"追击"，只得说点个人的阅读经历聊以塞责了。

　　依我看，阅读经验与生存经验往往互为因果。人的生存条件不同，兴趣不同，职业不同，导致了阅读经验与生存经验的种种差异。共同点也是有的。一个健全的受过良好教育的人，都应该具有两种阅读经验：一种是学做人的阅读，另一种是学做事的阅读。阅读偏废，就会给生存带来危机，更不要奢望"立德、立功、立言"了。

　　我的阅读经历始于私塾，启蒙老师就是家父。开篇读的是《三字经》，接着是《诗经》《论语》《孟子》《大学》《中庸》《鉴略》《幼学琼林》《孔子家语》《左传》等。方式是先生分段教读，学生高声朗读，直至滚瓜烂熟，背诵如流。读书与习字齐头并进，三年之后便开始作文。有一次出的题目是《为政以德议》。我的破题是："夫政者正也，所以正人之不正也；德者得也，所以得民心也。"

这样的八股调深得父亲喜爱，批语是"一往无滞"。那时，距离戊戌变法已经四十多年了，距离"五四"运动也有二十多年了，为什么我的父亲还要用科举时代的阅读经验对我进行如此严格的古典训练，我当时没有想过，即使想也想不明白。尽管，后来读初中，全校作文选优，我以古文高手夺得名次，再后来又考入北京大学，以古汉语研究作为谋生职业，这些，难道就是父亲的初衷吗？我想不是。读圣贤书，是属于学做人的阅读。上世纪三四十年代的湖南农村，文化风气偏于保守。乡绅们对新的小学教科书很有点看不上眼，什么"来，来，来，来上学"，什么"小朋友，排排坐，吃果果"，什么"摇摇摇，摇到外婆桥，外婆对我笑，叫我好宝宝"，这也算是"书"吗！父亲认为，从这样的书里学不到什么东西，这样的阅读会把孩子耽误的。于是自办私塾，亲执教鞭。我也跟着进入了与世隔绝的古典世界。小小年纪，全凭死记，背诵了那么多我根本不懂的老古董，而父亲却颇为得意："孺子可教也"，是个"读书种子"。这种古典训练的作用不可谓不大。头一件是养成了尚友古人淡泊名利仁民爱物的书斋型性格；第二件是对"忠、孝、仁、义、信、爱、廉、耻"之类的古训我始终不敢取轻蔑态度；第三件是我至今思考问题写起文章来，那些背诵过千百遍的句子或义理还常常不请自来，突然出现在笔端，甚至挥之不去。

如果说我幼年时代只有被动阅读的经验，受的是"法先王"的教育，那么青年时代则受的是"法后王"的教育，阅读经验完全是主动的自觉的。1949 年是分水岭，从这一年起，在我的阅读经历中，孔孟告退，马列登场。啃《资本论》，半懂不懂；《反杜林论》，很苦涩；《唯物主义和经验批判主义》也认真钻研过，读得最认真最熟的还是毛泽东的四卷雄文。当时的青年不熟读《毛选》的大概不多吧。我们究竟从《毛选》中得到了什么呢？我以为得到的很多很多，最重要的是世界观、方法论、人生态度、奉献精神。总之,这完全是一种学做人的阅读。一个时代的学人、官吏如果缺少起码的学做人的阅读,哪来的"良知"与"良心"! 毛泽东思想是全民族的宝贵财富,对那些从根本上否定经典阅读的人,我只有请杜甫老先生来作答了:"今人嗤点流传赋,不觉前贤畏后生。""尔曹身与名俱灭,不废江河万古流。"

恩格斯的《自然辩证法》我也阅读过多次。谁要想做一个彻底的唯物主义者,做一个辩证唯物主义者,不可不读此书。如何看待宇宙,如何看待生死,如何追求真理,如何从事学术研究,这是我读大学时颇为关心的问题。这种阅读曾经使我深受鼓舞,心灵的窗牖似乎豁然开朗,玲珑透明。宿命论、唯心论对我不再有任何蛊惑力。

人生在世,谁能无忧。我也跟同时代的许多知识分子一样,历经过连年累月的凄风苦雨,坎坎坷坷。何以解忧?唯有读书。我不能忘记,在我中年的阅读生涯中,庄子、司马迁、苏东坡,均不期然而至。那是一种多么惬意的阅读。青灯下,落寞夜,我们相视而笑,莫逆于心,相知恨晚。你们给了我许多教益,许多慰藉,你们陪同我走上"老佛爷"的"斗鬼台",伴随我耕耘在鲤鱼洲的原野上。腐儒学究们,总爱说你们消极、狂傲,不够中庸。非也,我很能理解你们,你们是在体验另一种生存方式,你们用语言文字用苦难的灵魂在证明,即使上帝死了,思想也不会死。在无望无告无援无助的困境中,思考者的全部快乐就是:让思想爆发出恒久的火花,让悲剧式的生存经验升华为美学绝唱。

自从步入 60 岁的晚景,不知出于何种原因,我对庄、马、苏已经不那么热心了。是对世事看得很透很淡了呢,还是子女的阅读兴趣影响了我的阅读呢?我渴望走出单一的古典世界,亲近自然,回归自然,让憔悴的灵魂在散文化的阅读中得到休憩。阅读不再带有功利色彩,阅读完全是为了修心养性。在阳光灿烂的日子里,我和东山魁夷一起去"听泉",和德富芦花一起去看"相模滩的落日",和儒勒·列那尔一起走访"一个树木的家庭";春天,和米斯特拉尔一起去看望住在路旁的"牛蒡花";冬天,和莫泊桑一起度过漫漫"雪夜"。当然,我一定不会忘记梭罗,我要和他一起去"瓦尔登湖",在那间小木屋里住上几天。译者说,读这本书的人"最需要一个朴素淡泊的心地",我当然是绝对够条件的读者了。

够了,我尽说些学做人的阅读,因为专业阅读、学术阅读,也就是学做事的阅读,各行各业都有多得数不清的导师,我有何能,敢在此饶舌!如果硬要我就本专业的阅读说出一两本书来,想来想去只有段玉裁的《说文解字注》了。此老用毕生精力完成这样一部巨著,冶文字音韵训诂于一炉,给从事人文学科研究的人留下了一份厚重的遗产。我以为一切没有经过时间考验的著作,都不可轻易地封之为"经典"。从1815年以来,此书不知已印行了多少万册,不知有多少学人、文人从中得到教益。把段注列入传世经典,大概不会有人反对吧。

有关书目:

《论语》,十三经注疏本

《孟子》,十三经注疏本

《左传》,十三经注疏本

《毛泽东选集》(一——四卷)

《自然辩证法》,〔德〕恩格斯,人民出版社1961年版

《庄子集释》,中华书局1961年版

《史记》,中华书局1962年版

《查拉图斯特拉如是说》,〔德〕尼采著,黄明嘉译,漓江出版社2000年版

《瓦尔登湖》,〔美〕梭罗著,徐迟译,上海译文出版社1997年版

《说文解字注》,〔汉〕许慎著,〔清〕段玉裁注,上海古籍出版社1981年版

2001年4月于北京西郊蓝旗营

原载李常庆编《北京大学教授推荐我最喜爱的书》,

陕西师范大学出版社2001年

知识 学问 文章
——《抱冰庐选集》后记

实践出知识,知识出学问,学问出文章。莫把知识当学问,也不要把学问当文章。因为,知识不等于学问,学问也不等于文章。民国以来的现代学人,有知识(新知加旧知)者多,有学问者少,二者兼备且能以文章名世而传之其人的又加少焉。

文章是什么?文章是黄河之水天上来,浩浩汤汤,滚滚滔滔,百里一弯,千里一曲,咆哮,欢腾,温柔,渊默。一路接纳众多川流,向东,向东,朝宗于海而后已。

文章也是小桥流水,也是秋月春风,也是上阳宫人白发歌,也是黄四娘家花满蹊,也是指点江山,也是梦绕神州,也是龙吟虎啸,也是凤鸣高岗,也是醉翁之意不在酒,也是子在川上曰:逝者如斯夫!

若夫锦心绣口之雕章琢句,"究何与于圣贤天地之心、万物生民之命?"清代扬州那位板桥先生说:"凡所谓锦绣才子者,皆天下之废物也,而况未必锦绣者乎!"所谓"未必锦绣者",如杂乱无章的烦琐哲学,了无新意的鹦鹉学舌,满纸戾气的不祥之音,肆无忌惮的"扯淡"专家。这些无疑都是废物中的废物。"废物"也招摇过市,还能影响着某些人的思维、表达、趣味。"然此可为智者道,难为俗人言也"。

人类已进入网络时代,自媒体是如此发达。而这本《选集》里的文章,全是通过学术期刊、纸质媒介才得以呈现于读者面前。今者阅读往日旧稿,不禁想起陈章太、侯精一、温端政、王宁、黄易青诸先生,是他们为《选集》中的某些篇章,提供了最初的发表园地。《选集》的编定,高永安出力最多,裴银汉(韩国檀国大学教授)、王建喜也提供了宝贵的建议,陈鑫海做了资料搜集工作。《选集》的出版得到中华书局张继海、秦淑华两位先生的大力支持。在此,一并致以谢忱。

天地间,有一种无边无际至诚至亲的疼爱来自双亲大人膝下,有一种无穷无尽无可奈何至老不衰的思念发自受此疼爱者的内心。岁月无情,人寿几何,大人永别了。从此,燕都倦客,年年遥望南国的乡水家山。蓼莪永痛,风木长悲!谨以此书纪念长眠于故乡虎形山的先君子何公智庆、母夫人陈氏淑姬。

大约 12 岁那一年,何氏享堂举行过一次冬至祭祖仪式,神龛、大门、边门、堂柱都贴上了对联,右边耳房的门联是:"入思当念三纲大,孝顺原为百行先。"七十多年过去了,享堂也早已于土改后被人拆毁,而这副对联却永远刻在了我的心扉上。不难发现,我的文章,常带有这童年时代修成的文化因缘。既尊古,又贵今;文与道,长相依;探求未知,别开生面。

2020 年 2 月 16 日

京郊抱冰庐

何九盈主要著作目录

中国古代语言学史

	河南人民出版社	1985 年 9 月第 1 版
增订本	广东教育出版社	1995 年 9 月第 1 版
		（印刷三次）
新增订版	北京大学出版社	2006 年 6 月第 1 版
		（印刷三次）
第 4 版	商务印书馆	2013 年 11 月第 1 版

中国现代语言学史

	广东教育出版社	1995 年 9 月第一版
		（印刷三次）
修订本	商务印书馆	2008 年 8 月第 1 版
		（印刷三次）

古汉语音韵学述要

| | 浙江古籍出版社 | 1988 年 8 月第 1 版 |
| 修订本 | 中华书局 | 2010 年 11 月第 1 版 |

上古音

	商务印书馆	1991 年 11 月第 1 版
		（汉语知识丛书，多次印刷）
韩文版	［韩］申雅莎 译	2018 年第 1 版

汉字文化学

| | 辽宁人民出版社 | 1999 年 12 月第 1 版 |
| | | （印刷两次） |

第 2 版 　　 商务印书馆 　　 2016 年 3 月第 1 版
　　　　　　　　　　　　　　　（印刷两次）

韩文版 　　［韩］金殷嬉 译 　　 韩国延世大学出版社
　　　　　　　　　　　　　　　 2013 年 3 月第 1 版

汉语三论
　　　　　　 语文出版社 　　　 2007 年 3 月第 1 版

全球化时代的汉语意识
　　　　　　 语文出版社 　　　 2015 年 8 月第 1 版

中国现代化进程中的语文转向（外一种，即普通话的发展历史）
　　　　　　 语文出版社 　　　 2015 年 8 月第 1 版
　　　　　　（以上两书为《汉语三论》的单行本）

重建华夷语系的理论和证据
　　　　　　 商务印书馆 　　　 2015 年 11 月第 1 版

音韵丛稿
　　　　　　 商务印书馆 　　　 2002 年 3 月第 1 版
　　　　　　 商务印书馆 　　　 2004 年 7 月第 1 版
　　　　　　　　　　　　　　（"中国文库"第一辑）

语言丛稿
　　　　　　 商务印书馆 　　　 2006 年 4 月第 1 版

古汉语丛稿
　　　　　　 商务印书馆 　　　 2016 年 6 月第 1 版

古韵通晓（合著）
　　　　　 中国社会科学出版社 　 1987 年 10 月第 1 版

书山拾梦（散文集）
　　　　　　 商务印书馆 　　　 2010 年 9 月第 1 版

何九盈先生学行述论

庞光华[①]

一、言行述略　　　　　　二、学术述论

（一）缘起　　　　　　　（一）语言学史研究

（二）北大往事琐谈　　　（二）音韵学研究

（三）对不良学风的批评　（三）古汉语研究

（四）对我的教育和关心　（四）汉字文化研究

（五）人文精神　　　　　（五）亲属语言和华夷语系研究

　　　　　　　　　　　　（六）主持修订《辞源》

三、余音

一　言行述略

（一）缘起

上海社科院司马朝军先生对我说很希望著名语言学家何九盈先生写一篇学术自述，他说何先生学识渊博，在学术上客观公正，没有门派意识，持论正大。我知道何先生《中国现代语言学史》对黄季刚的学术有褒赞，尤其赞赏黄侃《音略》用极其简练的文笔阐释了自己的上古音系（278页）："就学术论文的写作而言，《音略》是20世纪语言学论文的典范之作。黄氏对古今音研究多年，钻研了大批文献，而写出来的结论只有薄薄的几页纸。结构

---

① 1968年生，五邑大学文学院教授。主要研究汉语史、文字学、古文献学、文化史等。参考文献随文出注，文末不详录。

谨严,言简意赅,几乎是一字不能增,一字不能减。你可以不赞同他的结论,却不能不佩服其行文的简洁。"

2019年6月9日,我在电话中对何先生谈及此事。先生说:"现在不是时候,自己还在学术上继续前行,不想现在就回望自己的学术人生。当然,做学术自述是我国长久的文化传统,也是很有意义的事。现代学者冯友兰有《三松堂自序》,写得非常好。学者的很多事情其实只有学者本人知道得最真切,很多言行和论著的背景与环境氛围,旁观者未必能准确把握,导致知人论世有失偏颇。天下学者都应一分为二,有得有失,瑕瑜互见,吹捧过高,嗤笑太甚,都有失公允。"我国学者自古有写自序的传统。司马迁的《史记》有《太史公自序》,班固《汉书》有《叙传》,淮南八公的《淮南子》有《要略》,许慎《说文解字》有《叙》。著《后汉书》的范晔有自序性质的《狱中与诸甥侄书》,刘勰《文心雕龙》有《序志》,刘知几《史通》有《自序》和《忤时》。现代学者胡适、林语堂、郭沫若都有自序。

先生说喜欢读我的文章,赞扬我文笔潇洒。我忐忑地问:"我将来无论如何要写一篇记述先生学行的文章,您同意吗?"先生高兴地说:"太好了,只有你最合适。要不是你主动说,我还开不了口。你完全按照你的想法和作风去写,我不会干预一个字,不会告诉你怎样写,你写好了我也不会提意见让你改。在出版以前,我也不看。我不要求你同意我的学术观点,要有讨论。"这是醇笃学者的风范!先生乃百科全书式学者,而"许我忘年为气类"①,不怕我胡说乱说。我自知才唯下劣,却能得到先生的这般信任!尤其是先生对我说:"你写的评述,我准备放进我在中华书局出版的学术论文集《抱冰庐选集》。"后生小子如我何德何能,竟蒙先生如

---

① 语出陈寅恪《王观堂先生挽词》,《陈寅恪集·诗集》,三联书店2011年。

此器重！我诚惶诚恐，临渊履薄，"垂恩傥丘山，报德有微身！"本文题名"述论"，不作"述评"，乃是取法陈寅恪先生《唐代政治史述论稿》的"述论"。凡是网络所能找到的关于先生的公开信息，我不再赘述。

（二）北大往事琐谈

何先生几次向我讲起北大往事，先生说：50年代的北大学生比较高傲，整体素质很高。50年代的北大，学风开放，学术民主自由，学生可以发表对老师的批评意见，可以与老师讨论，师生关系平等。王力先生就喜欢听取不同意见，这是北大的传统。

先生提起高名凯先生，说他进北大第一节课就是上高名凯先生的《语言学纲要》，高先生学问很好，讲课也很好，可惜五十多岁因患肝癌而英年早逝。先生的《中国现代语言学史》（修订本）对高名凯的语言学成就评价很高。

先生说唐作藩先生人品非常好，对他帮助很大。唐先生是王力先生的助手，何先生上大学时经常得到唐先生的辅导。

先生称道魏建功先生的学问人品都为人楷模，对学生很热情，而且鼓励学生对老师有不同的意见。王力先生、魏建功先生对学生提出的不同观点都很包容。这是北大的学风和精神。

（三）对不良学风的批评

先生还颇为感慨地提起对学术界一些事情的看法。有一次谈到国内高校过分看重核心刊物的现象，他表示了批评，先生说：现在学术界过分看重学术刊物的等级，注重是不是核心，这是不健康的。学术只能看实质，不能看表象。很多核心刊物发表的文章水平并不高，有很多高水平的学术论文倒不是发表在核心刊物上。从前的段玉裁、王氏父子和乾嘉学者的论著都没有在所谓核心刊物发表，但都做出了重大的历史性贡献。北京大学从来看重学术实质，不看刊物的级别，这是北大实事求是的学术传统，难能可贵。

何先生《中国古代语言学史》:"我对《尔雅》的研究成果得到学术界的广泛肯定,也有不同意的,这很正常。但像《中国语文》1996 年第 5 期发表的《〈尔雅〉分卷与分类的再认识》这样的文章,乃中国训诂学的一大笑柄,后来者宜引以为戒。"先生对他人学术上的错误敢于仗义执言,予以严肃的批评,不怕得罪人,真是学者风骨!

《中国古代语言学史》:"你对史实的叙述应该是准确无误的。如《广雅》的作者本是三国曹魏时代的人,你却说他是北魏孝文帝时代的人,这不是信口胡言误人子弟吗?"先生此言是针对某很有地位的专家而发,可见先生的正义感。

先生对我说:学术界的评奖也有很不客观、很不公正的。有人擅长拉关系,游走学术江湖,评上了奖,却没有公信力。有人甚至贪天之功,夸大自己的贡献,蓄意炒作自己的东西,捞取各种好处。先生对此十分厌恶。

有一件事本文不能不陈述。先生与 W 先生合写了《古韵通晓》。其实,这部书主要是何先生辛勤努力的结晶,后来,因被一再阻挠,这部重要的学术论著至今不能再版,学术界望梅不能止渴。关于《古韵通晓》的几个重要的细节不应该被学术界遗忘:

《古韵通晓》是何先生整体进行全面的构思和设计,何先生个人于 1977 年 10 月 11 日独立完成了至关重要的第二章《谐声异同比较》,于 1978 年 8 月 19 日独立完成了第四章《归字总论》,由于劳累过度,身体抱恙,于是主动邀请 W 先生来共同参与完成此书的写作。在讨论后,何先生将已经完成的《谐声异同比较》的一半初稿交给 W 先生做一些打磨修订的工作,何先生自己负责另外一半的修订。书稿的其余部分由他们二位共同撰写完成,附录的笔画检字表是 W 先生做的。

当初中国音韵学会的发起人之一赵诚先生素来仰慕何先生学术精湛，在音韵学上造诣精深，于是邀请何先生去武汉参加第一次全国音韵学研究会。何先生向来不喜参加会议，于是推荐 W 先生与会。但 W 先生没有学术论文，何先生将自己的《古韵三十部归字总论》拿给 W 先生去会上宣读，W 先生当选为第一届全国音韵学研究会理事。后来该论文正式发表在《音韵学研究》第一辑上面[①]，W 先生将自己署名第二作者。何先生后来将此文编入自己的学术论文集《音韵丛稿》，是就这篇论文的知识产权问题向学界表明立场。

何先生向我讲述学术界的这些逸闻，是教育我要堂堂正正地做人，不要为了一己私利而昧却天良。尊重他人的学术成果，实事求是，方为学者态度。

先生在《乾嘉传统与 20 世纪的学术风气》中庄严宣告："搞学问，真正要搞出一点名堂来，真得要把身家性命投进去。要甘于寂寞，要勇于探索。段玉裁四十多岁退出官场，全力作《说文解字注》，费时三十多年，完成了这部不朽名著。面对贫病交加的困境，他没有退却。大学问家不仅贫贱不能移，威武也不能屈，我们的老校长马寅初先生堪称榜样。20 世纪还有几支'董狐笔'？还有几枚'太史简'？学术尊严是靠学人求真的骨气、情操支撑起来的，是靠真理、正义支撑起来的。华而不实，媚时媚俗，能取宠于一时，不能垂范于永远。中国学术的优良学风，有乾嘉老传统，有'五四'以来的新传统，当务之急，是要从传统中汲取营养，形成适应于新时期学术研究的好学风。"先生如此宣言，也身体力行。

（四）对我的教育和关心

我 2002 年进入北大前早已知道何先生在语言学界"高名动

---

① 中国音韵学研究会编，中华书局 1984 年。

京师,天下皆籍籍"①。只是我生不逢时,没有机会聆听先生课堂面授,因为先生在 2001 年退休了。当时正值汉语上古音研究大论争,起因是梅祖麟院士在香港的一次语言学会上发表了汉藏对音是上古音研究主流的观点,并对王力先生的音韵学研究有明显不公正不客观的评论。2002 年 10 月,何先生应邀在北大中文系给研究生做过一次讲座,呼吁学术讨论要尽量理性平和,避免情绪化,对学术问题的论断要掌握好分寸,不要说过头的话,同时对汉藏对音的方法有所质疑。我上北大前对上古音研究所知甚少,自以为所擅长的是训诂学和古文献学。正因为赶上了这次大辩论,才对上古音研究产生了浓厚的兴趣,最终决定选择上古音是否有复声母作为我博士论文的题目。何先生是我的博士论文《论汉语上古音无复辅音声母》(中国文史出版社 2005 年)的预答辩和正式答辩的委员会主席。在预答辩和正式答辩中,何先生对我大加赞赏,称赞我博士论文下了很大的功夫,视野广阔,论证博雅,达到了很高的水平。前辈学者对我的夸赞令我极为惶恐,因为我清楚地知道,我论证上古汉语不存在复辅音声母,与何先生的学术观点完全相反。但是何先生丝毫不介怀,这种海纳百川、不弃刍荛的精神可与三光同耀,也是北京大学光辉的学术传统。直到今天何先生也坚持商代汉语有复辅音的学术见解,但我们确是推心置腹的忘年之交。

我因为博士论文与何先生结缘,真没有想到万法皆有因果。我毕业时找工作"坎壈盛世",心情郁闷。有一天我在北大东门邂逅陆俭明先生,随口诉说了我的苦闷,陆先生对我很同情,说可以问一下香港科技大学的张敏教授,是否可以去那里做博士后研究,以缓解我找工作的压力。我很快忘记此事,因为我知道,作为

①　语出李白《赠韦秘书子春》诗。

国内外著名语言学家,陆先生非常繁忙,估计顾不上我这个古代汉语的博士生,而且陆先生对我并不熟悉,不了解我的学业。没有想到老辈学者不仅学术精湛,其为人风范也令人高山仰止。为了慎重,陆先生专门给何先生打电话,了解我的学习态度和人品,何先生对我极尽赞美,陆先生便联系了张敏教授,为我争得一个赴港深造的机会。我才得以能去香港科大做研究,进而在香港的各个大学图书馆纵意渔猎,"即山而铸铜,煮海而为盐"①,尤其是广泛采集日语的学术书和港台学术界的资料,还有一些珍贵的英文书。后来,陆先生赴港参加学术会议,我们得以共进晚餐,陆先生对我说:"珍惜这次机会,努力研究课题,做出成绩来。"何先生也曾对我说:"作为科学家,要为国家和学术做出贡献,没有著作是不行的,要努力完成自己的科研,把优秀的研究成果留给后人。"

先生多次叮嘱我要注意身体,说人到五十以后百病易侵。做学问很辛苦,不能坐得太久,不然会损害腰椎和颈椎。要经常散步,做一些锻炼,但不要过分激烈运动。

何先生常常称赞我家庭幸福,夸奖拙荆对我体贴周到,说家庭和谐温暖是很不容易的事,在温馨的家庭中可以专心于学问,做出更大的成绩。

(五)人文精神

中华书局为何先生出版一部学术论文选《抱冰庐选集》,在与何先生签合同时,何先生说:"你们给我的稿费和样书多了点,应该减半。你们的财务并不宽裕,能给我出书,我已经很感谢,不能再给你们添麻烦。"秦淑华师姐接触过许多作者,其中不乏名家,真有人在稿费等方面斤斤计较,只有何先生体谅中华的不易而主动减半。如此人文情怀,在这个浮躁功利甚至物欲横流的世

---

① 语出《文心雕龙·宗经》。

界,真如一朵精洁的莲花、一颗璀璨的摩尼。

先生有一次对我说:"国家培养一个人才非常不容易,需要很多条件。大学教授在 60—70 岁正是其教学经验丰富、学术研究成熟的时期,应该尽可能让这些教授继续发挥作用。高校的教师退休制度应该有弹性,应该尊重教授自己是否有退休的意愿。有很多教授对教学科研热情洋溢,愿意继续传道授业。"

我曾对何先生说:我有些宗教界的朋友很想拉我信仰佛教或皈依基督。我是理性主义者,对有些信仰难以理解,科学的精神是怀疑和批判,宗教的精神是虔诚信仰,二者难以相容。我明确表达了对宗教洗脑的反感。何先生说:"我国文化对宗教是宽容的,从来没有西方的宗教冲突或宗教战争。我也不信宗教,但不要去介意别人的宗教信仰,宪法保护宗教信仰自由。"作为人文学者,先生对宗教有如此明通之论。

何先生在给高小方《〈辞源〉修订匡改释例》撰写的《序》中说:"平生不跑会,不奔竞,不谋求眼前风光,亦不希冀身后风光。"只要发现了真正的学术人才和好书,先生就会不惜鼓励和褒美。先生对高小方教授的工作态度予以高度评价,称赞高小方是真正的人才,是真学者。何先生条举五点赞美高小方先生,这篇序体现了先生的人文情怀。先生在《一本别开生面的好书》(载《书山拾梦》,商务印书馆 2010 年;原载《中华读书报》2002 年 4月 17 日)对中年学者姚小平的《17—19 世纪的德国语言学与中国语言学》(外语教学与研究出版社 2001 年)一书颇为赞赏,并作出推荐,体现了先生对晚辈学者的爱护和鼓励,也指出了一个"美中不足"是"没有设立专章来介绍中西人士对此时德国语言学的评价"。先生在文章末尾说:"这样的书,我是写不出来的,别人写出来了,自己就很高兴。'平生不解藏人善,到处逢人说项斯。'我作为中国语言学史研究领域的一个老兵,摇旗呐喊,当个啦啦队,让开拓者不感到寂寞,奋勇前进,这就心满意足了。"老一辈大学者对晚辈学者的鼓励如此动人心弦。

姚小平《17—19世纪的德国语言学与中国语言学》的《后记》称:"何九盈先生,王力以后研究中国语言学史成果最多的学者。80年代中期我就开始读他的论著,而初次与他见面,则迟至90年代末。那是在1999年6月中,北大中文系李娟女士的博士论文答辩会上。何先生思维敏捷,谈锋犀利,给我留下了深刻的印象;他面对学术批评的那种气度,对同行的宽容和对后学的呵护,尤其令我感动。"(357页)这是实事求是的评价。

何先生在为高永安博士《明清皖南方音研究》撰写的《序》中盛赞司马光以19年的精力完成《资治通鉴》,主张慢工出细活,打磨出精品,要"慢腾腾地热烘烘"。做学问不能急于求成,草率的作品没有传世的价值,只是"蓦地烧天蓦地空",同浮游旦暮而生死。

何先生年幼时读过私塾,整本背诵过《千家诗》《毛诗》《左传》,国学功底深厚,天纵英才,鉴照洞明,对学术研究常常有独到的评价。先生评论学术界的人和事,总是秉学术之公,持是非之平,是其所应是,非其所当非,从无偏激过当之论,虽然有时也很尖锐。我感到先生是心地坦荡的学者。先生说,写作发表论文是一回事,在学术界发生影响是另一回事。好的学术研究也需要学术界的公正评论才能产生积极的影响。这个思想太对了,学术界客观公正的评论万分重要,有人为了一己私利,将一点点成绩无限夸大,以博得名利;而对很重要的研究故意视而不见,不理不睬,在自己的论著中根本不提已有的重要研究成果。这种不良学风,害己害人。

先生在《顾炎武的〈日知录〉》(《书山拾梦》)中赞叹顾炎武既能潜心学术,又能关注现实社会的人格精神,钦佩顾炎武慢工出精品的治学态度,不剽窃古人的实事求是的学者风范,不图名利的高尚情操,尤其推服顾炎武的前世不曾有、后世不可无的写作精神。先生自己的治学态度又何尝不是如此呢?

先生在《阎若璩的治学精神》(《书山拾梦》)赞赏阎若璩在学术上的怀疑精神和追求真理的态度:"一个搞科学的人,如果墨守成说,不敢怀疑,是谈不上开创的。然而,脑子里只有怀疑,不进而解剖疑团,那对学术的发展,还是无益。必须遇有疑问,就抓住不放,猛打穷追,不达目的,绝不罢休。"

先生读书无极限,如蜜蜂兼采,而文笔爽朗,流利飘逸,学人散文,别具风味。先生《龙虫并雕　小大由之》(《书山拾梦》)既拥护短小精致的札记短章,也拥护千尺长松的浩荡论著,文笔幽默,文风洒脱,读来饶有风趣。先生的《一卷名山　两袖清风》(《书山拾梦》)是为老同学程湘清《汉语史专书复音词研究》(商务印书馆 2003 年)所撰的序文,行文潇洒,笔锋清隽。叙事状人,事富传奇,语多机趣,是先生散文的代表作,其文学情趣远比某些煞有介事的散文家的玩意儿更加令人回味。略举两小段以供玩赏(373 页):

> 那天,像开班会似的,大家热热闹闹、说说笑笑就把他们的婚姻大事给办了。湘清这种不磕一头、不请一客、轻取"围城"、办大事如烹小鲜的风度,何等潇洒,何等风流!

> 他右手写时文,左手写论文,白天当官人,晚上当学人。他当官人有十足的书卷气,当学人可没有令人讨厌的官气。

多么富有妙趣的小品文!

先生阅读速度很快,一目十行,过目不忘,又特别关注学术界最新的研究进展。所以,先生的每一篇论著都植根深厚,穿穴群书,信手探囊,挥洒自如。先生挺生知之才,更加锥股勤学,所以学术成就极为丰硕。如果没有"文革"的曲折,先生的成就会更加辉煌夺目。先生多次对我谈起当时宝贵光阴被糟蹋,十分惋惜。那之后,他坚持每天读书治学,没有休息过一天,连正月初一也在读书写作。这种学者精神,无惭于古之圣贤。

二　学术述论

钱钟书说:"大抵学问是荒江野老屋中二三素心人商量培育之事,朝市之显学必成俗学。"[①]先生正是有这样执着信念的科学家,对学问有难以置信的热情。先生常年枯坐书斋,手不释卷,勤于笔耕,著述广博,"富号猗顿"[②],流光溢彩。先生夏季每天六点钟、冬季每天七点钟起身,稍作锻炼,就开始工作,六十年焚膏继晷,夏不避暑热,冬不避祁寒,发愤以抒志,情高以会采,气盛于著论,思锐于撰文,乃《文心雕龙·诸子》所称:"唯英才特达,则炳曜垂文,腾其姓氏,悬诸日月。"我不揣谫陋,对先生的学术成就管窥蠡测,稍加别裁,分类述论如下。

(一)语言学史研究

1.1《中国古代语言学史》(第四版)

何先生出版了两本中国语言学史研究的专著:《中国古代语言学史》《中国现代语言学史》。初版后先生对这两部专著不断打磨,直到出版《中国古代语言学史》第四版和《中国现代语言学史》修订本。这是两部很有特色和成就的语言学史,与王力《中国语言学史》(初版于 1980 年)、赵振铎《中国语言学史》(修订本,商务印书馆 2017 年)、李恕豪《中国古代语言学简史》(巴蜀书社 2003 年)、濮之珍《中国语言学史》(上海古籍出版社 1987 年)相

---

① 见罗厚辑注《钱钟书书札书钞》,《钱钟书研究》第三辑;又见《厦门大学学报》1988(3)郑朝宗文。
② 语出《文心雕龙·才略》。

比照,可以看出何先生书的不同寻常的成就:

1. 何先生《中国古代语言学史》的学术框架是独到的,与诸家不同。《绪论》之《学术史观》《处理好五种关系》《中西古代语言学的异同》三节为诸家书所无,阐述了何先生关于语言学史的一些理论和方法问题,论述了要处理好如下关系:汉语史和汉语史研究、过去与现在、本学科与相关学科、主题研究与客体研究、叙述与评议。关于中西古代语言学的异同,博而能要,分析了我国古代汉语语法学不能发达的两个原因①。这一章高屋建瓴,视野恢弘,可见何先生学识渊博,治学严谨。

2. 第二章第四节《先秦诸子的语言理论》,讨论了诸子学中关于语言与社会存在、语言与政治伦理、语言与逻辑思维三个问题。何先生以语言学理论问题为纲,贯穿诸子的语言学理论,纲举目张,条理分明。赵振铎《中国语言学史》第一章第一节《诸子的语言观》分别阐述诸子百家的语言观,未能以语言学问题一以贯之,未免散漫。二家所撰都称良史。然而我想就何先生、赵先生、濮先生、李先生各家之书和吴辛丑《先秦两汉语言学史略》(广东高等教育出版社 2005 年)关于先秦语言学的研究稍作补苴,但愿不为鸡肋:

(1)各家似乎都忽视了先秦文献的声训材料,先秦训诂学并不限于《尔雅》,在各书中散见许多声训,是研究语源学的宝贵资

---

① 不是说我国古代没有语法学,杨树达《积微居小学述林全编》(上海古籍出版社 2007 年)之《补编》有《中国文法学小史》,简要评述了先秦和清代的语法学。孙良明《中国古代语法学研究》增订本(商务印书馆 2005 年)下了很大的功夫爬梳我国古代的语法学,难能可贵,厥功甚伟。邵敬敏《汉语语法学史稿》(商务印书馆 2010 年)第一章《汉语语法学的酝酿时期》对《马氏文通》之前的语法学有所阐述。但在《马氏文通》以前确实没有产生如《文通》一样的语法学系统专著。

料,撰写先秦语言学不可不提及。吴泽顺《清以前汉语音训材料整理与研究》(商务印书馆2016年)上编第二章和下编的前15节汇编的材料极为繁富,梳理甚为完备。可知以声训为主要特征的汉语语源学在春秋时代已经存在,为春秋战国学术界所广泛使用,并非偶一为之,而是先秦学术界的共同观念,这正是汉代以来训诂学的声训传统源头,在学术史上有重要价值[①],写学术史是非阐述不可的。

(2)各家都忽视了《山海经》中关于物名起源的珍贵材料,这是诸家的疏忽。《南山经》:"有鸟焉,其状如鸱而人手,其音如痹,其名曰鹈,其名自号也。"《西山经》:"有鸟焉,其状如鸮而人面,蜼身犬尾,其名自号也。"《北山经》:"有兽焉,其状如麢羊而四角,马尾而有距,其名曰䮝,善还,其名自訆。"《东山经》:"有兽焉,其状如犬,六足,其名曰从从,其鸣自詨。"《南山经》《西山经》用"其名自号",《东山经》《北山经》用"其名自詨/訆"[②],意思都是这种鸟兽的名字就是其叫声。这是物名起源的一个重要原理,是语源学的重要材料,与声训完全不同。

(3)赵先生、濮之珍、李恕豪、吴辛丑在讲先秦训诂学时都忽视了《逸周书·谥法解》中的训诂材料:和,会也;勤,劳也;遵,循也;爽,伤也;肇,始也;乂,治也;康,安也;怙,恃也;享,祀也;胡,大也;服,败也;康,顺也;就,会也;蹇,过也;锡,与也;典,常也;肆,施也;糠,虚也;睿,圣也;惠,爱也;绥,安也;坚,长也;耆,强也;考,

---

① 我的《〈释名〉书后》(《古籍研究》2003〔2〕)曾论述了在先秦早已存在声训,是我国固有的学术传统,批评了饶宗颐先生以《释名》的声训原理来自古印度《尼卢致论》的观点。饶文《尼卢致论与刘熙的〈释名〉》(见饶宗颐《梵学集》,上海古籍出版社1993年)。

② 从此似乎可以见出《南山经》《西山经》属于一个系统,《东山经》《北山经》属于一个系统,这两个系统的编撰者可能是不同的。

成也;周,至也;怀,思也;式,法也;敏,疾也;捷,克也;载,事也;弥,久也。

这么宝贵的材料是不能不提的,而且都不是声训。何先生书在《先秦时代的名物释义》中提到了这些材料,已是独到。但这些训诂实在与"名物释义"无关,不如将这一节改称为"先秦训诂学",《尔雅》也不是完全解释"名物"的书。

（4）几位先生都很重视先秦孔子、墨子、荀子等的"正名"思想①,这是必须的。但诸家阐释都有遗漏,因为各家忽视了先秦"正名"文化的重要内涵是"谥法"。谥法是我国重要的传统文化,通过谥号可以了解古代君王和贵族的生平德行,而且与语言学的正名观十分密切,不可略过不提。《论语·公冶长》子贡问:"孔文子何以谓之文也?"子曰:"敏而好学,不耻下问,是以谓之文也。"可见谥号中的"文"可以涵盖"敏而好学,不耻下问"这样的德行。古人对于谥号非常看重。谥号是对君王和贵族生平德行的巨大约束,让权力者有所忌惮和敬畏。如果放纵败德,就可能在死后得到恶谥(如"幽、灵、炀、厉"等),留下千古骂名。《逸周书·谥法解》是保存谥号最完备的文献,应当重视才行。因为这些可以说是"正名"思想最重要的内容,是语言学和政治学、伦理学密切关联的文化,绝对不能置之不理。诸贤盖万虑之一疏乎?

（5）春秋战国还有一种"正名"的思想文化也非常重要,可能是来自谥法,但是与谥法不同。这种"正名"文化对"士"有很大的影响,例如《论语·学而》子夏曰:"贤贤易色,事父母能竭其力,事君能致其身,与朋友交言而有信。虽曰未学,吾必谓之学矣。"子夏价值观中的"学"不仅是读书,还包括修身养德。《孟

---

① 何先生书还提到了法家的正名思想。

子·梁惠王下》孟子对答齐宣王："贼仁者谓之贼,贼义者谓之残,残贼之人谓之一夫。闻诛一夫纣矣,未闻弑君也。"这是孟子对"贼、残、一夫"的"正名"。《庄子·骈拇》:"天下尽殉也:彼其所殉仁义也,则俗谓之君子;其所殉货财也,则俗谓之小人。"这是《庄子》对"君子、小人"的"正名"。《论语》《孟子》《庄子》,尤其是《荀子》的这类"正名"思想很多,这样的"正名"很多时候是一种评论,但这是带有价值取向的评论。因此,"正名"思想是先秦诸子中普遍存在的一种价值观。学者们不把这些"正名"思想纳入先秦的"正名"学说,不得不说是极大的遗憾。

（6）先秦还有一种"正名"思想表现得也很明显,例如《尚书·说命》:"知之曰明哲,明哲实作则。"这是对"明哲"的"正名"。《孟子·梁惠王下》:"天子适诸侯曰巡狩,巡狩者巡所守也;诸侯朝于天子曰述职,述职者述所职也。"这是对"巡狩、述职"的"正名"。《礼记·曲礼》:"君天下曰天子。朝诸侯,分职授政任功,曰予一人。践阼,临祭祀,内事,曰孝王某;外事,曰嗣王某。临诸侯,畛于鬼神,曰有天王某甫。崩,曰天王崩。复,曰天子复矣。告丧,曰天王登假。措之庙,立之主,曰帝。天子未除丧,曰予小子。生名之,死亦名之。"这是《曲礼》的"正名"文化,是我国重要的礼仪文化。研究我国礼仪文化,这些"正名"文化是重要内容。因此语言学史不能不提这些材料。

3.《尔雅》的成书年代在学术界有争议。欧阳修、叶梦得、朱翌、梁启超等前人都认为成书于西汉。濮之珍、李恕豪、吴辛丑也采取西汉说。何先生书第五节《先秦时代的名物释义》对《尔雅》予以了详尽的研究,考证了《尔雅》成书于战国末年,作者是齐鲁儒生。何先生从《尔雅》内部举证,与《周礼》《吕氏春秋》相比对,考察了《尔雅》没有记录秦楚分野的星宿,将《尔雅》和曾侯乙墓漆箱盖的二十八宿相比对,从多方面论证了《尔雅》成书早于《吕氏春秋》，且考订《尔雅》的性质是教科书，帮助学者读经。论证十分精彩，有很强的说服力。赵振铎《中国语言学史》（修订本）也持《尔雅》成书于先秦的见解，但论证疏略，只举出汉文帝已经立"尔雅博士"这个材料来证明。赵先生书52页称《尔雅》是我国最早的综合词典，这个论断也不如何先生称其是"教科书"合理。另外，何先生在第五节论述到的《尸子》《逸周书》的训诂学材料是他人之书所未及的。只是我觉得还是应该提一下历代研究《尔雅》集大成的资料汇编《尔雅诂林》，将在《尔雅》影响下产生的雅学文献列表于后，这样更能显示《尔雅》在训诂学史上的地位和影响。著名史学史专家金毓黻《中国史学史》（商务印书馆2012年）第七章《唐宋以来之私修诸史》236页称："尚有取某史之一篇而为之注释考证者，亦不无可述焉。以其繁也，列表明之。"随即将宋朝和清朝学者中注释正史某篇之书清晰列表，将《资治通鉴》以后的通鉴类著作列表展示，将袁枢《通鉴纪事本末》以后的纪事本末体史书简明列表，颇为明晰，以见学术源流。陈桥驿先生的《水经注》研究系列著作常常对相关信息进行列表。何先生固然可以不专门讲解《小尔雅》，但如果列表提及《小尔雅》等，片言只语也可见文化源流。

我既然接受何先生的《尔雅》成书年代和地域的观点，那我就自然推测《尔雅》是荀子学派所编撰完成（在西汉前期有零星补益）。荀子思想开放，兼收并蓄，吸收了法家的思想，是战国后期著名的儒家大师。《荀子·尧问》："今之学者，得孙卿之遗言余教，足以为天下法式表仪。所存者神，所过者化，观其善行，孔子弗过。世不详察，云非圣人，奈何！"《汉书·艺文志》："大儒孙卿及楚臣屈原离谗忧国，皆作赋以风，咸有恻隐古诗之义。"整部《艺文志》称大儒的只有荀子一人。《文心雕龙·才略》："荀况学宗，而象物名赋，文质相称，固巨儒之情也。"称荀子为"学宗"和

"巨儒"。战国末期的儒家经典多由荀子学派所传,或许《尔雅》也是荀子学派最后编撰而成(仅仅是集大成,荀子之前儒家已经开始编撰)。

4. 何先生第三章《汉代语言学》主要阐述扬雄《方言》为中心的汉代方言学、许慎《说文解字》为中心的汉代文字学、刘熙《释名》为中心的汉代语源学,皆清晰精辟,与赵振铎先生《中国语言学史》的有关阐述各有特色,都很到位[①]。何先生告诉我这一章是80年代写成的,以后改动较少。我觉得对有些问题还可以挖掘一下:华学诚《扬雄方言校释汇证》(中华书局2006年)收编了关于扬雄《方言》的很多资料,可以依据这些资料做更深更广的研究;对学术界关于《方言》的研究成果吸收不够,基本上是何先生自己对《方言》的研究[②];何先生概括了《方言》有四个方面的学术意义,指出了《方言》有大方言区、次方言区、小方言区。可惜没能够从《方言》中研究出汉代的方言区划,而前辈学者如林语堂《前汉方音区域考》[③],后来的丁启阵《秦汉方言·秦汉时期的汉语方言区》[④]、李恕豪《扬雄〈方言〉与方言地理学研究》[⑤],都依据《方言》讨论了西汉时代的方言分区。如果何先生能够就此提出自己的学术观点,可成一家之言。但是何先生对我

---

① 罗常培《扬雄〈方言〉在中国语言学史上的地位》(《罗常培语言学论文集》,商务印书馆2004年;发表于1950年);周祖谟《方言校笺·自序》(科学出版社1950年;后收入《问学集》,中华书局1981年)都对《方言》做过评述。

② 近年来,学术界对《方言》的研究有较大进展,如吴吉煌《两汉方言词研究:以〈方言〉〈说文〉为基础》、谢荣娥《秦汉时期楚方言区文献的语音研究》、王彩琴《扬雄〈方言〉用字研究》、王智群《〈方言〉与扬雄词汇学》(均为高等教育出版社2011年)。

③ 见《林语堂名著全集》第十九卷《语言学论丛》,东北师范大学出版社1994年。

④ 东方出版社1991年。

⑤ 巴蜀书社2003年。

说,他的《中国古代语言学史》是一家之言,不求面面俱到,别人阐述得比较充分的,就不详写。

何先生对《方言》的分卷和体例有独到的见解:"十二、十三两卷,在体例上与前面的十一卷大不相同。除卷十三的个别条目有方言词的比较,其他一律是以一个单词释一个或两个单词,其性质与《尔雅》的'释言'相类似。另外,这两卷所收词条的数量大大超过前面的卷,其中十二卷有102条,十三卷有149条,合计为251条。我以戴震的《方言疏证》为根据作了一个统计,全书共收词条658个,那么,十二、十三两卷的词条占全书词条的比例为38%。因此,我怀疑原书是由十五卷变为十三卷,可能这后两卷原本是分四卷的,经过合并,就使全书少了两卷。至于十二卷和十三卷跟前面各卷的体例为什么不一样呢,记得有人说过,这两卷可能就是《训纂篇》的内容。这种解释令人难以置信。这两卷若是由《训纂篇》杂入的,那扬雄所说的十五卷之数就差得更多了。合理的解释是,扬雄生前并没有把《方言》一书写完,现在的后两卷原本只是写作提纲,按原计划是要把有关方言的对比写进各条之下的。"(94页)这个见解是很新颖的,有启发性,自成一家之言。

我大致比较一下何、赵二先生对《方言》学术意义的归纳:

何先生:①这是古代第一次也是最后一次用个人力量进行全国性方言词汇调查的一本书;②《方言》为我们了解汉代普通话的词汇提供了重要依据。扬雄明确提出了"通语"(又叫"凡语、通名")这个概念。书中标明为"通语"或"凡语"的有二三十处。③《方言》是一座沟通古今的桥梁。上可以了解先秦古词,下可以用来研究现代词汇。④扬雄已经敏锐地觉察到,某些方言词的区别是方音不同造成的,他把这种情况称为"转语"。

赵先生:①注意到了语言在时间上的变化和地域上的转移。

②提出了汉语方言的分区问题。③注意到词的语义差别。④提出了"转语"的概念。⑤采用调查的方法收集方言材料。

　　另外，周祖谟《方言校笺·自序》对《方言》的学术价值也有归纳，没有超出何、赵二先生的范围，此不详及。稍加比较，可知何先生和赵先生的观点几乎完全一致，赵先生书只多了一条:《方言》注意到了区分词义。李恕豪《中国古代语言学简史》强调了《方言》在训诂学上的价值，这是对的。李书注意到《方言》和郭璞《方言注》中的方言的区别，反映了从西汉到东晋方言的演变，这是比较有趣的①。总体来看，学术界对《方言》学术价值的研究至今没有超越何先生在80年代的论述。如果何先生能够稍微叙述一下历代对《方言》研究的主要文献，并列表展示，则更加完美②。对于历代的研究论著当然只能放在那个时代来讨论。

　　5. 何先生对于《说文解字》的阐述相当精要。对《说文》局限性的论述也极为中肯:①有一些字的释义嫌笼统和粗疏;②对字的本义解释有误;③用意识形态说教代替词的释义。这些批评都是正确的,但如果能联系古文字研究的成果,则对《说文》的分析就可以更进一层。

　　这些年的《说文》学论著都紧密联系了古文字学,如季旭昇《说文新证》(福建人民出版社2010年)、董莲池《说文解字考正》(作家出版社2005年),都将《说文》与甲金文、战国文字相参证。刘钊《谈考古资料在〈说文〉研究中的重要性》(《古文字考释丛稿》,岳麓书社2005年)综述了学术界利用考古资料研究《说文》的成绩,对《说文》学很有意义。陆宗达《说文解字通论》(中华

① 李恕豪《从郭璞看近代的方言区划》,《天府新论》2000(1)。

② 华学诚《扬雄〈方言〉校释论稿》(高等教育出版社2011年)附录二《〈方言〉及其注家研究论著索引》辑录相关文献比较完备。

书局 2015 年,北京出版社 1981 年初版)结合古文字学成果,颇注意《说文》的训诂学价值和文化史研究的价值,也指出了其局限性,赵振铎先生对陆宗达此书颇为赞赏①。古文字学者姚孝遂《许慎与说文解字》(精校本,作家出版社 2008 年;中华书局 1983 年初版)对《说文》的阐述和研究比较全面具体。祝敏申《〈说文解字〉与中国古文字学》(复旦大学出版社 2011 年,初版于 1998 年)列有十五个图表,资料性很强,一目了然,颇便于学者参考取材。

董莲池《说文部首形义新证》②,徐复、宋文民《说文五百四十部首正解》(江苏古籍出版社 2003 年),康殷《说文部首铨释》(国际文化出版公司 1992 年),王彤伟《说文解字五百四十部疏讲》(巴蜀书社 2012 年),胡安顺《说文部首段注疏义》(中华书局 2018 年),都参证了古文字材料。张其昀《说文学源流考略》(贵州人民出版社 1998 年)考述《说文》学的历史源流相当明晰,具体评论《说文》的得失,还对历史上的《说文》学论著有所考察

---

① 赵振铎《中国语言学史》:"陆宗达的《说文解字通论》有相当高的学术价值。陆宗达的传统语言学的功底很深,音韵、训诂、文字无所不通,对现代语言学也不隔膜。他研究《说文》,不但很好地继承了传统的理论和方法,并且结合文献语言的实际,集中各种有关的文献资料,进行具体的分析比较,考证核实,使《说文》的研究建立在更为可靠的基础上。他密切结合甲骨金文来研究《说文》,认为没有《说文》作阶梯,识读和研究甲骨文和金文将会遇到许多无法克服的困难,而甲骨文和金文又可以反过来验证《说文》的正误,正是基于这些认识,他对《说文》的研究能够有胜过同时代学者的地方……在不到十二万字的篇幅中,作者把《说文》的编制体例、文字与解说、训释方式、六书、字形演变以及该书的局限性等都讲清楚了。特别是书中对《说文》常用的训释方法,即字形结构、常见的说解以及如何运用训释字与被训释字等作了全面的论述,并且对《说文》中所保存的古代社会文化科学资料详加阐发,加深了人们对这部巨著的认识,重申了它在中国文化史上的地位,作者还写有《介绍许慎的〈说文解字〉》和《〈说文解字〉的价值和功用》都颇有新意。"(675—676 页)

② 作家出版社 2007 年;另有《说文部首形义通释》(东北师范大学出版社 1999 年)。

和论评,用功颇勤,有益于参考。古文字学者黄天树《说文解字通论》(北京大学出版社 2014 年)分类叙述的体例有自己的特色。崔枢华《说文解字声训研究》(北京师范大学出版社 2000 年)上编详细讨论《说文》声训的各种类型和同源词问题,下编详尽排比《说文》的声训资料,颇便于参考。我并不认为何先生在书中要评述这些研究论著,只是觉得可以吸取其中某些研究成果,以体现《说文》学的进展。

何先生对个别例子的批评还可以讨论。《说文》释"一":"惟初太始①,道立于一,造分天地,化成万物。"先生批评这是用道家的意识形态来解释文字的本义。光华案:《说文》的"道立于一",意思是"道"就是"一";《老子》"道生一",即"道"比"一"更原始。《说文》的"一"相当于"太一",其观念当出于《淮南子》。《吕氏春秋·君守》:"夫一能应万。"高诱注:"一者,道也。"高诱注"一"是"道",但《吕氏春秋》原文这层意思还不明显。而《淮南子》中"一"明显是"道"了,《淮南子·原道》:"所谓无形者,一之谓也。"高诱注:"一者,道之本。"以"无形"为"一",则"一"是"道"。《淮南子·精神》:"一生二,二生三,三生万物。"高诱注:"一,谓道也。""一生二"出于《老子》第四十二章:"道生一,一生二,二生三,三生万物。"但《淮南子》只有"一生二",没有"道生一",这个区别非常重要,说明《淮南子》认为"道"就是"一",而不是"一"的根源。《说文》与《老子》是两种相似而不相同的世界观。从《老子》"道生一"到《淮南子·原道》"所谓无形者,一之谓也",这是道家思想的一个发展。《说文》训"一"为"道",正是许慎以"一"为《说文》开端的理据,因为"道"为万物之始,"一"也为数之始。所以《说文》对"一"的解释无可厚非。

---

① 太始,段注本作"大极",小徐本作"太极"。

　　如果先生能够涉及一下《说文解字诂林》,将历代《说文》学的主要论著略加列表,似乎更为完璧。董莲池主编的《说文解字研究文献集成》(古代卷,作家出版社 2007 年;现当代卷,作家出版社 2006 年),都是重要的文献资料汇编,对于研究《说文》学十分重要。

　　6. 何先生第九节《汉代词源学》主要研究刘熙《释名》,对《释名》声训的价值有相当正面的评述,也予以了严厉的批评[①],自有其见地。何先生论述《释名》的四点价值:其声训并非一无是处,其中也有一些说解精当的例子;对我们了解东汉的词汇面貌有参考价值;对考证东汉时期的语音有重要参考价值;对研究汉代社会文化生活有重要参考价值。这四点评论都是很精确的。

　　但是何先生书 127 页称:"刘熙对名实关系的看法并没有成套的理论。"这却失之一隅。饶宗颐《尼卢致论与刘熙的〈释名〉》指出:贯穿《释名》的语言学原理是用动词或形容词来解释名词的语源,即名词的语源是动词或形容词。这个原理也见于古印度的《尼卢致论》。这是非常精辟的见解,学者如果忽视了《释名》的这条原理,就很难深入理解《释名》。赵振铎先生书也未能意识到这点。但赵先生评述《释名》是很不错的。濮之珍《中国语言学史》指出在我国语言学史上很重要的"右文说"是在刘熙《释名》的基础上发展出来的(157—158 页),这个观察很独到,但是遗憾没有论证。我以为《释名》与"右文说"都是语源学,有相通之处,但二者的区别非常明显,在《释名》中看不出有"右文说"的语源学原理。

　　7. 王力《中国语言学史》第一章命名为《训诂为主的时期》,

----

① 王力《中国语言学史》第一章《训诂为主的时期》对《释名》的声训抨击很猛烈,也有所肯定。

第三章第十五节《训诂学》专门讨论段玉裁、王氏父子、郝懿行、俞樾、章太炎的训诂学。可见王先生并不漠视训诂学。赵振铎《中国语言学史》第二章《两汉时期》第一节《传注里的语言分析》也是对汉代训诂学的分析研究。李恕豪《中国古代语言学简史》第三章第二节《毛传和郑笺》分析了《毛传》、郑笺的主要内容和学术价值，也是对汉代训诂学的研究。清朝学者训诂学登峰造极，继承了汉学中的训诂学传统。因此，两汉训诂学是我国重要的语言学成就，学术史万万不可略而不提。

何先生虽然高度重视汉代语言学三书（《说文》《方言》《释名》），但对汉代训诂学只字不提（其实以上三书也是训诂学名著，我们现在说的训诂学是汉代学者对古书的传注），这实在是一大遗憾。何先生对我说本来他对郑玄的训诂学有深入研究，但他将训诂学纳入了词义学之中，没有专门阐述汉代训诂学，这是一个不足。我们期待将来何先生对郑玄的训诂学有所论述。

王利器《郑康成年谱》（齐鲁书社 1983 年），张舜徽《郑学丛著》（齐鲁书社 1984 年），钱玄等《三礼辞典》（江苏古籍出版社 1998 年），唐文《郑玄辞典》（语文出版社 2004 年），王振民主编《郑玄研究文集》（齐鲁书社 1999 年），张能甫《郑玄注释语言词汇研究》[①]，王锷《礼记郑注汇校》（中华书局 2020 年），颜春峰、汪少华《〈周礼正义〉点校考订》（中华书局 2017 年），这些论著为郑玄的训诂学研究提供了充分的条件。敦煌文书发现有郑玄的《论语注》部分抄写本，学者们早已整理出来[②]。吴辛丑《先秦两汉语言学史略》第八章《郑玄笺注举例》归纳了郑

---

① 巴蜀书社 2000 年。张能甫是赵振铎先生的博士，此书有赵先生写的序。

② 参王素编著《唐写本论语郑氏注及其研究》（文物出版社 1991 年），有详细的校勘记，还收录了罗振玉、王国维等的研究论文，资料较全；王国维《观堂集林》（河北教育出版社 2001 年）卷四《书〈论语郑氏注〉残卷后》。

玄注经的六条凡例:阐明经义,引申发挥;辨析词义,指明异同;标注古今,以今释古;校正文字,注明音读;征引异说,申明己见;考证名物,说明礼制。以上六条虽然正确,但稍嫌浮泛,经学色彩太重,似乎未能充分揭示郑玄注的语言学规律,尚可后出转精。

汉代训诂学研究不能局限于郑玄,应该以经学为主线,兼顾诸子百家的训诂,例如高诱注《淮南子》(今存13篇,另8篇许慎注《淮南子》)、高诱注《吕氏春秋》、王逸《楚辞章句》、韦昭《国语注》,都不能忽视,应该予以专门研究。

经学中还有很多可以深入挖掘的训诂学专题,如清代学者刘文淇《春秋左氏传旧注疏证》(科学出版社1959年)专门搜寻杜预以前关于《左传》的解释(到襄公五年止),基本上都是汉儒的,这是非常宝贵的材料。当代学者吴静安《春秋左氏传旧注疏证续》(东北师范大学出版社2005年)接踵刘文淇的未竟之业,从襄公六年做起,完成了《左传》的全部旧注疏证。从中可以梳理出司马迁《史记》对《左传》的训诂学阐释①,这是司马迁的训诂学,是汉代训诂学的重要环节。刘文淇的曾孙、近代硕儒刘师培先生撰有《司马迁〈左传〉义序例》(《仪征刘申叔遗书》第十册),是研究司马迁训诂学的皇皇巨著,训诂学水准不让高邮王氏父子。

《史记》中的《五帝本纪》《夏本纪》《商本纪》《周本纪》等多训改《尚书》之文,可以看出司马迁对《尚书》的训诂②,这也是不可忽视的重要训诂资料,应当专门研究。

---

① 关于《左传》与《史记》的关系,可参刘师培《左盦集》卷二《史记述左传考自序》,《仪征刘申叔遗书》第九册,万仕国点校,广陵书社2014年。

② 参段玉裁《古文尚书撰异》、孙星衍《尚书今古文注疏》、皮锡瑞《今文尚书考证》、王先谦《尚书孔传参正》,这些专著都将《尚书》和《史记》的有关文句做了比照,颇便研究。程元敏《尚书学史》(华东师范大学出版社2013年)上册对《史记》训改《尚书》有所阐述,然而不甚精辟,未能归纳条例。

刘师培《毛诗词例举要详本》①,仿照俞樾《古书疑义举例》之体例,探索分析《毛传》的各种训诂学规律,归纳出《毛传》的31类训诂规则。刘师培《毛诗词例举要略本》归纳出《毛传》的25类训诂规则。这两篇论著虽然称为详本和略本,其实内容完全不同,只是详本举例和解说甚详,略本举例与分析稍略而已。这两篇论著是研究《毛传》训诂学的经典论著,壁立千仞,后人难以逾越。张舜徽《广校雠略》(《张舜徽集》,华中师范大学出版社2004年)附录《毛诗故训传释例》,分析了《毛传》训诂的各种条例,颇详细,但不如刘申叔先生精湛。另如刘师培《左盦集》卷一《司马迁述〈周易〉考》(《仪征刘申叔遗书》第九册)研究了《史记》对《周易》的训诂,要言不烦,是重要研究成果②。

孔安国《古文尚书传》是训诂学的精品,本来从汉至唐毫无疑义。宋朝的吴棫、朱熹凭直觉怀疑孔传的真实性,妄断为魏晋人伪造,元明清学者附会者不绝,虽然辨伪之学昌盛,终嫌"鉴而弗精,玩而未核"③。终至"琼草隐深谷",学术界根本不敢将今本孔传作为汉武帝时代的训诂材料来对待,白白让十分珍贵的西汉语言学材料《古文尚书传》"与粪土同捐,烟烬俱灭"④。我撰《今本〈尚书·说命〉非伪书新证》(《传统中国研究集刊》2020[22]),列举28证阐明《古文尚书》的三篇《说命》是出于西周以前文献(现已增补为38证),非战国以后所能伪造。不仅《古文

---

① 见《仪征刘申叔遗书》第三册,同书有《毛诗词例举要略本》。

② 章太炎《刘子政〈左氏〉说》(《章太炎全集》,上海人民出版社2015年)分析了刘向《说苑》《新序》《列女传》所引《左传》六七十条,其间有用训诂字代替本字的,可以看出刘向对《左传》的训诂。但此书主要是分析刘向对《左传》义理的理解,是经学范畴,涉及训诂学的不多。

③ 语出《文心雕龙·辨骚》。

④ 语出刘知几《史通·自叙》。

尚书》是先秦真本,今本孔传也是真实的西汉文献(只有《舜典》的孔传缺失,乃用王肃注填补)。至于为整本《古文尚书》拨乱反正,则俟诸异日。另外,曹魏时代何晏《论语集解》引述孔安国对《论语》的训诂甚多,也可据此研究孔安国的训诂学。

汉代训诂学是我国古代极重要的学术文化,是研究先秦文化的津梁,研究汉代语言学史是不可忽视的。曹魏的王肃乃一代宗师,学识渊博,遍注群经,多与郑玄为敌,窃以为应该设立《王肃注的语言学研究》一节。

8. 何先生书第四章第十节《反切的起源》,与我的观点有所不同。我在《上古音及相关问题综合研究》主张自先秦就有的合音就是反切的原理①,只是合音表示合音词与分音词是一个意思,不专门用于表音。到了曹魏孙炎(也许稍前)开始专门用反切来表音,与表意无关,这只是一个运用方法的问题,而不是原理问题。当然,何先生的观点作为一家之言还是有其根据的。何先生指出正是因为反切法的创造,才为韵书的产生准备了条件。反切不仅能够注音,而且还有助于统一读音。反切有助于我们研究古音。这都是很正确的见解。

9. 何先生书第十一节《五音和四声》是很有分量的论著,是何先生最新增补的内容,也是各家书都没有的,解决了一些重要的学术问题。先生全面考察了前辈学者对五音四声问题的研究,认为"猜测推论居多"。先生广征博引,参证音乐史,考证五音的实质,发现"1978年湖北随县曾侯乙墓出土的编钟钟铭所记录的'钧法'与《地员》的下徵调系统完全相同"。

先生又构拟出《国语·周语下》《史记·律书》《礼记·月令》及

---

① 暨南大学出版社2015年;同样的观点见《论汉语上古音无复辅音声母》(中国文史出版社2005年)。

郑注所揭示的五音系统,反驳了黄侃、詹锳对《文心雕龙·声律》的批评,先生指出:"这不等于说李登、吕静的韵书总计只有五个韵部,而应该是在五个声调的基础上,各调再划分出若干韵部。"先生的推断无疑是可信的。

先生发现:"早期'音韵'连用的意思是指五音协和,也就是字音协和。这种协和的要求不只是韵脚,也包括句子中间的字音搭配的协和。"这是十分正确的。

先生首次将齐梁时代的声律学说概括为四个律条:清浊律;声响律;双叠律;四声律。并指出:"四个律条来自两个系统:一是乐律中的五声系统,一是齐梁时代产生的声调系统。"这个概括精辟准确,第一次全面科学地阐释了齐梁时代的声律学,超越了往哲。

先生指出范晔《狱中与诸甥侄书》:"文中用'宫商'指代五声,用'清浊'兼赅次清、次浊、最清、最浊等,不能把'宫商、清浊'看作二分法,所以不能与'平仄'画等号。"这是完全正确的。

先生批评了朱东润等人对"浮声切响"的误解,称:"我认为'切'与'沉、仄'毫无关系,《文心雕龙》中的'切'字基本上是切合、贴切、正确的意思。所谓'切响'就是与'声'相切合的'响',所以'声'必定在'前','响'必定在'后'。'声'与'响'等于唱和关系。但这个'和'就是刘勰说的'异音相从谓之和'。'前有浮声'或'前有沉声',对'后'文的要求都是'后须切响'。区别在于浮声的后响是'沉',沉声的后响是'浮'。不仅'声'有'飞沉','响'亦有'飞沉',否则就不能'异音相从'了。所谓'切响'不是跟'前声'一模一样,而是'异音相从',这是不切之'切'。周振甫说'前用宫商,后用徵羽',这是对的。但他不懂:若前用徵羽,则后须用宫商。'声'与'响'是'异音相从'的关系,所以不能说'切响'就是徵羽,就是仄声。沈约的话只说了一半(即'前有浮声'),而另一半(即'前有沉声')没有说出来。刘勰说'声有飞沉'，替沈约说全了。所以沈约极为重视《文心》，尤重《声律》一篇……而今人把'声有飞沉'与'前有浮声，后须切响'等同起来，这就错了；又认为'声飞'等于'浮声'，这当然不错，而说'切响正是沉'，这是把两个问题混而为一了。原来注释家们根本就忽视了'响'与'声'是'异音相从'的关系。声的'沉'不等于响的'沉'。《文心雕龙》的材料有助于我们了解声响律。"这些辨析是非常正确的，不能认为"浮声"是平声，"切响"是仄声，而是"异音相从"的关系。

先生进一步分析："原来在'五音宫调'中'大不逾宫，细不过羽'，也就是宫为最浊（最低），羽为最清（最高），二者正好相反；商为次浊（次低），徵为次清（次高），二者亦相反。'声'与'响'为异音相从，也是相反的关系。《韩非子·外储说右上·说三》'疾呼中宫，徐呼中徵'的'疾、徐'也是相反的关系。用五声相反相成的清浊原理来说明'声、响'的高下关系，这是'声响律'的要点所在。"这是很到位的见解，足以击破前人关于声响律的误解。

《文心雕龙·声律》："抗喉矫舌之差，攒唇激齿之异，廉肉相准，皎然可分。"这几句历来难以解释。何先生对此作了精辟的解析：抗喉（张喉）为"宫"；矫舌（举舌）为"徵"；攒唇（敛唇）为"羽"；激齿（发齿）为商。如此清晰的辩证发千古之覆盆，功高古人。

何先生言："周（祖谟）先生所论'五音'（喉牙舌齿唇）纯属声母问题，刘勰的喉舌唇齿四音并非单论声母，而是指整个字的发音特点。"这样解释更精准。

何先生精确解释一向难以理解的"廉肉相准"："就是音的鸿细互相搭配协调。宫商徵羽又可分为鸿细两类，在文中前后搭配协调，这就是'声'与'响'的律条。"

先生辨析"平头、上尾、蜂腰、鹤膝"也十分精湛，令人豁然开朗。"多历年代，而此秘未睹"的"八病"问题终于被何先生破解。

先生解释"双叠律":"关于双叠有两个内容：一是指双声联绵词、叠韵联绵词；一是指凡声母相同的字为双声，凡韵相同的字为叠韵。前者是双音节单纯词，后者可能是双音节词，也可能是词组，也可能意义上毫无关系。"可谓简而能周，后文的举证和分析均博而能要。此文还有许多精彩的论说，难以逐一缕述。

何先生分析了四声学说产生于刘宋萧齐之间的四点原因：①先秦两汉，汉语的四声尚不完备。其时只有平、上、入（又分为长入、短入），去声尚未产生。②乐律中的五声促进了声律中四声学说的产生。③文体的演进与四声学说的产生可以说是血肉关系，详细分析了陆机《文赋》四声分用搭配的现象。先生批评隋代刘善经误解《文赋》，指出："陆氏未立'四声'之名，却能辨别四声之实，未明言'条贯'，而创作中已'同条牵属，共理相贯'，为百余年后四声说的出现奠定了坚实的基础，这一点是古今研讨四声的人所未注意到的。"④梵文字音分析知识的启发。佛教东传，悉昙字母之学随之输入，对反切、四声之学的产生无疑有很重要的意义。如经师转读的声法中有高调、平调、折调、侧调等，肯定跟四声有关。这一节还讨论了陈寅恪《四声三问》和饶宗颐对陈寅恪的批评，都有启发性。先生最后分析了四声学说的历史意义，颇为详明，不再赘述，读者切勿轻易放过。

何先生结论："本书用好几万字的篇幅来研讨五音与四声的关系，五音、四声与声律的关系，以及研讨四声的产生、四声的发现、四声学说的运用等问题，是因为这些问题从未有人认真解决，从未得到科学的如实的阐述，而这些问题在中国古代语言学史上乃至在文化学术史上都有极其重要的地位和意义。"先生"言必贞明，义则弘伟"①，是对语言学空前的贡献，是先生《中国古代语

---

① 语出《文心雕龙·章表》的赞辞。

言学史》最大的闪光点。

10. 先生书第十二节《韵书的产生》、第十三节《辞书的发展》虽不能委曲详尽，多所考证，却能叙事赅要，议论圆通。224 页言："近人刘声木《苌楚斋续笔》卷四说'任大椿所撰之《字林考逸》八卷，实为归安丁杰所撰'乃'盗窃他人'之作（325 页）。此说来自江藩的《汉学师承记》。但江藩说'然子田似非窃人书者'，而刘声木即信以为真。此种厚诬古人的行为，非常错误。"这个批评体现了先生对学术实事求是的精神。

11. 在第十三节《辞书的发展》中，先生将陆德明《经典释文》当作辞书，恐有异议，音义书是我国学术史的一个类型，与普通辞书的体例和功能有所不同，不好当作辞书看待。先生对《经典释文》的体例和音切未作周密阐发，大概是因为学术界名家赵少咸、罗常培、王力、邵荣芬都有详细的考证，先生故此有所详略，不必再施考论，并非不重视《经典释文》①。

何先生在本书《85 年河南版自序》中说："语言学又跟文学、

---

① 陆志韦《〈经典释文〉异文之分析》《〈经典释文〉异文之分析补正》（《陆志韦语言学著作集》二，中华书局 1999 年）；蒋希文《〈经典释文〉音切的性质》（《汉语音韵方言论文集》，贵州人民出版社 2005 年）；沈建民《〈经典释文〉音切研究》（中华书局 2007 年）；岳利民《〈经典释文〉音切的音义匹配研究》（巴蜀书社 2017 年）；王怀中《〈经典释文〉陆氏音系》（中华书局 2019 年）；毕谦琦《〈经典释文〉异读之形态研究》（上海人民出版社 2014 年）；王月婷《〈经典释文〉异读之音义规律探赜》（中华书局 2011 年）和《〈经典释文〉异读音义规律研究》（中国社会科学出版社 2014 年）。日本学者坂井健一《中国语学研究》（东京汲古书院 1995 年）第一部分《经典释文研究》考证了《经典释文》中的刘昌宗音义、郭象《庄子音义》、徐邈音义、郭璞《尔雅音义》等，各家音义仅为举例，并非全部。后来坂井健一发表了《魏晋南北朝字音研究：〈经典释文〉所引音义考》（东京汲古书院），全书分为《研究篇》和《资料篇》，分别整理各家音义，很下功夫。由于这两部书是日语，国内一般音韵学者难以寻觅和阅读，在我国传播不广。

哲学、佛学、经学等有密切的联系，把这些联系恰如其分地揭示出来，对研究古代文化史也不无裨益。"这个思想很有启发性，王启涛《魏晋南北朝语言学史论考》（巴蜀书社 2001 年）将语言学与佛学、儒学、玄学、文学、史学相联系予以考察，拓展了语言学史研究的领域，正实践了先生的语言学思想。赵先生书第三章第二节《语言学家郭璞》详细阐述郭璞的贡献。这些都值得注意。简启贤《〈字林〉音注研究》（巴蜀书社 2003 年）、范新干《东晋刘昌宗音研究》（崇文书局 2003 年）、蒋希文之四篇研究徐邈反切的论文[①]、朱葆华《原本玉篇文字研究》（齐鲁书社 2004 年），都是研究六朝语言学的专论，都能够进一步充实六朝语言学史的内容，以后可以考虑融入语言学史的撰述。

12. 第十四节《〈切韵〉系韵书》既有先生自己的研究，也参考了其他音韵学家的观点，如张琨《汉语音韵史论文集》（张贤豹译，台北联经出版事业公司 1987 年）、赵振铎《集韵研究》[②]、邵荣芬《集韵研究简论》（商务印书馆 2011 年）。先生的《〈切韵〉音系的性质及其他》，可与此节合观。先生认为《切韵》不是单一音系，是综合音系，"具有杂凑性的特点"。但同时指出：一部韵书有严密的语音体系和这个体系的性质是"杂凑"的，本是两个不同的问题。

但完全不提到陈寅恪先生的《从史实论〈切韵〉》[③]，似乎不妥。何先生也没有强调指出《切韵》是魏晋六朝以来的读书音，

[①] 收入蒋希文《汉语音韵方言论文集》，贵州人民出版社 2005 年。

[②] 语文出版社 2006 年。赵先生《集韵校本》（上海辞书出版社 2012 年）是赵先生多年研究《集韵》的结晶，我们正期待赵先生《集韵疏证》的问世。

[③] 见《陈寅恪集》（三联书店 2011 年）之《金明馆丛稿初编》。初发表于《岭南学报》1949 年 9 卷 2 期。何先生《中国现代语言学史》（修订本）讨论了陈寅恪的《东晋南朝之吴语》（《陈寅恪集》之《金明馆丛稿二编》，初发表于 1936 年《史语所集刊》7 本 1 分）。

而读书音从来有保守的传统,包含了不同时代层次的语音,因此与隋唐时代鲜活的各地方言音系都是不能逐一对应的。我赞成说《切韵》音系有杂糅的特点,而以吴音为主,而隋唐时代的吴音(金陵读书音),又是西晋从北方的"洛下书生咏"传来的,陈寅恪《从史实论〈切韵〉》已经有精密的论证。章太炎《国故论衡》(上)也主张《切韵》是综合音系。李荣《论李涪对〈切韵〉的批评及其相关问题》(《方言丛稿》,商务印书馆 2012 年)依据李荣《隋韵谱》和六朝韵文,尤其是《庾信诗文用韵研究》(《方言丛稿》,商务印书馆 2012 年)指出隋代诗文和庾信诗文的东与冬钟分押和全浊声母的上去二声分押,这与《切韵》相合。《切韵》本来是读书音,上去二声在《切韵》本来就不是一个韵母(声调属于韵母),不宜混押。东钟二韵在李涪的方言中肯定已经相混了,但在隋代的读书音中是不相混的。《切韵》是六朝隋唐的读书音,吴音成分较为主要,因为吴音辨音较为精细。这个特征极端重要,因此将《切韵》与隋唐时代任何方言音系相比对,都是无的放矢,在方法上都是错误的。王力《汉语语音史》不提《切韵》为中古音系的代表,是正确的。何先生的观点其实比王先生还要早出,因为王力《中国语言学史》第二章第七节还称《切韵》可能是以隋唐的洛阳音为主体。

13. 先生认为在隋唐宋时代存在实际的雅言,这是可信的。先生将《集韵》看成是《切韵》系韵书,沿袭了学术界传统的观点,后来有人撰有长篇论文考证《集韵》不属于《切韵》系韵书。这个问题尚待深论。

14. 要注意的是第五章《隋唐宋语言学》,将宋代语言学与隋唐合并为一个时期。赵振铎《中国语言学史》(修订本)是将隋唐五代与魏晋南北朝合为一章,宋元明为一章,李恕豪《中国古代语言学简史》与赵先生相同。濮之珍《中国语言学史》第四章《南北朝至明代的语言研究》虽然是大幅度地混为一章，但在具体分节上也是将隋唐与南北朝合为一节，宋代的韵书独立为一节。我个人趋向于将唐宋学术分为两个阶段，主要理由如次：

（1）隋唐学术与宋代学术在很多方面都有显著的区别，宋代的经学、史学、子学和集部都明显不同于隋唐；科学、理学、俗文学、艺术等均有大发展，唐宋之间存在巨大的学术转型，属于学术史上的两个阶段，似乎不应合并为一个学术时期。

（2）宋代是《切韵》系韵书转型的时代，产生了明显不属于《切韵》系统的《五音集韵》《礼部韵略》。《集韵》的性质也不同于《广韵》，在反切上有很多改良，先生分析了《集韵》不同于《广韵》的五个方面，非常中肯。等韵学在宋代繁荣，而唐代没有等韵学。宋代吴棫开始有古音学[①]，先生第十七节《古音学的萌芽》讨论吴棫的古音学，而隋唐没有古音学。

（3）宋代有"右文说"，出现了古文字学及《类篇》这样的文字学巨著，隋唐没有。

（4）晚唐五代以后（9世纪以后），我国语言进入近代汉语阶段[②]，宋代汉语正是近代汉语的发展期，与隋唐汉语不同[③]。如宋代全浊声母消失（南宋肯定已经消失了，北宋是否有全浊声母还

---

① 参张民权《宋代古音学与吴棫〈诗补音〉研究》，商务印书馆 2005 年。

② 参吕叔湘《刘坚〈近代汉语读本〉序》（《吕叔湘文集》第四卷《语文散论》，商务印书馆 1992 年）；吕叔湘《江蓝生〈魏晋南北朝小说词语汇释〉序》（《吕叔湘文集》第四卷）："这本书的内容又让我想到古代汉语和近代汉语的分期问题。语音方面该怎么分期是另外一回事，以语法和词汇而论，秦汉以前的是古代汉语，宋元以后的是近代汉语，这是没有问题的。"

③ 江蓝生、曹广顺《唐五代语言词典》（上海教育出版社 1997 年）；袁宾等《宋语言词典》（上海教育出版社 1997 年）；龙潜庵《宋元语言词典》（上海辞书出版社 1985 年）。这些断代语言辞典都将唐五代语言和宋代语言分为两段。另参童志翘为《唐五代语言辞典》《宋语言词典》写的书评（见童志翘《中古文献语言论集》，巴蜀书社 2000 年）。

有争论），宋代喻母与影母、泥母与娘母、床母与禅母、知组与照组分别合并。

（5）宋代流行讲学和辩论之风，《朱子语类》是典型例子，对语言有较大影响。宋代讲学的风气直接产生了"讲义"类书籍，如耿南仲《周易新讲义》十卷、史浩《尚书讲义》、陈经《诗讲义》。隋唐没有《朱子语类》之类大规模的讲学类语录体文献和讲义类论著。宋代的疑古风气很盛[1]，对宋代学术有巨大影响。宋代官方没有《五经正义》之类标准答案约束学者和考生的思想，科举内容"策论"很重要，允许考生自由发挥，导致宋代学术富有批判精神。

（6）宋有书院，隋唐没有。宋朝的学校制度与唐代不同，广泛地建设了州学、县学，设置了学田以解决学校经费问题。政府鼓励私人办学，大量书院因此产生。书院制度直接影响了宋代学术和文人精神，因为书院属于私学，不是官办，所以学风自由，言论自由开放。

（7）隋唐的政治经济文化中心在陕西长安，是西周秦汉的古都，关中地区的文化绵延上千年，地位显著，然而长安在唐末战乱中损坏严重（黄巢起义军撤退时火烧长安城），再加上关中作为历代帝都，开发过度，生态受到破坏。而江南地区长期享受和平安宁，从五代开始，都城定在河南开封，通过大运河与江南沟通极为方便。开封地处中原，与各方的经济文化交流都非常方便，从而有利于经济文化大发展，尤其是商业的繁荣。从政治经济文化中心从西向东转移这点上说，唐宋文化也应该分为两个阶段。

所以，我主张将宋代语言学也独立为一章，也是独立为一个时期。鄙见如此，不知先生是否认可？

---

[1]　参陈植锷《北宋文化史述论》（中国社会科学出版社 1992 年）第二章第三节《从疑传到疑经》、杨新勋《宋代疑经研究》（中华书局 2007 年）。

15. 第十五节《字母之学》指出"三十字母可能是在《切字要法》的基础上发展起来的"。这是新颖的观点,相当可信。此节还讨论了字母的产生与佛学的关系,这是非常必要的,而赵振铎先生书没有涉及这个问题。

16. 第十六节《等韵学的兴起》、第十七节《古音学的萌芽》叙述赅练,条理分明,足为音韵学者指示门径。如批评吴棫的古音学:"从韵目上看,吴棫似乎是分古韵为九部:东、支、鱼、真、先、萧、歌、阳、尤。实则这九个部也是一团乱麻……实际上这些材料既无严格的时代界限,更谈不上具体的韵例了。他不惟疏于考古,也完全不懂得审音,怎么能建立起一个科学的古音系统呢!"这些学术批评严厉而中肯。但是何先生也实事求是地赞赏吴棫的功劳,在钱大昕所举的两大功劳外,先生还补充了一条:"他所说的'或转入'已具有离析今音的倾向。书中提到'或转入'的只有'江或转入东'、'庚耕清古或转入阳',这两条材料很值得留意。他把'江杠'等归入一东,'京庆卿行'等归到十阳,都符合上古语音特点。"这是很敏锐的观察。先生此节也论述了为《韵补》写序的徐蕆,赞赏其谐声分析法是清儒的先驱。先生还表彰了项安世的古音学成绩,这是赵先生书所没有涉及到的。《古音学的萌芽》评论南宋程迥的古音学:"他总结《韵补》的义例'不过四声互用、切响同用二条'。"注解说:"关于'切响'二字,朱熹已'不审义例如何'。其实就是为了协韵而临时改变音读。"注释精审。

17. 第十八节《唐宋文字学》主要讨论四个方面的内容:正字形之学;《说文》之学;右文说;金石之学。论述相当周详。我稍作补充:

(1)正字形之学全面收集了当时的俗字、通字、正字,对于研究汉字字形的演变有重大功用,对于研究隋唐以来的俗字有非常大的积极作用,极大地推动了俗字学的发展。这个是应该强调的。刘中富《干禄字书字类研究》（齐鲁书社2004年）对《干禄字书》的"俗字、通字、正字、易混字"做了详细的疏证。

（2）在大小徐的异同上，我以为可以强调一下小徐本有《通论》多卷，尤其是有《祛妄》《类聚》《错综》《疑义》《系述》，这都是关于《说文》的全局性和规律性的研究，是很重要的参考，是小徐本独到的贡献，这是大徐本没有的。

（3）大小徐在认定形声字和会意字上有分歧。

（4）先生对宋代的金石之学主要介绍了郭忠恕《汗简》和夏竦《古文四声韵》。我觉得"金石之学"这题目似乎过于宽泛，因为欧阳修《集古录》、赵明诚《金石录》、吕大临《考古图》、王黼《宣和博古图》这些书是宋代金石学的正宗，《汗简》《古文四声韵》与那些书性质不大相同，不如就叫"古文字学"。如果取"金石之学"这个题目，那么洪适《隶释　隶续》是要介绍一下的，这是研究汉魏碑铭的重要资料汇编。赵振铎《中国语言学史》（修订本）第三章《义疏和孔颖达〈五经正义〉》阐述了《五经正义》中语法性质的成分；第四章《宋元明时期》讨论了宋元明笔记中的语言学问题、宋代和明代学者关于名词、动词和虚词的研究等语法问题，这都是赵先生独到的撰述。

（5）关于"右文说"，无论如何要提一下黄永武《形声多兼会意考》（台湾文史哲出版社1965年），这是关于"右文说"最详尽的论述和资料汇编。曾昭聪《形声字声符示源功能述论》（黄山书社2002年）是研究"右文说"的专书，其第五章综述了黄侃、沈兼士、杨树达、黄永武、王力的相关研究，还综述了近二十年（2002年前）学术界对声符示源功能的研究。

18. 第六章第二十节《〈中原音韵〉系韵书》论入声在北方的消失，征引广博，非常精辟。何先生明确表示《中原音韵》代表了元代的大都音系，并指出入派三声规律的复杂性。我只补充李清照《词论》^①:"本押仄声韵,如押上声则协,如押入声,则不可歌矣。"这几句话很重要,表明宋词有的押入声,则不能歌唱。元曲也是如此,如果押入声,则不可歌。此节可与先生《〈诗词通韵〉述评》合观。

先生在 336 页说:"周德清稍后,燕山卓从之著有《中州乐府音韵类编》,这部书刊在元代杨朝英的《朝野新声太平乐府》中,1958 年中华书局出版了隋树森的校订本,质量较高。"何先生坚持了传统的学术观点,但是耿振生《〈中原音韵〉的原始著作权和它的基础方言问题》^②,经过考证认为《中州乐府音韵类编》的成书年代在《中原音韵》之前。《中原音韵》的"韵谱"不是周德清所撰,是从卓从之那里直接取来的。《中原音韵》的许多矛盾来自周德清自己没有真正理解"韵谱"。燕山卓从之是北曲韵书的原始作者。由于卓从之是燕山地区的北人,所以其书所依据的方言应该是大都音。耿先生认为周德清没有去过大都,其交游范围局限在江西,不可能在大都搞过语音调查。《中原音韵》是在周德清的家乡江西编撰成的,周德清没有参加过大都的音韵论争。"天下都会之所"可能是九江,不是大都。耿先生将《中原音韵》的问题引向了深入讨论。耿先生赞成《中原音韵》的基础方言是大都音,这与何先生观点一致。

19. 第二十一节《元明等韵学》评述元明时代的十一种等韵学著作,简而能周,疏而能要,解释专业术语往往一语破的,使人豁然开朗,非厚积薄发者不克臻此。先生的评价都是客观公正的,摆脱了传统学术的偏见。此文可与先生《中国语言学史的研究方法》合观。

---

① 　见徐北文主编《李清照全集评注》,济南出版社 1990 年。
② 《语言学论丛》第 31 辑。

20. 第二十二节，先生解释杨慎《答李仁夫论转注书》，"杨慎所说的义与理，实际上是指有无证据，如果有语言文字资料为证，就符合义理，否则就不能'互'，不能'通'。他这个话是针对宋人'四声皆可转，切响皆可通'的理论而发的"。先生的解释很通达。

21. 第七章论述了清朝语言学繁荣的三大原因，并强调："关于清代的文化政策，过去只讲文字狱，只讲镇压的一面，甚至认为清代语言文字学的兴起，是清廷实行高压政策的产物，这样的看法不能说毫无道理，但具有一定的片面性，与实际情形不完全相符。清代顺、康、雍、乾四朝，的确不断大兴文字狱，也禁毁了一批书，后果极为严重。但在恢复和整理汉民族的传统文化方面也做了不少工作。康熙开博学鸿词科，开明史馆，乾隆接受朱筠的建议，纂辑四库全书，不论他们的动机如何，在客观上促进了学术事业的发展。尤其是开四库馆，从全国各地征集图书资料，这就使一些学者能有机会接触到大量的古典文献，并有机会交流学术思想，作为政治中心的北京，也成了语言文字学的研究中心。清代一些著名的语言学家，都跟北京有直接关系。"评论是客观公道的。

22. 对于学术界公认的清朝学者的巨大成就，何先生也能指出其缺点，如434页："首先，他们有严重的复古主义倾向。具体表现在：对汉以后的语言文字学没有采取分析态度。顾炎武就开了这个不好的风气。但是，顾炎武的批判主要是针对明末的士人，他心怀亡国之痛，对明朝的士人很有情绪，认为这般人不务实学，空谈性命，把国家也给'谈'没了。这样的认识显然不完全正确。我在上一章已经讲了，明万历年间的语言学取得了很好的成就，不可一概否定。到了戴震、钱大昕，不仅批判明朝人，对明朝语言学的成就否定过多，就是对晋唐宋的语言学成就也否定过多。"这个批评是实事求是的。

先生批评毛奇龄："他的《古今通韵》一书，也是'巧于颠倒'，是大倒退，无'开始之功'可言。"但也肯定其说有合理的地方："阴声韵的去声与阳声韵的入声'互合'，有一定的根据，后来段玉裁主张古无去声，与毛奇龄的'两合'说有相似之处，二人都注意到去入关系密切……他的古韵学说不可取，而《通韵》全书也有可称道之处。黄侃指出：毛奇龄主五部三声两界两合之说，言虽唐大，而音之区分音、声、韵三者则自毛氏始。"这是一分为二的辩证态度。

先生评论段玉裁和孔广森对上古音声调的研究："段、孔二人的意见正好相反：前者认为古无去声，后者认为古无入声。但二者都把去入合为一类来考察，这是有原因的。因为这两个调类的字在上古韵文和谐声系统中，关系非常密切。我们认为：古无入声的说法是不可信的，孔是山东曲阜人，在他的口语中入声已经消失，就误以为上古也根本不存在入声。不过，他承认上古去声有长短之别，还是注意到了中古的去入二类在上古是有别的。"这个评论敏锐且中正公道。

23. 第三十节《清代词源学》虽然笔墨无多，却是先生独到的取材和贡献，各家语言学史都没有论述到。

24. 第三十一节《清代语义学》评论郭璞的反训："同词相反为义就是一般训诂著作中所谓的'反训词'。齐佩瑢曾经指出：'反训只是语义的变迁现象而非训诂之法则。'我很赞同这个说法，所以我主张不用'反训'这个术语，改为'同词相反为义'……郭璞举的这些例子是否都属于'义相反而兼通者'，后人有不同看法，有人还以此为理由来否定语义中有'相反而兼通'的事实，这也是徒腾口说，自以为是。我以为即使郭璞举的这些例子均不确，他提出的'义相反而兼通''义有反覆旁通，美恶不嫌同名'，也是一个颇为重要的发现。清代语言学家如王念孙、段玉裁、钱绎等都列举了许多语义材料证实了这个理论的正确性。"① 此节可与何先生《古汉语的特殊词汇》(《古汉语丛稿》)、何先生与蒋绍愚合撰《古汉语词汇讲话》(中华书局 2010 年)二《词汇的历史发展》合观。

25. 先生全书结语归纳了中国古代语言学的五个特征,都精确到位,非高屋建瓴、通观全局者不能有此见地。

26. 任何一部语言学史都不可能面面俱到,只能揭示历史语言学的发展线索和各家论著的主要观点、主要价值和缺陷。清代训诂学极为昌盛,对各家训诂学的详细论评只能由专书去做。但我以为对王念孙《读书杂志·淮南内篇弟廿二》后所归纳的训诂学义例 64 条,语言学史则是非讲不可的,这是王念孙对自己毕生训诂学研究的心得之言,是我国训诂学原理和方法最高成就的集中展现。对于段玉裁《说文解字注》的研究②,舒怀主编《〈说文解字注〉研究文献集成》(湖北教育出版社 2018 年)网罗资料最为详尽,且加点校,可省学者寻检之劳。郭在贻《训诂丛稿》(《郭在贻文集》第一卷)有五篇研究段注的论文,合起来可以见出段注的价值和缺失。《清代语义学》一节对《说文》四大家的成就和不足采用通论

---

① 郭锡良《反训不可信》《反训问题答客难》(《汉语史论文集》增补本,商务印书馆 2005 年)都是批判郭璞的反训观点;赵振铎《中国古代语言学史》(修订本)没有讨论郭璞的反训问题;章太炎《小学问订》、刘申叔《古书疑义举例补》、董璠《反训纂例》、徐世荣《反训探元》都承认有反训存在;郭在贻《唐诗中的反训词》(《郭在贻文集》第一卷,中华书局 2002 年)讨论了唐诗中确实存在的反训词。赵振铎《训诂学纲要》(修订本,巴蜀书社 2003 年)第九章研究了反训的几种类型,如"美恶同辞、施受同辞、正反同辞"等;王宁《训诂学原理》(中国国际广播出版社 1996 年)并没有否定反训的存在,还对反训试图作理论上的解释;孙雍长《训诂原理》(语文出版社 1997 年)没有讨论反训。梁启超 1912 年 12 月给女儿梁令娴的信《与娴儿书》(《梁启超家书校注本》,漓江出版社 2017 年)称"康有为"的名号"南海"为"北江"是利用了反训的原理,康有为是广东南海人。

② 何先生通读过《说文解字注》,见《我的阅读历程》(《抱冰庐选集》)。

的方法来撰述,这是不得已的,实在是因为要做各书的专论,确实篇幅太大,与学术史的体例难以融合。只是我以为讲述清代《说文》学,无论如何要提到王筠的《说文释例》,此书通论《说文》的各种规律,作宏观研究,又能据实考据,对于综合理解《说文》有很大的贡献,至今没有书能望其项背。

吕叔湘先生1953年在《中国文法要略》第六版题记称:"希望读者了解这部书的性质,在里面找着他所能找着的东西,而不求全责备,这是我诚恳的愿望。"这应是我们对待任何学术论著的态度。何先生的《中国古代语言学史》是富有个性和特色的学术史专著,历时三十年,核要而不失于浅,博赡而不患于烦,事义赅练,议论明达,有巨大的学术成就,亦富于人文之美,展现了先生浩瀚的学识和精湛的功力。先生敦崇实学,言必有据,绝不"吐峥嵘之高论,开浩荡之奇言"[①]。该书注重点面结合,每个阶段都作通论性描述,然后展开重点研究。因此,各处的详略是先生有为的取裁,详其所应详,略其所当略。读者诸君能够从中"酌奇而不失其贞,玩华而不坠其实"[②]。一卷在手,我国二千五百年之语言学宛在目前!

1.2《中国现代语言学史》

这是何先生的又一力作,也是迄今为止唯一的一部全面阐述中国现代语言学史的专著,曾荣获北京市第四届哲学社会科学优秀成果一等奖、教育部普通高校第二届人文社会科学研究成果二等奖。先生在书前自题两句古人诗:"水流万折心无竟,月落千山影自孤。"这完全是夫子自道,前一句说无意与世俗争名利,后一句说自己甘愿书斋寂寞,远离尘俗的喧嚣。

赵振铎先生《中国语言学史》(修订本)第五章叙述20世纪

---

① 语出李白《大鹏赋》。
② 语出《文心雕龙·辨骚》。

语言学,篇幅仅 160 页左右,未能充分展开论述,尤其是不能有所评骘,让人看不出现代语言学学术水平的发展和每个时代的主要成就。缺少学术性批评是赵先生论述 20 世纪语言学的主要不足。何先生《中国现代语言学史》(修订本)取材限于 1898—1949 年,多达 800 页。初版《后记》:"这部书稿的正式写作始于 1990 年 7 月,1992 年 10 月 5 日脱稿,历时两年有余。其间还有教学和别的写作任务(如编写《王力古汉语字典》),今夏住院开刀也耽误不少时日,实际用来写这部书的时间也就很有限了。我只有用'夸父逐日'、'跟时间赛跑'的精神,日夜兼程,努力搏击而已。"

此书不仅对现代语言学各领域有具体细致的阐述和描写,而且有价值判断,有学术性的批评。例如第二章《语法学》充分肯定王力《中国现代语法》:"在探索汉语句法特点方面作出了重大贡献,取得了辉煌的成就。它的谓语三分法得到语言学界的广泛肯定,八种单句句法结构特点的揭示对汉语句法学的发展有重要意义。还有一点值得称道的是,《中国现代语法》的取材只是一部《红楼梦》。在此以前,还没有任何一部语法著作进行过专书语法描写。《新著国语文法》虽然研究的也是现代语法,但取材不成系统。对专书语法进行描写的好处是,既可以保证系统的完整性,又便于进行历史比较研究,也便于进行方言语法的比较研究。"同时也指出其有两个缺点:"一是忽视词类划分的意义;二是不成功地运用了西方某些语法理论。"

先生一面高度赞赏吕叔湘《中国文法要略》在文言白话的语法比较方面的成就:"我们至今还没有见到,有任何一部讲汉语语法的书,在文白比较方面下过如此深的工夫。"同时也指出了《要略》存在五个方面的缺点:①"采纳了三品说。"②"分析句子成分时设立了两套名目,即主语、宾语之外,又有起词、止词之类。这种分别是过于看重逻辑意义的结果,缺点是抽象概括不够。"③"没有对书中运用的名词术语进行'界说',甚至连'词句论'、'表达论'、'范畴'、'关系'这样一些在书中占有重要地位的用语,都没有作出必要的说明。吕氏似乎不太重视概念模式。"④"对文言与白话的比较多着重于具体语法事实的研究,着重于具体规律的比较,而整体性、系统性似嫌不足,历史演变的说明更嫌不足。"⑤"修订本存在一些技术性的问题,某些地方前后失去照应。"这五点分析是切中要害的。

第七节《古今语法比较研究》讨论吕叔湘《中国文法要略》,殊具卓识,因为吕叔湘正是强调要用比较的方法来研究语法,何先生的布局是最合理的,而一般语言学史大都没有"比较语法学"这一节①。

第二章《语法学》第九节《汉语语法理论研究》详细阐述了高名凯的《汉语语法论》后,评论道:"《汉语语法论》在写法上有一个很突出的特点是书中不少章节都可以当作单篇论文来读。著者注意追溯某些虚词、某些语法形式的源头,对国外的有关说法以及国内的有关研究成果进行介绍、评论,读者可以从中获得有关专题的较为全面的知识,无论是对入门者还是研究者来说都有意义。只是书中'标新立异'的地方较多,著者又喜欢使用一些与众不同的概念,读起来要有点耐心才行。上半世纪真正称得上纯理论性的极有个性的语法著作只有这一部《汉语语法论》,它的价值就在于创立了一个完整的体系,而且有不少具体的新发现,还提出了许多有争议的问题。先生的理论勇气,探索精神,永远值得后人学习。缺点还是理论与实践结合得不好,某些观点(如词类问题)缺乏健全的经验的基础。"用11页的篇幅来概述

---

① 邵敬敏《汉语语法学史稿》(修订本,商务印书馆2006年)第二章第六节《古今比较语法的研究》没有列《中国文法要略》,与何先生不同。

《汉语语法论》(正文共 618 页)的精华,穿插论评,明畅精当,非有高深涵养不能为,在整体上超过了邵敬敏的阐述。

但是邵敬敏书这一节有两点值得称道:在阐述《汉语语法论》语法体系时使用图表来概括,更加清晰明了,比单纯的文字表述容易理解,在方法上值得称道;批评《汉语语法论》在理论上的两点错误和在分析上的六个缺点都很鲜明,在学术批评上更加具体。

第三章《音韵学》是何先生专精的领域,写得非常精彩,是全书的亮点,"乃一篇之警策"①。第十一节《上古音研究》在阐述了黄侃的古本音学说后,引述了林语堂和齐佩瑢的评论。何先生对古本音问题十分慎重,不轻下断语,没有选边站队②。这是先生"独立的精神、自由的思想"。

该节批评李方桂主张对上古之部收 -g 的观点和论证方法:"李方桂说的这些理由都很牵强、武断,仅仅因为'来'字同入声字有过押韵关系,就把他定为入声字,又进一步把与'来'字押韵的阴声字也定为入声字,再进一步把同这类字的谐声字也算做入声字。蛛丝马迹,捕风捉影,实在是主观得很。入声字是一个有明显语音特征的集团,从现代保存入声的方言到《切韵》音系到上古音,这个集团的整体格局是清楚的,也就是说他跟阴声韵的界线是清楚的。上古阴、入相押的字占一定的比例,这类字的性质须要研究,但不可随意扩大化,以至于将阴声韵字全部入声化。"这个批评至今有重大学术意义,因为现在还有音韵学者在走李方桂的那条老路。

---

① 语出陆机《文赋》。

② 何九盈《中国语言学史的研究方法》:"80 年代初王力发表了《黄侃古音学述评》,这是中国语言学史上一篇很重要的论文,王力对黄侃的古音学体系进行了详细的剖析,论据确凿,说理透彻,有高屋建瓴之势。我以为通过这篇文章可以看出传统音韵学家和现代音韵学家在理论上和方法上的一些根本分歧。"

该节批评了黄侃、钱玄同否定"旁转"的观点:"我们认为'旁转'属于'合韵'范围,如幽宵合韵,支歌合韵,真文合韵,古书不乏其例。从根本上否定'旁转',也就是否定合韵,钱黄之说不可从。事实上黄侃本人有时也大谈旁转。应当肯定。"同时也赞扬钱玄同对"对转"解释得很精当。这完全是实事求是的评论,不作笼统之言。

第四章《方言学》对陈寅恪《东晋南朝的吴语》的批评也很科学:"陈氏的论证对于说明北音南渐的规律很有意义,但他的判断带有极端性。一点是'士人皆北语阶级,庶人皆吴语阶级',近乎用阶级地位的不同来区分方言,似乎方言也有阶级性。我们只能说江东士族不少人能操两种方言,除了母方言吴语之外,还会讲以北方方言为基础的共同语。另一点是流行于金陵地区的共同语是否就是'西晋末年洛阳近傍之方言',还有待于进一步论证。陈氏的这一结论是与他对《切韵》音系的基础方言的看法相一致的。"这个分析相当公允,俄国的彼得大帝开国后,沙俄贵族曾崇洋媚外,有一段时间俄国贵族阶级流行说法语,以显示自己很时尚,有文化品位,但这并不意味着这些贵族不能说俄语。

第八章综述少数民族语言的研究,虽然这不是先生的专业领域,但先生博览群书,对非汉语语言文字学主要方面的阐述都很到位,有对专业学术的述评,并不亚于民族语言学的专业工作者,尤为难能可贵。

全书阐述并讨论了中国现代语言学的各个方面,"充实而有光辉"[①],皆是来自对第一手资料的研究,绝无辗转稗贩。先生告诉我为了写作此书,两年的时间整天寝馈于北大图书馆,在大年三十北大图书馆闭馆之时,最后一个离开图书馆的人往往是先

---

① 语出《孟子·尽心下》。

生。可知先生艰苦力学不亚顾炎武。先生对于现代语言学的各个领域都有专门研究,对汗牛充栋的文献了然于心,才能以一己之力完成这部巨著。书末《中国现代语言学史散步》论述了中国现代学术应该反思过度欧化的趋向,要将西方学术理论与中国的学术文化特征相结合,建立中国特色的语言学和语言学史乃至各领域的学术史,反对盲目膜拜外国的学术理论,确实是针砭时弊。这一篇论述充满了人文精神,是先生人文关怀的肺腑之言,"篇终接混茫",足以引发学术界的深刻反省。我对此抱有同感,认为西方语言学中的语言年代学将碳14测年的考古学方法生搬硬套到语言学①,是毫无科学根据的伪科学。

金无足赤,此书个别地方似乎也可以有所讨论。请述刍荛,聊为献曝:

(1)第五章《汉字学》第二十节《古文字研究》讨论甲骨学的时候,甲骨四堂只介绍了三堂,不提董作宾的《甲骨文断代研究例》,也不提第一部甲骨文资料书《铁云藏龟》和第一部研究甲骨文的专著——孙诒让《契文举例》,还有孙海波1934年出版的第一部《甲骨文编》。这是不应有的疏漏。综述方面应该参考王宇信、杨升南主编《甲骨学一百年》(社会科学文献出版社1999年),宋振豪主编《百年甲骨学论著目》(语文出版社1999年),陈梦家《殷虚卜辞综述》(中华书局1992年),这是文献性很强的必备参考书。如果能够多介绍一些于省吾考释古文字的原则和方法,就更加完善。杨树达的《积微居甲文说》等也应该专门介绍一下,不好略过不提,因为此书在古文字学界常常被学者引述。在叙述郭沫若甲骨文的贡献时,还可以谈谈郭沫若在甲骨文通读上的贡献,对郭沫若《甲骨文字研究》《卜辞通纂》《殷契粹

①　参徐通锵《历史语言学》(商务印书馆1996年)17《语言年代学》。

编》都应该专门介绍。在《金文研究》节无论如何要介绍罗振玉的《三代吉金文存》和容庚的《金文编》。应该说《古文字研究》是全书比较薄弱的一节。如果先生参考过董作宾《甲骨学六十年》①和裘锡圭、沈培合撰的《二十世纪的汉语文字学》②,这一节可能更加完美。

（2）何先生评钱玄同:"钱氏本人所作的《说文部首今读》、《说文段注小笺》都有一定的价值。"实际上,黄侃也有《说文段注小笺》③,与钱玄同的大面积雷同,很多地方一字不差,绝不可能如此"英雄所见略同"。钱玄同的《说文段注小笺》④很可能是利用了黄侃的手稿,当作大学的文字学参考书。郭万青《黄侃、钱玄同〈说文段注小笺〉比勘》(《台北大学中文学报》[15],2014年)全面比勘二者,虽有差异,不妨碍其有共同来源。畏友萧旭先生认为:不是钱抄黄,而是钱去世后,钱的后人误以为他的存稿是钱的遗著而出版。

（3）第二十四节《训诂理论的建立》专谈训诂学的定义、性质、范围和原理,并且称训诂学成为学从黄侃开始,重点介绍了王力《新训诂学》。我对此稍有不同看法。训诂学从《尔雅》算起也有两千多年历史,其中一定是贯穿某些训诂学理论的,例如在先秦就有广泛的"声训",将动词形容词视为名词的语源(刘熙《释名》为集大成);汉儒的"读为、读若"也是训诂学的原理和方法。清朝训诂学权威学者王念孙《读书杂志》总结出64条训诂学法则,俞樾《古书疑义举例》所讨论也是训诂学的规律,刘师培《司马迁左传义序例》揭示了训诂学的许多重要方法。段玉裁《说文

---

① 刘梦溪主编《中国现代学术经典·董作宾卷》,河北教育出版社1996年。
② 《二十世纪的中国语言学》,北京大学出版社1998年。
③ 见黄侃《说文笺识》,《黄侃文集》,中华书局2006年。
④ 《钱玄同文集》第五卷,中国人民大学出版社1999年。

解字注》既是文字学名著，也是训诂学名著。朱骏声《说文通训定声》专门研究《说文》中的字在典籍中的通假问题，是典型的训诂学。

而且训诂学与语源学、文字学、古文字学、古文献学、校勘学、语法学、版本学密切关联，与纯粹的语义学或解释学不同。黄侃的《说文》学更多是关注本字和俗字、通行字的问题，与正宗训诂学有区别。因为正宗训诂学是要解释古书中的疑难字词，以帮助阅读理解古书；训诂学与古籍整理关系密切，考本字只是训诂学的一小部分，不是重要的部分。王念孙《读书杂志》、王引之《经义述闻》根本就不怎么考本字。严格来说，黄侃是音韵学家、文字学家和校勘学家，不是训诂学家，因为他没有真正训诂过一部典籍①。《黄侃国学文集》（中华书局2006年）中只有一篇《春秋名字解诂补谊》可称训诂学论文，恰恰与训诂学理论无关，其方法只是沿袭了清代训诂学泰斗王引之《春秋名字解诂》②。

何先生详细概括了王力《新训诂学》六个方面的内容，其实这六点清朝的训诂学家都已经娴熟运用。当然王先生强调训诂学要与语法学、汉语史相结合，这是对的，但不能说清朝的训诂学就没有结合语法学与汉语史。例如孙良明《清人训诂考据中的句式类比分析法》（《汉语史研究集刊》第3辑，巴蜀书社2000年）详细调查了清朝训诂学著作中出现的众多"句法、文法"术语，可知清朝训诂学与句法、文法紧密关联。王引之《经传释词》是训诂学和语法学紧密结合的著例，以训诂学的方法研究虚词。吕叔湘《中国文法要略》1956年版《修订本序》："这是一本不很成熟

---

① 黄侃《文选平点》（中华书局2006年）不是训诂学书，与《读书杂志》《经义述闻》有明显区别。
② 收入王引之《经义述闻》。

的书,并没有能够建立一个严密的语法体系,主要还是类集用例,随宜诠释,稍加贯通,希望对于读者的理解和运用各种语法格式能有一些帮助。这也就是前人写书讲虚字和句读的精神,在书成十年之后我才觉察自己无意之中继承了这个传统,虽然在全书的组织上比前人多费了点心思,因而面貌很不相同。"可见吕先生承认《中国文法要略》是继承了古代训诂学讲虚字的精神。因此古代训诂学讲虚字就是和语法相结合。相反,我们倒是看到很多古汉语语法学者由于不通训诂学,而错误分析了古汉语的语法。

训诂学与汉语史的结合在清人的训诂学和古书辨伪中体现得尤为显著。宋元明清学者在辨伪古书中使用的一个重要方法就是汉语史的方法。如《四库提要》卷一四二《博异记》条:"师旷镜铭一条,不似三代语尔。"明显是汉语史的观念。又如《汉书·礼乐志》:"音声足以动耳,诗语足以感心。"王念孙《读书杂志》"诗语"条:"自汉以前无以'诗语'二字连文者,'诗语'当为'诗誩',字之误也。"这正是汉语史的观念。

《中国现代语言学史》(修订本)没有专门的词汇学章,那是因为在1949年以前的词汇学问题实际上包含在了语法学的论著中,没有一部专书研究词汇学,并非何先生的疏忽。词汇学的专门研究发端于陆志韦在50年代发表的《北京话单音词汇》和《汉语的构词法》两书[1],时间范围已经在此书之外。

通观《中国现代语言学史》(修订本)全书,有几大亮点:①中国现代语言学文献浩繁,寻访唯艰,先生博考搜求,几无遗憾,仅有个别落网之鱼。览此一卷,可纳须弥入芥子,融万卷入寸心,授人以渔,金针度人,乃非常之人著非常之功。②对所有文

---

[1] 均见《陆志韦语言学著作集》(三),中华书局1990年。

献潜心研究,爬疏别裁,条分缕析,"尽得脉络曲折之详"①。提要钩玄,表彰精华,抉摘舛谬,昭学术之至公,示后来以法门。《四库提要》乃万人筑长城,先生以一人建高楼,其考镜学术源流不能说功高古人,至少可比肩先贤。③先生胸有成竹,目无全牛,使本书结构严谨,布局高明。④驾驭材料游刃有余,非功力深厚者不能为。

　　1.3 这两部《语言学史》"曜联璧之华","标二俊之采"②,可以照见先生"标心于万古之上,而送怀于千载之下"③。先生不仅语言学专业学识蔚然大观,而且视野宏达,贯穿文史,终能"庾信文章老更成,凌云健笔意纵横",断然不同于某些所谓专家狭隘得鼠目寸光,除了自己的专业外一无所知,根本谈不上人文素养,哪能期望他贯穿群籍?

　　学术史有多种写法,很多大家撰写学术史都主要是写自己的研究心得,并不是综述学术界的已有成果,这类学术史往往富于创见和个性,并不面面俱到,但恰恰有独到的魅力和永久的生命力,例如罗素《西方哲学史》只从自己独特的角度讲述自己的观察和研究,文笔优美,获得诺贝尔文学奖。这两部《语言学史》并不综述别人的研究成果,但凡是参考其他学者的研究都有详细的标注。

　　对语言学史的研究除了以上两部学术专著外,先生还有多篇重要的专题学术论文也值得重视。

　　1.4.1《中国语言学史的研究方法》(《语文导报》1987〔1—2〕),指出研究要"从史实出发"。先生认定中国古代有"语言学",同时"语文学"也很发达。先生指出:"清代人从顾炎武到

---

① 　语出《四库提要》之"水经注提要"。
② 　语出《文心雕龙·时序》。
③ 　语出《文心雕龙·诸子》。

《四库全书》的编者们,对明末的语言学基本上持否定的态度。他们看得起的只有一个陈第。明末出现了那么多的音韵学著作,正式列入《四库全书总目·小学类》的只有陈第的《毛诗古音考》和《屈宋古音义》,其他的只配列入'存目',而且评价很不公正。"这个批评是正确的。

先生强调研究语言学史要网罗材料,研究第一手材料,并且批评当时的学术界;建议要加强语言学史的宏观研究,要探索中国语言学发展的规律,要运用比较研究法。强调要克服封闭式的研究方法,主要包括三点:第一,关起门来谈"师承、家法",墨守旧说,拒绝接受不同意见,甚至排斥、贬低不同意见;第二,信息上的封闭。从事语言学史的研究,必须及时获取各种新的信息,而我们在这方面做得很不够。从1949年到现在,我们对台湾有关中国语言学史的研究情况,对美国、日本、苏联等有关中国语言学史的研究情况,都知道得不多。这对我们提高研究水平非常不利。第三,专业分工过细,也是造成封闭的原因之一。各自封闭,隔行如隔山。在这种情况下,即使有人愿意对中国语言学史的发展情况进行系统的、创造性的研究,难度自然很大。我尤其喜欢先生谈比较研究的一段论述:"比较应该是多层次、多侧面的。《方言》与《尔雅》的比较,《玉篇》和《说文》的比较,《七音略》与《韵镜》的比较,《集韵》和《广韵》的比较,《古今韵会举要》和《中原音韵》的比较;明代语言学和清代语言学的比较,清代训诂学和汉代训诂学的比较,现代音韵学和传统音韵学的比较,现代语言学和古代语言学的比较,中国古代语言学和外国古代语言学的比较等等,都是研究中国语言学史的人应当考虑的。"这些思想确实是痛下针砭,对于语言学史研究有很大的指导意义。全文列举了很多历史语言学的具体实例,至今有启发性。

1.4.2《中国语言学史研究刍议》(《语言科学》创刊号,2002

年），主要讨论了正确认识语言学史的性质和意义，研究和写作语言学史的态度和方法，以及应该遵守的一些原则问题。要注意的是先生明确表达了对学术个性的宽容和赞美："好的学术史都是有个性的，学术史的个性差异，正是某一种学术史得以存在的理由，也是学术史研究得以繁荣的必要条件。现在已出版的中国语言学史著作，凡是有一定影响者都有自己的个性，让各种不同的学术个性在竞争中、在比较中张扬自己的特色。"我认为先生学术个性的一个重要体现是将语言学史的专门研究和人文精神相融化。阅读先生论著者当能心领神会。钱钟书的名著《管锥编》和《谈艺录》都有鲜明的写作个性，初读其书或感觉其病于繁冗，疏于别裁，非学术论著之体，然而不害其为学术名著。《经传释词》和《古书疑义举例》的写作方法完全不同，但正如《文心雕龙·才略》所谓："竹柏异心而同贞，金玉殊质而皆宝。"

1.4.3《乾嘉时代的语言学》（《北京大学学报》1984〔1〕），是先生评述乾嘉学术的重要论文，先生对清朝语言学了然于心，《中国古代语言学史》第七章分九节做了详密的述评，当与此文合览。与专著相比，可以看出先生对学术研究"又日新、日日新"地深入推展。此文的有些论述是《中国古代语言学史》所没有的，例如："有人说：是清代经学的发展推动了小学的发展，故清代小学只不过是经学的附庸。笔者认为应当反过来说：是小学的发展有力地推动了经学的发展，清代经学水平之所以超越前代，在很大程度上得助于小学。清代的小学，人才辈出，著作如林，自成体系，蔚为大国，怎么能说它是经学的附庸呢！"这是正确的。清代语言学很多与经学没有直接的关系，例如关于《广韵》《集韵》的研究，关于《方言》《释名》的研究，都与经学没有直接关联。清代《说文》学昌盛，是相当独立的文字学和训诂学研究，不能说与经学无关，但不是经学的附庸。清代的训诂学不仅仅解释经学,也训诂诸子百家和史书,如关于《国语》《逸周书》《战国策》《史记》《汉书》《荀子》《墨子》的训诂之类。清代训诂学的最高成就王念孙《读书杂志》是训诂子书和史书,不是经学的训诂。我们稍微阅读托名张之洞的《书目答问》①,就知道清代语言学大致的成就。另如,此文有邵晋涵、郝懿行和王念孙的比较;辨析了皖派和吴派的不同精神,全文充满了论辩的写作风格。由于二者的思路和写作方法都不同,所以《中国古代语言学史》第七章并不能代替《乾嘉时代的语言学》,虽然前者要晚出将近三十年。

1.4.4《乾嘉传统与20世纪的学术风气》,是先生反思学术史的重要论文,代表了先生的学术价值观。先生高度评价乾嘉学术:"这是一个真正为学术而学术的时代,出现了一批专门学术家,他们对古代语言文字的研究达到了很高的水平,有些巨著至今还是高等学校最基本的教学用书。"先生批判了盲目否定祖国文化传统的历史虚无主义:"五千年的文明史没有任何一个时代像20世纪这样,一心要摧毁自己的传统文化,在世界文化史上也没有任何一个民族如此自己动手横扫自己的传统。"不过个别提法先生可能已经有所变更,例如:"章、黄不能及时调整自己的学术方向,株守传统的学科分类,缺乏新的学识和新的理论体系,学理资源单调陈旧。""一个食古不化,一个食洋不化,新潮派与国故派各有是非。"如果说刘申叔、章太炎、黄季刚这些国故派都是"食古不化",是不公平的。《刘申叔先生遗书》既是国学宝典,是整理国故的尖端学术,也融化了西方学术思想,是中西学术结合的典范,具有鲜明的现代性,安得以为"食古不化"?黄侃的音韵学、文字学,至今为学术界所敬重,又怎能称为"食古不化"?也

---

① 学术界或以为是清末著名文献学家缪荃孙所撰。

许先生的意思是"新潮派批评国故派'食古不化'"。先生其实对新潮派颇有不满："新潮派以虚无主义的态度对待民族文化、东方文化，盲目崇拜欧美，今天看来很幼稚，在当年却有很大的蛊惑力。他们对国故派的批评也很不公正，缺乏学理上与事实上的根据，其水平跟大字报差不多。"

先生概括了现代学术对乾嘉传统的继承并取得很大成就的四个主要方面：以语言文字学为根基；以考据为治学方法；以学术为目的，不以学术为手段；以实事求是为学鹄，重证据，为学术而学术，保持学术的独立。这样的概括非常精准。先生最后批判了20世纪的学术通病：形式主义的绝对；学术过分政治化；华而不实、急于求成的的学风。这些批评颇能切中要害，足令人三省。

1.4.5《20世纪的汉语训诂学》①，是先生对20世纪训诂学学术史的梳理和综述。文章开宗明义指出训诂学在现代衰落的原因："有的人甚至把鸦片战争的祸根，把太平天国的兴起，都归罪于考据训诂之学，这跟顾炎武等人把明朝覆灭的原因归罪于王阳明的心学一样，都是号错了脉，诊断失误。考据训诂只不过是少数学人从事的一种传统文化，文化并不是行动的主体，它不能对一个王朝的盛衰负任何责任，行动主体是王朝的统治集团和王朝所规定的制度。了解这一点很有必要，因为两千多年以来，中国的知识分子总是把政治与学术混为一谈，把意识形态与人文知识混为一谈，使学术发展经常丧失自己的独立性。乾嘉而后，本世纪八十年代以前，训诂学就一直面临这样的厄运。"此文的重点是在综述80年代以后的训诂学，还对一些训诂学的概念区分和

---

① 原载《二十世纪的中国语言学》，北京大学出版社1998年；后收入《语言丛稿》。

方法论问题做了理论上的讨论,并非浮泛的介绍,这些都是有意义的。不过此文有的地方可以讨论:

（1）先生谈到:"'国学'并不就是训诂学,而训诂学是国学的基础,人称为'二叔'（章炳麟字枚叔,刘师培字申叔）的国学大师都是本世纪第一代训诂大家。论继承与发扬传统文化之功,刘不如章。章氏坚苦卓绝,以振兴国学为己任。"我看不能这样说,《刘申叔先生遗书》广博精湛的国学研究和卓越的成就绝不在《章太炎全集》之下,我以为是超过了《章太炎全集》。黄侃、刘文典、罗常培等名家都是刘申叔先生的学生。

（2）文章说:"在这样的思潮笼罩下,加之刘师培、黄侃等人又不能及时地将训诂学从'国学'中剥离出来,所以文字学、音韵学、语法学均已独立成科,而训诂学仍然成不了严格意义上的'学'。"这个提法是不科学的。我国的国学始终是以训诂学为基础的,训诂学也是国学的重要成分,永远不能剥离。20年代,清华大学研究院有国学门,导师王国维、梁启超都重视训诂学。北京大学1918年成立了文科研究所,1921年改名为研究所国学门,沈兼士、刘复先后担任所长,后来历任所长胡适、傅斯年、汤用彤、罗常培,都是杰出的国学家,没有任何一人蔑视训诂学。几个新文化运动的先锋鼓吹白话文和新文化,实在没有贬低训诂学的意思。

胡适《中国哲学史大纲》卷上是用西方哲学体系的模式来写作的第一部中国先秦哲学史,蔡元培在《序》中称赞胡适有汉学修养:"留学西洋的学生,治哲学的,本没有几人。这几人中,能兼治'汉学'的,更少了。先生生于世传'汉学'的绩溪胡氏,禀有'汉学'的遗传性;虽自幼进新式的学校,还能自修'汉学',至今不辍。又在美国留学的时候兼治文学哲学,于西洋哲学史是很有心得的。所以编中国古代哲学史的难处,一到先生手里,就比较的容易多了。"胡适通汉学,是《中国哲学史大纲》获得成功的重要条件。而汉学的主体就是训诂学。梁启超《评胡适之〈中国哲学史大纲〉》(《梁启超全集》第十五卷,中国人民大学出版社2018年):"总说一句,凡是关于知识论方面,到处发现石破天惊的伟论;凡关于宇宙观、人生观方面,什有九很浅薄或谬误。"梁先生说的"知识论方面"就是以训诂学为主的考据。在1919年8月的《再版自序》中胡适言:"我做这部书,对于过去的学者我最感谢的是:王怀祖、王伯申、俞荫甫、孙仲容四个人。对于近人,我最感谢章太炎先生。北京大学的同事里面,钱玄同、朱逖先两位先生对于这书都曾给我许多帮助。"胡适认为《中国哲学史大纲》能够写成是多亏了训诂学大家王氏父子、俞曲园、孙诒让、章太炎的训诂学(章太炎可能还有其中国学术史研究)。钱玄同是音韵学家和文字学家,朱希祖是明史专家,二人都是章太炎的学生,也是汉学家。可见新潮人物胡适非常重视训诂学,哪有半点轻蔑之意? 胡适后来自称有"考据癖"①,明显是汉学的传统。梁启超、蔡元培、胡适之都非常重视训诂学(即清朝的汉学)。我还没有发现有一个新派名流真正攻击过训诂学。鲁迅有极端的反传统文化言论,同时嘲笑了庸俗的"国学",讽刺商人借国学之名牟利②,

---

① 《胡适文集》(北京大学出版社1998年)第二册《〈水浒传〉考证》:"我最恨中国史家说的什么'作史笔法',但我却有点'历史癖';我又最恨人家咬文啃字的评文,但我却又有点'考据癖'! 因为我不幸有点历史癖,故我无论研究什么东西,总喜欢研究他的历史。因为我又不幸有点考据癖,故我常常爱做一点半新不旧的考据。"

② 参《鲁迅全集》第一卷《热风》中的《所谓"国学"》《"以震其艰深"》等,鲁迅20年代的这些文章经常嘲笑挖苦庸俗的国学家。他嘲讽的国学家与真正的国学家如梁启超、王国维、陈寅恪、陈垣等当然不是一回事。《热风》之《不懂的"音译"》:"中国有一部《流沙坠简》,印了将有十年了。要谈国学,那才可以算一种研究国学的书。开首有一篇长序,是王国维先生做的,要谈国学,他才可以算一个研究国学的人物。"可见鲁迅很敬重王国维。

但鲁迅从来没有攻击过训诂学和正宗国学。

20世纪前三十年似乎没有人将"国学"与"传统文化"等同起来，没人认为训诂学是陈腐的传统文化。新潮人物反传统，是反对在新时代下继续践行传统文化（如裹足、纳妾、吸鸦片、搞迷信等），尤其是反对极端的传统道德（如愚忠愚孝、三从四德等）。而真正的"国学"尤其是训诂学只是研究传统文化，是学术活动，并不是要履行传统文化，反对西学。恰恰相反，研究国学的学者很多都有西学的学养，如刘申叔、王国维、梁启超、陈寅恪、李济、吴宓、汤用彤、杨树达。办《新青年》的新文化急先锋陈独秀著有《小学识字教本》①，这是专业的文字学和同源词研究。陈独秀还有《陈独秀音韵学论文集》（中华书局2001年）。梁启超1923年5月《与思成书》（《梁启超家书校注本》，漓江出版社2017年）："《荀子》颇有训诂难通者，宜读王先谦《荀子集解》。"梁启雄《荀子简释》（中华书局1983年点校本）常常引述其兄梁启超的训诂。胡适1916年12月有篇日记《论训诂之学》（《胡适学术文集·语言文字研究》，中华书局1993年）："考据之学，其能卓然有成者，皆其能用归纳之法，以小学为之根据者也。王氏父子之《经传释词》《读书杂记》，今人如章太炎，皆得力于此。吾治古籍，盲行十年，去国以后，始悟前此不得途径。辛亥年作《诗经言字解》已倡'以经说经'之说，以为当广求同例，观其会通，然后定其古义。吾自名之曰'归纳的读书法'。其时尚未见《经传释词》也。后稍稍读王氏父子及段（玉裁）孙（仲容）章诸人之书，始知'以经说经'之法，虽已得途径，而不得小学之助，犹为无用也。两年以来，始力屏臆测之见，每立一说，必求其例证。"这是胡适

---

① 刘志成整理校订，巴蜀书社1995年；《陈独秀著作选编》第六卷，上海人民出版社2010年。

崇敬清代训诂学的铁证①。要写《现代训诂学史》，这篇小文章还得提一下。

（3）清朝的训诂学昌盛，理论和方法成熟完备，不能说没有"学"。我以为何先生过分看重黄侃的《训诂学讲词》，以为是训诂学理论的开端，这是不符合事实的。我在上文述论《中国现代语言学史》时甚至认为黄侃不是一个真正的训诂学家。真正的训诂学家没有人看重玩理论的训诂学小册子。我认为何先生对"训诂学通论"性质的作品评价太高了。中国古典学术其实一直遵循孔子的传统（见《史记·太史公自序》）："我欲载之空言，不如见之于行事之深切著明也。"王念孙的训诂学理论和方法散见于《广雅疏证》，张其昀归纳而撰成《〈广雅疏证〉导读》，不能因此说《广雅疏证》不是训诂学，而《〈广雅疏证〉导读》才是训诂学。段玉裁文字学和训诂学的理论和方法散见于《说文解字注》，闵元召《说文段注摘例》将其归纳为四卷，不能说《说文解字注》不是训诂学，只有《说文段注摘例》才是训诂学。训诂学实践与理论在训诂学史上从来没有分割过，厚此薄彼是不应该的。更何况，80年代后的训诂学理论从来没有超越清儒。

（4）我认为何先生对训诂学有误解。因为训诂学自先秦以来就是一门实战性的学问，训诂学理论从《尔雅》以来就一直贯穿于训诂学实践。而且训诂学条例在民国以前已有丰富的总结，断然不能将训诂学的成立归功于写了一两部谈训诂学理论小册子的人。何先生评述50年代以前的训诂学一字不提训诂学大家杨树达（只在语源学上提到杨树达）②，大概是因为杨先生没有

---

① 另可参胡适《〈诗经〉中的"于"、"以"字》，《胡适学术文集·语言文字研究》。
② 参卞仁海《杨树达文字语源学研究述评》，《中国文字研究》第二十一辑，上海书店出版社2015年。

专门谈训诂学理论的文章或专著。然而陈寅恪《杨树达〈积微居小学金石论丛续稿〉序》[1]:"寅恪尝闻当世学者称先生为今日赤县神州训诂小学之第一人。今读是篇,益信其言之不诬也。"可见,40年代的学术界公认杨树达为训诂学第一大家,其《积微居小学金石论丛》《积微居小学述林》就是正宗的训诂学,《论语疏证》是训诂学的一种方法,乃仿效阮元《诗书故训》[2]。何况,杨树达并非不研究训诂学理论,《积微居小学述林全编》之《补编》有《与沈兼士论字音义通读书》《声训举例》《训诂学大纲》《训诂学小史》《汉字声统序例》;《积微居小学金石论丛》有《释名新略例》(撰于1925年)。这些文章专谈训诂学的方法、理论和条例以及训诂学史。另外,《刘申叔先生遗书》中研究训诂学的论著甚多,不仅仅是语源学研究,刘先生校释群书有辉煌的业绩,研究《毛诗》《荀子》《史记》的训诂学极为精湛。刘申叔、杨树达、于省吾、高亨校释汉代以前古书,就是正宗的训诂学。刘文典《庄子补正》《淮南鸿烈集解》、章太炎《春秋左传读》《膏兰室札记》也是训诂学。类例尚多,难以枚举。何先生将古书的"今译"归于训诂学,那么20世纪以来训诂学家刘申叔、杨树达、高亨、刘文典、杨明照、王利器、王叔岷等校释古书,更应该归入训诂学范畴,何先生对此绝口不提,似乎不妥。我以为先生将"训诂"与"训诂学"过分割裂,可是又将古书今译(还有专书词典、古书新证)这种与理论不沾边的书也当做训诂学来介绍,是不能自圆其说的。但先生此文确实下了很大的功夫,有一些理论上的辨析,虽然未能尽善,至今依然是研究20世纪训诂学史最好的论文。

---

① 《陈寅恪集》之《金明馆丛稿二编》,三联书店2011年。此文作于1942年。

② 可惜陈寅恪《论语疏证序》未能指出这点,只是强调了《论语疏证》的方法与宋代史学家编撰史料长编考异的方法相雷同。

（二）音韵学研究

先生是音韵学大家，对音韵学有全方位的精湛研究，在音韵学研究学术史上贡献甚大。

2.1《古韵通晓》

由何先生主撰的《古韵通晓》，是先生呕心沥血的代表作之一，深得学术界好评。李家浩先生当面对我说："此书有考证，体例有特色，水平很高。"

最早编撰上古音韵表的是董同龢《上古音韵表稿》（《史语所集刊》18），此书体例颇为科学严密，利用了等韵学的原理，以韵部为经，区分声调，以声母为纬，最能见出声韵调的组合。前半部分是关于上古音系的研究，考论详密，构拟出声母系统和韵部系统，在此基础上制作表稿。此书在上古音学界享有令誉，音韵学者莫不人手一编。

然而考镜学术源流，利用等韵学原理描写语言的最早经典却是赵元任的《现代吴语的研究》。此书初版于 1928 年，是第一部用现代语言学方法研究吴方言的科学著作。《声母表》《平上去韵母表》《入声韵母表》《声调表》编制科学，声韵的搭配和古今音的对照，一目了然。但全书没有 33 处吴方言点的字音表。作为第一部严密科学的方言学名著，我们也无须对先贤求全责备。

罗常培 1930 年出版《厦门音系》，其《厦门单音字表》虽然也是声韵调的配合，但是没有分开合与四等，也没有与《广韵》音和国语音的对照。1940 年出版的《临川音系》有《临川韵镜》《临川同音字表》，与等韵学有紧密结合，以四声为纲，与《广韵》相关各韵相对照，与声母相搭配，类聚同音字，这已经是相当完善的方言学同音字表。

1948 年出版的《湖北方言调查报告》是赵元任先生主编的一部现代方言学名著，不仅在湖北 64 个方言点的音系描写上充分利用了等韵学的方法,《韵母表》分开合四等,详细排比各摄与声母的搭配,而且制作了各方言点的《同音字表》,以四声为纲,下列方言的"今韵",相应的《广韵》韵母(注明开合),然后标出与各声母的搭配。这样的体例有开创之功,成为后来方言学中同音字表的通例。董同龢先生是本书的编撰者之一,所以对方言学同音字表的体例非常熟悉,因此《上古音韵表稿》的编制方法实际上是借鉴了《临川音系》和《湖北方言调查报告》的《同音字表》的方法①,利用了等韵学的原理②。

《古韵通晓》直接受到董同龢此书的启发,对全书有科学的设计和布局。第一章叙述古音学的成立和发展历程,第五节制作各家古韵分布异同对照,方便读者比对。第二章《谐声异同比较》依据段玉裁《六书音均表》"同谐声必同部"的理论,采用列表的方法将古字的声符部首分别归入段玉裁、孔广森、严可均、朱骏声、江有诰、王力、周祖谟七家的上古音韵部系统,是一个比较性的谐声谱。有了这个至关重要的谐声谱,第三章《古韵三十部归字总表》是水到渠成、顺理成章的事情。因此第二章是全书的枢纽。第四章《归字总论》举例分析了各家对归字问题的分歧,具有极强的考证性质,学术性非常浓厚。此章分析了各家产生分歧的五点原因:谐声,这一条又分为三种情况,逐一详细辨析;诗韵;声调;等呼;异文异读。这些具体深刻的阐释,确实能够启人疑窦,有很高的学术价值。第五章《上古韵母的构拟》对上古音系的介音、主元音、韵尾都有全面的研究和构拟,许多讨论非常深入。

① 何先生《中国现代语言学史》(修订本)第三章《音韵学》的上古音部分没有专门介绍董同龢《上古音韵表稿》,是在讨论声母和韵母的构拟时提到的。我觉得应该为此书立专节,因为这是一部划时代的上古音韵表。

② 何先生《中国现代语言学史》(修订本)第四章《方言学》在评述《现代吴语的研究》《湖北方言调查报告》时没有强调指出这两本名著与等韵学的关系。

　　第三章体例完善，以韵部为经，声母为纬，同时附录每个字的中古音反切和音韵地位，按照声母、韵母、声调、等、开合、摄的顺序排列，一目了然，为音韵学者开启无数法门。最后一栏是现代读音，附有汉语拼音，以方便一般读者。这一章的体例可以说是尽善尽美。《上古音韵表稿》的归字还区分了四声和开合，《古韵通晓》没有采取这个体例，可能是因为在每个字后面附录了中古音的音韵地位，已经不需要这个体例了。全书唯一的白圭之玷是只有笔画索引，没有音序检索，于读者稍嫌不便。

　　此书不仅体例至善，而且在韵部归字上有独到之处。我们举"搅"字的古韵问题为例：

　　郭锡良先生《汉字古音手册》增订本（商务印书馆 2010 年）、《王力古汉语字典》（中华书局 2000 年）都将"搅"的上古音归为觉部入声；但《古韵通晓》觉部不收"搅"，而是归入幽部。二者谁更合理呢？《广韵》音古巧切，上声巧韵。至少在西晋时代"搅"就已经是阴声韵了，陆机《叹逝赋》："然后弭节安怀，妙思天造。精浮神沦，忽在世表。寤大暮之同寐，何矜晚以怨早？指彼日之方除，岂兹情之足搅？感秋华于衰木，瘁零露于丰草。在殷忧而弗违，夫何云乎识道？将颐天地之大德，遗圣人之洪宝。解心累于末迹，聊优游以娱老。"注："言既寤之，则彼死日之方除，岂能乱我情乎？言不足乱也。《毛诗》曰：日月其除。又曰：祇搅予心。毛苌曰：搅，乱也。"据李善注可知原文确实是作"搅"，而非其他字。陆机此文是"造、表、早、搅、草、道、宝、老"相押，因此"搅"一定是阴声韵，而不是入声韵。如果将"搅"的上古音归为入声觉部，那么就必须承认觉部入声在西晋甚至更早的年代就演变为阴声韵，失去入声韵尾。这不符合汉语音韵学的音变规律。我们只有承认"搅"的上古音就是阴声韵，或者其上古音有阴声和入声两读才合理。从文字学上考察，"搅"就是"搞"的古字，而"搞"只能是阴声韵,从无入声韵。因此,《古韵通晓》的处理更合理。

此书由于采用了等韵学的原理制作归字表,所以很容易看出上古音中的声韵搭配,对研究上古音系的诸多问题有很大的启发作用,也提供了很多的方便,绝不仅仅是查阅汉字的上古音的工具书而已。

《古韵通晓》初版于 1987 年,其体例今天看来也是"毫发无遗恨,波澜独老成"[1],虽然没有用国际音标直接标注上古音和中古音,但并不影响读者使用。31 年之后,郭锡良先生模仿董同龢《上古音韵表稿》的方法,并加以增补完善,出版了《汉字古音表稿》(中华书局 2018 年初版,2020 年修订版),才与《古韵通晓》双峰并秀。周法高主编《汉字古今音汇》[2],收录高本汉、董同龢、周法高三家的上古音和《切韵》音,附录粤语音和国语音。没有利用等韵学原理和方法,在体例上较之董同龢《上古音韵表稿》反而退步。且因为出版时代较早,各种音标排印困难,全书采用手写,阅读不便,也是一个缺点。

《古韵通晓》在韵部系统上主张上古音系是六元音系统,没有复合元音,与王力《汉语语音史》相同。但是关于韵部音值的拟测,幽、宵、支、脂这四个韵部(以阴声赅阳声和入声)的主元音音值构拟和王先生不一样。

2.2《上古音》

这是《汉语知识丛书》的一种,带有普及音韵学的性质,是《古韵通晓》的姐妹篇,是一本有特色的音韵学专著。其上古音系与《古韵通晓》一致,但是多了对复辅音声母的论述。

其《余论》概括了认定有复辅音的三个主要根据:谐声资

---

① 语出杜甫诗《敬赠郑谏议十韵》。
② 香港中文大学 1973 年。可参严承钧《周法高〈上古音韵表〉之部字匡谬》(《音韵学研究》第二辑,中华书局 1986 年)。

料;合音词;汉藏语系的同源词或借词。该书《二校后记:复辅音问题》:"我在《余论》中说'远古汉语有可能存在复辅音'。现在我认为:不是'有可能',而是肯定有。因为不仅某些谐声资料证明远古汉语曾经有过复辅音,就是在周秦文献中某些联绵字、又音、异文、假借也需要追索复辅音的历史才能得到合理的解释……但我又不赞同上古汉语(指《诗经》时代,包括战国时期在内)仍然存在复辅音。我认为在上古汉语中留下了许多远古汉语复声母的遗迹,但复辅音声母作为一个系统已经消失。我们既不可把'遗迹'当作系统来看待,也不应该无视这些'遗迹',以为汉语中从来就不曾有过复辅音。"随后从七个方面论证了远古有复声母:复辅音与联绵词;复辅音与同源词;复辅音与异文;复辅音与又音;复辅音与读若;复辅音与声训;复辅音与假借字。何先生还有论文《商代复辅音声母》,举出很多谐声字、同源字、假借字的例子论证商代汉语存在复辅音声母。何先生后来又发表主张古有复声母的《sr- 新证》(《中国语文》2007［6］),主要是依据"李"字的形声结构来推论上古有复声母 sr-[①]。

音韵学界主张上古汉语有复声母,这是一股强大的学术思潮。2015 年,我的《上古音及相关问题综合研究》(151 万字)进一步完善博士论文《论汉语上古音无复辅音声母》的研究,全面反击支撑复声母观点的各种证据,并且否定了汉语上古音与藏缅语族的关系,从而否定了汉藏对音。我阐释了上古音的来母分为舌尖边音和舌根边音两系,凡是与见母谐声和通假的来母都是舌根边音 L-;凡是与舌尖塞音谐声和通假的来母都是舌尖边音 l-。

---

①　我在没有注意到此文的情况下,发表了《"李"字形声结构新考》(《中国文字研究》第 18 辑,上海书店出版社 2013 年),依据古文字资料指出"李"字不是从子而是从来得声,《说文》对"李"的结构分析有误,因此"李"不能作为上古音有复声母的证据。

绝对没有同一个来母字既与见母谐声,同时又与舌尖塞音谐声或通假。汉代以后舌根边音并入舌尖边音。

我与先生在复声母问题上各自坚守立场,而先生始终爱护我,我始终敬重先生。我曾经一再恳请先生为我的代表作《上古音及相关问题综合研究》撰写序文,先生明确表示不写,大概是我们在复声母问题上的不同立场难以调和。直到 2021 年 1 月,我决心全力以赴撰写本文,何先生还对秦淑华师姐说,他不赞成我对古有复声母观点的抨击,但是欣赏我的学问。我很理解先生的学术思想,也常常想起先生对我说:"学术观点是不能含糊的。"①

2.3《古汉语音韵学述要》②

这是一部普及音韵学的读物,但是有自己的特色。正如唐作藩先生在《序》中所评论的,这本书有几大特色:①体系新颖。各章"从标题到内容,都给人以新的认识和启迪"。②重点突出,差不多用一半的篇幅专谈等韵学。唐先生指出:江永的古音学之所以能突破顾炎武,主要是由于他精通等韵学。所以何先生的做法很有见地。③材料丰富,内容充实。④融入了何先生自己的研究成果,例如将字母的发展分为三个阶段,对《中原音韵》无入声之说的补充意见,对《青郊杂著》和《字学元元》两部等韵书的分析及肯定,吴棫不自觉离析《唐韵》,对《韵镜》归字例的诠释,都体现了何先生的学术见解。唐先生对本书的论评是十分中肯的。该书可与先生的两部《语言学史》关于音韵学的部分及《古韵通晓》《上古音》合观,这五部书很多方面是相通的。对初学者来说,当然应该先读本书,再读《上古音》,然后读两部《语言学史》,最后研读《古韵通晓》。

---

① 我反复思考到底要不要在本文提到复声母问题,最后觉得还是要实事求是地摆明问题。相信先生能够理解我的做法。

② 浙江古籍出版社 1988 年初版,中华书局 2010 年修订本。

2.4 音韵学论文

何先生还有很多音韵学的专题论文,主要收入先生的论文集《音韵丛稿》《语言丛稿》,我总觉得这两部论文集应该定名为《音韵学丛稿》《语言学丛稿》,少了一个"学"字是不大好的。先生如此命名,大概是受到了李荣《音韵存稿》的影响。择要简述如下:

2.4.1《上古並定从群不送气考》考证上古音的全浊声母不送气,批评了高本汉、罗常培、李方桂等关于上古音系全浊声母送气的观点,证据充分,讨论深入,足为一家之言。当然,这个还可以讨论。

2.4.2《上古音节的结构问题》考证上古汉语音节结构的阴声韵不是 CVC,而是 CV,反驳了李方桂、陆志韦的观点,与王力先生观点相合。先生说:"我们现在构拟《诗经》时代的语音系统,很重要的一个依据就是拿《切韵》音系往上推。而《切韵》音系的音节结构是阴阳入三分的,有辅音 + 元音 + 辅音(阳、入)这样的结构,也有以元音收尾的阴声韵。如果《诗经》时代阴声韵收 -b、-d、-g 等辅音,那么,它们是什么时候脱落的呢?为什么脱落得这么彻底,连一点残存的痕迹也找不出呢?中国地区这么大,汉民族的方言又这么复杂,许多早已消失的古音现象都可以得到某种方言资料的印证,为何这 -b、-d、-g 却找不到证据呢?如果对这些问题不能作出认真的回答,作出合理的解释,那么,CVC 学说就无法令人信服。"这个批驳很有说服力。

2.4.3《古无去声补证》主要是对王力先生《古无去声例证》增补简帛材料的例证,利用出土文献的资料来证明古无去声,论证绵密,开拓了音韵学材料的新领域。以出土文献材料论证音韵学问题,何先生蔚为首创。当然,在学术界对这个问题还有不同看法,江有诰、周祖谟、孙玉文都主张古有去声。孙玉文收集了大量的材料,详细论述了四声别义的问题,似乎上古音存在去声,去声似乎并不读为长入。这牵涉到去声与入声押韵和谐声的问题。段玉裁首创"古无去声"说,后来章太炎、黄侃、王力、何先生都表示赞同。我以为此说可信。《切韵序》:"秦陇去声为入。"则是陕西甘肃的方言将去声读为入声,到了《切韵》时代的陕甘方言都是如此。春秋战国时代的东方各国应该是有去声的,并不读为入声。由于关中地区是西周和秦汉的政治文化中心,所以"秦陇去声为入"的语音现象作为强势音有所扩散,波及了广大的中原地区,造成了陕甘地区以外的区域也有去声和入声相通相谐的现象,这确实是去声读为入声的音变,但并不表示春秋战国时代的东方各国和南楚北燕都没有去声。拙著《上古音及相关问题综合研究》第四章对此有所讨论。

2.4.4《〈切韵〉音系的性质及其他——与王显、邵荣芬同志商榷》,先生发表此文时刚刚大学毕业,这是先生的本科毕业论文(指导老师是魏建功先生)。审阅人周祖谟先生在评语中说:本文"不为前人成说所囿,能从纷繁的材料中看出问题,提出自己的看法,有分析,有判断,具有一定的创造性。成绩:优"。此文主张《切韵》是杂糅南北的综合音系,有杂凑的性质。当与《中国古代语言学史》(第四版)第十四节《〈切韵〉系韵书》合观。

董志翘先生有《〈切韵〉音系性质诸家说之我见》(《中古文献语言论集》,巴蜀书社 2000 年),赞成周祖谟的观点,主张《切韵》音系不是综合音系,是西晋南渡以前东汉以来洛阳的读书音,即"洛下书生咏"。"洛下书生咏"在东晋以后逐渐演变为金陵雅言,成为江南地区士大夫的读书音(标准音):"从外部证据来看,仅本人所接触到的陆德明《经典释文》、玄应《一切经音义》、空海《万象名义》、何超《晋书音义》、慧琳《一切经音义》的反切音系,无一能和《切韵》音系完全密合。这中间可能有诸多原因。

如:有些反切系统本身就是兼收并蓄,不属于一个音系。有些反切系统本身就代表了某一个方面。由于时代上的差异,语音变化所致。也可能是因为《切韵》照顾了南北某些音类。唯《隋韵谱》的韵部系统倒是和《切韵》比较贴近。这也可能说明了隋时文人用韵正是采用了当时的雅言(读书音)。"董先生注意到了《隋韵谱》的韵部系统与《切韵》贴近,这一点是值得学者高度注意的①。只是董先生所同情的"洛阳古音"说是发端和论证于陈寅恪的《从史实论〈切韵〉》,不是创自周祖谟。

　　黄典诚《汉语语音史》(安徽教育出版社 1993 年)第一章第二节《中古声韵调系统》赞成陈寅恪之说。张建坤《齐梁陈隋押韵材料的数理分析》(黑龙江大学出版社 2008 年)排比和分析齐梁陈隋押韵材料颇为周详,对何先生的论述有所商榷,可以参看。其结论:"《切韵》所记录的是一个单一音系,但不能排除综合因素。"此书材料做得很扎实②。

　　2.4.5《〈中原雅音〉的年代》赞成蒋希文关于《中原雅音》早于《中原音韵》的观点,并列举三种证据来支撑蒋说,批评了邵荣芬《中原雅音》晚于《中原音韵》的观点。

　　2.4.6《〈中州音韵〉述评》是对王文璧《中州音韵》全面研究的一篇重要论文。先生指出:"此书所反映的并非元代的北方音系,它是为了适应南曲的需要而编撰的一部南曲韵书。""《中州音韵》的声母系统接近《洪武正韵》,韵母系统接近《中原音韵》,

①　《隋韵谱》是李荣 1961—1962 年所撰,收入《音韵存稿》(商务印书馆 2014年),《隋韵谱》没有指出与《切韵》贴近。董先生没有指出《隋韵谱》和《切韵》吻合的地方。倒是李荣《论李涪对〈切韵〉的批评及其相关问题》依据《隋韵谱》和六朝韵文,指出六朝和隋代诗文的东与冬钟分押和全浊声母的上去二声分押,这与《切韵》相合。

②　关于《切韵》的研究综述,最详细的是龙庄伟《切韵研究史稿》(河北教育出版社 2006 年)。

声调系统别具一格,这是它在音系方面的根本特点。根据我的归纳,《中州音韵》有二十九个声母……跟《洪武正韵》一样,照₂与照₃合并,知彻澄娘与照穿床泥合并,敷与非并。疑母在《洪武正韵》和《中原音韵》中都还保存,而《中州音韵》疑母已经消失。"并分别构拟了声母系统的音值。中古的禅母字,《中州音韵》分为两类:一类混同于床(澄),一类与船合并。影母和喻母的关系跟《诗词通韵》近似,并不相混,二者仍然存在对立关系,但这种对立似乎只是阴阳的不同。影喻(疑)二母的字平上去三声都存在阴阳对立关系,这是南派曲韵书的一个特点。先生还重点讨论了全浊声母的性质和演变,并比较《中州音韵》与《中原音韵》在小韵方面有哪些不同。先生赞同张世禄先生的看法,所以为《中州音韵》构拟了清浊两套声母,分析了浊上变去的四种类型。先生的论述察见渊鱼,十分深刻。先生最后说:"《中州音韵》虽然是《中原》系统的韵书,但《中州音韵》并不等于《中原音韵》,用《中州音韵》来'了解元代的语音系统'是不恰当的。《中州音韵》是曲韵南化的产物,它以后产生的南曲韵书,都曾受到过它的深刻影响。因此,弄清楚《中州音韵》的语音系统,对于研究南曲韵书发展的历史,具有重要意义。"此文是研究《中州音韵》的经典之作。

2.4.7《〈中国字例〉音韵释疑》是疏证高鸿缙《中国字例》的音韵问题的论文,疏证的疑难字音多达126条,有理有据,多所释疑,功力非凡。此文坚持和发挥了先生关于复辅音声母的观点。先生道:"《字例》有不少创见,无论是六书分类还是具体字的归类,或是甲、金文之考释,古今形体关系的分析,常发人之所未发。故此书问世至今,一直见重于学林。然综观全书,高氏于音韵之学,似未得其门径。书中涉及大量音韵问题,或结论正确,而音理不明;或结论错误,理据模糊。高氏未能利用清代古音学的研究成果,也完全无视现代音韵学的研究成果。"评论深中肯綮。全文辩驳和阐释有关的音韵学疑难问题非常到位。

2.4.8《上古元音构拟问题》对音韵学研究各种错误的方法和有局限的理论予以了批评。开篇就说:"汉藏音系的比较研究对《诗经》音系的修补、完善无疑有重要价值,但是在目前条件下,何谓'汉藏音系'说法尚且不一,何况我们所掌握的所谓'汉藏音系'的资料与《诗经》音究竟是一种什么样的时间关系、可比性如何、可信程度如何,有谁作过严密的考证? 甚至连汉语形成于何时、《诗经》以前的汉语是什么样子,我们都没有一个像样的说法,匆匆忙忙作'比较',未免有些太性急了。至于梵汉对音资料的使用,问题更多,用这类资料来证明的《诗经》音系尤应慎之又慎。"这种态度是严谨的。先生明确表达了对在上古音研究中滥用空格理论的质疑,严肃批评了郑张尚芳上古音系的元音系统:"这样的元音系统破坏了几百年来多少代人建立的古韵部组织结构,也破坏了相邻韵部的区别性特征,韵部的划分全然失去了意义。而且,o、a、e共居一部,u、ɯ、i别户同门。前后合一,高低混同,耷侈难分,一部之内三种元音的距离比相邻韵部元音的距离还要远,构拟本身同样也失去了意义。"

文章讨论了几个专题:①元音构拟的三种类型。举《诗经》为例,批评了郑张尚芳上古元音构拟的错误。②韵部不是韵摄。引述王力《先秦古韵拟测问题》,批判了将上古一个韵部构拟多个主元音的错误,批评了俞敏和郑张尚芳的观点,坚持一个韵部一个主元音。反对将十三辙与上古韵部相比附。③开合、洪细与上古音。批评了李新魁将开口韵与合口韵分属不同韵的观点,批评了郑张尚芳将上古元部合口构拟为 on 的观点,逐一剖析了郑张尚芳所列举的各项主要证据,甚为精辟。结论:"现在,主张一部多元音的人,将'偶有相涉'之音、五方不同之音、'间有数字借协'之音、'只取双声为声'之音,乃至音读'沿讹'之音,通通纳入一个音系之中,用元音不同来加以解释,这实际上是变相的叶音说。叶音说是以今律古,主张一部多元音的人,除了以今(指中古音)律古(指上古音)之外,还要以'五方之音'律《诗经》音系,这样的元音系统看起来是照顾了方方面面,消除了各种例外,实际上使古韵部经界由密变疏,由整齐变为支离,不能不说是一个大倒退。"④重韵、重纽与上古音。文章指出不能将中古音的重纽运用于上古音,上古音不存在所谓的重纽问题。

2.4.9《〈说文〉省声研究》是先生研究《说文》学的名篇。根据先生统计,大徐本共有省声材料310条,经过逐条考察,发现不可信的省声有158条。这些不可信的省声是怎么产生的呢?先生归结为四个方面的原因:不明秦汉古音而误改;因字形问题而误改;因版本、传写讹误而误改;许书原本有误。每个方面又分为若干类型,贯穿甲骨文金文,考辨精切,阐释周详,洵为许书之功臣,乃王念孙所谓"盖千七百年来无此作矣"①。不过其中个别例子可以讨论,如:

彬("份"之古文,见本书518页)例,光华案:何先生这个事例可能搞错了,不能取王筠之说。"彬"应该是从"焚"省声,"焚、彬"不仅均是文部字,而且声母都是唇音("焚"是並母,"彬"是帮母),二者可以谐声。而"林"是来母,与唇音难以相通。侵部与文部韵尾不同,《诗经》《楚辞》都没有合韵之例,在"彬"字的形声结构中不应看成是谐声关系。所以"彬"应该是从"焚"省声。

2.4.10《〈说文〉段注音辨》表彰了段注在古音学上的五大贡献(不包含《六书音均表》),然后指出其在音韵方面的八类问题,

①　语出王念孙《〈说文解字注〉序》。

归纳全面,然后依卷次分条考辨,有的不是指出其错误,而是诠释或疏证,擘肌分理,发幽掘微,足见先生对段注精熟如流,研究深湛,为段注之功臣,茂堂之净友。

2.4.11《汉语语音通史框架研究》详细讨论了语音史研究中从高本汉《中国音韵学研究》《汉文典》以来的三点一线式的研究框架和王力《汉语语音史》开创的九点一线式的研究框架,综述了学界关于《切韵》音系和性质的研究,以及音韵学家关于重要问题的各种分歧。该文是音韵学有争议问题的综述性论文,各家观点收集分类相当有代表性,表述简明扼要,综述颇能击中问题的核心,对学者了解音韵学中存在的各种问题有很大的帮助。

何先生详细介绍了王力《汉语语音史》探索九点一线式语音史框架的开创性贡献,同时表明了自己对这种研究框架的批评性意见。然而何先生可能忽视了《汉语语音史》的各个音系是指各个时代的读书音,并不是可以包括当时各地的方音,所以先生的一些批评还不能难倒王力《汉语语音史》的研究格局。但是先生提出了古代方言音系的问题,这确实是非常重要而敏锐的历史音韵学问题。

最后,先生提出"散点多线式框架",主张将汉语语音史分为五期:先秦秦汉—魏晋南北朝—隋唐五代—两宋辽金—元明清,这是颇有见地的研究。有趣的是先生介绍了1960年自己参与编撰《汉语发展史》:"该书建立了六个音系,从西周至西汉,以《诗经》为据;东汉韵部系统以乐府民歌、古谣谚和文人诗文用韵为据;魏晋南北朝也是以民歌和文人诗文用韵为据;唐代韵部以变文中的韵文及白居易的诗歌为据;宋代以辛弃疾、李清照的词韵为据。"表明先生在那时就已经有意识要打破三点一线式的研究框架,堪称先知先觉。

2.4.12《〈诗词通韵〉述评》研究清朝王朴隐的《诗词通韵》,

先生考证他的籍贯是江苏，主要活动在康熙年间，与阎若璩、潘耒、刘献廷等同辈，比顾炎武、毛先舒要晚一些。先生解析其《例说》的那些专业语句十分精辟："世传诗韵"指的是平水韵。"韵目"即106韵的标目。"稍删僻赘"是指删去旧韵中的僻字。"改用通音"是指用中州音作反切。"不叶于词者别为一韵"是指按曲韵离析诗韵。"词曲循音合用"是指把相同的韵合为一音。合起来之后，共有二十个音。这二十个音就是离析诗韵后归并的二十个曲韵部。朴隐子只是在诗韵目下面分别注明二十音的读音，并未确立这二十个音的韵部名称。先生按照通行的曲韵名称为二十韵分别命名。

先生接着论道："《诗词通韵》并非单一音系，它是取舍于《中原音韵》和《洪武正韵》之间的一部曲韵书，也不是'词韵专书'。明末清初人所谓的'词'，并不一定都是指'诗余'，有些时候指的是曲。'词曲'连用时，'词'是指歌词，'曲'是指曲调。朴隐子所说的'词曲'就是指南曲。"这个推断正确而精辟。先生随后构拟了《诗词通韵》的声母系统和韵母系统，并详细讨论了所构拟的音值。

在其声调演变上，先生指出《通韵》没有完全浊上变去。入声消失，以两种方式并入阴声韵，并详细分析了第二类入声字辅音尾脱落后的归韵和音值问题，并与《中原音韵》做了比较。全文论述专精透辟，《诗词通韵》的音系从此大白于天下。

以上各篇重要论文大致代表了先生对音韵学的专题研究，包含了上古音、中古音、近代音、音韵学方法和理论、《说文》学的音韵问题等尖端的学术问题。论证广博，阐发深刻，"文章彪炳光陆离"[①]。唐作藩先生在为何先生《古汉语音韵学述要》撰写的《序》

---

① 　语出李白《酬殷明佐见赠五云裘歌》。

中赞叹何先生的学术成就:"他已后来居上了。他不仅在汉语音韵学方面有深厚的功底,而且对古汉语词汇学、中国古代语言学史都有较深的研究。他治学勤奋严谨,精进不已,我是十分钦佩和赞赏的。"

(三)古汉语研究

先生关于古汉语教育和研究的论文收集于《古汉语丛稿》中,该书收录论文 51 篇,以词义训诂为主,兼及古音、古书标点、古书辨伪、古汉语语法、诗词格律、汉语史学习、《切韵》音的构拟、诗词语言、文体学等。

3.1 先生和蒋绍愚先生合撰的《古汉语词汇讲话》①,对词汇学诸多方面的问题都有所论述。此书内容比较全面,篇幅不大,分量不轻,是了解古汉语词汇的最佳入门书。本书主要讨论了:词汇的历史发展、词的构成、词的书写形式、词的本义、词的引申义、同义词、反义词、同源词、固定词组和特殊词汇、句中词义、如何学习古汉语词汇等,列举了丰富的例证,予以简要的分析,与一般词汇学书的构思确实不同。与著名语言学家张永言先生《词汇学简论》(增订本,复旦大学出版社 2015 年)的体系比较,此书也是有特色的,二者各有千秋。虽然此书的性质是学术指引性的入门读物,有的内容没有涉猎,如外来词、词汇与文化、词汇的系统性、方言词、词的音义关系、词汇与语法的关系、词汇与训诂学、同形词、字与词的关系、词汇化、造词法、词义的义位分析、佛经词汇、道教词汇、出土文献词汇等问题,本书都没有讨论。后来蒋绍愚老师在此书的基础上,不断完善,写成了《汉语历史词汇学概要》(商务印书馆 2015 年),研究更加全面深入,成为古汉语历史词汇学的经典之作。

---

① 北京出版社 1980 年初版,中华书局 2010 年修订本。

我们选取《讲话》关于反训词的论述为例,可以看出其特色:

> 这种反训词,有人称为"反义词"。我们认为这是一个词的内部存在相对立的两种意义,不应看做反义词。这类词有观、丐、删、寡、学、视、饮、食等。观:以此视彼曰观,故使彼视此亦曰观。这是两个义项。第一个义项至今还保存。第二个义项(给人看)如《左传》中的"观兵"(显示军威给人看)就是①。这后一义项后来消失了。丐:乞求叫做丐,给予也叫做丐。《广雅·释诂三》:"丐,予也。"《汉书·西域传》:"我匄(丐)若马。"《后汉书·窦武传》:"及载肴粮于路,匄施贫民。"给予的意义容易引起混乱,后来也被淘汰了。删:在汉代,有删取、删掉两个相对立的意义。《说文》:"删,剟也。"段玉裁注:"凡言删剟者,有所去即有所取。如《史记·司马相如传》曰:'故删取其要,归正道而论之。'删取犹节取也……既录其全赋矣,谓之'删取',何也? 言录赋之意在此不在彼也。《艺文志》曰:'今删其要,以备篇籍。'删其要,谓取其要也。不然,岂刘歆《七略》之要,孟坚尽删去之乎!""删取"的意思后来也被淘汰了,只保留了删掉的意思。寡:从上古到中古,妻子死了丈夫叫寡,丈夫死了妻子也叫寡。不单有寡妇,而且有寡夫。《左传·襄公二十七年》:"齐崔杼生成及强而寡。"杜注:"偏丧曰寡。"柳宗元《与杨京兆凭书》说自己"寡居十余年"。寡夫的意义后来也不存在了,寡专指寡妇。

这一段论述很精彩,张永言《词汇学简论》第三章《词的意义》就没有类似的研究。

---

① 先秦书的"观兵"就是举行阅兵式的意思。

论词汇的选择性消亡也很有启发性:

> "胡须"这个词,在古代原是用三个词来表示的。上嘴唇的胡子叫"髭",下巴颏儿的胡子叫做"须",络腮胡子叫做"髯"。把胡子分得这么细,反映了古人对胡子的重视。自从留胡子的习惯不风行之后,人们就选择了"须"这个词来代表整个胡子。"须"的前面要加一个"胡"字作为修饰语,这是因为汉人已经没有了留须的习俗,而"胡人"还是满脸胡子,所谓"胡须",就是像胡人样的须。

在讨论历史词汇消亡时,联系了语义分析,辨析同义词,这样的讲话就很生动。

本书讨论了词汇扩散的问题:"但从发展趋势看,方言词汇总是慢慢地向通语靠拢,而不是分歧越来越大,这也是一种积极规范。方言词汇进入通语的例子历代都有。"接着举了"蓝缕、璞、老子"。

举例分析了同形字,即黄侃常说的"异字同形",如"咳、膏"。论联绵词可以拆开分用和变形使用也很到位。

第七节《同义词》有些论述非常有启发性。如谈语音相近类指出:有的语音相近的词可能是同义词,这是一般论著没有注意到的问题,如:但:特(定母)、忧:愁(幽部)。论词性相同可能构成同义词,也是很独特的学术视角,如名词类:仓:廪,动词类:闻:听,形容词类:美:艳,代词类:谁:孰,虚词类:安:焉。

从汉语史的角度论述同义词,非常精彩,如"图圄:狱"的论述,区分了一般人容易误解的同义词,强调了同义词的时代性问题(图圄和狱,在上古不是同义词,'狱'与'讼'是同义词)。

全书精彩之处不一而足,难以缕述,"遍地是黄金"。全书行文简净,没有一句多余的话,绝不牵扯任何大而空的理论。至今没有任何古汉语词汇学的论著可以完全取代这本小巧玲珑的讲话。

3.2《唐写本〈说文·木部〉残帙的真伪问题》《再谈〈说文·木部〉残帙的真伪问题》认为其是清代伪书,乃王宗祈家乡(安徽歙县)一位懂点小学的人所伪造,同时梳理了它的出现流传和前人辨伪,反驳了有的学者的质疑。这两篇论文主要是文献学考辨,主要是继承了孙衣言、孙诒让判定残卷是伪书的观点。

这个问题还可以继续讨论。现在,学术界的主流意见认为它是真的。清朝的莫友芝做了鉴定和《笺异》,其理由还是要正面回应一下才行。例如唐朝残卷的纸张尺度和质地难以伪造;残卷有宋代书法家米友仁鉴定为唐人书篆法的题记;篆体似美源神泉诗碑,楷书似唐写佛经小铭志,从书法上不像是伪造;其中的"旦"字上作"口"、"栝"缺末笔、"恒"缺下横,当是避唐睿宗李旦、唐德宗李适、唐穆宗李恒的讳;书写的行款是唐人样式,后人难以伪造。

周祖谟、李家浩、李宗焜等也进行了论证。罗振玉《眼学偶得》(《雪堂类稿》甲《笔记汇刊》,辽宁教育出版社2003年)23《今本〈说文〉"桶"注文脱"十"字》提示残卷与二徐本《说文》不合,而与隋代类书《玉烛宝典》所引《月令章句》相合,《月令章句》最晚在南宋已经失传①。可证唐写本残卷确实是真的。

3.3《〈实用文言词典〉序》标举该词典的五大优点:分析字头的形体结构;义项能分则分,释义力求反映新的研究成果;标明词性;注明中古韵、调;在三分之一的词条后面设有"备考"栏。还讨论了一些具体的训诂问题,可以看成是先生的一篇训诂学论文和编撰理想词典的大纲蓝图。

---

① 南宋的目录学名著《直斋书录解题》《郡斋读书志》都没有提到此书。

3.4《"不立诸部"新解》考证封演《闻见记》记载李登《声类》的"不立诸部"的"部"不是韵部,而是"部首",批评了赵诚的观点①。

3.5《〈曝书杂记〉标点商榷》《〈汉唐方志辑佚〉标点商榷》分类指出其标点错误,条理分明,对标点古书、整理古籍、研究古代汉语都有指导意义。这两篇论文是空谈理论的人做不了的实学。

3.6《〈庄子〉札记》(一)(二)是先生对《庄子》所作的训诂学研究,显示了先生对先秦典籍的训诂学功力。

3.7《古汉语语法札记一则:"动·之·名"与"动·其·名"》是研究古汉语句法的论文,文章虽短,却用实证的方法解决问题。"上古汉语中,'动·之·名'一般是双宾式,只有当'动·之·名'可以转换为'动·其·名'时,其中的'之·名'才可看作偏正结构,不宜作双宾语处理"。结论精确。"'其'作间接宾语在战国末期就产生了",批评了"其"代替"之"作间接宾语产生于晋代的观点。

3.8《"家人"解诂辨疑——兼论女强人窦太后》是先生训诂学和词汇史论文的代表作之一,讨论了中国历史上的女性文化以及男性社会对女性的偏见与不公;提出了词汇和词义的时代性和系统性问题,以及前人混淆"家人"一词的三种来源所造成的错误。不同来源就是不同的语义系统,这在训诂学上是必须高度重视的。

先生附带对相关古书的解释颇新颖:《周易·归妹》"女承筐"、《诗·豳风·七月》"女执懿筐","筐"也可以是妇女盛衣物的箱子。"筐篋"连用,喻老庄书为妇女所用衣物,"故不可扬于王庭"。这段阐释很有启发性。

---

① 其实也是批评了周祖谟先生的观点。周祖谟是何先生的老师,何先生为尊师讳。

这篇长文是将训诂学与文化史研究相结合的典范,其中对《易经》家人卦的论述最精彩,对于正确解释有关文献中"家人"的语义有重要的启发。

先生古汉语研究的学术论文相当多,"笔下自有云烟飞",难以缕举。以上只是东海一滴水,太仓一粒粟,远不足以遍观先生大雅。

(四)汉字文化研究

先生对汉字文化学有广博而深入的研究,其代表作是《汉字文化大观》和《汉字文化学》。

4.1《汉字文化大观》(人民教育出版社 2009 年)

论述了汉字的起源、汉字形体的演变、汉字的特点、汉字的研究和应用、汉字与民族文化、汉字与汉语、汉字与方言、汉字与年号姓氏避讳、汉字与意识形态、汉字与思维方式、汉字与经济活动、汉字与动植物等等。这样的框架和构思布局,照顾了汉字的各方面。有此一卷,可以掌握系统的汉字文化。作为第一主编,先生为此书付出了很大的心血,并亲自撰写了部分章节。本书的部分内容可与先生独撰的《汉字文化学》合观,如关于汉字与避讳、汉字与姓氏等。

有人称一个汉字就是一部文化史,虽然有些夸大,却不无道理。从语言文字本身来研究文化是一种重要的研究视角,如"王、天、仁、武、爱、家"等,每个字都可以利用文化史的材料写成一本书,因为这些字和中国文化史关系非常密切。然而本书对这些富含重要文化观念的汉字的阐述未能尽如人意,尚待后起转精。

该书在讨论汉字与宗教时,只有汉字与佛教,似乎不圆满。因为佛教是外来宗教,在东汉才传入我国,东汉以前我国固有的宗教文化是如何体现在汉字上的? 这是一个非常有趣的课题。

不仅甲骨文时代的殷商文明充满了鬼神的观念,就是两汉时代也充满了鬼神文化。鬼神文化与我国固有的道教文化有密切关联,似乎应该有汉字与道教一节。道教在文字上经常大做文章,创造了很多独特的汉字,以自神其说。要注意的是道教似乎特别专注于用会意造字法,而不是形声造字法,如合"青气"为"天",合"多年"为"久"。可以借此了解道教的观念。道教徒自称"山人",乃是因为"山、人"合为"仙",就是自称为神仙。本书忽视了汉字和道教的关系,这是一个遗憾。

该书 68 页:"新莽时期民谣中有人把'货泉'二字拆成'白水真人',预言刘秀将出。"这个解释不稳妥。王莽篡位后厌恶"刘"字,改"钱"为"货泉",民间又称"白水真人",体现了对金钱万能的崇拜,并非"预言刘秀将出"。

此书个别地方还须要增补,如《汉字与序数》一节,对许多重要的数的文化未能作深入的剖析,收集的材料也不充分。如《水浒传》中的 36 天罡星,72 地煞星,这 36 和 72 有什么文化内涵,这是要解释的。《西游记》中的孙悟空有 72 般变化,孔子有 72 弟子为贤人。72 到底包含了什么文化观念?

另外,"五"文化、"八"文化、"七"文化等,也是应该阐述的。对"神"和"仙"没有做详细的辨析,似乎是疏忽。

本书还可以挖掘更深,打磨更精,但整体上已经很了不起了,信息量大,论述专业而简明。对于传播汉字文化有极大的贡献。

4.2《汉字文化学》

此书初步构建了先生自己的文化语言学的框架和理论体系。要注意的是本书与《汉字文化大观》在理论体系和全书框架上有很大的不同,各有重点,正好互补。全书分为总论、本体论、关系论三大板块。《总论》又分为七节,论述汉字文化学的性质、研究史、理论背景、方法论以及汉字与文明、文化的关系,尤其是详细阐释了文明、文化这两个概念的源流,汉字在世界文明中独特的地位。全书材料丰富,论述都密切结合文化史,结构严密,论述精确。被翻译为韩文出版。

先生批评了著名历史学家刘起釪先生《古史续辨》和马叙伦对"尧"的考证,认为他们是缺乏正确的音韵学知识,才导致了错误的结论。

此书是宏观考察和微观研究完美结合的典范,既有文化学的通论和汉字文化的理论阐发,也有汉字文化的细微考证和分析。本文难以逐节述评。

(五)亲属语言和华夷语系研究

5.1《重建华夷语系的理论和证据》尝试建立"华夷语系",是何先生最新的理论创造。先生从《淮南子·□□》受到启发,提出的"华夷语系"包括了四大语族:苗蛮、百越、□□、□夏。这四个语族并非同一个时代产生的,是在新石器时代晚期□□□□。先生从历史文献、口传历史、亲属语言、考古学等方面大量论证了"华夷语系"确实存在过,华夷原本是一家。先生对我说今后还要继续加大论证的力度,要从民族语言学多所举证。先生在耄耋之年,以大无畏的勇气进行理论创新,而且有车载斗量的证据,确实令我们感到无限的钦佩!当然,在具体的论证细节和材料运用上,学术界有充分讨论的自由。

我觉得"华夷语系"在理论上似乎与李方桂对汉藏语系的描述几乎一样,没有超出李方桂的理论。李方桂《中国的语言和方言》(1937年)提出"汉藏语系"分为汉语、侗台、苗瑶、藏缅语族。罗常培、傅懋勣《国内少数民族语言文字的概况》(中华书局1954年)提出了汉藏语系的分类表,与李方桂的分类基本相同。从此,大陆民族语言学者主流认为壮侗、苗瑶语族和汉语、藏缅语族不仅在现状上有很多共通的特征,而且有语言发生学上的同源关系,属于同一语系。孙宏开、江荻《汉藏语言系属分类之争及其源流》(《当代语言学》1999〔2〕)指出:"20世纪也并非李氏观点的一统天下。一些断断续续的歧见火花逐渐汇聚起来。例如早在1902年施莱格尔(Schlegel)就表示过台语和南岛语的关系。奥德利古尔利用戴维斯对苗瑶语和孟高棉语的论证,主张苗瑶语属于南亚语系(Haudrircourt,1948)。1940年中国学者闻宥就强调过越南语和台语的关系,后来,1957年在《台语和汉语》一文中也通过比较基本词汇而认定台语和汉语没有同源关系。1955年谢飞(Shafer)提出了汉藏语的一种分类,他虽然将台语放入汉藏语中,但明确表示台语与汉语的关系是很远的,较之藏语跟汉语的关系更远,并且放弃和藏缅语族并立的汉台语族。谢飞的分类,还将苗瑶语从汉藏语系中掷出了局。"一直有学者主张侗台语族归属于南岛语,苗瑶语族归属于南亚语。白保罗"把壮侗语和苗瑶语从传统的汉藏语系中清理出去,他最基本的观点是无论汉语还是壮侗语,其所共有的根词都不过是早期的借词……至于原来界说汉藏语系的标准,如单音节性、声调和语序等,则都可以证明是语言接触影响造成的,或者更多的是类型关系而不是发生学关系"。陈保亚的博士论文《论语言接触与语言联盟》(1996年),根据词阶理论论证侗台语与南岛语有同源关系。

何先生创立"华夷语系"这个概念的三个理由:

20世纪80年代考古寻根也取得了前所未有的好成绩,中国文明起源的研究进入了一个崭新的阶段。口传历史由于得到考古文明的印证,早已被埋没的资料重新显示其应有的价值。对于研究史前语言史的人来说,不应该对颇有影响的基因寻根的语言起源论再保持沉默了,这是我提出重建华夷语系的第一个原因。

因为《汉藏语概论》所建立的汉藏语系不仅排除了壮侗语，也排除了苗瑶语。在 2007 年的一次"关于藏缅语研究的对话"中，马提索夫仍然坚持：汉语和苗瑶语之间的关系是接触关系，非亲缘关系。我很不赞同这样的观点，这是我提出重建华夷语系的第二个原因。

李方桂最早将汉藏语系分为四个语族，马学良主编的《汉藏语概论》继承和发扬了这个四分格局，我个人也很赞同这样的分类。《重建》的分类看似和李氏一样，实则有两点原则性的不同。一是出发点不同，李氏的分类是从当代各族语言的现状着眼，我的分类是从原始时代各族的分合着眼。前者在于描写、对比，后者的目的是语言寻根。由于出发点不同，对语系、语族的命名也随之而别。"汉藏"作为语系名称实有欠缺，"汉"与"藏"是两个族称，它们并不能代替苗瑶、壮侗。我用"华夷"作为语系名称，因为从古以来，凡是与"华"文化、语言、习俗、制度有别的族群，不论中外，全都可以称之为"夷"。"夷"原本无贬义，而且"华""夷"可以互变，故中国内部的"华""夷"的的确确原本是一家。至于语族名称，我用"华夏""羌戎""苗蛮""百越"，都含有深远的历史感，与寻根的目的正好相应。另外，"汉语"和"华夏语"虽说一脉相承，二者却不能等同；"羌戎""藏缅"更不可等同，而"羌戎"的丰富历史内涵以及对国内与之相关族群的全面覆盖，都是比较理想的。语系、语族研究，原本属于史前语言史的范畴，属于语言寻根性质的研究。基于这一立场，我提出了重建华夷语系，这是第三个原因。

何先生"华夷语系"中的"羌戎语族"相当于藏缅语族，"苗蛮语族"相当于苗瑶语族,"百越语族"相当于壮侗语族。"华夷语系"似乎与传统的"汉藏语系"在系属分类上没有本质的分别,只是"华夷语系"这个概念从表述上比"汉藏语系"这个概念的范围更广,更有包容性,因为"汉藏语系"从字面上看只有汉语和藏语。然而理论的创新应该有理论实质的创新,不能仅仅是变换一个概念而已,我们期待何先生能够为学术界提供更多的"华夷语系"特有的理论内容或更加坚实有力的科学论证。

先生认为羌族和姬姓说的是一种语言,这种语言还不等于后来的华夏语,应属于原始华夷语的初步分化阶段,所以羌人"听话不用翻译"。先生推论:"从炎黄时代的同一母语到商末周初的'两个方言',再到春秋时代的两语'不达',这中间起码有两千年的演变过程。"这确实是理论创新,但还要进一步考证。最好是历史文献的记载能够与考古学的材料密切结合,确定炎黄时代到底相当于考古学上的哪个时代,这是很重要的。羌族语和周族语是否真的是一种语言的两个方言?这要多方考证。在先生列举的四大类证据以外,我以为还需要民族史的证据。

先生列举了几个"化石词"详加讨论,如"华胥、嫘祖、女魃、海神若、卤盐",考论周详,思路独特,可供学术界讨论。也列举了众多的考古材料和研究作为证据。这些论证都是前辈学者所没有提供的。先生的"华夷语系"即使在语言系属分类上与李方桂是一致的,但是论证的方法是不同的。这本专著的重大意义在于创建了"华夷语系"这个新的学术概念,从历史文献、口传历史、亲属语言的化石词、考古学材料多方面为"华夷语系"及其四大家族的存在做出广泛深入的论证。

5.2《汉语和亲属语言比较研究的基本原则》论述了几个原则问题,详细梳理了汉藏语系的提出和学术界讨论的源流。从学理、逻辑和方法上严厉批判了白保罗、马蒂索夫的远程构拟,指出很多搞远程构拟的国际学者根本不具备相应的学术涵养。主张将远程构拟和层级构拟相结合，以层级构拟为基础；将比较构拟和内部构拟相结合，以内部构拟为基础。

此文有重大的历史意义，是所有反击滥用远程构拟的论文中的经典，逻辑谨严，论必有据。先生也善意提醒国内某些人的学风："改革开放以来，西方学术像潮水般涌入中国，白保罗、马蒂索夫、蒲立本等人的一些主张，乃至他们的学风，对某些缺少传统训练的人，对某些既不搞田野调查又不认真钻研文献的人，简直如获至宝，奉若神明，这对中国历史语言学的独立发展是极为不利的。"

此文还有很多精辟的论述，有极大的启发性，体现出了先生极高的人文学养和人文精神。

李荣先生在1983年的上古音学术讨论会上发言说："至于汉藏语的比较，现在还处在'貌合神离'的阶段，看着藏文有点儿像，就凑上了。目前，汉藏语的研究还在起步时期，我们不能过分苛求。要依据汉藏语的比较来研究上古音，现在恐怕为时尚早。"李荣先生的态度是科学的。

5.3《所谓"亲属"语言的词汇比较问题》（《语言丛稿》）从六个方面广举例证，科学辨析，批判了法国汉学家沙加尔《论汉语、南岛语的亲属关系》，"将后起字当上古汉语"，"把假借字当本字"，"把联绵字当单字"，"双方意义不能对比"，"照抄有错误的原文"，"不可思议的条目"。通过剖析，强调了在考证同源词时必须要有严谨而科学的方法。

以上是何先生的主要学术撰述，然而挂一漏万，遗珠实多。例如何先生还著有《汉语三论》，展现了先生对汉语发展与我国现代化进程关系的研究，分析了汉语在全球化时代的地位、传播和影响等。先生和夫人李学敏老师共同编撰有《实用文言词典》

（广东教育出版社 1994 年），颇有特色，是一部实用的古汉语词典。《书山拾梦》是先生的散文集，以及为他人作品撰写的序文和书评，其中颇有独到见解和真情实感。先生临文不苟，每一篇论著都是精心结撰，有的放矢。限于篇幅，本文不能对以上各论著有所提要钩玄，然而读者诸君不可不认真对待这些精心的论著。

（六）主持修订《辞源》

6.1 身担重任。《辞源》是研究古汉语和古代文化的重要工具书，但是自 20 世纪 80 年代以后长期没有修订，在诸多方面都未能与时俱进。商务印书馆于 2011 年聘请何先生等人为主编，主持修订《辞源》。何先生参与《辞源》的工作实际上在 2010 年已经开始，商务印书馆要求一定要在 2015 年出书。工作量和难度非常大，先生提出"一切为了 2015"的口号，激励近二百名有关学者全力以赴，攻坚克难。

作为第一主编，先生尽职尽责，呕心沥血，在长达五六年的时间里，先生放弃了个人的一切学术研究，以年近八十的耄耋高龄，"翱翔乎书圃"[①]，每日为修订《辞源》工作八小时，全面审查字头的形音义、词语的释义、书证的年代，提出修订意见，常常为研究各种疑难而长时间"含毫不断"。由于工作过于繁剧，案牍劳形，先生在 2014 年终于病倒，头晕难忍，颈椎病痛，且手长疱疹，笔耕为难。但工作进度不能耽误，先生口授要旨，由夫人代劳写成文稿，先生对文稿再度审查，确保严谨。在先生的督导下，修订《辞源》这件浩大工程如期克竣。学者欢抃，好评如潮。先生及众多学者的心血终成正果，嘉惠学林，岂曰浅鲜！

6.2 呕心沥血。作为第一主编，先生担负总责，为修订《辞源》制定详细的工作条例和工作标准，建立各个专业分工团队，

---

① 语出司马相如《上林赋》，又见《文心雕龙·丽辞》。

为新版撰写前言《〈辞源〉:通往传统文化的桥梁》,可以见出先生编撰大型辞书的思想。先生指出此次修订的重点在正本清源,必须注意形源、音源、义源、典源、证源。如形源,有造字之源、用字之源,《辞源》讲究用字之源,原则上不涉及造字之源①。音源,此次修订伊始,即规定了审音注意事项二十条。总的原则是:音义契合,古今贯通。义源,本义就是"源",不能离开书证说义源,也不必涉及造字理据和事物得名之由之类的问题。典源,力求搜寻记载该典发生时的原著,尽量不用后起的类书代替第一手资料。证源,书证力求用始见例,这中间有两点要注意:一是"始见"必须要可信,宜排除伪书的干扰,一般不应舍经典名句而用时代虽早却很冷僻的作品中的例子来作证;二是书证提前,宜以大的历史时期为断限。从南宋提前到北宋,意义就不大,而从隋唐提前到秦汉,意义就不一样了,这是由中古提前到上古,字头的音韵地位也变了。这些论述是其编撰大型辞书的重要思想,对今后各种辞书的编撰和修订创立了乾坤大法。

6.3 我的商榷。天下事难以尽如人愿。何先生说过新版《辞源》仍有问题没有解决,未能至善。我冒昧略抒鄙陋,不辞见笑通人。

《汉语大字典》《汉语大词典》都充分利用了清朝小学家和20世纪学术界的研究成果,可以反映出学术研究的最新进展。新版《辞源》由于强调辞书的稳定性,不免过于谨慎,对于学术

---

① 李学勤先生主编有《字源》(天津古籍出版社、辽宁人民出版社 2012 年),专门分析汉字演变的源流。何先生提出新版《辞源》不搞形源,只搞用源,固然是一种学术取向,也许是因为有《字源》,为了避免重复,而并非说形源不重要。《汉语大字典》已经尽可能排比了从甲骨文到隶书的字形。各种文字编非常多,对于研究形源已经夯实了坚固的基础。作为新版《辞源》完全不顾形源,而放弃了百年来古文字学研究的巨大成就,可能会有争议。

界在 20 世纪以来的研究成果基本不予吸收，不能择善而从，这就未能与时俱进，学术的尖端性有所缺失。对字词的解释未能超越二十多年前的《汉语大字典》《汉语大词典》，有时反而失诸简略。如"泰山"条有三义：山名；郡名；岳父。忽视了至少自东汉以来就有的泰山是地府的文化，泰山是人死后亡魂所归的阴间地狱。这是非常重要的传统文化，《辞源》不应该遗漏。

对日本的重要古汉语辞书未能充分参考，很多解释和引证不如《大汉和辞典》《广汉和辞典》详细。

割爱了所有的古文字材料、出土文献材料及其研究成果，在溯源上难免美中不足，也未能充分反映学术界的新进展。

参考百科工具书不够充分，没有充分吸取各专业的研究成果。例如"南京"条，列举四个叫"南京"的地名，《中国古今地名大辞典》则有八个，魏嵩山主编《中国历史地名大辞典》列举了九个。类似的情况还有不少。

从佛典和道藏中取材不够，吸取佛学和道教研究的成果明显不足。如"涅槃"条，相较于《佛学大辞典》《佛光大辞典》，《辞源》提供的各种音译和意译的学术信息不够，在佛经翻译史上，"泥曰、泥洹"的出现要早于"涅槃"，在东汉三国西晋甚至东晋的汉译佛经中没有使用"涅槃"的。天竺沙门昙摩谶（或作昙无谶）于 421 年翻译完了《大般涅槃经》[1]，用的是"涅槃"。这部重要经典流行后，"涅槃"逐渐取代了"泥洹、泥曰"等。这个词汇史的源流是很重要的，关系到文化史的变迁。

在书证的时代性上还有欠缺，如"宰相"条，举书证为《韩非子·显学》："故明主之吏，宰相必起于州部。"但更早的文献是《吕氏春秋·制乐》："虽然，可移于宰相。公曰：宰相所与治国家也，而

---

[1]　见僧祐《出三藏记集》卷二，中华书局 2013 年。

移死焉,不祥。"按照《辞源》的原则,应该举《吕氏春秋》的书证,因为时代更早。更重要的是这表明"宰相"一词很可能起源于西北地区的秦文化(或三晋文化),不可能是来自北方的燕文化和南方的楚文化。现在学术界对汉以前文化的研究不仅重视时代性,而且重视地域性。另外"宰相"还是辽代的职官,辽朝北面官有北南宰相府,各置左右宰相为长官。新版《辞源》漏收,这是应该增补的。

6.4 更多期待。《钱伯斯语源学辞典》(英文本,2002 年版),分析了超过 25000 个英语单词的源流,这样的编撰方法值得我们借鉴。刘洁修《汉语成语源流大辞典》(开明出版社 2009 年)对于梳理汉语成语的源流有极大的裨益,对汉语史研究也有很大的帮助,是辞典学的一大进步,我们期待以后有更多这样富于学术性的工具书。

《辞源》这样的大型综合辞书,应该尽量利用学界的各类成果,没必要什么都是编撰者自己的研究,只是近二百位学者的时间太紧,还有各自的本职工作,资料收集和研究的功夫不一定很充分,区区五年时间,就有如此的成绩,实属不易。对于学者们的卓越贡献,我唯有合掌礼赞!我的书评"多讥往哲,喜述前非"[1],只是出于对学术的责任和我所喜欢的学术评论的一个传统。

三 余 音

先生将自己的书斋取名"抱冰庐"[2],典出于《吴越春秋》卷

---

① 语出刘知几《史通·自叙》。
② 清末两湖总督张之洞的生祠名"抱冰堂"(1909 年建于武汉);近代大学者和思想家梁启超书斋名"饮冰室"(1924 年建于天津),典出于《庄子·人间世》:"今吾朝受命而夕饮冰,我其内热与。"

八《勾践归国外传》"冬常抱冰，夏还握火"，描写勾践卧薪尝胆的"愁心苦志"。先生当是以素志坚韧、精励克勤、苦身劳心以自励。

从1976年以来，何先生一直潜心学术，从来没有节假日，元旦春节照常笔耕不辍，从来不去参加会议而趁机旅游，不去人多的地方凑热闹。先生今年89岁高龄，而"好道心不歇"①，还有宏大的研究计划。我在动笔以前，先生鼓励我放开了去写，不限字数，不要受任何拘束，他不会告诉我怎样写，也不会改动我写的一个字。我未曾受业于先生，竟蒙先生无比的信任和关爱，决心要"闭关草《太玄》"。

先生撰著宏富，学术浩瀚，我束于末教，绠短汲深，难言大道，自忖夏虫不可语冰，井蛙不可语海，只有"重点中抓重点"，评泊考镜，尘黩圣贤，终不免繁词缛说，难云简要，汩没性灵。更况"气无奇类，文乏异采……昏睡耳目"②，难为披览。不知先生看了，能否批个及格呢？拙文也许只如《红楼梦》第七十八回贾政评论贾宝玉的《姽婳词》："虽然说了几句，到底不大恳切。"

2021 年 2 月

---

① 语出李白《天台晓望》。
② 语出《文心雕龙·丽辞》。

温故知新 有容乃大[*]

高永安

　　《抱冰庐选集》是何九盈先生的学术自选集。我因忝列何门，幸得受命与同门参与了选集的选目，预先拜读书稿，故不揣冒昧，愿意把读书心得分享出来，就教于方家！要总结何先生的学术成就，对于我来讲还缺乏必要的学识积累和阅历储备。这里仅对选集中的论文和相关主要著作作一个大致的梳理，希望有助于读者进入《抱冰庐选集》。

　　看何先生的成果，有两个感受：一是口径宽，汉语研究领域内的几个主要的方向都涉及了。二是站位前，在他涉及的领域都有创见，可谓语不惊人死不休。何先生学术活动的核心是"汉语"二字。音韵学方面，何先生本科期间就在《中国语文》《北京大学学报》发表了讨论《切韵》和《中国音韵学研究》的论文，后来的著作有《古韵通晓》（合著）、《古汉语音韵学述要》《上古音》，论文集《音韵丛稿》。文字学方面，主编了《汉字文化大观》^①，著有《汉字文化学》。词汇、语义方面，有《古汉语词汇讲话》（与蒋绍愚先生合著），论文集有《古汉语丛稿》。汉语亲属语言研究方面，

---

* 　作者以《抱冰庐选集》选目就教于黄易青先生，黄先生敦促作者写作此文，并荐刊于《民俗典籍文字研究》2020（25）。本文写作中得到何九盈先生、黄易青先生多所指正，王建喜、裴银汉、朱星一、吕炳昌几位老师提出宝贵意见，在此表示感谢！

① 　初版名《中国汉字文化大观》（北京大学出版社 1995 年），后改为《汉字文化大观》（人民教育出版社 2009 年）。

有《重建华夷语系的理论和证据》。学术史方面,有《中国古代语言学史》《中国现代语言学史》两部巨著。语言理论和应用方面,有《全球化时代的汉语意识》《中国现代化进程中的语文转向》(内含《普通话的发展历史》)[①],论文集有《语言丛稿》。此外,何先生主编《辞源》第三版的修订,参与编写《王力古汉语字典》和《古代汉语》教材。何先生的文章,都不做无病呻吟,追求有突破,在好几个方面有开创之功。例如,汉字文化学,是他第一个提出的;中国古代、现代语言学史,他都是开创者;他还提出了汉语语音史研究的"散点多线"理论、汉语意识、华夷语系、"三重证据法"、谐声比较、古韵归字、复辅音的断代研究等。之所以能有这么多突破,应该跟何先生秉持立足学术、独立思考、痴迷专业的"燕园九子"精神有关。他能够在广阔的历史背景下看待学术问题,所以每一个成果,都放在历史和现实的坐标里,而不是脱离现实的象牙塔,因此有历史纵深感,又有重要的现实意义。

一

(一)亲属语言与华夷语系

学术史上,理论的历史总是跟相关的人物联系着的。何先生《汉语和亲属语言比较研究的基本原则》在梳理汉语和亲属语言关系研究的历史时发现,这个问题的研究涉及两桩公案:一是,马提索夫和白保罗利用其远程构拟的成果,对李方桂的汉藏语系发起挑战;二是,奥德里古尔、蒲立本提出汉语声调产生于韵尾说,对传统声调观提出了挑战。两个挑战涉及同一个方法论问题:语

---

① 以上二书是《汉语三论》改版。丁启阵先生在《文章合为时而著——评何九盈先生的〈汉语三论〉》(《汉声——汉语音韵学的继承与创新》,中国文史出版社 2011 年)中说:"《汉语三论》,是一部相当好看的书,研究汉语语言学的学者和不研究汉语语言学的普通读者都可以看,应该看。"

言比较研究的层级问题。具体地说,远程构拟应该服从层级构拟,外部比较应该服从内部比较。白保罗凭借几本词典的比较,在没有分清楚借词和同源词的前提下,就确定了汉语和藏缅语的亲属关系,并把苗瑶语、侗台语从汉藏语系中分离出去。包拟古把藏语和"原始闽语"的形式加入原始汉语的构拟中,这些都是跟上述原则相违背的。

何先生认为汉语及其周边语言的关系,以及这些语言的类型,不适合照搬历史比较语言学的模式,汉语的历史研究应该有更适合自己的科学方法。《重建华夷语系的理论和证据》就是在这种思想的推动下,利用汉语里保存的"化石词"与其他民族语言比较,加上梳理中国古代口述历史资料,参考考古学的最新成果,用三重证据法,建立起基于民族历史文化的华夷语系。这是一个汉语史前时期的语系,它的存在时间大约是仰韶文化晚期到夏朝以前,中心地域是黄河、燕山一带。其内容包括了华夏语族、羌戎语族、苗蛮语族、百越语族,以及一个消失了的北狄语族。何先生认为,在历史上曾经有两个北狄族群,被中原误用了一个名称:一个是外北狄,不属于华夷语系,后来北迁;另一个是内北狄,属于华夷语系,后来有一部分融合在华夏语中,另一部分不知所终。华夷语系的建立,不仅解决了汉语和亲属语言的关系问题,同时,在梳理历史资料的过程中,解决了大量历史之谜。

(二)三重证据法

语言文字是文化的载体,因此必然能够在正史资料不足的时候还原历史,也能够在物质形态遗失的情况下发挥记载历史的作用。考证史前历史,没有现成的完整的文字记载,但幸好有古人不经意间留存在"字缝"里的蛛丝马迹。但是由于这些"字缝"里的东西不能常规读取,因此,如果不得要领,无异于天书。例

如,前人已经发现"苗"和"黎"经常用来指同一个族群,狄人之
"狄"也经常写作"翟",这就是从文字中找历史。狄、翟,上古音
都属于定母,"狄"在锡部,"翟"在药部。《切韵》以后至今都同
音。由于这两个字可通,认定为同一个族群是容易接受的。"苗、
黎"这两个字声韵皆远,就须要下更多的"字缝"里的功夫,用复
辅音来解释。至于《国语》"寺人勃鞮",就复杂多了。对于"勃
鞮"这个人名,古来各家争讼纷纭。要解决这个问题,对学者的
要求更高。何先生批阅典籍,注意到鞮是胡人靴子,狄鞮是翻译
官,鞮鞻是夷人之舞,比照履鞮、铜鞮,知勃鞮亦为官名。勃,是东
北地区一个族群的名称。那么,勃族与渤海之间有无关系? 司马
贞《史记索隐》引《齐都赋》:"海傍曰勃。"如果这个解释正确,那
么勃族是否就是"海傍之族"? 勃海,是否就是勃族之海?《初
学记》中有渤鞮海,应即勃海。这一系列考证的关键,是"勃鞮"。
这个词是个化石词,不可以单看字面。化石词考证唯有批阅典
籍,音、义、事,三者互证,才可以下结论[①]。

　　何先生的化石词考证,已经形成规模。最精彩的部分,在他
对华胥氏、嫘祖、女魃、海神若、卤盐的考证。其中的程序和规律,
细心的读者可以归纳和总结。据我所知,何先生关于化石词的研
究还有更多、更重要的成果尚未发表。

　　亲属语言的关系,光有语音对应是不够的。形态语言可以靠
形态来佐证,汉语主要靠文史。好在我们的文史资料很丰富。但
是,光靠历史、考古,都是不够的,化石词是前代语言的底层,是语
言证据,也是史前语言关系的最直接的证据。

　　另一方面,口传历史也是我们考证语言关系的宝库。前人之
所以没有利用口传历史,是鉴于这些资料由于流传日久,经过了

---

① 参见何九盈《重建华夷语系的理论和证据》。

各种人出于各种目的的改造，因而脱离原样，有的甚至看起来不合常理。把这些资料放在严谨的田野调查面前，不仅今人会觉得荒唐可笑，即便古人，也早就有人斥司马迁"何其谬哉"。但是，如果故事不足信，那么事件的存在应该有依据；如果事件不足信，那么参与事件的人和物的存在应该有依据。而这就为化石词研究找到了入手点。所以，如果口传历史不跟化石词、考古文化结合，就只是夸夸其谈了。这三者一旦结合，则会发挥不可替代的威力。

（三）建立汉字文化学

汉字是与汉语联接在一起的。汉语的自信，跟汉字的自信也是联接在一起的。只要我们的民族还有独立性，就离不开中华文化，也就离不开汉字文化。"汉语、汉字是中国文化的根，儒学曾是中国意识形态的核心，但不是中国文化的根"[1]。所以，汉语、汉字，不仅是汉语言学的主要研究对象，也应该是中国文化学的主要研究对象。汉字关涉到中国文化的方方面面，须要有专门的学问做深入研究。"汉字文化学"应运而生。

何先生认为，汉字文化学是汉字学的一个分支，其任务是研究汉字自身的文化意义，并通过汉字，探索其中蕴含的物质文化、精神文化、社会文化、语言文化。今天的社会给我们提供了开阔的视野，通过东西文化的碰撞和比较，我们可以更加理性地看待我们在过去的时间里对待汉字的态度。因为汉字跟中国的历史和命运联系如此紧密，以至于可以说中国的文化，就是汉字的文化。文字是文化之母，"对于民族文化而言，文字永远属于核心价值"[2]。汉字的明天，要交给下一代，让汉字和汉字文化一代一代

---

① 何九盈《中国的文化，就是汉字的文化》，《民俗典籍文字研究》2011（8）。
② 同上。

传承下去,并且应该走向世界。但是今天,汉字刚刚遭受了经年的创伤要治愈,汉字文化的复兴之路还须要探索。这些创伤是怎么来的? 从哪里来的?《汉字文化学简论》《汉字文化的昨天、今天和明天》《百余年来两种汉字文化观的较量》对汉字文化学从理论到实践作了深入探索,也或详或略地对以上问题给出了答案。《百余年来两种汉字文化观的较量》把我国学人百余年间对汉字的认识归结为四派:1. 以谭嗣同、康有为为代表的"大同派"主张世界大同,语言统一,将来必有一种新的语言文字。但是理想与现实毕竟有很远的距离,就当时来看,康、谭还不主张破坏汉语、汉字。2. 以吴敬恒、钱玄同为代表的"无政府主义派",主张废除汉字甚至汉语,推广万国文字。他们不仅要废除汉语、汉字,按照他们的学理推论,他们可能废除一切语言文字,只保留万国文字,就是世界语。3. 拼音字母派,又分为国语罗马字派(国罗派)和拉丁文字派(北拉派)。他们主张设计由拉丁字母书写的文字来代替或辅助汉字。以赵元任为代表的国罗派,主张设计罗马字系统,辅助汉字;以叶籁士为代表的北拉派,认为汉字是为资产阶级服务的,应该按照各地口音拉丁化,施行言文统一。他们后来走向了汉字改革。4. 围绕汉字简化出现的传统派。简化汉字作为文字改革的成果出台后,陈梦家等学者曾经呼吁简化字方案应该慎重,他的意见部分地得到采纳。但是若干年后却出现了恢复繁体字的声音,虽然主要是专业之外人士,其持论也没有学科基础和现实可行性,但是其社会影响却不容忽视。针对这种情况,何先生说:"在绝大多数情况下,繁简字的区别只限于形体层面,即笔画的多少,而不涉及音和义。"①

---

① 何九盈《中国的文化,就是汉字的文化》。《百余年来两种汉字文化观的较量》节选自该文的第二部分。

算是对恢复繁体字声音的一个答复。

在过去的一百年里，汉字基本上是处于屈辱的地位，之所以没有被废除，仿佛仅仅是一个时间问题。再往前推，在整个中国历史上，汉字经历了一个神秘化、经典化、美学化、格律化、音乐化、学科化、妖魔化的崎岖道路。"当代人的使命就是去妖魔化，重新认识汉字，重新评估汉字文化的价值"①。汉字文化学的目标，在汉字的明天。

选集中收入了《大道之行也，语言领先》，该文副标题：挑战上帝，天下人要重新共建巴别塔。文章主要是为汉语汉字走向世界助威呐喊。"我们要有千年眼、万年心，还要有若干个百年大计，把象胥事业摆在重要国策的位置来对待"。这是对汉语、汉字的明天的一种期待。汉字文化学是看汉字的明天，汉语意识说是看汉语的明天。在这篇短文中，两个"明天"走到了一起。

（四）首创"汉语意识"

为什么说"接轨"是乱谈呢？因为，"在历史上曾经有人主张废除汉语、废除汉字，以为这样就可以跟西方接轨，事实证明：此路不通。如果连自己的'语'和'文'都没有了，成了'无轨'之人，拿什么跟人家'接'！"（何九盈《中国现代化进程中的语文转向》）何先生对汉语、汉字的命运怀有深深的忧患意识。这种忧患意识集中体现在他对汉字文化学和汉语意识的论述上。

何先生认为，汉语意识有四个方面的内容：母语意识、传播意识、民主意识、规范意识。母语意识关乎我们的民族认同，传播意识关乎汉语的外语身份和生命力、影响力，民主意识关乎汉语的创新和活力，规范意识关乎汉语的统一。为什么要提汉语意识

①　何九盈《中国的文化，就是汉字的文化》。《百余年来两种汉字文化观的较量》节选自该文的第二部分。

呢？何先生在这个问题的前面加上了"全球化时代"几个字，我们之所以不重视甚至根本不知道什么汉语意识，是因为我们还没有意识到即将来到一个全球化时代，还没有感受到全球化对汉语、汉字的冲击。全球化势必造成语言、文化的竞争，汉语是不是甘愿臣服于其他语言？要不要争取以外语身份释放更大的影响？要不要保持其母语身份和母语地位？我们未来会拥有什么样的语言？思考这些问题，就是思考汉语意识。有的问题看起来似乎有点儿危言耸听，但实际上汉语面临的危机可能有过之而无不及。一些海外华人在为其子弟不会说汉语忧虑，一些国人却在盲目地轻视母语，国内曾一度以外语水平作为评判一切的标准，更有人提出中国应该以英语为"主导语言"。何先生认真研究了"主导语言"这个问题，认为如果以英语为主导语言，放在第一位，汉语放在第二位，那将会给中华民族文化带来灾难性后果，"就等于自己割断自己的历史命脉，自己抛弃自己的核心价值观，自己毁灭自己的团结纽带，从而沦为失去民族特色的、仰人鼻息的只会赚钱、只会追求物质利益的高等技术动物"（何九盈《全球化时代的汉语意识》）。世界上任何语言都是伟大的创造，都精美绝伦，也都有不足。汉语与任何语言相比都毫不逊色，汉语应当自信。而汉语自信的首要问题，是思考汉语的明天。

（五）音史遨游，贯通古今

　　何先生的成果涉及很多方面，而音韵是他最早从事的研究领域。古汉语研究中，形音义的研究要互相联系，不能单打一，而音韵是形、义研究的基础，段玉裁说："音均明而六书明，六书明而古经传无不可通。"[①]在汉语音韵学领域的多年探索，是何先生的学

---

① 段玉裁《寄戴东原先生书》，《说文解字注》，上海书店 1992 年影印经韵楼刻本。

术根基。

在本科期间,何先生主编《汉语发展史》,著文跟高本汉讨论《中国音韵学研究》。而最著名、影响最大的,要数在魏建功先生指导下写的、作为《汉语发展史》的一章、也是其毕业论文的《〈切韵〉音系的性质及其他》①。文中比较了《切韵》及其参考的吕静、夏侯咏等韵书的异同,参考《切韵》成书的目标、分韵取舍的标准、又音的分布、对方言区域的称说、历史史实等,认为《切韵》是一部折衷了古今南北的综合音系。该文发表于《中国语文》1961年第9期。参与了当时关于《切韵》性质的讨论,直到现在,还是研究这个问题的必读文献。

汉魏六朝正是四声形成的时候,段玉裁说:"上声备于三百篇,去声备于魏晋。"魏晋时期产生了去声,于是汉语声调变成了平上去入的格局。到了齐梁年间,周颙、沈约发现四声。但是在相当长一段时间内,没有专门的声调术语,人们把音乐术语应用于对语音的描述。何先生的《五音和四声》梳理了这个时期的大量资料②,从音乐和声调共享的术语中,开创性地把声律学说细化为四条规律:清浊律、声响律、双叠律、四声律,清浊律指音有高低,说明当时人们认识到了语言里有声调、声母、韵母,不同的声韵调之间有差别;声响律指不同的声韵和声调之间,在行文之中要前后照应,音韵和谐;双叠律指字音之间的声、韵关系,在言语行为中要自觉趋避;四声律指四声发明之后,沈约把四声的高低关系应用到诗文创作中,提出"声病"说。揭示这些规律,对于我们认识汉语声调的发展、解读"永明体"和《文心雕龙》相关声

① 周祖谟先生是该毕业论文的评阅人,他写到:该文"不为前人成说所囿,能从纷繁的材料中看出问题,提出自己的看法,有分析,有批判,具有一定的创造性"。给出的成绩是优。

② 该文是《中国古代语言学史》2006年北大版的增订内容。

律理论、认识格律诗从"碎用四声"到平仄律的发展历程,都有意义。

音韵部分有六篇是上古音研究论文。《古韵三十部归字总论》《上古主要元音的构拟》都选自《古韵通晓》。在方法上的共同之处是:摆出前代各家的研究,摆事实,讲道理。从清儒到现代音韵学家,很多学者建立了自己的韵部系统。但是各家系统有相当的出入。到底有哪些出入?这些出入形成的原因是什么?我们该如何判断前人的韵部出入?《古韵三十部归字总论》讨论了各家有分歧意见的声首(主谐字)175 个,散字 15 个。是对此前上古音分部的一次总检验。文章参考了最新出土的简帛文字资料,使各家归字的得失一目了然。划分韵部,和给每个字归部是相互联系的。如何处理《诗经》押韵、汉字谐声等资料,是一个细致的工作,也需要理论指导。例如,瘈声,王力归质部,周祖谟归脂部,黄侃归没(物)部,董同龢归微部,朱骏声归履部。何先生分析,王、周跟黄、董的分歧在韵尾的舒促,王、黄与周、董的分歧在韵头的开合,因此他们都是以中古等韵为依据的。何先生提出两个证据支持黄侃的构拟:一是,开合问题,"瘈"在《韵镜》居开口,但是陈澧《切韵考》作合口;二是,《管子》以"瘈"韵"贵",《释名》用"拂"作"瘈"的声训。这是用新材料立论。再如,医声,段玉裁、严可均、朱骏声、江有诰、黄侃、周祖谟归脂部,董同龢归支部,王力归质部。段玉裁、严可均、朱骏声、江有诰、黄侃、周祖谟的依据是《说文》小徐本从矢得声,"矢"归脂部。董同龢认为小徐本不可信,认为从医的"醫"归支部,所以医声应归支部。王力根据是《释名》声训为"臀"、《韩诗》异文为"殪"。何先生认为小徐本"矢亦声"这一条,与《广韵》齐韵里谐声字的表现吻合,董、王举证的材料不足以推翻小徐本,因此支持归脂部。分部是很繁琐的工作,归字更是如此。把各家的归字放在一起,问题就呈现出来了,然后各个击破,就是具体问题具体对待。这两个例子,可以印证王力先生为该书作的序言:"科学研究没有什么秘诀,只要求两件事:一要有时间,二要有科学头脑。有充足的时间然后能充分占有材料,有科学头脑然后能对所占有的材料进行科学的分析。陈、何两同志有了这两个优越条件,所以能做出这样优良的成绩来。"

《上古主要元音的构拟》摆出各家构拟的上古音主要元音,比较异同,提出主要元音构拟的原则:一是要依据韵部,二是要照顾韵头和韵尾。文中除了讨论每一个部的具体拟音,还提出了前人使用元音数量的问题,是从语言类型学的角度看问题。经过比较,他采纳了王力先生6个元音的设计。这个系统维持了阴入阳三分的格局。这两篇文章,奠定了何先生上古音研究的基础。

何先生主张《诗经》时代的上古汉语里没有复辅音,但是更早时期是有复辅音声母的。前代学者一般从汉字谐声、合音词、民族语言同源词等方面讨论复辅音声母,何先生《关于复辅音问题》举了7个方面的材料:联绵词、同源词、古籍异文、又音、读若、声训、假借字等。他还讨论了复辅音的结构问题,认为三合、四合的复辅音大致不可信,汉语复辅音应该以二合为主。《商代复辅音声母》提出,复辅音产生和消失的时间,是尚未解决的问题。但是商代一定是存在复辅音的,他通过分析甲骨文的同源分化、同音假借、同字异读、谐声交替、方言转语,以及后世的经传异文、经籍旧音等,构拟了商代复辅音声母32个,分为四种类型(略举):

甲　s- 型:sp、sm、sn、st、sr、sl、sk、sg、sŋ

乙　-l-/-r- 型:pl、kl、gl、pr、mr、tr、kr、gr

丙　三合型:klj、khlj、glj

丁　其他:ʔk、ʔr、mg、ng

这个复辅音声母系统或许不够完备,但是其研究在方法论上具有突出的意义,不同于前人:首先,这是第一次对复辅音进行断代研究。何先生认为复辅音在商代还存在,但是《诗经》时代已经消失了。所以他的材料严格限制在甲骨文里。其次,何先生在论证复辅音声母系统时,使用了本证、旁证结合的方法,本证为主,互相支撑。这两点,是这篇文章的主要价值所在,所得结论,还在其次。古音研究从宋朝开始,经历了几百年,但是直到陈第《毛诗古音考》才懂得运用本证、旁证,直到明清之际的顾炎武才懂得对古音材料进行断代研究。但是,在之前的复辅音的研究中,材料的时代性和科学的论证方法,还没有得到应有的重视。

选集中关于《诗词通韵》《中原雅音》《中州音韵》的三篇论文属于近代音研究。三篇有个共同点:都重视史实的考证。以前人们不知道《中原雅音》是一本韵书,今人从古籍中勾稽出来,发现有很多语音面貌跟《中原音韵》很接近,而且是《洪武正韵》的重要参考书。这部书的年代,是认识其语音系统性质的关键。何先生通过袁子让等人的记载,断定该书成书于宋元之际。前人认为,《中州音韵》《诗词通韵》是改并《中原音韵》而成的,王骥德《曲律》说《中州音韵》对《中原音韵》"字为厘别",《诗词通韵》在此基础上"复增校以行于世,于是南音渐正"①。既然王文璧、朴隐子先后改并了北音韵书《中原音韵》为南音,那么王、朴二作者的籍贯就很重要。所以,何先生在研究二书之前,都对作者籍贯进行了详细考证。在考证音系的时候,何先生没有受习惯看法的影响,而是从时代和地域的角度实事求是地看问题,从韵书本身入手,结合相关的资料,认为二书都反映了明清吴方言的语音特

---

① 　王骥德《曲律·论韵第七》,明天启方诸馆刻本。

点。在确定音系性质之后，何先生没有贴标签，而是就事论事。如，认为《中州音韵》的古浊声母之所以出现清浊不一致，是由于它们正处于清化的过程中。又如，《诗词通韵》保留了三个闭口韵，但是结合朴隐子《反切定谱》，发现这里的闭口韵是从《中原音韵》继承来的，不是朴隐子的本意，故断定《诗词通韵》的闭口韵 [-m] 消失了。同样，该书东钟合口、撮口，与庚青合口、撮口各自独立，但是结合《反切定谱》，发现这两部分已经合并了。

（六）散点多线理论

散点多线是指在汉语史研究中，在某一个时代，应该研究多个语言点；在汉语发展的不同时代，应该研究不同地域方言的发展历史。散点就是多点，为什么不说"多点"呢？因为散点包含了"散点透视、移步换景"的理念，具体地说，就是要"解决历史上横断面的分区和纵断面的分期问题，区的划分应该是动态的分层级的"，"分区和分期必须结合起来考虑"（何九盈《语言丛稿》）。何先生把汉语史分为五期：

第一期　先秦两汉　　东西分界：关东、关西

第二期　魏晋南北朝　南北分界：金陵、洛阳

第三期　隋唐五代　　长安（秦　西北）、洛阳、吴

第四期　两宋辽金　　南北中：南（吴　闽　杭州　赣）、
　　　　　　　　　　　　北（幽州　西北）、中（汴洛　中原）

第五期　元明清　　　北京、南京、吴、闽、粤、蜀、赣

与今天的汉语方言分区比较起来，这个框架并不复杂，但是古代语言研究毕竟要依赖文献，这就给分区带来不便。也正因为如此，林语堂也曾经提出在汉语史的研究中要把方言的历史考虑进去。其博士论文就是利用扬雄《方言》为汉语分区，利用异文、通假等材料找出不同方言之间的对应关系。但是可惜，他没有能够继续他的研究。而且，他提出的理念不被时人认可和接受。何

先生在学生时代主编《汉语发展史》的时候,虽未明确提出"散点多线"理论,但这个理论在实际材料的处理中,已有充分体现。可惜《汉语发展史》未能出版,这个工作未能继续。但是,无视方言分歧,不符合汉语的实际;有方言视角的框架一定是正确的,正确的理论不能因为难于实施就放弃。实际上,何先生在理论上和实践上都没有停止对"散点多线"的探索。何先生先后出版了《普通话的发展历史》[①]和《重建华夷语系的理论和证据》,华夷语系的起源和发展模型,汉语一源三京,两个南北朝的历史格局,是散点多线理论付诸实施的范例。

"散点多线"理论的提出,有一定的群众基础,学术界对这个理论越来越熟悉,越来越多的学者接受了这个理论,不少学者给予了高度评价。

(七)词义辨惑　字音释疑

古人在训诂实践中,讲究因声求义,形音义互相求。何先生有很多词义研究的文章,不仅借助声音求词义,还借助语法求词义,使词义考证成为一个系统工程。何先生在讲词义的时候,注重对前人有疑惑、有误解的词义有所发明;常从具体的材料入手,寻求普遍规律。都是常年在课堂讲授实践中发现问题、解决问题,在教学中找题目,正是教学相长。选集集中了一批有关词义研究的论文。最早的一篇是发表在《中国语文》1965年的《词义辨惑》,最近的一篇是2013年发表的《"家人"解诂辨疑》,时间跨度近50年。

乍,江淹《别赋》:"或春苔兮始生,乍秋风兮暂起。"乍,通常被注释为"暂、忽然"。何先生通过比较它在汉魏六朝时期的用法,发现有"乍……乍……、或……乍……"两种句式。在这两个

---

① 　先后收入《汉语三论》《中国现代化进程中的语文转向》。

句式中，"乍"就是"或"，是指示代词。这个结论也可以应用在历来无法解释的《仓颉篇》"乍，两词也"上，"两词"就是指上述句式。

乘，《荀子》叙述武王伐纣的时候有"遂乘殷人而诛纣"。注释家都释"乘"为"凭借、借助"，进而认为是商纣王自己的军队倒戈，把纣王杀掉了。何先生认为"乘"是先秦时期的一个军事术语，表示三重意思：乘其不备、乘胜追击、凭陵掩杀。这样解释，长期以来所谓商人自己攻击自己的荒诞情景就不存在了。

无所去忧也，《庄子》："是故凫胫虽短，续之则忧；鹤胫虽长，断之则悲。故性长非所断，性短非所续，无所去忧也。"郭象、高亨，以及一些现代注释家都按照"无所＋去忧"来理解，译为"没有什么可以忧虑的"。何先生认为应该理解为"无＋所去忧"，译为："没有什么办法去掉忧伤。"两种断法，意思完全相反。结合前一个分句"性长非所断，性短非所续"，可知何先生的解释更优。

鼓之，出自中学课文《曹刿论战》"公将鼓之"，一般人都耳熟能详，很容易忽略其中"鼓、之"的确切含义。何先生比较了各家注释，发现对这个"之"的解释有 5 种之多：己方、敌方、敌我均可、发动进攻、凑足音节。何先生认为这个问题只有一个答案，"之"代指己方军队。"鼓之"之所以会有争论，一是因为对"鼓"的意思没有理解，二是例子不够丰富。何先生查阅了《左传》《荀子》《军法》《尉缭子》《吴子》，认为"鼓"是古代作战中的一个军制，即进攻的信号。他从《左传》《墨子》《韩非子》《战国策》中找到 12 个例句，实证"鼓"非"进攻"，"之"非凑足音节、非指代敌军、非可敌可我。这个词的解释，是典型的从教学中来到教学中去。发现难点之准、查阅材料之多、发掘现象之深，真有调动千军万马之感。正因为有如此实打实的论证，这个词的解释，就一锤定音，不可推翻了。

家人,古代典籍中"家、家人、家人子"等出现繁多,语境复杂,不易梳理。何先生认为"家人"有三个来源:一,出自《诗经》"宜其家人","家人"指家中之人;二,出自《周易》家人卦,"家人"指妇人、妻子;三,指古代主仆关系,隶属于主家的,就是"家人"。这第三类的来源,是战俘、罪人、良家子。在这个梳理过程中,读者的思路跟着作者走,可以认识到词义的发展是系统性的。在梳理词义系统的时候,除了可以解释具体的词义问题,还可以解决其他语料中窒碍难通的地方。《史记·儒林列传》记载,窦太后向辕固请教《老子》,结果得到不客气的答复:"此是家人言耳。"于是辕固差点儿因此命归黄泉。要确切锁定辕固此话中"家人"的含义,必须详细考证当时背景、窦太后的生平和当时朝廷状况,这样我们就会理解辕固为何会因言获罪了。

举重若轻的例子莫过于《庄子·外物》"饰小说以干县令"。所有"外行"看到这句话都会理解"县令"一词,因此不用费事。反而是"博学"的先贤们不甘于如此浅显,认定县令不会是个官职,而必另有"深意"。于是有人解作"高名令闻",有人解作"赏格"。何先生结合前后文,认为此处作者意欲表达轻易的意思,所以这里的"县令"就是官职名。实际上,秦孝公十二年(前350)已经设置县,有县令一职。

何先生考证词义的主要特点:一是,注重词义的时代特征。同一时代的词义,用同一时代的语料来解决。二是,注重名物训诂。三是,注重文化制度。四是,结合语音和语法。

文集有两篇关于《说文》研究的论文,都跟古音关系紧密。《〈说文〉省声研究》考察了《说文》大徐本标注"省声"的310条材料,筛选出158条不可信的作了分析。把失误归纳为几种类型:1.不明秦汉古音而误改;2.因字形问题而误改;3.因版本、传写讹误而误改;4.许慎原本有误。段玉裁是清儒研究《说文》的首席，很多学者对其《说文解字注》做过多方面的研究，但是专注于音韵的尚缺。《〈说文〉段注音辨》，对《段注》全文的音韵问题，分卷进行讨论。表彰段玉裁形声相表里、合韵说、因声求义等成就，指出其古声、同音假借、入声分配、等韵知识等方面的欠缺。

文集还收录了《〈实用文言词典〉序》①。序中提出的词典编纂的几个特点，不仅是该词典的工作要求，对其他词典编纂也有普遍意义。其五个特点是：第一，分析字头的形体结构。汉字具有形音义三要素，字形是汉字最显著的特点，汉字的意义首先是跟字形相联系的，所以，分析字形是首要任务。该词典的字形依据是《说文》，参考前代著作和甲骨、金文、简帛文字等。第二，义项尽量细分。这样做，一则是为了方便读者古书阅读实际，二则是为了尽量多地呈现丰富的语料，三则跟词典的名字"实用"相呼应。第三，标出词性。这一点很有挑战性，因为古汉语的词类系统本来有争议，同时，一个词的词性跟它在句子中的功能、意义都有关联，很难把握。第四，标注中古韵、调。第五，在部分词条后设立"备考"，所有编辑过程中的未尽事宜，凡有必要，皆入备考。现在各种字词典蜂出，但是这部词典，完全原创，特点突出。

二

何先生在学术上取得诸多具有开创意义的成就，与他的学术渊源、学术目标、哲学思想有绝对关系。要而言之，有以下三点：

（一）远绍乾嘉诸老

何先生在《自序》里列举了其学术渊源：乾嘉诸老、章黄学

---

① 该词典是何九盈、李学敏两位先生合编的。现在他们正在增编该词典，希望能尽快看到新版。这是旧版的序。

术、清华四导师、燕园九子。"燕园九子"的提法，是何先生的发明，指的是 20 世纪五六十年代，王力、魏建功、岑麒祥、袁家骅、杨伯峻、高名凯、周祖谟、朱德熙、林焘诸先生，这些先生分布在语言研究的各个领域，并在各自领域都独领风骚。"中国现当代语言学的众多领域，有多少个'破天荒'，多少个'破题儿第一遭'，多少个新概念、新结论、新体系，多少门新课程、新教材，以及国家多少个重大语文建设项目，跟他们的名字联系在一起"①。何先生从这些先生们身上总结出了三大学风：靠自己的著作立足于学术之林；提倡独立思考，养成缜密的、一丝不苟的科学精神；痴迷于专业研究，以学术为生命。何先生正是有涵泳其间的磨砺，才有翱翔学术之林的优游。"九子"之外，何先生向历史纵深之处找学问，向门派对立之中找统一。乾嘉不远，顾、江、戴、段，在何先生书桌前，都能促膝长谈。章太炎、黄侃是传统派，赵元任、王力是现代派，在何先生那里却亲密无间。何先生秉承老校长蔡元培先生兼容并包的精神，古今中外，都能融会贯通、为我所用。

　　燕园九子，尤其是王力、魏建功、周祖谟三位先生，当时都正值事业的高峰期，何先生从他们那里获得了现代语言学的理论和方法。这为他"远绍乾嘉诸老"，并能批判地继承和发展打下了基础。何先生自述有五位让他景仰的古人，段玉裁排第一②。何先生给研究生讲了十二年"说文段注研读"课程，对《说文注》非常熟悉。何先生从乾嘉学派著作中汲取营养，发掘精华。乾嘉诸老把语言文字之学当成了终身追求的学问，孜孜以求。《古韵标准》《说文解字注》《音学十书》《读书杂志》《经义述闻》《经传释词》，都是百代经典，经得起时间考验。他们的学问蔚然成系

――――――

① 何九盈《读刘月华〈汉语语法和对外汉语教学〉感言》。
② 见《侨吴老人三章》。

统,音韵、文字、训诂鼎足而立;懂得语言文字内部联系,讲求形音义三者互求;把古音研究推向了有史以来的最高峰。

古今学术是一个整体,所以,如顾炎武之守己,段玉裁之卓越;或梁启超之淹博,王了一之宏阔;或章炳麟高明而中庸,陈寅恪独立而深刻,都是何先生流连其间、不辍采撷的源泉。如果类比历史人物,何先生酷近东汉郑康成:康成尊重学术、不主一家,破门户之见,采众家之长,熔今、古文学问于一炉,成一代之鸿儒。

何先生《乾嘉时代的语言学》提出,乾嘉时期产生了众多一流的语言学家,一批语言学名著,"是中国古代语言学最后的、也是最为辣煞的一个高峰"。乾嘉语言学的成功之处在于及时吸收了最新的研究成果,即清代古音学。正是因为掌握了古音,段玉裁《说文解字注》才比别人高出一筹。乾嘉之学向来被称为考据之学,何先生认为"考据并不是乾嘉时代语言学得以繁荣的直接原因","考据"二字远不能概括乾嘉学术。乾嘉学派的成功秘诀之二是实事求是、好学深思的良好学风。

何先生特别关注学术传统。《乾嘉传统与20世纪的学术风气》认为清代朴学传统主要在语言文字研究,乾嘉学术传统对20世纪前期章太炎、王国维、胡适为代表的学术界三大国学圈有很大影响。"传统与现代化原本不存在对抗性的矛盾,二者是可以融合的","中国的传统文化应该走向世界,成为世界文化的一个部分"。

民族化和国际化的辩证发展,一直贯穿于现代学术史中。何先生在《中国现代语言学史散步》中,把现代语言学家分为三类:钱玄同为狂者,他以西学为进取目标;黄侃为狷者,他对西学"有所不为";他们的老师章太炎则"极高明而道中庸,温故而知新",中庸,就是中道,"不中不西,亦中亦西"。何先生把"中道"作为最佳选择,站在太炎先生的一边。他列举了十位中国现代语言学家:马建忠、王国维、赵元任、杨树达、罗常培、王力、吕叔湘、丁声树、陆志韦、魏建功,认为他们之所以能够在中国语言学史上青史留名,皆因他们都能择乎中庸、温故而知新。

何先生一向强调,历史人物一定要在历史环境下看待,因为人们很难超越历史。"五四"时期之所以会出现民族自信的危机,出现文化西来说、文化虚无论,要废除汉字甚至废除汉语,在今天看来耸人听闻,但是在那个时代,却有其土壤。同样道理,传统派一味地惧怕、对抗"西风美雨",抱残守缺,也跟那个时代和环境密切相关。而一部分后代学人,由于各种原因,在成长的过程中,很难浸润到民族文化的核心地带,因而也很难认识到民族文化的真正价值,很难体会民族精神之所在,择乎中道,如进窄门! 相比来看,何先生所处的时代,正好距离"五四"未远,亲身经历了"史无前例"和改革开放,可以对传统有冷静的反思和深刻的认识,因而能够站得更高,超越时代,瞩望高远。所以,读过何先生的选集后,感慨何先生所言"生于幸运的时代"之说不虚。

选集中的文章有的已经发表几十年,但是今天看来仍不能超越。它们之所以有如此强的生命力,跟何先生博采众长、善于反思有很大关系。何先生的经验告诉我们,包容是学术进步的桥梁,反思是超越时代的法宝。

(二)以振兴中华学术为己任

治中国古典学问,首先要对中国古典文化有基本的认识。何先生把 20 世纪的文化发展史总结为三大争论:新旧之争、东西之争、左右之争[①]。之所以有这么复杂的争论,是因为处于东西文化冲突的大环境下,中国文化面临着巨大挑战,何先生比之以春秋

---

① 　参见何九盈《汉字文化学》(第二版)。

战国时代,为石破天惊之大变革①。在这个时代,我们要做的是冷静反思、保持中道、肩负使命。所以,何先生常说,出生在他的时代是很幸运的,因为,跟古代学人比,他可以开阔眼界,得以接受东西方学术;跟近代学人比,又可以避免对东西方文化传统的固执和偏见,因而可以"得乎中道"。

在传统学术海洋里遨游,就要探讨中国古人为语言学贡献了什么智慧。《先秦诸子的语言理论》,讨论中国传统语言学的正名问题,以及我们怎样才可以如实地发掘古人智慧,给今人的语言研究提供资源。当语言学从经学中分离出来的时候,它就成了独立的语言学,所以,当汉代出现了《方言》《释名》《说文》这些纯粹的研究语言的著作的时候,中国的语言学就诞生了。而在此之前,先秦诸子就已经为语言学大厦提供了很多材料。在《中国语言学史的研究方法》中何先生提出了他治中国语言学史的经验:从史实出发,用第一手材料,加强宏观研究,克服闭门造车。要做到这些,须要摒除偏见和成见,不能人云亦云,必须从大处着眼,反对门户之见。

学术要有民族土壤,更要有世界眼光。何先生说:"中国学人有责任为世界学术作贡献。中国学术离不开世界,世界学术也离不开中国。""学术精英,总是属于全人类的。"(何九盈《语言丛稿》序)我们说哪个国家文化繁荣,总是意味着这个国家的学术繁荣、文学艺术繁荣。学术、文学艺术越繁荣,就越能为世界文明做出贡献。在繁荣民族学术这一点上,何先生观点非常明确,就是要把它当作自己的事业。所以他总结自己的学术生涯,说:"永远要以振兴中华学术为己任;要敢于向时间老人(或曰历史老人)挑战;要全心全意热爱自己的冷板凳。"(同上)何先生的情怀是

① 何九盈《中国现代语言学史》(修订本)。

立足于民族的,但是其胸怀和眼光却是世界的,他说:"中国新时期新一代的新学术,要在国际学术界的争鸣中长大,在国际舞台上求学友、求进步、求发展,此与排外、媚外无关也,与乱谈什么'接轨'亦无关也。"(同上)

(三)批判性思维是创新的源泉

何先生的学术视野是世界性的,也是现代性的。他的很多研究,紧扣时代脉搏,但又经得起时间检验,历久弥新。其成功的秘诀是什么?何先生的答案是,批判性思维,他说:"我从年轻时开始,就牢固地确立了以批判性思维为根基的认识论。"他自述有三次重要的反思:对三点一线、九点一线的反思,促成了散点多线的汉语语音通史框架的发轫;对汉语亲属语言研究的反思,促成了亲属语言比较基本原则的提出;对汉藏语系的反思,促成了华夷语系的重建。他开创的汉字文化学,不也是对千百年来汉字被民族命运裹挟的反思吗?汉语意识,不也是对民族认同、文化认同忧患的反思吗?三重证据法、化石词考证,不也是对历史比较法困境的反思吗?

何先生几十年的学术生活,都在利用一切时间上课、阅读和写作。退休后,多闭门谢客,从不出入于各种各样的学会。他说,人的一生,时间有限,要抓紧,浪费了一分钟,要追回来都来不及。何先生不争名利,所有心思意念,唯有教学与科研。教学和研究在何先生那里是不分家的。他一直担负着繁重的教学任务,但没有一天停止研究。

海量的阅读,是何先生的生活常态。体现在他的文章中,就是旁征博引。以《语言丛稿》为例,第一篇文章后有注释151条,第三篇有注释86条,第四篇有42条,第五篇63条,第六篇57条。《重建华夷语系的理论和证据》书后参考文献居然多达17页,共388种。这些文献不局限于语言文字学领域,很多属于哲学、社会科学。何先生不用电脑,这些资料都是靠他自己阅读所得。所有书证,没有一条来自电脑,都是手工作业。何先生认为,材料不仅是立论的需要,也是对读者的尊重,更是对自己的交代。正因为如此,他曾经为找到一条"铁证"而"兴奋了好几天"(《汉语三论》)。

何先生说:"实践出知识,知识出学问,学问出文章。"他告诉我说,知识是人人可以学而后得的,学问却是思维创造,是在前人的基础上,有自己的发明。学问转化为文章,是学问形态的转化,但是这个过程却有很高要求:要有准确的表达,要有独立的体系。具体地说,写文章要对研究对象有足够的敏感,要有写作的冲动,要有高的目标和追求;要寻找最恰当的表达方式,用词、用字、炼句,都要推敲,反复琢磨。每一篇文章写出来,都没有无用的话,干干净净,观点明确,读者愿意看,而且这些要养成良好的习惯。总之,写文章是苦差事,也是最美好、最有意义的精神享受。

2020 年 3 月 17 日